厦门大学百年校庆系列出版物 · 编委会

主　任：张　彦　张　荣

副主任：邓朝晖　李建发　叶世满　邱伟杰

委　员：（按姓氏笔画排序）

王瑞芳　邓朝晖　石慧霞　叶世满　白锡能　朱水涌

江云宝　孙　理　李建发　李智勇　杨　斌　吴立武

邱伟杰　张　荣　张　彦　张建霖　陈　光　陈支平

林　辉　郑文礼　钞晓鸿　洪峻峰　徐进功　蒋东明

韩家淮　赖虹凯　谭绍滨　黎永强　戴　岩

学术总协调人：陈支平

百年校史编纂组　组长：陈支平

百年院系史编纂组　组长：朱水涌

百年组织机构史编纂组　组长：白锡能

百年精神文化系列编纂组　组长：蒋东明

百年学术论著选刊编纂组　组长：洪峻峰

校史资料汇编（第十辑）与学生名录编纂组　组长：石慧霞

厦门大学百年校庆系列出版物

校史资料汇编与学生名录系列

# 厦门大学校史资料选编

## （1992—2017）

第九册 (2015—2016)

主编：石慧霞　连　念

厦门大学出版社 XIAMEN UNIVERSITY PRESS
国家一级出版社
全国百佳图书出版单位

# 《厦门大学校史资料选编（1992—2017）》编纂组

组　长：石慧霞　连　念

成　员(以姓氏笔画为序)：

毛春红　石慧霞　刘珊珊　吴爱华　连　念　张璐阳

林秀莲　曾晓秋　蔡秋才　薛小勤　魏　昊

执行编辑：

1992—1994 年：曾晓秋　连　念　张璐阳　吴爱华

1995—1997 年：张璐阳　连　念　吴爱华

1998—1999 年：毛春红　魏　昊　连　念　张璐阳　吴爱华

2000—2002 年：吴爱华　连　念　张璐阳　魏　昊

2003—2004 年：蔡秋才　连　念　张璐阳　吴爱华　魏　昊

2005 年：薛小勤　连　念　张璐阳　吴爱华　魏　昊

2006—2008 年：毛春红　连　念　张璐阳　吴爱华　魏　昊　林秀莲　董健岚

2009—2010 年：薛小勤　连　念　张璐阳　吴爱华　魏　昊

2011 年：蔡秋才　连　念　张璐阳　吴爱华　魏　昊

2012 年：连　念　吴爱华　张璐阳　魏　昊

2013—2015 年：刘珊珊　连　念　张璐阳　吴爱华　魏　昊

2016—2017 年：连　念　吴爱华　张璐阳　魏　昊

# 总　序

厦门大学　党委书记　张　彦
校　　长　张　荣

2021年4月6日，厦门大学百年华诞。百载风雨，十秩辉煌，这是厦门大学发展的里程碑，继往开来的新起点。全校师生员工和海内外校友满怀深情地期盼这一荣耀时刻的到来。

为迎接百年校庆，学校在三年前就启动了“百年校庆系列出版工程”的筹备工作，专门成立“厦门大学百年校庆系列出版物编委会”，加强领导，统一部署。各院系、部门通力合作，众多专家学者和相关单位的工作人员全身心地参与到这项工作之中。同志们满怀高度的责任感和紧迫感，以“提升质量，确保进度，打造精品”为目标，争分夺秒，全力以赴，使这项出版工程得以快速顺利地进行。在这个重要的历史时刻，总结厦大百年奋斗历史，阐扬百年厦大“四种精神”，抒写厦大为伟大祖国所做出的突出贡献，激发厦大人的自豪感和使命感，无疑是献给百岁厦大最好的生日礼物。

“百年校庆系列出版工程”包括组织编撰百年校史、百年组织机构史、百年院系史、百年精神文化、百年学术论著选刊、校史资料与学生名录……有多个系列近150种图书将与广大读者见面。从图书规模、涉及领域、参编人员等角度看，此项出版工程极为浩大。这些出版物的问世，将为学校留下大量珍贵的历史资料，为学校深入开展校史教育提供丰富生动的素材，也将为弘扬厦门大学“自强不息，止于至善”校训精神注入时代的新鲜血液，帮助人们透过“中国最美大学校园”的山海空间和历史回响，更加清晰地理解厦门大学在中国发展进程中发挥的独特作用、扮演的重要角色，领略“南方之强”的文化与精神魅力。

百年校庆系列出版物将多方呈现百年厦大的精彩历史画卷。这些凝聚全校师生员工心血的出版物，让我们感受到厦大人弦歌不辍的精神风貌。图文并茂的《厦门大学百年校史》，穿越历史长廊，带领我们聆听厦大不平凡百年岁月的历史足音。《为吾国放一异彩——厦门大学与伟大祖国》浓墨重彩地记述厦门大学与全国34个省级行政区以及福建省九市一区一县血浓于水的校地情缘，从中可以读出厦门大学在中华民族伟大复兴征程中留下的深深烙印。参与面最广的“厦门大学百年院系史系列”、《厦门大学百年组织机构史》，共有30多个学院和直属单位参与编写，通过对厦门大学各学院和组织机构发展脉络、演变轨迹的细致梳理，深入介绍厦门大学的党建工作、学科建设、人才培养、组织管理、社会服务等方面的发展历程，展示办学成就，彰显办学特色。《厦门大学校史资料选编（1992—2017）》和《南强之星——厦门大学学生名录（2010—2019）》，连同已经出版的同类史料，将较完整、翔实地展现学校发展轨迹，记录下每位厦大学子的荣耀。“厦门大学百年精神文化系列”涵盖人物传记和校园风采两大主题，其中《陈嘉庚传》在搜集大量史料的基础上，以时代精神和崭新视角，生动展现了校主陈嘉庚先生的丰功伟绩。此次推出《林文庆传》《萨本栋传》《汪德耀传》《王亚南传》四部厦门大学老校长传记，是对他们为厦大发展所做出的突出贡献的深切缅怀。厦大校友、红军会计制度创始人、中国共产党金融事业奠基人之一高捷成的传记《我的祖父高捷成》，则是首次全面地介绍这位为中国人民解放事业做出杰出贡献的烈士的事迹。新版《陈景润传》，把这位“最美奋斗者”、“感动中国人物”、令厦大人骄傲的杰出校友、世界著名数学家不平凡的人生再次展现在我们眼前。抒写校园风采的《厦门大学百年建筑》、《厦门大学餐饮百年》、《建南大舞台》、《芙蓉园里尽芳菲》、《我的厦大老师》（百年华诞纪念专辑）、《创新创业厦大人2》、《志愿之光》、《让建南钟声传响大山深处》、《我的厦大范儿》以及潘维廉的《我在厦大三十年》等，都从不同的角度，引领我们去品读厦门大学的真正内涵，感受厦门大学浓郁的人文精神和科学精神。

此次出版的“厦门大学百年学术论著选刊”，由专家学者精选，重刊一批厦大已故著名学者在校工作期间完成的、具有重要价值的学术论著（包括讲义、未刊印的论著稿本等），目的在于反映和宣传厦门大学百年来的学术成就和贡献，挖掘百年来厦门大学丰厚的历史积淀和传统资源，展示厦门大学的学术底蕴，重建“厦大学派”，为学校“双一流”建设提供学术传统的支撑。学校将把这项工作列入长期规划，在百年校庆时出版第一辑共40种，今后还将陆续出版。

“自强！自强！学海何洋洋！”100年前，陈嘉庚先生于民族危难之际，抱着“教育为立国之本，兴学乃国民天职”的信念，创办了厦门大学这所中国历史上第一所由华侨独资建设的大学。100年来，厦大人秉承“研究高深学术，养成专门人才，阐扬世界文化”的办学宗旨，在实现中华民族伟大复兴的征程上书写自己的精彩篇章。我们相信，当百年校庆的欢庆浪潮归于平静时，这些出版物将会是一串串熠熠生辉的耀眼珍珠，成为记录厦门大学百年奋斗之旅的永恒坐标，成为流淌在人们心中的美好记忆，并将不断激励我们不忘初心继承传统，牢记使命乘风破浪，向着中国特色世界一流大学目标奋勇前行！

张彦 张荣

2020年12月

# 编纂说明

一、为回顾厦门大学发展历史，总结办学经验，继承发扬优良传统，更好利用档案史料，1987—1996年，厦门大学先后编纂出版《厦大校史资料》9辑，收录1921—1991年间的校史资料。2021年，厦门大学迎来百年华诞，根据百年校庆系列出版物编委会工作安排，档案馆承担《厦门大学校史资料选编（1992—2017）》丛书（以下简称丛书）的编纂工作。

二、丛书收录校史资料起止时间：1992年1月1日至2017年12月31日。

三、丛书主要内容包括厦门大学党委书记、校长的重要讲话稿，上级机关、领导贺信、贺电，学校党建、思想政治、教学、科研、管理与服务工作等方面的规章、制度、办法等，党代会、工会、教代会等重要会议的重要报告，全校性的工作规划、计划、总结，重大工作的实施方案，重要专题报告等。所选文献主要来源于厦门大学档案馆馆藏档案，包括《厦门大学报》部分文章。

四、丛书按照年度—主题的编排体例。收录校史资料以年度为序，各年度内容分特载、专文、党建与思想政治工作、教学与科研工作、管理与服务工作五大主题。由于各年度选录校史资料数存在差异，丛书根据年度材料多寡适当分册编排。

五、丛书是档案文献出版物，因收录时间跨度较长，其间一些文献的行文用语、称谓、时间、标点符号、层次序号、行文格式等与最新公文、图书出版标准存在不一致，为反映历史原貌，收录文献一般按原文照录原则处理；文献中明显的漏字、错别字等，则直接改正；有些文献根据图书出版规范重新拟写了标题。

六、丛书对部分涉及人名、个人电话号码、邮箱等个人隐私或其他不宜公开的内容做了删节。

七、丛书因保密、书稿篇幅限制等原因，所收录校史资料不尽齐全；丛书收录的规章、制度、办法等是档案文件的，其执行范围、时效等解释权归文件形成部门。

八、丛书于2019年5月立项：百年校庆系列出版物编委会审定丛书编纂原则；邓朝晖副校长就编纂原则、编排体例、审稿、出版等都给予悉心指导；编纂组成员多次开会研究落实编纂原则、编排体例，分工合作通读十余万份馆藏档案资料，认真挑选出2000多份史料，按档案文献编纂出版要求进行文稿录入和编辑加工；文件形成部门对其部门入选文件进行会稿确认；校保密办就史料出版进行保密审查；学校办公室积极参与"专文"部分的选编工作。在此，谨对各级领导的关心指导，对相关职能部门的大力支持，对出版社的细致审校，一并致以最衷心的感谢。

九、因编者水平有限，丛书疏漏、不当之处在所难免，敬请读者批评指正。

《厦门大学校史资料选编（1992—2017）》编纂组

2021年2月

# 目 录

## 特 载



## 专 文



## 党建与思想政治工作

## 教学与科研工作

## 管理与服务工作

# 2016年

## 特　载



## 专　文

## 党建与思想政治工作



## 教学与科研工作

## 管理与服务工作

# 2015年

# ·特　载·

## 为实现"厦大梦"不停歇

### ——2015 年新年献词

（2015 年 1 月 5 日）

校党委书记　张　彦　校长　朱崇实

亲爱的老师们、同学们，海内外的校友们、朋友们：

新年将至，万象更新。在新年来临之际，我们谨代表校党委、校行政向全校师生员工和海内外校友，向关心和支持厦门大学事业发展的社会各界朋友，致以诚挚的问候和美好的祝福！祝愿大家在新的一年里身体健康、工作顺利、学习进步、阖家幸福、万事如意！

2014 年，是我国全面深化改革的第一年。在这一年里，围绕经济、政治、文化、社会、生态文明和党的建设等各个领域的改革有序展开，国家治理体系和治理能力现代化稳步推进党的十八届四中全会胜利召开，全会通过《中共中央关于全面推进依法治国若干重大问题的决定》，对建设社会主义法治国家做出顶层设计、提出重大举措，为全面深化改革提供了强有力保障。过去的一年，在伟大的中国共产党领导下，勤劳的中国人民在实现中国梦的伟大征程中创造了新的荣光。

过去的一年，也是厦门大学发展史上极不平凡的一年。全校师生认真学习贯彻党的十八大和十八届三中、四中全会精神和习近平总书记系列重要讲话精神，解放思想，改革创新，积极谋划推进一流大学建设，学校发展取得了令人瞩目的成绩。我们深入总结党的群众路线教育实践活动经验，不断巩固和拓展了教育实践活动成果，作风建设焕然一新，党建和思想政治工作又上新台阶。我们成功举办 93 周年校庆活动，进一步展示了成就、凝聚了人心、争取了支持。我们精心编演《长征组歌》《黄河大合唱》《哥德巴赫猜想》等经典剧目，推出了一批校园文化建设的创作精品。深化人才培养模式改革，学校正式入选联合国教科文组织质量保障与研究项目，我校被教育部授予"全国毕业生就业典型经验高校"称号，学生在各类学业竞赛中屡创佳绩，在创新型人才培养上取得新成果。大力推进协同创新，着力提升创新能力，"能源材料化学协同创新中心""两岸关系和平发展协同创新中心"获批国家级协同创新中心，新增 3 个省级协同创新中心，新增 1 个学科进入 ESI 世界前 1%。我们不断拓展深化与地方政府、大型企业的战略合作，在社会服务方面取得新突破。队伍建设得到新的加强，又有一股新生力量加入厦门大学这个大家庭。新增 3 名"973 计划"和国家重大科研计划首席科学家，又一批优秀人才获得"长江学者奖励计划""杰出青年基金"等项目的资助。《厦门大学章程》获教育部核准颁布，为加快完善学校内部治理结构、推进依法治校制度体系建设奠定了坚实基础。厦门大学马来西亚分校正式开工建设，标志着中国一流大学迈出了到国外办学的第一步。我们举全校之力出色圆满地完成了第九届孔子学院大会的承办任务，厦大为孔院事业的发展做出了新贡献。我们继续帮助家庭经济困难学生,提高教职工生活待遇,努力解决住房问题,不断改善民生,优化办学条件,加强校园管理,提高服务师生水平……在大家的共同努力下,我们圆满完成了学校“十三五”规划第四年各项任务。

老师们、同学们、同志们、朋友们,新年的钟声就要敲响,我们就要告别2014年,我们将迎接2015年。在新的一年里,深化综合改革、全面加强学校的内涵发展和质量提升,是我们面临的首要任务。我们一定要认真学习贯彻中央对深化高等教育领域综合改革的部署要求和习近平总书记系列重要讲话精神,牢记责任、不辱使命,抢抓机遇、敢于担当,深入推进学校各项事业又好又快地向前发展,以更加饱满的热情和更加昂扬的斗志,在服务福建新一轮科学发展跨越发展和祖国统一大业的进程中加快全面建成世界知名高水平研究型大学的步伐,为一流大学建设奠定坚实的基础。

2015年我们将送走生机勃发的马年,迎来吉祥如意的羊年。三阳开泰、万事顺意!老师们、同学们、同志们、朋友们,让我们伴随着新年的钟声,承前启后,继往开来,同舟共济,齐心协力,奋勇拼搏,在新的一年收获更多的成果,为实现“两个百年”的美好厦大梦和中华民族伟大复兴的中国梦做出新的更大贡献。

——本文摘录自《厦门大学报》,2015年1月5日第1102期

# 深切的关怀　巨大的鼓舞

## ——李克强总理莅校视察

（2015年4月22日）

四月的厦门，草长莺飞，万物复苏。4月22日下午，正在厦门考察工作的中共中央政治局常委、国务院总理李克强在福建省委书记尤权、教育部部长袁贵仁等国家部委有关负责人和厦门市党政领导的陪同下乘车莅校视察，看望我校师生。我校党委书记张彦、校长朱崇实陪同视察。

在一个多小时里，李总理先后来到校史馆、“厦大时光”书店和学生活动中心，了解我校办学历史、近年来的改革发展情况及学校的就业创业工作等，并与师生们亲切交谈。总理来校视察的消息如一股热浪瞬间传遍了整个校园，师生们欢欣鼓舞、备感振奋。道路两侧、宿舍走廊，站满了闻讯前来的师生，大家纷纷打出“总理，您好！”“青年强、中国强、总理强”“强哥，我们爱您”“欢迎您常来”等标语向总理致意，“总理好”“总理赞一个”的呼声此起彼伏……总理面带笑容走向人群，与大家握手问候。

作为由著名爱国华侨领袖陈嘉庚先生创办、与中国共产党同龄的厦门大学，得到党中央、国务院的高度重视，邓小平、江泽民、胡锦涛、习近平等党和国家领导人都曾莅校视察指导或亲切接见我校优秀教师代表。这是李克强总理自上任以来视察的第六所高校，也是来厦门大学视察的第一位共和国在任总理，充分体现了党和国家对高等教育的高度重视，对厦门大学的殷切期望。

### “要弘扬陈嘉庚爱国、爱校精神，为国家富强做出更大贡献”

下午5时许，总理一行乘车抵达由校主陈嘉庚亲自奠基的群贤楼前。总理步入校史馆，听取朱崇实校长关于我校办学历史的介绍，仔细了解我校建设发展情况。在展示有毛泽东同志题赠、邓小平同志手书的“华侨旗帜、民族光辉”题词的展板前，总理驻足倾听，对陈嘉庚爱国爱校、倾资办学的壮举深表崇敬，对厦大在长期办学历程中形成的优良办学传统和深厚文化底蕴表现出了浓厚的兴趣。总理充分肯定了我校辉煌的办学历史和优良的办学传统，高度评价我校建校90多年来，始终与国家和民族同呼吸、共命运，在人才培养、科学研究等方面取得了突出成就，为国家富强、民族进步做出了重要贡献。他表示，厦大作为“南方之强”，在各方面都有很大的发展空间，可以展现更大的作为、取得更好的业绩。

在与中科院院士、化学化工学院教授田中群，中科院院士、海洋与地球学院教授焦念志，台湾研究院院长刘国深教授，宏观经济研究中心主任李文溥教授的交谈中，总理亲切询问他们的学科建设和科研最新进展情况，并就煤化工、海洋碳汇、中国宏观经济等问题认真听取了几位专家的意见与建议。总理不时插话并交换意见。他高度评价几位教授所做的工作很有意义。他希望学校进一步发挥基础学科和应用学科的综合优势，深化综合改革，进一步提高自主创新能力，服务国家和区域发展，为实现中国梦发挥更大作用。

### “既要读时新的书，也要读古典的书，真正站在前人的肩膀上”

4月22日恰好是“世界读书日”的前一天。在位于校史馆旁的“厦大时光”书店，不少同学正在书店看书购书。总理走入书店，热情地与围拢过来的读者们互动交谈，并在书籍上欣然为厦大学子签名留念。

当同学们希望总理能给大家推荐几本好书时,他说,"书籍是人类文明传承的承载工具,大家既要读时新的书,也要读古典的书,这样才能积淀更深厚、视野更开阔,真正站在前人的肩膀上",希望同学们坚持读书,天天读书、常年读书,养成多读书、读好书的习惯。厦大出版社的同志向总理赠送了由学校出版社出版的"中国最美的大学"丛书,总理高兴地接受,但坚持一定要购买,当场付了200元购书费。

## "希望你们的公司成长壮大,为大众创业提供支撑"

位于学校核心地带的学生活动中心历来都是厦大学子开展校园文化活动的重要场所,当天正在举行"创业伙伴　梦想搭档——寻找创业合伙人"活动,现场还配以就业创业咨询和校友企业的招聘,人头攒动,热闹非凡,一股创业的热情扑面而来。"大家好!"一进大门,总理率先问候现场师生,师生们报以热烈的掌声欢迎总理的到来。在学生就业创业情况展板前,总理听取了张彦、朱崇实关于我校就业创业情况的介绍。在得知我校就业率高达97%时,笑问学校有什么"秘密武器"。朱崇实回答,除了学生综合素质高、适应力强外,学校也为他们提供了适应社会就业的灵活度。总理称赞道,厦大毕业生既有能力又接地气,这是"高能成,低能就"!

总理饶有兴致地参观了现场的咨询区、招聘区和寻找创业伙伴洽谈区。在洽谈区中部,"重新定义高校数据　开启大学生信用时代"的标语吸引了总理的注意。打出这个标语的是我校软件学院2011级本科生李正强,由他牵头注册的"北京某个网络科技有限公司"开发的"萌小助"高校微信服务平台,能与全国近1000所高校的教务系统对接,为在校同学提供在线查询学习、生活信息等便捷服务。李正强向总理解释自己公司名字的缘由,"创业是每个人都可以做的事情,我们想把创业的理念带给大家,故而取名'某个'"。总理听后赞许道:"你们公司的名字很有时代性,很有创意!"得知李正强是大四学生时,总理关切地询问:"厦大的创业环境如何?创业过程中有什么困难吗?"李正强说:"学校对于我们的创业十分开放包容,给予了许多支持。现在,我们这个平台已经覆盖了全国1000多所高校,积累了600多万大学生的信用数据,获得500万元的天使投资。"总理点头笑着说:"不错,已经百万计了。但还要继续发展,希望你们的用户再上几个数量级,将来数以亿计。祝你们的公司成长壮大,为大众创业提供支撑。"当了解到一位从国外辞职回国创业的厦大校友正在从事模拟电路设计和芯片集成研发时,总理鼓励他能够加强与企业的合作,争取早日申请技术专利并实现发明价值。在听说我校曾获"全国毕业生就业典型经验高校"称号,学生满意度曾经在"985工程"高校排名第一、用人单位满意度第二,今年迄今签约率高于去年同期时,总理对我校就业工作所取得的成绩也表示了满意,希望我校继续面向社会需求,加强创新创业教育,引导大学生在创业实践中让知识得到运用。

从学生活动中心出来,总理再次来到师生中,人群的热情又一次被点燃。他与近处的师生热情握手,并频频向远处的人们挥手致意。师生们激动万分,纷纷举起手中的手机、相机,不停地摁下快门,定格住这珍贵的历史性时刻。各地的校友也在第一时间通过微信、微博同步分享了总理在美丽的厦大校园里留下的身影和微笑,大家都在激动地传递着同一个喜讯:总理来厦大啦!

临别时,总理深情地说:"厦门大学历史悠久,而且有自己特殊的历史,是华侨领袖创办的学校,经历过战火的磨炼,与西南联大一样都曾内迁办学,这段历史很光荣。厦大有基础学科的优势,人才培养工作抓得很扎实,创新创业工作用人单位很满意。希望学校进一步做好学生培养和就业工作,将来国家'大厦'里面有更多的厦大学生当栋梁。"

这是春天的祝福,也是最美厦大亮丽的一个春天。

——本文摘录自《厦门大学年鉴2016》,厦门大学出版社,2016年6月版

# 教育部专家组对我校本科教学工作进行审核评估

（2015 年 11 月 16 日）

11 月 16—19 日，以北京大学校长林建华教授为组长的教育部本科教学工作审核评估专家组对我校本科教学工作进行审核评估。

16 日上午，专家组见面会在科艺中心会议室举行。评估专家组全体成员，我校校领导，各职能部门、各学院主要负责人参加了会议。

党委书记张彦代表学校致辞。他表示，本次本科教学工作审核评估，是教育部对我校本科教学工作进行的一次全面大检查，对学校深化教育教学改革、提高教育质量和整体办学水平具有重要意义。学校将全力配合专家组开展工作，虚心接受专家组的指导，严格遵照专家组的评估意见，认真进行整改提高。

专家组组长林建华代表专家组就本次审核评估工作进行说明。他表示，开展本科教学工作审核评估，要掌握“因校而异、标准引导、问题导向、倡导机制”的原则。评估专家组将严格按照教育部有关要求和《审核评估方案》开展工作，以专业的精神做好本次审核评估。

校长朱崇实介绍了学校工作。他指出，厦门大学始终以学生为本，高度重视教学，尤其是本科教学工作。90 多年来，厦大毕业生在不同时期、不同岗位，都为国家和民族做出了卓越贡献，得到了社会广泛认可和好评。改革开放以来，学校将本科教学工作摆在更加突出的位置，全校上下凝聚共识，改革创新，加大投入，大力推进国际化战略，坚持立德树人，努力培养学生的创新精神与创造能力，人才培养质量得到了显著提升。

朱崇实表示，我校的本科教学工作仍然存在许多不足，希望各位专家对厦大的本科教学工作提出宝贵意见，帮助、指导厦门大学本科教学工作再上新台阶。

见面会结束后，举行了本科教学工作汇报会。副校长邬大光从“牢固树立人才培养中心地位”“构建内部质量保障体系”“大力实施国际化战略”三个方面汇报了学校人才培养情况。教务处处长计国君汇报了人才培养模式和实践育人模式改革情况。学生处处长夏侯建兵汇报了学生发展情况。评估专家就感兴趣的问题与我校参会人员进行了交流。

本次进校考察的评估专家组由北京大学校长林建华教授担任组长。成员包括中山大学党委书记陈春声教授，中国人民大学副校长洪大用教授，武汉大学副校长李斐教授，四川大学副校长步宏教授，东南大学副校长郑家茂教授，华南理工大学副校长邱学青教授，中央财经大学副校长史建平教授，大连海事大学副校长孙培廷教授，香港大学教育政策研究中心主任、香港大学前副校长程介明教授，北京师范大学教务处处长郑国民教授，浙江大学本科生院教务处处长刘向东教授，加联邦政府总理教育及文化事务顾问、加拿大圣玛丽大学前校长 J. Colin Dodds 教授。

本科教学工作审核评估的范围主要包括学校的定位与目标、师资队伍、教学资源、培养过程、学生发展、质量保障以及学校自选特色等方面，涵盖学校的办学定位及人才培养目标，教师及其教学水平和教学投入，教学经费、教学设施及专业和课程资源建设情况，教学改革及各教学环节的落实情况，招生就业情况、学生学习效果及学风建设情况，质量保障体系的建设及运行情况等。评估核心是对学校人才培养目标与培养效果的实现状况进行评价。重点考察办学定位和人才培养目标与国家和区域经济社会发展需求的适应度，教师和教学资源条件的保障度，教学和质量保障体系运行的有效度，学生和社会用人单位的满意度。在4天时间里,专家组将通过查阅材料、个别访谈、集体访谈、考察教学设施与公共服务设施、观摩课堂教学、走访实习基地与用人单位等形式,对我校的本科教学工作进行全面评估。

2005年11月,学校在接受教育部组织的本科教学评估中,获得19项指标全优的好成绩。学校领导班子站在事业发展的高度,居安思危,提出对于评估应当进一步建立和完善长效机制。从2006年起,学校坚持一年一度的校内本科教学评估,建立了常态化"年检"机制。经过10年摸索,逐渐探索出符合教学质量可持续发展的自我约束、自我检查、自我完善、自我提升的长效机制,形成了具有厦门大学特色的,以自我评估为主体,以常态数据监控为手段,以信息反馈和质量持续提升为目标,贯通培养目标、培养模式、过程监控、培养结果等人才培养全过程的内部质量保障系统。入选联合国IQA(Internal Quality Assurance,简称IQA)项目。

学校教学改革成果斐然。近三届高等教育教学成果奖的评审中,学校获得国家级奖20项(其中一等奖3项,二等奖17项),省级奖75项(其中特等奖9项,一等奖25项)。"十二五"期间,获得国家级、省级教育体制改革试点项目(拔尖创新人才培养计划)各1项,本科教学工程国家级项目636项,省级项目273项,"十二五"规划教材25种,其中,国家级专业综合改革试点2个、省级17个,3个专业入选国家级基础学科拔尖学生培养试验计划,2个项目入选教育部卓越法律人才培养教育计划,2个项目入选教育部卓越医师人才培养教育计划,9个专业入选教育部卓越工程师培养教育计划,入选"教育部教师队伍示范项目·高等学校教师发展中心建设项目"。国家级、省级教师发展中心各1个,国家级精品共享课20门、精品视频公开课4门,国家级大学生创新创业训练计划项目581个、省级237个;建成国家级实验教学示范中心1个、省级9个,国家级虚拟仿真实验教学中心2个,国家级大学生校外实践教育基地6个、省级9个。

2015年4月,国务院总理李克强视察我校,称赞我校毕业生既有能力又接地气,"高能成,低能就",并强调指出,"学校人才培养工作抓得很扎实,创新创业工作用人单位很满意"。

——本文摘录自《厦门大学年鉴2016》,厦门大学出版社,2016年6月版

# 厦门大学综合改革方案

（2015年11月6日经国家教育体制改革领导小组办公室备案）
（2015年11月6日）

当前，中国经济发展进入新常态，经济社会发展进入全面深化改革、创新驱动发展新阶段。高等教育作为国家核心竞争力的标志性力量，作为科技第一生产力和人才第一资源的重要结合点，必须与党和国家的各项改革相互配合、协同攻关，为促进经济社会转型发展、实现中国梦提供人才保障和智力支持。

厦门大学有着改革创新的优良传统。建校90多年来，特别是改革开放以来，厦门大学不断解放思想、改革创新，率先推动部省市共建、探索校内管理体制改革、开展对台交流合作先试先行、率先在海外设立分校，并在人事制度、人才培养、科研组织、大学管理制度、国际化办学等关键领域进行了大胆改革探索，有力推动了学校各项事业快速发展，也为中国高等教育改革提供了厦大经验和有益借鉴。但是，与创建一流大学的目标相比，学校目前在办学理念、发展方式、治理结构、体制机制等方面还存在着一些亟待解决的深层次矛盾和问题，比如：人才评价和分配激励机制还不能充分激发教职工的创新活力，人才培养模式还不适应时代发展和学生成长成才需要，学科交叉融合和协同创新推进不够有力，资源配置和使用不够合理高效，内部管理体制机制不够灵活顺畅等。破除这些体制机制障碍，迫切需要全面深化改革，加快建立健全与高水平大学建设相适应的发展机制与办学模式。

事业要发展，关键靠改革。党的十八大，十八届三中、四中全会对全面深化改革、推进依法治国做出了重要部署，学校第十次党代会对今后一段时期的改革发展提出了明确的要求。站在新的历史起点，厦门大学必须坚持改革开放的发展路径，必须强化敢破敢立的责任担当，必须树立敢拼会赢的信心勇气，不断探索新的发展方式。根据《中共中央关于全面深化改革若干重大问题的决定》《中共中央关于全面推进依法治国若干重大问题的决定》《国家中长期教育改革和发展规划纲要（2010—2020年）》，按照教育部深化教育领域综合改革的总体部署，结合学校第十次党代会提出的目标任务和当前改革发展实际，制订和实施深化学校综合改革方案。

## 一、总体思路

### （一）指导思想

高举中国特色社会主义伟大旗帜，深入贯彻落实党的十八大，十八届三中、四中全会和习近平总书记系列重要讲话精神，坚持社会主义办学方向，全面贯彻党的教育方针，把握国家全面深化改革、全面推进依法治国的重大机遇，把学校发展放在实现中国梦的大舞台和国际化的大背景中，通过深化综合改革、推进依法治校，着力转变不适应科学发展的思路观念，着力破除不符合科学发展要求的体制机制障碍，建立和完善具有厦大特色的现代大学制度，以改革促进发展，以改革增强活力，以改革提高质量。

### （二）改革目标

创新发展方式、管理模式和激励机制，推进学校治理体系和治理能力现代化，全面提升人才培养、科学研究、社会服务和文化传承创新能力，为实现厦门大学“两个百年”战略目标（到2021年建校一百年之际全面建成世界知名高水平研究型大学,力争在新中国成立一百年时跻身世界一流大学行列)提供坚实的制度保障。

到2021年(建校百年),完成本方案提出的改革任务,在重要领域和关键环节改革上取得决定性成果,形成较为完备的制度体系,学校治理体系和治理能力进一步提升,形成充满活力、富有效率、更加开放、有利于学校科学发展的体制机制,为全面建成世界知名高水平研究型大学提供可靠的制度保障。

到2049年(新中国成立百年),厦大特色现代大学制度日臻完善,走出一条具有"中国特色、世界一流、厦大风格"的发展道路,办学声誉和办学水平获得国际公认,主要办学指标和整体实力跻身世界一流大学行列。

### (三)基本原则

——坚持正确方向、依法治校。坚持党的领导,坚持依法治校,坚持社会主义办学方向,依据《厦门大学章程》,用法治思维和方式推进综合改革,扎实推进学校内部管理体制与治理体系建设,不断提高现代大学治理能力与水平。

——坚持解放思想、敢破敢立。立足中国国情和学校实际,遵循高等教育规律,借鉴国内外成功做法和有益经验,摒弃不合时宜的观念,打破陈规陋习的束缚,敢破敢立、敢闯敢试,在解放思想中加快发展,用改革的思路、创新的办法,研究解决前进中的困难和问题。

——坚持以人为本、激发活力。坚持教育以育人为本,办学以人才为要,把促进人的全面发展作为改革的出发点和落脚点,把培养德智体美全面发展的社会主义建设者和接班人作为根本任务,尊重师生主体地位,发挥师生首创精神,广泛凝聚共识,形成改革合力,通过改革让全体师生创新活力充分涌流。

——坚持整体推进、重点突破。正确处理改革发展稳定的关系,坚持顶层设计和摸着石头过河相结合、整体推进和重点突破相促进,科学谋划人事分配、人才培养、学科科研、财务资产、内部治理等各项改革,统筹考虑、全面论证、科学决策、精心组织,全面深化综合改革。

## 二、改革任务

### (一)深化人事分配制度改革

坚持人才是第一资源的战略思想。以改革考核评价机制、收入分配制度为重点,打破体制壁垒,扫除身份障碍,加快形成选聘、考核、激励、流动、发展全过程队伍建设机制,让人人都有成长成才、脱颖而出的通道,让各类人才都有施展才华的广阔天地。

1.完善教师考核评价体系。改革按身份、重数量的评价办法,强化业绩和质量导向,综合考虑师德师风、教学科研、社会服务等评价指标,建立公平合理、有约束力的评价体系。立足各学科发展实际,学校提出考核聘任的基本要求和共性标准,在此基础上由学部和学院制定符合各学科特点的差异化标准。尊重人才成长规律和教学科研规律,科学设计不同年龄段教师的考核权重及评价标准。引入国际咨询与评估,统筹运用自我评价、学生评价、第三方评价、同行评价等学术评价方式,探索多样化的人才评价机制。

2.改革教师聘任办法。参照世界一流大学的通行做法,实行终身教职准聘制度。探索教师流转退出机制,实行"非升即走、非升即转"。实行校内合聘制度,在交叉学科、平台引入"虚拟编制",促进学科交叉与融合;每位教师在聘期内最多可同时接受校内3个单位的聘任,工作量计算、合聘津贴等由合聘单位具体制定。

3.改革薪酬激励机制。按照"多劳多得、多贡献多得、多担当多得"的原则,强化岗位责任风险与业绩贡献导向,合理规定基本年薪标准和工作任务要求,设计统一规范的基本薪酬体系。整合现有年薪制、协议工资制、固定津贴制、津贴补贴制等多元化薪酬模式,实行全员年薪制。设立"特聘讲座教授",将国家、省市和学校各类高层次人才计划统一纳入"特聘讲座教授"体系,根据业绩和贡献分层次、分学科确定薪酬标准。注重三支队伍的薪酬水平适度平衡,激励管理服务和专业技术人员多担当、多作为、多贡献。根据岗位特点和任务差异,设立管理服务和专业技术重要岗位,建立与岗位责任、业绩、贡献挂钩的薪酬制度。建立工资正常增长机制,保持薪酬待遇的持续竞争力。

4.建立集聚高层次人才体制机制。加大人才引进和培养力度,围绕重点发展的学科方向和领域打造一批高水平创新团队。制订实施"南强青年拔尖人才支持计划",促进优秀青年人才脱颖而出,形成薪火相传、人才辈出的生动局面。改革博士后薪酬制度,提高博士后的收入待遇,吸引更多优秀博士毕业生来校工作,支持在站博士后潜心科研;有针对性地选派研究型助理教授(师资博士后)到国有大型企业博士后工作站开展科研工作。吸引企业和校友捐资,设立讲座教授教席,吸引国内外著名专家来校工作。推行驻校科学家、作家、诗人、艺术家制度,系统引进海内外专家学者;聘请实务型专家担任兼职教师,建设一支全职和非全职相结合的高水平师资队伍。

5.打造专业化的管理服务与技术支撑队伍。行政管理和专业技术人员采取公开竞聘,绩效考核,做到"能进能出、能上能下"。引入关键绩效考核指标(KPI)体系,建立以服务对象评价工作绩效的制度。深化职员职级制度改革,淡化管理人员的行政级别。设立职业化、专业化的高级管理岗位,完善岗位责任制,面向海内外公开招聘重要教学科研平台负责人及高级管理人员。

6.推进社会保障制度改革。根据国家事业单位养老保险的改革进程,稳步推进学校的社会保障制度改革,建立包含台港澳地区和外籍教职工在内,规范合理、保障充分的社会保障体系。建立教职工职业年金和其他补充养老保险制度,保障教职工的退休养老金替代率达到合理水平。

### (二)深化人才培养机制改革

坚持立德树人,以改革人才选拔和培养机制为重点,吸纳优质生源,构建符合教育教学规律和人才成长规律的现代大学人才培养体系和相应的教学管理制度,充分挖掘学生潜能、彰显学生个性,促进学生全面发展。

1.深化招生考试制度改革。制订并完善高考改革试点招生方案,推行基于统一高考和高中学业水平考试成绩的综合评价。逐步增加自主招考比例。完善大类招生,逐步实现从专业(类)招生过渡到按学部(或按学位门类)招生。逐步扩大本校应届本科毕业生推荐免试攻读研究生学位比例。完善博士生招生"申请—考核制",积极探索硕士生招生"申请—考核制"试点。建立招生计划与培养质量密切联系的指标分配办法,尊重研究生导师遴选学生的自主权,完善研究生培养成本补偿机制。

2.深化本科生培养模式改革。大力推进通识教育改革,全面提升学生综合素质。坚持因材施教,分类培养,深入实施基础学科拔尖学生培养试验计划等多模式专业综合改革。完善主辅修制(双学位教育),推进主辅修并轨,实行学分制,探索建立双专业制度。推进本科与研究生教育衔接,建立本硕连读与直博机制。完善校企合作培养模式,建立行业精英参与教育教学的常态机制。推进学院与书院结合,建立专业导师与书院导师双导师制度。调整短学期功能定位,打造短学期学生实践学习、自主学习、探究学习平台。改革学业评价机制,促进学生全面发展。

3.深化研究生培养模式改革。打造分类分层分段的研究生培养新机制,学术型研究生重在提升创新思维和系统学术研究能力,应用型研究生重在提升实际动手能力和工作能力。打通本—硕—博培养环节,建立推免生提前攻硕(或攻博)和硕士生提前攻博机制。实施博士生长学制教育制度,完善博士生中期筛选和分流淘汰机制,建立学术型与应用型研究生互转机制,鼓励应用型硕士生攻读双硕士学位。建立社会需求导向的专业学位点准入和退出的评估机制,实现动态调整。建立与奖助学金挂钩的学生年度和中期考核机制、学业科研成果积分制等激励竞争机制。深化研究生导师制改革,实施青年研究生导师培育计划,完善导师组制度,加大聘请兼职导师力度,建立研究生导师选聘与分类考核评价制度。规范完善研究助理、教学助理制度。

4.深化课程与教学方法改革。探索建立教研结合的新型教学基层组织,推进课程组建设,强化课程教学质量标准。加强本科通识核心课程、大类平台课程、专业核心课程建设,加强研究生学位课程建设,建立覆盖全校的本研案例教学库。加强网络课程与资源的建设，探索承认 MOOC 学分的机制和办法。利用现代教育技术，推动“反转课堂”等新型教学组织形式，推进教学方法改革。加强师生互动，推进小班化教学，到 2021 年本科生 30 人以下小班化课程达到 70%。进一步压缩精简课堂教学时数，改革课程考核方式，强化学生过程学习。

5.建立教学资源共享机制。加大各类科研项目和科研资源对学生的开放度，支持学生开展科研创新活动。创新学生科研创新活动资助模式，探索跨学科交叉，本硕博共同参与的常态化全员参与的科研创新活动平台。建立若干个跨学科创新俱乐部，打造本硕博贯通、跨学科跨专业乃至国际化的学业竞赛项目。建立本研共享实践(实训)教学平台，推进学校与企业的深度合作。推进实体和虚拟实验教学示范中心建设，建立教学实验资源共享机制。组建“注册选课”中心，打通本科与研究生教务管理，建立课程资源共享机制。整合现代教育技术中心、信息网络中心和图书馆资源，构建支撑本研教学的课程资源中心和信息服务管理平台。

6.深化教学质量保障与监控机制改革。组建教学质量保障与监测中心，统筹本科教育与研究生教育质量的保障与监督。借助联合国“高等教育内部质量保障优秀原则和创新实践项目”建设，完善并建立与国际接轨的校内质量保障和监控体系。完善校内本科教学评估“年检”制度，建立学科合格评估“抽检”制度。推进专业国际认证，建立与国际实质等效的人才培养质量标准。建立基本教学工作量制度和教学超工作量的激励制度。推进跨学科开课，建立公共课、校选课和跨学科开课经费补贴机制。设立教学荣誉岗位，增强教师做好教学工作的积极性和主动性。完善学分制教学管理制度，推行按学分收费。改革教学经费分配和教学定编制度，建立以学生规模和教学工作绩效考核相互结合的教学经费分配制度和教学定编制度。

7.完善国际化人才培养体系。加快推动国际化学科专业建设计划，夯实全英文授课硕士项目和本科专业项目建设。完善国际双向交流机制。力争到 2021 年在校生中具有境外学习经历的超过 50%。打造一批名牌的国际化留学项目，提高留学生奖助金，吸引国际优质生源。完善留学生预科教育制度，推进留学教育管理服务国际化，改善教学和生活设施，实施学生管理趋同、教学管理区别对待，建立更加符合留学生个性化特点的培养体系。以马来西亚校区和纽卡斯尔学院建设为契机，进一步提高国际化办学能力。

8.完善教育教学协同工作机制。坚持立德树人，把培育和践行社会主义核心价值观融入学校育人的全过程，完善“全员育人、全方位育人、全过程育人”工作体系。成立学生工作指导委员会，加强顶层设计，建立教学科研、思想教育和事务服务紧密结合的学生工作机制，促进教学与教育相结合。推进思想政治理论课教学改革创新。围绕服务学生成长成才，全面推行学生管理服务工作的扁平化、精致化。建立校院二级学习指导中心。整合资源，建立创新创业教育和自主创业的协同机制。完善以促进学生自主成长为目标的评价体系，推行学生年度发展报告制度。完善本科生导师、班主任工作制度，强化专业教师育人意识，将思想政治教育工作的业绩纳入专业教师考核聘任的内容。全面推进辅导员专业化、职业化发展。

### (三)深化学科和科研管理体制改革

坚持“顶天立地”战略，以国家和区域发展重大任务为牵引，深化科研体制机制改革，促进学科交叉融合，推动多种形式、多种类型的协同创新，调动教师科研积极性和主动性，不断提高自主创新能力、服务国家和区域发展的能力。

1.完善一流学科建设机制。建立学科准入机制和调整机制，构建符合学校目标定位、适应学科发展趋势、具备国际竞争力的新型学科体系。适应交叉学科生长和发展的需求，设立交叉学科、跨学科研究发展基金，建立教师校内合聘复聘、跨学科招收研究生、跨学科团队成果认定机制，通过专项基金扶持、研究生招生政策倾斜、学院资源横向转移支付等办法，大力促进学科交叉融合。实施“统筹支持一流大学和一流学科建设计划”，创新重点项目管理机制，提高学科核心竞争力。建立学科分类考评机制，对于长期建设没有进展、发展水平与学校目标定位严重不相称的学科，在经过论证后予以调整。

2.完善协同创新体制机制。以问题为导向，以国家重大需求和区域急需为牵引，以体制机制改革为核心，转变科研组织方式。突破学科和行政组织壁垒，充分释放人才、资本、信息、技术等创新要素的活力，大力推进校内学科之间，学校与兄弟高校、科研院所、行业企业、地方政府以及国外科研机构之间的协同创新，推进各级各类协同创新中心建设。设立校长专项基金，整合中央高校基本科研业务费等相关专项经费，持续稳定支持一批优秀人才和创新团队开展原创性、前沿性的自由探索。

3.创新服务发展模式。促进科技成果转化，创新校地校企战略合作模式和对接落实机制，改革科技成果产权制度、收益分配制度和转化机制，引导和支持师生与行业院所、骨干企业围绕行业重大需求开展协同攻关，在关键领域取得实质性突破，着力提升服务经济社会发展的能力、水平和实效。以服务党和政府决策为宗旨，创新组织形式和管理方式，打造一批在国内外有重要影响、具有中国特色的新型智库，更好地承担服务决策、传承文明、创新理论、咨政育人的使命。

4.改革科研评价办法。根据不同学科和不同类型科研活动特点，建立分类评价标准和方法，健全以质量为导向的科研评价机制。对创新性研究以代表性成果为评价重点，对技术转移、科技服务和科学普及等科技活动以经济社会效益和实际贡献为评价重点，对创新团队以解决重大科技问题能力与合作机制为重点进行整体性评价，合理认定和评价团队组成人员所做的贡献，要将高水平咨询报告等社会服务成果纳入评价体系。强化评价结果运用，在人才引进、职称晋升、岗位聘任和研究生招生等政策方面，建立相应的资源配置机制。

### (四)深化财务管理体制改革

围绕充分调动校院两级当家理财的积极性，扩大学院财务自主权，强化预算管理和财务监督，逐步建立责权利紧密结合的、透明高效的财务运行机制，形成“小河有水大河满”的良好局面，进一步增强财务综合实力，促进学校各项事业的持续健康发展。

1.完善财务管理体制机制。坚持和完善“统一领导、分级管理，财力集中、财权下放，权责一致、财事结合，分级报账、集中核算”的财务管理体制和运行机制。扩大学院财务自主权，理顺校院财务关系，完善校院两级财务管理体系。按照财事结合的原则，进一步下放财务权利和相应财务责任，学校逐步提高学生学费收入返还学院的比例，各类专项经费由学校直接下达到学院，国家财政捐赠配比按份额划归学院，调整创收收入分配政策，由学院根据教学科研发展目标，统筹使用经费。督促学院建立健全自我发展、自我管理和自我约束机制，努力增收节支、优化资源配置，提高资源使用效益。

2.完善绩效预算管理体制。坚持“量入为出、综合平衡”原则，建立绩效评价体系，科学编制综合财务预算，全面实施绩效预算管理，积极管理和平衡学校改革发展和运行的资金供求，做到事业发展与财力可能相匹配，发展规划与财务预算相衔接，建立“长期规划、绩效评价、年度调整、滚动实施”的管理机制。

3.加强财务管理与监督。探索建立科学规范、合理合规、简便易行的财务报销制度。加强财务监督和信息公开，确保资源配置和管理更加透明高效。改革科研经费管理办法，建立科研人员诚信和自律机制，保障科研健康发展。实行学院预决算管理和公开制度、预算执行分析制度、预算支出责任制度，形成以预算管理为主线，以资金管控为核心，以科学的风险评估为基础的资金监管体系。建立权责利相统一的绩效评价标准，加强学院财务监管。

### (五)深化资产管理体制改革

以优化配置和有效利用为核心，深化资产管理体制改革。规范对经营性资产和非经营性资产的管理，引入市场机制，创新资产经营管理模式，将资产管理与使用效益挂钩，进一步盘活学校资产，利用好、使用好学校的宝贵资源。

1.完善国有资产管理体制。建立“统一领导、归口管理、分级负责、责任到人”的管理体制，由国有资产管理委员会统筹管理监督学校各类经营性资产和非经营性资产，完善资产有偿使用制度，制定合理的资产使用标准和收费标准，确保国有资产的安全与完整，提升国有资产保值增值能力。开展资源使用效果和效益评估,资产配置与实际需求和使用效益挂钩,盘活存量、优化增量、避免浪费、提高效益。

2.全面推进经营性资产的市场化运作。强化资产经营理念,引入市场竞争机制,创新资产经营管理模式。坚持资产安全完整与提高效益相结合,加强经营性资产和出租出借资产管理。进一步厘清学校与投资企业的关系,运用现代企业制度,以产权管理为纽带,以国有资本的经营预算和收益上缴为切入点,建立科学的经营性资产考核管理体系,确保国有资产的保值增值。规范经营性资产管理,采取公开招标、拍卖、评估等方式,实现经营性资产的收益最大化。

3.改革房屋配置和管理办法。按照"分类管理、定额配置、有偿使用、绩效调整"的原则,建立公房资源配置标准,完善公房配置模式。学院用房实行有偿使用,定额内用房实行公益性收费,超额部分按照市场化租金收费,缺额部分给予市场化租金补贴。对公房使用开展绩效考核,根据考核结果定期调整定额用房面积。创新引进人才住房解决办法。改革引进人才的住房政策,实行货币化补贴制度。参照周边市场价格制定校内周转房租金标准,并全面提升周转房配置及物业服务标准。采取租补分离的方式,为新进人才提供四年租房补贴,由其自主选择校内周转房或校外房源。

4.建立和完善政府采购管理体制。按照政府采购法要求,建立政府采购工作归口管理机构,推行管采分离和采购结果信息公开。加强政府采购预算,健全政府采购管理制度,对政府采购全过程实施动态监管。充分运用信息化手段,提高政府采购管理效能,规范政府采购活动。

5.提高资源使用效益。建立健全学校公共设备平台运行和共享机制,促进和推动学科交叉融合。完善贵重仪器设备使用收费和收入分配机制,调动机组人员及课题组开放使用的积极性。实现贵重仪器信息共享、预约使用、实时监控、效益评价。推广合同能源管理,利用社会资金实施节能改造。健全学校能耗监管体系,完善能耗定额管理办法,建设节约型校园。

### (六)完善内部治理结构

确立学术管理和党政管理是推动学校发展的车之两轮、鸟之双翼的理念,以理顺和优化行政与学术、学校与学院的权责关系为重点,深化学校内部管理运行模式改革,激发校院两级办学活力,推进学校治理体系和治理能力现代化。

1.完善学术管理制度。建立学校、学部、学院三级学术管理体制,健全和维护以学术委员会为核心的学术管理体系和组织架构,充分发挥学部委员会在学科规划、教师评价、重点建设资源配置、学术咨询等方面的重要作用。完善学术委员会运行机制,规范工作流程,统筹行使好学术事务的决策、审议、评定和咨询等职权。理顺学院教授委员会和学术委员会的关系,规范学院学术组织运行。尊重并支持学术组织独立行使职权,凡属学术事务均由学术组织决策,行政机构配合或执行。

2.切实转变机关职能。按照学校重在提供校内公共服务的原则,明确机关部门职责,加快形成权界清晰、分工合理、权责一致、运转高效、法治保障的机关部门职能体系。推进简政放权,明确负面清单,减少审批事项,提高工作效率。加强和改善宏观管理,强化机关公共服务保障、发展规划制定、发展趋势研判、制度机制设计、跨部门统筹协调、对外沟通联络等职能。加强和改进机关工作作风,提升谋划运作、组织协调、抓好落实、监督管理和综合服务的能力和水平。

3.扩大学院办学自主权。坚持统一领导与分级管理相结合,落实并强化学院在事业规划、学科建设、队伍建设和干部管理、教学科研、学生工作管理、对外交流与合作、财务管理等方面的主体职责,实现权力两级运作。进一步扩大学院在学术管理、人事考核聘任、薪酬分配、财务统筹等方面的自主权,推动学院自主管理、自我约束、规范运行、加快发展。明确学校与学院的科学分工,学院能够自主决定、有效调节、自律管理的事项均由学院负责。实行院长任期目标责任制,推行学院的副院长、系主任由院长提名、按组织程序选任。

4.完善内部控制制度。严格执行"三重一大"集体决策制度,完善群众参与、专家咨询和集体决策相结合的议事决策机制。健全重大决策公示和听证制度,重要改革方案、重大政策措施、重点工程项目在决策前都要公开征求意见,并以适当方式公布意见采纳情况。加大内部审计工作力度,加强审计制度建设,完善审计工作机制，健全审计整改责任制。加强和改进巡视工作，强化对学院运行的监管，确保学院权责一致、内部运转规范有序。

## 三、组织领导

党的领导是学校事业发展的根本保证，是中国特色大学制度的集中体现。全面深化改革必须加强和改善党的领导，充分发挥党委总揽全局、协调各方的领导核心作用，以党的建设科学发展推动学校事业科学发展，为学校综合改革提供坚强有力的思想保证、政治保证和组织保证。

### （一）加强综合改革的组织领导

成立厦门大学综合改革领导小组，由学校党委书记和校长共同担任组长，全面负责学校综合改革的顶层设计、整体推进、督促落实。实行分管校领导负责制，分管校领导对分管领域的改革任务和改革推进情况直接负责，相关责任部门要增强执行力，确保综合改革任务分解落实到位。加强宣传引导，大力营造凝心聚力的改革发展环境。

### （二）充分发挥党组织的保障作用

加强党对改革事业的领导，以改革创新精神加强学校党的思想、组织、作风、反腐倡廉和制度建设，加强管理队伍、人才队伍和党员队伍建设，加强和改进思想政治工作，努力探索学习型、服务型、创新型党组织的建设机制。坚持和完善党委领导下的校长负责制，健全完善党委全委会、党委常委会、校务会议工作机制和议事规则。充分发挥党委的领导核心作用、基层党组织的战斗堡垒作用和党员的先锋模范作用，在全体党员特别是党员干部中牢固树立勇于担当的精神、改革创新的意识和干事创业的拼劲闯劲。严格党的纪律，推进纪检监察体制改革，积极落实党委的主体责任和纪委的监督责任，强化一岗双责，坚定不移地惩治腐败，为深化综合改革提供有力保障、营造良好氛围。

### （三）充分发挥师生员工的主体作用

坚持民主参与，团结各方力量，最大限度地集中各方面的智慧，凝聚全校师生员工的共识。加强教职工代表大会建设，拓宽民主决策、民主管理、民主监督的渠道和途径。巩固加强党的统一战线，大力支持各级人大代表、政协委员、民主党派人士和党外知识分子为学校改革发展建言献策、贡献力量。坚持党的群众路线，加强对工会、共青团、学生会、妇委会等群众团体的领导，充分发挥他们联系群众的桥梁和纽带作用。发挥关工委和涉老组织在学校建设和育人中的积极作用。加强校友工作，凝聚校友力量。紧紧依靠广大师生员工，充分调动一切积极因素，齐心协力推动改革，努力开创发展新局面。

## 四、支持保障

### （一）积极争取进一步落实办学自主权

请求教育部支持学校突破有关政策法规中已经过时的和不符合实际的条款与规定，及时协调解决学校深化综合改革进程中出现的新情况新问题。

请求教育部下放行政审批权限，允许学校依法自主确定招生规模、招生类型、一级硕博士学科和专业学位授权点、本科专业设置等；允许学校按照现有的学位授予门类，自主颁发本科双专业毕业证书、研究生双硕士学位证书。下放国有资产处置权，对学校拥有管理权限的资产以转让、出租等方式取得的收入留归学校自主支配，用于学校人才培养和科学研究。下放教育收费的定价权，探索实行完全学分制，允许学校按学分收费；对学校科研收入给予税收优惠政策。

### (二)积极争取教育经费投入稳定增长

请求教育部为学校实施综合改革提供专项经费支持,确保各项改革工作正常推进。建立各类经费投入稳定增长机制。综合考虑学校办学质量和所处地理位置,结合经济发展与物价水平,调整给予学校的教学经费、基建经费、教职工工资补贴等各类拨款标准。

### (三)积极争取地方政府加大共建经费投入

请求教育部与福建省、厦门市建立重点共建厦门大学的常态化机制,除对学校正常的各类教育经费安排及国家重大专项经费的配套经费之外,依据学校办学质量和发展需要,给予学校专项经费支持。

### (四)积极探索建立政府与学校绩效考评制度

请求教育部在核准学校发展战略规划的基础上,与学校签订以核心功能目标和关键绩效指标为主的绩效协议。教育部根据核准的绩效协议对学校进行一次性的预算划拨,学校每年向社会公布年度报告和绩效目标完成情况。

### (五)积极争取综合改革所需的配套政策支持

本方案经国家原则批准后,属于教育部职权范畴的,由教育部解决;属于中央及地方其他有关部门职权范畴的,由教育部会同相关部门及地方协调解决;对于其他需要突破现有政策法规的,由国家教育体制改革领导小组研究决定。

全校师生员工要把思想和行动统一到学校深化综合改革的决策部署上来,坚持解放思想、改革创新、坚定自信、奋勇争先,坚定不移地推进各项改革,朝着全面建成世界知名高水平研究型大学、跻身世界一流大学行列的目标奋勇前进,为实现国家富强、民族振兴、人民幸福的伟大中国梦而不懈奋斗!

——本文摘录自《厦门大学年鉴2016》,厦门大学出版社,2016年6月版

# 厦门大学 2015 年工作计划要点

（2015 年 3 月 10 日）

2015 年是全面完成学校“十二五”规划的收官之年，也是学校全面深化综合改革的开局之年。2015 年学校工作的总体要求是：深入学习贯彻党的十八大和十八届三中、四中全会精神和习近平总书记系列重要讲话精神，深入落实“四个全面”战略布局，以深化学校综合改革为主线，全面落实从严治党要求，坚持立德树人，推进依法治校，凝聚力量、攻坚克难、开拓创新、务求实效，不断提高教育质量和办学水平，加快推进世界知名高水平研究型大学建设，为全面建成小康社会做出新的更大贡献。2015 年主要工作如下：

## 一、加强学校党建工作，为深化学校综合改革提供坚强保证

1.加强理论武装。落实思想建党要求，继续依托中心组、党校和理论报告员队伍等平台，邀请校内外专家学者、党政领导做辅导报告，持续深入开展学习贯彻党的十八届三中、四中全会精神和习近平总书记系列讲话精神理论宣讲和专题研究。学习贯彻习近平总书记在第 23 次全国高校党建工作会议上的重要批示精神，组织学习全国“两会”精神，深入开展中国特色社会主义和中国梦宣传教育，进一步增强师生员工中国特色社会主义的道路自信、理论自信、制度自信。召开全校宣传思想工作会议，构建宣传思想工作大格局，推进我校宣传思想工作出新成果、新实效。

2.巩固和拓展教育实践活动成果。持续抓好领导班子和领导干部民主生活会整改方案落实，组织开展整改情况“回头看”和专项检查。总结用好教育实践活动有效机制，深化“四风”整治，持之以恒贯彻执行中央八项规定，形成作风建设新常态。建立机关行政部门专题工作联席会议制度，强化部门协同，提高行政效率，打通抓落实的“最后一公里”，突破“中梗阻”，确保学校综合改革决策部署落地见效。继续组织校级领导班子和中层干部理论务虚会，组织机关干部论坛，加强对一流大学建设的研讨。

3.加强领导班子和干部队伍建设。按照上级部署，在领导干部中深入开展“三严三实”专题教育，把“三严三实”要求贯穿于班子建设全过程，教育领导干部自觉践行“忠诚、干净、担当”要求。贯彻落实中央文件精神，制定坚持和完善党委领导下的校长负责制实施办法，健全“三重一大”制度，完善决策机制和议事规则。依据中央有关加强和规范党内政治生活的要求，推动党员干部严格按照党内政治生活准则和党的各项规定办事，讲政治、讲原则、讲规矩。严格执行领导干部个人有关事项报告制度。贯彻“好干部”五条标准，严格干部选拔任用工作，改进干部考察办法，从严把好选人用人关。进一步推动干部多岗位轮岗交流和挂职锻炼，推动处级干部轮岗交流，研究实施正科级干部交流轮岗工作，做好外派（挂职）干部的选派以及协调服务和跟踪考察工作。创新年轻干部培养选拔方式，抓好能力建设，打好培养选拔基础。落实《厦门大学 2013—2017 年干部教育培训规划》，抓好干部教育培训和基层党组织负责人轮训工作，为各级领导干部创造更多理论学习与实践锻炼的机会，不断提高干部队伍把握大局、推动发展的能力和水平。

4.加强基层党组织和党员队伍建设。坚持思想建党和制度治党紧密结合，认真落实从严治党要求。研究修订《厦门大学基层党委、党总支管理暂行规定》，开展基层党委（党总支）负责人抓党建工作述职、评议、考核，强化书记管党治党责任，推进党建工作责任制落实。开展基层党组织状况调查，推广优秀基层党组织工作经验，抓好薄弱基层党组织提升工作，推动基层党组织进一步提升创造力、凝聚力、战斗力，促

进党组织政治功能的增强和作用发挥。加强党支部制度建设，修订《中共厦门大学委员会关于进一步加强和改进党支部工作的若干意见》。贯彻落实中央《关于加强基层服务型党组织建设的意见》，深化基层服务型党组织建设，持续开展党支部“共建共创”工作和“立项活动”。挖掘党建工作亮点品牌，开展支部好案例、书记好党课、党员好故事“三个好”活动，充分发挥优秀典型带动引领作用。加强党员队伍建设，落实党员党性定期分析、“三会一课”等党内生活制度，加大在学科带头人、优秀青年教师中发展党员工作力度，开展发展党员工作年度检查。推进党内民主建设，进一步落实党代表常任制，健全党代表联系党员群众、参与重大决策的机制。认真开展学校党组织成立90周年庆祝活动各项筹备工作。

5.抓好反腐倡廉建设。贯彻落实十八届中央纪委五次会议精神，把守纪律讲规矩摆在更加重要的位置，严格执行党的政治纪律、组织纪律、财经纪律、工作纪律和生活纪律等各项纪律，把遵守党章、党的纪律、国家法律法规和党长期以来形成的优良传统等党的规矩融入学校各项教育改革之中，确保中央政令畅通和学校党政决策决定落到实处。抓好党风廉政建设主体责任和监督责任落实，强化问责工作，将党委主体责任落实到领导班子每位成员具体工作职责中，推动各院党委(党总支)书记切实担当起“第一责任人”职责，各级领导干部按照“一岗双责”的要求抓好业务范围内的党风廉政建设工作。加强和改进对各级领导干部和教师行使权力的制约和监督，继续加强对重点部位和关键环节的监管，重点深化基本建设(修缮)、物资(设备)采购、招生考试、科研经费、后勤等方面的监督检查。加强校园廉洁文化建设，把党风廉政建设融入学校立德树人的根本任务之中。

6.加强统战、工青妇、离退休和校友工作。落实中央《关于加强和改进党的群团工作的意见》，加强对群众团体的领导，进一步发挥好他们的桥梁和纽带作用，支持和服务学校发展。召开第七届教职工代表大会，做好妇委会换届工作。指导帮助各民主党派、统战团体加强自身建设，加强党外后备干部队伍建设，支持党外人士为学校改革发展献计出力。充分发挥学生组织、学生社团的作用，支持他们自主开展工作。进一步做好离退休教职工服务管理工作，推进涉老组织建设，发挥关工委和“五老”在学生教育培养工作中的积极作用。做好校友总会理事会换届工作，继续推动各地校友会建设，实现福建省内地级市校友会全覆盖，计划成立法国、德国，以及贵州铜仁校友会。做好教育发展基金会理事会换届工作。

## 二、坚持立德树人，加强和改进思想政治教育工作

1.加强师德师风建设。严格执行《高等学校教师职业道德规范》和《教育部关于建立健全高校师德建设长效机制的意见》(“红七条”)，制定出台《厦门大学教职工违规处分管理办法》，建立健全师德建设长效机制，严肃查处违反师德行为和学术不端行为，从源头上遏制师德失范现象。完善和落实校党委《关于加强和改进师德师风建设的若干意见》，按照“四有”标准，着力加强和改进教师思想政治工作，理顺领导体制和工作机制，强化抓手和载体建设，努力造就一支高素质教师队伍。

2.深入学习践行社会主义核心价值观。完善长效工作机制，推动社会主义核心价值观融入教育教学、社会实践、文化育人、制度建设、研究传播。深入实施“思想政治理论课教学质量提升工程”，围绕“上好每一堂课”，坚持把“讲好中国故事”贯穿思想政治理论课教育教学始终。深入开展“爱学习、爱劳动、爱祖国”教育活动，继续推进“我与中国梦”“感恩・责任・奉献”“让校园更美好”等系列主题实践活动，启动社会主义核心价值观名师大讲堂。选树一批成长成才、教书育人、管理服务、道德模范典型，大力宣传新时期校园和身边的好人好事，用先进人物的先进事迹感染师生员工，凝聚更多向上向善的正能量。

3.加强校园文化建设。大力推进校园文化精品建设，启动百年厦大精神文化总结工程，出版《陈嘉庚读本》等一批校史研究成果，组建百年厦大精神文化宣讲团深入宣传校史校训和“四种精神”。组织《哥德巴赫猜想》参加“共和国的脊梁——科学大师名校宣传工程”全国巡演。组织开展高雅艺术进校园活动，建立知名艺术家驻校机制，广泛开展“礼敬中华优秀传统文化”系列活动。继续推动“三走”群众性体育活动深入开展，评选“百炼之星”，营造良好体育锻炼氛围。进一步推动翔安校区校园文化建设，使校区文化氛围更为浓厚、更具品位。加强校园公共区域文化建设，提升校园环境综合治理水平，建设品位更加高

雅、环境更为优美的魅力校园。

4.加强校园网络文化建设和管理工作。进一步推动"易班"校本化建设和"i 厦大"轻应用开发，充分发挥微信、微博等新媒体在校园网络文化建设中的作用。进一步丰富校园网络文化内容供给，重点建设教育部"E 维"网络文化工作室，扶持一批校级网络文化工作室，推动学生网络文化产品的创作、孵化和推广。加强网络宣传员队伍建设，做好"青年网络文明志愿者"招募工作，引导师生在网络上主动弘扬正能量。完善网络安全教育工作体系，强化师生网络安全意识。

5.提高学生教育管理服务科学化水平。健全学生工作体制机制，推动成立"学生工作指导委员会"，落实全员育人、全过程育人、全方位育人。全面推进就业创业工作，搭建学生创业教育与服务平台，进一步提升就业创业质量。改善心理健康教育与咨询中心软硬件条件，制定《关于进一步加强和改进厦门大学学生心理健康教育工作的实施意见》。着力提高经济资助的育人功能，引导受资助学生积极参与勤工助学、志愿服务等活动。充分发挥学生事务大厅功能，建设网上学生办事大厅系统，开通"马上办"热线。提高学生公寓管理与服务精细化水平。继续修订完善辅导员队伍建设系列文件，系统推进辅导员队伍职业化、专业化建设。

6.切实维护校园稳定。贯彻落实中办发〔2014〕59 号文件，严格落实意识形态工作责任制，强化课堂教学管理，严格执行教师聘用、教学考核、教材使用和教学过程督查制度，加强对各类讲座、论坛管理，落实"一会一报"制度。严密防范宗教渗透，做好防范抵制邪教工作。全面启动"平安校园"等级创建工作，推进校园安全标准化建设提升工程，创新校园安全管理，创建平安、和谐、有序校园。进一步加强游客入校管理和校园道路交通管理，落实科研安全生产制度和各级领导干部保密工作责任制，加强防灾减灾能力建设，提升消防安全管理水平。完善网上舆情引导互动机制和舆情应急处置机制，做好信息直报点工作，妥善应对网络突发事件。加强警校合作，进一步加强与大学路派出所的合作，形成合力保平安。持续推进校园环境和周边秩序管理，推动省、市齐抓共管的工作机制，创造文明和谐的校园及周边环境。

## 三、落实综合改革方案，科学谋划"十三五"规划

1.认真落实综合改革方案。制订《厦门大学综合改革方案》分解实施方案和具体的路线图、时间表，综合施策，有序推进各项改革目标任务。分管校领导对分管领域的改革任务和改革推进情况直接负责，增强执行力，确保改革任务分解落实到位。加强统筹协调，做好评估论证，及时协调解决改革进程中遇到的新情况新问题。加强宣传引导，积极争取支持，大力营造凝心聚力的改革发展环境。

2.完善内部治理结构。全面实施《厦门大学章程》，建立完善与章程相互衔接、协调配套的制度体系。成立校务委员会，增进科学决策、民主管理和社会参与。加强学术组织建设，制定学部委员会章程和议事规则，建立和完善学校、学部和学院三级学术管理体系。扩大学院办学自主权，激发学院办学活力。转变机关职能，提高行政效能。加强内部控制制度建设，促进学校规范有序运转。

3.科学编制"十三五"规划。开展学校"十二五"规划执行情况总结和评估。加强学校改革发展重大问题的研究，提高规划编制的科学性、前瞻性、操作性。编制学校"十三五"规划，形成学校总体规划、专项规划和学院规划相互支撑的规划体系，提升通过规划对学校各项工作进行宏观指导和统筹推进的能力。制订规划分解实施方案，建立重点建设项目库和项目清单，明确责任主体、工作进度和资源配置，切实推动项目落地和规划落实。

## 四、深化人才培养机制改革，不断提高人才培养质量

1.深化本科生培养模式改革。深化招生制度改革，完善自主招生工作，规范艺术特长生等特殊类型招生工作。全面优化大类招生、大类培养的人才培养模式改革。继续实施本科教学工程，深入实施基础学科拔尖学生培养试验计划、卓越教育计划等多模式专业综合改革。做好迎接教育部本科审核评估，借

助联合国“高等教育内部质量保障优秀原则和创新实践项目”建设，完善校内质量保障和监控体系。继续推进小班化教学，全面加强课堂教学等各环节管控，推进大类平台课程建设和通识教育课程建设，建设一批大类平台课程和核心通识课程。完善学分制管理制度，推行按学分收费制度。试行学院与书院结合制度，建立专业导师与书院导师双导师制度。完善教师教学能力培训机制，加强青年教师教学培养。建立基本教学工作量制度和教学超工作量的激励制度。改革教学经费分配制度，建立以学生规模和教学工作绩效考核相互结合的教学经费分配制度。充实和完善短学期教学安排，打造短学期学生实践学习、自主学习、探究学习平台。改革学业评价机制，促进学生全面发展。组织召开全校体育工作会议、学生学业竞赛表彰大会。

2.深化研究生培养模式改革。加强学术型研究生培养，实施学术学位研究课程建设计划，促进课程学习和科研训练的有机结合，完善中期考核选拔制和硕博连读机制改革。加强应用型研究生培养，启动专业学位研究生培养方案修订工作，推进分类培养，加大专业学位实践教学比重，建立一批稳定的实践基地。深化研究生导师制改革，实施青年研究生导师培育计划，完善导师组制度，加大聘请兼职导师力度，建立研究生导师选聘与分类考核评价制度。加强研究生培养质量监控机制建设。

3.推动课程建设和教学资源共享。打通研究生与本科生的统一教务信息管理平台和课程资源共享平台，推动本硕博跨学科、跨专业、跨层次自由选课。推进每个学院试点两个左右全英文授课硕士项目和本科专业。推进厦门大学课程中心平台建设，加强网络课程建设，上线第一批示范性网络课程。启动MOOC(慕课)建设，探索承认MOOC学分的机制和办法。加强校企合作，组织并开发覆盖全校的本研案例教学库。

## 五、深化科研体制机制改革，努力提升自主创新能力

1.推进科研管理体制改革。创新科研组织模式，由注重单一的“跑项目”转变为更加注重挖掘潜力，提升内生创新力，培育重大项目，加强项目执行与成效管理。加强学科交叉，组织“嘉庚科技论坛”，搭建多学科交叉合作的平台。改革科研评价办法。根据不同学科和不同类型科研活动特点，建立分类评价标准和方法，健全以质量为导向的科研评价机制。

2.加强科研平台建设。继续做好各级协同创新中心的培育及国家级、省级协同创新中心的认定，力争再申报2～3个国家级协同创新中心并力争获得认定，申报若干省级协同创新中心。做好近海海洋环境科学国家重点实验室评估工作。推动福建省海洋生物制备技术工程实验室申报国家地方联合工程实验室，做好教育部、省级平台评估验收工作。集中力量培育若干个国家级新型智库。

3.积极争取科研项目。围绕国家中长期科学技术发展规划和创新目标，结合学校优势，引导和培育一批重大科研项目。根据国家科技计划管理体制机制改革精神，力争承担更多国家自然科学基金、国家科技重大专项、国家重点研究计划、国家社科基金重大重点项目。加强研保项目管理力度，确保项目按计划实施。

4.积极争取科研经费。力争实现2015年到位科研经费12亿元的目标，其中理工医科10亿元，人文社科2亿元。加强科研经费管理，强化审核机制，确保科研经费的使用规范有序。

## 六、深化拓展战略合作，提升社会服务水平

1.创新战略合作模式和对接落实机制。找准重点，优化布局，继续拓展学校战略合作工作。积极协调推动各项战略合作的落实，制定对外合作管理办法，调动学院开展对外合作、争取办学资源的积极性，提升合作实效。

2.积极服务福建经济社会发展。研究制订新一轮服务福建科学发展跨越发展和“美丽厦门”行动计划，增强服务福建、服务厦门实效，提升学校在区域发展中的贡献度和影响力。积极推动与厦门市共建附

属医院、附属国际学校工作，力争附属翔安医院、附属演武医院尽快开工建设，建好“厦门大学中国(福建)自贸区研究院”，更好服务地方经济社会发展。

3.加强科技成果转化和决策咨询服务。健全科技成果转化激励机制，探索科研项目提出、试验、转化为一体的大科研体系，大力推动福建省2015年重点建设项目——厦门大学国家大学科技园主园区建设，加强产业技术研究院建设。围绕服务我国经济建设新常态、推进依法治国、“一带一路”倡议和自贸区建设等新阶段国家及区域重大战略需求，加强对策研究，为党委和政府提供高质量决策咨询服务。

## 七、完善一流学科建设机制，提高学科核心竞争力

1.打造一批一流学科。以“中国特色、世界水平”为导向，加强顶层设计和统筹协调，做好“统筹支持一流大学和一流学科建设计划”的建设规划和项目立项工作，着力打造一批一流学科，全面提升学科整体水平和国际竞争力。推动教育部、福建省和厦门市签署新一轮重点建设共建协议，积极争取重点共建资金支持。完善项目责任机制、资源配置机制、考核评价机制，创新重点建设项目管理模式和资金管理办法，建立长期规划、稳定支持、分年实施、动态调整、信息公开、绩效考评的项目管理机制。

2.优化学科结构和布局。加强医学教育，召开全校医学教育工作大会，力争实现医学学科博士授权点的突破。做好设立口腔医学专业的目录申报工作。组建航空航天学院。设立艺术设计系。

3.加强学科评估。健全学科自我评估、国内同行评估与国际同行评估相结合的评估机制，对学科的国际地位进行全面评估，梳理各学科的发展水平和状况，进一步完善学科建设规划。

## 八、深化人事分配制度改革，营造人才发展的良好氛围

1.编制人才团队建设规划，继续做好教师公开招聘工作。在对现有人才队伍进行自我诊断、自我评估的基础上，掌握各类人才需求的数量、结构、素质要求，围绕学科发展重点，加强宏观管理，编制分学科的人才团队建设规划。坚持外引内培，持续深化“两个一百”战略，制订“南强青年拔尖人才支持计划”，加大“国际化师资培养与储备计划”的海外基地建设，努力打造一批高水平创新团队。创新人才招聘形式，进一步完善教师公开招聘制度，科学制定教师选聘标准和选聘程序，深入国际国内人才市场掌握人才信息，吸引一批优秀人才来校工作。

2.完善考核评价体系，深化聘任聘用制度改革。按照人才成长规律，科学设计不同年龄阶段教师的考核权重及评价标准，不断强化第三方评价、同行评价等学术评价方式，建立健全公平合理、有约束力的评价体系。进一步完善“院长提名—教授委员会评议—学部委员会审议”的聘任聘用制度，科学设计终身教职准聘制度和校内合聘制度。

3.深化薪酬和社会保障制度改革。改革薪酬激励机制，根据业绩和贡献分层次、分学科确定薪酬标准，逐步建立有竞争力的薪酬体系；根据国家事业单位养老保险的改革进程，稳步推进学校的社会保障制度改革；改革博士后薪酬制度，提高博士后的收入待遇，吸引更多优秀博士毕业生来校工作。

4.加大高层次临床医学人才引进力度。认真调研了解全国三甲医院医师资源，根据医学人才特点，加大力度、主动出击，统一招聘、广辟渠道，遴选和“猎取”一批优秀临床医学人才，为附属医院建设做好人才引进与储备。

## 九、进一步提升国际化水平，加强国际及台港澳地区交流合作

1.加快推进马来西亚分校建设。进一步做好马来西亚校区基本建设、管理团队组建和其他保障工作，力争保质保量按时完成一期工程建设并尽快投入使用。凝聚海内外各界和校友力量，争取各种资源支持分校建设。尽快启动分校师资招聘工作，采取多种方式招揽高素质、有爱心的师资。举全校之力支

持办好马来西亚分校,争取能够按计划开学。

2.加强孔子学院建设。完善孔子学院评估体系,加强标准化体系建设,推动孔子学院内涵式发展和教学、管理质量提升。加快推进孔子学院院长学院建设。

3.加强国际及台港澳地区交流合作。进一步落实"G50 战略伙伴计划",将布局全球的 50 所重点高水平研究型大学作为我校长期稳定的战略伙伴高校,重点推进以项目为引导的实质性合作。做好厦门大学纽卡斯尔联合学院筹建工作,推进在能源、海洋科学、生物医学、经济与管理、人文学科、信息科学、建筑与规划等领域开展科研合作和博士生联合培养。积极开展对台港澳地区科技文化交流,办好第五届"山海论坛"和第十一届"两岸大学生闽南文化研习夏令营"。

## 十、进一步改善办学条件,提高资源的使用效益

1.加强财务管理和监督。扩大学院财务自主权,理顺校院财务关系,完善校院两级财务管理体系。督促学院建立健全自我发展、自我管理和自我约束机制,努力增收节支、优化资源配置,提高资源使用效益。建立绩效评价体系,科学编制综合财务预算,全面实施绩效预算管理。加强财务监督和信息公开,确保资源配置和管理更加透明高效。认真执行《厦门大学关于加强内部审计工作的意见》,落实审计工作联席会议制度,提升审计工作实效。

2.加快推进基本建设项目和修缮项目。保质保量按期完成思明校区勤业餐厅改扩建、翔安校区教工俱乐部、国际学术交流中心、分子影像大楼和东山海洋实验与观测站 1 号楼等在建项目的建设,做好建南大会堂、成义楼等文保建筑修缮,完成颂恩楼、南光三调整改造和新闻实验楼修缮;全力推进思明校区演武运动场改建、附属演武医院和翔安校区汉语国际推广南方基地、继续教育学院、综合体育馆、石墨烯工业技术研究院大楼、航空航天大楼、植物园等项目的前期工作,争取早日开工建设;全面启动翔安校区学生公寓三期、综合实验楼等拟建项目的立项申报工作。

3.加强资产管理和征地拆迁工作。成立国有资产管理办公室,改变国有资产多头管理现状。推进产权登记工作,完备产权登记资料。规范资产使用和处置行为,推进漳州校区资产处置工作,做好翔安校区建设项目的资产移交工作,完成大学城、西北村车位租赁使用权委托拍卖。加强公房管理,调整公房资源使用费标准。改革引进人才的住房政策,实行货币化补贴制度。完善思明校区功能布局,积极稳妥推进海韵园二期等项目的拆迁工作,进一步缓解思明校区内的核心教学区日益拥挤的状况。

4.加强校园信息化建设。加强信息基础设施集约化建设,建成全校公用的数据中心和云存储平台。启动全校工作流引擎系统建设,优化网上办事流程。整合数据资源开发事业统计、学术信息等管理系统,为学校科学决策与管理提供基础数据和信息技术支撑。

## 十一、采取有效措施,进一步改善民生

1.进一步改善教职工住房条件。加快推进海韵北区安置房交房工作。与厦门市政府协调,积极争取购买翔安区已建成的一批安置房,落实洋唐保障性人才房 400 套,争取将部分老旧住宅纳入棚户区改造政策覆盖范围。进一步增加周转房房源,提升周转房的装修、管理与服务质量。

2.进一步提高教职工工资待遇。通过建立工资正常增长机制,想方设法提高教职工工资收入,进一步拉近我校与一些国内一流大学教职工以及与厦门市同级公务员之间的工资收入差距。

3.提高教职工医疗互助保障水平和福利待遇。在继续为全校教职工办理厦门市总工会职工医疗互助保障的基础上,成立厦门大学教职工大病互助基金。设立专项工会经费,进一步提高教职工福利。

4.加强职工夜校建设,总结办学经验,完善办学条件,丰富培训课程,为全校教职员工终身学习提供更好服务。

5.进一步加大对家庭经济困难学生的勤工助学投入,提高勤工助学经费提取比例和劳酬标准。

## 十二、积极谋划、认真筹备建校95周年庆祝活动

积极筹备建校95周年庆祝活动。本着隆重而又简朴的原则，积极谋划校庆主题，征集校庆活动方案，加强宣传和联络工作，广泛征求海内外校友、社会各界和师生员工的意见和建议，集思广益、群策群力筹备好95周年校庆活动。通过举办95周年校庆活动进一步弘扬嘉庚精神、展示办学成就、积蓄各方力量、追逐百年梦想。

——本文摘录自《厦门大学年鉴2016》，厦门大学出版社，2016年6月版

# 厦门大学2015年度工作报告

(2016年2月26日)

2015年,厦门大学党委深入学习贯彻党的十八大和十八届三中、四中、五中全会精神和习近平总书记系列重要讲话精神,深入落实"四个全面"战略布局,以内涵发展、质量提升为主线,以深化综合改革为动力,落实全面从严治党要求,坚持立德树人,推进依法治校,狠抓作风建设,以严的精神、实的态度进一步解放思想、改革创新,不断提高教育质量和办学水平,加快推进世界知名高水平研究型大学建设,学校各项事业取得了新的发展,"十二五"规划胜利收官。4月22日,李克强总理视察我校,带来了以习近平同志为核心的党中央对我校广大师生的亲切关怀,为学校进一步做好各项工作指明了方向、增添了动力。

## 一、全面加强学校党的建设和思想政治工作,为深化学校综合改革提供坚强保证

### (一)加强理论武装

深入开展学习习近平总书记系列讲话精神理论宣讲和专题研究活动,学习贯彻总理来校视察重要指示精神,深入学习第23次全国高校党建工作会、教育部直属高校第25次工作咨询会和中央一系列重要会议精神,引导广大党员干部和师生员工深入领会精神实质。召开全校宣传思想和文化建设工作会议,总结成绩,分析形势,研究部署当前和今后一个时期学校宣传思想和文化建设工作。举办6次校党委中心组学习、8期党校学习班、3期党校名家讲坛,4100多人次参加学习。

### (二)深入开展"三严三实"专题教育

根据中央和教育部党组部署,认真实施学校"三严三实"专题教育方案,巩固和深化群众路线教育实践活动成果,党政主要领导干部带头讲党课,开展3次专题学习研讨,赴东山实地开展谷文昌精神教育,成立督查组指导各单位开展好专题教育。召开11场座谈会,广泛征求师生员工对党员领导干部和学校"三严三实"专题教育的意见建议,在此基础上严肃认真开好学校领导班子和全校各单位专题民主生活会。"三严三实"专题教育有序开展并取得实实在在成效。

### (三)加强领导班子和干部队伍建设

出台《厦门大学"三重一大"决策制度实施办法》,进一步完善校党委、校行政决策机制和议事规则,推进科学决策、依法治校。做好中组部来校进行校级领导后备干部推荐及班子运行情况调研工作,完成校级领导班子和领导干部年度考核述职、个人有关事项报告、社会兼职报批,以及选人用人"一报告两评议"工作。完成28位中层干部选任、调整,3位聘任制学院院长聘期考核工作。完成90位科级干部选任、调整,7个系级单位负责人选任批复、4个科研平台负责人选任,辅导员、党政管理人员、马来西亚分校行政人员选聘工作。选拔7位优秀青年教师到机关职能部门挂职锻炼,推荐1位教师参加中组部组织选派的第16批博士服务团,选派9位干部、教师到新疆、厦门市、西藏民族学院挂职,接收12位外校干部来校挂

职，做好孔子学院中方院长的选聘工作。选派36位干部、教师参加各类学习培训。举办4期机关干部论坛，开展首届机关优秀工作案例征集活动。开展全校处级干部人事档案专项审核工作。

### (四)加强基层党建工作

召开基层党组织建设经验交流暨党支部工作"立项活动"优秀成果表彰会。开展基层党委(党总支)负责人抓党建工作述职评议考核工作，强化书记管党治党责任。深入开展基层党建工作调研，认真排查薄弱基层党支部，做好整改提升和巩固成果工作。做好4个党总支升格为党委和指派翔安校区党工委委员工作。实施年度发展党员指导性计划，全面开展全校发展党员工作自查及检查，共发展党员2032名。做好教工党支部书记及大学生新党员教育培训和聘请第二批特邀党建组织员有关工作，开展校领导到基层党支部讲党课活动。选树学校党建工作亮点品牌，推出成长成才、教书育人、管理服务和道德模范典型。成立学校党史校史工作委员会，加快推进革命史展馆建设，认真筹备学校党组织成立90周年庆祝活动。

### (五)加强党风廉政建设和反腐败工作

深化"四风"整治，持之以恒贯彻执行中央八项规定，推动形成作风建设新常态。组织党员领导干部集中收看教育部关于违反中央八项规定典型案例通报视频会，召开学校贯彻落实视频会精神专题会议和校领导班子专题民主生活会，制订并实施学校落实视频会议精神开展专项检查工作任务分解实施方案，在全校范围内组织开展15个方面专项检查整改工作。出台《厦门大学国内公务接待管理实施办法》《厦门大学党政领导干部外出请假暂行办法》《中共厦门大学委员会关于对党员领导干部进行提醒、函询和诫勉的实施细则》，做好处级以上领导干部行政办公用房、公务用车清理整改工作，配合做好教育部开展的直属高校基本建设规范化管理、国内公务接待经费以及国有资产管理专项检查，认真开展自查与整改工作。认真落实党风廉政建设责任制和"一岗双责"，出台校党委关于落实党风廉政建设主体责任、监督责任的实施细则。召开新上岗副处级以上干部集体廉政谈话会，深入开展《中国共产党廉洁自律准则》和《中国共产党纪律处分条例》学习。加强对重点部位关键环节的监督，改进监督方式，做到事前看报告、事中有抽查、事后有备案，严把程序关，督促及时公开。坚持有案必查、有腐必惩，进一步做好查信办案工作，相关案件已经调查、审理结束，进入组织处理阶段。严肃查处违规违纪行为，本年度新立案3件，与其他职能部门共同办案3件，共结案6件，给予党纪处分6人，政纪处分4人；初步核实后提醒处理2人，立案后诫勉处理1人。开展毕业生离校前廉洁教育，举办"廉政大讲坛"、廉政文化作品大赛、首届廉政文化创意设计大赛、廉政治理现代化主题征文、廉政橱窗作品展示、"清风颂廉"主题迎新年文艺晚会等廉洁文化系列活动，组织处级领导干部赴厦门市廉政教育基地接受教育。

### (六)加强师德师风建设

加强师德教育，树立优秀教师典型，开展第三届"我最喜爱教师"评奖活动。编撰出版《我的厦大老师》，透过校友笔触重温教泽师恩，在师生和校友中引起强烈反响。召开纪念卢嘉锡同志100周年诞辰座谈会，缅怀卢嘉锡的爱国爱校情怀和为人为学的高尚品德。研究制定《厦门大学建立健全师德建设长效机制实施办法》《厦门大学教职员工处分暂行规定》《厦门大学学术不端行为处理暂行办法》。组织新进教职工入职培训活动，在新进教师"第一堂课"上举行书记院长引荐勉励仪式，按照"四有"标准，着力加强和改进教师思想政治工作，努力造就一支高素质教师队伍。在"第二届全国高校微课教学比赛"评选中获特别奖1项，二、三等奖各1项，在第十五届全国多媒体课件大赛中获得高教组一等奖2项、优秀奖3项。

### (七)加强大学生思想政治教育

认真组织收看纪念中国人民抗日战争暨世界反法西斯战争胜利70周年阅兵式，组织烈士纪念日系列纪念活动，举办《黄河大合唱》交响音乐会等庆祝活动，开展"感恩·诚信·励志"教育。加强思政教育理论课实践教学基地建设,先后在宁德、恩施、固原等地成立教学基地。深入开展社会实践和志愿服务,在第二届中国青年志愿服务项目大赛中获得金奖。推进网络思政平台建设,加强网络文化工作室建设,举办首届校园网络文化节,继续做好"i厦大"App新版本开发和"易班"推广建设工作,成功承办全国高校网络文化建设工作交流推进会,获评"易班全国共建工作先进单位"、"2015年度教育系统新媒体综合力十强"之一。做好第五期马研班、"自强思源"优秀学生培养计划有关工作,入选首批28家"青马工程"全国研究培训基地(高校)。加强创新创业教育与服务力度,开展大学生ETC创业培训,组织学生参加首届中国"互联网+"大学生创新创业大赛,开展科技学术节、"青年学子名企行"等活动,以"众筹"模式拓宽学生创业渠道,我校加入"中国高校创新创业教育联盟"并入选首批50家"全国高校实践育人创新创业基地",获评全国高校创业教育研究与实践先进单位称号,《教育部简报》专门报道我校开展创新创业教育情况。发布就业质量年度报告,创新就业指导模式,提升校园招聘质量。积极开展心理健康教育活动,推进心理三级网络工作,做好个案咨询和危机干预工作。完善校生沟通机制,启用学生事务大厅,启动"马上办"服务,更好解决学生在学习、生活中遇到的困难和问题。提升学生公寓管理与服务质量,持续推动公寓文化活动开展。

### (八)加强校园文化建设

结合迎接95周年校庆,推进校园文化精品建设,加大博物馆、展览馆等公共区域文化设施建设力度。启动学校年鉴编纂工作,"厦门大学图片库"正式上线。举办纪念内迁长汀办学系列活动。推动校园文化精品"走出去",《哥德巴赫猜想》在北京人民大会堂上演,学生艺术团赴美国参加"孔子学院日"文艺巡演。推动开展"院长恳谈会"、"跨学科论坛"、"院长论坛"、"名师下午茶"、"博士沙龙"、百科知识竞赛、实验室风采大赛等学术活动,组织开展校园十大歌手赛、国际文化交流节、"青春与诗"校园原创诗作走进福建高校、中外大学生趣味运动会、翔跑一族、夜跑计划等文体活动。学校获评"礼敬中华优秀传统文化"全国十佳示范项目,在第四届全国大学生艺术节中荣获一等奖,在首届全国高校"校园好声音"比赛中获得季军。部署推动翔安校区、漳州校区校园文化建设工作,使校区文化氛围更为浓厚、更具品位。

### (九)加强统战、工青妇、离退休和校友工作

深入学习贯彻中央统战工作会议精神,进一步做好民主党派和统战团体、无党派人士工作,举办统一战线理论学习班。召开第七届教职工代表大会第一次、第二次会议,做好妇委会换届工作。召开第46次学生代表大会、第25次研究生代表大会。深入开展离退休教职工走访慰问活动,推进涉老组织建设,发挥关工委和"五老"在学生教育培养工作中的积极作用。完成新一届校友总会理事会换届工作,召开第十七届理事会第一次常务理事会议和学校校友工作会议,成立法国校友会、厦门校友会企业家分会。

### (十)做好校园治理和安全稳定工作

对全校公共卫生间开展集中检查整改。认真开展校园环境"百日行动"专项整治提升工作,采取多种措施集中整治校园环境,成效明显。落实意识形态工作责任制,强化课堂教学管理,严格教学过程督查,加强对各类讲座、论坛管理,落实"一会一报"制度。加强反恐怖防范和反宗教渗透工作,全面排查薄弱环节,确保校园安全稳定。做好节假日和重要时间节点,特别是校庆期间和毕业季校园安全稳定工作,解决厦门市整治西村片区和海韵学生公寓外道路小摊贩问题,开展校外"黄牛"专项打击行动。高度重视、全力以赴做好防御今年历次台风和暴雨的应急与演练工作。完善舆情分析研判制度,妥善应对网络突发事件。继续抓好校园安全防范系统项目建设,完成校内监控设施、校门车辆智能管理系统升级。开展校园安全大排查和实验室安全专项检查工作。

## 二、改革创新，攻坚克难，推动学校事业又好又快发展

### (一)落实综合改革方案，科学谋划“十三五”规划

1.启动综合改革举措。国家教育体制改革领导小组办公室正式批准《厦门大学综合改革方案》全面组织实施。学校同步推动综合改革方案的分解实施，人才培养、薪酬制度改革等重要改革举措已相继启动并大力推进。《光明日报》连续报道我校本科生、研究生教育教学改革的亮点和成效。

2.认真编制“十三五”规划。学校成立“十三五”规划编制工作领导小组，制订编制工作方案，召开部署动员大会和为期三天的暑期务虚会，全面总结学校“十二五”规划执行情况，集中研讨谋划“十三五”规划，为科学制定学校“十三五”规划发展指标提供参考。深入学习贯彻十八届五中全会精神，结合务虚会精神召开11场座谈会，广泛征求意见建议，以实事求是和改革创新的精神，扎实做好学校“十三五”规划编制工作。

### (二)加强人才培养工作

1.深化本科生培养模式改革。深化招生制度改革，完善自主招生和大类招生工作，首次公示参加考核考生名单，试行艺术学院有关专业进行大类招生。大类培养、拔尖计划、卓越教育计划、小班化教学，试点学院与书院制结合的双导师制等多模式人才培养改革稳步推进，成立博伊特勒书院。本科教学工程稳步推进，获得省部级教改经费2356万元，新增8个省教改项目。推动思想政治理论课改革，启动大类平台课程建设，首批立项40门课程，立项第二批75门示范性网络课程。IQA项目取得阶段性进展，初步形成《高等教育内部质量保障优秀原则和创新实践研究——以厦门大学为例》的报告。以迎接本科教学审核评估为契机，开展本科教学工作大检查，实施教学实验室6S管理，强化质量监控，提高教育教学质量，新增1个国家级虚拟仿真实验教学中心。11月16—19日，学校正式接受教育部本科教学工作审核评估，专家组充分肯定学校本科教育教学工作，认为学校教学改革措施得力，在全国高校具有引领和示范作用，同时对学校本科教育教学进一步深化改革提出中肯的意见和建议。12月21—23日，教育部评估中心选择我校国际经济与贸易、工商管理两个专业作为人文社科类第一批专业认证试点，为全国其他高校的专业建设起到积极的示范作用。

2.深化研究生培养改革。启动博士生中期考核分流工作。完成硕士专业学位研究生培养方案的修订工作，凸显专业学位研究生应用型、复合型高层次人才培养目标。继续实施以科研能力培养为导向的研究生课程建设工程，启动学术型研究生课程改革试点工作，在每个一级学科重点建设一至两门研究生核心课程。加强研究生导师队伍管理与建设，强调导师对研究生的培养与科学研究紧密结合。

3.积极推进大学生创新创业训练，继续打造品牌学业竞赛项目。召开科创竞赛总结表彰大会，设立本科生创新学分，鼓励本科生积极参加科创竞赛活动。本年度大学生创新创业训练计划第一批立项905项，其中国家级153项。学生在各级各类学术竞赛中屡创佳绩：获第十四届“挑战杯”全国大学生课外学术科技作品竞赛特等奖1件、二等奖2件、三等奖3件；获第三十届全国青少年科技创新大赛一等奖，第十四届全国大学生机器人大赛一等奖，第十届全国大学生“飞思卡尔杯”智能汽车竞赛一等奖2项、二等奖1项，中国国际飞行器设计挑战赛(CADC)一等奖2项、二等奖1项、三等奖4项，第九届全国大学生结构设计竞赛二等奖，中国机器人大赛暨RoboCup公开赛(篮球项目组)冠军，IRHOCS 2015国际机器人实作竞赛冠军，全国大学生海洋知识竞赛北极奖，第二届“台达杯”两岸高校自动化设计大赛一等奖2项，第九届“东华科技——三井化学杯”全国大学生化工设计竞赛一等奖1项，第三届“两岸建筑与规划新人奖”竞赛“永续环境特别奖”。

## (三)加强科学研究工作

1.产出一批高水平科研成果。获国家自然科学奖二等奖2项。一个科研团队荣获“求是杰出科技成就集体奖”。在*Science*上发表学术论文1篇、评述文章1篇,*Nature*子刊上发表学术论文5篇,*Cell*子刊上发表学术论文3篇。专利申请总数657项,专利授权总数474项。

2.科研平台建设取得新进展。3000吨级海洋科考船正式开工建造。新增新能源汽车动力电源技术国家地方联合工程实验室,海洋生物制备技术国家地方联合实验室已进入发改委公示名单等待正式发文批建,近海海洋环境科学国家重点实验室再度获评优秀国家重点实验室,柔性物质研究及应用创新引智基地入选“111计划”,谱学分析与仪器教育部重点实验室通过验收,数据挖掘研究中心获批福建省高等学校人文社会科学研究基地。新增4个省级协同创新中心、5个省级重点实验室、2个省级工程技术研究中心、1个省级行业技术开发基地、1个省级高校重点实验室。大力推进开放共享的实验室信息化管理系统建设。

3.科研经费及科研项目稳步增长。2015年,到账科研经费10.88亿元,比2014年增加1.02亿元,增长10.3%。其中,理工医科到账经费9.31亿元(其中,纵向7.29亿元,横向2.02亿元),比2014年增加0.71亿元,增长8.3%;人文社科到账经费1.57亿元(其中,纵向1.1亿元,横向0.47亿元),比2014年增加0.31亿元,增长24.6%。

(1)理工医科方面。国家自然科学基金全年共申报各类项目941项,获资助281项(其中创新研究群体1项,国家杰出青年科学基金1项),立项经费2.08亿元,位居全国高校第20名。新增1项国家科技重大专项(新药创制)441万元;获得国家海洋局公益行业专项牵头项目立项,资助金额920万元。财政部、外交部支持我校“中国—东盟海洋学院”建设,批准财政支持经费9600万元,2015年到位经费6500万元。我校作为核心参与单位的国家大科学工程“海底观测网”项目获得国家发改委立项,这是国家大科学工程首次落户福建。中国—东盟合作基金相关项目落户学校;国家科技体制改革,原国家“863计划”“973计划”“科技支撑计划”等项目基本停止申报,开始实行新设立的国家重点研发计划,目前我校已上报24项“十三五”国家重点研发计划征集建议。

(2)人文社科方面。34个项目获2015年度国家社科基金年度项目批准立项,立项数位居全国高校第8名,资助经费770万元;获国家社科基金重大项目2项、教育部重点基地重大项目9项,教育部人文社科一般项目25项(主要类别排名全国高校第5位)。16项成果获第七届高等学校科学研究优秀成果奖,其中一等奖1项,二等奖4项,三等奖11项。2项成果入选2015年度国家哲学社会科学成果文库。

4.推进科研管理体制改革。贯彻国家科技体制改革精神,加强科技项目和经费全过程管理。在“繁荣计划”“校长基金”等经费投入分配方面强调绩效考核和责权统一,进一步调动各院开展科研工作的积极性。大力推动联合攻关,整合学校基本科研业务费相关科研项目经费,重点资助学科体系建设、重大项目预研、重大成果培育、优秀青年人才培养和科技基础性工作。

## (四)加强社会服务与合作

1.深化拓展战略合作。与新疆维吾尔自治区开展煤化工的合作受到李克强总理的关注和国家能源局的支持,成立厦门大学—昌吉学院新疆洁净能源化工联合研究院。持续推动与中航工业、厦门航空、中核工业、国防科大以及新疆、宁德等地的战略合作。与中国水电水利七局、中国国际广播电台、福建师范大学以及三明市、南平市签署战略合作协议。推动与广西壮族自治区、中国海洋石油总公司签署战略合作协议。

2.积极服务福建经济社会发展。召开厦门大学与福建省九市一区校地战略合作工作会议,加强学校服务福建的顶层设计,完善“覆盖各地市、一地一重点”的战略合作布局,提升服务实效,《福建日报》头版对此予以专门报道。与福建师范大学、厦门理工学院、龙岩学院等开展对口帮扶与合作,协助做好福建省高水平大学和高水平学科建设研究等课题,完成福建省教育厅委托的省“双一流”方案预研究工作。

3.大力推进成果转化和决策咨询服务。习近平总书记10月参观英国曼彻斯特大学国家石墨烯研究院，该研究院有意与我校商谈设立石墨烯工程与产业研究院。厦门大学国家大学科技园主园区正式挂牌建设。修订《厦门大学专利和专有技术申请、维护管理办法》。紧紧围绕社会经济发展的热点问题，结合"一带一路"倡议，聚焦两岸关系和平发展、南海及东南亚问题、宏观经济预测、能源经济与政策、政府治理等主题，为党委和政府提供高质量决策咨询服务。成立厦门大学中国(福建)自贸区研究院，主办自贸区高端论坛，我校关于福建自贸区建设的系列研究成果获省委书记尤权等领导重要批示；成立社会治理与软法研究中心，与省人大常委会合作成立福建省地方立法评估与咨询服务基地；与厦门金圆集团共建厦门大学金圆研究院，打造国内一流金融管理智库。我校高等教育质量建设协同创新中心承担完成教育部《高等教育第三方评估报告》编制。继续教育成效显著，为服务学习型社会建设做出新的贡献。

## (五)加强学科建设与重点建设

1.开展"统筹推进世界一流大学和一流学科建设计划"预研究，加强重点建设。召开"双一流"预研究工作布置会，研究起草学校实施"双一流"建设方案。组织实施年度重点项目建设，下达本年度重点建设资金预算38292万元，完成资金使用35390万元，完成新增项目立项和预算编制工作。编制《"双一流"2015年过渡性资金使用情况报告》报教育部。积极争取省市配套资金支持，本年度省市配套经费共到位13600万元，其中福建省配套经费5100万元、厦门市配套经费8500万元。

2.推进学科建设，优化学科布局。组织2017年授予博士、硕士学位和培养研究生的二级学科自主设置工作。组建航空航天学院，完成学院领导班子配备工作。成立艺术设计系。完成马克思主义理论学科及相关学科建设情况调研报告，参与举办第八届全国马克思主义院长论坛。成功召开医学教育工作大会，出台《厦门大学关于加强医学学科建设的若干意见》，形成构建大医科、实现大发展共识，对今后一个时期全面加强医科建设具有里程碑意义。成功召开体育工作大会，出台《厦门大学关于加强体育工作的若干意见》，推动学校体育工作再上新台阶。

3.加强学科评估。探索建立一级学科和二级学科自我评估指标体系，制订《厦门大学学位授权点合格评估工作方案》。组织金融硕士专业学位等15个专业学位授权点，开展专业学位授权点专项评估。

## (六)加强队伍建设工作

1.深入推进聘任制度改革。完善统一招聘、"院长提名—教授委员会评议—学部委员会审议"三级评审制度，优化聘任聘用工作流程，推进校内外人才同台竞技、择优聘用，人才队伍结构逐步优化，质量不断提升。本年度学校新聘教师141人，其中，教授19人、副教授23人，占30%；具有博士学位136人，占97%，比2013年提高15%；具有国(境)外学习(工作)经历98人，占70%，比2013年提高11%；在国(境)外取得博士学位62人，占44%，比2013年提高9%；毕业于世界排名前200的国(境)外高校博士45人，占32%，比2013年提高8%。新聘工程、实验等系列专业技术人员76人、党政管理人员42人、辅导员20人。

2.加强高层次人才培引力度。顶尖青年人才队伍建设取得重要进展，新增"万人计划"青年拔尖人才3人、国家优秀青年科学基金获得者5人。领军人才队伍建设取得新进展，新增中科院院士1人、发展中国家科学院院士1人、国家"百千万人才"工程入选者2人。

3.推动博士后制度改革。充分借鉴国内外一流大学专职科研队伍的建设经验，按照激励与绩效相结合的原则，建立科学合理的经费分担机制，大幅提升博士后薪酬和福利待遇，加快吸引和汇聚国内外优秀博士来校从事高水平科研工作。将博士后纳入专职科研人员系列管理，充分发挥博士后在科研团队中的作用，推动博士后成为科研团队的生力军和师资储备的主要来源。

4.深化薪酬制度改革。研究制订《厦门大学薪酬改革方案》，新增1亿多元经费投入，优化在职人员薪酬结构，建立工资正常增长机制；科学设置基本薪酬标准，保持三支队伍的适度平衡和协调发展；打造"宽带细分"的薪酬模式，拓展教职工的职业发展空间；按照"多劳多得、多贡献多得、多担当多得"的原则，强化绩效考核,建立动态调整、“能上能下”的激励约束机制;逐步建立与岗位责任、业绩、贡献挂钩的全员协议工资制度。

### (七)深化对外交流与合作

1.大力推动马来西亚分校建设。积极争取到马来西亚政府为分校建设提供的6000万马币(约1亿人民币)配套支持资金,并给予5亿马币额度的捐赠收入免税政策。基本建设方面,基本完成学生活动中心、学生宿舍D1、芙蓉湖建设,主楼群、学生宿舍D2—D5、学生食堂、图书馆、网络建设等正按计划推进。已向马来西亚教育部学术认证机构MQA提交14个本科专业申请和2门预科课程申请。启动分校师资招聘工作,采取多种方式招揽高素质师资。做好招生宣传,在马来西亚参加20多场大型教育展和40多场中学举办的升学展。2016年2月22日,分校正式开课,共有197位新生入学,远远超出最好的招生预期,在海内外引起强烈反响。中国教育部已经允许分校招收中国学生,预计第一批中国学生于2016年9月通过高考可以选择报考分校。分校建设受到各方高度关注,中央电视台、新华网等主流媒体予以报道。李克强总理11月访问马来西亚期间,充分肯定了我校在马来西亚设立分校对于加深中马人民友谊和交流所产生的意义。

2.深化对外交流与合作。新签及续签校际合作协议25个,目前已与国(境)外高校签订协议书308个,校际友好学校达232所;积极参与11个多边合作平台;成功举办第五届“山海论坛”。119名学生获得国家留学基金委研究生项目的资助,2821人次师生赴国外参加各种学术交流,1337人次师生赴台港澳地区参加各种交流活动;累计接待国外境外来访者1382人。举办41场国际及两岸学术会议,启动“中国—亚非法律协商组织国际法交流与研究项目”。出台学生交流资助管理办法、学生出国(境)交流项目及联合培养项目管理细则,加大对交流学生资助力度,671名学生赴境外参加长期交换项目。本年度共招收国际学历生459名,目前在校国际学历生达到1707名。规范出国出境管理审批,出台因公临时出国(境)审批与管理办法。与英国纽卡斯尔大学在7个主题科学领域开展合作研究与博士生培养,启动厦门大学—英国纽卡斯尔大学—美国辛辛那提大学三校联合培养项目;与英国卡迪夫大学合作设立联合研究基金,启动合作建设厦门大学牙医学院;与美国密歇根大学、加拿大米吉尔大学、英国南安普顿大学等合作培养博士;与英国爱丁堡大学、邓迪大学签署学生培养协议。举办亚非地区孔子学院中方院长岗前培训和外方院长研修班,在菲律宾大学正式成立孔子学院,我校连续三年荣获孔子学院“先进中方合作院校”称号。

### (八)大力改善办学条件

1.加强财务工作和审计监督。2015年,学校综合财务收入43.52亿元,比2014年增加3.16亿元,增长7.8%;综合财务支出39.30亿元,基本实现全年预算收支任务,其中,校级预算收入30.80亿元,校级预算支出30.74亿元。根据财政部、教育部最新要求,修订完善学校财务规章制度,及时公开学校部门预决算信息。加强审计工作,出台《厦门大学内部审计工作规定》和有关具体审计业务实施办法。

2.积极完成基本建设和修缮项目。经过科学决策、严密论证和公开招标,参照PPP模式正式启动演武运动场改造及访客中心建设项目,工程进展顺利,被列为省市重点工程、厦门市样板示范工程。思明校区学生公寓新楼、圣诺有色金属研究院大楼、曾厝垵学生公寓运动场、海韵园二期拆迁安置房、勤业餐厅改扩建等项目完成竣工验收并交付使用;完成成义楼文保建筑修缮、南光三调整改造、颂恩楼调整改造、大南校门至白城校门主干道道路改造;启动建南大会堂、囊萤楼等文保建筑修缮项目。翔安校区完成国际学术交流中心、教工俱乐部、分子影像大楼等项目建设,继续教育学院大楼、学生公寓三期和孔子学院院长学院一期工程开工建设,附属翔安医院项目建设进展顺利。

3.推进资产管理和征地拆迁工作。规范国有资产配置标准,出台学校行政办公用房、设备、家具配置标准暂行规定。加强校舍管理,公房资源使用费调整为每月3元/米$^2$,促进资源优化配置,完成物理、外文等学院的用房调整。基本完成海韵二期征收、法学图书分馆征地拆迁的调查摸底工作;东山临海观测站一期用地取得国有建设用地划拨决定书和建设用地批准书。

4.加强图书信息工作。开展"i学堂"、慕课学习小组、"世界阅读日"读者节等阅读推广活动。推动信息基础设施集约化建设，多校区主干网络全部实现双万兆链路上联。建设云存储平台，启用"厦大网盘"云存储系统，完成翔安校区虚拟化数据中心建设。建设学者信息管理系统，完成全校2014年以前SCI/SSCI/A&HCI等收录论文入库工作。目前，电子图书在线数量以500万册首度超越纸质文献馆藏量的499万册。

5.加强后勤保障工作。开展后勤服务提升年活动。勤业餐厅重新开张营业。推进快递业务整合，邮政信箱及快递业务接收大厅改扩建竣工开业。中标海韵北区教职工住宅小区物业服务项目。完成餐饮物流系统建设。

### (九)持续改善民生条件

1.做好学生资助和毕业生就业工作。认真贯彻落实各项资助政策，做好各类奖助学金的评审工作，着力提高资助效益。深入推进创业教育和自主创业，抓好就业引导工程，打造专业化、全程化就业创业服务体系，切实做好特殊困难学生就业帮扶工作。我校2015届毕业生一次就业率为96.1%，其中本科毕业生95.4%，硕士生98%，博士生91.4%，到国家重要行业和领域就业比例为35.6%。

2.努力改善教职工住房条件和生活待遇。海韵北区住宅建设顺利完成，近500户教职工的住房条件得到改善；完成五缘公寓人才住房467套产权证办理；积极与市政府确定400套洋唐片区人才房房源，争取洪前安置房；发放218名教职工住房货币化补贴2400万元；做好周转房、博士后公寓、进修教师和访问学者住宿等短期租赁房的管理，优化周转房选房办法，制定装修配置标准。基本完成大学城地下车位拍租工作。积极推动教职工子女顺利就读附属演武小学和附属音乐学校。完成调整在职人员基本工资和增加离退休人员离退休费的工作，调研探索教职工大病互助基金管理办法。积极解决院士和文科资深教授退休待遇和部分台港澳地区及外籍教授退休待遇问题。

——本文摘录自《厦门大学年鉴2016》，厦门大学出版社，2016年6月版

# 厦门大学“四轮驱动”深化创新创业教育改革

(2015年)

厦门大学积极探索“四轮驱动”模式,深入开展大学生创新创业教育改革,不断提高人才培养质量。

政策催动,融入人才培养体系。一是优化人才培养方案。设立创新学分(必修),实行创新学分奖励制度。学生在学校认定的各级各类竞赛、创新实验、发明创造、发表论文等方面取得成果,通过申请和认定后可获得相应的创新学分。二是强化教师教育职责。完善本科生导师制,鼓励教师指导创新创业并计入工作量,促进教师科研课题与学生科研训练的有机结合。教师所指导的项目参加高水平竞赛并获奖,在其申请职务高聘时,同等条件下给予优先考虑。三是完善科研创新机制。制定《创新创业训练计划管理办法》,规定本科生在校期间应至少参加一项科创项目。构建课内实验教学与课外创新活动、学业竞赛相互补充的多元化科研训练体系。加大科研项目和科研资源对学生的开放度,建立跨学科交叉、本研共同参与的科研创新机制。

地域联动,打造联合培育平台。一是共建众创空间。依托学校省部委重点实验室和工程中心,与厦门市人民政府、厦门火炬高技术产业开发区管理委员会共建“厦大—火炬极客空间”,全年免费开放,为创客提供技术指导和交流、创业扶持与协作的场所。二是共建见习基地。与厦门市知名企业共建58个“青年就业创业见习基地”,延伸见习基地创业孵化职能,举办学生创业企业见习招聘会,专设创业企业展位,为创业团队寻找“创业伙伴”提供支持。三是共建培训课程。建设福建省高校毕业生创业培训基地,优化课程体系,每年面向400名本校学生和100名厦门地区高校大学生开展“ETC创业培训”(教育Education、孵化Tutor、投资Capital),帮扶解决项目战略规划设计及实际经营问题。

兴趣带动,引导学生主动参与。一是鼓励参与竞赛。实施科创竞赛“八化”(全员化、多样化、课程化、基地化、团队化、国际化、常态化、日常化)新模式,激励学生为兴趣创业。组织学生参加首届中国“互联网+”大学生创新创业大赛、中美青年创客大赛、中国·海峡项目成果交易会等活动,为有创新潜质的学生脱颖而出搭建平台。二是推进交流互动。定期举办年度大学生创新创业论坛,为学生提供经验交流和成果展示的机会。开设“校友创业论坛”,邀请成功创业校友和学校知名学者共同参与,分享实战经验,讲述创业故事,让更多学生成为创新创业的铁杆粉丝。三是培育学生社团。组建创业型学生社团,不断提高学生创新创业的体验度和参与度。加强社团骨干培训,加大创业基金、创业俱乐部、创业导师等政策扶持,建立校内专业教师和校外企业家联合指导的双导师制,激发创业热情。

资源推动,完善服务保障体系。一是加大资金投入力度。统筹教学、学生经费和校友捐赠等资源,设立创业启动金、学生创新创业基金、科创竞赛奖学金、社会课堂奖学金等,加大对实践教学经费的投入和自主创业的扶持。二是打造校内实践平台。在学校芙蓉隧道内设立“RCS机器人队工作室”“飞思卡尔智能车工作室”“创意工厂”等,成为学生进行科创竞赛训练的重要场所。建立湖畔咖啡、惜夕湾咖啡等特色创业实践基地,招募学生创业团队自主经营,搭建全仿真创业环境。三是提升孵化服务水平。设立创业服务中心,提供科研训练课程、风投引资、项目孵化、跟踪扶持等服务。依托国家大学科技园,成立创业孵化中心,为入驻大学生创业企业提供场地优惠、投资融资、创业咨询等服务。

——本文摘录自《厦门大学年鉴2016》,厦门大学出版社,2016年6月版

# ·专 文·

## 完善宣传思想阵地管理制度

（2015年2月4日）

校党委书记 张 彦

高校是教育单位，也是文化单位，知识分子和青年大学生构成了校园人群的主体，历来是各种文化思潮传播激荡的重要场所，也是意识形态斗争的前沿阵地。当前，意识形态领域形势错综复杂，既有国内经济社会深刻转轨转型和对外开放带来的思想观念空前活跃，也有国外敌对势力的牵制遏制和以西方价值观为核心的思想文化渗透。高校在加强和改进宣传思想工作过程中，应该进一步增强政治意识，切实完善宣传思想阵地管理制度，实施主动管理、科学管理和有效管理，守住阵地、清洁阵地，并不断传播好思想、传递好声音和传输正能量。

### 一、深刻认识完善宣传思想阵地管理制度的重要性

1.阵地状况是宣传思想工作的重要表征

当今世界的激烈竞争不仅表现为物质、技术、军事的竞争，也包含精神、文化、信仰的比较与冲突。随着世情、国情、党情的深刻变化，宣传思想阵地上的交锋和较量越来越复杂、尖锐和激烈。改革开放30多年来，我国经济社会发展已经进入全面发展的新时期，经济的快速增长大幅度提高人们的生活水平的同时，也带来了思想观念上的新问题、新困惑。思想领域中，正确与错误、先进与落后的观念交织，非马克思主义的思想意识有所滋长，以及一些干部作风不正和消极腐败现象的存在，极容易造成人们情绪上的波动和思想上的困惑，甚至引发偏激言论和非理性行为。

学校是社会的一部分，意识形态斗争复杂化和社会思潮多样化的叠加，在高校宣传思想阵地上经常得到直接的表现。各种思想文化在高校的交流、交融、交锋日趋频繁，“众声喧哗”的局面中难免有杂音、噪声，一些错误思想甚至急于在高校“抢滩登陆”，企图影响青年知识分子和争夺青年大学生的关注。与此同时，随着现代信息技术的迅速发展，高校师生成为掌握和运用互联网较为集中的人群。互联网在为师生提供海量信息的同时，也夹杂着各种思想的争锋，成为思想舆论斗争的胶着地带。毫无疑问，要加强和改进宣传思想工作就必须重视对宣传思想阵地的管理，看好阵地，守住阵地。

2.制度是宣传思想阵地规范、有序、高效运行的保证

巩固马克思主义在意识形态领域的指导地位，巩固全党全国人民团结奋斗的共同思想基础，始终是宣传思想工作须臾不可动摇的根本任务。实现“两个巩固”，重中之重是树立马克思主义、共产主义信仰，

坚定中国特色社会主义信念,用中国梦激发和汇聚上下同心、团结奋斗的强大力量。信仰、信念不会自发和凭空产生,只有充分发挥宣传思想阵地的作用,推动马克思主义中国化的最新理论入脑入心,促进党领导人民进行伟大实践和生动创造的可感可知,才能不断提高人们的政治认同、理论认同、情感认同。高校肩负着培养中国特色社会主义合格建设者和可靠接班人的重任,也被赋予建设社会主义先进文化的光荣职责,为了完成使命,自己的宣传阵地必须建设好、管理好。

完善宣传思想阵地管理,需要从建立和健全管理制度入手。制度是阵地运行的基础框架,也是实施管理的依据。管理制度有效管用,阵地才能守得住。推进宣传思想阵地管理制度化,就是要把制度建设贯穿于宣传思想阵地建设管理全过程,实现管理规范化、法制化,可操作、全覆盖,使错误思想没有传播和扩散的条件。宣传思想阵地的建设管理,既要着眼当前,解决存在的突出问题,又需要着眼长远,不断健全长效机制,使宣传思想阵地保持良好状态。

## 二、完善宣传思想阵地管理制度的基本要求

1.树立法治观念

在高校进行宣传思想阵地建设,制定并完善管理制度是一项重要的工作。对这件事既要树立自觉性,从政治高度来认识,也要增强坚定性,从法治的角度来理解。根据宪法以及教育法、高等教育法、教师法等法律,高等学校对课堂、讲座、出版、发表等工作、活动、场所等进行制度建设,对师生员工进行纪律约束,本质上是学校贯彻实施法律的延伸,也是学校根据章程履行自身管理职责的具体表现。具体到实际工作过程中,一定要坚持法治思维,依据法律法规制定管理制度,依据法治程序出台管理制度,依据普法原则宣传解释管理制度,依据法治精神执行管理制度。

2.坚持底线思考

党的十八大以来,习近平总书记多次强调,要善于运用底线思维的方法,凡事从坏处准备,努力争取最好的结果。底线思维是以底线为导向的一种思维方法和心态,它要求不回避矛盾,不掩盖问题,是对意识形态领域规律的整体性把握,要求我们始终保持清醒头脑,自觉顺应规律,客观分析宣传思想阵地管理中每个细节、每个可能出现的问题,妥善解决各种问题。大学宣传思想阵地与学术研究和教育教学载体具有相当程度的重合,进行制度建设时必须始终坚持"学术研究无禁区、课堂讲授有纪律、宣传报道有尺度"的原则,同时充分考虑学校的特点,妥善处理好加强管理与维护学术自由和保障言论自由的关系。通过具体管理规定和措施安排,把握好政治底线,要求不碰底线,在底线基础上画出红线,严禁踩触红线。

3.进行系统设计

意识形态领域之错综复杂,唯有整体考量才能驾驭全局;阵地管理之关联耦合,唯有统筹协调才能协同推进。高校一般兼具人才培养、科学研究、传承创新文化的任务,许多大学与社会联系广泛,在国内外具有广泛影响。在高校内进行宣传思想阵地的制度建设一定要坚持系统思维,进行系统设计,这既是理顺复杂关联的必需,更是凝聚共识、巩固阵地的关键。进行系统设计,重点是统筹好各层次、各领域,努力做到全局与局部相配套、当前与未来相协调、整体推进与重点突破相统一。具体到完善宣传思想阵地管理制度,就是既要高瞻远瞩、坚持导向,又要通盘考虑、联动各方,也要科学规划、逐步推进,一步一个脚印落实到位。

4.不断创新探索

改革包括高等教育改革已经进入关键时期。社会和高校都面临许多新情况、新矛盾、新问题,这就为高校宣传思想阵地建设提出了新要求和新期待。不少情况是过去不曾遇到过的,不少情况还在发展当中,形势的变化迫切要求我们积极探索、大胆实践,研究新情况、解决新问题、总结新经验、进行新创造,不断推动制度创新。建立和完善制度的过程是一个随着时间节点的变化而发展的过程,既要认识到制度建设的长期性,也要与时俱进,树立探索精神,增强预见性和应对新变化的能力,不断吸收先进的建设理念和思维,使得各项管理制度具有解决问题的针对性和实效性。

## 三、完善宣传思想阵地管理制度的重点任务

1.健全组织机构，完善管理机制

要树立“大宣传”的工作理念，增强政治意识和阵地意识，切实做到在方向上牢牢把握。主要领导要带头履行职责，在重要问题、重大事件上要及时拿出态度、亮明立场、负起责任，旗帜鲜明地站到意识形态工作第一线。要树立“一盘棋”的大局意识，根据“职责清晰、统筹协调、分工合作、守土有责”的思路，建立健全党委统一领导、党政齐抓共管、职能部门分工负责的工作体制，成立各高校宣传思想工作领导小组、信息化建设管理与安全工作领导小组、舆情工作领导小组等机构，建立由宣传部牵头、相关职能部门共同参与的宣传思想工作联席会议制度，动员和调动各方力量加强宣传思想阵地管理，打破各自为营、单打独斗的状况，实现资源共享、协同共赢，真正形成全校动手、上下互通、横向联合、齐抓共管的工作格局。要认真执行“谁主管谁负责”和“属地管理”基本原则，细化有关规定，进一步厘清关系、区分责任，在政策措施、力量投入、干部调配等方面加大刚性约束力度，把中央关于宣传思想工作的各项要求落实到具体的阵地建设和管理上，防止重视程度层层衰减的现象，确保宣传思想阵地管理环环相扣、不留死角。

2.强化过程管理，完善具体措施

针对各宣传思想阵地不同特点，有的放矢、务求实效，制定各阵地的具体管理措施，形成全方位、成系列的宣传思想阵地管理制度体系。始终坚持党管宣传、党管媒体不动摇，严格执行党的政治纪律和宣传纪律，坚持团结稳定鼓劲、正面宣传为主，努力克服刻板生硬、亲和力和贴近性不够等问题，切实提高高校新闻宣传工作的吸引力和感染力，把宣传党的主张、学校的改革措施和反映师生心声统一起来，保证红色地带永不变色。密切关注意识形态领域的错误思潮及其主要活动，防止其通过课堂、报告会、研讨会、讲座、论坛、出版物、课题研究及社团等渠道渗透扩张。规范哲学社会科学报告会、研讨会、讲座、论坛审批制度，完善哲学社会科学成果发布制度，建立高校出版质量监督检查体系，实施出版质量通报和社会效益评估制度，完善师生社团备案制，确保不留任何管理盲区。

3.强化应急管理，完善应急预案

“凡事预则立，不预则废。”通过制订应急预案，对宣传思想阵地管理各类突发事件处置程序加以规范，对相关部门、单位、人员的责任加以明确。一旦发生突发事件或事故，及时启动应急预案，实施科学应对、有序应对、有效应对，可以将事态控制在最小范围之内。要结合校情实际，建立预防预警机制，形成“横向到边、纵向到底”的预案体系，健全和完善各类应急预案，要做到职责任务明确，应对措施具体可行，分类分级标准明白简洁，便于操作，确保预案科学合理。要组织预案培训，建立多元化培训课程体系，注重实效，不走过场，让宣传思想战线干部熟记在心、熟练应用，确保一旦有事能够迅速反应、稳妥处置，切实做到“造好闸门再放水”“配好刹车再上路”。

4.强化沟通协调，完善联动机制

建立健全高校与地方宣传思想联合工作机制，成立由省市宣传部、教育部门、媒体及高校组成的高校宣传思想工作联合工作小组。建立健全与宣传思想工作相关的法律法规，重点落实网络等新媒体阵地的信息发布、许可准入、基础管理等方面制度，加快实现从“被动管理”向“依法治理”、从“着眼末端”向“着眼全网”的转变。

5.坚持建设与管理并重，完善引领机制

积极引导宣传思想阵地自觉在培育和弘扬社会主义核心价值观上、在传播健康向上向善的言论上“有所为”。把高校党委关注的重点同师生关注的热点结合起来，把握师生思想脉搏，及时调整战略思路，多反映师生心声，多用疏导的方式，多用师生喜闻乐见的方法，进一步增强宣传舆论的“威力”。既要尊重差异、包容多样，又要坚持主导、凝聚共识，有效引领和整合涌入校园的各种思潮。推动哲学社会科学大繁荣大发展，增强社会主义意识形态的吸引力和凝聚力。大力弘扬中华优秀传统文化，讲品位、讲格调，弘扬真善美、贬斥假恶丑，着力打造一批校园文化品牌，用优秀的大学文化吸引、影响和感染师生。创新

网络思想政治教育,引导高校网络文化健康发展,推动高校师生成为网络空间清朗起来的一支重要力量。坚持“守土有责、标本兼治、综合治理”,把马克思主义无神论教育融入学科建设和人才培养,防范和抵御校园传教。

——本文摘录自《厦门大学年鉴 2016》,厦门大学出版社,2016 年 6 月版

# 凝心聚力　共促发展
# 奋力推进一流大学建设

## ——在第七届教代会第一次会议闭幕式上的讲话

（2015年4月20日）

校党委书记　张　彦

经过全体代表的共同努力，厦门大学第七届教职工代表大会第一次会议圆满完成了各项议程，就要闭幕了。这次会议听取了朱崇实校长代表学校所做的工作报告以及叶世满副校长代表学校做的财务工作报告，听取和审议了赖虹凯主席代表教代会做的第六届教代会工作报告，审议了提案工作报告，刚刚又组建了第七届教代会提案工作委员会、教职工住房与物业管理民主监督委员会两个专委会。会议期间，各位代表以高度的责任感和使命感，认真行使权利，围绕学校改革发展和教代会工作，畅所欲言，共商大计，提出了许多很好的意见和建议。在昨天的主席团会议上，各个代表团由召集人简要介绍了分组讨论的情况，在今天上午的大会交流发言当中包含了各代表团讨论情况和有关意见建议。这次大会是在《厦门大学章程》颁布实施后召开的新一届教代会，是一次换届的教代会，充分发扬了民主、凝聚了智慧，体现了依法治校、依章程办事的精神，是一次团结、务实的大会。在此，我代表学校党委，向大会的圆满成功表示热烈的祝贺！向各位代表，并通过大家向为学校建设发展付出辛勤劳动的全校教职员工表示衷心的感谢和崇高的敬意！

借此机会，我就如何加强教代会建设，进一步推进依法治校、民主管理谈几点意见。

## 一、充分认识加强和改进教代会工作的重要意义

教代会是教职工依法参与学校民主管理和监督的重要载体和平台，在推进依法治校、民主管理、民主监督和科学决策等方面发挥着不可替代的重要作用。新形势下，我们要进一步深化对教代会重要性的认识，切实加强和改进教代会工作。

### （一）加强和改进教代会工作是完善中国特色现代大学制度的重要内容

现代大学制度要求面向社会依法自主办学，全面落实大学作为法人实体和办学主体所应具有的权利和责任，这就需要大学内部要有一套行之有效的自我约束、自我管理和自我监督的民主管理机制。教代会制度作为民主管理的基本形式，是保证大学内部权力正确行使的现实需要，也是建立一流大学所需的现代大学制度的本质要求之一，被明确载入依法治校的“校之宪法”——大学章程中。学校去年制定的章程，在总结经验和贯彻上级文件规定的基础上，鲜明地写清楚了这一点。我们要按照《厦门大学章程》规定，全心全意依靠教职工办学的要求，健全和完善教代会制度，拓宽教职工参与学校民主管理、民主决策、民主监督的渠道，充分保障教代会各项职权，为建设一流大学创造一流的制度环境和内部治理机制。

### （二）加强和改进教代会工作是维护教职工合法权益的必然要求

在学校办学过程中，特别是在深化学校综合改革的过程中，校内管理体制、人事分配制度、考核评价机制等方面的改革举措，必然会触动一些人、一些单位的利益，不同的教职工群体也有着不同的利益诉

求。从今天9个代表团的汇报交流中大家可以发现,每个代表团由于组成结构不一样,在各自的发言中,既提到了学校发展改革中的共性问题,也提到了各个单位、不同领域中的一些个性问题。协调不同利益,共建美好厦大,需要教代会广泛听取和反映各方面的意见和呼声,学校也要照顾各类人群的合理诉求,加强沟通,化解矛盾,相互帮助,共筑和谐,让教职工看到改革带来的好处,感受到改革带来的新变化、新成果。学校重大改革方案出台,要加强教代表源头参与,促进校园申诉制度、信访制度、复议听证制度、人事争议仲裁制度等教职工权利救济机制的建立与完善,健全合理的利益表达和协调机制,切实保障教职工的知情权、参与权、表达权和监督权。当然,教代表参与学校的管理工作,有的要通过正式大会的形式,有的要通过提案的方式,有的则要在学校研究相关工作的同时征求教代表的意见。在今后的学校工作当中,我们要进一步重视这项工作。

### (三)加强和改进教代会工作是实现学校“两个百年”奋斗目标的迫切需要

当前,我校正处于加快推进世界知名高水平研究型大学建设的关键时期。我们离第一个百年目标时间仅剩六年左右的时间,而这关键的六年冲刺期差不多就是我们新一届教代会任职的时间,因此,第七届教代会肩负的任务就是要团结带领广大教职工朝着这个目标阔步前进。使命神圣。目前,我校各项事业发展态势良好,处在持续爬坡的过程中,综合改革工作也已陆续铺开。在今年1月学校第六届教代会第七次会议上,教代表讨论审议了学校综合改革方案,方案在此基础上已正式上报教育部备案。综合改革是高校新一轮深化改革过程中的一项重要工作,各个大学都在酝酿和实施着自己的综改方案。随着改革逐渐进入“深水区”,攻坚难度将日益加大。改革要成功,关键一点就是要统筹好校内外各方面力量,尊重教职员工的首创精神,把教职工的积极性、创造性调动起来,以主人翁精神理解改革、拥护改革、参与改革、推进改革。在这种形势下,进一步加强和改进教代会工作,有助于正确处理好改革发展稳定的关系,做到顶层设计与依靠群众相结合,使改革成为广大教职工的思想自觉和行动自觉,有助于按照既定的路线图、时间表,有序稳妥地推动各项改革,达到人心齐、泰山移的改革效果。

## 二、准确把握教代会工作的几条原则

第六届教代会在校党委的领导和校行政的支持下,在促进民主管理、推动科学发展、维护教职工合法权益方面开展了大量工作,取得了显著成绩,为学校高水平大学建设做出了积极贡献。下一步,我们要认真落实教育部颁发的《学校教职工代表大会规定》,准确把握教代会工作原则,健全教代会闭会期间教代表作用发挥机制,最广泛地把教职工团结起来,奋力推进学校各项事业又好又快发展。

一要坚持围绕中心、服务大局。为学校中心工作服务,始终是教代会工作的价值所在,教代会的工作水平主要体现在服务学校中心工作的水平上。当前,学校各项改革发展任务很重,尤其需要团结和凝聚各方面力量。教代会要把深化综合改革、推动科学发展、促进校园和谐作为发挥作用的主战场,把教职工的主力军、青年教工生力军、妇女半边天作用和人才第一资源作用,转化为全面落实第十次党代会目标任务,汇聚起实现“两个百年”奋斗目标的正能量。

二要坚持服务群众的工作生命线。教代表要盯牢群众所急、党政所需、组织所能的领域,拓宽联系渠道,密切关注教职工最关心、最直接、最现实的利益问题和最困难、最操心、最忧虑的实际问题,经常深入群众和教学科研一线,有针对性地开展调研,及时反映群众意见建议。要充分发挥上下沟通、解疑释惑、化解矛盾、增进共识的作用,调动一切积极因素,形成团结一心干事业、齐心协力谋发展、群策群力促和谐的良好氛围。教代表不同于一般的代表性人物,具有产生程序的严肃性、履行职责的正当性和监督推动工作的权利属性。所以,我们说教代表非常重要。我们一定要高度重视并注重发挥教代表在依法治校、民主管理中的作用。

三要坚持与时俱进、改革创新。改革创新是教代会工作发展进步的不竭动力。教代会的工作机制要把握时代脉搏,适应社会变化和我校改革发展需要,不断改进发挥作用的方式和载体,不断推进教代会建设理论创新、实践创新、制度创新，始终与学校事业发展同行同向，同步前进，切实提高服务教职工的能力和水平。我校教代会已经走过六届，走过这么多年的发展历程，我相信，我们的教代会工作也一定会在实践中不断得到进一步的探索、创新和完善。

四要坚持依法依章程开展工作。要尊重教代会的性质和地位，支持教代会发挥优势、体现特点。教代会办事机构——工会要大胆履责，积极作为，强化法治思维，遵循章程规定，充分调动各级教代会和教职工的积极性创造性，促进教代会在学校治理中发挥更加积极有效的作用。教代会的运转平时主要由工会在支撑，所以工会要带头按章程办事、保障好教代会闭会期间的正常运转。

## 三、抓住重点，推动教代会工作再上新台阶

教代会是具有广泛群众性、代表性的民主管理形式，工会是教代会的组织者，是教代会的办事机构，党的领导是发挥好教代会作用的根本保证。前不久中央出台了《关于加强和改进党的群团工作的意见》，要求各级党委必须高度重视做好新形势下党的群团工作，全面提高水平，切实解决问题，不断开创群团工作新局面。校党委高度重视群团组织建设，常委会前不久就新形势下如何加强群团工作做了专门研究。我们要善于抓住重点，把加强和改进工会工作、全面发挥教代会作用的成效作为学习贯彻《意见》精神的落脚点。

### （一）抓好代表队伍建设

教代会代表是广大教职工的骨干力量，肩负着团结带领教职工做好工作的重要使命。要高度重视教代会代表的能力建设，积极创造条件，鼓励和引导代表自我提高、自我发展、自我完善，不断提高自身的素养和参政议政水平。要加强教育培训，制订切实可行的培训计划，通过培训学习，进一步提升代表的大局意识、责任意识，增强代表履职尽责、服务群众、推动发展的本领和才干。教代表是学校教职工群体形象的代表，教职工把我们推选出来，我们就要负责任地代表和反映好大家的利益与意见建议。与此同时，更要做好模范，要爱厦大、负责任、带好头，努力成为广大教职工的模范代表。现在教职工的队伍比较庞大，这个群体结构跟以前相比也发生了很大变化，教职工处理跟单位、学校关系的态度、方式也发生了很大变化。但是，热爱学校、维护学校的利益和教职工的个人利益是一致的、永恒不变的。用什么方式、怎么做才能做得好，更加符合学校的整体利益，这也是教代表们要经常思考的问题。

### （二）抓好制度建设

随着改革开放的不断深入和经济社会的快速发展，教职工的需求也逐渐发生变化，教代会、工会在维护教职工队伍稳定，构建和谐校园方面责任更加重大，组织、引导、服务教职工的任务更加繁重。教代会、工会要不断完善教代会的选举、议事、表决、监督等各项程序和规则，逐步建立组织健全、议事规范、监督完善的教代会制度，提高教代会工作的科学化、民主化、规范化水平。在大学里，教师和学生无疑是学校的主体，师生员工都是学校的主人。教师队伍建设要靠制度保障，也要靠这个队伍群体加强自我约束。一方面，学校办学要求要对教师建立相应的制度规范，建立和完善这方面制度是一项长期而艰巨的工作，各个大学都在做着自己的努力；另一方面，绝大多数教师都具有自律意识，他们的表现也是好的，但与此同时，一些大学也都发生了因为师德失范从而影响教师群体利益甚至影响学校整体声誉的事情。在这种情况下，我们必须明确，教师队伍建设主要靠自律、靠“学为人师、行为世范”所应有的内在力量，同时也必须进行必要的制度建设，建立相应的责任追究机制，这是维护广大教职工利益、保障学校整体声誉的必要举措。这方面我们学校以前出台过一些制度文件，采取了一些措施，今后，希望包括教代会在内的有关组织和机构要进一步加强这方面的工作。

### (三)抓好提案工作

提案是教代会代表参与学校民主管理和监督的形式。教代会筹备期间,要支持鼓励教代会代表全方位参与各项工作,通过调查研究,集中教职工的意见和智慧,提出有利于推动改革发展稳定的提案。要进一步规范提案的收集、审查、立案、办理、反馈、公开等程序,健全办理机制,做到提案“条条有答复、件件有落实”,努力维护提案工作的严肃性。要建立评选表彰优秀提案激励机制,充分调动教代表积极性,促进提案工作良性发展。工会要及时收集教代表平时提出的一些提议,并做好协调、跟踪、落实和反馈工作。

### (四)抓好二级教代会建设

随着校、院两级管理体制改革的推进,二级教代会制度成为新形势下加强基层单位民主建设的重要内容。基层单位党政领导要切实提高对二级教代会重要性的认识,完善相关制度,规范议事程序,促进作用发挥,进一步落实二级教代会职权,使二级教代会制度、机制完善有效,职责、职权落实到位。校工会要将推进二级教代会建设纳入工作总体目标,通过典型宣传、研讨交流等措施,推动各单位持之以恒地加强二级教代会建设。前不久,我到学院进行了调研,几个学院汇报了二级教代会的建设情况,调研中我发现有一些学院这方面的工作开展得很扎实、很有基础,有必要做进一步的总结。

学校各级党组织要切实负起政治责任,进一步加强对工会的领导,支持其独立自主开展工作。要将工会工作纳入党建工作总体部署,完善党建带群众组织建设的制度机制,在党建达标检查中加入民主管理和工会建设内容。要积极创造条件,加大支持保障力度,为工会工作提供必要的设施、经费、活动场所。要进一步关心工会干部的成长发展,在政治上信任,工作上支持,生活上关心他们。教代表和学校工会要紧密联系世情国情党情的新变化,深入研究探索新情况、新思路,在已有工作基础上更好地结合学校实际,充分借鉴兄弟高校的好经验、好做法,更加主动作为,抓好纵深推进,不断创新工作理念、工作方法,拓展新的工作领域,完善体制机制。

各位代表、同志们,厦门大学第七届教职工代表大会第一次会议即将落下帷幕,新一届教代会就要肩负起团结带领广大教职员工立足新起点、开创新业绩的历史重任。希望新一届教代会在校党委领导下,深入学习贯彻习近平同志系列重要讲话精神,深入落实“四个全面”战略布局,全面落实学校第十次党代会部署,不辱使命,不负重托,以更加开阔的视野、更加昂扬的斗志、更加扎实的作风,同心同德,群策群力,奋发有为,不断推动学校发展取得新成绩,共同创造厦门大学更加美好的明天!

——本文摘录自《厦门大学年鉴 2016》,厦门大学出版社,2016 年 6 月版

# 认真学习践行“三严三实”为实现学校“两个百年”目标提供坚强保证

## ——在厦门大学“三严三实”专题教育党课上的报告

（2015 年 5 月 29 日）

校党委书记　张　彦

2014 年 3 月 9 日，习近平总书记在参加十二届全国人大二次会议审议时对各级领导干部提出“三严三实”要求，强调党员干部特别是各级领导干部要严以修身、严以用权、严以律己，谋事要实、创业要实、做人要实。今年 4 月 10 日，中共中央办公厅印发《关于在县处级以上领导干部中开展“三严三实”专题教育方案》，4 月 21 日，中央召开“三严三实”专题教育工作座谈会，刘云山同志出席会议并发表重要讲话，阐述了专题教育的重要意义，明确了专题教育的总体要求。赵乐际同志对开展专题教育做了部署。根据安排，中央管理的高校党委书记参加了这个座谈会。

在县处级以上领导干部中开展“三严三实”专题教育，是党的群众路线教育实践活动的延展深化，是加强党的思想政治建设和作风建设的重要举措，是严肃党内政治生活、严明党的政治纪律和政治规矩的重要抓手。我校党委及时召开党委常委会、全委会和师生座谈会，传达学习中央文件和中央领导同志重要讲话精神，结合学校实际制订印发《厦门大学关于开展“三严三实”专题教育实施方案》。根据中央的部署和党委安排，今天，我结合近一段时间以来的学习、调研和思考，以《认真学习践行“三严三实”　为实现学校“两个百年”目标提供坚强保证》为题目讲一次党课，与大家进行交流和共勉，并对学校开展专题教育工作进行深入动员部署，主要讲三个方面的内容。

## 一、深刻认识“三严三实”的丰富内涵和重大意义

“三严三实”只有短短 24 个字。“严以修身”就是要加强党性修养，坚定理想信念，提升道德境界，追求高尚情操，自觉远离低级趣味，自觉抵制歪风邪气；“严以用权”就是要坚持用权为民，按规则、按制度行使权力，把权力关进制度的笼子里，任何时候都不搞特权，不以权谋私；“严以律己”就是要心存敬畏、手握戒尺，慎独慎微、勤于自省，遵守党纪国法，做到为政清廉；“谋事要实”就是要从实际出发谋划事业和工作，出思路、定方案、制政策要符合实际情况、符合客观规律、符合科学精神、符合最广大人民群众的根本利益，不好高骛远，不脱离实际；“创业要实”就是要脚踏实地、真抓实干，敢于担当责任，勇于直面矛盾，善于解决问题，努力创造经得起实践、人民、历史检验的实绩；“做人要实”就是要对党、对组织、对人民、对同志忠诚老实，做老实人、说老实话、干老实事，襟怀坦白，公道正派。总的看来，“严”是内在要求，讲的是主观世界的改造，体现的是路径和纪律；“实”是行为取向，讲的是客观世界的改造，体现的是目的和要求。“三严”和“三实”相互联系、相辅相成、不可分割，体现了世界观与方法论的有机统一、“知”和“行”的有机统一、内在自律与外在约束的有机统一。毫无疑问，“三严三实”是党员领导干部的修身之本、为政之要、成事之道，也是我们共产党人做人做事、为官用权的重要准则。

“三严三实”既包含我们党长期以来一贯坚持的思想作风建设的精髓，贯穿着马克思主义政党建设的基本原则和内在要求，坚持和发扬了党要管党、从严治党的思想理念、优良传统和政治优势，又从实际出发，有针对性地指明了当前加强干部队伍建设的重点，指出了共产党人最基本的政治品格和做人准则，为

加强党员干部党性修养提供了重要遵循,对深入推进新形势下党的建设特别是作风建设具有重要而深远的意义。

### (一)"三严三实"是丰富和发展管党治党思想理念的重要成果

中国共产党是靠革命理想和铁的纪律组织起来的马克思主义政党,严密组织、严明纪律、严格规矩,反对空谈、强调实干、注重落实,这是我们党长期坚持的光荣传统,业已形成独特优势。历史和实践反复证明,党面临的形势越复杂、肩负的任务越艰巨,就越要加强党的自身建设,强调党的政治纪律和组织纪律,维护党的团结统一,增强党的凝聚力和战斗力。

在革命、建设、改革各个历史时期,我们党都高度重视党要管党、从严治党,党的事业每前进一步,管党治党的理论与实践就推进一步。毛泽东、邓小平、江泽民和胡锦涛同志在不同历史时期,根据党面临的形势任务和党自身建设的实际情况,对加强管党治党先后做出一系列重要论述,以严的精神把党的自身建设不断推进到新阶段。历史表明,我们党总是在每个关键的历史时期,加强思想建设,适时有针对性地整顿党的作风。这已经成为我们党的工作习惯。历史上最著名的就是延安整风运动,我注意到,其后的多次管党治党活动中,都提到"要按延安整风的精神来开展工作"。最近20年来,我们党先后开展了"三讲"教育、"三个代表"重要思想学习教育活动、保持共产党员先进性教育活动、科学发展观教育实践活动、"创先争优"活动和基层组织建设年活动,对保持党的先进性和纯洁性、全面提升党的执政能力、增强党的创造力凝聚力战斗力起到了重要保障作用。党的十八大以来,面临国际国内的复杂局面和全面深化改革的重大历史任务,以习近平同志为核心的党中央,深入开展党的群众路线教育实践活动,以猛药去疴、壮士断腕的决心,旗帜鲜明地推进党风廉政建设和反腐败斗争,持之以恒地纠正"四风",坚定不移地惩治腐败,取得了新成效,赢得了党心民心,凝聚起了推动改革发展的时代正能量。

现在开展的"三严三实"专题教育作为群众路线教育实践活动的延展和深化,是集中教育与经常性思想政治建设相结合、思想建党与制度治党相结合的有益探索,也是共产党人抓自身建设常态化的又一次重要实践。与此同时,"三严三实"既是紧密联系党员干部修身、用权、律己的具体实践,也从谋事、创业、做人的角度,赋予了实事求是这一党的思想路线新的时代内涵,充分体现了以习近平同志为核心的党中央治国理政、为民务实的基本风格和实事求是的科学精神。

### (二)"三严三实"是全面从严治党的必然要求

"人不以规矩则废,党不以规矩则乱。"对于一个党员,纪律是高压线;对于一个政党,纪律是生命线。"欲知平直,则必准绳;欲知方圆,则必规矩。"没有规矩不成其为政党,更不成其为马克思主义政党。一个政党如果没有严密的组织、严明的纪律、严格的规矩,就会成为一盘散沙。苏共解体,很重要的一个原因就是政治纪律涣散、政治规矩失守,党不再团结统一,最终沦为乌合之众,丧失政权。

邓小平同志说,我们这么大一个国家,怎样才能团结起来、组织起来呢?一靠理想,二靠纪律。我们党是有着8700多万党员、436万基层党组织的世界第一大执政党,8700多万党员又来自不同社会阶层,统一思想、加强团结、凝聚力量的任务十分艰巨,尤须严明纪律、严守规矩。党成立94年、执政66年的历史经验告诉我们,什么时候做到了严和实,那就坚强有力、坚如磐石,从胜利走向胜利;离开了严和实,党员干部就会出问题,事业就会受挫折。一方面,我国正处于全面深化改革、依法治国的关键时期,我们党要团结带领全国各族人民实现中华民族伟大复兴的中国梦,必须有严明的纪律做保障,其中最重要的是严守政治纪律,坚定政治信仰,在政治原则面前、大是大非问题上旗帜鲜明、立场坚定,在思想上政治上行动上坚决与党中央保持高度一致,严格按党的政策、规章制度办事,做到有令必行、有禁必止,做到心中有党不迷航。另一方面,在我们党长期执政的历史条件下,党的执政环境、担负的历史任务发生了深刻变化,党员干部队伍状况发生了深刻变化。特别是随着新党员的大量增加,干部队伍新老交替的不断进行,一大批干部走上了领导岗位,这既给党的事业发展带来了生机和活力,又给党的作风建设特别是领导干部作风建设带来了新的挑战。应该说,我们的党员干部主流是好的,但是一些党员干部不守纪律、不讲规矩的现象，一些地方政治生态不好的问题虽然经过群众教育实践活动，不少问题得到集中解决，但仍然比较突出，要彻底解决这些问题，必须在已有的基础上，从严上入手、从实处着力，再添把火、再加把力。

毛泽东同志说：世界上怕就怕"认真"二字，我们共产党人就最讲认真。讲认真就是严，严是爱，宽是害，对党员干部是这样，对整个党也是这样。党的十八大以来，习总书记多次强调"党要管党，才能管好党；从严治党，才能治好党"，更提出了"七个有之"的问题，要求把守纪律、讲规矩摆在更加突出的位置，提出了一系列从严从实的要求和措施，体现了党中央驰而不息推进从严治党的决心和态度，明确了加强党的思想政治建设和作风建设的关键与重点，为推进党的建设新的伟大工程指明了方向。我们要牢固树立作风建设永远在路上的意识，进一步明规矩、严纪律、强约束，做到爱厦大、负责任、带好头，把作风建设良好态势保持和发展下去，使好的作风成为党员干部的思想自觉和行为习惯，形成从严从实的氛围，营造风清气正的政治生态、校园生态。

### (三)"三严三实"是实现学校"两个百年"目标的坚强保证

党的十八大以来，以习近平同志为核心的党中央从坚持和发展中国特色社会主义全局出发，提出并形成了"四个全面"战略布局，协调推进"四个全面"战略布局，对我们党治国理政的考验前所未有。围绕这一战略布局，我们学校从建设中国特色世界一流大学这一战略高度出发，明确提出了以深化综合改革为主线，全面落实从严治党要求，坚持立德树人，推进依法治校的工作总基调和主攻目标，这既是服从中央"四个全面"战略布局的需要，也是落实学校第十次党代会提出的"两个百年"奋斗目标的重要保证和路线引领。

毛泽东同志说："政治路线确定后，干部就是决定因素。"在学校，有什么样的领导班子和干部队伍，就有什么样的精神风貌，就有什么样的办学成效和工作局面。加快实现学校"两个百年"的奋斗目标，办好厦大的事情，关键在党，关键在人，关键是要建设一个政治上靠得住、工作上有本事、作风上过得硬、师生员工信得过的领导班子，造就一支为民务实、敢于担当、清正廉洁的领导干部队伍，这也是对我们办学治校、推动发展的重大考验。

当前，我校正处于加快推进世界知名高水平研究型大学建设的关键时期，我们离实现第一个百年目标仅剩六年左右的时间，我校各项事业发展态势良好，处在持续爬坡的过程中，综合改革工作也已陆续铺开。上个月，李克强总理来校视察时深情叮嘱我校："继续面向社会需求，培养更多有用之才，希望将来国家'大厦'里面有更多的厦大学生当栋梁。"总理来校带来了以习近平同志为核心的党中央对厦门大学的关怀，为我们进一步做好各项工作、朝着"两个百年"目标迈进指明了方向、增添了动力、增强了信心。我们要牢记总理的叮嘱，按照"三严三实"要求，以严和实的作风与态度狠抓工作落实，增强工作执行力，以锐意进取、攻坚克难的精神状态和真抓实干、只争朝夕的工作作风，切实把总理的关怀和希望转化为推进学校改革发展的强大动力，落实到各个单位人才培养、科学研究、社会服务、文化传承与创新的具体工作和推动学校又好又快发展的实践中去。我们要把"三严三实"放到"两个百年"奋斗目标中来推进，努力锻造和保持高校领导干部应有的风骨和情操，以优良的作风促学风促校风，全面汇聚起团结奋进、改革创新的强大正能量，为顺利实现"两个百年"的美好厦大梦提供最为坚实的保证。

## 二、认真查摆"不严不实"的突出问题

党的十八大以来，校党委坚决贯彻落实党中央关于从严治党的部署要求，认真执行中央八项规定，扎实开展群众路线教育实践活动，大力整治"四风"等突出问题，广大党员、干部受到一次深刻的思想政治洗礼，贯彻党的群众路线的自觉性和坚定性明显增强，全校党员干部呈现出为民务实、干事创业的良好风貌，得到了师生员工的认可。这是我们党员干部的主流，必须给予充分的肯定。但也必须清醒地看到，"四风"问题的病原体还没有根除，"不严不实"的问题还不同程度存在，一些深层次问题还需进一步解决。习近平总书记在群众路线教育实践活动总结大会上指出："四风"问题树倒根存，有些是在高压态势下取

得的,仅仅停留在“不敢”上,“不想”的自觉尚未完全形成,有些问题的整改还没有完全到位,一些深层次问题还没有从根本上破解,有的干部留恋过去“一张报纸一支烟,优哉游哉过一天”的日子,希望教育实践活动只是一阵风,风头过了就可以我行我素了。这些问题在我校党员干部中也不同程度存在着,必须引起我们的高度重视。

开展“三严三实”专题教育,直接的目的就是要解决“不严不实”的突出问题。为了查摆我校各级党员干部中存在的“不严不实”问题,近一段时间以来,我们在翔安、思明两个校区开了几场征求意见会,重点围绕学校处级以上领导干部中存在的“不严不实”问题以及如何开展好专题教育征求教代会代表、学生代表、离退休教职工代表、民主党派代表的意见建议。同时结合学校开展群众路线教育实践活动以来梳理出的“四风”表现和专题民主生活会上党员领导干部查摆出来的问题,我们对党员干部队伍中存在的“不严不实”问题进行了一次梳理。这里,我结合实际,把这些问题摆一摆。

在“修身不严”方面。有的政治理论学习自觉性不强,个人自学投入的时间、精力不足;有的学习态度不端正,日常学习流于形式、应付了事,认为学习内容多、形势变化快,自己跟不上;有的觉得政治理论学习主要是更高级别领导的任务,忽视对党的理论、党性教育、党规党纪等方面的学习;有的站位不高、视野狭隘,只顾埋头拉车,不会抬头看路,即使学了也无心无力在工作中运用;有的理想信念不够坚定,精神迷失、信仰模糊,对共产主义心存怀疑;有的政治立场不够坚定,在一些原则问题和大是大非面前立场摇摆、消极躲避;有的不懂规矩、不守规矩,既无制度意识,又无敬畏之心,口无遮拦,随心所欲。

在“用权不严”方面。有的在想问题、做决定时对师生员工的切身感受和当下利益关注不够,有时会以自己的感受代替群众的感受,“接地气”不够;有的在做决策、定制度时调研不够、征求意见不够、透明度不够,利益诉求表达渠道不够通畅、反馈机制不够健全,宣传解释不及时、不到位,导致信息不对称而造成一些不必要的误解或曲解;有的在权力行使中存在越位、错位现象,对权力行使过程缺乏有效监督;有的分工不合理,权责不清,分工如分家,各管一摊,只管自己分管的事,互不通气,互不买账。

在“律己不严”方面。有的纪律观念不强,不能摆正自己的位置,不能做到个人服从组织、少数服从多数、下级服从上级、局部服从整体;有的认为自己职位不高、权力不大,没有奢靡腐败的条件,在廉洁自律方面没有引起足够的重视,主动接受监督和监督他人的意识弱化;有的对“一岗双责”认识不到位,奉行“好人主义”,怕得罪人,对一些存在苗头性问题的干部、教师不能及时扯扯袖子、大喝一声;有的艰苦奋斗意识淡化,勤俭节约意识不强,个别同志受社会上的一些不良习气影响,自我约束不强,追求物质享受,生活情趣不高。

在“谋事不实”方面。有的对高等教育发展、学院、学科发展等规律研究不深,认识不足,存在凭老经验、老眼光看待新问题的情况,按规律谋思路、想问题、出实招的能力不强;有的在谋划改革发展方面缺乏前瞻性、系统性、战略性思考,不善谋大局、谋长远;有的在其位不谋其政,坐等上级出思想、定思路,存有一定的等、靠、要思想;有的对自己分管的业务心中无数,缺乏深入分析,工作中一般性部署多,有针对性的研究和制定措施少;有的坐而论道、闭门造车,搞抽象争论,不善于集中群众的智慧;有的不善于从国家重大规划中求先机、从国家战略和区域重大需求中谋资源。

在“创业不实”方面。有的担当精神不足、改革勇气不够,比较多围绕领导指令和已经暴露出来的问题被动工作,缺乏主动进取的事业心责任感;有的对自己的任期目标责任制认识不清,落实不力;有的缺乏开拓创新意识,对一些影响和制约学校、学院和学科发展的深层次问题还缺乏啃硬骨头、涉险滩的劲头,在解决事关师生切身利益的问题时,办法不多,措施不力;有的事情做了决定,却没有信心和毅力往下推,或推进缓慢,一碰到困难就想绕着走,缺乏应有的执行力;有的工作布置了没回音,开头了没结果,启动了没跟踪,安排了没检查,虎头蛇尾、不了了之,在一些重大部署、重要工作中出现“中梗阻”“最后一公里”现象;有的急功近利,热衷于快出成果,喜欢做有显示度的事,不愿做打基础、利长远之事;有的得过且过,甘做撞钟和尚,该抓的不抓,该管的不管,该改的不改;有的不注重领导方式方法,工作思路不清、方向不明,效率低下,事倍功半。

在“做人不实”方面。有的宗旨意识淡薄,对上阿谀奉承,只愿为领导服务,对下趾高气扬,不愿多为群众办事，甚至伤害群众感情；有的从小团体甚至个人利益出发，热衷于拉关系、搞小圈子，弄虚作假，搞“上有政策，下有对策”；有的为人处事不坦诚，爱说大话、空话、套话，做表面文章，当面一套、背后一套，成为戴假面具的“双面人”；有的慕虚名、务虚功，遇事就推、遇功就抢，不愿吃苦出力。

学校党员干部肩负着办学治校、推动发展的重任，不仅要有较高的政治素养，而且要有良好的人品和作风，这种人品和作风将影响学校改革发展的大局，影响干部形象和干群关系，应该说，严和实同样蕴含在我们办学治校的血脉之中。当前，转作风、改作风正处于一个关键点、节骨眼上，乘势而上、持续用力，就能够巩固和扩大成果。稍有放松、稍有松懈，就可能故态复萌、前功尽弃。因此，我们要在专题教育的过程中，对自身存在的“不严不实”问题可能产生的危害保持清醒的认识，做全方位、立体式的透析检查，把问题找准找实，以整风的精神开展批评与自我批评，以讲认真的态度加以整改。

习近平总书记多次号召我们要向焦裕禄、谷文昌同志学习，就是要我们发扬共产党人一心为公、勇于担当的精神。我们一定要以焦裕禄、谷文昌以及新时期我们身边“三严三实”的优秀干部典型为榜样，树立正确的政绩观、利益观、权力观，坚定党性、严守纪律，秉公用权、为民用权，廉洁自律、清白做人，真抓实干、敢于担当，努力做一个忠诚忠实、干净干事、担当担责的好干部。

## 三、以严的精神、实的作风践行“三严三实”

全校各级领导干部一定要深刻认识“三严三实”的丰富内涵和重要意义，切实把思想和行动统一到党中央对从严治党的部署与要求上来，以开展专题教育为契机，自觉践行“三严三实”，使自己的作风真正严起来、实起来。

### （一）坚决把“三严三实”要求落到实处

一要加强理论学习，坚定理想信念，坚守共产党人的精神家园。要以坚定理想信念为重点，强化思想引领，落实思想建党要求。认真学习党章，深入学习贯彻党的十八届三中、四中全会精神和习近平总书记系列讲话精神以及“四个全面”战略布局内涵，坚持用中国特色社会主义理论体系武装头脑，始终保持对党忠诚的政治品格。自觉践行社会主义核心价值观，带头弘扬学校“四种精神”，积极营造风清气正和向上向善的氛围，凝聚起师生员工守望相助、共筑和谐的正能量。

二要严明党的纪律，遵守党的政治规矩，自觉做政治上的“明白人”。严格落实习近平总书记“五个必须”要求，坚持正确的政治立场、政治言论、政治行动，做到心有所畏、言有所戒、行有所止。严格执行党的各项纪律，把遵守党的政治规矩融入日常工作、生活之中。坚决贯彻执行党委领导下的校长负责制和学院党政联席会议制度。坚持民主集中制，严明纪律，健全制度。严肃党内政治生活，认真开好民主生活会，自觉开展批评与自我批评。强化政治意识、大局意识和团结意识，做老实人、说老实话、办老实事，带头维护改革发展稳定大局。

三要加强作风建设，廉洁自律、清白做人，筑牢清正廉洁的思想防线。牢记党的宗旨和“两个务必”，树立正确的权力观、政绩观，密切联系服务群众，真情服务师生员工，努力做到自重、自省、自警、自励，在群众中树立起党员干部应有的威信。以“钉钉子”的精神，持之以恒地落实中央八项规定，以抓铁有痕、踏石留印的劲头纠正“四风”、整改“三严三实”突出问题，不断巩固和拓展教育实践活动成果，以作风建设新成效凝聚推动事业发展的强大力量。坚决落实党风廉政建设主体责任和监督责任，按照“一岗双责”要求，切实抓好职责范围内的党风廉政建设。加强校园廉洁文化建设，努力营造风清气正的校园氛围。

四要真抓实干、敢于担当，切实肩负起推动学校科学发展的重任。坚持从实际出发谋划事业、敢于担责，在做工作落细、落小、落实上下功夫，努力创造出受群众欢迎、实实在在的工作业绩。发挥好表率作用，始终保持昂扬向上的精神状态和工作激情，脚踏实地、埋头苦干，以求真务实和雷厉风行的作风取信于师生员工。要以学习贯彻李克强总理来校视察重要指示精神为契机，牢固树立责任意识、使命意识、担当意识，坚持解放思想、改革创新、坚定自信、奋勇争先，强化执行、狠抓落实，确保学校“两个百年”目标和综合改革任务落地生根。

## (二)扎实推进"三严三实"专题教育

我们要严格按照学校"三严三实"专题教育实施方案要求,把专题教育各项工作做扎实、做细致、做到位,确保取得实实在在的成效。

1.准确把握专题教育的总体要求。这次"三严三实"专题教育的总体要求是:深入学习贯彻党的十八大和十八届三中、四中全会精神,深入学习贯彻习近平总书记系列重要讲话精神,紧紧围绕协调推进"四个全面"战略布局,对照"严以修身、严以用权、严以律己,谋事要实、创业要实、做人要实"的要求,聚焦对党忠诚、个人干净、敢于担当,把思想教育、党性分析、整改落实、立规执纪结合起来,教育引导全校处级以上领导干部加强党性修养,坚持实事求是,改进工作作风,着力解决"不严不实"问题,切实增强践行"三严三实"要求的思想自觉和行动自觉,努力在深化"四风"整治、巩固和拓展党的群众路线教育实践活动成果上见实效,在守纪律讲规矩、营造良好政治生态上见实效,在真抓实干、推动改革发展稳定上见实效。这一总体要求是基本遵循专题教育,必须贯穿到专题教育的全过程。

一要突出问题导向。要自觉把自己摆进去,着力解决理想信念动摇、信仰迷茫、精神迷失,宗旨意识淡薄,党性修养缺失、不讲党的原则等问题;着力解决不直面问题、不负责任、不敢担当,顶风违纪搞"四风"、不收敛不收手等问题;着力解决无视党的政治纪律和政治规矩,对党不忠诚、做人不老实,阳奉阴违、自行其是,心中无党纪、眼里无国法等问题。

二要坚持知行合一。要把开展"三严三实"专题教育,与落实学校第十次党代会提出的目标任务结合起来,与推进综合改革、全面实施章程、编制"十三五"规划、实施"统筹支持一流大学和一流学科建设计划"等学校重点工作结合起来,与完成本单位的重点工作结合起来,做到专题教育与日常工作有机融合、相互促进,将专题教育的成果转化为推动工作的强大动力。

2.准确把握专题教育的方法措施。此次专题教育不分批次、不划阶段、不设环节,但并不意味着可以放松要求、降低标准。按方案要求,此次专题教育的关键动作是:专题党课、专题学习研讨、专题民主生活会和组织生活会、整改落实和立规执纪。

关于讲好专题党课。这次专题教育以我今天讲党课启动开局,接下来,校领导班子成员也要结合分管工作在一定范围内讲党课,各基层党委(党总支)书记要结合本单位实际在一定范围内讲一次党课。要讲清楚"三严三实"的重大意义和深刻内涵,讲清楚"不严不实"行为的危害,讲清楚落实"三严三实"的实践要求,发挥带学促学作用。要使讲党课的过程,成为统一思想的过程,成为深化认识的过程,成为激发自觉的过程。既为专题教育开好局,也为今后经常化上好党课探索新路。

关于组织好专题学习研讨。要抓好个人自学,督促党员领导干部深入学习习近平总书记系列重要讲话精神,学习党章和党的纪律规定,认真研读《中国共产党章程》《习近平谈治国理政》《习近平关于党风廉政建设和反腐败斗争论述摘编》等重点书目,同时还要研读中纪委、中组部编写的《优秀领导干部先进事迹选编》《领导干部违纪违法典型案例警示录》,学习正反两个方面的"活教材"。

要在个人自学的基础上,重点分 3 个专题开展学习研讨,大体上每 2 个月完成 1 个专题。这 3 个专题:一是严以修身,加强党性修养,坚定理想信念,把牢思想和行动的"总开关";二是严以律己,严守党的政治纪律和政治规矩,自觉做政治上的"明白人";三是严以用权,真抓实干,实实在在谋事创业做人,树立忠诚、干净、担当的新形象。要组织开展研讨交流,每个专题至少召开一次集中学习会。关于学习研讨的专题,中央《通知》定了以上 3 个,这是一个基本的要求。各基层党委(党总支)、机关各单位(部门)还可以结合各自实际加以创新,研讨的题目可以从学校或本单位工作实际出发进行调整,或者再列专题,不限于 3 个题目。

在学习研讨中,一要紧扣问题。针对思想困惑、认识模糊的问题,在学习研讨中找到答案、去伪存真;针对习以为常、不以为然的问题,在学习研讨中认清危害、厘清是非;针对工作中的重点难点问题、群众关心关注的问题,在学习研讨中寻求对策、拿出措施,真正把"不严不实"的表现和症结找到,把整改的方向和措施找到。二要交流互动。班子成员要在深入学习习近平总书记系列重要讲话精神、深入学习党章的基础上，把自己摆进去、把职责摆进去、把实际思想和工作摆进去，交流彼此的观点、分享各自的体会，踊跃发言、讨论起来，互相启发、形成共识。三要用好两面镜子。要从优秀领导干部的事迹中，找到差距，见贤思齐；从反面典型的违纪违法案件中，汲取教训、自警自省。学习研讨一定要有深度，见人见事、触及问题、追本溯源、深化认识，增强自我净化、自我完善、自我革新、自我提高能力。

关于召开专题民主生活会和组织生活会。开好专题民主生活会和组织生活会，达到“坚持真理、修正错误，统一意志、增进团结”的目的，是严肃党内政治生活的重要要求，是每个党员干部应有的党性觉悟、政治担当。2015 年 12 月至 2016 年 1 月，校领导班子、各基层党委（党总支）、机关各单位（部门）处级以上领导干部年度民主生活会和组织生活会，要以践行“三严三实”为主题进行。每一名处级以上领导干部都要对照党章等党内规章制度、党的纪律、国家法律、党的优良传统和工作惯例，对照正反两方面典型，联系个人思想、工作、生活和作风实际，联系个人成长进步经历，联系教育实践活动中个人整改措施落实情况，深入查摆“不严不实”问题，进行党性分析，严肃认真开展批评和自我批评。机关单位（部门）“三严三实”专题民主生活会可以沿用党的群众路线教育实践活动专题民主生活会的分组方案进行。全校各党支部要切实开好组织生活会，处级以上领导干部要以普通党员身份参加所在党支部的专题组织生活会。

关于强化整改落实和立规执纪。要边学边查边改，认真梳理汇总“不严不实”突出问题和具体表现，做到即知即改、立行立改，持续深入开展专项整治。要建立整改跟踪督查机制，对整改不力的约谈提醒，对态度消极、虚以应付的严肃批评，整改效果怎么样，要听取干部群众的意见。要利用这次专题教育各级同步进行的契机，分清责任、上下联动，以上带下、以下促上，把整改措施落到实处。要严格党风肃纪立规执纪，对存在“不严不实”问题的领导干部，立足教育提高、促其改进；对群众意见大、不认真查摆问题、没有明显改进的，进行组织调整。要制定有效管用的制度，通过建制度、立规矩，强化刚性执行，推动践行“三严三实”要求制度化、常态化、长效化。

同志们，搞好这次专题教育，意义深远、责任重大。让我们紧密团结在以习近平同志为核心的党中央周围，扎扎实实开展好专题教育，深入学习践行“三严三实”，从严从实打造一支对党忠诚、个人干净、敢于担当的干部队伍，为推动学校科学发展，实现学校“两个一百年”的奋斗目标和中华民族伟大复兴的中国梦做出新的更大贡献！

——本文摘录自《厦门大学年鉴 2016》，厦门大学出版社，2016 年 6 月版

# 在厦门大学2015年教师节暨书籍《我的厦大老师》首发式的讲话

(2015年9月9日)

校党委书记　张　彦

金秋九月,日丽风清,秋实累累。今天,我们在此隆重庆祝属于广大教师自己的节日,在这笑脸、书香、掌声交汇,朴素而又热烈的氛围中,大家倍感身为教师的幸福和自豪。在此,我代表学校党委和行政,向辛勤工作在教学科研、管理服务第一线的全体教职工致以节日的问候和崇高的敬意,向专程回校参加这项活动的校友们表示热烈的欢迎和衷心的感谢!

百年大计,教育为本;教育大计,教师为本。中华民族历来就有尊师重教的传统美德,煌煌史书,有许多尊师重教的记载;列列青卷,更有数不清的尊师传说。30年前,在小平同志"尊重知识、尊重人才"的大力倡导下,党和政府确立了教师节这一纪念性节日。此后,党中央、国务院每年都以各种形式隆重庆祝这一节日。去年,在我国第30个教师节来临之际,习近平总书记深入北京师范大学,在同师生代表座谈时,发表了《做党和人民满意的好老师》的重要讲话。他强调,国家繁荣、民族振兴、教育发展,需要我们大力培养造就一支师德高尚、业务精湛、结构合理、充满活力的高素质专业化教师队伍,需要涌现一大批好老师。他号召全国广大教师要做有理想信念、有道德情操、有扎实知识、有仁爱之心的"四有"好老师,为发展具有中国特色、世界水平的现代教育,培养社会主义事业建设者和接班人做出更大贡献。昨天,李克强总理会见2015年全国教书育人楷模及优秀乡村教师代表,他指出,教育承载民族的希望和未来,教师是国家大厦的基石。全国1500多万教师支撑起世界最大规模的教育体系,是最宝贵的社会财富。我国各领域发展取得的显著成就,归根结底都得益于科学知识的普及和亿万劳动者素质的提高,这都离不开广大教师的辛勤耕耘和无私奉献。这些都充分体现了党和政府、全国人民对教师这一职业崇高性的充分肯定,对教师这项工作重要性的充分肯定,是对我们所有教师和教育工作者的关心、爱护和重视,给了我们极大的鼓舞。

厦门大学也有着尊师重教的光荣传统。从建校之日起,陈嘉庚先生就主张"独是师资一项,最为无上第一要切",重金礼聘知名教授学者,聚集了林语堂、鲁迅、沈兼士、顾颉刚、姜立夫、胡刚复、秉志、余青松等一批名流大家,可谓群贤毕至、名师垂教,为把厦大办成"南方之强"奠定了最初的坚实基础。抗战时期,厦门大学内迁长汀,在极端艰难困苦的情况下,教授、副教授全力为学生上课,萨本栋校长更是率先垂范,拆下自己汽车的发动机以做学生实验之用,率领全体师生自强不息、坚韧办学,在战火硝烟中将山坳里的学校建成"加尔各答以东之第一大学"。新中国成立后,曾被作家徐迟赞誉为"一个懂得人的价值的经济学家"的王亚南校长胸怀宽广、爱生如子,对人才大胆使用而不求全责备,不论资排辈,积极扶植新进,他发现和培养陈景润的事迹,受到人们的赞扬和传颂。改革开放以来,厦门大学更涌现出以2014年全国教书育人楷模潘懋元教授为代表的众多好老师,把教书育人视为第一要义,为国家和社会培养了许多栋梁之材。经过近百年的砥砺耕耘,厦门大学已经成为名师荟萃、群贤毕至的杏坛圣地,凝聚着无数校友的赤子衷肠和他们深深的爱师爱校情怀。

教泽光被,桃李芬芳。同志们,每当回味厦门大学近百年的峥嵘岁月,我总会被这些厦大老师爱生如子的大爱情怀,以及师生间的深情厚谊所感动。今天我们在这里举行2015年教师节座谈会暨书籍《我的厦大老师》首发式,为的就是把我们百年厦大的这股精气神弘扬开来,传承下去。朱校长亲自为《我的厦大老师》作序，他充满深情地说："（书中）那些从往日时光里缀拾起的最美丽的音容笑貌、从记忆深处还原出的最真实的校园场景、从心底流淌出的最深情的涓涓细语，无不为我们勾勒出一幅鸿篇巨制的'厦大师生从游图'，生动诠释并不断丰富和充实着厦大作为中国高等教育'南方之强'的精神内涵。"今天，朱校长把还散发着油墨香味的《我的厦大老师》赠送给各位老师，我想这本书就如同田径场上的"接力棒"，让我们齐心协力把尊师重教的传统传递下去，把"甘为人梯，乐于奉献"的光荣延续下去，把崇尚师德坚守下去。

好老师的人格魅力影响学生的一生。《我的厦大老师》一篇篇发自校友肺腑的文章，无不告诉我们这个道理。无数校友把他们在厦大老师身上得到的知识、爱与感悟，都融入了字里行间，令我们读来深受感动。刚才东伟同志把文集编辑的情况进行了说明，我也很受启发。厦大的校友爱师爱校、感恩时代、回馈社会是一个悠久的历史传统，已然成为厦大的一种文化特质。这次《我的厦大老师》的出版，同样得到了广大校友的热烈响应和积极支持。广大校友踊跃投稿，少华学长鼎力相助，再一次让我们感受到厦大人的风采和温暖。我想，这关键还得益于这些可亲、可敬、可爱的厦大老师们的人格魅力。

我记得哈佛大学前校长科南特说过："大学的荣誉不在于它的校舍和人数，而在于它一代一代教师的质量。一所学校要站得住，教师一定要出色。"教师，是一所大学最大的实力；教师，是一所大学的底气和希望。一所大学如果没有一批好教师，它就是一所没有底气的大学；一所大学如果没有一批好教师，它就是一所没有希望的大学。老师们，你们就是厦门大学的底气和希望！

明天就是我国第31个教师节了，今天借此机会，我也提几点希望和各位老师共勉：

一要始终把"老师"作为第一身份。"教师是太阳底下最光辉的事业。"作为一名大学老师，如果我们仅仅把老师当作一份职业选择、一种谋生手段，那就只能是"教书匠"。我们只有把教师工作当作太阳底下最光辉的事业，去热爱、去珍惜、去投入，才可能真正成为一个好老师。正如《我的厦大老师》这本书里所展现出来的那样，我们的历代厦大老师，就是用这种对教育事业的认识，对教育事业的忠诚和责任，实现了自己的人生价值，赢得了社会的尊重。在厦大校园里，不管是院士、教授、助教，还是书记、校长、院长，"老师"才是我们的第一身份。只要我们选择了"老师"这个称谓，就应时刻敬畏"老师"这个身份。

二要始终把"教书育人"作为第一要务。"十年树木，百年树人"，一旦踏上三尺讲台，也就意味着踏上了光荣而漫长的教书育人之旅。立德树人是大学的根本使命，教书育人是教师的天职。今天的中国正处在由教育大国向教育强国、人力资源大国向人力资源强国迈进的历史发展新时期，坚守教书育人的神圣职责，不断提高教育的质量和水平，是所有老师的第一要务。"经师易得，人师难求。"大学老师不仅要做知识渊博的"经师"，做学生知识上的授业者；更要做行为世范、善于育人的"人师"，成为学生成长道路上的传道者、解惑者。我想，这既是《我的厦大老师》中校友们所描摹的每位老师的心声，更应该是今天我们所有厦大老师的共识。

三要始终把"培育英才"作为第一追求。"研究高深学问，培养专门人才，阐扬世界文化"，建校初期，厦门大学就抱着学校要"能与世界各大学相颉颃"的信念，实施"改进全世界人类命运"的人才培养方略。时至今日，为全世界培育英才仍然应该是我们责无旁贷的使命。广大青年学生身上，寄托着个人的理想、家庭的希望、国家的未来，把他们培养成才，是老师们义不容辞的责任。我们要当好引导青年学生成长成才的"引路人"角色，关注青年学生的全面发展，着力培养他们的社会责任感、创新精神、实践能力和全球视野，使之成为推动中国进步与世界发展的卓越人才。

四要始终把"修身立德"作为第一准则。立德先立师，树人先正己。培养和造就一支学高身正的教师队伍，是立德树人、培育英才成败的关键。只有广大老师身正、德立，才能保证"师生从游"的方向，才能引导青年学生系好"人生第一粒扣子"；只有广大老师身正、德立，才能形成校园风清气正的氛围，才能造就大学有别于其他社会机构的伟大和卓然超绝之处。那些能够走进学生心灵深处的厦大老师，都有一个共同的特点，那就是德行与学问都令人高山仰止。老师们、同志们，"修身立德"既是久久为功之大计，也是一项系统工程，它必然贯穿于教书育人的每一个环节，体现在校园生活的每一个角落，这就要求我们时时刻刻都要把"修身立德"作为第一准则，使之成为我们共同的价值追求。

老师们、同志们,“老师”两个字,不仅仅是一个称呼,也不仅仅是一种职业,它更是一种责任、一种使命。在我们隆重庆祝第31个教师节的时候,让我们一起携起手来,爱岗敬业、教书育人、勤奋务实、锐意进取、励精图治,共同谋划学校改革发展的新蓝图,向着“世界知名高水平研究型大学”而努力冲刺!

最后,再次祝愿全体教职员工节日快乐!再次感谢广大校友对《我的厦大老师》这本书的热情参与和大力支持!祝大家身体健康、工作顺利、阖家幸福、万事如意!

——本文摘录自《厦门大学年鉴2016》,厦门大学出版社,2016年6月版

# 在厦门大学宣传思想和文化建设工作会议上的讲话

（2015年11月9日）

校党委书记 张 彦

去年，中共中央办公厅、国务院办公厅印发了《关于进一步加强和改进新形势下高校宣传思想工作的意见》(以下简称《意见》)。《意见》强调指出，意识形态工作是党和国家一项极端重要的工作，高校作为意识形态工作前沿阵地，肩负着学习研究宣传马克思主义，培育和弘扬社会主义核心价值观，为实现中华民族伟大复兴的中国梦提供人才保障和智力支持的重要任务。做好高校宣传思想工作，加强高校意识形态阵地建设，是一项战略工程、固本工程、铸魂工程，事关党对高校的领导，事关全面贯彻党的教育方针，事关中国特色社会主义事业后继有人，对于巩固马克思主义在意识形态领域的指导地位，巩固全党全国人民团结奋斗的共同思想基础，具有十分重要而深远的意义。同时，《意见》提出，推动文化传承创新，建设具有中国特色、体现时代要求的大学文化，培育和弘扬大学精神，把高校建设成为精神文明建设示范区和辐射源，继承和发扬中华优秀传统文化，促进社会主义先进文化建设，增强国家文化软实力，是加强和改进新形势下高校宣传思想工作的一个主要任务。

厦门大学作为中国近代教育史上第一所华侨创办的大学，自诞生之日起就把“阐扬世界文化”作为重要的办学宗旨，在将近95年的办学历程中始终与国家民族同呼吸、共命运，始终高扬爱国、革命的旗帜，给我们留下了极为宝贵的思想和文化财富。当前，我们加强和改进宣传思想和文化建设工作，既是贯彻和落实中央精神和上级要求、发挥高等学校的基本功能，也是对厦门大学优良办学传统的继承和发扬。

一个阶段以来，学校不断加大宣传思想和文化建设工作力度，取得显著的成绩。同志们围绕中心、服务大局，解放思想、与时俱进，在加强理论武装、用科学理论指导推动工作方面，在加强思想政治工作、改进思想政治理论课等方面，在丰富文化活动和创造文化产品方面，开展了大量扎实而卓有成效的工作。意识形态领域没有发生大的问题，总体情况良好；新闻宣传敏锐性、主动性不断提升，应对社会舆论的能力不断增强，宣传效果和舆论环境持续改善；文化建设成就突出，亮点纷呈，正在向深层次提升；宣传思想工作队伍建设有力，条件比较齐全，整合力度有所加强。各基层单位也在师德师风建设、大学生思想政治教育、新闻宣传、校园文化等领域进行了诸多有益的探索，取得了不少令人欣喜的成果。刚才，林东伟同志对学校近年来宣传思想和文化建设工作进行了系统的总结，对下一阶段工作做了具体的部署。四位党委书记代表所在的学院党委，从工作实际出发，就意识形态把握、教师思想政治教育、新闻宣传、学院文化建设等方面的工作进行了介绍，从不同侧面展示了工作，总结了经验。这些工作成效显著，令人振奋，值得大家学习和借鉴。

在总结成绩的同时，我们也要看到，新的形势对学校的宣传思想和文化建设工作提出了更高的要求。当前宣传思想文化领域的形势日趋复杂，需要我们不断提高工作能力和水平，以更加坚定的信念、更加敏锐的洞察力和更加科学的方法去应对各种问题和挑战。与此同时，学校的发展正处于非常关键的时期，需要我们营造良好的内外部环境，为学校的改革发展稳定提供更加坚强有力的思想保证、精神动力、舆论支持和文化氛围。下面，我就加强改进我校宣传思想和文化建设工作谈几点意见。

## 一、深刻认识宣传思想和文化建设工作的重要性

做好宣传思想和文化建设工作，事关中华民族伟大复兴中国梦的实现，事关厦门大学改革发展事业全局。我们要把握大势、着眼大事，用全局视野和战略眼光来审视宣传思想和文化建设工作的重要作用。

第一，贯彻落实“四个全面”战略布局、凝魂聚气强基固本，要求我们必须做好宣传思想和文化建设工作。

党的十八大以来，习近平总书记围绕坚持和发展中国特色社会主义，提出了实现中华民族伟大复兴的中国梦的奋斗目标，就我国经济、政治、文化、社会、生态和党的建设发表了一系列重要讲话，形成了一系列治国理政的重大思想观点，提出了全面建成小康社会、全面深化改革、全面依法治国、全面从严治党的战略布局，开拓了马克思主义发展的新境界，进一步丰富和发展了中国特色社会主义理论体系。“四个全面”战略布局为在新的历史起点上推进中国特色社会主义事业提供了方法步骤和路线指引。我们必须把握新的历史方位，强化角色意识和政治担当，切实发挥宣传思想和文化建设工作凝魂聚气、强基固本的重要作用，在落实新的战略布局中展现高校新作为、做出时代新贡献。

第二，坚持立德树人、建设坚强阵地，要求我们必须做好宣传思想和文化建设工作。

立德树人是高等教育的根本任务，培养中国特色社会主义合格建设者和可靠接班人是高校的光荣使命。在国际力量对比出现新态势、国内经济发展进入新常态、意识形态斗争日益复杂化的今天，千千万万的大学生心中有没有祖国、有没有人民、有没有梦想，事关中国特色社会主义事业接班人和建设者的培养，事关党的前途命运、国家的长治久安，事关我们民族的凝聚力和向心力。怎样赢得青年，提高青年的政治素养和国家意识，培育和践行社会主义核心价值观，系好“人生第一粒扣子”；如何加强思想建设，坚持马克思主义的指导地位，把高校建设成学习宣传研究马克思主义的坚强阵地，始终是摆在我们面前的重大课题。加强宣传思想和文化建设工作，在校园中始终高扬鲜明旗帜，指引正确方向，是推进高校党的建设的战略部署，也是我们做好人才培养工作的重要保证。

第三，加快改革发展、努力跻身世界一流，要求我们必须做好宣传思想和文化建设工作。

在党中央的坚强领导下，我国高等教育呈现蒸蒸日上的新气象。今年 11 月 5 日，国务院印发《统筹推进世界一流大学和一流学科建设总体方案》。厦门大学第十次党代会提出“两个一百年”的奋斗目标，要在建校一百年时全面建成世界知名高水平研究型大学，力争在新中国成立一百年时跻身世界一流大学行列。中国的一流大学必然包含中国特色，核心就是要坚持社会主义办学方向。同时，一流大学也要传承优秀的文化传统并孕育先进的思想文化。可以说，做好宣传思想和文化建设工作，既是建设一流大学的题中之义和基本内容，也是顺利实现“两个一百年”奋斗目标的基本保障。当前，学校正在谋划综合改革和制定“十三五”规划，已经进入改革攻坚期和朝着第一个“百年目标”前进的冲刺期。我们要切实做好宣传思想和文化建设工作，凝聚全校改革发展共识，汇集校内外各类积极因素，共同为早日建成世界一流大学而努力奋斗。

## 二、准确把握当前和今后一个时期宣传思想和文化建设工作的重点任务

习近平总书记指出，高校肩负着学习研究宣传马克思主义、培养中国特色社会主义事业建设者和接班人的重大任务。这是宣传思想和文化建设工作的认识起点和工作出发点。把握好当前和今后一个时期我校宣传思想和文化建设工作的重点任务，离不开这个根本。

第一，坚定理想信念，始终坚持社会主义办学方向。

巩固马克思主义在意识形态领域的指导地位，巩固全党全国人民团结奋斗的共同思想基础，始终是宣传思想工作须臾不可动摇的根本任务。实现“两个巩固”，重中之重是树立马克思主义、共产主义信仰，坚定中国特色社会主义信念。信仰、信念不会自发和凭空产生，要通过强化思想引领和实践养成，推动马克思主义中国化的最新理论成果入脑入心，促进党领导人民进行伟大实践和生动创造的可感可知，增强

师生的政治认同、理论认同、情感认同，把师生凝聚在共同理想的旗帜下，使学校始终沿着社会主义办学方向前进。

一要不断深化中国特色社会主义和中国梦宣传教育。要充分运用各种宣传思想阵地、传播手段和精神文化产品，加强形势政策教育，提高广大师生的政治素质和国家意识，引导师生把国家梦、民族梦与大学梦、个人梦有机结合起来，自觉为实现中华民族伟大复兴的中国梦、实现"两个百年"奋斗目标不懈奋斗。要认真学习党的十八大和党的十八届三中、四中、五中全会精神，深刻学习领会习近平总书记系列重要讲话精神，特别要加强对"四个全面"战略布局的正面宣传和舆论引导，进一步统一思想、凝聚共识，形成推动学校改革发展的强大动力。

二要深入推进马克思主义的研究和阐释。厦门大学具有研究和传播马克思主义的优良传统，涌现出了以王亚南为代表的一大批优秀马克思主义理论家和研究者，形成了一批在全国有重要影响的学术成果。近年来，学校高度重视马克思主义学院的建设，将思想政治理论课作为学校重点课程进行建设，同时大力加强马克思主义理论学科建设，推进马克思主义中国化成果的研究和普及。在新的历史时期，我们要进一步发挥学科优势，在世界知名高水平研究型大学建设过程中，努力把学校建设成为马克思主义研究和传播重镇。要按照重点马克思主义学院的建设要求，努力把我校马克思主义学院建成思想政治强、学科专业全、队伍素质优、教学科研好的示范性学院。重点支持和建设好若干以马克思主义理论为指导的研究平台和基地，培养更多中青年马克思主义理论学科带头人。要持续深化中国特色社会主义理论体系的研究和阐释，把学习研究习近平总书记系列重要讲话精神纳入中国特色社会主义理论研究总体规划，大力开展中国特色社会主义伟大实践重大问题研究，及时回答师生关心的重大理论和现实问题。

第二，加强阵地建设和管理，牢牢掌握意识形态工作领导权。

随着世情、国情、党情的深刻变化，宣传思想文化阵地上的交锋和较量越来越复杂、尖锐和激烈。课堂、讲座、学生社团、媒体、网络等既是高校正常办学的平台，也是重要的宣传思想文化阵地，所谓意识形态上的交锋和对青年的争夺主要是在这些阵地上进行的。因此，我们必须始终坚持守土有责、守土尽责，对宣传思想阵地实施主动管理、科学管理和有效管理，占领阵地、守住阵地、用好阵地，不断传播好思想、传递好声音、传输正能量。

一要加强正面建设。高校具有人才培养、科学研究、社会服务、文化传承创新的四大功能，许多大学与社会联系密切，在国内外具有广泛影响。在高校进行宣传思想阵地的建设一定要坚持全局思维，进行系统设计，这既是理顺工作机制体制的必需，更是凝聚共识、巩固阵地的关键。进行系统设计，重点是统筹处理好各层次、各领域的关系，努力做到全局与局部相配套、当前与未来相协调、整体推进与重点突破相统一。要精心组织各类讲座、论坛、报告会，坚持政治标准和学术标准相融合，积极传播正能量，发挥讲座论坛的育人功能。要深入实施马克思主义理论学科领航计划，切实把马克思主义理论学科建设成为哲学社会科学优势学科，着力提升马克思主义理论学科的引领作用。要不断加强哲学社会科学学术话语体系建设，推动哲学社会科学走出国门，围绕中国发展和全球性重大问题开展合作研究，增强在国际上的话语权。

二要强化规范管理。在重视阵地建设的同时，必须按照十八届四中全会的要求，自觉运用法治思维和法治方式加强对阵地的规范管理。根据宪法以及教育法、高等教育法、教师法等法律，不断完善关于课堂、讲座、出版、发表等工作、活动、场所的管理制度建设。对师生员工进行纪律约束，本质上是学校贯彻实施法律的延伸，也是学校根据章程履行自身管理职责的具体表现。具体到实际工作过程中，一定要依据法律法规制定管理制度，依据法治程序出台管理制度，依据普法原则宣传解释管理制度，依据法治精神执行管理制度。实践表明，坚持用制度管理阵地有利于旗帜鲜明地坚持正确的工作导向，有利于各类宣传思想文化阵地的长远健康发展。

三要坚持底线思维。党的十八大以来，习近平总书记多次强调，要善于运用底线思维的方法，凡事从坏处准备，努力争取最好的结果。底线思维要求不回避矛盾，不掩盖问题，是对意识形态领域规律的整体性把握，要求我们始终保持清醒头脑，自觉顺应规律，客观分析宣传思想阵地管理中每个细节、每个可能出现的问题并加以妥善解决。大学宣传思想阵地与学术研究和教育教学载体具有相当程度的重合，在进行阵地建设和管理时必须始终坚持“学术研究无禁区、课堂讲授有纪律”的原则,同时充分考虑学校的特点,妥善处理好加强管理与维护学术自由、保障言论自由的关系。我们在依据“百花齐放、百家争鸣”的方针支持和鼓励学术自由的同时,要始终坚持“文艺为人民服务、为社会主义服务”的“二为”方向,通过具体管理规定和措施安排,把握好政治底线,做到不逾底线、不踩红线。

第三,提高宣传引导能力,赢得舆论引导主动权。

在新的传播格局下,提高学校舆论引导能力、赢得舆论引导主动权,也是加强和改进宣传思想工作的重要课题。

一要想方设法提高新闻宣传质量。新闻宣传工作要做出新意、向纵深发展,就要不断提高宣传的质量和水平,积极更新宣传的技术和方法,不断增强宣传的针对性和实效性。要牢牢把握社会发展进步、学校改革发展的本质和主流,把宣传党的主张、学校的改革措施和广大师生的心声结合起来,传播正能量、激发正能量、集聚正能量。要顺应信息技术的迅速发展,花大力气抓好宣传内容和精神文化产品创新,不断提高品质保障,抢占新媒体制高点,促进传统媒体与新兴媒体融合发展。厦门大学这些年在新媒体宣传、网络文化建设方面进行了积极的探索,形成了富有自己特色的好经验、好做法,在师生中和社会上均产生了较好的反响。今后,还要进一步转变观念、创新思维,进一步加强对新手段、新方式的学习和运用,使我们的新闻宣传工作始终充满创造力与吸引力。

二要增强自信,拓展宣传思想工作领域。壮大主流思想舆论,既要在原来的基础上提升质量和水平,还要在横向上进行增容扩量。要旗帜鲜明地在各类阵地上大力宣传中国特色社会主义和中国梦,大力宣传社会主义核心价值观,大力宣传中华优秀传统文化,积极弘扬学校的优良传统和良好的校风。要理直气壮地开展宣传舆论斗争,特别是要严密防范和抑制网络、微博、微信等新兴媒体上的攻击渗透,组织力量采取各种方式对错误思想观点进行批驳和辨析,做到果断出手、及时发声。要立足建设世界一流大学的目标和愿景,扩大对外宣传的范围,从校内到校外,从国内向国外,从厦门走向世界,不断提升国际传播能力。

三要快速反应,掌握舆论主导权。随着网络的迅速发展,舆论热点呈现多发、突发、频发状态,高校不时成为舆情的“超热点”和聚集点。新形势下,我们要提高与媒体打交道的能力,掌握应对网络舆情的方法与技巧,把握好时、度、效,主动、及时回应社会关切、媒体聚焦、互联网追问的热点和敏感话题。要注意坚持把自己的事情做好,塑造和维护好学校的社会形象。宣传部门根据上级文件精神、结合学校调研情况,起草了《厦门大学新闻发布工作办法》,今天借助会议继续向大家进一步征求意见。

第四,构建长效机制,持续加强师德师风建设。

教师是人才培养的主体,师德师风关乎高校人才培养的方向和质量。我们要进一步加强师德师风建设,切实发挥好广大教师在学生成长成才过程中的“引路人”作用。

一要常抓不懈,提高广大教师加强师德师风锤炼的自觉性。学校已着手建立师德师风长效机制,制定出台了加强师德规范的一系列文件;完善和创新师德教育体系,让师德教育更加入脑入心、入言入行;积极挖掘、表彰和宣传师德典型,以师德典型引领广大教师队伍。近期教育部网站发布了《厦门大学三个环节大力加强师德教育》,对我校开展师德教育的工作进行了报道和肯定。师德师风建设“永远在路上”,我们必须抱定“久久为功”的决心,把师德师风建设时时放在心上、紧紧抓在手中,不断营造广大教师自觉提升道德修养的良好氛围。

二要齐抓共管,引导广大教师做学生敬仰爱戴的品行之师和学问之师。师德师风建设需要各个单位、各个部门齐心协力共同建设和维持。各相关职能部门要按照分工,协调配合,勇于创新,找准工作的着力点,不断提高师德师风建设水平。校院党政领导班子要高度重视师德师风建设,切实负起责任,将其列入重要议事日程,作为加强思想政治教育和教师队伍建设的重点,统一规划、统筹部署。要进一步完善激励机制,通过精品课程和精品教材建设、教学名师和优秀导师评选、优秀教学成果评选和岗位技能竞赛等方式,激发广大教师参与教育教学改革的热情。要通过挖掘先进典型,表彰一批师德高尚、业务精湛的教学名师、优秀教师,大力宣传他们的事迹,以榜样示范作用来增强广大教师的荣誉感和使命感。

第五，坚持立德树人，加强和改进大学生思想政治工作。

加强和改进大学生思想政治工作是学校教育的重要内容，是实现“立德树人”根本任务的必然要求。要坚持以立德树人为导向，注重总结学生工作经验，注重在传承中创新，注重协同推进，不断提升大学生思想政治教育的质量。

一要上好思想政治理论课。贴近学生、贴近生活、贴近实际，让思想政治理论课成为学生真心喜欢、终身受益的课程。既要将中国特色社会主义的宣传教育融入思想政治理论课日常教学中，推动中国特色社会主义理论创新成果进教材、进课堂、进头脑，也要充分了解学生想知道的知识和最关注的焦点，以实践融合理论，将课堂结合生活，使教学内容既彰显主流价值又为学生所喜爱；还要系统整合思想政治理论课教学，推进教学方式创新，总结推广一些学生感兴趣、愿意学的教学方法，融入小组讨论、师生分享、课堂报告、阶段论文等方式，引导学生成为思想政治理论课的“主动学习者”。

二要关心大学生身心健康和就业创业状况。身心健康与否、就业创业表现如何，不仅学生关心这些内容，学校也十分关注。我们要着眼于培养全面发展的人才，更新人才培养理念，完善人才培养方式，让厦门大学的学生不仅学有所长、术有专攻，还要有强健的体魄、美丽的心灵。要立足于学生的思想特点和生活实际，把社会主义核心价值观融入教育教学全过程，广泛开展各类社会实践、公益活动和科技创新活动，不断提升学生事务管理服务的水平，继续深化心理健康教育，不断完善就业创业服务体系，实现教育、管理、服务的有机统一。

三要形成大学生思想政治工作集群优势。大学生思想政治工作意义重大、内涵丰富，需要全校努力、全员参与。学校要持续加强学生工作队伍建设，推进学生工作队伍机制创新，焕发队伍活力和创造力。与此同时，要引导思想政治理论课教师、专业课教师和学生管理、服务部门共同参与，充分发挥党团组织、工会、关工委和理论报告员、党建组织员等组织、团体的积极作用，努力构建全员、全过程、全方位育人的思想政治教育大格局，共同推动大学生思想政治工作创新发展。

第六，推动文化传承创新，共同建设社会主义先进文化。

高校肩负着培养中国特色社会主义合格建设者和可靠接班人的重任，也被赋予建设社会主义先进文化的光荣职责。厦门大学具有悠久的历史，文化底蕴深厚，在中西文化交流中扮演着重要角色，我们要立足学校特色，推动文化传承创新，在社会主义先进文化建设中积极发挥重要作用。

一要创作优秀文化作品。近年来，厦门大学积极挖掘历史文化资源，打造了一批校园文化精品项目，在海内外传播中国经典曲目、演出校本戏剧，都取得了很好的宣传效果和社会效益，获得了各方的认可和赞誉。这些成功的经验表明，只要我们能够不断提高精品意识，扎根优秀传统文化土壤，积极反映时代精神，大力弘扬真善美，我们的文化作品就会具备强大的生命力和吸引力，就能受到广大师生和人民群众的欢迎。接下来，我们要进一步发挥自身优势，推出更多优秀的原创文化产品，让这些文化产品既有教育意义，又有推广价值，既包蕴时代价值，又含有校园色彩，努力做到以高尚的精神塑造人，以优秀的作品鼓舞人。

二要培养造就优秀文化人才。人才培养是高等教育的核心问题，文化传承创新是高校的重要职责之一。因此，培养社会上急需的优秀文化人才既是厦门大学的使命，也是厦门大学作为人才高地和文化重镇的重要特征。我们要努力造就一支具有良好专业素养和高尚人格修为的教师和干部队伍，在文化人才培养中始终坚持思想积累、知识储备、文化修养、艺术训练的统一，让更多在厦门大学成长起来的文化工作者既有“笼天地于形内，挫万物于笔端”的专业素养，又兼具“铁肩担道义”的社会责任感，既成为“美”的缔造者，又成为“真”的追求者。

三要进一步发挥学校在东西方文化交流、海峡两岸文化交流中独特的作用。文化走出去，既要依靠政治、经济的交流带动，也要依靠深刻的思想交融、精彩的故事启迪和有特色的人物影响。今年春节期间，央视以《一封外教的来信》为题，让工作生活在厦大的外国人来讲厦大的好故事，得到了诸多好评。这就是讲述好故事、推动文化“走出去”的一种好方法。厦门大学自创办之日起就有着沟通中西文化的良好传统。在全球文化交流交融越来越频繁的今天，我们要继续发挥厦门大学在东西方文化交流、海峡两岸文化交流中的独特而重要的作用,在"中华文化走出去"的语境下推广我们的文化、推广我们的价值观。

四要进一步加强具有厦大特色的校园文化建设。名校都有自己独特的校园文化,并因此而彰显出自身的价值。一所大学的文化特色,集中体现为这所大学在长期的办学过程中逐渐积淀下来的内在价值理念。厦大创办至今已近95年,近百年的办学历史赋予厦大人特有的爱国、革命、自强、科学这"四种精神"。"四种精神"代表人物身上都充分表现出了厦大人爱校荣校、改革创新、团结合作、包容共享的校园价值理念。今后我们还要继续深入挖掘"四种精神"的丰富内涵,让这十六个字的校园价值理念弘扬开来、传播开去,为厦门大学现在以及今后的发展提供强有力的精神支持。

## 三、全面提升宣传思想和文化建设工作水平

宣传思想和文化建设工作是管方向、管根本、管灵魂、管长远的工作,同时也面临着诸多困难和挑战。我们要进一步增强大局意识、责任意识和担当意识,不断提升宣传思想和文化建设工作水平,更好地履行职责,完成使命。

一要强化政治责任。我们已经明确地认识到,做好意识形态工作是党委的第一责任,因此全校各级党组织必须进一步增强做好宣传思想文化工作的使命自觉和行动自觉,把做好意识形态工作摆在突出位置,牢牢掌握意识形态工作领导权。各基层党委领导班子对本单位意识形态工作负主体责任。党委书记是本单位意识形态工作第一责任人,要旗帜鲜明地站在意识形态工作第一线;分管领导是直接责任人,协助党委书记抓好统筹协调指导工作;其他成员根据工作分工,按照"一岗双责"要求,抓好分管部门、单位的意识形态工作,对职责范围内的意识形态工作负起领导责任。

二要强化法治思维。要把制度建设作为宣传思想和文化建设工作的基础工程,将其纳入依法治校和现代大学制度体系建设的总体进程中,增强运用法治思维和法律手段解决高校宣传思想工作中矛盾和问题的能力。要加强宣传思想和文化建设工作的制度建设,做到制度规范、有章可循,推动形成内容协调、配套完善、有效管用的长效管理机制,确保各项制度可执行、可监督、可检查、可问责。

三要加强队伍建设。宣传思想文化工作本质上是教育人、引导人、激励人、提升人的工作,做好这项工作,关键也要依靠人。要贯彻落实《中宣部、教育部党组关于加强高校宣传思想工作队伍建设的意见》精神,把党政干部和共青团干部、思想政治理论课教师和哲学社会科学课教师、辅导员班主任、心理健康教育教师、学生骨干纳入宣传思想文化人才队伍范畴。要把加强队伍建设作为推动工作的重要举措,努力建设一支有守有为、敢于担当的宣传思想文化人才队伍,积极为他们的成长发展创造条件,让从事宣传思想和文化建设工作的同志们有尊严、有自信、有底气、有本事。

四要构建大宣传格局。宣传思想和文化建设工作是一项政治性强、涉及面广、影响广泛的系统工程。全校各级党组织要加强组织领导,建立健全党委统一领导、党政齐抓共管、职能部门分工负责的工作机制。各部门各单位都要树立"大宣传"的工作理念和"一盘棋"的大局意识,避免各自为营、单打独斗,积极参与到宣传思想和文化建设工作中来,实现资源共享、协同共赢,构建起厦门大学宣传思想和文化建设工作大格局。

同志们,宣传思想和文化建设工作责任重大、使命光荣。加强和改进宣传思想和文化建设工作,让我们的党员干部成为宣传思想文化工作的有力组织者,广大教师成为社会主义核心价值观的自觉传播者,青年大学生成为中国特色社会主义的坚定信仰者,我们重任在肩。我们要以奋发有为的精神,进一步提高做好工作、解决问题的本领,既要敢抓敢管,也要善抓善管,还要善做善成,不断把学校宣传思想和文化建设工作提升到新高度新水平,为学校改革发展做出新成绩新贡献,为全面建成小康社会、实现中华民族伟大复兴的中国梦做出厦大人新的更大贡献!

——本文摘录自《厦门大学年鉴2016》,厦门大学出版社,2016年6月版

# 在厦门大学建校94周年庆祝大会上的讲话

（2015年4月6日）

校长　朱崇实

尊敬的各位嘉宾、各位校友，亲爱的老师们、同学们、朋友们：

大家上午好！

四月的厦门，百花争妍，春意盎然。在这个美好的季节里，我们欢聚在这雄伟的建南大会堂，共同庆祝厦门大学建校94周年，展望学校更加美好的未来。此时此刻，我要向全校师生员工、广大海内外校友致以节日的问候和美好的祝愿！向长期以来关心、支持和帮助厦门大学发展的社会各界朋友表示崇高的敬意和衷心的感谢！

光阴荏苒，星移斗转。时间的长河奔流不息，我们朝着厦门大学“两个百年”的奋斗目标又前进了一大步。一年来，全体厦大人保持自我加压、昂扬向上的精神状态，积极谋划、奋力推进一流大学建设，学校各项事业有了新的进步。我们坚定不移地推进现代大学制度建设和体制机制创新，作为依法治校的“校之宪法”——《厦门大学章程》获准颁布施行，《厦门大学综合改革方案》这一指导当前和今后一段时期学校改革、创新与发展的纲领性文件付诸实施，依法治校和深化综合改革如鸟之两翼、车之双轮，为创造第一个百年辉煌提供了坚实保障和内生动力。一年来，我们稳步推进教学教育改革，人才培养质量不断提高；积极推动协同创新，科研能力显著增强，“能源材料化学”和“两岸和平发展”两个协创中心获得认定，成为国家级协同创新中心；优化学科布局，学科核心竞争力得到提升；深化人事分配制度改革，人才队伍建设成效显著；深入拓展战略合作，社会服务能力突显；成功承办第九届孔子学院大会，不仅让厦大走向世界，更让世界走进厦大，学校国际影响力显著提升。

这些成绩的取得离不开全体厦大师生员工的辛劳与汗水，饱含着广大海内外校友和社会各界朋友的大力支持与无私帮助。在这里，我们要向所有为厦大事业和荣誉顽强拼搏、无私奉献的人们，表示最崇高的敬意和最衷心的感谢！

大学的根本不在“大”，而在“学”，即学生为本、教师为要。一流大学最重要的标志是有一流的大师。优秀的教师是大学的灵魂之所在，是大学学术文化的创造者和传播者。厦门大学正是拥有了这样一批优秀的教师，凭借着他们卓越的科学研究、出色的传道授业，得以朝着跻身世界一流大学行列的目标迈进。在今天的校庆大会上，我们将颁发第三届“南强杰出贡献奖”，以表彰为厦大学术之辉煌成就做出重要贡献的优秀教授。今年的获奖者分别是我国著名光谱化学家、中国科学院院士、化学化工学院教授黄本立先生，我国著名量子化学家、中国科学院院士、化学化工学院教授张乾二先生，我国杰出资深法学家、国际经济法学科开拓者、法学院教授陈安先生，历史学家、我国台湾问题研究著名学者、台湾研究院教授陈孔立先生。这四位教授把他们的毕生精力都奉献给祖国的教育事业和科学事业，为厦门大学的建设和发展做出了杰出的贡献。这四位教授分别是90岁、87岁、86岁、85岁的高龄，但他们现在仍然坚持在教学、科研的第一线，为学校事业发展竭力付出。他们是厦门大学最宝贵的财富，厦大为拥有这样一批大师而骄傲。我们每一个人，特别是我们后学晚辈一定要以他们为榜样，向他们学习，像他们那样为实现中国梦、厦大梦而奋勇拼搏、勠力前行。我提议，让我们以热烈的掌声向他们表示最崇高的敬意！

一流大学的最高使命是培养出一流人才。94年来，厦大始终坚持“知行合一，学以致用”的育人原则，坚持把“有理想，敢担当，有能力，肯实干”作为厦大的人才标准，正是这一份坚守，让厦大这片沃土桃李芬芳,英才满园,在不同时代培养出时代的精英和社会的中坚力量。今天的校庆大会上,我们还将为2014年度的最优秀学生颁发"嘉庚奖章"。今年的"嘉庚奖章"获得者是外文学院2012级本科生孙妍珊同学。孙妍珊同学自幼患脑瘫,肢体的缺陷,不但没有击倒这个柔弱的女孩,反而磨砺了她坚韧、乐观的品格,一次次地跌倒,一次次地爬起,她用超出常人的意志和努力,迎接着生命中的挑战,创造了成长中的奇迹。就在不久前,孙妍珊在共青团中央、全国学联举办的2014年度寻访中国大学生"自强之星"活动中,获得2014年度"中国大学生自强之星标兵"称号。孙妍珊同学用自己的实际行动诠释了"自强不息,止于至善"的校训精神,在她的身上我们看到了"90后"大学生笃定坚毅、自强自立的一面。我提议,让我们以热烈的掌声向她表示热烈的祝贺!希望她在今后的人生道路上积极进取、奋发成才,取得新的更好的成绩!

一流的大学肯定有一流的校友。厦门大学最为自豪的就是拥有无数杰出的校友。近百年来,无论在中国历史发展的哪一个阶段,无论在中国建设的哪一片热土,都有厦大校友奋斗的身影。特别令我们感动的是,厦大校友无论身处何地,都心系母校,时刻关注母校的发展,为母校的建设与发展尽己所能。在今天的校庆大会上,新一届校友总会理事会将正式宣告成立,我们还将为荣誉理事颁发聘书,我们衷心希望新当选的各位理事,能够秉承母校优良传统和学风,大力宣传母校发展新变化,广泛联络、真诚服务海内外校友,促进校友和母校的联系与团结,在关心校友事业发展的基础上,增强广大校友的凝聚力,真正将校友会营造成校友们可以信赖、可以依靠的"家"!成为母校连接校友的纽带和桥梁。

一流的大学无不具有感恩的情怀和勇于担当的魄力。马来西亚分校的创建就是厦门大学感恩情怀、勇于担当的真实体现。马来西亚分校的建设不仅是我们对历史的回馈,对陈嘉庚精神的传承,更是中国高等教育走出国门的创新和尝试。当前我国正处于全面深化改革的关键时期,"一带一路"倡议正在迈向实质性实施阶段。厦门大学位于历史上海上丝绸之路的起点和"21世纪海上丝绸之路核心区"所在的福建,理应为国家战略的实施承担起一份责任。当然,我们也认识到,走出国门创办大学,对我们来说是在走一条前人没有走过的路,难免会遇到这样或那样的困难。让我们感动和感激的是,马来西亚分校的建设得到了各级政府和社会各界人士的大力支持和慷慨捐赠。继去年校庆以来,又有马来西亚丹斯里拿督杨忠礼博士、厦门绿地美置业有限公司、华厦眼科医院集团有限公司等一批社会贤达、朋友和热心企业向我们伸出援手,正是有了他们的支持和帮助,马来西亚分校建设才得以顺利向前推进。从去年10月17日正式开工以来,短短几个月,校区一期建设工地已从当时的一片棕榈林发展到如今一幢幢建筑拔地而起,建设进展令人备感振奋。我们相信,只要我们解放思想,更新观念;只要我们众志成城,团结一致;只要我们勤奋努力,认真做事,就一定能够把马来西亚分校办成一所不仅是马来西亚、东南亚地区,甚至是全世界知名的高水平大学。

与此同时,在今天的校庆大会上,我们还将接受若干宝贵的捐赠,并向捐赠者表示由衷的感谢。我们深知,这些宝贵的捐赠不仅仅是钱和物,更是一份情与意,是校友、是社会对厦大的关爱和期望,是校友、是社会对厦大的嘱托和帮助。我们一定要认真地用好每一分善款,我们一定要牢记这一份情和意,我们一定要努力工作,认真做好厦门大学的每一件事,绝不辜负社会各界朋友和广大校友的关爱与期望。同学们、老师们,我提议,让我们以热烈的掌声向所有关爱厦大、支持厦大的朋友们和校友们再次表示衷心的感谢和崇高的敬意!

老师们、同学们、校友们、朋友们,今天,厦门大学的发展又站在一个新的起点上,我们对大学存在的价值、肩负的使命和创建世界一流大学的目标路径有了更加清晰的认识、更加坚定的信心。面对高等教育综合改革的新形势新任务新要求,面对建设世界一流大学宏伟使命的神圣召唤,我们每一位厦大人都应该解放思想,求真务实,勇于创新,锐意进取,进一步增强责任感、使命感,树立起大局意识、改革意识,用我们的智慧、辛劳、青春与汗水,扬帆起航、展翅高飞,追逐梦想、走向一流。我们由衷地期望广大校友和各界朋友继续关心、支持学校的建设与发展,携手谱写厦门大学"两个百年"的绚丽华章,共同铸造中华民族伟大复兴的中国梦。

最后,衷心祝愿全体师生员工、全体厦大校友、海内外朋友学习进步、工作顺利、身体健康、生活幸福!

祝福厦大的明天更加辉煌灿烂！

谢谢大家！

——本文摘录自《厦门大学年鉴2016》，厦门大学出版社，2016年6月版

# 在厦门大学2015届毕业典礼上的讲话

(2015年6月20—21日)

校长　朱崇实

尊敬的各位老师、各位嘉宾,远道而来的家长们、校友们,亲爱的同学们:

大家好!

在这凤凰花开的火红季节,又迎来了与同学们依依惜别的时刻。今天和明天,我们在这雄伟的建南大会堂要连续举行4场2015届毕业生毕业典礼,隆重欢送今年夏季毕业的毕业生7322位。其中本科毕业生4481位,硕士毕业生2464位,博士毕业生377位。首先,请允许我代表全校师生员工向圆满毕业、即将踏上新的人生旅程的2015届毕业生们,致以最热烈的祝贺和最美好的祝福!向所有为你们的成长付出辛劳、默默奉献的师长、亲人和朋友,致以最崇高的敬意和最衷心的感谢!

毕业的季节,是收获的季节,令人高兴,值得庆贺;毕业的季节,也是道别的时刻,令人难舍,充满感伤!不论如何,这个时刻都是一个宝贵而美好的时刻,在这样的一个时刻,我非常珍惜能有机会再跟同学们说几句话。

前两个星期,我到台湾去访问,走访了台湾地区8所姐妹校,跟各位校长和教授们交换了加强和拓展交流与合作的意见和设想。此外,还拜会了厦大校友会的几位校友,向他们通报了学校近期的发展情况,并感谢他们对母校的关心和帮助,希望他们能更多地关心、支持和帮助母校。在拜会的校友中,有一位老校友是1948年毕业于厦大机电系,先到上海后到台湾去工作,今年已经93岁高龄。这位老校友在台湾好来化工厂工作了数十年,曾担任企业副总经理、厂长等职,大家熟知的黑人牙膏就是他管理的工厂所生产的。1989年他工作了40年后,在66岁时退休。退休后,他对生活充满热情,周游世界是他最喜爱的活动。到目前为止,他已出国旅游189次,去过91个国家和地区,在台湾岛内旅游就难以计数了。他现在的生活乐趣除了旅游之外,第二个乐趣也是他最大的乐趣就是热衷于参加各种公益慈善活动,包括到大学去演讲,把自己几十年的管理经验和人生阅历告诉年轻的大学生,帮助他们走好自己的人生道路,也包括拿出自己的积蓄力所能及地去帮助他所能够帮助的人。我知道,在座就有很多学子得到过他的帮助。我见过的几乎所有认识这位老校友的人无一不夸奖他是一个健康的人、快乐的人、爱帮助人的人、受人尊敬的人,也是一个成功的人。我跟这位老校友有过多次交谈,这次在台湾他又跟我说了对母校的感念,有些故事我已听过多次,但每次听完我都有一番新的感悟,我想借这个宝贵的机会跟同学们分享我的感悟,分享我对这位受人尊敬的老校友的认识。

刚刚我们大家深情地齐唱校歌,其中有两句歌词“致吾知于无央,充吾爱于无疆”,“知无央,爱无疆”,我们的老校友说这6个字影响了他的一生。“知无央”就是告诫我们学无止境,知识的海洋宝藏无穷,需要我们去不懈探索和挖掘,这是人生最大的财富。“爱无疆”就是期待我们要有大爱,要有爱心,要懂感恩,知道我们今天能有所成就是无数人帮助的结果,一旦自己有了能力就应该尽己所能去帮助他人回馈社会。我们的老校友是这样想的,也是这样做的。他一生勤学不断,读万卷书,行万里路,始终保持旺盛的求知欲望。他现在已年过九旬,但还是对新事物充满好奇,如果你跟他交谈,你一定会被他那种谦虚好学、不耻下问的精神所感动。在奉献爱的方面老校友更是堪称楷模,他算是工薪阶层,不是大富大贵之人,但他乐于助人、乐于奉献的精神实在感人。他不仅在台湾、大陆有捐赠,在中国之外的东南亚、非洲等地也都有捐赠。他常说的一句话就是:“我跟大慈善家相比,捐赠的数额是很小的,但我很高兴我能尽我的力量去帮助另一个需要帮助的人，哪怕只有一个人因为我的帮助而感到快乐，我就会很高兴。”我们的老校友这次在台湾跟我见面时又提出要给母校捐赠 100 万人民币，但有一个愿望就是希望母校能在芙蓉湖畔找一个好地方竖一块闽南花岗石，上面镌刻“知无央，爱无疆”6 个字。亲爱的同学们，你们很快就要离开校园奔向远方了，不论你们走到哪里，我都希望你们能够记住我们校歌中“知无央，爱无疆”这 6 个大字。

我从多位老校友口中听到一个关于厦大的故事，就是当年萨本栋校长定下的一个校规，即每年的学生注册报到日有严格的时间规定，时间一过，报到处马上关门，迟到的学生只能回家等到第二年再来报到。这样的规定，在当时是太过严厉了。因为大家知道，1937 年 7 月厦大为了躲避日寇的炮火，内迁闽西山城长汀办学。70 多年前的闽西交通太困难了，很多同学从家乡到长汀，路上要走十天半个月之久，而且历尽艰辛，因为那时路上常有土匪强盗出没。就是这样，当时学校定下的这一规定必须严格遵照执行。许多迟到的同学因无法报到而痛哭流涕，但是没办法，再哭也没有用，只能第二年再来报到。数十年过去了，这次在台湾，我们的这位老校友又跟我说起这个故事。他感慨地说，当年学校这个规定确实被很多同学痛骂，但是等我们这些学生毕业之后，大家都感受到它给大家带来的好处。因为有这样严厉的校规，厦大毕业生都特别守时，讲纪律，做事开会从不迟到早退。这样一个好习惯，很受各方赞赏，这也成为厦大校友事业成功的一个重要因素。亲爱的同学们，我每次听完这个故事都无比地感慨，我无比地钦佩当年的萨校长能有如此魄力与胆略，以大爱之心制定出如此严厉的校规校纪。我相信，今天的大学没有一个校长敢于制定这样一条规定。但是，我由衷地期望在座的各位能牢牢地记住这个真实的故事，能够传承厦大的这样一种精神。我们的老校友告诉我，多年后，他们都体会到，必须守时这样一个习惯，对自己是一种自律，对他人是一种尊重。一个人能够对己自律，并尊重他人，这样的人一定是一个受人欢迎的人。同学们，我希望你们都是一个受人欢迎的人，受社会欢迎的人！

我们的老校友告诉我的另一个感慨就是厦大倡导的“脚踏实地，耐得寂寞，守得清苦，能做大事，亦重小事”的传统让他终生受用不尽。所以，当他看到有关李克强总理到厦大视察，赞扬厦大的学生“高能成，低能就”时，他特别有同感。校主陈嘉庚曾经用很平实的语言告诫年轻的学子：“见兔猎兔，见鹿弃兔；鹿既难得，兔亦走路。”这句话的意思就是，做事业千万不能心浮气躁，这山望着那山高，更不能随波逐流，随风摇摆，否则只能一事无成。我们的这位老校友，1949 年到台湾后，在化工行业一干就是数十年，从一般的技术人员、管理人员到厂长、总经理，成为台湾企业界著名管理专家。他事业有成，其中重要的一条就得益于他对自己事业的热爱和执着。我还可以告诉各位同学一个小小的秘密，这位老校友在退休后因为有空余时间了，于是他就拿出一些剩余的钱购买股票当作一种消遣或生活的调节，他购买了十几支股票，每一支都赚了钱，没有亏本。其中最高一支翻了数十倍。为什么能这样，他告诉我这也得益于他对自己所从事数十年专业的熟悉和了解，得益于不断地学习和跟踪科技发展的新动态，所以他对自己购买的股票有什么前景或什么走势把握得很准确。亲爱的同学们，“合抱之木，生于毫末；九层之台，起于累土”。欲成大事者，切切不可不重小事。我由衷地期望在座的各位同学，都能传承厦大的优良传统，像总理所说的那样“高能成，低能就”，“能有更多的厦大学子成为国家的栋梁之材”，像我们的老校友一样，“干一样，爱一行”，“干一件事，成一件事”。

亲爱的同学、亲爱的朋友，在这宝贵而难舍的惜别时刻，我不能占用各位太多时间，因为我知道，此刻你们的父母、你们的老师、你们的同学、你们的朋友都还在等着要把他们的祝福、他们的嘱托、他们的牵挂及他们的期盼细细地告诉你，都想跟你再留一个影，跟你再道一个别。所以我要结束我的发言了，在结束发言之前，我还想再说的一句话就是，期望在座的各位同学，都把母校当作你们人生征途的一个驿站，当你们在征途中走累了的时候，就回到母校来歇歇脚、喘喘气，加些草料、添些淡水，整好行装再出发。同时，我还要请在座的各位同学牢牢记住，当你们在人生的征途中奋力向前的时候，在你的身后始终有一个朋友在默默地注视着你们，当你们成功的时候他轻轻鼓掌为你们高兴，当你们遇到困难和挫折的时候，他随时准备伸出双手助你们一臂之力。这个真诚的朋友就是你们的母校——厦门大学!

最后,祝各位同学鹏程万里,一路平安!

谢谢大家!

——本文摘录自《厦门大学年鉴2016》,厦门大学出版社,2016年6月版

# 坚持兴趣驱动，让更多学生成为创新创业粉丝

（2015年6月30日）

校长　朱崇实

青年大学生是推动大众创业、万众创新的生力军，是服务国家创新驱动发展战略、建设创新型国家的重要力量。我们要把深入开展大学生创新创业教育作为服务学生成长成才和推进人才培养模式改革的重要抓手，全面提高人才培养质量和创新创业水平，为促进我国经济提质增效升级提供有力支撑。

深化创新创业教学改革，将创新创业教育融入人才培养全过程。推动创新创业教育与专业学习、素质教育有机结合，着力培养学生的学习能力、实践能力、创新能力和发展能力。构建创新创业教育教学体系，优化创新型人才培养方案，为学生个性化发展和创新创业需求提供更有针对性的课程体系和教学内容。健全"以研促学、以赛促学"的机制，完善课内实验教学与课外创新活动、学业竞赛相互补充的多元化课外科研训练体系，鼓励教师科研课题与学生科研训练相结合，通过早期科研训练平台和学业竞赛平台，带领学生开展研究型学习和创新性实验。加大科研项目和科研资源对学生的开放度，创新学生科研创新活动资助模式，探索跨学科交叉、本研共同参与的学生科研创新机制，建立本研共享实践（实训）教学平台。建立多元创新创业评价体系，设立创新学分，把教师指导学生创新创业计入教师工作量，使创新精神、创业意识和创新创业能力成为评价人才培养质量的重要指标。

坚持兴趣驱动，不断提高学生创新创业的体验度和参与度，让更多学生成为创新创业的铁杆粉丝。积极鼓励学生参与创新创业训练计划，组织开展科技学术节、"青年学子名企行"活动，让学生感受科技创新魅力，使一批有科研天赋和创业意愿的学生脱颖而出。注重将创新创业体验与社会实践相结合，精心设计社会调查、实习实训模块，鼓励学生开展调查研究、技术诊断、模拟创业，激发学生创新创业兴趣。加大科技创新类学生社团扶持力度，加强创新创业骨干培训，加大创业基金、创业俱乐部、创业导师等政策扶持。

进一步加强校内外资源统筹能力，使各种资源和要素服务创新创业。统筹教学、学生经费和校友捐赠等资源，设立创业启动金、学生创新创业基金、社会课堂奖学金，加大对实践教学经费投入和自主创业扶持力度。完善校地校企联合培养人才机制，加强实习实训基地和特色创业基地建设，建立行业精英参与教育教学常态机制，鼓励学生到企业开展创业实习实践。加强校内创业孵化基地建设，为学生提供政策咨询、项目开发、风险评估、开业指导、跟踪扶持等服务，打造"不出校门就创业"的全仿真环境。打造创业网络信息服务平台，实现学生创业咨询、创业教育、项目展示、创业集资、创业交流网上"一条龙"服务。

——本文摘录自《厦门大学年鉴2016》，厦门大学出版社，2016年6月版

# 在厦门大学2015级本科生开学典礼上的讲话

(2015年8月29日)

校长　朱崇实

亲爱的同学们、老师们，尊敬的中国人民解放军承训部队官兵同志们，尊敬的各位朋友、各位来宾、各位家长：

大家早上好！

今天，我们怀着无比喜悦的心情，在这里为来自五湖四海的2015级4988名本科新生举行隆重的开学典礼。首先，我代表厦门大学，向全体新同学表示衷心的祝贺和热烈的欢迎！同时，也向培育同学们成长，并且帮助你们选择了厦门大学，给予厦门大学以信任和支持的家长、老师及亲友，表示衷心的感谢和崇高的敬意！

在祝贺、欢迎和感谢之余，我要借这个宝贵的机会向同学们提出几点期望：

同学们，今天是一个特殊的日子，你们在2015年的8月成为厦门大学的一员。我相信，你们每一个人终生都会记得这个日子，记得何时成为厦门大学的一员。但我还希望，希望你们各位还要牢牢地记住，这个日子还有一个特殊的意义，那就是在70年前，勇敢、伟大但又多灾多难的中国人民用伤亡超过3600万人的血泪代价，取得了抗日战争的胜利；千万条宝贵的生命，换来了我们这个伟大国家历经苦难但始终屹立世界东方。下个星期的9月3日，我们国家要举行盛大的阅兵仪式以纪念抗日战争胜利70周年。盛大的阅兵仪式是向世界宣示我们保卫祖国、保卫和平的坚强决心，也是向无数为国捐躯的英烈们表示我们最崇高的敬意。爱国，是每一个中国人最为深厚的情怀；爱国，也是厦门大学这个高等学府最为显著的特征。陈嘉庚因为爱国，倾其所有的家产创办了厦门大学，并独立支撑这所大学16年；罗扬才为了爱国，反抗暴政，争取民主，年仅22岁就牺牲了自己的生命；萨本栋因为爱国，毅然抛弃在清华大学已有的良好条件，南下主政困难重重、前途未卜的厦门大学；王亚南因为爱国，在马克思主义还被视为异端邪说的年代，就冒着生命危险在中国传播这个伟大的学说；陈景润因为爱国，在“文革”的年代，他白天被批斗，晚上则躲在楼梯下的斗室里计算那神秘的“1+1=2”，不畏艰难地攀登科学的高峰……厦大百年的荣耀与辉煌就是由这一个又一个的爱国者所铸就，他们的爱国故事构建了厦大的传统与精神。同学们，我由衷地期望你们能牢牢地记住厦大的四种精神，传承并弘扬之。爱国、爱校、爱你们的父母、爱你们的师长和朋友，感恩你们的祖国，感恩养育你们的人，感恩所有帮助过你们的人，让大爱情怀永远流淌在你们的血液之中。

同学们，从今天开始，你们将开启人生崭新的一页；从今天开始，你们要真正地离别父母开始独立生活。大学与中学最大的区别就在于大学的学习本质上是一种自主的学习，一种主动的学习；最好的大学只是为她的学生提供一种条件、创造一种可能，让每一个学生能够发现自己的潜能，从而去挖掘自己的潜能，实现自己的潜能，让潜能得以最好地发挥。因此，在大学里，你们是学习的主人，时间都掌握在自己的手里。说到这里，同学们，我想问你们一句，你们知道自己最大的财富是什么吗？我告诉你们，是时间！你们年轻，你们拥有光明的未来，你们拥有很多时间，这是你们最大的财富。但我在此更要忠告你们，你们有这么多的财富，你们要加倍地珍惜她、善待她，千万不要浪费她、糟蹋她。很遗憾，我遇到很多年轻的朋友他们都还不懂得如何去珍惜或善待自己这个最宝贵的财富，因为他们觉得自己的时间太多了，不足珍惜，可以浪费。而且我知道，年轻人浪费时间的最好方式就是玩电子游戏。亲爱的同学们，你们今天能够考上厦门大学,都是度过了这一“鬼门关”方才修成正果的。因此,我由衷地期望各位一定要顶住这一诱惑,不能到了厦大再被这一“妖魔”给拉下水,千万不要沉溺于电子游戏之中。我可以告诉各位,我担任校长最痛心的一件事,就是每年都有若干学生因为无法完成学业而被退学,完不成学业的主要原因就是沉溺于电子游戏之中。每当我签下退学令时,我内心真的很难受,因为我知道,你们考进厦大是承载了太多人的梦想,如果你们被退学,这些人的梦想都破碎了!同学们,请记住我这句话,电子游戏在你们求学的时刻是比鸦片还要坏的麻醉剂,你们一定要远离这个麻醉剂,你们要珍惜自己的光阴。“一寸光阴一寸金,寸金难买寸光阴”,这是我们的古训。中华民族的伟大复兴将要在你们这一代人手上完成,在座的各位唯有珍惜光阴、刻苦学习,没有任何理由去浪费时间。

同学们,到了大学要努力学习、刻苦学习,但还要懂得学习、善于学习。厦门大学的人才培养目标是让厦大的学生具备强烈的创新意识和良好的创新能力。毫无疑问,同学们,你们一定要上好每一堂课,认真地吸取老师在课堂上讲授的知识,你们要学好每一本教材,这些教材凝聚了很多人的心血,是知识精华的荟萃。但是单有课堂上的学习还不够,在大学里课堂外的学习同样重要。既要重视课堂上、书本上、理论上的学习,还要重视实践课,也要重视实验课、实习课等其他实践课的学习;既要常泡图书馆、实验室,也要经常参加各类社团活动,特别是各种公益活动;既要学好本专业的知识,还要尽可能多地涉猎其他专业的知识;仅仅会思考还不够,还要动手,“脑手并用”;仅仅会写还不行,还要能说,能够清晰地把自己的思想表达出来,并让他人接受;仅仅会逻辑思维还不够,也要懂得形象思维,反之亦然。总之,同学们,懂得学习,善于学习,就是要千方百计地利用好大学能够给你们的一切条件、一切可能,把你们自己最强的一面挖掘出来,加以锤炼,百炼成钢!我相信每个人都有自己的天分,各位通过如此激烈的竞争考入厦门大学,在座各位肯定都是有天分的人。我期望,各位在厦大能够充分地展示你们的天分,让你们的天分因为有了厦门大学而得到更好的发挥。

同学们,我们今年招收的本科新生共4988位,其中台港澳地区学生164位,国际留学生215位。同学们从天南地北、五湖四海汇聚到厦门大学这个美丽的校园,成为厦门大学这个大家庭中的一员,这是一种缘分。从今年开始,学校进一步优化了招生结构,其中优化的一个重要指标就是争取做到本科生4人一间宿舍,这4个人应该是来自不同的省份。这样做的目的,就是要让同学们能有一个更好地了解、认同并尊重不同文化的环境与氛围。世界之美,首先是美在文化的不同。文化的多样性,不同文化相互包容、相互尊重,这是人类社会文明发展的体现。厦门大学从建校之初就是一所最开放、最包容、最友爱的学校,同学们有缘在厦大相聚,4年或5年的时间很短,转眼即逝。我期望同学们能珍惜这样的一种缘分,和睦友爱地相处。如何才能做到友爱相处?我认为,一是大家要有包容的心,对不同的文化、不同的习惯要相互包容、相互理解、相互尊重;二是要有克己的心,大家每做一件事都要想想你做了会对他人造成什么影响,“己所不欲,勿施于人”,这是最基本的为人之道,每个人都要恪守。说到这里,我要再一次强调沉溺于电子游戏的坏处。我知道,有许多宿舍闹不团结,同学之间有意见有矛盾,这些意见和矛盾的起因,很多都是一些同学沉溺于电子游戏,通宵达旦地玩游戏,不顾他人的感受影响他人的休息造成的。同学们,今后你们如果有遇到这种情况,在同学之间相互沟通无用的情况下,你们一定要果断地告诉辅导员,告诉班主任,告诉你们的系主任、院长、党委书记,让老师帮助你们处理这一问题。当然,你们也可以直接给我写信,我一定会帮助你们。因为我知道,夜晚无法安静地睡眠是一件很痛苦的事。

同学们,我要说的再一个期望,就是期望你们一定要坚持锻炼身体。健康是事业的基础,健康是一切的根本。在学校的运动场上高挂着一幅标语:“每天锻炼一小时,健康工作五十年,幸福生活一辈子。”我希望同学们能够牢牢记住这幅标语。前一个星期,我看到一则报道,记者采访中国工程院院士钟南山教授。我们知道钟南山教授,是当年抗“非典”的英雄,他是我们国家最著名的呼吸病学专家之一。记者向他求教健康之道,钟南山教授说,他的健康之道最重要的就是几十年坚持体育锻炼不动摇。他认为,要把体育锻炼看作与吃饭、睡眠、工作一样,成为生活中不可或缺的重要组成部分。他年轻时是健将级的运动员,据说现在北京高校大学生运动会男子400米的纪录还是他保持的,但更可贵的是他数十年坚持体育锻炼从来没有停止过。他说他现在每两天就要系统地锻炼一次,他已是79岁的老人了,但现在引体向上还可以一次做10个。他的工作精力更是比很多年轻人都好。同学们，我知道在座有很多同学做引体向上一次可以做20个，甚至更多。但我也相信在座可能也有很多同学引体向上一次做不到5个，甚至做不到2个。在座多数同学是1996年或之后出生的，钟南山教授是1936年出生的，他比你们整整早了60年出生。我想你们没有理由引体向上做不过他。我还要告诉同学们的是，钟南山教授是厦门人！厦门四季如春，空气新鲜，是个锻炼身体的最好地方。我衷心地期望同学们都能够动起来，喜欢运动的继续保持，不喜欢运动的赶紧运动，养成一个喜欢运动、喜欢体育锻炼的好习惯，做一个德智体美全面发展的人！

同学们、朋友们，从今天开始，你们就要投入紧张的大学学习生活，学习的第一课是军事训练，担任你们老师的是英雄的中国人民解放军承训部队的官兵同志们。这支部队是一支英雄的部队，是一支在战争年代屡建奇功，在和平年代又立新功，具有光荣革命传统的部队。这次担任军训任务的教官都是部队的优秀官兵，他们的思想过硬、作风过硬、军事过硬，他们将把军人的好思想、好作风和好本领传给你们，把军人的担当展现给你们，他们也会让你们对意志、对信念、对团结、对纪律有新的认识。因此，我由衷地期望同学们拿出坚强的毅力认真地上好进入厦门大学的第一课，一定要虚心地向教官们学习，把自己当作一个真正的军人来对待，服从命令，听从指挥，团结互助，超越自我。

同学们、朋友们，最后，我衷心地祝愿你们在厦门大学度过你们人生中最精彩、最幸福、最美好的一段时光！

谢谢大家！

——本文摘录自《厦门大学年鉴2016》，厦门大学出版社，2016年6月版

# 在2015级研究生开学典礼上的讲话

（2015年9月14日）

校长　朱崇实

亲爱的同学们、老师们，尊敬的各位家长、各位来宾：

大家上午好！

今天，我们怀着无比喜悦的心情相聚在美丽的厦大校园，隆重举行2015级研究生开学典礼。今年共有3697位硕士研究生和734位博士研究生加入厦门大学这个大家庭。在此，请允许我代表厦门大学、厦门大学全体师生员工向2015级全体研究生新同学表示热烈的欢迎和诚挚的祝贺！向多年来培养、关怀、支持和帮助你们的家长和师友表示衷心的感谢和崇高的敬意！

同学们，10天前的9月3日，在天安门广场，中国人民以史诗般的恢宏阅兵式，纪念中国人民抗日战争暨世界反法西斯战争胜利70周年。中国人民抗日战争的胜利，是英勇的中国人民不屈不挠、用伤亡超过3600万人的浴血奋战换来的胜利，这一伟大胜利，正如习近平总书记指出的，“重新确立了中国在世界上的大国地位”，“开辟了中华民族伟大复兴的光荣前景，开启了古老中国凤凰涅槃、浴火重生的新征程”。为什么是凤凰涅槃、浴火重生？因为在此之前的中国近代历史，是中国抗击外来侵略屡战屡败的历史，是落后挨打的耻辱历史。抗战胜利让中华民族重新屹立于世界的东方，但也像一面镜子、一座警钟，时刻在警醒我们。我们要清醒地认识到，虽然今天我国经济总量已位居世界第二，但我们这个拥有5000年文明的大国，在世界上依然还是一个发展中国家。仅从科技方面讲，我国关键领域核心技术受制于人的格局没有从根本上改变。前不久李克强总理视察厦大，在跟同学们交谈时说，我国每年因为芯片进口花费2000多亿元，这笔钱与每年进口石油花费的金额差不多。当他得知我们有同学力图能在自主芯片的研发上做出贡献时，他十分高兴，祝愿同学们的创新理想能早日实现。再比如，你们很多人喜欢用的苹果手机除个别核心部件，其他多是在中国生产和组装的，从生产的成本上看，可能有90%是中国厂家完成的，但中国厂家所获得的利润不到3.6%。这样的事例还有很多，归根到底是我国自主创新能力不足。这是我国的短板，也是我们目前落后于发达国家的主要所在。在科技是第一生产力的今天，核心技术的掌握和创新，是一个民族一个国家实力的关键。铭记历史，是为了开创未来，未来的开创靠你、我、他，但更靠在座的你们，各位是“早上八九点钟的太阳，希望就寄托在你们身上”。

一流的大学是一个国家、社会乃至世界文明进步的发动机，因为一流大学的神圣使命就是永无止境地追求真理、探索未知、改革创新。这样的一个使命能否实现，依靠的是一流大学的一流教授和他们一流的学生。作为研究生，你们是同龄人中知识层次最高、思想最活跃、最具发展潜力的一个群体，有责任也有能力去参与创造人类新的奇迹，在创造中改善人生，让自己变得更高尚、更完美，使生命更有价值、更有意义。非常荣幸的是，当你们走向自己人生的新驿站时，中华民族正站到一个新的历史起点上。此时此刻，我们国家正在以创新驱动发展战略，为实现中华民族伟大复兴的中国梦，朝着“两个百年”的奋斗目标而砥砺奋进，这是年轻的研究生最有作为最有发展前景的时代。研究生作为创新创业的一支生力军，一定要担当起“为中华复兴而创新”的使命与责任，自觉服务，不断提高创新创业能力，主动投身创新创业的伟大实践。你们来到的厦门大学，是一所与现代中国同命运共患难共发展的大学，在将近百年的历史中，中华民族有多少伤，她就有多少痛，中华民族有多少荣光，她就有多少自豪。在这样一个时刻，我们特别地怀念校主陈嘉庚，正是因为他的伟大与崇高，我们才有可能从五湖四海齐聚一方，汇集到这个美丽的校园,为自己的梦想、为家人的梦想、为祖国的梦想而挥洒自己的青春。在这样一个时刻,我们也特别地期望在座的各位不仅能感恩陈嘉庚,而且能学习陈嘉庚。陈嘉庚倾其所有创办厦门大学,但他更是以他的精神和品格永远给我们以教被和恩泽。

陈嘉庚被毛泽东主席誉为"华侨旗帜,民族光辉"。毛泽东的赞赏得到了人民的认可。陈嘉庚之所以是华侨旗帜,首先他是一位华侨心目中最可信赖的领袖,是他那诚毅诚信、一诺千金的人格力量在感召着无数的海外华侨。陈嘉庚17岁离开故乡集美,到当年的英属殖民地新加坡谋生,他先当了3年学徒,经过艰苦的磨炼后,准备接手父亲的米店生意。但天有不测风云,父亲的企业凋零倒闭了。按照当年新加坡的法律,父债不必子还,只要宣布米店倒闭,陈嘉庚完全可以另起炉灶,把父亲的债务抛给社会负责。但陈嘉庚并没有这样做,反而决定继承父业,宣布代父还债。经过无比艰难的数年努力,陈嘉庚在父亲倒下的地方重新站立起来,连本带利还清了父亲所欠的所有债务。20岁的陈嘉庚走向商场的第一步,便让他赢得了商场上最为重要的信誉,他的"重然诺、守信用"迅速传遍了东南亚,这也为他带来了比别人多得多的商机,由此,他很快发展成为南洋最重要的企业家。中国的传统文化讲"仁者,人也","仁"是传统中国做人的起点,也是为人的重要价值。何为"仁"呢?孔子《论语》有48段专门讨论"仁"的语录,第一段话便是"巧言令色,鲜矣仁",意思就是说话花言巧语、表情夸饰不真实的人,是很少真诚很少诚信的。真诚诚信这是做人做事的起点与基石,尤其是从事科学研究的人,科学研究来不得半点虚假与伪饰。研究生将比本科生有更多的机会参与到科学研究与各种创新活动,同学们一定要坚守"学术诚信",自觉抵制学术不端,杜绝弄虚作假,更不能出现抄袭剽窃行为。厦门大学从建校的第一天就要求对学术不端行为实行"零容忍",在你们踏上研究生的学习生活时,就要像我们的校主刚踏上创业道路时那样,牢固树立诚实守信的人格,与学校一道共同维护风清气正的学术环境。

年轻人触觉敏锐,思维敏捷,在这个人类知识快速创新变化的时代,在我们国家四个现代化全面推进的大好时光里,谁能抓住机遇,乘势而上,谁的成功可能就更大,谁就会活得更精彩。陈嘉庚也是一位善于把握机遇的勇者。20世纪初,橡胶种植业开始兴起,陈嘉庚便乘一位英国商人急着回国的机遇,从他手中买了18万颗橡胶种子,这18万颗的种子,后来便成就了陈嘉庚橡胶大王的伟业。当第一次世界大战爆发时,很多原来做远洋运输的商家不敢再往海上冒险,海上运输尤其远洋运输成为世界难题。陈嘉庚再次把握商机,毅然租下两条船,在大洋上跑起别人不敢为的海上运输,后来索性自己买船,经营起远洋航运。虽然后来他的一条运输船被德国潜艇击沉,但一战结束时,陈嘉庚公司却赢得了巨大的利润,他也正是用这笔钱做开办费,创建了厦门大学,开始了他的创建"世界之大学"的梦想。审时度势,识别风险,抓住机遇,敢闯新路,这是我们校主创造价值、走向成功与辉煌的一个奥秘。任何一个有为的青年,到了研究生阶段,应该说更加具备了抢抓机遇的本领和条件。今天,厦门大学正奋进在建设高水平研究型大学的道路上,努力跻身世界一流大学的行列,机遇与挑战就像天空的彩云,每天都会从你的身边飘过,就看你能不能发现它,抓住它。希望同学们结合自己的学术兴趣和成长成才需要,紧紧抓住与导师合作的机会,抓住与来自世界各地的专家学者、同行同学沟通交流的机会,抓住参与大型高级别赛事和高端学术会议的机会,抓住使用先进设备仪器的机会,抓住创新创业实践的机会,抓住一切攻关克难的机遇与挑战,淬炼自己,提升自己,成就自己的梦想。

大学是世界上最古老的一种社会组织,与大学同时代产生的许多组织现在早已消亡了,但大学却依然生机勃勃,始终站在社会发展与进步的前列。大学的生命力何在?在于创新!世界上著名的大学,特别是一流的大学都有一个共同的特征,那就是不受陈腐权威的束缚、不落窠臼、敢于推陈出新。敢于创新也是陈嘉庚的一个品格。陈嘉庚早年开罐头厂时,就不受当时新加坡厂家只生产条装和枚装等大宗装式罐头的束缚,而别开生面地生产大小不一的杂装罐头。只要市场需要什么,他就生产什么,不论装式繁杂,从而迅速打开市场,赢得市场竞争力。种植橡胶时,他别出心裁地把橡胶套种在菠萝丛中,既不影响原本罐头产业的原材料供应,又开拓了新的橡胶种植业。后来,他又参照中国式鞋样,自行设计了胶底布鞋、雨鞋,突出其轻便耐用的特点,制造出价廉物美的"钟牌"鞋产品新系列,拓展了橡胶产品,建立起庞大的橡胶生产王国。陈嘉庚敢于创新、勇于创新、不怕失败的品格值得我们学习。在这个充满激烈竞争的世界上，只有不断探索、勇于创新的人，才有更强的竞争力，才能脱颖而出。研究生是创新的生力军，研究生的学习要以“研究”当头。所谓研究，就是对“自己感兴趣的未知世界系统地探索”，这种“探索”不再是被动地接受和汲取，而是积极地、主动地、自主地、自觉地学习知识、感悟知识、探索知识、创新知识的过程。希望同学们养成批判性思维的习惯，敢于超越导师，敢于挑战权威，敢于尝试探索，要有“为天下先”的勇气与意志，刻苦学习，培养自己善于发现问题、解决问题的本领。

“自强不息”，这是厦门大学建校第一次开学典礼上陈嘉庚先生为厦门大学提出的一句话，它后来成为我们学校校训中的一句话。这句话体现了一种永不停止、百折不挠的浩然之气。陈嘉庚先生的创业之路充满了艰辛与磨难，但他从来没有在艰难困苦面前退却过，他一生都以自强不息的精神与信念面对人生、面对历史、面对世界。年轻时，面对父亲产业的凋败，他要在父亲倒下的地方重新站立起来；成为“橡胶大王”后，却又陷入了西方列强尤其是英国、日本的联合夹击，特别是日本军阀 1928 年 5 月制造“济南惨案”之后，陈嘉庚在南洋奋起公开号召抗日。日本军阀也开始加大对他个人及企业的迫害。再加上 1929 年的世界经济危机，这让他的企业雪上加霜，一路下滑，走向崩溃。此时，有人以不再支撑集美学校和厦门大学的办学为条件，要为他的公司注入资金，但他不愿俯仰由人，他说：“企业可以收盘，学校不能不办”，“宁可变卖大厦，也要办厦大”。他于 1934 年初毅然宣布企业收盘，并引用美国一位巨商的话激励国人：“正当的失败，不是耻辱；畏惧失败，才是真正的耻辱”，“人能经得起挫折，受得起打击，吃得起苦头，才是好汉”。认准目标，矢志不渝，不畏艰难险阻，自强不息，坚定地走向自己的目标，这也是陈嘉庚的精神。同学们，你们的研究生阶段一定会遇到很多新问题，较大的学业压力、科研压力，这样的压力要比本科生学习阶段的强度大很多，你们还会遇到与本科生阶段相比，要突出得多的个人感情问题、就业问题、家庭经济问题，等等。我想，这些都是我们成长的必修课，都需要我们积极去面对。最关键的是要像校主一样，在任何艰难困苦面前，都要保持一种永不停息、百折不挠的大无畏精神，以“为中华民族伟大复兴贡献一份力量”的使命感，去面对、去克服我们学习、研究和生活中的困难与问题。

同学们，我衷心希望大家能以我们的校主为榜样，像他那样爱国，像他那样诚毅，像他那样富于开拓创新精神。我们正处在一个伟大的时代，处在一个飞速发展、瞬息变化的时代，这个时代是进步的、催人向上的。但这个时代也有许多副产品，也有许多要拉你于落后的陷阱。无限的海量信息，就是一把“双刃剑”。所以最后，我还希望同学们不要当低头族，不要被手机绑架了，不能把“微信”“微博”作为一个研究生获取知识的途径。美国著名文化学者杰姆逊这样概括今天人们的一种生存特征，他说“今天的每个人每天 24 小时都在接受爆炸性的信息轰炸”，爆炸性的信息是碎片化的，“轰炸”则只能是被动地接受，24 小时的不间断是让你应接不暇，在这样的情况下，姑且不论信息的真伪、有用与无用，但那样一种持续不断的爆炸性的轰炸状态，就完全有可能让你无法再对这个世界、对人生、对生命的价值做出任何独立的、正确的思考。这实际上也就是后现代文化的一个特征，它会影响或侵害我们的思维方式，会减弱我们对知识、对问题的整体性、系统性的把握，对此同学们一定要保持警醒。同时，我还希望我们的研究生们要特别注重身体的锻炼，没有健康的身体，你有再美的梦想也难以实现，你有再好的才华也无法展示。我由衷地希望在座的各位一定要坚持体育锻炼，多呼吸新鲜空气，多接触阳光与自然。请你们牢牢记住我们运动场上的这幅标语：“每天锻炼一小时，健康工作五十年，幸福生活一辈子！”

最后，我衷心地希望厦大的生活能成为你们一生中最美好的记忆，在厦大的学习研究成为你们一生中最大的收获。祝你们学有所成、健康快乐！

谢谢大家！

——本文摘录自《厦门大学年鉴 2016》，厦门大学出版社，2016 年 6 月版

# ·党建与思想政治工作·

## 厦门大学2015年度党风廉政建设工作要点

(2015年)

2015年,学校党风廉政建设和反腐败工作要高举中国特色社会主义伟大旗帜,全面贯彻落实党的十八届三中、四中全会和中央纪委五次会议精神,结合学校综合改革,积极落实党委主体责任和纪委监督责任,强化“四风整治”和反腐倡廉工作,为学校事业改革发展提供坚强保证。

### 一、加强纪律建设,把守纪律讲规矩摆在更加重要的位置

严明党的纪律。严格执行党的政治纪律、组织纪律、财经纪律、工作纪律和生活纪律等各项纪律,把遵守党章、党的纪律、国家法律法规和党长期以来形成的优良传统等党的规矩融入学校各项教育改革之中。加强对贯彻落实党的政治纪律和政治规矩的检查工作,确保中央政令畅通,确保学校党政决策决定落到实处。

加强纪律教育监督。围绕落实《厦门大学章程》及学校综合改革方案,督促广大师生员工遵纪守法。加强警示教育,让广大党员干部和教师受警醒、明底线、知敬畏,主动在思想上画出红线、在行为上明确界限,真正敬法畏纪。督促各级党组织及党员领导干部敢于执纪,敢抓敢管,使纪律真正成为带电的高压线。

### 二、突出预防腐败工作,深入推进惩防体系建设

强化反腐倡廉教育,加强校园廉洁文化建设。深入学习贯彻中央精神,围绕宣传贯彻党的十八届四中全会、十八届中纪委五次会议精神,贯彻落实习近平总书记有关反腐倡廉重要讲话精神,汇编《厦门大学2015年党风廉政建设学习材料》。深化理想信念和宗旨教育、党风党纪和廉洁自律教育,组织“校园廉洁文化活动月”,继续做好2015年廉政文化作品大赛的作品征集,举办“廉政大讲坛”和“廉政橱窗展”,努力营造干部廉洁从政、教师廉洁从教、学生廉洁修身的校园廉洁文化氛围。加强廉政理论研究,为上级纪委和校党委加强党风廉政建设和反腐败工作提供决策建议。

完善制度建设,继续建立健全廉政风险防控机制。做好党风廉政建设责任制的落实,修订《厦门大学领导班子成员党风廉政建设责任分解方案》,督促落实《中共厦门大学委员会关于深入推进惩治和预防腐败体系建设的实施办法》。健全廉政谈话提醒、检查考核等机制,组织开展新任处级领导干部集体廉政谈

话。建立校纪委书记约谈二级单位党政主要负责人制度，进一步落实和完善校纪委委员分工联系校内基层单位制度，强化对全校各单位党风廉政建设情况的指导和监督。督促各部门完善工作制度，进一步提升制度的宣传、执行力度，强化全校师生的法治思维、规则意识和制度自觉。加强监管，规范权力运行。加强和改进对各级领导干部和教师行使权力的制约和监督，继续加强对重点部位和关键环节的监管，重点深化基本建设(修缮)、物资(设备)采购、招生考试、科研经费、后勤等方面的监督检查。配合校办、机关党委抓好学校各项决策、规定落实情况的督办工作。

## 三、深入落实中央八项规定精神，驰而不息纠正“四风”

持续狠抓“四风”问题。严格执行《党政机关厉行节约反对浪费条例》，健全校院二级领导干部带头改进作风、深入基层调查研究机制，完善直接联系和服务群众制度。抓住容易滋生不正之风的部位和环节，以踏石留印、抓铁有痕的决心，紧盯“四风”问题新形式、新动向，坚决查处公款吃喝、公款旅游等问题，锲而不舍、狠抓节点、扩大成果。加强监督检查，把违反中央八项规定精神列入纪律审查重点，对顶风违纪者所在单位的党组织和负责人进行问责。

加强师德师风建设。严格执行《高等学校教师职业道德规范》和《教育部关于建立健全高校师德建设长效机制的意见》(“红七条”)督促有关部门制定颁布《厦门大学教职工违规处分管理办法》，加强教师从业行为监管力度，规范教师兼职取酬行为，严肃查处违反师德行为和学术不端行为。

## 四、强化查信办案，持续保持遏制腐败高压态势

加强群众信访举报受理工作。进一步理顺信访举报受理流程，完善信访举报工作机制。畅通信访举报专区，在纪委监察处网站上设立信访举报渠道、设立专门的信访举报邮箱。严格规范举报线索管理和排查，落实问题线索“集中管理、集体排查、分层督办”制度。进一步加强信访举报统计分类工作，为查案、办案和决策提供有效线索。

坚持有案必查、有腐必惩。严格审查和处置党员干部和教师中违反党纪政纪、涉嫌违法的行为。坚持零容忍，坚持抓早抓小，坚定不移地惩治腐败，发现一起查处一起，绝不姑息，绝不手软，始终保持严厉打击腐败的强劲势头。突出纪律审查重点，把违反政治纪律、组织纪律等行为作为审查重点，加大对群众身边不正之风和腐败问题查处力度。

## 五、强化问责工作，推动落实党风廉政建设党委主体责任

督促各单位落实主体责任。制定《中共厦门大学委员会关于落实党风廉政建设主体责任的实施办法》，按照“一岗双责”要求，督促各级领导干部认真抓好业务范围内的党风廉政建设工作。督促各级党委主要负责人敢抓敢管，对下级和身边工作人员严格要求、严格监督。在涉及重大问题、重要事项时必须严格按规定请示报告。

加大问责力度。做好各单位签订的《落实党风廉政建设主体责任约谈承诺书》的落实工作。逐层分解责任，层层传导压力，将党委主体责任落实到领导班子每位成员具体工作职责中。完善主体责任落实机制，强化责任追究，尤其突出对主体责任不作为行为的问责。实施“一案双查”，既要追查当事人的违纪问题，又要查清主管领导或分管领导的责任范围及领导责任。

## 六、深化“三转”工作，落实纪委监督责任

加强组织协调。制定《中共厦门大学委员会关于落实党风廉政建设监督责任的实施办法》，协助党委

加强党风建设和组织协调反腐败工作，督促检查各单位落实惩治和预防腐败体系建设工作的任务，切实负起监管责任。

聚焦主业，认真落实“三转”。主动适应学校综合改革的新要求，推动纪检监察机构改革，强化对业务部门履行监督责任的“再监督、再检查”，进一步解决组织和形势转变后思想认识的深化和工作的到位问题。通过“三转”，加强监督执纪问责，努力构建“不敢腐、不能腐、不想腐”动力系统，为教育综合改革保驾护航。

提升纪检监察干部的履职能力。开展专兼职纪检监察干部培训，提高查信办案能力和专业技能。纪检监察干部要坚守职业精神，敢于担当，执好纪、问好责、把好关，自觉接受监督，坚决防止“灯下黑”，努力打造一支忠诚、干净、担当的纪检监察队伍。

——本文摘录自《厦门大学2015年度党风廉政建设工作要点》，档号2015-DQ06-001

# 中共厦门大学委员会关于深入推进惩治和预防腐败体系建设的实施办法

（2015 年 2 月 3 日）

为深入贯彻落实党的十八大和十八届三中、四中全会精神，加强惩治和预防腐败体系建设，推进学校党风廉政建设和反腐败斗争，根据中共中央《建立健全惩治和预防腐败体系 2013—2017 年工作规划》、中共教育部党组《关于深入推进高等学校惩治和预防腐败体系建设的意见》及《福建省贯彻落实〈建立健全惩治和预防腐败体系 2013—2017 年工作规划〉的实施办法》，结合学校实际，制定本实施办法。

## 一、总体要求

全面推进体现高等学校特点的惩治和预防腐败体系建设，是高等学校的重要战略任务和重大政治责任。在上级党组织的坚强领导下，学校深入推进惩治和预防腐败体系建设，党风廉政建设和反腐败工作取得明显成效。但是，在社会环境发生深刻变化以及高校自身改革不断深化的新形势下，学校出现消极腐败现象的危险依然存在，违纪违法案件仍然时有发生。有的干部对本职范围内的党风廉政建设工作重视不足，“一岗双责”的意识不够强；一些干部对廉洁从政规定的学习不够主动，廉政风险防控意识还需进一步加强，制度执行力还需进一步提高；有的重点部位关键环节的监督还需进一步加强。全校党员干部必须从思想上警醒起来，坚持惩治和预防腐败两手抓、两手硬，积极推动学校党风廉政建设和反腐败工作各项任务的落实，坚定不移地把党风廉政建设和反腐败工作引向深入。

加强学校惩治和预防腐败体系建设，要以邓小平理论、“三个代表”重要思想、科学发展观为指导，深入贯彻落实党的十八大及三中、四中全会精神和习近平同志系列重要讲话精神，按照党章要求，紧紧围绕立德树人根本任务和深化教育领域综合改革总体要求，紧紧围绕学校第十次党代会的总体部署以及学校“两个百年”目标，坚持从严治党、依规管党治党，以改革精神加强反腐败体制机制创新和制度保障，坚定不移转变作风，坚定不移惩治腐败，严格落实党风廉政建设责任制，营造风清气正的发展氛围，为学校全面建成世界知名高水平研究型大学、实现跻身世界一流大学的目标任务提供有力保障。

经过今后 3 年的不懈努力，学校党风廉政建设和反腐败工作取得师生员工更加满意的进展和成效。党的作风建设深入推进，“四风”问题得到有效治理，校园廉政文化氛围更加浓厚；党风廉政建设责任制落实更加到位，惩治腐败力度进一步加大，纪律约束、法律制裁和责任追究的警戒作用有效发挥，构建起“不敢腐、不能腐、不想腐”的有效机制；拒腐防变的教育更加有效，反腐倡廉制度更加完善，管理和监督更加规范，党员干部廉洁自律意识和拒腐防变能力显著增强，学校各项事业持续健康发展。

## 二、坚持不懈抓好作风建设

### （一）加强纪律建设，把守纪律、讲规矩摆在更加重要的位置

党内规矩是党的各级组织和全体党员必须遵守的行为规范和规则，党的规矩包括党章、党的纪律、国家法律以及党在长期实践中形成的优良传统和工作惯例。要把守纪律讲规矩摆在更加重要的位置，努力

营造守纪律、讲规矩的良好氛围，把党的纪律融入立德树人的根本任务和学校综合改革之中。必须认真遵守党章“四个服从”的规定，维护党中央权威，在任何时候任何情况下都必须在思想上、政治上、行动上同党中央保持高度一致；必须维护党的团结，坚持五湖四海团结一切忠实于党的同志；必须遵循组织程序，重大问题请示报告制度，不允许超越权限办事；必须服从组织决定，绝不允许搞非组织活动，不得违背组织决定；必须管好亲属和身边工作人员，不得默许他们利用特殊身份谋取非法利益。

在所有党的纪律和规矩中，第一位是政治纪律和政治规矩。要引导和督促广大党员干部坚定政治立场、把握政治方向，增强政治敏锐性和政治鉴别力。强化对干部教师履职的监督，坚持“学术研究无禁区、课堂讲授有纪律”，认真落实《厦门大学关于加强形势报告会和哲学社会科学报告会、研讨会、讲座、论坛管理的暂行办法》，切实加强对课堂、报告会、研讨会、讲座、论坛、校园网、校刊等的管理，深入开展干部师生思想政治动态和意识形态领域倾向性问题的研判，牢牢掌握意识形态工作的领导权、管理权、话语权。加强执纪监督，各级党组织及党员领导干部必须敢于执纪，敢抓敢管，保证党内监督的有效性和权威性，使纪律真正成为带电的高压线。

### (二)坚持党性原则，切实改进工作作风

坚持党性原则是政治工作的根本要求，必须坚持党的原则第一、党的事业第一、师生员工利益第一，在党言党、在党忧党、在党为党，把爱党、忧党、兴党、护党落实到工作各个环节。从严治党，必须增强管党治党意识、落实管党治党责任。坚持民主集中制原则，切实加强组织管理，党员对组织要忠诚老实，党员之间应该言行一致、表里如一。党要管党就必须久久为功，从严治党就必须自觉践行“三严三实”，各级干部既严以修身、严以用权、严以律己，又谋事要实、创业要实、做人要实。做到思想教育与制度约束同向、同时发力，让广大党员干部受警醒、明底线、知敬畏。

切实改进工作作风。各级党组织要严格执行教育部改进作风二十项措施和学校改进作风十六条规定要求，严格落实《党政机关厉行节约、反对浪费条例》，牢记“两个务必”，弘扬理论联系实际、密切联系群众、批评和自我批评及艰苦奋斗、求真务实的优良作风。以抓铁有痕、踏石留印的劲头纠正“四风”，细化解决“四风”突出问题措施。加强监督检查，对发现的问题，及早整改，做到言必信，行必果，以优良的作风正校风、促教风、带学风。

加强师德师风建设，严格执行《高等学校教师职业道德规范》和《教育部关于建立健全高校师德建设长效机制的意见》(“红七条”)，大力弘扬立德树人、教书育人的师德风范，表彰、宣传优秀教师典型。充分发挥学术委员会等学术组织在学科建设、学术评价、学风建设中的重要作用，完善教师考核聘任评价体系，完善教育教学规范、学术研究规范、教师兼职规范等配套措施。严肃查处违反师德行为和学术不端行为。

## 三、科学有效预防腐败

### (一)深化党风廉政教育，筑牢拒腐防变的思想道德防线

深入开展中国特色社会主义和中国梦教育、理想信念和宗旨教育、社会主义核心价值观教育，构建以领导干部为重点、纪律教育为核心、警示教育为特色、廉政文化为引领的党风廉政教育工作格局。加强党纪国法、廉政法规和从政道德教育，将其纳入学习型党组织建设，学校中心组每年安排廉洁从政专题学习，校院两级党校要把廉洁从政教育作为必修内容。要坚持以领导干部为重点对象、以重点部位关键环节岗位人员为主要对象，通过剖析违纪违法案例，深入开展示范教育、警示教育和岗位廉政教育。开展教师廉洁从教、科研诚信教育，学习廉洁榜样，强化示范教育，不断提高广大教师的思想政治素质和职业道德水平，进一步加强科研伦理和学术道德建设，规范教学科研人员的学术活动。要把校园廉洁文化融入党支部立项活动和校园团学活动中，引导学生树立遵纪守法、敬廉崇洁的思想意识。

### (二)加强校园廉政文化建设,营造良好氛围

加强廉政文化建设。积极借鉴我国历史上的优秀廉政文化,把培育廉洁价值理念融入校园廉洁文化教育之中。发挥厦门大学校史展览馆、陈嘉庚纪念馆、罗扬才烈士纪念室、鲁迅纪念馆和校外廉政教育基地等的作用,加强廉政文化精品工程建设,开展廉政文化创建活动。

加强宣传和舆论引导工作。把党风廉政建设和反腐败宣传教育工作纳入宣传教育工作总体部署和年度安排,积极宣传党风廉政建设和反腐败工作的方针政策、决策部署和工作成效。校报、校电台电视台和学校新闻网站要办好反腐倡廉宣传专栏和专题。加强廉政理论研究。充分发挥理论研究在廉洁教育中的引领作用,充分调动和发挥学校人文社会科学研究人员的积极性,深入研究廉政文化,开展党风廉政建设的前瞻性研究,提升廉政文化建设的理论水平,为各级党组织加强党风廉政建设建言献策。

### (三)加强反腐倡廉制度建设,切实提高制度执行力

善于用法治思维和法治方式反对腐败,让制度刚性运行。根据现代大学制度建设的要求,加快构建以大学章程为龙头的制度体系,把党风廉政建设和纪检监察工作作为学校治理体系的重要组成部分,把廉洁性要求融入制度建设,完善防止利益冲突、任职回避等方面制度,规范学术权力和行政权力的边界,科学有效配置学校内部权力。

加强制度宣传教育,大力宣传制度的内容要求、程序界限等,督促广大师生严格遵守、令行禁止。领导干部带头执行制度具有重要的导向、示范和推动作用,主要领导干部必须带头执行各项制度。

强化督办,引导大家自觉遵守制度、贯彻制度,推动制度更好地落实。加强检查监督,通过校内专项巡视、专项检查、专项监察等形式,推动职能部门自觉执行制度,对检查发现的问题及时敦促整改、纠偏。

## 四、严格突出监管重点

### (一)加强决策监督

坚持和完善党委领导下的校长负责制,严格执行"三重一大"集体决策制度,完善群众参与、专家咨询和集体决策相结合的决策机制,规范学术委员会的组成、权责和运行规则,健全教职工代表大会的民主参与机制,构建决策科学、执行坚决、监督有力的权力运行体系。落实集体领导和分工负责、重要情况通报和报告、述职述廉、民主生活会、信访处理、诫勉谈话、询问和质询、特定问题调查等监督制度。

### (二)规范干部的选拔任用

坚持党管干部、党管人才原则,严格执行《党政领导干部选拔任用工作条例》和学校中层干部选拔任用工作办法。完善干部人事制度改革,严格干部任用标准和程序,完善民主推荐制度,改进任职考察工作,强化廉政审查把关。严格执行干部选拔任用重要事项请示报告制度,认真落实干部选拔任用"一报告两评议"制度。完善各类人才评价标准和管理办法。整治选人用人上的不正之风,对跑官要官、托人说情的,一律不列为考察对象,并视情节严肃处理;对顶风违纪的,发现一起,查处一起。健全对机关部处和学院党政"一把手"的监督,推动干部轮岗交流。

### (三)加强教育经费监管和内部审计监督

严格执行高等学校财经制度,健全经济责任制。推进学校内部控制规范建设,完善学校财务制度,继续加大推行公务卡结算管理力度,实施无现金结算模式,强化预算执行,加强结转结余资金管理。认真落实《国务院关于改进加强中央财政科研项目和资金管理的若干意见》,加强科研经费预算管理,完善经费外拨制度。建设学校财务管理信息系统,推动财务信息公开。强化内部审计监督,重点开展对"财务一支

笔"或项目负责人的监督,加强对公务消费和经费使用的有效监督,实现经济活动决策、执行、监督重要岗位有效分离,建立经济活动风险评估机制,实施学校财务管理状况制度评价制度。加强科研信用管理,结合科研人员实际贡献安排绩效支出,推行科研信息系统建设,完善科研考核评价办法,建立健全科研经费管理责任制。建立约谈警示机制,严厉惩处套取、截留、贪污、挪用、滞拨资金等行为。

### (四)加强基建项目监管

落实《教育部直属高校基本建设管理办法》《严禁教育系统领导干部违反规定插手干预基本建设工程项目管理的若干规定》,厉行勤俭办学,加强基建项目建设成本控制,加强大中型基建项目全过程跟踪审计制度。把好建设项目决策关,加强设计深度和清单编制审核监控,加强对学校建设项目参建方的管理。推动基本建设办事制度、审批权限、操作流程、审批结果、投资安排、招标投标等信息公开,接受监督。

### (五)加强学校资产、校办企业的监管

加强国有资产管理,理顺资产管理关系,依法对投资效益进行评估。切实加强国有资产、对外投资专项审计。禁止院系、教师违规利用学校资源办企业,杜绝"一手办学、一手经商"现象。物资(设备)采购严格执行政府采购规定,健全学校采购管理体制,实行采管分离,建立中标后公示制度,积极推动政府采购管理从程序导向型向结果导向型改革。完善采购内控机制,重点加强对学校自行组织的采购活动的管理和监督,对采购预算、采购程序和采购结果等实施动态监管,科学构建校内评标专家库。严禁在采购活动中违规收受回扣、手续费,严厉查处商业贿赂案件。加强校办企业、附属医院、附属中小学、幼儿园等直属单位的管理,理清权属关系,创新体制机制,消除腐败隐患。

### (六)加强考试招生监管

深化招生考试制度改革,不断完善、严格执行招生政策规定,建立健全促进公平、科学选才、监督有力的招生体制机制。继续推进招生考试"阳光工程",加强对校内各招生单位的监管,加强自主选拔录取、保送生、高水平运动员、艺术特长生等自主招生类型,以及艺术类招生、硕士生复试、博士生申请考核制等招生考试领域的制度规范。严明招生纪律,严禁降低标准录取、录取时变更专业等违规行为。加强考试安全责任落实机制建设,有效防范和查处试题泄露和考试舞弊。

### (七)加强评审评比评估监管

在学校日常论文评审、职务(职称)评聘、评奖推优等各类评审评比评选工作中,严禁教师和管理者利用职务之便或学术资源、评价权力,接受利益相关人的礼品、礼金、支付凭证或高消费娱乐活动,发生人情请托、寻租等违规行为。推进管理信息化平台建设,建立评审评比评估结果公示复议制度,提高教师、学生管理工作的客观性和公正性。

## 五、坚决有力惩治腐败

### (一)坚决查处违纪违法案件,充分发挥惩治的震慑作用

坚持有案必查、有腐必惩。发生在学校的腐败问题危害极大,必须坚持零容忍,坚定不移地惩治腐败,发现一起查处一起,始终保持严厉打击腐败的强劲势头。严格审查和处置党员干部违反党纪政纪、涉嫌违法的行为。重点查处不收敛不收手、问题线索反映集中、群众反映强烈、现在重要岗位且可能还要提拔使用的党员干部。突出纪律审查重点,把违反政治纪律、组织纪律等行为作为审查重点,加大对群众身边不正之风和腐败问题的查处力度。

坚持依纪依法办案。严格执行"事实清楚,证据确凿,定性准确,处理恰当,手续完备,程序合法"的办

案方针,认真做好案件查办工作。健全查办案件组织协调机制,规范查办案件程序,健全完善案件审理、申诉和案件督办制度。严格办案纪律,健全举报人保护制度,保障涉案人员合法权益,依纪依法、安全文明办案,提高办案质量和效率。要加强校检协作,预防干部职务犯罪,充分利用地方检察院实践经验丰富的优势,协助学校开展预防领导干部职务犯罪活动。

### (二)完善查信办案工作机制,着力解决群众反映强烈的突出问题

加强信访举报工作,确保信访渠道的畅通。规范信访举报件处理程序,抓好信访举报的核查、反馈工作。进一步加大对信访举报件的排查力度,认真调查处理实名举报的信访件并给予反馈,对发现的问题性质严重、线索清楚、内容具体的信访举报件认真开展调查,并坚决纠正违规行为,维护广大师生员工的权益,健全查纠不正之风工作长效机制。

建立健全问题线索主动发现和及时查处机制。通过信访举报、日常检查、专项治理、内部审计等方式及时发现问题线索。落实问题线索"集中管理、集体排查、分层督办"制度,严格落实重要信访举报及案件情况向上级纪委报告制度。进一步完善查办案件的沟通协调机制,加强纪检监察、审计、组织人事以及相关职能部门之间的协调配合,坚决查处违规行为,形成惩治腐败的整体合力。

### (三)坚持抓早抓小,提高办案水平

坚持抓早抓小,防微杜渐。对党员干部身上的问题要早发现、早教育、早纠正,防止小问题变成大问题。对反映的问题线索,及时采取约谈、函询等方式向本人和组织核实,加强诫勉谈话工作。对于涉及面广、群众反映强烈、社会关注度高的突出问题,列入督查督办和专项整改范围。

发挥查处案件的综合效应。加强办案工作研究,综合运用纪律、行政和组织处理等方式和手段,正确把握政策和策略。推行重大案件"一案五报告"制度,形成调查报告、剖析报告、监察建议报告、被调查对象检查报告和查办工作总结报告,做到"查处一起案件、教育一批干部、健全一套制度、促进一个单位"。实施"一案双查"制度,对发生重大腐败案件和不正之风长期滋蔓的单位,既要追究当事人责任,又要追究相关领导责任。

## 六、积极落实党风廉政建设责任制

### (一)党委要承担党风廉政建设和反腐败工作的主体责任

认真落实《中共教育部党组关于落实党风廉政建设主体责任的实施意见》,严格落实党风廉政建设责任制,学校党委的主体责任,主要是加强领导,选好用好干部,防止出现选人用人上的不正之风和腐败问题;坚决纠正损害师生员工利益的行为;强化对权力运行的制约和监督,从源头上防治腐败;要支持和保证纪委认真履行职责,发挥监督执纪作用;党委主要负责同志要管好班子,带好队伍,管好自己,当好廉洁从政的表率。学校领导班子成员要坚持"一岗双责",抓好职责范围内的党风廉政建设和反腐败工作,每年定期组织分管部门、联系单位研究部署党风廉政建设工作,指导督促工作落实并听取落实情况汇报,自觉接受纪委监督。

各基层党委和校内各单位要把贯彻落实党风廉政建设工作列入重要议事日程,与日常工作同部署、同落实、同检查;各基层党委(党总支)领导班子主要负责同志要履行党风廉政建设和反腐败工作第一责任人职责,做到重要工作亲自部署、重大问题亲自过问、重点环节亲自协调、重要情况亲自报告;各基层党委(党总支)领导班子其他成员要坚持"一岗双责",根据分工抓好职责范围内的党风廉政建设和反腐败工作。

### (二)纪委要认真履行监督责任

校纪委要认真落实《中共教育部党组关于落实党风廉政建设监督责任的实施意见》,协助校党委加强党风建设和组织协调反腐败工作,分析研判学校党风廉政建设形势,及时向党委汇报传达上级关于党风廉政建设的决策部署,提出工作意见建议,协助党委进行党风廉政建设任务分解和落实情况检查考核。继续开展校内巡视工作,把定期、专项巡视工作作为学校党风廉政建设的重要举措,突出巡视工作重点,改进巡视工作方式,发挥巡视监督功能,增强发现问题能力;加强巡视结果运用,对巡视结果及时反馈和通报,针对发现的问题提出解决方案,对领导班子和领导干部存在的问题,及时进行诫勉谈话、督促整改,形成震慑。

进一步明确纪检监察工作职责定位,强化对职能部门的监督。纪检监察部门要按照全面推进依法治国的要求,深化转职能、转方式、转作风,聚焦中心任务,切实履行监督责任,把不该牵头或参与的协调工作交还给主要责任单位;强化监督、执纪、问责,集中精力抓好党风廉政建设和反腐败工作;坚守职业精神,提高查信办案能力。

加强自身建设。纪检监察干部要坚持把以人为本、执政为民理念贯彻落实到纪检监察工作和自身建设中,坚守责任担当,坚守原则、敢于碰硬,充分发挥组织协调和监督检查作用,执好纪、问好责、把好关。要强化自身监督,树立监督者更要接受监督的意识,自觉接受党组织和群众的监督,坚决防止"灯下黑",做到正人先正己,以更高的标准、更严的纪律要求自己,做到善谋事、会创新、能落实、敢负责,打造一支忠诚、干净、担当的纪检监察干部队伍。

### (三)狠抓工作落实,确保各项任务有序推进

加强党风廉政建设和反腐败工作,关键是扎扎实实地抓好落实。全校各级党组织要加强对党风廉政建设工作的领导,切实担负起全面领导党风廉政建设和反腐败工作的政治责任。根据《厦门大学落实党风廉政建设责任制的实施办法》,按照"谁主管,谁负责"的要求,严格落实"一岗双责",各职能部门要按照工作要求和任务分解,明确责任人,狠抓工作落实。

加强监督检查,把党风廉政建设工作的责任和要求落实到每位领导干部的身上,学校每年将对各单位的党风廉政建设工作组织自查自纠和检查考核,并把监督考核成果作为各级领导班子和领导干部考核评价、干部选拔任用、评先选优的重要依据,监督考核情况要向校党委报告。对抓党风廉政建设和反腐败工作不力,造成不良影响的,严肃追究责任。

——本文摘录自《关于印发〈中共厦门大学委员会关于深入推进惩治和预防腐败体系建设的实施办法〉的通知》,厦大委综〔2015〕4号,档号 2015-XZ09-34

# 关于做好厦门大学中层以上领导干部“三严三实”专题学习研讨工作的通知

（2015年6月6日）

根据《厦门大学关于开展“三严三实”专题教育实施方案》（厦大委综〔2015〕24号）的安排部署，我校自2015年6月初至11月底开展“三严三实”专题学习研讨。专题学习研讨分3个专题，每两个月1个专题。现就做好专题学习研讨的有关工作通知如下：

## 一、目标要求

专题一：严以修身，加强党性修养，坚定理想信念，把牢思想和行动的“总开关”。重点学习研讨如何坚定马克思主义信仰和中国特色社会主义信念，增强道路自信、理论自信、制度自信；如何站稳党和人民立场，牢固树立正确的世界观、人生观、价值观和公私观、是非观、义利观，忠于党、忠于国家、忠于人民；如何带头弘扬厦门大学“四种精神”，进一步解放思想、改革创新、坚定自信、履职尽责、争创一流，为全面深化学校综合改革凝聚强大精神力量；如何保持高尚道德情操和健康生活情趣，自觉远离低级趣味，树立良好家风，坚决抵制歪风邪气，坚守共产党人精神家园。

专题二：严以律己，严守党的政治纪律和政治规矩，自觉做政治上的“明白人”。重点学习研讨如何严格遵守党章，落实习近平总书记在十八届中央纪委五次全会上提出的“五个必须”要求，自觉维护党中央权威，任何时候任何情况下都做到在思想上、政治上、行动上同以习近平同志为核心的党中央保持高度一致；维护党的团结，做老实人、说老实话、干老实事，不搞团团伙伙，不搞任何形式的派别活动；遵循组织程序，不超越权限办事，不搞先斩后奏；服从组织决定，不跟组织讨价还价，不欺骗组织、对抗组织；管好亲属和身边工作人员，不让他们擅权干政，不让他们利用特殊身份谋取非法利益；牢固树立纪律和规矩意识，在守纪律、讲规矩上做表率，坚持依法治校，构建和谐校园。

专题三：严以用权，真抓实干，实实在在谋事创业做人，树立忠诚、干净、担当的新形象。重点学习研讨如何坚持用权为民，自觉遵守宪法法律和党的纪律，按规则、按制度、按法律行使权力，敬法畏纪，为政清廉，任何时候都不搞特权、不以权谋私；如何坚持民主集中制，自觉接受监督，不搞大权独揽、独断专行；如何坚持从学校和本单位实际出发，遵循一流大学的办学规律，发扬敢于担当、敢啃硬骨头的精神，着眼大局、立足长远、谋划事业、加快发展，努力创造经得起实践、人民、历史检验的实绩。

## 二、方法措施

专题学习研讨主要依托校院两级党委中心组开展，专题学习研讨要在个人自学、中心组集体学习基础上进行。

### （一）个人自学

1.坚持把个人自学贯穿“三严三实”专题教育始终。全校中层以上领导干部要深入学习习近平总书记系列重要讲话精神，学习党章和党的纪律规定，重点研读《习近平谈治国理政》《习近平关于党风廉政建设和反腐败斗争论述摘编》。同时还要认真学习《优秀领导干部先进事迹选编》《领导干部违纪违法典型案例警示录》。

2.按照校党委安排,依托国家教育行政学院高等教育管理干部培训平台,开展"三严三实"专题教育在线学习,时间从6月初开始至12月底结束。每位中层以上领导干部需完成不少于40学时的在线学习任务。学习过程中,可以结合工作体会和培训心得,在线上进行广泛的交流与互动,分享学习成果。

### (二)中心组集体学习

1.在每次举行"三严三实"专题学习研讨前,校党委中心组及各基层党委(党总支)中心组都要先分别组织做好集体学习。全校中层以上领导干部要认真学习习近平总书记关于"三严三实"的重要论述,研读《关于在县处级以上领导干部中开展"三严三实"专题教育方案》(中办发〔2015〕29号),学习中央在开展"三严三实"专题教育工作中的有关重要文件精神,深刻认识"三严三实"专题教育的重大意义、丰富内涵和实践要求。

2.全校中层以上领导干部要从"三严三实"专题教育的三次专题学习研讨中选取其中一个专题为主题,结合个人自学和中心组集体学习情况,紧密联系自身思想工作实际,撰写一篇1000字左右的学习体会。各基层党委(党总支)要统筹好本单位班子成员撰写学习体会的有关工作,确保每次专题学习研讨都有部分班子成员提交该专题的个人学习体会,并在每次专题学习研讨后的一周内,汇总本单位班子成员提交的学习体会,然后发送至组织部邮箱(zzb@xmu.edu.cn)。校党委在《厦门大学报》设"三严三实"专题教育专栏,选登部分领导干部的学习体会。

### (三)举行专题学习研讨

1.专题学习研讨主要在校院两级党委中心组范围内进行,机关职能部门、直属单位的学校中层领导干部在所在党支部扩大会议范围内组织学习研讨。为确保专题学习研讨的效果,每次学习研讨不少于1小时,每次可确定2～3位主要发言人,围绕研讨专题发言,发言时间不少于30分钟,其他成员参与交流讨论。各基层党委(党总支)还可根据本单位的实际情况,围绕研讨专题设置不同主题,采用适当的形式开展集中学习研讨。

2.专题学习研讨要坚持问题导向,融入日常工作,结合个人撰写的学习体会,探讨各级领导干部如何在推动中心工作、解决师生实际问题、尽职履责、敢于担当、争创一流等方面真正做到"严以修身,加强党性修养,坚定理想信念,把牢思想和行为的'总开关'","严以律己,严守党的政治纪律和政治规矩,自觉做政治上的'明白人'","严以用权,真抓实干,实实在在谋事创业做人,树立忠诚、干净、担当的新形象",为全面深化学校综合改革、实现"两个百年"的奋斗目标等方面做出更大成绩开展深入的交流讨论。

中共厦门大学委员会组织部<br>2015年6月6日

——本文摘录自《关于做好厦门大学中层以上领导干部"三严三实"专题学习研讨工作的通知》,(2015)厦大委组16号,档号2016-DQ02-24

# 中共厦门大学委员会关于落实党风廉政建设主体责任的实施细则

（2015 年 7 月 10 日）

为深入贯彻党的十八大，十八届三中、四中全会和习近平总书记关于加强党风廉政建设系列重要讲话精神，落实全面从严治党战略，进一步落实党风廉政建设主体责任，根据《中国共产党章程》、《关于实行党风廉政建设责任制的规定》和《中共教育部党组关于落实党风廉政建设主体责任的实施意见》要求，结合学校实际，制定本实施细则。

## 第一章　总　则

第一条　学校党委是党风廉政建设和反腐败工作的责任主体，担负着全面领导的政治责任。牢固树立不抓党风廉政建设就是严重失职的意识，要把反腐倡廉建设放在更加突出的位置，列入党委重要议事日程，纳入学校发展总体规划，融入学校中心工作，建立健全各项管理制度。

第二条　落实党风廉政建设主体责任，要坚持“党委统一领导，党政齐抓共管，纪委组织协调，部门各负其责，依靠群众的支持和参与”的领导体制和工作机制。

第三条　落实党风廉政建设主体责任，要坚持“集体领导与个人分工负责相结合，一级抓一级，层层抓落实，严格责任追究”的原则。校党委书记是党风廉政建设的第一责任人，要切实负责领导、组织全校党风廉政工作，做廉洁从政的表率，自觉接受广大师生监督，建立与校党政班子其他成员和二级单位主要负责同志约谈制度，定期听取党风廉政建设工作情况汇报，对党风廉政建设重要工作亲自部署、重大问题亲自过问、重点环节亲自协调、重要案件亲自督办。

第四条　要逐层分解责任，层层传导压力，形成上下联动，将党委主体责任落实到各级党政领导班子每位成员具体工作职责中。校党政班子成员要根据工作分工对职责范围内的党风廉政建设负主要领导责任，严格落实“一岗双责”要求，经常与分管联系单位研究党风廉政建设工作，督促落实反腐倡廉各项任务，加强对分管联系单位领导干部的教育、监督和管理，发现分管联系单位的领导班子及其成员廉洁自律方面存在问题时应及时提醒并纠正。

## 第二章　责任和要求

第五条　加强对党风廉政建设和反腐败斗争的统一领导。

（一）认真组织学习中央精神，自觉把师生员工的思想和行动统一到中央的决策部署上来，不断增强党风廉政建设的责任意识，切实加强对党风廉政建设和反腐败工作的组织领导，做党风廉政建设的领导者、组织者和执行者，以优良的党风带动形成优良的校风。

（二）每年要专题研究党风廉政建设和反腐败工作，分析研究党风廉政建设状况，明确工作重点，召开工作会议，做出总体部署，组织督促检查。

（三）加强党性党风党纪和廉洁从政教育。党委中心组理论学习每年至少安排党风廉政建设专题学习 1 次，党委党校、人事处应将廉政教育列入党校和新进教职工每年的培训计划，对新提任的学校科级以上干部定期进行党风廉政建设专题培训。

第六条　加强领导,选好用好干部,防止出现选人用人上的不正之风和腐败问题。

(一)完善干部选拔任用制度。严格执行《厦门大学中层领导干部选拔任用工作办法》《厦门大学科级干部选拔任用工作暂行办法》《厦门大学关于党委常委会讨论任用干部前书面征求纪委意见的规定》,规范选拔任用程序,强化廉政审查把关,构建有效管用、简便易行的选拔任用机制。

(二)坚持党管干部原则,坚持正确用人导向。强化党委、分管领导和组织部门在干部选拔任用中的权重和干部考察识别的责任。拓宽干部选拔渠道,多层次、多侧面考察干部,扩大选人视野,形成注重品行、科学发展、崇尚实干、鼓励创新、群众公认的用人导向。

(三)注重干部监督管理。加强组织监管,严格执行《党政领导干部选拔任用工作责任追究办法(试行)》,建立干部选拔任用纪实制度、倒查机制,落实选人用人"一报告两评议"制度。严格干部考核管理,落实任前谈话、试用期考核、年度工作考核、出国(境)管理、重大事项报告等制度。加强纪委监督,实行领导干部任前廉政谈话制度、提醒谈话制度、离任廉政检查制度。加强审计监督,实行领导干部专项审计、任中审计制度、任期经济责任审计制度。抓早抓小,防微杜渐,严格执行干部选拔任用"党风廉政一票否决制"。

第七条　坚决纠正损害群众利益的行为。

(一)坚决纠正"四风"。持之以恒深入落实中央八项规定精神,严格执行教育部《贯彻落实中央改进工作作风、密切联系群众〈八项规定〉和〈实施细则〉的实施办法》《厦门大学贯彻落实中央改进工作作风、密切联系群众〈八项规定〉的实施办法》,严格遵守领导干部廉洁自律规定,扎实开展作风整治,狠刹"庸懒散慢玩浮"不良风气,严肃查处违规违纪问题,防止损害师生员工合法权益。

(二)坚持勤俭办学。严格执行《党政机关厉行节约反对浪费条例》,加强国有资产管理和经费预算管理,倡导厉行节约,制止铺张浪费。

(三)密切联系群众。党政领导班子成员要畅通联系沟通渠道,通过走访、座谈、电话、电子邮件等多种形式,与师生员工保持广泛深入的沟通联系。对于事关师生员工切身利益的工作,要注意听取群众意见,对于群众反映强烈的突出问题要高度重视、及时解决。积极畅通受理群众诉求的渠道,不断完善群众意见建议的回应和处理机制。

第八条　强化对权力运行的制约和监督,从源头上预防腐败。

(一)完善权力运行规则。严格执行《中共厦门大学委员会议事规则》《中共厦门大学委员会常务委员会议事规则》《厦门大学校长办公会议议事规则》,进一步贯彻落实"重大决策、重要干部任免、重要项目安排、大额度资金的使用必须经集体讨论做出决定"的"三重一大"制度,依法治教、依法治校,构建决策科学、执行坚决、监督有力的权力运行体系。

(二)加强对重点部位关键环节的监管。深化对资金使用、科研经费、基本建设、人事聘用、物资(设备)采购、校办企业、招生考试、学术诚信的监管,不断完善学校人财物重要资源配置以及和师生员工切身利益密切相关部位的廉政风险防控、防止利益冲突等制度,保证各项权力按照规范行使。

(三)加强党务、校务公开。按照《厦门大学信息公开实施细则(试行)》的要求,明确学校信息公开事项清单,健全学校、职能部门、基层单位信息公开工作机制,让权力在阳光下运行。

(四)强化权力制约和监督。落实集体领导和分工负责、重要情况通报和报告、述职述廉、民主生活会、信访处理、谈话和诫勉、询问和质询、特定问题调查等监督制度,加强和改进对主要领导干部行使权力的制约和监督。

第九条　支持纪检监察部门查处违纪违法问题。

(一)支持纪检监察部门机构改革,落实"转职能、转方式、转作风"要求,把工作重心转换到监督、执纪、问责上来,保证纪检监察部门工作的相对独立性和权威性。

(二)定期专题听取纪检监察部门查信办案工作情况汇报,领导、组织并支持纪检监察部门依纪依法履行职责,帮助解决工作中遇到的困难和问题。

(三)重视纪检监察队伍建设,注重充实一线纪检监察人员、一线查信办案人员力量,加强纪检监察干部的培养使用，选好配强干部。

第十条　党委主要负责同志要管好班子，带好队伍，当好廉洁从政的表率。

(一)始终坚持党委领导下的校长负责制，严格落实《关于坚持和完善普通高等学校党委领导下的校长负责制的实施意见》和《厦门大学章程》要求，坚持党委的领导核心地位，保证校长依法独立行使职权，建立健全党委统一领导、党政分工合作、协调运行的工作机制，正确处理党委与行政、集体领导与个人分工负责的关系。

(二)认真贯彻执行民主集中制，按照"集体领导、民主集中、个别酝酿、会议决定"的原则，完善集体领导和个人分工负责相结合的工作机制，做到大事共商、急事共议、难事共谋，推进依法决策、科学决策、民主决策。

(三)严肃党内生活，落实领导班子双重组织生活会、民主评议党员等制度。通过党委领导班子民主生活会，找准领导班子成员在思想政治、廉洁自律、生活作风等方面存在的问题，对苗头性问题及时批评教育，防止小问题演变成大问题。

(四)党委领导班子主要负责同志要率先垂范、以上带下，践行"三严三实"要求，带头树立和发扬好的作风。坚持对干部严格要求、严格教育、严格管理、严格监督，完善干部管理制度，带好队伍。

## 第三章　制度保障

第十一条　成立学校党风廉政建设工作领导小组，负责组织落实党委的决策部署，检查考核校院二级单位党风廉政建设责任制的执行情况。组长由党委书记担任，副组长由党委副书记和纪委书记担任。小组成员由学校办公室、纪委、组织部、机关党委、人事处、监察处、审计处主要负责同志组成。领导小组下设办公室，挂靠校纪委，负责学校党风廉政建设的日常工作。

第十二条　把党风廉政建设作为校院领导班子和领导干部目标管理的重要内容，每年进行检查考核。检查考核可以与工作目标考核、年度考核、惩治和预防腐败体系建设检查工作等结合进行，也可以组织专门检查考核。检查考核情况在适当范围内通报，对检查考核中发现的问题，要及时研究解决，督促整改落实。建立和完善检查考核结果运用制度。检查考核结果作为业绩评定、年度考核、奖励惩处和干部选拔任用的重要依据，切实加大党风廉政建设考核权重。

第十三条　加强责任追究。通过健全责任分解、检查监督、倒查追究的完整链条，有错必纠、有责必问。对抓党风廉政建设工作不力，造成不良影响的坚决执行"一案双查"，既要追究当事人责任，又要追究相关领导责任。

各基层党委、党总支要按照学校统一部署，结合自身实际，制定实施办法。

## 第四章　附　则

第十四条　本实施细则由中共厦门大学委员会负责解释。

第十五条　本实施细则自发布之日起施行。

——本文摘录自《关于印发〈中共厦门大学委员会关于落实党风廉政建设主体责任的实施细则〉的通知》，厦大委综〔2015〕35号，档号2015-XZ09-36

# 中共厦门大学委员会关于落实党风廉政建设监督责任的实施细则

(2015年7月10日)

为深入贯彻落实党的十八大,十八届三中、四中全会,十八届中央纪委历次全会和习近平总书记系列重要讲话精神,全面从严治党、依规治党,进一步落实党风廉政建设监督责任,根据《中国共产党章程》、《中国共产党党内监督条例(试行)》、《中共中央关于全面深化改革若干重大问题的决定》、《关于实行党风廉政建设责任制的规定》和《中共教育部党组关于落实党风廉政建设监督责任的实施意见》要求,结合学校实际,制定本实施细则。

## 第一章　总　则

第一条　落实党风廉政建设监督责任要紧紧围绕立德树人根本任务和深化教育领域综合改革总体要求,聚焦党风廉政建设和反腐败工作中心任务,突出监督执纪问责主体,严肃查处违纪违法案件,认真落实党章赋予的监督职责和校党委、上级纪委的要求,推动学校党风廉政建设和反腐败工作取得新成效。

第二条　党风廉政建设监督责任是指纪委要切实履行监督责任,强化监督执纪问责,协助党委加强党风廉政建设和组织协调反腐败工作,督促各单位落实惩治和预防腐败工作任务,督促各级领导班子和领导干部落实党风廉政建设责任制,督促党员、干部执行党的纪律和廉洁自律规定,加大纪律审查力度,更好发挥党内监督专门机关作用。

## 第二章　监督职责

第三条　协助校党委加强党风廉政建设和组织协调反腐败工作。

(一)向校党委及时传达报告上级纪委关于党风廉政建设和反腐败工作的重要精神、决策部署,认真落实《中共厦门大学委员会关于深入推进惩治和预防腐败体系建设的实施办法》,提出贯彻落实的意见和建议。

(二)根据校党委和上级纪委要求,协助校党委研究落实党风廉政建设和反腐败工作重要问题、举措,按时报告学校上一年度党风廉政建设和反腐败工作监督责任履行情况并提出工作建议。协助校党委制定党风廉政建设和反腐败工作年度工作要点、考核内容和考评标准等。

(三)根据《厦门大学落实党风廉政建设责任制实施办法》《中共厦门大学委员会关于校级领导班子成员落实党风廉政建设主体责任任务分解方案》,督促校领导班子其他成员根据工作分工抓好职责范围内的党风廉政建设和反腐败工作;督促学校职能部门领导干部履行“一岗双责”,加强业务监管,及时纠正党风廉政方面苗头性、倾向性问题,推动纪律检查、行政监察和业务监管有机结合;督促检查基层党委、党总支落实党风廉政建设主体责任情况,层层传导压力,逐级落实责任,切实解决党风廉政建设和反腐败工作中的突出问题。

第四条　严明党的纪律。

(一)维护党章和其他党内法规,严格执行党的政治纪律、组织纪律、财经纪律、工作纪律和生活纪律等各项纪律,把党的纪律融入立德树人根本任务和深化教育领域综合改革之中。严格要求全校各级党组织和广大党员特别是主要领导干部守纪律、讲规矩,自觉维护党的形象。

（二）加强对纪律执行情况的监督检查，严格责任追究，做到有纪必执、有违必查。按照党章规定的“四个服从”要求，强化组织观念和党员意识，督促全校党员自觉接受组织监督。依纪依法严格审查和处置违反党纪政纪、涉嫌违法的行为。认真受理涉及党员、党组织及行政监察对象的检举、控告和申诉，保障党员的权利，维护纪律的严肃性、权威性。

（三）检查党的路线、方针、政策、决议和中央重大决策部署贯彻落实情况。依照《厦门大学章程》精神，围绕学校综合改革要求，强化对各部门、各单位贯彻落实中央和学校重大决策、重要决定和重要批示情况的监督检查，督促各级干部依法治校，促进学校科学决策、民主决策，确保政令畅通。

第五条　加强领导班子和领导干部监督。

（一）坚持和完善党委领导下的校长负责制，完善群众参与、专家咨询和集体决策相结合的决策机制，构建决策科学、执行坚决、监督有力的权力运行体系。加强对领导班子及其成员履行经济责任制，落实党风廉政建设责任制、民主集中制和“三重一大”决策制度等情况的监督检查。

（二）监督《厦门大学中层领导干部选拔任用工作办法》执行情况，把好考察对象党风廉政关，对拟提任干部的廉政情况提出意见和建议，坚决防止“带病提拔”。认真受理有关干部选拔任用工作的举报、申诉，坚决查处跑官要官、拉票贿选、买官卖官等行为。

（三）认真落实党内监督条例，督促完善领导干部述职述廉和廉政提醒谈话制度，对领导干部履行职责和行使权力进行监督。重点监督执行党的政治纪律、组织纪律、廉政纪律和作风建设、廉政勤政等情况。强化对领导班子主要负责同志、重要岗位干部和可能还要提拔使用的干部的监督。

第六条　加强对作风建设的监督检查。

（一）加强对中央八项规定精神、教育部改进作风二十项措施和《厦门大学贯彻落实中央改进工作作风、密切联系群众“八项规定”的实施办法》落实情况的监督检查。严肃查处违反中央八项规定精神和“四风”问题，查处一起通报一起。

（二）严格执行《党政机关厉行节约反对浪费条例》和《中国共产党党员领导干部廉洁从政若干准则》，督促落实学校有关办公用房、公务用车、公务接待、兼职兼薪、因公出国（境）等规定。健全领导干部带头改进作风、深入基层调查研究机制，督促解决群众反映强烈的问题。

（三）坚持从具体问题抓起，抓早抓小，一个节点一个节点抓，由浅入深、循序渐进，以抓铁有痕、踏石留印的劲头，持之以恒纠正“四风”问题。严查公款吃喝、公款送礼、公款旅游和领导干部出入私人会所、借婚丧喜庆敛财等问题，把违反中央八项规定精神和“四风”问题列入纪律审查重点，快查快办，并对顶风违纪者所在单位党委启动问责程序。

第七条　依纪依法惩治腐败。

（一）坚持依纪依法办案。严格按照《中国共产党纪律检查机关案件检查工作条例》和《中共中央纪委关于进一步加强和规范办案工作的意见》等规定，规范案件查办程序，健全协调机制，严格办案纪律，提高依法办案能力。

（二）坚持有信必办、有案必查、有腐必惩。严肃查办领导干部违反政治纪律、组织纪律和财经纪律案件，以及贪污贿赂、权钱交易、腐化堕落、失职渎职等案件，严肃查处滥用权力违反程序选拔任用干部、干预职称评定、违规招生等问题，严肃查处利用职务插手基建后勤、招标采购等领域的问题。重点查处党的十八大以后不收敛不收手，问题线索反映集中、群众反映强烈，现在重要岗位且可能还要提拔使用的领导干部。

（三）加大惩戒力度，严格责任追究，实施“一案双查”。对发生重大腐败案件和不正之风长期滋生蔓延的单位，既要追究当事人责任，又要追究相关领导责任，特别是主要负责人的责任。

（四）加强对重大违纪违法案件的剖析工作。推行重大案件“一案五报告”制度，提高惩治腐败工作水平，扩大办案综合效果，促进惩治成果向预防成果转化。

## 第三章 监督方式

第八条 强化日常监督。

(一)强化廉政教育落实情况的监督。加强对学校各职能部门和基层单位履行党风廉政宣传教育职责的检查监督,做好岗位廉政风险防控工作,防止发生违纪违法行为。积极探索党风廉政教育有效方式,突出重点对象,加强警示教育,强化以案说法,注重道德教化,增强党员、干部的法治观念、道德自觉和对党纪国法的敬畏之心。

(二)提高制度执行力。紧紧围绕立德树人根本任务和深化教育领域综合改革总体要求,认真落实《中共厦门大学委员会关于深入推进惩治和预防腐败体系建设的实施办法》,加大监督执纪问责力度,加强对各职能部门、基层单位执行制度情况的监督检查,提高制度执行力。

(三)完善谈话函询制度。依据《关于对党员领导干部进行诫勉谈话和函询的暂行办法》开展谈话函询,组织开展新提拔任用干部任职廉政谈话,推行纪委书记约谈二级单位党政主要负责人制度,完善廉政谈话提醒、检查考核等机制,对领导干部存在的苗头性、倾向性问题早提醒、早纠正、早查处。

(四)严格请示报告制度。督促各级领导干部执行重大事项请示报告制度,及时掌握领导干部在住房、出国(境)、兼职、配偶子女从业和收受礼品登记等方面情况及个人重要事项变化情况,并按规定抽查或重点检查。加强对重要部门、关键岗位领导的任中审计,并根据工作需要开展专项审计。

(五)积极推进信息公开。改革信息公开监督检查机制,督促健全重大决策公示机制,提高监督信息化水平,不断完善监督方式,推动学校充分利用信息化和新媒体手段建设信息公开平台,深化党务校务信息公开工作,认真落实"高校信息公开事项清单"。

(六)建立健全领导干部廉政档案。通过谈心谈话、函询谈话、诫勉谈话等方式,建立领导干部廉政档案,准确掌握党员干部的思想、工作和生活情况,坚持重要情况及时向同级党组织和上级纪委报告。

第九条 严肃党内组织生活。

(一)强化党性意识。督促党员干部严格落实党章要求,认真参加党组织生活,强化党性观念,增强组织纪律意识,自觉遵守党章规定的"四个服从",切实有效开展批评和自我批评,接受严格的教育管理。坚决查处搞团团伙伙、拉帮结派、利益输送,自行其是、阳奉阴违行为。

(二)健全民主生活会。督促党员领导干部参加指导下级单位党组织民主生活会,参加双重组织生活会。听取所在单位领导班子和领导干部述职述廉,加强廉政考核及其结果运用。

第十条 加强查信办案。

(一)进一步加强和改进信访举报工作。修订《厦门大学信访工作规定》,规范信访举报工作程序,严格按照拟立案、初步核实、谈话函询、暂存、了结等方式处理信访举报工作,积极推行"零暂存"制度。设立信访举报专区和专用信箱,畅通举报渠道,加大催办督办力度,做到件件有着落、事事有回音。充分利用信访举报联动协调机制,做好信访举报件双向移送工作,增强信访举报工作实效性。做好信访举报统计分析工作,为查办案件和领导决策提供信息咨询。

(二)进一步加强问题线索管理。强化信访举报件的排查筛选工作,规范处置反映领导干部的问题线索,及时研究来信来访提出的重要问题。对问题性质严重、线索清楚、内容具体、有可能构成违纪行为的信访举报件要及时受理并进行初步核实。对需要党纪政纪处分的按照规定时限抓紧处理,需要移交司法机关的按规定移交。

(三)加强案件查办。坚持"查办腐败案件以上级纪委领导为主",严格按照党章和有关规定,建立健全案件工作报告制度,依纪依法查办案件,发挥查办案件的震慑、遏制、治本作用。

第十一条 深化巡视监督。

(一)积极配合上级巡视组的巡视。通过上级巡视组的巡视,着力于发现是否存在违反党的政治纪律问题,着力于发现领导干部是否存在权钱交易、以权谋私、贪污贿赂、腐化堕落等违纪违法问题,着力于发现是否存在违反八项规定的问题,着力于发现是否存在选人用人上的不正之风和腐败问题。

(二)进一步改进和完善校内巡视工作。修订《中共厦门大学委员会巡视工作暂行办法》,聚焦党风廉政建设和反腐败工作,强化问题导向,重点巡视违纪违法、违反八项规定、选人用人等方面的问题。

(三)充分重视并及时处置巡视组移交的问题线索,认真研究解决问题的办法举措,公开巡视整改落实情况,接受社会监督,强化巡视成果应用。

第十二条　实施专项检查。

(一)开展经常性监督检查。围绕党风廉政建设和反腐败工作任务落实情况以及群众反映的突出问题,负责或协调组织对职能部门和校内二级单位存在的问题进行专项监督检查。

(二)加强重点部位关键环节的监督检查。加强对贯彻落实上级和学校重大决策部署,以及学校在选人用人、招生考试、科研经费、国有资产和校办企业、物资采购、基建项目、评审评比评估等重要部位关键环节的监督检查,及时掌握实际情况,督促完善有关制度,加强廉政风险防控,堵塞可能出现的腐败漏洞,促进惩治和预防腐败工作与教育改革发展的高度融合。

## 第四章　监督保障

第十三条　完善组织领导机制。纪委、监察处要加强对学校各部门、各单位党风廉政工作的监督指导,坚持在校党委和上级纪委的双重领导下,积极主动转职能、转方式、转作风,聚焦党风廉政建设和反腐败工作,正确行使监督权,履行好监督执纪问责职责。

第十四条　完善沟通协调机制。

(一)建立会商制度。纪委负责人应与校党委书记、校长就党风廉政建设和反腐败工作定期会商。

(二)健全沟通合作制度。纪委、监察处要加强与学校各职能部门的沟通协调,完善纪委、学校办公室、组织部、人事处、监察处、审计处等部门参加的重大事项联席会议制度,强化部门分工合作,拓宽监督渠道,推动热点难点问题解决,形成工作合力。

(三)健全通报制度。纪委、监察处要经常在一定范围内通报党风廉政建设和反腐败工作开展情况,对涉及违规违纪行为特别是违反中央八项规定精神的典型问题要及时通报。

第十五条　完善问题线索处置机制。要通过信访举报、日常检查、专项治理、民主评议、内部审计等方式及时发现问题线索,并按照"集中管理、集体排查、分层督办"原则规范处置,加强问题线索管理,建立健全问题线索主动发现和及时查处机制。要进一步完善查办案件的沟通协调机制,合理运用问题线索,坚决查处违规违纪行为。

第十六条　加强纪检监察部门的组织建设和队伍建设。纪检监察部门要聚焦主责主业,积极推进学校纪律检查机构改革。要坚守责任担当,坚守原则、敢于碰硬,充分发挥组织协调和监督检查作用,执好纪、问好责、把好关。纪检监察干部要强化自身监督,树立监督者更要接受监督的意识,以更高的标准、更严的纪律要求自己,自觉接受党组织和群众的监督,坚决防止"灯下黑",打造一支忠诚、干净、担当的纪检监察干部队伍。

第十七条　严格依纪依法进行责任追究。要建立健全责任分解、检查监督、责任倒查机制,细化责任要求,强化责任传导,正确区分集体责任和个人责任、主要责任和重要责任、领导责任和直接责任,确保责任明确、有责必究、追责必严。对于责任不落实、落不实并因此造成不良影响和严重后果的,要给予相应的党纪政纪处分。

## 第五章　附　则

第十八条　本实施细则由中共厦门大学纪律检查委员会负责解释。

第十九条　本实施细则自印发之日起施行。

——本文摘录自《关于印发〈中共厦门大学委员会关于落实党风廉政建设监督责任的实施细则〉的通知》,厦大委综〔2015〕36号,档号2015-XZ09-36

# 厦门大学党支部工作和活动专项经费使用管理办法

(2015年9月15日)

为进一步加强和规范党支部工作和活动专项经费的使用管理,确保规范使用、专款专用,提高经费使用效率,增强基层党组织的活力和创新,切实提升基层党建工作科学化和规范化水平,参照《中国共产党党费收缴、使用和管理规定》以及学校财务相关管理规定,结合基层党组织党建工作实际,特制定本办法。

第一条　本办法适用的党支部工作和活动专项经费是指学校和学院(单位)年度预算中,按照不低于教工党员每人每年150元、学生党员每人每年80元标准划拨的党支部工作和活动经费(Y03052)。

第二条　党支部工作和活动专项经费必须用于党的基层组织建设工作和党组织活动,主要作为基层党组织日常活动、党员教育经费的补充,保障基层党组织正常开展活动。任何部门和个人不得挪用、占用。

第三条　学院(单位)党委(党总支)书记应加强对党支部工作和活动专项经费的事前审批和事后审核,经费使用应控制在以下范围:

1.党支部订阅或购买用于开展党员学习的报刊、资料。

2.党支部工作所需日常办公用品和交通费。日常交通费不得超过本支部经费总额度的5%,报销时,需向学院(单位)党委(党总支)书记提交经费使用说明。

3.党支部每年组织党员集体活动所需的必要支出:

(1)爱国主义和革命传统教育基地门票。

(2)购买政治学习资料费用,可免固定资产登记。

(3)党员往返参观学习基地公共交通费,参加党员人数25人以上的,经学院(单位)党委(党总支)书记批准可以包租有运营资质的车辆,但包租车费用不得超过本支部经费总额度的50%。

(4)经批准可在校外就餐(限一餐),就餐标准不超过50元/人。

第四条　党支部在组织党员集体活动时,须提前一周向基层党委(党总支)提出活动申请,经基层党委(党总支)书记同意后方可组织实施。申报内容包括活动主题、时间、地点、内容、实施方案、参加人员、经费预算等。申请活动的经费预算不得超过该支部经费总额度。

第五条　党支部工作和活动专项经费使用应坚持厉行节俭的原则,不得违反中央八项规定和六项禁令要求,不符合规定的一律不得开支。党支部组织的党员集体活动需具备以下特点:

1.活动具有爱国主义和革命传统教育意义,或者能够结合时代背景和当前形势,具有学习和贯彻落实党的思想理论、方针和政策的作用。

2.活动主题新颖、内容丰富、形式生动,并能与党员工作和学习以及专业特点紧密结合。

3.活动应具有实效性和可操作性,使党员从中受到教育和启发,并有利于提高支部凝聚力和发挥党员先锋模范作用。

第六条　党支部党员集体活动结束后,报销经费时,应提供本次活动的总结,作为报销票据的附件,总结内容包括活动主题、时间、地点、实际参加人员、内容、过程、效果和经费支出清单等。

第七条　党支部工作和活动专项经费报销程序:

1.支部书记在粘贴报销票据的凭证和支部活动总结上签字后,报学院(单位)党委(党总支)。

2.由学院(单位)党委(党总支)书记对活动情况、经费支出合理性进行审核,严格控制交通费和餐费的支出额度。

3.学院(单位)党委(党总支)书记(本专项经费财务一支笔)审核后签字报销。

第八条　校党委组织部每年对学院(单位)党支部工作和活动专项经费使用情况进行检查,对经费使用率低于 70%和虚列开支套取经费的学院(单位),学校将停拨下一年度经费,对违规使用经费的,要追回所报销经费,按有关规定处理。

第九条　本经费使用管理办法由校党委组织部和财务处负责解释,自公布之日起实施。

——本文摘录自《关于印发〈厦门大学党支部工作和活动专项经费使用管理办法〉的通知》,(2015)厦大委组 31号,档号 2016-DQ02-25

# 厦门大学发展党员工作实施细则

(2015 年 10 月 13 日)

为规范发展党员工作,切实保证新发展党员的质量,保持党的先进性和纯洁性,根据《中国共产党章程》(中国共产党第十八次全国代表大会部分修改,2012 年 11 月 14 日通过)、《中国共产党普通高等学校基层组织工作条例》(中发〔2010〕15 号)、《中国共产党发展党员工作细则》(中办发〔2014〕33 号)、《关于加强新形势下发展党员和党员管理工作的意见》(中办发〔2013〕4 号)以及《关于进一步加强高校学生党员发展和教育管理服务工作的若干意见》(教党〔2013〕22 号)等党内有关规定,制定本实施细则。

## 一、总体目标

坚持以马克思列宁主义、毛泽东思想、邓小平理论、"三个代表"重要思想、科学发展观为指导,深入贯彻习近平总书记系列重要讲话精神,贯彻党的基本理论、基本路线、基本纲领、基本经验、基本要求,按照控制总量、优化结构、提高质量、发挥作用的总要求,坚持党章规定的党员标准,始终把政治标准放在首位;坚持慎重发展、均衡发展,有领导、有计划地进行;坚持入党自愿原则和个别吸收原则,成熟一个,发展一个。把具有马克思主义信仰、共产主义觉悟和中国特色社会主义信念,自觉践行社会主义核心价值观的先进分子吸收到党内,着力提高党员队伍整体素质。

禁止突击发展,反对"关门主义"。

## 二、工作要求

(一)突出政治标准。发展党员应始终把政治标准放在首位,应把思想政治、能力素质、道德品行、现实表现等综合素质作为考察的重要内容,坚持高标准严要求,全面综合考察发展对象的一贯表现和关键时刻表现、自我评价和师生评议。发展学生党员应防止简单把学习成绩作为发展党员的主要条件。

(二)严格发展程序。应贯彻落实《中国共产党发展党员工作细则》的规定,严格按照发展工作程序和步骤,做到程序规范,手续完备,过程公开,自觉接受党内外群众监督,确保新发展党员的质量。

(三)注重发展重点。应坚持"把人才培养成党员,把党员培养成人才"的工作理念,高度重视从学术带头人和中青年骨干教师中发展党员,努力优化党员队伍结构;继续巩固本科生"低年级有党员、高年级有党支部"的工作格局;高度重视在研究生中发展党员;注重发展国防生和优秀少数民族学生入党。

(四)强化作用发挥。以发挥作用为目的,引导新发展党员牢记宗旨、心系群众,立足本职、干事创业、成长成才,充分发挥基层党组织的战斗堡垒作用和共产党员的先锋模范作用。

## 三、入党积极分子的确定和培养教育

(一)各级党组织应当通过宣传党的政治主张和深入细致的思想政治工作,提高党外师生对党的认识,积极引导学术带头人、中青年骨干教师和广大学生主动向党组织靠拢,不断扩大入党积极分子队伍。

(二)入党申请人应当向工作、学习所在单位的基层党组织提出入党申请。党支部在接受入党申请人递交入党申请书时，入党申请人应年满十八岁。

（三）党组织收到入党申请书后，应当在一个月内派人同入党申请人谈话，了解基本情况，并指导其参加党章学习小组的学习。谈话情况应记录在支部会议记录本中。

（四）在经过党支部两个月以上（从递交入党申请书之日算起）培养教育的入党申请人中确定入党积极分子时，应当采取党员推荐、群团组织推优等方式产生人选，由支部委员会（不设支部委员会的由支部大会，下同）研究决定，并将“入党积极分子和发展对象备案表”报基层党委（党总支）备案。

（五）对校外转入的入党积极分子，党支部应对其材料进行审核，对于入党积极分子材料完整规范或原单位党组织专函推荐，且现实表现突出的，应确认延续其入党积极分子身份，报基层党委（党总支）备案，其培养考察时间可以连续计算。

（六）党支部在确定年龄在 28 岁以下的入党积极分子时，都要经过共青团组织的推荐，其中，本科生除团支部推荐意见外，应征求同班同学、班主任、辅导员、主要任课老师的意见；研究生要征求系（所）、实验室，本专业同学及导师的意见。党支部在确定 28 岁以上的教职员工入党积极分子时，要征求党支部所在单位行政领导、部门工会、党员和群众意见。征求意见情况应记录在支部会议记录本中。

（七）入党申请人确定为入党积极分子后，党组织应指派一至两名正式党员作入党积极分子的培养联系人。

（八）党组织应采取吸收入党积极分子听党课、参加党内有关活动，给他们分配一定的社会工作以及集中培训等方法，对入党积极分子进行马克思列宁主义、毛泽东思想和中国特色社会主义理论体系教育，党的路线、方针、政策和党的基本知识教育，党的历史和优良传统、作风教育以及社会主义核心价值观教育，使他们懂得党的性质、纲领、宗旨、组织原则和纪律，懂得党员的义务和权利，帮助他们端正入党动机，确立为共产主义事业奋斗终身的信念。

（九）入党申请人被确定为入党积极分子后，应及时填写“入党积极分子考察表”；基层党委（党总支）应建立入党积极分子档案，档案材料包括入党申请书、“入党积极分子考察表”、思想汇报等。

（十）入党积极分子至少每季度应向党支部递交一次书面思想汇报，思想汇报应包括思想、学习、工作、生活等几个方面内容。培养联系人应经常与联系对象接触和谈心，及时指出其主要优缺点，使其不断提高对党的认识，端正入党动机；定期向支部汇报入党积极分子情况；每季度应在“入党积极分子考察表”中填写培养考察意见。

（十一）党支部应对培养联系人的工作进行定期检查，包括检查“入党积极分子考察表”的考察记录情况。党支部每季度对入党积极分子进行一次考察。基层党委（党总支）每年对入党积极分子队伍状况做一次分析。针对存在的问题，采取改进措施。

（十二）入党积极分子工作、学习所在单位发生变动时，应当及时报告原单位党组织。原单位党组织应当及时将培养教育（入党申请书、“入党积极分子考察表”、思想汇报、培养考察情况）等有关材料，以及加盖基层党委（党总支）公章的书面推荐函，转交给现单位党组织。

## 四、发展对象的确定和考察

（一）对经过一年以上培养教育和考察、基本具备党员条件的入党积极分子，在听取党小组、培养联系人、党员和群众意见的基础上，支部委员会讨论同意并填写“厦门大学入党积极分子和发展对象备案表”报基层党委（党总支）备案后，可列为发展对象。

有以下情形之一者不能确定为发展对象：

1.理想信念不坚定、道德品行不好、入党动机不端正；

2.年龄未满 19 岁；

3.确定入党积极分子后培养考察时间累计不满一年；

4.受到学校警告及以上处分；

5.未按期向党组织递交书面思想汇报;

6.公示期内接到反对意见,经调查所反映问题属实,且能够证明其不具备党员基本条件的;

7.基层党委(党总支)规定的其他不能确定为发展对象的情形;

8.我校全脱产学习的各类进修生、继续教育(含学历教育和非学历教育)学生和延期毕业学生。

(二)基层党委(党总支)应对发展对象进行备案审查,备案审查内容是:发展对象的现实表现、确定程序、推荐意见、党员和群众意见等。学生发展对象经基层党委(党总支)副书记、团委书记、辅导员和党支部书记的集体讨论同意后,报基层党委(党总支)备案审查;教职工支部确定的发展对象直接报基层党委(党总支)备案审查。未经备案审查的发展对象不能发展入党。

(三)发展对象应当有两名正式党员做入党介绍人。入党介绍人一般由培养联系人担任,也可由党组织指定。受留党察看处分、尚未恢复党员权利的党员,不能做入党介绍人。

(四)党组织必须对发展对象进行政治审查。

政治审查的主要内容是:对党的理论和路线、方针、政策的态度;政治历史和在重大政治斗争中的表现;遵纪守法和遵守社会公德情况;直系亲属和与本人关系密切的主要社会关系的政治情况。

政治审查的基本方法是:同本人谈话、查阅有关档案材料、找有关单位和人员了解情况以及必要的函调或外调。对学生发展对象进行政治审查时,在听取本人介绍和查阅有关材料后,情况清楚的可不函调或外调,否则,也要进行政审函调或外调。对教职工发展对象进行政治审查时,必须进行政审函调或外调。对流动人员中的发展对象进行政治审查时,还应当征求其户籍所在地和居住地基层党组织的意见。

政审函调信可以支部名义发出,由基层党委(党总支)代章。政治审查必须严肃认真、实事求是,注重本人的一贯表现。审查情况应当形成结论性材料。凡是未经政治审查或政治审查不合格的,不能发展入党。

(五)由校党委组织部、党校、学生工作部牵头,各基层党委(党总支)负责对发展对象进行短期集中培训。培训时间一般五至七天(或不少于四十个学时)。培训时主要学习党章、中共中央组织部编写的《入党教材》以及其他学习辅导材料。

自外单位转入我校工作、学习的发展对象,入校前经原单位党委或县级以上党委组织部门培训合格的,其结业证书自颁发之日起一年内有效。

发展对象在经党校培训并取得结业证书,基本具备了党章规定的党员条件后,党支部应及时纳入发展党员计划,履行发展党员手续;未经培训或党校培训不合格的发展对象,不能发展入党。

## 五、预备党员的接收

(一)接收预备党员应当严格按照党章规定的程序办理。

(二)支部委员会应当对发展对象进行严格审查,经集体讨论认为合格后,在一定范围内公示五至七天无异议后,报具有审批权限的基层党委(工委)预审。

基层党委(工委)对发展对象的条件、培养教育情况等进行审查。审查教工发展对象时,根据工作需要,听取执法执纪等相关部门的意见。

基层党委(工委)审查材料包括:“入党积极分子和发展对象备案表”、“发展党员预审登记表”、“入党申请书”、“入党积极分子考察表”、“思想汇报”、“党校结业成绩卡”、“学习成绩单”(学生党员)以及公示情况说明等。对历史上和在重大政治斗争中有过问题的发展对象,党支部应事先向基层党委(工委)汇报,基层党委(工委)应及时向校党委组织部报告。

没有发展党员审批权限的基层党总支,要对支部推荐的发展对象进行预审后,报上级党委(工委)备案。基层党委(工委)审查结果以书面形式通知党支部,并向审查合格的发展对象发放《中国共产党入党志愿书》。

发展对象未来三个月内将离开工作、学习单位的,一般不办理接收预备党员的手续。

(三)召开支部大会前,发展对象应认真填写《中国共产党入党志愿书》,党支部和两名入党介绍人应向发展对象说明填写《中国共产党入党志愿书》的要求。

(四)经基层党委(工委)审查合格的发展对象,由支部委员会提交支部大会讨论。召开讨论接收预备党员的支部大会时,支部全体党员都应参加,有表决权的到会人数必须超过应到会有表决权人数的半数。虽然有表决权的正式党员到会人数超过应到会有表决权人数的半数,但是,如果缺席人数较多,应推迟开会。

(五)支部讨论接收预备党员的党员大会由支部书记主持。大会主要程序是:

1.会议主持人报告出席会议的党员人数,符合法定人数才能开会。

2.发展对象汇报对党的认识、入党动机、本人履历、家庭和主要社会关系情况,以及需向党组织说明的问题。

3.入党介绍人介绍发展对象有关情况,并对其能否入党表明意见。

4.支部委员会报告对发展对象的审查情况。

5.与会党员对发展对象能否入党进行充分讨论。

6.与会有表决权的正式党员采取无记名投票方式进行表决。赞成人数超过应到会有表决权的正式党员的半数,才能通过接收预备党员的决议。因故不能到会的有表决权的正式党员,在支部大会召开前正式向党支部提出书面意见的,应当统计在票数内。支部大会在讨论两个以上的发展对象入党时,必须逐个讨论和表决。

7.新接收预备党员对与会党员所提意见表态及表明今后在工作和学习中争当表率的决心。

(六)党支部应及时将支部大会决议写入《中国共产党入党志愿书》,连同本人入党申请书、政治审查材料、培养教育考察材料等,一并报基层党委(工委)审批。

支部大会决议主要包括:发展对象的主要表现;应到会和实际到会有表决权的党员人数;表决结果;通过决议的日期;支部书记签名。

(七)接收预备党员必须由党委(工委,下同)审批。党总支不能审批预备党员,但应对支部大会通过接收的预备党员进行审议,填写审查意见,报基层党委(工委)审批。临时党组织不能发展、审批预备党员,但可以接受发展对象所在党组织委托,对其在执行临时任务期间的表现,提出考察意见。

(八)基层党委(工委)审批前,应指派一名党委(工委)委员、党总支委员或组织员同发展对象谈话,做进一步的了解,并帮助发展对象提高对党的认识。谈话人应将谈话情况和自己对发展对象能否入党的意见,如实填写在《中国共产党入党志愿书》上,并向基层党委(工委)汇报。新发展党员层次较高的,最好由基层党委(工委)主要负责人亲自谈话。

(九)基层党委(工委)审批预备党员,必须集体讨论和表决。

基层党委(工委)主要审议发展对象是否具备党员条件、入党手续是否完备。发展对象符合党员条件、入党手续完备的,批准其为预备党员。基层党委(工委)审批意见写入《中国共产党入党志愿书》,注明预备期的起止时间,并通知报批的党支部。党支部应及时通知本人并在党员大会上宣布。对未被批准入党的,应当通知党支部和本人,做好思想工作。

基层党委(工委)会审批两个以上的发展对象入党时,应当逐个审议和表决。

(十)预备党员审批后,基层党委(党总支)应及时填写"新党员通知单"通知支部,并将新党员信息输入"全国党员管理信息系统",将"厦门大学新发展党员登记表"(电子版和纸质版)、"新党员通知单"(第二联)报校党委组织部备案。

(十一)基层党委(工委)对党支部(党总支)上报的接收预备党员材料,应在三个月内审批,并报校党委组织部备案。如遇特殊情况可适当延长审批时间,但不得超过六个月。超过三个月未审批的,原报批党支部应对发展对象进行复议,再报基层党委(工委)审批;超过六个月未审批的,原报批党支部要为发展对象重新办理入党手续,即重新填写《中国共产党入党志愿书》,经支委会审查,提交支部大会讨论通过并做出决议,报基层党委(工委)审批。凡无故超过规定时间未审批的,应追究有关人员的责任。

(十二)根据党内统计工作需要,我校上半年发展党员截止时间为6月20日,下半年发展党员截止时间为12月20日;基层党委(党总支)应于截止时间前将新发展党员材料报校党委组织部备案。

## 六、预备党员的教育、考察和转正

(一)党组织应及时将上级党委(工委)批准的预备党员编入党支部和党小组,对预备党员继续进行教育和考察。基层党委(党总支)将通过二级党校对新党员进行培训。

(二)预备党员必须面对党旗进行入党宣誓。入党宣誓仪式一般由基层党委或党支部(党总支)组织进行。

(三)党组织应通过党的组织生活、听取本人汇报、个别谈心、集中培训、实践锻炼等方式,对预备党员进行教育和考察。

预备党员要填写"中国共产党预备党员考察表",每三个月向党支部递交一次思想汇报,入党介绍人或指定培养人和党支部每半年对预备党员进行一次考察鉴定。考察鉴定意见要填写在"中国共产党预备党员考察表"中。

(四)对于外单位转入的预备期未满的预备党员,党支部和基层党委(党总支)应对其党员材料进行审查,符合发展党员程序规定的,应编入党支部和党小组,对预备党员继续进行教育和考察。其原单位党组织应出具预备期书面考察鉴定意见,其预备期可以连续计算。对无法认定或违规发展的预备党员,提出不承认其党员身份的处理理由和意见,报校党委组织部门批准。

(五)预备党员应在预备期满前一个月向所在的党支部递交《转正申请书》。《转正申请书》应用钢笔书写,字迹应工整、清楚,认真总结自己一年来的政治思想、业务学习、社会工作等各方面的表现、缺点改正情况及履行党员义务的情况等。

(六)预备党员的预备期为一年。预备期从支部大会通过其为预备党员之日算起。预备党员原则上不能提前转为正式党员。

预备党员预备期满,党支部应当及时讨论其能否转为正式党员。认真履行党员义务、具备党员条件的,应当按期转为正式党员;需要继续考察和教育的,可以延长一次预备期,延长时间不能少于半年,最长不超过一年;不履行党员义务、不具备党员条件的,应当取消其预备党员资格。

预备党员违犯党纪,情节较轻,尚可保留预备党员资格的,应当对其进行批评教育或延长预备期;情节较重的,应当取消其预备党员资格。

有以下情形之一的,可以延长一次预备期:

1.预备党员受到警告、严重警告处分;

2.新党员培训班成绩不合格的;

3.学生预备党员学习成绩明显下降,期末考试有1门及以上必修课程补考。

有以下情形之一的,应按规定当取消其预备党员资格:

1.预备党员不愿意承担党组织分配的任务,不履行党员义务的。

2.教职工预备党员受到行政记过及以上处分,学年考核不合格;学生预备党员受到行政记过及以上处分。

3.入党后信仰宗教的。

4.延长预备期后,仍不具备预备党员转正基本条件的。

预备党员转为正式党员、延长预备期或取消预备党员资格的,都应当经支部大会讨论通过和上级党委(工委)批准,并报校党委组织部备案。

(七)预备党员的转正手续是:

1.本人向党支部提出书面转正申请;

2.党小组提出意见;

3.党支部征求党员和群众的意见；

4.支委会和党总支审查，在一定范围内公示五至七天；

5.支部大会讨论、表决通过；

6.没有审批权限的党总支审议；

7.报基层党委（工委）审批。

讨论预备党员转正的支部大会，对到会人数、赞成人数等要求与讨论接收预备党员的支部大会相同。支部大会讨论预备党员转正决议填写到《中国共产党入党志愿书》中。

（八）基层党委（工委）对党支部（党总支）上报的预备党员转正的决议，应在三个月内审批。审批结果应及时通知党支部。党支部书记应同本人谈话，并将审批结果在党员大会上宣布。

党员的党龄，从预备期满转为正式党员之日算起。

（九）基层党委（工委）审批时，必须经集体讨论，表决通过，审批后将“厦门大学预备党员转正登记表”（电子版和纸质版）送校党委组织部备案；没有审批权限的基层党总支应对预备党员转正进行审议，填写审查意见后，将《中国共产党入党志愿书》等材料报送上级党委（工委）审批。

（十）预备期未满的预备党员工作、学习所在单位（居住地）发生变动，应及时报告原所在基层党委（党总支）。原所在基层党委（党总支）应及将对其培养教育和考察的情况，认真负责地介绍给接收预备党员的党组织。

（十一）基层党组织对转入的预备党员和由于预备期间出国等特殊原因中断考察的预备党员，在其预备期满时，如认为有必要，可推迟讨论其转正问题，对其继续考察，推迟时间不超过六个月。转为正式党员的，其转正时间自预备期满之日算起。

## 七、发展党员材料与存档

（一）预备党员转正后，党支部应及时将其《中国共产党入党志愿书》、入党申请书、政治审查材料、转正申请书和培养教育考察材料，交基层党委（党总支）存入本人人事档案。无人事档案的，应建立党员档案，由所在基层党委（党总支）保存。

（二）党支部研究讨论确立入党积极分子、确定发展对象、审查发展对象、支部接收预备党员大会和预备党员转正大会等会议的会议记录，应按要求记录详细、写实；支部换届、撤并和支部书记离开支部时，要做好党支部会议记录的交接工作；会后重新整理或打印的会议记录，需要支部书记和记录人同时签字认可才能生效；会议记录本用完后应及时上交基层党委（党总支）归档保存。

基层党委（工委）召开的发展对象预审、审批接收预备党员以及审批预备党员转正的党委（工委）会议记录，也要按要求详细记录和写实，事后归档保存。

（三）党支部和基层党委（工委）会议记录格式和内容要求：

1.开会时间和地点。

2.主持人和记录人姓名。

3.参会人员名单或另附参会人员签到表，请假人员姓名以及请假事由；列席人员姓名。

4.会议主要议程。

5.会议程序和内容：主持人报告应到会人数和实到会人数，是否符合法定开会人数；对发展党员工作事项逐个讨论，逐个审议、表决、审批；翔实记录每位参会人员的发表的意见内容和会议票决（表决）结果；准确表述会议形成的决议。

## 八、发展党员工作的责任分工和纪律

（一）各基层党委（党总支）应把发展党员工作列入重要议事日程，纳入党建工作责任制，作为党务公开和基层党委(党总支)书记抓党建工作述职评议考核的重要内容。在发展党员工作中,基层党委书记、副书记是第一责任人,党务秘书是监督责任人,辅导员和支部书记是具体责任人,党支部书记是直接责任人,相互之间要恪守职责,紧密配合,落实好培养、教育、考察、发展、审批的各个环节,严把发展党员"入口关"。

(二)校党委组织部每半年将组织一次发展党员工作自查和检查,检查结果及时通报各基层党委(党总支),各基层党委(党总支)针对检查过程中发现的问题督促相关党支部和责任人做好整改工作。防止和避免突击发展、长期不发展、发展数量大起大落现象。

(三)各基层党委(党总支)每年应向校党委组织部门报告发展党员工作计划、发展党员工作的落实情况,对违反规定发展党员的查处情况,并如实反映在发展党员工作中存在的问题。对具备发展教师党员条件,但长期不做发展党员工作的教工党支部,应加强指导和督促检查,必要时对其进行组织整顿。

(四)各基层党委(党总支)应重视在离退休党员中推荐、选拔特邀党建组织员,充分发挥他们在发展党员工作中的作用。

(五)各级党组织应对发展党员工作中出现的违纪违规问题和不正之风,严肃查处。对不坚持标准、不履行程序、超过审批时限和培养考察失职、审查把关不严的党支部及其负责人、直接责任人进行批评教育,情节严重的给予纪律处分,典型案例应及时通报校纪委和校党委组织部。对违反规定吸收入党的,一律不予承认,并在支部大会上公布。对采取弄虚作假或其他手段把不符合党员条件的人发展为党员的,或为非党员出具党员身份证明的,应依纪依法严肃处理。

## 九、附　则

(一)本实施细则由校党委组织部负责解释。

(二)本实施细则发布之日起施行。《关于印发〈关于发展党员工作程序的暂行规定(修订稿)〉的通知》[(2003)厦大委组 20 号]文件同时废止。

——本文摘录自《关于印发〈厦门大学发展党员工作实施细则〉的通知》,(2015)厦大委组 33 号,档号 2016-DQ02-25

# 关于开展“三严三实”专题教育督查工作的通知

（2015年10月30日）

各基层党委、党总支：

根据中共中央办公厅印发的《关于在县处级以上领导干部中开展“三严三实”专题教育方案》的通知精神和校党委的工作部署，现就开展“三严三实”专题教育督查工作通知如下：

## 一、督查要求

坚持从严从实要求、突出问题导向，坚持从自己做起，把学习教育贯彻始终，坚持即知即改、注重长效机制建设，督促各基层党委（党总支）抓好“三严三实”专题教育各项工作，推动全校中层领导干部把“三严三实”作为修身做人用权律己的基本遵循、干事创业的行为准则，持续改进作风，敢于担当、锐意改革、真抓实干，争做“三严三实”的好干部。

## 二、督查内容

1.是否突出问题导向，做到即知即改。要求认真梳理出本单位（部门）及中层领导干部“不严不实”问题清单，增强问题意识，聚焦问题、对准问题，把问题导向贯穿于专题教育全过程。切实查找信仰迷茫、精神“缺钙”问题，查找不守纪律、不守规矩问题，查找滥用权力、不敢担当问题，制定综合解决问题之策，为开好民主生活会和组织生活会做好准备。

2.是否立足工作实际，切实推动发展。“三严三实”专题教育要与全面实施学校综合改革以及制定本单位“十三五”规划等重点工作结合起来，与圆满完成学校第十次党代会提出的各项目标任务以及本单位“十二五”规划目标任务结合起来，做到两手抓、两促进。

3.是否坚持以上率下，做到领导带头。学校中层领导干部，特别是一把手，要把自己摆进去，时时处处带好头，通过表率作用，带动专题教育扎实有效开展。要把抓好专题教育作为各基层党委（党总支）履行党建主体责任的重要方面，作为党建工作述职评议考核的重要内容。

4.是否积极落实党风廉政建设主体责任。各基层党委（党总支）要认真落实和校党委书记、校长签订落实主体责任“约谈承诺书”；各单位主要负责人要坚持“一岗双责”，率先垂范，当好廉洁从政的表率。

5.是否着眼长效机制，确保学有成效。各基层党委（党总支）要把“三严三实”专题教育融入作风建设、制度建设和经常性工作之中，实现常态化、长效化。

## 三、组织领导

各基层党委（党总支）作为抓好本单位（部门）“三严三实”专题教育的责任主体，主要负责同志要承担起第一责任人的责任。要高度重视、明确责任、认真负责、精心组织，统筹兼顾、合理安排，从严从实开展好专题教育，坚决防止和杜绝形式主义。要把督促检查与推动工作落实结合起来，不折不扣落实好中央的部署和校党委的要求。

学校督查组将按照校党委的统一安排,加强对各基层党委(党总支)开展“三严三实”专题教育的督查和指导,对组织不力、敷衍塞责、效果不好的,要严肃批评、严肃问责,确保专题教育有序开展、取得实效。

中共厦门大学委员会组织部

2015 年 10 月 30 日

——本文摘录自《关于开展“三严三实”专题教育督查工作的通知》,(2015)厦大委组 35 号,档号 2016-DQ02-25

# 厦门大学关于开好“三严三实”专题民主生活会的通知

（2015年12月1日）

全校各单位：

按照中共中央纪委机关、中共中央组织部《关于开好“三严三实”专题民主生活会的通知》（组通字〔2015〕47号）要求和校党委统一部署，结合学校实际，现就开好学校中层以上党员领导干部“三严三实”专题民主生活会有关事项通知如下：

## 一、会议主题

2015年度专题民主生活会以践行“三严三实”为主题进行。认真贯彻党章要求和《中国共产党廉洁自律准则》《中国共产党纪律处分条例》等党内规章，深入贯彻习近平总书记系列重要讲话精神特别是关于“三严三实”专题教育的重要指示，紧紧围绕“严以修身、严以用权、严以律己，谋事要实、创业要实、做人要实”要求，联系班子和个人实际深入查摆问题，严肃认真开展批评和自我批评，坚持真理、修正错误，立规执纪、抓好整改，确保专题民主生活会开出高质量、取得好效果，努力推动形成积极向上、干事创业、风清气正的政治生态，不断增强干事创业的责任心和使命感，为全面实现厦门大学“两个百年”的奋斗目标，更加奋发有为地推进学校和本单位改革发展稳定各项工作。

## 二、时间安排

厦门大学中层以上党员领导干部“三严三实”专题民主生活会安排在2015年12月底召开。

## 三、组织形式

学院（研究院）和设党总支的直属单位以党委（党总支）为单位召开，参加对象为中层党员领导干部，同时邀请本单位党外中层领导干部参加，系（所）正副主任（所长）、工会主席列席会议（设党总支的直属单位所属部门负责人列席会议）。

翔安校区党工委（管委会）、漳州校区党工委（管委会）、机关部处和未设党总支的直属单位参照2014年度中层以上党员领导干部民主生活会时的分组情况召开，参加对象为中层党员领导干部，同时邀请本单位党外中层领导干部参加，科级干部列席会议。

## 四、具体要求

### （一）认真做好会前准备

专题民主生活会前，各单位（部门）要严格按照民主生活会制度的有关规定和要求，深入查找剖析不

严不实问题,精心做好会前准备,扎实抓牢四个主要环节:

1.深化专题学习研讨成果。深入学习习近平总书记关于党员领导干部践行"三严三实"的新思想新观点新要求,学习党章和《中国共产党廉洁自律准则》《中国共产党纪律处分条例》等规章制度,牢固树立"三严三实"的检验标尺,准确把握践行"三严三实"的基本要求。领导班子和班子成员要对参加专题党课、专题学习研讨情况进行回顾梳理,重点看是否掌握了"三严三实"的核心要义、认清了不严不实的严重危害、强化了从严从实的行为规范,查缺补漏、巩固成果,打牢开好专题民主生活会的思想基础。

2.广泛征求师生员工意见建议。采取座谈走访、利用网络平台等多种方式,广泛征求党组织、党员群众和党代会代表等方面的意见,并分别向领导班子和党员领导干部本人反馈。领导班子要查找践行"三严三实"方面存在的突出问题,班子成员要把自己摆进去,主动认领问题。各基层党委(党总支)书记(机关部处和未设党总支的直属单位的党员负责人)和其他班子成员要深入工作一线,认真听取下级组织、分管领域和党员群众的意见建议。要注重从涉及师生员工切身利益的具体工作中,从师生员工反映领导干部工作生活的细节小事中,筛查问题、找准症结。校党委将会通过调阅材料等方式掌握各单位(部门)和领导干部征求意见情况,根据干部考察、年度考核,结合审计、信访情况帮助各单位(部门)领导查找并点明问题。

3.深入开展谈心谈话。主要负责同志同班子每个成员必谈,班子成员相互之间必谈,班子成员与分管工作的负责同志之间必谈。要谈遵规守矩上的差距与不足,谈自身和对方不严不实问题的具体表现,谈改进提高的意见建议,谈透问题、沟通思想,营造开好专题民主生活会的良好氛围。

4.认真撰写发言提纲。领导班子撰写对照检查材料,班子成员形成发言提纲。各基层党委(党总支)书记(机关部处和未设党总支的直属单位的党员负责人)要主持起草专题民主生活会会议方案和领导班子对照检查材料,并经集体研究确定,同时要带头撰写发言提纲,督促班子成员撰写发言提纲并逐一审阅把关;每个党员领导班子成员要按照从严从实的要求,结合学习心得、个人实际和征求到的意见建议,深刻地进行自我剖析,认真撰写发言提纲。

领导班子对照检查材料和班子成员发言提纲包括以下内容:要对自身存在的修身做人、用权律己、干事创业等方面的不严不实问题,遵守党的政治纪律、政治规矩和组织纪律方面的问题,深查细找,认真梳理;要对落实党风廉政建设主体责任和监督责任的情况进行认真剖析,查找梳理存在的问题;从理想信念、党性修养、权力观地位观利益观和道德品行等方面分析党性,深入剖析根源,认清问题实质,提出整改的具体措施。撰写对照检查材料和发言提纲要发挥正反典型镜鉴作用,对照先进典型的精神境界,反省立根固本的差距,检视党性锻炼的不足;汲取周永康、薄熙来、徐才厚、郭伯雄、令计划、苏荣等反面典型的深刻教训,认清放松自我修养、理想信念滑坡的严重危害。

## (二)会议主要内容

1.报告2014年度民主生活会整改落实情况。民主生活会上,基层党委(党总支)书记(机关部处和未设党总支的直属单位的党员负责人)要代表班子对2014年度民主生活会整改清单的落实情况进行通报,对尚未整改的要说明原因。

2.认真开展批评和自我批评。各基层党委(党总支)书记(机关部处和未设党总支的直属单位的党员负责人)要代表班子做对照检查,带头开展自我批评。要聚焦对党忠诚、干净干事、敢于担当,突出政治纪律和政治规矩,联系思想、工作、生活和作风实际,联系个人成长进步经历,联系党的群众路线教育实践活动整改措施落实情况,把自身存在的问题讲清楚,把问题根源讲透彻,把整改措施讲具体。自我批评要襟怀坦白、见人见事,不能遮遮掩掩、泛泛而谈。

相互批评要坦诚相见。各基层党委(党总支)书记(机关部处和未设党总支的直属单位的党员负责人)和班子成员都要本着对组织、对同志、对事业高度负责的精神,直截了当开展批评,指出具体问题、提出改进建议。相互批评要有的放矢、切中要害,用事例说话,防止不痛不痒、蜻蜓点水,不搞无原则纷争。对批评意见要正确对待、虚心接受,形成互动交流的良好氛围,达到团结—批评—团结的目的。

### (三)扎实抓好问题整改

1.建立整改清单。结合民主生活会开展批评情况，对查摆出来的问题进行再梳理，将教育实践活动尚未整改到位的“四风”问题一并纳入整改内容，形成整改清单。要聚焦具体问题，细化措施，做到整改进程和整改效果可检查、可监督。问题整改要分类施策，可以马上解决的，要立行立改；需要一段时间加以解决的，要制定持续改进的具体措施，规定完成时限；需要组织协调解决的，要明确牵头单位、责任人。整改清单兑现情况要采取适当方式在一定范围公开，接受党员群众监督。

2.开展专项整治。对党员群众反映强烈的不严不实突出问题，要集中力量，开展治理。各单位(部门)要把领导干部不作为、乱作为等损害师生利益问题作为专项整治重点内容，逐项排查，明确责任，强化措施，对那些顶风违纪、贪腐谋私、徇私枉法的，坚决予以查处。对那些发生在基层、根子在上面的问题，要加强统筹协调，上下联动、合力解决。

3.强化立规执纪。根据查摆和解决不严不实问题情况，结合本单位(部门)实际，进一步完善制度规定。要严格党内政治生活制度，严肃政治纪律、组织纪律、廉洁纪律、群众纪律、工作纪律和生活纪律。加强对遵纪守规情况的日常监督和定期检查，严肃查处违规违纪行为，推动践行“三严三实”要求制度化、常态化、长效化。

## 五、从严从实加强组织指导

1.强化主体责任。各基层党委(党总支)要主动作为，精心组织，按照中央部署要求和校党委安排，结合实际制订会议方案，对征求意见、谈心谈话、撰写提纲、开展批评、整改落实等各环节工作，做出周密安排，报学校督查组审核。各基层党委(党总支)书记(机关部处和未设党总支的直属单位党员负责人)要切实履行第一责任人责任，以身作则、当好标杆，以上率下、示范推动。

2.加强督促指导。学校督查组要通过派干部列席会议、随机走访抽查等方式，对各单位(部门)的专题民主生活会进行督查，一级抓实一级，层层传导压力。

3.认真做好会议记录，按程序报送有关情况报告。各单位(部门)要在专题民主生活会召开前一周将本单位(部门)专题民主生活会会议方案、拟在民主生活会上通报的 2014 年民主生活会整改方案落实情况报告，领导班子对照检查材料及班子成员发言提纲报学校督查组审核同意后方可召开。在专题民主生活会召开后 15 天内，各单位(部门)按要求将应报送的专题民主生活会情况报告、领导班子对照检查材料、领导班子成员发言提纲、会前征求到的党员群众意见材料、会后制订的领导班子整改方案和班子成员整改措施等经学校督查组审阅后，由学校督查组报校党委。

4.认真做好情况通报，自觉接受群众监督。各单位(部门)应将本次专题民主生活会形成的整改措施和上次民主生活会整改落实情况在一定范围内向教职工通报。

5.党支部要开好组织生活会。各党支部要参照党员领导干部“三严三实”专题民主生活会要求，召开一次专题组织生活会，促进全体党员践行“三严三实”要求，发挥先锋模范作用。党员领导干部要以普通党员身份参加所在支部的组织生活会。各基层党委(党总支)要结合开展年度党员民主评议工作，对专题组织生活会做出具体安排。

中共厦门大学纪律检查委员会<br>中共厦门大学委员会组织部<br>2015 年 12 月 1 日

——本文摘录自《厦门大学关于开好“三严三实”专题民主生活会的通知》，(2015)厦大委组 44 号，档号 2016-DQ02-25

# ·教学与科研工作·

## 厦门大学2015年国际学生(本科)招生简章

(2014年11月)

厦门大学由著名爱国华侨领袖陈嘉庚先生于1921年创建,是中国近代教育史上第一所华侨创办的大学,也是我国唯一地处经济特区、教育部直属的国家"211工程"、"985工程"重点建设的高水平大学。厦门大学在中国2000多所高校中综合排名位居前20名之列,是一所学科门类齐全、师资力量雄厚、国内一流、国际上有广泛影响的综合性大学。学校现有思明校区、漳州校区和翔安校区共三个校区,校园依山傍海,风景秀丽,已成为公认的环境最优美的中国大学校园之一。

一、申请条件

1. 18~30周岁,身体健康,持外国有效普通护照的非中国籍公民。

注:中国大陆、香港地区、澳门地区和台湾地区居民在移民外国后作为外国留学生来华学习必须持有效外国护照或国籍证明文件4年(含)以上,且最近4年(截至2015年4月30日前)之内有在国外实际居住2年以上的记录(一年中实际在国外住满9个月可按一年计算,以入境和出境签章为准)。

2.具备高中毕业文凭,中学成绩良好。

二、申请时间:2015年2月1日—7月1日

三、申请程序

1.网上报名:登录厦门大学国际学生网上报名系统报名

报名网址:http://admissions.xmu.edu.cn/application

注:① 网上报名为申请的必要程序。若无网上报名,我校不受理纸质申请材料。

② 若申请我校的汉语言本科专业和汉语言进修,请登录海外教育学院网站报名(http://oec.xmu.edu.cn)(联系方式:Email:oec@xmu.edu.cn Tel:+86-(0)592-2186211)

2.纸质材料提交:

请务必在7月1日前将网上报名成功后自动生成的《厦门大学国际学生入学申请表》连同其他申请材料寄(送)达中国福建省厦门大学招生办公室(邮编:361005,联系电话:+86-(0)592-2184792)。

★ 我校逾期不再受理申请。申请者应保持电话或手机畅通并定期查收邮箱信件,我办将根据实际情况与申请者保持联系。

★ 申请流程图：

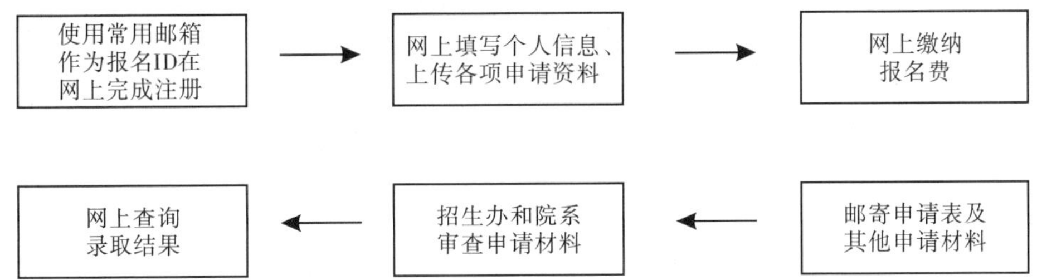


四、申请材料

申请人必须如实填写和提交以下申请材料：

1.《厦门大学国际学生入学申请表》(网上报名自动生成)，用中文或英文填写。

2.高中毕业证书(中文或英文公证件)。如申请人为在校学生，需提交本人就读学校出具的预毕业证明(中文或英文)。

注：凭预毕业证明申请入学者，须在我校报到注册日(2015年9月中旬)前向我校招生办补交高中毕业证书，否则将被取消入学资格。

3.高中阶段全部学习成绩单(中文或英文公证件)。

4.汉语水平考试（HSK）证书或英语水平证书复印件或中学阶段授课语言证明原件。

5.个人风采视频：

①时长5～10分钟，图像声音清晰，内容为用中文介绍个人基本信息、兴趣爱好、参与的课外活动、对中国及厦门大学的印象、来华学习计划等。

②提交方式：A.请将视频压缩保存rar.文件后通过报名系统上传；B.请将视频保存在光盘中(或U盘)，与其他纸质版申请材料寄送达厦门大学招生办公室。请用记号笔在光盘上注明申请者姓名和国籍。

6.一封中学推荐信原件。

7.个人陈述(不少于800字)，用中文或英文书写。主要内容为自我介绍、学习经历、来华学习目的和计划。

8.护照复印件(有效期内的普通护照)。

注：属于“申请条件”第一款中特别注明的申请者需提交4年(含)以上的有效外国护照复印件或入外国籍证明文件、最近4年之内在国外实际居住2年以上的出入境签章复印件。

9.《外国人体格检查记录》复印件（原件请自行保留)，须用中文或英文填写。

10.《国际学生经济担保书》：提供足以支付在中国留学的学、宿、生活费的担保证明。同时提交经费担保人的工作或收入证明及护照复印件。

11.如有可以证明自己综合能力的文件，如获奖证书、参加社会实践活动的证明等，可在寄送纸质申请材料时一并提交，我校在录取时将优先考虑。

★ 请申请者将上述所有申请材料按以上顺序整理后一并寄来。申请材料不完整者，我校不予受理。不论录取与否，以上材料一律不予退还。

五、招生专业

我校实行“宽口径、厚基础、多样化”的人才培养模式。录取的学生入学后先按大类培养，共同学习“学科通修课程”，二、三年级按照《厦门大学大类招生的学生选择专业暂行办法》确定专业或方向。申请者可在申请表上填报3个专业志愿并服从专业调剂。

我校2015年计划招收国际本科学生250人，具体招生专业和计划请查看我校国际学生招生网“本科专业课程”栏目《厦门大学2015年国际学生(本科)招生大类及招生计划一览表》。

1.中文授课本科专业：

我校大部分本科招生专业采用中文授课。详细专业信息，请查看国际学生招生网的“本科专业课程”。

汉语水平要求:人文社科类(含经管法类与中医学)专业需达到汉语水平考试新 HSK5 级或以上;理工医类专业需达到汉语水平考试新 HSK4 级或以上。高中阶段以汉语为教学语言的,可以免交 HSK 证书,但须提交中文为教学语言的证明。

2.英文授课本科专业

| 学院 | 专业 | 授予学位 |
|---|---|---|
| 医学院 | 临床医学(MBBS) | 医学 |

我校是中国教育部承认的具备招收本科临床医学专业(英语授课)来华留学生资格的高校之一。该专业以培养职业素质良好的医学专业人才为主要目标,面向海外招生,学制六年,实行全英文授课。

英语水平要求:申请者的英语水平要求为新托福 80 分或以上,雅思 6.0 分或以上,或提供达到相当英语水平的证书。来自英语国家或以英语为官方语言的申请者免英语水平证书;高中阶段授课语言为英语的申请者可免英语水平证书,但须提交英文为教学语言的证明。

六、录取

我校国际学生录取实行与国际接轨的"申请审核制"。我校将根据申请者的学业成绩、个人风采视频展现、综合素质、中学推荐意见和专业志愿等择优选拔录取。根据院系和专业要求,需要面试的将提前通知申请者。

我校一般在收到完整纸质申请材料的 1 个月内在国际学生网上报名系统公布录取结果。录取通知书和外国留学人员来华签证申请表将从 2015 年 6 月起陆续成批寄出。请申请者届时及时登录网上报名系统(http://admissions.xmu.edu.cn/application)查询录取结果以及录取通知书寄送详情。

七、学制、在学年限及学位授予

学制:4～5 年;在学年限:四年制学生 4～6 年、五年制学生 5～7 年。MBBS 学制 6 年。

学生在规定的在学年限之内,修满教学计划规定的学分,完成毕业论文并顺利通过答辩,达到毕业要求的准予毕业,颁发本科毕业证书,符合学士学位条件的授予学士学位。

八、报名费:400 元人民币(网上报名时缴纳,报名费不予退回)

九、学费(按学年收费,以人民币收取,不含教材费)

1.中文授课专业

人文社科类:24000 元人民币/年;

理工医类、经管法类、艺术类:26000 元人民币/年。

2.英文授课专业

临床医学 MBBS(英文授课):38000 元人民币/年。

注:以上学费标准若有调整,最终以物价部门核准的收费标准为准。

十、住宿生活费

1.住宿费:

① 思明校区校内住宿:思明校区校内住宿优先提供给免住宿费的奖学金生。在有空余的情况下,向自费学生开放。公寓环境优美、安静宜人,楼内提供现代化的住宿设施。本科生住四人间,住宿费约 750 元人民币/月。校内留学生公寓楼联系电话:南光四、五海外学生楼(Tel:0086-592-2184905),蔡清洁楼(Tel:0086-592-2180501)

② 思明校区校外住宿:自费学历生和厦门大学新生奖学金生在来校报到前须自行联系好校外附近的住宿地点。校外住宿便于国际学生与厦门市民交流沟通,进一步了解中国文化与风俗,也有利于提高国际学生的汉语水平。每月花费大约 2000 元人民币就可租到一套舒适宽畅的房间,它可以为国际学生读书学习提供更安静的场所。国际学生也可以考虑与同学合租,既安全又不孤单。

③ 翔安校区校内住宿:生命科学学院、医学院、药学院、公共卫生学院、海洋与地球学院、环境与生态学院、能源学院和海外教育学院的国际学生住宿翔安校区。校区学生公寓设施俱全,环境优美。每间宿舍配有独立卫生间、电话、网络、空调、热水器、保险柜等。本科生住四人间,住宿费1200元人民币/人/年。MBBS学生住双人间,住宿费1600元人民币/人/年。海外教育学院学生公寓双人套间住宿费2000元/人/年。

2.生活费:每月餐费约750元人民币。

3.保险费:600元人民币/年。

十一、奖学金申请

1.中国政府国别奖学金(全额奖学金)

符合中国政府国别奖学金申请条件的申请人,可向本国留学生派遣部门或中国驻所在国大使领(总领事馆)教育处提出申请。申请时间一般为每年1月—4月初,各个国家申请截止时间不同,请注意提前查询。国家留学基金委具体负责中国政府来华留学生招生和管理工作。(网址:http://www.csc.edu.cn/Laihua/scholarship.aspx 厦门大学招生代码:10384)

2.孔子学院奖学金—汉语国际教育本科(全额奖学金)

由孔子学院总部设立,旨在资助亚洲和非洲地区不发达国家有志于从事汉语教学工作的孔子学院学员,学习专业为汉语国际教育(含汉语言本科汉语国际教育方向)。孔子学院奖学金全程学费全免,并享受生活费、住宿费、医疗费和保险费等待遇。学生联系我校海外共建孔子学院或所在国孔子学院取得推荐,并登陆国家汉办网站(http://cis.chinese.cn/)申请,填报厦门大学。申请时间:2015年3月—5月。

3.福建省政府外国留学生奖学金(部分奖学金)

福建省政府自2012年起设立外国留学生奖学金项目。其中,高校自主招收外国留学生项目面向本科、硕士、博士生开放,奖学金包括学费、宿舍费、教材费等。学生可向我校招生办提出申请。申请时间:2015年2月1日—5月31日。

4.厦门大学国际学生新生奖学金(部分奖学金)

我校每年从被录取的新生中遴选优秀的博士生、硕士生、本科生若干名,给予免学费的奖励(博士生4年,硕士生2~3年,本科生4~5年)。学生直接向我校招生办提出申请。申请时间:2015年2月1日—4月30日。

注:1.关于奖学金申请的详细信息,请登录我校国际学生招生网"奖学金"栏目(点击查看)了解。

2.我校将参照中国政府奖学金评审办法对各类奖学金获得者进行年度考核,符合条件的可继续享受下一学年的奖学金,否则将取消其资格。

十二、联系方式

地址:中国福建省厦门市思明南路422号,邮编:361005

中国厦门大学招生办公室(负责国际学生招生和录取)

电话:+86 (0)592 2184792 2188375　传真:+86 (0)592 2180256

网址:http://admissions.xmu.edu.cn　E-mail:admissions@xmu.edu.cn

厦门大学海外教育学院(受理汉语言本科和进修申请)

联系电话:+86 (0)592 2186211 传真:+86 (0)592 2093346

网址:http://oec.xmu.edu.cn　E-mail:oec@xmu.edu.cn

厦门大学学生处海外学生事务科(负责国际学生入学注册和在校管理)

联系电话:+86 (0) 592 2183606　传真:+86 (0) 592 2183663

网址:http://ice.xmu.edu.cn　Email:osao@xmu.edu.cn

汉语水平考试( HSK)厦门大学考点

联系电话:+86 (0)592 2181012, 2187478　传真:+86 (0)592 2093346

更多汉语水平考试信息,请见:http://www.hanban.edu.cn/tests/

厦门大学招生办公室

二〇一四年十一月

——本文摘录自《厦门大学2015年国际学生(本科)招生简章》,档号2019-XZ30-004

# 厦门大学 2015 年国际学生(博士)招生简章

(2014 年 11 月)

厦门大学由著名爱国华侨领袖陈嘉庚先生于 1921 年创建,是中国近代教育史上第一所华侨创办的大学,也是我国唯一地处经济特区、教育部直属的国家"211 工程"、"985 工程"重点建设的高水平大学。厦门大学在中国 2000 多所高校中综合排名位居前 20 名之列,是一所学科门类齐全、师资力量雄厚、国内一流、国际上有广泛影响的综合性大学。学校现有思明校区、漳州校区和翔安校区共三个校区,校园依山傍海,风景秀丽,已成为公认的环境最优美的中国大学校园之一。

一、申请条件

应届硕士毕业生、硕士以上学历,身体健康,持外国有效普通护照的非中国籍公民。

二、申请时间:2015 年 2 月 1 日—7 月 1 日

三、申请程序

1. 网上报名:登录厦门大学国际学生网上报名系统报名。报名网址:http://admissions.xmu.edu.cn/application

注:网上报名为申请的必要程序。若无网上报名,我校不受理纸质申请材料。

2. 纸质材料提交:

请务必在 7 月 1 日前将网上报名成功后自动生成的《厦门大学国际学生入学申请表》连同其他申请材料寄(送)达中国厦门大学招生办公室(邮编:361005,联系电话:0592-2184792)。

★我校逾期不再受理申请。申请者应保持电话或手机畅通并定期查收邮箱信件,我办将根据实际情况与申请者保持联系。

★ 详细申请流程图:

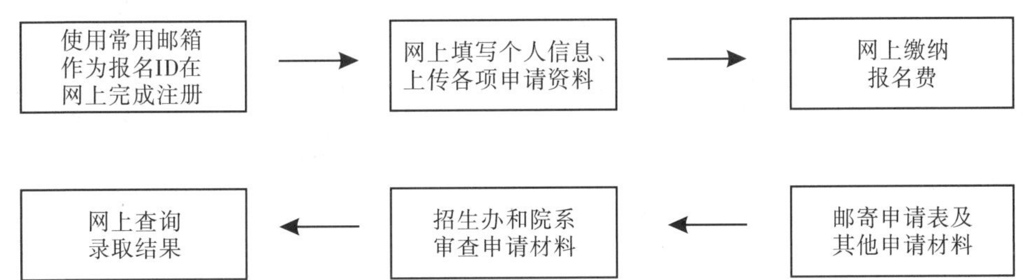


四、申请材料

申请人必须如实填写和提交以下申请材料:

1.《厦门大学国际学生入学申请表》(网上报名自动生成),用中文或英文填写。

2.硕士毕业证书(中文或英文公证件)。如申请人为在校学生,需提交本人就读学校出具的预毕业证明(中文或英文)。

注:凭预毕业证明申请入学者,须在我校报到注册日前(2015 年 9 月中旬)向我校招生办提交硕士毕业证书,否则入学资格将被取消。

3.硕士阶段学习成绩单(中文或英文公证件)。

4.来华学习和研究计划(不少于 1000 字),用中文或英文书写。(申请海外教育学院的硕士专业研究

计划不少于2500字)

5.两名教授或副教授的推荐信,用中文或英文书写。

6.汉语水平考试(HSK)证书或英语水平证书复印件或授课语言证明原件。

7.有效普通护照复印件。

8.《外国人体格检查记录》复印件(原件请自行保留),须用中文或英文填写。

9.《国际学生经济担保书》提供足以支付在中国留学的学、宿、生活费的担保证明。同时提交经费担保人的工作或收入证明及护照复印件。

注:请申请者将上述所有申请材料按以上顺序整理后一并寄来。申请材料不完整者,我校不予受理。不论录取与否,以上材料一律不予退还。

五、招生专业

1.中文授课专业:

我校大部分博士专业采用中文授课。详细专业信息,请查看国际学生招生网的"博士专业课程"。

汉语水平要求:人文社科类(含经管法类)专业需达到汉语水平考试HSK5级或以上;理工医类专业需达到汉语水平考试HSK4级或以上。硕士阶段以汉语为教学语言的,可以免交HSK证书,但须提交中文教学语言证明。

2.英文授课专业:

我校拥有一支高水平的师资队伍,相当一部分专任教师在海外取得博士学位,可以用英语指导博士生。目前我校有60多个博士专业的博士生导师可以用英文指导学生。

| 学院 | 专业 |
| --- | --- |
| 人文学院 | 考古学、中国史、世界史、人类学、中国哲学 |
| 管理学院 | 会计学、财务学、企业管理、技术经济及管理、管理科学与工程、市场营销学 |
| 经济学院 | 统计学、世界经济、国际贸易学、能源经济学 |
| 王亚南经济研究院 | 西方经济学、金融学、数量经济学、统计学、劳动经济学、区域经济学 |
| 法学院 | 国际法学 |
| 南海研究院 | 国际法学 |
| 知识产权研究院 | 知识产权法学 |
| 外文学院 | 英语语言文学 |
| 物理与机电工程学院 | 机械电子工程、凝聚态物理、无线电物理、电磁场与微波技术 |
| 数学科学学院 | 基础数学、计算数学、概率论与数理统计 |
| 化学化工学院 | 化学工程、化学工艺、生物化工、工业催化、应用化学、分析化学、有机化学、物理化学、高分子化学与物理 |
| 材料学院 | 材料物理与化学 |
| 信息科学与技术学院 | 计算机科学与技术、通信与信息系统 |
| 生命科学学院 | 动物学、生物化学与分子生物学、水生生物学、细胞生物学、遗传学 |
| 海洋与地球学院 | 物理海洋学、海洋生物学、海洋化学、海洋物理、海洋地质、海洋生物技术 |
| 环境与生态学院 | 环境科学、环境工程、生态学、环境管理 |
| 海洋与海岸带发展研究院 | 海洋事务 |
| 国际关系学院/南洋研究院 | 世界经济、政治学理论、国际关系 |
| 教育研究院 | 高等教育学、教育经济与管理 |
| 药学院 | 化学生物学 |
| 财务管理与会计研究院 | 会计学、财务学 |

注:各专业导师信息以及各学院联系人信息,请查看http://admissions.xmu.edu.cn/uploadfile/file/20140117/20140117032224_25509.xls.

英语水平要求:申请者的英语水平要求为新托福80分或以上,雅思6.0分或以上,或提供达到相当英语水平的证书。来自英语国家或以英语为官方语的申请者免英语水平证书；硕士阶段授课语言为英语的申请者可免英语水平证书，但须提交英文教学语言证明。

六、录取

我校国际学生录取实行与国际接轨的"申请审核制"。我校招生办公室将会同相关院系导师专家组对申请材料进行认真审核，综合申请者的学业成绩、学术能力、科研成果和导师意见等择优选拔，报学校审批录取。毕业于世界知名大学、我校校际交流院校、获得资深教授或专家推荐的申请者将被优先考虑。根据院系导师和专业要求，需要面试(或笔试)的将提前通知申请者。

我校一般在收到完整申请材料的一个月内在国际学生网上报名系统公布录取结果。录取通知书和外国留学人员来华签证申请表将从 2015 年 6 月起陆续寄出。申请者届时及时登录网上报名系统(http://admissions.xmu.edu.cn/application)查询录取结果以及录取通知书寄送详情。

七、学制、在学年限及学位授予

博士研究生学制：4 年，在学年限(含休学、保留学籍)：4～7 年；符合毕业条件的学生可以申请提前毕业。

学生在规定的在学年限之内，修满教学计划规定的学分，完成毕业论文并顺利通过答辩，达到毕业要求的准予毕业，颁发博士毕业证书，符合博士学位条件的授予博士学位。

八、报名费：400 元人民币(网上报名时缴纳，报名费不予退回)

九、学费(按学年收费，以人民币收取，不含教材费)

特别说明：我校博士研究生学制为 4 年，前 3 年需缴交学费，第 4 年免费。

1)中文授课博士专业

人文社科类：30000 元/年，全程 90000 元；

理工医类、经管法类、艺术类：34000 元/年，全程 102000 元。

2)英文授课博士专业

人文社科类：42000 元/年，全程 126000 元；

理工医类、经管法类、艺术类：55000 元/年，全程 165000 元。

注：以上学费标准若有调整，最终以物价部门核准的收费标准为准。

十、住宿生活费

1.住宿费：

① 思明校区校内住宿：思明校区校内住宿优先提供给免住宿费的奖学金生。在有空余的情况下，向自费学生开放。公寓环境优美、安静宜人，楼内提供现代化的住宿设施。博士生住单人间，住宿费约 1500 元人民币/月。校内留学生公寓楼联系电话：南光四、五海外学生楼(Tel:0086-592-2184905)，蔡清洁楼(Tel:0086-592-2180501)

② 思明校区校外住宿：自费学历生和厦门大学新生奖学金生在来校报到前须自行联系好校外附近的住宿地点。校外住宿便于国际学生与厦门市民交流沟通，进一步了解中国文化与风俗，也有利于提高国际学生的汉语水平。每月花费大约 2000 元人民币就可租到一套舒适宽畅的房间，它可以为国际学生读书学习提供更安静的场所。国际学生也可以考虑与同学合租，既安全又不孤单。

③ 翔安校区校内住宿：生命科学学院、医学院、药学院、公共卫生学院、海洋与地球学院、环境与生态学院、海洋与海岸带发展研究院、能源学院和海外教育学院的国际学生住宿翔安校区。校区学生公寓设施俱全，环境优美。每间宿舍配有独立卫生间、电话、网络、空调、热水器、保险柜等。博士生住单人间(需汉补的奖学金生，汉补期间作为汉语进修生入住双人间)，住宿费 2400 元人民币/人/年。海外教育学院学生公寓双人套间住宿费 2000 元/人/年。

2.生活费：每月餐费约 750 元人民币。

3.保险费：600 元人民币/年。

十一、奖学金申请

★ 中国政府奖学金

中国政府奖学金分为全额奖学金和部分奖学金。全额奖学金全程学费全免,并享受生活费、住宿费、医疗费和保险费等待遇。部分奖学金为全额奖学金的一项或几项内容。

1.中国政府奖学金—高校研究生项目(全额奖学金)

厦门大学作为中国政府奖学金的招生院校,面向全球招收该项目的奖学金研究生(包括硕士和博士)并报国家留学基金委审批。学生直接向我校招生办提出申请。申请时间:2015 年 2 月 1 日—3 月 31 日。

2.中国政府海洋奖学金(全额奖学金)

面向南海、印度洋、太平洋周边及岛屿国家以及非洲发展中国家的国际学生,申请来华攻读与海洋相关的硕士和博士学位。从事海洋及相关行业人员优先考虑。学生直接向我校招生办提出申请。2015 年 2 月 1 日—4 月 30 日。

3.中国政府国别奖学金(全额奖学金)

符合“中国政府国别奖学金”申请条件的申请人,可向本国留学生派遣部门或中国驻所在国大使领(总领事馆)教育处提出申请,申请时间一般为每年 1 月—4 月初,各个国家申请截止时间不同,请注意提前查询。国家留学基金委具体负责中国政府来华留学生招生和管理工作。

中国政府奖学金报名网址(厦门大学招生代码:10384):http://laihua.csc.edu.cn/inscholarship/jsp/student/StudentLogin.jsp

国家留学基金委网站(http://www.csc.edu.cn/Laihua/scholarshipen.aspx)。

★ “孔子新汉学计划”博士生奖学金(全额奖学金)

该计划旨在培养世界各国高层次青年汉学家和中国问题研究专家,博士生奖学金包括中外合作培养博士项目和来华攻读博士学位项目,主要通过课题研究等方式资助,专业领域为人文学科和社会科学。这是目前我国招收来华留学生资助标准最高的奖学金。

申请者联系我校海外共建孔子学院或所在国孔子学院取得推荐,并登陆国家汉办网站 http://ccsp.chinese.cn/申请,填报厦门大学。申请截至 2015 年 1 月 31 日。

更多信息请见《厦门大学 2015 年“孔子新汉学计划”博士生奖学金申请办法 》

★ 福建省政府外国留学生奖学金(部分奖学金)

为促进福建省国际交流合作,推动福建省来华留学教育事业蓬勃发展,福建省政府自 2012 年起设立外国留学生奖学金项目。其中,高校自主招收外国留学生项目面向本科、硕士、博士生开放,奖学金包括学费、宿舍费、教材费等。学生可向我校招生办提出申请。申请时间:2015 年 2 月 1 日—5 月 31 日。

★ 厦门大学国际学生新生奖学金(部分奖学金)

我校每年从被录取的新生中遴选优秀的博士生、硕士生、本科生若干名,给予免学费的奖励(博士生 4 年,硕士生 2~3 年,本科生 4~5 年),并对优秀的硕博国际生参照政府奖学金标准提供生活费。学生可向我校招生办提出申请。申请时间:2015 年 2 月 1 日—4 月 30 日。

注:1. 关于奖学金申请的详细信息,请登录我校国际学生招生网“奖学金栏目”(点击查看)了解。

2.我校将参照中国政府奖学金评审办法对所有奖学金获得者进行年度考核,符合条件的可继续享受下一学年的奖学金,否则将取消其资格。

十二、联系方式

地址:中国福建省厦门市思明南路 422 号,邮编:361005

★ 厦门大学招生办公室(负责国际学生招生和录取)

联系电话:+86 (0)592 2184792 2188375 传真:+86 (0)592 2180256

网址:http://admissions.xmu.edu.cn　E-mail:admissions@xmu.edu.cn

★ 厦门大学海外教育学院(受理汉语言本科和进修申请)

联系电话:+86 (0)592 2186211 传真:+86 (0)592 2093346

网址:http://oec.xmu.edu.cn　E-mail:oec@xmu.edu.cn

★ 厦门大学学生处海外学生事务科(负责国际学生入学注册和管理)

联系电话:+86 (0) 592 2183606 传真:+86 (0) 592 2183663

网址:http://ice.xmu.edu.cn　Email:osao@xmu.edu.cn

★ 汉语水平考试(HSK)厦门大学考点

联系电话:+86 (0)592 2181012,2187478 传真:+86 (0)592 2093346

更多汉语水平考试信息,请见:http://www.hanban.edu.cn/tests/

厦门大学招生办公室

二〇一四年十一月

——本文摘录自《厦门大学 2015 年国际学生(博士)招生简章》,档号 2019-XZ30-004

# 厦门大学2015年本科招生章程

(2015年)

## 第一章 总 则

第一条 根据《中华人民共和国教育法》《中华人民共和国高等教育法》和教育部有关规定，为规范厦门大学招生工作，维护考生合法权益，结合厦门大学办学实际情况，制定本章程。

第二条 学校全称厦门大学(国标代码10384)，现有思明校区、翔安校区和漳州校区。厦门大学由著名爱国华侨领袖陈嘉庚先生于1921年创建，是我国唯一地处经济特区的教育部直属全国重点综合性大学，国家“211工程”和“985工程”重点建设的高水平研究型大学。厦门大学具有学士、硕士、博士学位授予权，并设有博士后科研流动站。

第三条 厦门大学招生工作遵循“公平竞争、公正选拔、公开程序，德智体全面考核、综合评价、择优录取”的原则。

## 第二章 组织机构

第四条 厦门大学成立招生工作领导小组，由校长担任组长，分管纪检、招生考试、教务和学生工作的校领导担任副组长，成员由以上校领导和有关部门负责人组成，负责制定招生政策，研究决定招生的重大事宜。

第五条 厦门大学在招生工作领导小组的基础上，吸纳教师代表、学生代表和校友代表，成立厦门大学招生委员会，对学校招生工作进行管理和监督。

第六条 招生办公室作为厦门大学招生的常设机构，在厦门大学招生工作领导小组的领导下，贯彻执行国家招生政策和规定，具体负责厦门大学招生工作的组织实施。

第七条 厦门大学监察部门负责对学校招生工作进行监督。

## 第三章 招生计划

第八条 厦门大学在教育部核定的年度招生规模内面向全国31个省份招生。厦门大学根据教育部有关文件精神和厦门大学实际办学条件，结合近几年厦门大学分省分专业招生计划编制及具体使用情况，统筹考虑各省份生源数量、生源质量、教育资源享有情况和城乡、区域协调发展等因素，科学合理地编制招生计划。具体分省分专业招生计划请查阅厦门大学招生网(http://zs.xmu.edu.cn)或各省级招生部门编印的考生志愿填报手册。

第九条 将自主招生、“凤凰计划”农村专项自主招生、艺术特长生和高水平运动员单列批次录取的省份，厦门大学在该省份录取的以上四类考生不占用我校公布的分省分专业计划数。

第十条 厦门大学根据教育部相关文件规定，在国家核定的年度招生规模内预留不超过1%的招生计划，用于调节各省份上线考生生源不平衡的问题。

第十一条 厦门大学继续实施农村贫困地区定向招生专项计划和“凤凰计划”农村专项自主招生，进一步加大对中西部省份招生计划投放比例。

第十二条 厦门大学在本科招生、培养中推行“按大类招生，按大类培养”模式，原则上一个学院按一个专业大类进行招生。2015年按照37个招生大类进行招生。各招生大类分流专业(或方向)的情况请参阅《厦门大学2015年本科招生大类(专业)设置一览表》。

## 第四章 培养与管理模式

第十三条 厦门大学实行“宽口径、厚基础、多样化”的人才培养模式。录取的学生入学后先按大类培养,共同学习“学科通修课程”,二、三年级按照《厦门大学大类招生的学生选择专业暂行办法》确定专业(或方向)。

第十四条 全面推进素质教育。厦门大学发挥综合性大学多学科优势,实行全面选课、主辅修制、转专业、三学期制、国内外名校交流等多样化的人才培养措施,为培养有国际视野的拔尖创新人才和复合型人才提供优质的教育资源。

第十五条 “基础学科拔尖学生培养试验计划”。从2010年起,厦门大学成为国家实施“基础学科拔尖学生培养试验计划”的19所“985工程”大学之一。每年从新生中选拔一批优秀学生,配备一流师资,提供一流学习条件,量身定制个性化人才培养方案,为优秀学生创造一流学术环境与氛围。厦门大学以优势学科群为依托,搭建“本研一体化”教学平台,建立“本博直通车”机制,鼓励拔尖学生提前进入研究生阶段学习。

第十六条 国家基础学科人才培养基地班。自20世纪90年代起,厦门大学经济学、化学、数学、生物科学、历史学、海洋科学等六个专业就已成为国家基础学科人才培养基地。经多年积累,厦门大学六个基地班已建立了良好的人才培养机制,形成了鲜明的办学特色,培养了一批优秀拔尖人才。厦门大学对六个基地班以我校杰出校友(均为著名教授)冠名,分别为“王亚南经济学班”“卢嘉锡化学班”“陈景润数学班”“汪德耀生物科学班”“傅衣凌历史学班”“郑重海洋科学班”,同时将进一步优化各基地班人才培养方案,加强拔尖人才培养。

第十七条 卓越人才培养教育计划。厦门大学法学专业入选教育部“卓越法律人才教育培养计划”。临床医学专业入选教育部“卓越医生教育培养计划”。机械设计制造及其自动化、电子信息科学与技术、飞行器动力工程、自动化、计算机科学与技术、化学工程与工艺、材料科学与工程、软件工程、建筑学等9个工科专业入选教育部“卓越工程师教育培养计划”。

第十八条 国际化教学试验班。厦门大学选择经济学、统计学、金融学、会计学、数学、海洋科学等优势学科,开设国际化试点班,进行国际化创新人才培养试验。国际化教学试验班的教学计划引进国外先进的教学内容与课程体系,专业核心课程采用双语或英语教学。其中经济学、统计学、金融学国际化试验班由厦门大学王亚南经济研究院和经济学院经济学系共同承担教学和培养任务,采用全英文授课;该班的学生从录取的经济学院新生中进行选拔,在学期间有更多机会到国外知名高校交流。

第十九条 国内外名校交流。为提高本科生人才培养质量,厦门大学致力于与国内外著名高校开展本科生交流学习的活动。厦门大学与吉林大学、山东大学、中国政法大学、大连理工大学、中国海洋大学等签订了交换学生协议。厦门大学利用侨、台、特、海的区位优势,与英、美、日、法、俄等国家和台港澳地区的270多所高校建立了校际合作关系。厦门大学每年选拔数百名本科生,在校学习期间到国(境)外著名大学交流学习。

第二十条 实施本科生导师制,注重教授为本科生上课。厦门大学实施本科生导师制,新生入学后为本科生配备导师,为学生提供思想、学业等方面的指导。厦门大学要求本科专业课程由教授、副教授承担,形成了名教授、名师给本科生上课的校园文化。

第二十一条 录取在生命科学学院、海洋与地球学院、环境与生态学院、医学院、药学院、公共卫生学院和能源学院的新生和国际学院爱尔兰都柏林项目的新生入住翔安校区,其他学院新生入住思明校区。

第二十二条 学生在厦门大学规定的学习年限内,修完教学计划规定内容,达到毕业要求,由厦门大学颁发国民教育系列普通高等教育本科毕业证书。符合学位授予条件者,由厦门大学授予学士学位。

## 第五章 招生要求

第二十三条 除外语类专业、国际经济与贸易专业和国防生的招生专业仅限招高考外语语种为英语的考生外,其余招生大类(或专业)均无外语应试语种要求。厦门大学主要以英语作为公共基础外语安排教学。报考英语专业的考生,如考生所在省级招生考试机构组织口试,考生须参加且成绩合格。考生的高考单科成绩一般应达到及格以上水平。

第二十四条 报考艺术类、艺术特长生、高水平运动员、外语类保送生、自主招生、"凤凰计划"农村专项自主招生的考生,有关考核要求按相应的简章执行。艺术类、艺术特长生、高水平运动员学生入学后,厦门大学将根据招生政策和录取标准进行专业水平复查,凡不符合录取条件的,取消入学资格。

第二十五条 除国防生外,各招生大类无男女比例限制。

第二十六条 考生身体健康状况的要求按教育部、卫生部、中国残疾人联合会印发的《普通高等学校招生体检工作指导意见》和人力资源社会保障部、教育部、卫生部《关于进一步规范入学和就业体检项目维护乙肝表面抗原携带者入学和就业权利的通知》等有关规定执行。新生入学后三个月内,厦门大学根据有关规定进行新生录取资格复查和身体健康状况复检,凡不符合录取要求或弄虚作假的,取消入学资格。

## 第六章 录取原则

第二十七条 厦门大学根据生源省份的出档规定和报考生源质量等情况确定调档比例。对于按平行志愿方式填报院校志愿的省份和内蒙古自治区,原则上按招生计划数100%调档;对于按非平行志愿方式填报院校志愿的省份,原则上在招生计划数的105%~110%以内调档。

第二十八条 厦门大学在各省份出档的考生中(除内蒙古外),根据公布的招生大类(或专业)招生计划,采用专业志愿"分数级差"的方式进行专业(类)录取。专业志愿间分数级差总分值为5分,即第一和第二专业志愿分数级差为2分,第二和第三专业志愿及第三和第四(含第四及其之后的所有排序志愿)专业志愿的分数级差均为1分,第四(含第四及其之后的所有排序志愿)与调剂专业志愿分数级差为1分。

第二十九条 厦门大学在内蒙古按"招生计划1∶1的范围内按专业志愿排队录取"的规则进行录取,有关志愿填报及录取规则考生可咨询内蒙古教育招生考试中心。

第三十条 厦门大学原则上认可考生所在地省级招生委员会制定的有关加分政策。实行平行志愿投档模式的省份,省级招生部门投档后,厦门大学按包含考生位次信息的投档成绩进行招生大类(或专业)录取(注:在江苏的录取原则以第三十三条为准),对投档成绩相同的考生,以各省份确定的成绩排序规则进行排序。实行非平行志愿投档模式的省份,省级招生部门投档后,厦门大学以考生的投档成绩进行招生大类(或专业)录取,对投档成绩相同的考生,以高考卷面原始分高者优先,高考卷面原始分相同者,文史类以语文、数学成绩排序,理工类以数学、英语成绩排序。

第三十一条 在实行非平行志愿填报方式的省份,厦门大学在第一院校志愿生源不足的情况下,可接收非第一院校志愿的考生。

第三十二条 艺术类专业录取原则按艺术类招生简章的有关规定执行。获外语类保送、艺术特长、高水平运动员、自主招生和"凤凰计划"农村专项自主招生资格考生的录取规则按相应简章的有关规定执行。面向贫困地区定向招生专项计划按照国家有关政策实施。2015年录取的高水平运动员安排在公共事务学院行政管理专业学习。

第三十三条 国防生的报考条件、志愿填报、录取办法、奖学金的标准与发放、学生毕业后的工作分配去向及待遇等信息,请查阅《南京军区国防生招生简章》或登录http://xpb.xmu.edu.cn查询,或咨询南京军区驻厦门大学后备军官选拔培训工作办公室,咨询电话:0592-2187802。

第三十四条 厦门大学招收的非西藏生源定向西藏就业学生为国家定向就业招生计划,少数民族预科班、内地西藏班和新疆高中班学生为国家指导性定向就业招生计划。厦门大学将按照教育部和各省份制定的有关政策招收上述学生。

报考非西藏生源定向西藏就业的考生，厦门大学将根据考生志愿在不低于生源所在省份本一批次厦门大学的出档线下40分以内择优录取。学生在校期间享受国家有关的学费、教材、伙食、住宿等补助，毕业后充实到西藏的县以下基层干部队伍，进藏服务期5年。录取的学生到校报到注册前须与西藏人事厅签订“定向西藏就业协议书”，否则，取消入学资格，相关责任由学生个人承担。

少数民族预科班生源限定为厦门大学当年有安排招生计划省份参加全国高考的少数民族考生，录取成绩要求为不低于生源所在省份本一批次厦门大学的出档线下80分。录取的预科学生需在教育部指定的预科阶段培养学校进行一年预科阶段学习，预科学习合格并结业者，厦门大学将根据学生在预科阶段学习成绩和操行情况折合的综合成绩，结合学生预转本志愿填报情况及厦门大学拟定的预转本招生专业计划确定其本科学习专业，并转入厦门大学进行本科阶段学习；不合格者将退回生源地区。

内地西藏班、新疆高中班的升学招生工作由教育部内地西藏班新疆高中班招生办公室统一组织实施。

第三十五条　面向江苏省招生(含自主招生和艺术特长生)的两门选测科目要求：理工类专业选测科目一门为物理，另一门不限；文史类专业选测科目一门为历史，另一门不限；两门选测科目等级要求为AA。专业安排办法采用等级级差法，即考生两门选测科目每得一个$A^+$折算成等级级差分2分，在考生投档分的基础上加上等级级差分后进行排序，再采用厦门大学确定的“专业级差”的方式，结合考生的专业志愿和必测科目成绩和综合素质评价进行录取。

第三十六条　面向福建省厦门市、漳州市招生的志愿填报和录取要求请登录厦门大学招办网页查阅，或向考生所在地招生部门查询。

第三十七条　厦门大学与爱尔兰都柏林商学院继续合作举办会计学、金融学专业本科教育项目，其招生大类名称分别为工商管理类(会计学专业)和金融学类(金融学专业)。该项目为中外合作办学项目，招生纳入国家普通高等厦门大学招生计划。在投放该项目招生计划的省份仅招收有填报该项目专业志愿的考生。该项目由厦门大学国际学院负责实施，由厦门大学国际学院和都柏林商学院共同承担教学培养和管理任务。该项目毕业证书上注明“厦门大学与爱尔兰都柏林商学院中外合作办学项目”。有关课程设置、师资组成、学位授予等事项详见《厦门大学与爱尔兰都柏林商学院中外合作办学项目2015年招生简章》。厦门大学国际学院网址：http://liuxue.xmu.edu.cn/。

第三十八条　按照艺术类专业招生办法录取的考生，入学后不得转入其他普通类专业学习；按照自主招生、“凤凰计划”办法录取的考生，入学后原则上不得转入其他专业学习；录取的由外国语中学推荐的外国语言文学类专业保送生，入学后不得转入其他非外国语言文学类专业学习；所有录取在国际学院金融学专业和会计学专业(厦门大学与爱尔兰都柏林商学院合作举办)的考生，入学后不得转入其他专业学习；所有录取在临床医学、中医学、护理学、公共卫生与预防医学类等四个专业的考生，入学后不得转入其他专业学习。

## 第七章　收费标准

第三十九条　学费标准

1.人文学院、新闻传播学院、外文学院、法学院、公共事务学院、国际关系学院、经济学院、管理学院、数学科学学院、物理与机电工程学院、化学化工学院、材料学院、生命科学学院、航空航天学院(除飞行器动力工程、飞行器设计工程外)、海洋与地球学院、环境与生态学院、信息科学与技术学院(除集成电路设计与集成系统专业外)、能源学院、建筑与土木工程学院、药学院所属各专业及公共卫生学院医学检验技术专业，每人每学年5460元；

2.飞行器动力工程、飞行器设计工程专业每人每学年6760元；

3.艺术学院各专业每人每学年9360元；

4.软件学院和信息科学与技术学院集成电路设计与集成系统专业一、二年级每人每学年5460元，

三、四年级按学分收费，每人每学分400元，每学年约为40学分；

5.国际学院金融学专业和会计学专业（厦门大学与爱尔兰都柏林商学院合作举办），每人每学年45000元，如第四年选择到爱尔兰都柏林商学院学习则该年学费按都柏林商学院的收费标准收取，约人民币14万～18万元；

6.录取在临床医学、中医学、护理学、公共卫生与预防医学类4个专业的学生免学费。其中，录取在公共卫生与预防医学类的学生，三年级分流到预防医学专业的学生继续免学费，分流到医学检验技术专业的学生按厦门大学规定的标准收取学费。

第四十条　住宿费标准

学生公寓住宿费为每人每学年800～1200元，4～6人/间。厦门大学将根据实际住宿房间按物价部门批准的收费标准收取。

## 第八章　奖励资助政策

第四十一条　绿色通道

为切实保证家庭经济困难学生顺利入学，厦门大学建立"绿色通道"制度，即对家庭经济困难新生一律先办理入学手续，厦门大学再根据核实后的情况，分别采取不同办法予以资助。绿色通道办理方式及所需材料可登录厦门大学学生资助管理中心网站（网址：http://xszz.xmu.edu.cn）相关栏目查询。

第四十二条　国家奖、助政策

国家设立了国家奖学金、国家励志奖学金奖励品学兼优的学生；同时还设立了国家助学金，并提供国家助学贷款，用于资助家庭经济困难学生顺利完成学业。

第四十三条　厦门大学奖、助体系

为奖励品学兼优的学生，厦门大学设立了"文庆奖学金"、"本栋奖学金"、"亚南奖学金"和"优秀学生奖学金"等多项校级和院（系）级奖学金；厦门大学还设立了包括困难补助、勤工助学、减免学费等多种资助在内的完整的资助体系，免除家庭经济困难学生的后顾之忧。

## 第九章　就业情况

第四十四条　我校近三年本科毕业生就业率分别为：2014届96.4%，2013届93.3%，2012届94.5%。毕业生就业率位居全国高校前列。2014届毕业生就业主要单位性质依次为企业、升学、出国出境、金融单位等。就业主要地区依次为厦门、福建（不含厦门）、广东（不含深圳）、深圳、上海、浙江等省市。

## 第十章　附　则

第四十五条　本章程自公布之日起生效。本章程公布后，如遇部分省份高考招生政策调整，厦门大学将根据当地相关政策制定相应的录取政策，并另行公布。

第四十六条　本章程由厦门大学招生办公室负责解释。

厦门大学招生办公室联系方式：

电话：0592-2188888（共5～8线），传真：0592-2180256

网址：http://zs.xmu.edu.cn

——本文摘录自《厦门大学2015年本科招生章程》，档号2019-XZ30-002

# 厦门大学2015年“凤凰计划”农村学生单独招生简章

（2015年）

为贯彻党的十八届三中、四中全会精神，落实国务院关于加大改革创新力度加快农业现代化建设的若干意见、国务院关于深化考试招生制度改革的实施意见以及2015年政府工作报告，畅通农村和贫困地区学子纵向流动渠道，大力促进教育公平，2015年我校继续实施“凤凰计划”农村学生单独招生（以下简称“农村学生单独招生”），招收符合报考条件的来自边远、贫困、民族等地区县（含县级市）以下高中勤奋好学、成绩优良的农村学生。

一、招生对象及报名条件

2015年我校主要招收边远、贫困、民族等地区县（含县级市）以下高中勤奋好学、成绩优良（原则上高中三年学习成绩须达到所在中学同科类前20%）的农村学生。具体实施区域由有关省（区、市）省级教育行政部门具体确定公布。

申请考生及其父母或法定监护人户籍地须在本省（区、市）实施区域的农村；考生本人应为具有当地连续3年以上户籍和当地高中连续3年学籍并实际就读、符合当年统一高考报名条件的优秀应届高中毕业生。考生户籍、学籍资格审核办法由有关省（区、市）省级教育行政部门研究确定。

二、招生计划

2015年计划招生100人，纳入我校年度招生总计划中。我校将根据申请情况和考核结果公布各省计划招生人数和专业。

三、报名流程

1.网上报名：符合我校报考条件并有意报考我校农村学生单独招生的学生，请于4月15日至5月5日登录教育部阳光高考平台（http://gaokao.chsi.com.cn/gxzxbm）按要求进行网上报名，填写并打印《厦门大学2015年农村学生单独招生申请表》。

2.寄送材料：申请材料须于2015年5月8日前寄达我办（为确保材料及时、准确寄达我办，建议使用中国邮政EMS寄送；邮寄地址：厦门市思明区思明南路422号厦门大学招生办，邮编：361005，电话：0592-2188888）。逾期、材料不全者不予受理。每位考生所需申请材料如下：

（1）填写完整、并加盖中学公章的《厦门大学2015年农村学生单独招生申请表》；

（2）学籍证明（所在中学出具）；

（3）户籍证明（户口复印件或当地公安部门开具的证明）；

（4）高中阶段课程修习情况和相关成绩（所在中学出具）；

（5）高中阶段获奖证书复印件（经所在中学签署审核意见并加盖学校公章）；

（6）个人申请陈述（由学生本人亲笔书写，800～1000字）。

友情提示：以上申请材料须用A4大小纸张印制并按顺序装订成册，每位考生的材料须单独成册。请将《厦门大学2015年农村学生单独招生申请表》作为申请材料封面进行装订，不要另行制作封面。所有申请材料均不退还。

四、资格审核

考生所在省（区、市）于5月30日前完成考生户籍、学籍资格审核并进行公示。

五、材料审核

我校充分发挥学科专家作用,按照全面考察、宁缺毋滥、优中择优的原则,兼顾生源质量与区域分布的合理性,对在规定时间内寄达的申请材料进行审核,并于5月30前完成审核工作。

六、确定资格

1.我校将根据我校对考生申请材料的审核结果,于6月3日前择优确定考生农村学生单独招生候选资格,并报学校招生工作领导小组研究审批。获得候选资格考生名单将在我校招生网公示,同时通知考生所在中学进行公示。

2.经我校招生网和中学公示无异议的农村学生单独招生候选资格考生名单,我办将于6月中旬报教育部"阳光高考"平台公示。公示无异议后,方取得我校农村学生单独招生入选资格。

3.我校将根据各省入选资格考生人数,兼顾生源质量与区域分布的合理性,公布各省农村学生单独招生计划招生人数和专业。

七、录取办法

1. 取得我校农村学生单独招生入选资格的考生,本着自愿的原则,须按照考生所在省份省级招生部门要求填报高考志愿,且专业服从调剂。未按照要求填报高考志愿的考生,在本一批等其他和农村学生单独招生无关的批次和类别录取时不再享有我校农村学生单独招生资格。

2.我校在有关省级招生部门投档给我校,具有我校农村学生单独招生入选资格的合格考生中,根据我校公布的各省农村学生单独招生计划和专业从高分到低分择优录取,并根据高考成绩、专业志愿、我校录取情况等安排学习专业,但考生高考成绩不得低于生源所在省份本一批分数线。

八、监督机制

1.我校监察部门对农村学生单独招生进行监督。

2.中学和申请考生须对填写的内容和提供的材料的真实性负责。凡发现弄虚作假和舞弊行为者,一经查实,我校将取消其农村学生单独招生资格,同时保留追究相关人员责任的权利。

3.对获得我校农村学生单独招生入选资格者有异议,可向我校监察部门申诉,电话:0592-2186219。

九、附则

1.获得我校农村学生单独招生入选资格的考生须在户口所在地参加省级招生部门组织的高考报名,并参加所在省普通高校招生统一考试。

2.获得我校农村学生单独招生入选资格的考生,其他录取要求以我校公布的《厦门大学2015年本科招生章程》为准。

3.申请我校农村学生单独招生的考生请及时关注我校招生网的相关信息。凡因未能按我校要求如期办理相关事项或个人信息提供不准确而产生影响录取等问题,均由考生个人负责。

十、本招生简章由厦门大学招生办公室负责解释。

十一、联系方式

电话:0592—2188888;传真:0592—2180256

网址:http://zs.xmu.edu.cn;E-mail:zs@xmu.edu.cn

通讯地址:福建省厦门市思明南路422号厦门大学招生办公室(邮编361005)

——本文摘录自《厦门大学2015年"凤凰计划"农村学生单独招生简章》,档号2019-XZ30-003

# 厦门大学 2015 年硕士研究生复试录取工作意见

（2015 年）

根据教育部《关于加强硕士研究生招生复试工作的指导意见》（教学〔2006〕4 号）文件精神及我校的实际情况，现对我校 2015 年硕士研究生复试和录取工作提出如下意见：

一、指导思想和原则

坚持公开、公平、公正和科学选拔的原则，德智体全面衡量，择优选拔，确保质量，按需招生，宁缺毋滥；坚持选拔具有突出创新能力及潜力、具有特殊学术专长及潜力的人才的原则；坚持在复试录取过程中，切实做到以人为本、尊重考生、服务考生的原则。

提高认识，服从大局，加强宣传，重视做好专业学位硕士（双证）研究生的招生录取工作，推动硕士研究生教育从以培养学术型人才为主的模式向以培养应用型人才为主的模式转变。

二、组织管理

学校招生工作领导小组负责全面指导全校研究生的复试录取工作。同时，成立学院（研究院）研究生复试录取工作领导小组和复试录取工作巡视督查小组，具体负责研究生复试和录取的各项工作。

学院（研究院）的复试录取工作领导小组由各学院（研究院）院长、书记和分管研究生教育的副院长、副书记、学院（研究院）负责纪检工作的院领导以及院系相关领导组成。由院长任组长，分管研究生教育的副院长任副组长。复试录取工作领导小组负责组织成立若干复试小组。复试小组具体实施对每位考生的复试考核。每个复试小组应由不少于 5 名办事公正和责任心强的教师（研究生导师一般不少于 3 人）组成，并设立组长 1 名。

为了加强复试录取的巡视和监督工作，各学院（研究院）须成立复试录取工作巡视督查小组，由院系相关领导组成。复试录取工作巡视督查小组由党委书记任组长，负责纪检工作的院领导（或指定其他院领导）任副组长，负责全程巡视监督本院内的复试录取工作。

各学院（研究院）应在规定的时间内将复试录取工作领导小组和复试巡视督查小组成员名单通过规定的格式上报。

各学院复试录取工作领导小组应加强对参与复试录取工作教师的培训与管理。要对参与人员进行政策、业务、纪律等方面的培训，使其明确工作纪律和工作程序、评判规则和评判标准；要强化参与工作教师的公平意识、责任意识、业务意识和保密意识。

三、复试的要求与程序

所有被录取考生均须参加复试考核。推免生和往年保留录取资格生若已经复试过且所在院系同意不再复试的考生可予免试；如果尚未参加复试或参加过复试但所在院系认为有必要再次复试的考生由院系通知参加此次复试。

（一）复试的基本分数线划定和实施细则要求

厦门大学 2015 年硕士研究生招生复试基本分数要求已由学校招生工作领导小组研究确定，请见附件。

各学院（研究院）须召开本单位复试录取工作领导小组会议，制定本单位的复试录取工作实施细则，并在不低于（单科和总分皆不能低）学校相应学科复试基本分数线的原则下，进一步确定本单位各专业（或方向）的复试分数线。我校全面实施差额复试。原则上各院系的复试比例控制在 1∶1.2～1∶1.5，部分院系可根据学科特点、专业需要及上线考生情况适度调整复试比例，但最高不得超过 1∶2 的复试比例。

各学院(研究院)复试录取工作实施细则、各专业(或方向)复试分数线及复试比例经校招生办审核后在各自的网页公布。

(二)复试资格审查各院系应在复试前对考生进行资格审查。考生复试时须携带本人以下材料到各院系接受检查：

1.填写完整并密封完好的"厦门大学 2015 年硕士研究生政治表现情况审查表"(该表可在厦门大学招生办网页：http://zs.xmu.edu.cn 下载)；

2.毕业证书、学位证书原件(应届生携学生证)及复印件；

3.大学期间成绩单(加盖教务部门或档案单位红色/蓝色公章)；

4.身份证原件及复印件；

5.准考证(遗失者可免交)；

6.一张近期 1 寸免冠彩照，用于体检；

7.考生自述(主要包括考生本人的政治表现、外语水平、业务和科研能力、研究计划等方面内容)；

8.体检表(须在厦门大学医院体检，可在复试后补交)。

同等学力考生还需提供大专毕业证书原件及复印件、英语水平证书原件及复印件和 6 门及以上本科专业课程成绩证明。注意：凡未进行资格审查或资格审查未通过的考生一律不予录取。

注：政审表一般由考生档案所在单位填写、签字并盖章；若考生档案由工作单位寄挂在人才市场，则由考生工作单位填写、签字并盖章。

(三)复试内容和复试方式

复试内容主要包括：

(1)专业素质和能力测试。主要考查内容包括：创新精神和能力；本专业的发展潜力以及对本学科发展动态的了解；考生运用本学科知识发现、分析和解决问题的能力。

(2)综合素质及能力测试。主要考查内容包括：思想政治素质和道德品质；本学科以外的学习、科研、社会实践或实际工作表现等方面的情况；事业心、责任感、纪律性(遵纪守法)、协作性和心理健康情况；人文素养；行为举止、表达和礼仪等。

(3)外语测试。含外语听力测试、外语口语测试和专业外语测试等方面。

对专业学位硕士(双证)研究生的复试，要突出对专业知识的应用和专业能力倾向的考查，加强对考生实践经验和科研动手能力等方面的考查。

复试方式主要分为：

(1)笔试。主要为专业课测试。

(2)实践(实验)能力考核。主要测试实验和操作技能，或解决实际问题的能力。

(3)面试。具体要求：每生面试时间一般不少于 20 分钟；每个面试小组成员不少于 5 人；参加复试的教师须独立评分；须对每位考生的复试进行记录、录音和录像。

各招生单位还可根据各自学科专业的特点增加其他的复试方式。

4.复试成绩的比例

复试成绩满分为 100 分。各单位可根据本专业的特点确定专业素质、综合素质、外语能力等部分的成绩比例。复试成绩的权重为：占总成绩的 30%～50%。

5.对同等学力考生，除统一规定的复试内容之外，还需加试两门专业课[工商管理硕士、公共管理硕士、法律硕士(非法学)可予免试]。加试科目为所报考专业的两门本科主干课程，且不得与初试科目相同。加试的方式为笔试。考试时间为每门 3 小时，每门课程满分为 100 分。加试课程成绩不计入总成绩，但任何一门加试科目成绩达不到 60 分者，视为整个复试不及格。

（四）复试要求

1.复试（含笔试和面试）要有试题，须全程做好记录和录音录像（录音和录像设备由各院系自备）。复试考核小组须填写每位考生的评语和给出评定的成绩。复试完毕后复试试卷、考试提纲、面试书面记录、录音影像资料在各院（系、所）保存三年（未录取者保留一年）。

根据教育部文件精神，复试试题及其标准答案均系国家机密材料，请各单位采取切实有效措施，做好安全保密工作。各招生单位应建立复试试题题库。

2.复试信息必须公开：各学院（研究院）的复试考生名单、考生的初试成绩（含单科和总分）、分专业招生计划和复试录取工作实施细则经校招生办审核后必须在各院系的网页上公示。

3.建立健全集体议事和集体决策机制。

4.加强教育宣传，努力营造诚信考试氛围。

5.复试工作结束后，各院（系、所）应将复试成绩及结果在三个工作日内报招生办审核。

四、体检

所有取得复试资格的考生都应在复试期间到厦大医院参加体检。保留录取资格生不管是否已经体检，都必须参加此次体检。

五、调剂

1.调剂复试的基本要求

（1）生源有缺口的专业应优先从校内相同或相近专业的考生中调剂。

（2）校内调剂考生必须符合我校相应专业基本复试线，校外调剂至我校考生必须同时达到相应专业国家复试线和我校基本复试线（注意：调剂考生必须同时达到原报考专业相对应的分数线和调入专业所对应的分数线）。调剂原则上应在同一个一级学科里进行，原则上要求有一门相同的专业考试科目。国家线一般在3月20日左右公布。

（3）从校外调剂到我校全日制研究生（含学术型和专业学位）的考生原则上本科毕业院校必须是国家“985”或“211”或教育部75所直属高校。

（4）在职专业学位生的调剂除符合我校相应专业基本分数线外，还需符合毕业年限的要求。

（5）不接收同等学力考生为调剂生。

（6）调剂生与第一志愿报考我校的考生持同一标准进行复试。

2.调剂程序

第一步　符合我校调剂要求的考生请到我校招生办网页下载我校统一的调剂申请表，填妥后交送至或邮寄至或传真至我校相关院系；

第二步　院系对材料进行初审；

第三步　招生办复审；

第四步　相关院系通知通过复审的考生参加复试；

第五步　考生到教育部网上调剂平台（网址：http://yz.chsi.com.cn/tjxx/）上补填调剂申请，以便我校通过调剂网履行复试和录取的相关网上程序。

六、录取

1.根据各专业（或各方向）的招生计划和考生总成绩[总成绩＝初试成绩÷5（或3）×权重＋复试成绩（百分制）×权重]，并结合考生思想政治表现、业务素质以及身体健康状况等因素，择优确定拟录取名单。

2.各院系可以院或系为单位，根据考生总成绩的高低，将候补录取考生按先后顺序排列，并在备注中注明“候补1”“候补2”“候补3”……字样，以便在拟录取名单里的考生放弃拟录取资格或争取到追加计划的情况下能按序补录。（注意：请广大考生自愿和慎重地持有候补录取资格，候补录取具有很大的不确定性，到最后很可能出现候补不上的局面。因为考生选择等候候补录取名额而导致丧失调剂机会的后果，由考生本人负责。同时，在候补录取过程中，如若排序靠前的候补考生已调剂至其他学校，我校将跳过该生顺次候补录取紧随其后的候补考生。）

3.复试成绩不及格(60分以下)者不予录取。政审不合格或体检不合格者不予录取。同等学力任一门加试科目不及格(60分以下)者不予录取。

4.各院系应在复试工作完成后三个工作日之内,召开复试录取工作领导小组会议确定拟录取名单,并将名单报送至招生办审核。并为每位考生填写"录取审批表"报送至校招生办。

5.研究生拟录取名单经校研究生招生领导小组审核确定,并报省招生办和教育部审批最终确定。

6.录取信息必须公示:拟录取考生名单、拟录取考生的初试总分、复试成绩和总成绩等拟录取信息必须上网公示。

七、奖学金

我校从2014年9月起构建由国家奖学金、国家助学金、学业奖学金和校长助学金组成的多元奖助政策体系,适用于接受普通高等学历教育的全日制在校研究生(包括全日制学术型研究生和全日制专业学位研究生,但不包括在职生、定向培养研究生、港澳台地区研究生和外国来华留学研究生等)。

全日制学历型硕士研究生的奖助标准为:学业奖学金1.1万元/年,国家助学金0.6万元/年,校长助学金0.12万元/年。学业奖学金一次性发放,国家助学金和校长助学金分12个月发放。

注:如果以上奖助体系发生变化,请以我校最新的政策为准。

另外,学校为研究生提供各类助学金总额约1000万元(助学金以承担助教、助研、助管工作的方式获得)。奖、助学金的申请和获得条件请详细阅读厦门大学有关奖、助学金的管理办法。(请详见厦门大学学生处网页:http://xsc.xmu.edu.cn)。

八、复试录取的监督与复议

1.我校2015年硕士研究生复试录取工作的各个环节接受厦门大学纪委、监察处的监督,监督电话:0592-2186219。

2.实行校、院二级复试巡视制度。校领导、纪委、研究生院、招生办和考试中心、监察处等单位组成若干校巡视小组。在复试过程中,校、院巡视小组将深入各院系进行复试各个环节的督查,包括考生复试资格审查的督查,复试记录、录音、录像的检查和深入复试现场,在不干扰正常复试工作的前提下,随机走进考场和实验室、旁听面试等措施以了解、监督复试工作等。

3.实行责任制度和责任追究制度。所有参与复试录取工作的人员都要认真负责,严格保密,切实维护复试录取工作的公平公正,对徇私舞弊的工作人员要追究责任。

4.实行信息公开制度。复试基本分数线、复试工作办法、复试结果等信息应及时公布。

5.实行回避制度。本年度有直系亲属参加硕士生入学考试的教师和工作人员应主动回避,不得参加硕士生的复试工作。

6.实行复议制度。要保证投诉、申诉和监督渠道的畅通。受理投诉和申诉应规定时限。对投诉和申诉问题经调查属实的,由各学院(研究院)研究生复试录取工作领导小组责成复试小组进行复议。

九、复试录取工作日程安排

3月16日(星期一)前,各院系制定出复试录取工作实施细则,确定复试比例、复试考生名单、复试日期和调剂信息,并报招生办审核同意后尽快在各院系网上公布;

3月20日—3月31日(星期二)前,各院系开展并完成复试(含校内调剂复试)工作,其间考生进行体检。各院系原则上应在复试工作完成后三个工作日内,召开招生领导小组会议确定拟录取名单,并将拟录取名单报送至招生办;

最终录取名单以校招生领导小组确定并报教育部审核通过的结果为准。录取通知书将于6月中旬左右寄发。

十、本复试录取工作意见由厦门大学招生办公室负责解释。

——本文摘录自《厦门大学2015年硕士研究生复试录取工作意见》,档号2016-XZ30-007

# 厦门大学 2015 年博士研究生“申请—考核制”招考工作指导意见

（2015 年）

为了更加科学地选拔优秀人才，进一步提高博士研究生培养质量，我校决定在 2015 年进一步推行博士研究生招生“申请—考核制”选拔方式。

2015 年我校博士研究生招生“申请—考核制”选拔方式不要求考生参加 2015 年 3 月份学校统一组织的博士研究生入学考试，根据教育部有关文件要求，需要参加各院组织的专业测试以及面试等考核。

我校全面实行博士研究生招生“申请—考核制”选拔方式的学院如下：物理与机电工程学院、萨本栋微米纳米研究院、数学科学学院、化学化工学院、材料学院、信息科学与技术学院、软件学院、生命科学学院、海洋与地球学院、环境与生态学院、海洋与海岸带发展研究院、医学院、药学院、公共卫生学院、能源学院、教育研究院（教育博士）、管理学院管理科学系（试行）、法学院（试行）、知识产权研究院（试行）、南海研究院（试行）、财务管理与会计研究院（试行）、海外教育学院（试行）。经济学院、王亚南经济研究院将拿出部分名额进行“申请—考核制”选拔，其余名额以普通招考方式选拔（注：这两个学院的 2015 年博士“申请—考核制”选拔工作已经完成）。

“申请—考核制”招考方式和普通招考方式不可以兼报，且考生调剂将受到限制。实行“申请—考核制”招生专业的考生可以按照有关规定相互调剂，但实行“申请—考核制”招生专业的考生不能调剂到普通招考的招生专业。

一、指导原则

（一）坚持全面考核、科学选拔的原则。对考生进行德智体全面考核，重点考查考生的创新精神、创新能力、科研潜质等综合素质。同时，积极探索具有特殊学术专长和突出创新能力人才的选拔机制。

（二）突出专家组在博士研究生招录选拔中的积极作用。同时，加强专家组的自律约束机制建设，抵制不正之风，维护学术道德和规范。

（三）坚持公平、公正、公开原则。做到政策透明、程序公开、结果公开，监督机制健全，维护考生的合法权益，坚持择优录取、宁缺毋滥。

二、组织管理

（一）校招生工作领导小组负责对全校博士研究生招生工作的领导和协调，指导全校博士研究生的招生录取工作，审批各院博士研究生的招生工作办法。

（二）各院成立研究生招生工作领导小组，由院主管领导任组长。领导小组负责本单位博士研究生招生工作的领导、组织、协调和管理，并根据学校关于招生工作的相关政策，制订切实可行的具体考核方案、内容、程序和办法等。

（三）各院成立专家考核组（以下简称专家组）。专家组可按一级学科或者二级学科组成。学院可根据需要设立一个或者同时设立多个平行专家组，每个组一般应由不少于五位责任心强、为人公正、教学科研经验丰富、学术水平较高的教授或副教授专家组成，组长由学科负责人担任。专家组应严格按照网上公布的各院“申请—考核制”实施办法进行考核，公平、公正、科学、合理地给考生评分。

（四）学校成立考核工作巡视督查小组。校领导、招生办会同相关单位组成若干巡视督查小组，在考核过程中，各巡视督查小组将深入各院考核现场，在不干扰正常考核工作的前提下，采取适当方式了解、督查考核工作的开展情况。

(五)各学院(研究院)成立考核工作巡视督查小组,由院系相关领导组成。考核工作巡视督查小组由党委书记任组长,负责纪检工作的院领导(或指定其他院领导)任副组长,负责全程巡视监督本院内的考核工作。

(六)各院提前向招生办公室报送各专家组专家名单、考核办法、考核程序和要求等。考核办法、考核程序和要求应在本单位网页上公布。

三、"申请—考核"程序

各学院应根据《厦门大学2015年博士研究生"申请—考核制"招考工作指导意见》制定本院《2015年博士研究生招生"申请—考核制"选拔办法》,并于2014年11月5日前报送学校招生办公室审核后公布于招生办和各学院网站。

(一)初审选拔

1.形式审查

由研究生秘书或工作人员或指定教师审查是否符合各院系实施细则所规定的申请基本条件。如果不符合院系设定的基本申请条件者,终止申请程序。

2.专家组审核

通过学院资格审查后的申请材料,将送至学院的专家组进行审核。各院应事先制定初审选拔办法,由专家组根据院初审选拔办法,对每个申请者的材料再进行认真评审并评分,以评分方式按一定比例和择优推荐原则,确定入围面试名单。

3.学院复审

学院研究生招生领导小组对专家组提出的推荐人选进行最终复审,并形成按照一定比例择优选拔进入考核的名单(3月10日前报送招生办),网上公示。

(二)资格审查

各院系应在考核前对考生进行资格审查。考生考核时须亲自携带本人以下材料到各院系接受检查:

1.填写完整并密封完好的"厦门大学2015年博士研究生政治表现情况审查表"(该表可在厦门大学招生办网页:http://zs.xmu.edu.cn下载);

2.毕业证书、学位证书原件(应届生携学生证);

3.硕士期间成绩单(加盖教务部门或档案单位红色/蓝色公章);

4.身份证原件;

5.一张近期1寸免冠彩照,用于体检;

6.考生自述(主要包括考生本人的政治表现、外语水平、业务和科研能力、研究计划等方面内容);

7.体检表(须在厦门大学医院体检,可在考核后补交)。

同等学力考生还需提供本科毕业证书原件,5门及以上所报学科专业的硕士学位课程成绩证明。在全国核心期刊以第一作者发表两篇及以上与报考学科相关的论文,或获得省、部级及以上与报考学科相关的科技成果奖励的证明。注意:凡未进行资格审查或资格审查未通过的考生一律不予录取。

注:政审表一般由考生档案所在单位填写、签字并盖章;若考生档案由工作单位寄挂在人才市场,则由考生工作单位填写、签字并盖章。

(三)考核

1.考核时间

3月中旬—3月底。

2.考核主要内容

(1)专业素质和能力考核:主要考核考生的专业基础、知识结构和实际动手能力等。

(2)外语能力考核:主要考核考生的听力、口语、阅读、写作能力。同时,考生必须提供以下英语水平的证明之一:

国家英语四级425分以上；

PETS-5（WSK)60分以上(35岁以下)；

职称英语60分以上(35岁以上)；

托福80分以上；

雅思6分以上；

或与以上英语水平相当的证明。

(3)综合素质和能力考核：重点考查考生攻读博士学位的目的、科研兴趣和态度，科研工作背景和学术研究经历，重点考查考生以往科研成果，综合评价考生的科学素养、个人品性、创新能力和培养潜力等。

3.考核主要形式

(1)笔试

各院、学科可以选择是否组织专业基础知识、综合素质或英语笔试测试。笔试成绩可作为面试时的参考(笔试过程也要全程录像)。

(2)面试(面试试题应提前准备，现场抽取)

考查考生的知识结构、学习动机、科研背景和学术研究经历，考核学生的外语听力、口语能力和专业外文阅读水平等，综合评价考生的科学素养、个人品性、创新能力和培养潜力等，每生面试时间一般不少于30分钟，每个面试小组成员不少于5人，且要指派专门的秘书做录音、录像、笔录等。主要内容包括：

知识背景：本科、硕士阶段学习成绩、知识结构等；

科研能力：科研工作、论文发表、获奖等情况、科研潜力；

外语水平：听力、口语及专业外语水平；

综合能力：政治思想、创新、表达、合作精神、身体心理状况、特长、专家推荐意见等。

(3)实践(实验)能力考核

考察实验和操作技能，或解决实际问题的能力。

各院、学科也可以根据各自学科专业特点和自身人才选拔特点，自定具体考核形式。

(4)专家组综合评价

专家组可根据考生分专业测试以及面试考核结果(也可对考生进行全面考察)，判断其从事科研的能力和培养前途等综合素质，并给出书面的综合评价。

四、硕博连读生的复试

已获得硕博连读资格的考生要参加考核复试，与普通考生同一考核标准公平竞争。

五、录取原则

(一)各院在完成考核工作后，应根据考生的考核最终结果和招生计划，充分征求相关导师组的意见，召开学院研究生招生领导小组会议，按导师组本年度博士招生指标名额，根据择优录取的原则，研究确定本单位拟录取名单，并将该名单于考核结束后一周内报送至学校招生办公室，经学校招生办公室审核后即于所在学院网上公示。

(二)下列情况之一者，不予录取：考核不合格者；政审不合格者；体检不合格者。

(三)采用“申请—考核制”方式院的生源不能调剂至采用公开招考方式院；采用“申请—考核制”院间的生源可以在相同或相近专业间相互调剂，但调剂应由接受调剂院报招生办公室审批同意后方可进行。

六、复试录取的监督与复议

(一)厦门大学纪委、监察处全程监督我校博士研究生“申请—考核制”招考工作。监督电话：0592-2186219。

(二)实行校院两级巡视监察制度。校院巡视组共同负责各院博士研究生招录考核巡视监察工作。

(三)实行责任制度和责任追究制度。所有参与考核录取工作的人员都要认真负责，切实维护考核录取工作的公平公正，对徇私舞弊的工作人员要追究责任。

(四)实行复议制度，确保信访和监督渠道的畅通。对经调查属实的信访问题，由相关单位的研究生招生工作领导小组责成考核工作小组进行复议。

(五)实行回避制度。凡亲属报考本单位的导师和工作人员,不得参加本单位和当年度的博士研究生考核录取工作。

(六)实行信息公开制度。考核工作办法、考核结果等信息应及时公布。

(七)实行签订保密承诺书制度。学院招生工作领导小组组长及成员、考核命题(面试)教师、材料审核专家、相关工作人员等都要签订博士研究生招生工作保密承诺书。

七、本招生工作办法由厦门大学招生办公室负责解释。

厦门大学招生办公室

2014 年 10 月 29 日

——本文摘录自《厦门大学 2015 年博士研究生"申请—考核制"招考工作指导意见》,档号 2016-XZ30-7

# 厦门大学 2015 年国际学生(硕士)招生简章

(2015 年 1 月)

厦门大学由著名爱国华侨领袖陈嘉庚先生于 1921 年创建,是中国近代教育史上第一所华侨创办的大学,也是教育部直属的国家“211 工程”、“985 工程”重点建设的高水平大学。厦门大学在中国 2000 多所高校中综合排名位居前 20 名之列,是一所学科门类齐全、师资力量雄厚、国内一流、国际上有广泛影响的综合性大学。学校现有思明校区、漳州校区和翔安校区共三个校区,校园依山傍海,风景秀丽,已成为公认的环境最优美的中国大学校园之一。

一、申请条件

应届本科毕业生、大学本科以上学历,身体健康,持外国有效普通护照的非中国籍公民。

二、申请时间:2015 年 2 月 1 日—7 月 1 日

三、申请程序

1. 网上报名:登录厦门大学国际学生网上报名系统报名。

报名网址:http://admissions.xmu.edu.cn/application

注:网上报名为申请的必要程序。若无网上报名,我校不受理纸质申请材料。

2. 纸质材料提交:

请务必在 7 月 1 日前将网上报名成功后自动生成的《厦门大学国际学生入学申请表》连同其他申请材料寄(送)达中国福建省厦门大学招生办公室(邮编:361005,联系电话:+86-(0)592-2184792)。

★我校逾期不再受理申请。申请者应保持电话或手机畅通并定期查收邮箱信件,我办将根据实际情况与申请者保持联系。

★ 详细申请流程图:

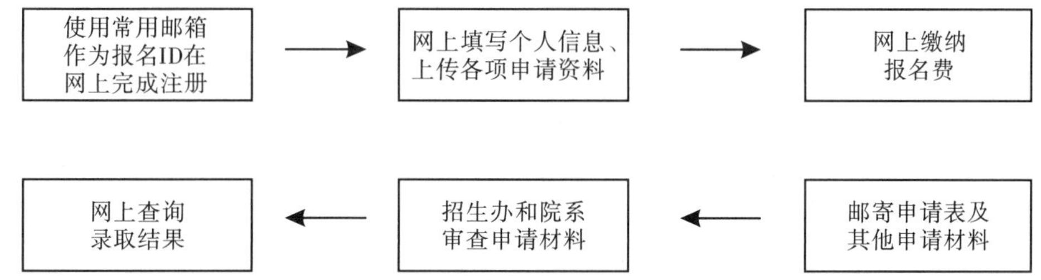


四、申请材料

申请人必须如实填写和提交以下申请材料:

1.《厦门大学国际学生入学申请表》(网上报名自动生成),用中文或英文填写。

2. 本科毕业证书(中文或英文公证件)。如申请人为在校学生,需提交本人就读学校出具的预毕业证明(中文或英文)。

注:凭预毕业证明申请入学者,须在我校报到注册日(2015 年 9 月中旬)前向我校招生办提交本科毕业证书,否则将被取消入学资格。

3. 本科阶段学习成绩单(中文或英文公证件)。

4. 来华学习和研究计划(不少于 1000 字),用中文或英文书写。(申请海外教育学院的硕士专业研究

计划不少于2000字)

5. 两名教授或副教授的推荐信,用中文或英文书写。

6. 汉语水平考试(HSK)证书或英语水平证书复印件或大学阶段授课语言证明原件。

7. 有效普通护照复印件。

8.《外国人体格检查记录》复印件(原件请自行保留),须用中文或英文填写。

9.《国际学生经济担保书》:提供足以支付在中国留学的学、宿、生活费的担保证明。同时提交经费担保人的工作或收入证明及护照复印件。

★ 请申请者将上述所有申请材料按以上顺序整理后一并寄来。申请材料不完整者,我校不予受理。不论录取与否,以上材料一律不予退还。

五、招生专业

1. 中文授课专业:

我校大部分硕士专业采用中文授课。详细专业信息,请查看国际学生招生网的"硕士专业课程"。

汉语水平要求:人文社科类(含经管法类与中医学)专业需达到汉语水平考试HSK5级或以上;理工医类专业需达到汉语水平考试HSK4级或以上。本科阶段以汉语为教学语言的,可以免交HSK证书,但须提交中文教学语言证明。

2. 英文授课专业:

为推进我校国际化办学进程,我校开设多个全英文授课国际硕士专业,招收优秀国际学生。国际硕士专业所有课程以英语授课,学制两年,旨在培养既具有良好的专业基础,又了解中国社会与文化的高层次国际专业人才。

| 序号 | 专业 | 硕士学位授予 | 所在学院 |
|---|---|---|---|
| 1 | 中国哲学 | 哲学 | 人文学院 |
| 2 | 民商法 | 法学 | 法学院 |
| 3 | 国际关系 | 法学 | 国际关系学院 |
| 4 | 国际贸易学 | 经济学 | 经济学院 |
| 5 | 工商管理(One MBA) | 管理学 | 管理学院 |
| 6 | 海洋事务 | 理学 | 海洋与海岸带发展研究院 |
| 7 | 化学工程 | 工学 | 化学化工学院 |
| 8 | 物理化学 | 理学 | 化学化工学院 |
| 9 | 计算机科学与技术 | 工学 | 信息科学与技术学院 |
| 10 | 金融学 | 经济学 | 王亚南经济研究院 |
| 11 | 金融工程 | | |
| 12 | 西方经济学 | | |
| 13 | 数量经济学 | | |
| 14 | 管理经济学 | | |
| 15 | 财务学 | 管理学 | 财务管理与会计研究院 |
| 16 | 会计学 | | |

注:申请管理学院工商管理国际硕士项目(One MBA),除学费外,需额外自行承担海外学习4个站点的国际旅费和食宿费共计16万元人民币。

注:详细项目介绍和项目联系人信息,请查看国际学生招生网"英文授课项目"。

英语水平要求:申请者的英语水平要求为新托福80分或以上,雅思6.0分或以上,或提供达到相当英语水平的证书。来自英语国家或以英语为官方语的申请者免英语水平证书;本科阶段授课语言为英语的申请者可免英语水平证书,但须提交英文教学语言证明。

六、录取

我校国际学生录取实行与国际接轨的"申请审核制"。我校招生办公室将会同相关院系导师专家组对申请材料进行认真审核,综合申请者的学业成绩、学术能力、科研成果和导师意见等择优选拔,报学校审批录取。毕业于世界知名大学、我校校际交流院校、获得资深教授或专家推荐的申请者将被优先考虑。根据院系导师和专业要求,需要面试(或笔试)的将提前通知申请者。

我校一般在收到完整纸质申请材料的1个月内在国际学生网上报名系统公布录取结果。录取通知书和外国留学人员来华签证申请表将从2015年6月起陆续寄出。请申请者届时及时登录网上报名系统(http://admissions.xmu.edu.cn/application)查询录取结果以及录取通知书寄送详情。

七、学制、在学年限及学位授予

硕士研究生学制:3年,在学年限(含休学、保留学籍):3～5年;

国际硕士项目、汉语国际教育硕士、工商管理硕士(MBA)学制:2年,在学年限(含休学、保留学籍):2～5年。

学生在规定的在学年限之内,修满教学计划规定的学分,完成毕业论文并顺利通过答辩,达到毕业要求的准予毕业,颁发硕士毕业证书,符合硕士学位条件的授予硕士学位。

八、报名费:400元人民币(网上报名时缴纳,报名费不予退回)

九、学费(按学年收费,以人民币收取,不含教材费)

1.中文授课硕士专业

人文社科类:26000元/年,全程78000元;

理工医类、经管法类、艺术类:30000元/年,全程90000元;

工商管理硕士(MBA):64000元/年,全程128000元;

汉语国际教育硕士:30000元/年,全程60000元。

2.英文授课硕士专业

国际硕士项目:45000元/年,全程90000元(中国哲学39000元/年,全程78000元)。

工商管理硕士(One MBA):79000元/年,全程学费158000元(不含海外学习国际旅费和食宿费)。

(海外学习4个站点的国际旅费和食宿费用共计160000元人民币整,该费用于2015年6月25日前一次性缴纳。)

注:以上学费标准若有调整,最终以物价部门核准的收费标准为准。

十、住宿生活费

1.住宿费:

① 思明校区校内住宿:思明校区校内住宿优先提供给免住宿费的奖学金生。在有空余的情况下,向自费学生开放。公寓环境优美、安静宜人,楼内提供现代化的住宿设施。硕士生住双人间,住宿费约900元人民币/月。校内留学生公寓楼联系电话:南光四、五海外学生楼(Tel:0086-592-2184905),蔡清洁楼(Tel:0086-592-2180501)

② 思明校区校外住宿:自费学历生和厦门大学新生奖学金生在来校报到前须自行联系好校外附近的住宿地点。校外住宿便于国际学生与厦门市民交流沟通,进一步了解中国文化与风俗,也有利于提高国际学生的汉语水平。每月花费大约2000元人民币就可租到一套舒适宽畅的房间,它可以为国际学生读书学习提供更安静的场所。国际学生也可以考虑与同学合租,既安全又不孤单。

③ 翔安校区校内住宿:生命科学学院、医学院、药学院、公共卫生学院、海洋与地球学院、环境与生态学院、海洋与海岸带发展研究院、能源学院和海外教育学院的国际学生住宿翔安校区。校区学生公寓设施俱全,环境优美。每间宿舍配有独立卫生间、电话、网络、空调、热水器、保险柜等。硕士生住双人间,住

宿费1600元人民币/人/年。海外教育学院学生公寓双人套间住宿费2000元/人/年。

2.生活费:每月餐费约750元人民币。

3.保险费:600元人民币/年。

十一、奖学金申请

中国政府奖学金

中国政府奖学金分为全额奖学金和部分奖学金。全额奖学金全程学费全免,并享受生活费、住宿费、医疗费和保险费等待遇。部分奖学金为全额奖学金的一项或几项内容。

1.中国政府奖学金—高校研究生项目(全额奖学金)

厦门大学作为中国政府奖学金的招生院校,面向全球招收该项目的奖学金研究生(包括硕士和博士)并报国家留学基金委审批。学生直接向我校招生办提出申请。申请时间:2015年2月1日—3月31日。

2.中国政府海洋奖学金(全额奖学金)

面向南海、印度洋、太平洋周边及岛屿国家以及非洲发展中国家的国际学生,申请来华攻读与海洋相关的硕士和博士学位。从事海洋及相关行业人员优先考虑。学生直接向我校招生办提出申请。申请时间:2015年2月1日—4月30日。

3.中国政府国别奖学金(全额奖学金)

符合"中国政府国别奖学金"申请条件的申请人,可向本国留学生派遣部门或中国驻所在国大使领(总领事馆)教育处提出申请,申请时间一般为每年1月—4月初,各个国家申请截止时间不同,请注意提前查询。国家留学基金委具体负责中国政府来华留学生招生和管理工作。

中国政府奖学金报名网址(厦门大学招生代码:10384):http://laihua.csc.edu.cn/inscholarship/jsp/student/StudentLogin.jsp

国家留学基金委网站(http://www.csc.edu.cn/laihua/scholarship.aspx)。

孔子学院奖学金—中国语言文化项目(全额奖学金)

由中国孔子学院总部设立,旨在资助外国学生、学者和汉语教师到中国攻读汉语国际教育专业硕士学位,或学习汉语言文学、中国历史、中国哲学专业。孔子学院奖学金全程学费全免,并享受生活费、住宿费、医疗费和保险费等待遇。学生联系我校海外共建孔子学院或所在国孔子学院取得推荐,并登陆国家汉办网站 http://cis.chinese.cn/申请,填报厦门大学。申请时间:2015年3月—5月。

福建省政府外国留学生奖学金(部分奖学金)

为促进福建省国际交流合作,推动福建省来华留学教育事业蓬勃发展,福建省政府自2012年起设立外国留学生奖学金项目。其中,高校自主招收外国留学生项目面向本科、硕士、博士生开放,奖学金包括学费、宿舍费、教材费等。学生可向我校招生办提出申请。申请时间:2015年2月1日—5月31日。

厦门大学国际学生新生奖学金(部分奖学金)

我校每年从被录取的新生中遴选优秀的博士生、硕士生、本科生若干名,给予免学费的奖励(博士生4年,硕士生2～3年,本科生4～5年),并对优秀的硕博国际生参照政府奖学金标准提供生活费。学生直接向我校招生办提出申请。申请时间:2015年2月1日—4月30日。

注:1.关于奖学金申请的详细信息,请登录我校国际学生招生网"奖学金栏目"了解。

2.我校将参照中国政府奖学金评审办法对所有奖学金获得者进行年度考核,符合条件的可继续享受下一学年的奖学金,否则将取消其资格。

十二、联系方式

地址:中国福建省厦门市思明南路422号,邮编:361005

★ 厦门大学招生办公室(负责国际学生招生和录取)
联系电话:+86 (0)592 2184792 2188375 传真:+86 (0)592 2180256

厦门大学招生办公室
二〇一五年一月

——本文摘录自《厦门大学 2015 年国际学生(硕士)招生简章》,档号 2019-XZ30-004

# 厦门大学2015年联合招收华侨、港澳地区及台湾省学生简章

(2015年1月)

## 一、报名

1.报名资格

具有高中毕业文化程度(相当于中学六年级)并符合下列报名条件之一的,方可报名:

①港澳地区考生,持香港或澳门永久性居民身份证和《港澳居民来往内地通行证》。

②港澳地区考生,持香港或澳门非永久性居民身份证和《港澳居民来往内地通行证》。

③台湾地区考生,持《台湾居民来往大陆通行证》。

④华侨考生必须是取得外国长期或永久居留权,且最近四年(截止报名时间结束止)之内有在国外实际居住2年以上的记录(一年中实际在国外居住满9个月可按一年计算。出国留学和因公出国工作不能视为定居)。报名时考生本人须持我驻外使(领)馆出具的取得在外国长期或永久居留权的公证书或认证书(中文或英文)以及中华人民共和国护照参加报名。华侨考生须在上海、福建或广州报考点报名考试,北京和港澳地区报考点不受理华侨考生报考。

考生所持证件必须在有效期限之内。

考生须认真阅读招生学校(专业)对考生身体条件的要求。考生可在《2015年中华人民共和国普通高等学校联合招收华侨、港澳地区及台湾省学生专业目录》中查知相关内容。

2.报名时间

3月1日至3月31日,其中3月1日至3月15日为网上预报名时间,3月16日至3月31日为现场正式确认时间(具体工作时间安排以各报名点公告为准)。

3.报名地点

北京:

北京市高校招生办公室(北京市海淀区志新东路9号,邮递区号:100083,电话:(010)82837212)。

上海:

上海市高校招生办公室(上海市钦州南路500号,邮递区号:200235,电话:(021)64946010,(021)64511200)。

福建:

①福建省教育考试院(福州市北环中路59号,邮递区号:350003,电话:(0591)86215678,传真:(0591)87841550);

②福建省厦门市招生考试委员会办公室(厦门市火炬二路269号,邮递区号:361006,电话:(0592)5703107,传真(0592)5703106)。

广州:

暨南大学华文学院(广州市天河区广园东瘦狗岭路377号,邮递区号:510610,电话(020)87205925,

传真:(020)87206598)。

香港:

①香港考试及评核局新蒲岗办事处(香港九龙新蒲岗爵禄街17号,电话:3628 8787/3628 8711)

②中国旅行社下列各区分社

湾仔分社:香港轩尼诗道138号修顿中心地下1号(电话:2832 3888)

北角分社:香港渣华道196—202号嘉富大厦地下(电话:2565 0370)

旺角分社:九龙旺角洗衣街62—72号得宝大厦2楼(电话:2998 7888)

尖沙咀分社:九龙尖沙咀弥敦道27—33号良士大厦1字楼(电话:2315 7171)

将军澳分社:九龙将军澳东港城商场二楼209号铺(电话:2628 6118)

观塘分社:九龙观塘牛头角道300—302号裕民中心商场地下(电话:2343 8243)

荃湾分社:新界荃湾青山公路(荃湾段)189号地下(电话:2499 1433)

元朗分社:新界元朗教育路31—41号(电话:2475 5367)

沙田分社:新界沙田连城广场七楼717—718号铺(电话:2692 7773)

大埔分社:新界大埔宝湖道3号宝湖花园商场223号铺(电话:2657 2883)

屯门分社:新界屯门青山公路(新墟段)11—17号嘉华大厦1/F A铺(电话:2618 8188)

③京港学术交流中心(香港北角英皇道83号联合出版大厦1404—05室,电话:2893 6355)

④中国教育留学交流(香港)中心有限公司(香港德辅道中272—284号兴业商业中心2305室,电话:2542 4811)

澳门:

澳门特别行政区政府高等教育辅助办公室(澳门荷兰园大马路68—B号华昌大厦地下B座,电话:(853)28563033)

各报名地点备有《普通高等学校联合招收华侨、港澳台地区学生考试大纲》,考生可径往索购。

4.报名方式

2015年联合招生报名采用网上预报名和现场正式确认相结合的方式。考生登录中华人民共和国普通高等学校联合招收华侨、港澳地区及台湾省学生办公室(下称联招办)网站(网址:http://www.ecogd.edu.cn)进行预报名。预报名时,考生需按要求输入报考基本信息(含姓名、性别、出生年月、报考地点、报考科类、报考学校等)。预报名后,考生需记住自己的密码,并按规定时间到有关报名地点办理正式报名确认手续。如因特殊情况未能亲自前往到报名点现场确认的考生,经报名点同意后,可以委托亲属代为正式报名,代报者凭考生身份证件、本人身份证件、考生亲笔签署的委托书、考生电子相片档以及其他报名资料到报名点现场办理相关手续,而且每个代报者只能代一名考生办理确认手续。办理正式报名确认手续时,考生或代报者须缴本人高中毕业证书副本(应届高中毕业生可由就读学校开具学历证明)、高中各学年学习成绩单正本(应届高中毕业生可在报到时补缴高中毕业证书及最后一学期的成绩单)、身份证件副本(以上资料同时带备正本用以核对,其中学历证明和成绩单要收取正本,一经报名,所有收取的报名资料一律不再退还),并缴付报名考试费人民币550元(在香港、澳门各报名地点报名缴付港币550元)。持外国毕业证书(学历证明)和成绩单的考生,须将证书(证明)和成绩单翻译成中文并作公证。

报名后因未能通过公安部门身份验证而不准考试者或未参加考试者,恕不退还报名考试费。

5.填报志愿

考生在报名时同时填报志愿。

①联合招生录取工作分第一批本科、第二批本科、第一批预科和第二批预科进行。考生按录取批次填报学校志愿,其中每个本科批次填报2所学校志愿,每个预科批次填报1所学校志愿,每所学校填报4个系科或专业志愿。

②报考内地联合招生学校的考生,亦可填报暨南大学和华侨大学各系科或专业志愿。

③报考艺术、体育院校的考生,需参加专业考试,专业考试时间及地点由有关院校确定,考生本人应

及早直接与要报考的院校联系。

## 二、考试

1.考试科目类别

文史类各专业的考试科目:中文、数学、英语、历史、地理

理工农医类各专业的考试科目:中文、数学、英语、物理、化学

各科满分均为150分,各科目类别满分为750分。

考试内容和要求参见教育部制定的《普通高等学校联合招收华侨、港澳台地区学生考试大纲》(2005年版)。

2.考试时间

5月23日至24日进行考试。考试时间和科目为:

| 日期 | 时间 | 科目 |
|---|---|---|
| 5月23日<br>(星期六) | 9:00—11:30 | 中文 |
| | 13:30—15:30 | 英语 |
| 5月24日<br>(星期日) | 9:00—11:00 | 数学 |
| | 13:00—15:00 | 物理、历史 |
| | 16:00—18:00 | 化学、地理 |

3.考试地点

北京　由北京市高校招生办公室安排;

上海　由上海市高校招生办公室安排;

福州　由福建省教育考试院安排;

广州　由联招办安排;

香港　由香港考试及评核局安排;

澳门　由澳门高等教育辅助办公室安排。

4.答题方式

2015年联合招生考试实行电脑网上辅助评卷,考生在考试时必须按规定在专用的答题卡上作答,各科的选择题和非选择题都在答题卡各题目指定的区域内作答。考生在考试时必须严格按规定作答,考生在指定区域外作答不给分。

## 三、录取

6月底开始录取工作,由联招办组织,实行网上录取。录取批次按照第一批本科、第二批本科、第一批预科和第二批预科的顺序进行,招生学校在最低录取控制线之上根据考生志愿、考试成绩及各校的不同要求,择优录取新生。

被录取就读预科的学生经过一年学习并经学校考试合格后方可进入本科阶段学习。

## 四、入学与身体检查

新生持加盖学校公章的《新生入学通知书》报到,入学报到时间及相关要求以《新生入学通知书》上的

规定为准。

新生入学后，由学校进行身体检查，不符合要求的，取消入学资格；仅专业受限者，可以商转其他专业。学生在校期间，学校按教育部发布的《关于普通高等学校招收和培养香港特别行政区、澳门地区及台湾省学生的暂行规定》进行管理，并可申请免修政治理论课。

## 五、其　他

被普通高等学校录取的华侨、港澳地区及台湾省学生入学注册时，应缴纳学费和杂费，收费标准与内地（祖国大陆）学生相同。

学生修业期满，考试成绩合格者，由学校颁发毕业证书。

毕业生符合《中华人民共和国学位条例》规定的，将授予其学士学位。

新生入学报到时，所持出入境证件的有效期应与学习期限相适应至少有效期一年。

考生可在联招办网站（网址：http://www.ecogd.edu.cn）上查询成绩、录取情况，还可在"内地（祖国大陆）高校面向港澳台地区招生信息网"（网址：http://www.gatzs.com.cn）上查询有关招生政策和招生办法及高校信息，该网站同时向考生提供招生信息咨询服务

## 六、联系方式

厦门大学招生办公室
电话：+86 (0)592—2188888
传真：+86 592 (0)592—2180256
网址：http://zsb.xmu.edu.cn
邮箱：nzsb@xmu.edu.cn

厦门大学招生办公室
二〇一五年一月

——本文摘录自《厦门大学2015年联合招收华侨、港澳地区及台湾省学生简章》，档号2019-XZ30-004

# 关于全英文教学课程工作量计算的通知

(2015年1月11日)

各学院(研究院):

为推动国际化进程,提高国际化办学水平,我校每学年开设近百门全英文教学本科生课程和近百门全英文教学研究生课程。

为更好地适应学校国际化办学要求,鼓励更多优秀教师开设全英文课程,从2014—2015学年秋季学期开始,对于符合教务处或研究生院规定的最低开课人数要求,经学院认定教学效果好的全英文教学课程(指课程介绍、教学大纲、教学进度表、授课语言、课件、作业与考试、论文报告、教材等教学参考资料均采用英文),其任课教师教学工作量可按1.5～2倍计算。具体计算标准和方式由各学院(研究院)研究制定。

特此通知。

厦门大学

2015年1月11日

——本文摘录自《关于全英文教学课程工作量计算的通知》,厦大研〔2015〕2号,档号2015-XZ28-1

# 厦门大学优秀志愿者等奖项评选办法

(2015年3月18日)

## 第一章 总 则

第一条 为规范我校志愿服务评奖评优工作,鼓励先进,形成示范,出优秀人才、出优秀项目,特制定本办法。

第二条 本办法的评选范围为评选自然年内涌现出的志愿服务先进个人、项目和集体。特别是在体现共青团和政府导向的志愿服务活动中表现突出的个人、项目和集体。

## 第二章 奖项设置

第三条 厦门大学优秀志愿者等奖项包括:

(一)厦门大学十佳志愿者、十佳志愿者提名、优秀志愿者。

(二)厦门大学志愿服务优秀项目奖。

(三)厦门大学志愿服务先进集体。

(四)厦门大学志愿服务先进工作者。

## 第三章 评选对象及条件

第四条 厦门大学十佳志愿者、十佳志愿者提名、优秀志愿者参评对象为长期坚持开展志愿服务的厦门大学注册青年志愿者。参评基本条件:

(一)思想政治素质好,具有较强的社会责任感,在校期间未受过任何纪律处分。

(二)参评学生在参评年内成绩优良,应修课程(包括往年应当重修的课程,全校性选修课不计在内)全部合格。

(三)经常从事阳光助残、支教扶贫、社区服务、校园公益、环境保护、敬老护幼、文化建设、竞赛会议类志愿服务工作,得到服务对象认可。

(四)评选自然年内已获评市级以上(含市级)志愿服务表彰的同学不再参评。

(五)除满足以上基本条件外:

1.优秀志愿者:参评年内在相关志愿服务项目中的志愿服务时长累计不少于80小时(含80小时),或长期从事专项志愿服务(不含竞赛会议类)时间不少于50小时(含50小时)。参加竞赛会议类志愿服务未超过20小时的,按实际计算;超过20小时的,按20小时计算。服务事迹感人,公认度高。

2.十佳志愿者、十佳志愿者提名:参评年内在相关志愿服务项目中的志愿服务时长累计不少于100小时(含100小时),或长期从事专项志愿服务(不含竞赛会议类)的时间不少于60小时(含60小时)。参加竞赛会议类志愿服务未超过20小时的,按实际计算;超过20小时的,按20小时计算。在志愿服务领域中能够发挥先锋模范作用。

(六)学生社团推荐参评个人,除满足上述条件外,参与社团组织志愿服务活动的时长应不低于个人志愿服务总时长2/3。志愿者参评时长中社团志愿服务时长超过总时长1/2及以上的,由社团推荐。

(七)连续从事有关专项行动超过6个月的个人或市级以上(含市级)政府机构委托开展的大型赛会

志愿者可推荐参评先进个人。

第五条　厦门大学志愿服务项目奖参评对象为在相关服务领域取得显著成效并具有可推广价值的志愿服务项目。评选设优秀项目奖、示范项目奖、新秀项目奖。参评条件如下：

(一)优秀项目奖需满足以下条件：

1.项目成效显著、有创意、可评估、可持续；

2.具有健全的组织体系和规范的管理制度；

3.实施时间1～2年以上，参与人数不少于50人，每年实施时间3个月以上(含3个月)且举办次数在6次以上(含6次)。

(二)示范项目奖需满足以下条件：

1.项目运作规范成熟，切合民生需求，服务效果显著，社会影响大，可复制性强；

2.团队核心成员相对稳定，团队文化延续性强；

3.实施时间超过3年，每年实施时间3个月以上(含3个月)且举办次数在6次以上(含6次)；

4.能根据受助对象的需求以及上级团组织最新文件精神调整、改进项目，不断深化项目运作；

5.面向曾获过校级(含校级)以上表彰或省级以上(含省级)立项的项目。

示范项目奖三年有效，评审委员会将会对获评示范项目奖的项目进行定期考核与评估，考核不合格者，在考核不合格年份撤销其项目奖，且未来一年不得参评。

(三)新秀项目奖需满足以下条件：

1.实施时间1年以内，举办次数3次以上(含3次)；

2.项目运作相对完善，团队核心成员不少于10人；

3.公益创意好，符合我校大学生志愿服务特点及民生需求，发展前景佳。

第六条　志愿服务先进单位评选基本条件：

(一)积极探索志愿服务的新形式、新做法，机制完善，工作规范，积极传播志愿精神，有良好的社会反响。

(二)本单位高度重视志愿服务工作，设置志愿服务学生组织，并有政工干部专门负责此项工作。

(三)注册志愿者人数占本单位全日制注册学生人数的50%以上(含50%)，其中在评选年度有志愿服务活动记录的本科生志愿者人数达到学院注册本科生志愿者人数的50%。

(四)本单位至少有1项每年开展3个月以上(含3个月)且举办次数在6次以上(含6次)的长期志愿服务项目。

(五)大力宣传志愿服务中涌现出的先进典型和感人事迹，有1个稳定的以志愿服务为主题的网络新媒体信息发布平台，每年在校级媒体上发表志愿服务相关的新闻稿不少于3篇(含3篇)。

(六)除满足以上基本条件外，将对参评单位进行考核，考核指标见附件。

第七条　志愿服务先进工作者由志愿服务先进单位负责志愿服务工作的政工干部获评，不再另行评选。

第八条　以上奖项每年评定一次，考核指标为评选年的1月1日起，不足一年的，至评奖申报截止时间的数据；其余按照12月31日截止。

## 第四章　评选办法与流程

第九条　校团委组织评审委员会，负责评审和监督工作。校青年志愿者行动指导中心为评审委员会的秘书单位，负责具体评审组织工作。

第十条　优秀志愿者由各学院团委(团总支)、学生社团联合会、专项行动、大型赛会组织方按照当年推荐名额进行推荐，评审委员会审核、评选产生。十佳志愿者与十佳志愿者提名奖由评审委员会从优秀志愿者中评选产生。

第十一条　项目奖由各学院团委(团总支)、学生社团联合会推报，每个奖项至多推荐1个项目参评，评审委员会审核评选产生。

第十二条　志愿服务先进单位由各学院申报，评审委员会评选产生。

第十三条　以上各类奖项评审流程：

(一)校团委下发评奖通知。

(二)各学院团委(团总支)、学生社团联合会、专项行动、大型赛会组织方推荐参评对象，确保推荐对象事迹材料真实可靠、公信力强。

(三)校级评审。

(四)公示获奖名单。

(五)表彰。

## 第五章　附　则

第十四条　本办法所评选奖项实行申请制(先进工作者除外)。凡符合条件的个人与组织均可提出申请。

第十五条　推荐单位本着公平、公开、公正原则进行推荐，宁缺毋滥。在评奖过程中，凡发现弄虚作假者，取消评奖资格；已经获奖的，将撤销其所得的奖项，并不得参加下一年的评奖。

第十六条　对评审结果有异议的个人或组织，可在公示阶段向校团委提出。

第十七条　本办法自公布之日起施行。

第十八条　本办法由共青团厦门大学委员会负责解释。

(附件略——编者)

——本文摘录自《关于印发〈厦门大学优秀志愿者等奖项评选办法〉的通知》，(2015)厦大团2号，档号2015-DQ07-5

# 厦门大学翔安校区本科生“人文大讲堂”学分认定办法(修订)

(2015年4月17日)

为传承厦门大学办学传统,营造新校区的校园学术文化氛围,提升大学生的人文素养,促进文理学科交融,拓展学生学术视野,鼓励本科生积极参加听讲,由厦门大学教务处、厦门大学通识教育中心在翔安校区举办“人文大讲堂”系列讲座,并由厦门大学人文学院承办。为完善听讲制度,提高学生积极性与讲座的互动性,特对“人文大讲堂”原学分认定办法进行修订。

第一条 “人文大讲堂”由学术造诣深厚的知名教授和学有专攻的中青年学者主讲(包括讲座和学术沙龙),根据不同的主题安排课程,学生可以根据选课系统中的开课情况,选择自己感兴趣的课程。每门课程为2学分/学期,通过课堂考勤+期末论文的形式进行考核。

第二条 没有选上课程,或者时间上难以协调的学生,可以根据自己感兴趣的题目参加任何一场讲座,通过纪念章+期末论文的形式听讲。

第三条 为了维持现场教学秩序,未选课学生听讲时凭本学期“人文大讲堂”讲座纪念卡入场。每听完一场讲座,未选课学生根据自愿原则将讲座纪念卡交由助教现场盖章确认。每张讲座纪念卡可盖15次讲座纪念章,盖满章后可到自己所在学院教学秘书处领取新卡。

第四条 未选课学生累积10枚讲座纪念章,并符合相关规定者,可获得“人文大讲堂”讲座1学分,并相应减免全校性选修课学分,减免学分原则上不超过2学分。具体要求如下:

1.学生累积10场讲座纪念章后,如想获得学分,须向通识教育中心提交一篇不少于1000字“人文大讲堂”心得体会,并同时提交本学期讲座纪念卡盖章一面的复印件一份,纪念卡上应写明姓名、学号等个人信息。

2.通识教育中心确认学生听讲情况,综合评定学生的心得体会,给定“合格”或“不合格”成绩,并将成绩单寄给翔安教务办,由教务办转发给学生所在学院。

3.学生所在学院教学秘书收到成绩单后,将“合格”的学生成绩录入教务系统,“不合格”的成绩不予录入。毕业审查时,学生所获“合格”成绩可以减免相应校选课学分。

4.同一学期中,修选“人文大讲堂”课程的同学不可再以盖章卡片换取学分。

第五条 本办法由教务处和通识教育中心负责解释。

第六条 本办法自公布之日起施行,原《厦门大学翔安校区本科生“人文大讲堂”学分认定办法》[(2013)厦大教25号]同时废止。

——本文摘录自《关于印发〈厦门大学翔安校区本科生“人文大讲堂”学分认定办法(修订)〉的通知》,(2015)厦大教36号,档号2015-XZ12-13

# 厦门大学 2015 年博士研究生入学考试复试工作办法(普通招考)

(2015 年 4 月)

我校 2015 年博士研究生入学考试初试工作即将开始,复试及录取工作随之展开。根据教育部相关文件精神和我校 2015 年博士研究生招生考试政策的改革要求,为做好复试工作,严格按照公开、公平、公正、择优的原则选拔人才,现对复试工作做出如下安排:

一、厦门大学博士研究生招生考试制度改革

为了更加科学地选拔优秀人才,进一步提高博士研究生培养质量,我校 2014 年已经在所有的理工医类学院和研究院全面实行博士研究生招生“申请—考核制”选拔方式,并选择部分文科类学院或研究院试行博士研究生招生“申请—考核制”选拔方式。我校决定在 2015 年继续推行博士研究生招生“申请—考核制”选拔方式。

对于其他学院和研究院,我校继续实行博士研究生招生考试制度改革。在入学考试阶段,初试主要考查考生的基本素质,复试全面考查考生的专业素质,包括专业知识、外语水平、科研能力、创新能力和实践操作能力等。在录取阶段,提高复试在总成绩中所占权重,扩大院系在博士选拔中的自主权,公平公正地选拔出具有科研能力和创新潜质的高层次人才。同时,改革导师招生培养模式,考生在报考阶段不需要确定导师,被录取后由导师组负责指导培养。

实行“申请—考核制”招考选拔方式的院系,具体复试工作办法参见《厦门大学 2015 年博士研究生“申请—考核制”工作指导意见》。本意见适用于实行普通招考的院系。各院系应制定更为详细、规范和科学的复试工作细则。

二、复试工作的原则

坚持公开、公平、公正和科学选拔的原则;坚持选拔具有创新能力及潜力、具有特殊学术专长及潜力的人才,将考生的科研能力和已获得的学术成果作为选拔的重要依据;在复试过程中,切实做到以人为本,尊重考生,服务考生。

三、组织管理

学校招生工作领导小组负责全面指导全校博士研究生的复试录取工作,同时,由校招生工作领导小组成员单位组成若干个复试录取巡视工作小组,负责全校博士研究生复试录取的巡视工作。各学院或研究院成立博士研究生复试录取工作领导小组和复试录取工作巡视督查小组,具体负责博士研究生复试和录取的各项工作。

学院(研究院)的复试录取工作领导小组由各学院(研究院)院长、书记和分管研究生教育的副院长、副书记、学院(研究院)负责纪检工作的院领导以及院、系所、中心相关领导组成。由院长任组长,分管研究生教育的副院长任副组长。复试录取工作领导小组全面负责本单位复试录取组织管理工作,同时对治理考场环境、维护考场安全、严肃考风考纪负有主体责任。

为了加强复试录取的巡视和监督工作,各学院(研究院)须成立复试录取工作巡视督查小组,由院、系所、中心相关领导组成。复试录取工作巡视督查小组由党委书记任组长,负责纪检工作的院领导(或指定其他院领导)任副组长,负责全程巡视监督本院内的复试录取工作。

各学院(研究院)复试录取工作领导小组负责制定本单位的复试工作实施细则,同时,负责本单位若干复试考核小组的组织和复试的审核工作。每个复试考核小组应由5名本学科副教授职称(含)或相当专业技术职务以上专家组成;每个复试考核小组应指定一名责任心强、有复试考核工作经验、专业能力较强的教师担任组长;参加考核的教师应以高度的责任心和公正公平的态度来完成复试工作。

各学院(研究院)要加强对参与复试录取工作的教师和行政人员的培训与管理,对参与人员进行政策、业务、纪律等方面的培训,使其明确工作纪律和工作程序、评判规则和评判标准。要强化参与工作教师的规范意识、公平意识、责任意识、业务意识和保密意识。要特别注意监考人员和工作人员的遴选。

各学院(研究院)复试考场外围要设置隔离带,对进出人员进行身份查验,要合理设置考生进出考场分流通道,并派专人维护考场外围秩序。复试面试现场也应进行适当隔离,合理安排考生休息区,营造考场肃穆安静氛围。监考人员和工作人员要对准考证、身份证和考生本人严格逐一核对,严防冒名顶替和资格造假。复试工作人员必须挂牌上岗。

四、复试

(一)复试资格审查

各院系应在复试前对考生进行资格审查。考生复试时须携带本人以下材料到各院系接受检查:

1.填写完整并密封完好的"厦门大学2015年博士研究生政治表现情况审查表"(该表可在厦门大学招生办网页:http://zs.xmu.edu.cn下载);

2.毕业证书、学位证书原件(应届生携学生证)及复印件;

3.身份证原件;

4.准考证;

5.一张近期1寸免冠彩照,用于体检;

6.体检表(须在厦门大学医院体检,可在复试后补交)。

注意:凡未进行资格审查或资格审查未通过的考生一律不予录取。

注:政审表一般由考生档案所在单位填写、签字并盖章;若考生档案由工作单位寄挂在人才市场,则由考生工作单位填写、签字并盖章。

(二)复试时间

分为初试完即行复试和等初试成绩出来后再复试两种时间。各院系和专业的复试时间已经在招生办网页公布,各位考生可登录查询(http://zs.xmu.edu.cn)。

(三)复试内容

由对已获得的学术成果及科研能力的评价、专业考试、综合素质及创新能力测试、外语听力、口语及专业外语测试等及部分组成,各院系可对各部分的要求做出进一步的规定,并根据不同专业的特点确定各部分的成绩比例。复试成绩满分为100分。各专业复试成绩的权重统一为:占总成绩的60%。

(四)复试方式

主要分为笔试、面试和实践(实验)能力考核等几种方式。各招生单位还可根据各自专业的特点,适当增加其他的复试方式。

(五)复试要求

1.复试(含笔试和面试)要有试题,须全程做好记录和录音、录像(录音和录像设备由各院系自备)。复试考核小组须填写每位考生的评语和给出评定的成绩。复试完毕后复试试卷、考试提纲、面试书面记录、录音影像资料在各院(系、所、中心)保存三年(未录取者保留一年)。

根据教育部文件精神,复试试题及其标准答案均系国家机密材料,请各单位采取切实有效措施,做好安全保密工作。各招生单位应建立复试试题题库。

2.复试信息必须公开。各学院(研究院)的复试考生名单、考生的初试成绩、分专业招生计划和复试录取工作实施细则经校招生办审核后必须在各院系的网页上公示。

3.建立健全集体议事和集体决策机制。

4.加强教育宣传,努力营造诚信考试氛围。

5.复试工作结束后，各院应将复试成绩及结果在三个工作日内报招生办审核。

五、对同等学力考生的加试

除统一规定的复试内容外，各单位还要对同等学力考生加试两门硕士生课程。加试科目为所报考专业的两门主干课程，且不得与初试科目相同。加试方式为笔试，考试时间每门为 3 个小时，每门课程满分为 100 分。加试的两门主干课程不计入总成绩，但任一门加试科目成绩不到 60 分者，则被视为整个复试不及格。

六、硕博连读生的复试

已选拔的硕博连读生要参加复试，与统考生同一复试标准公平竞争。

七、复试成绩具有否决权

复试不及格(成绩低于 60 分)的考生将不予录取。

八、复试录取的监督与复议

1.厦门大学监察处监督我校 2015 年博士生复试录取工作。监督电话：0592-2186219。

2.实行校、院二级复试巡视制度。校领导、研究生院、招生办和考试中心、监察处等单位组成若干校巡视小组。在复试过程中，校、院巡视小组将深入各院系进行复试各个环节的督查，包括考生复试资格审查的督查，复试记录、录音、录像的检查和保密承诺书的检查，并深入复试现场，在不干扰正常复试工作的前提下，随机走进考场和实验室、旁听面试等措施以了解、监督复试工作等。

3.实行责任制度和责任追究制度。各招生单位的博士研究生复试录取工作领导小组对复试过程的公平、公正和复试结果全面负责，要完善对复试工作过程的监督，严肃处理违纪违规事件。

4.实行回避制度。本年度有直系亲属参加博士生入学考试的博士生导师和工作人员应主动回避，不得参加博士生的复试工作。

5.实行信息公开制度。复试基本分数线，复试工作办法，招生计划，考生的初试成绩、复试成绩、总成绩等信息应及时公布。

6.实行复议制度。要保证投诉、申诉和监督渠道的畅通。受理投诉和申诉应规定时限。对投诉和申诉问题经调查属实的，由各学院(研究院)研究生复试录取工作领导小组责成复试小组进行复议。

7.实行签订保密承诺书制度。院复试录取工作领导小组组长及成员、复试命题(面试)教师、材料审核专家、相关工作人员等都要签订博士研究生招生工作保密承诺书。

九、本复试工作办法由厦门大学招生办公室负责解释。

厦门大学招生办公室

2015 年 4 月

——本文摘录自《厦门大学 2015 年博士研究生入学考试复试工作办法(普通招考)》，档号 2016-XZ30-7

# 厦门大学2015年普通招考类博士研究生复试录取工作意见

(2015年4月)

为了更加科学地选拔优秀人才,进一步提高博士研究生培养质量,我校2014年已经在所有的理工医类学院和研究院全面实行博士研究生招生"申请—考核制"选拔方式,并选择部分文科类学院或研究院试行博士研究生招生"申请—考核制"选拔方式。我校决定在2015年继续推行博士研究生招生"申请—考核制"选拔方式。

对于其他学院和研究院,我校继续实行博士研究生招生考试制度改革。在入学考试阶段,初试主要考查考生的基本素质,复试全面考查考生的专业素质,包括专业知识、外语水平、科研能力、创新能力和实践操作能力等。在录取阶段,提高复试在总成绩中所占权重,扩大院系在博士研究生选拔中的自主权,公平公正地选拔出具有科研能力和创新潜质的高层次人才。同时,改革导师招生培养模式,考生在报考阶段不需要确定导师,被录取后由导师组负责指导培养。

根据教育部相关文件精神,经校招生领导小组研究,现就我校今年普通招考类博士研究生复试录取工作提出如下意见:

一、指导思想

坚持公平、公正、公开和科学选拔的原则,做到德、智、体全面衡量,择优录取,保证质量,宁缺毋滥。

各院系在复试考核中应对考生学科背景、思维能力、科研素养、外语水平、操作技能和综合素质等进行综合考察,注重选拔具有突出创新能力和科研潜力、具有特殊学术专长的优秀创新人才,以提高博士研究生培养质量。

二、组织管理

学校招生工作领导小组负责全面指导全校博士研究生的复试录取工作,同时,由校招生工作领导小组成员单位组成若干个复试录取巡视工作小组,负责全校博士研究生复试录取的巡视工作。各学院或研究院成立博士研究生复试录取工作领导小组和复试录取工作巡视督查小组,具体负责博士研究生复试和录取的各项工作。

学院(研究院)的复试录取工作领导小组由各学院(研究院)院长、书记和分管研究生教育的副院长、副书记、学院(研究院)负责纪检工作的院领导以及院系所(中心)相关领导组成。由院长任组长,分管研究生教育的副院长任副组长。复试录取工作领导小组全面负责本单位复试录取组织管理工作,同时对治理考场环境、维护考场安全、严肃考风考纪负有主体责任。

为了加强复试录取的巡视和监督工作,各学院(研究院)须成立复试录取工作巡视督查小组,由院系所(中心)相关领导组成。复试录取工作巡视督查小组由党委书记任组长,负责纪检工作的院领导(或指定其他院领导)任副组长,负责全程巡视监督本院内的复试录取工作。

各学院(研究院)复试录取工作领导小组负责制定本单位的复试工作实施细则,同时,负责本单位若干复试考核小组的组织和复试的审核工作。每个复试考核小组应由5名本学科副教授职称(含)或相当专业技术职务以上专家组成;每个复试考核小组应指定一名责任心强、有复试考核工作经验、专业能力较强的教师担任组长,参加考核的教师应以高度的责任心和公正公平的态度来完成复试工作。

各学院(研究院)要加强对参与复试录取工作的教师和行政人员的培训与管理,对参与人员进行政策、业务、纪律等方面的培训，使其明确工作纪律和工作程序、评判规则和评判标准；要强化参与工作教师的规范意识、公平意识、责任意识、业务意识和保密意识。要特别注意复试考核监考人员和工作人员的遴选。

各学院（研究院）复试考场外围要设置隔离带，对进出人员进行身份查验，要合理设置考生进出考场分流通道，并派专人维护考场外围秩序。复试面试现场也应进行适当隔离，合理安排考生休息区，营造考场肃穆安静氛围。监考人员和工作人员要对准考证、身份证和考生本人严格逐一核对，严防冒名顶替和资格造假。复试工作人员必须挂牌上岗。

三、学校基本分数要求和院系复试分数线

（一）我校普通招考类博士复试基本分数要求已由学校招生工作领导小组确定，详见下表[不含“申请—考核制”院系（专业）]：

| 学科门类 | 外语 | 业务课 1 | 业务课 2 | 总分 |
|---|---|---|---|---|
| 文科 | 55 | 60 | 60 | 200 |
| 少民骨干（文科） | 50 | 60 | 60 | 190 |
| 对口支援专项计划（文科） | 50 | 60 | 60 | 190 |

注：1.“少民骨干”全称：少数民族高层次骨干人才专项计划。

2.统计学（理学，学科代码：071400）实行以上同一分数线。

（二）为扩大院系在博士研究生选拔中的自主权，各院招生领导小组可根据本单位学科、专业特点和招生计划，在学校复试基本分数线基础上，按照不高于 1∶2 的复试比例，并在征求各导师组的意见后，进一步确定各自专业的复试分数线。各院系各自专业的复试分数线、复试内容所占比例，复试工作细则于 4 月 23 日前报送校招生办审核后在网上公布。

四、复试工作要求

（一）部分院系已在初试的同时进行了复试，目前已完成复试的院系请于 4 月 23 日之前将拟录取名单报送至招生办，经招办审核后即在学院（研究院）网上公示。

（二）尚未开始复试工作的院系请根据《厦门大学 2015 年博士研究生入学考试复试工作办法》于 5 月 3 日前完成复试工作。特别强调，由于复试权重提高至 60%，各院系应科学制定本单位复试工作实施细则，规范有序、公平公正地开展复试工作。

（三）招生单位应组织一般不少于五人的本学科副教授职称（含）或相当专业技术职务以上专家组成复试小组，对参加复试的考生进行学术水平考查。

（四）各院系对前来参加复试的考生，要认真进行复试前的验证审核，笔试和面试现场都要对考生的身份进行认真查验。

（五）复试信息必须公开：各学院（研究院）的复试考生名单、考生的初试成绩、招生计划和复试录取工作实施细则经校招生办审核后必须在各院系的网页上公示。

（六）复试（含笔试和面试）要有试题，须安排专人全程做好面试书面记录和录音、录像（录音和录像设备由各院系自备）。复试考核小组须填写每位考生的评语和给出评定的成绩。复试完毕后复试试卷、考试提纲、面试书面记录、录音影像资料在各院（系、所、中心）保存三年（未录取者保留一年）。

五、调剂原则

根据教育部文件规定，博士调剂只能在本校内进行，不能进行跨校调剂。我校个别线上生源不足的专业可跨专业进行调剂（普通招考线上生源不足的专业只能从实行普通招考的专业调剂考生），跨专业调剂须学科相近，须经接受调剂的学院（研究院）复试录取工作领导小组同意后报校招生办审核后方可进行,并在报送招生办拟录取名单上备注说明。

六、奖学金确定原则

详见《厦门大学2015年博士研究生招生简章》第九条。

七、录取原则

(一)各院复试录取工作领导小组应根据考生的总成绩,按各院系安排的分专业计划择优录取,宁缺毋滥。

(二)下列情况之一者,不予录取:复试不及格者(60分以下);同等学力考生任何一门加试科目不及格者(60分以下);政审不合格者;体检不合格者。

(三)为推行我校博士招考改革,确保博士研究生培养质量,经我校招生领导小组研究决定,我校2015年继续实行不招收在职攻读博士学位研究生政策。普通招考类博士考生,除教育博士专业学位研究生和“少数民族高层次骨干人才计划”“对口支援专项计划”等以外,在职考生如以社会考生报考我校并被我校录取,须辞去原单位工作,并根据我校寄发的预录取通知,在5月30日前将人事档案转入我校,进行全日制学习,我校方寄发正式录取通知书。

八、拟录取名单和正式录取名单的确定

各院系在完成复试工作后,应根据考生最终形成的专业总成绩、确定的录取原则和安排的招生计划,充分征求相关导师组的意见,召开学院复试录取工作领导小组会议,研究确定本单位拟录取名单。前期已完成复试工作的院系请于4月23日之前将拟录取的名单报送至校招生办,经招办审核后即在所在学院(研究院)网上公示;将开始复试工作的院系请在复试工作完成后,于5月6日之前将拟录取名单报送至招生办,经招办审核后即在学院(研究院)网上公示。

博士研究生拟录取名单经校招生领导小组审核同意、福建省高招办和教育部录检审核通过后形成正式录取名单。

学校将在教育部录检通过后寄发录取通知书,时间约在6月底。

九、关于破格

根据我校确定的2015年博士研究生复试基本分数要求,各文科类院系符合基本分数线的生源基本充足,学校和各院系原则上都不接受博士破格复试申请。

十、复试录取的监督与复议

(一)厦门大学监察处监督我校2015年博士研究生复试录取工作。监督电话:0592-2186219。

(二)实行校、院二级复试巡视制度。校领导、研究生院、招生办和考试中心、监察处等单位组成若干校巡视小组。在复试过程中,校、院巡视小组将深入各院系进行复试各个环节的督查,包括考生复试资格审查的督查,复试记录、录音、录像的检查和保密承诺书的检查,并深入复试现场,在不干扰正常复试工作的前提下,随机走进考场和实验室、旁听面试等措施以了解、监督复试工作。

(三)实行责任制度和责任追究制度。所有参与复试录取工作的人员都要认真负责,切实维护复试录取工作的公平公正,对徇私舞弊的工作人员要追究责任。

(四)实行复议制度,确保信访和监督渠道的畅通。对经调查属实的信访问题,由相关单位的博士复试录取工作领导小组责成复试考核小组进行复议。

(五)实行回避制度。凡亲属报考本单位的导师和工作人员,不得参加本单位和当年度的博士研究生复试录取工作。

(六)实行信息公开制度。复试基本分数线、复试工作办法、招生计划、考生的初试成绩、复试成绩、总成绩等信息应及时公布。

(七)实行签订保密承诺书制度。院复试录取工作领导小组组长及成员、复试命题(面试)教师、相关工作人员等都要签订博士研究生招生工作保密承诺书。

十一、本复试录取工作意见由厦门大学招生办公室负责解释。

厦门大学招生办公室

2015年4月

——本文摘录自《厦门大学2015年普通招考类博士研究生复试录取工作意见》,档号2016-XZ30-7

# 厦门大学本科生实习工作管理规定(修订)

(2015年5月6日)

## 第一章　总　则

第一条　实习教学是高等学校教学工作的重要组成部分，是培养学生实践能力和创新精神的重要环节，是学生提高分析问题能力、了解社会、接触生产实际、增强劳动观念、实现人才培养目标的重要途径。为了进一步加强和规范本科生实习工作的管理，提高教学质量，特制订本管理规定。

第二条　本规定所指实习包括认识实习、课程实习、毕业实习、实践训练、社会实践等实践性教学环节。

第三条　实习教学可采取集中与分散、校内与校外、省内与省外相结合等形式。学院可根据专业特点和具体情况自行安排，加强对分散实习的组织领导。

## 第二章　组织管理

第四条　实习教学工作在分管校长的领导下实行校、院两级管理。

第五条　教务处负责全校实习工作统筹安排，其职责：

1.制订实习工作的有关政策、制度及规定，对实习工作进行宏观管理。

2.负责校级实践教育基地的规划、建设与管理；指导学院建设院级实习基地。

3.组织国家级、省级大学生校外实践教育基地申报与建设管理工作。

4.组织年度实习工作申报和审核。

5.负责校级专项实习经费的核拨。

第六条　现代教育技术与实践训练中心负责具体管理全校实习工作，其职责：

1.参与制订实习工作的有关政策、制度及规定。

2.负责全校实习工作，审核各学院年度实习计划。

3.组织实习教学的检查评估，做好实习工作年度总结。

4.配合教务处落实专项实习经费，检查学院经费执行情况。

5.负责校级实践教育基地的宏观管理；指导学院建设院级实习基地。

第七条　学院成立实习教学工作小组，统筹协调、组织落实学院实习教学工作。其职责：

1.负责学院实践教育基地的规划、建设与管理。

2.根据人才培养目标和教学要求，制定实习教学计划。

3.负责制定学院年度实习计划，并组织实施。

4.负责实习经费管理，制定实习经费预算，落实实习经费。

5.负责进行学生的实习动员和教育。

6.负责实施过程管理，严格实习要求和监督检查，了解实习进展情况，解决实习过程中遇到的困难和问题。

7.负责学院年度实习工作总结，归档实习材料。

## 第三章　实习单位选择与实践教育基地建设

第八条　实习单位要满足本科教学实习任务的要求，提供实习学生必需的食宿、学习、卫生、安全等基本条件。在保证实习效果和质量的前提下，学院应按照教学需要、就近就地、相对稳定、节约经费的原则，每个专业至少建立2个、卓越工程师计划专业至少建立5个相对稳定的实践教育基地。

第九条　学院应采取积极有效的措施，通过产、学、研合作与相关单位建立较稳定的实习关系，条件成熟的应建设成为相对固定的实践教育基地，确保实习质量。通过建设实践教育基地，承担学生的校外实践教育任务，促进学校和行业、企事业单位、科研院所、政法机关联合培养人才新机制的建立。

## 第四章　对实习学生的要求

第十条　严格遵守国家的政策法规及实习单位的安全、保密及劳动纪律等有关制度。

第十一条　严于律己，树立吃苦耐劳的精神，有事业心和责任感，自觉维护学校和集体的荣誉。

第十二条　实习前，学生应按照《实习教学计划》和《实习教学大纲》的要求，认真做好实习准备工作。

第十三条　按时完成实习教学计划规定的实习项目，认真填写实习日志，完成实习作业、实习报告并参加考核。

第十四条　因病不能参加实习者，应提交书面申请并出具县级及以上医院证明，向学院办理请假手续，并在毕业前随同其他年级完成实习任务。实习期间请假的，应经实习指导教师签字同意。

第十五条　未经批准不参加实习或实习成绩不及格者必须重修，否则不予毕业。

第十六条　实习期间不遵守实习纪律和实习单位有关规定，不服从教师指导，未经批准擅离实习单位的，按照《厦门大学本科学生学籍管理规定》和《厦门大学学生违纪处分规定》（厦大学〔2014〕34号）处理。

## 第五章　实习指导教师及职责

第十七条　学院要选派熟悉实习单位经营管理、生产过程和环节，工作认真负责、组织能力强的教师担任实习指导教师。

第十八条　集中实习一般应按不高于20:1生师比配备实习指导教师。分散实习应配备教师负责巡回检查和考核学生实习工作。

第十九条　实习教学实行指导教师负责制，实习指导教师职责：

1.提前了解实习基地情况，拟定实习计划，做好实习准备工作。加强与实习单位的联系和沟通，及时解决实习过程中出现的问题。

2.加强指导，严格要求。做好学生管理工作，定期对学生进行实习安全和纪律教育。组织实习教学活动，讲授实习大纲内容，明确实习目的和要求；指导学生完成实习日志、实习作业、实习报告等，确保实习质量。

3.以身作则，言传身教，既教书又育人，全面关心学生的思想、学习、生活、健康与安全。重视劳动教育，组织参加一定形式的生产劳动和公益活动。

4.在实习期间违反纪律或犯有其它错误的学生，及时给予批评教育，对情节严重、影响极坏者，及时处理直至停止其实习，并向学院报告。

5.在指导实习期间不得离岗，遇特殊情况必须请假时，经分管院长批准，学院安排其他教师顶岗。擅自离岗或者私自找人顶替者，按《厦门大学教学事故认定与处分暂行办法》（厦大教〔2011〕15号）处理。

6.实习结束后，实习指导教师应认真做好实习考核和总结工作，填写《厦门大学实习情况总结表》，实习结束后一周内交学院存档。

## 第六章　实习经费的使用管理

第二十条　实习经费根据教务处通知下拨到学院的教学业务经费中,学院必须依据实习教学的实际需要在经费预算中予以保证。学校鼓励学院从其他收入中划出部分经费用于支持实习教学。

第二十一条　学校安排专项经费支持开展集中实习活动。

第二十二条　实习经费主要用于支付给实习单位的实习管理费(含场租费、车间实验室工作服装费等)、讲课费、实习差旅费、保险费等。学院经费负责人要严格把关,保证实习经费专款专用。

第二十三条　支付给实习单位的实习管理费和讲课费,由各学院严格审核,分别凭对方开出的发票及费用明细清单、酬金发放清单据实报销,总额不超过该项实习经费的20%。酬金发放清单应列明领款人单位、姓名、身份证号码、手机号码、金额、领款人签名等信息并由制表人签字、经费负责人审批。

第二十四条　学生在外地(不含厦门市)实习,实习单位统一安排住宿且不收取住宿费的,不得报销住宿费;实习期间住宿费用自理的,按以下方法报销:取得住宿发票的,按50元/天/人的标准之内凭票据实报销;无法取得住宿费发票的,可凭对方出具的收款票据(须注明收款人姓名、身份证号码、联系方式、地址等信息),按学生30元/天/人、教师60元/天/人的定额包干报销。其他实习差旅费按《厦门大学差旅费管理办法》有关标准执行。

第二十五条　学院必须为外出实习的学生购买意外保险。

第二十六条　实习经费不得挪作它用。各学院应严格把关,对违反规定所使用的经费,不予报销。

第二十七条　对不按实习计划执行实习任务,一经检查发现,教务处将通报批评,并酌情削减下一年度的实习经费。

## 第七章　成绩考核规定

第二十八条　指导教师按照实习大纲的要求,根据学生的实习日志、作业、实习报告、考试或考查成绩、答辩成绩(针对3周及以上的分散实习,学院可根据具体情况组织学生答辩)以及纪律表现等情况综合评定实习成绩。综合实习成绩采用等级制。

第二十九条　对单独设课的实习教学环节,其成绩直接作为该课程成绩。非单独设课的实习,其成绩按一定的比例(具体比例由学院研究确定并列入课程教学大纲或实习教学大纲)计入相应课程的学期总成绩,如实习考核成绩不及格,不能参加该门课程的学期考核。

第三十条　实习不及格者或在实习期间请假、缺课的时间达总实习时间1/3以上者,须重新实习。

## 第八章　实习工作总结

第三十一条　每学年结束时各学院要对实习工作进行总结,书面总结材料每年9月份报教务处。实习总结应包括《实习教学计划》执行情况、实习教学质量分析、经验体会、存在的问题和解决措施、意见和建议等内容。

第三十二条　教务处、现代教育技术与实践训练中心将会同相关学院,不定期对各专业实习教学工作进行检查或随机抽查。

第三十三条　学校不定期召开实习工作会议,总结和部署实习教学工作,评选实习教学优秀指导教师和优秀实习教学基地等,并予以表彰和奖励。

## 第九章　附　则

第三十四条　各学院根据本办法制定学院实习教学管理办法实施细则。

第三十五条　本规定自公布之日起实行。原《厦门大学社会实践管理暂行条例》同时废止。

第三十六条　本规定由教务处负责解释。

——本文摘录自《关于印发〈厦门大学本科生实习工作管理规定(修订)〉的通知》,厦大教〔2015〕20号,档号2015-XZ12-9

# 厦门大学本科生国家助学金管理暂行办法

(2015 年 6 月 10 日)

## 第一章　总　则

第一条　为帮助家庭经济困难学生顺利完成学业,根据《普通本科高校、高等职业学校国家助学金管理暂行办法》(财教〔2007〕92 号)规定,结合我校实际,制定本办法。

第二条　本科生国家助学金用于资助在校全日制普通本科家庭经济困难学生。国家助学金的资助名额由教育部下达,学校综合考虑各学院的学生人数、家庭经济困难学生比例等进行分配,并向国家规定的特殊学科专业适当倾斜。

第三条　学校学生资助工作领导小组审议和决定有关国家助学金的重要事项。学生资助管理中心负责组织国家助学金的评审工作。各学院学生工作组负责本学院国家助学金的申请和初评。

## 第二章　资助标准与申请条件

第四条　国家助学金主要资助家庭经济困难学生在校期间的生活费开支,资助标准为每生每年 3000 元。

第五条　申请国家助学金的基本条件:

(一)热爱社会主义祖国,拥护中国共产党的领导;

(二)遵守宪法和法律,遵守学校规章制度;

(三)诚实守信,道德品质优良;

(四)勤奋学习,积极上进;

(五)家庭经济困难,生活俭朴,通过厦门大学家庭经济困难学生认定;

(六)积极参加集体活动、志愿服务和公益活动。

## 第三章　助学金的申请和评审程序

第六条　国家助学金的评审工作坚持公平、公正、公开的原则。

第七条　国家助学金按学年评审,每年秋季学期集中进行申请和评审。

第八条　符合国家助学金申请条件的学生可向学院提出申请,并填写"普通本科高校、高等职业学校国家助学金申请表",详细说明申请理由。

第九条　各学院学生工作组负责组织对申请国家助学金的学生进行评审,提出获得国家助学金初选名单,在班级范围内公示 3 天。公示无异议后,将材料汇总报学校学生资助管理中心。

第十条　学校学生资助管理中心对各学院初选学生进行审核,经学校学生资助工作领导小组审议后,于每年 11 月 15 日前报全国学生资助管理中心备案。

第十一条　在同一学年内,申请并获得国家助学金的学生,可同时申请并获得国家奖学金或国家励志奖学金,但不可同时享受国家奖学金和国家励志奖学金。

## 第四章 助学金发放、管理与监督

第十二条 国家助学金由学校财务部门按月直接划入学生银行卡中。

第十三条 有下列情况之一者，由学院核实后报学校学生资助管理中心备案，并从当月起停止发放国家助学金：

（一）弄虚作假，谎报家庭经济情况或本人生活状况；

（二）退学、转学、开除学籍等。

第十四条 各学院应切实加强管理，认真做好国家助学金的评审工作，确保国家助学金用于资助家庭经济困难的学生。

第十五条 学校为国家助学金设立专门账户，专款专用，不得截留、挤占、挪用，同时接受上级有关部门的检查、审计和监督。

## 第五章 附 则

第十六条 本办法由厦门大学学生资助管理中心负责解释。

第十七条 本办法自公布之日起实施。

——本文摘录自《关于印发〈厦门大学本科生国家助学金管理暂行办法〉的通知》，厦大学〔2015〕30号，档号 2015-XZ11-1

# 厦门大学学生应征入伍服义务兵役国家资助暂行办法

(2015年6月10日)

## 第一章 总 则

第一条 为鼓励学生积极应征入伍服义务兵役,对应征入伍服义务兵役及退役后自愿回校复学的学生,国家给予资助。根据《高等学校学生应征入伍服义务兵役国家资助办法》(财教〔2013〕236号)和《关于调整完善国家助学贷款相关政策措施的通知》(财教〔2014〕180号)规定,结合我校实际,制定本办法。

第二条 学生应征入伍服义务兵役国家资助,是指国家对应征入伍服义务兵役的高校学生,在入伍时对其在校期间缴纳的学费实行一次性补偿或获得的国家助学贷款(国家助学贷款包括校园地国家助学贷款和生源地信用助学贷款,下同)实行代偿;应征入伍服义务兵役前正在高等学校就读的学生(含按国家招生规定录取的高等学校新生),服役期间按国家有关规定保留学籍或入学资格、退役后自愿复学或入学的,国家实行学费减免。

第三条 本办法所称学生是指全日制普通本科、研究生。

下列学生应征入伍服义务兵役不享受国家资助:

(一)在校期间已免除全部学费的学生;

(二)定向生、委培生和国防生;

(三)其他不属于服义务兵役到部队参军的学生。

## 第二章 标准及年限

第四条 学费补偿、国家助学贷款代偿及学费减免标准,本科生每人每年最高不超过8000元,研究生每人每年最高不超过12000元。

学费补偿或国家助学贷款代偿金额,按学生实际缴纳的学费或获得的国家助学贷款(国家助学贷款包括本金及其全部偿还之前产生的利息,下同)两者金额较高者执行,据实补偿或者代偿。退役复学后学费减免金额,按学校实际收取学费金额执行。超出标准部分不予补偿、代偿或减免。

获学费补偿学生在校期间获得国家助学贷款的,补偿资金必须首先用于偿还国家助学贷款。如补偿金额高于国家助学贷款金额,高出部分退还学生。

第五条 获得国家助学贷款的我校在校生应征入伍后,国家助学贷款停止发放。

第六条 学费补偿、国家助学贷款代偿和学费减免的年限,按照国家对本科、研究生规定的相应修业年限据实计算。以入伍时间为准,入伍前已达到的修业规定年限,即为学费补偿或国家助学贷款代偿的年限;退役复学后应完成的国家规定的修业年限的剩余期限,即为学费减免的年限;复学后攻读更高层次学历不在减免学费范围之内。

本硕连读补偿学费或代偿国家助学贷款的年限,按照完成硕士阶段学习任务规定的学习时间计算。

本硕连读学制在校生,在硕士学习阶段应征入伍的,以硕士已学习时间计算,实行学费补偿或国家助学贷款代偿,其以前本科学习时间不计入学费补偿或国家助学贷款代偿。

## 第三章　申请与审批

第七条　学生申请应征入伍服义务兵役国家资助应遵循以下程序：

(一)应征报名的学生登录大学生征兵报名系统，按要求在线填写、打印“高校学生应征入伍学费补偿国家助学贷款代偿申请表”(一式两份，以下简称“申请表”)，并提交学校学生资助管理中心。在校期间获得国家助学贷款的学生，需同时提供“国家助学贷款借款合同”复印件和本人签字的一次性偿还贷款计划书。

在生源地入伍的学生在征兵报名时将“申请表”交至入伍所在地县级人民政府征兵办公室(以下简称县级征兵办)。学生通过征兵体检被批准入伍后，县级征兵办对“申请表”加盖公章并返还学生。学生将“申请表”原件和入伍通知书复印件，寄送至学校学生资助管理中心。

(二)学校学生资助管理中心对“申请表”中学生的资助资格、标准、金额(如有生源地信用助学贷款，学校应联系贷款经办银行或贷款经办地县级学生资助管理机构确认贷款金额)等相关信息审核无误后，对“申请表”加盖公章，一份留存，一份返还学生。

第八条　学校学生资助管理中心在收到学生的“申请表”和“入伍通知书”复印件后，对各项内容进行复核，符合条件的，及时向学生进行学费补偿或国家助学贷款代偿。

对于办理校园地国家助学贷款的学生，由学校财务部门和学生资助管理中心按照还款计划，一次性向银行偿还学生校园地国家助学贷款本息，并将银行开具的偿还贷款票据交寄学生本人或其家长。偿还全部贷款后如有剩余资金，汇至学生指定的地址或账户。

对于入学前在户籍所在县(市、区)办理了生源地信用助学贷款的学生，由学校财务部门和学生资助管理中心根据学生签字的还款计划，一次性向银行偿还学生生源地信用助学贷款本息，或由学校财务部门和学生资助管理中心将代偿资金汇入学生贷款经办地县级学生资助管理机构账户，由县级学生资助管理机构向银行偿还；学校或县级学生资助管理机构将银行开具的偿还贷款票据交寄学生本人或其家长，县级学生资助管理机构还应同时将偿还贷款票据复印件寄送学生就读高校。偿还全部贷款后如有剩余资金，汇至学生指定的地址或账户。

第九条　退役后自愿回校复学的学生，到学校报到后向学校提出学费减免申请，填写并提交“高校学生退役复学学费减免申请表”和退出现役证书复印件。学校学生资助管理中心在收到申请材料后，及时对学生申请资格进行审核认定。符合条件的，及时办理学费减免手续。

第十条　资助资金不足以偿还国家助学贷款的，学生应与经办银行重新签订还款计划，偿还剩余部分国家助学贷款。

第十一条　应征入伍服义务兵役的往届毕业生，如申请国家助学贷款代偿的，应由学生本人继续按原还款协议自行偿还贷款，学生本人凭贷款合同和已偿还的贷款本息银行凭证向学校申请全部代偿资金。

## 第四章　资金申请和管理

第十二条　学生应征入伍服义务兵役国家资助资金采取“当年先行预拨，次年据实结算”的办法。

第十三条　每年10月31日前，学校将本年度学生应征入伍服义务兵役国家资助的经费使用等情况，报全国学生资助管理中心审核。

第十四条　学校严格执行国家相关财经法规和本办法的规定，对学生应征入伍服义务兵役国家资助资金实行分账核算，专款专用，并接受财政、审计、纪检监察、主管机关等部门的检查和监督。

## 第五章　管理与监督

第十五条　因本人思想原因、故意隐瞒病史或弄虚作假、违法犯罪等行为造成退兵的学生，学校取消其受助资格，并不得申请学费减免。

被部队退回并被取消资助资格的学生，如学生返回学校，已补偿的学费或代偿的国家助学贷款由学校会同退役安置地县级人民政府征兵办公室收回。学校在收回资金后，及时汇总上缴全国学生资助管理中心。

第十六条　因部队编制员额缩减、国家建设需要、因战因公负伤致残、因病不适宜在部队继续服役、家庭发生重大变故需要退出现役等原因，经组织批准提前退役的学生，仍具备受助资格。

## 第六章　附　则

第十七条　本办法由厦门大学学生资助管理中心负责解释。

第十八条　本办法自公布之日起实施。

——本文摘录自《关于印发〈厦门大学学生应征入伍服义务兵役国家资助暂行办法〉的通知》，厦大学〔2015〕31号，档号 2015-XZ11-1

# 厦门大学退役士兵教育资助暂行办法

（2015年6月10日）

第一条　为提高退役士兵就业能力，根据《关于实施退役士兵教育资助政策的意见》（财教〔2011〕538号）和《关于调整完善国家助学贷款相关政策措施的通知》（财教〔2014〕180号）规定，结合我校实际，制定本办法。

第二条　对退役一年以上，考入我校的自主就业退役士兵，根据本人申请，由政府给予教育资助。

第三条　资助内容：学费资助、家庭经济困难退役士兵学生生活费资助、其他奖助学金资助。

第四条　学费资助标准，全日制本科生申请金额每人每年最高不超过8000元，学费标准低于8000元的，按实际收费标准申请；全日制研究生每人每年申请金额最高不超过12000元，学费标准低于12000元的，按实际收费标准申请。生活费及其他奖助学金资助标准，按我校学生资助政策的有关规定执行。

第五条　学费资助资金全部由中央财政承担，其他资助政策按学校学生资助政策规定执行。

第六条　资助期限：全日制普通高等学历教育一个学制期。

第七条　资助流程：

（一）自主就业退役士兵自愿参加全国统一高考，被我校录取并到学校报到后，向我校学生资助管理中心提出申请。

（二）学校学生资助管理中心核实学生信息后，在开学后及时将录取退役士兵人数和所录专业收费标准汇总报送全国学生资助管理中心。

第八条　退役士兵学费资助采取“先免后补”方式。学校财务部门先免除符合资助条件的退役士兵学生应资助的学费；待审核后，全国学生资助管理中心将退役士兵学费资助资金拨付给学校。

第九条　退役一年以内的自主就业退役士兵考入我校的，按照《国务院中央军委关于加强退役士兵职业教育和技能培训工作的通知》（国发〔2010〕42号）文件规定执行。

第十条　本办法由厦门大学学生资助管理中心负责解释。

第十一条　本办法自公布之日起实施。

——本文摘录自《关于印发〈厦门大学退役士兵教育资助暂行办法〉的通知》，厦大学〔2015〕32号，档号2015-XZ11-1

# 厦门大学毕业生学费和国家助学贷款代偿暂行办法

(2015 年 6 月 10 日)

第一条　为引导和鼓励毕业生面向中西部地区和艰苦边远地区基层单位就业，根据《高等学校毕业生学费和国家助学贷款代偿暂行办法》(财教[2009]15 号)和《关于调整完善国家助学贷款相关政策措施的通知》(财教[2014]180 号)规定，结合我校实际，制定本办法。

第二条　毕业生到中西部地区和艰苦边远地区基层单位就业、服务期在 3 年以上(含 3 年)的，其学费由国家实行代偿。在校学习期间获得国家助学贷款(含校园地国家助学贷款和生源地信用助学贷款，下同)的，代偿的学费优先用于偿还国家助学贷款本金及其全部偿还之前产生的利息。

第三条　本办法中，毕业生是指全日制本科生、研究生应届毕业生。定向、委培以及在校学习期间已享受免除学费政策的学生除外。

第四条　本办法中，西部地区是指西藏、内蒙古、广西、重庆、四川、贵州、云南、陕西、甘肃、青海、宁夏、新疆等 12 个省(自治区、直辖市)。

中部地区是指河北、山西、吉林、黑龙江、安徽、江西、河南、湖北、湖南、海南等 10 个省。

艰苦边远地区是指除上述地区外，国务院规定的艰苦边远地区。

第五条　本办法中的基层单位是指：

(一)中西部地区和艰苦边远地区县以下机关、企事业单位，包括乡(镇)政府机关、农村中小学、国有农(牧、林)场、农业技术推广站、畜牧兽医站、乡镇卫生院、计划生育服务站、乡镇文化站等；

(二)工作现场地处中西部地区和艰苦边远地区县以下的气象、地震、地质、水电施工、煤炭、石油、航海、核工业等中央单位艰苦行业生产第一线。

第六条　凡符合以下全部条件的毕业生，可申请学费和国家助学贷款代偿：

(一)拥护中国共产党的领导，热爱祖国，遵守宪法和法律；

(二)在校期间遵守学校各项规章制度，诚实守信，道德品质良好，学习成绩合格；

(三)毕业时自愿到中西部地区和艰苦边远地区基层单位工作、服务期在 3 年以上(含 3 年)。

第七条　毕业生基层就业学费补偿和国家助学贷款代偿的标准为本科生每人每年不超过 8000 元，研究生每人每年不超过 12000 元。

本科生在校学习期间每年实际缴纳的学费或获得的国家助学贷款低于 8000 元的，按照实际缴纳的学费或获得的国家助学贷款金额实行代偿。毕业生在校学习期间每年实际缴纳的学费或获得的国家助学贷款高于 8000 元的，按照每年 8000 元的金额实行代偿。

研究生在校学习期间每年实际缴纳的学费或获得的国家助学贷款低于 12000 元的，按照实际缴纳的学费或获得的国家助学贷款金额实行代偿。毕业生在校学习期间每年实际缴纳的学费或获得的国家助学贷款高于 12000 元的，按照每年 12000 元的金额实行代偿。

本科、研究生毕业生代偿学费和国家助学贷款的年限，分别按照国家规定的相应学制计算。

第八条　国家对到中西部地区和艰苦边远地区基层单位就业的获得学费和国家助学贷款代偿资格的毕业生采取分年度代偿的办法，学生毕业后每年代偿学费或国家助学贷款总额的 1/3，3 年代偿完毕。

第九条　符合条件的毕业生，按以下程序申请学费和国家助学贷款代偿：

(一)毕业生本人在办理离校手续时向各学院(研究院、教学部)递交“学费和国家助学贷款代偿申请表”和毕业生本人、就业单位与学校三方签署的到中西部地区和艰苦边远地区基层单位服务3年以上的就业协议。

在校学习期间获得国家助学贷款的高校毕业生，在与国家助学贷款经办银行签订毕业后的还款计划书时，应注明已申请国家助学贷款代偿，如果获得国家助学贷款代偿资格，不需自行向银行还款。

（二）各学院（研究院、教学部）对学生的申请材料进行初审，提交学生资助管理中心审核。

（三）学校学生资助管理中心审查学生申请资格。在每年6月底前，将符合条件的毕业生相关材料集中报送全国学生资助管理中心审批。对存在“二次定岗”的毕业生，在毕业生提交有关证明材料并经审查后，最迟于当年12月底前将申请材料集中报送全国学生资助管理中心审批。

第十条　学校学生资助管理中心在每年6月30日前将当年需办理学费和国家助学贷款代偿毕业生的在职在岗情况报送全国学生资助管理中心。

学校、就业单位和国家助学贷款经办银行建立定期联系制度。学校为经资格审查合格的学费和国家助学贷款代偿的毕业生建立完整准确的档案，并将毕业生在本学段学习期间获得学费和国家助学贷款代偿情况书面通知毕业生本人、就业单位人事部门及国家助学贷款经办银行。同时，定期向全国学生资助管理中心和国家助学贷款经办银行通报毕业生的工作情况。

第十一条　除因正常调动、提拔、工作需要换岗而离开中西部地区和艰苦边远地区基层单位外，对于未满3年服务年限，提前离开中西部地区和艰苦边远地区基层单位的毕业生，学校根据就业单位人事部门的申请，及时办理取消学费和国家助学贷款代偿资格的相关手续，并将有关情况报送全国学生资助管理中心。全国学生资助管理中心从当年开始停止对其学费的代偿。

第十二条　对于取消国家助学贷款代偿资格的毕业生，改由其本人负责偿还余下的国家助学贷款本息。

对于不及时向学校提出取消学费和国家助学贷款代偿资格申请、不与银行重新签订还款计划书、提前离岗的毕业生，一律视为严重违约，国家有关部门将其不良信用记录及时录入国家金融业统一征信平台相关数据库。

第十三条　全国学生资助管理中心将代偿资金拨付给学校后，学校及时将代偿资金代为偿还给毕业生国家助学贷款经办银行或返还给毕业生本人。

第十四条　学校严格执行国家相关财经法规和本办法的规定，对代偿资金实行分账核算，专款专用，不得截留、挤占、挪用，同时应接受财政、审计、纪检监察、主管机关等部门的检查和监督。

第十五条　对于弄虚作假的毕业生，一经查实，除收回国家代偿资金外，将按有关规定追究相关责任。

第十六条　本办法由厦门大学学生资助管理中心负责解释。

第十七条　本办法自公布之日起实施。

——本文摘录自《关于印发〈厦门大学毕业生学费和国家助学贷款代偿暂行办法〉的通知》，厦大学〔2015〕33号，档号2015-XZ11-1

# 厦门大学国家助学贷款管理暂行规定

(2015年6月11日)

## 第一章 总 则

第一条 为加强国家助学贷款管理,规范操作流程,帮助家庭经济困难学生通过申请国家助学贷款顺利完成学业,根据《国务院办公厅转发教育部、财政部、人民银行、银监会〈关于进一步完善国家助学贷款工作若干意见〉的通知》(国办发〔2004〕51号)、《关于调整完善国家助学贷款相关政策措施的通知》(财教〔2014〕180号)、《教育部、财政部、中国人民银行、银监会关于完善国家助学贷款政策的若干意见》(教财〔2015〕7号)等有关规定,结合我校实际,制定本规定。

第二条 本规定所称的国家助学贷款是指学生在校期间办理的校园地国家助学贷款和生源地信用助学贷款。校园地国家助学贷款是指校园地国家助学贷款经办银行向符合申请条件的学生发放的,由中央财政贴息,用于学生所需学费、住宿费的信用助学贷款。生源地信用助学贷款是指学生和家长(或其法定监护人)通过学生入学前户籍所在县(市、区)的学生资助管理机构或相关金融机构申请办理的国家助学贷款。

校园地国家助学贷款经办银行和生源地学生资助管理机构或相关金融机构以下统称贷款经办银行。

第三条 学校学生资助工作领导小组负责统筹国家助学贷款工作,对贷款工作进行指导和监督。学生资助管理中心负责全校学生国家助学贷款的申请、审核及贷后管理等工作;财务处负责全校学生国家助学贷款的发放工作。

各学院(研究院、教学部)学生工作组具体负责本单位国家助学贷款的申请、审核及贷后管理等工作。

## 第二章 贷款对象与条件

第四条 申请国家助学贷款的学生为我校家庭经济困难的全日制在校本科生、研究生。

第五条 申请国家助学贷款的学生应具备下列基本条件:

(一)具有中华人民共和国国籍,且持有中华人民共和国居民身份证;

(二)具有完全民事行为能力(未成年人须由其法定监护人出具书面同意书);

(三)诚实守信,遵纪守法,无违法违纪行为,无不良诚信记录;

(四)学习努力,能够正常完成学业;

(五)因家庭经济困难,所能筹集到的资金不足以支付其在校学习期间的学费、住宿费等费用;

(六)符合贷款规定的其他条件。

## 第三章 贷款额度、期限与利率

第六条 全日制本科生每人每年申请贷款额度不超过8000元;年度学费和住宿费标准总和低于8000元的,贷款额度可按照学费和住宿费标准总和确定。

全日制研究生每人每年申请贷款额度不超过12000元;年度学费和住宿费标准总和低于12000元的,贷款额度可按照学费和住宿费标准总和确定。

第七条 国家助学贷款期限原则上按国家规定的学制加十三年确定,最长不超过二十年。

第八条　国家助学贷款利率执行中国人民银行同期公布的同档次基准利率，不上浮。贷款学生在校学习期间，国家助学贷款所产生的全部利息由财政全额补贴。贷款学生在校期间因患病等原因休学的，应向贷款经办银行提供相关证明，经银行审核确认后，休学期间的贷款利息由财政全额贴息。毕业后所产生的贷款利息或罚息由贷款学生承担。

## 第四章　贷款的申请、审批与发放

第九条　全日制本科生在同一学年内不得重复申请获得校园地国家助学贷款和生源地信用助学贷款，只能选择申请办理其中一种贷款。全日制研究生原则上申请办理校园地国家助学贷款。

第十条　申请校园地国家助学贷款的学生需提供以下申请材料：

(一)国家助学贷款申请审批表；

(二)贷款学生的学生证和居民身份证复印件(未成年人须提供法定监护人的有效身份证明和书面同意申请贷款的证明)；

(三)贷款学生对家庭经济困难情况的说明；

(四)有效家庭经济困难证明原件(困难证明必须是申请贷款当年开具的，且由学生家庭所在地乡镇以上民政部门盖章)；

(五)研究生还需提供中国人民银行个人信用信息基础数据库授权书；

(六)银行或学校要求提供的其他证明材料。

第十一条　申请生源地信用助学贷款的学生在每学年开学前，向家庭所在县(市、区)的学生资助管理机构或相关金融机构提出申请，由当地学生资助管理机构或相关金融机构进行审核和审批；审批通过并签订贷款合同后，学生在每学年9月份开学后将生源地信用助学贷款高校确认书交到学校学生资助管理中心，由学校学生资助管理中心进行确认。

第十二条　申请校园地国家助学贷款的学生须向学生所在学院(研究院、教学部)学生工作组提交申请材料，由各学院(研究院、教学部)进行严格审查，在确认申请材料齐全、真实、完整后上报学校学生资助管理中心。

学校学生资助管理中心对学生的申请材料进行复审，在确认材料无误后送校园地国家助学贷款经办银行审批，经办银行审批通过、确定贷款学生名单后，学校学生资助管理中心与经办银行统一组织贷款学生签订贷款合同。

第十三条　校园地国家助学贷款实行一次申请、一次授信、分期发放的方式，即学生可以与银行一次签订多个学年的贷款合同，但银行要分年发放。学生的贷款申请经银行审批通过后，学生贷款按学年分期划入学校指定账户用于缴纳贷款学生的学费和住宿费，当年剩余贷款由学校财务处直接划入贷款学生账户。

生源地信用助学贷款按年度申请、审批和发放。学生每年都须向当地学生资助管理机构或相关金融机构提出申请，学生贷款在经学校学生资助管理中心确认学生信息后由当地金融机构直接划入学校指定账户用于缴纳贷款学生的学费和住宿费，当年剩余贷款由学校财务处直接划入贷款学生账户。

第十四条　贷款学生的校园地国家助学贷款金额确定后，原则上在贷款期限内保持不变。中途若要求终止贷款，可通过学校学生资助管理中心向校园地国家助学贷款经办银行申请终止贷款发放。

## 第五章　贷款的偿还

第十五条　贷款学生应严格按贷款合同履行还贷义务。

第十六条　贷款学生毕业离校前，学校学生资助管理中心组织校园地国家助学贷款毕业生与校园地国家助学贷款经办银行办理还款确认手续，制订还款计划，签订还款协议，还款期限由贷款学生与经办银行双方协商确定。贷款毕业生与经办银行办理上述手续后，学校方可为其办理毕业手续。

第十七条　贷款毕业生若选择分期还款方式，须按照分期还款协议每月定期在指定账户存入足额的还款金,以便贷款经办银行自动扣缴贷款金额。贷款毕业生在与贷款经办银行制订还款计划时,可选择使用还本宽限期。还本宽限期内贷款毕业生只需偿还利息,无须偿还贷款本金,还本宽限期为3年,从还款计划确认开始,计算至贷款学生毕业后第36个月底。在还款期内继续攻读学位的贷款学生再读学位毕业后,仍可享受36个月的还本宽限期。

第十八条　贷款毕业生若继续攻读学位,可在毕业前向学校学生资助管理中心、生源地学生资助管理机构或相关金融机构提出展期申请,并提供继续攻读学位的相关证明。经审核通过后,由贷款经办银行为其办理展期手续。展期期间的利息,由财政部门继续按在校生实施全额贴息。

第十九条　贷款毕业生若选择提前还款方式,可提前10日向贷款经办银行提出,待银行计算出应还本息后,带上有效证件到贷款经办银行办理提前还款手续。

第二十条　贷款学生发生休学、退学、出国(含出境)、被开除学籍、死亡及其他不能正常完成学业等情况的,学校学生资助管理中心会及时将此情况告知校园地国家助学贷款经办银行,并通知贷款学生或其法定代理人及时与经办银行联系办理贷款停发、还款确认等手续。贷款学生或其法定代理人与经办银行办妥上述手续后,学校方可为其办理相应手续。

贷款学生发生转学时,需及时将情况告知学校学生资助管理中心与校园地国家助学贷款经办银行,并与经办银行办理还款手续后,学校方可为其办理转学手续。

第二十一条　贷款学生在离校前必须向所在学院(研究院、教学部)、学校学生资助管理中心及贷款经办银行提供离校后的去向和有效联系方式。

第二十二条　贷款学生毕业时,符合国家助学贷款代偿政策要求的,可按有关政策规定申请代偿。

## 第六章　贷后管理

第二十三条　贷款学生应恪守信用,严格按照与贷款经办银行签订的还款协议,按时还清贷款本息。

第二十四条　学校学生资助管理中心、各学院(研究院、教学部)积极配合贷款经办银行,多手段、多方式对贷款学生进行诚信教育、征信知识教育和法制教育,增强贷款学生的诚信意识、法制意识。

第二十五条　贷款学生毕业后,在未还清贷款本息期间,个人情况有所变动时,必须将变更的住址、工作单位、联系电话等有效联系方式及时告知贷款经办银行、学校学生资助管理中心和各学院(研究院、教学部)。

第二十六条　贷款学生毕业后,在还款期内遇到各种还款问题时,须及时与贷款经办银行、学校学生资助管理中心、各学院(研究院、教学部)取得联系,避免逾期和产生不良信用记录等问题。

第二十七条　学校学生资助管理中心、各学院(研究院、教学部)建立贷款学生信息数据库,录入贷款学生的申请、还款、逾期、违约等贷款信息,建立贷款学生信用档案。学校学生资助管理中心、各学院(研究院、教学部)与贷款经办银行共同做好贷款毕业生的贷后还款监督工作,关注贷款毕业生的还款情况,多途径进行催还工作。

第二十八条　各学院(研究院、教学部)根据学校学生资助管理中心每月发布的贷款逾期数据做好当月的催还工作,并及时报送当月催还情况。各学院(研究院、教学部)的贷款回收情况纳入学生资助工作考核范畴。

第二十九条　对没有按照协议约定的期限、数额归还国家助学贷款的学生,贷款经办银行将对违约贷款金额计收罚息,并将其违约行为载入金融机构征信系统,金融机构将不再为其办理新的贷款业务和其他授信业务。

第三十条　连续拖欠贷款超过一年且不与贷款经办银行主动联系的贷款违约学生,贷款经办银行有权将违约学生的姓名、身份证号、毕业学校、违约行为等信息提供给全国学生资助管理中心。

第三十一条　学校利用国家助学贷款风险补偿金结余奖励资金、社会捐资助学资金或学生奖助基金,建立国家助学贷款还款救助机制,用于救助特别困难的贷款毕业生。对于因病丧失劳动能力、家庭遭遇重大自然灾害、家庭成员患有重大疾病以及经济收入特别低的贷款毕业生,如确实无法按期偿还贷款,可向学校学生资助管理中心提出救助申请并提供相关书面证明，经核实后，可启动救助机制为其代偿应还本息。

## 第七章　附　则

第三十二条　本规定由厦门大学学生资助管理中心负责解释。

第三十三条　本规定自颁布之日起施行。

——本文摘录自《关于印发〈厦门大学国家助学贷款管理暂行规定〉的通知》，厦大学〔2015〕34号，档号 2015-XZ11-1

# 厦门大学学术委员会章程(2015年修订)

(2015年6月12日)

## 第一章　总　则

第一条　为进一步完善学校内部治理结构,充分保障学术委员会在学术事务中有效发挥作用,根据《高等学校学术委员会规程》和《厦门大学章程》的有关规定,结合学校实际情况,制定本章程。

第二条　学术委员会是学校最高学术机构,统筹行使学术事务的决策、审议、评定和咨询等职权。

第三条　学术委员会坚持公平、公正、公开的原则开展工作,发扬学术民主,鼓励学术创新,弘扬学术道德,营造良好学风,推动学术水平提高和学校教育事业科学发展。

## 第二章　职责权限

第四条　学校下列事务决策前,根据校行政部门的需要可交由学术委员会审议或做出决定:

(一)学科、专业及教师队伍建设规划,以及科学研究、对外学术交流合作等重大学术规划;

(二)自主设置或者申请设置学科专业;

(三)学术机构设置方案,交叉学科、跨学科协同创新机制的建设方案,学科资源的配置方案;

(四)教学科研成果、人才培养质量的评价标准及考核办法;

(五)学位授予标准及细则,学历教育的培养标准、教学计划方案、招生的标准与办法;

(六)学校教师职务聘任的学术标准与办法;

(七)学术评价、争议处理规则,学术道德规范;

(八)学术委员会专门委员会组织规程,学术分委员会章程;

(九)学校认为需要提交审议的其他学术事务。

第五条　学校实施以下事项,涉及对学术水平做出评价的,应当由学术委员会或者其授权的学术组织设定标准或者直接进行评定:

(一)学校教学、科学研究成果奖励,对外推荐教学、科学研究成果奖;

(二)高层次人才引进岗位人选、名誉教授聘任人选;

(三)自主设立各类学术、科研基金、科研项目以及教学、科研奖项等;

(四)需要评价学术水平的其他事项。

第六条　学校做出下列决策前,应当通报学术委员会,学术委员会可提出咨询意见供学校行政部门参考:

(一)制定与学术事务相关的全局性、重大发展规划和发展战略。

(二)学校预算决算中教学、科研经费的安排和分配及使用。

(三)教学、科研重大项目的申报及资金的分配使用。

(四)开展中外合作办学、赴境外办学,对外开展重大项目合作。

(五)学校认为需要听取学术委员会意见的其他事项。

学术委员会对上述事项提出明确不同意见的,学校应当做出说明、重新协商研究或者暂缓执行。

第七条　学术委员会按照有关规定及学校委托,授权下属学风委员会受理有关学术不端行为的举报并进行调查，裁决学术纠纷，提出处理决定交学校行政部门执行。

第八条　学术委员会承担以下指导工作：

（一）指导学校学术委员会下设专门委员会开展工作；

（二）指导学院（研究院）的学术委员会开展工作。

## 第三章　组织机构与组成人员

第九条　学术委员会委员为不低于 15 人的单数，分管教学与科研的副校长为当然委员。学术委员会设主任 1 名，副主任若干名。

第十条　学术委员会下设秘书处，秘书处挂靠在研究生院，负责学术委员会的日常事务工作。秘书长由研究生院副院长（由分管教学的副校长提名）担任。

第十一条　学术委员会可设立专门委员会并授权它们处理专项学术事务，履行相应职责。专门委员会的组成、运行及工作条例另行制定。

第十二条　建立学校、学部、学院三级学术管理体制，学院（研究院）根据学校有关规定设立相应的学术委员会。学院（研究院）学术委员会由 9～11 人组成，应有一定数量的、符合条件的中青年教学、科研骨干参加。学院（研究院）学术委员会设主任 1 名，根据工作需要设副主任 1～2 名。主任由学院（研究院）学术带头人担任，委员以教授为主。

学院（研究院）学术委员会的组成由学院（研究院）提名，报校学术委员会审批。

第十三条　学术委员会委员应具备下列条件：

（一）坚持原则，实事求是，治学严谨，作风正派，具有良好的学术道德，热心学校学术事务；

（二）各主要学科带头人或知名教授，学术造诣高，在学科、专业领域具有良好的学术声誉；

（三）关心学校建设和发展，有参与学术议事的热情和能力，能够正常履行职责；

（四）学校规定的其他条件。

## 第四章　委员的权利与义务

第十四条　学术委员会委员享有以下权利：

（一）了解与学术事务相关的学校各项管理制度、信息等，并向相关职能部门提出咨询要求；

（二）出席学术委员会会议，并在学术委员会会议中自由、独立地发表意见，讨论、审议和表决各项决议；

（三）对学术委员会工作提出建议并实施监督；

（四）学校章程或者学术委员会章程规定的其他权利。

第十五条　学术委员会委员须履行以下义务：

（一）遵守国家宪法、法律和法规，遵守学术规范和恪守学术道德；

（二）遵守学术委员会章程，公正、负责地履行职责；

（三）积极参加学术委员会会议及有关活动，推动学术委员会工作；

（四）对学术委员会会议上讨论的保密事项严格保密；

（五）学校章程或者学术委员会章程规定的其他义务。

## 第五章　换　届

第十六条　学术委员会委员每届任期 4 年。学术委员会委员可以连任，但最长连任不超过 2 届。学术委员会每次换届，连任的委员人数不超过上届总人数的 2/3。

第十七条　学术委员会需换届时，由校长提名新一届学术委员会委员名单，提请校长办公会审定。

第十八条　学术委员会换届时，应推荐一定比例的中青年学术领军人物。

## 第六章 终止委员资格和更换委员

第十九条 学术委员会委员有下列情形之一的,由秘书处报学术委员会主任同意,提请校长审定,可免除或同意其辞去委员职务:

(一)本人书面申请辞去委员职务的;

(二)工作调离且不方便继续履行职责的;

(三)以行政职务身份参加委员会工作的委员但职务发生变动的;

(四)违背学术道德规范、危害学校学术声誉的;

(五)因其他原因不能担任委员职务的。

第二十条 在届中终止委员资格的,应更换相应人数的委员。更换的委员由学术委员会主任提名,提请校长审定。

## 第七章 工作制度

第二十一条 学术委员会实行例会制度,每学期至少召开 1 次全体会议。根据工作需要,经学术委员会主任或者校长提议,或者 1/3 以上委员联名提议,可以临时召开学术委员会全体会议,商讨、决定相关事项。

第二十二条 学术委员会在闭会期间由学术委员会主任联席会议行使职权。主任联席会议由分管教学与科研的副校长、学术委员会主任、副主任和秘书长组成。

第二十三条 学术委员会可通过召开会议或通信评审方式开展工作。委员会应充分发挥学术民主,重要决议事项采用“票决制”。

学术委员会会议审议决定或者评定的事项,一般应当以无记名投票方式做出决定;也可以根据事项性质,采取实名投票方式。

学术委员会审议或者评定的事项与委员本人及其配偶和直系亲属有关,或者具有利益关联的,相关委员应当回避。

第二十四条 学术委员会会议实行实名签到制,签到情况由秘书处备案。因特殊情况不能出席会议时,应向秘书处请假。

第二十五条 学术委员会会议由主任主持。主任因故不能主持会议时,由主任委托 1 名副主任主持。学术委员会必须有 2/3 以上委员出席方可开会。学术委员会审议的重大事项,原则上应协商一致,需表决时,应有 2/3 以上出席委员同意方为通过。

第二十六条 学术委员会通过通信评审形式开展工作的,原则上需要全体委员参加通信评审。评审结果由秘书处汇总、整理后向主任汇报,主任审批同意后方可报送,同时向全体学术委员报告评审结果。

第二十七条 学术委员会讨论或审议重大学术问题及相关问题时,可根据工作需要邀请相关人员列席会议,在充分听取意见后进行审议。

学术委员会须根据有关纪律和规定将审议结果予以公示,接受公众监督。涉及秘密等不能公示的,应予以说明。学术委员会在公示过程中应设置异议期,在异议期内如有异议,经 1/3 以上委员同意,可召开全体会议复议。经复议的决定为终局结论。

第二十八条 学术委员会会议主要内容以会议纪要或(和)会议决议、决定方式形成文件。文件的起草、发布由学术委员会秘书处负责。

## 第八章 附 则

第二十九条 本章程中所称“以上”“以下”,均含其本数。

第三十条　本章程由学校学术委员会负责解释。

第三十一条　本章程自颁布之日起实行。

——本文摘录自《关于印发〈厦门大学学术委员会章程(2015年修订)〉的通知》,厦大研〔2015〕19号,档号2015-XZ28-1

# 厦门大学本科生创新学分认定办法(试行)

(2015年6月18日)

为鼓励本科生积极参加科创竞赛活动,引导学生自主性、探索性、实践性学习,提高学生的实践能力,增强学生的创新意识,培养高素质创新型人才,学校实行本科生创新学分奖励制度,并制定本办法。

## 第一章　总　则

第一条　本科生创新学分是指全日制本科生在读期间,在学校认定的各级各类竞赛、科学研究、发明创造、发表论文等方面取得成果,通过申请和认定后所获得的相应学分。

第二条　创新学分纳入本科人才培养方案,计入教学计划总学分。

第三条　2015级起创新学分作为必修要求,每名本科生应至少取得2个学分。其他年级不做必修要求,所获得的创新学分可作为任意选修课学分。

## 第二章　认定内容与标准

第四条　学生参加学校组织的省市级及以上学业竞赛,可获得1学分;参赛获奖的:

1.国际级:一等奖及以上6学分,二等奖5学分,其余4学分;

2.国家级:一等奖及以上5学分,二等奖4学分,其余3学分;

3.区域级:一等奖及以上4学分,其余3学分;

4.省市级:一等奖及以上3学分,其余2学分;

5.校　级:一等奖2学分,其余1学分;

6.院　级:二等奖及以上1学分。

第五条　学生参加大学生创新创业训练计划项目(含国家级、省级、校级、院级)或厦门大学基础创新科研基金(本科生项目),完成项目计划内容并通过结题验收的:

1.国家级:项目负责人4学分,其他项目成员0～4学分;

2.省　级:项目负责人3学分,其他项目成员0～3学分;

3.校　级:项目负责人3学分,其他项目成员0～3学分;

4.院　级:项目负责人2学分,其他项目成员0～2学分;

5.厦门大学校长基金本科生项目:项目负责人4学分,其他项目成员0～4学分;

6.基础创新科研基金(本科生项目):项目负责人4学分,其他项目成员0～4学分;

7.经教务处备案的学院层面组织的其他本科生科研训练项目:项目负责人2学分,其他项目成员0～2学分。

第六条　学生发表论文的(以厦门大学核心学术刊物目录为准;指导教师是第一作者,学生是第二作者的视为第一作者):

1.一类核心学术刊物:第一作者5学分,第二至第四作者依次为3、2、1学分;

2.二类核心学术刊物:第一作者3学分,第二至第四作者依次为2、1、1学分;

3.其他公开出版的学术刊物(含学术会议论文集):第一作者2学分,第二至第四作者均为1学分。

第七条　学生获得专利(以缴证书费的收录通知书或专利证书为准)的：

1.发明专利：第一专利人 5 学分，第二至第四专利人依次为 3、2、1 学分；

2.实用新型专利：第一专利人 3 学分，第二至第四专利人依次为 2、1、1 学分。

第八条　学生获得软件著作权的：第一著作权人 3 学分，第二至第四著作权人依次为 2、1、1 学分。

## 第三章　记分原则

第九条　项目或作品第一作者单位必须为厦门大学。同一项目或作品按照所获得最高奖项获得学分，不得重复计算。

第十条　创新学分累计超过 2 学分的，超过部分可冲抵全校性选修课学分，累计冲抵不超过 4 学分。

## 第四章　组织实施

第十一条　创新学分认定实行校、院两级管理，学生申请、学院审核、教务处认定。

第十二条　教务处在分管校领导的指导下，负责组织、管理全校创新学分认定工作；制定认定工作的有关文件；负责管理教务管理系统中创新学分。

第十三条　各学院成立以分管院长担任组长的"创新学分认定工作组"(简称"工作组")，负责创新学分认定的具体工作。工作组应按照学校的有关规定和要求，结合学院学科专业特点，制定本学院创新学分认定的实施细则；组织、落实本学院创新学分的认定管理工作；指定专人负责创新学分的登记及录入工作。

第十四条　创新学分申请在每年春季学期进行。当年度第二批毕业的学生，如在毕业前取得了新的创新学分，可以在 9 月初进行补申请。

第十五条　创新学分认定程序：

1.大学生创新创业训练计划项目、基础创新科研基金(本科生项目)和院级科研训练项目由学院根据项目结题验收情况进行认定，登记创新学分，并报教务处备案。

2.学业竞赛、论文、发明专利等认定程序如下：

(1)学生申请。学生填写创新学分申请表，并附相关支撑材料，提交所在学院。

(2)学院审核。学院工作小组负责审核和认定学生申报的创新学分，报给教务处。

(3)学校审核。教务处对全校申报情况进行审核、公示。

(4)学分登记。经学校认定的创新学分，由学院教学秘书负责登记并录入教务管理系统。

3.学分登记原则：课程名称登记为"创新实践"，其他教学环节，根据所获得的累计创新学分数，确定"创新实践"的成绩等级：A≥5 学分，4 学分≤B<5 学分，3 学分为 C，2 学分为 D，少于 2 学分为 F。创新学分不纳入课程学分绩点计算。

第十六条　对于创新能力突出、取得较多创新学分的学生，在评奖评优时，在同等条件下优先考虑。

## 第五章　其　他

第十七条　学生对创新学分认定有异议的，可向学院或学校教务处提出书面复核申请。

第十八条　创新学分申请表和相关证明材料内容必须真实可靠。弄虚作假者，取消所获得的相关学分，并按《厦门大学学生违纪处分规定》进行处理；因学院管理不严，造成违规认定的，学校将视情节轻重追究相关当事人责任，并按照《厦门大学教学事故认定与处分暂行办法》进行处理。

## 第六章　附　则

第十九条　本办法自公布之日起实施，原有本科生创新创业有关的规定如与本办法不符，以本办法为准。

第二十条　本办法由教务处负责解释。

——本文摘录自《关于印发〈厦门大学本科生创新学分认定办法(试行)〉的通知》,厦大教〔2015〕33号,档号 2015-XZ12-10

# 厦门大学本科生学业竞赛管理办法(试行)

(2015年6月18日)

为规范本科生学业竞赛管理工作,鼓励学生积极参加学业竞赛活动,引导学生自主性、探索性、实践性学习,提高学生的实践能力,增强学生的创新意识,培养高素质创新型人才,特制定本办法。

## 第一章 总 则

第一条 本办法所指学业竞赛专指本科生学业竞赛。

第二条 学业竞赛类别:

1.国际级竞赛:由联合国教科文组织及其他国际学术团体组织的在某学科具有重要国际影响力的学业竞赛;

2.国家级竞赛:由教育部及其委托的相关专业教学指导委员会组织的学业竞赛,以及由社会机构组织的已在全国范围内产生重大影响力的比赛;

3.区域级竞赛:由各省教育厅及相关部门组织的区域性学业竞赛;

4.省市级竞赛:由福建省教育厅、厦门市教育局及相关部门组织的学业竞赛;

5.校级竞赛:为参加以上各项学业竞赛而进行的全校范围内的选拔赛,或经学校正式立项的学业竞赛;

6.院级竞赛:由学院组织,面向全院学生的学业竞赛;

7.其他经学院推荐、学校认可的在本专业领域有重要影响的各类竞赛。

第三条 学校对学业竞赛实行项目化管理,所有学业竞赛均须经本科生学业竞赛管理办公室立项或备案。

第四条 学校重点支持跨学科、受益面大、参与面广的校级竞赛,以及与国家级、国际级竞赛对接的校内选拔赛;鼓励各学院组织学生积极外出参加国际级、国家级竞赛。

第五条 学校鼓励本科生积极参加学业竞赛,每名学生在校期间至少应参加一项学业竞赛。各学院应积极支持学生参加跨学科学业竞赛。

## 第二章 组织管理

第六条 学校按照校院两级管理的原则对学业竞赛进行管理。

第七条 学校成立本科生科创竞赛工作领导小组,分管教学副校长任组长,领导小组下设本科生学业竞赛管理办公室(以下简称"竞赛办"),挂靠教务处,负责学业竞赛的统筹与协调工作;学院成立本科生学业竞赛工作小组,负责具体赛事组织工作。

第八条 竞赛办主要工作职责:

1.制定学校学业竞赛管理办法并组织实施;

2.制订全校学业竞赛年度工作计划与经费预算,筹措和管理竞赛经费;

3.打造校级学业竞赛平台,组织校级学业竞赛,协调竞赛所需的校内资源;

4.审核学院参加校外学业竞赛工作计划与经费预算,协调、支持学院组队参加校外各级各类学业竞赛,重点资助国家级、国际级竞赛;

5.做好竞赛宣传工作,指导学院宣传报道竞赛情况,重点做好典型案例的宣传报道工作;

6.加强竞赛过程管理,强化指导和服务工作;

7.建设学业竞赛管理平台,做好本科生创新网的管理与维护;

8.指导学院做好各级各类学业竞赛工作总结,整理、归档竞赛资料,统计、分析竞赛数据;

9.组织审核学院报送的学业竞赛创新学分;

10.组织审核学院推荐的申请单列推荐免试硕士研究生指标的学业竞赛获奖学生材料;

11.组织召开年度本科生科创竞赛总结表彰大会,开展学业竞赛工作经验交流。

第九条　学院本科生学业竞赛工作小组主要工作职责:

1.结合学科专业特点,进行资源有效整合,建立科学的竞赛规则,构建有利于人才培养的竞赛平台。

2.申报校级学业竞赛立项,做好竞赛承办工作。

3.组织学生参加各级各类学业竞赛。

4.按照学校财务管理有关规定,科学合理使用竞赛经费;积极筹措竞赛经费。

5.加大宣传力度,扩大竞赛影响力。在学校本科生创新网及时发布竞赛通知、竞赛规则、赛程安排等有关赛事信息,公布获奖名单,报道赛事情况。

6.强化过程管理,精心组织实施,提供必要的仪器设备、实验耗材和竞赛场地等。

7.配备竞赛指导教师,组织学生竞赛前的辅导和培训。

8.完成竞赛工作总结,向学校竞赛办报送竞赛相关材料。

9.审核学生学业竞赛创新学分。

10.审核申请单列推免硕士研究生指标的学业竞赛获奖学生材料,向学校竞赛办报送推荐名单材料。

第十条　学院、研究院、教学部可结合竞赛,开展教育教学研究和改革,可以将竞赛相关课程纳入专业选修课程,并适时修订专业人才培养方案。

## 第三章　经费管理

第十一条　学校设立本科生学业竞赛专项经费,纳入年度经费预算,实行项目管理、专款专用。

第十二条　学院在申报竞赛立项时提交竞赛经费预算和使用安排,竞赛办根据往年参赛情况和实际需要,确定当年度的资助经费额度。

第十三条　竞赛立项后,竞赛办根据核定的额度下拨经费,学院按计划组织开展竞赛工作。在当年度内未能开展竞赛或情况有变竞赛取消的,学校将收回资助经费。

第十四条　专项经费主要用于:

1.参赛报名费;

2.指导教师以外的专家培训费、讲座费;

3.校外竞赛期间学校领队、指导教师及参赛学生的住宿费、交通费、伙食补贴;

4.赛前培训及赛时使用的元器件、材料、纸张等消耗材料费,制作加工费;

5.校级学业竞赛的命题、评审费及获奖学生奖金;

6.相关会议差旅费。

第十五条　使用竞赛经费购买的非消耗性材料、设备、资料等归学校所有。学院应当按照学校有关资产规定,做好入库、登记等工作。

第十六条　鼓励学院多渠道筹措竞赛经费。提供赞助的企事业单位经竞赛办同意,可获校级竞赛的冠名权。

## 第四章　表彰奖励

第十七条　参加国际级、国家级学业竞赛,成绩突出的竞赛获奖个人(或集体),符合《厦门大学学生表彰奖励暂行规定》,可申请通令嘉奖、通报表扬等。

第十八条　学校每年度召开本科生科创竞赛总结表彰大会，设立奖励专项经费，对学业竞赛优秀项目、优秀指导教师、先进集体、先进个人等进行表彰奖励。

第十九条　学校设立本科生创新学分，纳入本科人才培养方案。学生可根据参加学业竞赛和获奖情况，按照《厦门大学本科生创新学分认定办法(试行)》申请创新学分，学院审核，学校认定后计入学生成绩档案。

第二十条　获国际级竞赛二等奖及以上或国家级竞赛一等奖及以上，根据《厦门大学推荐优秀应届本科毕业生免试攻读硕士学位研究生工作实施办法》规定，可申请学业竞赛推免单列指标，不受综合排名限制，专业排名可放宽至前 70%。其中团体竞赛项目申请单列指标的学生必须是团队核心队员，且每个项目申请人数不得超过 3 名；获奖情况统计截至推免当年 8 月 31 日。

第二十一条　学院应综合考虑竞赛的影响力，在学院推免工作实施细则中明确竞赛加分有关规定。

第二十二条　教师指导学生参加学业竞赛的工作量按周计，每周按不超过 8 课时/项计算，一般不超过 4 周；每位指导教师每学期指导学业竞赛的工作量不超过 32 课时。具体工作量由学院审核认定，报学校竞赛办备案。

第二十三条　对指导学生参加省市级以上学业竞赛并获得优异成绩的教师，在申报各类教学改革项目时，同等情况下予以优先考虑。

## 第五章　附　则

第二十四条　本办法自公布之日起实施，由竞赛办负责解释。

——本文摘录自《关于印发〈厦门大学本科生学业竞赛管理办法(试行)〉的通知》，厦大教〔2015〕34 号，档号 2015-XZ12-10

# 厦门大学大学生创新创业训练计划管理办法(修订版)

(2015年6月18日)

## 第一章　总　则

第一条　根据《国务院办公厅关于深化高等学校创新创业教育改革的实施意见》(国办发〔2015〕36号)、《教育部关于做好大学生创新创业训练计划实施工作的通知》(教高函〔2012〕5号)、《教育部　财政部关于"十二五"期间实施"高等学校本科教学质量与教学改革工程"的意见》(教高函〔2011〕6号)和有关文件精神,为规范大学生创新创业训练计划(以下简称"大创计划")管理工作,鼓励学生积极参加大创计划,引导学生自主性、探索性、实践性学习,提高学生的实践动手能力,增强学生的创新创业意识,培养高素质创新型人才,推动大众创业、万众创新,特制定本办法。

第二条　大创计划内容包括创新训练项目、创业训练项目和创业实践项目。

1.创新训练项目是本科生个人或团队,在导师的指导下,自主完成创新性实验方法的设计、实验条件的准备、实验的实施、数据处理与分析、报告撰写、成果(学术交流)等工作。

2.创业训练项目是本科生团队,在导师指导下,团队中每个学生在项目实施过程中扮演一个或多个的具体角色,通过编制商业计划书,开展可行性研究、模拟企业运行、进行一定程度的验证试验、撰写创业报告等工作。

3.创业实践项目是学生团队,在学校导师和企业导师共同指导下,采用前期创新训练项目(或创新性实验)的成果,提出一项具有市场前景的创新性产品或者服务,以此为基础开展创业实践活动。

4.创新训练项目和创业训练项目研究周期一般不超过3年。创业实践项目的周期一般不超过4年。

第三条　学校大创计划项目实行国家级、省级、校级、院级四级项目体系,从院级项目遴选校级项目,校级项目遴选省级、国家级项目。

第四条　学校鼓励本科生积极参加科研创新活动,每名学生在校期间应至少参加一项科创项目。

## 第二章　组织机构

第五条　学校按照"兴趣驱动、自主实践、重在过程"的原则对大创项目进行管理。

第六条　学校成立本科生科创竞赛工作领导小组(简称"工作领导小组")和大学生创新创业训练计划专家委员会。

第七条　工作领导小组由学校分管教学副校长任组长,成员包括教务处、学生处、校团委、科技处、社科处、财务处、人事处、宣传部、现代教育技术与实践训练中心和相关部门的主要负责人。工作领导小组下设大学生创新创业训练计划管理办公室(以下简称"大创办"),挂靠教务处,负责研究、制定有关政策,组织项目申报,监督经费使用情况等。

第八条　专家委员会委员由各学院分管大创工作领导和各学科教学科研水平高、有热情、肯投入且具有一定创新创业背景的教师担任,负责大创项目评审、检查、验收,指导学院开展相关工作。

第九条　各学院成立大学生创新创业训练计划工作小组(简称"大创工作小组")和院级专家委员会,负责本院项目的实施管理。

## 第三章　项目申报及立项

第十条　项目申报人限定在全日制本科在读学生，四年制一般应以二至三年级学生为主，五年制一般应以二至四年级学生为主。其他年级的学生也可作为项目组成员参加，但一般不能作为项目主持人。项目申报人需学有余力，有较好素质，并对创新项目具有浓厚兴趣。

第十一条　大创项目于每年上、下半年分两次立项。

1.申请创新训练项目要求：选题范围要适当，研究内容新颖，研究目标明确，具有创新性和探索性。学生需对研究方案及技术路线进行可行性分析，并在实施过程中适时进行调整、优化和改进。项目面向本科生个人或创新团队。团队成员一般不多于 5 人，需确定 1 名项目负责人，并明确每名成员在项目中的具体分工。学生参与创新训练项目，承担在研项目主持工作一般不超过 2 项。

2.申请创业训练项目选题要求：选题范围要适当，目标内容要清晰明确，技术或商业模式要有所创新，保障团队每一位成员均能从中获得不同方面的创业训练。项目面向本科生团队，鼓励不同专业、不同年级、不同背景的学生组成创业训练团队。团队成员一般在 5 人左右，应确定 1 名项目负责人，需明确每名成员在项目中的具体分工。

3.申请创业实践项目选题要求：选题要适当，目标内容要清晰明确，技术或商业模式要有创新，团队中每一位成员均能在其中充当重要角色并发挥作用。不鼓励仅以营利为目的，在技术或商业模式上没有任何创新的项目。项目面向本科生团队，团队成员数量不限，鼓励不同专业、不同年级、不同背景的学生组成创业实践团队，应确定 1 名项目负责人，需明确每名成员在项目中的具体分工。学生参与创业实践项目，承担在研项目主持工作一般不超过 2 项。

第十二条　各学院组织专家委员会对学生的申请书进行预审、答辩，择优推荐项目，参加学校项目评审。学校组织专家委员会对各学院申报的项目进行遴选(其中创业实践项目须进行现场答辩)，确定立项名单。经公示，无异议后，由学校发文公布。

## 第四章　项目中期管理

第十三条　大创计划项目运行实行动态管理：

1.参加计划的项目组学生要遵从导师的安排和指导，合理地安排课程学习和课外创新创业训练工作。如果学生在参加计划项目期间受到学术警告，将终止学生参加资格。

2.项目立项开展一定阶段后，学校对项目进行中期检查；项目中期检查不合格，且无改进措施确保时间精力投入以达到原计划目标，学校将减少或终止经费资助。

3.在中期检查过程中，项目若进展顺利并取得明显成效，学校将给予追加经费，并择优推荐优秀项目申请省级、国家级项目。

4.在实施过程中，项目一般不得变更项目计划。项目实施过程中，若发生学生兴趣转移确实需要变更项目计划时，项目组应提前提出变更申请，经指导教师同意，各学院于每学期开学后第 4 周将变更计划项目送学校教务处备案。

5.项目在实施过程中，如项目组申请提出延期，须在计划截止日前一个月，向教务处提出书面申请，详细阐明延期的缘由。经指导教师同意、学院大创工作小组批准后报教务处审核、备案。原则上每个项目只能申请一次延期，延期时间最长一年。

## 第五章　项目结题管理

第十四条　项目结题验收包括如下程序：

1.项目完成后，各项目负责人填写“大学生创新创业训练计划结题申请表”，提交相关项目研究总结报告、研究成果，或者项目创业报告材料等。

2.学院大创工作小组组织专家委员会对学生提出的项目结题申请材料进行审核、答辩和评议，同时提出成果及学分认定意见,推荐学校优秀项目。

3.结题验收后,学院根据专家委员会学分认定意见,给予0～4创新学分,并记录在学生成绩卡上。

## 第六章 指导教师聘请与管理

第十五条 学院应聘请有热情、肯投入、责任心强、学术水平高、治学严谨且具有中高级职称或博士学位的教师担任指导教师。承担创业训练的指导教师要求有一定行业背景和创业经验,鼓励企业一线人员参与指导本科生创业训练或直接担任本科生创业训练导师。创业实践项目实施双导师制,聘请企业一线人员和本校相关教师担任导师。

第十六条 学生可根据项目需要跨学科聘请指导教师,指导教师可以是单个教师,也可以是多个教师组成的导师组。

第十七条 指导教师要认真履行指导职责,主动加强过程指导,定期组织学生讨论和交流,指导学生保质保量完成计划,监督学生按时完成项目,并取得预期成果。

第十八条 项目指导教师安排应尽可能与本科生导师制相结合,充分发挥导师指导作用。

## 第七章 经费管理

第十九条 学校设立大创计划项目专项经费,纳入年度经费预算,实行项目管理、专款专用。对国家级、省级的项目,学校给予配套经费支持。

第二十条 项目经费由承担项目的学生在预算框架内使用,教师不得使用项目经费。经费开支项目的报销由项目负责人提出,经指导教师审核、确认,项目负责人签字方可报销。

第二十一条 项目经费主要用于购买(复印)图书、资料、实验耗材,参加学术会议、学术交流、调研及文案策划活动等。学院不得截留或挪用。

第二十二条 经费使用按批准申请书中的预算和学校财务管理规定执行。学校对项目经费实行监督管理,项目结束后进行决算,并接受审计部门监督。

## 第八章 条件支持和氛围营造

第二十三条 学校科技园要积极承担创新创业训练任务。特别要为参与创业训练和创业实践计划的学生提供技术、场地、政策、管理或孵化服务。

第二十四条 学校国家重点实验室、教育部重点实验室、各级实验教学示范中心要向参加项目学生开放,同时为申请在实验室开展大创计划项目的学生预留位置和时间。

第二十五条 学校积极营造创新创业文化氛围。面向全校本科生开设创新创业课程,邀请知名校友开设"校友创业论坛",激发学生创新创业热情,培养学生创业意识。学校每年定期举办年度大学生创新创业论坛,为学生创新创业提供交流经验、展示成果、共享资源的机会。

## 第九章 表彰与奖励

第二十六条 以第一作者身份在国内外重要学术刊物上发表有较高学术价值的论文,或以第一作者身份在出版社出版有较高学术价值的专著,或以主要负责人身份参与的科研成果获省、部级以上奖励,或以第一发明人身份获得国家发明专利,或参加国际级、国家级学业竞赛,成绩突出的竞赛获奖个人(或集体),符合《厦门大学学生表彰奖励暂行规定》,可申请通令嘉奖、通报表扬等。

第二十七条 学校每年度召开本科生科创竞赛总结表彰大会,设立奖励专项经费,对优秀项目、优秀论文、优秀指导教师、先进集体、先进个人等进行表彰奖励。

第二十八条 学校设立本科生创新学分,纳入本科人才培养方案。学生参加大创计划项目,完成项目计划内容并通过结题验收的,由学院按照《厦门大学本科生创新学分认定办法(试行)》进行认定、登记创新学分。具体如下:

1.国家级:项目负责人4学分,其他项目成员0～4学分;

2.省　级:项目负责人3学分,其他项目成员0～3学分;

3.校　级:项目负责人3学分,其他项目成员0～3学分;

4.院　级:项目负责人2学分,其他项目成员0～2学分。

第二十九条　文科类学生本科在读期间以第一作者身份在一类核心期刊发表文章1篇及以上或二类核心期刊发表文章2篇及以上,理工类学生本科在读期间以第一作者或通讯作者发表1篇及以上文章于JCR1区或JCR2区或发表2篇及以上文章于JCR3区,或本科在读期间以第一作者身份获得国家级发明专利1项及以上,根据《厦门大学推荐优秀应届本科毕业生免试攻读硕士学位研究生工作实施办法(修订)》(厦大教〔2014〕41号)规定,可申请推免单列指标,不受综合排名限制,专业排名可放宽至前70%。成果情况统计截至推免当年8月31日。

第三十条　大创计划项目学生在申请推免进行综合排名时,学院应综合考虑项目取得的成果,在考核成绩部分依据学院推免工作操作细则计入相应加分权重。

第三十一条　学校每年举办优秀项目评选活动,颁发荣誉证书。

第三十二条　学校图书馆将推荐优秀大创计划项目参加OAPS(Outstanding Academic Papers by Students)交流计划。

第三十三条　教师指导学生参加大创计划项目的工作量按项目计,按不超过32课时/项计算;每位指导教师每年度指导项目的工作量不超过64课时。具体工作量由学院审核认定,报学校大创办备案。

第三十四条　学生为第一作者、指导教师作为第二作者或通讯作者发表学术论文、申请专利或进行项目鉴定时,指导教师在评职和考核时,可视为并列第一作者。

第三十五条　指导教师所指导的项目参加高水平竞赛并获奖,经学校专家委员会认定后,在其申请职务高聘时,同等条件下给予优先考虑。

## 第十章　附　则

第三十六条　本管理办法自发布之日起施行。原《厦门大学"大学生创新创业训练计划"管理办法(试行)》(厦大教〔2012〕36号)同时废止。

第三十七条　各学院根据本管理办法制定实施细则。

第三十八条　厦门大学校长基金本科生项目、基础创新科研基金(本科生项目)参照本管理办法执行。

第三十九条　本管理办法由大创办负责解释。

——本文摘录自《关于印发〈厦门大学大学生创新创业训练计划管理办法(修订版)〉的通知》,厦大教〔2015〕35号,档号2015-XZ12-10

# 厦门大学本科生辅修专业教学管理办法

(2015 年 6 月 29 日)

根据学校校长办公会 2015 年第 15 次会议精神,为进一步充分发挥综合性大学学科优势,促进复合型人才培养,鼓励各学院开设辅修专业课程,规范辅修本科专业教学管理,特制定本办法。

第一条　根据《厦门大学双学位教育(主辅修制)试行办法》(厦大教〔2005〕37 号),辅修本科专业实施专门的教学计划。学习周期一般安排 2 年。辅修本科专业的课程设置以学科类通修课程和学科专业类课程为主。辅修本科专业的教学计划由开设专业的学院组织制订,教务处批准实施。

第二条　辅修本科专业由辅修开办学院承办,可在思明校区和翔安校区分别招生、分别开课。

第三条　教务处与辅修开办学院组织辅修专业招生录取工作。学生报名人数达 10 人(含 10 人)以上即可开班上课。

第四条　辅修开办学院要加强辅修专业教育教学质量监控和各个环节管理。严格按照制订的辅修专业教学计划开课,开足课时,1 个学分至少必须上满 15 个课时(不含复习考试);严格按照《厦门大学本科教学基本规范》要求,挑选主讲教师,教师承担辅修专业课程的教学工作纳入年度聘任考核工作;严格按照厦门大学本科生学籍管理规定,加强对课堂教学考勤的管理;严格按照《厦门大学本科课程考核管理办法》要求,施行 A、B 卷制度等。

第五条　辅修本科专业学费由学校财务部门全部返还辅修开办学院。

第六条　开班学生人数不足 30 人,开办辅修专业学院可向教务处申请经费补助。教务处根据辅修学生人数情况从教学运行业务费进行统筹并酌情给予补助。

第七条　翔安校区辅修专业的课程按学校正常班车时刻表安排,如安排在周末晚上需要另行安排校车者,可由辅修开办学院于每学期初向翔安校区管委会校区办公室提出申请给予安排车辆接送。

第八条　到翔安校区承担辅修课程的教师交通补贴可根据学校《关于做好思明校区本科公共课教师在翔安校区上课补贴发放工作的通知》〔(2014)厦大教 38 号〕执行,每学期期末各学院将任课教师名单交翔安校区教务办核实后报翔安校区管委会审批发放。

第九条　本办法由教务处负责解释。

第十条　本办法自 2015—2016 学年起施行。

——本文摘录自《关于印发〈厦门大学本科生辅修专业教学管理办法〉的通知》,厦大教〔2015〕41号,档号 2015-XZ12-10

# 厦门大学本科教学工作审核评估评建工作方案

（2015年7月2日）

根据教育部安排，我校将于2015年底接受本科教学工作审核评估。为做好迎评促建各项工作，依据5月29日校长办公会精神，特制订本方案。

## 一、指导思想

深入贯彻落实党的十八大，十八届三中、四中全会精神和习近平总书记系列重要讲话精神，认真实施《国家中长期教育改革和发展规划纲要(2010—2020年)》，以本科教学工作审核评估为契机，坚持"以评促建、以评促改、以评促管、评建结合、重在建设"的方针，突出内涵建设和特色发展，强化办学合理定位、人才培养中心地位和质量保障体系建设，推进教育教学改革，不断提高人才培养质量。

## 二、工作任务

审核评估是教育部"五位一体"评估制度中院校评估的一种新模式，概括地讲，是依据被评估对象自身设定的定位与目标来评价其人才培养目标与效果的实现情况。评估的重点是"五个度"(人才培养目标与培养效果达成度，办学和人才培养目标与国家、区域经济社会发展需求的适应度，教师和教学资源的保障度，教学和质量保障体系运行的有效度，学生和社会用人单位的满意度)。评估的范围包括6+1个项目(定位与目标、师资队伍、教学资源、培养过程、学生发展、质量保障、特色项目)。审核评估分成三个阶段，主要工作任务包括：

(一)学校自评阶段。学校开展自评自建；填报本科教学基本状态数据；撰写《自评报告》并梳理评建工作相关材料(支撑材料、案头材料、专家驻校生活和工作安排材料)等。

(二)专家进校考察阶段。召开专家组见面会和专家组意见反馈会，配合专家进行实地走访、听课看课、尝试访谈、查阅教学资料等考察。

(三)学校整改阶段。根据评估专家组反馈意见召开专题会议，制订整改方案，落实整改任务，撰写整改报告。

## 三、工作日程

根据审核评估工作程序及主要任务，工作日程安排如下：

| 时间 | 工作任务 | 负责单位 |
| --- | --- | --- |
| 3月 | 启动教学档案(含课程地图网站)检查工作 | 各学院 |
| 5月 | 启动本科教学基本状态数据采集工作 | 各学院<br>有关部门 |
| 6月20日前 | 成立学校评建工作领导小组及评建工作办公室 | 评建办 |
| | 完成本科教学基本状态数据的初步采集 | 各学院 |
| | 开展教学档案(含课程地图网站)中期检查 | 教务处 |
| 6月30日前 | 成立学院评建工作领导小组和办公室 | 各学院 |
| | 启动“本科教学工程”项目检查验收工作 | 各学院 |
| | 启动学院自评自建工作 | 各学院 |
| | 完成教学档案(含课程地图网站)整理 | 各学院 |
| | 启动学校自评报告撰写工作 | 有关部门 |
| 7月15日前 | 完成学校分项目自评报告 | 自评报告组 |
| | 完成自评报告支撑材料、案头材料的准备 | 自评报告组 |
| | 完成学院自评工作，形成学院自评报告 | 各学院 |
| | 完成《“本科教学工程”项目总结报告》 | 各学院<br>教务处 |
| | 完成教学基本状态数据的复核、整理工作 | 数据组<br>评建办 |
| | 完成《厦门大学本科教学质量报告》 | 教务处 |
| 7月下旬 | 学校第一次检查(学院报告、教学档案、实地考察等)，相关部门和学院整改 | 评建办 |
| | 完成学校自评报告初稿 | 评建办 |
| | 完成自评报告支撑材料、案头材料的检查、整理 | 评建办 |
| 8月30日前 | 完成本科教学基本状态数据终审，上报教育部系统 | 校领导小组<br>评建办 |
| | 完成学校自评报告修改稿 | 评建办 |
| 9月30日前 | 学校第二次检查(学院报告、教学档案、实地考察等)，相关部门和学院整改 | 评建办 |
| | 完成学校自评报告终稿，上报教育部系统 | 校领导小组<br>评建办 |
| 10月上旬前 | 完成自评报告支撑材料、案头材料、专家驻校生活和工作安排材料终稿，上报教育部系统 | 迎评工作组<br>评建办 |
| 11月 | 教育部评估专家组进校考察 | 迎评工作组<br>评建办 |
| | 撰写、上报评估整改方案 | 评建办 |
| | 落实整改任务 | |
| | 撰写整改报告 | |

## 四、工作要求

1.高度重视,精心部署。全校各单位要高度重视本科教学工作审核评估对改进学校教学工作、提高教学质量的重要意义,结合实际工作,精心策划,认真研究,合理制订工作方案,广泛动员,发动广大师生员工全心全意参与评建工作。

2.加强学习,掌握精髓。要加强对本科教学工作审核评估方案的学习,理解审核评估的目的、指导思想和基本要求,理解内涵,吃透精髓。要对照方案,全面梳理、总结、思考教学经验和成绩,找准存在的问题与不足,制定切实可行的措施和方法,达到凝聚共识、改进工作、提高质量的目的。

——本文摘录自《关于印发〈厦门大学本科教学工作审核评估评建工作方案〉的通知》,厦大教〔2015〕43号,档号2015-XZ12-10

# 厦门大学本科课程考核管理办法

(2015 年 7 月 6 日)

## 第一章　总　则

第一条　为维护正常教育教学秩序,规范本科课程考核管理,严肃考风考纪,提高教学质量,特制定本办法。

第二条　本办法所称课程指为本科生开设的课程和各种教育教学环节(包括实验、实习、课程设计、社会实践、社会调查、军事训练、毕业论文、毕业设计等实践教学环节)。

第三条　学生必须参加所修读课程的考核,并取得相应的成绩评定,成绩及格者可获得相应的学分。

## 第二章　考核方式

第四条　考核一般包括考试、考查两种方式。考试一般包括笔试(含闭卷笔试、半开卷笔试、开卷笔试等)、口试、笔试与口试相结合等。考查一般包括日常考查(含课堂考勤、课堂参与、课堂测验、课后作业等)、课程论文、调研(调查)报告、实验操作、艺术创作、表演等。

第五条　所有课程都应进行平时考核和期末考核,课程考核方式在制定教学大纲时确定,并在第一节课向学生公布。平时考核包括日常考查、期中考试等。公共必修课、专业必修课(实践教学环节除外)考核一般采用笔试方式。实践教学环节考核一般采用考查方式,其中毕业论文(设计)、实习、创新活动等考核方式另行文规定。

## 第三章　考试命题

第六条　命题规范

(一)命题应以教学大纲为依据,重点考查学生对课程的基本概念、基础理论、基础知识的掌握以及综合应用知识分析问题、解决问题的能力,还应注重对学生创新思维和能力的启发和引导。

(二)命题应有一定的广度、深度、难度、区分度,题量适中,覆盖课程主要内容,反映课程教学要求,大部分学生在考试时间内能完成答卷,考试成绩大致呈正态分布。含有实验的课程,实验内容应占一定比例。试题与近三年同一课程试卷重复率一般不高于 20%。

(三)命题表达应清楚、完整、准确、简明。文字、符号、单位、公式及插图、图表等应工整、清楚、准确,前后一致,符合相关标准。试题之间应彼此独立,不能有暗示本题或其他题答案的线索。

(四)每门课程应至少设计两套试卷,每份试卷的广度、深度、难度、区分度相当,试题重复率一般不高于 20%。如同一门课程考试同时启用两套试卷,则应设计第三套试卷,第一、二套试卷试题可以重复。每份试卷均应提供参考答案和评分标准。

(五)试卷包括试题卷和答题卷,A4 页面(210 毫米×297 毫米),按照标准样式双面印制。试题卷试题行距 1.5 倍,中文采用宋体,大标题四号,小标题小四号,正文五号。外文、特殊专业符号的字体和字号由命题教师根据相关标准确定。每份试卷应配备的答题页页数由命题教师确定。

第七条　命题程序

(一)命题教师由授课单位指定,一般由任课教师担任。其中,同一授课单位面向同一授课对象开设的同一门课程由授课单位组织统一命题、统一参考答案和评分标准。公共必修课应逐步建立试题库,从试题库随机抽取试题,逐步做到教考分离。

(二)授课单位应指定专人审核试卷。试卷审核人可以为分管教学系主任、教研室主任或课程组负责人。试卷审核人与命题教师不能为同一人。试卷审核人应认真审核试卷,填写"厦门大学本科课程考试命题审核表"。发现问题及时向命题教师反馈,协助修改。

(三)试卷确定后,由试卷审核人随机抽取考试卷,其他试卷作为备用卷。考试卷由授课单位送学校印刷厂统一印制。印制好的试卷由监考教师统一领取。试卷印制工作一般在考试前一周完成。

(四)所有接触试题的人员,不得以任何方式泄露试题。

## 第四章 考 试

第八条 考试安排

(一)一般情况下,公共课考试由授课单位与教务处协调、统筹安排;其他课程考试由授课单位安排,并在教务管理系统申报,教务处审核。

(二)期末考试一般安排在考试周,专门开设的全校性选修课期末考试可以安排在教学周最后一周。辅修专业课程期末考试由各开设单位自行安排,原则上与主修专业课程同步进行。

(三)期末考试时间一般与上课时间一致(公共课除外)。各专业各年级每天期末考试科目一般不超过2门,考试周最后一天一般应安排至少1门考试。笔试时间为2小时。

(四)期末考试考表至少在考试前两周公布。

(五)其他考试等由授课单位根据教学大纲安排。

第九条 监考安排

(一)监考包括主监考和辅监考。主监考一般由课程主讲教师担任。教师有监考的责任和义务,教辅人员、辅导员、行政管理人等其他在职人员可以担任辅监考,原则上不安排教学助理担任辅监考。个别考室确实需要教学助理协助的,由学院提出申请,经教务处审批同意后,可以安排教学助理担任辅监考,每间考室至少有1名在职人员担任监考。

(二)监考人员由各单位根据考生人数配备,每间考室考生人数100人以下的应至少安排2名监考,100～150人的应至少安排3名监考,150人以上的应至少安排4名监考。主考教师同时负责多间考室时,不能计入监考人数。各学院应安排本学院教师担任公共课监考。

(三)各单位应在考试前开展监考人员教育,传达《厦门大学教学事故认定与处分暂行办法》《厦门大学考试纪律及违规处理办法》《厦门大学监考教师职责要求》等文件精神,要求监考人员认真履行监考职责。

(四)各学院应在考试前开展学生教育,传达《厦门大学考试纪律及违规处理办法》《厦门大学本科课程考生须知》等文件精神,维护考试的严肃性和公正性,防止考试违纪作弊现象的发生。同时,也应加强对学生心理疏导,减轻学生考试压力。

(五)期末考试期间,各单位应安排主要领导或相关负责人到考场巡查。学校教学督导组也应到考场巡查。

第十条 当考试出现不可抗力或重大问题需中断时,由授课单位向教务处报告,教务处视实际情况确定是否中断考试。如考试中断,由授课单位与教务处协商另行安排考试时间,启用备用卷考试。

第十一条 学生因疾病等不可抗力等原因无法参加正常考试的,授课单位可另行安排考试时间,启用备用卷考试。

## 第五章 试卷批阅

第十二条 考试结束后,主考教师应回收全部试卷(含试题卷、答题卷),由授课单位组织批阅。统一命题的试卷应统一组织集体批阅,其他试卷一般由任课教师批阅。条件允许的授课单位可以实施密封改卷。

第十三条　阅卷教师必须严格按照参考答案、评分标准和《厦门大学本科课程试卷批阅规范》，严肃、客观、公正地批阅试卷，不得随意扣分、送分，避免误判、错判。授课单位应安排专人复核成绩。

第十四条　阅卷结束后，任课教师应对考试成绩进行分析，填写试卷分析报告，试卷分析应认真、客观、准确，填写完整。

## 第六章　成绩管理

第十五条　成绩按照《关于试行厦门大学本科课程学分绩点计算办法的通知》〔(2012)厦大教 10 号〕要求登记。

第十六条　课程成绩应由平时考核和期末考核综合评定，平时考核成绩和期末考核成绩所占比例在制定教学大纲时确定，并在第一节课向学生公布。平时考核成绩所占比例不低于 30%。

第十七条　授课单位应在课程考核结束后两周内完成成绩评定和教务管理系统录入工作。如遇特殊情况不能按时提交成绩的，应递交书面申请，经分管教学院(系)领导审批后报教务处备案。逾期未录入成绩的，按相关规定处理。

第十八条　任课教师在提交成绩前应认真核对，确认无误后方可提交。分管教学系主任或教研室主任应对各门课程的成绩进行复核，如发现成绩分布异常应及时查找原因，修正后方可正式发布。

第十九条　成绩一经发布，不得随意更改。如发现成绩错登、漏登需要更改的，任课教师应填写“本科生课程成绩更改申请表”，附相关证明材料(如加盖单位公章的试卷复印件、作业复印件、平时考勤登记表等)，经分管教学院(系)领导签字盖章后报教务处审批。成绩更改应在该成绩提交之日起六个月内申请，逾期一律不再受理。

第二十条　成绩提交后，任课教师应通过教务管理系统打印两份课程成绩考核登记表，签字后送予所在授课单位教学秘书。

第二十一条　学生对成绩有疑义，应在成绩公布之日起六个月内向学院(系)教学秘书提交书面申请，逾期一律不再受理。

第二十二条　学生因评奖评优、外派交流、免试升学、就业等需出具成绩证明的，由学生在学生事务大厅自主打印。送档案馆存档的成绩证明由教学秘书打印，审核并加盖学院公章，送教务处复核并加盖教务处公章。已毕业离校的学生，其成绩证明由校档案馆出具。

## 第七章　存　档

第二十三条　授课单位负责课程考核相关材料存档工作，安排专门地点，确保相关材料存放规范，方便查找，安全保密，并建立电子档案目录。

第二十四条　存档范围包括期末课程考核材料及其他授课单位认为需要存档的课程考核材料。其中：

(一)“厦门大学本科课程考试命题审核表”，用于考试的空白试题卷、参考答案及评分标准，学生典型答题卷(好、差各一份)，《厦门大学本科课程试卷分析报告》，其他试卷相关说明等存入课程档案，按学期长期保存。

(二)学生答题卷按学校统一试卷封面包装后装订，按学号或成绩顺序装订，试卷封面应填写完整，字迹清晰、易于辨认。学生答题卷按学期、课程保存，原则上保存至所涉及的学生毕业或离校一年。

(三)课程成绩考核登记表应存入成绩档案，原则上保存至所涉及的学生毕业或离校一年。

第二十五条　存档工作一般于每学期前六周内完成。

## 第八章 附 则

第二十六条 附件

(一)厦门大学本科课程考试命题审核表

(二)厦门大学本科课程试题卷标准样式

(三)厦门大学本科课程答题卷标准样式

(四)厦门大学本科课程试卷封面标准样式

(五)厦门大学本科课程试卷分析报告

(六)厦门大学监考教师职责要求

(七)厦门大学本科课程考生须知

(八)厦门大学考场监考情况报告表

(九)厦门大学本科课程试卷批阅规范

(十)厦门大学本科生课程成绩更改申请表

第二十七条 各学院应根据本办法制定具体实施细则。

第二十八条 本办法由厦门大学教务处负责解释。

第二十九条 本办法自2015年秋季学期开始执行。原《厦门大学本科课程考核管理办法》(厦大教〔2005〕21号)、《关于印发厦门大学标准试卷和答题卷的通知》〔(2004)厦大教33号〕、《关于进一步规范教务系统本科生课程成绩管理的通知》〔(2011)厦大教48号〕同时废止。

——本文摘录自《关于印发〈厦门大学本科课程考核管理办法〉的通知》,厦大教〔2015〕45号,档号2015-XZ12-10

# 厦门大学学生档案管理暂行办法

(2015年7月7日)

## 第一章 总 则

第一条 为加强学生档案管理工作,提高学生档案管理水平,根据《中华人民共和国档案法》《高等学校档案管理办法》《厦门大学档案管理办法》及其他相关规定,结合我校实际,制定本办法。

第二条 本办法所称之学生档案,是指学校按照国家招生政策及有关文件规定招收的接受普通高等学校教育的本科生和研究生的个人档案。

第三条 学生档案管理工作实行统一领导、分级管理原则。由学校统一领导,各学院(研究院、教学部)具体负责管理本单位的学生档案,同时接受学校有关部处的监督和指导。

## 第二章 管理单位及职责

第四条 学生档案由学生所在学院(研究院、教学部)学生工作组指定专人具体负责管理,档案管理人员须严格遵守国家和学校的档案管理规定,在工作中认真负责,坚持原则,忠于职守,严守保密纪律,及时收集、整理学生档案材料,在认真审查后才可归档。

第五条 学生档案管理单位的职责如下:

(一)负责保管学生档案;

(二)负责收集、整理学生档案材料;

(三)负责学生档案内容的保密工作;

(四)办理学生档案的查阅、借阅和转递手续;

(五)负责学生档案因特殊原因的移交、保管等;

(六)根据各学院(研究院、教学部)实际制定学生档案管理细则;

(七)负责其他有关学生档案事项。

第六条 有下列行为之一的,学校应当对直接负责的主管人员和其他直接责任人员依法给予处分;构成犯罪的,由司法机关依法追究刑事责任。

(一)玩忽职守,造成档案损坏、丢失或者擅自销毁档案的;

(二)违反保密规定,擅自提供、抄录、公布档案的;

(三)涂改、伪造档案的;

(四)擅自出卖、赠送、交换档案的;

(五)不按规定归档,拒绝归档或者将档案据为己有的;

(六)其他违反档案法律法规的行为。

## 第三章 档案的内容和接收

第七条 学生档案材料的内容如下:

(一)新生入学材料:

1.本科新生档案材料,一般应包括高中毕业生登记表、高等学校招生报名表、体检表、普通高中应届

毕业生学业水平考试成绩和综合素质评价表,党、团组织材料等;

2.研究生新生档案材料,除原有个人档案应有材料外,还应有博士研究生报考材料及专家推荐书,研究生录取登记表,研究生政审表等。

(二)学习材料:在校学习期间的课程成绩单等。

(三)学籍材料:本科生、研究生登记表,学籍登记表等。

(四)鉴定材料:学年鉴定表,入伍、退伍登记表等鉴定材料。

(五)毕业材料:毕业生登记表,学位申请书等。

(六)奖励材料:在校期间获得各项表彰奖励材料。

(七)处分材料:在校期间违反组织纪律,触犯国家法律和违反校规校纪形成的党纪、政纪处分材料(记过处分以上)。

(八)组织材料:入党、入团申请书,入团志愿书,入党积极分子考察表,党校学员成绩卡、政审材料,入党志愿书,党员转正申请书,预备党员考察表,党、团等组织形成的其他材料。

(九)体检材料:入学体检表、毕业生体检表等。

(十)其他应归档的材料。

第八条　新生的档案材料,由各学院(研究院、教学部)学生档案管理人员负责收集、保管,并以系(专业、年级)为单位,以学号为顺序的方式进行整理、审查。

(一)新入校本科生档案材料一般由学生所在县、市级招生部门或省级招生部门寄至学生录取学院(研究院、教学部),由各学院(研究院、教学部)负责接收、审查、归档。

新入校研究生档案材料一般由原档案管理单位按照学生档案指定寄送方式寄至学生录取学院(研究院、教学部),由各学院(研究院、教学部)负责接收、审查、归档。

(二)各学院(研究院、教学部)学生档案管理人员须及时处理档案审查中发现的问题,档案材料有问题的、缺失的要及时通知学生回原档案管理单位办理材料补办手续。

学校原则上不接收个人携带的档案,但凡是属于规定学生自带个人档案省份的或学生本人已将档案带至学校的,经学生所在学院(研究院、教学部)审查档案材料齐全且原档案管理单位密封完整后,各学院(研究院、教学部)方可对该档案归档。学生档案已被拆封的,各学院(研究院、教学部)有权不予接收,并通知学生将档案寄回原档案管理单位审查无误、密封完整后,按照学生档案指定寄送方式寄回学院审查。

(三)之前在国(境)外获得本科、硕士、博士学位,又到我校继续深造的新生,须提供国(境)外的课程学习成绩单、学历学位证书复印件、学历学位认证等材料给学生所在学院(研究院、教学部)审查,审查无误后方可归档。

## 第四章　档案的归档与保管

第九条　学生档案的归档

(一)学生在校期间形成的档案材料要及时收集、整理,并经学生所在学院(研究院、教学部)鉴别、审查后方可归档。归档的档案材料必须真实、完整、文字清楚,且经组织审查盖章后方可归档,档案材料不符合归档要求的不得归入档案。

(二)台港澳侨生、国际学生、在职研究生等仅有在校期间个人档案材料的,学生所在学院(研究院、教学部)应严格按照归档手续及时办理归档。

(三)归档材料的内容必须认真书写,要准确、规范,字迹要清楚、工整,一律使用黑色钢笔填写,不能使用复印件,未经批准不得更改任何信息。

(四)协助各学院(研究院、教学部)档案管理人员整理学生档案的学生助理,必须为中共党员及主要学生干部,且签订保密协议,严守保密纪律。

第十条　学生档案的保管

(一)学生档案须由专人保管,并存放在专门的档案保管室内,要有防火、防盗、防潮等设施;

(二)各学院(研究院、教学部)建立学生档案登记和定期审查制度,学生档案的查阅、借阅、转递等都需办理登记手续,且每年至少要对学生档案定期审查一次;

(三)学生档案管理人员如发生工作变动,应及时办理学生档案交接报备手续。

## 第五章　档案的查阅与借阅

第十一条　学生档案的查阅手续

因工作如需查阅学生档案的,查阅人须持单位介绍信及有效证件,经学生所在学院(研究院、教学部)负责档案管理工作的领导书面批准,并按规定办理查阅手续后,方可到各学院(研究院、教学部)学生档案保管室查阅档案。

第十二条　查阅、借阅学生档案,必须遵守以下规定:

(一)各学院(研究院、教学部)建立查阅、借阅登记制度。查、借阅档案时需严格按规定手续进行,并办理登记手续。

(二)查阅学生档案必须在档案保管室内,原则上不外借。必须外借的,经学生所在学院(研究院、教学部)分管领导同意,报学校学生工作部门审批后,办理完借阅手续,方可借出。所借档案须在5个工作日内归还,如不能按期归还,应向档案管理人员说明原因,并经分管领导批准后办理延期手续,未批准的须立即归还学生档案。寒暑假期间原则上停止借阅学生档案,已经借出的档案必须在放假前归还。

(三)查阅、借阅学生档案时,不能查阅、借阅本人及其亲属的档案材料,查阅人不得翻阅与查阅内容无关的档案材料。

(四)查阅、借阅学生档案,不得涂改、圈画、污损、拆散、抽取、撤换、增添,如发现档案存在问题,须及时向档案管理人员说明,查阅、借阅人不得擅自进行处理。

(五)查阅、借阅学生档案的,未经允许,不得擅自摘抄、复制、拍照、摄影、摄像。

(六)查阅、借阅人应严格遵守保密制度和阅档规定,保证档案的安全,不得向他人泄露档案内容。

## 第六章　学生档案的转递

第十三条　毕业生档案的转递由各学院(研究院、教学部)根据学校就业创业指导工作部门当年发布的毕业生档案寄送通知的要求办理。

第十四条　学生发生转学、开除学籍、退学、死亡等学籍变动的,其所在学院(研究院、教学部)应及时将学生档案转递给新的学生档案材料管理单位。

(一)转学的学生,其档案按新院校或新单位地址转送;

(二)开除学籍、退学、死亡的学生,其档案从办理学籍变动起,转回其生源地档案管理部门;

(三)学生存在其他情形的,学生档案经学生所在学院分管领导同意,报学校学生工作部门审批后,各学院(研究院、教学部)方可根据具体情况进行处理,并办理登记手续。

第十五条　新生放弃或被取消入学资格的,其档案转回生源地档案管理部门。

第十六条　在校学生发生转专业的,一个月内学生档案必须由学生原所在学院(研究院、教学部)转递给新学院(研究院、教学部),并办理登记手续。

第十七条　转递学生档案时应遵守如下规定:

(一)学生档案必须经学校严格密封后按照学生档案指定寄送方式或遵照有关规定转递,必要时可派专人送取。学生档案一般不得由本人自带。

(二)转出转入的学生档案必须完整、齐全,并按规定进行认真地整理、装袋密封,严禁私自扣留档案材料或分批转出。

(三)转递学生档案时必须详细登记。

(四)任何单位或个人无权截留或扣发毕业生档案。

(五)非毕业、转学、开除学籍、退学、死亡等学籍变动的,在校学生原则上不予办理档案转递。

（六）对因为各种原因退回或滞留的学生档案，在检查密封完整的基础上由学生所在学院（研究院、教学部）继续保管并办理登记手续，及时通知学生办理档案的转递手续。

第十八条　学生毕业时各学院（研究院、教学部）根据学生的就业情况确定学生档案是否继续留在学校保管。确定档案留在学校保管的，毕业生要与所在学院（研究院、教学部）办理档案托管手续。托管的档案免费保管时间为两年，超过两年的，学生档案直接转回其生源地档案管理部门。

第十九条　因各种原因造成档案遗失确需补办的，个人须持补办申请（说明就读和毕业的具体情况），所在单位出具的档案遗失证明和原所在学院（研究院、教学部）的证明材料，经核实毕业证书后，方可补办在校期间的相关证明材料。

## 第七章　附　则

第二十条　本办法由厦门大学学生工作处负责解释。

第二十一条　本办法自颁布之日起施行。

——本文摘录自《关于印发〈厦门大学学生档案管理暂行办法〉的通知》，厦大学〔2015〕43号，档号2015-XZ11-2

# 厦门大学研究生课程教学基本规范(修订)

(2015年9月8日)

## 一、总则

第一条　为优化课程体系，规范研究生课程管理，进一步提高研究生培养质量，特修订《厦门大学研究生课程教学基本规范》。

## 二、教师任课的基本条件

第二条　研究生课程的任课教师必须是教学、科研经验较丰富的高级职称人员、行业实务专家或具有博士学位的优秀讲师。

第三条　对连续两年研究生反映教学水平低、质量不高的教师，学院必须停止安排其担任研究生课程主讲教师。

## 三、课程设置要求

第四条　学院或研究院(下同)应根据各学科研究生培养目标的要求，推进在一级学科范围内设置研究生课程，拓宽研究生的培养口径；突出课程设置的基础性、系统性及前瞻性；优化课程体系，体现学科水平与我校特色。

研究生课程设置与教学内容安排应在兼顾不同教育层次(本科、硕士、博士)教学衔接性的同时，体现不同教育层次的特点与要求。

第五条　研究生课程的设置，须经一级学科研究生培养指导委员会审核通过。每门研究生课程的详细信息都必须录入研究生信息化管理平台。

## 四、教学大纲与教学计划的制定和管理

第六条　研究生课程必须按照学科培养方案制定相对稳定和较为详细、系统的中英文教学大纲与教学计划。教学大纲与教学计划由任课教师在研究生信息化管理平台中提交。

第七条　教学大纲(中英文)内容应包括：1.课程名称；2.开课对象；3.课程目标；4.章节内容提要；5.教材及主要参考书；6.授课周学时、总学时、课程学分；7.先修课程或预备知识要求。

教学计划(中英文)内容应包括：1.课程名称；2.开课时间；3.授课周学时、总学时、学分；4.教学方式、考核方式；5.教学进度。

第八条　任课教师应按教学大纲与教学计划开展教学活动。在执行过程中，允许教师根据教学情况适当调整，但需报学院分管研究生教学的领导批准。

## 五、教材、主要参考书与选读文献

第九条　任课教师应结合不同层次、不同类型研究生教学的特点，以研究生为教学主体，更多地采用启发式、研讨式或其他有利于研究生主动参与的教学方式。不仅要注重传授知识和技能，更要注重研究生科研基本素质和创新能力的培养。

鼓励教师创造性地借鉴、引进、吸收、国内外先进的教学理念、教学模式、教学内容和方法。

第十条　研究生课程必须有相应的教材。选用的教材应是高水平、有特色的，有利于研究生掌握坚实的基础理论、系统的专门知识，接触该学科的发展前沿，充分了解国内外最新研究成果，训练科学思维，培养创新能力。

研究生课程的教材可以是正式出版的教材，也可以是最新文献资料选编的胶印本或文印本。文献选读应选用国内外一流的学术期刊的原文。

鼓励教师采用国际通行教材、教育部推荐的全国研究生教学用书。

第十一条　鼓励教师编写和出版反映学科发展水平和学校特色的教材。

第十二条　任何单位或个人不得以各种名义强制研究生购买自编教材。

## 六、考勤要求和管理

第十三条　任课教师必须按照教学大纲、教学计划及课程表认真组织教学，保证正常教学秩序和教学进度。不得无故停课、缺课，或增减课时。

第十四条　如因故确实需要请假调课时，任课教师必须提前提出书面申请，请假一次报学院研究生秘书备案并由研究生秘书及时通知研究生；一次以上须经院系分管领导批准；全校研究生公共课若遇特殊情况，需要调课或代课时，须报研究生院审批。因调课所缺课时任课教师应当为研究生及时补上。

第十五条　任课教师应当掌握研究生的考勤情况。对于缺勤率超过1/3的研究生，不得准予参加课程考试。

## 七、课程考核

第十六条　研究生每一门课程都必须进行考核。考核分为考试和考查两种。必修课程（含公共必修课）考核原则上采用考试方式。选修课程、社会调查、实践课程、专题研讨课及实验课，可以采用考查方式。

第十七条　考试方式有笔试、口试或口笔试结合。笔试可以开卷和闭卷。任课教师可以根据课程特点确定考试方式。

第十八条　研究生课程的笔试必须采用统一答卷纸格式。

第十九条　任课教师在课程的笔试考试时应按《监考教师守则》的要求严格执行考场纪律，并及时报送监考报告。在课程考核结束后应及时批改考卷和评定成绩，成绩评定时应当实事求是和公正合理。

第二十条　课程成绩应当根据课程结束时的考试结果和平时成绩综合评定。平时成绩包括作业、课堂讨论、文献选读报告、实验报告、课程论文与课程学术报告等。

第二十一条　所有研究生课程考核成绩按百分制评定。成绩达到60分为合格。课程成绩合格方可获得学分。

第二十二条　任课教师应在新学期开学一周内（第二学期研究生课程成绩任课教师可在第三学期第三周内），通过研究生信息化管理平台系统录入成绩，并将成绩单打印签名后交本单位研究生秘书备案（公共课程成绩单由研究生院负责备案）。

第二十三条　研究生考试试卷应由任课教师交学院安排保存至研究生毕业后三年。

## 八、教学质量评价

第二十四条　任课教师应不断总结教学经验，改进教学工作，同时应积极配合学院和学校进行教学质量的检查和评估。

第二十五条　任课教师应认真做好必修课程的考试分析与教学总结。内容包括研究生课程成绩构成及比例、成绩分布情况及教学总结。

第二十六条　各学院(研究院)应建立课程教学质量评价与反馈制度。每学期应当组织随堂听课、召开任课教师和研究生座谈会及组织研究生进行课程教学质量测评，掌握各门课程的教学情况。各学院(研究院)应将质量评价信息反馈给相关任课教师，并帮助教学质量评价不高的教师改进教学工作。

第二十七条　学校聘请一批有丰富教学经验和较高水平的教师组成研究生教育指导小组，对研究生课程教学情况进行调研、督导、指导，各学院应予以积极配合。

第二十八条　各学院应将各类教学评价结果作为任课教师岗位聘任和岗位津贴的评定依据。

对于教学工作出色、教学成果显著的教师，可优先推荐参评优秀教学成果奖等奖项。

第二十九条　任课教师在教学活动中因直接或间接责任导致影响正常教学秩序和教学质量的，研究生院将取消研究生课程任课教师与研究生指导教师资格。

## 九、教学档案管理

第三十条　任课教师应积极配合本单位研究生秘书做好研究生课程教学档案的收集与归档工作。研究生课程教学档案主要包括：1.学科培养方案；2.主要教学用书及资料；3.研究生开课计划、课程表；4.课程教学大纲、教学计划；5.课程试题样卷；6.课程学生成绩登记表；7.课程考试分析与教学总结；8.教学检查材料、听课记录及课程教学质量测评结果；9.反映课程改革与建设的典型性经验总结材料、教学研究论文、获奖材料复印件；10.课程相关课件与多媒体资料；11.课程建设材料；12.实验课程建设相关材料与实验室管理相关文件。

第三十一条　研究生公共课程教学档案由课程主要任课教师负责收集、归档，教学档案材料保存在承担研究生公共课程教学单位；研究生专业课程教学档案由课程任课教师负责收集、归档，教学档案材料由学院研究生秘书负责保存在学院。

## 十、附则

第三十二条　本规范自公布之日起施行，《厦门大学研究生课程教学基本规范》[(2014)厦大研35号]同时废止。

——本文摘录自《关于印发〈厦门大学研究生课程教学基本规范(修订)〉的通知》，(2015)厦大研16号，档号2015-XZ28-3

# 厦门大学研究生选课与成绩管理办法(修订)

(2015年9月8日)

为进一步规范研究生课程选课与成绩管理,现结合我校实际,修订《厦门大学研究生选课与成绩管理办法》。

## 一、基本原则

1.根据研究生学科培养方案要求,研究生课程可分为必修课程(包括学位课程、核心课程等)和选修课程。

2.研究生须在导师指导下以本学科培养方案为依据进行选课。各学院研究生导师和研究生秘书应根据研究生所在学科培养方案及研究生个人的实际情况,对研究生进行选课指导。

3.全校性公共课程原则上由研究生院统一安排选课,专业必修课程应在本学科培养方案中所列课程组内选择,选修课程可根据学科培养方案在本院系或外院系选择。

4.研究生每学期须在规定的选课时间内登录信息化管理平台进行网上选课。

## 二、选课管理

1.选课资格:根据学校财务处相关文件精神,在学研究生应在足额缴纳本年度应缴费用后方可办理注册手续,并获得选课资格。确因家庭经济困难不能按期足额缴纳应缴费用的研究生,可按照规定程序申请办理"绿色通道",并凭"绿色通道"办理注册手续后,方能获得选课资格。

2.各学科的培养方案、课程设置以及各门课程信息,可从研究生信息化管理平台中查询。研究生应按照所在学科培养方案要求,根据课程信息进行选课。

3.博士研究生课程安排时间一般为0.5～1年,本直博研究生课程安排时间一般为1.5年,硕士研究生课程安排时间一般为1年。

4.选课时间安排。一般情况下,每学期前2周为选课周,具体时间以研究生院每学期公布的时间安排为准。研究生必须严格遵守时间安排,在规定时间内进行选课。

5.退课时间安排。一般情况下,每学期前4周内可退课,具体时间以研究生院每学期公布的时间安排为准。在退课截止时间之前,研究生可在网上自行操作进行退课。为了防止教学资源的浪费,在退课截止时间之后,研究生所选课程一律不予退选。

6.关于重修。必修课程(含公共必修课)不合格,必须重修。学生重修课程应在信息化管理平台中重新选课,参加课程学习并通过课程考核后,方为重修通过。如因课程设置调整无法重修同一门课程的,可修读同类或高一级课程代替。选修课程不合格的重修也可改选其他课程。

7.关于教学测评。教学测评是促进和提高研究生课程教学质量和水平的重要措施之一。研究生必须参与对所学课程的教学测评,在研究生信息化管理平台的成绩系统中完成测评工作后,方可查看所学课程成绩。

## 三、考核方式及要求

1.课程考核分为考试和考查两种。必修课程(含公共必修课)考核原则上采用考试方式。选修课程、社会调查、实践课程、专题研讨课及实验课,可以采用考查方式。

2.考试方式有笔试、口试或口笔试结合。笔试可以开卷和闭卷。任课教师可以根据课程特点确定考试方式。

3.课程考核一般安排在课程教学结束后进行。公共课程考试安排由研究生院在研究生院网站上公布;其他课程考核安排由开课院(系、所)确定,但须提前将考核安排(含电子版)报研究生院备案。

4.研究生公共课程考核必须按照研究生院安排的时间、地点进行,其他时间、地点考核的成绩一律无效。

## 四、成绩管理

1.所有研究生课程考核成绩按百分制评定。课程成绩达到 60 分为合格。课程成绩合格方可获得学分。

2.关于旷课与缺考。研究生应按所选修课程的教学计划,参加教学活动,完成学习任务,并按时参加课程考试。一门课程缺课累计达课程时数 1/3 或无故缺考者,该课程考核成绩以零分计。

3.关于缓考。研究生因故不能参加考试者,须事先办理缓考申请,填写“厦门大学研究生课程缓考申请表”,经任课教师同意,学院主管领导批准后(研究生公共课须经研究生院批准),方可缓考。缓考获批后只能参加该课程下一轮次的考试,不能提前或单独考试。

4.关于跨校修课。研究生修读校外课程,需本人提出申请,经导师及学院主管领导同意,并报学院审批(公共课报研究生院审批)。

校外课程修读完成后,应根据对方学校出具的课程成绩单、原始试卷、课程大纲等,办理课程认定手续。校外修读外语、政治类公共课程由研究生院进行认定并存档。其他课程由一级学科研究生培养指导委员会或学院主管领导参照学科培养方案进行认定并存档。修读校外课程的有效学分原则上不超过各学科培养方案中规定的课程总学分的 30%。

5.关于跨学科选修。学校鼓励跨学科选修研究生课程或高年级本科课程。研究生跨学科修习高年级本科课程的成绩须经一级学科研究生培养指导委员会或学院主管领导认定并存档,有效学分原则上不超过各学科培养方案中规定的选修课程总学分的 30%。

6.在学本科生选修研究生课程且成绩合格的,其学分与成绩可认定为研究生阶段的成绩与学分。

7.研究生课程进修班学习成绩与学分不能作为研究生阶段成绩与学分认定。

8.同等学力或跨专业考入的硕士研究生,应由导师根据研究生实际情况确定补修某些本专业的本科生主干课程,所修课程可录入研究生个人学籍档案,但不计学分。

9.研究生发生考试违规行为的,该课程考核成绩无效,并按《厦门大学考试纪律及违规处理办法》给予纪律处分。

## 五、其　他

本办法自公布之日起施行,由研究生院负责解释。《厦门大学研究生选课与成绩管理办法》[(2014)厦大研 34 号]同时废止。

——本文摘录自《关于印发〈厦门大学研究生选课与成绩管理办法(修订)〉的通知》,(2015)厦大研 17 号,档号 2015-XZ28-3

# 厦门大学研究生课程面向本科生开放选课暂行办法(修订)

（2015 年 9 月 10 日）

为了加强本科与研究生教学资源的共享，规范研究生课程面向本科生开放的选课与成绩管理工作，现修订《研究生课程面向本科生开放选课暂行办法》。

## 一、课程设置

各院系根据《厦门大学研究生课程教学基本规范》进行研究生课程的开课与排课工作，并根据课程开放的客观条件，设定课程的开放程度和面向本科生开放选课的课程容量，并在此基础上形成面向本科生开放的研究生课程目录。

## 二、选课资格

经学院推荐的高年级优秀本科生，学业成绩一般在同专业同年级同学中名列前 30%（基地班为前 60%），优先满足已获得保研资格的本科生。

## 三、选课管理

本科生选修研究生课程，采用网上选课的方式，具有资格的本科生可登录相关信息系统，按照研究生院规定的时间与研究生同时选课与退课。研究生院根据课程设置中对本科生单独开放的课程容量进行随机筛选。本科生可以在信息系统中查询最终的选课结果。

## 四、考核方式及要求

本科生修习研究生课程，考核标准与研究生一致。考核方式分为考试和考查两种，学位课程、核心课程或必修课程采用考试方式；选修课程及社会调查、专题研讨、文献综述或其他课程，可以采用考查方式。

考试方式可采用笔试、口试，或口笔试结合等。笔试可以开卷和闭卷。具体形式由任课教师根据课程特点确定。

## 五、成绩管理

本科生修习研究生课程的考核成绩按百分制计。达到合格要求的方可获得学分。

本科生修习研究生课程，课程考核合格后，可以作为研究生阶段成绩与学分认定。各院系可根据其研究生阶段的学科专业与培养方案认定课程的性质与学分。

## 六、其　他

本办法自公布之日起施行,由研究生院负责解释。《研究生课程面向本科生开放选课暂行办法》[(2013)厦大研19号]同时废止。

——本文摘录自《关于印发〈厦门大学研究生课程面向本科生开放选课暂行办法(修订)〉的通知》,(2015)厦大研18号,档号2015-XZ28-3

# 厦门大学学术不端行为处理暂行办法

（2015 年 9 月 29 日）

## 第一章　总　则

第一条　为深入贯彻落实国家关于加强学风建设的有关规定，营造我校诚信、严谨的学术风气，维护良好学术氛围，提高学术研究质量，根据国家有关法律法规及文件精神，结合我校实际，制定本办法。

第二条　本办法适用于处理厦门大学教职工、学生及其他相关人员的学术不端行为。

第三条　查处学术不端行为应当坚持事实清楚、证据确凿，定性准确、程序正当的原则。

第四条　参与查处学术不端行为工作的人员，应当严格遵守回避原则与保密规定。

## 第二章　基本学术活动规范

第五条　在学术活动中必须严格遵守以下基本规范：

（一）遵守国家相关法律、法规。

（二）遵守学术界公认的学术道德，遵守论文写作、学术引文、学术成果、学术评价等方面的规范。

（三）如实记录、报告并保存实验结果、调查结果与统计数据。

（四）遵守相关学科专业的基本学术规范。

（五）发表学术论文和其他学术成果应当据实署名，并承担相应责任；合作成果发表时应当征得合作者的同意。

（六）充分尊重他人研究成果，不得侵犯他人的知识产权。

（七）遵守有关保密规定。

第六条　学术不端行为包括：

（一）引用他人成果不符合著作权法关于合理使用的规定而构成不适当引用。

（二）剽窃他人未发表的成果。

（三）重复发表自己内容实质相同的研究成果。

（四）请他人代写或者代替他人撰写学术或者学位论文。

（五）发表论文时未如实署名；未如实注明署名单位；在未参与实际研究的成果中署名；未征得合作者同意擅自发表论文。

（六）编造或者剽窃实验数据、调查结果和统计数据，篡改引用的资料；故意销毁实验原始数据。

（七）填报虚假的学术成果；伪造或者涂改推荐信、鉴定意见、评阅意见等反映个人学术能力的材料。

（八）以不正当手段干扰各种科研立项、成果鉴定、专家评审、论文评阅和答辩以及其他各类与学术相关的评奖活动。

（九）故意夸大研究成果的学术价值、经济与社会效益，在社会上造成不良影响。

（十）其他违反学术规范的不端行为。

## 第三章　机构及职责

第七条　厦门大学学风委员会（以下简称“校学风委员会”）是厦门大学学术委员会下设的专门委员

会,是履行对我校科学研究的学术规范、学术道德和学术风气建设进行指导、咨询和调查等职责的机构。

第八条　校学风委员会接受对学术不端行为的举报,对有关学术不端行为进行调查,并根据调查情况做出明确的认定结论。

第九条　校学风委员会下设秘书处,挂靠研究生院,负责处理校学风委员会的日常事务。秘书处秘书由厦门大学各学部秘书兼任。

## 第四章　举报和受理

第十条　秘书处负责受理学术不端行为的举报。秘书处设举报电话和邮箱,并在研究生院网站公布。

举报学术不端行为应当符合以下基本条件:

(一)有明确的举报对象;

(二)有明确、可信的证据材料。

第十一条　举报人应当实名举报,并提供必要的联系方式。举报人要求对其个人信息进行保密的,校学风委员会及其相关工作人员确保予以保密。

第十二条　有下列情形之一的,可不予受理:

(一)不提供任何联系方式或者提供的联系方式不实的;

(二)缺乏关键性证据材料,经告知,仍无法提供的;

(三)其他不符合本办法第十条和第十一条规定情形的。

第十三条　校学风委员会主任可以亲自审查或者指派专人审查举报材料。符合本办法第十条和第十一条规定的,校学风委员会应当于10个工作日内做出受理或者不予受理的决定,并通知举报人;做出不予受理决定时,应当书面说明理由。

第十四条　如举报者对不予受理决定有异议,可于5个工作日内再次提出受理的申请,校学风委员会主任应当将该申请提交校学风委员会全体委员审查并表决,如有1/3以上委员同意受理,校学风委员会则必须做出受理的决定。该审查和表决可以通过电邮等通信方式进行。

## 第五章　调查的程序

第十五条　在决定受理举报后,校学风委员会可以自行组织独立的调查组,也可以委托被举报人所在学院(研究院)成立调查组。

第十六条　学校发现的我校师生疑似学术不端的行为,参照本办法第十三条规定确定是否启动调查。

第十七条　调查组由不少于5人的单数组成,其中同行专家不少于2人。调查启动时应当尽快通知当事人及其所在单位。

第十八条　调查组可以根据工作需要,要求当事人接受询问或者现场调查。调查人员不得少于2人,调查时应当向当事人或者有关人员表明/证明身份。询问和现场调查应当制作笔录或者现场调查报告,由参与人员签名或者盖章。必要时,可以委托第三方专业机构进行调查。

第十九条　校学风委员会成员、调查组成员以及相关工作人员有下列情形之一的,应当自行回避,当事人也有权用口头或者书面方式申请他们回避:

(一)是当事人或者当事人近亲属的;

(二)与本案当事人有直接师生关系的;

(三)与本案当事人同一课题组的;

(四)与本案当事人有其他关系,可能影响案件调查或者处理的。

回避的申请由校学风委员会主任决定。

第二十条　调查过程中,当事人有权对事件进行陈述、申辩及表述自己的见解。对当事人提供的材料,调查组须纳入调查文档并进行核实。

第二十一条　当事人或者有关人员应当如实回答询问,配合调查,出示相关证据材料,不得隐瞒或者提供虚假信息。

第二十二条　调查组开展调查,应当在 60 日内完成。如情况复杂,经校学风委员会主任同意,可以酌情延长工作期限,但是延长期限不得超过 30 日。

第二十三条　调查组完成调查后应当形成书面调查报告,调查报告需由调查组成员半数以上通过。调查组成员应当分别在调查报告上签名。调查组成员如有意见分歧的,应当将分歧意见在报告中列明。

调查报告形成后应当及时提交校学风委员会,校学风委员会应当在 30 日内召开全体委员会议审议调查报告,并做出结论认定。

全体委员会议必须有 2/3 以上委员出席方能举行。认定结论以无记名投票方式经 2/3 以上与会委员通过方为有效。

第二十四条　校学风委员会的认定结论应当告知当事人。当事人有异议的,应当在 5 个工作日内申请复议。复议决定的做出按照本办法第二十三条规定执行。异议期满当事人未提出异议的,认定结论生效。

第二十五条　校学风委员会的认定结论或者复议决定是终局结论。如当事人无新的证据材料又重新提出申请复议的,校学风委员会不予受理。

第二十六条　对认定为学术不端的行为,校学风委员会根据厦门大学学术委员会的授权,可以依职权直接撤销或者责成相关部门撤销责任人相应的学术称号、学术待遇,并可以同时向学校及相关部门提出处理建议。

## 第六章　处理和申诉

第二十七条　学校及相关部门在接到校学风委员会的认定意见和处理建议后,应当在 30 日内做出处理决定。

第二十八条　结合行为性质和情节轻重,学校及相关部门依职权对学术不端行为的教职工做出如下处理:

(一)通报批评;

(二)终止或者撤销相关的科研项目,追回已拨付的科研经费并在一定期限内取消申请资格;

(三)暂停招生或者取消导师资格;

(四)延缓职务晋升、解职、解聘、辞退或者开除;

(五)警告、记过、降低岗位等级或者撤职;

(六)其他相关规定中的处理方式。

第二十九条　结合行为性质和情节轻重,学校及相关部门依职权对学术不端行为的学生做出如下处理:

(一)批评教育;

(二)终止或者撤销相关的科研项目,追回已拨付的科研经费并在一定期限内取消申请资格;

(三)暂缓学位授予、不授予学位或者撤销学位授予;

(四)警告、严重警告、记过、留校察看或者开除学籍;

(五)其他相关规定中的处理方式。

第三十条　学术不端行为人有下列情形之一的,可以酌情减轻处理:

(一)主动承认错误并积极配合调查的;

(二)主动消除或者减轻不良影响的;

(三)经批评教育确有悔改表现的;

(四)其他可以减轻处理的情形。

第三十一条　学术不端行为人有下列情形之一的，应当从重处理：

(一)藏匿、伪造、销毁证据，干扰、妨碍调查工作；

(二)打击、报复举报人；

(三)其他情节严重、影响恶劣的情形。

第三十二条　借举报故意捏造事实，诬告陷害他人或者以举报为名制造事端，干扰学校正常教学科研秩序的，依照有关规定严肃处理；构成犯罪的，依法移送司法机关。

对举报不实，受到不当指控的单位和个人要及时澄清并予以保护。

第三十三条　处理决定的主要内容应当包括以下：

(一)被举报人的基本情况；

(二)经查证的事实和证据；

(三)处理意见和依据；

(四)申诉途径和期限；

(五)其他按照有关规定应当包括的内容。

第三十四条　处理决定应当送达被举报人。被举报人拒绝签收的，可以留置送达。因被举报人下落不明等原因无法取得联系的，应当公告送达。公告送达的方式为在研究生院网站发布公告，自公告发出之日起，经过60日，即视为送达。

第三十五条　当事人对处理决定不服的，可以在收到处理决定后5个工作日内向厦门大学监察处提出申诉。监察处不受理当事人对校学风委员会认定结论不服的申诉。

第三十六条　对教职工及学生申诉的处理分别按照《厦门大学教职工申诉办法》和《厦门大学学生申诉办法》执行。

第三十七条　申诉期间，不影响处理决定的执行。

## 第七章　附　则

第三十八条　本办法所称当事人是指学术不端行为的举报人或者被举报人。

第三十九条　本校其他涉及学术不端行为的管理规定与本办法不一致的，以本办法为准；其他办法有规定而本办法未规定的，从其规定。

第四十条　本办法由学校法律事务办公室负责解释。

第四十一条　本办法自颁布之日起施行。

——本文摘录自《关于印发〈厦门大学学术不端行为处理暂行办法〉的通知》，厦大综〔2015〕45号，档号2015-XZ09-40

# 厦门大学大学生校外实践教育基地建设与管理规定(修订)

(2015 年 11 月 12 日)

第一条　总则

大学生校外实践教育基地(以下简称"实践基地")是高等学校学生参加校外实习实训和社会实践活动的重要场所,是实现培养目标的重要条件。基地建设直接关系到实习教学的质量。为了进一步加强、规范实践基地的建设和管理,特制定本条例。

第二条　建设目标

通过建设实践基地,承担学生的校外实践教育任务,促进学校(学院)和行业、企事业单位、科研院所、政法机关(以下统称"企事业单位")联合培养人才新机制的建立,推动学校(学院)转变教育思想观念,改革人才培养模式,加强实践教学环节,提升学生的实践能力、创新精神、社会责任感和就业能力。

第三条　建立和选择实践基地的基本原则

1.依托企事业单位共同建设。

2.满足实习教学任务和要求,有一定实习规模并相对稳定。

3.共建双方优势互补、资源共享、共同促进、互利共赢。

4.就近就地、长期稳定和节约开支。

5.满足实习学生食宿、学习、安全、卫生和劳动保护等方面的条件。

6.有利于形成"产、学、研"相结合的一体化实践教学模式。

7.与学校有联合办学、技术转让、委托培养等协作关系或校友集中的企事业单位优先考虑。

第四条　实践基地的建立

实践基地分为国家级、省级、校级、院级。

1.校级:凡能承担两个及以上学院实习教学任务的基地,由两个及以上学院联合向学校申请,学校教务部门审核批准,作为校级实践基地。

2.院级:学院根据学科专业的性质、特点,有目的、有计划、有步骤地选择能满足实习教学要求的企事业单位,建立院级基地。承担单个学院的实习教学任务的基地,由学院批准,报学校教务处备案,作为院级实践基地。

3.校级实践基地实行校、院两级管理,并以学院管理为主;院级实践基地由学院负责管理。共建双方领导担任实践基地的负责人。

第五条　学校(学院)的义务与职责

1.学校在人才培训、委托培养、课程进修、咨询服务、信息交流、技术转让、项目开发、实验检测等方面对共建单位应优先给予考虑。

2.在国家高校毕业生就业政策许可范围内征求毕业生本人意见后,共建单位可优先选聘学校相关专业毕业生。

3.学校(学院)根据双方的协议向基地单位支付一定的实习管理费用。

4.改革校外实践教育模式,与共建单位共同制定教学目标和培养方案,共同建设实习课程体系,共同组织实施实习培养过程。

5.加强对学生的政治思想教育,完善各种规章制度,切实做好实习学生的管理工作。

6.选派熟悉实习单位经营管理、生产过程和环节,工作认真负责、组织能力强的教师担任实习指导教师。

7.每年度与共建单位共同总结教学实习情况,共同评价实习培养质量,并落实下年度实习教学计划。

8.组织优秀基地和优秀指导教师的评选。

第六条　实践基地共建单位的义务与职责

1.健全组织管理体系,建立可持续发展的管理模式和运行机制,具有教学运行、学生管理、安全保障等规章制度;对实习师生进行安全和纪律教育。

2.根据双方签订的协议接收学生实习,按《实习教学大纲》和《实习教学计划》向实习师生提供必要的实践机会及有关资料;对实习的有关收费应给予优惠,不收或少收。

3.尽可能为实习师生提供食宿、交通等方面的条件。

4.选派政治素质好、实践经验丰富、具有一定理论水平、责任心强的专业技术人员或管理人员担任实习指导工作,并保持相对稳定。

5.指定有关职能部门组织、管理实习工作,并确定相应的专职或兼职人员,积极协助学校处理学生实习中的各项事宜。

6.与学校(学院)实习指导教师,共同组成考评小组,对学生实习成绩进行全面考核评定。

7.建立开放共享机制,除承担共建学院的学生校外实践教育任务外,还应尽可能向学校其他学院开放。

第七条　实践基地协议书的签订

1.实践基地共建双方有合作意向,在符合建立基地条件的基础上,校级实践基地由学校(教务处)、学院与共建单位签订建立协议书(一式三份),由教务处、学院、共建单位各执一份。院级实践基地由学院与共建单位签订建立协议书(一式两份),由学院、共建单位各执一份。

2.实践基地协议合作年限根据双方需要协商确定,一般为3～5年。协议书应包括(但不限于)以下内容:(1)双方合作的目的;(2)实践基地建设目标与受益范围;(3)双方权利和义务;(4)实习师生的食宿、学习、交通等安排;(5)协议合作年限;(6)其他。

3.对协议到期的实践基地,根据双方合作意向与成效,可续签协议。

第八条　实践基地的挂牌

学校或学院与共建单位签订合作协议书后,校级实践基地可挂“厦门大学××××校外实践教育基地”铜牌,院级实践基地可挂“厦门大学××学院××××校外实践教育基地”铜牌,具体名称由共建双方协商确定。铜牌规格一般为长60～90 cm,宽40～60 cm。

第九条　实践基地的建设经费

1.校级(院级)实践基地由学校(学院)设立专项建设经费支持。

2.专项建设经费要按照国家和学校的有关规定进行管理,专款专用。

第十条　实践基地的检查与评估

1.教务处会同现代教育技术与实践训练中心不定期开展实践基地检查,重点检查实践教学开展情况。

2.学校定期组织开展优秀实践基地评选。

第十一条　本条例自公布之日起实行,由教务处负责解释。原《厦门大学本科教学实习基地建设与管理规定》(厦大教〔2005〕8号)同时废止。

——本文摘录自《关于印发〈厦门大学大学生校外实践教育基地建设与管理规定(修订)〉的通知》,厦大教〔2015〕66号,档号2015-XZ12-11

# 厦门大学研究生出国出境参加国际学术会议资助管理办法

（2015 年 12 月 31 日）

为了进一步促进我校研究生国际学术交流能力培养，鼓励在读研究生出国出境参加国际学术会议，研究生院设立研究生出国出境参加国际学术会议资助项目。为更好地做好此项工作，现制定本管理办法。

一、资助内容

1.参加国际学术会议的往返旅费

2.会议注册费

3.签证相关费用

4.往返机场/火车站交通费

5.住宿费

二、申请条件

1.厦门大学全日制在校博士研究生或已获得攻读博士学位资格的学生（不包括延期毕业学生），申请时年龄不超过 35 周岁。

2.申请人拟参加的国际学术会议的主题应与申请者专业领域紧密相关，且拟参加的国际学术会议会期应在完成论文答辩之前。

3.申请人应为论文的第一作者（或导师为第一作者，学生为第二作者），且在会议上做口头报告（或报展）。论文的第一署名单位为厦门大学。每篇论文资助一名研究生参会。每年最多资助同一导师的一名学生；对院士、资深教授、全国优博获得者的指导教师，一年可资助其指导的 1～2 名学生。学生在学期间，最多获得一次资助机会。

4.申请人应具有良好的外语交流能力、科研能力。外语水平符合以下条件之一：

（1）曾在同一语种国家留学一学年（8～12 个月以上）；

（2）参加“全国外语水平考试”（WSK）并达到合格要求；

（3）参加全国英语六级等级考试并达到合格水平（425 分）；

（4）参加雅思（学术类）、托福、德、法、意、西、日、韩语水平考试，成绩达到以下标准：雅思 6.5，托福 95，德、法、意、西语达到欧洲统一语言参考框架（CECRL）的 B2 级，日语达到二级（N2），韩语达到 TOPIK4 级；

（5）曾在教育部指定出国留学培训部参加相关语种培训并获得结业证书（英语为高级班，其他语种为中级班）。

5.资助参加的国际学术会议应为在国外、境外举办的相关研究领域的高水平国际学术会议。

6.优先考虑积极组织学生申报国家公派研究生项目赴国外攻读博士学位的学院（研究院）。鼓励并优先考虑学院或导师（课题组）给予配套资助的人选。

三、申请与审批程序

1.学生申请。项目由学院（研究院）和研究生院共同组织实施。拟申请资助的学生须按要求向学院提供如下材料：

(1)《厦门大学资助研究生出国出境参加国际学术会议项目申请书》;

(2)会议正式征文通知(Final Call for Abstract);

(3)摘要或论文录用函和大会邀请函;

(4)拟发表论文全文(或会议摘要);

(5)外语水平证明。

2.学院审核。学生所在学院(研究院)应成立公派出国领导小组,对学生所参加国际学术会议的内容、在所属领域会议的水平等情况进行审核,并确定资助申请人名单。

3.学校评审。研究生院对经过各单位审核的资助申请进行评审,并最终确定资助名单和资助额度。经公示无疑义后正式给予核拨资助经费。

四、资助经费管理

1.研究生院每年3月、6月、9月和12月确定各学院(研究院)拟资助学生出国出境参会人数及额度后通知财务处将款项拨至各学院(研究院)。

2.学生因故未能成行但已下拨到学院(研究院)的款项将在下一期拨款时予以扣除。

3.受资助学生回国后应在一个月内(遇寒暑假顺延)向所在院系报到并提交以下材料:

(1)会议日程安排[Final Program,含有本人发言(或报展)的日程页复印件]。

(2)护照首页及标有出入境日期页面的复印件。

(3)参加国际会议的总结报告(字数不少于1500字,并须经导师审核签字)。

(4)参会情景照片若干张(电子版):大会会场、受资助学生现场报告(报告时含有听众)、受资助学生张贴的海报。

(5)批准资助项目的相关正式发票原件(所有发票背后需有导师和本人签字;机票原件需随发票,国外电子机票应附登机牌)。

其中,(1)(3)(4)要同时提交给研究生院。

4.学生所在学院(研究院)审核以上材料,并在学校资助额度内据实报销。学生持相关审批件至财务处办理报销手续。

五、总结与交流

各学院(研究院)每年应及时汇总研究生出国出境参加国际学术会议情况,不断总结经验,改进工作。受该项目资助研究生回校后,应在学院做一次学术报告,同时向研究生院提交一份总结报告。

每年12月底前,各学院(研究院)应提交本单位学生参加国际学术会议情况汇总表、本单位选派学生参加国际学术会议工作总结。不按要求进行单位总结和个人总结将停止下一年度的经费资助。

研究生院每年将各个单位参加国际学术会议情况以及学生个人总结及时汇编成册,并视情况开展学院之间的工作交流,及时表彰先进单位。

六、本办法自发布之日起执行,原《厦门大学研究生出国出境参加国际学术会议资助管理办法》[(2013)厦大研16号]同时废止。本办法由研究生院负责解释。

——本文摘录自《关于印发〈厦门大学研究生出国出境参加国际学术会议资助管理办法〉的通知》,厦大研〔2015〕46号,档号2015-XZ28-2

# 厦门大学研究生国(境)外访学计划实施办法

(2015年12月31日)

为促进我校研究生教育水平和培养质量的整体提高,培养具有国际视野、掌握最先进研究方法与技术,能与国际同行进行学术交流的高素质人才,参照国家留学基金委公派项目选拔工作相关管理办法,制定本办法。

一、访学形式

A类:从低年级学生中选拔一流学生到国(境)外一流大学或一流学科进行短期访学,修读一流水平的专业课程。

B类:依托具有优质研究生教育国际合作资源的一流学科(研究团队),建立长期的稳定的国(境)外研究生培养合作基地,选派一流研究生到国(境)外一流的科研机构或学校从事一流的学术研究。

二、资助期限

访学资助期限3～6个月。

三、申请条件

1.申请人应为我校全日制在读博士研究生或已获得攻读博士学位资格的学生(不包括延期学生),申请时年龄不超过35周岁。

2.具有中国国籍,热爱社会主义祖国,具有良好的政治素质,无违法违纪记录。品学兼优,身心健康。

3.访学单位必须是国(境)外一流高校或一流学科,且在申请者研究领域的科研水平居国际领先地位。

4.申请人应具有良好的外语交流能力、科研能力。外语水平符合以下条件之一:

(1)曾在同一语种国家留学一学年(8～12个月以上);

(2)参加“全国外语水平考试”(WSK)并达到合格要求;

(3)参加全国英语六级等级考试并达到合格水平(425);

(4)参加雅思(学术类)、托福,德、法、意、西、日、韩语水平考试,成绩达到以下标准:雅思6.5,托福95,德、法、意、西语达到欧洲统一语言参考框架(CECRL)的B2级,日语达到二级(N2),韩语达到TOPIK4级;

(5)通过国(境)外拟留学单位组织的面试、考试等方式达到其语言要求(应在外方邀请信中注明或单独出具证明);

(6)曾在教育部指定出国留学培训部参加相关语种培训并获得结业证书(英语为高级班,其他语种为中级班)。

5.优先资助申请人所在学科与国(境)外高校或研究机构具有开展实质性科研合作的基础,优先资助申请者正在从事的课题研究预期有较大创新性或重要的应用前景。

四、申请程序

1.符合条件的博士研究生经导师推荐向学院提出申请,填写“厦门大学研究生国(境)外访学项目申请表”,并附上访学单位的正式邀请信/录取通知书。

2.学院公派出国领导小组自行组织对申请者进行综合考评,考评指标包括申请者的综合素质、科研能力、外语水平和访学计划安排等。

3.学院根据对申请人考评结果制订出年度研究生国(境)外访学计划,填写“年度研究生国(境)外访学计划表”后报送研究生院审批。

4.研究生院组织评审。对资助名单的确定,优先考虑积极组织学生申报国家公派研究生项目赴国外攻读博士学位的学院。

每年最多资助同一导师的一名学生。学生在学期间,最多获得一次资助机会。对院士、资深教授、全国优博获得者的指导教师,一年可资助其指导的1～2名学生。

五、资助形式及标准

1.奖学金:奖学金标准参照《国家公派留学人员奖学金标准》(财教〔2010〕286号)。由学校财务处根据研究生院提供的资助学生名单下拨。

2.国际旅费:可报销一次厦门至访学学校的往返差旅费。

3.学费:由学院、导师和学生多方共同承担,具体比例由学院、导师和学生三方商定。除前往如哈佛、耶鲁、牛津、剑桥等极少数世界顶尖大学、顶尖专业学习者外,学校原则上对学费不予资助。

4.费用报销程序按学校财务处相关规定执行。

六、访学安排与管理

1.在留学人员派出前,导师应对研究生在国(境)外学习和研究计划进行必要指导。留学期间,导师应加强与学生的联系,及时了解学生的学习研究情况。

2.各单位应加强行前教育,指导、协助学生办理出国(境)手续;同时加强心理、精神和道德与诚信方面的教育指导。未按要求参加行前教育的学生,研究生院将收回对该生的访学资助经费。

3.留学人员回校后,应撰写一份字数不少于3000字的访学报告,详细汇报访学期间开展研究情况、取得的研究成果、在外访学的经验和体会。访学报告须经导师审阅签字后报研究生院及所在学院(研究院)。

A类入选者在完成访学任务后还须提供回国入境日期证明(护照第1页和入境盖章页的复印件)、访学单位开具的成绩单或课程学习证明(证明内容应包括访学时间、课程名称、听课时数和课程成绩等内容)。

B类入选者在完成访学任务后还须提供回国入境日期证明(护照第1页和入境盖章页的复印件)、访学单位开具的科研工作证明(证明内容应包括访学时间、学术研究成果、导师或合作者评语等内容)。

以上所有访学报告均须经导师审核签字。

4.入选者回校后有义务承担同类课程助教,协助学科以先进的教学理念、教学方式、教学内容推进我校同类课程的建设。

5.获得资助的研究生,其与获得资助有关的论文、研究项目或科研成果在成文、发表、公开时,应注明或说明“本研究/成果/论文得到厦门大学研究生院资助”。

6.入选者应与学校签订《资助出国留学协议书》。学校对学生在访学期间的管理遵照协议执行。

七、本办法自发布之日施行,由研究生院负责解释。原《厦门大学研究生国外访学计划实施办法》[(2013)厦大研17号]同时废止。

——本文摘录自《关于印发〈厦门大学研究生国(境)外访学计划实施办法〉的通知》,厦大研〔2015〕47号,档号2015-XZ28-2

# ·管理与服务工作·

## 关于《厦门大学教职工逝世后丧事办理暂行规定》的补充通知

（2015年1月20日）

全校各单位：

根据《中共中央办公厅　国务院办公厅印发〈关于党员干部带头推动殡葬改革的意见〉的通知》（中办发〔2013〕23号）文关于“除国家另有规定外，党员、干部去世后一般不成立治丧机构，不召开追悼会”的规定，经研究，厦门大学教职工逝世后一般不成立治丧机构；在《厦门大学教职工逝世后丧事办理暂行规定》（厦大办〔2010〕31号，以下简称“《暂行规定》”）修订完成之前，其余事项仍按《暂行规定》精神执行。

校内讣告张贴位置可为大南、三家村、白城、海滨、东区公告栏，规格统一为60 cm（宽）×90 cm（高）。

该补充规定自通知发布之日起执行。

特此通知。

学校办公室、人事处、离退休工作部（处）

2015年1月20日

——本文摘录自《关于〈厦门大学教职工逝世后丧事办理暂行规定〉的补充通知》，档号2014-XZ32-3

# 厦门大学学术假制度实施办法(2015年修订)

(2015年1月30日)

## 第一章 总 则

第一条 为进一步完善和加强我校学术假制度建设,鼓励广大教师充分利用学术假提高教学科研水平,增强对外学术交流能力,切实推进我校师资队伍国际化建设,现就《厦门大学学术假制度实施办法》(厦大人〔2007〕10号)进行重新修订。

第二条 实行学术假制度,旨在为教师提供较为集中的时间进行对外学术交流和合作科研,增强教师自身的教学科研水平和国际交流合作能力,以提高学校整体的国际化水平。

第三条 各学院(研究院)应在安排好正常教学科研等工作的同时,结合师资队伍建设和学科建设需要,有计划地组织教师派出工作,积极促进学术假制度的实施。

## 第二章 学术假适用范围及使用要求

第四条 学术假制度在我校全职专任教师中实行。

第五条 艺术、体育之外学科的教师使用学术假仅限用于赴国(境)外高校和科研机构进行学术交流和合作科研。

艺术、体育学科教师可使用学术假赴国内外高校和科研机构进行学术交流和合作科研。

第六条 使用学术假的具体要求:

1.首次使用学术假工作年限要求:连续在本校工作满3年,可申请使用1学期(指长学期,含假期最长为6个月,下同)至1学年(含假期最长为12个月,下同)学术假。年薪制教师有另行规定的,按另行规定执行(下同)。

2.再次使用学术假工作年限要求:自上次学术假按时返校时间起算,连续在本校工作满5年,可申请使用1学年学术假;自上次返校时间起算,连续在本校工作满两年半,可申请使用1学期学术假。

3.使用学术假应不影响教学工作的正常进行。教师应服从学院(研究院)的教学工作安排,在不影响教学工作的前提下申请使用学术假。

4.使用学术假应不影响本人所承担的在研项目的研究工作。项目负责人出国前应按科研项目主管部门(科学技术处或社会科学研究处)要求办理相应手续。

5.申请使用学术假须在规定的年限内完成本职工作且各年度考核均须为合格或以上等次。

6.学术假申请者应明确研修目的,在申请时提交研修计划。

## 第三章 学术假使用期限与使用方式

第七条 教师每次使用学术假的期限最长不超过1学年,以学校规定的研修期限为准,起算时间以研修目的国入境时间为准。原则上不允许延期。

第八条 因合作研究确有延期必要的,须在教学科研工作安排许可的前提下,经学校批准后方可延期。延期期限最长不超过1学年。入选国家、福建省资助项目的,按国家、福建省有关规定执行。

第九条 申请1学期学术假的教师,若具备使用1学年学术假资格,申请延长至1学年,可按使用1

学年学术假对待。其他情况的延期期限不计为学术假。

第十条 为保证学术假的使用质量，维护学校正常的教学科研秩序，教师每次所申请的学术假原则上不得拆开和跨学期使用（即申请1学期的学术假不得跨2个长学期使用，申请1学年的学术假不得跨3个长学期使用）。

## 第四章 学术假审批程序

第十一条 为便于安排教学科研工作，教师使用学术假须提前6个月申请，并填写申请表（包含研修计划，并附研修单位正式邀请函或通知书），经学院（研究院）审批同意，报科研项目主管部门（科学技术处或社会科学研究处）和人事处备案。

第十二条 经批准使用学术假的教师应完成或妥善安排好相关教学科研工作，办理相关手续后方可离校，并按邀请函或通知书的要求按时到接收单位报到。教师使用学术假出国（境），应按国际合作与交流处/台港澳事务办公室要求，办理外事审批手续。

第十三条 不允许学术假使用者随意变更用假时间；如遇不可抗力因素，需变更用假时间，应提交变更申请，说明具体原因，经学院（研究院）审批同意，报人事处备案。

第十四条 符合本办法第八条的规定申请延期的，须在学术假期满前3个月提出延期申请，经学院（研究院）审查同意，报人事处审批。未按时间要求提交的延期申请，原则上不予受理。

## 第五章 使用学术假的权利与义务

第十五条 教师使用学术假期间的待遇为除午餐补贴外的所有工资、津补贴照常按月发放。年终奖和奖励性绩效等按学校有关规定执行。年薪制教师，按年薪制有关规定执行。如学校或学院（研究院）有另行规定的，按另行规定执行。

第十六条 教师学术假期满后的延期期间，所有工资、津补贴（含岗位绩效津贴）均予以停发。已按规定缴交社会保险的，由学校继续代缴（单位缴纳部分，由学校承担；个人缴纳部分，由个人承担）。

第十七条 教师如使用学术假出国（境），应自行购买境外医疗保险、意外伤害保险和紧急救援险等保险。

第十八条 教师在外期间须维护国家和学校的利益与声誉，保证不涉及政治敏感问题、无科技涉密问题及无违反知识产权保护问题，遵守所在国法律法规。与国家留学基金管理委员会、福建省或学校签订协议者，应遵守协议书的有关约定。

第十九条 教师应按计划完成学术交流或科学研究的任务，充分利用学术假提高业务水平和教学科研能力。

第二十条 教师在外研修期间应保持与学院（研究院）的联系，学院（研究院）应主动关心教师的学习、生活等情况。教师用假期间每3个月应将阶段性工作汇报以电子邮件形式报送学院（研究院），由学院（研究院）于每年年底汇总报送人事处备案。

第二十一条 学术假期满或延期期满后，教师应及时返校到岗工作，并在期满之日起10个工作日内办理返校报到手续。

学术假期满或延期期满逾期未归的，将按国家和学校有关规定处理。对于与国家留学基金管理委员会、福建省或学校签订出国协议的用假留学人员，将同时根据协议约定的有关条款追究其违约责任。

未及时办理返校报到手续者，将视其为擅自离岗并扣发其擅自离岗期间的所有工资及津补贴等待遇。

第二十二条 教师返校后，应向学院（研究院）提交一份详细的研修总结及相关证明材料，学院（研究院）应对教师在学术假期间的研修情况进行审核，提出书面审核意见，报人事处。教师还应在学院（研究院）做相关研修成果学术报告。

第二十三条 教师按计划较好地完成研修任务后按时返校工作，并提交相关材料，该年度的考核可定为合格;教师未能按计划完成研修任务或其行为造成不良影响或未按期返校,该年度的考核视情节定为基本合格或不合格。

第二十四条　教师返校后,应在我校连续服务至少满1年。教师受国家留学基金、福建省、学校或学院资助研修,有另行约定的,按另行约定执行。

## 第六章　附　则

第二十五条　在保证教学科研工作不受影响的前提下,教师出国(境)参加3个月以内(含寒暑假)的校外学术活动不计入学术假,出访前须报学院(研究院)和国际合作与交流处/台港澳事务办公室审批;教师在国内参加学期中1个月以内或寒暑假期间的校外学术活动不计入学术假,占用学期时间的,出访前须报学院(研究院)审批。上述情况校外学术活动期间所有工资、津补贴照常发放。

第二十六条　鼓励教师通过参加相应外语水平考试取得国家、福建省资助各类出国项目要求的外语条件。

如无法及时通过外语水平考试,在保证教学科研工作不受影响的前提下,教师经学院(研究院)批准参加教育部指定外语培训部培训(须报人事处备案)不计入学术假。

参加培训期间除午餐补贴外的所有工资、津补贴照常按月发放。

教师如取得培训合格证书,并在证书有效期内入选出国项目,学校给予报销培训费;如未在证书有效期内入选出国项目,学校给予报销50%的培训费。

第二十七条　人事处将对教师使用学术假情况进行不定期抽查,对未按本办法执行的学院、研究院,将予以收回审批权限。

第二十八条　本办法自颁布之日起施行,原《厦门大学学术假制度实施办法》(厦大人〔2007〕10号)和《厦门大学关于教师出国经费资助范围的规定》(厦大师职〔1998〕15号)文件同时废止。

第二十九条　本办法由学校人事处负责解释。

——本文摘录自《关于印发〈厦门大学学术假制度实施办法(2015年修订)〉的通知》,厦大人〔2015〕23号,档号2015-XZ10-1

# 《厦门大学仪器设备论证实施细则》补充规定

（2015年3月2日）

为指导我校贵重仪器设备购置前可行性论证实践工作，根据《厦门大学仪器设备论证实施细则》（厦大设备〔2014〕2号）及我校贵重仪器设备购置前可行性论证工作面临的新形势，并结合《厦门大学贵重仪器设备管理办法》（厦大设备〔2003〕1号），特制定本补充规定。

一、实验室与设备管理办公室对申购单位提交的《厦门大学购置贵重仪器设备可行性论证报告》电子版提出初审意见时，同时提供同类仪器分布与使用情况材料供申购单位参考。

二、贵重仪器设备单价大于10万元（含）小于40万元的，由申购单位论证小组提出论证意见；单价大于40万元（含）小于100万元的，由申购单位教授委员会提出论证意见，单价大于100万元（含）的，还需由申购单位所在学部委员会提出论证意见。

三、申购单位教授委员会（或学部委员会）应根据本单位及学校已有同类仪器的布局及科研（教学）需求对拟购置仪器的必要性进行严格论证，避免小而全、低效率的重复购置。教授委员会（或学部委员会）意见由教授委员会（或学部委员会）主任（副主任）签署。

四、单价100万元以上（含）的贵重仪器设备，实验室与设备管理办公室组织相关的校内外仪器专家小组对仪器设备配置的科学性和合理性进行校级可行性论证。

五、实验室与设备管理办公室根据学院教授委员会、学部委员会和仪器专家小组的意见签署是否同意采购的意见，其中500万元以下的贵重仪器设备论证报告加盖校领导签字章，500万元以上（含）或特殊项目的贵重仪器设备论证报告报分管校领导审批。

六、学院应指派专人（实验秘书）负责论证报告的提交、流转和沟通联络工作。

七、实验室与设备管理办公室原则上对学院提交的材料在2个工作日内做出反馈。

**附:流程图**

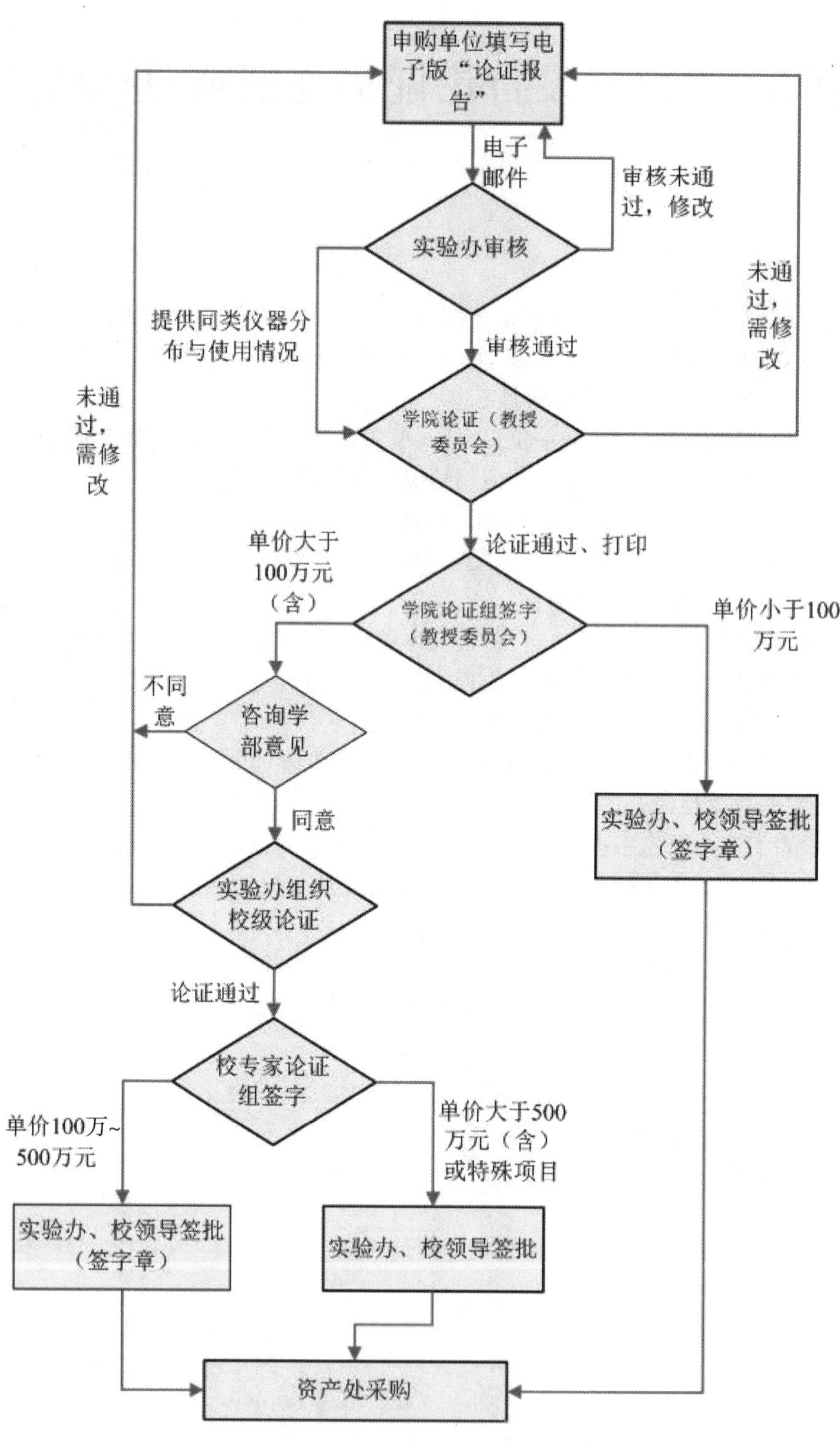


——本文摘录自《〈厦门大学仪器设备论证实施细则〉补充规定》,(2015)厦大实8号,档号2019-XZ38-006

# 厦门大学关于加强内部审计工作的意见

（2015 年 3 月 6 日）

全校各单位：

为贯彻落实《厦门大学章程》，充分发挥内部审计职能作用、切实加强学校内部审计工作，更好地服务学校改革发展、推动一流大学建设，根据《国务院关于加强审计工作的意见》（国发〔2014〕48 号）和《教育部关于加强直属高等学校内部审计工作的意见》（教财〔2015〕2 号）等有关文件，结合学校实际，现提出以下意见：

## 一、提高思想认识，加强审计工作

学校内部审计，是通过对与资源利用有关的业务活动及其内部控制的适当性、合法性和有效性的审查，并进行确认、评价、咨询，为促进完善管理控制、防范风险、创造效益、实现学校目标服务的行为。

（一）转变审计工作理念。一是审计态度从被动性完成任务向主动性提供服务转变；二是审计方式从事后审计为主向事后、事中、事前审计相结合转变；三是审计领域从局部性审计为主向全覆盖审计转变；四是审计内容从财务审计为主向财务审计、管理审计和绩效审计并重转变；五是审计整改意见从选择性落实或不落实向必须整改落实转变。

（二）推进审计全覆盖。要自觉树立法律意识，增强法制观念，凡是涉及管理、分配、使用公共资金、国有资产、国有资源的部门、单位和个人，都要自觉接受审计、配合审计，要依法、及时、全面提供审计所需的财务会计、业务和管理等资料。

（三）确保资金资产安全高效使用。加强预算管理审计，加强领导干部经济责任审计，加强学校资产管理审计，加强重大领域、重大项目、重要资金等专项审计，推动内部控制审计，切实防控风险，促进资金资产安全高效使用。

（四）提高审计管理效益。要把审计作为推动学校重大决策部署和有关政策措施贯彻落实的重要手段，通过审计及时发现学校各项工作运行的好做法、好经验，对审计发现的问题要从体制机制制度层面分析原因和提出解决办法，努力促进学校治理体系和治理能力现代化。

（五）提升审计能力。加强审计人员职业教育培训，进一步提高审计队伍专业化水平，努力建设一支具有较高政治素质和业务素质、作风过硬的审计队伍。建设审计信息系统，畅通信息获取渠道，实现信息共享。按照科学核算、确保必需的原则，切实保障审计部门履行职责所需经费，为开展审计提供相应的工作条件。

## 二、完善制度建设，健全审计工作机制

（一）建立审计工作联席会议机制。按照“紧密合作、各司其职、各负其责、相互配合”原则，建立审计工作联席会议机制。联席会议基本成员单位由学校办公室、纪检监察、组织人事、审计、财务、资产管理等部门组成。联席会议定期研究审计立项、协调解决审计中的重大问题、研究决定审计整改意见建议、交流通报各项审计情况、研究制定审计重要文件制度等。

（二）建立内外部审计相结合制度。充分发挥内外部审计资源优势，根据审计工作需要，可以委托具有相应资质的社会中介机构开展部分审计工作，内部审计人员负责审计准备阶段和审计报告阶段的工

作，并全过程跟进外部审计，评估外部审计工作质量和效率。

(三)建立审计整改工作制度。一是完善审计结果及其整改报告制度、跟踪检查制度和责任追究制度。定期向校长办公会汇报审计工作，审计结果要作为相关决策的重要参考依据。被审计单位或项目主要负责人作为整改第一责任人，要切实抓好审计发现问题的整改工作，在规定时间内报送整改情况报告。审计整改要纳入督查督办事项，组织人事等部门要把审计结果及其整改情况作为考核、奖惩的重要依据，整改不力、屡审屡犯的，要严格追责问责。二是构建审计整改长效机制，加强职能部门协调配合，共同推进审计整改工作。三是加强后续审计工作，及时了解被审计单位的整改情况，督促审计意见落到实处。

## 三、突出工作重点，发挥审计功能

(一)加强领导干部经济责任审计。一是根据国家有关经济责任审计规定，将学校任命或聘任的各单位的正职领导、主持工作一年以上的副职领导或者实际负责本单位工作的副职领导干部全部纳入审计范围。二是坚持任中审计与离任审计相结合，逐步建立和推行领导干部任期内轮审制度。加强对掌握大量资金(资产、资源)的重点单位领导干部，以及掌握重要经济决策权、执行权、管理权和监督权等关键岗位领导干部的审计，对重点单位、关键岗位的领导干部任期内至少审计一次。三是按照被审计领导干部工作岗位性质、经济责任的复杂程度等因素，对审计对象实行分类管理，科学拟订经济责任审计计划，通过审计工作联席会议研究确定审计立项，组织部门委托进行审计。四是开展领导干部绩效审计，检查领导干部守法、守纪、守规、尽责情况，促进领导干部主动作为、有效作为，切实履职尽责。五是依法、依纪反映不作为、慢作为、乱作为问题，健全责任追究制度，强化审计结果运用。

(二)加强专项审计。一是对涉及人才专项、教学项目等重大专项资金，加大业务管理跟进力度，探索建立和完善重大专项资金使用全过程审计制度；二是加强公务支出和公款消费审计，推动厉行节约、反对浪费长效机制建设；三是通过审计工作联席会议研究确定审计立项，制订年度审计工作计划；四是对项目立项、评估、决策、实施等环节及资金配置，使用的经济性、效率性和效果性进行审计评价，确保资金规范使用并实现预期目标。

(三)加强科研经费审计。一是进一步完善科研管理体制，健全制度，明确科研、财务等职能部门责任，落实分工，加强协调，形成监管工作合力；二是科研经费审计应以财务收支审计为基础，加强科研经费预算与执行情况审计、科研经费内部控制审计、科研经费管理责任审计等；三是审计方式除目前事后审计、决算审签外，还应按有关科研经费管理规定对重大、重点科研项目的申报、立项、预算评审、预算执行、验收等环节进行全过程跟踪审计；四是通过审计工作联席会议研究确定科研经费审计立项，制订年度审计工作计划；五是按照经费主管部门的要求，项目结题验收前必须委托社会中介机构进行审计并出具审计报告的，审计部门可以利用外部审计结果，实现内外审计资源共享；六是通过审计，既要促进科研人员合规使用经费，防控廉政风险，又要促进科研创新成果涌现，提高科研经费使用绩效。

(四)加强工程项目审计。一是在工程管理部门的配合下，做好工程项目审计计划管理，规范工程项目全过程跟踪审计和竣工结算审计立项或报备工作，实行工程项目审计全覆盖；二是加强对重大、重点工程项目的审计，对其投资立项、勘察设计、施工准备、施工实施、竣工验收等各阶段或部分阶段、环节业务管理活动的合法性、恰当性、有效性进行动态审查和评价，发挥事前、事中控制作用，促进工程项目管理，提高建设资金使用效益；三是加强工程项目的竣工决算审计，真实反映工程项目价值，及时办理固定资产登记入账手续。

厦门大学

2015年3月6日

——本文摘录自《厦门大学关于加强内部审计工作的意见》，厦大综〔2015〕11号，档号2015-XZ19-2

# 厦门大学审计工作联席会议制度

（2015年3月6日）

为进一步加强学校审计工作，构建“紧密合作、各司其职、各负其责、相互配合”的审计工作联动机制，充分发挥各相关部门的监管合力，推进学校事业全面发展，现结合学校实际，制定厦门大学审计工作联席会议（以下简称联席会议）制度如下：

第一条　联席会议由学校分管审计工作的领导召集，基本成员部门由学校办公室、纪检监察、组织人事、审计、财务、资产管理等部门组成。联席会议根据会议主题可邀请其他部门（单位）参加。

第二条　联席会议下设办公室，由基本成员部门各派一名联络员组成。联席会议办公室主任由审计部门负责人兼任，办公室日常管理工作由审计部门承办。

第三条　联席会议的主要职责

（一）学习、研究和制定审计工作文件、制度；

（二）研究制订审计工作计划、方式等；

（三）通报各项审计工作情况；

（四）协调解决审计中遇到的问题；

（五）研究、解决其他有关事项。

第四条　联席会议办公室的主要职责

（一）负责联席会议召开的各项准备工作；

（二）负责各项审计工作的联动实施；

（三）跟进成员部门落实联席会议决定情况；

（四）起草有关审计工作的文件、制度；

（五）收集整理审计工作信息；

（六）整理保存联席会议纪要；

（七）联席会议交办的其他事项。

第五条　联席会议各成员部门的主要职责

（一）学校办公室

1.根据学校管理工作的需要和所掌握信息，向联席会议提出有关审计工作的意见和建议。

2.组织、协调解决审计工作中遇到的困难和问题。

3.及时将上级有关部门颁发的经济法规、政策通报联席会议成员单位。

（二）纪检监察部门

1.结合监督检查工作的需要，参与审计实施方式的讨论研究，并根据所掌握信息，提出审计对象或重点审计内容的意见和建议。

2.向审计部门提供被审计对象的有关情况。

3.协调解决审计工作中遇到的困难和问题，必要时参与相关审计工作。

4.对阻挠、拒绝审计，或出具伪证、销毁、转移证据、隐瞒事实真相等行为依法依纪进行查处，保障审计工作正常进行。

5.对审计移交的有关重大问题和线索依法依纪进行核查，并向联席会议通报查处情况。

6.对审计结果的运用情况进行监督检查。督促被审计对象等及时向审计处提出整改方案,并对落实情况进行监督检查。

(三)组织人事部门

1.根据人事管理、干部管理和监督工作的需要以及所掌握信息,向联席会议提出有关审计工作的意见和建议。

2.按照联席会议确定的年度审计计划,向审计部门送达经济责任审计委托书,授权审计部门具体实施经济责任审计工作。

3.向审计部门提供被审计对象的有关情况。

4.协调审计部门开展工作,真实反映情况,提供人事档案等资料和证明。

5.有效运用审计结果,作为对干部考核、任免、奖惩的重要依据。

6.根据人事档案管理要求,经济责任审计报告应及时归入人事档案。

7.及时将上级有关部门颁发的组织人事管理法规、政策通报联席会议成员单位。

(四)审计部门

1.研究起草审计工作规章制度,提交联席会议审议。

2.根据联席会议确定的年度计划和相关部门委托,制订审计工作计划。

3.按照国家相关规定和联席会议确认的工作原则和工作重点,组织、实施审计并出具审计报告。

4.加强与其他成员单位协调与沟通,听取有关情况介绍和意见建议,通报审计情况或相关请示。

5.负责承办联席会议办公室的日常工作。

(五)财务部门

1.根据财务管理工作的需要和所掌握信息,向联席会议提出有关审计工作的意见和建议。

2.协助审计部门开展工作,真实反映情况,提供会计账簿、会计凭证、会计报表等财务资料和证明。

3.督促检查审计结果落实及整改情况,健全内控制度,促进内部管理,规避财务风险。

4.及时将上级有关部门颁发的财经法规、政策通报联席会议成员单位。

(七)资产管理部门

1.根据资产管理工作的需要和所掌握信息,向联席会议提出有关审计工作的意见和建议。

2.协助审计部门开展工作,真实反映情况,提供详细资产管理台账等资料和证明。

3.对被审计对象的资产管理状况,做出客观公正、实事求是的评价。

4.督促检查审计结果落实及整改情况,健全内控制度,促进内部管理,规避资产管理风险。

5.及时将上级有关部门颁发的资产管理法规、政策通报联席会议成员单位。

第六条　联席会议不定期召开,由联席会议办公室拟订会议方案,报分管校领导同意后召开。各成员部门需提交联席会议研究的有关材料,应提前交联席会议办公室。

第七条　与会人员对联席会议所涉及的有关事项和文件内容负保密责任。

第八条　本制度自发布之日起施行,由联席会议办公室负责解释。

——本文摘录自《关于印发〈厦门大学审计工作联席会议制度〉的通知》,厦大综〔2015〕12号,档号2015-XZ19-2

# 厦门大学出国(境)费用管理办法

(2015 年 5 月 5 日)

## 第一章　总　则

第一条　为了规范和加强因公出国(境)人员的费用开支管理,参照《财政部　外交部关于印发〈因公临时出国经费管理办法〉的通知》(财行〔2013〕516 号)、《财政部　教育部关于调整国家公派留学人员奖学金资助标准的通知》(财教〔2010〕286 号)、《教育部财务司关于转发〈因公短期出国培训费用管理办法〉的通知》(教财司函〔2014〕139 号)、《教育部财务司关于转发〈财政部中国民用航空局关于加强公务机票购买管理有关事项的通知〉的通知》(财库〔2014〕33 号)和《教育部办公厅关于印发〈教育部直属高校直属单位差旅费管理实施细则〉的通知》(教财厅〔2014〕26 号)等,结合我校实际情况,制定本办法。

第二条　各单位出国(境)经费应全部纳入预算管理。各单位应务实高效、精简节约地安排因公出国(境)活动,不得超预算或无预算安排出访。各单位要按照学校的有关规定,加强出国(境)团组的审批管理,严格控制出国(境)团组规模,控制出国(境)人数、国家数和在外停留天数。认真贯彻"勤俭办外事"的方针,严格执行各项费用开支标准,不得擅自突破。

第三条　出国(境)人员必须事先按国际合作与交流处或台港澳事务办公室的规定办理出国(境)审批,即根据前往国家(或地区)发出的邀请函或会议通知提前将出国线路、国家数、停留天数等报国际合作与交流处或台港澳事务办公室,未经审批的出国费用不得报销。

根据出访任务需要在一个国家城市间旅行的,应事先在审批材料中列明。确因科学考察、学术调研等需要临时增加访问城市的,须通过学校办公自动化系统事先向国际合作与交流处或台港澳事务办公室提出申请,未经审批的城市间交通费不得报销。

第四条　出国(境)人员须凭出国审批件、护照(包括签证和出入境记录)复印件、邀请函、有效原始票据及付款记录回国报销。各种境外取得的报销凭证须用中文注明开支内容、日期、数量、金额等,并由当事人签字。

## 第二章　国际旅费及国外城市间交通费

第五条　出国(境)人员的国际旅费是指出境口岸至入境口岸旅费,按以下办法执行:

(一)出国(境)人员应当优先选择由我国航空公司运营的国际航线,因中转 1 次以上(不含 1 次)或按照经济适用的原则等特殊原因确需选择非国内航空公司航班,以及因最临近目的地国家(地区)中转需办理过境签证而选择其他邻近中转地的,应当事先填写"乘坐非国内航空公司航班和改变中转地审批表",并提供相关证明材料经各单位"财务一支笔"审核后,报国际合作与交流处或台港澳事务办公室和财务处审批同意。

(二)选择经济合理的路线。出国(境)人员应当选择直达目的地国家(地区)的国内航空公司航班出入境,没有直达航班的,应当选择国内航空公司航班到达的最邻近目的地国家(地区)进行中转。不得以任何理由绕道旅行,或以过境名义变相增加出访国家和时间。

(三)购买国际机票应通过政府采购等方式,选择优惠票价,并尽可能购买往返机票。

(四)机票款必须通过公务卡或银行转账方式支付,不得以现金支付。

(五)出国(境)人员应当严格按照规定安排交通工具,不得乘坐民航包机或私人、企业和外国航空公司包机:

1.省部级人员、院士、文科资深教授可以乘坐飞机头等舱、轮船一等舱、火车高级软卧或全列软席列车的商务座。

2.司局级人员可以乘坐飞机公务舱、轮船二等舱、火车软卧或全列软席列车的一等座。

3.教授等正高级职称人员、岗位工资在五级(含五级)以上其他具有高级职称的专业技术人员可乘坐飞机经济舱、轮船二等舱、火车软卧或全列软席列车的一等座。若乘坐境外飞行时间超过6小时(含)的国际航班,经单位"财务一支笔"审批,可乘坐飞机公务舱。

4.其他人员均乘坐飞机经济舱、轮船三等舱、火车硬卧。

所乘交通工具未设置上述规定中本级别人员可乘坐舱位等级的,应乘坐低一等级舱位。出国(境)人员所发生的国际旅费在上述标准内据实报销。

(六)出国(境)人员乘坐国际列车,国内段按国内差旅费的有关规定执行;国外段超过6小时的按自然(日历)天数计算,每人每天补助12美元。

(七)出国(境)人员应合理规划出国路线,在同一出差任务中只能报销一趟国际旅费,因工作需要须报销两趟以上(含两趟)的须事先通过办公自动化系统报国际合作与交流处或台港澳事务办公室审批,否则不予报销。

第六条 国(境)外城市间交通费是指为完成工作任务所必须发生的,在出访国家的城市与城市之间的交通费用。出于安全因素考虑,国(境)外城市间交通原则上应采用公共交通工具,不得包车或租车。因教学、科研工作实际需要确需包车或租车的,应事先提出申请经学院"财务一支笔"或学院分管科研领导审核并报国际合作与交流处或台港澳事务办公室审批后,凭有效原始票据、付款记录及租车或包车合同据实报销。

出国(境)的国际旅费及城市间交通费可凭有效原始票据(机票、火车票、轮船票等,乘坐飞机还需提供电子客票行程单或出入境记录及付款记录)据实报销。

未列入出国(境)计划、未经国际合作与交流处或台港澳事务办公室批准的国(境)外城市间交通费不得报销。

## 第三章 因公临时出国住宿费

第七条 出国(境)人员在国(境)外的住宿费按以下标准执行:

(一)省部级人员、院士、文科资深教授据实报销;其他人员在规定的住宿标准之内予以报销(具体标准详见附表一)。住宿费凭有效原始票据及银行付款凭证报销。

(二)参加大型国际会议或活动的出国(境)人员,原则上应按住宿费标准执行。对方组织单位有指定或推荐酒店的,应当严格把关,通过询价方式从紧安排,在住宿标准范围内选择,超出费用标准的,应事先提交学院或项目负责人审核并报国际合作与交流处或台港澳事务办公室审批。经批准后住宿费可据实报销。

(三)除上述情况外,出国(境)人员住宿费应严格按标准执行,超出标准的住宿费用将不予报销。确因特殊状况或出访目的地的条件限制等客观原因,住宿费超出费用标准的,须凭外方提供的有效证明及住宿费超标情况说明,经学院"财务一支笔"或分管科研领导审核交国际合作与交流处或台港澳事务办公室审批,报分管外事和财务的校领导批准后方可报销。

## 第四章 因公临时出国伙食费、公杂费、培训费和其他费用

第八条 出国(境)人员在国外的日常伙食费、公杂费(指用于市内交通、邮电、办公用品和必要的小费等项目),按以下标准执行:

(一)除特殊情况外,出国(境)人员伙食费、公杂费均按规定的标准发给个人包干使用,包干天数按

离、抵我国国境之日计算(具体标准详见附表一)。

(二)根据工作需要和特点,不宜个人包干的代表团组,其伙食费和公杂费由代表团组统一掌握,包干使用。

(三)外方以现金或实物形式提供伙食费和公杂费接待我代表团组等,出国(境)人员不再领取伙食费和公杂费。

(四)出国(境)人员因教学、科研工作实际需要租车或包车的,租车或包车的费用应与其他出国(境)费用同时报销,不再发放公杂费。

第九条　培训费是指出国(境)人员在国外培训所发生的必须费用,主要包括授课、翻译、场租、资料、课程设计、对口业务考察或业务实践活动等费用。

(一)培训费的开支应在规定的标准之内凭票据实报销(具体标准详见附表二)。国外高阶培训期间所发生的所有费用可实行综合定额标准,分项核定、总额控制。综合定额标准为各国家和地区住宿费、伙食费、公杂费、培训费开支标准的总和,是培训期间所有费用开支的上限,各项费用之间可以调剂使用,但应在综合定额标准以内报销。

(二)出国(境)培训人员应与培训项目的境外承办机构签订培训协议,明确培训费的明细支出项目。

(三)外方资助出国(境)培训费的,我方不再重复支付;外方对费用开支有明确规定的,按其规定执行;没有规定的,参照规定的标准和要求执行。外方资助金额不足以弥补规定培训费开支的,可以按照开支标准补足差额部分。

第十条　其他费用主要指出国(境)签证费用、保险费、防疫费用、国际会议注册费等,该部分费用凭有效原始票据据实报销。根据到访国要求,出国人员必须购买保险的,应当事先报国际合作与交流处或台港澳事务办公室批准后,按照到访国驻华使领馆要求购买,凭有效原始票据据实报销。

第十一条　出国(境)人员在外原则上不赠送礼品、不搞宴请。确有必要赠送的,应当事先报国际合作与交流处或台港澳事务办公室审批同意,按照厉行节俭的原则,选择具有民族特色的纪念品、传统手工艺品或实用物品等,朴素大方、不求奢华。确需宴请的,应当连同出国(境)活动计划一并报批,宴请标准按照所在国家一人一天的伙食费包干标准掌握。因公出访团组与我国外交机构和其他中资机构、企业之间不得使用公款相互宴请,不得以任何名义、任何方式互赠礼品或纪念品。

## 第五章　中长期合作研究、访问及公派出国留学

第十二条　赴境外进行中长期合作研究、访问及公派出国留学人员须严格按《财政部　教育部关于调整国家公派留学人员奖学金资助标准的通知》(财教〔2010〕286 号)的规定执行。

第十三条　赴境外进行中长期合作研究、访问及公派出国留学资助费用包括伙食费、住宿费、注册费、交通费、电话费、书籍资料费、医疗保险费、交际费、一次性安置费、签证延长费、零用费和学术活动补助费等(具体标准详见附表三)。

第十四条　赴境外进行中长期合作研究、访问及公派出国留学人员获得对方单位提供的资助,其数额高于国家资助标准的,不再给予补助;低于国家资助标准的,派出单位可按国家资助标准补齐其差额。

第十五条　根据赴境外进行中长期合作研究、访问及公派出国留学人员实际出国时间,按月或季度发放补贴。不足一个月的,按实际天数发放。

第十六条　赴香港、澳门、台湾地区进行中长期合作研究、访问及公派进修、交流人员按以下标准执行:赴台湾地区资助标准为台币 40000 元/月;赴香港、澳门地区资助标准为人民币 7000 元/月。不足一个月的,按实际天数发放。

## 第六章　附　则

第十七条　根据《财政部关于印发〈因公临时出国用汇管理办法〉》(财预〔2002〕314 号)规定,赴国(境)外参加培训、访问及开展合作研究的,出访时间在三个月以内(含三个月)的按因公临时出国经费管

理办法执行;出访时间在三个月以上的按中长期合作研究、访问及公派出国留学管理办法执行。

第十八条　对与我国新建交或未建交的国家,相关经费开支标准暂按照经济水平相近的邻国标准执行。

第十九条　参与国外海上作业,在国(境)外陆地停靠期间发生的国际差旅费的管理和报销标准可按上述规定执行。参与南北极科学考察的可参照邻近国家的标准执行。

第二十条　各单位应加强对出国(境)人员行前财经纪律教育,对违反规定的开支一律不予报销,并按照有关规定严肃处理。

第二十一条　本办法适用于各学院、研究院、机关部(处)以及直附属单位因公出国(境)人员。

第二十二条　本办法自发布之日起执行。

第二十三条　本办法由财务处和国际合作与交流处或台港澳事务办公室负责解释和修订。

**附件:**

**附表一:各国家和地区住宿费、伙食费、公杂费开支标准表**

**附表二:因公短期出国培训费开支标准表**

**附表三:国家公派留学人员奖学金标准**

(附表略——编者)

——本文摘录自《关于印发〈厦门大学出国(境)费用管理办法〉的通知》,厦大财〔2015〕24号,档号2017-XZ18-13

# 厦门大学财务处印章管理办法

（2015年5月5日）

## 第一章　总　则

第一条　为加强学校财务内控管理，维护印章使用的严肃性，提高工作效率和财务管理水平，特制定本管理办法。

第二条　本办法中所列印章实行“统一管理，分类规范，授权使用，专人保管”的原则。

第三条　印章的使用和管理必须坚持严格、安全的原则，被授权人对被授权使用的印章负有直接责任。

第四条　印章使用和保管应遵循下列规定：

（一）严格按照印章的使用范围、使用程序用章；

（二）严禁在空白的介绍信、支票、纸张和未经审核的会计资料上用印；

（三）印章由处长书面授权专人使用并保管，由财务处办公室对被授权印章章样、被授权人姓名、被授权期限和被授权具体原因进行备查登记；

（四）当被授权人因故不能行使用印权力时，处长可授权第二人使用并保管，被授权人因岗位调动不再负责被授权使用的财务印章的使用保管，应办理书面移交手续并进行备案登记；

（五）使用印章时，用印人员应认真核实用印内容、用印数量，检查留存材料是否齐全；

（六）用印要规范，印章端正、清晰、美观，落款处加盖的印章应“骑年压月”；

（七）印章应由其保管人员妥善存放，设有保险箱的科室应将印章存放于保险箱内。

第五条　印章的刻制和缴销由财务处办公室按规定统一管理，任何科室和个人不得擅自刻制和销毁印章。

第六条　违反财务处规定使用印章的，应根据事件严重程度追究当事人和有关责任人的相应责任。

第七条　厦门大学财务处印章主要有：

（一）财务处公章，即“厦门大学财务处”；

（二）财务处负责人签名章；

（三）财务专用章，即“厦门大学财务专用章”、“厦门大学财务专用章(2)”和“厦门大学基建财务专用章”；

（四）收费专用章，即“厦门大学票据专用章”、“厦门大学发票专用章”和“厦门大学财务处收费专用章”。

第八条　网银密钥应被视为财务印章进行管理，网银密钥和网银密码分别由专人进行保管。网银密钥在未使用期间必须存放于保险柜内。

第九条　财务印章原则上只限于财务处内使用，因特殊情况需要将财务印章借出财务处的，应由借章单位提出书面申请，说明借用印章的目的、时间、地点、用途等，由该使用部门负责人在书面申请上签字并加盖本单位公章，经财务处负责人批准后办理登记备案手续，由印章保管人员携印一同前往。业务办理完毕，应马上归还借出的印章。

## 第二章 财务专用章和财务负责人签名章管理

第十条 财务专用章和财务负责人签名章共同组成开户银行预留印鉴章,包括三套五枚,分别为“厦门大学财务专用章”、“厦门大学财务专用章(2)”和“厦门大学基建财务专用章”及财务负责人签名章两枚,分别用于思明校区、翔安校区、基建财务科,代表学校以独立法人身份参与财务相关事项。

第十一条 印章保管:财务科、翔安校区财务办和基建财务科是三套银行预留印鉴的管理责任部门。每枚印章分别由各科室派专人保管,并做到支票、印鉴分离。印鉴保管人因事外出,应将印鉴授权,交给本部门其他人员保管,保证印鉴的正常使用。

第十二条 印鉴使用

一、财务专用章和财务负责人签名章作为银行预留印鉴,主要用于:现金支票、转账支票、电汇等银行支付凭证;各类银行申请书、委托书和通知书;缴税凭证和非税收入一般缴款书等;银行对账;购买外汇申请和卖出外汇申请;确认银行“上门服务”业务交接情况;审批大额货币资金支付业务等。

二、财务负责人签名章除了作为银行预留印鉴外还用于:

(一)学校科研经费的申请、结题、年报和审计等材料加盖财务负责人名章,需经科研经费管理科审核签批后,方可用印。

(二)以财务处名义上报上级部门的重大财务事项,必须由填报人员对所填报的项目、金额等内容核实无误后经处长批准,方可用印。

## 第三章 财务处公章管理

第十三条 印章保管

财务处公章由财务处办公室设专人负责保管,印章保管人因事外出,应将印章授权、移交给财务负责人指定的人员保管,保证印章的正常使用。

第十四条 印章使用

厦门大学财务处公章代表厦门大学财务处,主要用于:

(一)以财务处名义报送各类报表。

1.用于与校内同级或下级部门联系的各类报表,由使用部门提出书面申请,注明要求加盖学校财务印章的原因,经报送财务处领导签批后,方可用印。

2.上报上级部门的重大财务事项,必须由填报人员对所填报的项目、金额等内容核实无误后经处长批准,方可用印。

(二)开具各类证明、申请和介绍信,签署聘用合同,校内发文和对外提供已存档会计资料的复印件,需财务处主管领导签批后,方可用印。

(三)学校各类科研经费的申请、结题、年报和审计等,需经财务处科研经费管理科审核签批后,方可用印。

(四)其他需要使用财务处公章的事项。

## 第四章 收费专用章管理

第十五条 印章保管:厦门大学票据专用章、厦门大学发票专用章、厦门大学财务收费专用章由会计科设专人负责保管。

第十六条 印章使用范围:

厦门大学发票专用章用于“厦门市地方税务局通用机打发票”,厦门大学票据专用章用于“厦门市行政事业单位收款票据”“厦门市行政事业单位(社团)往来结算票据”,厦门大学财务处收费专用章用于“中央非税收入统一票据”等批量盖章。使用时由保管人自行盖章或者授权专人负责盖章,使用完毕,及时归还保管人。

## 第五章　附　则

第十七条　本办法自颁布之日起施行。

第十八条　本办法由财务处负责解释和修订。

——本文摘录自《关于印发〈厦门大学财务处印章管理办法〉的通知》，厦大财〔2015〕25号，档号2017-XZ18-13

# 厦门大学货币资金管理办法

(2015年5月5日)

## 第一章　总　则

第一条　货币资金是学校国有资产的重要组成部分，是学校教学、科研及其他各项工作得以顺利进行的必要条件。为了加强学校货币资金的管理，保证学校货币资金的安全，根据《现金管理暂行条例》(中华人民共和国国务院第12号)、《中央预算单位银行管理暂行办法》(财库〔2002〕48号)和《支付结算办法》(银发〔1997〕393号)的有关规定，结合我校实际，制定本办法。

第二条　本办法所称货币资金包括现金和银行存款。

第三条　学校财务处负责学校非独立核算单位的货币资金管理。各学院(研究院)、各职能部门必须严格遵守本办法。校工会、幼儿园、校医院及后勤集团等独立核算单位可参照执行。

第四条　货币资金业务的岗位分工体系和岗位责任制度：

(一)办理货币资金业务的不相容岗位应当相互分离、制约和监督，出纳人员不得兼任会计、会计档案保管和收入、支出、费用、债权债务账目的登记工作。不得由一人办理货币资金业务的全过程。

(二)严禁未经授权的机构或人员办理货币资金业务或直接接触货币资金。

(三)货币资金业务岗位应当根据实际情况定期进行岗位轮换。

(四)对银行结算凭证的填制、传递及保管等环节应当加强管理与控制。

(五)设置专人负责保管定期存款单据，建立定期存款备查簿。

(六)财务处货币资金业务岗位设立为现金出纳、银行出纳、银行对账、银行交换、银行管理。现金出纳岗位不得兼任银行交换、银行对账、银行管理岗位；银行出纳岗位不得兼任银行对账、银行交换、银行管理岗位。

## 第二章　现金管理

第五条　学校现金的使用范围包括：教职工工资、奖金、各类津贴、必须随身携带的差旅费、丧葬费、抚恤费、遗属生活补助以及国家规定允许使用现金的其他内容。国家规定开户单位之间的结算起点为一千元(含一千元)，超出结算起点的业务应通过银行办理转账结算。

(一)根据《关于实施中央预算单位公务卡强制结算目录的通知》(财库〔2011〕160号)，凡目录规定的公务支出项目，应按规定使用公务卡结算，原则上不再使用现金结算。原使用转账方式结算的，可继续使用转账方式。

(二)根据《国务院关于改进加强中央财政科研项目和资金管理的若干意见》(国发〔2014〕11号)的有关规定，高等学校等事业单位承担项目所发生的会议费、差旅费、小额材料费和测试化验加工费等，要按规定实行“公务卡”结算；项目承担单位对设备费、大宗材料费和测试化验加工费、劳务费、专家咨询费等支出，原则上应当通过银行转账方式结算。

第六条　各单位以现金形式收取的教育事业收费、会务费等学校收入，应在收取当日存入学校银行账户或送缴财务处。由于不及时送存银行或财务处，造成现金被盗的，应追究直接责任人和单位负责人的责任。

第七条　现金管理实行“收支两条线”，现金收入必须及时入账，不得坐收坐支现金。设有二级财务的单位必须建立健全现金账目，严禁设立“小金库”。各单位不得以“白条”等违反财务制度的凭证抵充现金库存，不得挪用、借支现金，单位之间也不得互借现金。

第八条　现金收付

（一）每个工作日开始时开户银行送款车按银行出纳前日送交的现金支票金额上门送款，现金出纳核对款项并入库备用。会计人员按前日送交的现金支票存根入账。

（二）现金出纳对自己掌管的现金负责。现金出纳须按照经会计审核无误并经收付款人员签字后的记账凭证的现金数额进行准确收付，并在收付款凭证上签字或加盖“收讫”或“付讫”戳记。

（三）每日工作结束前进行库存现金盘点，并坚持“由出纳人员先报库存现金余额”的对账程序。做到日清月结、账款相符、账证相符、账账相符，确保资金安全。

（四）每日现金盘点无误后，会计人员根据银行出纳开具“现金存款单”制单入账。出纳人员在开户银行的送款车护送下将现金送存开户银行。财务处原则上不留库存现金。

第九条　各学院及其他人员的课时津贴、奖金、劳务费、学生助研补贴等，应按照财务处管理要求一律在网上申报系统中填报并由财务处专人负责发放。

第十条　财务负责人或指定专人根据实际需要，不定期地对现金收支、结存情况进行稽核检查。

## 第三章　银行账户管理

第十一条　学校银行账户的开立、变更、撤销与年检，应当严格执行《教育部关于印发〈教育部直属高校和事业单位银行账户管理暂行办法〉的通知》（教财〔2004〕19 号）以及《厦门大学银行账户管理实施细则》的相关规定。

第十二条　财务处负责办理学校银行账户的开立、变更、撤销、年检等业务，并对校工会、幼儿园、校医院、后勤集团等单位银行账户的开立、变更、撤销、年检等业务进行初审，经学校批准后报厦门市财政专员办审批。校工会、幼儿园、校医院、后勤集团的财务机构负责办理本单位银行账户的开立、变更、撤销等业务，并对银行账户进行日常管理。未经学校批准，校内任何单位不得以任何名义开立账户。

第十三条　规范银行账户的管理，根据财政部、教育部关于银行账户开立的有关规定及学校实际需要，申请和开设银行账户，保证学校资金的安全性、流动性和效益性，防范和规避金融风险。原则上不得多头开户。适当控制在银行开设账户的数量，防止账户过多。银行账户的设立应尽可能简化办事程序，提高办事效率。

第十四条　严格遵守人民银行的结算制度和结算纪律，接受开户银行的监督。不准出租、出借和套用银行账号，严禁利用银行账户或支票搞非法活动。

第十五条　加强支票管理，严禁签发空头支票或远期支票，签发支票必须填写日期、收款人、用途、金额，不得签发空白支票。学校网上银行应坚持硬件技术和业务分级授权的双重安全机制，确保学校资金安全。

第十六条　设置专人核对银行存款日记账与银行对账单，按月编制银行存款余额调节表，对未达账项应及时查明原因，具体分析后按照程序进行处理。

第十七条　银行对账单实行“双签”制度。财务处负责人对每月对账单审核签字，再交由学校审计负责人会签，报主管财务的校领导审签后归档保存。

## 第四章　银行票据和印章管理

第十八条　银行票据包括转账支票、现金支票、现金交款单、进账单、电汇单等。

第十九条　负责银行交换的人员办理购买银行票据业务，应当逐一清点检查，特别是转账支票和现金支票要检查编号是否连续、有无缺页、破损等情况，若有缺页、破损或编号不连续，应于购买时当场更换。

第二十条　银行出纳负责保管空白支票，必须设立支票登记簿，及时登记支票的购入、领用和注销情况，避免空白支票丢失。

第二十一条　预留银行的财务印鉴必须由专人分别管理，非上班时间应分别存放在保险柜内，严禁一人保管收付款项所需的全部印章。网银密钥应视为财务印章进行管理，将网银密码与网银密钥分别由专人管理。

第二十二条　除规定的使用范围外，财务专用章不得用于公文性质的证明、通知等。

## 第五章　货币资金业务的授权审批

第二十三条　凡从学校财务处支取(含报销与借款等)的现金、支票及汇款均应按照《厦门大学资金审批权限的暂行规定》《厦门大学财务结算、资金调度及预算审批的审批权限表》等相关规定的要求办理审批手续。

## 第六章　货币资金业务的监督检查

第二十四条　建立对货币资金业务的监督检查制度，对监督检查过程中发现的货币资金内部控制中的薄弱环节，应当及时采取措施，加以纠正和完善，检查的重点内容是：

(一)货币资金业务流程是否存在安全隐患。

(二)货币资金业务相关岗位及人员的设置情况，重点检查是否存在与货币资金业务不相容职务混岗的现象。

(三)货币资金授权批准制度的执行情况。重点检查货币资金支出的授权批准手续是否健全，是否存在越权审批行为。

(四)支付款项印章的保管情况。重点检查是否存在办理付款业务所需的全部印章交由一人保管的现象。

(五)票据的保管情况。重点检查票据的购买、领用、保管手续是否健全，票据保管是否存在漏洞。

## 第七章　附　则

第二十五条　本办法自发布之日起执行。

第二十六条　本办法由财务处负责解释和修订。

——本文摘录自《关于印发〈厦门大学货币资金管理办法〉的通知》，厦大财〔2015〕26号，档号 2017-XZ18-13

# 厦门大学外汇管理办法

（2015年5月5日）

## 第一章　总　则

第一条　为了进一步加强和完善我校外汇财务管理工作，根据《教育部所属高等学校、事业单位非贸易非经营性外汇财务管理办法》(教财〔2000〕4号)、《财政部关于印发〈因公临时出国用汇管理办法〉的通知》(财预〔2002〕314号)、《财政部　教育部关于调整公派留学人员奖学金资助标准的通知》(财教〔2010〕286号)、《教育部关于非贸易非经营性用汇管理有关问题的通知》(财预〔2012〕410号)、《财政部　外交部关于印发〈因公临时出国经费管理办法〉的通知》(财行〔2013〕516号)以及国家外汇管理的有关政策的规定，结合我校具体情况，制定本办法。

第二条　财务处作为学校外汇管理的职能部门，负责学校非独立核算单位的外汇财务管理工作。

第三条　外汇财务管理内容包括购汇管理、外汇收入管理、捐赠和科研合作外汇管理等。

## 第二章　购汇管理

第四条　非贸易非经营性用汇是指我校在非贸易项下从事不以营利为目的的教育、国际交流活动所需的外汇。我校的非贸易非经营性用汇，实行人民币预算限额控制购汇。

非贸易非经营性购汇人民币限额是指根据国家外汇预算管理制度，按计划核拨给学校用于购买或支付非贸易非经营性用汇所需配套的人民币指标。

第五条　学校纳入预算的用汇项目：

（一）出国用汇。用于支付因公出国(境)食宿费、交通费、公杂费、培训费、会议注册费等用汇。

（二）驻外机构用汇。用于支付驻外教育机构开展日常管理工作和维持正常运转发生的工资津贴、公务费、设备购置费、修缮费、业务费、房租费和基建费等用汇。

（三）留学生用汇。用于支付留学人员赴国外交流、从事科研活动、支持留学人员回国服务和为国服务、对留学人员宣传教育和跟踪管理等用汇。

（四）专家用汇。用于支付来华讲学的专家旅费、签证费、讲课费、工资等用汇。

（五）国家组织会费用汇。用于支付经批准参加国际组织需缴纳的会费用汇。

（六）救助与捐款用汇。用于支付经批准向各种组织资助的救济与捐款用汇。

（七）援外用汇。用于支付经批准开设援外基地、派遣援外人员、开展援外培训等用汇。

（八）教学科研用汇。用于支付与教学科研活动有关的国外仪器设备购置费、材料费、测试费、书籍费、国际期刊发表文章版面费、专利费、刊物制作费等用汇。

（九）中外合作办学用汇。用于支付国外合作办学机构学费、场租费、住宿费、伙食费、项目管理费等用汇。

（十）汉语国际推广和中华文化传播用汇。用于支付孔子学院(课堂)启动与运营、公派教师及志愿者津补贴、举办全球孔子学院大会、教材巡展、文化巡展和巡演等用汇。

（十一）其他教育国际交流用汇。用于支付其他教育国际交流活动有关的经费用汇，如参加国际大赛用汇、招生宣传展览用汇、软件技术支持维护费等用汇。

第六条　学校的购汇人民币限额实行预算管理。各单位应于每年 12 月 15 日前将下一年度用汇预算上报财务处。用汇预算应严格控制因公出国外汇预算，适当增加科研用汇预算总量。财务处汇总后向教育部报送下一年度购汇人民币限额预算表，并按支出项目附详细文字说明。学校财务处根据教育部批复的购汇人民币限额预算，核定下年度购汇人民币限额预算。

第七条　购汇人民币限额的使用，按以下程序办理购买或支付外汇手续。

(一)核报应聘、应邀来校工作、进行学术交流的外籍专家(含外籍教师和外籍工作人员)劳务费用汇，应凭邀请函或聘用合同及单位证明、外籍专家护照及有效签证复印件、完税证明及营业税纳税交款书(符合缔约国免税期)等资料向学校财务处办理购汇手续；

核报国际旅费用汇应凭邀请函、来程登机牌、机票及发票原件、付款记录、护照及有效签证复印件等向学校财务处办理购汇手续。

(二)因公出国、赴港澳台等地区用汇，根据国家规定的标准可以申请住宿费、伙食费、公杂费的用汇指标，对没有固定开支标准的项目用汇，原则上不予安排，因工作需要确需安排的，应提供相关依据。出国团组在出国期间有关费用如有外方负担的，扣减相应供汇数额。

出访者须在出国(境)前提供：邀请函或会议通知 2 份、出国申请表及审批表原件(含校内出国批件或国台办批件)、厦门大学出差“五定”审批表、机票行程单或复印件等。

学校财务处核实出访人数、在境外停留天数，按照财政部、外交部制定的有关临时出国(境)人员费用开支项目和标准，根据所使用项目经费开支的有关规定，填写临时出国代表团组外汇开支预算表，交经办人回派出单位核签。经办人持上述核签后的资料及暂付款凭单至财务处外汇审核柜台办理借款手续，并由经办人持财务科外汇窗口开出的非贸易非经营性用汇申请书到中国银行厦大支行购买外汇。

(三)参加国际学术会议需缴注册费的，根据会议通知要求，扣除应由个人支付的费用项目后，可办理注册费预支手续，会议结束后凭有效票据实报实销。

(四)各单位以学校或个人名义参加国际性学术团体、协会等组织并向国际组织缴纳会费，必须经主管单位批准，凭有效票据实报销。

(五)出访者回国后 15 日内应凭临时出国代表团组外汇开支预算表、各种有效原始单据及付款凭证等到财务处办理外汇核销手续。以下情况应持剩余的外汇到指定的中国银行网点办理退汇，恢复相应购汇人民币限额：

1.用汇单位因故没有使用外汇；

2.出国人员未按原计划出访，变更了时间、路线、人数等；

3.出现外汇结余。

出访者在没有办理外汇核销和退汇手续前不得办理财务报销手续，严禁坐支和转移外汇资金。

(六)出访者须在 30 日内携带经项目负责人签字的差旅费报销单及原始票据到办理财务处报销。各种报账原始单据须注明开支内容、日期、数量、金额等并由经办人签字。

(七)支付文章版面费、投稿费，购买图书资料、电子数据库、小型教学仪器设备、试剂等用汇，应纳入年度预算，并按照核定的购汇人民币限额，办理外汇购买和支付手续。

第八条　按照合同或协议规定需支付外汇出境的，各单位向学校财务处提供有效合同或协议原件及中文译本，并按照国家外汇管理的有关规定办理汇款手续。汇款金额超过外汇主管部门规定的涉税额度时，各单位应向地方税务和国家税务部门办理相关完税手续并提供完税证明。

第九条　财务处在办理用汇时，应按实际用途填写用汇项目。年终，财务处与开户银行及时对账，认真做好银行签证单工作。年底结余的购汇限额一律由银行自动注销，不得结转下年度使用。财务处每年在规定时间内将签证单第二联随同“购汇人民币限额执行情况表”及执行情况的分析和说明报送教育部。

## 第三章　外汇收入管理

第十条　各单位通过开展对外服务，出口图书资料、教师出国讲学、转让技术专利、招收外国留学生、举办国际学术会议等取得的外汇收入，统一汇入中国银行厦门大学外汇账户，不得将外汇存放在境外或私存外汇。

第十一条　各单位的创汇活动必须符合国家外汇管理法规和财政部、教育部的有关规定。对外服务收费标准必须报学校财务处审批或备案。

第十二条　学校财务处按中国人民银行颁发的《结汇、售汇及付汇管理规定》等规定按时对外汇收入办理结汇、核算、管理。各单位应及时认领外汇来款，并保证外汇收入的真实性、合法性。

## 第四章　捐赠和科研合作外汇管理

第十三条　捐赠外汇收入是指境外企业、社团组织及友好人士无偿捐赠用于教育事业的外汇资金。捐赠外汇收入原则上应办理结汇。按捐赠协议规定需用于境外支付的，经外汇管理部门批准后专款专用。

第十四条　科研合作外汇收入，指教师按国家规定与境外学校、企业合作用于教育科研事业的外汇资金。科研合作外汇原则上应办理结汇。按合作协议规定需用于境外支付的资金，经外汇管理部门批准后专款专用。

## 第五章　核算与监督管理

第十五条　财务处配备专职财务人员核算、管理外汇，建立外汇审核、审批制度。

第十六条　学校财务处应加强外汇收支审核工作。外汇收支必须有合法的凭证，对确实无法取得凭证的，应持有效证明文件，对不符合规定的收支，财务处有权拒收或拒付。

第十七条　各单位不得违反国家规定使用外汇、私设外汇小金库、炒买炒卖外汇，逃汇、套汇和将外汇存放境外，违反规定的按国家有关规定处理。

第十八条　学校不为公司、企业等经济实体提供用汇。

## 第六章　附　则

第十九条　本办法自颁布之日起施行。

第二十条　本办法由财务处负责解释和修订。

——本文摘录自《关于印发〈厦门大学外汇管理办法〉的通知》，厦大财〔2015〕27号，档号2017-XZ18-13

# 厦门大学银行账户管理实施细则

(2015年5月5日)

## 第一章　总　则

第一条　根据《教育部关于印发〈教育部直属高校和事业单位银行账户管理暂行办法〉的通知》(教财〔2004〕19号)及《财政部、中国人民银行、监察部、审计署关于印发〈中央预算单位银行账户管理暂行办法〉的通知》(财库〔2002〕48号)等规定,结合我校实际,制定本实施细则。

第二条　本实施细则适用于学校及校工会、幼儿园、后勤集团、校医院等单位所有银行账户的管理。学校资产经营有限公司及国际学术交流中心、深圳研究院等法人独立核算单位的银行账户管理可参照执行。

第三条　学校及下属独立核算单位开立、变更、撤销银行账户须报教育部、财政部驻厦门财政监察专门办公室(以下简称财政专员办)审批、备案,并按规定执行年检制度。

第四条　学校财务处或学校下属独立核算单位的财务机构负责办理各自银行账户的开立、变更、撤销、年检等手续,并对银行账户进行日常管理。学校财务处还负责学校下属独立核算单位开立、变更、撤销银行账户的审核及有关的管理、监督工作。

第五条　学校及下属独立核算单位法定代表人(或委托人)对本单位银行账户的申请开立及使用的合法性、合规性、安全性负责。

第六条　学校及下属独立核算单位应在国有、国家控股银行或经批准允许为其开户的商业银行(以下简称银行)开立银行账户。

## 第二章　银行账户的设置

第七条　经教育部、财政专员办批准,我校可以开设如下银行账户:

一、一个基本存款账户,用于办理本单位各级财政补助经费、自筹以及往来等资金的日常转账和现金收付等业务。

二、一个基本建设资金专用存款账户,用于核算本单位使用的各种基建资金。

三、一个中央财政汇缴专户,用于学校学费、住宿费、函授夜大学费及短训班培训费、委托培养费、考试考务费等教育收费收入的上缴。该账户的资金应按规定上缴中央国库或中央财政专户,不得用于本单位的支出;预收资金等需要退付的,可按有关规定办理。

四、根据住房管理制度改革的有关规定,分别开设售房收入、售房维修基金、个人公积金、住房货币化补贴共四个账户。用于核算职工按住房制度改革政策规定交纳的购房款等资金。

五、根据国家外汇管理局及财政部的有关规定和本单位需要,可以开设外汇账户、外汇人民币限额账户。用于核算本单位的外汇收支、外汇购买等业务。

六、按相关规定开设工会经费专用存款账户(校工会管理),核算学校拨入的工会经费。

七、为减少现金流通,推广使用POS机转账业务,开设POS机结算卡户。该账户只限于卡与卡之间的转账,不作为其他结算业务使用。

八、因特殊原因,经教育部、财政部批准学校可以开设如下账户:

(一)根据需要可以开设一个学校结算中心的专用存款账户,用于核算本单位自有资金及其他往来资金。

(二)学校所属异址、异地办公的二级独立核算非法人单位,人员较多、业务规模较大、日常资金流量较大的,可以开设一个相关账户。

(三)实行学生卡结算,可以开设一个"学生卡结算账户",用于汇集学生应缴纳的学宿费等。

(四)学校内部单位与其他单位签订协议,需要单独设立银行账户核算和管理捐赠、投资等资金的,经审批可以开设专用存款账户。

(五)学校地处不同城市的校区视同为"垂直管理独立核算的非法人机构",按《中央预算单位银行账户管理暂行办法》的规定,可开设相关账户。

(六)其他经审批开设的账户。

第八条 各院系、所、机关部(处)、教辅单位、附属单位等非法人非独立核算单位一律不得开设银行账户,私设小金库。

## 第三章 银行账户的开立

第九条 学校开立银行账户时,执行如下程序:

(一)由财务处提出申请,经校领导批准,向教育部、财政专员办报送《开立银行账户申请报告》,填写"中央基层预算单位开立银行账户申请表",并提供相关证明材料。

1.《开立银行账户申请报告》应详细说明本单位的基本情况和申请开户的理由,包括新开账户的名称、用途、使用范围,开户依据或开户理由,相关证明材料清单及其他需要说明的情况等。

2.提供的证明材料包括:

(1)开立基本存款账户的,应提供上级主管部门批准本单位成立的文件或本单位内部机构设置情况的说明等文件。

(2)开立其他账户的,应提供下列证明材料之一:

◆基本建设项目的立项批准文件;

◆按照国务院规定程序批准收取的政府性基金、行政事业性收费、罚没收入及其他预算内、预算外资金的文件;

◆实行住房制度改革的批复文件;

◆拥有、使用外汇的相关证明材料;

◆接受捐赠、投资等需要单独开设银行账户的有关文件;

◆其他相关证明材料。

(二)将《开立银行账户申请报告》、"中央基层预算单位开立银行账户申请表"(附软盘)及相关证明材料报送教育部财务司审核签署意见后,报财政专员办审批。

(三)持财政专员办签发的《中央预算单位开立银行账户批复书》,按照银行账户管理的有关规定,到相关银行办理开户手续。

(四)学校收到财政专员办签发的《中央预算单位开立银行账户批复书》,在15个工作日内,按照中国人民银行账户管理的有关规定,到相关银行办理开户手续。开立银行账户后3个工作日内,由财务处填写财政部统一规定的"中央预算单位银行账户备案表",送财政专员办和教育部备案。

第十条 学校在基本存款账户、基本建设资金专用存款账户以外的开户银行办理借款业务(包括高校国家助学贷款的转拨),可根据财政部、教育部的相关规定在该贷款银行开设一个一般存款账户(凡在同一银行有多个贷款项目的,也只能在一个贷款账户中核算)。开设一般存款账户由财务处提出意见报校领导审批同意后,连同贷款协议等证明材料向主管部门和财政专员办备案。

第十一条 学校下属独立核算单位开立银行账户时,需按本细则第九条第1点要求向校财务处提交相关材料，经校财务处审核并报校领导审批同意后，上报教育部及财政专员办审批。下属独立核算单位持财政专员办签发的批复书，按照相关规定到银行办理开户手续后，由校财务处按本细则第九条第4点规定办理备案手续。

## 第四章　银行账户的变更与撤销

第十二条　学校及下属独立核算单位按规定发生下列变更事项后，按本细则第九条第4点相关规定进行备案：

(一)单位名称变更，但不改变开户银行及账号的；

(二)单位的主要负责人或法定代表人、地址及其他开户资料变更的；

(三)因开户银行原因变更银行名称或银行账号，但不改变开户银行的；

(四)其他按规定不需报经教育部和财政专员办审批的变更事项。

第十三条　经批准开设的有明确政策执行期限的账户，确需延长账户使用期的，应提前提出申请并按本细则规定的银行账户开立程序报批。审批期间，按原账户使用期执行。

第十四条　银行账户使用期满时必须销户。销户时预算资金收入汇缴专用账户的资金余额按规定缴入中央国库或中央财政专户，其他账户资金余额转入本单位基本存款账户或其他相关账户。同时按照本细则第九条第4点规定办理备案手续。

第十五条　已开立的银行账户应保持稳定。确因特殊需要变更开户银行的，应按规定将原账户撤销，按本细则的规定重新办理开户手续、销户与开户的备案手续，并将原账户的资金余额(包括存款利息)如数转入学校相关账户。

## 第五章　银行账户的年检

第十六条　学校及下属独立核算单位按照规定执行银行账户年检制度：

(一)每年1月31日前校工会、幼儿园、后勤集团、校医院根据财政专员办具体时间安排，对截至上年12月31日保留的所有银行账户填写“中央预算单位银行账户年检申请表”报学校财务处。财务处汇总学校非独立核算单位及下属独立核算单位截至上年12月31日保留的所有银行账户填写“中央预算单位银行账户年检申请表”，附电子文档报送财政专员办。存在下列情形的，应在报送账户年检资料时一并提供书面说明：

1.超出有关规定适用范围管理账户；

2.未按规定报经所在地财政专员办批准开设账户；

3.擅自改变账户用途；

4.逾期使用账户；

5.出租、出借、转让账户；

6.未按规定报备账户；

7.其他违规问题。

(二)财政专员办按规定完成对账户年检资料的审核工作，并根据审核情况签发年检结论和年检处理决定。学校及下属独立核算单位根据年检结论等改进银行账户管理工作。

## 第六章　银行账户的日常管理

第十七条　银行账户的印鉴管理

学校银行账户的预留和使用的印鉴为厦门大学财务专用章和财务处负责人签名章。财务处应指派专人分别保管预留印鉴：财务处财务专用章由银行出纳保管，财务负责人签名章由处长授权财务科科长保管。学校下属独立核算单位的银行预留印鉴章由各自单位领导决定，严禁一人保管支付款项所需的全部印章。

第十八条　网上银行的管理

网上银行密钥应视为财务印章进行管理，并将网银密码与网银密钥分别由专人保管。无论寒暑假交接工作还是岗位轮换，网银密码必须及时修改；银行出纳三个月内应自行更换一次密码。银行出纳日常工作中离开岗位须退出网上银行系统。会计科负责网上银行操作系统的计算机软件、硬件的定期维护，保证网银系统的安全稳定运行。

第十九条　银行账户的票据管理

银行出纳负责管理空白银行凭证（如支票、汇票等），明确各种票据的购买、保管、领用、背书转让、注销等环节的职责权限和程序并设置备查簿，防止空白票据的遗失和被盗用。票据保管人员工作移交应办理票据交接手续。出纳人员必须根据审核无误的会计凭证通过网上银行或支票的形式办理支付手续。支票的开具要填明日期、金额、收款单位、用途，手续要齐全，不得开具空白支票。

第二十条　银行存款账户资金的管理：

一、财务处的银行日记账和银行账户开设单位的银行对账单，应及时对账。银行账户余额核对实行"双签"制度，财务处每月20日前完成上月本部门（含翔安校区财务办）银行账户的核对工作，并编制银行账户余额调节表及汇总表、必要的文字说明等，由财务处长审核签字后，再交学校审计处长会签后送校领导审阅。每年年终，银行对账人员应及时核对银行来款，确保当年收入全部入账。

下属独立核算单位应严格执行银行账户余额"双签"制度。银行日记账和银行对账单要专人管理，作为会计档案妥善保存。

二、7天通知存款应设有"辅助备查账"，银行对账人员负责记载，"7天通知存款证实书"由财务科长负责保管。新增通知存款时由银行出纳将"7天通知存款证实书"交记账人登记"辅助备查账"，后交保管人留存。支取通知存款时由保管人将"7天通知存款证实书"交记账人登记核销，后交银行出纳办理相关手续。

三、二级报账学院的出纳人员应妥善保管POS结算卡及密码并对本单位POS机结算卡负责。出纳人员根据审核无误的会计记账凭证办理支付业务，每日工作结束前应查询结算卡余额，与会计人员对账，做到日清月结、账款相符、账证相符、账账相符，确保资金安全。二级财务的POS机结算卡只能用于本单位业务核算，不得公款私存，不得为个人或其他单位提供信用担保，各学院二级财务之间不得互借备用金。财务处应定期和不定期地对结算卡的收支情况和余额进行稽核检查，并做书面记录。

四、财务处指定不办理货币资金业务的会计人员定期或不定期核对银行存款余额，抽查银行对账单、银行存款日记账及银行存款余额调节表，核对是否账实相符，账账相符。对调节不符、可能存在重大问题的未达账项及时查明原因，并按规定报告财务处负责人进行处理。

## 第七章　监　督

第二十一条　学校及下属独立核算单位应按规定使用银行账户，不得以个人名义存放资金，不得出租、出借、转让银行账户，不得为个人或其他单位提供信用。

第二十二条　学校纪委、监察处、审计处应加强对学校及下属各独立核算单位银行账户的监督检查，发现不按规定开立、使用、变更及撤销银行账户的，应及时督促和纠正。

第二十三条　财政部、中国人民银行、国家外汇管理局、监察部、审计署、教育部等监察检查机构以及学校纪委、监察处、审计处等学校内部监督检查机构对学校银行账户实施监督检查时，各单位应如实提供银行账户开立和管理情况，不得以任何理由拖延、拒绝、阻挠。

第二十四条　有下列情形之一的，监督检查机构责令违规单位立即纠正；对违规单位责任人员需追究行政责任的提交纪委、监察部门处理；涉嫌犯罪的，移送司法机关处理：

1.违反规定开立银行账户的；

2.违反本细则第七条规定，改变账户用途，使用相应银行账户的；

3.不按规定变更、撤销银行账户，或变更、撤销银行账户不按规定报送审核、审批、备案的；

4.其他违反账户管理规定的。

第二十五条　本细则从公布之日起实施。

第二十六条　本细则由财务处负责解释和修订。

——本文摘录自《关于印发〈厦门大学银行账户管理实施细则〉的通知》,厦大财〔2015〕28号,档号2017-XZ18-13

# 厦门大学财务管理信息系统管理办法

（2015年5月5日）

## 第一章 总 则

第一条 为确保财务管理信息系统的正常运行，保证财务信息的安全、完整，根据《中华人民共和国会计法》，财政部、国家档案局《会计档案管理办法》《会计电算化管理办法》《会计电算化工作规范》等法规，结合我校实际，制定本办法。

第二条 财务管理信息系统是指我校财务处专门用于收集、存储、传输和加工财务会计数据，输出财务信息的信息系统（以下简称“信息系统”）。信息系统由硬件系统和软件系统组成。硬件系统包括服务器、计算机、打印机、网络设备等。软件系统主要包括经上级主管部门认可的财务软件，如账务、收费、票据、网络查询和申报以及各类办公自动化软件、工具软件等。

第三条 信息系统遵循财务专用网络与外部网络相分离的原则，严禁财务专网设备与外部网络直接连接。未经财务处负责人批准，任何人不得接入信息系统进行操作。

第四条 信息系统管理的基本任务是：

（一）负责信息系统网络环境的规划、实施以及维护管理工作，保证财务信息数据的安全性、保密性。

（二）负责信息系统软件、硬件的购置、安装、调试以及信息系统资源的调用、维护和更新等工作。

（三）负责信息系统使用者（以下简称“用户”）操作权限和操作规范管理。

（四）负责信息系统初始化、重要基础数据以及技术参数的设置和维护。

## 第二章 信息系统岗位职责

第五条 财务处处长作为单位日程管理工作的总负责人，监督并指导信息系统的规划、实施和维护；掌握信息系统所有管理用户口令，并按不相容业务分离的原则分别授权系统管理员和数据信息管理员对用户口令和权限实施管理；财务处处长原则上不直接使用上述口令登录或操作信息系统。

第六条 信息系统日常管理工作由财务处会计科承担。会计科科长负责信息系统的组织与管理工作。具体工作包括：完成凭证的记账工作；监督系统管理员设置操作权限；进行会计电算化系统的日常运行、人员培训、系统维护以及会计电子档案保管等工作组织领导、管理、检查和监督。

第七条 用户的工作岗位决定其操作权限，用户应严格按照授予的操作权限操作，严禁假借他人越权操作。用户对属于本用户账号下的所有操作负完全责任。

第八条 系统管理员由具备信息系统维护能力的人员担任，掌握信息系统超级用户口令。系统管理员负责信息系统网络管理以及安全防范，信息系统设备的采购、安装、分配以及维护，信息系统软件的安装、维护以及升级，制定信息系统操作规范并监督执行，信息系统的数据备份和归档管理，财务处网站建设与管理。

第九条 数据信息管理员负责信息系统软件数据的初始化、重要基础数据以及技术参数的维护管理，根据工作要求和信息系统的安全保密规定，管理用户的登录口令和操作权限；在信息系统主管的监督下负责对信息系统数据实施恢复，定期对信息系统总账、明细账、银行账、往来账以及报表数据进行校验，确保数据的工确、完整。

数据信息管理员由具备信息系统数据库维护能力的人员担任，掌握系统数据库超级用户密码，在对数据库实施维护时，必须通过系统管理员方能进入系统。严禁其他人员实施数据库操作。

第十条　审核人员按照会计制度规范要求，录入记账凭证。其操作权限包括凭证的制作、查询、修改和打印。审核人员不得对其本人审核的凭证进行复核操作。

第十一条　复核人员负责对已录入信息系统并已打印的凭证(记账凭证、原始凭证)进行复核。其操作权限包括凭证复核、汇总、查询。复核人员无权制作、修改记账凭证。

第十二条　出纳人员(包括现金出纳和银行出纳)负责对已复核凭证进行出纳复核。银行出纳根据财务负责人的授权，掌握银行系统操作口令。

第十三条　档案管理员负责信息系统软件、数据库以及其他电子文档的归档和保管工作。

第十四条　其他用户根据授予的操作权限和操作规范使用信息系统，其操作范围主要包括项目管理、额度控制管理、综合查询、输出打印账表等。

第十五条　系统管理员、数据信息管理员不得兼任其他任何与系统管理或操作相关的岗位；出纳人员不得兼任系统管理、审核、复核、工资管理、预决算管理、档案与票据管理等岗位，且现金出纳和银行出纳不得由同一人兼任；审核与复核不得互相兼任。

## 第三章　信息系统工作规范

第十六条　信息系统内所有设备应专机专用。未经系统管理员许可，任何人不得改变系统工作环境，不得对硬件设备进行拆装，不得安装任何软件。

第十七条　用户只能在其操作权限范围内，遵循软件操作规范使用信息系统。用户离开工作现场时，必须退出系统，以防止其他人员越权操作。

第十八条　用户的登录口令由用户本人和数据信息管理员掌握。更换数据信息管理员时，全部操作人员的口令必须更换。

第十九条　未经系统管理员许可，禁止任何外来存储介质在信息系统内使用。经许可使用前，必须做好病毒查杀工作。

第二十条　用户应保持工作环境的整洁，注意防火、防潮、防磁、防尘、防盗。

第二十一条　每日工作结束时应及时退出系统，关闭并切断电源。

开机流程：接通电源→打开显示器、打印机等外设→开通电脑主机→按显示菜单提示，键入规定口令或密码→在权限内按规范操作。

关机流程：退出应用程序、各个子目录→关断主机→关闭显示器、打印机→关断电源。

## 第四章　信息系统维护规范

第二十二条　信息系统维护是指为保障信息系统正常运行而对设备、网络、数据库、操作系统、软件等进行的安装、维修、更新、扩展、备份、恢复等操作。信息系统维护工作由系统管理员和数据信息管理员共同负责，未经信息系统主管允许，其他人员不得进行系统维护操作。

第二十三条　系统管理员应保证信息系统内使用正版的操作系统和软件，定期对各类硬件设备以及软件运行情况进行检测。系统管理员应对在检测过程中发现的不安全或不稳定的现象进行分析，尽快处理解决。如发生无法解决的故障，系统管理员应与硬件或软件供应商联系，并及时向信息系统主管反馈维护进展情况。

第二十四条　系统管理员和数据信息管理员实行系统维护日志制度。对各类维护事项的发生时间、表现、解决办法、结果以及对系统进行的版本升级、运行环境更改等进行详细的记录，并由当事人签字。

第二十五条　系统管理员应严格执行数据备份制度，每日备份当年度数据库，每月将数据库备份转储到备份介质交档案管理员保管；对于重要数据应进行双备份并存储于不同的地点。当数据库需要进行恢复或修改等操作时，应当先进行备份。

第二十六条　信息系统内各类软件的安装程序由系统管理员保管，未经批准，不得拷贝安装。

第二十七条　信息系统服务器开启后，显示器应处于锁定状态。只有系统管理员有权对服务器实施操作。

第二十八条　系统管理员应健全系统病毒防范措施，每月更新病毒库文件；如遇特殊情况应立即更新病毒库，并对系统进行全面查杀。

第二十九条　信息系统实行专网管理。根据业务发展的需要，建立安全、稳定的VPN系统与校园网联结，实现全校范围内的虚拟专网管理。

## 第五章　信息系统档案管理

第三十条　信息系统档案包括存储在计算机硬盘或其他数字化信息存储介质的数据库、程序及其他文档资料。

第三十一条　用于存储信息系统档案的磁带、光盘等存储介质应进行编号登记，清楚地标注备份数据的期间、备份日期及概要等。

第三十二条　信息系统软件程序、数据库数据备份视同会计档案保管，必须做好防磁、防火、防潮、防尘工作，并根据不同介质的技术要求定期进行复制。对重要档案做好异地备份工作，保证信息系统档案的安全完整。

第三十三条　信息系统档案由系统管理员制作完成后交由档案管理员管理；系统管理员负责数据的备份、编号登记，档案管理员负责归档和保管。信息系统档案的管理人员不得担任出纳岗位。

第三十四条　信息系统档案不得外借。信息系统档案的内容不得进行删除和修改。数据库如需进行恢复操作，必须经财务处负责人批准后取用备份资料，恢复过程应在信息系统主管的监督下由数据信息管理员完成。

## 第六章　附　则

第三十五条　本办法自颁布之日起施行。

第三十六条　本办法由财务处负责解释和修订。

——本文摘录自《关于印发〈厦门大学财务管理信息系统管理办法〉的通知》，厦大财〔2015〕29号，档号2017-XZ18-13

# 厦门大学财务处会计档案管理办法

(2015年5月5日)

第一条　为加强财务处会计档案管理,根据《中华人民共和国会计法》、财政部和国家档案局联合颁布的《会计档案管理办法》(财会字〔1998〕32号)及其他相关规定,结合学校具体情况,制定本办法。

第二条　会计档案的管理部门为学校财务处和档案馆。学校财务处负责思明校区及翔安校区的会计档案的立卷、归档、保管、查阅、协助销毁等工作。会计档案移交档案馆后,由档案馆负责会计档案的管理工作,保证会计档案妥善保管,有序存放,方便查阅,严防毁损、散失和泄密。

第三条　学校财务处指定专人负责会计档案管理,明确会计档案管理岗位的职责,建立健全会计档案的内部控制制度。出纳人员不得兼管会计档案。

第四条　会计档案是记录和反映学校经济业务的重要史料和证据,是学校全部档案的重要组成部分,反映了学校财务管理、会计活动的全过程,必须遵循其自然形成的规律,保持其有机联系,保证完整、准确、系统。会计档案具体包括:

(一)会计凭证类:原始凭证、记账凭证、汇总凭证、其他会计凭证。

(二)会计账簿类:总账、明细账、日记账、辅助账簿、其他会计账簿。

(三)财务报告类:月度、季度、年度财务报告,包括会计报表、附表、附注及文字说明,其他财务报告。

(四)其他类:年度校内预算、银行存款余额调节表、银行对账单、工资薪金发放清册、其他应当保存的会计核算专业资料、会计档案移交清册、会计档案保管清册、会计档案销毁清册等。

第五条　会计档案的日常管理

(一)作为档案的记账凭证应按照规定填制齐全,即审核人员、复核人员、出纳人员应在办理完审核、复核或收付款手续后在凭证上签名或盖章。

(二)学校财务处、翔安校区财务办及各学院二级财务人员要严格按照学校财务处制定的程序传递和交接会计凭证,并做好凭证交接书面记录工作。审核人员、复核人员、出纳人员在日常工作和寒暑假值班期间都应妥善保管经办的会计凭证,不得使凭证处于无人看管状态;经办人对未处理、未移交的会计凭证负有保管义务。

(三)学院二级财务人员应将当月形成的会计凭证,在次月5日前应全部移交给各学院复核人员。校财务处、翔安校区财务办应在每月7日前完成上月形成的会计凭证的复核、出纳复核工作。

第六条　会计档案的装订

(一)所有会计档案必须装订成册。会计凭证由指定的管理人员整理装订;会计账簿由会计科负责整理装订;会计报表由编制人负责装订;其他各类需归档的资料由经办人负责装订,并移交会计档案管理员统一归档。

(二)记账凭证由指定的管理人员及时按照会计凭证的类型、编号进行分类、排序并装订成册,防止记账凭证散乱和遗失。

(三)审核人员、复核人员、出纳人员应主动配合指定的管理人员,定期检查经办的会计凭证是否按照规定完成交接,对处于未处理、未交接的会计凭证应及时查明原因,明确责任,及时处理,协助指定的管理人员完成会计凭证的归档和装订。

(四)装订成册的案卷封面应逐项按规定填写清楚,标题要简明、确切地反映卷内材料的内容和名称,注明所属会计年度、起止日期、凭证编号，并加盖管理人员的签章。

（五）对各类财务报告，应区分财务报告的性质，按照月、季、年度保存。

第七条　会计档案的保管

（一）会计档案保管人员必须建立备查簿，用于记载案卷内材料的缺损、修复、补充、移出、损毁等需要说明的情况。同时要做好会计档案的安全、防火、防盗、防霉、防蛀等工作，确保会计档案的安全和完整无缺。

（二）为方便会计档案的查阅和利用，会计档案在会计年度终了后暂由学校财务处保管。会计档案管理员定期将应归档的会计档案编制移交清册一式二份送学校财务处领导审核签字后，连同案卷集中向档案馆办理移交手续，经档案部门负责人签字后，双方各持一份。

（三）会计档案保管期限分为永久、定期两类（具体分类见附件），定期保管期限为 5 年、15 年、25 年三类。会计档案的保管期限，从当年会计年度终了后的第一天算起。本办法规定的会计档案保管期限为最低保管期限。

第八条　会计档案的使用

（一）经费负责人可凭身份证或教工卡等有效身份证件查阅会计档案；委托其他本校人员查阅会计档案，需出具经费负责人签署的授权书。校外单位查阅会计档案，需学校对接单位主要负责人在场陪同。

（二）查阅会计档案的人员征得会计档案管理员同意后方可复制凭证。查阅或者复制会计档案的人员应按会计档案管理岗规定进行登记，严禁在会计档案上涂画、拆封和抽换。会计档案不得外借。

（三）已经立卷归档的会计档案，任何人不得私自拆封或抽换。尚未移交给档案馆的会计档案，确需拆封重新整理的，经会计科负责人审核后报分管处领导批准后，由会计档案管理员监督办理；已移交给档案馆保管的会计档案，原则上应保持原卷宗的封装，个别需要拆封重新整理的，档案馆应当会同财务处、监察处、审计处和经办人员共同拆封整理。

第九条　单位之间交接会计档案的，交接双方应当办理会计档案交接手续。移交会计档案的单位，应当编制会计档案移交清册，列明应当移交的会计档案名称、卷号、册数、起止年度和档案编号、应保管期限、已保管期限等内容。交接会计档案时，交接双方应当按照会计档案移交清册所列内容逐项交接，并由交接双方的单位负责人负责监交。交接完毕后，交接双方经办人和监交人应当在会计档案移交清册上签名或者盖章。

第十条　会计档案的销毁

（一）财务处、档案馆应定期对会计档案进行清理和鉴定。对保管期满并经过鉴定，已无保存价值的会计档案应当按照规定程序及时销毁。

（二）由档案馆会同财务处提出销毁意见，编制会计档案销毁清册，列明销毁会计档案的名称、卷号、册数、起止年度和档案编号、应保管期限、已保管期限、销毁时间等内容。

（三）由档案馆、监察处、审计处和财务处负责人，分管监察、审计、财务和档案工作的校领导分别在销毁清册上签署意见。

（四）销毁会计档案时，应当由档案馆、财务处并会同监察处、审计处共同监销。

（五）监销人在销毁会计档案前，应当按照会计档案销毁清册所列的内容清点核对所要销毁的会计档案；销毁后，应当在会计档案销毁清册上签名盖章。

第十一条　保管期满但尚未结清的债权债务原始凭证、记账凭证和涉及其他未了事项的原始凭证、记账凭证，不得销毁，应当单独抽出立卷，保管到未了事项完结时为止。单独抽出立卷的会计档案，应当在会计档案销毁清册和会计档案保管清册中列明。正在项目建设期间的建设单位，其保管期满的会计档案不得销毁。

第十二条　预算、计划、制度等文件材料，应当执行文书档案管理规定，不适用本办法。

第十三条　学校下属独立核算单位的会计档案管理可参照本办法执行。

第十四条　本办法自公布之日起实施。

第十五条　本办法由财务处负责解释和修订。

(附件略——编者)

——本文摘录自《关于印发〈厦门大学财务处会计档案管理办法〉的通知》,厦大财〔2015〕30号,档号2017-XZ18-13

# 厦门大学收费管理办法

（2015年5月5日）

## 第一章　总　则

第一条　为加强我校的各项收费管理，保障学校和广大师生员工的合法权益，根据《中华人民共和国高等教育法》（中华人民共和国主席令第7号）、《行政事业性收费项目审批管理暂行办法》（财综〔2004〕第100号）、《教育部、国家发展改革委、财政部关于进一步规范高校教育收费管理若干问题的通知》（教财〔2006〕2号）等有关法规，结合我校实际，制定本办法。

第二条　本办法适用于全校非独立核算单位的各类行政事业性收费和经营服务性收费，包括学费、培养费、培训费、住宿费、报名费、会务费、代办费等按照国家收费管理有关政策和规定，向学生或其他服务对象收取的费用。

## 第二章　管理体制

第三条　财务处作为学校收费管理的职能部门，负责全校非独立核算单位收费的立项、审查、报批、核定、收取等管理工作。

第四条　学校收费管理工作实行单位负责人负责制。各单位分管财务工作的负责人为收费管理工作第一责任人。各单位负责人应规范本单位收费行为，严格执行收费管理规定。

第五条　学校纪委、监察处、审计处负责对收费工作进行监督检查。

## 第三章　收费立项

第六条　各单位的收费项目必须经学校批准。国家有具体规定的，按国家规定的收费项目、标准执行。需要政府有关部门审批、备案的收费项目，统一由财务处负责办理报批、报备手续。

1.拟收费单位提出书面申请，由相关职能部门会稿后，送财务处审核。申请内容包括拟收费项目、对象、标准、范围和依据（有关国家和地方法规、政策，财务成本核算的论证说明）等。

2.财务处对申报收费项目的政策依据、控制标准、成本测算等立项条件进行审核。财务处审核通过并报分管校领导审批后，向有关主管部门报批或备案。

3.收费项目和收费标准经有关主管部门批复或备案后，作为收费依据。收费项目名称、标准、对象和范围需要变更或终止时，有关单位必须及时申请办理收费变更登记或注销手续。

## 第四章　收费管理

第七条　有关单位必须按经有关主管部门批复或报备后确定的收费项目、标准、范围和对象进行收费。严禁擅自设立收费项目或自定收费标准，严禁擅自扩大收费范围或调整收费标准。

第八条　根据学校收支两条线的管理要求，学校各项收费统一由财务处负责收取并按规定代缴相关税费。有关单位应做好收费的组织、协助工作，所有收费收入应及时全额上缴财务处，纳入学校财务处统一管理、核算，不得截留、隐瞒、挪用、私存、私分和坐支。

第九条　收费必须按规定开具收费票据，有关单位所需票据由单位票据管理员统一到财务处领取。

严禁不开具收费票据擅自印制、转让、转移、代开收费票据，或者超范围、超标准使用收费票据。

第十条　学校实行校内收费审验制度。财务处对全校的收费项目、标准、票据使用、核销和收支等情况进行检查。有关单位应配合财务处的检查工作。

## 第五章　监督检查

第十一条　学校将收费项目和标准进行公示，接受民主监督。有关单位应在招生简章中注明学费、住宿费等费用的收费标准。

第十二条　对未按照本办法进行收费管理的单位，学校将视情节轻重，给予相关单位经济处罚，对直接负责的主管人员和其他责任人员给予处分，影响恶劣的将追究有关领导的责任。对严重违纪违规、乱收费行为，学校将移交司法机关处理。

第十三条　学校纪委、监察处、审计处应将收费监督纳入日常工作，对各类收费收入的管理、上缴情况进行监督、检查。有关单位应接受监督检查，如实提供资料。

## 第六章　附　则

第十四条　本办法自颁布之日起施行。

第十五条　本办法由财务处负责解释和修订。

——本文摘录自《关于印发〈厦门大学收费管理办法〉的通知》，厦大财〔2015〕31号，档号2017-XZ18-13

# 厦门大学收费票据管理办法

（2015年5月5日）

## 第一章　总　则

第一条　为进一步规范厦门大学各类收费票据使用，根据《中华人民共和国发票管理办法》（中华人民共和国财政部令第6号）、《财政票据管理办法》（财政部令第70号）以及《厦门市财政票据管理办法》（厦财综〔2012〕22号）等法规，结合我校实际，制定本办法。

第二条　收费票据是指校内各部门用于办理款项往来、提供教育劳务，以及从事校内服务和开展其他业务活动结算时所出具的收款凭证。

第三条　学校对收费票据实行统一管理。财务处作为学校票据管理的职能部门，负责学校非独立核算单位收费票据的管理工作，审定使用的票据种类、票据收费项目名称、票据开具方式等事项。严禁其他部门私自印制、外购收费票据。

## 第二章　收费票据管理员

第四条　各单位应指定专人作为票据管理员负责收费票据的领取、使用、保管、发放、核销等工作。票据管理员业务上接受财务处的指导。

第五条　票据管理员需报财务处备案，工作变动时须办理移交手续。临时履行票据管理员职责的，应提交委托书并加盖单位公章。

第六条　票据管理员作为各单位收费票据使用的直接责任人，负责监督和指导本单位正确使用和开具收费票据，并有义务告知收费票据的接受人有关收费票据的相关注意事项。

第七条　票据管理员应妥善保管领用的空白票据和已使用的票据存根。发生票据丢失，票据管理员应查明原因，造成经济损失的，要追究有关人员的经济责任。

第八条　票据管理员必须将从财务处领取缴费票据交至缴款人手中，并做好书面交接工作，不得私自留存、积压缴费票据。

## 第三章　收费票据的领用

第九条　收费票据由财务处统一购入和监管，各单位票据管理员领用票据时需提供《收费票据领用申请书》，说明领用票据的事由，收费项目、标准和领用数量，并按《收费票据领用申请书》要求提供相关资料。

领用收费票据时，票据管理员应核对“收据领用登记本”上收费票据的名称、起止号、数量等，并当面检查收费票据是否存在重号、漏号、缺页等情况后，在“厦门大学收费票据领用发放登记本”上签字。

## 第四章　收费票据的使用和保管

第十条　各单位必须严格按照已批复或报备的收费项目、收费标准正确使用收费票据，不得另立、增加收费项目，不得擅自提高收费标准，不得私自买卖、转让、转借、代开票据。

第十一条　收费票据必须按号码顺序使用，不得拆本使用。对于填写错误的票据严禁涂改、挖补、撕毁。票据填写应做到内容正确完整、字迹工整、印章齐全,如实逐栏填写交费单位名称、收费项目名称、收费标准、计费数量和大小写金额。大小写金额要一致,不得不开或少开收费金额,数字不得随意省略、涂改。出现填写错误,必须作废重开。

第十二条　开具学费等收费票据时必须填写学生类别、学院、学号、姓名、收费区间等项目。

第十三条　票据必须按收费项目分栏填写,每张票据的缴款人必须唯一,严禁一张票据有多个缴款人。

第十四条　收费票据不得重复开具。已开出的票据如需更换,须先将原票据收回作废。

第十五条　作废票据应收回所有联次并保存完整,同时在票据的所有联次上注明作废。

第十六条　发生票据遗失时,经相关责任人采取积极的补救措施后,仍无法寻回遗失票据的,应由直接责任人书面报告票据遗失经过,说明遗失票据的名称、编号、空白票据、已开具金额票据及补救措施,同时填《遗失票据连带责任保证书》《票据遗失作废声明》。以上材料经财务处、校领导审批后,由直接责任人凭批复办理登报声明。声明登报后,票据管理员应将刊载报纸送交财务处。登报声明费用由直接责任人自理,不得由单位报销。

## 第五章　收费票据的核销

第十七条　各单位票据使用完毕,必须及时缴回财务处核销、存档,缴回时必须在票据指定位置完整填写使用单位名称、收费票据起讫号码、使用票据份数及总金额、空白票据及作废票据的份数和票据号码等内容。票据存根联应注明财务处入账凭单号。

第十八条　收费票据不得跨年度使用。每年 12 月 25 日前应将本年度所领用的票据全部缴回财务处核销。若已领用的票据未办理核销,不得再领用新的票据。

第十九条　各单位不按要求交回票据存根或不按规定开具票据的,财务处有权停止向该单位提供各种票据,责令其整改。

## 第六章　预开票据管理

第二十条　收费票据原则上均须于收费业务发生时开具,由于特殊情况需要预先开具票据的,应办理预开票据手续。学生缴费票据(如学费、住宿费等)不予预借。

第二十一条　办理预开收费票据的经办人为各单位的经费项目负责人或其委托人(委托人必须携带由项目负责人签署的委托书),责任人为经费项目负责人。

第二十二条　办理预开收费票据业务时,应提供与该笔款项相关的合同或协议原件。

第二十三条　办理预开收费票据业务时应填写《预开收费票据申请表暨承诺函》,承诺须在一个月内将所开具收费票据的款项划进学校账户;12 月份预借票据的,须确保款项于当年 12 月 31 日之前入账。如发生预开收费票据后,款项无法按时划入学校账户的,责任人应在承诺期内负责将收费票据收回。

第二十四条　款项超过承诺期仍未划入学校账户且未能收回预开收费票据,责任人应向财务处提出书面报告。财务处将停止该负责人预开票据的权力并停止办理财务业务,由此而引起的一切后果,由责任人自行承担。

第二十五条　预开收费票据金额超过壹佰万元者,必须经学校分管业务副校长签字批准。

## 第七章　监督与处罚

第二十六条　校内各非独立核算单位必须严格按照本办法所规定的权限和程序使用票据。财务处、纪委、监察处、审计处有权对校内各单位的收费票据使用情况进行定期或不定期的检查。收费票据使用部门存在下列行为,取消其收费票据领用资格,没收违规所得,情节严重的,追究有关责任人和部门负责人的行政责任,触犯法律的,提请司法机关追究刑事责任:

一、未经批准,擅自印制和使用收费票据;

二、私自刻制、使用和伪造收费票据监(印)制章;

三、擅自转借、转让、代开、买卖、销毁、涂改收费票据;

四、擅自增加收费项目、扩大收费范围、提高收费标准;

五、管理不善,丢失损毁收费票据;

六、销毁收费票据存根,截留应缴学校收入。

七、其他违反本办法的行为。

## 第八章　附　则

第二十七条　本办法自颁布之日起施行。

第二十八条　本办法由财务处负责解释和修订。

——本文摘录自《关于印发〈厦门大学收费票据管理办法〉的通知》,厦大财〔2015〕32号,档号2017-XZ18-13

# 厦门大学内部审计工作规定

(2015年6月2日)

## 第一章 总 则

第一条 为加强和规范我校内部审计工作,根据《中华人民共和国审计法》(中华人民共和国主席令第48号)、《审计署关于内部审计工作的规定》(中华人民共和国审计署令第4号)、《教育系统内部审计工作规定》(中华人民共和国教育部令第17号)、《中国内部审计准则》(中国内部审计协会公告2013年第1号)和《厦门大学章程》,结合我校实际,制定本规定。

第二条 本规定所称内部审计,是指学校内部审计机构和人员依据国家法律、法规及有关规定,实施的一种独立、客观的确认和咨询活动,它通过运用系统、规范的方法,审查和评价学校的业务活动、内部控制和风险管理的适当性和有效性,以促进学校完善治理、增加价值和实现目标。

第三条 学校设置审计处作为独立的内部审计机构,并保证内部审计履行职责所必需的机构、人员、经费和其他工作条件。

## 第二章 组织和领导

第四条 学校内部审计工作实行校长负责、分管审计工作的校领导协助管理的工作机制,依据国家法律、法规及有关规定,独立开展内部审计工作,同时接受国家审计机关、教育部内部审计机构以及有关内部审计协会的业务指导和检查。

第五条 学校定期研究、部署和检查审计工作,听取审计处的工作汇报,及时审批年度审计工作计划、审计报告,建立审计整改工作机制。

第六条 学校应加强对审计工作的宣传,支持审计处和审计人员依法独立履行职责,建立审计联席会议工作机制,协调相关部门在审计工作中的关系,保证审计工作正常进行。

第七条 加强审计队伍建设。根据学校事业发展需求,审计处应配备适当的审计人员。审计人员应由具备审计、会计、工程、法律等专业素质的人员组成。

## 第三章 内部审计机构

第八条 审计处主要履行下列职责:

(一)参与学校治理中有关审计方针、政策的谋划和部署工作,结合学校治理需求制定和完善相应的内部审计规章制度,协助与促进学校业务活动相关规章制度的制定与完善。

(二)根据学校批准的年度审计计划,组织并实施审计工作。主要对以下业务活动进行审计:

1.财务收支及有关业务活动;

2.预算的编制、执行及决算;

3.科研经费等专项资金的筹措、拨付、管理和使用;

4.国有资产的管理和使用;

5.基本建设、修缮工程项目;

6.物资(设备)采购项目;

7.经济管理和效益情况；

8.有关领导干部的任期经济责任；

9.内部控制及风险管理情况；

10.学校领导和上级主管部门交办的其他事项。

(三)完善内部审计工作程序，建立确保审计质量的内控机制，不断提高审计工作效率和效果。

(四)向上级主管部门和学校领导报送审计报告、审计调查报告、审计计划和总结等。

(五)为学校的财务收支及有关业务活动提供咨询服务，提出制定和完善学校有关政策、内控措施等建议。

第九条　审计处在履行审计职责时，具有下列主要权限：

(一)参加或者列席学校及所属单位召开的重大投资、资产处置、财务收支预算、决算及其他与经济活动有关的会议等。

(二)根据审计工作需要，要求被审计对象及时报送与审计事项有关的财务会计、建设工程及业务活动的资料、文件等(包括电子数据和必要的电子计算机技术文档)，并接受审计。

(三)通过现场观察、调查、记录和询问等，取得相应的证明材料。

(四)经学校批准授权，审计处可以封存有关资料资产、对违反国家和学校规定的行为进行处理、通报审计结果等。

(五)对审计发现的问题，向被审计对象提出审计建议和整改要求，并检查有关审计整改意见的落实情况。对严重违法违规问题，应向纪检、监察等有关部门反映。

(六)可以利用国家审计机关、上级内部审计机构和社会中介机构的审计结果，内部审计的审计结果经学校分管领导批准后，可提供给有关部门。

第十条　根据工作需要，经分管校领导同意，审计处可以聘请特约审计人员和兼职审计人员，也可以委托社会中介机构实施相关审计事项。

## 第四章　内部审计人员

第十一条　审计人员办理审计事项，应当严格遵守内部审计准则和内部审计人员职业道德规范，忠于职守、客观勤勉、廉洁自律、保守秘密，并保持应有的职业谨慎。

第十二条　审计人员办理审计事项，与被审计单位或审计事项有直接利害关系的，或可能影响独立、公正开展审计的，应当回避。

第十三条　审计人员应当按照国家和学校有关规定，参加专业技术职称评聘、岗位资格培训和后续教育，不断提高业务能力。

第十四条　审计人员依照本规定执行审计任务，任何组织和个人不得拒绝、阻碍审计人员执行任务，不得对审计人员进行打击报复。

## 第五章　内部审计工作程序

第十五条　审计处应结合学校发展规划和上级内部审计机构的部署，拟订年度审计工作计划，报学校分管领导批准后组织实施。

第十六条　坚持依法审计，采用事前审计、事中审计、事后审计等不同方式，组织开展不同类型的审计业务活动。

第十七条　审计的一般程序

(一)审计准备

根据年度审计工作计划确定审计事项，成立审计组，编制审计工作方案，并在实施审计前向被审计对象发送审计通知书等。

(二)审计实施

审计组应通过审核、观察、询问、函证、检查、分析、测试等一系列执业程序实施审计,取得充分、可靠、相关的审计证据,编制审计工作底稿,出具审计报告初稿。对审计中发现的一般问题,应及时与被审计对象或有关职能部门沟通交流,推动整改工作;对审计中发现的涉嫌违纪违法等严重问题,应及时移交纪检、监察等部门处理。

(三)审计报告

1.审计项目完成后,审计处向被审计对象出具审计报告征求意见稿,被审计对象应当自收到该报告之日起要求的工作日内,书面回复意见,逾期不复则视作无异议。

2.对被审计对象提出的异议,审计处应组织核定相关审计证据,对审计报告征求意见稿中确有错误或偏差的审计结论做必要的修改或调整。

3.审计处负责人复核审计报告后,报学校分管领导审批。

第十八条　审计报告经批准后,主要报送学校领导、授权或委托部门、被审计对象,也可报送与审计结果相关的单位,以便及时落实整改意见,加强审计结果的运用。

第十九条　审计处对重要审计事项进行后续审计,检查审计决定或审计意见书的执行情况和结果。

第二十条　审计处应建立健全审计档案制度。未经批准,任何人不得调用或公开审计资料和审计记录。

## 第六章　奖　惩

第二十一条　审计处可建议学校对下列单位或个人给予表彰和奖励:

(一)在工作中忠于职守、客观公正、认真履职、成绩显著的审计人员;

(二)审计中发现的遵纪守法、效益显著的单位和个人;

(三)检举、揭发、提供审计线索的有功人员。

第二十二条　对违反本规定,有下列行为之一的单位或个人,审计处视情节轻重,可以提出警告、责令改正、通报批评、经济处理等建议;情节严重的,应移交纪检、监察等部门处理。

(一)拒绝接受或者不配合内部审计工作的;

(二)拒绝、拖延提供与内部审计事项有关的资料,或者提供资料不真实、不完整的;

(三)拒不执行审计决定的;

(四)报复陷害审计人员或检举人员的;

(五)违反本规定的其他情形。

第二十三条　审计处和审计人员违反本规定,有下列行为之一的,由学校根据有关规定给予批评教育、行政处分或移交有关部门处理。

(一)未按规定实施审计导致重大问题未被发现的;

(二)隐瞒审计查出的问题或者提供虚假审计报告的;

(三)泄露国家秘密或者泄露被审计对象业务秘密的;

(四)滥用职权、徇私舞弊、玩忽职守的;

(五)违反本规定的其他情形。

## 第七章　附　则

第二十四条　本规定适用于学校各单位。学校所属的资产经营公司等独立法人单位可参照本规定执行。

第二十五条　本规定由审计处负责解释。未尽事宜,应遵照国家有关规定办理。

第二十六条　本规定自发布之日起施行。

——本文摘录自《关于印发〈厦门大学内部审计工作规定〉的通知》,厦大综〔2015〕22号,档号 2015-XZ19-2

# 厦门大学领导干部经济责任审计规定

（2015 年 6 月 2 日）

为规范学校经济责任审计工作，推动领导干部履职尽责，根据中共中央办公厅、国务院办公厅《党政主要领导干部和国有企业领导人员经济责任审计规定》（中办发〔2010〕32 号）、《审计署关于印发深化经济责任审计工作指导意见的通知》（审经责发〔2011〕122 号）、《教育部关于做好教育系统经济责任审计工作的通知》（教财〔2011〕2 号）、《党政主要领导干部和国有企业领导人员经济责任审计规定实施细则》（审经责发〔2014〕102 号）和《厦门大学内部审计工作规定》等，结合学校实际，制定本规定。

## 第一章　总　则

第一条　本规定所称领导干部，主要是指由学校任命或聘任的各单位的正职或者主持工作一年以上的副职领导，其中单位的正职领导由上级领导兼任且不实际履行经济责任时，实际负责本单位工作的副职领导干部需接受经济责任审计。

第二条　本规定所称经济责任，是指领导干部在任职期间因其所任职务，依法对其所在单位的财务收支以及有关经济活动应当履行的职责和义务。

第三条　本规定所称经济责任审计，是指学校审计部门通过对领导干部所在单位财务收支以及相关经济活动的审计，鉴证和评价领导干部经济责任履行情况的行为。

第四条　领导干部履行经济责任的情况，应当依法接受审计监督。

根据干部管理监督的需要，可以在领导干部任职期间进行任中经济责任审计，也可以在领导干部不再担任所任职务时进行离任经济责任审计。

第五条　领导干部经济责任审计工作根据组织部门的委托，一般由审计部门组织实施。如需委托社会审计机构实施，应由审计部门办理委托事宜。

## 第二章　组织协调

第六条　学校党委和行政加强对经济责任审计工作的领导，建立审计联席会议（以下简称“联席会议”）制度。联席会议一般由组织、人事、纪检、监察、审计等部门组成。

联席会议办公室设在审计部门，负责日常工作。

第七条　联席会议的主要职责一般包括：

（一）研究制定学校有关经济责任审计工作的政策和制度；

（二）研究确定年度经济责任审计计划和审计方式；

（三）指导、检查、协调经济责任审计工作；

（四）交流、通报经济责任审计情况；

（五）研究、解决经济责任审计中的困难与问题；

（六）督促审计意见落实；

（七）其他相关职责。

联席会议办公室的主要职责是研究起草有关经济责任审计的制度和文件，拟订年度经济责任审计计划草案，总结推广经济责任审计工作经验，督促落实联席会议决定的有关事项。

第八条　经济责任审计应当有计划地进行。每年年底,由组织部门提出下一年度经济责任审计委托建议,由审计部门拟订经济责任审计计划草案,经联席会议研究审定后纳入学校年度审计工作计划并组织实施。

## 第三章　审计内容

第九条　经济责任审计应当以促进领导干部推动本单位科学发展为目标,以领导干部守法、守纪、守规、尽责情况为重点,以领导干部任职期间本单位财务收支以及有关资源管理活动的真实、合法和效益为基础,严格依法界定审计内容。

第十条　经济责任审计的主要内容:

(一)依法依规的情况,包括:

1.遵守法规、贯彻执行有关工作方针政策和决策部署情况;

2.遵守有关廉洁从业规定情况等。

(二)规范管理的情况,包括:

1.重大经济决策、预算管理、内部控制等情况;

2.主要业务、财务、资产、人力资源等的管理情况;

3.管理部门还包括对学校二级单位相关业务的监管情况。

(三)取得绩效的情况:

1.教学、科研单位包括教学、科研、社会服务等方面取得的绩效;

2.管理部门包括取得的管理绩效等;

3.独立核算单位包括取得的经济效益、社会效益等。

经济责任审计具体内容根据被审计领导干部的岗位职责和业务特点确定不同岗位的侧重点。

## 第四章　审计程序

第十一条　审计准备阶段

(一)组织部门按照联席会议确定的年度经济责任审计计划,向审计部门送达委托审计书。

(二)审计部门根据委托审计书和联席会议确定的审计方式予以审计立项,并组成审计组。

(三)审计组开展审前调查,通过征询有关职能部门的意见、下发审计预通知书、被审计领导干部及所在单位提交按审计要求撰写的述职报告及其他送审资料等必要的工作步骤,制订审计实施方案。

第十二条　被审计对象应当按照实事求是的原则撰写任职期间履行经济责任情况的述职报告,并负责搜集、整理与经济责任审计相关的各类资料,做好经济责任审计的各项前期准备工作。

第十三条　审计实施阶段

审计组应当在审计进点前3个工作日,向被审计领导干部及所在单位送达审计通知书,并以适当形式实行审前公示制度。

第十四条　审计组在实施经济责任审计过程中,应当严格遵循有关的法律、法规和制度,认真执行《中国内部审计准则》等执业规范。审计人员在审计过程中应当恪守客观公正、实事求是、廉洁奉公、保守秘密等职业道德规范,并遵守审计回避制度的有关规定。

第十五条　被审计对象应当积极配合审计工作,不得拒绝、阻碍审计。必须按照审计部门的要求及时、完整地提供有关资料,并对所提供资料的真实性、合法性承担法律责任。对故意提供虚假材料、隐瞒真实情况的相关人员,审计部门应当提请学校纪检、监察部门进行调查和处理。

第十六条　审计部门履行经济责任审计职责时,可以依法提请有关单位予以协助,有关单位应当予以配合。

第十七条　审计报告阶段

(一)审计组实施审计后,应当将审计组的审计报告书面征求被审计领导干部的意见。根据工作需要可以征求其所在单位、学校有关领导,以及联席会议有关成员单位的意见。

(二)被审计领导干部应当自接到审计组的审计报告征求意见稿之日起十日内提出书面意见;十日内未提出书面意见的,视同无异议。

(三)审计部门按照相关法律法规规定的程序,对审计组的审计报告进行审议,出具审计部门的经济责任审计报告。

(四)审计报告报送分管校领导,经批准后正式送达被审计领导干部及其所在单位,同时报送学校相关领导及相关单位。

(五)对被审计领导干部或其所在单位需进一步核查的事项,或发现存在违法违纪违规的问题,审计部门应出具"审计移送处理书",移交学校纪检、监察部门处理。

第十八条　审计部门负责将有关审计实施的所有文件、材料等及时整理成卷,归档保管。

## 第五章　审计评价和结果运用

第十九条　审计部门应当根据审计查证或者认定的事实,依照法律法规、学校有关规定等,对被审计领导干部履行经济责任情况做出客观公正、实事求是的评价,审计评价应当与审计内容相统一,评价结论应当有充分的审计证据支持。

第二十条　审计评价既要肯定领导干部任职期间主要工作业绩,也要指出履职过程存在的主要问题,并区别不同情况,对应承担的责任做出界定。

(一)直接责任,是指领导干部对履行经济责任过程中的下列行为应当承担的责任:

1.直接违反法律法规、国家有关规定和单位内部管理规定的行为;

2.授意、指使、强令、纵容、包庇下属人员违反法律法规、国家有关规定和学校、单位内部管理规定的行为;

3.未经民主决策、相关会议讨论而直接决定、批准、组织实施重大经济事项,并造成重大经济损失浪费、国有资产(资金、资源)流失等严重后果的行为;

4.主持相关会议讨论或者以其他方式研究,但是在多数人不同意的情况下直接决定、批准、组织实施重大经济事项,由于决策不当或者决策失误造成重大经济损失浪费、国有资产(资金、资源)流失等严重后果的行为;

5.其他应当承担直接责任的行为。

(二)主管责任,是指领导干部对履行经济责任过程中的下列行为应当承担的责任:

1.除直接责任外,对其直接分管的工作不履行或者不正确履行经济责任的行为;

2.主持相关会议讨论或者以其他方式研究,并且在多数人同意的情况下决定、批准、组织实施重大经济事项,由于决策不当或者决策失误造成重大经济损失浪费、国有资产(资金、资源)流失等严重后果的行为。

(三)领导责任,是指除直接责任和主管责任外,领导干部对其不履行或者不正确履行经济责任的其他行为应当承担的责任。

第二十一条　经济责任审计报告作为干部考核、任免、奖惩的重要参考依据,归入被审计领导干部本人档案。

第二十二条　被审计领导干部所在单位及相关职能部门应当充分利用审计结果,根据审计意见和建议实施整改工作,并按要求将整改情况反馈审计部门。

第二十三条　审计结果视不同情况采用通报、公告、向党委汇报等形式,增加审计工作和审计结果的透明度。

## 第六章　附　则

第二十四条　本规定由审计处负责解释,未尽事宜由联席会议另行说明。

第二十五条　学校所属的资产经营公司等独立法人单位可参照本规定制定相应的管理办法，加强对领导干部的管理监督。

第二十六条　本规定自发布之日起施行，原《厦门大学经济责任审计实施办法》(厦大综〔2009〕25号)同时废止。

——本文摘录自《关于印发〈厦门大学领导干部经济责任审计规定〉的通知》，厦大综〔2015〕23号，档号2015-XZ19-2

# 厦门大学建设工程项目审计规定

（2015年6月2日）

## 第一章 总 则

第一条 为加强学校建设工程项目审计监督和规范审计行为，提高建设资金的使用效益，促进学校建设工程项目管理工作的健康运行，根据《教育部直属高校基本建设管理办法》（教发〔2012〕1号）、《教育部关于加强和规范建设工程项目全过程审计的通知》（教财〔2007〕29号）、《教育部关于进一步加强建设项目、修缮工程项目审计的通知》（教财〔2000〕16号）和《厦门大学内部审计工作规定》（厦大综〔2015〕22号）等规定，结合我校实际情况，制定本规定。

第二条 本规定所称的建设工程项目，是指在学校财务处核算的以国拨资金、自筹资金等各种资金来源投资的各类基建工程项目和修缮工程项目。

第三条 本规定所称的建设项目审计，是指审计处依据有关法律法规和制度规范，对建设工程项目各阶段业务管理活动的合法性、适当性、有效性所进行的审查和评价活动。

第四条 建设工程项目审计由审计处负责组织实施，遵循以下原则和方法：

（一）事前审计、事中审计和事后审计相结合；

（二）技术经济审查与审计控制和评价相结合；

（三）以促进控制工程造价和规范工程管理为重点，并充分关注造价、工期、质量三者关系；

（四）注意与建设工程管理部门、工程监理机构、造价咨询机构的协调、沟通。

## 第二章 审计项目管理

第五条 建设工程项目审计应当有计划地进行。每年年底，由工程管理部门提交下一年度基建计划和修缮计划，审计处据此制订年度建设工程项目审计计划并组织实施。

第六条 审计处根据建设工程项目审计计划，结合建设工程项目的具体情况，选择合适的业务组织方式，按照规定的审计程序实施审计，及时通报审计意见和建议，定期向学校领导报告审计结果，并按规定定期公开。

第七条 审计处可选聘具有相应资质的社会中介机构参与审计，委托费用按规定列入工程建设成本。社会中介机构应当执行国家审计准则，遵守审计工作纪律，接受审计处的指导和监督。

第八条 审计处可聘请具有相应资质的单位和人员作为顾问或特邀审计员，参与审计业务或提供技术支持、专业咨询、专业鉴定。

第九条 审计处应当加强审计质量控制，强化对受聘社会中介机构的管理、考核与监督，建立审计项目质量责任追究机制。

## 第三章 审计方式、程序和内容

第十条 按单项工程估算金额不同，建设工程项目审计采用全过程跟踪审计或竣工结算审计等方式：

（一）对单项工程估算在3000万元（含）以上的基建项目和1000万元（含）以上的修缮项目，或前述金

额以下但需列为重点监督的建设工程项目,实施全过程跟踪审计;

(二)对未列为全过程跟踪审计的建设工程项目,原则上仅实施竣工结算审计,按工程管理部门审核后的造价,50万元(含)以上的项目在工程款项结算前实施审计,50万元以下的项目在工程价款结算后实施抽查审计;

(三)对未实施全过程跟踪审计的建设工程项目,按工程管理部门的需求,其业务实施的重点环节,审计处可提供相关审计咨询服务。

第十一条　建设工程项目审计的基本程序:

(一)审计准备。对纳入审计计划的建设工程项目,工程管理部门或参与单位应当及时、如实提供审计所需资料。在工程管理部门提交送审资料并对其真实性、完整性做出书面承诺后,审计处予以审计立项,组成审计组。

(二)审计实施。审计组运用检查核对、洽谈沟通、市场询价、征求意见、分析整理等一系列执业程序,依法依规实施审计,出具建设工程项目审计意见书初稿,并征求被审计对象的意见。

(三)审计报告。审计处对审计组的审计意见书和被审计对象反馈的意见进行研究审议后,出具建设工程项目审计报告(审计意见书),并负责将有关审计资料整理归档。

第十二条　建设工程项目审计重点审查履行工程建设程序、投资控制和资金管理使用、项目建设业务管理等内容。

第十三条　建设工程项目全过程跟踪审计和竣工结算审计实施的具体方式、程序和内容,详见本规定的配套制度《厦门大学建设工程项目全过程跟踪审计实施办法》《厦门大学建设工程项目竣工结算审计实施办法》。

## 第四章　责任处理

第十四条　审计处和审计人员在建设工程项目审计中,有下列行为之一的,由学校根据有关规定给予批评教育、行政处分或移交有关单位处理:

(一)出具虚假审计意见的;

(二)对社会中介机构管理失职造成较为严重后果的;

(三)泄露审计中获悉的业务秘密造成重大损失的;

(四)利用职务之便索取或者收受财物及谋取其他不正当利益的;

(五)其他滥用职权、徇私舞弊、玩忽职守、违纪违法的。

第十五条　受聘参与审计的社会中介机构有下列行为之一的,审计处应予以警戒告示、扣减服务费用直至取消其在学校承接审计业务资格,并向其主管部门通报等相应的处理;涉嫌犯罪的,依法追究刑事责任:

(一)违反国家、行业和学校规定弄虚作假的;

(二)拖延审计并造成严重后果的;

(三)已出具的工程审计意见书经核查不符合相关规定的;

(四)泄露审计中获悉的业务秘密造成重大损失的;

(五)其他滥用职权、徇私舞弊、玩忽职守、违纪违法的。

第十六条　审计中发现勘察、设计、监理、施工、咨询、代建等单位有下列行为之一的,审计处应建议工程管理部门对其提出警戒告示、扣减服务费用直至取消其在厦门大学承接建设工程项目资格等,并向其主管部门通报:

(一)违反国家、行业、学校或合同规定弄虚作假的;

(二)因专业履职失误造成学校较大损失的;

(三)无故拖延或拒绝提供与审计事项有关的资料,或提供的资料不真实、不完整,或阻碍检查、扰乱审计工作的;

(四)其他滥用职权、徇私舞弊、玩忽职守、违纪违法的。

第十七条　审计中发现相关职能部门存在滥用职权、徇私舞弊、玩忽职守、违纪违法的行为，审计处应及时报告学校，对相关责任人建议按照有关法律、法规和学校规章制度予以处理。

## 第五章　附　则

第十八条　本规定由审计处负责解释。

第十九条　学校所属各独立核算单位的建设工程项目应参照本规定制定相应的管理办法，加强建设资金使用的管理监督。

第二十条　本规定自发布之日起施行，原《厦门大学建设工程项目审计实施办法》(厦大综〔2009〕31号)同时废止。

——本文摘录自《关于印发〈厦门大学建设工程项目审计规定〉的通知》，厦大综〔2015〕24号，档号2015-XZ19-2

# 厦门大学建设工程项目竣工结算审计实施办法

(2015年6月2日)

## 第一章　总　则

第一条　为加强对学校建设工程项目的审计监督,规范建设工程项目竣工结算审计行为,依据《厦门大学建设工程项目审计规定》(厦大综〔2015〕24号)等规定,结合学校实际,制定本办法。

第二条　本办法所称竣工结算,是指建设工程项目竣工验收合格后,发承包双方根据现场施工记录、设计变更通知书、现场变更鉴定、定额预算单价等资料,进行合同价款的增减或调整计算的行为。

第三条　本办法所称竣工结算审计,是指审计处依据有关法律、法规和制度规范,对经工程管理部门审核过的工程造价的真实性、合法性和有效性,以及建设工程项目全过程主要阶段业务活动情况,所独立进行的审查和评价活动。

第四条　建设工程项目竣工结算审计的目的是促进合理确定建设工程项目的造价、实现建设工程项目的管理目标。

第五条　建设工程项目竣工结算审计由审计处独立实施,也可由审计处委托具有相应资质的社会中介机构实施,审计处负责对其指导和监督。

## 第二章　审计方式

第六条　建设工程项目竣工结算审计,以工程管理部门审核后的工程造价一定金额为界,采用两种审计方式:

(一)在工程款项结算前实施审计

对造价50万元(含)以上的建设工程项目,在工程款项结算前纳入审计计划,逐项实施审计,并出具审计意见书。

(二)在工程款项结算后实施审计

对造价50万元以下的建设工程项目,由工程管理部门负责审核,出具工程造价审核意见,并报审计处备案,由审计处出具备案记录表,作为办理工程款项结算的凭据之一。

审计处根据建设工程项目竣工结算备案记录情况,制订工作计划,实施抽样审计,形成审计意见书,并通报工程管理部门。

第七条　不同造价的建设工程项目竣工款项结算依据

(一)对造价50万元(含)以上的建设工程项目,以审计处出具的工程造价审计意见书作为工程款项结算的依据之一。

作为工程款项结算前实施审计的建设工程项目,工程管理部门应在招标文件及施工合同中明确表述以审计结果作为工程竣工结算的最终造价。

(二)对造价50万元以下的建设工程项目,以工程管理部门出具的工程造价审核意见和审计处的备案记录表作为工程款项结算的主要依据。

(三)为避免建设工程项目前期实际支付的工程价款超出竣工结算审核后的金额,工程管理部门与承包方签订施工合同时,需明确工程进度款(含预付款)拨付总额达到合同价款的一定比例时即暂停支付

(基建工程一般为85%,修缮工程一般为80%),待双方办理完竣工结算,扣除最终审定造价的5%作为保修金后,再行支付工程余款。

## 第三章 审计内容

第八条 对仅实施竣工结算审计的建设工程项目,在工程项目实施前后,项目所有的环节和手续由工程管理部门负责办理,审计处不具体参与。其投资立项、估算、施工图预算、招投标及合同、施工实施等管理环节内部控制及风险管理的适当性、合法性和有效性,作为竣工结算审计必要审核内容。同时,施工实施阶段的资金使用、中间结算、设计变更、重大签证、工程洽商、价格浮动等各关键环节,作为竣工结算审计的重点检查内容。

第九条 具体竣工结算审计内容:

(一)工程立项、招投标文件及相关资料审查。

(二)工程结算的编制依据是否有效,内容是否完整。

(三)工程结算的方式是否正确,是否符合合同的约定。

(四)检查工程设计变更、施工签证内容是否真实,手续是否齐全,资料是否符合要求。

(五)检查工程设计变更、施工签证的结算增减项目及工程量计算是否准确,是否存在工程项目和工程量只增不减从而提高工程造价的风险。

(六)检查工程设计变更、施工签证的结算项目单价是否准确、合理。

(七)检查工程设计变更、施工签证的取费标准是否准确,是否与合同相符。

(八)检查合同报价中未做项目是否已做减项处理,计算是否准确;材料价差的调整是否合理。

(九)索赔、奖励及违约金是否符合合同约定及相关规定。

(十)其他必要的工程造价审核内容。

## 第四章 审计程序

第十条 审计准备阶段

(一)列入审计计划的建设工程项目竣工验收合格且由工程管理部门完成工程造价审核后,工程管理部门应当依据审计处公布的《建设工程项目竣工结算审计送审资料基本要求和交接规则》规定,及时报送竣工结算资料。

送审的竣工结算资料清单由工程管理部门负责人和相关单位责任人签字盖章。

列入当年度审计计划的项目,送审资料必须在当年11月10日前报送完整并经审计立项,否则因审计工作时间的要求,将被纳入下个年度的审计计划。

(二)审计处在收到建设工程项目竣工结算审计送审资料10个工作日内,对建设工程项目是否符合审计立项的条件进行检查与评估。若发现存在无法立项的情况,审计处可要求补充或予以退回。

(三)对符合审计立项条件的建设工程项目,审计处启动立项程序,明确审计处主审人员并落实参与审计的社会中介机构,组成审计组。

第十一条 审计实施阶段

(一)审计组在核对竣工图、施工图、招投标文件、合同文件等资料的基础上,制订审计实施方案。

(二)审计组根据审计实施方案,送达建设工程项目竣工结算审计通知书,明确建设工程项目工程造价审计意见书的出具时限。在审计通知书送达工程管理部门后,原则上不再接收补充结算计价资料。

(三)审计组整理送审资料,通过检查工程量计算、定额子目套用、各项取费、施工索赔以及与工程管理部门交换意见等相关程序(必要时可深入工程现场查验),出具建设工程项目工程造价审计意见书征求意见稿,并征求工程管理部门意见。

(四)工程管理部门在收到征求意见稿后,应在10个工作日内予以书面反馈,对未在规定期限内提出书面意见的,可视为无异议。

(五)若工程管理部门无异议,审计处及时出具建设工程项目工程造价审计意见书;若工程管理部门有不同意见,审计组采用协商、咨询等有效方法,予以进一步核实、研究。

第十二条　审计报告阶段

(一)审计处签发《建设工程项目工程造价审计意见书》,送交工程管理部门、财务部门支付工程结算款项和审计费用。

(二)相关审计资料整理归档。

(三)委托社会中介机构审核的咨询合同需明确造价审核意见允许误差率应小于3%(不含),若超过上述误差率,可采用扣减受托中介机构咨询服务费等处理意见。

## 第五章　附　则

第十三条　本办法由审计处负责解释。

第十四条　本办法自发布之日起施行。

——本文摘录自《关于印发〈厦门大学建设工程项目竣工结算审计实施办法〉的通知》,厦大综〔2015〕25号,档号2015-XZ19-2

# 厦门大学建设工程项目全过程跟踪审计实施办法

（2015年6月2日）

## 第一章　总　则

第一条　为加强学校重点建设工程项目的审计监督，规范全过程跟踪审计行为，根据《教育部关于加强和规范建设工程项目全过程审计的意见》（教财〔2007〕29号）和《厦门大学建设工程项目审计规定》（厦大综〔2015〕24号）等规定，结合学校实际，制定本办法。

第二条　本办法所称的建设工程项目全过程跟踪审计，是指审计处依据有关法律、法规和制度规范，对建设工程项目的投资立项、勘察设计、施工准备、施工实施、竣工验收等各阶段或部分阶段、环节业务管理活动的合法性、恰当性、有效性，所独立进行的动态审查和评价活动。

第三条　本办法适用于单项投资估算在3000万元（含）以上的基建项目和1000万元（含）以上的修缮项目，以及前述金额以下但需列为重点监督的建设工程项目。

第四条　建设工程项目全过程跟踪审计的目的是加强事前、事中控制，及时发现问题，促进有效控制工程造价和有效改善工程建设管理，促进学校工程建设目标的实现。

第五条　建设工程项目全过程跟踪审计由审计处独立实施，也可由审计处委托具有相应资质的社会中介机构实施。委托社会中介机构应当按照国家和学校相关规定办理，委托费用按规定列入工程建设成本。

## 第二章　审计内容

第六条　投资立项阶段

（一）项目立项决策的内部控制制度是否健全、有效；程序是否民主、科学；项目审批、核准和备案手续是否合规、齐全。

（二）可行性研究报告或项目申请报告编制的依据是否真实、客观，内容是否完整。

（三）投资估算是否准确，工程内容是否齐全，费用是否合理。

（四）资金来源是否落实。

（五）其他应列为审计内容的相关业务活动。

第七条　勘察设计阶段

（一）委托勘察、设计的范围是否符合可行性研究报告和项目申请报告。

（二）勘察、设计单位的确定是否合法合规。

（三）勘察、设计合同的主体是否合格，内容是否齐全、合法合规。

（四）设计方案的选定、优化是否合规，是否经济合理，设计估算编制是否合理、准确。

（五）施工图设计是否贯彻限额设计的要求，是否按照设计方案的原则、范围、内容、项目及投资额进行；设计深度是否符合规定；施工图预算有无超估算。

（六）施工图交底、会审情况及会审后的修改落实情况。

（七）其他应列为审计内容的相关业务活动。

第八条　施工准备阶段

(一)征地、拆迁的程序是否合法合规,费用支出是否真实合理。

(二)工程管理部门是否建立招标工作内控管理制度,招标组织形式是否恰当,招标人是否具备招标资质和能力;项目招标方式和程序是否合法合规;招标条件是否具备。

(三)招标文件的内容是否合法合规、完整严密,评标办法及评标标准是否公开、具体、合规。

(四)标底文件(含招标清单)与招标答疑文件等的编制是否准确合理,编制依据是否有效,内容是否完整,重点检查工程量计算、单价套用、费用和利润及税金计取是否合理、准确。

(五)开标、评标、定标的程序是否合规,定标结果是否准确。

(六)合同内容的审查:订立合同的主体是否合格,内容是否合法合规且与招标文件相符合;合同条款是否全面、合理、严谨;合同是否对甲乙双方的责任、义务及权利进行明确界定。

(七)咨询、监理和施工等单位资质及承发包行为的真实性和合法性。

(八)其他应列为审计内容的相关业务活动。

第九条　施工实施阶段

(一)施工前期的各项准备工作、手续申报及办理是否合法合规。

(二)施工质量、安全、进度、投资的管理及服务(施工、监理、设计、勘察、工程管理部门等)各方责任主体是否到位履职,是否合法合规。

(三)大宗或主要材料及设备采购程序和执行结果的真实性和合法合规性。

(四)设计变更的责任主体是否明确,变更是否及时和手续完整。

(五)工程签证是否合法合规,签证内容是否真实及符合签证的批准权限,工程量的计量和价格确定是否与合同有关条款符合,签证是否及时、规范。

(六)主要隐蔽工程施工及验收的真实性和合法合规性。

(七)工程进度款支付的真实性和合法合规性。

(八)索赔事项是否真实;索赔内容是否准确,责任是否划分清楚;索赔的程序是否规范;索赔证据是否真实有效,费用的计算是否准确,依据是否充分。

(九)其他应列为审计内容的相关业务管理活动。

第十条　竣工验收阶段

(一)竣工验收程序及组织过程是否合法合规。

(二)合同是否全面、真实履行、工程内容是否按合同要求全部实施,工程质量和工期是否符合合同要求。合同变更的原因是否真实,变更程序是否合规,变更对成本、工期及其他合同条款影响的处理是否合理。合同终止是否经过确认和验收。

(三)竣工结算审计详见《厦门大学建设工程项目竣工结算审计实施办法》。

(四)财务决算审计主要审查工程竣工财务决算报表、项目投资计划执行情况、交付使用资产和结余资金情况。

(五)其他应列为审计内容的相关业务活动。

## 第三章　审计程序

第十一条　审计准备阶段

(一)审计处依据审计计划,结合单项建设工程项目的具体送审情况,进行审计立项。

(二)根据审计立项情况,审计处完成社会中介机构的选聘、委托和合同签订等前期工作,成立由社会中介机构和审计处人员共同组成的审计组。

第十二条　审计实施阶段

(一)审计组经过审前调查程序,结合工程管理部门的规定有针对性地制订建设工程项目跟踪审计实施方案,经批准后实施。

（二）审计处向工程管理部门送达建设工程项目跟踪审计通知书，明确审计的关键控制点、具体送审要求以及相应的审计时限等事项。

（三）工程管理部门应在部门决策尚未执行或上报学校审议之前，将明确列为审计关键控制点和实时检查范畴的单项业务活动送审资料及时提交审计组，并应根据审计工作量的大小，为审计工作预留充足、合理的时间，以确保审计工作质量。

（四）在收到工程管理部门相关业务活动的送审资料后，审计组按照约定的时限，及时出具审计意见（建议）书。

（五）在建设工程项目竣工验收合格、工程管理部门提交完整有效的竣工结算送审资料后，审计组实施竣工结算审计。

（六）在财务处提交完整有效的竣工财务决算送审资料后，进行竣工财务决算审计。

第十三条　审计报告阶段

（一）审计处根据建设工程项目各阶段的审计情况，出具最终的审计报告。审计报告应如实反映和客观评价跟踪审计情况，披露审计过程中发现的问题及其落实整改情况，提出相应的审计意见和建议。

（二）相关审计资料整理归档。

## 第四章　附　则

第十四条　本办法由审计处负责解释。

第十五条　本办法自发布之日起施行。

——本文摘录自《关于印发〈厦门大学建设工程项目全过程跟踪审计实施办法〉的通知》，厦大综〔2015〕26号，档号 2015-XZ19-2

# 厦门大学行政办公用房及办公设备配置标准暂行规定(修订)

(2015年6月12日)

为规范学校行政办公用房、办公设备及家具配置,提高资源使用效率,降低行政办公成本,建设节约型校园,按照《关于进一步做好直属高校办公用房清理整改工作的通知》(教发厅〔2014〕3号)等文件要求,根据学校实际情况,制定本规定。

第一条　本规定适用于学校各机关部处、学院、直属单位等行政办公机构办公用房及办公设备的购置。

第二条　本规定所称办公用房,是指各级行政办公人员独立或共用的办公室;本规定所称服务用房包括会议室、接待室、档案室、图书资料室、机关信息网络用房、机要保密室、文印室、收发室、医务室、值班室、储藏室、物业及工勤人员用房、开水间、卫生间等。

第三条　本规定所称办公设备及家具,是指满足行政办公基本需要的设备、家具,不含特殊需要的专业类办公设备家具。对未列入本通知附件的其他通用办公设备家具,应当按照与履行职能需要相适应的原则,从严控制购置。

第四条　附件中所称实物量标准是在兼顾各种需要情况下,配置的办公用房、服务用房、办公设备、家具的最高数量限制标准,不是必须达到的标准。

第五条　附件中所称价格上限标准是购置办公设备、家具的价格上限,应当在通用办公设备家具功能满足使用要求的前提下,努力节约经费开支。

第六条　各单位购置通用办公设备、家具按《厦门大学物资采购管理办法》相关规定执行。

第七条　办公设备使用年限按《厦门大学仪器设备报废报失管理办法》相关规定执行。家具使用年限不得低于5年。

第八条　各单位购置办公设备及家具必须采购节能产品目录内及具有环保标识的产品,优先采购国产品牌,鼓励采购中小企业产品。

第九条　本规定由资产与后勤事务管理处负责解释,资产与后勤事务管理处将视经济社会发展水平、市场价格变化等因素,适时更新和调整本标准。

第十条　本规定自发布之日起施行。

**附件1:办公用房配置标准**

| 适用对象 | 使用面积标准(米²/人) | 清理整改控制标准(米²/人) |
|---|---|---|
| 正校级(副部级) | 42 | 54.6 |
| 副校级(正厅级) | 30 | 31.2 |
| 副校级(副厅级) | 24 | 24 |
| 正处级 | 18 | 18 |
| 副处级 | 12 | 12 |
| 处级以下 | 9 | 9 |

**附件 2:服务用房面积配备标准**

| 适用对象<br>(编制人数 K) | 使用面积标准<br>(米²/人) |
|---|---|
| K≤200 人 | 9 |
| 200 人<K<400 人 | (1100－K)/100 |
| K≥400 人 | 7 |

**附件 3:办公设备配置标准**

| 项目 | 实物量标准 | | 价格上限 |
|---|---|---|---|
| 台式电脑 | 1 台/人 | 单位内台式电脑最多不超过本单位人员的 120% | 5000 元/台 |
| 笔记本电脑 | 按需配置 | 如增加笔记本数量,应减少相应的台式电脑 | 10000 元/台 |
| 普通复印机 | | | 10000 元/台 |
| 中速复印机 | 1 台/单位 | | 28000 元/台 |
| 高速复印机 | | | 40000 元/台 |
| 碎纸机 | 根据工作需要配置 | | 1500/元台 |
| A4 激光打印机 | 根据工作需要配置 | | 2000 元/台 |
| 传真机 | 根据工作需要配置 | | 2000 元/台 |
| 针式打印机 | 根据工作需要配置 | | 3000 元/台 |
| 扫描仪 | 根据工作需要配置 | | 2000 元/台 |
| 照相机 | 根据工作需要配置 | | 3000 元/台 |
| 摄像机 | 根据工作需要配置 | | 6000 元/台 |
| 投影机 | 根据工作需要配置 | | 10000 元/台 |

确因工作需要购置,使用单位须说明理由,经审批后配置。配有带有打印机、扫描、传真的一体机应减少相应的打印机、扫描仪数量。配有网络打印、扫描功能的复印机的单位,原则上不得再购置打印机、扫描仪。

**附件4:办公家具配置限额**

| 品名 | 级次 | 单位 | 价格上限(元) |
|---|---|---|---|
| 班台、办公桌、屏风 | 校级 | 套 | 6000 |
| | 处级 | 套 | 3000 |
| | 其他人员 | 套 | 2000 |
| 办公椅 | 校级 | 张 | 2000 |
| | 处级 | 张 | 1500 |
| | 其他人员 | 张 | 600 |
| 三门书柜 | | 个 | 3000 |
| 普通文件柜 | | 个 | 1200 |
| 沙发 | 校级 | 套 | 8000 |
| | 处(科)室 | 套 | 4000 |
| | 接待室 | 套 | 4000 |
| 桌前椅 | | 张 | 600 |
| 长茶几 | | 张 | 600 |
| 方茶几 | | 张 | 600 |
| 电视柜 | | 个 | 600 |
| 折叠椅 | | 张 | 150 |
| 会议桌 | 小会议室 | 张 | 2000 |
| | 中会议室 | 张 | 7800 |
| 会议桌椅 | | 位 | 600 |
| 会议椅 | 小会议室 | 张 | 600 |
| | 中会议室 | 张 | 600 |
| 简易会议椅 | | 张 | 400 |
| 茶水柜 | 小会议室 | 个 | 700 |
| | 中会议室 | 个 | 800 |
| | 大会议室 | 个 | 1000 |
| | 接待室 | 个 | 900 |

办公家具配置实物量标准:

1.校级:2.4米班台1套/人,中班椅1把/人,3+1+1位沙发1件/人,班前椅2张/人,长茶几1张/人,方茶几2张/人,书柜按需配置;

2.处级:1.8米班台1套/人,中班椅1把/人,三人位沙发1件/人,班前椅2张/人,长茶几1张/人,方茶几1张/人,书柜按需配置;

3.其他人员:1.4米办公桌1张/人或屏风工作位1位/人,办公椅1把/人。文件柜按空间、实际需求配给。

——本文摘录自《关于印发〈厦门大学行政办公用房及办公设备配置标准暂行规定(修订)〉的通知》,厦大资产〔2015〕19号,档号2015-XZ27-2

# 厦门大学周转房管理暂行办法(2015年5月修订)

(2015年7月13日)

第一条　为规范厦门大学周转房管理,提高周转房的使用效率,特修订本办法。

第二条　周转房是学校提供给教职工本人短期租住的过渡性租赁住房,产权归学校所有。

第三条　资产与后勤事务管理处是周转房管理的职能部门,负责周转房的统筹规划和装修改造,安排选房和签订合同,报送租金变动和年度预算,处理违规用房和监督物业服务。

人事处负责报送学校进人计划,审核引进人才和新进教职工申请周转房的资格,负责书面通知财务处发放租房补贴,及时提供人员变动信息。

财务处负责按月代扣周转房租金和水电费,发放租房补贴,核拨周转房专用经费。

第四条　周转房实行"市场租金"和"租房补贴"并行制度。

第五条　申请对象和租住期限

1.引进人才、新进的具有博士学位的教职工,从报到之日起可申请周转房,一年内申请的租住期限不超过4年,超过一年申请的租住期限不超过2年;

2.在优先保证引进人才和新进教职工需求的前提下,如有剩余房源可考虑安排有住房困难、需要短期周转的其他教职工,租住期限不超过1年。

第六条　租金标准

周转房租金标准参照专业评估机构的评估结果制定,租住期限内租金标准为每平方米建筑面积46元/月。租住期限届满后需继续申请并签订续租合同,租金标准为每平方米建筑面积60元/月。

周转房租金标准每4年调整一次,合同存续期间无特殊情况的,租金标准不进行调整。

周转房租金按实际租住天数计算,不包括水电费、物业管理费等其他费用。

第七条　租房补贴

周转房租房补贴按新进教职工来校时首聘的正高级、副高级专业技术职务和博士学位分为3个标准,发放期限为4年,发放期间不随专业技术职务(职员职级)变动而变动。租房补贴由人事处审核后送财务处随工资按月发放,领取对象自行承担国家规定的税费。双职工仅可按照补贴标准高的一方享受一次补贴。补贴标准如下:

| 人员类别 | 租房补贴标准(元/月) |
|---|---|
| 正高 | 2200 |
| 副高 | 1800 |
| 博士学位 | 1500 |

第八条　选房办法

教职工登陆周转房选房系统注册申请,按照申请的先后顺序通过审核后,可自主从系统公布的房源中挑选3套备选房进行选房。申请人挑选备选房后未选房的或在通过审核后一年内未选房的,视为主动放弃选房资格。

当周转房房源不足时,根据可提供的房源数量,按照正高、副高、博士学位人员的次序选房。同类别人员按照申请的顺序选房。

第九条　周转房实行合同管理。申请人选房后须办理相应的租住手续,缴纳押金后方可入住。周转房不提供家庭户落户证明。

第十条　租住期间,承租人应遵守学校有关住房管理规章制度,按时向学校缴纳租金和水电费、物业管理费等费用,爱护室内设施和家具电器并按合同约定承担相应的维护和维修责任,同时应积极配合学校做好治安、消防、环境卫生等工作。

第十一条　承租人退房时,应保持房屋设施完好、家具电器正常使用和室内清洁,并结清租金和水、电、物业服务、电视、电话、网络等因使用该房屋而产生的所有费用,家具电器损坏无法使用的应按国家规定的折旧年限进行赔偿,经管理人员验收后方可退房并退还押金。

第十二条　出现下列情况之一的,学校可提前终止租住合同,承租人须无条件退还周转房:

1.承租人擅自将周转房转租、出借或改变周转房居住用途的;

2.承租人已与学校解除人事关系或实际已不在岗的;

3.承租人欠缴租金满一个月以上的;

4.承租人违反本办法相关规定的;

5.因学校规划建设或其他原因,需要进行住房调整的。

承租人未按时退房的,学校有权按每平方米建筑面积100元/月的标准收取违约金直至承租人退还周转房为止。同时,学校可采取必要的强制措施收回周转房,因此产生的损失由承租人自行承担。

第十三条　按照财务“收支两条线”的规定,周转房租金收入全额上交学校,由财务处设立专门账户进行管理。周转房的室内装修和日常修缮、家具电器的配置、日常维护和更新等必要的专项开支从周转房租金中安排。

第十四条　本办法实施前已租住或已申请尚未取得周转房的,不发放租房补贴,租赁期限为3年,3年内租金标准为每平方米计租面积30元/月,超过3年租金标准为每平方米建筑面积60元/月。

第十五条　本办法由人事处、资产与后勤事务管理处负责解释。

第十六条　本办法自2015年9月1日起施行,《厦门大学周转房管理暂行办法》(厦大资产〔2010〕2号)同时废止。

——本文摘录自《关于印发〈厦门大学周转房管理暂行办法(2015年5月修订)〉的通知》,厦大资产〔2015〕26号,档号2015-XZ27-2

# 厦门大学孔子学院院长学院专职教师岗位职责与任职条件细则(试行)

(2015 年 8 月 4 日)

## 第一章　总　则

第一条　为规范孔子学院院长学院专职教师职务聘任工作,加强教师队伍建设,提高教师的教学科研水平,根据《厦门大学教师职务聘任条例》(2011 年 12 月修订)、《孔子学院专职教师队伍建设暂行办法》(2012 年 10 月 29 日制)、《国家汉办/孔子学院总部外派汉语教师管理办法(试行)》(〔2012〕429 号)等有关文件,制定本细则。

第二条　本细则适用于厦门大学孔子学院院长学院专职教师。厦门大学孔子学院院长学院专职教师系指长期从事国际汉语教育事业的专门人员。厦门大学孔子学院院长学院专职教师由孔子学院总部/国家汉办统一调配,实行外派工作和回国储备相结合的循环使用机制。在外期间,由孔子学院总部/国家汉办统一管理,专职教师须服从孔子学院总部/国家汉办的派出计划,每次赴外工作任期一般为 4 年,回国工作期限根据需要确定。回国期间实行储备制管理,储备于孔子学院院长学院,完成学校和学院指派的工作。

第三条　孔子学院总部/国家汉办负责对专职教师驻外期间进行考核,厦门大学协助相关考核工作,并负责其在回国工作期间的考核。对考核不合格者,应及时解除聘任合同。

第四条　厦门大学孔子学院院长学院专职教师岗位为教学为主型岗位,其工作量由教学和行政工作构成(行政工作量可抵算教学工作量)。

## 第二章　岗位职责

第五条　副教授岗位的基本职责:

1.服从学校和学院的教学、行政安排,在校期间每周至少完成 15 课时的教学任务(短期培训班的班主任、课外活动负责教师的工作量均可折算教学工作量);根据学院建设和发展需要,承担日常行政工作。

2.服从孔子学院总部/国家汉办和学校的外派执教安排,每学年一般完成每周 20 学时的教学任务,因工作需要须坐班的,坐班时间以驻外工作单位的具体要求为准,原则上不超过当地法律规定时间。除教学工作外,还应完成驻外使领馆、孔子学院总部/国家汉办及我校安排的任务。能够独立负责至少 1 个孔子课堂或教学点的课程设置和教学任务,每学年开设至少 2 门课程。

3.5 年聘期内至少完成 4 门课程的学院远程教学视频课件制作任务,并提供相应的网络课件文本,配合完成相应的网络课件制作任务;积极参与学院网络平台建设。

4.积极参与并协助指导学院外派孔子学院教育教学改革、课程建设或实验室建设,在本学科、专业的建设和发展中起骨干作用,并做出突出成绩。

5.积极参与并协助指导本学科的教师队伍建设,帮助并督促本学科讲师和助教不断提高自己的业务能力和教学水平。

6.积极参与学校和学院的各类活动,对学校和学院的建设与发展提出自己的意见和建议。

7.积极参与孔子学院总部/国家汉办和外派孔子学院的科研项目。

8.按规定完成孔子学院总部/国家汉办规定的培训学时。

9.完成学校和学院规定的其他工作。

第六条　讲师岗位的基本职责：

1.服从学校和学院的教学、行政安排，在校期间每周至少完成15课时的教学任务(短期培训班的班主任、课外活动负责教师的工作量均可折算教学工作量)；根据学院建设和发展需要，承担日常行政工作。

2.服从孔子学院总部/国家汉办和学校的外派执教安排，每学年一般完成每周20学时的教学任务，因工作需要须坐班的，坐班时间以驻外工作单位的具体要求为准，原则上不超过当地法律规定时间。除教学工作外，还应完成驻外使领馆、孔子学院总部/国家汉办及我校安排的任务。能够独立负责至少1个孔子课堂或教学点的课程设置和教学任务，每学年开设至少2门课程。

3.3年聘期内至少完成2门课程的学院远程教学视频课件制作任务，并提供相应的网络课件文本，配合完成相应的网络课件制作任务；积极参与学院网络平台建设。

4.积极参与学院外派孔子学院教育教学改革、课程建设，在本学科、专业的建设和发展中起积极作用，并做出一定成绩。

5.积极参与并协助指导助教和兼职教师队伍建设，帮助并督促助教和兼职教师不断提高自己的学术水平。

6.积极参与学校和学院的各类活动，对学校和学院的建设与发展提出自己的意见和建议。

7.积极参与孔子学院总部/国家汉办和外派孔子学院的科研项目。

8.按规定完成孔子学院总部/国家汉办规定的培训学时。

9.完成学校和学院规定的其他工作。

第七条　助教岗位的基本职责：

1.服从学校和学院的教学、行政安排，在校期间每周至少完成15课时的教学任务(短期培训班的班主任、课外活动负责教师的工作量均可折算教学工作量)；根据学院建设和发展需要，承担日常行政工作。

2.服从孔子学院总部/国家汉办和学校的外派执教安排，每学年一般完成每周20学时的教学任务，因工作需要须坐班的，坐班时间以驻外工作单位的具体要求为准，原则上不超过当地法律规定时间。除教学工作外，还应完成驻外使领馆、孔子学院总部/国家汉办及我校安排的任务。能够独立负责至少1个孔子课堂或教学点的课程设置和教学任务，每学年开设至少2门课程。

3.3年聘期内至少完成1门课程的学院远程教学视频课件制作任务，并提供相应的网络课件文本，配合完成相应的网络课件制作任务；积极参与学院网络平台建设。

4.参与学院外派孔院教育教学改革、课程建设或实验室建设，参与本学科、专业的建设和发展工作。

5.积极参与学校和学院的各类活动，对学校及学院的建设与发展提出自己的意见和建议。

6.积极参与孔子学院总部/国家汉办和外派孔子学院的科研项目。

7.按规定完成孔子学院总部/国家汉办规定的培训学时。

8.完成学校和学院规定的其他工作。

## 第三章　任职条件

第八条　担任副教授职务，应当具备下列基本条件：

1.具有博士学位或本学科最高学位，其中具有博士学位者在获得博士学位后担任讲师岗位工作3年以上或从事博士后研究2年以上且已出站，其他人员担任讲师岗位工作6年以上，近两年年度考核没有不合格的记录。

2.具有良好的教育教学能力，系统讲授过3门以上课程，完成学校、学院和外派孔子学院规定的教育教学任务，教学效果良好。

3.在担任讲师期间(具有博士学位的在最近3年内，其他人员在最近5年内)，在具有CN刊号的刊物上独立完成或以第一作者或通讯作者署名发表过1篇以上教学研究论文或本学科或相关学科的学术论文(学术论文要求发表在核心刊物上)。

4.以本人为主取得1项以上省部级(含副省级,不含校级)以上教学科研成果奖、精品课程立项建设等同等水平的相关成果,或者本人指导学生取得1项以上省部级(含副省级,不含校级)以上相关奖项,或者编写本学科教材并已由国家重点出版社出版。

5.出色完成孔子学院总部/国家汉办外派执教及其他任务(同等条件下到条件艰苦的国家和地区执教者优先考虑)。

6.在孔子学院建设及汉语国际推广方面,或者在课程建设或实验室建设及人才培养方面,或者在学校建设与社会发展方面做出突出成绩。

7.能熟练运用1门外国语进行教育教学、学术研究和交流。

8.积极参与社会服务活动以及孔子学院总部/国家汉办、学校和学院的各类活动。

9.具备学校和学院规定的其他任职条件。

第九条 担任讲师职务,应当具备下列基本条件:

1.具有博士学位或本学科最高学位,具有硕士学位者担任助教岗位工作3年以上,近两年年度考核没有不合格的记录。

2.具有良好的教育教学能力,系统讲授过1门以上课程,完成学校、学院和外派孔子学院规定的教育教学任务(新聘教师要求有过教学实践),教学效果良好。

3.在担任助教职务期间或最近3年内,独立撰写并在具有CN刊号的刊物上发表教学研究论文至少1篇。

4.组织、领导或参与过省部级以上的与教学相关课题或单项经费额5万元以上的横向与教学相关课题的研究工作(国家级不限名次,其他限前4名),或获得校级以上教学成果一等奖(校级限前2名,副省级限前3名,省级限前4名,国家级限前5名),或获得校级个人教学技能竞赛三等奖以上奖励;或出色完成2个及以上远程教育课件开发任务;或完成教材编写出版任务(个人撰写不低于5万字)。

5.出色完成孔子学院总部/国家汉办、学校和学院外派执教及其他任务(同等条件下到条件艰苦的国家和地区执教者优先考虑)。

6.在孔子学院建设及汉语国际推广方面,或者在教育教学改革、课程建设或实验室建设及人才培养方面,或者在学校建设与社会发展方面做出显著成绩。

7.可以运用1门外国语进行教育教学、学术研究和交流。

8.积极参与社会服务活动以及孔子学院总部/国家汉办、学校和学院的各类活动。

9.具备学校和学院规定的其他任职条件。

第十条 担任助教职务,应当具备下列基本条件:

1.具有硕士以上学位。

2.具有合格的教育教学能力,通过本单位聘委会组织的教育教学能力考察。

3.具有独立制作远程教育课件的能力。

4.可以运用1门外国语进行教育教学、学术研究和教学资料的搜集。

5.具备学校和学院规定的其他任职条件。

## 第四章 附 则

第十一条 本单位教师岗位的具体数量,由本单位聘委会根据本单位发展需要及学校下达的定编指标确定。

第十二条 上一聘期教学与行政兼职工作量或科研工作量未达到当时聘任文件要求者,聘期内不能申请高聘。

第十三条 本细则中所称“以上”,如无特别说明,均含其本数(级)。

第十四条 本细则关于教师岗位职责和任职条件的规定的其他未尽事宜,均按《厦门大学教师职务聘任条例》(2011 年 12 月修订)及厦门大学的其他有关规定执行。

第十五条　本细则自发布之日起开始施行。

第十六条　本细则由孔子学院院长学院聘委会和学校人事处共同解释。

——本文摘录自《关于〈厦门大学孔子学院院长学院专职教师岗位职责与任职条件细则(试行)〉的批复》,厦大人〔2015〕121号,档号 2015-XZ10-3

# 厦门大学公共卫生间管理办法(试行)

(2015年8月19日)

## 第一章 总 则

第一条 为建设美丽厦大,加强校园公共卫生间管理,提高公共卫生间卫生水平,方便师生使用,制定本办法。

第二条 本办法适用于厦门大学的公共卫生间管理。

第三条 本办法所称公共卫生间,是指厦门大学校园范围内管理使用的厕所,包括公共建筑(如办公楼、教学楼、实验楼、公共教室、学生宿舍、学生餐厅、体育场馆、展览馆、超市、咖啡厅、酒店等)附设的公共卫生间及可移动厕所。

第四条 任何人使用校园公共卫生间,都应当自觉维护公共卫生间的清洁、卫生,爱护公共卫生间的设备、设施,保持公共卫生间整洁卫生。

第五条 资产与后勤事务管理处负责校园公共卫生间保洁的监督管理。保卫处负责校园公共卫生间安全的监督管理。

学生代表和教工代表所组成的校园公共卫生督导小组负责校园公共卫生间的不定期检查考评。

各单位负责本单位责任范围内公共卫生间的管理。

## 第二章 校园公共卫生间的建设和维修管理

第六条 校园公共卫生间的建设和维修管理,按照下列分工,由各有关单位负责:

(一)校园新建建筑的公共卫生间维保期内由基建处负责;

(二)现有公共卫生间的修缮由资产与后勤事务管理处和所属单位负责。

第七条 公共建筑没有附设公共卫生间或者原有公共卫生间及其卫生设施不足的,应当按照学校的要求进行新建、改建或者扩建。

第八条 公共卫生间建设的安全标准:

1.蹲位门离地面高度不超过2厘米;

2.蹲位门的高度不低于190厘米;

3.门板、厕位挡板必须使用高硬度材料,女卫生间蹲位侧面挡板上下不留间隙;

4.使用纯色或浅色材料,减少被人安装针孔摄像头的风险,被涂写后也容易擦洗。

第九条 独立设置的校园公共卫生间竣工时,建设单位应当通知资产与后勤事务管理处、保卫处等单位参加验收。凡验收不合格的,不准交付使用。

## 第三章 校园公共卫生间的日常管理

第十条 校园公共卫生间的日常管理工作,依照本办法第五条的规定,由所属单位负责。

第十一条 校园公共卫生间管理要做到责任到人,管理到位,随时巡查保持清洁,必须做到:

1.公共卫生间内、外指示标志符合现行相关设置标准要求,并且完好、整洁。

2.公共卫生间内外做到常冲洗、勤保洁,做到“四净”“六无”。“四净”,即门窗玻璃净、墙壁天花板净、地面净、便池隔板蹲坑干净;“六无”,即无乱搭盖、无乱堆杂、无乱悬挂、无乱张贴、无乱涂写、无随意放置的保洁工具。

3.公共卫生间内各种设施设备完好、有效。要求配置卫生纸和除味剂(采用卫生球、空气清新剂等除味剂)。女厕每个蹲位必须设置卫生纸篓并保证每天清倒垃圾、更换一次塑料袋。

4.定期消毒,厕所内通风设备良好,无明显臭味,无蚊蝇。

5.公共卫生间内外排水设施完好,排水通畅,卫生间内无积水,卫生间外无漫流;化粪池密封盖紧,无粪便满溢,卫生间设施出现故障应在 2 小时内报修,故障未能正常使用的应挂“设备故障,暂停使用”等标识牌。

6.注意消防安全,严禁公共卫生间内违规使用电源。

第十二条　各单位应当对所属公共卫生间进行检查,对于不符合规定的,应当予以纠正。

## 第四章　考　评

第十三条　根据“校园公共卫生间管理检查考评表”(以下简称“考评表”)进行评分,评分由职能部门日常监督检查评分、校园公共卫生间卫生检查小组评分和专项检查评分构成,对检查中发现的问题,限期整改。

1.职能部门日常监督检查评分:

职能部门日常监督检查除资产与后勤事务管理处负责牵头外,可邀请相关部门参与检查评分;服务对象日常反映的各类问题经核实在日常监督检查中按照考评表对相应的服务项目进行扣分。资产与后勤事务管理处或参与检查部门、服务对象的考评平均分为当次日常检查的项目得分。

2.校园公共卫生督导小组评分:

校园公共卫生督导小组不定期对校园公共卫生间进行检查,依据考评表进行评分,小组成员的考评平均分为当次检查的项目得分。

3.专项检查评分:参与专项检查的部门针对专项检查内容,参照考评表对检查项目进行评分,各部门的考评平均分为当次专项检查的项目得分。

第十四条　考评结果以图文形式向全校公布,接受学校师生员工和各单位的监督。

## 第五章　附　则

第十五条　本办法由资产与后勤事务管理处负责解释。

第十六条　本办法自公布之日起施行。

校园公共卫生间管理检查考评表(略——编者)

——本文摘录自《关于印发〈厦门大学公共卫生间管理办法(试行)〉的通知》,厦大资产〔2015〕31号,档号 2015-XZ27-2

# 厦门大学“三重一大”决策制度实施办法

（2015年9月2日）

## 第一章　总　则

第一条　为进一步规范领导班子的决策行为，防范决策风险，推动科学发展，按照中共中央关于凡属重大决策、重要人事任免、重大项目安排和大额度资金使用（以下简称“三重一大”）事项必须由领导班子集体研究做出决定的要求，根据《中共中央纪委、教育部、监察部关于加强高等学校反腐倡廉建设的意见》《关于坚持和完善普通高等学校党委领导下的校长负责制的实施意见》《教育部关于进一步推进直属高校贯彻落实“三重一大”决策制度的意见》精神，结合学校工作实际，制定本办法。

第二条　“三重一大”决策制度是指重大决策、重要人事任免、重大项目安排和大额度资金使用事项，必须由领导班子集体研究做出决定的制度。

第三条　执行“三重一大”决策制度应坚持科学民主决策原则和民主集中制原则。凡“三重一大”事项必须经学校领导班子集体研究决定，充分发扬民主，广泛听取意见，完善群众参与、专家咨询和集体决策相结合的决策机制，必须遵守国家法律法规、党内法规和有关政策，保证决策的科学民主。

## 第二章　决策范围

第四条　重大决策事项是指事关学校改革发展稳定全局和广大师生员工切身利益，依据有关规定应当由领导班子集体研究决定的重要事项。主要包括：

1.贯彻执行党和国家的路线、方针、政策、法律法规、上级重要决定和全校党员代表大会做出的决议或决定的实施方案和重大措施；

2.党的建设、党风廉政建设和意识形态等重要工作；

3.学校重大改革和发展规划方案；

4.学校年度工作计划和工作总结；

5.学校重要规章制度的制定、修改、废止；

6.学校组织机构、专门委员会或领导小组的设置、调整及撤销；

7.学校学科、专业设置和调整；

8.学校办学规模和年度招生计划重大调整；

9.与教职工利益直接相关的福利、校内分配实施方案以及相应的教职工聘任、考核、奖惩办法；

10.关系学生权益的重要事项；

11.学校年度财务预算方案、决算情况的审定和预算执行与决算审计；

12.学校重要资产处置、重要办学资源配置；

13.校级以上（含校级）重大表彰、省（部）级以上荣誉称号授予人员的推选；

14.校园安全稳定和重大突发事件的处理；

15.其他重大决策事项。

第五条　重要人事任免事项是指学校中层及以上干部的任免和需要报送上级机关审批的重要人事事项。主要包括：

1.学校中层及以上干部以及享受相应待遇的非领导职务人员的任免、党政纪处分；

2.学校全资、控股企业校方董事、监事及经理人选的确定；

3.推荐后备干部、党代会代表、人大代表、政协委员等人选；

4.根据学校学术委员会、学位评定委员会、学部委员会章程的规定，审定或审议通过相应委员会负责人和成员名单；

5.其他重要干部人事任免与推荐事项。

第六条　重大项目安排事项是指对学校规模条件、办学质量等产生重要影响的项目设立和安排。主要包括：

1.列入中央财政经费支持的六大类一级项目(包括中央高校质量提升与特色发展引导经费项目、中央基本科研业务费项目、中央高校改善基本办学条件经费项目、中央高校教育教学改革支持经费项目、中央高校捐赠配比资金项目、中央高校管理改革等绩效拨款项目)；

2.“2011 计划”、繁荣哲学社会科学计划等重点建设项目；

3.国际(境外)学术交流与合作重大项目；

4.重大对外投资项目，重要校地、校企战略合作项目；

5.重要设备、大宗物资采购和购买服务；

6.学校基本建设规划、年度基本建设计划(包括重大基本建设项目、重大项目变更)；

7.其他重大项目安排事项。

第七条　大额度资金使用事项是指超过学校所规定的党政领导人员有权调动、使用的资金限额的资金调动和使用。主要包括：

1.学校年度预算内大额度资金调动和使用；

2.未列入学校预算的大额度资金款项支出；

3.重大捐赠；

4.重大项目资金筹措、银行贷款事项；

5.其他大额度资金使用事项。

## 第三章　决策程序

第八条　学校党委是学校的领导核心，统一领导学校工作，支持校长依法独立行使职权。学校党委全体会议(以下简称“全委会”)在全校党员代表大会闭会期间领导学校工作。学校党委常务委员会议(以下简称“党委常委会”)在全委会闭会期间，行使党委全委会的职责并定期向党委全委会报告工作。校长办公会议是学校行政议事决策机构，是校长行使职权的基本形式。党委全委会、党委常委会、校长办公会根据议事范围和议事规则，按照民主集中制的原则，集体研究决定学校重大决策、重要人事任免、重大项目安排和大额度资金使用等重大事项。

学校成立的专门委员会或领导小组属于咨询、研究、议事机构，做出的涉及“三重一大”事项的动议需按议事规则分别提交党委全委会、党委常委会或校长办公会等决策机构审议决定。

第九条　“三重一大”事项提交集体决策前，应进行深入细致的研究论证，广泛听取并充分吸收各方面的意见。

选拔任免重要干部，应按照有关规定，在党委研究决定前书面征求纪检部门的意见。

与师生员工利益密切相关的事项，应通过教职工代表大会或其他形式听取广大师生员工意见和建议。按照有关规定，应由教职工代表大会通过的事项需提交教职工代表大会讨论通过。

对专业性、技术性较强的重要事项，应事先进行专家评估论证或技术、政策法律咨询，提交论证报告或立项报告。

第十条　“三重一大”事项应以会议的形式集体研究决策，决策时应视情况充分运用研究、审议、表决等程序机制。不得以传阅会签或个别征求意见等方式代替会议决定。会议决定的事项应按照相应议事规则规定提出，议题应经学校党委书记、校长审阅并充分沟通后，方可提交会议研究决策。除紧急情况外，不得临时动议，由个人或少数人临时决定重大事项。紧急情况下由个人或少数人临时决定的，决定人应对决策负责，事后应及时报告并按程序予以追认。

第十一条　会议讨论“三重一大”事项，应符合规定与会人数方能举行，并按规定进行决策。

全委会必须有三分之二以上委员到会方能举行，由校党委书记或党委书记委托的常委主持。进行表决时，除另有规定之外，以应到会成员超过半数同意形成决定。

常委会必须有二分之一以上常委出席方能举行，遇有讨论决定重要干部任免事项、重大问题，必须有三分之二以上常委出席方能举行。常委会由党委书记或党委书记委托的常委主持。进行表决时，以应到会成员超过半数同意形成决定。

校长办公会必须有二分之一以上成员出席方能举行，由校长或由校长委托的校领导主持。校长或会议主持人根据讨论结果做出会议决定。

学校纪检监察部门负责人应列席常委会、校长办公会等重要会议，其他有关职能部门负责人和党代会代表、教代会代表、学生代表等可按有关规定，根据会议议题内容，列席有关会议。

第十二条　会议研究决定“三重一大”事项，应坚持一题一议，与会人员应充分讨论，对决策建议应分别表示同意、不同意或缓议的意见，并说明理由。主要负责人应当最后发表结论性意见。会议决策中意见分歧较大或者发现有重大情况尚不清楚的，应暂缓决策，待进一步调研或论证后再作决策。

第十三条　会议决定的事项、参与人及其意见、表决情况、结论等内容，应当完整、详细记录并存档。

第十四条　参与“三重一大”事项决策的个人对集体决策有不同意见，可以保留或向上级反映，但不得擅自改变或拒绝执行。如遇特殊情况需对决策内容做重大调整，应当重新按规定履行决策程序。

## 第四章　保障机制

第十五条　建立“三重一大”决策风险评估机制。按照“谁主管、谁评估、谁负责”的原则，重大事项决策前应进行充分的合法性、合理性、可行性、可控性评估，分管校领导或职能部门对实施重大决策事项可能出现影响校园稳定的风险应进行先期预测、评估、化解，并在决策会议上报告风险评估情况。

第十六条　建立“三重一大”决策回避制度。如有涉及本人或亲属利害关系，或其他可能影响公正决策的情形，参与决策或列席人员应当回避。

第十七条　建立“三重一大”决策公开与查询制度。除涉密事项外，“三重一大”决策事项应按照《高等学校信息公开办法》及学校党务公开、信息公开有关规定予以公开。

第十八条　建立“三重一大”决策报告制度和执行决策的督查制度。学校将贯彻落实“三重一大”决策制度的情况，按年度向教育部党组报告。学校领导班子成员将“三重一大”决策制度的执行情况列为民主生活会和述职述廉的重要内容。

第十九条　建立“三重一大”决策考核评估制度。学校贯彻执行“三重一大”决策制度的情况，将作为党风廉政建设责任制考核以及领导班子成员经济责任审计的重要内容，作为考察、考核和任免领导干部的重要依据。

第二十条　建立“三重一大”决策责任追究制度。领导班子成员违反本办法规定，不履行或不正确履行“三重一大”决策制度；不执行或擅自改变集体决定；未经集体讨论而个人决策；未提供全面真实情况而直接造成决策失误；执行决策后发现可能造成失误或损失而不及时采取措施纠正，造成重大经济损失和严重后果的，应依纪依法分别追究班子主要负责人、分管负责人和其他责任人的责任。

## 第五章　附　则

第二十一条　全校各单位应参照本办法制定本单位落实“三重一大”决策制度的实施细则，并报学校办公室、纪委、监察处备案。

第二十二条　本办法由中共厦门大学委员会负责解释。

第二十三条　本办法自颁布之日起施行。

——本文摘录自《关于印发〈厦门大学"三重一大"决策制度实施办法〉的通知》,厦大委综〔2015〕40号,档号2015-XZ28-5

# 厦门大学党政领导干部外出请假暂行办法

（2015年9月2日）

第一条　为规范学校中层以上党政领导干部日常管理，严肃组织纪律，改进工作作风，确保学校各项工作规范有序开展，特制定本办法。

第二条　校党委书记、校长外出请假执行上级有关部门规定。其他中层以上党政领导干部外出应按本办法规定请假。

本办法所称外出是指因公出差（含开会、学习、考察、出国、出境等，其中出国、出境还需按照有关规定办理校内审批手续）或者因私人事务前往厦门市以外的地区（不含漳州开发区）一天以上。

第三条　校领导、党委常委外出应同时向校党委书记和校长请假，校长助理外出应向校长请假，并在请假获准后及时通知学校办公室。

第四条　机关职能部门和直属单位主要负责人外出应向分管校领导请假，学校办公室、学生工作部（处）、保卫部（处）等承担应急任务单位的主要负责人外出还应同时向校党委书记报告。

第五条　教学科研单位的党委（党总支）书记外出向校党委书记请假，行政主要负责人外出向校长请假。如有特殊情况，校党委书记、校长可授权学校办公室主任审批，办公室主任审批后应及时向校党委书记、校长报告。

第六条　学校中层副职领导干部外出应向所在单位主要负责人请假。该请假可用口头或电话方式。

第七条　上述第四、五规定的领导干部外出，在3天以内（含3天）的，请假可通过口头、电话或短信等方式；外出在3天以上、15天以内（含15天）的，须事先通过学校办公自动化系统递交请假条，并按上述审批程序获准同意后，方为有效。请假条必须明确出差时间、地点、事由、返回日期、工作安排等。

第八条　领导干部外出请假超过15天以上，除按上述审批程序获准同意后，还须报送人事处备案。

第九条　同一教学科研单位的党政主要负责人原则上不得同时外出。同一机关职能部门和直属单位的领导干部原则上不得同时外出。

第十条　领导干部请假后须妥善安排好本单位或者分管工作后方可离岗。外出期间应保持联络通畅。

第十一条　领导干部外出返回后，可采用电话方式及时销假，如有特殊情形须延期返校者，应及时说明原因。

第十二条　本办法由学校办公室负责解释。

第十三条　本办法自发布之日起施行。

——本文摘录自《关于印发〈厦门大学党政领导干部外出请假暂行办法〉的通知》，厦大委综〔2015〕42号，档号2015-XZ28-5

# 厦门大学国内公务接待管理实施办法

(2015 年 9 月 2 日)

第一条　为规范学校国内公务接待管理,厉行勤俭节约,反对铺张浪费,建设节约型校园,加强党风廉政建设,根据《关于改进工作作风、密切联系群众的八项规定》《党政机关厉行节约反对浪费条例》《党政机关国内公务接待管理规定》,参照《教育部国内公务接待管理实施办法》,结合学校实际,制定本办法。

第二条　本办法适用于学校各机关部处、教学科研单位、群众团体及直属单位的国内公务接待活动。

第三条　本办法所称国内公务,是指出席会议、考察调研、执行任务、学习交流、检查指导、请示汇报工作等公务活动。

第四条　学校国内公务接待坚持有利公务、务实节俭、严格标准、简化礼仪、高效透明、尊重少数民族风俗习惯的原则。

第五条　国内公务接待应严格执行审批控制制度。根据接待范围严格控制公务接待。

不属于接待范围的活动不予公务接待,不得将休假、探亲、旅游等活动纳入公务接待范围。无公函的公务活动和来访人员原则上不予公务接待。如有特殊原因无法提供接待公函但又必须予以接待的,机关部处、群众团体及直属单位按业务性质报分管校领导审批,教学科研单位由单位主要负责人审批后方可安排。

第六条　国内公务接待工作实行归口负责、严格管理。学校办公室负责学校重要接待;其他公务接待由各相关单位负责;涉及多部门的公务接待由学校办公室统筹协调。

第七条　国内公务接待应有利于公务活动开展,严格限制迎送活动,不得讲排场、搞形式主义。不张贴悬挂标语横幅,不铺设迎宾地毯,不专门摆放花草。严格控制陪同人数。

第八条　接待对象需要安排住宿的,接待单位可帮助安排,住宿一般安排在校内,住宿用房以标准间为主,接待省部级干部可以安排普通套间。接待单位不得超标准安排接待住房,不额外配发洗漱用品,不在房间内摆放花篮和果篮。接待对象住宿费按照差旅或会议管理有关规定执行。

第九条　需要安排工作餐的公务接待,可安排工作餐一次,应简朴节约、便利公务。

工作餐原则上安排在学校内部餐厅,不得使用私人会所、高消费餐饮场所。

工作餐应供应家常菜,不得提供鱼翅、燕窝等高档菜肴和用野生保护动物制作的菜肴,不提供香烟和高档酒水。

工作餐一般采用自助餐形式,确需安排桌餐的,应严格控执行用餐标准。

严格控制陪餐人数,接待对象在 10 人以内的,陪餐人数不超过 3 人;超过 10 人的,不得超过接待对象人数的 1/3。

第十条　国内公务接待的出行活动应简化安排、注重实效。出行尽量安排集中乘车,合理使用车型,严格控制随行车辆。校内活动一般选择步行或乘坐电瓶车等交通方式。

第十一条　接待单位不得超标准接待,不得组织旅游和与公务活动无关的参观,不得组织到营业性娱乐、健身场所活动,不得举办师生专场文艺演出,不得以任何名义赠送礼金、礼品、纪念品和土特产等。严禁干扰学校正常教学、科研和生活秩序。

第十二条　学校将国内公务接待费用全部纳入预算管理,合理限定接待费预算总额,单独列示。

禁止在接待费中列支应当由接待对象承担的差旅、会议、培训等费用,禁止以举办会议、培训为名列支、转移、隐匿接待费开支；禁止向下级单位及其他单位、企业、个人转嫁接待费用，禁止在非税收入中坐支接待费用；禁止借公务接待名义列支其他支出。

第十三条　严格执行公务接待经费审批程序和接待清单制度。公务活动结束后，接待单位须在5个工作日内如实填写接待清单，并由相关负责人审签并及时报销。接待清单包括接待对象的单位、姓名、职务和公务活动项目、时间、场所、费用等内容。

第十四条　报销凭证应包括财务票据、公函和接待清单。费用结算原则上应采用银行转账或者公务卡结算。

第十五条　学校按照教育部安排，按年度将学校国内公务接待情况予以公示。公示内容包括公务接待制度规定、经费支出、接待场所、接待项目等。

第十六条　公务接待坚持谁接待、谁负责，实行责任追究制度。学校纪检监察、审计、财务等部门加强对各接待单位的日常监督检查，对公务接待违规违纪行为，严肃追究接待单位相关负责人、直接责任人的责任。

第十七条　学校有关涉外公务接待规定，由国际合作与交流处另行制定。

第十八条　学校所属具有独立法人资格的单位，参照本办法执行。

第十九条　本办法由学校办公室负责解释。

第二十条　本办法自发布之日起施行。

**附件：**

## 厦门大学国内公务接待清单

接待单位（公章）：

| 来访单位 | | 人数 | |
|---|---|---|---|
| 来访事由 | | | |
| 主要来访人员 | 姓名 | 职务 | |
| | | | |
| | | | |
| | | | |
| 活动项目 | 时间 | 场所 | 费用 |
| 如：迎送 | | | |
| 座谈 | | | |
| 参访 | | | |
| 工作餐 | | | |
| | | | |
| | | | |
| | | | |
| 备注： | | | |
| 费用合计（大写）： | | ￥：________ | |
| 经办人签字：<br>年　月　日 | | 负责人签字：<br>年　月　日 | |

备注：1.此表一式两份，一份本单位留存，一份交财务处。

2.其他来访人员名单和活动项目可附后页。

——本文摘录自《关于印发〈厦门大学国内公务接待管理实施办法〉的通知》，厦大综〔2015〕39号，档号2015-XZ28-5

# 厦门大学实验室危险废物回收实施细则

(2015 年 9 月 9 日)

为进一步加强我校的危险废物管理工作,保障广大师生员工的身体健康,确保校园安全稳定,特制定本细则。

1.各单位须设立专门暂存实验室产生的危险废物库房,并在醒目位置张贴危险废物场所标志(见附件 1)。

2.不具相容性的废弃物应分别收集,不相容的废弃物收集容器不可混贮。各实验室要根据本实验室的废弃物情况列出废弃物相容表和不相容表,悬挂于实验室明显处,并公告周知。

3.实验室产生的各类危险废物应做好台账管理记录(见附件 2)。

4.实验室产生的空瓶应使用编织袋统一包装并附有标签(见附件 3),各单位严禁回收有残留试剂的空瓶。

5.实验室产生的一般有毒有害废液要求按三种类别区分加以回收,即:一般无机物、一般有机物、含卤有机物。回收容器应使用塑料大桶,各桶应贴上标签,如实注明液体成分。各废液桶须保留 1/10 的空间,并保证桶身有内盖和外盖,防止搬运时发生泄露。搬运时请各单位自备推车,并做好协助处置公司装车工作。

6.含重金属废液(包括含汞、放射性物质)需明确标识。

7.废旧普通化学试剂(固体或液体)应在原瓶内存放,保持原有标签,再统一整理放入纸箱。纸箱外应附有清单(注明各瓶试剂残余重量),严禁混入剧毒品。

8.废旧剧毒化学试剂(固体或液体)和实验室产生的剧毒废液,在回收前应按学校剧毒试剂管理的相关规定进行妥善保管,保持标签明确。学校提倡由实验室进行解毒或降毒等无害化处理,拟委托专业公司处置时,须先报经学校统一处理。

9.回收的危险废物须标签明确,每瓶报废的固体药品、试剂以及每桶废液上的标签须对应到源头实验室和负责人,各单位暂存场所源头回收工作须认真仔细。学校对未标识的危险废物将不予回收。

10.为方便统筹安排,转移申请表应提前一星期提交并如实填写。

11.请各单位做好危险废物暂存管理工作,严格按照规范回收,不合格者处置公司将拒绝接收。

**附件 1:危险废物场所标志**

附件 2:危险废物记录台账

## 危险废物进出库台账(有机废液类)

| 入库情况 | | | | | | 出库情况 | | | | 备注 |
|---|---|---|---|---|---|---|---|---|---|---|
| 危险废物名称 | 类别 | 入库时间 | 入库数量 | 入库重量 | 入库人 | 出库时间 | 出库数量 | 接收单位 | 出库人 | 库存总量 |
| | | | | | | | | | | |
| | | | | | | | | | | |
| | | | | | | | | | | |

## 危险废物进出库台账(含重金属废液类)

| 入库情况 | | | | | | 出库情况 | | | | 备注 |
|---|---|---|---|---|---|---|---|---|---|---|
| 危险废物名称 | 类别 | 入库时间 | 入库数量 | 入库重量 | 入库人 | 出库时间 | 出库数量 | 接收单位 | 出库人 | 库存总量 |
| | | | | | | | | | | |
| | | | | | | | | | | |
| | | | | | | | | | | |

## 危险废物进出库台账(废化学药品类)

| 入库情况 | | | | | | 出库情况 | | | | 备注 |
|---|---|---|---|---|---|---|---|---|---|---|
| 危险废物名称 | 类别 | 入库时间 | 入库数量 | 入库重量 | 入库人 | 出库时间 | 出库数量 | 接收单位 | 出库人 | 库存总量 |
| | | | | | | | | | | |
| | | | | | | | | | | |
| | | | | | | | | | | |

## 危险废物进出库台账(废空试剂瓶类)

| 入库情况 | | | | | | 出库情况 | | | | 备注 |
|---|---|---|---|---|---|---|---|---|---|---|
| 危险废物名称 | 类别 | 入库时间 | 入库数量 | 入库重量 | 入库人 | 出库时间 | 出库数量 | 接收单位 | 出库人 | 库存总量 |
| | | | | | | | | | | |
| | | | | | | | | | | |
| | | | | | | | | | | |

附件3:危险废物标签(包括空瓶,可写在备注一项)

危险废物

主要成分/化学名称

- ☐HW03-废药物、药品
- ☐HW06-有机溶剂废物
- ☐HW08-废矿物油
- ☐HW09-废乳化液
- ☐HW11-精(蒸)馏残渣
- ☐HW12-染料、涂料废物
- ☐HW13-有机树脂类废物
- ☐HW16-感光材料废物
- ☐HW37-有机磷化合物废物
- ☐HW39-含酚废物
- ☐HW41-废卤化有机溶剂
- ☐H42-废有机溶剂
- ☐HW45-含有机卤化物废物

备注

批次: 数量:

废物产生单位:

联系人: 电话:

危险类别

IRRITANT

CORROSIVE

安全措施

-容器必须盖紧Closed container

-佩戴防护用品Proper PPE

-防止泄露Avoid spill/leakage

-正确分类Proper classification

附件4:申请转移表(若种类繁多,请附详细清单)

<table>
<tr><td rowspan="2">申请单位</td><td>名称</td><td colspan="3"></td></tr>
<tr><td>经办人</td><td></td><td>电话</td><td></td></tr>
<tr><td rowspan="2">处置单位</td><td>名称</td><td colspan="3"></td></tr>
<tr><td>联系人</td><td></td><td>电话</td><td></td></tr>
<tr><td>危废名称</td><td colspan="4"></td></tr>
<tr><td>数量</td><td colspan="4"></td></tr>
<tr><td>存放地点</td><td colspan="4"></td></tr>
<tr><td>申请单位声明</td><td colspan="4">我单位保证申请转移的危险废物与实际一致(提供的清单数据真实准确),并落实专人管理、专用库房和如实台账登记制度,自觉接受监督检查。如有违反上述承诺,我单位自愿承担一切法律责任并接受相应处罚。</td></tr>
<tr><td>单位签章</td><td colspan="2">年 月 日</td><td colspan="2">分管领导签字:</td></tr>
</table>

——本文摘录自《关于印发〈厦门大学实验室危险废物回收实施细则〉的通知》,(2015)厦大资产15号,档号2019-XZ27-001

# 厦门大学关于建立健全师德建设长效机制的实施办法

(2015 年 10 月 23 日)

## 第一章　总　则

第一条　为建立健全学校师德建设长效机制,从根本上遏制和杜绝师德失范现象,切实提高学校师德建设水平,全面提升教师师德素养,根据《教育部关于建立健全高校师德建设长效机制的意见》(教师〔2014〕10 号)、《高等学校教师职业道德规范》(教人〔2011〕11 号)和《厦门大学章程》的有关精神,结合学校实际,制定本实施办法。

## 第二章　指导思想

第二条　建立健全师德建设长效机制的指导思想是:全面贯彻党和国家的教育方针,坚持价值引领、师德为上、以人为本、改进创新的基本原则,弘扬厦门大学优良传统,着力健全体制机制,大力加强和改进师德建设,积极引导广大教师做有理想信念、有道德情操、有扎实学识、有仁爱之心的党和人民满意的好教师,努力培养造就一支师德高尚、业务精湛、结构合理、充满活力的高素质专业化教师队伍,为建设世界一流大学提供坚强保障。

## 第三章　师德宣传

第三条　学校将师德宣传纳入宣传思想工作大局中统一部署,推进师德宣传制度化、常态化。

第四条　深入开展师德宣讲活动。在学校理论宣讲计划中开设师德专题,系统宣讲国家一系列重要法规文件中有关师德的要求,宣传普及《高等学校教师职业道德规范》,广泛宣传以"四种精神"为代表的厦门大学精神和优良传统。

第五条　积极培育师德典型。建立健全教书育人奖励和荣誉制度,开展"优秀教师""我最喜爱的教师"等评选活动,积极组织参加国家、省、市师德先进典型推荐评选活动,充分展现学校教师的良好形象;举办教师节表彰大会、师德建设经验交流会、师德论坛等活动,充分发挥先进典型的示范和带动作用。

第六条　营造师德文化氛围。把培育良好师德师风作为校园文化建设的核心内容,发动师生员工和校友力量,挖掘和提炼名家名师为人为学为师的大爱师魂;通过举办师德文化作品大赛、出版书刊、拍摄专题片、建立专题网站等形式,宣传和推广师德建设优秀成果;依托校园网、校报、广播电视等校内媒体及微博、微信等新媒体,努力营造崇尚师德、尊师重教的良好氛围。

第七条　健全舆情反应机制。加强师德舆情搜集工作,建立师德重大问题报告和定期会商研判制度,及时提出引导意见;建立师德舆情快速反应机制,明确相关部门在各应急处置环节中的职责和任务。

## 第四章　师德教育

第八条　学校将师德教育摆在教师培养首位,贯穿于教师聘任、考核、激励、发展等职业生涯的全过程。

第九条　开展师德引航专题活动。定期组织师德专题培训,在新教师入职培训中开设师德专题;以教师聘用合同为载体,激励教师模范遵守高等学校教师职业道德规范;举行老教师荣休仪式,建立新老教师“结对子”制度;建立院长引领新教师“上讲台”制度,开展“第一节课”仪式教育活动,强化新教师的职业荣誉感、责任感和使命感,引导新教师树牢师德观念。

第十条　优化师德教育课程体系。重点加强社会主义核心价值观教育,深入推进理想信念教育、党风廉政教育、法制教育、心理健康教育和学术规范教育,提高教师教书育人的质量和水平。

第十一条　创新师德教育培训形式。将师德教育融入学校教学科研、社会服务和各项教职工文体活动中,切实增强教育实效;积极组织教师深入基层、走进社会,开展调查研究、挂职锻炼、志愿服务等实践活动,在国情教育中提升师德素养。

## 第五章　师德考评

第十二条　健全师德考评制度。以完善师德考核评价制度为重点,进一步深化教师综合评价体系改革。进一步丰富师德考核评价形式,尊重教师自我评价,建立学生评教制度,引入同行评价制度,健全综合考评机制。

第十三条　严把教师“入口关”。在新教师的引进和聘任中,坚持严格的政治、道德和业务标准,把思想政治素质、思想道德品质作为必备条件和重要考察内容,由各基层党委(党总支)负责把关,确保引进和聘任的每一位教师政治合格、业务精良。

第十四条　强化师德考核结果的运用。在职务晋升、人才遴选、评奖评优等方面规定中明确师德考核要求。对于师德表现突出的,在上述方面予以优先考虑;对于师德考核不合格的,年度考核评定为不合格,并在上述方面严格实行一票否决。

第十五条　建立师德档案制度。将师德考核结果及因违反师德行为而受到处分的结果存入个人档案。

## 第六章　师德约束

第十六条　完善师德监督体系。坚持自律为主、监察为辅的原则,通过设立师德监督邮箱、召开专题座谈会等形式,搭设沟通交流平台,吸收师生、家长和社会各界共同参与;定期开展师德调研,依托教学督导组和学风建设委员会开展教风学风督查督导,加强教学质量的评估和监控,及时掌握师德信息动态,及时纠正不良倾向和问题。

第十七条　完善师德惩处制度。制定《厦门大学教职员工处分暂行规定》《厦门大学教师学术不端行为处理办法》,修订完善《厦门大学教师职务聘任条例》《厦门大学本科教学事故认定与处分暂行办法》《厦门大学研究生指导教师工作条例》等师德建设有关文件,进一步规范教师教育教学行为、科研学术行为、兼职兼薪行为及其他各项职务行为。

第十八条　健全责任追究制度。加大违纪惩处力度,对触犯教育部明令禁止的七种违反教师职业道德的行为坚决予以查处,并根据违规情节的严重程度给予相应的处分;建立师德问责机制,对严重违反师德行为监管不力、处置拖延或推诿隐瞒,造成不良影响或严重后果的,追究所在单位和相关部门主要负责人的责任。

## 第七章　教师权益保障

第十九条　充分激发教师遵守师德规范的自觉性。引导教师充分认识所承担的教书育人使命,自觉弘扬职业精神、维护职业尊严、珍惜教师声誉;自觉将师德修养纳入职业生涯规划,并融入教育教学、科学研究和社会服务的实践中,提高师德践行能力,养成师德自律习惯。

第二十条　健全教师职业发展制度。鼓励并支持教师参加培训、出国研修、开展学术交流合作,为教师开展人才培养、科学研究、社会服务等活动提供必要的条件和保障;把加强师德建设同解决教师实际困难结合起来,不断改善教师的工作、学习和生活条件,为教师教书育人、履行职责创造更加和谐的环境。

第二十一条　维护教师合法权益。建立教师权益保护机制、申诉机制和信息沟通反馈机制,保障教师依法行使学术权利和履行教育职责；搭建多渠道校师沟通交流平台，保障教师知悉学校改革、建设和发展及关涉切身利益的重大事项的权益，保障教师参与民主管理、民主监督的权益。

第二十二条　完善教授治学制度。健全和维护以学术委员会为核心的学术管理体系和组织架构，充分发挥教授在职务聘任、学术评价等学术事务中的重要作用。学校各级学术组织要将师德师风建设纳入重要议事日程。

## 第八章　组织领导

第二十三条　健全师德建设领导体制。学校成立师德建设委员会，由校党委书记、校长担任主任，分管校领导担任副主任，有关职能部门主要负责人担任成员。师德建设委员会办公室设在人事处，负责牵头落实委员会交办的各项工作。学校师德建设委员会的主要职责是：定期听取师德建设情况的汇报，及时处理师德建设中存在的问题，研究加强和改进师德建设的政策措施。

第二十四条　形成分工协作、统筹推进的工作机制。研究生院、教务处、科技处、社科处负责师德的督导、考评工作；纪委、监察处负责师德督查、违规查处及有关责任追究工作；组织部、人事处负责师德考评结果的运用；宣传部负责组织师德宣讲、开展师德宣传、处理师德舆情；党校负责组织师德培训；学生工作部、校工会和校团委根据各自职责，积极开展师德典型评选表彰活动，并对教师师德进行监督。

第二十五条　建立齐抓共管的工作格局。全校各级党政领导班子要高度重视师德建设，主要领导要亲自抓，切实负起责任；进一步加大师德建设保障力度，在经费投入、资源配置等方面予以重点支持。各系(所)、实验室、课题组等教学科研一线组织也是师德建设的主体单位，其负责人要带头抓好有关工作。学校非教师系列的工作人员要自觉遵守师德要求，在工作中贯彻育人为本的理念，努力形成全员育人、全过程育人、全方位育人的格局。

第二十六条　抓好师德建设任务落实。各教学科研单位及有关职能部门要根据本实施办法制订年度师德建设工作方案，将师德建设纳入单位工作的整体布局，统一部署、抓好落实。各教学科研单位要定期组织开展师德建设情况自查；各相关职能部门要把定期开展师德专项检查与不定期抽查结合起来，抓好师德建设相关责任的落实。学校把师德建设成效作为对各教学科研单位开展巡视工作的重要内容，作为评价各级领导班子及其主要负责人的重要依据。

## 第九章　附　则

第二十七条　本实施办法由人事处负责解释。

第二十八条　本实施办法自公布之日起施行。

——本文摘录自《关于印发〈厦门大学关于建立健全师德建设长效机制的实施办法〉的通知》，厦大人〔2015〕136号，档号 2015-XZ10-4

# 厦门大学委托社会中介机构审计管理办法

(2015年10月30日)

## 第一章　总　则

第一条　为充分履行高校审计职责,规范委托社会中介机构参与内部审计工作的行为,根据《教育系统内部审计工作规定》(教育部令2004年第17号)、审计署《聘请外部人员参与审计工作管理办法(试行)》(审法发〔2006〕第39号)、教育部转发《财政部关于印发〈委托会计师事务所审计招标规范〉的通知》(教财司函〔2006〕70号)和《厦门大学内部审计工作规定》(厦大综字〔2015〕第11号)等规定,结合我校实际,制定本办法。

第二条　本办法所称社会中介机构(以下简称中介机构),是指依法设立并按照一定的业务规则和程序,运用专门知识和技能,为委托人提供有偿中介服务并承担相应法律责任的会计师事务所、工程造价咨询公司等专业机构。

第三条　本办法所称委托社会中介机构审计(以下简称委托审计),是指审计处在专业力量不足或者缺乏专业资质等情况下,将审计工作联席会议审议通过的审计业务委托中介机构参与审计的行为。

第四条　委托审计程序:

(一)确定委托审计项目。

(二)确定委托中介机构。

(三)签订委托审计协议书。

(四)受托中介机构实施审计。

(五)出具审计报告。

(六)支付委托审计费用。

对学校独立核算单位组织实施的委托审计项目,审计费用一般由被审计单位承担并直接支付;工程项目的委托审计费用在建设工程项目成本中列支;其他项目委托审计费用经批准在相应经费中列支。

## 第二章　委托中介机构

第五条　委托的中介机构应具备下列条件:

(一)在厦门地区注册或具有分支机构;

(二)具有开展相关业务的资质资格;

(三)具有一定的权威性和良好的社会信誉;

(四)具有承担相应审计风险的能力;

(五)依法维护委托方的权益,并保守秘密。

第六条　通过公开招标方式建立拟委托中介机构库。根据《中华人民共和国政府采购法》《教育部政府采购管理暂行办法》及学校相关规定,由学校归口管理部门负责中介机构招标工作,并确定入库中标机构。

对中标候选中介机构实行动态管理,原则上有效期两年,不能胜任工作或出现相关责任问题的随时淘汰。

第七条　具体安排委托审计工作时，由审计处根据委托审计费用预算金额的高低和拟委托审计项目情况，通过邀请招标、随机抽取或直接委托方式在中介机构库中选定受托中介机构，其中邀请招标工作由学校归口管理部门负责组织实施。

委托审计费用预算50万元（含）以上的项目（含一个月内立项的工程审计项目打包），或者不到金额起点但审计处认为应采用招标方式的重大审计项目，应从中介机构库中初选3家以上中介机构，通过邀请招标方式选定受托中介机构。

委托审计费用预算10万元（含）以上、50万元以下的项目（含一个月内立项的工程审计项目打包），或者不到金额起点但审计处认为可视同的审计项目，通过在中介机构库中随机抽取选定受托中介机构。

委托审计费用预算10万元以下的项目，由审计处研究决定，可从中介机构库中委托确定中介机构。

第八条　审计处代表学校与受托的社会中介机构签订委托审计协议书，明确审计范围、审计实施时间、执业人员资格、审计质量、审计收费、双方的责任和义务以及违约责任等。

第九条　受托的中介机构，应当遵守国家法律法规，具有较高专业素质和良好的职业道德，并且在近三年内没有违纪、违法执业行为。

受托的中介机构应当保守被审计对象的商业秘密。

第十条　受托的中介机构应自行完成约定的工作量，不得转包或由其他中介机构协助审查工作（协议另有约定的除外），负责全部审查工作的质量控制，并按审计处的要求出具审计结果。

第十一条　受托的中介机构在承担委托项目审计期间应接受审计处的监督、管理、指导，同时承担相应的审计责任。

## 第三章　委托审计实施

第十二条　按照“法律规范、政府监督、行业自律”的要求，受托中介机构必须保证其独立、客观、公正的执业立场，遵守审计准则和职业道德规范，严格按照协议完成审计项目，切实维护学校的合法权益。

第十三条　在委托审计项目实施过程中，审计处应参与相关工作，协调各方关系，监督审计质量，确保审计结果真实、客观、公正。审计处应主要从以下方面加强对委托审计业务工作的监督、管理、指导：

（一）中介机构是否履行委托审计协议约定的义务；

（二）中介机构派出人员是否符合具体项目审计目的要求的专业素质；

（三）中介机构是否严格按照审计程序进行审计；

（四）中介机构的审计结论是否真实、合理、正确；

（五）中介机构是否按照其质量控制程序严格控制其审计成果；

（六）中介机构的审计工作底稿的格式是否符合委托要求；

（七）中介机构的审计证据是否充分、可靠、合理、合法、真实；

（八）能有效控制审计工作质量的其他方面。

第十四条　受托中介机构在结束审计业务后，按照协议要求，向审计处提交审计结果，同时将审计工作底稿、工程量计算底稿等审计证据材料原件或复印件及相关电子文件送交审计处存档。

第十五条　审计处对受托中介机构提交的审计结果进行审核，出具审计报告，按规定报经批准后，发送被审计单位等。

## 第四章　罚　则

第十六条　受托中介机构未按《委托审计协议书》实施审计或提供审计结果时，审计处要求其补充相关资料或者重新审计。

第十七条　受托中介机构提供的审计结果严重失实、审计结论不准确，且拒绝进行重新审计或纠正的，审计处终止委托审计业务，停止支付委托审计费用。

第十八条　审计处必要时可对受托中介机构的审计结果进行质量检查或复审。若项目复审的审减率超过合同约定的质量标准,审计处将解除与中介机构的合作,依法追究其责任并责成其赔偿经济损失。

第十九条　对存在以下问题的中介机构,审计处应进行相应处理:

(一)审计工作不规范、审计结论避重就轻,且拒绝纠正的,1年内不得委托其从事审计业务;

(二)提供的审计结果存在严重失实、结论不准确,且拒绝进行重新审计或纠正的,2年内不得委托其从事审计业务;

(三)未按《委托审计协议书》的要求实施审计或提供审计结果、存在未披露应当披露的重大财务事项等重大错漏的,3年内不得委托其从事审计业务;

(四)通过弄虚作假、串通作弊等不正当手段取得委托审计业务,审计结果未真实、客观反映情况或揭露问题,泄露国家秘密、商业秘密,给学校造成损失和不良影响的,5年内不得委托其从事审计业务。

第二十条　校内审计人员滥用职权、徇私舞弊、玩忽职守或泄露国家秘密、商业秘密的,按照有关规定追究责任,给予党纪政纪处分;涉嫌犯罪的,移送司法机关依法处理。

## 第五章　附　则

第二十一条　国家法律、法规和有关政策对委托审计另有规定的,从其规定。

第二十二条　学校独立核算单位内部组织实施委托审计业务可参照本办法执行。

第二十三条　本办法由审计处负责解释。

第二十四条　本办法自发布之日起施行。

——本文摘录自《关于印发〈厦门大学委托社会中介机构审计管理办法〉的通知》,(2015)厦大审1号,档号2015-XZ19-2

# 厦门大学关于加强博士后队伍建设的实施意见

（2015年11月1日）

为加快吸引和汇聚国内外优秀博士来校从事高水平科研工作，推动博士后研究人员成为学校高层次人才的重要后备力量、科研项目团队的生力军、师资储备的主要来源和推动学校科学发展的重要力量，根据国家有关规定，结合学校实际，现就加强博士后队伍建设提出如下意见：

## 一、大幅提高薪酬待遇

按照薪酬激励与科研绩效相匹配的原则，大幅提升博士后研究人员薪酬待遇，实行博士后研究人员最低年薪标准，即年薪不低于16万元。在最低年薪标准之上，合作导师（或招收单位）与博士后研究人员通过招收协议确定具体薪酬。

年薪包含工资、公积金、社会保险、午餐补贴及其他各项福利待遇。

## 二、建立经费分担机制

博士后研究人员的薪酬由学校和合作导师（或招收单位）共同承担。学校资助博士后研究人员每人每年12万元，差额部分由合作导师（或招收单位）承担。博士后研究人员进站前，差额部分应一次性缴存至学校博士后专用账户。

博士后研究人员在站时间为2～6年，由合作导师（或招收单位）和博士后研究人员根据项目需要灵活确定。学校对博士后研究人员的资助期最长为3年，超过3年的，由合作导师（或招收单位）全额承担年薪。

## 三、提升福利保障

学校为博士后研究人员缴交公积金和社会保险（包括：养老保险、医疗保险、失业保险、工伤保险），缴费基数参照助理教授标准确定，缴交期限最长为3年，超过3年的，由合作导师（或招收单位）承担。

博士后研究人员子女按学校教职工子女同等待遇办理入托、入学。

## 四、改善住宿条件

学校积极创造条件解决博士后研究人员住宿问题。博士后研究人员可选择租住博士后公寓；在房源不足的情况下，学校发放一定的租房补贴。博士后研究人员租住公寓最长不超过6年，因工作需要，确需续租的，在不影响新进博士后研究人员住宿情况下，按学校资产处有关规定办理。

## 五、健全遴选机制

坚持竞争择优的原则,强化合作导师在博士后研究人员遴选过程中的主体地位,建立以科研计划书为主要内容的科研管理制度,把好博士后选用环节。

学校人事部门、各流动站应着眼全球人才市场,积极协助导师和科研团队,充分利用各类平台,面向全球宣传并公开招聘优秀博士后研究人员。

## 六、强化考核力度

博士后研究人员实行合同制管理,一年一聘。各流动站应结合学科特点,认真制定博士后管理工作实施细则,加强教授委员会、学术委员会在博士后遴选、考核、出站等环节的主导作用,严格限定评价标准,全面评价研究工作的质量和效益,重点考核博士后研究人员独立开展研究的能力。

学校设立博士后奖励基金,对优秀博士后研究人员予以奖励。

## 七、纳入专职科研系列人员管理

学校根据科研平台和团队工作需求,将博士后研究人员纳入专职科研系列人员管理,发挥博士后研究人员在科研团队中的作用。博士后研究人员在站期间,可给予助理研究员、副研究员、研究员头衔,便于其申请科研课题及开展学术交流。

## 八、选聘优秀师资

学校今后将主要从博士后队伍中选聘优秀人员留校任教。除个别特殊学科外,原则上不再直接聘任应届博士生担任教师职务。

本意见自 2016 年 1 月 1 日起施行,由人事处负责解释。

——本文摘录自《关于印发〈厦门大学关于加强博士后队伍建设的实施意见〉的通知》,厦大人〔2015〕137 号,档号 2015-XZ10-4

# 关于进一步加强领导干部出国(境)管理监督工作的通知

(2015 年 11 月 13 日)

各基层党委、党总支:

自 2014 年学校发布《关于加强领导干部出国(境)管理监督工作的通知》[(2014)厦大委组 25 号]以来,学校领导干部出国(境)管理监督工作日趋规范,取得了一定的成效,各单位要继续按照该通知要求,做好领导干部出国(境)管理监督工作。根据《中共中央组织部关于进一步加强领导干部出国(境)监督管理工作的通知》(组通字〔2014〕14 号)、《中共中央组织部　公安部关于开展违规办理和持有因私出国(境)证件专项治理工作的通知》(组通字〔2015〕20 号)、教育部办公厅《关于进一步加强出国(境)证件集中管理的通知》(教人厅〔2015〕7 号)等文件精神,为了进一步加强学校领导干部出国(境)管理监督工作,现就有关工作通知如下:

一、进一步加强领导干部因私出国(境)证件的集中管理工作。按照上级部门有关文件规定,全校在职中层及以上领导干部,离(退)休的厅级以上干部所持有及新申领的因私出国(境)证件(含已经注销或过期,但仍含有有效签证的因私护照)都应交由学校集中管理。校级领导干部、离(退)休的厅级以上干部的证件由学校办公室集中保管,其他中层领导干部的证件由学校国际合作与交流处/台港澳事务办公室集中保管。

二、进一步做好领导干部因私出国(境)证件领用审批工作。因私出国(境)证件交由学校集中保管的领导干部需领用相关证件的,由本人填写"厦门大学领导干部因私出国(境)证件领用审批表",校级领导干部原则上须经校党委书记同意,校党委书记由校长同意,离(退)休的厅级以上干部须经学校办公室备案并报校党委书记后方可领取;中层领导干部须经所在单位党委(党总支)书记、校党委组织部、校纪委负责人审批同意后方可领取,其中,中层正职领导干部及学校办公室、校纪委、组织部、人事处、财务处、审计处、监察处等部门副职领导干部还须报校党委分管领导批准同意后方可领取。领用证件时须承诺在回国(境)后 10 日内,主动将所领用证件交还相应集中保管单位。

三、进一步做好领导干部因私出国(境)有关事项的报告工作。各基层党委(党总支)要根据《关于领导干部报告个人有关事项的规定》(中办发〔2010〕16 号)文件的有关规定,督促领导干部在填写"领导干部报告个人有关事项表"时,不要遗漏各类因私出国(境)证件的持有情况(含仍然有效及在所填报年度失效的证件),不要遗漏所填报年度因私出国(境)情况。学校将定期或不定期地进行领导干部因私出国(境)有关事项的核实工作,对于核实工作中发现的存在瞒报、漏报因私出国(境)有关事项情况的,将依据相关文件法规处理。

为坚决杜绝领导干部违规私自持有出国(境)证件的现象,请各基层党委(党总支)于 11 月 20 日前将本单位应上交统一保管的领导干部出国(境)证件收齐后,交由学校办公室或国际合作与交流处/台港澳事务办公室保管。对拒不交出出国(境)证件的领导干部,各单位要对其进行教育和诫勉谈话,做到应交尽交。

中共厦门大学纪律检查委员会
中共厦门大学委员会组织部
厦门大学国际合作与交流处/台港澳事务办公室
2015 年 11 月 11 日

——本文摘录自《关于进一步加强领导干部出国(境)管理监督工作的通知》,(2015)厦大委组 37 号,档号 2015-XZ28-6

# 厦门大学实验室常用加热设备安全管理规定

（2015 年 11 月 18 日）

根据《厦门大学实验室安全管理规定》[厦大设备 2013(2)号]等文件精神，为加强实验室安全管理，促进学校创一流建设和打造平安校园，特制定本规定。

## 第一章　总　则

第一条　实验室常用加热设备包括：烘箱、箱式电阻炉（马弗炉）、高温管式炉、培养箱、电炉、电磁炉、微波炉、电吹风、热风枪、电烙铁及油浴、沙浴、金属浴、水浴等浴锅。

第二条　各学院（系）、直属单位及实验人员需提高实验室安全意识，加强加热设备的使用与管理，定期检查加热设备的安全状况，杜绝违规操作。

## 第二章　烘箱、马弗炉、高温管式炉的安全使用与管理

第三条　烘箱、马弗炉、高温管式炉等加热设备应放置在通风干燥处，周围不得存放易燃易爆化学品、气体钢瓶和纸板、泡沫、塑料等易燃杂物。同时在烘箱、马弗炉、高温管式炉等旁张贴醒目的警示标识。

第四条　使用烘箱、马弗炉、高温管式炉的单位必须制定安全操作规程，并张贴上墙。同时，严格按照操作规程正确使用。

第五条　烘箱、马弗炉、高温管式炉等运行期间，须加强观察（一般需每 1～15 分钟观察 1 次）。如因特殊情况确需开机过夜，须先向导师和院系报备，并做好必要的安全防范与应急处置措施。

第六条　烘箱内不得用塑料筐等易燃容器盛放待烘烤的实验物品，应采用搪瓷、不锈钢、玻璃、陶瓷等材料制作的容器盛放。烘箱内不得加热易燃易爆试剂，特殊情况确需加热时，必须做好安全防范措施，并向导师和院系报备。

第七条　烘箱、马弗炉、高温管式炉等使用完毕，应立即切断电源、拔出电源插头，并确认其冷却至安全温度才能离开。

## 第三章　明火电炉的安全使用与管理

第八条　凡涉及化学试剂的实验室原则上不得使用明火电炉，建议使用密封电炉、电磁炉、加热套（碗、板）、水浴锅、油浴锅、沙浴锅、金属浴锅等加热设备。

第九条　如确实因科研、教学特殊需要，无法使用其他加热设备替代明火电炉的，必须在使用场所配备灭火器、沙桶等灭火设施，隔离易燃易爆物品，并填写“厦门大学明火电炉使用审批表”，报实验室与设备管理办公室审核批准，取得“明火电炉使用许可证”后，方可在规定的范围内使用。

第十条　实验室不得无证使用明火电炉。

## 第四章　加热浴锅的安全使用

第十一条　使用油浴锅、沙浴锅、金属浴锅、水浴锅等加热设备前，应先加入适量的加热介质才能通电。

第十二条　在加热浴锅周边醒目位置张贴高温警示标识。

第十三条　加热浴锅运行时,禁止触摸内胆、板盖等部件,防止被烫伤。禁止向油浴锅、沙浴锅、金属浴锅等加入水、易燃易爆液体。

第十四条　加热浴锅使用完毕,应立即切断电源,拔掉电源插头。

## 第五章　其他加热设备的安全使用

第十五条　用电磁炉加热液体时,不可加得太满,以免液体沸腾外溢,损坏电磁炉。同时注意观察,避免干烧损坏。不要触摸电磁炉的灶面,防止烫伤。

第十六条　通电的电烙铁不使用时,应摆放在合适的烙铁架上,防止烙铁头引燃物品或受到碰撞而损坏。

第十七条　电吹风、热风枪、微波炉、电磁炉、电烙铁等加热设备使用完毕,应立即切断电源,拔掉电源插头。不得将刚使用完毕的电吹风、热风枪、电烙铁等收纳起来。

## 第六章　加热设备的报废

第十八条　烘箱、马弗炉、高温管式炉等加热设备的使用年限一般为12年。对于超过使用年限或虽在使用年限内但已无法正常工作的加热设备应及时做报废处理。

## 第七章　附　则

第十九条　对于违反本规定或因管理不善、违规操作等造成安全事故的,学校将依据有关规定进行处理。

第二十条　本规定自2015年11月15日起执行。

第二十一条　本规定由学校实验室与设备管理办公室负责解释。

——本文摘录自《厦门大学实验室常用加热设备安全管理规定》,(2015)厦大实17号,档号2019-XZ38-006

# 厦门大学新闻发布工作办法

（2015年12月3日）

为贯彻落实《中共教育部党组关于进一步加强教育新闻发布工作的实施意见》等文件精神，按照“坚持正确导向、坚持公开透明、坚持尊重规律、坚持协同推进”的基本原则，紧紧围绕学校改革发展大局，进一步加强我校新闻发布工作，经学校党委、行政研究，现提出以下办法：

## 一、完善新闻发言人制度

1.选好用好新闻发言人。新闻发言人要讲政治、有担当、懂业务、善沟通，根据授权发布信息、阐述立场。新闻发言人由校党委常委会研究任命，安排其列席重要会议，阅读重要文件，参与重大事件处置。

2.完善新闻发言人工作机制。成立厦门大学新闻发言人工作领导小组，分管宣传思想工作的校领导担任组长，新闻发言人、学校办公室主任、党委宣传部部长作为常任成员，负责统筹协调新闻发布工作。领导小组根据工作需要随时安排相关单位（部门、院系）主要负责人加入。各单位（部门、院系）必须积极配合、各司其职，协助做好新闻发布工作。建立新闻发布融媒体平台，强化新闻策划，推进新闻多介质发布、全符号传播。

## 二、着力提升舆论引导能力

1.切实加强正面宣传。大力宣传学校建设、改革、发展的新举措新成效，人才培养、科学研究、社会服务、文化传承与创新等方面的新进展新成就，深入践行社会主义核心价值观的优秀师生典型，全面展示厦大及厦大人的良好形象。

2.主动做好政策发布。涉及学校发展及师生切身利益的重大政策文件、规划方案出台时，要主动做好政策的发布和解读工作，向师生及社会公众做好相关背景、主要内容和落实举措的解读和阐释。

3.积极回应热点难点。涉及社会关注度高、师生普遍关心的学校热点难点话题，要积极主动发声，有针对性地发布信息，解疑释惑、凝聚共识。

4.及时应对突发事件。涉及突发性事件，要按照舆情处置机制和发布办法，及时妥善应对。

5.灵活运用发布形式。主动适应“互联网+”发展趋势，遵循新闻传播规律，根据工作需要和实际，综合运用新闻发布会、发布新闻稿、新闻通气会、约见媒体、网络访谈等多种形式，扩大发布范围，提升传播效果。

## 三、努力提升新闻发布实效

1.有序做好日常发布。申请对外新闻发布的单位（部门、院系）向党委宣传部提出申请，完成审批报备手续后，党委宣传部与发布单位共同制订新闻发布方案，并结合实际灵活运用新闻发布形式对外发布。

2.稳妥应对突发事件。发生舆情的单位（部门、院系）是舆情处置的第一责任主体。突发事件发生时，涉事单位应在第一时间向新闻发言人工作领导小组报告。在领导小组的统一指挥部署下，党委宣传部、涉事单位等迅速制订发布方案、起草新闻通稿,第一时间对外发布,并采取多种形式持续发布后续进展和调查处理结果。

## 四、大力加强队伍建设

1.配齐配强队伍。加强新闻宣传机构和队伍建设,把政治坚定和具有素质专长的优秀人员选配到宣传思想工作战线,设立专项工作经费,提供必要保障,确保工作顺利开展。

2.强化业务培训。广泛开展媒介素养培训,着力提高领导干部和广大师生媒介素养。依托新闻传播学院师资力量开展培训,邀请新闻媒体资深从业人员进校讲学,推动新闻宣传工作人员到上级宣传部门和新闻媒体挂职锻炼,通过形式多样、层次合理、针对性强的系统培训,不断提升新闻宣传工作人员的业务能力。

3.发挥师生主体作用。立足学校新闻传播学科优势,整合相关学科资源,为新闻发言人配备专业团队,组织专家学者做好政策解读、热点回应、舆论引导。注重发挥师生积极性和主动性,动员广大师生参与典型发掘、新闻策划、采访报道、网络评论,构建多方参与、上下联动、左右沟通、协同推进的新闻宣传大格局。

## 五、建立健全工作机制

1.落实责任机制。涉及全校性的新闻发布,由党委宣传部负责贯彻落实,相关单位(部门、院系)须积极配合;涉及各单位(部门、院系)的新闻发布,遵循“谁主管、谁负责”的原则,各单位主要负责人是新闻发布第一责任人,在党委宣传部的指导下做好新闻发布工作。

2.完善舆情处置机制。建立“事前防范、事中处置、事后评估”的舆情处置机制,不断提升舆情应对能力。建立健全新闻发言人工作领导小组和相关单位(部门、院系)、校内外专家共同参与的舆情研判机制,确保应对工作积极稳妥。

3.建立监督考核机制。把新闻发布工作纳入各单位(部门、院系)及领导干部个人实绩考核内容,考核结果作为综合评价的重要依据。学校将加强对新闻发布工作的督查,对典型经验及时推广。

——本文摘录自《关于印发〈厦门大学新闻发布工作办法〉的通知》,厦大委综〔2015〕55号,档号 2015-XZ09-37

# 厦门大学机关服务承诺指导意见

(2015年12月4日)

为进一步深化机关作风建设,牢固树立“师生为本、服务至上”理念,践行“马上就办”,不断提升机关管理服务水平,努力创建行为规范、运转协调、公正透明、廉洁高效的机关,经研究,决定在机关开展服务承诺活动。现就机关制定服务承诺提出如下指导意见。

## 一、总体要求

机关各部门要以服务人才培养、服务师生员工、服务学校发展为宗旨,以一流管理、高效服务、师生满意为目标,按照为民、务实、清廉、高效的原则,向服务对象做出公开承诺。通过服务承诺,力争实现机关职能转变有新突破、服务水平有新提高、精神面貌有新变化、推动发展有新成效、师生满意度有新提升,以优良的作风、优质的服务推动学校各项事业又好又快发展。

## 二、承诺内容

机关各部门应结合实际,围绕以下内容向广大师生等服务对象做出公开承诺。

1.转变职能、创新服务。各部门要按照校院两级管理体制改革的要求,推进简政放权,精简审批环节,下放审批事项,强化机关在公共服务保障、发展规划制定、发展趋势研判、制度机制设计、跨部门统筹协调、对外沟通联络等方面的职能。要以问题为导向,以师生需求为根本,进一步理顺部门职责,优化办事流程,规范工作手续,创新服务举措,提升服务质量。

2.信息公开、阳光服务。各部门要坚持“以公开为原则、以不公开为例外”,落实信息公开工作要求,丰富信息公开方式,规范重点信息公开。实行透明管理,推进网上服务,在部门网页或工作手册公开机构设置、职能职责、规章制度、办事流程、联系方式、服务承诺、投诉途径等,及时发布重要通知和信息,方便师生和社会公众查阅。

3.一口受理、统筹服务。各部门特别是直接面向师生的窗口服务部门(岗位),要采取“一口清”“一纸明”等举措,一次性告知师生所办事项的政策依据、办理流程、所需材料等;通过开设专人负责、综合受理窗口等举措,建立“前台一口受理、后台协同办理、内设科室(岗位)统筹协调”的工作机制,尽可能地让师生少填表、少奔波。

4.首问负责、跟踪服务。对师生的来电、来访、来信,属首问人职责范围的,要认真负责、及时妥善处理;不属于职责范围的,要耐心解释、帮助联络。对上级交办、师生申报的事项,能马上办结的要马上给予办结;无法马上办结的,要详细说明情况,并限时办理或回复。对师生的意见建议、投诉举报,要妥善处理,及时反馈。

5.岗位互补、无缝服务。各部门要完善AB角或主辅岗互补工作制,关键的窗口岗位要按“1+N”模式设立一个主岗负责人和若干辅岗责任人。主岗缺位时,辅岗要主动顶岗,确保人离不空岗、服务不断线。对新进机关人员,要搞好传帮带、多岗锻炼,尽快做到熟悉工作、一岗多能。

6.部门合作、协同服务。各部门要树立全校“一盘棋”思想,通过机关部门负责人联席会议、专题工作会议、现场办公会等形式,多通气、勤交流,打破部门间壁垒,促进跨部门的政策协调、工作协同和业务合作。加快推进机关各部门信息数据资源的集成共享,实现师生基本信息自动生成,提供更多"一站式"服务。

7.全面兼顾、延伸服务。各部门特别是直接面向师生的窗口服务部门,要主动将部门服务向各校区延伸覆盖。合理配置各校区的服务资源,加强跨校区协同与联络,简化跨校区办事手续,完善网上申报、网上办公系统,推行"业务并联办理"和"业务委托办理"服务,确保校区之间无缝对接、运转顺畅,最大限度减少师生跨校区、跨地办事。

8.联系基层、上门服务。各部门要通过深入基层走访调研、党支部"结对共建"、建立基层联络员、驻点服务等方式,采取网络意见箱、师生接待日、"服务会客室"等形式,主动征求师生意见,对接服务需求,上门解决问题,做到诉求有回应、热点有关注、难题有破解。

9.绿色办公、廉洁服务。各部门及全体机关工作人员要树立勤俭、节约、绿色、低碳理念,从自身做起、从点滴做起,模范遵守中央"八项规定",带头执行《党政机关厉行节约反对浪费条例》,驰而不息纠正"四风",杜绝文山会海,严控公务开销,做到公道正派、依法办事、诚信服务、廉洁高效。

## 三、组织实施

机关服务承诺实行部门一把手负责制,部门一把手要根据本指导意见负责组织拟定本部门的服务承诺,带头执行服务承诺,并负责检查、督促本部门服务承诺的执行。部门服务承诺要紧紧围绕学校、本部门的中心工作和重点任务,注重解决实际问题,及时回应师生需求;承诺事项要明确具体,具有可行性和可操作性。各部门应于1月16日前向广大师生、社会公众公开服务承诺。

各部门要把本部门工作人员践诺情况纳入岗位绩效津贴考核和年度考核内容,并实行违诺追究。轻微违诺的,进行批评教育、诫勉谈话,促其迅速改正;严重违诺或受到投诉举报并经查情况属实,或损害学校声誉的,令其做出深刻检查,公开通报批评,直至做出必要的组织处理。

机关党委与纪检监察部门负责受理师生员工对学校机关服务质量的投诉和建议,并不定期组织开展服务情况监督检查。

真诚希望全校师生员工对学校机关的服务工作进行监督,提出意见建议。机关服务质量投诉和建议方式:机关党委主页"机关服务质量监督投诉平台"窗口;嘉庚主楼15楼机关党委办公室门外壁挂意见箱;机关党委电话及邮箱:2188826,jgdw@xmu.edu.cn;纪委、监察处电话及邮箱:2186219,xmujcc@xmu.edu.cn。

——本文摘录自《关于印发〈厦门大学机关服务承诺指导意见〉的通知》,(2015)厦大机关党委6号,档号2015-XZ28-6

# 厦门大学校园新媒体管理办法

（2015年12月16日）

## 第一章　总　则

第一条　为充分发挥各新媒体平台在展示学校形象、发布新闻信息和提供社会服务等方面的作用，根据教育部、国家互联网信息办公室《关于进一步加强高等学校网络建设和管理工作的意见》（教思政〔2013〕3号）等有关文件精神，结合学校实际情况，制定本办法。

第二条　本办法所指的新媒体，是以学校或校内各单位名义建设、认证并作为单位信息平台运行的新媒体平台，包括但不限于微博、微信及其他App移动客户端等。

## 第二章　管理机制

第三条　校园各新媒体必须严格遵守国家各项法律法规，遵守学校各项相关规章制度，按照“谁主办，谁负责”的原则进行管理。各单位主要负责人（学院、研究院为党委书记，职能部门为部门正职领导）为第一责任人。新媒体建设管理单位必须建立完善的管理制度和运行机制，包括建立责任体系、落实工作队伍、完善发布审核机制等。

第四条　党委宣传部是校园新媒体归口管理部门，其职责是研究制定管理办法，统一管理、协调统筹、整体规划，监督检查与考评校园新媒体运营状况等。

第五条　学校对校园新媒体实行登记备案制度。校内各二级单位的新媒体平台创建7日内，须填写“厦门大学校园新媒体备案登记表”，由所在单位主要负责人（学院、研究院为党委书记，职能部门为部门正职领导）签字并加盖单位公章，报党委宣传部备案。若各新媒体平台账号名、后台管理人员或维护方式发生变更，应在7日内以书面形式报党委宣传部备案。校内二级单位各下属单位的新媒体平台，由各二级单位党委进行备案，各二级单位党委须将本单位下属新媒体平台备案情况定期报送党委宣传部。

第六条　学校对校园新媒体实行分级管理制度。学校官方微博、微信和其他新媒体平台为一级平台，由党委宣传部直接管理。校内各二级单位官方微博、微信和其他新媒体平台为二级平台，由各二级单位负责建设和管理，各单位主要负责人为本单位新媒体建设和管理第一责任人。二级单位下属各单位的新媒体平台为三级平台，按照隶属关系，由二级单位归口管理。

第七条　学校对一级、二级校园新媒体平台实行审批和年审制度，未通过审核的平台不得继续运行。本办法公布前已开设并运营的账号，请按第五条规定补充填写并于本办法公布后5个工作日内提交备案表。

第八条　以学校师生员工个人名义建立，主要用于工作交流，传播内容主要涉及学校工作事务的各类新媒体平台，如QQ群、QQ工作组、微信群、聊天室等，实行创建人负责制，纳入创建人所在单位管理。

## 第三章　运营机制

第九条　各单位要加大本单位新媒体平台的建设力度，力求打造品牌。各新媒体平台应有明确的定位和服务对象，与本单位工作相结合，注重个性发展，提升文化内涵，服务师生员工，避免重复建设。

第十条　建立新媒体内容发布联动机制。在涉及学校重大宣传活动时，各新媒体平台须紧密配合党委宣传部，发挥本平台特色，形成良好的宣传矩阵效应。在涉及学校突发事件危机应对时，各新媒体平台须按照学校统一部署、统一口径发布信息。

第十一条　建立新媒体内容发布审查机制。新媒体平台建设管理单位及相关责任人对所发布内容的真实性负责，严格执行“先审后发”制度，严禁发布不实、虚假和错误信息。严禁用单位新媒体平台发布纯属个人的信息。

第十二条　建立不良信息处置机制。新媒体平台对已发布的不当信息要及时处理。如平台出现损害国家、社会、学校声誉等不良信息，须第一时间处置，并及时向党委宣传部报告。

第十三条　建立保密管理责任制。严格遵守国家和学校有关保密管理相关规定，严禁发布涉密信息。

## 第四章　信息安全

第十四条　新媒体各平台责任单位必须切实加强账号管理和内容监管，提升网络管理人员的思想素质和技术能力，确保网络安全和信息安全，对出现违规内容的新媒体平台，情节严重并造成不良后果的，将按照有关规定追究直接责任人和主管领导责任。

第十五条　新媒体各平台涉及校内数据服务的，服务器必须设置在校内，并按学校服务器管理有关规定报信息与网络中心审批。

## 第五章　附　则

第十六条　本办法自发布之日起实施，由党委宣传部负责解释。

——本文摘录自《关于印发〈厦门大学校园新媒体管理办法〉的通知》，(2015)厦大委宣8号，档号2015-DQ03-005

# 厦门大学科研经费审计实施办法

（2015年12月23日）

## 第一章　总　则

第一条　为加强和规范学校科研经费审计工作，根据《教育部　财政部关于加强中央部门所属高校科研经费管理的意见》（教财〔2012〕7号）、《教育部关于进一步加强高校科研项目管理的意见》（教技〔2012〕14号）、《教育部关于进一步规范高校科研行为的意见》（教监〔2012〕6号）以及《厦门大学内部审计工作规定》（厦大综字〔2015〕第11号）等，结合我校实际情况，制定本办法。

第二条　本办法所称科研经费，是指纳入学校财务管理的全部科研经费，包括纵向科研经费、横向科研经费以及学校自筹科研经费等。

第三条　本办法所称科研经费审计，是指学校审计部门或者社会中介机构依据国家有关法律法规及学校科研经费管理的各项制度，对学校各类科研经费的管理和使用情况进行审查和评价，旨在促进完善学校科研经费管理控制机制、提高科研经费使用效益、促进学校科研事业发展。

第四条　审计人员对科研经费审计中涉及的保密事项，应当按照保密制度的要求进行审计。对审计中知悉的国家秘密、商业秘密，应当予以保密。

## 第二章　审计业务组织方式和程序

第五条　科研经费审计类型

（一）科研经费决算审签。此类审计主要是指按照相关科研经费管理规定，科研项目上报经费决算必须经学校审计部门审签。

（二）学校自主安排的科研经费审计。此类审计主要是指根据上级有关政策及学校科研管理工作的需要，经学校审计工作联席会议审议通过，由审计部门重点抽查部分科研项目并对其科研经费的管理和使用情况进行审计。

（三）按规定必须委托社会中介机构实施的科研经费审计。此类审计是指科研项目在结题验收之前，按照科研经费主管部门的要求，委托社会中介机构对其进行的审计。

第六条　科研经费审计组织方式

（一）科研经费决算审签和学校自主安排的审计项目由学校审计部门负责组织实施，一般采用内部审计方式进行，也可视情况委托社会中介机构审计。

（二）按规定必须委托社会中介机构实施的科研经费审计项目，由项目组选定上级部门认可的社会中介机构进行审计。

第七条　科研经费审计程序

（一）科研经费决算审签

1.科研项目负责人按要求如实编制科研经费决算报表并签字。

2.所在学院审核签章。

3.财务部门审核签章。

4.在规定上报决算截止日至少提前十个工作日，将科研经费决算审签所需资料报送审计部门。所需资料包括但不限于科研经费决算报表、项目批复预算(原件或加盖科研管理部门公章的复印件)、项目收支明细表(财务处原件)等。

5.审计部门自收到完整的科研经费决算审签资料后,5个工作日内出具审签意见。

(二)学校自主安排的科研经费审计

按照学校内部审计规定程序进行,实行计划管理。

(三)按规定必须委托社会中介机构实施的科研经费审计

1.由项目组自行选定上级部门认可的社会中介机构,并报学校科研管理部门备案。

2.需要签订委托审计合同的,由科研管理部门代表学校签订。

3.由选定的社会中介机构依法组织实施审计,审计费用由科研项目经费支付。

4.社会中介机构出具的审计报告应一式五份,分别报项目负责人、所在学院、科研管理部门、财务部门和审计部门。审计部门可以利用社会中介机构提交的审计报告,实现审计结果的资源共享。

第八条　科研经费审计应做好与学校预算管理与执行审计、院系综合管理审计、管理部门内部控制审计、领导干部经济责任审计等有关审计的结合与协调,合理确定审计方式,科学整合审计资源,不断提高审计质量、效率和效果。

第九条　对科研经费审计中发现的问题,相关部门和单位应及时采取整改措施,确保科研经费管理内部控制的有效性。审计部门加强对整改情况的后续审计。

## 第三章　审计主要内容

第十条　科研经费审计应“全面把握,突出重点”,着重做好重大科研项目、重点关键业务等审计,重在促进内部控制建设、督促管理责任落实、促进资源绩效提高。

第十一条　科研经费审计包括科研经费预算与执行情况审计、科研经费内部控制审计、科研经费管理责任审计等。

第十二条　科研经费预算与执行情况审计,应对预算评审情况、收支预算执行情况、预算调整情况等进行审计。

第十三条　科研经费内部控制审计,应对科研项目申报、评审、立项、执行、验收等环节内部控制设计和执行的健全性、有效性等进行审计。

第十四条　科研经费管理责任审计,应对项目负责人直接责任、院系管理责任、相关管理部门管理责任等进行审计。

第十五条　科研经费决算审签,主要审核项目决算资料是否完整,报表编制是否符合规定要求,决算报表数字是否与财务账簿记录相符、是否符合预算要求等。经审核确认无误后由审计部门负责人或委托授权签章并加盖公章。

如发现审计资料不齐全、不准确,应及时通知项目负责人在规定的时间内补充、修正,资料完整、准确后予以签字并盖章。

对不具备审签条件,财务管理混乱或审签中发现弄虚作假,任意扩大开支范围,截留、挪用科研经费项目的,审计部门不予审签。

对存在重大问题的科研项目,审计部门经学校审计工作联席会议审议通过后实施专项审计。

## 第四章　附　则

第十六条　本办法由审计处负责解释。未尽事宜,应遵照国家有关规定办理。

第十七条　本办法自发布之日起施行。

——本文摘录自《关于印发〈厦门大学科研经费审计实施办法〉的通知》,厦大综〔2015〕64号,档号2015-XZ19-2

# 厦门大学因公临时出国(境)审批与管理办法

(2015年12月24日)

## 第一章　总　则

第一条　为进一步规范我校因公临时出国(境)审批与管理机制,促进我校因公出访任务的顺利开展,根据中共中央办公厅、国务院办公厅、中组部、教育部和福建省等相关文件精神,结合我校实际情况,制定本办法。

第二条　本办法适用于我校在编教职工、全日制在校学生的因公临时出国(境)任务。

第三条　国际合作与交流处/台港澳事务办公室负责学校因公临时出国(境)的申报、审批和管理等工作。

## 第二章　申报原则

第四条　申请因公出访的团组要有明确的公务目的和实质性内容,不安排考察性出访;不安排无实际需要的国(境)外培训;不得参加由外方资助的背景复杂、专题敏感的出国(境)培训;不得赴国(境)外出席无实质内容的庆典、开工仪式或内部慰问等活动。

第五条　因公出访团组须有对方业务对口部门或相应级别人员的邀请,邀请单位和邀请人应与出访人员的职称职级身份相称。严禁通过中介机构联系或出具邀请函。

第六条　因公临时出访人员应严格按照批准方案出访。不得绕道,不得擅自改变出访路线、增加出访地点或延长出访时间。因特殊情况确需改变出访方案的,应事先报所在单位同意,并报国际合作与交流处/台港澳事务办公室审批。

第七条　学校党委书记或校长出访团组人数原则上不超过6人,其他出访团组人数原则上不超过5人。同一单位负责人原则上不得同团出访,也不得六个月内分别率团出访同一国家或地区。不得携带配偶和子女同行。

第八条　出访团组须严格控制出访国家(地区)数和在外天数。每次出访不得超过3个国家和地区(含经停国家和地区,不出机场的除外,下同),在外停留不超过10天(含离、抵境当日,下同),出访2国(地区)不超过8天,出访1国(地区)不超过5天。赴中、南美洲,非洲国家航班衔接不便的团组,出访时间可酌情增加1天。赴台人员在台时间应根据工作任务和要求合理安排,一般不超过7天。

第九条　严禁通过组织“团外团”或拆分团组、分别报批等方式在出访团组正式名单外安排无关人员跟随或分行。严禁派人为出访团组打前站。

第十条　出席学术会议、演出、培训、工作、合作研究、研修、执行合同、举办展览以及参加比赛等特殊情况的人数和在外停留天数经相关部门审批可根据工作需要适当处理。

第十一条　凡公费出国(境)的团组和个人必须通过因公出国(境)审批渠道办理手续,严禁持因私证件出国(境)执行公务。有关领导干部因私证件的使用和管理,由学校党委组织部另行规定。

第十二条　全日制在校学生因公出国、赴港澳地区以及公派留学人员出国(境)留学,原则上均持因私证件。其他长期研修留学类项目参照国家公派留学相关规定执行。

第十三条　各单位不得自行组织和申报跨地区、跨行业的出访团组。

第十四条　具有下列情形之一的，不予因公派出：

(一)出访人员的专业或业务分工与出访任务不相符的；

(二)无权出具任务通知书的协会、中心等单位所组织的出国访问考察、参加研讨会和培训班等的；

(三)对受到党纪政纪撤职以上处分未满5年的；

(四)违反外事纪律造成不良影响的；

(五)国家法律法规规定不准出境的。

## 第三章　审批程序

第十五条　各单位应制订处级及以上领导干部的年度出访计划，并于每年的12月15日之前向国际合作与交流处/台港澳事务办公室报送下一年度出访计划，由国际合作与交流处/台港澳事务办公室提交学校审批。对计划外的非学术性出访团组，将不予批准。

第十六条　各单位应建立因公临时出国(境)量化管理机制控制出国(境)团组总量和前往热点国家(地区)团组数量。

第十七条　实行因公出访事前事后公示制度。因公出国(境)人员须在出访前将相关的出访信息在所在单位的网站或公告栏公示。回国(境)后，应在一个月内公示团组执行情况，并向国际合作与交流处/台港澳事务办公室提交出访报告。事前和事后公示期限均不少于5个工作日。未按规定公示的，将不予审批和报销费用。

第十八条　学校党委书记因公临时出访，经由国际合作与交流处/台港澳事务办公室提交分管外事校领导和校长会签后，报教育部审批；校长因公临时出访，经由国际合作与交流处/台港澳事务办公室提交分管外事校领导和党委书记会签后，报教育部审批。

第十九条　学校副校级领导干部因公临时出访，经由国际合作与交流处/台港澳事务办公室提交分管外事校领导会签后，上报学校党委书记或校长审批。

第二十条　机关部处、学院(研究院)正职领导干部因公临时出访须经所在单位的党政分管领导审核并视情况报分管校领导同意后，再由国际合作与交流处/台港澳事务办公室报分管外事校领导会签，最后报学校党委书记或校长审批。

第二十一条　机关部处副职领导干部及学院(研究院)行政副职领导干部因公临时出访须经所在单位的党政分管领导审核后，再由国际合作与交流处/台港澳事务办公室报分管外事校领导审批。

第二十二条　学院(研究院)党委(党总支)副书记因公临时出访须经所在单位的党政分管领导与学生处领导审核并报分管校领导同意后，再由国际合作与交流处/台港澳事务办公室报分管外事校领导审批。

第二十三条　普通教职员工因公临时出访须经所在单位的党政分管领导审核后，再由国际合作与交流处/台港澳事务办公室报分管外事校领导审批。

第二十四条　全日制在校学生因公临时出访须经所在单位的党政分管领导、学生处、研究生院或教务处审核后，再由国际合作与交流处/台港澳事务办公室报分管外事校领导审批。

第二十五条　因公出国团组须提前两个月提交申请材料。因公赴港澳团组须提前一个月提交申请材料。因公赴台团组须提前四十天提交申请材料。

## 第四章　经费和证件管理

第二十六条　出访团组应当严格按照批准的出国(境)人员、天数、路线、公务活动等情况进行报销，不得报销与出访任务无关的开支。境外住宿以及交通标准按《厦门大学出国(境)费用管理办法》执行。

第二十七条　因公临时出访时，应当优先选择直达目的地国家(地区)的国内航空公司航班出入境，没有直达航班的，应当选择国内航空公司航班到达的最邻近目的地国家(地区)进行中转。由于航班衔接或是需中转1次以上等特殊原因确需选择国外航空公司航班的，应当事先报送国际合作与交流处/台港澳事务办公室和财务处审批同意。

第二十八条　出访团组在国(境)外期间,原则上不对外赠送礼品。确有必要赠送的,应当事先报国际合作与交流处/台港澳事务办公室和财务处审批同意,并按照厉行节俭的原则选择师生作品或具有民族特色的纪念品、传统手工艺品和实用物品,金额标准参照《厦门市市直机关外宾接待经费管理办法》。

第二十九条　持因公护照或因公港澳通行证出访者须在回国(境)后七日内上交证件。全校在职中层及以上领导干部、离(退)休的厅级以上干部持台湾通行证出访归来后七日内上交证件。逾期不交或不执行证件管理规定的个人,暂停其出国(境)执行公务。

第三十条　因公证件丢失者,持证人应立即向公安机关(在境外向使领馆或其他相关机构)和国际合作与交流处/台港澳事务办公室报告,并递交书面情况说明,由国际合作与交流处/台港澳事务办公室书面上报省市主管部门。

## 第五章　外事纪律

第三十一条　各单位应当本着务实、高效、精简、节约的原则从严组团,在出访团组中指定工作能力强且富有经验的人员担任团长,实行团长负责制。团长应当对团组成员进行行前教育,并对团组承担领导责任。团组成员不得擅自脱团,私自行动。

第三十二条　进一步加强用人单位对外事工作集中统一领导。各机关部处、学院(研究院)须按照国家有关规定和文件对因公出访严格审核把关,坚持"谁派出,谁负责;谁审批,谁负责"的审批管理制度。

第三十三条　因公临时出国(境)人员在对外交往中应维护国家和学校利益,不做有损国格、人格和学校声誉的事情。

第三十四条　学校涉密人员因公临时出国(境)须严格遵守《涉密人员对外科技交流保密守则》(附件一),报批出访任务时须填写《涉密人员对外科技交流保密责任承诺书》(附件二)随申报材料一起上报备案。

第三十五条　出访人员及经办人员应诚实守信。对在办理相关手续过程中有弄虚作假行为或违规违纪的因公临时出访人员,学校在一年内不再受理其因公临时出国(境)申请,情节严重的按国家有关法律和学校有关规定进行处理。

## 第六章　附　则

第三十六条　外籍、台港澳籍师生以及其他按规定无法办理因公证件的人员可持因私证件出访,但其余事项参照本办法相关条例。

第三十七条　赴厦门大学马来西亚分校执行公务人员的出访手续可根据实际情况酌情处理。

第三十八条　本办法由国际合作与交流处/台港澳事务办公室负责解释。

第三十九条　本办法自颁布之日施行,学校原相关规定与本规定有抵触的,以本规定为准。在此之前已通过审批的团组可按原规定执行。

**附件一:**

## 涉密人员对外科技交流保密守则

1.在对外科技交流活动中不得涉及国家秘密。

2.参加境外科技交流活动不得携带国家秘密载体(包括载有国家秘密信息的便携式计算机);参加境内对外科技交流活动时,一般不得携带国家秘密载体,因工作确需携带机密级、秘密级秘密载体的,应按照有关保密规定办理审批手续,并采取切实可靠的保密措施;任何情况下,不得携带和传递绝密级秘密载体。

3.谈论涉及国家秘密的事项要注意场合,防止被窃听;不得在涉外公共场所及外方提供的场所谈论涉及国家秘密的事项。

4.不得在没有保密措施的通信工具中传递国家秘密;不得使用明码或者未经中央有关机关审查批准的密码传递国家秘密。

5.遇到危及所携带的国家秘密载体安全的紧急情况时,要立即销毁所携带的秘密载体,并及时向本单位的保密工作部门报告。

6.发生泄密问题要立即采取补救措施,并及时向当地保密部门或公安机关报告,同时向本单位的保密工作部门报告。

**附件二:**

## 涉密人员对外科技交流保密责任承诺书

我于＿＿＿＿＿年＿＿＿＿月＿＿＿＿日至＿＿＿＿＿年＿＿＿＿月＿＿＿＿日参加＿＿＿＿＿＿＿＿＿＿＿＿＿＿＿＿＿(对外科技交流活动名称),有关部门已向我告知《涉密人员对外科技交流保密守则》。我承诺,在对外科技交流活动中遵守保密守则,履行保守国家秘密的义务。

承诺人签字＿＿＿＿＿＿＿＿＿＿　　　　签字日期＿＿＿＿＿＿＿＿＿＿

——本文摘录自《关于印发〈厦门大学因公临时出国(境)审批与管理办法〉的通知》,厦大外〔2015〕166号,档号 2015-XZ22-4

# 厦门大学关于室内公共场所和工作场所禁止吸烟的实施方案(修订)

(2015 年 12 月 30 日)

为保护师生健康,减少烟草危害,提高师生员工的禁烟知识和禁烟意识,努力创建环境优美、文明向上、清洁无烟的绿色校园,按照《教育部关于在全国各级各类学校禁烟有关事项的通知》(教基一函〔2014〕1 号)、《教育部办公厅　卫生部办公厅关于进一步加强学校控烟工作意见》(教体艺厅〔2010〕5 号)和《厦门市文明委办公室　厦门市爱卫办关于做好室内公共场所和工作场所全面禁止吸烟工作的通知》(厦爱卫办〔2011〕13 号)要求,结合我校实际,制订本实施方案。

## 一、总体目标

实现全校所有室内公共场所和工作场所全面禁烟,努力创建无烟学校。

## 二、具体目标

(一)通过舆论宣传,逐步营造“禁烟戒烟、人人有责”的戒烟氛围,使禁烟、戒烟成为全校师生员工的自觉行动。

(二)建立比较完善的禁烟工作组织领导体系和督导体系,构建学校禁烟长效机制。

(三)校园各类室内公共场所和工作场所全面禁烟,并有明显的禁烟标识和学校禁烟监督电话。

## 三、活动范围

学校所有室内公共场所和工作场所,具体包括:

(一)校园内所有室内学习和工作场所(包括各类报告厅、会议室);

(二)宾馆、招待所、餐厅、咖啡厅等服务场所;

(三)室内体育馆(场)的观众厅和比赛厅;

(四)学生宿舍、教工集体宿舍等;

(五)接送教职工车辆;

(六)商场(店)、书店、邮电、金融的营业场所。

## 四、主要措施

### (一)加强组织领导,建立禁烟工作体系

全校各单位要充分认识禁烟工作的重要性、必要性和紧迫性,切实加强领导建立健全各自相应的禁烟工作组织机构,并将戒烟工作纳入各自的工作计划和考核目标。

1.学校禁烟工作领导小组全面负责我校禁烟工作的领导和部署,领导小组由分管校领导牵头,各相关职能部门各司其职。禁烟工作领导小组下设禁烟工作办公室(以下简称"禁烟办"),挂靠资产与后勤事务管理处,负责学校禁烟工作的具体实施。

2.学校各单位成立禁烟工作小组。各单位禁烟工作小组组长由单位领导兼任,学院禁烟工作小组需有教师和学生代表参与。

3.设立禁烟监督员。各单位从禁烟工作小组中指定一名成员作为禁烟监督员,禁烟监督员应接受相关的禁烟知识培训,负责本单位的禁烟工作组织、实施和联络工作,并监督本单位禁烟情况,监督意见纳入教职工考核和学生评价体系。

### (二)制定禁烟制度,明确责任范围

1.学校禁烟工作领导小组全面负责学校禁烟工作的领导和部署,将禁烟工作纳入学校年度工作计划。

2.禁烟办作为学校禁烟工作领导小组执行机构,根据实际需要提请学校禁烟工作领导小组召开会议,总结学校禁烟工作情况,部署禁烟工作计划。根据学校禁烟工作重点,协调各部门开展禁烟的宣传、教育工作,监督日常工作的开展情况。禁烟办还负责受理学校禁烟监督电话。

3.学校办公室负责学校各部门之间的综合协调。

4.校宣传部负责校园禁烟宣传和教育内容等。通过宣传栏、广播、电视等方式开展校园禁烟宣传,每年"5·31世界无烟日"全面开展禁烟宣传教育,同时禁止校内各种形式的烟草广告。

5.学生工作处、校团委主要负责学生禁烟工作的组织、教育、检查,发挥心理健康咨询优势,有针对性地开展学生禁烟工作,学生禁烟情况可作为学生评先评优的参考指标之一,具体办法由学生工作处另行制定;组织由学生志愿者参加的校园禁烟督导队,配合禁烟办的禁烟工作。

6.研究生院、教务处负责开展师生在教学活动过程中的禁烟工作,师生在教学活动过程中不吸烟、不向他人递烟、不接受他人敬烟,对教学过程中违规吸烟行为予以适当处罚。

7.工会主要负责教职员工禁烟工作的组织和督促。

8.资产与后勤事务管理处负责校园公共区域禁烟标识、学校禁烟监督电话及公共吸烟区的设置。

9.保卫处负责监督重点消防区域和场所(如国家文物保护建筑、消防控制室、煤气间等)的禁烟执行情况。

10.公共卫生学院、医学院、厦大医院主要负责禁烟知识培训。每年无烟日期间定期组织专家举办戒烟咨询或吸烟有害健康的专题讲座,为吸烟者介绍吸烟的危害性与戒烟方法、技巧等。

11.厦大医院设置"戒烟门诊",提供预约戒烟咨询、指导服务。

12.后勤集团负责其服务场所的禁烟工作,禁止校内各商业网点的烟草广告和售烟行为。

13.校内各单位禁烟工作小组按照学校禁烟工作领导小组的总体部署,负责本单位禁烟工作的贯彻和落实,做好各自辖区禁烟标识和禁烟监督电话的设置,制定相应的禁烟制度,将禁烟情况纳入员工各项评优评先参考指标。

14.翔安校区、漳州校区、嘉庚学院按照属地管理原则负责领导本区域的禁烟工作。

### (三)制定实施步骤,推进禁烟进程

1.各单位认真核对2011年报送的禁烟工作小组名单,根据人员变动进行适当调整和完善,并于3月25日前将成员名单及工作组联络员联系电话报送禁烟办(联系人:魏老师　联系电话:2183303)。

2.各单位建筑物内一律禁止吸烟。各单位在醒目位置要设置禁烟标识和学校禁烟监督电话,建筑物内不得设置吸烟室。各单位自行对本单位原有禁烟标识设置进行查缺补漏(责任范围见表1),如有需要补充的须于3月25日前统一报送学校禁烟办,后续将和学校统一制作的禁烟监督电话标识一并发放(效果图见附件)。

**表1　各单位禁烟标识设置责任范围**

| 序号 | 任务范围 | 责任单位 |
| --- | --- | --- |
| 1 | 各学院管辖范围内的科研、办公场所、教室 | 各学院 |
| 2 | 其余室内工作场所 | 嘉庚主楼由学校办公室责成邮政物业合理设置，其余办公场所由使用单位负责 |
| 3 | 图书馆总馆及分馆 | 图书馆 |
| 4 | 校园公共区域 | 资产与后勤事务管理处 |
| 5 | 公共教室、学生宿舍、校内教工住宅、体育场馆、商店 | 后勤集团 |
| 6 | 宾馆、招待所、餐厅、科艺中心 | 国际学术交流中心 |
| 7 | 各类咖啡厅 | 由咖啡厅各自管理单位负责 |
| 8 | 各类展览馆、人类博物馆、建南大会堂 | 人文学院 |
| 9 | 翔安校区、漳州校区 | 校区管委会 |

3.可在室外露天场所设置少量吸烟区。吸烟区应符合消防要求，远离人员密集区域和行人必经的主要通道，有明确引导标识和“吸烟有害健康”等提醒标识。

4.加强宣传教育，提高禁烟意识。

(1)“5·31世界无烟日”前后，禁烟办将联合厦门市疾病预防与控制中心及相关学院开展丰富的禁烟活动，包括现场禁烟互动宣传活动、禁烟知识宣传图片展等。宣传部通过宣传栏、广播、电视等方式开展校园禁烟宣传。

(2)2014年秋季新生开学期间，联合学生工作处、校团委、后勤集团等通过传单方式对新生开展禁烟宣传，倡导“无烟校园”。

(3)由教务处在公共教室电子屏幕上常态化宣传有关禁烟政策，如世界卫生组织《烟草控制框架公约》《教育部关于在全国各级各类学校禁烟有关事项的通知》《厦门大学室内公共场所和工作场所禁止吸烟实施方案(修订)》《厦门大学禁烟倡议书》等。

(4)开辟宣传栏、网页等途径，对禁烟督导过程中屡教不改者进行曝光，增强督导效果。

5.“5·31世界无烟日”期间积极开展无烟单位评比活动，评比标准包括：是否制定完整、可行的禁烟制度；禁烟标识和禁烟监督电话设置是否规范、合理；建筑物内是否做到无烟蒂、无烟具；是否具有浓厚的禁烟氛围，不递烟、不敬烟；是否做好各自禁烟工作相关资料、文件、档案的汇总和保存，对本单位吸烟情况的统计数据是否真实、可靠；是否积极参与禁烟劝导活动。评选结果报送校禁烟工作领导小组同意后进行通报表扬或批评。

6.逐步推进无烟宿舍、无烟宿舍楼的创建，由学生工作处牵头制定相应制度。

7.校内各商业网点禁售香烟，禁止烟草或变相烟草广告。

**(四)建立长效机制，确保禁烟实效**

1.学校禁烟办定期或不定期对各单位的禁烟工作进行检查，通报各单位的禁烟工作情况，对禁烟工作开展良好的单位予以表扬，对开展不力的单位予以通报批评，并督促整改。

2.各单位要将师生戒烟、不在室内公共场所和工作场所吸烟、宣传烟草危害知识、劝阻吸烟和禁止用烟接待宾客等指标纳入精神文明、行政管理考核和评先评优内容，把禁烟工作纳入单位年终考核指标，被发现3次以上违规者应予以曝光或通报批评，并上报禁烟办。

3.校园禁烟督导队定期或不定期进行校园巡查，对违规吸烟行为进行督导，对3次以上违规者或不服督导者予以曝光，属校内师生的同时通报所在单位。

4.学校禁烟办和各单位禁烟工作小组做好相关资料、文件、档案的汇总和保存，迎接上级部门的考核和验收。

(附件略——编者)

——本文摘录自《厦门大学关于室内公共场所和工作场所禁止吸烟的通知》，厦大资产〔2015〕55号，档号2015-XZ27-3

# 厦门大学漳州校区燃油摩托车、电动摩托车、电动自行车管理暂行规定

（2015年）

## 第一章 总 则

第一条 为维护校区正常教学和生活秩序，保障交通安全畅通，根据《中华人民共和国道路交通安全法》等相关法规，结合校区道路交通现状，特制定本规定。

第二条 未经申报的燃油摩托车、电动摩托车、电动自行车禁止驶入校区。公安部门、保卫部勤务、后勤物业维修用燃油摩托车、电动摩托车、电动自行车除外。

## 第二章 在校行驶车辆的申报

第三条 校区对燃油摩托车、电动摩托车、电动自行车实行申请申报制度。申请人必须是在校师生、职工及居住在校区的教工家属。车辆向厦门大学嘉庚学院保卫部申报并悬挂统一的校区通行号牌后方可在校区内行驶。

第四条 申请人应填写"厦门大学漳州校区燃油摩托车、电动摩托车、电动自行车入校申请表"，并提交下列材料原件及复印件一份：

（一）燃油摩托车

1.驾驶证；

2.行驶证；

3.申请人身份证；

4.申请人身份证明（教工工作牌或学生证；教职工家属申请者提供户口簿、结婚证等）。

（二）电动摩托车、电动自行车

1.车辆购置证明和合格证；

2.申请人身份证；

3.申请人身份证明（教工工作牌或学生证；教职工家属申请者提供户口簿、结婚证等）。

第五条 车辆申报的有效期为一学年，申请人每年秋季开学后的两周内应及时向保卫部重新备案。

第六条 电动摩托车、电动自行车经申报后统一悬挂由保卫部核发的校区通行号牌。车辆号牌应当安装在车辆显著位置，保持清晰、完整，不得故意遮挡、污损。

## 第三章 车辆通行与停放

第七条 高峰限行。燃油摩托车、电动摩托车、电动自行车在交通高峰时段只允许在二号路、六号路、八号路、十号路、十一号路以及十二号路等外围道路行驶。保卫部勤务车辆、后勤物业维修车辆不受限行时间和路段的限制。交通高峰管制时段如下：

上午：7:40—8:00　9:40—10:00　11:40—12:00

下午：14:10—14:30　16:10—16:30　18:10—18:30

第八条 就近停放。燃油摩托车、电动摩托车、电动自行车进入校区后不得停放在消防通道、安全出

口、园区门口、办公室内、教学楼连廊等处,应就近有序停放在以下区域:

(一)校区北门宾馆东侧停车场;

(二)风雨球场南、北侧;

(三)若谷园区停车场;

(四)学生活动中心楼东侧;

(五)人文楼西侧;

(六)玉兰广场停车处;

(七)生化主楼北侧;

(八)水上音乐广场东侧停车场;

(九)主楼群二号楼一楼架空层停车场;

(十)图书馆两侧停车处;

(十一)校区南门南侧停车场;

(十二)南区食堂西侧空地;

(十三)敬贤园区停车场。

## 第四章　安全与管理措施

第九条　燃油摩托车、电动摩托车、电动自行车驾驶员应当遵守道路交通安全法规及校区交通管理规定:

(一)严格遵守校区限速20公里/时的规定,严禁超速、超载及其他危险驾驶行为,禁止鸣喇叭。

(二)燃油摩托车、电动摩托车驾驶员应佩戴安全头盔。

(三)夜间或者在容易发生危险的路段行驶,以及遇有沙尘、大风、雨、雾等气象条件时,应当降低行驶速度,并按规定使用远近光灯。

(四)服从校区安全管理人员的指挥,安全驾驶,文明驾驶。

第十条　申请人禁止将燃油摩托车转借给其他无驾驶资质的人员在校区使用,一经发现,禁止其车辆进入校区。

第十一条　电动摩托车、电动自行车应在校区提供的规定区域使用充电设施,禁止在教学办公场所、住宅园区私拉电线充电。

第十二条　对不服从管理,无理取闹,并造成恶劣影响者,由保卫部进行相关处理并上报厦门大学漳州校区管委会或厦门大学嘉庚学院。

## 第五章　附　则

第十三条　汽车参照《厦门大学漳州校区交通安全管理规定》执行。

第十四条　本规定由厦门大学嘉庚学院保卫部负责解释。

第十五条　本规定自2015年6月1日起施行。

——本文摘录自《厦门大学漳州校区燃油摩托车、电动摩托车、电动自行车管理暂行规定》,档号2015-XZ36-002

# 关于细化厦门大学教职工逝世后丧事办理程序

（2015年）

为进一步规范我校教职工逝世后丧事办理工作，根据《中共中央办公厅　国务院办公厅印发〈关于党员干部带头推动殡葬改革的意见〉的通知》（中办发〔2013〕23号）的通知精神和《厦门大学教职工逝世后丧事办理暂行规定》（厦大办〔2010〕31号）要求，厦门大学教职工逝世后一般不成立治丧机构。现将我校教职工逝世后丧事办理程序明确如下：

一、家属应办理手续

（一）开具居民死亡证明书。教职工在医院逝世，由家属请医院开具死亡证明书；教职工在家中逝世，由家属到居委会开具死亡证明书。

（二）户口注销证明。家属到逝世教职工户口所在地公安分局开具户口注销证明（如果户口所在地隶属于厦大校区，则到大学路派出所开具户口注销证明）。

（三）殡葬手续。家属携带身份证原件、逝世教职工死亡证明书、户口注销证明（如逝世教职工户口不在本地，则需持死亡证明书和逝世教职工身份证原件）到福泽园办理殡葬事宜（福泽园联系方式：2044444）。

以上手续，如有需要，可由所在单位协助办理。

二、协商办理丧事事宜

丧事办理要尊重家属意见。所在单位配合家属，双方协商办理丧事事宜。一般分为以下两种情况：

（一）要举行遗体告别仪式。确定仪式举行时间、仪式程序。告别仪式应简单庄重。如家属有特别要求，可先由家属举行告别仪式（仪式应符合我国相关规定），再由学校或所在单位举行告别仪式。学校人员不参加非学校或单位组织的告别仪式。

1.逝世教职工生前为校领导、院士或文科资深教授的，治丧事宜由学校办公室会同相关单位共同组织；

2.逝世教职工生前为离休干部的，治丧事宜由离退休工作部（处）会同所在单位办理；

3.其他人员治丧事宜由所在单位组织办理，人事处或离退休工作部（处）协助配合。

（二）不举行遗体告别仪式。家属携带居民死亡证明书、户口注销证明、经办人身份证原件到福泽园办理火化手续。

三、通知相关单位

所在单位将教职工逝世信息及时通知组织部/统战部、人事处、离退休工作部（处）、校工会、曾工作单位（专业技术系列教职工逝世，所在单位还应通知教务处/科技处/社科处/实验办/研究生院）等。

四、撰写生平简介

所在单位所委派两名中共党员携有效证件及单位负责人签批后的“厦门大学干部人事档案查借阅审批表”到人事处档案室查阅逝世教职工档案，并撰写生平简介。撰写生平简介应实事求是，恰如其分，简明扼要。生平简介征得家属同意后报相关部门审定：

（一）生前为校领导、院士或文科资深教授的，生平简介由学校办公室审定；

（二）生前为处级职务的，生平简介由党委组织部审定（非党员经统战部审定）；

（三）生前为专业技术高级职称的，生平简介由人事处审定；

(四)其他人员生平简介由所在单位审定。

五、发布讣告

讣告包含校内讣告及登报讣告。所在单位征求其家属意见后起草讣告,讣告发布前,所在单位办公室主任(秘书)或人事秘书在学校办公自动化系统上提交《关于发布同志讣告的请示》,经人事处审定后发布。

(一)校内讣告张贴规格统一为60厘米(宽)×90厘米(高)(附件一),讣告外框为黑色,内容部分白底黑字,讣告可张贴于大南、三家村、白城、海滨、东区的公告栏[制作讣告如有需要可联系山园文化传播有限公司或快乐印文印店,山园地址:南华路4号(必胜客旁路口拐入,左手边修车厂内),联系方式:2197736、18046427736,参考价格:10元/张;快乐印地址:克立楼1楼大堂内侧,联系方式:2183669、13799757622,参考价格:20元/张]。

(二)刊登登报讣告(附件二)原则上按以下规定执行:

1.生前为正职校领导的,可以学校名义在《厦门日报》上刊登讣告三天,讣告规格为10厘米×8厘米;

2.生前为副职校领导、院士或文科资深教授的,可以学校的名义在《厦门日报》上刊登讣告两天,讣告规格为10厘米×8厘米;

3.生前为正处级或专业技术正高职务的,可以学校名义在《厦门日报》上刊登讣告一天,讣告规格为6厘米×8厘米;

4.生前为副处级或专业技术副高职务的,可以所在单位名义在《厦门日报》上刊登讣告一天,讣告规格不高于6厘米×8厘米;

5.其他人员的讣告原则上不以单位名义在校外刊登。

六、致送花圈

教职工逝世后,相关部门可致送花圈以表哀悼,其中:

(一)生前为正职校领导的,可以校党委、校行政、全体校领导、校长助理和全校各单位的名义送花圈;

(二)生前为副职校领导、院士或文科资深教授的,可以校党委、校行政、全体校领导、校长助理、有关职能部门[有关职能部门一般指学校办公室、组织部/统战部、离退休工作部(处)、人事处、校工会(专业技术系列教职工逝世,可增加教务处/科技处/社科处/实验办/研究生院)]和所在单位的名义送花圈;

(三)生前为正处级或专业技术正高职务的,可以校党委或校行政、有关职能部门(同上)和所在单位的名义送花圈;

(四)生前为副处级或专业技术副高职务的,以学校有关职能部门(同上)和所在单位的名义送花圈;

(五)其他人员由所在单位负责办理。

七、车辆安排

所在单位负责安排车辆,接送校内人员参加逝世教职工的告别仪式。校内乘车点一般为东区、海滨、白城、克立楼、西校门等5个地点。从学校到达福泽园(厦门市集美区同集南路福泽路)一般需耗时70分钟。各单位要妥善安排乘车时间,并安排一位工作人员跟随车辆至福泽园。

八、告别仪式程序

教职工逝世后,告别仪式按以下程序进行(附件三):

(一)生前为正职校领导的,告别仪式由分管校领导[分管校领导为分管职能部门(人事处或离退休工作处)的校领导,或者为分管逝世教职工所在院系的校领导]主持,校党委书记或校长介绍生平;

(二)生前为副职校领导、院士或文科资深教授的,告别仪式由相关校领导主持,校党委书记、校长或其他校级领导介绍生平;

(三)生前为正处级或专业技术正高职务的,告别仪式由所在单位主要领导主持,分管校领导(同上)介绍生平(若分管校领导未能出席,由所在单位领导或相关职能部门领导介绍生平);

(四)生前为副处级或专业技术副高职务的,告别仪式由所在单位领导主持,所在单位主要领导介绍生平;

(五)其他人员告别仪式由所在单位负责办理。

九、告别仪式后续事宜

(一)逝世教职工告别仪式结束后,所在单位可安排人员陪同家属办理后续事宜,包含遗体火化、骨灰安放等。

(二)丧事办理过程中形成的相关材料(生平简介、讣告等)由相关单位交人事处档案室归档。

十、领取一次性抚恤金、丧葬费和一次性困难补助费

教职工逝世后,所在单位需向人事处申请办理离校手续。所在单位人事秘书在学校办公自动化系统上提交《关于办理×××同志离校手续的函》(附死亡证明书)至人事处,转资产与后勤事务管理处、图书馆等单位审核,再经人事处审定后按相关规定计发。

人事处劳工科通知所在单位办公室主任(秘书)或人事秘书领取一次性抚恤金、丧葬费和一次性困难补助费通知单。办公室主任(秘书)或人事秘书凭通知单到财务处领取一次性抚恤金、丧葬费和一次性困难补助费,并交予逝世教职工家属。一次性抚恤金、丧葬费和一次性困难补助费所涉金额较大,请各单位务必妥善转交,以避免逝世教职工家属间不必要的纠纷。

十一、本细则由学校人事处、离退休工作部(处)负责解释。

(附件略——编者)

——本文摘录自《关于细化厦门大学教职工逝世后丧事办理程序》,档号2015-XZ32-1

2016年

# ·特　载·

## 一起努力实现“厦大梦”

### ——2016 年新年献词

（2016 年 1 月 1 日）

校党委书记　张　彦　校长　朱崇实

亲爱的老师们、同学们，海内外的校友们、朋友们：

一元复始，万象更新。在 2016 年新年到来之际，我们谨代表校党委、校行政向全校师生员工和海内外校友，向关心和支持厦门大学事业发展的社会各界朋友，致以诚挚的问候和美好的祝福！祝愿大家在新的一年里身体健康、工作顺利、阖家幸福、万事如意！

刚刚过去的 2015 年，是厦门大学“十二五”规划的收官之年，也是综合改革启动实施的开局之年。我们深入学习贯彻党的十八大和十八届三中、四中、五中全会精神和习近平总书记系列重要讲话精神，以“严”的精神、“实”的态度深入开展“三严三实”专题教育，努力推动形成积极向上、干事创业、风清气正的政治生态，依法治校、科学决策、民主管理的水平得到进一步提升。我们集思广益、群策群力，精心编制学校“十三五”规划和远景规划，积极谋划世界一流大学、一流学科建设思路，学校改革发展蓝图清晰明朗，改革创新、推动发展的信心和定力得到进一步增强。这一年，李克强总理视察我校，带来了以习近平同志为核心的党中央对我校广大师生的亲切关怀，为学校进一步做好各项工作指明了方向、增添了动力。《我的厦大老师》隆重出版，《哥德巴赫猜想》在人民大会堂精彩上演，加强党史校史研究，弘扬优良师德师风，进一步凝聚起爱校荣校、改革创新、团结合作、包容共享的校园正能量。在全校师生员工的共同努力下，学校呈现出一片干事创业、追求一流的喜人景象。

过去的一年，厦门大学捷报频传、硕果累累。学校深化人才培养模式改革，不断提升人才培养质量，获教育部专家组的高度评价。大力推进协同创新，鼓励联合攻关，研究生日益成为科研的一支生力军，师生携手共攀一个又一个科学高峰。过去的一年，我们顺利组建航空航天学院，成功召开全校医学教育工作大会，吹响了新一轮加强学科建设的冲锋号。过去的一年，我们新增中国科学院院士 1 人、发展中国家科学院院士 1 人，一大批杰出人才加入厦门大学这个大家庭，学校的人才队伍建设再上新台阶。过去的一年，我们继续拓展深化与地方政府、大型企业的战略合作，积极参与“一带一路”和“自贸区”的建设，社会服务做出新贡献。过去的一年，国际交流与合作续写新章，连续三年荣获孔子学院“先进中方合作院校”称号，马来西亚分校建设进展顺利、招生在即，厦门大学正以雄健的步伐走向世界。过去的一年，我们不断改善民生，优化办学条件，继续帮助家庭经济困难学生，提高教职工生活待遇，努力解决住房问题……在全校师生员工的共同努力下，我们为“十二五”规划画下了一个圆满的句号，朝着“两个百年”的目标又迈进了一大步。

这些成绩的取得,离不开各级领导和社会各界对学校的关心、支持和帮助,离不开全校师生员工的辛勤努力,离不开全体离退休老同志的大力支持,离不开海内外广大校友的鼎力相助。在此,我们再次向全体师生员工、离退休老同志、海内外校友、各级领导和各界朋友表示诚挚的感谢!

老师们、同学们、同志们,即将到来的2016年,是"十三五"规划的开局之年,也是深化综合改革的关键之年。新的蓝图记载新的使命,新的事业需要新的担当。我们要进一步深入贯彻落实习近平总书记系列重要讲话精神,按照中央对深化高等教育领域综合改革的部署要求,统筹推进世界一流大学和一流学科建设,保持战略定力,激发创新活力,凝聚发展合力,以更加饱满的热情和更加昂扬的斗志,深入推进学校各项事业更好更快地发展。

2016年我们还将送走吉祥如意的羊年,迎来充满活力的猴年。新年的钟声就要敲响,一个新的美好的年轮正呈现在我们的面前,让我们携起手来,团结一致,同心同德,奋力拼搏,伴随着中华民族伟大复兴的前进步伐,共创厦门大学更加辉煌灿烂的未来。

——本文摘录自《厦门大学报》,2016年1月1日第1143期

# 共商合作大计　服务福建发展

## ——厦门大学与福建省九市一区校地战略合作工作会议召开

（2016 年 1 月 9 日）

1 月 9 日，厦门大学与福建省九市一区校地战略合作工作会议在厦大科学艺术中心召开。来自省人民政府、发改委、经信委、海洋与渔业厅、教育厅、科技厅，省各地市/区及其对接部门，厦大对口合作帮扶高校领导，以及我校领导、专家学者近 200 人共聚一堂，共商新形势下校地战略合作的新思路、新举措，共谋服务福建科学发展、跨越发展。

据介绍，继 2007 年我校率先与厦门市签订战略合作协议后，学校不断拓展战略合作区域，加大服务贡献力度，先后与漳州市、泉州市、龙岩市、福州市、平潭综合实验区、莆田市、宁德市、三明市、南平市等省内各市/区签订战略合作协议，形成了我校与福建省九市一区战略合作全覆盖的布局。

校长朱崇实在致辞中表示，厦大是国家的大学，但首先是福建的大学，是厦门的大学。厦大创办近一个世纪以来，为国家和民族的发展做出了贡献。当前，国家发展进入新阶段，“厦大如何能做出一份新的贡献”是我们一直在思考的问题。厦大希望能成为福建创新驱动发展的引擎、产学研结合的桥梁、各市/区协作的纽带以及改革经验交流的平台。他希望校地战略合作工作会议能常态化，深入推动校地战略合作，更好地服务地方经济发展。

省政府副秘书长赖碧涛表示，福建省将为校地合作提供更好的环境，创造更好的条件。他说，作为省内唯一一所“211 工程”和“985 工程”重点建设的高校，厦大始终以感恩福建、贡献福建、发展福建为己任，不断深化与全省各地的合作，为福建产业转型升级注入新的动力和活力。他希望不断健全合作机制，深入推进协同创新，联手实现校地共赢，将厦大打造成服务地方经济社会发展的示范高校。

省教育厅副厅长曾能建表示，这次会议的召开是厦大进一步深化拓展校地合作，提升校地合作水平和实效的一件大事，也是贯彻省委省政府高等教育发展战略的一项举措，希望厦大继续发挥省内校地合作领头羊作用，进一步融入福建经济社会发展大局，努力为建设机制活、产业优、百姓富、生态美的新福建做出新贡献。

副校长叶世满从更新服务理念、提升服务实效、创新服务思路三方面介绍了我校与省内九市一区校地战略合作工作情况和成效。

会上，厦门市、福州市、漳州市、宁德市相关负责人介绍了各自与我校开展战略合作的做法和成效。三明市、我校公共卫生学院相关负责人介绍了以重点项目为依托，推进产学研合作的举措和经验。经济学院/王亚南经济研究院、化学化工学院相关负责人介绍了学院人才培养、科学研究与社会服务相协同，不断提升服务实效的经验做法。泉州、莆田、南平、龙岩、平潭等地市代表先后发言，交流校地战略合作的经验，并提出意见建议。

校党委书记张彦指出，厦门大学是中央在福建布局的一所大学，是国家的大学，也是福建的大学，学校的精神血脉与文化基因已与福建深深融合在一起。多年来，厦大与福建各地市的战略合作已结出丰硕成果。他希望以此次会议为契机，全面梳理总结校地战略合作，听取各方意见建议，强化学校服务福建发展的意识，增强师生社会服务积极性，确保合作重点切实有效推进。

张彦就下一步如何推进校地战略合作提出四点要求。一是合作关系要更加紧密。坚持以中国特色、世界一流为核心，以支撑创新驱动发展战略、服务经济社会发展为导向，牢牢立足福建发展，扎根中国大地,努力在服务国家和区域发展中争创一流。二是合作领域要更加明确。围绕福建发展需求,加快培养创新创业人才,加快推进成果转化与产业化,加快建设高水平智库,携手省内合作高校与对口支援学校,共同提升福建省高等教育水平,打造中国高等教育的“福建版图”。三是在现有“省内全覆盖”的战略合作布局基础上,围绕国家重大战略需求、区域经济社会发展重点领域,持续深化“一地一重点”合作布局。发挥重点合作项目的示范引领作用,助力地方经济社会发展。四是合作机制要更加完善。把服务福建作为学校创建一流大学战略的重要组成部分,把服务福建工作纳入学校“十三五”规划整体考虑和部署。完善省校对接机制,每年定期向省委、省政府专题汇报学校改革发展和服务福建工作情况。完善教学科研人员评价机制,在教师考核和聘任的评价指标体系中增强服务社会发展的政策导向。

据悉,在一天会期中,除了“闭门”研讨交流外,我校还在思明校区和翔安校区安排了决策咨询服务与人才教育培训专场对接、科技成果转化与产业化专场对接等活动。

——本文摘录自《厦门大学年鉴2017》,厦门大学出版社,2017年12月版

# 厦门大学建校95周年庆祝大会隆重举行

（2016年4月6日）

4月6日上午，厦门大学建校95周年庆祝大会隆重举行。海内外嘉宾、校友和师生代表共3000余人，欢聚建南大会堂，共同庆祝厦门大学95周年校庆。

85岁以上老校友代表张克辉、庄昭顺、邵建寅、陈振苍、陆家沂、苏林华、周詠棠、徐其礼、纪华盛、沈鼎旌、蔡厚示、周纯端、英景昭、何管略、连行健、李如绥、刘藻文、吕维穆、邱建平、谢希文、吾惠冬、白植品、林嘉禾、施荣华、陶树刚、沈詠仁夫人殷凤娟、许怀中、檀华芬、陈建贤、吴森、何灿濂；2010年诺贝尔物理学奖获得者Konstantin Novoselov，2010年菲尔兹奖获得者Cédric Villani，英国皇家学会院士、英国邓迪大学D. Grahame Hardie，校友、美国工程院院士孙勇奎，校友、中国科学院院士席振峰，校友、中国工程院院士许居衍，中国工程院院士、厦门大学航空航天学院院长尹泽勇，校友、中国工程院院士陈纯，中国工程院院士王建国，校主陈嘉庚先生之孙陈君宝，校友陈景润教授夫人由昆，出席95周年校庆学术活动的著名专家学者，国内外兄弟院校校长，中国及东盟各国知名中学校长，捐赠者和奖教奖学金设奖方代表，战略合作单位代表在主席台就座。校党委书记张彦主持大会。

大会在雄壮的国歌声中开始。

校长朱崇实首先致辞，代表学校，向所有来宾表示热烈欢迎和衷心感谢，向海内外所有校友和其他来宾送上美好祝福，请大家与母校共享生日快乐。

朱崇实说，建校之初，校主陈嘉庚先生就把“研究高深学问，养成专门人才，阐扬世界文化”作为学校的办学宗旨，确立“自强不息，止于至善”的校训精神，期望厦门大学能成为“南方之强”，能成为一所“为吾国放一异彩”，“能与世界各大学相颉颃”的一流大学。这一理想与愿景，一代又一代的厦大人始终牢记心中，锲而不舍为之奋斗。可以自豪地说，在95年的奋斗历程中，厦门大学在中国人民追求进步、追求光明、追求美好和幸福的征途上，从来没有掉队、没有落伍，始终站在队伍前列，取得一个个胜利。站在新的历史起点上，厦门大学不能落后，不敢落后，要与祖国一道，大踏步地走进世界，拥抱世界，与世界同行。

朱崇实指出，95年来，厦门大学始终把“养成专门人才”作为自己的目标追求，培养了30多万名优秀毕业生，默默地为建设美好的世界奉献自己的青春和力量。今天，厦门大学正加大国际化人才的培养力度，我们要让厦大学生具备更广阔的国际视野和更深厚的人文情怀，在把学生送出去的同时，也欢迎外国的学生到厦大来，让厦大校园充满世界多元文化的交融与温暖。

朱崇实说，95年来，厦门大学始终把“研究高深学问”作为又一目标追求。今天的厦门大学，已不仅仅是中国的一个科学研究的重镇，也是一所世界知名的高水平研究型大学，获得了世界的普遍认可和赞誉。如今，在许多国外一流大学的实验室里，有厦大教授或学生的身影；在厦大很多实验室里，也有国外的教授和学生在勤奋工作。

朱崇实表示，95年来，厦门大学始终没有忘记“阐扬世界文化”是厦大人的又一目标追求。从办学的第一天开始，厦大就形成了在文化上包容开放的风格。理解多元文化、尊重多元文化、提倡多元文化，是每一个厦大人的自觉意识和行动。任何一个国家或民族的文化在厦门大学校园都有一席之地，同时，厦门大学也积极地把优秀的中华文化介绍给世界。近十年来，世界认识和了解中国的一个文化渠道——孔子学院蓬勃发展，厦门大学是中国大学与国外姐妹学校合办孔子学院最多的大学之一，从另一方面，“阐扬世界文化”让厦大更好地走进世界。

朱崇实说,95年来,厦门大学始终牢记厦大是国家的大学,但首先是福建的大学、厦门的大学。任何一所世界一流大学都是具有强烈的社会责任感的大学,这种责任感的表现之一,就是如何帮助或促进自己所在区域或社区的进步与发展。要代表学校,向所有深情关爱、支持和帮助厦门大学建设与发展的校友们、朋友们表示由衷感谢和崇高敬意。同时,朱崇实表示,厦门大学永远是一所怀有浓厚家国情怀的大学,厦门大学将尽己所能,为美好家乡的建设做出自己的一份宝贵贡献。厦门大学只有在自己的家乡站稳了脚跟,才有可能走向世界,走进世界。

朱崇实指出,厦门大学能有今天,得益于陈嘉庚的恩泽,也得益于马来西亚这片美丽的土地。在中马两国政府、两国社会、两国领导人和诸多慈善家、社会有识之士的大力支持和帮助下,今年2月,厦门大学马来西亚分校正式开学。这是厦门大学对陈嘉庚创办厦大、泽被万代的回报,是历史的回馈,也是厦门大学走进世界的一个重要里程碑。我们一定不负众望,努力办好厦门大学马来西亚分校,使之成为一座青年学子探索科学、汲取知识的殿堂,成为创新人才培养的摇篮,成为"一带一路"上又一个连接友谊、沟通文化的桥梁。

朱崇实最后说,在过去的95年里,厦门大学始终怀抱"世界之大学"的理想,眺望世界、走向世界。今天,我们走进了世界,但只是朝着我们的理想又迈出了一大步,我们要走进世界,还要融入世界、引领世界。我们要一如既往地勇往直前,勇敢地承担起历史赋予的责任,以百倍的努力为实现厦门大学"两个百年"的目标而奋斗,力争早日建成世界一流大学,为中华民族的伟大复兴做出厦大人的新贡献。

校友代表、厦门大学台湾校友会名誉理事长、1944级机电工程学系周詠棠代表老校友向母校送上祝福。他说,从1921年建校,到1937年内迁长汀坚持办学,再到现在马来西亚分校开学,95年来,一代代厦大人始终秉承"自强不息,止于至善"的校训,以及校歌中"知无央,爱无疆"的训示,历经风雨,成就辉煌。作为老校友,周詠棠为母校的发展感到骄傲与自豪。

周詠棠说:"作为老校友,我常常回忆起长汀的学习场景,难忘那时的道德教育。相信会有越来越多的师生更加重视道德、意识到道德的重要性,在今后的生活中时刻以'德'规范自身,做一个对社会有更大贡献的厦大人。"

校友代表、美国工程院院士、1977级化学系孙勇奎说:"母校给予了我们无悔的青春岁月,我们在这里与老师、同学结下了深厚的友谊。虽然毕业之后,校友们从事的工作与自己的专业背景不尽相同,但母校教给的严谨治学和独立思考的精神,认识问题、分析问题、解决问题的能力却是让大家受益终身,一辈子都难以忘怀的。在校友心中,母校永远是世界上最好的大学,祝愿母校的明天更加美好。"

教师代表、海洋与地球学院戴民汉代表全体教师祝母校生日快乐。他说:"厦门大学,是塑造我人生的起点,我在这里收获了知识和成长;厦门大学,赋予了我施展抱负的舞台,我在这里收获了事业与幸福。"他特别提到了"嘉庚号"海洋科考船的建设,他说,当年,嘉庚先生要让所有的外国轮船一进厦门湾就能看到一所中国的大学。今天,随着"嘉庚号"海洋科考船的建成,从此世界上就有了一所"移动厦大""海上厦大",这是厦大、厦大海洋学科对陈嘉庚先生的一份感恩、一份回馈。

学生代表、经济学院2012级本科生蔡予乐说:"母校给了我最好的四年,我们见证了母校的发展,与她一路同行。全体南强学子,当以'感恩、责任、奉献'的精神,为母校未来的发展贡献力量。"

在我校95周年校庆之际,一批杰出校友、热心企业和人士以捐钱捐物的方式支持我校教育事业发展。校庆大会上,举行了12场简朴而隆重的捐赠仪式,以感恩的心情接受河仁慈善基金会、曾志龙校友、鹭燕(福建)药业股份有限公司、戴良业先生、单祥双教育慈善基金、养生堂有限公司、都市丽人(中国)控股有限公司、福建省圣农实业有限公司、热心人士李先生、胡精沛校友、朱德贞校友、华厦眼科医院集团有限公司对于厦门大学的无私馈赠和深厚情谊。校长朱崇实代表学校接受捐赠并向捐赠者颁发了捐赠证书。

福建省原副省长、省人大常委会原副主任、河仁慈善基金会理事长曹德淦代表全体捐赠者祝贺厦门大学建校95周年。他表示,企业的发展需要创新引领,科技和人才是关键,高校在其中发挥着重要作用。企业和高校,应当携手同行,优势互补,为服务国家创新驱动发展战略和地方经济社会发展做出更大贡献。

大会还举行了奖教金、奖学金颁奖仪式。副校长邬大光宣读了表彰决定。土地流转研究团队、手望手语志愿翻译服务团队、《哥德巴赫猜想》剧组和经济学院2012级博士研究生李江龙获学校“通令嘉奖”，万惠霖院士、吴宣恭教授获“南强杰出贡献奖”，李江龙获“嘉庚奖章”，261名教师、977名学生分别荣获2016年度厦门大学校庆期间各项校级奖教金、奖学金。校领导和嘉宾为获奖者颁奖。

大会在激昂的校歌声中结束。

——本文摘录自《厦门大学年鉴2017》，厦门大学出版社，2017年12月版

# 学校召开庆祝建党95周年暨纪念福建省第一个党组织中共厦门大学支部建立90周年大会

(2016年7月1日)

7月1日下午,学校在科学艺术中心隆重召开厦门大学庆祝中国共产党成立95周年暨纪念福建省第一个党组织中共厦门大学支部建立90周年大会,表彰先进,树立典型,鼓舞斗志,凝聚人心,进一步加强学校党的建设,进一步推动学校事业科学发展。福建省委常委、组织部部长王宁,厦门市委常委、组织部部长陈秋雄代表省委、市委出席大会。校党委常委、校行政领导、校长助理、学校老领导、党员院士、文科资深教授、新中国成立前参加工作的老党员代表在主席台就座。大会由校长朱崇实主持。

大会在雄壮的国歌声中开始。

校党委副书记、副校长李建发首先宣读了中共福建省委、中共厦门市委、中共福建省委教育工委表彰的先进集体、优秀个人名单,以及校党委关于表彰先进基层党组织、优秀共产党员、优秀党务工作者的决定。生命科学学院党委荣获"福建省先进基层党组织"称号,化学化工学院赵金保荣获"福建省优秀共产党员"称号;医学院国防生党支部荣获"厦门市先进基层党组织"称号,马克思主义学院蔡虎堂荣获"厦门市优秀党务工作者"称号;经济学院党委、公共卫生学院教工第二党支部、教务处党支部、材料学院勤业先锋党支部荣获"福建省高校先进基层党组织"称号,海洋与地球学院柯才焕、后勤集团黄小花、人文学院王高塈荣获"福建省高校优秀共产党员"称号,信息科学与技术学院黄鸿德、建筑与土木工程学院黄宇霞、党委宣传部徐进功、嘉庚学院信息科学与技术学院林斌荣获"福建省高校优秀党务工作者"称号。经各基层党委(党总支)评选推荐、校党委研究,20个先进基层党组织、157名优秀共产党员、20名优秀党务工作者获校党委表彰。

在主席台前排就座的领导为获得校级表彰的先进单位和个人颁奖。

王宁代表省委省政府,向我校广大党员及全体师生致以亲切问候,向全体受表彰的集体和个人表示热烈祝贺,对我校党的建设和改革发展事业给予充分肯定。他就加强改进党的建设,推动学校科学发展提出了三点希望:一是希望厦门大学继续弘扬优良的传统和作风,在"两学一做"中走在前、做表率。二是希望厦门大学在加强思想政治工作中当示范、做标兵。三是希望厦门大学不断加强校地共建,为经济社会发展,特别是福建的发展做出更大贡献。王宁表示,省委省政府将一如既往地为厦门大学的建设发展提供有力的保障,做好必要的服务。

基层党委代表、马克思主义学院党委书记许和山,基层教师党支部代表、嘉庚学院学工部教工党支部书记姚祖婵,基层学生党支部代表、医学院国防生党支部书记王君尧,优秀共产党员代表赵金保、黄小花、成炘儒,优秀党务工作者代表、环境与生态学院党委副书记许美霞上台做交流发言。

张彦代表校党委向获得表彰的先进基层党组织、优秀共产党员和优秀党务工作者表示热烈祝贺,向在学校各个时期做出突出贡献的老党员、老同志致以崇高的敬意,向在全校各个岗位上辛勤工作、无私奉献的共产党员致以节日的问候。

张彦说,历史雄辩地证明,中国共产党是有着远大理想的党,是代表全民族根本利益、全心全意为人民服务的党,是集中统一的党,是富于独创精神、勇于开创新局面的党,是具有自我净化、自我完善、自我革新、自我提高能力的党。中国共产党不愧是伟大、光荣、正确的马克思主义政党,不愧为领导中国人民团结奋斗的核心力量,不愧为中华民族走向复兴的中流砥柱。在十八大以来中国共产党治国理政方略的正确指引下，我们比历史上任何时期都更接近中华民族伟大复兴的目标，比历史上任何时期都更有信心、有能力实现这个目标。在筑梦圆梦的征程上，更加坚强有力的中国共产党，必将引领中华民族开创更加灿烂美好的明天。

张彦说，厦门大学是一所与中国共产党同龄的大学，有着爱国革命的光荣传统，始终与祖国同呼吸、与民族共命运、与时代同步伐，走过艰难曲折而又光辉灿烂的办学历程。福建省第一个党组织中共厦大支部的诞生和厦门党组织的发展，成为领导厦门及闽西南革命运动的核心力量，成为这些地区建党的发祥地和播种机。厦大囊萤之光，揭开了福建革命史的新篇章。

张彦指出，90 年来，厦大党组织始终伴随着中国共产党领导的革命建设改革事业的胜利前行，伴随着学校教育事业的蓬勃发展，不断壮大，党员结构不断优化，党员素质不断提高，党组织覆盖面不断扩大，显示出强大的凝聚力、向心力、战斗力，一代代厦大共产党人用自己的心血和智慧书写了教育救国、教育强国的时代壮举。回顾厦大党组织的发展历程，能够深刻体会到，厦门大学的命运始终与国家和民族的命运息息相关，厦门大学的文化始终蕴藏着忧国忧民、建功立业的革命情怀和家国情怀，厦门大学历史脉搏的每一次跳动，都奏响厦大共产党人"自强不息，止于至善"的时代强音。党中央、教育部党组、福建省委、厦门市委等各级党组织对学校的关心、支持和帮助，是厦大不断前行的重要动力。光荣的历史赋予我们前行的力量，站在历史与现实的交汇处，我们更要高擎信仰的旗帜，保持定力，执着前行。

张彦指出，习近平总书记"七一"重要讲话高屋建瓴、立意深远、情真意切、催人奋进，学校各级党组织和全体党员一定要深入学习宣传贯彻"七一"讲话精神，铭记历史，鉴往知来，不忘初心，继续前进。他代表校党委就学习贯彻"七一"重要讲话精神、加强新时期学校党的建设提出三点意见：

一要认真学习领会习近平总书记"七一"讲话精神，牢记政治使命，深入推进"两学一做"学习教育。要按照中央的部署安排，把认真学习、深刻领会、坚决贯彻"七一"讲话作为当前和今后一个时期首要的政治任务，迅速把思想和行动统一到讲话精神上来，把智慧和力量凝聚到落实庆祝建党 95 周年大会提出的任务上来，全面深入地用讲话精神武装师生员工头脑，指导学校"两学一做"学习教育和党的建设工作，引领学校事业科学发展。

二要加强和改进党的领导，推动学校事业发展再上新台阶。要始终牢牢把握社会主义办学方向，以中国特色为统领，坚决贯彻党的教育方针，坚持"立德树人"这一根本任务，牢记培养中国特色社会主义合格建设者和可靠接班人的使命任务，加强党的领导核心和政治核心地位，进一步巩固马克思主义在意识形态领域的领导地位，牢牢掌握意识形态工作领导权、话语权，强化社会主义核心价值观的培育和践行，增强学生思想政治教育工作的针对性、实效性和亲和力、感染力，充分发挥教师的育人作用和学校"四种精神"的引领作用。进一步加强和改进党的领导，坚持和完善党委领导下的校长负责制，构建充满活力、富有效率、更为开放、有利于科学发展的管理体制机制，统筹协调形成新的发展合力，确保学校改革发展事业沿着正确的方向前进。各级党组织和广大党员干部务必清醒认识肩负的责任与使命，突出政治功能和服务功能，坚持从严治党与推进发展一起抓，自觉践行五大发展理念，勇于担当，奋勇争先，凝心聚力，攻坚克难，发挥好引领示范作用。广大党员要进一步坚定理想信念，提振精气神，凝聚正能量，奋力求作为，发挥好先锋表率作用。

三要推进全面从严治党，努力营造更加风清气正的政治生态。自觉增强全面从严治党的紧迫感和责任感，扎实推进管党治党从宽松软走向严紧硬，不断增强管党治党的自觉性和坚定性。把抓好党建作为最大的政绩，把党的建设工作和业务工作一并部署，始终把党的建设牢牢抓在手上。把遵守政治纪律和政治规矩放在突出的位置，带头尊崇党章，做党章的坚定执行者和捍卫者，切实增强政治意识、大局意识、核心意识、看齐意识；明标准，知行止，存敬畏，明底线，坚持原则，坚守定力，历练作风，树立正气，做政治上的明白人。坚持以纪律思维解决作风问题，把落实"八项规定"作为常态化重点工作，驰而不息地整治"四风"问题。推动严肃党纪与严肃校纪相结合，以文明发展的理念引领学校事业发展，以优良的作风正校风、促教风、带学风，把作风建设的成果转化为推动学校发展的动力，转化为爱校荣校、改革创新、团结合作、包容共享的校园新风尚。

校党委委员，校纪委委员，校关工委主任、副主任，校第十次党代会全体代表，特邀党建组织员，机关部处及群团组织主要负责人，直属单位行政正职领导，基层党委(党总支)书记、副书记，学院(研究院)院长，各学院团委书记、副书记，辅导员，教职工党员、学生党员、离退休党员代表以及受表彰的单位和个人代表参加大会。省级以上人大代表、政协委员，学校各民主党派、团体主要负责人、无党派人士代表，校"教代会"和"工代会"部分代表，部门工会主席、妇委会主任应邀参加大会。

大会在雄壮的国际歌声中落下帷幕。

**附：**

## 福建省委常委、组织部部长王宁在中共厦大支部建立90周年纪念大会上的讲话

尊敬的张彦书记、崇实校长，尊敬的各位老师、同学们：

今天，我很高兴来到厦门大学，同大家一起，隆重庆祝中国共产党成立95周年，隆重庆祝中共厦大党支部成立90周年。省委对此高度重视，尤书记专门委托我代表省委来参加纪念大会。在此，我谨代表省委、省政府，代表尤书记、伟国省长，向厦门大学广大党员、全体师生员工致以亲切的问候！向受到表彰的先进集体和优秀个人表示热烈的祝贺！

上午，中央召开建党95周年纪念大会，习近平总书记发表的重要讲话，高屋建瓴，思想深刻，催人奋进。每一位收听收看的同志，都感到无比的振奋，增添了不忘初心、继续前进的无穷力量。

厦门大学是一所有着爱国革命光荣传统的高等学府。1921年，陈嘉庚先生怀着"教育救国"的理念，创办厦门大学，进步师生秉持五四精神在福建开启了学习传播马克思主义的先河。1926年2月，厦门大学建立了全省第一个党组织，组织和发动师生员工进行革命活动，为福建省早期党组织的发展和全省革命斗争做出了重要贡献。今天上午，我刚到学校，就参观了学校的纪念馆，听了有关情况介绍，很受教育。

厦门大学是一所在国内外具有重要影响的高等学府。长期以来，厦大始终秉承"自强不息，止于至善"的校训，弘扬"爱国、革命、自强、科学"的精神，紧盯世界知名高水平研究型大学的目标，坚持正确的办学方向，在人才培养、学科建设、科学研究、对外交流等方面取得了显著成绩，先后为国家培养了30多万名优秀人才，创造了许多思想文化和科学技术成果；"十二五"时期，为我省输送优秀人才1万多名，培养在职研究生近3万人，培训干部3万多人，为促进福建经济社会发展发挥了重要作用。借此机会，我代表省委、省政府，对厦门大学表示衷心的感谢！

今天，我们纪念建党95周年，纪念厦大支部建立90周年，目的就是总结过去、继往开来，不断把厦门大学党的建设和各项工作推向前进。

**希望厦门大学继续弘扬优良传统作风，在"两学一做"中走前头、做表率。**"两学一做"启动3个多月来，厦门大学紧密结合实际，把学习教育开展得有声有色，富有成效。比如，你们建立了专题课程师资库，提供便捷的"菜单式"服务，满足了不同师生党员的学习需求；又比如，你们举办了别开生面的开放式研讨会，融合了情景剧、嘉宾访谈、现场观摩点评等环节，生动阐释了党章的内容，效果非常好；再比如，你们通过讲"微党课"，利用微信等平台，推出"随时学"软件，很受师生党员的欢迎。今天，我们纪念厦大支部建立90周年，就是要进一步挖掘厦大支部所蕴含的崇高精神，把学习教育与推动高校改革发展紧密地结合起来。

**希望厦门大学坚持育人为本、德育为先，在加强思想政治工作中当示范、做标兵。**多年来，厦门大学认真贯彻党的教育方针，坚持不懈用总书记系列重要讲话精神武装师生头脑，增强党员的道路自信、理论自信、制度自信、文化自信；充分发挥学科优势，把社会主义核心价值观融入教材、融入课堂；特别是学校党委班子，坚持党要管党、从严治党，把党的建设与推动业务工作一并部署，取得了很好的成效。今天，我们纪念厦大支部建立90周年，就是要传承好革命先辈追求真理、不畏强权、前赴后继、浴血奋战的大无畏精神，创新思想政治工作，严肃党内政治生活，使每一个师生党员都能够得到锻炼、得到提高，努力造就一

支有理想、有信念、有担当、有才干的高素质人才队伍。

**希望厦门大学不断加强校地共建，为经济社会发展特别是福建发展做出更大贡献。**长期以来，厦门大学面向全国，立足福建，服务福建，充分发挥人才集聚优势，深化与地市的校地战略合作，积极对接新一代信息技术、生物医药、新能源等高端产业发展，有力助推了全省产业转型升级。厦门大学现有院士 12 名、“万人计划”专家 11 名，是全省高层次人才最集中的地方之一。“十三五”期间，福建发展面临难得的历史机遇，希望厦门大学坚持走内涵式发展道路，继续对接福建产业转型发展需要，进一步创新办学理念，提高办学质量，加大人才培养力度，为福建发展输送更多的人才，为福建的经济社会发展做出更多、更大的贡献。

同志们，福建省委、省政府将一如既往地为厦门大学建设和发展，提供有力的保障，做好必要的服务。

相信在中央和省委的领导下，在张彦书记、崇实校长的带领下，厦门大学创建世界一流大学的目标必将如期实现！

谢谢大家！

——本文摘录自《厦门大学年鉴 2017》，厦门大学出版社，2017 年 12 月版

# 众志成城　共担风雨

## ——厦门大学师生防抗台风“莫兰蒂”纪实

(2016年10月16日)

9月15日凌晨,2016年第14号台风“莫兰蒂”从厦门市翔安区登陆,登陆时近中心最大风力15级(48米/秒),为强台风级别。全市狂风大作、大雨瓢泼,部分地区停水停电,多地出现地面积水、房屋坍塌、人员被困,受灾严重。我校校园也不例外,树木倒伏、建筑物受损、低洼地带积水严重,室外设施损毁……在这场被称为“2016年最强台风”的考验面前,广大师生员工全力以赴投入防抗台风和抢险救灾工作,确保师生生命财产安全,早日恢复正常的教学、科研和生活秩序。

### 未雨绸缪　筑牢每道防线

在“莫兰蒂”一步步逼近台湾海峡时,校防汛防台领导小组就已经开始密切关注台风动态,并督促相关职能部门加紧排除各种安全隐患。

13日上午,学校连续发出《关于启动防御2016年14号台风“莫兰蒂”三级应急响应的通知》《关于启动防御2016年14号台风“莫兰蒂”二级应急响应的通知》。14日上午,又把防御通知调到最高级——一级,要求全校各单位立即启动防台风应急预案,各单位主要领导、防汛责任人必须在岗到位,坐镇指挥,按照预案抓好防台各项工作的落实,严格执行已发布的各种指令和已采取的措施。所有在建工地全部停工,撤离施工人员,并对施工设施采取必要的加固。为重点部位和灾情易发区域指派专人巡查值守,逐一落实防风防雨安全措施,及时处置险情、灾情,及时转移受威胁师生员工,做好转移人员的生活保障。各专业抢险队伍立即进入临战状态,及时处置可能出现的险情、灾情,并及时向上级报告。14日下午,校党委书记张彦召开紧急会议,专门就防抗此次超强台风工作做出具体部署和要求。会后,校领导赖虹凯、林东伟、叶世满分头带领相关职能部门到实地检查。各相关职能部门也加派人员对校内公共场所、水库、排洪沟、在建工程施工工地等重要部位和地段进行重点巡查,及时排除隐患,严防强降雨可能引发的次生灾害。防汛防台办同时调集雨衣、雨鞋、头盔、应急手电筒等物资备用。

全校各单位也都积极行动起来,严阵以待:全校全体政工干部和辅导员响应学校防台防汛部署,分头前往宿舍区,一间间宿舍了解学生情况,提醒学生随时注意台风动向,做好安全防范,在遇到紧急情况时,第一时间转移到就近安全场所;校图书馆、信息与网络中心成立护馆队、网络监控团队、主机房紧急响应团队等若干应急队伍待命;资产与后勤事务管理处、后勤集团加强高危地段和地点的排查并加强了抽水房、配电房和高压站的值班;保卫处对学校各主要道路和重要场所应急救援通道进行清理整顿,确保发生突发情况时应急救援车辆能第一时间赶赴现场,同时再次检查滑坡风险地,制作了提醒通告并准备了警戒带等物资……

### 关怀支持　提供有力保障

9月15日凌晨,“莫兰蒂”在翔安登陆,大雨如注。清晨6时许,厦大受灾情况陆续上报,教育部和各级党委政府在第一时间给予高度重视和关注。

教育部部长陈宝生给校党委书记张彦发来短信，询问灾情，向战斗在抗台一线的师生表示亲切慰问，要求学校科学施救、科学抢修，保证学校正常的生活秩序，力争节后基本恢复正常教学科研秩序，积极争取地方党政领导的支持，摸清受灾情况并及时上报。教育部党组副书记、副部长杜玉波，副部长朱之文，副省长李红分别给学校打来电话，了解灾情，指导救灾工作，希望学校尽己所能把灾害的影响降到最低。

与此同时，厦门市市长裴金佳给校领导打电话，转达福建省委书记尤权对厦门大学全体师生的慰问，希望学校把师生人身财产安全放在第一位。裴市长也询问了学校受灾情况和抢险救灾工作，指示厦门市有关领导和部门全力帮助厦大抢险救灾。

此外，福建省电业局，厦门市电业局、市政园林局、水务集团等单位领导纷纷赶到厦大，紧急调配人员和设备，组成抢修队伍帮助我校抓紧完成排涝，道路清扫，恢复供电、供水等工作。

## 上下一心　赢取最后胜利

“莫兰蒂”来势汹汹，在翔安校区登陆，霎时狂风暴雨。全体厦大人众志成城，群策群力，一起面对风雨、共抗风暴。

14日晚到15日凌晨，校党委书记张彦、校长朱崇实和防汛防台工作领导小组相关校领导通宵值班、坐镇指挥，翔安校区管委会和漳州校区管委会主要负责人分别坚守岗位指挥翔安校区和漳州校区的抗击台风工作。15日凌晨5:30，防洪防台工作领导小组成员召开会议，部署抢险救灾工作。15日上午，张彦等校领导从颂恩楼出发，一路查看受灾情况，朱崇实也冒雨查看受灾点，提出救灾要求。张彦还召开会议部署下一阶段工作，在会上强调：一是要立即全面开展救灾工作，首先要保证道路、水电的畅通。二是要做好信息工作，不但要同教育部、福建省、厦门市保持信息通畅，还要让全校师生员工了解学校受灾情况和积极开展灾后自救的情况。要积极开展宣传和思想工作，要凝聚全校师生的强大合力，共同参与救灾。组织机关干部和学生骨干成立抢险突击队，清路、清障、打扫，积极投入灾后自救。全体干部要带头参与救灾，除了做好本单位的救灾工作外，还要主动承担起周边的清理工作。三是要进一步加强后勤保障工作，全力保证师生日常的生活需求。四是要在三天内完成校园清理等工作，确保中秋节后师生正常上课。受学校的委派，校领导李建发、赖虹凯、韩家淮分别继续到三个校区查看灾情，组织救灾工作。15日下午，张彦再次召开有关部门会议，代表学校感谢全体奋战在救灾第一线的师生员工，传达上级部门对学校的关怀和要求，鼓励大家再加把劲，把困难想足些，千方百计把救灾工作做深入、做扎实，防止次生灾害的发生，同时，要做好救灾的信息发布。各级党委要关心关怀教职员工和学生的受灾情况。

这十几个小时，师生们抢险救灾的一幕幕令人动容：

后勤集团水电中心全员连夜出动，对分布在学校各处的20余台变压器，进行紧急抢修送电。中心经理郑文炉与另外两名值班人员，共同负责科艺中心、嘉庚楼群、水泵站三处供电，在凌晨3时多，台风正面袭击时，冒着生命危险前往送电。由于厦门市区部分高压线被风刮断引起短路，他们不得不多次往返检修，紧急抢修变压器，进行人工送电，保证校内供电正常，同时确保抽水泵持续工作，减缓地面积水。15日清晨7:30，思明校区、海韵公寓、曾厝垵公寓供电恢复正常。虽然连续工作二十几个小时，大家精疲力尽，但仍在恢复供电后，又赶往西校门抽水。

网络通信是抗灾的重要生命线。14日晚，网络中心全体人员通宵守护这一“关键部位”。凌晨时分，大雨冲破颂恩楼的窗户，水一下子冲进1楼的网络机房所在地，在这一刻，每一位网络中心的老师都化身抢险队员，全力自救，终于确保了全校网络通信丝毫未受影响。

生命科学学院充分调动师生力量，每个实验室都安排安全员或者1～2名研究生值班。学院的正门和侧门都是玻璃门，大家一起动手，在台风来临之前提前准备好木板，挡住玻璃门，并用厚重的木头屏风当第二道防线。当“莫兰蒂”正面袭击翔安校区时，师生们用血肉之躯筑起第三道防线，全院所有的门和窗户无一破损。

14日深夜，随着风力和雨势的加大，地处石井女生园区最高风口的石井六702的女生宿舍忽然出现进水情况,新闻传播学院党委副书记黄辉和辅导员黄文第一时间顶着狂风暴雨赶到女生宿舍。为了确保学生安全,黄文一边迅速向学校有关部门汇报情况,一边联系三楼学生宿舍作为紧急情况下转移安置临时宿舍,并立刻动手对702宿舍展开抢修,用胶带封住玻璃、纸箱封堵门缝;同时也对七楼各女生宿舍再次进行安全隐患排查。

15日凌晨3点,狂风大作,医学院会议室玻璃破裂,刚到宿舍做完学生工作,回到办公室的医学院辅导员陈国渊发现险情,为了避免更大的损失,他与同事找来木棍,顶住强风,固定门窗,没承想被掉落的吊顶砸伤左肩膀,同事劝他赶紧离开查看伤情,他却坚定拒绝,与同事一起把门窗固定好后,再查看治疗。

15日早7时,位于芙蓉隧道的机器人训练基地一侧铁门被吹至隧道路中央。队长高张文龙和其他六七名成员发现后,将铁门搬至门边,同时报备学院和学校资产处。与此同时,他们仔细查看损坏之处,发现铁门焊接出现问题。在平时的训练中,他们也熟练掌握了焊接技术,于是他们决定采取"自救"方式。回基地拿出氩弧焊接机,历时将近四个小时,成功让铁门上墙。同时,他们还在门前摆放警示牌,提醒过路同学。

15日上午,机关党委和校学生处、团委分别组织了师生灾后重建突击队,在微信群发出号召后,不断有人要求加入,大家一起帮助后勤部门清扫路面,保障道路的畅通。

还有一名不愿意透露名字的同学,默默地加入后勤抢险救灾的队伍,重活干、细活也干,让后勤抢险师傅感动不已,但当问及他的姓名和学院时,他却淡淡地拒绝了:"没有什么,这是我应该做的。"

……

风小了,雨小了,道路基本恢复通畅,水电抢通了,但是抢险救灾仍在紧张进行中,不为别的,只为了厦大人心中的那份坚守,为了一个更美的厦大校园。

——本文摘录自《厦门大学年鉴2017》,厦门大学出版社,2017年12月版

# 教育部陈宝生部长来我校考察、慰问

（2016年10月16日）

10月16日下午，时值“莫兰蒂”台风袭击我校之后一个月，教育部党组书记、部长陈宝生来到灾后的厦大，深入学校多个地方，详细了解受灾情况，实地检查指导灾后恢复工作，亲切慰问师生员工。副省长李红、校党委书记张彦等参加活动。

陈宝生首先来到校史馆，详细了解厦大办学历史，高度评价了陈嘉庚先生伟大的爱国主义精神和为教育事业做出的突出贡献，对厦大建校以来形成的优良办学传统和深厚文化底蕴给予了充分肯定。他还到石墨烯工程与产业研究院和教育研究院，了解学科建设和科研最新进展情况，与专家学者展开深入交流，并看望了全国教书育人楷模、中国高等教育学的开拓者和奠基人潘懋元教授。

在厦门大学工作汇报会上，张彦汇报了学校抗击“莫兰蒂”台风和灾后恢复工作情况以及我校建设发展成效和今后的改革发展思路，并代表学校对教育部党组在厦大抗御台风期间给予学校的关心和指导表示感谢。

在听取了我校工作汇报后，陈宝生代表教育部党组，向抗御台风“莫兰蒂”的全体厦大师生表示亲切的慰问，对我校科学组织抢险救灾并在最短时间内恢复正常教学科研秩序表示肯定。他说，教育部党组和他本人时刻都在关心牵挂着厦大受灾和灾后重建情况，让他感到欣慰的是，学校上下众志成城、齐心协力，在大自然灾害面前很好地经受住了考验，体现了高昂的精神面貌，表现出了良好的精神状态。他表示，教育部将研究提出方案，支持厦大解决改革发展中遇到的困难和问题，统筹帮助厦大减少灾害带来的损失。他希望厦门大学始终坚持社会主义办学方向，把握好改革发展的主基调，保持战略定力和不畏艰难的精神状态，统筹推进“双一流”建设，持之以恒、稳步向前，把“十三五”时期学校改革发展的各项工作做好、做扎实。

工作汇报会后，陈宝生同我校抗御台风“莫兰蒂”先进集体、先进个人和优秀志愿者代表在勤业餐厅共进晚餐，向他们表示诚挚慰问。

教育部教育督导局局长、国务院教育督导委员会办公室主任何秀超，福建省委教育工委书记、教育厅厅长黄红武，厦门市副市长国桂荣，我校领导李建发、赖虹凯、林东伟、杨斌、詹心丽、叶世满，校长助理李初环、邱伟杰、谭绍滨、张建霖，中科院院士郑兰荪、田中群等专家学者及有关职能部门、学院负责人参加了相关活动。

——本文摘录自《厦门大学年鉴2017》，厦门大学出版社，2017年12月版

# 中共中央政治局原常委、全国政协原主席贾庆林视察我校翔安校区

(2016 年 11 月 13 日)

11 月 13 日上午,中共中央政治局原常委、全国政协原主席贾庆林视察我校翔安校区,指导学校工作,看望慰问师生。福建省委书记尤权,省委副书记、省长于伟国,省政协主席张昌平,厦门市委书记裴金佳,市委副书记、代市长庄稼汉,市政协主席张健等陪同。我校党委书记张彦、校长朱崇实等校领导陪同。

贾庆林一直非常关心、支持我校的建设与发展,在任期间,多次来校视察调研,听取学校汇报并做重要指示,这次来校,是他第一次走进翔安校区。在校领导和有关单位负责人陪同下,贾庆林考察了德旺图书馆,全面了解了翔安校区的学科分布和功能布局,对翔安校区的建设发展成绩给予了充分肯定。他还兴致勃勃地参观了厦门大学音像文献中心和戏服展,对我校发挥综合性大学优势,收藏、修复、研究胶片电影,打造未来的胶片电影博物馆及戏服博物馆的做法表示赞赏。

从图书馆出来,贾庆林来到学生中间,与大家合影。他询问起同学们在校的学习生活感受,与他们聊起创新创业的话题,勉励同学们珍惜厦大时光,集中精力,努力学习,为今后创业打好基础。

贾庆林还到国家传染病诊断试剂与疫苗工程技术研究中心、分子疫苗学和分子诊断学国家重点实验室,听取夏宁邵教授的工作汇报,了解实验室的科研项目进展,就感兴趣的科技问题同我校领导及专家学者进行交流。

视察结束时,贾庆林表示,厦门大学学科建设和人才培养工作抓得很扎实,长期以来,厦大毕业生一直是社会最受欢迎的群体之一,对带动我国创新型国家建设,促进地方经济和社会发展,发挥了非常重要的作用。厦门大学马来西亚分校是中国高等教育和中国文化“走出去”的典范,对增进中马两国人文交流,全面提升中马两国的友好关系具有重要意义。要感谢厦门大学对我国改革开放和现代化建设所做出的积极贡献。

贾庆林希望我校在中央、部、省、市各方的大力支持下,在学校领导的正确领导和全体师生员工的共同努力下,继续面向国家重大战略需求,保持“南方之强”的本色与传统,努力发挥自身优势,全面提升科技创新和科技服务能力,培养更多优秀人才,为国民经济发展做出更大贡献。

我校党委副书记、副校长李建发,校党委副书记、纪委书记赖虹凯,副校长韩家淮、詹心丽,校党委常委戴民汉,校长助理李初环等参加活动。

——本文摘录自《厦门大学年鉴 2017》,厦门大学出版社,2017 年 12 月版

# 福建省委召开专题会议研究进一步支持厦大改革发展

（2016年4月1日）

4月1日，福建省委召开专题会议，听取厦门大学工作汇报，研究进一步支持厦大改革建设发展。省委书记尤权主持会议。

尤权首先代表福建省委、省政府向厦大即将迎来95周年校庆表示祝贺，向厦门大学全体师生表示问候。他指出，95年来特别是改革开放以来，厦门大学紧盯全面建成世界一流大学的目标，教育教学成效显著，综合实力显著增强，有一批在全国有影响力的学科，有一支优秀的人才队伍，有优良的校风和光荣传统，是一所很有特色的高等学府，为福建经济社会发展发挥了重要贡献。

尤权对今后一个阶段厦门大学的改革发展提出三点希望：一是希望厦大不断创新办学理念，不断提高办学质量，深化教育教学改革，把国际先进教育理念和中国教育特色结合起来，加快建成世界知名高水平研究型大学。二是希望厦大更好地服务地方经济社会发展，结合产业转型升级，为福建培养和输送更多高层次人才。加强与地方高校共建合作，辐射带动福建教育特别是高等教育发展；加强重大科技研究和科研成果转化应用，构建我省重要科研平台；加强高水平新型智库建设，为国家发展和地方提供决策参考。三是希望厦大强化思想引领，坚持育人为本、德育为先，把践行社会主义核心价值观贯穿教书育人全过程，努力打造一支优秀的教师队伍，切实加强高校党建和思想政治工作。省委、省政府将进一步健全和完善共建机制，创造条件，大力支持，推动厦门大学发展再上新台阶。

省长于伟国说，厦门大学建设步伐有力，培养学生有方，服务地方发展有为，在福建发展中发挥了举足轻重的作用，希望厦门大学以五大发展理念为引领，认真贯彻习近平总书记和李克强总理的重要指示精神，以建设一流大学为目标，提升办学质量，提升整体水平，进一步融入新福建建设、服务新福建建设。省政府将进一步落实部省市共建厦门大学协议，进一步加大支持力度，为厦大改革发展创造更好条件。

会上，厦门大学党委书记张彦和校长朱崇实代表学校向省委汇报了学校“十二五”以来党建与思想政治工作、事业发展与综合改革、服务福建措施与成效、“十三五”发展目标与思路等方面的工作，对省委、省政府的长期关怀与大力支持表示感谢。张彦书记、朱崇实校长表示，厦门大学将牢牢把握国家实施《统筹推进世界一流大学和一流学科建设总体方案》的重要机遇，在省委、省政府的帮助和支持下，按照省委、省政府的期望和要求，坚持内涵发展，提升质量，制定实施好“十三五”规划，加快一流大学建设步伐，努力为建设新福建做出新贡献。

省委常委、组织部部长王宁，省委常委、省委秘书长郑晓松，副省长李红，厦门市市长裴金佳参加会议。省委办公室、组织部、宣传部、统战部、政研室，省政府办、发改委、教育厅、科技厅、财政厅、海洋与渔业厅等部门负责人列席会议。

4月1日晚，福建新闻联播、福建卫视新闻对专题会议进行了报道。

——本文摘录自《厦门大学年鉴2017》，厦门大学出版社，2017年12月版

# 厦门大学“十三五”规划和远景规划

(2016年6月)

## 前　言

“十三五”时期，是国家全面建成小康社会的决胜阶段，是福建省和厦门市科学发展、转型发展的关键时期，也是厦门大学全面建成世界知名高水平研究型大学的冲刺阶段。厦门大学“十三五”规划既要为国家、福建省和厦门市全面建成小康社会做出重要贡献，又要为厦门大学创建世界一流大学奠定更加坚实的基础。以创新发展、协调发展、绿色发展、开放发展、共享发展的理念引领发展，使规划更加适应时代要求、更好地满足国家需求、更加符合教育规律、更好地体现厦门大学的使命，是我们坚持不懈的追求。

《厦门大学“十三五”规划和远景规划》根据《中华人民共和国国民经济和社会发展第十三个五年规划纲要》《国家中长期教育改革和发展规划纲要(2010—2020年)》《国家教育事业发展第十三个五年规划》《统筹推进世界一流大学和一流学科建设总体方案》《福建省国民经济和社会发展第十三个五年规划纲要》《厦门市国民经济和社会发展第十三个五年规划纲要》编制，主要阐明厦门大学未来五年乃至更长时期的战略意图，明确事业发展的总体目标、主要任务和重大举措，是学校深化改革的方向指引，是学校事业发展的宏伟蓝图，是全校师生共同奋斗的行动纲领。

## 一、发展回顾

1.在教育部正确领导下，在福建省、厦门市大力支持下，经过全校师生员工的共同努力，我校顺利完成了“十二五”规划的目标任务，整体实力和办学水平全面提升。

培养质量稳步提升。深化人才培养模式改革，实施本科生大类招生、大类培养，教学改革深入推进，在教育部本科教学工作审核评估中得到充分肯定和高度评价。学生在全国“挑战杯”系列竞赛、国际太阳能十项全能竞赛、国际法模拟法庭辩论赛、中美青年创客大赛等国内外重大比赛中屡创佳绩，学校成为东亚唯一入选联合国教科文组织“高等教育内部质量保障优秀原则和创新实践项目案例”的高校。深化研究生培养机制改革，研究生创新能力显著提高。研究生以第一作者身份发表ESI数据库入选论文2964篇，7篇博士学位论文入选全国百篇优秀博士学位论文，45名博士研究生获教育部“博士研究生学术新人奖”。

创新能力明显增强。新增国家级2011协同创新中心2个、国家级重点实验室(工程实验室)5个、省部级科技创新平台14个。承担973计划和国家重大科学研究计划项目5项，国家重大科学仪器设备开发专项2项，国家自然科学基金重大、重点项目28项、重大研究计划项目27项；承担国家社科基金重大项目17项，教育部哲学社会科学研究重大课题攻关项目10项。发表SCIE科技论文9838篇，以第一作者或通讯作者在*Science*、*Cell*、*The New England Journal of Medicine*等杂志发表论文4篇，自然指数位居全球第120名；人文社科方面发表SSCI论文308篇，二类以上核心刊物论文4302篇，出版著作851部。获得国家自然科学奖二等奖4项、国际科学技术合作奖1项、中国科学十大进展1项、中国高校十大科技进展2项、中国高校人文社科研究优秀成果奖32项。年度科研经费从2010年的5.21亿元增加到

2015 年的 10.88 亿元。

社会服务深化拓展。实现与福建省各地市战略合作全覆盖，与中航工业、国家核电、复旦大学、国防科大等企业与高校的战略合作不断深化拓展。生物疫苗研制、新一代煤化工、锂离子动力电池研发、特种材料研发等产学研成果成功实现产业化，研制出世界首个戊肝疫苗并成功获批上市。成立产业技术研究院，国家大学科技园南太武园区开工建设，翔安主园区获批建设。围绕“一带一路”倡议、自贸区建设、两岸和平发展、宏观经济政策、能源发展战略、南海权益、教育发展等重大理论和现实问题，为中央和各级党委政府提供高质量决策咨询服务。继续教育的办学层次和整体效益显著提升。积极帮助受援学校提升办学质量和水平。

人才队伍水平提升。新增中科院院士 3 名、“973 计划”项目首席科学家 5 名、“长江学者”特聘教授 5 名、国家杰出青年基金获得者 10 名、“万人计划”入选者 11 名。新增国家自然科学基金委创新群体 1 个、教育部创新团队 4 个。教师中具有博士学位的比例从 66.8%增至 81%，具有国(境)外博士学位的比例从 10.5%增至 15.8%；具有 1 学年(10 个月)以上海外学习工作研修经历的比例从 33.2%增至 47.7%。技术支撑队伍和党政管理队伍的学历结构明显改善，整体素质稳步提升。

学科实力不断增强。组建航空航天学院、公共卫生学院、药学院、能源学院、海洋与地球学院、环境与生态学院以及南海研究院、中国(福建)自贸区研究院等一批学院和研究院，不断优化学科布局。实施《厦门大学哲学社会科学繁荣计划》，着力打造哲学社会科学研究的“厦大学派”。召开医学教育工作大会，大力扶持医学学科建设。统筹推进“211 工程”和“985 工程”重点建设成效显著。在教育部第三轮一级学科评估中，5 个一级学科进入前五位、16 个一级学科进入前十位。新增 6 个学科进入 ESI 全球前 1%，1 个学科进入 ESI 全球前 100 强；进入 ESI 全球前 1%学科数已达到 9 个，数量排序居全国高校第十五位。

对外交流合作取得实效。马来西亚分校获批立项并启动建设，厦门大学成为第一家在海外建设分校的大陆高校。新建孔子学院 4 所(总数 16 所)，启动汉语国际推广南方基地和孔子学院院长学院建设，成功举办第九届全球孔子学院大会，荣获“优秀中方合作院校”称号。推行“G50 战略伙伴计划”，与 39 所世界排名前 200 名的高校开展实质性交流合作。组建或参与了 10 个国际性、区域性大学联盟和合作平台，共建了一批国际联合实验室和研究中心。与 32 所台湾地区高校签订校际合作协议，对台教育科技文化交流互动更加活跃。

办学条件不断改善。校区战略调整基本完成，校区功能定位和学科布局不断完善。思明校区新增各类用房近 10 万平方米，物理机电航空大楼、材料学院大楼、经济学院新楼、艺术学院二期、曾厝垵学生公寓新楼和运动场等一批项目投入使用。翔安校区建成并投入使用，新增办学用地 243 万平方米、用房面积 80 多万平方米，10 个学院、7 个国家级平台、近 10000 名师生入驻。漳州校区为嘉庚学院、产业技术研究院以及应用学科创新平台发展提供广阔空间。实验装备服务体系建设水平不断提高，完成基础网络扩容与升级，图书文献等资源引进与数字化建设成效明显。综合财务收入从 2010 年的 25.19 亿元提高到 2015 年的 43.52 亿元。

民生工程有效落实。完成 183 套五缘湾、403 套高林保障性住房的配售，完成 490 套海韵北区教职工住房置换，完成 4200 多人次 39890 万元住房货币化补贴资金的发放。提高教职工福利待遇，使我校教职工工资收入基本达到厦门市事业单位同类同职务人员水平。改善幼儿园办学条件、落实岛外工作补贴、改善校区间公共交通、推行教职工大病互助机制等惠民举措，使教职工工作生活条件进一步改善。完善学生资助体系，共投入 7.9 亿元用于发放学生奖助学金。加强就业指导服务，帮助家庭经济特别困难的毕业生全部实现就业。

制度建设不断完善。制定实施《厦门大学章程》，推进依法治校。坚持和完善校党委领导下的校长负责制，形成党委领导、校长负责、教授治学、民主管理的工作运行机制。编制《厦门大学综合改革方案》，系统谋划、协调推进学校综合改革。加强机关效能建设，提高服务质量和水平。下放办学自主权，充分激发学院(研究院)办学活力。改革学术委员会、学部委员会，发挥学术组织作用。加强教职工代表大会、学生代表大会建设，发挥群众团体在民主参与、民主管理和民主监督中的重要作用。

党建工作水平提升。顺利召开校第十次党代会，提出了学校"两个百年"的战略目标和发展蓝图。顺利完成校院二级党政领导班子换届选举工作，进一步优化领导班子和干部队伍结构。健全干部选拔任用工作制度，强化干部监督管理工作。深入开展创先争优活动、党的群众路线教育实践活动，扎实推进"三严三实"专题教育，强化基层党组织建设。严格把好发展党员工作质量关，不断优化党员队伍结构。规范党员教育管理，加强党务工作队伍建设。贯彻落实党风廉政建设责任制和领导干部廉洁自律的各项规定，不断推进作风和反腐倡廉建设。成功举办90周年校庆活动，进一步凝聚发展合力。推进校园文化精品建设，大力传承弘扬厦大精神文化，升华校史校训育人内涵。

2.经过"十二五"期间的建设与发展，学校各项事业取得了长足进步，综合实力和国际影响力进一步提升，初步建成世界知名高水平研究型大学。但是，对照党和国家的更高要求、学校建设世界一流大学的目标定位，当前学校还存在许多不足和较大差距。主要表现在：一是思想观念需要进一步解放，创建一流大学的发展自信和战略定力需要进一步强化，干事创业的拼劲和闯劲不足。二是人才培养质量有待进一步提高，培养德智体美全面发展精英人才的理念与模式尚须不断强化和完善。三是人才队伍整体层次和水平有待进一步提升，世界一流的顶尖学科和领军人才明显不足，学科综合的优势尚未充分发挥。四是自主创新能力有待增强，社会服务实效有待提升，科研成果转化亟待提高。五是办学资金资源总体不足，配置不够优化，共享程度不高，使用效率和效益有待进一步提升。六是学校管理体制机制运行不够顺畅，现代大学制度还需要进一步完善。对于这些不足和差距，我们必须深入分析、认真研究，切实有效地解决。

## 二、发展环境

1.世界正处在政治经济格局的重大调整期。和平与发展仍是时代主题，世界多极化、经济全球化、文化多样化、社会信息化深入发展，新一轮科技革命和产业变革孕育兴起，围绕市场、科技、资源、文化、人才和国际规则影响力的竞争更趋白热化，高等教育成为国家综合竞争力的标志性力量。中国国际地位显著提高，对外开放不断深入，文化软实力不断增强。厦门大学必须强化全球视野和前瞻思维，准确把握发展新格局，主动适应发展新趋势，坚定发展自信，保持发展定力，加快创建世界一流大学步伐，为建设高等教育强国、增强国家核心竞争力做出新贡献。

2.我国正处在全面建成小康社会的决胜阶段。我国经济长期向好的基本面没有改变，仍处于可以大有作为的重要战略机遇期。经济发展进入新常态，国家实施创新驱动发展战略、"一带一路"倡议以及一系列产业和区域发展战略，以创新、协调、绿色、开放、共享的发展理念引领未来发展，将成为关系我国发展全局的一场深刻变革。高等教育作为科技第一生产力和人才第一资源的重要结合点，成为推动社会经济发展的重要力量。厦门大学必须增强责任感和使命感，全面提升人才培养、科学研究、社会服务和文化传承与创新的能力和水平，在服务国家战略中创造一流价值、做出一流贡献。

3.福建正处在科学发展跨越发展的战略机遇期。国家出台了一系列支持福建加快发展的意见、规划和方案，尤其是支持海峡西岸经济区建设以及赋予自由贸易试验区、21世纪海上丝绸之路核心区、生态文明先行示范区等重大使命和任务，政策叠加效应将进一步显现，福建省和厦门市发展迎来难得的历史机遇。同时，福建省和厦门市正处在产业转型的攻坚期、城市转型的加速期、社会转型的深化期，迫切需要科技和人才的支撑。厦门大学是福建省高等教育的排头兵，是科技创新的重要骨干力量，必须充分发挥人才和智力优势，为福建省和厦门市科学发展跨越发展提供强有力的支撑。

4.高等教育正处在内涵发展质量提升的重要转型期。党和国家着眼于实现"两个一百年"奋斗目标和中华民族伟大复兴的中国梦，出台实施《统筹推进世界一流大学和一流学科建设总体方案》，推动一批高水平大学和学科进入世界一流行列或前列，着力提升我国高等教育综合实力和国际竞争力。作为国家长期重点建设的高水平大学，厦门大学必须牢牢把握国家统筹推进世界一流大学和一流学科建设的重大历史机遇，积极争取更多支持，努力实现跨越发展，为我国实现从高等教育大国到高等教育强国的历史性跨越做出新的更大的贡献。

挑战前所未有，机遇也前所未有。我们要准确把握战略机遇期内涵的深刻变化，强化机遇意识和忧患意识，始终保持昂扬向上、奋发有为的精神状态，坚持解放思想、改革创新、坚定自信、奋勇争先，努力把厦门大学的各项事业推向新的高度。

## 三、指导思想、发展理念和发展目标

1.指导思想。高举中国特色社会主义伟大旗帜，全面贯彻落实党的十八大和十八届三中、四中、五中全会精神，以马克思列宁主义、毛泽东思想、邓小平理论、"三个代表"重要思想、科学发展观为指导，深入贯彻习近平总书记系列重要讲话精神，坚持全面建成小康社会、全面深化改革、全面依法治国、全面从严治党的战略布局，坚持发展是第一要务，牢固树立和贯彻落实创新、协调、绿色、开放、共享的发展理念，以中国特色、世界一流为核心，以立德树人为根本，以培养拔尖创新人才、支撑创新驱动发展战略、服务经济社会为导向，以队伍建设为关键，以加强党的领导为根本保证，着力培养一流人才、打造一流队伍、建设一流学科、产出一流成果、做出一流贡献，确保全面建成世界知名高水平研究型大学，奋力谱写中华民族伟大复兴中国梦的厦大篇章。

必须遵循以下原则：

——坚持以人为本。师生员工是推动学校发展的根本力量，培养德智体美全面发展的社会主义建设者和接班人是学校的根本任务。必须尊重师生主体地位，发挥师生首创精神，把促进人的全面发展作为发展的出发点和落脚点，充分调动师生员工的积极性、主动性、创造性。

——坚持科学发展。发展是硬道理，发展必须是科学发展。必须增强机遇意识、忧患意识、改革意识和竞争意识，把握发展新特征、适应发展新常态、融入发展大格局，坚持走内涵式发展道路，努力实现各项事业更高质量、更有效率、更加公平、更可持续的发展。

——坚持深化改革。改革是发展的强大动力。必须按照学校综合改革部署，创新发展理念，转变发展方式，增强战略定力，保持改革韧劲，破除一切不利于科学发展的体制机制障碍，实现关键环节突破，建立和完善现代大学制度，为发展提供持续动力。

——坚持依法治校。法治是发展的可靠保障。必须牢固树立依法办事的意识，严格遵守国家法律法规，贯彻落实《厦门大学章程》，善于运用法治思维和法治方式办学，全面提高依法治校、依法决策、依法管理的能力和水平。

——坚持开放办学。开放办学是创建一流大学的必由之路。必须既立足国内、扎根中国大地，主动对接服务国家和区域发展，又融入全球、参与国际合作，提升对外交流合作的层次和水平，增强国际影响力和竞争力。

——坚持党的领导。党委是学校的领导核心，加强党的领导和党的建设是实现学校事业持续健康发展的根本政治保证。必须贯彻全面从严治党要求，坚持和完善党委领导下的校长负责制，不断增强党的创造力、凝聚力、战斗力，确保学校发展沿着社会主义办学方向前进。

2.发展理念。牢固树立和贯彻落实创新、协调、绿色、开放、共享的新发展理念，增强发展动力，破解发展难题，厚植发展优势，实现发展目标。

把创新作为引领发展的第一动力。贯穿创新发展的理念，全面深化综合改革，大力推进观念创新、教育创新、理论创新、科技创新、文化创新和体制机制创新等各方面创新，营造校园创新文化，激发师生创新活力，着力解决发展动力问题，推动各项事业蓬勃发展。

把协调作为持续健康发展的内在要求。围绕立德树人，促进师生德智体美全面发展，促进人才培养、科学研究、社会服务、文化传承与创新等各项工作有效衔接，推动文理工医各学科协调发展，正确处理外延与内涵、速度与节奏、目标与资源等改革发展中的重大关系，不断增强发展整体性和协调性。

把绿色作为永续发展的必要条件。培养师生绿色观念，反对奢侈浪费，崇尚勤俭节约，养成绿色的生活方式和行为规范;发挥学科优势,积极参与和支撑绿色发展、循环发展、低碳发展;建设绿色文明校园,营造浓郁人文环境,积淀深厚文化底蕴,提升办学品质,启迪学生心智,陶冶学生情操。

把开放作为创建一流大学的必由之路。推动校内开放共享,实现校区之间、学院之间和学科之间的交叉融合;主动对社会开放,加强科教结合、产学融合、协同创新和协同育人,把更多社会资源转化为育人资源;深化对外交流合作,做到以我为主、开放包容,双向交流、合作共赢,提升国际竞争力和影响力。

把共享作为办好人民满意教育的本质要求。培育大爱文化,坚持发展为了师生、发展依靠师生,把创建一流大学的厦大梦与成长成才的个人梦结合起来,不断改善师生员工学习工作和生活条件,使全校师生员工在共建共享发展中有更多获得感,增强发展动力,凝聚发展合力。

3.2020 年主要目标。人才培养、科学研究、社会服务、文化传承与创新的水平不断提高,成为知识发现和科技创新的重要力量、先进思想和优秀文化的重要源泉、培养高素质优秀人才的重要基地,在支撑国家创新驱动发展战略、服务区域经济社会发展、弘扬中华优秀传统文化、培育和践行社会主义核心价值观、建设高等教育强国等方面发挥重要作用,学校综合实力进入世界前 200 名,实现全面建成世界知名高水平研究型大学的第一个百年目标,为学校创建一流大学奠定坚实基础。

——教育质量不断提高。为国家培养输送大批具有爱国情怀、社会责任感、国际视野、创新创业能力的精英人才。到 2020 年,在校生规模控制在 40000 人左右,其中本科生 18000 人以内,硕士研究生 16000 人左右,博士研究生 4000 人左右。毕业生就业率保持在 95%以上,重点行业和关键领域签约率 45%以上。

——人才队伍层次提升。打造一支具有国际竞争力的高素质人才队伍。到 2020 年,教师队伍规模约 6000 人,其中全职专任教师约 3000 人,博士后研究人员约 1000 人,非全职教师约 2000 人;每一位专任教师都具备与国际同行开展学术交流的能力,每一个学科领域都有 3～5 名国内一流、国际知名的专家学者。重点建设 40 个高水平创新团队。

——创新能力显著增强。承担一批国家重点研发计划等重大项目,产出一批具有高显示度原创性科学研究成果,基础科学研究水准接近世界一流。到 2020 年,力争实现国家实验室零的突破,新增 2 个以上 2011 协同创新中心、5 个左右国家级创新平台,建设一批新型智库,当年科研经费力争达到 20 亿元以上。

——社会服务成效显著。支撑服务国家和地方创新驱动发展、产业转型升级更加有力,决策支持能力显著提高,打造厦大继续教育与终身教育品牌。到 2020 年,横向科研经费占科研经费的 30%以上,专利申请数和专利授权数年均增长率 20%以上。

——学科竞争力明显提升。学科布局更加合理,特色优势更加鲜明,一批学科进入国内领先、世界一流行列。到 2020 年,力争有 12～15 个学科进入 ESI 全球前 1%、3～5 个学科进入 ESI 全球前 1‰;有 10 个左右一级学科进入全国前 5 名,25 个左右一级学科进入全国前 10 名,多数学科力争进入全国前 20 名,与学校整体排名和综合实力相适应。

——国际化水平全面提升。国际化水平保持在国内高校前列。到 2020 年,与 50 所左右世界排名前 200 名高水平大学开展实质性交流与合作,学历留学生达到 2000 人左右,力争学生出国(境)交流比例达到 50%,教师与国际同行交流合作能力全面提升。马来西亚分校完成一期工程,在校生规模力争达到 6000 人以上。

——文化生态更加成熟。弘扬社会主义核心价值观,传承和弘扬厦门大学优秀办学传统,培育形成爱校荣校、改革创新、团结合作、包容共享的价值理念,养成厦大人开放、包容、自信、大气的精神特质,建立与世界一流大学相适应的文化生态。

4.中长期发展的长远目标。到 2030 年前后,服务国家发展的能力更加突出,国际学术地位显著提升,更多学科进入国内领先、世界一流行列,若干学科进入世界一流前列,各学科领域都有一批世界级的专家学者,主要办学指标和整体实力跻身世界一流大学行列,学校综合实力进入世界前 150 名。

到 2049 年前后,办学声誉和办学水平获得国际公认,主要办学指标和整体实力位居世界一流大学前列，为区域发展、国家富强、民族复兴和人类文明进步做出卓越贡献，学校综合实力进入世界前100名。

## 四、主要任务及思路举措

（一）创新人才培养模式，提高人才培养质量。实施卓越教育战略，坚持以立德树人为根本，不断更新教育教学理念，改革人才培养模式，提升创新人才培养能力，着力培养德智体美全面发展的精英人才。

1.促进学生全面发展。推动中国特色社会主义理论体系进教材、进课堂、进头脑，以培养社会主义的优秀建设者和可靠接班人为目标，引导学生自觉地把个人命运与国家命运、把成才梦和中国梦紧密结合起来。整合辅导员、班主任、导师和专业教师的力量，构建第一课堂与第二课堂、专业教育和思想政治教育融合相长的学生工作机制，形成"协同育人"的学生工作模式。引导学生树立正确的学习观，加强学术道德和学术规范教育，营造公平竞争和诚信的人才成长环境。加强体育和心理健康教育，积极开展群众性体育活动，把健全学生体魄和人格作为促进学生德智体美全面发展最重要的基础工程。加强美育和人文素质教育，引领学生树立正确的审美观念，陶冶高尚的道德情操，培育深厚的民族情感，激发想象力和创新意识。

2.深化本科生培养模式改革。深化考试招生制度改革，不断增强对优质生源的吸引力。优化人才培养方案，大力推进通识教育。坚持因材施教，分类培养，充分挖掘学生潜能，彰显学生个性。强化自主性学习、实践性学习、探索性学习，增强学生创新能力。完善实践教育体系，着力提高学生的实践能力、创新能力。深入实施基础学科拔尖学生培养试验计划和各类卓越人才培养计划，推进本科与研究生教育衔接，完善校企合作培养模式，推进学院与书院结合，建立完善的拔尖创新人才培养新体系。

3.深化研究生培养模式改革。深化研究生考试招生制度改革，努力提高生源质量。提高本校优秀本科生直接攻读博士研究生的比例。构建分类分层分段的研究生培养新机制，学术型研究生重在培养创新性思维方式和提升系统性学术研究能力，专业学位研究生重在提升基本理论水平、工作实践技能和对接职业从业资格。建立和完善博士研究生长学制教育培养模式，完善博士研究生中期考核和分流淘汰机制。完善以国际科技前沿和国家战略需求为导向的学术型学位授权点动态调整机制，建立以社会需求为主要导向的专业学位授权点设置和退出机制。完善导师组制度，实施青年研究生导师培育计划。

4.加强课程建设和课堂教学。加强本科核心通识课程、大类平台课程建设，将本科课程控制在3000门左右，全面实现本科课程精品化。推进课程组建设，探索建立教研结合的新型教学基层组织。加强研究生学位课程建设，实施研究生品牌课程建设计划。打通本研课程体系，建立覆盖全校的本研案例教学库。推进信息技术与教育教学的深度融合，加强网络课程与资源的建设，探索承认网络学习、线上学习、慕课学分的机制和办法。推动混合式教学、小组团队教学、翻转课堂等新型教学组织形式，推进教学方法改革。进一步压缩精简课堂教学时数，改革课程考核方式，强化学生过程学习。建设智慧教室，用先进教学手段促进教学改革和教学观念的转变。推进小班化教学，到2020年本科生专业课程中30人以下的小班化课程比例达到70%。

5.增强学生创新创业能力。建立创新创业学分积累与转换制度，完善学生科研创新活动资助模式，加大各类科研项目和科研资源对学生的开放度，支持本科生尽早参与科研，实现研教相长。建立若干个跨学科创新俱乐部，打造本硕博贯通、跨学科跨专业、国际化的学业竞赛项目。实施大学生创新创业训练计划，加强创业导师队伍建设，完善创业导师工作激励机制。建立创新创业教育和自主创业的协同机制，引导毕业生积极投身大众创业、万众创新。

6.完善教学质量保障与监控机制。加大教学经费投入，本科生学费收入100%用于本科生人才培养工作。充分发挥教师发展中心作用，建设教学质量信息平台，统筹本科教育与研究生教育质量的保障与监督。完善校内本科教学评估"年检"制度，建立学科合格评估"抽检"制度，建立与国际接轨的校内质量保障和监控体系。推进专业国际认证，建立与国际实质等效的人才培养质量标准。建立教学工作绩效考核体系，加大教学工作考核权重，设立教学荣誉岗位。大幅度提高返聘课时费，加大返聘退休优秀教师从事教学的力度。建立教学实验资源共享机制和本研共享实践(实训)教学平台。建立毕业生就业质量跟踪调查制度,为持续提升人才培养质量提供参考。

7.支持嘉庚学院发展。创新和完善嘉庚学院管理体制和运行机制,为嘉庚学院提供有力支持,推动其尽快成为国内同类高校中一流的、获得国际广泛认可的、教学科研并重的优秀大学。依托嘉庚学院,进一步提升漳州校区服务功能,为漳州经济社会发展做出新贡献。

(二)深化人事制度改革,建设一流人才队伍。实施卓越人才战略,强化人才第一资源的理念,坚持培养和引进并重,努力打造具有国际竞争力的师资队伍、具有顶尖水平的学术团队、具有专业化水准的管理服务队伍和技术支撑队伍。

1.建设国际一流师资队伍。依托国家和省市各类人才项目,实施"精准引才行动计划",加快引进一批一流科学家和学科领军人物。深入实施"两个一百计划""南强青年拔尖人才支持计划""青年腾飞行动计划",引进和选拔培养一批具有创新能力和发展潜力的中青年学术骨干,完善人才成长保障机制,形成合理的学科队伍梯队。深入实施"国际化师资培养与储备计划",为打造国际化的高水平师资队伍做好人才储备。聘请国内外著名专家学者和具有丰富实战经验的企业界专家,建设一支全职和非全职相结合的高水平师资队伍。

2.打造高水平创新团队。围绕学科发展主攻方向,以国家级平台为支撑,进一步整合力量,优化布局,加大投入,强化保障,分批建设,重点突破,着力打造40个高水平创新团队。优化团队人力资源配置,形成首席科学家、学术带头人、学术骨干、博士后和博士研究生的完备团队体系。建立健全团队建设工作机制,探索按团队聘任、按团队考核的模式,将青年教师培养作为团队带头人的重要考核指标,建立"竞争择优、动态评估、持续开发"考核机制。

3.加强博士后队伍建设。着眼全球人才市场,遴选优秀博士后研究人员,到2020年,打造一支1000人左右的博士后队伍,使之成为高端人才后备军、科研团队生力军、优秀师资"蓄水池"。健全博士后服务体系,将博士后研究人员纳入专职科研系列人员管理,大幅提高薪酬待遇,创造条件解决好博士后住宿问题。提升博士后培养质量,依托高水平平台,紧密结合重大项目,强化合作导师作用,规范博士后科研管理,支持博士后开展创新性研究,扶持博士后开展创新创业。

4.打造专业化的管理服务队伍和技术支撑队伍。推进管理队伍职业化,强化服务意识,引入关键绩效考核指标(KPI)体系。采取公开竞聘,绩效考核,做到"能进能出、能上能下"。探索管理服务岗位分类管理,完善岗位责任制,设立职业化、专业化的高级管理岗位。完善职员职级制度,加强年轻干部培养,拓宽管理服务队伍成长渠道。坚持分类发展、分类考核、分类管理,进一步理顺技术支撑队伍管理体制和机制。规范岗位设置,明确岗位职责,明晰准入标准,完善聘任程序,改革聘用模式,建立和完善技术支撑队伍考核评价办法和职业发展体系。加大引进和培养力度,加强业务培训和继续教育,着力打造一支结构合理、素质优良的技术支撑队伍。

5.完善考核评价办法。强化师德、业绩和质量导向,改革按身份、重数量的教师评价办法。加强师德师风建设,强化教师政治意识、责任意识和底线意识,提升教师教书育人、立德树人的责任感和使命感。改革考核形式,强化聘期考核。改革教师聘任办法,参照世界一流大学的通行做法,实行终身教职准聘制度。探索教师流转退出机制,实行"非升即走、非升即转"。实行校内合聘制度,充分发挥学部协调功能,促进学科交叉与融合。

6.改革人事分配制度。按照"多劳多得、多贡献多得、多担当多得"的原则,设计统一规范、具有竞争力的薪酬体系。整合多元薪酬模式,实行全员协议工资制。继续完善"特聘、讲座教授"体系,统筹国家、省市和学校各类高层次人才计划薪酬,根据业绩和贡献分层次、分学科确定薪酬标准。注重三支队伍的薪酬水平适度平衡,设立管理服务和专业技术重要岗位,激励管理服务和专业技术人员多担当、多作为、多贡献。建立工资正常增长机制,保持薪酬待遇的持续竞争力。

(三)推动学科交叉融合,增强学科核心竞争力。实施卓越学科战略,适应学科发展趋势,加强学科顶层设计,优化学科布局结构,推进学科交叉融合,强化学科主流特色,打造一批国内领先、国际一流的高峰学科。

1.加强学科顶层设计。坚持有所为有所不为，建立学科准入机制和调整机制，构建符合学校目标定位、面向未来发展方向、具备国际竞争力的新型学科体系。繁荣人文社会学科，深入实施《厦门大学哲学社会科学繁荣计划》，坚持以马克思主义为指导，按照立足中国、借鉴国外，挖掘历史、把握当代，关怀人类、面向未来的思路，着力构建中国特色哲学社会科学，努力培育和形成“厦大学派”，巩固和提升国内领先地位，增强国际影响力和话语权。巩固提升基础理科，瞄准世界学术前沿，按国际水准建设师资队伍，进一步增强学科实力，夯实学校创建世界一流学科的坚实基础。振兴工程和应用学科，瞄准工程技术前沿和未来产业方向，推动工科和应用学科围绕国家创新驱动发展战略、“互联网＋”、“中国制造2025”、军民融合等重大计划，推进产学研用结合，增强服务发展能力。创新医科建设和发展模式，落实《厦门大学关于加强医学学科建设的若干意见》，加大医科建设投入，加强附属医院建设，推动解决医学发展面临的体制机制问题，促进医学和其他学科交叉、基础医学和临床医学结合，探索综合性大学医学学科建设、人才培养和学术研究的新模式，努力使医学学科成为学校创建一流大学的新增长点和重要支撑。

2.强化学科主流特色。以中国特色为统领，以支撑创新驱动发展战略、服务经济社会为导向，启动实施统筹推进世界一流大学和一流学科建设，强化入主流、创特色、上水平，尽快占领学术前沿高地，不断增强学科核心竞争力，实现学科在“高原”有“高峰”。重点建设一批国内领先、国际一流的优势学科和领域，为创建一流大学奠定坚实学科基础。加强一级学科建设，强化一级学科评估，开展学科国际评估，强化目标管理和建设绩效考评，动态监测和调整学科发展，突出建设实效。建立激励约束机制，把学科评估结果作为资源配置的重要依据。

3.推动学科深度交叉融合。充分发挥学部在整合学科发展方向、统筹学科建设资源等方面的重要作用。建立有影响力的大型研发平台，完善平台评估机制。打破现有院系固化的运行管理模式，建立以问题为中心的科研管理模式、以重大项目为纽带的人才流动机制、以多学科交叉融合为导向的资源配置机制。设立交叉学科、跨学科研究发展基金，建立教师校内合聘互聘、跨学科招收研究生、跨学科团队成果认定机制，通过专项基金扶持、研究生招生政策倾斜、学院资源横向转移支付等办法，大力促进学科交叉融合。加强各学科领域专家学者自觉交流的意识，为学科交叉融合创造更好的文化和环境氛围。

(四)增强科研创新能力，提升服务发展实效。实施卓越科研战略，强化需求导向和问题导向，推进理论创新、制度创新、科技创新、文化创新等各方面创新，提高服务国家创新驱动发展战略和区域经济社会发展的能力、水平和实效。

1.坚持基础研究与应用研究并重。面向世界科技前沿、面向国民经济主战场、面向国家重大需求，加强战略性、全局性、前瞻性问题研究，力争在若干优势领域取得重大原创性成果和群体性突破。拓展国际视野，聚焦中国问题，强化人文社会科学基础研究，推进理论创新，努力形成对国家和人类社会发展有重大影响的原创性思想和理论成果。建立和完善多元化科研评价体系，促进基础研究和应用研究相结合、科学研究与社会服务相结合，提高应用研究水平和成果转化能力。合理配置基础研究和应用研究的资源和投入，引导教师积极从事应用开发研究。尊重科研规律，改革科研项目和科研经费管理办法，激发创新活力。

2.扎实推进协同创新。转变科研组织方式，建立和完善有利于交叉整合的体制机制，不断提升承担重大科研项目和产出重大成果的能力。坚持战略和前沿导向，着力打造一批交叉集成大团队、大平台，积极争取承接一批重大和重点研发项目。加强新一代信息通信技术、航空航天、海洋技术、生物医药、高端装备及智能制造等领域核心技术和共性关键技术研究。力争在能源材料领域组建一个国家实验室。推进各级各类协同创新中心建设，促进校内学科之间，学校与兄弟高校、科研院所、行业企业、地方政府以及国外一流大学、科研机构之间的协同创新。突破学科和行政组织壁垒，推动院系之间、学科之间、教师之间的深度合作，提升人才、学科、科研三位一体的创新能力。

3.积极参与军民融合。结合工科和应用学科建设，谋划国防立体通信、北斗民用、精密仪器和航空航天等领域的大型科研合作。

4.加速推进成果转化和产业化。推动开放办学和产教融合，构建既符合科研规律又符合市场规律的科研成果转化体系，推动科研工作从问题导向转变为问题和市场相结合导向，从源头上提高成果转化成功率。发挥我校经济、管理、法律等学科优势，建设专业化的成果转化队伍和支撑平台，促进科研资源与社会资本深度融合。建设若干个中国特色新型智库，形成一批特色鲜明、方法创新、符合实际的决策咨询研究成果，提高服务国家决策能力。完善成果的使用、处置和收益分配政策，调动和尊重广大科研人员的创造精神，构建成果转化的长效机制。

5.拓展社会服务领域。深入拓展与国家有关部委、大型企业的战略合作，努力把握前沿动态，进入创新前沿，提升服务质量。全面服务福建科学发展跨越发展，主动对接福建自由贸易试验区、21世纪海上丝绸之路核心区、福厦泉国家自主创新示范区建设等区域重大需求。全面融入“美丽厦门”建设，服务创新型城市、“一带一路”倡议支点城市建设，助力厦门打造生物医药、新材料、软件和信息服务等千亿产业链。完善校地合作机制，坚持“一地一重点”，着力提高社会服务实效。加强继续教育顶层设计，理顺管理体制，促进资源整合，加强质量保障体系建设，打造厦大继续教育品牌，积极服务学习型社会建设。履行社会责任，扎实做好对口支援、定点扶贫工作。

(五)深化对外交流合作，提升国际化办学水平。实施国际化战略，把开放办学作为创建一流大学的必由之路，在国际高等教育和科技学术舞台上展示厦大形象，发出厦大声音，提供厦大经验，全面提升学校国际竞争力和影响力。

1.服务对外开放战略。鼓励和支持教职工到各种国际组织任职，积极参与国际事务管理、国际教育规则制定、国际教育教学评估认证，提升中国高等教育的国际竞争力和话语权。积极争取国家政策支持，建设好中国—东盟海洋学院。积极推进与英国纽卡斯尔大学共建厦门大学纽卡斯尔学院、与卡迪夫大学共建口腔学院。建好汉语国际推广南方基地、孔子学院院长学院和示范孔子学院，促进孔子学院健康发展。加强“一带一路”建设研究，积极参与“一带一路”高校联盟、筹办高端论坛，推动“一带一路”沿线国家和地区大学之间在教育、科技、文化等领域的全面交流与合作。

2.深化实质性交流合作。加强与世界一流大学和学术机构实质性合作，提质增效，将国外优质教育资源有效融合到教学科研全过程。落实“G50战略伙伴计划”，以学院、研究院为主体，推进与国外高水平大学广泛开展教师互派、学生互换、学分互认和学位互授联授等合作项目。积极推动教师参与国际合作研究，主动参与或牵头组织全球性或区域性的重大科学计划和科学工程。探索多种方式利用国外优质教育资源，引进、消化、吸收国外优秀教材，建设一流的国际化精品课程和国际化专业。支持教师和管理干部到国外高水平大学学习进修，提高教学科研水平和管理服务能力。

3.完善国际化人才培养体系。完善国际双向交流机制，加大与世界排名前200名的大学、科研机构、企业的交流合作力度。探索与国(境)外名校联合培养的人才培养模式，推进国际专业论证。推进学生国际化培养，加大学生互换力度，力争到2020年超过50%的学生在学期间具有境外学习交流的经历。实施国际化学科专业和全英文系列课程建设计划，夯实全英文授课硕士项目和本科专业项目建设。完善软硬件条件，加强国际化配套管理服务，打造一批名牌国际化留学项目，提高留学生奖助金资助力度，完善留学生预科教育制度，推进留学教育管理服务国际化，打造优质留学目的地。

4.全力办好马来西亚分校。把马来西亚分校作为促进中国与马来西亚及东南亚其他地区人文交流的重要平台、服务“一带一路”倡议的重要支点、创建世界一流大学的重要组成部分，积极争取国家和海内外各界的关心支持，高水平规划、高起点建设、高效率推进分校的建设工作。完成一期工程26万平方米建设，适时启动二期建设，到2020年在校生规模力争达到6000人以上。加大师资、管理和资金支持力度，将分校建设成一所在东南亚具有较大影响、涵盖本硕博教育的综合性大学，努力成为中国高等教育和中国文化“走出去”的典范。

(六)发挥区位人文优势，加强对台交流合作。充分发挥我校的区位优势和人文优势，创新合作模式，进一步加强与台湾地区高校及社会各界的教育、科技、文化、经济交流与合作，更加充分地利用好台湾地区的各类资源。

1.加强与台湾地区各界交流合作。深化合作内涵，与台湾地区高校开展教师互派、学生互换、平台共建、科研合作、学术会议联合举办等多种形式的交流合作。参与打造“山海论坛”“海峡两岸大学校长论坛”等精品活动，大力支持两岸学术交流。制定对台人才发展战略，吸引台湾地区高层次人才来校工作，吸收台湾地区优秀师资来校任教。加大对台招生工作力度，完善台生管理服务体系，吸纳台湾地区优质生源。牵头组建两岸高校联盟，探索人才联合培养机制。推动科技资源共享，促进两岸科技交流合作。

2.服务国家和省市对台决策。依托“两岸关系和平发展协同创新中心”，加强对台研究和决策咨询服务，为两岸关系和平发展做出应有贡献。做好台湾地区政治、经济、社会发展研究，继续选派专家学者赴台开展驻点研究。扶持涉台相关学科发展，拓展涉台研究领域，加强台湾地区文化、教育、科技、法律等方面的研究。积极开展台湾岛内社情民意追踪调查工作，及时提交涉台研究第一手资料和高质量的决策咨询报告，为中央和省市领导涉台决策提供参考，发挥重要的思想库和智囊团作用。

3.促进两岸青年学生交流互动。着眼于两岸关系未来，加强与台湾地区高校的学生交流互换，促进两岸青年沟通交流，引导青年学生感悟两岸关系和平发展潮流，尽早担当起开拓两岸关系前景、实现民族伟大复兴的重任。抓住大众创业、万众创新契机，关注岛内年轻世代，推动两岸青年共同创业就业。加强闽南文化研究、传承和推广，办好两岸大学生“闽南文化研习”夏令营，加厚两岸青年文化认同。

（七）优化资金资源配置，增强保障支撑能力。资金资源是创建一流大学的重要物质基础和财力保障。要提升资源资金筹措能力，千方百计开源节流，优化配置和有效利用现有条件，提升公共服务水平，支撑事业持续健康发展。

1.积极争取资金资源。适应财政部、教育部预算拨款体制改革的新常态，加强项目库建设，策划储备一批带动发展的重点项目，为争取各级政府的重大专项投入、各种财政补助和各类政策性资源做好充分准备。调整创收收入分配政策，完善捐赠管理制度，将学院筹集的捐赠收入所获得的捐赠配比专项资金足额划归学院，充分调动院系筹集资金资源的积极性。办好厦门大学教育发展基金会，提高基金运营能力，确保基金稳步增长、保值增值。争取社会资金资源，支持校友设立股权投资基金，其中部分基金收益捐赠母校，用于支持母校发展和师生创新创业。到2020年，学校综合财务收入达到70亿元以上，力争突破80亿元。

2.优化资金资源配置。改革校内预算制度，全面实施绩效预算管理，强化绩效导向，建立“长期规划、绩效评价、年度调整、滚动实施”的财务管理机制，提高资金使用效益。加强资产、财务信息联动管理系统建设，以信息化推进管理科学化、精细化，建立高效、节约、集约利用资源的综合保障服务体系。充分发挥学部职能，探索建立以人为中心、适应不同学科特点、符合学科发展规律、有利于交叉融合的资源配置机制。

3.深化资产管理体制改革。强化资产经营理念，规范对企业资产和事业资产的管理。完善国有资产管理体制，推行资产有偿使用制度，加强无形资产管理。加强政府采购规划管理，提高采购效益。开展资源使用效果和效益评估，盘活存量，优化增量，避免浪费，提高效益。全面推进企业资产的市场化运作，实现企业资产的收益最大化。建立公房资源配置标准，完善公房配置模式。实行货币化补贴制度，采取租补分离的方式，改革引进人才的周转房政策。

4.持续改善基本办学条件。按照有利于教学科研、合理配置资源和提高办学效益的原则，不断完善各校区学科布局和配套设施建设，完善多校区协调发展的管理运行机制，形成功能分区科学、学科布局合理、基础设施完善、管理运行高效的一流大学校园。加强国际留学生宿舍和博士后公寓建设。完善翔安校区工作生活配套条件，切实解决翔安校区师生的具体困难。完成演武运动场及访客中心等重大基础设施建设，提升校园管理水平。完善体育设施建设，彻底解决思明校区体育场馆不足的问题。加强项目论证，逐年落实一批基建修购项目。完成一批教学科研基础设施建设，推动科技园、产业技术研究院、师生创新创业创客空间建设，为服务创新驱动发展战略打造新的载体平台。

5.提升公共服务水平。提升信息化水平，推进信息化与教学科研和管理服务的深度融合创新。加强数据中心建设，推动资源平台、管理平台的互通衔接，促进数据资源开发利用。推进校内大型仪器设备开放共享,提高实验仪器设备使用效率。加强期刊、图书等高水平学术出版载体建设,提升学术期刊国际化影响力。推广合同能源管理,实施节能改造,建设节约型校园。稳步增加图书文献资源和电子资源数量,优化服务,打造一流图书馆。充分利用图书馆、餐厅、咖啡厅、学生活动中心等公共空间,加强学术文化公共活动场所建设。深化后勤服务社会化改革,促进后勤工作健康持续发展,不断提高服务质量,为学校发展提供优质保障。

(八)完善内部治理结构,建设现代大学制度。一流大学要有一流的管理。要加强管理服务体系建设,落实《厦门大学章程》,全面推进依法治校,加快中国特色世界一流大学制度建设,推进学校治理体系和治理能力现代化。

1.完善学术管理制度。健全和维护以学术委员会为核心的学术管理体系和组织架构。充分考虑学院间差异,完善学术委员会运行机制,规范工作流程,统筹行使好学术事务的决策、审议、评定和咨询等职权。充分发挥学部委员会在学科规划、教师评价、重点建设资源配置、学术咨询等方面的重要作用。进一步完善学院教授委员会制度及委员选举制度,理顺学院教授委员会和学术分委员会的关系,规范学院学术组织运行。

2.加强机关作风和效能建设。明确机关部门职责,加快形成权界清晰、分工合理、权责一致、运转高效、法治保障的机关部门职能体系。推进简政放权,明确负面清单,减少审批事项,提高工作效率。加强和改善宏观管理,强化机关公共服务保障、发展规划制定、发展趋势研判、制度机制设计、跨部门统筹协调、对外沟通联络等职能,提升谋划运作、组织协调、贯彻落实、监督管理和综合服务的能力和水平。强化管理就是服务的意识,推行精细化管理。

3.完善内部控制制度。建立完善内部控制体系,确保学校经济活动的决策、执行和监督相互分离。建立健全内部控制关键岗位责任制,确保不相容岗位相互分离、相互制约和相互监督。梳理各类经济活动的业务流程,将制衡机制嵌入内部管理制度,进一步提升学校管控效能。充分利用信息化系统,优化工作流程。

4.深化校院二级管理体制改革。坚持统一领导与分级管理相结合,坚持责权利相一致,强化学院办学主体地位,激发学院办学活力,推动学院自主管理、自我约束、规范运行、加快发展。探索在重大建设方面建立校院共担机制,实施试点学院改革,对试点学院进行充分授权和放权。规范学院运行体制机制,完善学院党政联席会议制度,充分发挥院级教授委员会的功能。实行院长任期目标责任制,探索学院的副院长、系主任由院长提名,按组织程序考核选任的机制。试点院长全球招聘。

5.推进民主参与和民主监督。加强党务公开、校务公开和信息公开制度,及时发布办学信息,保障师生员工和公众的知情权、参与权和监督权。严格执行“三重一大”集体决策制度,完善群众参与、专家咨询和集体决策相结合的议事决策机制。健全重大决策公示和听证制度,重要改革方案、重大政策措施、重点工程项目在决策前都要公开征求意见,并以适当方式公布意见采纳情况。完善教职工代表大会和学生代表大会制度,拓宽民主参与、民主管理、民主监督的渠道和途径,扩大有序参与,加强议事协商,探索师生代表参与学校决策的机制。发挥工会、妇委会代表的作用,完善申诉和信息反馈机制,保障师生员工合法权益。完善新闻发言人制度,及时准确回应社会关切,接受各方对学校办学的监督。

(九)塑造良好文化生态,推进美好厦大建设。文化生态是一流大学的本质表现。要强化文化内涵建设,弘扬社会主义核心价值观,传承厦门大学优良办学传统,倡导爱校荣校、改革创新、团结合作、包容共享的校园价值理念,为建设一流大学提供强有力的精神支撑和文化保障。

1.建设魅力校园。坚持思想引领,坚持马克思主义在意识形态领域的指导地位,牢牢掌握意识形态领域工作的领导权和主导权。礼敬中华文化,注重立德修身,倡导崇教厚德,把社会主义核心价值观融入教育教学的全过程,让社会主义核心价值观更加深入人心。凝练学术传统和学术特色,营造浓厚的学术文化氛围,打造精致的管理文化,大力加强学院文化建设,拓展全球文化视野,着力锻造追求卓越的校风。弘扬优良办学传统,深化党史校史研究,增强校园展馆和环境承载校史文化的功能,深入开展校史文化宣讲活动,创作排演校史文化艺术精品,让百年厦大精神成为广大师生自觉的精神追求。加强网络文化建设，把网络建设成为传播正能量的重要基地，培育师生文化品位，促进师生身心和谐。塑造传播厦大良好文化形象，完善形象识别系统，统一厦大文化符号，增强国际传播能力，展示厦大人开放、包容、自信、大气的精神特质，进一步提高厦大在海内外的知名度和美誉度。

2.构筑温馨校园。坚持以人为本，关心师生员工身心健康，加强对师生员工的人文关怀，促进师生员工全面发展与成长成才，着力解决师生员工最关心、最直接和最现实的利益问题。通过积极争取保障房与人才房、建设限价房和采取校内向校外置换等多种形式、多种途径，不断改善教职工住房条件。争取地方政府支持，建设附属学校，办好各校区幼儿园，有效解决教职工子女入学问题。重视离退休工作，完善工作机制，思想上关心、生活上照顾、精神上关怀离退休老同志。建立学习困难学生的帮助机制，进一步做好家庭经济困难学生资助工作，推进助困助学育人。做好就业援助工作，帮助学生有业就、就好业。

3.建设绿色校园。树立绿色发展理念，加强绿色校园建设，全面提升校园文化环境，使校园生态更加优美。加强资源环境国情和生态价值观教育，提高师生环境保护意识和社会责任感，推动形成绿色发展方式和生活方式。充分运用节能减排新技术、新材料、新工艺，提升节能减排实效，建设节约型校园。发挥学科优势，大力开展环境生态、节能环保等领域的研究，积极参与和支撑绿色发展、循环发展、低碳发展。

4.打造平安校园。建立健全“党政同责、一岗双责、齐抓共管”的安全工作责任体系。强化国家安全意识，提高政治敏锐性。加强思想文化阵地建设，加强学校课堂教学、报告会、研讨会、讲座、论坛等的管理，确保阵地稳固、导向正确。加强校园网管理，确保校园网络的正确运用和安全。强化校园综合治理，完善公共突发事件应急预案，提升应对处置能力。完善校园安全稳定综合防控工作机制，推进校园安全标准化建设，全方位提升治安、消防、交通、食堂和校园秩序管理水平，推动校园周边综合治理，创建福建省“5A级平安校园”。

（十）全面加强党的建设，提供坚强有力保证。党对高校的领导是办好中国特色社会主义大学的根本保证。要加强和改进高校党的建设，坚持党要管党、从严治党，强化政治意识、纪律意识和责任意识，不断加强党的思想建设、组织建设、作风建设、反腐倡廉建设和制度建设，努力为创建一流大学提供坚强保证。

1.加强思想理论武装。坚持马克思主义理论的指导地位，深入开展马克思列宁主义、毛泽东思想、邓小平理论、“三个代表”重要思想、科学发展观以及习近平总书记系列重要讲话精神的学习，扎实开展“两学一做”学习教育，不断加强理想信念教育，引导党员干部坚守共产党人的精神追求，矢志不渝为建设世界一流大学而奋斗。发挥校院两级中心组的示范引导作用和党校的主阵地作用，强化思想政治理论课的主渠道作用，增强学习实效。坚持理论联系实际，引导党员干部树立世界眼光，培养战略思维，不断提高谋划发展、推动发展、服务发展的能力。

2.加强领导班子和干部队伍建设。加强学习型领导班子建设，不断提高班子思想政治素质，始终坚持中国特色社会主义办学方向。坚持和完善党委领导下的校长负责制，坚持民主集中制原则，建立健全党委统一领导、党政分工合作、协调配合的工作运行机制。把握正确用人导向，健全科学有效的干部选拔任用机制，提高选人用人公信度。健全干部管理体制，完善干部考核评价制度，把培养选拔优秀年轻干部作为重大战略任务。加强干部教育和培训，加强干部轮岗锻炼，拓宽干部交流和挂职渠道。

3.加强基层党组织建设。坚持工作重心下移，落实党建工作责任制，把从严治党要求落实到基层，充分发挥基层党委（党总支）的政治核心作用和保证监督作用。优化党组织设置，选好配强支部班子。创新党支部活动方式，打造基层党建工作品牌，增强党支部活力。按照“控制总量、优化结构、提高质量、发挥作用”的总要求，做好在优秀师生中发展党员工作，把各类优秀人才团结和凝聚在党的周围。以提高党性修养为重点，加强党员教育、管理、监督和服务。尊重党员主体地位，发扬党内民主。

4.切实转变工作作风。巩固群众路线教育实践活动和“三严三实”专题教育成果，对照中央“八项规定”和学校改进作风十六条规定要求，持续反对“四风”。牢固树立宗旨意识和群众观念，坚持领导干部“四下基层”，建立领导干部联系基层、联系师生制度，健全工作情况通报制度，畅通信息沟通渠道。严肃查处违反师德行为和学术不端行为。加强监督检查，对发现的问题及早整改，做到言必信、行必果，以优良作风正校风、促教风、带学风。

5.加强党风廉政建设。坚持理想信念宗旨“高线”,牢牢守住党的纪律“底线”,切实把纪律和规矩挺在前面,经常性地开展纪律教育,依照党章党规党纪管党治党。强化“一岗双责”,认真落实党风廉政建设责任制。加强反腐倡廉制度建设和校园廉政文化建设,强化党风廉政教育,筑牢拒腐防变的思想道德防线,科学有效地预防腐败。突出廉政风险防控重点,加强对重大决策、干部选任、经费使用、基本建设、资产管理、考试招生等重点领域和关键环节的监督,推进信息公开。综合运用监督执纪“四种形态”,强化纪律审查,坚决惩治腐败。加大内部审计工作力度,加强审计制度建设,完善审计工作机制,健全审计整改责任制。确保学院权责一致、内部运转规范有序。加强和改进巡视工作,强化对学院运行的监管。

6.充分调动各方面的积极性。全面规范各领域各方面统战工作,认真贯彻落实《中国共产党统一战线工作条例(试行)》,凝聚人心,汇聚力量,巩固和发展最广泛的爱国统一战线;创造条件,大力支持各级人大代表、政协委员履行职责;团结和引导民主党派人士、党外知识分子等统一战线成员发挥作用;广泛团结华侨华人、台港澳同胞和各界友好人士,为学校发展献计献策、贡献力量。认真贯彻落实《中共中央关于加强和改进党的群团工作的意见》,充分发挥工会、共青团、妇委会、侨联、台联等群众团体的桥梁和纽带作用,开创新形势下党的群团工作新局面。发挥离退休老同志在学校建设和育人中的积极作用。

7.凝聚校友力量。把校友作为推动事业发展的重要力量,培育感恩母校、奉献社会、报效国家的校友文化,更好地凝聚校友力量,共同推进一流大学建设。把服务校友成长发展作为创建一流大学的战略性工作,健全校友工作网络,完善校友服务体系,不断提升校友工作水平。把校友资源作为教书育人和学科建设的重要支撑,建立和完善校友服务学校发展的机制,挖掘校友育人资源,发挥校友育人效应。

8.强化规划实施保障。加强统筹管理和衔接协调,形成以总体规划为统领,专项规划、学院(研究院)规划、年度计划等为支撑的发展规划体系。加强对本规划实施的组织、协调和考评,分解细化目标指标和重点任务,明确责任主体和实施进度要求,确保如期完成。开展规划实施情况动态监测和评估工作,把监测评估结果作为改进学校工作和对各单位绩效考核的重要依据。做好信息公开工作,向学校师生和社会各界报告规划实施情况,自觉接受监督。保持战略定力,增强改革韧劲,坚持一张好的蓝图干到底。本规划需要进行调整时,由校长办公会提出调整方案,提交教职工代表大会审议、学校党委全委会审定后,报教育部核准。

## 结　语

自强不息,止于至善;巍巍学府,南方之强。1921 年,嘉庚先生怀抱教育救国之理想、为吾国放一异彩之宏愿,创办了厦门大学。近百年来,一代代厦大人秉承嘉庚精神、牢记历史使命、敢于责任担当,创造了一个又一个辉煌,为国家和民族进步做出了重要贡献。2021 年,厦门大学将迎来建校 100 周年。我们距离全面建成世界知名高水平研究型大学的“第一个百年”奋斗目标如此之近。我们唯有进一步解放思想、改革创新,进一步坚定自信、保持定力,进一步团结拼搏、奋勇争先,才能不辱使命,才能实现超越,才能赢得未来。厦门大学全体师生员工要更加紧密地团结在以习近平同志为核心的党中央周围,在上级党组织的正确领导下,锐意进取,攻坚克难,谱写改革发展历史新篇章,为建设世界一流大学、打造高等教育强国、全面建成小康社会、实现中华民族伟大复兴而努力奋斗!

——本文摘录自《厦门大学年鉴 2017》,厦门大学出版社,2017 年 12 月版

# 厦门大学 2016 年工作计划要点

（2016 年 2 月 26 日）

2016 年是“十三五”开局之年，也是深化综合改革的关键之年。2016 年学校工作的总体要求是：深入学习贯彻党的十八大及十八届三中、四中、五中全会精神和习近平总书记系列重要讲话精神，深入落实“四个全面”战略布局和五大发展理念，以世界一流大学建设为主线，以一流学科建设为重点，以深化学校综合改革为动力，认真落实学校第十次党代会提出的各项任务，以改革创新精神全面加强党的建设，全面启动实施《厦门大学“十三五”规划和远景规划》，保持战略定力，激发创新活力，凝聚发展合力，推进内涵发展，提高教育质量，努力推动学校各项事业又好又快发展。2016 年主要工作如下：

## 一、落实全面从严治党要求，进一步加强学校党建工作

1.加强理论武装。持续深入开展学习贯彻党的十八届三中、四中、五中全会精神和习近平总书记系列讲话精神理论宣讲和专题研究，学习贯彻全国和福建省教育工作会议精神。充分利用各类教育培训资源，注重发挥党校主渠道作用，创新党委中心组学习形式，突出党的理论教育和党性教育，强化党章党规党纪教育，不断增强党员干部的战略思维、历史思维、辩证思维、法治思维、创新思维、底线思维。组织开展五大发展理念、一流大学建设管理能力等教育培训，开辟学习研究新园地，以新理念引领新常态，着力提升各级各类干部探索规律、理论思考、调查研究的能力水平。

2.扎实开展“两学一做”学习教育。巩固拓展党的群众路线教育实践活动、“三严三实”专题教育成果。按照中央部署和要求，扎实开展“两学一做”学习教育，以党支部为基本单位，以组织生活为基本形式，以落实党员日常教育管理制度为基本依托，在全校党员中组织开展“学党章党规、学系列讲话，做合格党员”学习教育，融入日常，抓出实效，引导广大党员坚定信仰信念，强化政治意识，树立清风正气，勇于担当作为，在推动学校改革发展稳定中建功立业。

3.加强领导班子和干部队伍建设。加强领导班子思想政治建设，抓好民主集中制和学院党政联席会制度落实，增强班子团结共事能力。加强干部队伍建设，做好干部选任调整工作。按照人岗相适等要求，盘活干部资源，构建“能上能下”机制，创新年轻干部培养选拔任用力度，推动干部更加主动作为、敢于担当，更富闯劲韧劲。抓好学院行政领导班子换届工作，选优配强领导班子。严格落实从严管理干部要求，强化组织管理与自我管理结合、日常管理和关键时刻管理贯通、行为管理与思想管理统一、工作圈管理与社交圈管理衔接。建立健全干部工作制度，坚持完善制度和落实制度一体推进。推动干部工作改革创新，深入分析领导班子和干部队伍状况，查找存在问题的深层次原因，提出切实可行的改革举措。适应学校改革发展需要，加大干部队伍教育培训力度，创新教育培训方式方法，增强干部胜任本职工作的能力素质。

4.加强基层党建。落实党建工作责任制，修订《中共厦门大学委员会关于基层党委（党总支）工作的暂行规定》，进一步明确基层党委（党总支）抓党建工作的责任，继续开展基层党委（党总支）书记抓党建工作述职评议考核工作。抓好基层党支部特别是教工党支部制度规范建设，开好组织生活会，严格“三会一课”等党内生活制度，进一步提高党内政治生活质量。深化党支部“共创共建”机制，继续推动党支部工作“立项活动”开展。加强党员队伍建设，落实“控制总量、优化结构、提高质量、发挥作用”要求，严把入口，提高发展党员质量，优化党员队伍结构，加大在学科带头人、优秀青年教师中发展党员的工作力度；畅通

出口,稳妥慎重地做好处置不合格党员工作。加强党务工作者队伍建设,推动党务秘书队伍向专业化和精细化发展。扩大党内民主,落实《党代表常任制实施办法》,建立健全基层党委(党总支)党务公开工作制度,认真开展批评和自我批评,营造党内民主氛围。组织开展纪念学校党组织成立90周年庆祝活动。

5.持续推进党风廉政建设。组织开展纪律教育,深入学习贯彻《中国共产党廉洁自律准则》《中国共产党纪律处分条例》,追求道德高线,守住纪律底线。加强党风廉政建设责任落实,强化"一岗双责",加大正风肃纪力度,深入贯彻落实教育部关于违反中央"八项规定"典型案例通报视频会精神,加强专项检查整改落实,认真抓好巡视前即知即改、立行立改工作。对在执纪审查中发现的"四风"问题线索,要深挖细查,越往后执纪越严。着力解决师生员工身边的不正之风和腐败问题,严格分类处置,用好监督执纪"四种形态",实现惩处极少数、教育大多数。积极探索推动问责落实,坚持权责对等和失责必问,研究制定校内相关责任追究的实施细则,实施"一案双查"制度,使问责形成制度,成为常态。探索在校内二级党组织中试点设立二级纪委。

6.加强统战、工青妇、离退休和校友工作。成立学校统战工作领导小组,制定贯彻《中国共产党统一战线工作条例(试行)》的实施细则,以各级民主党派和人大、政协换届为契机,重点做好学校党外代表人士人选推荐工作。深入贯彻落实中央《关于加强和改进党的群团工作的意见》精神,加强群团组织制度建设和自身建设,积极探索服务新途径,进一步发挥群团组织在依法治校、民主管理方面的作用。贯彻落实中央《关于进一步加强和改进离退休干部工作的意见》,遵循"四个更加注重"原则,积极调动各方力量,做好离退休工作。完善校友服务体系,加强校友联络与走访工作,健全校院两级校友工作体制机制,推动海外校友会建设,成立孔子学院校友会,举办第五届全球校友会会长、秘书长联席会议。

7.维护校园安全稳定。进一步落实意识形态工作责任制,强化课堂教学管理,加强对各类讲座、论坛的管理,守好阵地,管好队伍,切实做到守土有责、守土负责、守土尽责。落实安全工作"党政同责、一岗双责"机制,开展矛盾隐患排查工作,妥善处理各类突发事件,坚决抵制邪教,严密防范校园宗教渗透,强化国家安全意识,确保政治稳定。完善校园安全稳定综合防控和周边环境综合治理机制,持续开展校园环境提升工作。推进实验室6S管理,继续开展实验室安全专项检查。推进安保工作人员管理体制和工作机制改革。

## 二、坚持立德树人,加强和改进思想政治教育工作

1.加强思想建设。落实宣传思想和文化建设工作会议部署,把宣传思想和文化建设工作提高到新阶段、新水平。充分发挥思想政治理论课主渠道作用,不断创新思想政治理论课教学方式。发挥马克思主义理论学科的领航作用,进一步加强我校中国特色社会主义理论中心等重点基地建设,加强理论和现实问题的研究与阐释工作。坚持马克思主义在意识形态领域的指导地位,强化阵地意识和责任担当。

2.推进社会主义核心价值观培育践行。深化中国梦主题教育活动,开展"社会主义核心价值观宣传月"活动,征集一批社会主义核心价值观主题文化作品。结合重大活动和重要时间节点,突出爱国主义教育内容,开展纪念中国共产党成立95周年、红军长征胜利80周年等系列教育活动。组织"与信仰对话"精品报告会,持续推进青年马克思主义者培养工程。持续开展"文化根·民族魂·中国梦——礼敬中华优秀传统文化"主题活动,支持国学类学生社团举办优秀传统文化研讨和展示活动,重点办好"新青年说国学"沙龙、国学经典诵读等活动。开展家国情怀、社会关爱和人格修养教育,广泛开展志愿服务活动。推进"向上向善进行时"道德素养巡礼活动,深入挖掘展示诚实守信、见义勇为、自强创新等道德实践事迹。

3.着力抓好校风、教风、学风建设。开展教风学风建设年活动,加强学生管理,抓好课堂纪律、考风考纪、学术诚信等重要环节。继续开展"我最喜爱的十位老师"评选活动,积极培育师德师风典型和学生先进典型,用讲故事的方式集聚正能量,营造争学模范、立德修身的良好风气。开展"读书的力量"系列活动,树立一批师生读书楷模,扶持一批学生读书组织,营造"爱读书、读好书"氛围。积极开展"学长辅助计划""结对帮扶""结对共建"等工作,加强朋辈指导。持续建立"实践+专业+课题"和"实践+基地"实践

范式，推进项目化、品牌化建设，提升社会实践工作质量。

4.加强校园文化建设。传承弘扬校史文化，组建百年文化宣讲团，组织好各类校园文化精品项目演出，进一步培育形成爱校荣校、改革创新、团结合作、包容共享的校园文化氛围。完成博物馆、展览馆等一批公共区域文化设施建设，组织志愿者有序引导游客参观，更深感悟厦大文化。持续推动翔安、漳州校区校园文化建设，使校区文化氛围更为浓厚、更具品位。利用新媒体手段，认真研究厦大文化符号的形象化、系统化，丰富厦大文化的品牌形象。开展"一院一品"行动和校园文化成果评比活动，推动学院文化建设和院史文化研究。加强网络文化建设，扶持培育一批优秀大学生网络文化工作室，完善具有厦大特色的易班推广建设模式，推进校园文化产品微传播。落实学校体育工作大会部署，发展体育文化，组织实施学生"下午四点半锻炼计划"，推动群众性体育活动蓬勃开展。

5.做好学生管理服务。完善心理健康教育工作机制，出台加强和改进学生心理健康教育工作的实施意见，编制心理健康教育工作手册，推进"心理健康教育创新工作项目"建设。加强少数民族学生管理与服务，提升学生事务大厅服务水平。落实海外学生管理服务工作安排，建立"语伴"等海外学生学习帮扶制度，开展中外学生文化交流活动。修订学生住宿管理规定，继续开展每月"宿舍卫生日""垃圾不落地"活动，加强学生公寓文化建设。

## 三、深化人才培养模式改革，努力提高人才培养质量

1.着力加强本科人才培养模式改革。召开本科教育教学工作大会，结合教育部本科教学工作审核评估反馈意见，深化本科教学改革。加强教育质量监测评估，依托首个落户我校的全国高等教育质量监测评估研究基地，承办联合国教科文组织IQA年会。以实施拔尖计划为引领，深化教研结合、科教协同的研究型人才培养模式改革，全面构建人才、学科、科研"三位一体"协同育人机制。深化教学方法改革，提升信息化教学水平，建设一批新型智慧教室，推进以学生为主体、教师为主导、研究型学习为核心的课堂教学模式改革。加强示范性网络课程建设，大力推进"全部课程上网工程"计划，建设若干门大规模在线开放课程(MOOCs)，积极探索网络教学模式，以教育技术手段改革倒逼教学改革。推进本科专业认证工作，着力抓好本科专业建设。推进质量为先导的教学改革，本科生学费收入100%用于本科教学工作，充分发挥学费使用效益，全面服务人才培养工作。

2.着力提高研究生教育培养质量。推进直博生选拔制度改革，大幅扩大直博生比例，进一步提升博士研究生生源质量。推进博士生中期考核分流制度改革，继续做好19个博士培养单位中期考核工作，完善考核分流制度。完善硕博连读选拔机制，放宽硕博连读选拔年级和选拔比例限制，鼓励跨学科专业申请硕博连读。启动学术型研究生核心课程建设，发挥一级学科培养指导委员会在审核课程、指导课程建设中的重要作用，建立与国际接轨的研究生课程管理办法。

3.深化创新创业教育。推动实验教学示范中心、虚拟仿真实验教学中心的建设工作。着力抓好学生实习工作和实践教育基地建设，建立本科生实习规范，力争每个专业至少建立2个相对稳定的实践教育基地，每个卓越工程师专业实践基地不少于5个。推进工程师训练营和俱乐部建设，做好咨询服务，跟踪项目进展。依托"全国高校实践育人创新创业基地"，大力开展"挑战杯""创青春""互联网+"等学生科创竞赛，营造浓厚的校园创新创业氛围。推动高水平教师指导本科生创新创业项目，着力提升学生学业竞赛水平。分层次、分类别开展创业实训培训活动，优化大学生创业服务网功能，探索创业融资新模式。召开本科生科创竞赛总结表彰大会，承办第九届全国大学生创新创业年会。

## 四、深化科研体制机制改革，不断提升科研水平

1.推进科研管理体制改革。创新科研组织模式，挖掘潜力，提升内生创新力。通过加大资源投入和政策导向，打破学院、学科固有的组织模式，组建大团队，组织多学科、跨学科的联合攻关。进一步简化管

理工作程序,提高工作效率。

2.加强科研平台建设。积极争取与福建省共建能源材料化学国家实验室,推动石墨烯工程和产业研究院建设。力争再组建1～2个国家级工程实验室(工程中心)。继续做好各级协同创新中心的培育及国家级协同创新中心的认定,力争再申报1～2个国家级协同创新中心并获得认定。制定3000吨级科考船运行管理体系,启动"国家海底长期科学观测系统"建设方案。密切关注国家政策,集中力量建设一批学术高地和若干个国家级新型智库。

3.积极争取科研项目。积极参与国家重大专项、重点研发计划、国防重大专项和行业区域重大项目的组织、策划工作,从源头上提升承接大项目的能力。围绕国家中长期科学技术发展规划,以国家和区域社会经济发展需求为导向,结合学校优势学科,将基础研究、应用研究、转化与产业化等有机整合形成链条,引导和培育一批重大科研项目,加强项目执行与成效管理。

4.积极争取科研经费。力争2016年科研经费达到15亿元,其中理工医科12.5亿元,人文社科2.5亿元。加强科研经费管理,强化审核机制,制定间接经费、科技项目过程管理办法,修订纵向、横向科研经费管理办法,确保科研经费的使用符合科研规律、规范有序。

## 五、谋划推进"双一流"建设,进一步提升学科建设水平

1.科学编制《厦门大学建设世界一流大学和一流学科实施方案》。充分发挥学术组织职能,强化专家学者在学科规划、项目论证方面的作用,以改革创新的思路和举措推进"双一流"建设。以实施"双一流"计划为契机,推进新一轮省部重点共建。

2.落实医学教育工作会议精神,创新思路举措推动医学学科取得新发展,争取获得我校临床医学一级学科博士学位授权。

3.全面开展学位授权点合格自我评估,探索建立以提高评估实效、以人才培养为核心的评估绩效制度,把学位合格评估与招生计划、教育经费划拨方案挂钩,建立学科评估动态调整机制。

健全学科自我评估、国内同行评估与国际同行评估相结合的评估机制,做好教育部一级学科评估准备工作。

## 六、深化拓展战略合作,主动服务经济社会发展

1.深化拓展战略合作。加强与大型企业、重点单位的战略合作,各学院有10～15个实质性合作单位,增强服务创新驱动发展的能力和水平。找准重点,优化布局,继续拓展学校战略合作。通过推动开放办学和加强对外拓展,为学校争取和落实更多的资金资源。

2.积极服务福建发展。落实与福建九市一区战略合作工作会议部署,深入研究服务新福建建设举措,以"一地一重点"为目标,推进重点合作项目对接落实。针对厦门市各区特点,明确合作重点,提升服务厦门经济社会发展水平。积极推动与厦门市共建附属医院、附属中学工作,建好厦门大学金圆研究院。

3.加强科技成果转化和智力服务。健全成果转化激励机制,探索科研项目提出、试验、转化为一体的大科研体系,完善科技开发收益分配办法,修订科研成果申请、维护、转化管理办法。大力推动厦门大学国家大学科技园主园区建设。围绕服务国家及区域重大战略需求,加强对策研究,为党委和政府提供高质量决策咨询服务。进一步理顺体制,整合资源,发挥我校继续教育的品牌影响力,为国家和地方经济社会发展做出新贡献。

## 七、深化人事分配制度改革,全面提高人才队伍素质

1.全力引进顶尖青年人才。制订出台"南强青年拔尖人才支持计划",进一步优化顶尖青年人才学科

分布，为提升学校学科的整体水平和竞争力积蓄强大后劲。加强顶尖青年学者库建设，深入掌握人才信息，举办"海外青年学者走进南方之强"青年学者论坛，全面加强人才引进宣传力度。

2.着力优化人才队伍建设体系。研究制定《人才引进实施办法》《讲席教授、特聘教授岗位管理办法》等制度文件，建立健全人才引进、培养、开发和服务机制，持续深化"两个一百"战略，继续加大学术领军人才和学科带头人队伍建设力度。建立"人才工作周"制度，将 3 月、6 月、9 月、12 月的第三周确定为学校专业技术职务聘任委员会会议周，科学安排聘任工作周期，优化聘任工作节奏。借鉴国内外一流学科的先进做法，参照目标学科人才评价标准，对人才评价标准、聘任细则和岗位设置方案进行优化调整。

3.大力加强博士后队伍建设。从学科发展的战略高度做好博士后队伍建设规划，加强博士后招收宣传工作，健全竞争择优的博士后遴选机制，强化博士后考核力度，在大幅提高博士后薪酬待遇的同时，提高博士后队伍质量和科学研究水平，使之真正成为高端人才后备军、科研团队生力军、优秀师资"蓄水池"。

4.建立与薪酬改革相配套的考核评价体系。综合考虑学科特点、人才成长规律等要素，学习借鉴国内外一流大学的先进做法，进一步强化岗位关键绩效指标体系考核，综合考量教师的工作经验、教学效能、学术活动和社会服务等因素，完善考核评价体系，突出绩效与薪酬的正相关关系，努力建立起激励与约束相适应的"多劳多得、多贡献多得、多担当多得"的薪酬制度。修订工程、实验等系列专业技术人员聘任条例，制定加强党政管理人员队伍建设意见，综合考虑工作强度、工作绩效、工作作风等指标，建立健全以促进服务质量提升为导向的考核评价体系，着力打造职业化、专业化的管理服务与技术支撑队伍。

## 八、深入实施国际化战略，全面推进对外交流与合作

1.办好马来西亚分校。把马来西亚分校作为促进中国和马来西亚两国及东南亚地区人文交流的重要平台、服务"一带一路"倡议的重要支点、创建世界一流大学的重要组成部分，积极争取国家和海内外各界的关心支持，高水平规划、高起点建设、高效率推进分校的建设工作。做好马来西亚分校首批学生的招生和培养工作。推进中国—东盟海洋学院建设。积极争取设立"福建省政府奖学金"，用于资助分校闽籍学生和闽籍华人华侨子弟。

2.深化对外交流与合作。以孔子学院、全球工程教育交换联盟(GE3)、欧盟"伊拉斯莫斯项目"、东盟大学联盟等有关合作交流项目为基础，以世界一流大学为主要合作对象，建立长期实质性双边和多边合作关系，推进"G50 战略伙伴计划"。鼓励每个学院实现与国外 3～5 所一流大学的相关学院或学科建立长期稳定紧密的交流合作关系的目标。利用好山海论坛、两岸大学生闽南文化研习夏令营等品牌项目，办好"第十一届海峡两岸名校两岸事务部门负责人论坛"，与台湾地区合作院校全方位开展实质性合作。积极申报教育部香港与内地高等学校师生交流计划，引导学院层面与台港澳优秀高校建立长期稳定的合作关系。

3.营造国际化的软硬件环境。建设专业的外事管理队伍，实行规范的外事管理政策，为师生境外交流合作、外籍教师和留学生工作学习提供更好的服务。建立与国际接轨的学科，更好地吸引海外优秀人才的加盟。完善留学生培养的课程体系、管理体制和服务机制，优化留学生学籍管理、学业指导、后勤服务等保障体系。

4.积极开展汉语国际推广工作。积极拓展俄罗斯、日本、伊朗等地孔子学院布局。构建孔子学院绩效评估指标体系和管理系统，引导孔子学院探索内涵发展之路。全力推进孔子学院院长学院建设，使其成为中外文化荟萃及人文交流的重要基地。

## 九、不断改善办学条件，提高管理服务水平

1.加快推进基本建设和修缮工程项目。理顺管理体制，加强协调，完善探索多校区及跨国建设的基

建管理模式,做好基建项目的结算工作。思明校区完成建南大会堂、囊萤楼、南光楼、成智楼、芙蓉六学生宿舍、艺术学院教学楼、学生宿舍公共卫生间维修改造,积极推进演武运动场改建及访客中心建设和附属演武医院、法学院图书馆等项目筹建。翔安校区积极推进三期学生公寓、航空航天学院大楼及其附属楼、综合实验楼、海洋与地球学院地面卫星接收站、继续教育学院大楼、孔子学院院长学院一期工程、综合体育馆、音乐广场等项目建设,做好石墨烯工程和产业研究院大楼建设的前期调研。继续跟踪推进附属翔安医院建设。马来西亚分校争取启动学术会议中心和校区内辅助配套项目建设。积极推进鼓浪屿原日本领事馆文物保护建筑修缮工程。

2.完善财务管理体制机制。适应财政拨款体制改革新形势、新要求,加强顶层设计,强化项目库建设,有计划、有部署地抓好一批重大、重点项目的策划、储备与生成。学校综合财务收入力争突破50亿元。做好教育发展基金会理事会换届工作,完善基金会的项目筹资功能。健全二级单位财务预决算机制,在落实自主权的同时进一步完善共担机制,使财权与事权相匹配,充分调动二级单位当家理财、争取资金资源的积极性。国家财政捐赠配比按《厦门大学捐赠收入财政配比奖励办法》全额奖励给学院,由学院根据教学科研发展目标及经费使用有关规定统筹使用各类经费。

3.加强资产管理。理顺国有资产管理、政府采购管理体制机制,出台《厦门大学国有资产管理暂行办法》。建立和完善政府采购管理体制,推行管采分离,建立政府采购工作归口管理机构,成立政府采购管理办公室和招投标中心,进一步规范和完善政府采购工作。改革房屋配置和管理办法,推行以房补、周转、公租等多种形式的住房解决办法,用好、盘活现有房产资源,健全准入和退出机制。完善住房管理信息系统,提高住房管理效率,清理违规占房。

4.加强审计工作。落实审计工作联席会议制度,出台内部控制审计实施办法,强化对经济活动的风险防范与管控。建立委托审计中介机构备选库,引进社会资源,壮大审计力量,提升审计时效。

5.加强联动狠抓工作落实。完善机关职能部门、直属单位、各学院(研究院)的协调联动机制,推进信息资源共享,提高工作执行力和工作效率,打通各项工作的"最后一公里"。加强后勤服务标准化建设,提高后勤服务保障能力与水平。

## 十、采取有效措施,着力解决民生问题

1.努力改善教职工住房条件。加快推进周转房和博士后公寓装修与调配工作。继续推进五缘公寓与高林居住区剩余房源及周转房源的租售工作,积极争取洋唐人才房、翔安洪前保障房。

2.做好学生就业、资助工作。深入推进就业创业工作,建立精准就业服务推送机制,做好重点群体毕业生的就业帮扶,提高就业创业工作质量。推进勤工助学改革,适度提高勤工助学劳酬标准,开展"助学·筑梦·铸人"资助教育活动,着力提升资助工作效益。

## 十一、全力办好建校95周年庆祝活动

办好95周年校庆活动。以"弘扬嘉庚精神,展示办学成就,凝聚各方力量,推动科学发展"为宗旨,以"厦门大学走进世界"为主题,突出国际性、学术性、文化性,广泛发动全体师生员工和海内外校友以主人翁的态度积极参与校庆各项工作,群策群力、节俭务实办好95周年校庆各项活动。

——本文摘录自《关于印发〈厦门大学2016年工作计划要点〉的通知》,厦大委综〔2016〕8号,档号2016-XZ09-18

# 厦门大学2016年工作总结

（2017年2月15日）

2016年，厦门大学深入学习贯彻党的十八大及十八届三中、四中、五中、六中全会精神和习近平总书记系列重要讲话精神，学习贯彻全国高校思想政治工作会议精神，深入落实“四个全面”战略布局和五大发展理念，坚持全面从严治党，坚持立德树人，坚持全面深化综合改革，坚持全面依法治校，启动实施“十三五”规划，在各级领导的关心和支持下，在全校师生员工的共同努力下，学校各项事业发展取得新成就，校园更加风清气正、美好和谐，办学实力和办学水平显著提升。

## 一、成功举办建校95周年庆祝活动

学校以“厦门大学走进世界”为主题，突出学术性、国际性、文化性和师生校友唱主角的特点，举办了俭朴隆重的庆祝大会、高水平国际性学术讲座、“21世纪海上丝绸之路”大学校长论坛、85岁以上校友返校、文化艺术体育活动、展馆建设落成等60多场校庆活动，1万多名校友返校，获得校友及社会各类协议捐赠4亿多元，法学院、医学院等学院也成功举办了院庆活动，1986级校友入学30周年纪念活动影响广泛。95周年校庆广泛凝聚了海内外师生校友的力量，极大地推动了学校事业向前发展，在海内外校友和社会各界中引起强烈反响。一年来，学校工作受到中央和教育部及省市各级领导亲切关怀，福建省委常委会专题听取学校工作汇报，为95周年校庆营造了良好氛围。

## 二、隆重庆祝建党95周年和学校党组织建立90周年

校党委高度重视、精心部署，通过组织庆祝大会、座谈会、启用革命史馆、祭奠英烈、知识竞赛、文艺晚会、走访慰问等形式，隆重庆祝中国共产党成立95周年，全面纪念福建省第一个党组织中共厦大支部建立90周年，回顾了党的光辉历史和学校党的建设发展历程，表彰了一批先进基层党组织、优秀共产党员和优秀党务工作者，第一时间传达学习习近平总书记在庆祝大会上发表的重要讲话精神，《福建日报》、福建电视台、厦门电视台等媒体予以报道。通过开展庆祝活动重温党的光辉历史，弘扬学校的革命传统，砥砺优秀品格，汲取奋进力量。

## 三、奋力夺取抗击“莫兰蒂”台风和灾后恢复工作的胜利

学校周密部署、科学应对，广泛动员和团结带领全校师生发扬主人翁精神和大灾面前有大爱的精神，众志成城，迎难而上，顽强拼搏，艰苦奋战，近万名师生投入抗灾抢险工作，把灾害带来的损失减少到最低程度，用短短三天的时间恢复正常的教学科研生活秩序，奋力夺取抗击今年第14号超强台风“莫兰蒂”及灾后恢复的胜利，彰显全校师生员工爱校护校的坚强意志，弘扬自强不息的校训精神，谱写全体厦大人团结奋斗的英雄凯歌，凝聚起推进学校“双一流”建设、朝着“两个百年”目标迈进的强大正能量。中共中央政治局委员、国务院副总理刘延东同志亲切关心我校受灾情况并向全校师生员工表示慰问，教育部党组书记、部长陈宝生同志专程来校视察灾后重建工作，对我校抗台风工作给予充分肯定。

## 四、坚持全面从严治党，推动学校党建和思想政治工作上新水平

### (一)扎实开展“两学一做”学习教育

加强组织领导，坚持问题导向，强化分类指导，认真实施学习教育方案，按规定抓好四个专题学习，党员校领导以上率下做好专题学习研讨、联系指导基层党支部、讲党课等工作。坚持党风、校风、学风“三风”齐抓，推动学习教育走在前、见成效，全面从严治党进一步向基层延伸，党支部战斗堡垒作用和党员先锋模范作用得到进一步发挥，为推动学校事业科学发展提供了坚强保证，注入了强大动力。我校学习教育受到中央有关方面和福建省委肯定，多期简报刊载我校学习教育经验特色。在此基础上，顺利召开了校领导班子民主生活会，同时也为下一步各级党员领导干部民主生活会和党支部专题组织生活会的召开以及开展民主评议党员等工作做好了准备。

### (二)加强理论武装

加强思想建党，通过多种形式开展学习贯彻习近平总书记系列重要讲话精神和治国理政新理念、新思想、新战略理论宣讲和研究阐释工作，及时传达学习党的十八届六中全会精神和全国高校思想政治工作会议精神，认真学习中央纪念红军长征胜利80周年大会精神，坚持用马克思主义中国化的最新理论成果武装头脑，引导师生牢固树立“四个自信”，不断增强政治意识、大局意识、核心意识、看齐意识。邀请教育部、厦门市领导和理论专家来校做报告，本年度举办党校学习班5期、党校名家讲坛4期，各学院、研究院共开展理论宣讲160余场(次)。探索创新党委中心组学习形式，通过听取报告、实地调研、座谈交流等形式开展富有成效的学习活动。

### (三)加强领导班子和干部队伍建设

加强制度治党，坚持和完善党委领导下的校长负责制，加强对二级单位执行“三重一大”决策制度和党政联席会运行情况的督促检查，不断提升各级领导班子贯彻民主集中制的水平。完成校级领导班子和领导人员年度考核以及选人用人“一报告两评议”工作，试行院长任期目标责任制。做好部分中层干部、科级干部选任调整工作，完成部分学院系级单位班子、负责人的选任批复工作，全面启动学院(研究院)行政领导班子换届工作。完成全校327位中层领导干部2015年度个人有关事项报告工作，以及全校处级干部人事档案专项审核工作。开展校内外教师干部挂职锻炼培养工作，选派干部、教师54人次参加各类学习培训。创办并编辑出版2期《厦大党政工作研究》，开展机关干部优秀工作案例征集，不断提升党政管理人员职业化水平和办学治校、推动发展的能力。

### (四)加强基层党建工作

加强党的基层组织建设，强化书记管党治党责任，开展基层党委(党总支)书记抓党建述职评议考核。推动全面从严治党向基层延伸，规范党支部“三会一课”等党内生活制度，严格党内政治生活。深化党支部“共创共建”机制，继续推进党支部工作“立项活动”的深入开展。抓好基层党建7项重点任务的落实，开展党员组织关系集中排查，完成党费收缴工作专项检查和整改落实，做好党员档案审查、信息维护管理工作。开展发展党员工作自查自纠，加大在优秀学科带头人和青年骨干教师中发展党员的力度，提高发展党员的质量。

### (五)加强师德师风建设和思想政治教育

落实全校宣传思想和文化建设工作会议精神，完善宣传思想阵地管理制度，实施思政理论课教学、科研、社会服务“三位一体”改革创新工程，马克思主义学院入选第一批福建省重点马克思主义学院。结合

"两学一做"学习教育,坚持党性教育与师德建设相结合,注重发挥党员教师先锋模范作用,积极选树师德先进典型,出台教职工申诉办法,多措并举抓好师德建设。围绕中国梦主题教育集中开展社会主义核心价值观宣传教育活动季系列活动,近万名学生参与,教育部网站专题报道我校培育和践行社会主义核心价值观的做法。加强新生教育,举办"大学新生·2016"讲坛。加强网络思政教育,培育 131 个网络文化工作室,筹建全国高校线上思政课教育联盟,荣获全国"网络文明进校园"主题教育活动特等奖和最佳组织奖以及"全国十佳易班工作站"称号,连续三年荣膺"中国教育政务新媒体综合力十强"。以"青春建功十三五·携手共筑中国梦"为主题,组织 904 支由 9700 多名学生参加的暑期社会实践队,我校被团中央授予"全国社会实践活动优秀组织单位"称号。全年共发起 1467 项志愿服务活动,为社会提供 70 万小时服务时长,在全国志愿服务项目大赛中夺得 3 金 2 银。加强法治宣传教育,学校被授予"全国法治宣传教育先进单位"称号。完善学生心理健康教育,继续推进三级网络工作。完善学生公寓管理与服务。2 名本科生分获"中国大学生自强之星"称号和提名奖。

### (六)加强校园文化建设

结合 95 周年校庆,厚植学校"四种精神"校园文化,中央电视台深度报道我校校歌故事。加强党史校史研究,编纂出版学校首部年鉴,校史、革命史等系列展馆被列入厦门市爱国主义教育基地。加大力度推动英文网站和咖啡厅建设。广泛开展主题鲜明、内容向上的校园品牌文化活动,深入开展学校首届优秀校园文化成果评选活动,2 项成果分获教育部、福建省高校校园文化建设优秀成果一等奖,1 项成果入选教育部"礼敬中华优秀传统文化"特色展示项目。贯彻学校体育工作会议精神,持续开展"三走"系列活动,举办全国大学生校园跑步季暨校园迷你马拉松等群众性课外体育活动。

### (七)加强党风廉政建设和作风建设

积极探索"四种形态"实践方式,出台践行监督执纪"四种形态"实施办法。深化"四风"整治,持之以恒贯彻执行中央"八项规定",深入开展学校历次接受上级组织检查发现问题的整改落实,抓好即知即改、立行立改工作。加强纪律意识、规矩意识教育,制定落实领导干部外出请假制度,开展干部廉政集体谈话,及时进行教育提醒谈话和诫勉谈话。加强纪律法规教育,抓好"1 部党章、2 个准则、5 个条例"宣传、解读工作,举办廉政文化作品大赛,召开毕业生代表廉洁教育座谈会。开展对公共事务学院和数学科学学院的巡察试点工作,推动以察促改、以察促进。加强执纪审查,持续正风肃纪,本年度给予 4 人党纪政纪处分,诫勉及提醒谈话 26 人,发出提醒函询通知书 37 件,干部日常教育管理工作已趋常态化。

### (八)加强统战、工青妇、离退休和校友工作

成立学校统战工作领导小组,出台关于加强新形势下统一战线工作实施意见,加强民主党派工作,举办统一战线理论学习班。顺利完成区人大代表换届选举工作。召开工会提案工作委员会,启用翔安校区教工俱乐部,关心助力女大学生创新创业。召开第 47 次学生代表大会、第 26 次研究生代表大会。落实中央离退休工作会议精神,制定实施学校加强和改进离退休工作意见。健全校友工作网络,成功召开学校校友工作会议和全球校友会会长、秘书长联席会议,成立高级工商管理硕士企业家校友俱乐部、自强思源校友会、莆田校友会及多个院友会。

### (九)做好校园稳定工作

制定意识形态工作责任制实施细则,落实意识形态工作责任制,牢牢掌握意识形态工作领导权、主动权。出台安全工作"党政同责、一岗双责"规定,健全安全工作责任体系。做好重要节点、敏感时期安全稳定工作,开展各类安全防范教育,持续开展校园环境提升"百日行动",整治"黄牛""黑车",全力做好防御今年历次台风和暴雨的应急演练工作。完善舆情分析研判制度,加强网络舆情监测,妥善应对网络突发事件。推进"安全生产月""安全生产万里行"工作,开展安全生产大检查和危险化学品安全专项整治,通

过福建省“平安校园”等级创建及校园安全标准化提升工程三年行动考评验收，获评最高等级的“5A级平安校园”。

## 五、以改革创新精神推动学校事业科学发展

### (一)加强人才培养工作

1.深化本科生培养模式改革。深化考试招生制度改革，完善大类招生模式和特殊类型招生人才选拔模式，以拔尖计划、卓越计划、国际化改革计划、书院制、主辅修制并轨试点等为引领，探索科教协同、校企联合、跨学科培养等多元培养模式。本科生学费收入100%返还用于人才培养，争取中央专项2380万元、省级专项556万元，新增4个专业，撤销1个专业。20门课程获“国家级精品资源共享课”称号，1门课程入选国家级创业类慕课建设课题，9门课程在中国大学MOOC平台开课(近6万人次选课)，已有1915门本科生课程上网。新增省级虚拟仿真实验教学中心和实验教学示范中心各1个，推广教学实验室6S管理。推进本科教学工作绩效考核，持续开展校内本科教学评估，成功承办联合国教科文组织IQA年会。

2.深化研究生培养模式改革。深入推进博士生招生“申请—考核制”改革，加大招收直博生力度，设立优秀直博生新生奖学金，扩大硕博连读招生数。严格培养过程，加强硕博共通、资源共享和学科交叉的研究生课程管理。加强教学过程管理，强化学位论文质量监控，加强导师队伍建设，加大力度培养研究生科研创新能力，强化研究生“田野调查基金”和教育创新项目管理，在“全国研究生创新实践系列活动”中获一等奖2项，本年度我校理工科博士研究生以第一作者在《科学》《自然》及其子刊上发表高水平论文7篇。完善资助体系，积极鼓励研究生赴国(境)外交流访学，本年度国家留学基金委公派研究生项目再创历史最好成绩。

3.深化创新创业教育改革。启动创新学分认定。新立项创新创业训练计划1100多项，其中国家级201项、省级62项、校级666项、校长基金本科生项目15项，启动建设13个本科生创新实践平台，与中科集团联合成立创业学院。成功承办第九届全国大学生创新创业年会，入选教育部首批深化创新创业教育改革示范高校，联合发起成立福建省高校创新创业教育联盟，编辑出版图书《创新创业厦大人》。学生在创新创业和学科学业竞赛中捷报频传：在“创青春”全国大学生创业大赛中获2金3银1铜，总成绩位居全国前列，再捧大赛“优胜杯”；在美国大学生数学建模大赛中获特等奖1项；在中美青年创客大赛总决赛中获唯一的一等奖和最佳人气奖；在全国高校学生“斯维尔杯”建筑信息模型应用技能大赛中获两个专项一等奖、全能二等奖，创造该项赛事历史性最好成绩；在全国大学生机械创新设计大赛慧鱼赛区竞赛中获一等奖2项；在TI杯全国大学生物联网设计竞赛全国总决赛中获一、二等奖各1项，“百度创新奖”1项；在全国大学生“恩智浦杯”智能汽车竞赛总决赛中获一等奖4项；在中国智能制造挑战赛中获特等奖、一等奖各1项，列总成绩第一；在第六届海峡两岸(英语)口译大赛中获一等奖1项；在第六届海峡两岸高校帆船赛暨第三届泛太平洋大学生帆船邀请赛中蝉联冠军；在中国大学生棒球联赛总决赛中夺得冠军。

### (二)加强科学研究工作

1.科研平台建设取得新进展。积极推进能源材料国家实验室筹建和石墨烯工程与产业研究院建设，得到福建省主要领导的高度重视和大力支持；3000吨级科考船“嘉庚号”下水试航；国家工程技术研究中心获评国际科技优秀合作基地；海洋生物制备技术国家地方工程实验室牵头的研发项目成果获省领导批示；阻燃与防火材料、创新疫苗成药性、海洋生物抗菌肽等3个省级重大技术研发平台建设项目顺利通过中期检查；获批新建2个省高校重点实验室、5个厦门市重点实验室、1个工程技术研究中心。组织5个教育部文科重点研究基地开展“十三五”规划编制及基地重大项目申报工作。抓住国家遴选一批高端智库建设试点的重要机遇，积极推动我校台湾研究院列入国家高端智库建设试点，“‘一带一路’与东南亚研

究院”和“社会经济政策量化评估中心”入选福建省高校特色新型智库。

2.产出一批高水平科研成果。在《科学》《自然》主刊上发表学术论文 3 篇，在《科学》《自然》子刊上发表学术论文 8 篇；专利授权总数 442 项，计算机软件著作权获批 79 项。分别由我校环境与生态学院、化学化工学院、公共卫生学院教授牵头或参与的科研成果获 2016 年度国家科学技术奖，其中国家技术发明奖二等奖 1 项，科学技术进步奖一等奖、二等奖各 1 项；由人文学院教授编写的 1 本专著入选“国家哲学社会科学成果文库”。

3.科研经费及科研项目稳步增长。本年度学校到账科研经费总数达 11.2 亿元(其中，理工医科 9.79 亿元，人文社科 1.41 亿元)，经费到位情况虽首次突破 11 亿元，但与 2016 年原定的计划目标还有一定差距。

(1)理工医科方面。获国家自然科学基金项目立项 306 项，立项金额 2 亿元，居全国第 20 位，其中重点项目 4 个、创新研究群体项目 1 个、国家杰出青年科学基金项目 2 个、优秀青年科学基金项目 3 个、重大研究计划项目 4 个、国家重大科研仪器研制项目 2 个；获国家重点研发计划立项 6 个，立项金额 2.24 亿元；获其他部委立项 79 个，立项金额 4658 万元。化学化工学院“界面电化学”创新研究群体获国家自然科学基金委延续资助，已累计获资助 1800 万元；材料学院教授牵头建设的“柔性物质研究及应用创新引智基地”成功入选“111”引智计划。

(2)人文社科方面。获国家社科基金重大项目立项 3 个，重点项目立项 1 个；国家社科基金年度项目共申报 152 个，获立项 37 个，获资助经费 615 万元，全国排名第 11 名；获教育部重大课题攻关项目立项 2 个。著名经济学家邹至庄教授捐款 1000 万美元在学校设立“邹至庄经济学教育基金”；由经济学院教授申报的 1 个科研项目获国家杰出青年科学基金项目资助 280 万元。

4.推进科研管理体制改革。学习贯彻全国科技创新大会、两院院士大会、科协代表大会精神，推进科研领域“放管服”改革，完善工作制度和流程，进一步激发学院科研管理的内生动力。传达学习习近平总书记在哲学社会科学工作座谈会上讲话精神，组织开展哲学社会科学繁荣计划中期评估，出台学校哲学社会科学繁荣计划补充意见及实施办法。落实中央精神，修订出台学校科研项目经费管理系列办法，努力营造更好的科研环境，进一步激发教师参与科研活动的积极性。

### (三)加强社会服务与合作

1.全面服务地方经济社会发展。落实“九市一区”战略合作联席会议精神，按照“一地一重点”思路，全面推进与福建省各地市的合作。协同省市政府、高校院所、行业企业牵头组建石墨烯产业技术创新战略联盟，组建“国家示范性微电子学院”，积极服务省市新能源、新材料和微电子产业发展。对口支援与扶贫工作取得显著成效。

2.深化拓展与大型企业、地方政府、兄弟院校的战略合作。在巩固和深化原有合作的基础上，与广西壮族自治区人民政府、贵州省人民政府、兴业银行、华为公司、中科芯 58 所、中海油、国开行厦门分行、鹭燕医药、宁夏大学等签署(战略)合作协议，为师生开展科研合作、成果转化、实习实践、就业创业拓展空间和平台。

3.大力推进成果转化和决策咨询服务。服务国家和地方创新驱动发展，组织 400 多项科研成果参加第十四届“中国 · 海峡”项目成果交易会，正式启动国家大学科技园翔安主园区建设，加快新能源、新材料、生物医药、机械装备、海洋生物、环境生态等领域的应用开发和成果推广，由航空航天学院科研团队研发的“智能摩擦传动技术”项目被国家工信部列为科技成果转化的力推项目之一。围绕“一带一路”等国家倡议和重大现实问题，聚焦两岸关系发展、南海问题、宏观经济预测、能源政策、政府管理、社会治理、朱子文化、终身教育等主题，为各级党委和政府提供高质量决策咨询服务。由我校新闻传播学院、教育研究院的专家学者提出的决策咨询成果分别获中央领导批示。推进继续教育“管办分离”，规范继续教育办学，积极拓展高端教育培训服务。

### (四)加强学科建设与重点建设

1.启动“双一流”建设前期工作。分学部召开“双一流”建设专题工作会，梳理学科发展现状、存在问题和发展方向。召开暑期务虚会，以“培育一流学科、打造一流队伍、建设一流学院、创建一流大学”为主题，深入研讨“双一流”建设的思路和举措。推进部省市重点共建工作，积极争取中央“双一流”引导专项经费3.65亿元、福建省和厦门市共建配套经费1.65亿元。

2.推进学科建设，优化学科布局。按照教育部学位中心的要求，积极动员、统筹安排，完成全国第四轮学科评估申报工作，上报参评学科52个。组织开展学位授权点合格评估自评。组织工商管理硕士、公共管理硕士、会计硕士、法律硕士、艺术硕士等5个专业学位类别，参加全国首次专业学位水平评估。组织2018年授予博士、硕士学位和培养研究生的二级学科自主设置工作。本年度学校农学、社会科学总论进入ESI全球前1%的行列。作为发展医学学科重要保障条件之一的附属翔安医院运营筹备工作推进顺利。

### (五)加强队伍建设工作

1.加强人才招聘与引进工作。继续面向全球发布各类人才招聘计划，建立各类人才库，为精准引才提供信息化支撑。2016年新聘教师103人，其中教授22人、副教授13人，约占34%；具有博士学位的102人，约占99%；具有国(境)外学习(工作)经历的71人，约占73%；在国(境)外取得博士学位的50人，约占54%，其中，毕业于世界排名前200的国(境)外高校的31人，约占48%。新聘工程、实验等系列专业技术人员30人、党政管理人员49人、辅导员13人。

2.加强高层次人才队伍建设。实施南强青年拔尖人才支持计划、讲席教授聘任办法，进一步加强青年人才和学科领军人才队伍建设。新增“长江学者”特聘教授4人、青年学者1人，国家杰出青年科学基金获得者2人，“万人计划”科技创新领军人才8人，哲学社会科学领军人才2人，国家优秀青年科学基金获得者5人。

3.推进博士后制度改革。大力实施加强博士后队伍建设实施意见，修订博士后管理工作暂行办法和流动站管理细则，大力改善博士后公寓条件。首次面向全球统一发布博士后招收启事，本年度共招收博士后147人，学校博士后已达340人。2016年有55人获国家博士后科学基金资助，27人获国家自然科学基金青年基金项目资助，3人入选国家博士后创新人才支持计划。

4.完善考核评价体系。认真研究制订绩效考核与评价体系改革方案，扎实推进以专任教师考核评价体系改革为核心的全面的考核评价体系改革，努力构建面向世界一流，具有中国特色、厦大风格，反映教师需求，开放、务实、包容的考核评价体系。

### (六)深化对外交流与合作

1.马来西亚分校建设进展顺利并全面招生。分校一期工程中已竣工并交付1栋学生活动中心、4栋学生宿舍和1栋食堂，主楼群2栋从楼正组织验收，共计完成建筑面积11万平方米，一期工程其他项目共约15万平方米已进入全面收尾阶段。现已开设12个专业，已有在校生1340人、教职员工120多人，获准设立“福建省政府奖学金”。分校建设迈出海外办学历史性一步，被中央媒体誉为镶嵌在“一带一路”上的一颗明珠，得到中马两国领导人共同点赞，并写入中马联合新闻声明。

2.着力做好对外交流工作。积极拓展国际化多边和双边交流，与国(境)外高校新签合作协议15个、续签9个。与英国纽卡斯尔大学、美国辛辛那提大学创新性地开展三方合作，与英国卡迪夫大学联合设立研究基金，合作建设牙医学院，与英国南安普顿大学、美国特拉华大学、加拿大麦吉尔大学等开展博士联合培养项目。扎实推进师生出国出境合作交流，本年度师生因公出国交流3200多人次、赴台港澳地区交流1200多人次。成功承办“第十一届海峡两岸名校两岸事务部门负责人研讨会”。

3.积极开展汉语国际推广工作。以共建孔子学院为纽带积极服务中华文化“走出去”战略和学校国际化办学。启动"孔子学院绩效评估指标体系与管理系统建设"项目，推动孔子学院质量提升和内涵发展。本年度我校共建的孔子学院和孔子课堂注册学员达 4 万余人，举办各类文化活动 760 多场，参加活动人数超过 10 万人次，进一步推进了与孔院所在国大学的双向交流和合作互鉴，扩大了孔子学院的影响。

### （七）加强财务和审计工作

1.年度预算执行情况。本年度学校综合财务收入 47 亿元，完成年度预算 94%；综合财务支出 43 亿元，完成年度预算 86%，其中教育部国库资金专项支出 8.8 亿元，完成年度预算 93%。

2.完善财务管理制度。结合财政部、教育部等部门最新出台的政策规章，修订完善我校财务规章制度，修订《厦门大学国内差旅费管理办法》和《厦门大学出国（境）差旅费管理办法》，制定出台《厦门大学会议费管理办法》。

3.加大审计工作力度。进一步转变观念，防范风险，加强重点领域审计，强化预算管理审计，深化经济责任审计，发挥内部审计的监督和服务职能。制定出台内部控制审计实施办法（试行）、预算执行与决算审计实施办法。引入第三方机构进行专业评估，全面推动全校各单位内部控制的建立和实施工作。

### （八）大力改善办学条件

1.大力推进基本建设和修缮项目建设。思明校区启动住宅及公共建筑物改造、校园绿化整治提升工作，加快推进演武运动场改造及访客中心建设项目，完成建南大会堂、囊萤楼、南光楼、成智楼及革命史馆、生物标本博物馆、近现代文学馆、海洋科技博物馆等修建项目。翔安校区学生公寓三期建设完成并投入使用，继续教育大楼工程建设处于收尾阶段，汉语国际推广南方基地一期、综合体育馆、航空航天学院大楼、学生公寓四期、综合实验楼、国际学术交流中心等项目正在加紧建设当中，能源材料大楼、实验动物中心二期等项目正处于施工图设计阶段，航空航天学院教学实验室、细胞应激生物学国家重点实验室等项目正在办理各项前期手续。东山海洋实验与观测站 1# 楼封顶。开展鼓浪屿原日本领事馆旧址修缮工程。附属翔安医院一期建设主体工程全部结构封顶，已开始二次装修。

2.加强资产管理。组建国有资产管理办公室、政府采购管理办公室、招投标中心，完成全校国有资产清查与专项整改工作。全面完成中层干部办公用房的清理整改工作。做好商业用房管理工作。完成西村、北村、大学城地下车位招租。完成思明校区 107 套、翔安校区 100 套博士后公寓及周转房的装修改造与家电配置，并分配入住。

3.加强信息化建设和后勤保障工作。加入全球高等教育和研究机构无线漫游网络，编制网络设施使用英文用户手册，强化信息安全管理。规范后勤服务标准化流程，稳定学生食堂饭菜价格，确保伙食质量和食品安全卫生。加强公共卫生设施改造与建设，卫生保洁更加规范化。

### （九）改善民生条件

1.做好学生资助和就业工作。认真做好各类奖助学金评审，全年共发放各类奖助学金及困难补助、国家助学贷款 2.2 亿元。深化就业指导和服务工作，举办 543 场校园宣讲会，27 场综合性、行业性、地区性和学科类招聘会，发布近 13 万个岗位需求信息，2016 届毕业生就业率达 95.3%，毕业生到国家重要行业和关键领域就业比例达 37%，《中国教育报》在头版位置深度报道我校就业工作。

2.进一步改善教职工住房条件和生活待遇。薪酬改革持续推进，今年共筹措近 1.3 亿元用于提高教职工收入。完成海韵北区 507 套置换户和高层次人才搬迁入住工作，积极争取五缘公寓与高林居住区剩余房源及周转房源的产权办理，以及翔安洋唐小区的学校人才租赁房。开展国光 1、2、3 号楼及大生里危旧房改造，启动老旧住宅电梯增设工作。积极争取教职工子女入读附属演武小学和附属音乐学校，与厦门市教育局共建厦门二中。积极争取厦门市支持,落实翔安附属(国际)学校建设用地 320 亩(1 亩≈667 平方米)。想方设法关心关怀离退休老同志,专门安排经费 570 万元用于春节期间对老同志的慰问。

——本文摘录自《关于印发〈厦门大学 2016 年工作总结〉的通知》,厦大委综〔2017〕8 号,档号 2017-XZ09-8

# 厦门大学:扩大二级学院办学自主权

（2016 年）

厦门大学在深化综合改革过程中，坚持“学院办大学”的理念，落实并强化二级学院在人才培养、人事考核聘任、财务统筹、对外交流合作等方面的自主权，推动学院自主管理、自我约束、规范运行、加快发展。

## 扩大学院经费管理自主权

将本科生学费收入全额分配给学院用于本科教学。逐步提高本科生学费收入分配给学院的比例用于本科教学，2015 年该比例从原有的 30%提高到 60%；2016 年实现 100%，分配给学院的学费总额超过 1 亿元，全校各学院可统筹的学生培养经费净增 7000 多万元。返还的学费收入由各学院统筹用于学生的实习实践、对外交流、学科竞赛、公共课建设等，有效支撑了各学院推进人才培养模式改革。

将获得的财政配比资金全额奖励给学院。出台《厦门大学捐赠收入财政配比奖励办法》，从 2016 年开始，学校将获得的捐赠收入财政配比资金全额奖励给学院，显著激发了学院争取社会捐赠的积极性。2016 年，仅校庆期间各学院争取社会各界捐赠就超过 2200 万元。

## 扩大学院人才培养自主权

探索书院制构建拔尖人才培养特区。2015 年，生命科学学科组建以诺贝尔奖获得者命名的“博伊特勒书院”，赋予书院自主设计课程、自主制订培养计划、自主全球招聘师资、自主开展对外交流合作等权力，致力于培养生命医学领域顶尖创新型人才。2015 年，书院共招收“普适计划”学生 150 名、“拔尖计划”学生 19 名。

改革博士生招考方式和培养机制。推行博士生招生“申请—考核制”，将博士生选拔的自主权更多地交给学院，以学院导师组为主考核考生的专业基础、学术背景、科研素质、科研经历和科研计划等。建立博士生中期考核分流机制，2015 年启动了首批 7 个学院，共计 158 名博士生的中期考核分流工作，由学院根据各学科人才培养规律，自行制定中期考核办法，自主确定中期考核的评委、组织方式等，有效提升博士生培养质量。2015 年，厦大博士研究生以第一作者身份在《科学》《自然》及其子刊上发表论文 7 篇。

## 扩大学院教师考核聘任自主权

学院自主研究制定符合不同学科特点的教师评价体系。学校提出考核聘任的基本要求和共性标准，在此基础上，由学部和学院制定符合各学科特点的差异化评价标准。如工科各学院结合工科教学科研规律，自主探索制定了工科教师聘任条件、工科大团队（大平台）考核和各类人才专业技术职务聘任方案等，让学科专家掌控学术评价的话语权，真正做到“内行管理内行”。

学院自主确定教师、行政岗位聘任人选。由学院自主确定专业技术系列副高级及以下职务岗位聘任人选，确定七级及以下职员职务岗位聘任人选，确定系主任（所长）、副系主任（副所长）、相关科级干部人选。

## 扩大学院对外合作交流权

将国际学术交流的重心转移到学院,由学院自主制订实施对外交流合作工作方案,独立组织教师和学生开展对外交流与合作。2015 年,全校共举办国际及海峡两岸学术会议 46 场,其中由学院主办的有 43 场;全年新签续签合作协议 25 个,截至 2015 年底,全校与境外高校签订的协议书总数达到 308 个。

——本文摘录自《厦门大学年鉴 2017》,厦门大学出版社,2017 年 12 月版

# 厦门大学：精准服务毕业生就业创业

（2016 年 7 月 23 日）

围绕人才培养的核心任务，通过就业引导“全程化”、就业市场“立体化”、就业指导与服务“精品化”、创业教育与服务“常态化”等措施，厦门大学日前形成了“学校主导—院系落实—职能部门联动—全员推动”的就业创业工作机制，精准服务毕业生就业创业工作。

“高不成、低不就”是当前大学生就业普遍存在的问题。厦门大学通过群体细分，加强思想教育和引领，为有志到国家支持的企业、西部地区、基层项目就业的毕业生，举办交流会、欢送会；组织学生到中航工业、华为等重点企业实习参访；对重点单位就业典型进行奖励；加强重点单位毕业生跟踪扶持等措施，发挥引领示范作用，鼓励大学生“高能成、低能就”，培养就业大格局意识，引导学生到国家重要和关键领域建功立业。

当前经济下行，就业市场受其波及，对毕业生需求动力不足。厦门大学着力构建“立足海西，辐射全国”的立体化就业市场格局，通过拓展重点单位就业资源、培育新的重点单位增长点等方式，拓展就业渠道。2016 届共引进 214 家重点单位进校招聘，并新签了中国海洋石油总公司、广西壮族自治区政府等 5 家战略合作单位，每年有超过 75％的毕业生通过学校提供的就业信息落实单位。

为满足不同专业、不同学科毕业生的就业需求，厦门大学创新工作方式，通过生涯咨询“一对一”、生涯规划“一帮一”、就业帮扶“一生一策”、指导活动“一院一赛”等措施，持续做好针对性精准服务指导。为 2016 届毕业生举办各类宣讲会 540 场，组织综合性、行业性、地区性招聘会 27 场，参会单位 1942 家，较去年同期增加 263 家；并依托就业中心网站、微信平台，采用短信、微信等方式推动就业创业信息，全年共发布岗位 8 万多个，人均达 10 个岗位以上，充分满足各类毕业生的就业需求。

就业困难群体是帮扶的关键。厦门大学为 200 余名家庭经济特殊困难本科生、低保家庭研究生及残疾毕业生建立了帮扶台账，实施“观念引导、岗位推荐、技能辅导、经济援助”等措施，帮助其顺利就业。

以就业带动创业，是当前毕业生工作的重要内容。厦门大学将创业教育与服务“常态化”，通过“周周有咖啡，月月有路演，季季有融资”，营造校园创业氛围。同时，将创业培训与专业特点相融合，结合学科特色分设文化创意、信息技术、金融服务等主题培训班，并为学生配套创业导师，引入早期创投基金、孵化基地等服务，提升培训的针对性、体验性和实践性。

据了解，2016 年厦门大学共举办“创客＋融资洽谈会”、交流会等各类指导活动 20 余场，2200 多人参加了创业培训，涌现出 35 个优秀创业项目，激发了学生的创业热情，有效提升了毕业生就业创业水平。

——本文摘录自《厦门大学年鉴 2017》，厦门大学出版社，2017 年 12 月版

# 厦大马来西亚分校:镶嵌在"一带一路"上的明珠

(2016年9月27日)

今年4月,厦门大学马来西亚分校在当地招收了308名预科生。这成为继今年2月首批入学的203名马来西亚学生之后,又一批加入厦大马来西亚分校大家庭的"新成员"。今年9月,这所大学又迎来第一批440名来自中国大陆的学生。

随着一批批年轻学子的加入,这个位于马来西亚雪兰莪州约900亩的厦大分校校园呈现出蓬勃生机和旺盛活力,与厦大校本部一样,她在当地也被称为"最美的校园"。

## 连接历史与未来

3年前,厦大马来西亚分校第一次向外界"曝光":2013年1月,在马来西亚总理纳吉布见证下,马来西亚高教部部长向厦门大学校长朱崇实移交邀请函,邀请厦大赴马创办分校。

消息一出,引来诸多好奇与议论:厦大为什么有勇气迈出这一步?

朱崇实说,这里既有历史的渊源,也有现实的考量。厦门大学由马来亚爱国侨领陈嘉庚先生于1921年创办,"马来亚这块美丽的土地哺育了陈嘉庚,成就了陈嘉庚。90多年之后,厦大回到嘉庚先生成长的马来西亚创办分校,这是一个历史的回馈,是对陈嘉庚、对马来亚的一种感恩"。

马来西亚总理中国事务特使黄家定认为,厦大是一所与东南亚接触较广、国际化倾向比较明显的中国重点高校,有很多学科如海洋、化学、化工、信息、能源、金融、会计、中西医、东南亚研究等都是中西兼容,有很强的学术品牌,在东南亚具有很高的学术声誉。

与此同时,马来西亚深厚的华文土壤及华文高等教育的稀缺也为一所中国大学的到来酝酿着机遇。厦大副校长邬大光介绍,马来西亚华人华侨众多,人数600多万,占马来西亚总人口的1/4。同时,马来西亚也是东盟各国华文教育开展最好的国家,保留了完整的从小学到高中的华文教育体系。厦大在马办分校对提升华文教育有极大裨益,受到当地华人华侨的普遍欢迎。

## 挑战与创造并存

马来西亚分校选址雪兰莪州沙叻丁宜,这里距吉隆坡国际机场15分钟车程,距马来西亚联邦行政中心布城20多分钟车程,交通便利,环境优美,但最初,校址所在地还是一片原始棕榈林。

由于历史文化、法律制度背景差异,在异国他乡建设一所大学的难度远超人们的预料,也是摆在第一个"吃螃蟹"的厦大建设者面前无法回避的问题。

两年来,负责基建工作的厦门大学校长助理张建霖,由于经常"泡"在工地,与各国的工人、监理、工程师们打交道,大嗓门和黝黑的皮肤成了他最鲜明的特点。

正是这样一种敢为人先的精神和拓荒者的智慧,加上当地政府、社会各界和华人华侨的全力支持,一所中国的大学校园在不到两年的时间内拔地而起,创造了令马来西亚总理称赞的"厦大速度"。如今,芙蓉湖,嘉庚风格的图书馆、校舍,现代化的游泳池……厦大校园的基本元素已在分校成功"克隆"。

基础建设仅仅是第一步,接下来的教学、管理、师资建设等种种挑战接踵而至,不停地考验着这群来自中国的高等教育工作者。

## 万里长征第一步

分校已经正式开学,各项工作已步入正轨,开局良好,但这只是万里长征的第一步。

在教育高度竞争化的马来西亚,生源成为每所学校面对的首要压力。目前,马来西亚有100多家高校具有学士学位授予资格,其中还有英国、澳大利亚等10多所名校的分校。厦大马来西亚分校校长王瑞芳说:"在这种压力下,如何突出办学优势和特色,提高办学质量,吸引优秀生源,是我们心里时刻紧绷的一根弦。"此外,在马来西亚和中国教育部门的关心支持下,除了已就学的首批马来西亚学生和预科生,440名来自中国的第一批学生也于今年9月入学,吸引优质生源并为他们提供更优质的教育资源是下一步最关键的任务。

分校三分之一的教师均为厦大的高水平教授,其余将从马来西亚当地及全球招聘。不过,挑战同样蕴藏着机遇。著名高等教育专家潘懋元表示,厦大马来西亚分校既是厦大"走出去"的通道,又能成为厦大学习别国高教管理和改革的"窗口","透过它,可以学习马来西亚当地高校及外国大学分校的办学经验和失败教训"。

马来西亚分校办学中遇到的一些问题也会在一定程度上牵引厦大校内的综合改革。马来西亚分校实行全英文授课,但如果分校学生提出到厦大本部来交流,本部的课程体系、教学理念是否能做到完全对接?这在很大程度上促使厦大管理者思考如何推进课程体系的国际化、如何完善国际化人才培养体系。

尽管任务艰巨,困难重重,但是厦大马来西亚分校的建设适逢中国"一带一路"倡议机遇期,这让创办者对分校的未来充满信心。"'一带一路'人才培养最好的方法应该是在跨文化当中,在相互欣赏、学习、生活当中来了解当地文化,建立同学间的情谊。"朱崇实表示,厦大将坚决按照高等教育的规律来办学,以学生为本,以教学质量为主线,努力把马来西亚分校办成中国高等教育和中国文化"走出去"的典范。

——本文摘录自《厦门大学年鉴2017》,厦门大学出版社,2017年12月版

# ·专 文·

## 学党章党规 学系列讲话 做合格党员 为实现学校“两个百年”目标提供坚强保证

### ——在厦门大学“两学一做”学习教育部署会上的讲话

(2016年4月15日)

校党委书记 张 彦

为深入学习贯彻习近平总书记系列重要讲话精神，推动全面从严治党向基层延伸，巩固拓展党的群众路线教育实践活动和“三严三实”专题教育成果，进一步解决党员队伍在思想、组织、作风、纪律等方面存在的问题，保持发展党的先进性和纯洁性，今年2月底，中共中央办公厅印发了《关于在全体党员中开展“学党章党规、学系列讲话，做合格党员”学习教育方案》，要求各地区各部门认真贯彻执行。3月中旬，中共教育部党组下发通知，要求各高校要紧密结合工作实际，坚决贯彻落实中央决策部署，推进学校“两学一做”学习教育取得实实在在的成效。

4月6日，在我们召开95周年校庆大会的同一时间，中央“两学一做”学习教育工作座谈会在北京召开。会议要求按照中央方案，认真研究贯彻措施，精心组织实施。刚才，李建发副书记已经传达了习近平总书记关于“两学一做”学习教育重要指示精神和中央“两学一做”学习教育座谈会的具体部署。总书记的重要指示从党和国家全局的战略高度，着眼深入推进全面从严治党，深刻阐明了开展“两学一做”学习教育的重大意义、目标要求和主要任务，突出强调各级党组织应履行的主体责任，为确保学习教育抓到位、见实效，指明了正确方向、提供了根本遵循。刘云山同志和赵乐际部长的重要讲话为我们开展好学习教育，着重从路径、方法上给出了具体的指导，进而正式开启了全党范围内的学习教育进程。

沈小平同志、刘弢同志、陈雪玲同志、叶鹏飞同志四位基层党委书记结合本单位实际和党员群体类型，对开展学习教育谈思路、明方向，有思考、有举措，相信对其他单位开展学习教育会有启发。

开展“两学一做”学习教育，是落实党章关于加强党员教育管理要求、面向全体党员深化党内教育的重要实践，是加强党的思想政治建设的重要部署。校党委高度重视这项工作，召开党委常委会和师生座谈会，认真传达学习中央文件和中央领导同志重要讲话精神；召开基层党委(党总支)书记会议，强调要抓好党的基本理论知识的学习教育，营造浓厚氛围，为开展“两学一做”学习教育做好准备；召开部分基层党委(党总支)书记座谈会，集思广益，征求基层对具体实施方案的意见。在此基础上，根据中央和教育部的工作要求，及时制定印发《厦门大学关于在全校党员中开展“学党章党规、学系列讲话，做合格党员”学习教育实施方案》，学习教育准备工作基本就绪。刚才发言的几位书记列席了学校常委会议，也提前进行了学习。根据中央的部署要求和校党委统一安排，今天，我们对学校“两学一做”学习教育进行全面动员部署。我主要讲五个方面的内容：一是深刻认识“两学一做”学习教育的重大意义；二是准确把握“两学一做”学习教育的总体要求；三是全面掌握“两学一做”学习教育的主要内容；四是抓住关键，扎实推进“两学一做”学习教育；五是加强组织领导，确保学习教育各项任务落到实处。

## 一、深刻认识“两学一做”学习教育的重大意义

开展“两学一做”学习教育，是今年学校党的建设工作的首要任务，我们要认真学习、深刻领会习近平总书记重要指示精神和中央的部署要求，充分认识开展“两学一做”学习教育的重大意义，增强开展学习教育的自觉性。

第一，开展“两学一做”学习教育是推动全面从严治党向基层延伸的重要举措。

全面从严治党永远在路上，管党治党没有休止符。今年年初，习近平总书记在中央纪委六次全会上明确指出，要推动全面从严治党向基层延伸。在全体党员中开展“两学一做”学习教育，就是要推动党内教育从“关键少数”向广大党员拓展、从集中性教育向经常性教育延伸，把全面从严治党要求落实到每个支部、落实到每名党员，充分体现了党中央持续推进全面从严治党的坚强决心。党的十八大以后，校党委严格按照中央和教育部、福建省委的安排，严格执行中央“八项规定”，组织开展了党的群众路线教育实践活动和“三严三实”专题教育，党风政风更加清朗，各级党组织的凝聚力和战斗力不断提升，全体党员干部的党性修养、纪律观念和领导干部廉洁从政意识不断增强。我们要深刻认识“两学一做”的丰富内涵和重要意义，以严肃的态度、严抓的韧劲，把本校学习教育任务组织好、落实好，把管党治党的良好态势在厦大巩固发展下去，努力做到真管真严、长管长严。

第二，开展“两学一做”学习教育是加强思想政治建设的有力抓手。

从思想上建党是我们党区别于其他政党的鲜明特征，全面从严治党首先必须从思想上严起来。通过开展党的群众路线教育实践活动和“三严三实”专题教育，全校党员干部的思想政治素质有了明显提高，党的作风有明显改进。但也要看到，刘云山同志所讲的党内存在的一些问题在我校的党员队伍中也不同程度地存在，有些问题还比较普遍。我们要通过“两学一做”这个抓手，坚持问题导向，按照思想建党和制度治党相结合的要求，努力探索完善基层党组织思想政治建设的长效机制，推动党内教育由集中性教育向经常性教育延伸，把思想政治建设融入日常的党内政治生活之中，引导广大党员进一步坚定理想信念，始终在思想上、政治上、行动上同以习近平同志为核心的党中央保持高度一致，使我们的基层党组织始终保持强大的凝聚力和旺盛的生命力。

第三，开展“两学一做”学习教育是推进学校改革发展的坚强保证。

“两学一做”，“学”得怎么样、“做”得是否合格，最终要体现在推动中心工作、促进学校事业发展上。当前，学校正以“四个全面”战略布局和五大发展理念为引领，站在推进世界一流大学和一流学科建设的高度，启动“十三五”建设，全面深化综合改革，向着实现学校“第一个百年目标”奋力冲刺。在学校事业发展承上启下的关键时刻，尤其需要各级党组织和广大党员发挥战斗堡垒和先锋模范作用。我们说“两学一做”不是一项活动，而是要求把学习教育同做好学校改革发展稳定各项工作结合起来，同落实好本部门本单位的各项任务结合起来，做到两手抓、两促进。广大党员干部要自觉把学习的成果转化为工作学习的动力，做到思想同心、目标同向、工作同力、落实同步，更好地服务改革、服务发展、服务师生，成为学校事业发展的“带头人”“领头羊”，共同凝聚起推动学校改革发展的强大动力。前几天我到国际关系学院、台湾研究院、建筑与土木工程学院调研时都讲了这个话。

## 二、准确把握“两学一做”学习教育的总体要求

“两学一做”学习教育是经常性学习教育的新实践，要用心用力，抓细抓实，真正把学校党的思想政治建设抓在日常、严在经常。

一要深入理解四个“进一步”的主要目标。要把党的思想建设放在首位,教育引导党员自觉按照党员标准规范言行。学习教育的主要目标是进一步坚定理想信念,提高党性觉悟;进一步增强政治意识、大局意识、核心意识、看齐意识,坚定正确政治方向;进一步树立清风正气,严守政治纪律政治规矩;进一步强化宗旨观念,勇于担当作为。

二要着力解决“五个方面”存在的突出问题。带着问题学,才能学得深入;针对问题改,才能改得到位。确保“两学一做”学习教育取得实际成效,关键是要按照习近平总书记要求的,“突出问题导向,学要带着问题学,做要针对问题改”,把解决问题贯穿学习教育全过程。要紧密结合学校党的建设、党员队伍管理中存在的突出问题,切实增强针对性,解决突出问题。其一要着力解决有的党员理想信念模糊动摇的问题,其二要着力解决有的党员党的意识淡化的问题,其三要着力解决有的党员宗旨观念淡薄的问题,其四要着力解决有的党员精神不振的问题,其五要着力解决有的党员行为不端的问题。刚才提的这些问题,在我们下发的实施方案中有具体的展开。对于每个党员来说,这些问题是一个总体概括,还需要结合各自实际再对照、再细化,这样才能更精准对焦,有的放矢解决问题。对于组织涣散和存在问题较多的支部,各基层党委(党总支)首先要进行评估和整顿,更换不作为的支部书记,配齐支部班子,推动支部的转化提升。支部整顿好了,再开展学习教育才会有好的效果。

三要做到“五个坚持”。其一要坚持正面教育为主,用科学理论武装头脑;其二要坚持学用结合,知行合一;其三要坚持问题导向,注重实效;其四要坚持领导带头,以上率下;其五要坚持从实际出发,分类指导。各基层党委(党总支)要采取有效组织方式,以党支部为基本单位,以“三会一课”等党的组织生活为基本形式,以落实党员教育管理制度为基本依托,切实把开展学习教育与推动学校中心工作结合起来,与本单位(部门)实际情况结合起来,发挥党支部自我净化、自我提高的主动性,把党员发挥先锋模范作用落到实处。

## 三、全面掌握“两学一做”学习教育的主要内容

“两学一做”,既要明确“学什么”“做什么”,还要明白“重点学什么”“关键要如何做”。

一要学党章党规。学党章党规,就要通读熟读党章,全面理解党的纲领,牢记入党誓词,牢记党的宗旨,牢记党员义务和权利,自觉尊崇党章、遵守党章、维护党章。认真学习《中国共产党廉洁自律准则》《中国共产党纪律处分条例》等党内法规,就要清楚并遵守党规党纪,铭记党的优良传统和作风,树立崇高的政治和道德追求,养成纪律自觉,守住为人、做事的基准和底线。各基层党委、党总支要把毛泽东同志《党委会的工作方法》纳入学习教育内容。

二要学系列讲话。习近平总书记系列重要讲话,本身就是理论联系实际、理论和实践相结合的结晶,讲的是党和国家正在做的事情,讲的是我们身边和世界上正在发生的事情,讲的是干部群众普遍关心的实际问题和思想问题。因此,学系列讲话,就要认真学习习近平总书记系列重要讲话的基本精神,特别是要结合高校的工作实际,深入学习习近平总书记关于教育、科技和文化工作,关于加强高校党建和思想政治工作的重要论述,深刻领悟蕴藏其中的理论内涵和思想精髓。

三要做合格党员。看一名共产党员是否合格,其一要看是不是以党章为遵循,把党章规定的党员条件、义务、权利作为加强党性修养的根本准则;其二要看是不是以群众为评判,践行党的群众路线,真心诚意为群众办好事、谋实事、解难事,力求做到群众满意;其三要看是不是以实绩为检验,把自己从事的工作同实现党的奋斗目标紧密联系起来,努力创造一流的业绩。学然后知不足,学而后行。通过“两学”,党员统一了思想认识,坚定了理想信念,马上就要落到“做”上去,做讲政治、有信念,讲规矩、有纪律,讲道德、有品行,讲奉献、有作为的合格党员。

对于党员领导干部,还要坚持以上率下。书记、院长、部长、处长“一把手”要为班子成员做表率,党员领导干部为普通党员做表率。要自觉根据中央的要求,在学习教育中走在前面、深学一层。根据教育部的安排,学校领导班子成员要分期分批到北京接受党章党规培训。我和邬大光副校长已经参加了第一批

培训，明天晚上，朱校长和相关校领导也要到北京参加培训。学党章党规，要在全体党员学习掌握的内容基础上，掌握好与履职尽责紧密相关的规定和要求，着力提高做好领导工作所必需的政治素质和政策水平。学系列讲话，要在全面、系统、深入上下功夫，坚持读原著、学原文、悟原理，领会好讲话的丰富内涵和核心要义，掌握贯穿其中的马克思主义立场、观点、方法，领悟好讲话彰显的坚定信仰追求、历史担当精神、真挚为民情怀、务实思想作风。做合格党员领导干部，要自觉践行党章党规，践行“三严三实”，对党忠诚、个人干净、敢于担当。

## 四、抓住关键，扎实推进“两学一做”学习教育

我们要严格按照学校“两学一做”学习教育实施方案要求，把学习教育的各项工作做扎实、做细致、做到位，确保成效。

一要围绕专题开展学习讨论。从今年4月份开始，各党支部每两个月召开一次全体党员会议，每次围绕一个专题组织讨论。第一专题主要以学习党章、坚定理想信念、对党绝对忠诚为主题；第二专题结合纪念建党95周年暨福建省第一个党支部成立90周年的内容，主要以学习党的历史、学习革命先辈和先进典型、弘扬厦门大学“四种精神”、加强新时期学校党的建设和思想政治工作为主题；第三专题主要以学习习近平总书记系列讲话、加强理论武装、统一思想行动为主题；第四专题主要以学习《中国共产党廉洁自律准则》《中国共产党纪律处分条例》等党内法规，从周永康、薄熙来、徐才厚、郭伯雄、令计划等违纪违法案件和部分高校党员违纪案例中汲取教训，牢记党纪党规，养成纪律自觉，守住为人、做事的基准和底线为主题。

二要创新方式讲党课。各党支部要结合上述的四次专题学习讨论，对党课内容、时间和方式等做出安排。校、院两级党员领导干部要到所属党支部讲党课，同时还要深入基层一线党支部讲党课，并鼓励其他党员干部、党支部书记、辅导员、普通党员联系实际讲党课。各基层党委(党总支)要组织邀请党史党建专家学者、理论报告员、党课教师、先进模范到党支部讲党课。要充分利用厦门大学革命史展馆、校史展览馆等革命传统资源，开展党史党情现场教学。“七一”前后，各党支部要结合开展建党95周年暨福建省第一个党组织中共厦大支部成立90周年纪念活动，集中安排一次专题党课。

三要召开党支部专题组织生活会。年底前，各党支部召开专题组织生活会。支部班子及成员对照职能职责，进行党性分析，查摆在思想、组织、作风、纪律等方面存在的问题。要面向党员和群众广泛征求意见，严肃认真开展批评和自我批评，针对突出问题和薄弱环节提出整改措施。组织全体党员对支部班子的工作、作风等进行评议。结合民主评议，支部班子成员要与每名党员谈心谈话。党支部综合民主评议情况和党员日常表现，确定评议等次，对优秀党员予以表扬；对有不合格表现的党员，按照党章和党内有关规定，区别不同情况，稳妥慎重给予组织处置。

四要立足岗位做贡献。全校党员要增强党的意识，自觉爱党、护党、为党，敬业修德，奉献社会。教学科研岗位，重点要求教师党员要自觉践行“有理想信念、有道德情操、有扎实知识、有仁爱之心”好老师标准，着力围绕提高人才培养质量和提升科学研究水平，坚守学术道德与科研诚信，确保课堂、讲坛风清气正，认真履行好教书育人职责。管理服务岗位，重点要求党员坚持工作重心下移，深入实际、深入师生，落实党员示范岗、亮明身份制度和直接联系服务群众制度，开展帮扶生活困难群众、帮扶生活困难党员、帮扶薄弱基层党组织为主要内容的“三帮扶”活动，窗口单位要实行制度上墙、微笑服务、挂牌服务，切实履行好管理育人、服务育人职责。离退休教职工党员要充分发挥自身独特优势，弘扬中华传统美德，传递向上向善的精神力量，为学校的改革发展增添正能量，做出力所能及的贡献。学生党员要重点围绕学生学习和生活的实际，确定若干个组织建设示范点、党员示范岗、责任区等，开展“戴党徽亮身份”“有困难找党员”“一帮一促学风”等活动，通过主题教育、社会实践、志愿服务等活动载体，强化党员意识、责任意识、成才意识。

## 五、加强组织领导,确保学习教育各项任务落到实处

全校“两学一做”学习教育在校党委领导下进行。党委组织部牵头组织协调,并会同学校办公室、纪委、党委宣传部、学生工作部、离退休工作部、党委党校等相关部门组成学校“两学一做”学习教育协调组,协调组下设办公室并设立综合组、督导组、宣传组、教育组四个工作组,协调推进学习教育的开展。

一要突出责任落实。校党委把学习教育作为学校党的建设重要任务,纳入基层党组织书记抓党建工作责任制考评的首要内容。各基层党委(党总支)要结合所在单位实际制订具体方案,对本单位的学习教育做出部署安排,并对所辖党支部进行全覆盖、全过程指导,帮助党支部制订学习教育方案。各党支部要做到“一支部一方案”。各基层党委(党总支)书记是第一责任人,各支部书记是直接责任人,负责本单位和本支部学习教育的开展。学校党委高度重视这项工作,今天由校长主持会议,并把支部书记全部集中在一起开会,就是要表明这是全校组织的大事,也是学校发展的大事,学校党委已经认识到支部书记是组织好学习教育的枢纽和关键。

二要强化组织保障。各级党组织要以开展“两学一做”学习教育为契机,推动解决基层党建工作的重点难点问题,进一步严密党的组织体系,严肃党的组织生活,严格党员教育管理,严明党建工作责任。各基层党委(党总支)要做好党员信息登记,继续开展党员组织关系集中排查,加大整顿软弱涣散基层党组织的工作力度。校、院两级党组织要对各基层党组织书记、党务秘书、支部委员等党务骨干适时进行研讨、培训,帮助他们掌握工作方法,明确工作要求。我在体育教学部座谈时已经跟几位支部书记就如何肩负起组织责任直接交换了意见。

三要加强分类指导。各基层党委(党总支)要坚持区分党员身份类别,在遵循统一要求基础上,针对本单位党员领导干部、教职工党员、学生党员的不同情况分别给出建议、做出安排,把学习教育的任务具体化、精准化、差异化。加强分类指导,还要注意给党支部留出空间和余地。对于毕业生流动党员、离退休教职工党员及年老体弱党员,学习教育安排要切合实际。

四要做好督查指导。学校督导组要采取巡回检查、专项调研、参加学习讨论、随机抽查等方式对各基层党委(党总支)、党支部的学习教育开展日常督促检查和指导。督查指导还要注意方式方法,既要督促依靠基本制度抓好学习教育,又要注意发挥基层党组织的主动性、创造性。各基层党委如何加强对本单位学习教育工作的督查指导,也请大家提早考虑。

五要加强宣传引导。各基层党委(党总支)要抓好“两学一做”学习教育的宣传工作,特别是充分利用校园网站、微信微博、易班和远程教育平台等,开发制作形象直观、丰富多样的学习资源,及时推送学习内容。要注重典型带动,以纪念建党95周年暨福建省第一个党组织中共厦大支部成立90周年为契机,做好今年全国、省市以及学校优秀共产党员、优秀党务工作者、先进基层党组织推荐评选表彰工作,进一步激发和坚定各级党组织、广大党员爱党、忧党、护党、兴党的热情和信心。

同志们,我们刚刚成功地组织了隆重简朴的校庆,现在来开展学习教育,搞好这次学习教育,意义深远、责任重大。“两学一做”的实际成效,最终要体现在推动中心工作、促进学校党的建设和事业发展上,体现在推动党员干部提振精气神、展示新作为、发挥先锋模范作用上,体现在激活基层党组织、增强基层组织力上。4月1日省委研究支持厦大改革、建设、发展专题会议上,省委组织部领导还希望厦大认真开展“两学一做”学习教育,努力走在全省高校前列,发挥示范引领作用。我们要不辜负省委的期望,紧密团结在以习近平同志为核心的党中央周围,扎扎实实开展好学习教育,从严从实打造一支“四讲四有”的党员队伍,为推动学校科学发展,实现学校“两个一百年”的奋斗目标和中华民族伟大复兴的中国梦做出新的更大贡献!

——本文摘录自《厦门大学年鉴2017》,厦门大学出版社,2017年12月版

# 在厦门大学庆祝中国共产党成立 95 周年暨纪念福建省第一个党组织厦大支部建立 90 周年大会上的讲话

（2016 年 7 月 1 日）

校党委书记　张　彦

今天，我们在这里隆重集会，共同庆祝伟大的中国共产党成立 95 周年，共同纪念福建省第一个党组织厦大支部建立 90 周年，重温光辉历史，弘扬革命传统，砥砺优秀品格，汲取奋进力量，进一步加强学校党的建设，进一步推动学校事业科学发展，为全面建成世界知名高水平研究型大学、早日跻身世界一流大学行列而努力奋斗。

今天大会上，我们表彰了一批先进基层党组织、优秀共产党员和优秀党务工作者。刚才，7 位受表彰代表做了很好的发言，让我们充分感受到了基层党组织争创一流业绩的感人事迹和广大党员立足岗位当先锋的动人风采，他们都是我校新时期党建工作中涌现出的先进典型，借此机会，我代表校党委向他们再次表示热烈的祝贺！同时，向在学校各个时期做出突出贡献的老党员、老同志致以崇高的敬意，向在全校各个岗位上辛勤工作、无私奉献的共产党员致以节日的问候！

## 一

回顾中国共产党波澜壮阔、气势磅礴的光辉历程，我们倍感骄傲和自豪。95 年来，我们党为争取民族独立、人民解放，为实现国家富强、人民富裕不懈奋斗，付出了艰苦卓绝的努力，取得了革命、建设、改革的伟大成就，中华民族伟大复兴展现出前所未有的光明前景。总结这段历史，我们说，伟大的中国共产党为中华民族做出了伟大的历史贡献！我们党历经挫折与胜利、苦难与辉煌，从小到大，从弱到强，成为革命近 30 年、执政近 67 年、领导改革开放 30 多年、拥有 8800 多万党员的世界第一大党。我们党团结带领中国人民完成了新民主主义革命和社会主义革命，进行了社会主义建设和改革开放新的伟大革命，实现了中华民族由不断衰落到根本扭转命运、持续走向繁荣富强的伟大飞跃。我们党团结带领中国人民成功开辟了中国特色社会主义道路，形成了中国特色社会主义理论体系，确立了中国特色社会主义制度，使中国赶上了时代，实现了中国人民从站起来到富起来、强起来的伟大飞跃。我们党把自身建设贯穿近百年奋斗历程，从战争年代延安整风运动，到新时期的“三讲”教育、保持党员先进性教育、深入学习实践科学发展观、创先争优等活动，再到党的群众路线教育实践活动、“三严三实”专题教育、“两学一做”学习教育，祛病疗伤，激浊扬清，保障党的肌体健康，永葆共产党人的政治本色。

中国共产党走过的 95 年光辉历程，是把马克思主义基本原理同中国实际相结合、探索救国图强真理的壮美画卷，是带领中国人民始终站在时代前列、不断创造辉煌业绩、赢得民心的浩然长歌，是始终以实现中华民族伟大复兴为己任，不断自力更生、艰苦奋斗的壮丽史诗。历史雄辩地证明，中国共产党是有着远大理想的党，是代表全民族根本利益、全心全意为人民服务的党，是集中统一的党，是富于独创精神、勇于开创新局面的党，是具有自我净化、自我完善、自我革新、自我提高能力的党。中国共产党不愧是伟大、光荣、正确的马克思主义政党，不愧为领导中国人民团结奋斗的核心力量，不愧为中华民族走向复兴的中流砥柱。

党的十八大以来，以习近平同志为核心的党中央总揽全局、运筹帷幄、继往开来、革故鼎新，以中国梦凝聚力量,以抓改革激发活力,以改作风振奋人心,将全面从严治党纳入治国理政战略布局,以改革创新精神书写了党的建设新的伟大工程时代篇章。从统筹"五位一体"总体布局到协调推进"四个全面"战略布局,从把握中国经济发展新常态到牢固树立五大发展理念,不断开辟21世纪马克思主义发展新境界,让当代中国马克思主义放射出更加灿烂的真理光芒。我们可以自豪地说,在十八大以来中国共产党治国理政方略的正确指引下,中国这艘巨轮劈波斩浪,风帆正满,我们比历史上任何时期都更接近中华民族伟大复兴的目标,比历史上任何时期都更有信心、有能力实现这个目标!筑梦圆梦的征程上,更加坚强有力的中国共产党,必将引领中华民族开创更加灿烂美好的明天!

## 二

厦门大学是一所与中国共产党同龄的大学,有着爱国革命的光荣传统。90多年来,厦大始终与祖国同呼吸、与民族共命运、与时代同步伐,走过了艰难曲折而又光辉灿烂的办学历程。1921年,校主陈嘉庚先生胸怀"教育救国"的理想和建设"世界之大学"的宏愿,倾资创办厦门大学,树立起了伟大的历史丰碑。建校之初,进步师生受五四精神影响,积极寻求救国道路,开福建省研习传播马克思主义之先河。1926年2月,中共厦大支部在厦门大学囊萤楼诞生,这是福建省第一个党组织,我校学生罗扬才担任第一任支部书记。中共厦大支部的诞生和厦门党组织的发展,成为领导厦门及闽西南革命运动的核心力量,成为这些地区建党的发祥地和播种机。厦大囊萤之光,化为燎原之火,在大时代滚滚洪流里,成为信仰之光、真理之光,照亮八闽大地,揭开了福建革命史的新篇章。

1927年厦门爆发"四九"反革命政变,厦大和厦门党组织遭受摧残,罗扬才等革命志士坚贞不屈,视死如归,英勇就义。罗扬才烈士写下诀别誓言:"为革命而死,我们觉得很光荣,很快乐。不必为我悲伤,应踏着我们的血迹前进!"他的伟大人格和革命精神正是共产党人本质特征的体现。

大革命失败后,厦大党组织临危不惧、坚持斗争,厦大校园成为省委聚会秘密据点、省委与党中央联系的联络站,成为全省开展隐蔽斗争的重要基地。

抗日战争全面爆发后,厦大内迁闽西山城长汀艰苦办学。在这场血与火的民族解放运动中,具有爱国主义传统的厦大师生身居山城,同仇敌忾,坚持抗战,发动民众抗日,支持前线抗敌;更有热血学子投笔从戎,奔赴前线。

解放战争时期,厦大党组织率领党员和进步师生与国民党反动派进行了艰苦卓绝的斗争,迎来了厦门的解放、厦大的新生。1949年后,在两岸炮火纷飞的特殊时期,广大师生员工一边坚持工作学习,一边坚持"反空袭反炮击"斗争,学校被誉为海防前线的"英雄学府"。

在长期的革命斗争中,厦大党组织历经洗礼,以罗扬才为代表的一批共产党员和革命志士,始终高举革命旗帜,奋勇投身反帝反封建的革命事业,为争取国家独立、民族解放和人民自由进行了不屈不挠的斗争,谱写了一曲曲壮丽的革命诗篇,在厦大师生中树立起不朽的丰碑。他们孕育出的"革命精神"已深深融入学校的文化血脉之中,成为厦大"四种精神"的重要组成部分,成为学校宝贵的精神财富和不竭动力。今天,我们隆重集会,就是要抚今追昔,深切缅怀为中华民族的独立和解放献出宝贵生命的革命英烈,深切缅怀为新中国教育事业做出重大贡献的厦大先辈,他们所建立的丰功伟绩将永垂史册!

新中国成立后,特别是十一届三中全会以来,厦大历届党委带领全体师生员工,紧跟时代步伐,适应国家需求,坚持改革开放,勇于探索创新,取得了一个又一个辉煌业绩,谱写了改革发展的厦大新篇章。我们适应改革开放和特区快速发展的需要,不断深化办学体制改革,推动开放型、高水平、有特色的综合性大学建设。我们抓住国家建设高水平大学建设的机遇,大力实施"211工程"和"985工程",着力推进世界知名高水平研究型大学建设。2013年6月,学校召开第十次党代会,着眼于实现中华民族伟大复兴的中国梦,确定了"两个百年"战略目标,描绘了建设世界一流大学的宏伟蓝图。

近年来,校党委认真学习贯彻党的十八大精神,学习贯彻习近平总书记系列重要讲话精神,以党建工作科学化推动学校事业科学发展。我们坚持党要管党、从严治党,深入开展党的群众路线教育实践活动和“三严三实”专题教育。我们着力加强思想建党，以“四个自信”为思想基础，坚持用马克思主义中国化最新成果武装师生头脑，把学校建成学习研究宣传马克思主义的坚强阵地。我们着力推动制度治党，坚决贯彻执行党委领导下的校长负责制，制定并落实“三重一大”决策制度，不断提高常委会把握全局、抓大事、议大事的能力，推进依法治校、科学决策、按章办学、民主管理。我们着力推进领导班子和干部队伍建设，坚持正确的选人用人导向，不断增强各级领导班子的整体功能，提高领导干部办学治校、推动发展的能力水平。我们着力加强党的肌体建设，健全党政联席会制度，开展党建工作述职评议考核，强化书记管党治党责任，有效发挥基层党组织的监督、保证作用。我们创新党支部设置方式和“立项活动”方式，健全“共建共创”机制，开展生动的党性教育，努力把各级党组织建设成思想政治工作的基地和堡垒。我们大力推动社会主义核心价值观教育与精神文明创建相结合，广泛开展中国梦、家国情怀、社会关爱、人格修养教育和志愿服务活动，以良好的校园文化和网络环境涵养培育向上向善的校园风气。我们贯彻落实党风廉政建设责任制，着力推进作风和反腐倡廉建设，推动党性教育与师德建设相结合，以作风带动校风、学风。我们坚持正确引领、同心同向，着力加强统战群团工作，更为广泛地凝聚起推动学校改革发展稳定的力量。我们全面落实意识形态工作责任制，主动占领网络阵地，持续开展校园环境整治提升工作，妥善应对突发事件，校园更加和谐、稳定。

90年来，厦大党组织不断发展壮大。从建立之初仅有1个党支部3名党员，到新中国成立前3个总支部、1个独立支部和15个支部、250多名党员，再到今天2个党工委、38个基层党委(党总支)、869个党支部、13000多名党员，党员结构不断优化，党员素质不断提高，党组织覆盖面不断扩大，显示出强大的凝聚力、向心力、战斗力。90年来，厦大党组织的发展壮大始终伴随着中国共产党领导的革命建设改革事业的胜利前行，伴随着学校教育事业的蓬勃发展，一代代厦大共产党人用自己的心血和智慧书写了教育救国、教育强国的时代壮举。厦大党组织的发展历史与学校的办学历史交相辉映，让我们备受鼓舞和振奋。

回顾厦大党组织的发展历程，我们深刻体会到，厦门大学的命运始终与国家和民族的命运息息相关，厦门大学的文化始终蕴藏着忧国忧民、建功立业的革命情怀和家国情怀，厦门大学历史脉搏的每一次跳动，都奏响厦大共产党人自强不息、止于至善的时代强音。厦门大学全面建成世界高水平研究型大学，必须始终坚持党的领导和正确办学方向，坚持以服务国家发展、人民幸福、人类文明进步为己任；必须始终坚持立德树人、以人为本，把培养德智体美全面发展的社会主义建设者和接班人作为根本任务；必须始终坚持解放思想、改革创新，把“中国特色、世界一流”作为衡量办学水平的重要标准。

回顾厦大党组织的发展历程，我们深刻体会到，各级党组织对我们的关心、支持和帮助是我们不断前行的重要动力。就在庆祝建校95周年之际，教育部党组成员王立英、厦门市委书记王蒙徽先后来校做报告，福建省委书记尤权主持召开专题会议听取厦大工作汇报，省委宣传部部长高翔来校调研，教育部党组、福建省委、厦门市委都对厦大光荣的历史传统和办学成就给予了高度评价，并对我校党的建设和建设世界一流大学提出了希望和要求，希望厦大走在全国和福建省高校前面。前几天，厦门市委组织部部长陈秋雄专程参加学校纪念建党座谈会，充分肯定厦大是当之无愧的“八闽的革命摇篮”。今天，福建省委组织部部长王宁又专程出席大会，再次带来了省委对我校广大党员师生的亲切问候，并对我校党的建设和改革发展事业提出了新的要求、寄予更高希望。

光荣的历史赋予我们前行的力量，神圣的使命照亮我们远方的道路，站在这历史与现实的交汇处，我们更要高擎信仰的旗帜，保持定力，执着前行，以信仰之光照亮奋斗征程!

## 三

同志们，今天上午，我们集体收看了中央庆祝中国共产党成立95周年大会的盛况，收听了习近平总书记在庆祝大会上发表的重要讲话。习总书记“七一”重要讲话高屋建瓴、立意深远、情真意切、催人奋进，我们一定要深入学习宣传贯彻“七一”讲话精神，铭记历史、鉴往知来，不忘初心、继续前进。借此机会,我结合刚才省委的最新指示,代表校党委就学习贯彻"七一"重要讲话精神、加强新时期学校党的建设谈几点意见。

### (一)认真学习领会"七一"重要讲话精神,牢记政治使命,深入推进"两学一做"学习教育

习总书记"七一"重要讲话全面回顾了我们党95年来团结带领中国人民不懈奋斗,所走过的波澜壮阔历史进程和做出的伟大历史贡献;深刻阐述了面向未来、面对挑战必须牢牢把握的八方面要求,对全党在新的历史起点上统筹推进"五位一体"总体布局、协调推进"四个全面"战略布局,做好党和国家各项工作,具有重要指导意义。"七一"讲话也是当前开展"两学一做"学习教育的重要学习文献,对于我们深入推进"两学一做"学习教育,更加全面深刻地理解把握习近平总书记系列重要讲话精神具有重要意义。我们要按照中央部署安排,把深入学习、认真领会、坚决贯彻"七一"讲话作为当前和今后一个时期的首要政治任务,迅速把思想和行动统一到讲话精神上来,把智慧和力量凝聚到落实庆祝大会提出的任务上来,全面深入地用讲话精神武装师生员工头脑,指导学校"两学一做"学习教育和党的建设工作,引领学校事业科学发展。

深入开展"两学一做"学习教育,是今年学校党建工作的龙头任务。自学习教育开展以来,校党委及早谋划、精心部署、注重创新,坚持党风、校风、学风"三风"齐抓,学习教育取得了良好成效,受到中央有关方面和福建省委的肯定。当前,学习教育的主要任务就是围绕今天中央庆祝大会和学校纪念大会,重温党的历史,感悟党的丰功伟绩,学习革命先辈和先进典型,传承学校"四种精神"。我们要进一步创新方式载体,激发基层活力创造力,将学习教育引向纵深,教育引导广大党员进一步增强党员意识、党章意识,进一步牢记共产党人的政治使命、坚守共产党人的政治品格、体现共产党人的政治觉悟,争做"四讲四有"的先锋模范。

### (二)加强和改进党的领导,推动学校事业发展再上新台阶

办好中国的事情关键在党,办好中国的大学关键也在党。习近平总书记指出,办好中国的世界一流大学,要扎根中国大地,必须有中国特色。社会主义办学方向就是我们建设世界一流大学最大的中国特色。我们要始终把牢这个大方向,以中国特色为统领,坚决贯彻党的教育方针,坚持立德树人这一根本任务,牢记培养中国特色社会主义合格建设者和可靠接班人的使命任务,加强党的领导核心和政治核心地位,进一步巩固马克思主义在意识形态领域的指导地位,牢牢掌握意识形态工作领导权、话语权,强化社会主义核心价值观的培育和践行,增强学生思想政治教育工作的针对性、实效性和亲和力、感染力,充分发挥教师的育人作用和学校"四种精神"的引领作用。唯有如此,我们办的教育才能始终与国家发展和民族振兴同向同行,才能让人民满意、让师生满意;我们所从事的事业也才能目标一致、使命相同,才能最大限度激发一切积极因素,最广泛凝聚起建设世界一流大学的力量。

习近平总书记在上午的讲话中指出,坚持和完善党的领导,是党和国家的根本所在、命脉所在,是全国各族人民的利益所在、幸福所在。总书记还说,党的建设关系重大、牵动全局,党和人民事业发展到什么阶段,党的建设就要推进到什么阶段,这是加强党的建设必须把握的基本规律。加强党对高校的领导,加强和改进高校党的建设,是办好中国特色社会主义大学的根本保证。当前,学校章程已经制定,综合改革正在深入推进,"十三五"规划全面启动实施,"双一流"建设进入关键时期,我们正坚定不移地朝着"两个百年"目标迈进。在这爬坡过坎的重要阶段,我们必须进一步加强和改进党的领导,坚持和完善党委领导下的校长负责制,构建充满活力、富有效率、更为开放、有利于科学发展的管理体制机制,统筹协调形成新的发展合力,确保学校改革发展事业沿着正确的方向前进。我们的各级党组织和广大党员干部务必清醒认识肩负的责任与使命,突出政治功能和服务功能,坚持从严治党和推进发展一起抓,自觉践行五大发展理念,勇于担当,务实苦干,凝心聚力,攻坚克难,发挥好引领示范作用,为学校事业科学发展提供强大的动力保障。广大党员要进一步坚定理想信念,提振精气神,凝聚正能量,奋力求作为,发挥好先锋表率作用,努力在建设世界一流大学的伟大实践中展示新形象、实现新作为、做出新贡献。

### (三)推进全面从严治党,努力营造更加风清气正的政治生态

我们要自觉增强全面从严治党的紧迫感和责任感,牢牢抓住全面从严治党这个“牛鼻子”,扎实推进管党治党从宽松软走向严紧硬,不断增强管党治党的自觉性和坚定性。我们要把抓好党建作为最大的政绩,把党的建设工作和业务工作一并部署,始终把党的建设牢牢抓在手上。我们要把遵守政治纪律和政治规矩放在突出的位置,带头尊崇党章,做党章的坚定执行者和捍卫者,切实增强政治意识、大局意识、核心意识、看齐意识;明标准,知行止,存敬畏,明底线,坚持原则,坚守定力,历练作风,树立正气,做政治上的明白人。

我们要坚持以纪律思维解决作风问题,把落实八项规定作为常态化重点工作,驰而不息地整治“四风”问题。切实履行好两个责任和“一岗双责”,正确处理好改革发展和作风建设的关系,运用好监督执纪的“四种形态”,推动严肃党纪与严肃校纪相结合,以文明发展的理念引领学校事业发展,以优良的作风正校风、促教风、带学风,把作风建设的成果转化为推动学校发展的动力,转化为爱校荣校、改革创新、团结合作、包容共享的校园新风尚。

同志们,回顾中国共产党 95 年波澜壮阔的辉煌历程,总结厦大党组织 90 年风雨兼程的发展历史,我们充满崇敬和感怀;展望厦门大学建设世界一流大学的美好前景,我们充满信心和力量。让我们更加紧密地团结在以习近平同志为核心的党中央周围,高举中国特色社会主义伟大旗帜,深入落实“四个全面”战略布局,认真践行五大发展理念,继往开来,锐意进取,为实现“两个百年”厦大梦和中华民族伟大复兴的中国梦做出新的更大贡献!

——本文摘录自《厦门大学年鉴 2017》,厦门大学出版社,2017 年 12 月版

# 在厦门大学抗御台风“莫兰蒂”总结表彰暨“两学一做”学习教育推进会上的讲话

(2016年9月30日)

校党委书记　张　彦

刚才,林东伟副书记做了学校防抗今年第14号台风“莫兰蒂”的总结报告,全面回顾了我校防抗台风和灾后恢复工作的开展情况。7位先进代表做了情真意切、感人至深的发言,把大家又带回到动人心魄的防台抗灾第一线。我相信,在座的每一位都深受感动、深受教育、深受鼓舞。在这里,我代表校党委、校行政,向受到表彰的抗台救灾先进集体、先进个人和优秀志愿者,向在抗台救灾第一线英勇奋战的广大师生员工致以崇高的敬意!向大力支持我校抗台救灾的各级领导、相关部门和社会各界人士表示衷心的感谢!

9月15日,今年第14号台风“莫兰蒂”正面袭击厦门,我校遭受巨大损失,抗台救灾任务艰巨。能不能战胜这场历史罕见的特大灾害,是我们面临的严峻挑战,也是对我校“两学一做”学习教育成果的一次庄严考验。半个月来,全校师生员工在校党委、校行政的坚强领导下,众志成城、迎难而上,顽强拼搏、艰苦奋战,实现了“无人员伤亡、损失降到最低”的目标,取得了抗台救灾的阶段性胜利,彰显了我校师生员工爱校护校的坚强意志,弘扬了“自强不息”的校训精神,谱写了全体厦大人团结奋斗的英雄凯歌。回顾半个月来的工作,我们深深感到:

这场胜利是各级领导、相关部门亲切关怀、大力支持的结果。在防灾、抗灾、救灾的关键阶段,国务院刘延东副总理,教育部陈宝生部长和杜玉波、王立英、朱之文、林蕙青等部领导,福建省委尤权书记和王宁、高翔、潘征、李红、裴金佳等省市领导给予我们亲切关怀和坚强领导。厦门市委市政府、思明区有关部门和街道对我校倾力支持。这些关怀和支持给予全体师生极大的鼓舞,增添了我们的信心和力量。

这场胜利是学校周密部署、科学应对的结果。在整个防抗台风过程中,校党委、校行政和防洪防台风工作领导小组始终严阵以待,坚持把形势估计得更严峻一些,把困难考虑得更复杂一些,把各方面的准备工作做得更充分一些,坚决杜绝松懈厌战情绪和麻痹侥幸心理。正是因为我们思想上高度重视、工作上准备充分、行动上反应迅速,争取了抗台救灾的主动权,确保各项工作有力、有序、有效推进。

这场胜利是各基层单位快速反应、执行有力的结果。从机关各职能部门到各学院、研究院,各单位能认真贯彻执行校党委、校行政的决策部署,加强对抗台救灾工作的领导,将防御台风的各项工作落细、落小、落实;基层单位的负责人按照应急响应要求,坐镇指挥,沉着应对,带领师生员工全力以赴做好防御和自救工作,是此次全校范围内取得抗击台风胜利一个重要的亮点。

这场胜利是全体师生员工众志成城、自救自强的结果。在抗台抢险救灾的过程中,广大师生员工以高度的主人翁精神和对学校的满腔热爱,充分发挥在防抗台风和灾后恢复中的主体作用,不等待、不退缩、不松懈,以最大的决心、最快的行动连续作战、重建校园,迅速恢复教学科研和生活秩序,再一次充分表明全体师生员工是学校攻坚克难、改革发展最重要的依靠力量。

这场胜利是社会各界同舟共济、协力救灾的结果。面对强台风带来的灾害,厦门警备区派出具有丰富抢险经验的官兵支援我校抢险救灾工作,中央驻厦各大新闻媒体和省市媒体及时准确报道厦大受灾和灾后恢复情况,一些校友和校友企业在第一时间表示捐资捐物帮助学校灾后恢复,许多兄弟高校来电慰问。社会各界的关心与帮助汇聚成重建美丽校园的强大合力,我们要倍加珍惜并长存感恩之心。

沧海横流，方显英雄本色。在座的全校各级干部、职工和学生志愿者都参加了抗御台风的工作，都切身感受到了取得这场胜利的来之不易。半个多月来，从部署防御工作，到抗击台风正面侵袭和开展灾后恢复重建，全校广大师生员工付出了巨大的努力，涌现出了许许多多感人的事迹。今天，我们在这里隆重举行总结表彰大会，就是要把这次抗御台风的做法和经验梳理好、总结好，进一步提升学校面对自然灾害的应对能力；就是要在全校范围内树立一批先进典型，在广大师生员工中大力弘扬以校为家、爱校护校的主人翁精神。从刚才 7 位同志的发言中，我们可以看到广大师生员工对学校的无比热爱，对事业的无比忠诚，对工作的无比负责。在这里，我代表学校党委、行政再一次感谢大家。

乘风破浪，方能挺立潮头。当前，我们正在凝心聚力推进世界一流大学和一流学科建设，朝着"两个百年"目标奋力前进。实现这一宏伟蓝图，要求我们必须以自我革新的勇气和决心全面推进综合改革，不断提高工作要求和标准，不断提升向社会输送高质量人才和高水平科研成果的能力。气可鼓而不可泄。我们要把广大师生在这次抗击台风"莫兰蒂"过程中汇聚起来的磅礴力量呵护好、保持好，进而转化为推进学校"双一流"建设的强大动力，在新时期展现出新的时代风貌，做出新的贡献。

在这次抗御台风和灾后恢复重建的过程中，我们始终把各项工作和"两学一做"学习教育紧密结合在一起。今年 7 月以来，习近平总书记多次对防汛抗洪做出重要指示，要求各级领导干部特别是主要领导干部要靠前指挥，各有关地方、部门和单位要各司其职，各级党组织要充分发挥坚强领导作用，各级干部要充分发挥模范带头作用，广大共产党员要充分发挥先锋模范作用，在同重大自然灾害斗争中经受住考验。全校各级党组织和广大党员干部认真学习领会习近平总书记重要指示精神，牢记身份和使命，在抗御台风"莫兰蒂"的过程中始终按照把学校的安危和师生的利益摆在第一位，在各个紧要关头都能坚守自己的岗位，都能不畏艰险、冲锋在前，充分发挥战斗堡垒和先锋模范作用。在组织抢险救灾的同时，全校各级党组织积极开展思想政治工作，在第一时间关心慰问同学，关心受灾的青年教职工和老先生、老教师，凝聚起开展灾后恢复工作的强大合力，将学校遭受的损失降到最低点。事实表明，关键时刻要看党组织、要看广大党员和领导干部的表现。只要每一级党组织能充分发挥应有的作用，每一名党员是合格的共产党员，我们就能战胜一切艰难险阻。面对灾难，全校各级党组织和广大党员用自己的实际行动，为"两学一做"学习教育交出了一份合格的答卷。"两学一做"学习教育已经进入第三专题的尾声，马上就要进入第四专题学习研讨，就后面"两学一做"的深入开展，我再讲几点意见。

第一，深入开展"两学一做"学习教育，要把学习习近平总书记系列重要讲话精神和推动学校各项工作结合起来。前不久，教育部党组下发文件，要求各级党组织深入学习以习近平同志为核心的党中央治国理政新理念、新思想、新战略。厦门大学师生要在这一阶段学习教育过程中，深入学习，认真学习，争取有一部分老师取得优秀的学习成果，有更多的同学经过学习对当前的中国的内政外交国防和大政方针有更深入的理解，能够对我们的一流大学和一流学科建设这样一个历史方位、国家需求有更深的体会。我们的各级党组织和广大共产党员要在深化综合改革、建设一流大学的过程中发挥战斗堡垒和先锋模范作用，在推进学校改革发展、稳定事业中展示作为、建功立业。

第二，深入开展"两学一做"学习教育，要坚持问题导向，高标准定位、高质量推进。这一次"两学一做"学习教育，基层组织特别是党支部的作用发挥得怎么样是一个关键点。习近平总书记明确指出，要给基层党组织留出空间，把"处方权"往下放，让他们当"小郎中"。因此，基层党支部的主体作用必须发挥出来，推动思想政治建设抓在日常、严在经常，切实把学习教育融入日常。要坚持和运用好"三会一课"、组织生活会、民主评议党员等基本制度，要激发党支部和广大党员的创新活力。今天，我们几位发言的党委、党支部负责同志，都讲到了这次党组织的作用和党员的表现。学校希望，在下一步的学习和开展"做合格党员"的活动当中，基层党支部发挥更好的作用，争取不断的发明创造。

第三，深入开展"两学一做"学习教育，要继续坚持"三风"齐抓，以党风建设带动优良的校风学风建设。"两学一做"学习教育的开展，既巩固了党的群众路线教育实践活动和"三严三实"专题教育的成果，又使党员干部思想得到了升华，持续推进了党的作风建设。相信大家能体会到，做好自己学校的事情，师生就能坚定对我们教育制度的自信；学校党风抓好了，抓师德就有了基础，抓学风就有了榜样，师生也就对学校党组织更加信任,进而增强对我们党的信心。所以,深入推进"两学一做"学习教育,必须要注意将党的作风建设与学校各项工作相衔接的问题,把作风建设的成果转化成推动学校发展的动力。具体来讲,就是要坚持党风、校风、学风"三风"齐抓、紧密结合,把党性教育与师德建设相结合,把培育践行社会主义核心价值观与精神文明创建相结合,把严肃党纪与严肃校纪相结合,把"两学一做"学习教育的成果真正落在实处。

第四,深入开展"两学一做"学习教育,要持续抓好党员领导干部队伍建设,为学校改革发展提供有力保障。刘云山同志在部分地区和部门"两学一做"学习教育工作座谈会上也提出,分析当前党员干部队伍的现状,从带普遍性倾向的问题来看,要进一步聚焦到强化党性观念、严格党内政治生活、提振干事创业精气神上来。作为领导干部,就要学在前、做在前,要求别人做到的自己首先做到,要求别人不做的自己坚决不做。党员领导干部要认真对照习近平总书记关于"七个有之""五个必要"等重要论述,认真对照"四讲四有"党员标准,增强政治意识、大局意识、核心意识、看齐意识。要在政治学习、业务推进和学校的建设中,发挥出模范带头作用。今天发言的几位领导干部在他们的讲话内容中,都对各单位领导在这次防抗台风的过程中的表现进行了介绍,使我们相信,厦门大学广大干部的素质是好的,关键时候能够拉得出来,能够"打胜仗"。

第五,深入开展"两学一做"学习教育,要加强执纪问责,推进全面从严治党。加强党内监督、从严管党治党是各级党委的主要政治责任。要把全面从严治党的工作,在学校层面进行深入的贯彻和落实。今年7月8日开始施行的《中国共产党问责条例》成为又一件全面从严治党"利器",有责必问、问责必严的强烈信号进一步释放出来,以问责倒逼责任落实,推动管党治党从宽松软走向严紧硬。这一次防抗台风的灾后恢复工作,各级党组织坚守政治责任,坚守党的纪律,讲究领导负责这些方面都做得不错,以后我们要不断地坚持下去。刚才林东伟副书记在他的报告中已经提到,要邀请学校纪委书记进入学校防洪防台领导小组,要加强执纪问责的力度。我想说,不仅在防抗台风时这样,在很多其他工作中也要加强执纪问责,检查督导,学会防微杜渐,以使我们各个方面工作规划得更长远,做得更好。

老师们、同学们、同志们,"两学一做"学习教育的实际成效最终要体现在推动中心工作、促进学校党的建设和事业发展上,体现在推动党员干部提振精气神、展示新作为、发挥先锋模范作用上,体现在激活基层党组织、增强基层组织力上。全校党员干部在防御抗击第14号台风"莫兰蒂"中所展现出来的精神风貌充分证明,我们的"两学一做"学习教育是富有成效的!我们要再接再厉,扎扎实实推进学习教育,为推动学校科学发展,实现学校"两个百年"奋斗目标和中华民族伟大复兴的中国梦做出新的更大贡献!

——本文摘录自《厦门大学年鉴2017》,厦门大学出版社,2017年12月版

# 在厦门大学与福建省九市一区战略合作工作会议上的讲话

（2016年1月9日）

校党委书记　张　彦

2016年是“十三五”规划开局之年。新年伊始，福建省有关部门、省内各地市/区和部分兄弟院校的领导共聚一堂，探讨与厦门大学深化拓展战略合作、共同服务福建科学发展、跨越发展，这对于厦门大学来说，是一件喜事、是一件盛事，对于推动厦门大学“十三五”发展具有重要意义。

厦门大学与福建省九市一区战略合作工作会议的召开，是学校认真研究考虑、长久酝酿的结果。厦门大学是中央在福建布局的一所大学，是国家的大学，也是福建的大学，学校的精神血脉与文化基因已与福建深深融合在一起。在新的历史阶段，厦门大学一直在探索深化与省内各地市/区的合作、共同服务福建发展的新模式，不断寻找把学校、学院、老师与各地市/区、相关部门、需要支持的企业相互之间的距离拉得更近、把横向联系建立得更紧密的一种途径，努力思考促进学校与各地市/区共同总结合作经验的工作方式，深入探讨推进校地合作工作的关键环节。去年6月，学校向省里汇报工作时，汇报了厦大服务福建的思考，汇报了召开此次工作会议的想法，得到省领导的大力支持。由于有了这些思考和研究、有了省委省政府的支持，才有今天会议的召开。感谢省委省政府的大力支持，感谢各地市/区的大力支持！

经过多年的合作、推动，厦大与各地市/区合作已结出丰硕成果，积累了很多经验。召开此次会议有以下三点希望：第一，我们希望对过去厦门大学服务福建发展、与各地市开展战略合作的情况做一次全面总结梳理，以明确有哪些经验值得推广、哪些方面还可以进一步拓展深化。这次呈现给大家的这本《厦门大学服务福建发展工作回顾》，就是对以往校地合作工作总结的一次尝试。第二，我们也希望加强与福建省有关部门、各战略合作地市的联系对接，听听大家对厦门大学开展校地合作有哪些建议，市校双方在“十三五”期间，围绕如何服务福建科学发展跨越发展，拓展新合作、做出新贡献。第三，我们还希望通过这次会议，能够进一步强化学校服务福建发展的意识，增强师生做好社会服务的积极性，使学校各项工作能紧密结合、有效对接福建省“四个全面”战略布局和实施创新、协调、绿色、开放、共享的发展理念。学校也将在向省委省政府汇报工作时，将此次会议的成果带到省里，在省委省政府支持下将此项工作列入学校“十三五”规划及年度工作计划。

今天，大家发言各有重点、饱含深情，这份深情是对厦大的厚爱和鼓励。大家发言中也对厦大提出了很多希望，这种希望是对一所子弟大学的期待，体现了厦门大学与福建的天然联系和血肉关联。下一步，如何做好校地战略合作，我的思考是：

第一，校地合作关系要更加紧密。福建正处在科学发展跨越发展的战略机遇期。中央支持福建加快发展的力度加大，福建自贸试验区和“21世纪海上丝绸之路核心区”深入推进，福建省发展潜力空间巨大，福建高等教育和高校也面临前所未有的机遇和挑战。厦门大学作为国家布局在福建省的唯一一所综合性研究型大学和部省共建的“211工程”“985工程”高校，我们必须充分发挥人才优势和智力优势，立足福建、服务福建，为福建省科学发展跨越发展提供强有力的支撑。不久前，国家印发了《国务院关于印发统筹推进世界一流大学和一流学科建设总体方案的通知》，2016年学校将正式启动实施统筹推进世界一流大学和一流学科建设计划。实施这个计划、实现学校建设一流大学的目标，就必须要坚持以中国特色、世界一流为核心，以支撑创新驱动发展战略、服务经济社会发展为导向，就必须牢牢立足福建发展、扎根中国大地，努力在服务国家和区域发展中争创一流，这是学校的共识。厦大原来是一所以基础研究见长的学校，多年来形成了自己的学科特点和研究特点。服务社会和发展应用学科会有个转型过程，学校将有重点、有区别地开展这项工作，学校将为基础研究学科提供保障，但相当数量的学科、专业和老师必须走与社会相结合、与社会相互动的路子。纵观世界高等学校和高等教育发展历史，所有好大学在前进过程中，一定是适应了社会历史发展的需要，在适应需要过程中，发明新技术，发展新理论，提供新思想，推动学校新跨越。我们中国要全面建成小康社会，福建要建设机制活、产业优、百姓富、生态美的新福建，这是厦大发展所处的外部环境和历史新机遇，厦大将会在服务国家和福建发展过程中，获得自身发展，如果不能服务好这个发展，我们将失去自身发展的机遇。另外，对于“共赢”，我的理解是：实现学校成果转化、促进企业转型升级、学校获得收益的共赢，是最表层的共赢；而深层次的共赢，是社会的进步和教育的发展，这才是最大的共赢。

第二，校地合作领域要更加明确。一是要加快培养创新创业人才，结合社会对创新人才的需求，调整学科专业结构，改革人才培养模式，提高人才培养质量。深入开展高层次继续教育，为福建省培养大批科技人才、经营人才和管理人才。二是要加快推进成果转化与产业化，努力使学校的学科建设、平台建设与福建省经济社会发展和产业转型升级相适应，努力使学校的创新创业人才培养能够支撑和服务福建省实施创新驱动发展战略的需要。厦大没有创办学校上市企业，学校科研成果和技术专利也没在校内转化，但厦大把科研成果和技术专利推向社会，帮助合作企业实现转型发展、帮助合作企业上市，这也是厦大的一种贡献形式。将来社会企业的捐赠和政府提供的支持，是对学校最大的回报，我们所处区域和福建企业获得发展，是厦大的最大成就和收获。三是要加快建设高水平智库，在福建省实施“一带一路”倡议、推进自贸区建设、两岸关系和平发展、制订高等教育改革方案、加快建设文化强省等重大专题的研究中积极发挥作用、提供智力支持。厦大希望发挥高等教育学科、管理学科等学科优势，以及厦门大学自身高等教育的实践优势，为福建高等教育做出更大贡献。四是要发挥厦大国际化优势，带动福建省高等教育“走出去”；要携手合作高校与对口支援学校，共同提升福建省高等教育水平。福建省“十三五”规划提出要支持省内高等学校“走出去”，厦大愿意为省内高校“走出去”提供经验和借鉴。

第三，校地合作重点要更加突出。下一步，学校和各地市/区要做好顶层设计、抓住重点，学校相关部门、学院和各地市/区相关部门要积极联动配合、形成推动力，积极向外转化老师的科研成果，推动老师开展理论与实践相结合的研究，做“顶天立地”的研究。在服务社会中，提高人才培养质量、解决重大实际问题、发现重大理论问题、产出重大原创性科研成果，做到“顶天”与“立地”相结合。理论问题有的是要从理论逻辑上找，有的是要从实践逻辑上找，实践中经常存在没有解决的理论问题，或者说是因理论没解决而导致实践问题总无法解决，我们要多从这方面寻找。通过坚持不懈地努力，将来不仅能解决重大实际问题，也一定能产出重大理论成果。诺贝尔奖的许多奖项及获奖者，大多数是在解决实际问题中，因为有了科技发明、有了科学发现才获得该奖项。在获得诺贝尔奖的许多成果中，有纯理论的问题，但绝大部分理论问题是在解决实际问题中发现的。下一步，学校与各地市/区将重点抓住“一地一重点”，确保合作重点切实有效地推进。其他合作工作由学院、老师、企业去具体对接、具体落实推进。

第四，校地合作机制要更加完善。完善省校对接机制，推动各项工作的落实。把服务福建作为学校创建一流大学战略的重要组成部分，把服务福建工作纳入学校“十三五”规划整体考虑和部署。每年向省委、省政府专题汇报学校改革发展和服务福建工作情况。定期编印《厦门大学服务福建发展年度报告》，定期召开厦门大学与福建省九市一区工作会议，总结好经验、好做法，关注有显示度、标志性的成果。我们还将进一步研究，在综合改革中不断完善教师考核和聘任的评价指标体系，为老师开展理论与实践研究提供政策环境与制度保障，引导平台、基地、人才、技术等创新要素向企业集聚，鼓励各类研发成果转化，鼓励师生关注福建、研究福建，自觉主动地投身到服务福建发展的各项实践之中。

同志们，“十三五”时期是全面建成小康社会决胜阶段，到 2020 年，我们将全面建成小康社会。我们要紧紧抓住实现中华民族伟大复兴中国梦这一重要历史机遇，深化拓展校地战略合作，为服务福建创新驱动发展，全面建成小康社会和经济社会发展再上一个新台阶，为实现厦门大学“两个百年”的奋斗目标，为建设机制活、产业优、百姓富、生态美的新福建做出新的更大贡献！

——本文摘录自《厦门大学年鉴2017》，厦门大学出版社，2017年12月版

# 在厦门大学哲学社会科学繁荣计划中期评估会议上的讲话

(2016年7月12日)

校党委书记　张　彦

刚才9位老师做了很好的交流发言,朱校长就持续推动我校哲学社会科学发展提出了明确的目标要求。现在,我结合学习贯彻今年5月17日习近平总书记在哲学社会科学工作座谈会上发表的重要讲话精神(以下简称"5·17"重要讲话精神),与大家做进一步的沟通和交流。

繁荣发展哲学社会科学是党和国家的一项重要工作。对厦门大学来说,这也是我们当前的一项重要工作,是"双一流"建设的重要内容,也是高水平大学建设的应有之义。前段时间,学校召开了若干次学科建设的座谈会,听取了人文与艺术学部、社会科学学部的专家意见,了解了学校在哲学社会科学学科建设方面取得的成绩和存在的问题。这次中期评估会既是前期有关工作的阶段性总结,是《厦门大学哲学社会科学繁荣计划(2011—2021年)》(以下简称"繁荣计划")2012年底推出至今三年多来的中期工作总结,也是学校深入贯彻落实繁荣计划,进一步加强哲学社会科学建设的一次重要会议。今天会议结束以后,我们将认真梳理并吸收老师们在上午讨论环节和下午交流发言中提出的意见和建议,及时研究制定繁荣计划"补充意见",并抓好落实。之后,学校将结合全国第四轮学科评估结果,在学校"双一流"建设当中,出台更加具体的工作方案。因此,今天的会议是一系列工作当中的重要一环,具有重要意义。

厦大是以文理见长的综合性研究型大学,哲学社会科学有着悠久的研究历史、深厚的学术底蕴和良好的学术传统,进一步巩固优势、加大投入、坚定发展,使我校哲学社会科学这棵参天大树更加枝繁叶茂,也是未来我校提升学科综合竞争力、全面提高教育质量的必然选择和必由之路。繁荣计划实施三年多来,从总体上看效果是好的,我校哲学社会科学得到了持续繁荣、长足发展,哲学社会科学的"厦大学派"已初露端倪,受到社会及学术界的高度认可。在这里,我就如何进一步促进我校哲学社会科学的繁荣发展,谈四点意见。

第一,要坚定自信,坚持定位,把握厦门大学哲学社会科学"国家队"的水平和标准。一段时间以来,我也在思考厦门大学的哲学社会科学定位,究竟是作为"地方代表队"还是"国家队"? 今天下午,台湾研究院院长刘国深教授在他的报告中提出,我们是"国家队"。做出"国家队"地位的这个判断,既是对历史上厦大哲学社会科学的成就和贡献的总结,也是对近年来我校加强哲学社会科学建设所取得的成绩、赢得的尊严的恰当评价,更是在下一步学校哲学社会科学建设中,我们必须把握和坚持的水平标准。为此,我们必须做到以下几点。一是厦门大学的哲学社会科学建设要与国家的哲学社会科学建设保持同步。我们要有"国家队"的站位,在设计制度、实施计划的时候,在考虑队伍建设、学科建设等方面,都要与中央和教育部出台的有关政策文件、发展规划相一致,要主动面向国民经济主战场、面向国家重大需求,聚焦中国问题,拓展国际视野,强化基础研究,推进理论创新,努力形成对国家和人类社会发展有重大影响的原创性思想和理论成果。二是要认真学习贯彻习近平总书记"5·17"重要讲话精神。这篇重要讲话是中央经过一段时间深入调研、总书记经过深思熟虑之后形成的,对繁荣发展我国哲学社会科学做出了战略规划和顶层设计,明确了构建中国哲学社会科学的目标和途径,是一篇重要的纲领性文献。我们的哲学社会科学工作者要认真学习领会,并透过这篇重要讲话,读出国家大的政策走向,使得我们今后的教育教学、学术研究工作能够保持在一个比较高的政治水平上。三是要建设高水平的哲学社会科学研究机构。

我们要虚心学习借鉴著名哲学社会科学机构组织的建设经验，以它们为参照系。我国的哲学社会科学队伍有五路大军，即包括高等院校、党校(行政学院)、部队院校、科研院所、党政部门研究机构在内的哲学社会科学工作者，在这当中，厦门大学的哲学社会科学工作队伍是高等院校这支重要力量中的一个重要组成部分。除了上午李建发副书记、副校长在报告中提到的那十几所教育部直属的老牌综合性大学之外，目前我国还有很多高水平大学都在努力发展哲学社会科学，许多工程类高校的文科发展也非常迅速，已经形成了相当大的规模，并在很多方面取得了突出的成绩。对这一点，我们要有清醒的认识，要在激烈竞争和学习借鉴中努力巩固我们原有的优势地位。四是要进一步加大国际化的努力。这是由两个方面原因决定的：一方面，在中国跟世界接轨的过程当中，在中国努力实现伟大复兴的过程当中，一定要有若干支力量成为中国的代表，厦门大学要朝着这个方向进行努力，力争成为若干个中国代表中的一个；要大力推动哲学社会科学"走出去"，善于开展国际交流合作和比较，让国际学术界听到更多中国的声音、厦大的声音，在巩固和提升国内领先地位的同时，不断增强我们的国际影响力和话语权。另一方面，推动国际交流合作也是厦门大学的一个学术传统和办学使命。校主陈嘉庚先生创校之初怀抱建设"世界之大学"的宏愿，希望厦大能"研究高深学问，养成专门人才，阐扬世界文化"，继而"与世界各大学相颉颃"，这已是厦大重要的办学宗旨，我们现在要有信心和决心去一步一步实现校主的创校初愿。

第二，厦门大学繁荣哲学社会科学要发扬传统，培育优势，朝着打造"厦大学派"的目标继续前进。我们制订的繁荣计划里提到了"厦大学派"这一概念，我经常在思考，什么是"学派"？构建"厦大学派"到底需要有几条标准？它的具体内涵是什么？我通过观察和思考，有这样的体会：如果一个学科有"学派"，那是指这个学科在与国内外同行的比较中已经形成独特的传统、优势，也形成了自身学术研究的特点，并且构建了一个强有力的团队。这时候才可以说它是"学派"。那这样的"学派"厦门大学有没有呢？从学科而言，厦大已经有若干个学科在全国范围内本来就有其突出的优势和鲜明的特点，从客观上讲它们就是"厦大学派"。按照这个思路，我们希望有更多的学科能够获得这样的称谓。构建"厦大学派"要放在厦门大学全校整体学科体系建设中去思考、去定位。一是要传承好厦门大学优良的哲学社会科学学术传统。有传统的学科最容易形成"学派"。"学派"的形成不是一朝一夕的事情，要经过多年的建设。我校已有的学科基础、学术传统等都应当继续坚持好、发扬好。二是要注重地域特点。厦门大学是有全国影响力和国家级水平的大学，学校的若干特色学科具有很强的地域特点，这些地域特点无疑也会成为"厦大学派"的一个重要方面。这些有地域特点的学科，我们应当支持，把它们发展好，使我们在服务社会方面，体现出厦大的能力、水平和特色。三是要坚持创新。"学派"的形成很大程度上是与学术机构挂钩、与新的学术范式的使用相挂钩的。很高兴，今天下午发言的老师当中，很多人都提到了这一点。推动我校哲学社会科学在新方法、新范式方面实现更大突破，应当成为形成"厦大学派"的一个重要努力方向。四是要汇聚优秀人才。"学派"的概念往往针对一个人群，它的形成需要由一大批杰出的优秀人才、一大批有持续创造力的队伍共同推动。我们要建设"厦大学派"，引进人才很重要，把博士后队伍建设好很重要，年轻优秀的学术带头人成长好很重要，而把这些人汇聚起来，共同在某些重大领域和重大方向上开拓，形成有战斗力的学术研究团队更重要。朱校长在报告中反复强调要加强团队建设，这里我还想再强调一遍，那就是，没有强有力的团队就难以形成"厦大学派"。

第三，要加强研究、科学施策，不断提高厦门大学哲学社会科学繁荣发展和引导管理的工作水平。今天这个会议开得很好，也很成功。但是我们近几年都没有召开这类大规模的会，因此在如何组织好会议这方面还显得有些经验不足。比如，下午的会议到底要请哪些学科的老师发言？学科的覆盖面是否应该更全面一些？再比如，我们提供给大家的繁荣计划"补充意见"如果能够提早在更大范围内征求意见，那么今天我们就可以正式宣布实施这个"修改意见"了。此外，下午的教师代表发言中，我们的老师对学校的相关管理部门、领导提出了一些很好的意见和建议，这些都会在学校不断提高政策研究与管理服务水平、不断提高领导建设工作水平的进程中加以吸收并得到改进。现在，学校正在开展"两学一做"学习教育，过几天学校还将召开暑期务虚会，校领导班子将会集中研讨如何结合"两学一做"学习教育，更好地提高我们的管理服务水平。对此，不仅社科处的同志要努力，在座的各位院长、书记也要努力，各位学术带头人和老师们都要共同努力,大家都努力了,学校的整体工作水平才会得到真正的提高。

第四,要把握方向,守住底线,有针对性地加强师德与学风建设。校长在报告中已经讲到了这一点,我从以下几个方面再进行强调。首先,学校发展总会遇到一些问题,我们对此不能消极,要不断振作精神。我们的待遇提高了,精神状态也应该调整好,调整到与"双一流"建设相适应的频率上来。在这方面,不仅是院长要做工作,书记也要做工作。明天,校长还要上一堂关于大学文化方面的党课。解决问题,制度是一方面,激励是一方面,建设好我们的文化也是一个重要的方面。对于个人而言,什么是好的状态?我认为,个人仍然积极活跃地、不断增加对学校的贡献、努力为厦大赢得荣誉,这就是好的状态,我们都要保持这样一种状态。尤其是学校优秀的学科带头人,都要有这个状态,从而带领大家冲到前面、走到前排。其次,在发展的过程中一定要坚定正确的政治方向,不能在政治方向上出现迷误和偏差。在这方面我们有的老师要从过去的经历中吸取教训。在思想上,我们一定要顺利成长、健康成长,不能迷失方向,不要误入歧途。复次,在大学里面,从事哲学社会科学研究时我们是研究人员,但大家还有一个更主要的身份——教师。我们的科学研究必须跟育人工作紧密结合。我看了 2012 年发布的繁荣计划,其中第一个计划就是"育人计划",育人是最重要的一方面。作为党委书记,我很高兴听到今天下午经济学院年轻的蔡庆丰老师的发言,他的研究总是把学生带在里面。我们要带好学生,他们是我们重要的科研助手,但是他们更重要的还是我们的教育对象。我们要牢记,立德树人是学校的根本任务,育人始终是学校各项工作都要围绕的中心,希望大家都有这样的一个共识。最后,我还要强调一下师德和学风问题。做老师,要有好的师德;做学问,要有优良的学风。良好的学风和学术生态是老师们共同努力的结果。同样,好的师德和学风会促进我们各项工作的开展。习近平总书记说,"要大力弘扬优良学风,推动形成崇尚精品、严谨治学、注重诚信、讲求责任的优良学风,营造风清气正、互学互鉴、积极向上的学术生态。广大哲学社会科学工作者要立志做大学问、做真学问,严肃对待学术研究的社会效果,以深厚的学识修养赢得尊重,以高尚的人格魅力引领风气,在为祖国、为人民立德立言中成就自我、实现价值"。希望大家要认真思索总书记的这段讲话,并在今后的工作中进一步学习好、贯彻好。

距离繁荣计划指向的目标仅剩五年的时间,这五年是我们深化综合改革、朝着学校"第一个百年"目标冲刺的关键五年,繁荣发展哲学社会科学使命艰巨、任务繁重。我们要以召开此次会议为契机,以习近平总书记"5·17"重要讲话精神为引领,以统筹推进"双一流"建设为主线,开辟新思路,积蓄新力量,贡献新智慧,着力建设一流学科、打造一流队伍、培养一流人才、产出一流成果,不忘初心、继续前进,凝神聚力、改革创新,实现厦门大学哲学社会科学更高水平的繁荣和发展。

——本文摘录自《厦门大学年鉴 2017》,厦门大学出版社,2017 年 12 月版

# 关键在党　党管关键
# 为人才培养提供坚强的思想政治保证

## ——在中央加强改进高校思想政治工作和党的建设调研座谈会上的发言

（2016年5月21日）

校党委书记　张　彦

中国高等教育取得了突出成绩，其中高校党的建设和思想政治工作发挥了重要的作用。办好中国的事情关键在党，办好中国的大学关键也在党，高校党组织肩负着重要的责任和使命。习近平总书记指出，办好中国的世界一流大学，要扎根中国大地，必须有中国特色。我们认识到，加强高校党的建设和思想政治工作，保证社会主义办学方向，保证马克思主义在意识形态领域的指导地位，过去是我们的经验，现在仍然是高校党委工作的重中之重，必须在重大关键问题上坚持原则并持续创新和探索，努力形成办学特色。

### 一、用习近平总书记系列重要讲话精神统一思想，把“三个自信”作为高校办学的思想基础，保证办学方向不偏离

一是把牢大方向。社会主义办学方向是我们最大的中国特色。贯彻党的教育方针，坚持培养中国特色社会主义合格建设者和可靠接班人的使命任务，用马克思主义中国化最新成果武装师生头脑，把高校建成学习研究宣传马克思主义的坚强阵地，这些是高校党委在把握方向上的重要定位器。厦门大学具有宣传研究马克思主义的优良传统，老校长王亚南先生毕生从事马克思主义政治经济学的研究和传播，他和郭大力合译的《资本论》，为马克思经济学说在中国系统传播做出了里程碑式的贡献。二是坚持基本管理体制。党委领导下的校长负责制是加强党的建设、推动学校事业发展的关键，要做到既坚持党委的领导核心地位，又充分保证校长行使权力，不断提高常委会把握全局、抓大事、议大事的能力，发挥好领导作用。院系层面的党政联席会议制度也要长期坚持，使基层党组织能够有效发挥监督、保障作用。三是选好用好干部。教育方针要靠人来贯彻，高校选干部用干部需要强调政治标准，注意把政治信念坚定、勇于担当、敢于负责的党员学术骨干和管理干部放在关键岗位。四是建设和守护好阵地。没有阵地和丧失阵地，高校意识形态工作要出大问题，这是有深刻历史教训的。因此必须把马克思主义学院建设好，把思想政治理论课建设好，落实责任制，旗帜鲜明、积极妥当地开展意识形态工作，巩固马克思主义在意识形态领域的指导地位。五是提高政策理论水平和工作能力。面对不断变化的形势和突发、多发的问题，需要不断提高党员领导干部和思想政治工作者的能力水平。

### 二、加强党的肌体建设，努力把各级组织建设成为高校思想政治工作的基地和堡垒

一是鼓励运用鲜活的校本化革命传统资源，开展生动的党性教育，增强和激发各级组织的荣誉感、使

命感。厦大长期以来处于海防前线,有自己的革命传统,今年是中国共产党成立95周年,也是福建省第一个党组织中共厦大支部建立90周年。学校以此为契机,建成厦门大学革命史展览馆,大力促进革命精神的传承弘扬。二是加强基础建设,配好配强基层党委书记、党支部书记,抓紧抓实各级党务干部队伍建设,努力使干部"在岗位"、组织"在状态"。三是灵活设置党支部。随着学校人员结构、空间分布及机构设置发生变化,支部设置也要应时而动,积极进行创新调整,使党的组织神经遍布学生、教师群体。四是激发支部活力。基层支部特别是教师支部缺乏活力问题具有一定的普遍性,需要花工夫、下力气解决。厦门大学准备在"两学一做"中重点探索这个问题。目前已经形成了抓"规范运作""老党员带动""集中研讨"等工作思路,目标是使教师支部通过有效开展活动,让党员教师的党员意识、组织意识得到激发和保持。

## 三、聚焦立德树人任务,持续进行作风建设,以党风带动校风学风

高校党建和思想政治工作必须围绕全党全国的中心和大局,也要紧密结合学校发展的中心工作和重大任务来开展。十八大以来全党紧抓作风建设,高校党组织也开展了扎实的工作,获得师生广泛好评。下一步工作中应注意党的作风建设与学校各项工作相衔接的问题,把作风建设的成果转化成推动学校发展的动力。具体来讲,就是坚持党风、校风、学风"三风"齐抓、紧密结合。

在开展群众路线教育实践活动、"三严三实"专题教育过程中,大家体会到,做好学校自己的事情,师生就能坚定对我们教育制度的自信;学校党风抓好了,抓师德就有了基础,抓学风就有了榜样,师生也就对学校党组织更加信任,进而增强对我们党的信心。

一是党性教育与师德建设相结合,把党员教师的先锋模范作用发挥出来,着力解决师德问题,通过抓好师德建设砥砺师风、教风。组织老党员、老教师讲述历经磨难依然坚守理想信念的经历体会,让有海外留学经历的党员教师讲社会主义制度的优越性、讲社会主义高校制度设计的科学性,请各类教书育人楷模传递优良师德培育英才的示范效应,增强教师们对社会主义制度的认同、对教书育人工作的热爱。二是社会主义核心价值观教育与精神文明创建相结合,发挥学生党员的先锋模范作用,带动各类学生骨干开展丰富多彩的思想政治教育和校园文化建设活动,营造浓厚的校园文化氛围,以良好的校园文化涵养培育社会主义核心价值观,形成具有时代特征的校园新风尚。广泛开展中国梦、家国情怀、社会关爱和人格修养教育,培养师生报效祖国、服务人民的崇高精神和社会责任感。倡导志愿服务精神,开展志愿服务活动,让志愿服务成为师生一种普遍的生活方式。把创新创业、文明和谐、开放包容等作为新时期文明校园建设的重要精神内涵,让课堂、宿舍、实验室及校园活动都弥漫着浓郁的大学精神,打造新时期的大学文明之风。三是严肃党纪与严肃校纪相结合,通过"两学一做"学习教育激发党员意识和政治意识,让党员勇于担当、基层党组织敢抓敢管,使党纪校规在解决意识形态领域突出问题、处理师德学风失范行为和与不良现象做斗争中焕发出制度威力。四是密切群众关系与引导师生思想舆论相结合,坚持群众路线,积极吸收师生力量,使用群众语言,主动引导网上舆论,关注和引导校园民间舆论场,从根本上、源头上营造良好的育人大环境。

——本文摘录自《厦门大学年鉴2017》,厦门大学出版社,2017年12月版

# 在厦门大学建校 95 周年庆祝大会上的讲话

（2016 年 4 月 6 日）

校长 朱崇实

今天，我们在这雄伟的建南大会堂共同庆祝厦门大学建校 95 周年，共同回首厦大薪火相传、弦歌不辍的办学历程，共同分享厦大人的自豪与荣光，共同展望厦门大学的百年梦想和宏伟愿景。在这个美好的时刻，请允许我代表厦门大学全体师生员工，向所有来宾、校友和朋友们表示最热烈的欢迎和最衷心的感谢！借此机会，我也要向海内外所有的校友们、朋友们送上最美好的祝福！祝大家与母校共享生日快乐！

今年的校庆主题定为“厦门大学走进世界”。95 年前，校主陈嘉庚怀抱“教育为立国之本，兴学乃国民天职”的崇高理想，克服重重艰难困苦，倾资创办厦门大学。陈嘉庚知道，厦门大学要为救国、强国培养栋梁之材，她必须成为一所“世界之大学”。因此，他在选择校址时，高瞻远瞩，多方考察最后选定了这片依山面海，当年郑成功操练复台水师的演武场作为厦门大学的建校校址，他要让所有的外国轮船一进厦门湾就能看到一所中国的大学。但实际上，他更是希望每一个从这里走出去的厦大学子都有胸怀祖国放眼世界的眼光和志向。所以，在建校之初，陈嘉庚先生就把“研究高深学问，养成专门人才，阐扬世界文化”作为学校的办学宗旨，确立“自强不息，止于至善”的校训精神，他期望厦门大学能够成为“南方之强”，能够成为一所“为吾国放一异彩”，“能与世界各大学相颉颃”的世界一流大学。

校主陈嘉庚创办厦大立下的这一理想与愿景，一代又一代的厦大人始终牢牢记在心中，片刻不敢忘怀，并锲而不舍为之而奋斗。在 95 年的办学历程中，厦门大学始终以世界一流大学为目标，以世界一流大学的品质、使命、责任和担当作为自己的努力方向，以实现国家富强、民族振兴和人类进步为己任，为中国摆脱奴役和贫困，追求民主和解放，为新中国的诞生、建设和发展，为中国的教育事业、科学事业乃至人类文明进步，都做出了一份宝贵的贡献。我们可以自豪地说，在 95 年的奋斗历程中，厦门大学在中国人民追求进步、追求光明、追求美好和幸福的征途中，从来没有掉队、没有落伍，而且是一直站在队伍的前列并取得一个又一个的胜利。

今天中国站到了一个新的历史起点上，拥有五千年文明史的中华民族正以自己的勤劳、勇敢和智慧，置身于世界民族之林，为世界的和平、文明和进步做出自己的一份新贡献。同样的，在这样的历史大潮中，厦门大学没有落后、不能落后，厦门大学与祖国一道大踏步地走进世界，拥抱世界，与世界同行。

95 年来，厦门大学始终把“养成专门人才”作为自己的目标追求。在 95 年的办学历程中，厦门大学始终将人才培养作为学校工作的第一要务，把促进人的全面发展作为教育教学的理念。从 1926 年第一届 35 位毕业生走出校门至今，厦大共培养了 30 多万名优秀毕业生，这些毕业生走出校门之后，奔赴大江南北，海内海外，遍布世界各地；厦大的校友无论走到哪里，就扎根在哪里，紧紧地与大地相连，踏实地为社会服务，默默地为建设美好的世界而奉献自己的青春和力量。在今天的校庆大会上，学校专门邀请了两位校友发言，从他们的经历中我们可以清晰地看到厦大人在中国发展和世界进步中所做出的一份贡献。今天厦门大学正加大国际化人才的培养力度，我们要让我们的学生具备更加广阔的国际视野和更深厚的人文情怀，我们跟世界上 280 多所高校建立了交流合作关系，我们把厦大的学生送出去的同时也欢迎外国的学生到厦大来。厦大的校园充满了世界多元文化的交融与温暖。

95 年来，厦门大学始终把“研究高深学问”作为又一目标追求。世界一流大学无一不是原始创新的汇聚地,高深学问的研究和专门人才的养成,二者相辅相成,相互促进,共同成为一流大学的基石。经过95年的建设与发展,厦门大学已不仅是中国的一个科学研究的重镇,也是一所世界知名的高水平研究型大学。早在20世纪的40年代,西方学者到厦大惊讶地发现在闽西深山里有一所校舍如此完备、教师学生素质与能力如此之高的大学,他们称赞厦大为"加尔各答以东最优秀的大学之一"。如果说当年世人的称赞是客观而中肯的,那今天世界的认可则是普遍而系统的了。英国自然杂志多年来都将厦门大学列为中国最为优秀的科研机构之一,去年厦大的顶尖期刊论文发文能力(自然指数)位居全球第120位。厦大在理工医科领域的能源材料化学、生物医学、分子疫苗学、海洋环境科学、特种先进材料、清洁能源研究等学科,在人文与社会科学领域的经济学、管理学、统计学、历史学、中国语言文学、教育学、法学、国际关系及区域问题研究等学科都已具备了与世界一流大学及一流学科相互对话、相互合作、相互促进的实力和水平,在许多国外一流大学的实验室里有厦大教授或学生的身影,在厦大很多实验室里也都有国外的教授和学生在勤奋地工作。

95年来,厦门大学始终没有忘记"阐扬世界文化"是厦大人的又一目标追求。在近百年前,校主陈嘉庚就为厦大立下这样一个目标追求与愿景,令后人不得不由衷地敬佩陈嘉庚的眼界和胸襟,赞叹他为厦大所设立的目标立意之高远。让我们深感无比自豪的是,厦门大学作为中国近现代史上第一所华侨华人创办的大学,从办学的第一天开始,就形成了自己在文化上包容开放的风格。理解多元文化、尊重多元文化、提倡多元文化,是每一个厦大人自觉的意识和行动。任何一个国家或民族的文化在厦门大学校园都有她的一席之地,同时,厦门大学也积极地把优秀的中华文化介绍给世界。从20世纪50年代创办中国第一个海外华文教育机构开始,厦门大学始终不遗余力地推动世界更多地认识和了解中国、认识和了解作为世界文明百花丛中最优秀、最灿烂、最古老的文明之一——中华文明。近10年来,世界认识和了解中国的一个文化渠道——孔子学院蓬勃发展,厦门大学是中国大学与国外姐妹学校合办孔子学院最多的大学之一,一方面这些孔子学院帮助众多的外国朋友学习中国语言、了解中国文化;而另一方面,许多厦大的教师和学生也从中加深了对世界其他文化的认识和了解。美好的世界一定是一个多元文化的世界,"阐扬世界文化"让厦大更好地走进世界。

95年来,厦门大学始终牢记厦大是国家的大学,但首先是福建的大学、厦门的大学。任何一所世界一流大学都是具有强烈的社会责任感的大学,这种责任感的表现之一就是如何帮助或促进自己所在区域或社区的进步与发展。陈嘉庚倾资创办厦门大学,秉持的理念是教育救国、教育强国。但是毫无疑问,他把大学建在自己的家乡,他是把家乡与国家紧紧相连的。他深爱自己的祖国,他也深爱自己的家乡,他始终认为,把家乡建设好了,就是为祖国建设出了自己的一份力。95年来,厦门大学始终一步一个脚印扎扎实实地为福建、为厦门、为家乡的建设与发展奉献自己的力量。让我们深感自豪的是,厦大的奉献得到了家乡父老乡亲的认可和肯定,厦大的每一步发展也都得到福建省委、省政府,厦门市委、市政府,得到八闽大地众乡亲的深情关爱、支持和帮助,得到海内外无数华人华侨无私的关爱、支持和帮助。在此,我要向所有深情关爱、支持和帮助厦门大学建设与发展的校友们、朋友们和父老乡亲们表示我们由衷的感谢和崇高的敬意!同时,我在此也要向你们保证,厦门大学永远是一所怀有浓厚的家国情怀的大学,厦门大学将尽自己的所能为我们美好家乡的建设做出自己的一份宝贵贡献。厦门大学只有在自己的家乡站稳了脚跟,她才有可能走向世界,走进世界!

95年来,厦门大学始终没有忘记校主陈嘉庚是历经万苦千辛从南洋回中国创办厦门大学的。陈嘉庚少年远赴南洋谋生,他在马来亚艰苦奋斗事业有成之后,首先想到的就是要回家乡兴学办教育培养人才以帮助家乡摆脱贫困。厦门大学能有今天,得益于陈嘉庚的恩泽,也得益于马来西亚这片美丽的土地。因为是这片美丽的土地、善良的人民哺育了陈嘉庚、成就了陈嘉庚。所以,一代又一代厦大人始终没有忘记这片深情,知恩图报是中华民族的美德。在陈嘉庚创办厦大的百年之后,厦门大学得到在马来西亚建分校的机遇,厦大人无比珍惜这样一个感恩的机会。在中马两国政府、两国社会、两国领导人和诸多慈善家、社会有识之士的大力支持和帮助下,一座美丽的具有嘉庚建筑风格的校园已经矗立在陈嘉庚曾经生活过的美丽土地上。今年2月22日,厦门大学马来西亚分校正式开学,203位优秀的马来西亚学生成了这个校园的第一批主人。很快，又将有数百位新生入住这个校园，开始他们愉快的学习生活。这是厦门大学对陈嘉庚创办厦大、恩泽万代的回报，这是历史的回馈，这也是厦门大学走进世界的重要里程碑。我们一定不负众望、努力办好厦门大学马来西亚分校，使之成为一座青年学子探索科学、汲取知识的殿堂，成为创新人才培养的摇篮，成为“一带一路”上又一座连接友谊、沟通文化的桥梁。

老师们、同学们、校友们、朋友们，厦门大学走过95年的光辉历程。在过去的95年里，厦门大学始终怀抱“世界之大学”的理想，眺望世界、走向世界。今天我们走进了世界，但这只是朝着我们的理想又迈出了一大步，我们要走进世界，我们还要融入世界；我们要融入世界，我们还要引领世界！这是陈嘉庚为我们设立的崇高愿景！在过去的95年里，厦门大学为民族解放、国家富强、社会进步做出了自己的一份宝贵贡献，每一个厦大学子都为自己的母校感到骄傲。但是今天，我们又站在了历史的又一个新起点上，我们要实现中华民族的伟大复兴！在这样的一个历史时刻，厦大人要一如既往地勇往直前，勇敢地承担起历史赋予的一份责任。老师们、同学们、校友们、朋友们，今天我们隆重庆祝厦门大学走过95载的沧桑岁月，回忆我们的光辉历程，我们的历史让我们骄傲、让我们自豪！我们的历史让我们更加精神焕发、斗志昂扬；我们的历史催人奋进；从今天开始，我们将开始新的征程，我们无比感谢党和政府给予厦门大学的支持和帮助，我们无比感谢社会各界、校友们、朋友们给予厦门大学的支持和帮助，我们也由衷期望厦门大学在新的征程中能有你们始终如一的支持和帮助，我们一定不会辜负你们的关爱和期望，我们将以百倍的努力为实现厦门大学“两个百年”的目标而奋斗，力争早日建成世界一流大学，为中华民族的伟大复兴做出我们的一份新贡献！

——本文摘录自《厦门大学年鉴2017》，厦门大学出版社，2017年12月版

# 在厦门大学 2016 届毕业典礼上的讲话

(2016 年 6 月 19—20 日)

校长　朱崇实

今天,我们在这雄伟的建南大会堂隆重举行厦门大学 2016 届毕业典礼,热烈欢送圆满完成学业、顺利毕业的 7627 位同学。首先,请允许我代表厦门大学向同学们表示热烈的祝贺,向即将扬帆起航去创造新的人生、去追求和实现人生理想的同学们表示衷心的祝福!

厦门大学因海而生,伴海而长,是中国距离大海最近的一所大学。今年 5 月 8 日,我到广州参加厦门大学海洋科考船的下水典礼。当我看到香槟撞击船体,这艘经老师们、同学们、校友们投票决定命名为“嘉庚号”的美丽而雄伟的海洋科考船滑下船台缓缓入水,激起巨大浪花的那一刻,我的心情十分地激动,泪水不由自主地在眼眶中打转。那一刻,我心情的激动不仅是因为看到这艘承载着数代厦大人梦想的海洋科考船顺利下水,更是因为从那一刻开始,这艘船将要开始她搏击风浪、冲跃险滩、克服万难去夺取胜利的艰苦而又辉煌的航程。我在心中默默地祝福她一帆风顺!

今天,我站在这雄伟的大会堂,参加在座各位的毕业典礼,欢送各位开始人生的远航,我的心情同样地激动。此时此刻,在座的各位在我的眼中就是即将出海远航的水手,我可以想象从今天开始,你们不可避免地将会遇到各种人生的风浪,要冲跃一个又一个人生的险滩。不论你们选择了哪个行业、从事的是什么工作,也不论你们的工作是在城市还是在乡村、是在中国还是在外国,我想你们肯定都会遇到困难与挫折,你们会有成功的喜悦也会有失败的痛苦,但无论是怎样的一种情况,我都由衷地期望你们就像是一个真正的水手一样,遇到狂风恶浪,不能心慌、不能害怕、不能退缩,更不能放弃,唯有咬紧牙关,站稳脚跟,与你们的伙伴们、朋友们、战友们一道,齐心协力、同舟共济、奋力向前,去战胜狂风恶浪。只有这样才可能到达胜利的彼岸。

在大海上航行的水手,与狂风恶浪相比较,更为可怕的是在茫茫大海上迷失了航向。用水手的语言来说,前面一种情形叫苦航,后面一种情形叫迷航。迷航的困难与挑战要胜过苦航。在上个月刚刚结束的全国科技创新大会上,华为总裁任正非在大会上有个发言,十分精彩,充满哲理,给人印象深刻。其中,他说道,华为经过近 30 年的发展,从最初只有数十人年产值数百万的一个小企业,发展到今天拥有近 20 万员工年产值数千亿的跨国集团,成为世界通信行业的排头兵、领头羊,华为取得了令世界惊叹的成功。但恰恰是在这巨大成功的面前,任正非说他迷航了,说华为上下都为这艘大船下一步要往哪里走,感到迷茫。任正非说华为前 30 年的成功,最主要的秘诀是紧紧跟着世界上最优秀的企业不断前行,虚心地向它们学习,学习它们的技术,学习它们的管理,学习它们的经验,学习它们的理念。在这样的一个阶段,华为不会迷失航向,只要紧紧跟着领航的巨轮往前走就行了。但现在,华为感到迷航了,因为前面没有人了,进入了无人区,不知道要跟谁走了,怎么办?华为上下经过认真的思考、激烈的讨论,达成了企业上下一致的一个理念,那就是认准一个正确的方向,勇敢而坚定地向前行。这个方向是什么?就是创新,而且华为现在要做最最基础的原始创新。任正非说,华为今后几年每年投入研究与开发的经费要达到 100 亿～200 亿美元,即 1000 亿元左右人民币,而且还要逐年增长。华为现在做的最重要的一件事就是在全世界选择智力资源最优、最好的国家和地区设立研发与创新研究院,在美国、俄罗斯、法国、印度、以色列等国家都设立了研究院,在中国的深圳、北京、上海、成都等地也设有研究院,研发人员总数现有 8 万多人。厦门大学也在积极联合厦门市政府争取华为能在厦门设立一个研究院。

怎样走出迷航，任正非总裁的理念值得我们在座的每一个同学去体会、去感悟。我们每一个人在自己的人生航程中都有可能遇到迷航的挑战。当你感到人生迷茫的时候，同样不能害怕、不能慌张，更不能沮丧和消沉，而是要静下心、沉住气、冷静地思考，积极地寻找正确的航行方向。你可以把你的苦闷、把你的迷茫告诉你的亲人、你的朋友、你的师长或你的同事，让他们帮助你，与你一道共同寻找你人生下一个正确的航向。我很喜欢现在流行的“定力”这两个字。同学们，当你们感觉迷航的时候，一定要保持定力，静下心来，放慢人生的脚步，找准正确的航向，再勇敢而坚定地前行。

亲爱的同学们，亲爱的朋友们，我坚信在座的各位都是勇敢而又有智慧的水手，你们既有自己的个性、有独特的创造力，又具有团队精神、合作意识，懂得集体的力量；我坚信你们能够克服任何的艰难险阻，保持正确的航向，到达胜利的彼岸，实现你们的人生理想。在这令人高兴而又令人惆怅的离别时刻，我最后还希望同学们能够牢牢记住的就是，你们是远航的水手，母校就是你们永远美丽而又温馨的一道港湾，当你们在远航中感到疲惫、感到迷茫、感到孤单的时候，一定要记得回到母校来，在这个温馨的港湾停一停、歇一歇，消除疲劳、赶走迷茫、加满油料、添足淡水再继续远航。母校是你们永远的人生港湾和精神家园！

再见了！亲爱的同学们！再见了！即将远航的水手们！我再次衷心地祝愿你们前程似锦、一帆风顺！

——本文摘录自《厦门大学年鉴2017》，厦门大学出版社，2017年12月版

# 在厦门大学2016级本科生开学典礼上的讲话

(2016年8月27日)

校长　朱崇实

今天我们在这里隆重举行2016级本科新生开学典礼暨军训动员大会。首先,我代表厦门大学,向4362名本科新生表示热烈的欢迎——欢迎你们来到厦门大学,祝贺你们成为厦大人,感谢你们在国内外众多一流大学中选择厦门大学!同时,我要向辛勤培育你们的父母和老师表示最衷心的感谢和最崇高的敬意!今年,对于厦门大学还有一个特殊的里程碑事件,这就是厦门大学马来西亚分校经过近5年的筹备建设,在今年正式招生开学。继春季招收了500位马来西亚学生,秋季又招收了820名学生,其中有440位是中国学生。借此机会,我也要向厦门大学马来西亚分校的1320位新同学表示热烈的祝贺!祝贺你们成为厦门大学这个大家庭中的一员!

95年前,校主陈嘉庚怀抱"教育为立国之本,兴学乃国民天职"的崇高理想,倾资创办厦门大学。建校之初,嘉庚先生就把"研究高深学术,养成专门人才,阐扬世界文化"作为学校的办学宗旨,确立"自强不息,止于至善"的校训精神,他期望厦门大学能够成为"南方之强",能够成为一所"为吾国放一异彩","能与世界各大学相颉颃"的世界一流大学。95年来,厦门大学始终以实现国家富强、民族振兴和人类进步为己任,为中国摆脱奴役和贫困,追求民主和解放,为新中国的诞生、建设和发展,为中国的教育事业、科学事业乃至人类文明进步,都做出了一份宝贵的贡献。在95年的奋斗历程中,厦门大学始终不忘初心,以世界一流大学的品质、使命、责任和担当作为自己的努力方向,与祖国一道大踏步地走进世界,拥抱世界,与世界同行,并在建设世界一流大学的征程中攀登了一个又一个的高峰。

同学们,厦门大学的目标是要建设成为世界一流大学。衡量一流大学的标准有很多,其中最重要的一个标准就是能否培养出一流的人才。世界一流大学的目标定位、创新人才的培养模式、独具魅力的文化生态,这一切都使得你们将进入一个全新的环境,面对全新的挑战。在这里,你们将迎来新的学习内容、学习方式,将拥有新的学习体验、学习经历;大家必须要重新思考我们在大学里应该如何学习。为此,我要给在座各位提出几点希望。

第一,希望同学们以感恩的心努力学习。

感恩是对施恩于己的回应和报答,是美好心灵的袒露和表达,是古今中外共同认可的真善美。毋庸置疑,在座各位都是同龄人中的佼佼者,你们今天迈进厦门大学是你们聪明勤奋刻苦努力的结果。但是,我要提醒各位的是,在你们个人奋斗的背后,默默地支持和帮助你们成功的是你们的父母、师长和各位亲朋好友。你们的成功离不开父母的养育、师长的培养和朋友们的帮助。你们的成功承载着他们无限的期盼,期盼你们在厦大能努力学习,锻炼成才,实现自己的理想,也实现家人与师友对你们的美好期盼。在家人和师友的期盼后面,更高的还有国家与社会对你们的期盼。我前几个星期到西北三省进行访问,看望我们在贫困地区扶贫支教的老师和同学。每到一地,当地的党委和政府的同志们告诉我他们最大的一个愿望,就是希望能有更多优秀的大学生到他们的地区去工作。唯有教育能真正摆脱贫困、唯有科技能真正解决贫困,这是大家发自内心的一个共识。

同学们,厦门大学是一个有着浓厚的家国情怀的大学,感恩父母、感恩祖国,报答父母、报效祖国,是厦大学子应有的品格。中华民族伟大复兴的中国梦将在你们这一代人手中实现。

因此,我由衷地期望各位要以一种感恩的心去努力学习,切切不可浪费自己每一寸宝贵的光阴;要通过努力地学习，为自己争取美好的未来，为家庭争取幸福的生活，为国家富强和民族复兴贡献自己的一份力量。

第二，希望同学们以好奇的心探索学习。

好奇是人类的本能。这也是人类求知，社会得以不断进步的一个动力源泉。大学教育与中学教育之间的一个最大差别就在于：中学教育基本限于已有知识的传授与把握，而大学教育则主要是对新知识的探索与研究，在大学里你不仅要掌握已有的知识，还要去发现和探索未知的知识。因此，大学的学习动力更多地来自你们内心的求知欲望和好奇的心理。

厦门大学从创办的第一天开始，就是一所始终追求卓越的大学。而一所最为卓越的大学，就是一所能让学生发现自己潜能，挖掘自己潜能，进而最大限度地发挥自己潜能的大学。这正是厦门大学的追求。厦门大学始终努力地为每一个学生彰显个性、发掘潜力、施展才华提供空间和可能。

因此，我由衷地期望各位要以一颗好奇心探索学习，能常常把"为什么"挂在嘴上，积极主动地去思考、去探索、去寻找问题的答案。既重视理论学习，也要注重实践锻炼；既重视课堂上的学习，也热爱课堂外的活动；喜欢动脑，也喜欢动手，力争把自己培养成为具有创新思维和创新能力的人。

第三，希望同学们以快乐的心愉快学习。

快乐学习是学习的一种最高境界。古人云"知之者不如好之者，好之者不如乐之者"，讲的就是这样一种境界。只有乐之，才能真正学好。而如何才能快乐学习呢？首先，你要去发现你所学学科的美。科学是美丽的。任何一门学科都是美的，都有她的美之所在。但是，任何一门学科的美只有在你沉下心去认真地观察她、体验她，你才能发现她的美。因此，同学们在大学第一年的认真学习特别重要，这是你去发现你所学之美的关键时期。一旦你发现了你的所学之美，你的学习就一定能快乐。

快乐学习还需要正确的学习方法和健康的生活方式。大学里学习主要是一种探究性的学习，因此掌握正确的学习方法十分重要。大学里的学科门类繁多，各个学科都有自己不同的研究对象和研究规律，同学们一定要用心向老师请教学习的方法，一定要乐于跟学长们、同学们沟通和交流。在大学里你一定要成为学习的主人，主动学习是通往快乐学习的胜利之门。

快乐学习一定要有强健的体魄。没有好的身体，你难以应对你将要面对的繁重学业，也就无从做到快乐学习了。所以，坚持体育锻炼，养成良好的生活习惯，保持健康的体魄，这是你快乐学习的物质基础。厦门四季如春，厦门大学校园是最美的校园，你们来到一个随时随地都可以锻炼身体的好地方。"每天锻炼一小时，健康工作五十年，幸福生活一辈子"，这是学校也是你们的父母家人对你们的期望！同学们，我由衷地期望你们在厦大四年每天都能以一颗快乐的心去愉快学习！

第四，希望同学们以谦虚的心认真学习。

谦虚是进步的阶梯。谦虚是打开成功大门的钥匙。毫无疑问，在座的各位都是同龄人中的佼佼者，你们是青年人中的优秀分子。正因为这样，你们更要自觉地以一颗谦虚的心认真学习。英国哲学家、数学家和教育家怀特海曾经说过：大学存在的理由是，它使青年和老年人融为一体，对学术进行充满想象力的探索。大学是人类共同学习、互相启发的最好的场所。在大学里，你身边的每一个人，都有自己的优点和长处，因而，你能否在大学学到本领，最重要的一点，就在于你能否看到身边的人的优点和长处，并且向他们学习。

谦虚在本质上是一种自信，谦虚的人一定是一个真正自信的人。所以，谦虚的人往往是"虚怀若谷、不耻下问"的人，同时又是具有"独立精神、自由思想"的人。谦虚的品质包含批判精神。大学最可贵之处就在于大学教导她的每一个学生只服从于真理，在科学面前对任何事情都可以问一个"为什么"。因此，我由衷地期望在座的各位始终保持谦虚的品格，永远不要骄傲、不要自大，在厦大的四年一定要怀着一颗谦虚的心认真学习。

第五，希望同学们以宁静的心安静学习。

宁静方能致远。做学问尤其需要宁静。钱锺书曾经说过：大抵学问是荒江野老屋中二三素心人商量培养之事。这话的意思就是做学问的人心一定要静，没有一颗宁静的心是很难做出学问的。所以，急功近利、弄虚作假是学习的大敌。毫无疑问,在任何时候,大学不是一座象牙塔,大学是社会的一部分,社会的真善美感染着我们的大学,社会的假恶丑也会侵蚀我们的大学。因此,社会上的各种喧嚣浮躁的思想观念必然会通过各种途径影响我们美好的精神家园,破坏我们优良的校风和学风。在座的各位也一定难免会遇到各种利益诱惑,会面对浮躁与功利。

因此,我由衷地期望同学们能自觉地在心中筑起一道坚固的大坝,将所有的喧嚣与浮躁阻挡在外,用一颗宁静的心安静地学习,在厦大这座温馨而安逸的校园里,塑造求真、从容、淡定的品格与本色,以不畏艰难、百折不挠的勇气和毅力,去实现自己的理想和追求。

同学们,从今天开始,你们就要投入紧张的大学学习生活,学习的第一课是军事训练。担任你们老师的是英雄的中国人民解放军 73141 部队的官兵同志们。这支部队是一支英雄的部队,是一支在战争年代屡建奇功,在和平年代又立新功,具有光荣革命传统的部队。这次担任军训任务的教官都是部队的优秀官兵,他们思想过硬、作风过硬、军事过硬,他们将把军人的好思想、好作风和好本领传给你们,把军人的担当展现给你们,他们也会让你们对意志、对信念、对团结、对纪律有新的认识。今年是长征胜利 80 周年,参加今年的军训我认为格外有意义。长征精神的内涵就是不怕牺牲、前仆后继,勇往直前、坚韧不拔,众志成城、团结互助,百折不挠和克服困难。因此,我由衷地期望同学们弘扬长征精神,上好这第一课。

同学们、朋友们,最后,我衷心祝愿你们在厦大度过人生中最精彩、最幸福、最美好的一段时光!

——本文摘录自《厦门大学年鉴 2017》,厦门大学出版社,2017 年 12 月版

# 在厦门大学 2016 级研究生开学典礼上的讲话

（2016 年 9 月 12 日）

校长　朱崇实

今天，我们怀着无比喜悦的心情，在这雄伟的建南大会堂隆重举行 2016 级研究生开学典礼。今年，厦门大学共招收研究生 4785 位，其中硕士研究生 3945 位，博士研究生 840 位。首先，请允许我代表厦门大学全体师生员工，向 2016 级全体研究生新同学表示热烈的欢迎和衷心的祝贺！欢迎你们来到厦门大学，祝贺你们成为厦门大学这个大家庭中新的一员！与此同时，我要借此机会，向多年来培养、关怀、支持和帮助你们的父母、师长及朋友们表示崇高的敬意和诚挚的感谢！感谢他们多年来对你们的培养和帮助！

亲爱的同学们，再过几天就是我们中华民族的传统佳节——中秋节。中秋节是家人团聚的日子，而我们今天的开学典礼也是一个家人团聚的日子，我十分高兴能有这样的一个机会，跟这么多的同学一起相聚，这样的机会在大学里是不多的，因此，我十分珍惜这样的一个机会，我要借此机会给同学们提几点期望：

首先，我期望同学们要胸怀理想。在座的各位都是社会的精英、国家的栋梁，或者说，将要成为社会的精英、国家的栋梁。精英的一个特征，就是有远大的理想。理想是目标，是动力。如果没有理想，你们会迷失方向，会迷失自己的人生道路。理想是实在的，不是空洞的；理想是有价值的，但不是功利的；理想有大有小，有远有近，但是，小可以汇成大，近可以通达远。今年是长征胜利 80 周年，长征的英雄们永远是我们追求理想的榜样。1934 年 10 月，中央红军从江西瑞金出发，1936 年 10 月，红军三大方面军在宁夏将台堡胜利会师，宣告历时两年整的二万五千里长征胜利结束。在长征开始时，总共有 30 多万的将士走上长征之路，到最后会师的时候，只剩下 3 万人，有将近 30 万的将士倒在长征路上。长征是中国历史上，也是世界历史上最为悲壮的一次人类抗击自己的命运，为自己争取解放、自由，反对剥削、压迫，追求幸福、美好的一次史无前例的抗争。这些将士们，在出发时候的年纪，绝大多数跟在座的各位年龄相仿，有的可能比你们还要年轻，他们为什么能够义无反顾地走上这样一条路？就因为他们有理想。他们的理想可能很朴素、很简单，有的只想能够有一亩地，有的只想能够有一间房。许多红军女将士为什么走上这条路？因为她们不想被像畜生一样卖给人家做童养媳，她们要争取自主，争取自由。就是因为这样的一个个理想，汇成了伟大的共产主义理想，那就是不能有剥削，不要有压迫，我们要民主，我们要自由，我们要平等，我们要解放。正是秉持着这样一个理想，这 3 万多的将士，成了中国革命的星星之火。13 年后，就是靠着这些星星之火，中华人民共和国成立了。习近平总书记在总结长征精神时说，革命的理想高于天，这是长征精神最宝贵的内涵，凭着这样的一个理想，我们胜利了。因此，我要由衷地期盼在座的各位都要有自己的理想，要怀着为自己争取更加美好的未来，为家人争取更加幸福的生活，为祖国的繁荣昌盛，为中华民族伟大复兴的理想而刻苦学习，千万不要虚度光阴、碌碌无为，要珍惜你们的每分每秒，在厦门大学把自己锤炼为社会的精英、国家的栋梁。

其次，我期望同学们要学习创新。研究生，“研究”二字当头，学什么？就是要学习创新。陈嘉庚在创办厦门大学之初，定下了“研究高深学问，养成专门人才，阐扬世界文化”的办学宗旨。这三句话，今天还是厦门大学追求的目标，还是学校的办学宗旨。能不能实现这样的宗旨，就要看各位能不能承担起自己的责任。如何学习创新？首先，要培养自己创新的思维，要有批判精神，敢于质疑，不唯书、不唯上，只唯实。其次,单有创新思维还不够,还要培养自己的创新能力,有能力才能把愿望和思维变成现实。胡适先生在100年前的新文化运动中提倡,做学问要“大胆假设,小心求证”,他的这个思想在今天还是有价值的:既要有求新的精神,更要有求实的态度,要把思维和能力结合在一起。在学习的方法上,要脑手并用,理论不能脱离实际。美国麻省理工学院的校训“Mind and Hand”,告诉我们,既要能够动脑,又要能够动手。麻省理工学院的校训,实际上道出了一流人才要怎么培养,一个具有创新思维和能力的人才要怎么实现自己的目标的道理。因此,我由衷地希望在座的各位既要读万卷书,更要行万里路。

最后,我期望同学们要珍惜健康。研究生要承受学业与生活的双重压力。今年的研究生,年纪最小的仅仅18岁,最大的已经56岁。不论是年纪最小的还是年纪最大的,你们都面临着学业与生活的双重压力,56岁,毫无疑问要养家糊口;18岁,也不好意思再向父母要钱了。在这样的双重压力下,你们要特别珍惜自己的健康。多年前,厦门大学做过一个调查表明,在大学里,到了研究生阶段,同学们的体能急剧下降,甚至有人爬5层楼都喘,爬了7层楼就不想再动了,这样的体能状态是不能很好地完成学业的。因此,一定要保持健康的生活方式和科学的学习方式,我由衷地期望同学们劳逸结合,你们既要去实验室、图书馆,同时也要到运动场、咖啡厅。在这里,我要由衷地推荐大家多到运动场和咖啡厅:在咖啡厅里一个人静静地坐一会儿,静静地想一想,让身心放松放松,如果能有几个好朋友坐着一块聊一聊,天南海北,那就更好了,会让你感到快乐和舒适。养成坚持体育锻炼的好习惯,“每天锻炼一小时,健康工作五十年,幸福生活一辈子”,这是厦门大学在每个运动场都高高挂着的一幅标语,希望大家都记住,这是学校,也是你们的父母对你们的期望。

同学们,朋友们!你们即将开始在厦门大学的新生活,我衷心祝愿你们在这美丽的校园度过你们人生中一段最美好、最难忘、最快乐的时光!

——本文摘录自《厦门大学年鉴2017》,厦门大学出版社,2017年12月版

# 不忘初心、坚定自信，保持定力、锐意进取 朝着建设世界一流大学的目标奋勇前进

## ——在 2016 年厦门大学暑期务虚会上的讲话

（2016 年 7 月 28 日）

校长　朱崇实

两天半的会议，我跟大家一样感到非常有收获。这次会议质量很高，每一个报告，每一个发言，都非常好。昨天下午的分组讨论中，五个组都围绕会议主题进行了认真探讨。刚才五个组的代表对昨天下午的讨论做了总结发言，体现了大家的智慧、思想、意见和建议，对学校下一步的工作，特别是对学校"双一流"的建设将会起到巨大的推动和促进作用。

今天，我也做一个发言，我的发言充分吸收了大家的共同智慧。我讲三个问题。首先讲厦门大学学科建设的成绩——特别是改革开放以来学科建设的成绩。厦大要讲成绩，因为厦大是一所不太容易把自信建立起来的高校。我有一次在毕业典礼上就专门讲了自信这个问题，自信跟不自信是相对应的，自信是一个人要保持的最为重要的一种性格。一所学校也一样——作为学校的特征，自信是最优秀的特征之一。不自信往往表现为两种情况：一种是自大。自大绝不是自信的延伸，恰好相反，而是不自信的表现。另一种则是自卑。自卑也是不自信的表现。所以，厦大要如何保持自信很重要。千万不能从自信跑到任性去，任性就是一种自大，所以我们要讲成绩，讲成绩有助于我们塑造自信的性格。其次要讲不足。自信的人一定能够认清自己的道路，能够看到自己的不足，能够明确在哪些方面还需要改进；不自信的人往往看不到自己的不足，不懂得自己要选择什么样的道路。最后要讲"双一流"建设，我谈谈自己的一些思考和体会。

## 一、学科建设的成绩

1.完成了一所综合性大学应有的学科构架

这个报告的标题写了"不忘初心"。那么，厦大的"不忘初心"是什么呢？就是陈嘉庚先生办厦大时定下来的，就是要让厦门大学成为一所世界的大学、要成为"能与世界各大学相颉颃"的大学。厦大的办学宗旨，是"研究高深学问，养成专门人才，阐扬世界文化"。所以，厦门大学的"不忘初心"就是要建成一所世界一流的大学。经过近 100 年的建设，我校已经完成了一所综合性大学应有的学科构架，现在有 6 个学部、27 个学院、14 个研究院，涵盖了 56 个一级学科、96 个二级学科。

2.完成了从一所文理大学向人文、社科、理、工、医、地学综合性大学的转变

目前，学校已经完成了一所综合性大学应有的学科框架，完成了从一所文理大学向人文、社科、理、工、医、地学综合性大学的转变。当然，在 1949 年以前，厦大也有工科，也有地学的一个部分——海洋学科。但是很可惜，20 世纪 50 年代由于国家建设的需要，厦门大学做出了牺牲，为国家做出了贡献。学校相当一部分学科，特别是工科，调整到了其他大学。刚才建筑与土木工程学院的王绍森院长介绍了厦大的土木工程学科，历史上是非常优秀的。厦大的电子工程在历史上也非常优秀，为什么东南大学的电子学科现在这么强，其中很重要的一个原因是厦大在 50 年代整个电子学科调整到了东南大学。

"以理带工，以工促理，交叉融合，创新发展"，这是厦大近 30 年学科发展的一个基本思路。我赞成昨

天李宁教授所说的,“邬大光副校长提出了‘母系现象’,有‘母系’,就必然会有‘父系’。‘父系’是什么?‘父系’就是国家的需求”。这是很对的,“母系”是学科已有的基础,“父系”是国家地方经济社会发展的需求。已有的学科基础加上国家地方经济社会发展需求,就促成了一批新学科的产生,也促成了一部分学科的恢复——包括航空、土木工程、电子科学工程等。

3.具备了为国家、为地方做更大贡献的学科基础

最典型的包括传染病诊断试剂与疫苗、陶瓷纤维材料,或者说是特种先进材料,也包括医学院及其附属医院。厦大历届党政班子很有远见、很有开创性。在1996年学校很困难的时候,抓住机遇和厦门市共建医学院。当时我听到很多反对意见,认为厦大这么困难,怎么能够去做要花很多钱、很难做好、建设周期很长的医科呢?但是,经过20年坚持不懈的努力,医学学科不断壮大。今年10月29日,我们要纪念厦门大学医学院成立20周年,要全面总结20年医科建设的成就,寻找不足,找出继续前进的方向。有了这些,我们就具备了为国家、为地方做出更大贡献的学科基础。这样的例子还有很多,包括人文社会科学相关学科,这里不一一列举。

4.具备了冲击世界一流大学的学科实力

目前,学校各个学科的世界排名稳步提升,根据最新的美国U.S. NEWS世界大学排名,厦大排在世界第270名左右。按照世界通常标准,如果排在世界排名前100名,可以被认为是世界顶尖大学;如果排在前200名,通常被认为是世界一流大学。厦门大学正在日益接近世界一流大学的目标。

学校现有9个学科进入ESI全球前1%,有若干学科比较接近前1%。2011年当时只有5个学科进入前1%,到2015年已经有9个学科进入前1%,在5年时间里新增了4个学科。让我们感到自豪的是,化学进入了全球前100强。一些还没有进入ESI全球1%的学科,也在快速接近。2011年农学只有21%的接近度,到2015年接近度已经达到了88%;社会科学学科2011年只有3%的接近度,2015年已经达到82%;微生物学科作为厦大的传统学科,2011年只有31%的接近度,近几年也有比较好的发展,2015年达到75%;经济学与商学在2011年接近程度才4.5%,到2015年也达到了42%。如果再努力一下,再经过若干年的建设,大部分学科都有可能进入本领域最好的学科行列。ESI总共只有22个学科,极少数最优秀的大学能够22个学科都进入全球前100强;就是22个学科都进入前1%,也不是那么多,中国现在最好的是北京大学,有20个学科进入全球前1%。我完全赞成刚才有同志提出来的,我们要重视ESI,但是又不能唯ESI,这是完全正确的,任何一个指标都只具有参考意义,不能说明全部的问题。但是要注意,ESI代表了国际公认的一种标准,这个标准就是在国际公认的领域里面,你的竞争力如何,你的话语权如何,有多少人从你的研究里面得到了启发,他的研究参考了你的结果。所以,依然要引起重视,对于人文社科来说也是要重视。

本土化和国际化并不矛盾,我们要讲中国故事,要把中国故事讲得外国人都听得懂、能接受、都喜欢。我们不能认为中国有14亿人,只要故事讲给中国人自己听就够了。我们现在很多人做研究,会认为中国人多、听众多,随便到外面上课都会有满满一堂人在听课。这是不够的,不能仅满足于此,不能只讲给中国人听,还要讲给外国人听,让美国人、英国人、日本人都喜欢你的故事。习近平总书记强调,要构建具有全球竞争力的人才制度体系,聚天下英才而用之。要加强话语体系建设,着力打造融通中外的新概念新范畴新表述,讲好中国故事,传播好中国声音,增强在国际上的话语权。我认为,我们在世界上要有中国的话语权,不能够自弹自唱,不能够自己演自己看,要在世界上让更多人都来学习中国经验、研究中国理论。这就是ESI指标所具有的意义。当然,我们不是唯ESI,也不能唯ESI。

5.具备了吸引一流人才的学科条件

现在学校拥有各类国家高层次人才约230人,且大多数是近10年引进的。可以说,厦门大学已经具备了吸引一流人才的学科条件。经常有人问我,韩家淮教授为什么会来到厦门大学?为此他们感到疑惑。我说,因为韩家淮教授有慧眼,他知道厦门大学的生物学科是很好的,有历史、有底蕴,且有很好的发展前景;他懂得厦门大学是可以让他安心做学问、做出好学问的地方。还有很多这样的例子,不一一列举。

以上是厦门大学学科建设的成绩。在这里,我给大家展示一张围棋的开局图。学科建设就好比下围棋,我们开局开得不错,该抢的边、该占的角都已经抢到占到了,下面就是怎么走了。现在有了很好的学科布局、有了很好的学科基础,下一步就是要着手思考怎么建设一流大学了。

## 二、学科建设的不足

1.全校上下对学科建设重要性的认识还不足,学校、学部、学院对学科建设的研究都不够

我完全赞成刚才一位代表发言中提出的批评,就是对学科建设的重视不够,学校、学部、学院对学科建设的研究都不够。学校要考虑的各种问题很多,现在校长办公会很少能够在 12 点就开完的,经常开会到 1 点。但是,我们是否很认真地专门研究学科建设问题?虽然有,但研究通常是命题作文。比如“211 工程”来了,我们就抓紧研究,研究要申报哪些项目;“985 工程”来了,我们也抓紧研究;现在“双一流”建设来了,我们也抓紧研究。如果不研究,重点建设的本子写不出来。但是,这些是不够的。要把学科建设作为学校最重要的常态化工作,要经常研究学校的学科建设问题。学部成立几年来,做了很多工作,前两天 6 位学部主任做了很好的报告,体现了学部对学科建设起到了很好的作用,但是也还不够,还可以更有作为。作为与学科最直接关联的学院,由于院长很忙,学院对学科建设的研究也不够。

2.在体制机制上还有很多不利于学科建设与发展的缺陷,突出表现就是评价机制

这是大家批评很多的,用“理科的办法来管理工科”,实际上就是用理科的标准来要求工科。评价工科不能仅仅用论文的指标。因此,学校需要建立一套完备的、有利于促进学科建设发展,特别是不同学科按照各自规律发展的评价体制机制和评价标准。

3.有影响力、有使命感、有大视野、能组织大团队的学科带头人还不多

目前学校虽然有一些这样的学科带头人,但是还不够多。有的老师有影响力,但是使命感不够;有的老师有大视野,但是组织大团队的能力不强。总之,这样的学科带头人还是太少。

4.人才引进没有很好地跟学科建设紧密结合,突出表现就是人才引进与已有学科的优势结合不够

引进人才跟已有的学科优势结合不起来,结果就是造成摊大饼、铺摊子,引进一个人就要去给他搭建一个新的平台。从而造成学校资源浪费,导致已有的学科优势慢慢消失,有些甚至越办越没声音、越没影响力。究其原因就是引进人才跟已有的学科优势、学科建设结合得不够。

5.相当部分省级、市级、校级科研平台的设立与建设跟学科的建设关联度不大,反而分散了力量

目前,学校的国家级平台包括教育部级平台,跟学科建设的结合是很好的,有力巩固和加强了学科的优势。而一些省级市级包括校级的平台,就没有很好地结合学科优势。学校也下了决心要把一批多年来没有做出工作,或者说工作不理想的平台撤掉,但是这项工作很难推动。学校文科现有 100 多个平台机构,目前才关了 6 个,留着这么多平台会分散学校学科的力量。当然,如果我们的研究中心能够自我生存、自我造血,那也可以借鉴国外的模式,做成实体的机构。比如哈佛大学费正清中国研究中心,没有固定的研究人员,只有 1 个主任和 8 个秘书,研究人员是流动的。有课题时就聚集在一起,课题做完了就退出中心。主任主要负责找课题、找机会、找资源。近 5 年来,学校人文社科各个学院空间不断扩大,以前在嘉庚三号楼里就有人文学院、国际关系学院(南洋研究院)、教育研究院等 3 个学院,现在这 3 个学院都有了自己的大楼。但越是改善条件,越是抱怨资源不够,主要是因为力量分散了,资源分散了,空间分散了。

6.学科的交叉和融合仍然薄弱,仍然处在教授们自我探索和自发结合的状态

目前,学校学科交叉融合仍然处在较低的层次,就是处在教授们自我探索和自发组合的状态。学校对学科交叉有意识地引导,或者说对已有交叉苗头进行有目的的支持还不够。

7.学科建设特别是应用学科的建设与行业或企业的结合度还不高

应用学科不论是工科、医科还是其他学科,能不能得到所在行业的认可,能不能在所在行业发挥作用,能不能成为所在行业的排头兵、领头羊,是体现学科是不是一流的重要标识。在这方面,我校的应用

学科和相关行业企业的结合度还不够。

8.学校的资源配置还没有很好地跟学科建设的成效相衔接,对优势学科、新兴学科支持的力度不够;不敢讨论学科的淘汰问题

经过“211工程”“985工程”建设,在经费相对较少的情况下,我们把有限的资源进行了合理的重点投入,让有限的资源发挥了很好的作用。但是,我们对优势学科、新兴学科支持的力度还不够,尤其表现在不敢讨论学科的淘汰问题。但是作为一流大学,如何使学科永远都保持最旺盛的生命力,是值得研究的一个问题。所谓学科的“主流和边缘”,是相对的概念,是可以相互转换的。难就难在作为一个决策者有没有洞察力去准确地判断哪些学科是有前景的,哪些学科是今后的主流。

## 三、“双一流”建设的思考

1.国家有“双一流”,学校只有“单一流”

首先,国家“双一流”建设,就是世界一流大学和一流学科建设。作为学校,只有“单一流”建设,就是学科建设,因为一所学校要成为一流大学,就是要有若干个学科成为一流。那需要有多少个学科成为一流才能称之为一流大学呢,这是研究教育问题的专家要认真研究的。对厦大来讲,大家的共识就是:第一,就是巩固、加强原有的优势学科,并不断提升实力;第二,就是对于新兴学科,特别是工科、医科要加强发展,才有可能成为一流。所以厦大要成为一流大学,必须要有若干学科成为一流。我们要认真思考在“双一流”建设中如何配置资源、如何抓住重点。

2.学科建设的“两翼”战略:强基础与抓重点并行

“强基础”就是要进一步提升与改善学校的整体办学环境、条件和氛围,包括软件和硬件方面。一方面,既要提升教职员工待遇,提高收入水平,积极争取住房,建好附属学校,让大家安心地、心无旁骛地、有尊严地在厦大工作、生活;另一方面,又要创造好的制度保障,建立一套符合规律的评价体系和标准,让每一个厦大人都能够适得其所,从而营造奋发向上、积极进取的校园文化,让每个人都想方设法为厦大的发展自觉自愿地贡献力量。

“抓重点”就是要紧紧围绕国家重大需求,以问题为导向,开展多学科协同攻关,选取20个左右的学科领域和方向重点投入。我校的“双一流”建设在资源配置上要有一个更加明确的原则和方案,各个学科要围绕这些问题,找准自己的位置,找到自己的一席之地。找到了自己的位置,就有重点投入;找不到自己的位置,学校也鼓励一些教师自由探索,这个在后面还会讲到。

3.学科建设“双轮”战略:学科交叉与资源共享并重

学科交叉就是人力资源的最大化利用,就是创造一个机制、提供一个可能,让宝贵的人力资源得到最充分的利用,不被所谓的“学科”给框住。

资源共享就是财力物力的最大化利用。资源共享能够有力地促进学科交叉,让二者联动发展。学科交叉和资源共享就像车的两个轮子,靠一个轴连在一起,才能够更平稳,跑得更快、跑得更久。这次务虚会讨论最多、频率最高的一个词就是学科交叉和资源共享。希望大家提出切实可行的措施,切实推动资源共享。

4.学科建设与队伍建设紧紧相连,引进人才要有更强的学科针对性,不要再铺新摊子

现在开始,除了个别特殊的学科方向有特殊的需求例外,引进人才都要跟已有的学科,特别是已有的学科优势结合在一起。没有和已有的学科优势结合在一起的人才,我们不要再引进。总之,进的人一定要和已有的学科、已有的学科优势能够结合在一起,不能再铺摊子,要有更强的学科针对性。

5.队伍建设要有更加开阔的国际视野

一方面,人才引进要从全球范围找人才。昨天张军教授代表公共卫生学院做了一个很好的报告。他说,公共卫生学科要在国内找一流人才相对困难,原因是国内原先对公共卫生和预防医学的投入不足,学科发展相对滞后,人才产量较少,而相比之下国外这一领域的人才很多,所以应该在全球范围内找人才。

再比如我校的台湾研究院，博士后队伍建设不要眼光只盯着国内，可以到哈佛大学、耶鲁大学等国外大学寻找那些对中国问题、对中国的台湾问题感兴趣的博士来做博士后。我们的人才引进需要具备这样的视野。

另一方面，人才培养要更注重在世界课堂上培养，要大力度、多层次地把人才送到世界一流大学去深造，既要从本科生中选拔优秀学生到国外攻读博士学位，作为我校未来的国际师资储备；也要把年轻教师送到国外去深造，争取国内的博士在国外有两到三年的博士后经历，之后再回来工作。教师到外面做研究，可以署名厦门大学，学校也要承认其贡献。把各类人才送到世界一流大学去深造还包括教师教学能力的提高。现在我校能够真正用全英文上课的老师还很少，我们选派教师到马来西亚分校授课都非常困难。因此，我们要遴选一些外语水平好的年轻教师，到国外大学去认认真真、从头到尾地听一到两门课，我相信教师的英文授课能力会有显著提高，我们的英文授课质量也会有明显提升。

6.队伍建设要更加注重博士后队伍的建设

厦大现有师资规模是2526人，按照学校定编是3000人，还差400多人。400多人的规模相比于教师总体量是不算大的。世界一流的大学，其师资队伍体量不一，多的有1万多人，少的也有五六千人。但是，其专任教师规模也就两三千人，如哈佛大学。那么，相比我们，一流大学的师资力量大在什么地方呢？主要大在博士后队伍。我校“十三五”期间提出要把博士后数量增加到1000人——现在是300多人——这个任务非常艰巨。这支队伍能不能建起来，关系到厦门大学能不能进入世界一流、能不能真正成为世界最好的大学之一；这支队伍能不能建起来，也关系到在座各个学院能不能建成世界一流学科。我有一个基本的判断：今后厦大的一流学科，有一个基本指标就是博士后队伍的数量和质量。如果一个学科没有博士后队伍，那么这个学科肯定不是世界一流的。所以，希望学校、学部、学院都要更加重视博士后队伍的建设。

厦大博士生数量少，是个坏事，也是个好事，客观上为扩大博士后队伍提供了一个更强的需求和可能。我校今年基本可以实现为3000名博士生提供一人一间的住房条件。今后，我们要下更大力气建设博士后公寓，让博士后有良好的居住条件。希望全校一起努力。

7.尽最大可能把学科建设的权、责、利交给学部和学院

下放权力，也是今天五个小组代表发言里面几乎都提到的问题。借用经济学的一个术语“公共产品”，学校只提供学部和学院无法提供或者都不愿提供的公共产品，学校只做学部和学院做不了的事、不想做的事。每个学部、每个学科评价老师干得好还是不好，要以什么标准来评价，均交给学院做、交给学部做。学校要尽快把教师考核聘任的标准全都交给学部去制定实施，彻底解决以理科标准评价工科的问题。同时，学校下放权力给学部和学院，学部和学院也要能接得住，也要认真思考如何把权力用好。

8.深刻理解、全面实施“顶天立地”的发展战略，全国科技创新大会明确提出，一流大学要加强基础研究

今年全国科技创新大会明确提出，一流大学要加强基础研究。习近平总书记在讲话中把一流大学最重要的使命和任务定为原创性的研究，特别是重大问题的原创性基础性研究。基础研究是厦大的强项，如何保持、巩固、加强、提升优势，是很值得认真研究的问题。搞基础研究要有天分、要有兴趣，要把学术、科研当乐趣来做。大学里也要处理好基础研究与应用研究的关系，二者并不矛盾。

9.切实加强争取外部资源的能力

我们要更多地争取政府的支持、更多地争取企业的支持、更多地争取校友的支持，我们不仅要在国内争取资源，还要到国外到国际市场去争取资源，要有更强的争取外部资源的能力。“开源”的同时也要“节流”，在科研经费增加的同时，也要把每一分钱都利用好，万万不可“财大气粗”，挥霍浪费。希望在今后的建设过程中，大家在经费使用上会越来越珍惜、越来越节约。

10.把文化建设和思想政治工作提到更高的层面上来认识

能否真正成为一所世界一流的大学，最终的决定因素是文化。现在的企业包括民营企业，也都普遍认为一个企业能不能成为一流，最终在于这个企业能不能建立起优秀的企业文化。“多元、包容、文明、精

致、先进”的大学文化是厦门大学的追求。好的文化会成为你血液的一部分,成为你的自觉,厦门大学要有这样的自觉。如何能够做到自觉,就是文化建设的问题,就是思想政治工作的问题。我希望,各个学院的党委书记和院长能够把文化建设、思想政治工作摆到更重要的位置上来,不论是年轻教师还是高层次人才,都需要有一个不断学习、不断教育、不断提高、不断加强的过程。

习总书记在庆祝中国共产党成立95周年的大会上的讲话中提出,坚持不忘初心、继续前进,就要坚持中国特色社会主义道路自信、理论自信、制度自信、文化自信。坚持党的基本路线不动摇,不断把中国特色社会主义伟大事业推向前进。坚持不忘初心、继续前进,对厦门大学来讲,就是要牢牢记住陈嘉庚先生教育救国的理想,秉承弘扬厦大人“自强不息,止于至善”的校训精神,努力把厦大建成一所世界一流大学,所以我们要牢牢把握国家统筹推进世界一流大学和一流学科建设的重大历史机遇,坚定发展自信,保持发展定力,加快发展步伐,一步一步地、扎扎实实地把厦门大学推向新的高度。

——本文摘录自《厦门大学年鉴2017》,厦门大学出版社,2017年12月版

# 在开放包容中培养理想、抱负和情怀

## ——接受《人民日报》记者专访

（2016 年 11 月 17 日）

校长　朱崇实

历史上由陈嘉庚先生捐资始办的厦门大学经过发展积淀，如今学校特色鲜明，还被誉为我国最美丽的几所大学之一。日前，记者到厦门大学，就培养高质量人才等问题专访该校校长朱崇实。

记者：在建设世界一流大学的过程中，怎样认识并把握中国特色与世界一流的关系？

朱崇实：建设世界一流大学一定要追求并保持我们民族自己的传统和特色，同时，尊重、理解、接受多元文化。厦门大学从办学伊始就是开放、包容的学校，就把学校放在全球范围进行思考和行动。建设一流大学应该以一流学科为抓手，大学的基本元素是学科，每个学校都有自己的优势、强势学科，把学科办出特点，才能把大学办出特色；建设一流大学和一流学科，一流的理念要先行，中国的大学不仅是中国的，也是世界的，应该有世界眼光。在此基础上，脚踏实地把自己的事情办好，为国家富强、人民幸福做出大学应有的贡献。

我们学校积极走向世界，在马来西亚建设了一个占地 900 亩的分校，成为我国第一个在海外建设独立校园的大学。学校已经在今年 2 月正式开学，目前有 1300 多名学生在读。我们将全力办好马来西亚分校，把分校建成促进中国与马来西亚及东南亚其他地区教育及文化交流的重要平台、服务“一带一路”倡议的重要支点，努力成为中国高等教育和中国文化“走出去”的典范。11 月 3 日，在北京发表的《中华人民共和国和马来西亚联合新闻声明》称，厦门大学马来西亚分校是两国高等教育合作新的里程碑，将为当地社会培养急需的优秀人才，夯实中马关系的民意基础，深化中马两国友谊。

记者：培养学生的理想、抱负和情怀的基础是什么？

朱崇实：我们的目标是培育全面发展的人、健全的人，对国家和社会有自觉奉献精神的人。当年陈嘉庚先生捐出所有的家产兴办厦门大学，其背景就是祖国贫弱，受人欺负，他以自身行动倡导爱国精神、家国情怀，提倡培养“伟大人格之人”。我们学校办学一开始就注重培养学生的理想、抱负和情怀，校歌中“致吾知于无央”“充吾爱于无疆”的歌词，就是引导青年学子要有大爱之心。

青年学生有理想、有追求的基础在于有本事、有本领，特别是要有创新思维和创新能力。学校从抓好每一堂课、每个学习环节入手，为学生成长成才搭建平台，帮助他们掌握扎实的理论和专业知识，锻炼他们的动手、实践能力。

记者：我在厦门大学校园的林间道路边，看到几名学生在弹钢琴，这为美丽的校园又增添了亮色。您怎样看待校园文化建设？

朱崇实：一所一流大学仅仅有美丽校园还不够，应该营造一个良好的校园文化，建设一个美好校园。“好”体现在内涵上，就是和谐、友爱、充满活力的校园，我们积极为学生们提供体育和艺术设施，让他们愉快生活，健康成长。

记者：在电子阅读风行的情况下，您认为应该如何引导大学生读书？

朱崇实：在学校一有机会，我就提倡学生们多读些纸质书，多读些中外经典类的书。读书不只是系统地读，还要认真地读，坚持从第一页读到最后一页。面对知识爆炸和电子读物，一些学生学习采取实用主义，结果知识碎片化、零碎而缺乏系统；一些学生对知识浅尝辄止，只知其一，不想知其二。这些都是读书人最忌讳的。虽然摄取知识的渠道多了，作为青年学生，仍然应该坐得下来，多读几本书。

——本文摘录自《厦门大学年鉴 2017》，厦门大学出版社，2017 年 12 月版

# ·党建与思想政治工作·

## 中共厦门大学委员会关于对党员领导干部进行提醒、函询和诫勉的实施细则

（2016 年 1 月 3 日）

### 第一章　总　则

第一条　为加强对学校党员领导干部的日常教育和监督管理，推进学校党风廉政建设，根据《中国共产党党内监督条例（试行）》中央纪委、中央组织部《关于对党员领导干部进行诫勉谈话和函询的暂行办法》和中央组织部《关于组织人事部门对领导干部进行提醒、函询和诫勉的实施细则》等规定，结合学校实际，制定本实施细则。

第二条　本实施细则适用于学校任命的处级党员领导干部。对非中共党员处级领导干部以及其他干部进行提醒、函询和诫勉的，参照本实施细则。

第三条　对领导干部进行提醒、函询和诫勉，应当坚持从严要求，把纪律挺在前面，坚持抓早抓小抓苗头，防止小毛病演变成大问题；坚持关心爱护干部，注重平时教育培养，促进干部健康成长。

### 第二章　提　醒

第四条　在日常管理监督过程中发现领导干部存在苗头性倾向性问题，或反映领导干部的问题具有一般性，问题笼统、难以查证核实的，应当对其提醒：

（一）在信访举报、案件调查、专项检查、经济责任审计或其他途径发现领导干部苗头性倾向性问题的；

（二）在干部日常管理监督或者党内集中教育活动、领导班子换届、领导班子民主生活会、年度考核、巡视等工作中发现领导干部苗头性倾向性问题以及其他需要引起注意的情况的。

第五条　提醒对象由纪委、组织部、监察处按规定提出建议名单，报本部门负责人批准后确定。

第六条　对领导干部进行提醒，一般采用谈话方式，也可以采用书面方式。

采用谈话方式进行提醒的，应当向提醒对象发送提醒通知书。提醒对象接到通知书后，应按时到达约定的谈话场所接受谈话提醒。谈话由纪委、组织部、监察处负责人作为谈话人，也可以根据提醒对象的具体情况及谈话内容确定适当的谈话人。确定由提醒对象所在部门或单位主要负责人作为谈话人的，应提前把谈话要求通知谈话人。

采用书面方式进行提醒的，应当向提醒对象发送提醒函。

第七条　提醒的主要内容包括：

(一)向提醒对象说明提醒的原因和目的；

(二)要求提醒对象就苗头性倾向性问题或群众反映的问题进行解释和说明；

(三)对提醒对象进行警示教育；

(四)要求提醒对象表明态度。

第八条　对反映领导干部一般性或苗头性倾向性问题的，经提醒后报纪委、组织部、监察处负责人批准后了结。对提醒过程中发现提醒对象确实存在问题的，根据相关规定进行处理。

第九条　对领导干部进行提醒后，纪委、组织部、监察处应及时将谈话笔录、谈话工作登记表、谈话对象的说明材料、整改材料等留存。由提醒对象所在部门或单位主要负责人进行谈话的，应在谈话完成后，将上述材料及时报送谈话委托单位。

## 第三章　函　询

第十条　针对信访举报及其他途径反映领导干部存在下列问题的，除进行调查核实的外，一般采用书面方式对被反映的领导干部进行函询了解：

(一)反映领导干部政治思想、履行职责、工作作风、道德品质、廉政勤政、组织纪律等方面问题的；

(二)反映领导干部一般性问题，或反映问题笼统、难以查证核实，需要发函向本人询问了解的。

第十一条　对领导干部进行函询，应由纪委、组织部、监察处按规定提出建议名单，报本部门负责人批准后实施。

第十二条　对领导干部进行函询，应当向函询对象发送函询通知书。函询对象在收到函询通知书的十五个工作日内，应当实事求是地做出书面回复。如有特殊情况不能如期回复的，应当在规定期限内说明理由。对函询问题没有说明清楚的，可以再次对其进行函询或者采取其他方式进行了解。

第十三条　有下列情形之一的，函询单位可以委托函询对象所在单位党委或部门主要负责人对其进行督促，也可以会同有关部门和单位直接进行调查了解：

(一)无故不按期书面回复的；

(二)两次函询后仍未说明清楚的；

(三)从回复材料中发现存在其他问题的。

第十四条　经函询或者调查了解，未发现函询对象存在问题的，经纪委、组织部、监察处负责人批准后了结。对函询了解后发现函询对象确实存在问题的，根据相关规定进行处理。

第十五条　纪委、组织部、监察处应对领导干部回复组织函询的材料认真审核，并建立函询档案管理制度，对有关材料进行留存。

## 第四章　诫　勉

第十六条　领导干部存在下列问题，虽不构成违纪但造成不良影响的，或者虽构成违纪但根据有关规定免予党纪政纪处分的，应当对其进行诫勉：

(一)遵守党的政治纪律、组织纪律不够严格的；

(二)执行民主集中制不够严格，个人决定应由集体决策事项或者在领导班子中闹无原则纠纷的；

(三)执行《党政领导干部选拔任用工作条例》不够严格，用人失察失误的；

(四)法治观念淡薄，不依法履行职责或者妨碍他人依法履行职责的；

(五)违反规定干预市场经济活动的；

(六)不认真落实中央八项规定精神和厉行节约反对浪费规定的；

(七)脱离实际、弄虚作假，损害群众利益和党群干群关系的；

(八)无正当理由不按时报告、不如实报告个人有关事项的；

(九)执行廉洁自律规定不严格的；

(十)纪律松弛、监管不力,对身边工作人员发生严重违纪违法行为负有责任的;

(十一)在巡视、经济责任审计中发现有违规行为的;

(十二)从事有悖社会公德、职业道德、家庭美德活动的;

(十三)其他需要进行诫勉的情形。

第十七条　对领导干部进行诫勉,应由纪委、组织部、监察处对有关问题进行初步核实后提出,经本部门主要负责人同意后,报学校党委批准。

第十八条　对领导干部进行诫勉,可以采用谈话方式,也可以采用书面方式。

第十九条　采用谈话方式进行诫勉的,应当根据诫勉对象的职务层次和具体岗位确定适当的谈话人:

(一)对校内二级单位、职能部门主要负责人进行谈话诫勉的,一般由校党委书记、副书记、纪委书记作为谈话人,也可以由纪委、组织部、监察处主要负责人作为谈话人;

(二)对校内二级单位、职能部门领导班子其他成员进行谈话诫勉的,一般应委托所在部门或单位主要负责人作为谈话人,也可以由纪委、组织部、监察处负责人作为谈话人。

第二十条　采用谈话方式进行诫勉的,谈话人应当实事求是地向诫勉对象说明诫勉的事由,提出有针对性的要求,并明确其提交书面检查的时间。谈话诫勉应当制作谈话记录,载明诫勉对象、谈话人、记录人、谈话日期、谈话地点、诫勉事由和谈话具体内容等。

第二十一条　采用书面方式进行诫勉的,纪委、组织部、监察处应当向诫勉对象发送诫勉书。同时,将诫勉事项告知诫勉对象所在单位党委或部门主要负责人。诫勉书应当载明诫勉对象的基本情况、诫勉事由、诫勉要求、诫勉日期等内容。

第二十二条　受到诫勉的领导干部,取消当年年度考核、本任期考核评优和评选各类先进的资格,六个月内不得提拔或者重用。

第二十三条　诫勉对象应按规定期限落实整改任务,提交整改情况书面报告。诫勉六个月后,纪委、组织部、监察处应对诫勉对象的改正情况进行了解。对于没有改进或者改正不明显的,根据情节轻重,给予调离岗位、引咎辞职、责令辞职、免职、降职等组织处理。

第二十四条　纪委、组织部、监察处要建立诫勉档案管理制度,对领导干部的谈话诫勉记录、诫勉书、书面检查材料等进行留存,并将有关情况作为领导干部考核、任免、奖惩的重要依据。

## 第五章　纪　律

第二十五条　领导干部接受提醒、函询和诫勉时,必须认真对待、如实回答,不得隐瞒、编造、歪曲事实和回避问题;不得追查反映问题的人员,更不得打击报复。对违反者,根据情节轻重,给予组织处理;构成违纪违法的,将根据《中国共产党纪律处分条例》有关规定追究党纪责任,或移送有关部门依纪依法处理。

第二十六条　有关工作人员对领导干部进行提醒、函询和诫勉的内容要严格保密。对失密、泄密者,按照有关规定严肃处理。

## 第六章　附　则

第二十七条　本实施细则由中共厦门大学纪律检查委员会、组织部负责解释。

第二十八条　本实施细则自发布之日起施行。

——本文摘录自《关于印发〈中共厦门大学委员会关于对党员领导干部进行提醒、函询和诫勉的实施细则〉的通知》,厦大委综〔2016〕1号,档号2016-XZ09-18

# 中共厦门大学纪律检查委员会会议议事规则

(2016年1月22日)

## 第一章　总　则

第一条　为更好地履行学校纪律检查委员会的职责,完善中共厦门大学纪律检查委员会会议(以下简称"纪委会议")议事程序,根据《中国共产党章程》《中国共产党党内监督条例(试行)》《中国共产党普通高等学校基层组织工作条例》的相关规定,特制定本规则。

第二条　纪委会议是在学校党员代表大会闭会期间,对纪律检查委员工作的重大问题进行集中讨论和决定的会议。

第三条　纪委会议贯彻党的民主集中制,按照"集体领导、民主集中、个别酝酿、会议决定"的原则,开展工作。

## 第二章　会议议事范围

第四条　传达学习贯彻党的关于党风廉政建设和纪律检查工作的路线、方针、政策,学习贯彻上级党委、纪委有关重要会议、文件精神,结合实际,研究提出具体实施意见。

第五条　研究贯彻落实学校党委关于党风廉政建设和党的纪律检查工作部署及重要精神;讨论审定纪检监察年度工作计划、总结。

第六条　研究分析学校党风廉政建设情况、纪律审查情况,提出加强反腐倡廉教育、制度、监督、执纪、问责等方面的工作意见;研究落实党风廉政建设责任制、党员干部廉洁自律的工作意见;研究从源头上预防违纪问题发生、严格监督与管理干部的工作意见等。

第七条　按规定权限,研究部署学校信访举报及纪律审查工作情况,审议决定对违纪党员的党纪处理意见;提出其他处理建议;讨论党员的申诉的处理意见或复议、复查结论。

第八条　讨论纪委会议自身建设的重大问题。

第九条　需要提交纪委会议讨论的其他重大问题。

## 第三章　会议规则

第十条　纪委会议一般每季度举行一次,遇有特殊情况,可随时召开。

第十一条　纪委会议由纪委书记或由纪委书记委托副书记召集并支持。纪委会议须有半数以上委员到会方可举行;讨论需要表决的议题时应有三分之二以上委员到会方可举行。纪委委员因故不能出席会议的,应在会前向纪委书记请假。

第十二条　根据工作需要,纪委可召开扩大会议或请有关人员列席会议,扩大或列席人员可以发表意见,但无表决权。

第十三条　纪委会议讨论决定事项应严格遵循民主集中制原则,纪委委员要本着高度负责、实事求是的态度认真发表意见,经充分讨论后纪委会议根据大多数人的意见做出决定。在审议党纪处理问题时,对于少数人的不同意见,也应慎重对待。

第十四条　对需要表决的议题，意见比较一致时，可以进行表决；意见分歧较大时，应暂缓表决。表决方式可采取口头、举手、无记名投票等方式，以赞成票数超过应到会纪委委员半数为通过(未到会纪委委员书面意见不能计入表决票数)。表决结果由纪委书记当场宣布。会议决定多个事项时，应逐项表决。

第十五条　凡属应由纪委会议集体决策的事项，任何人无权自作主张；对纪委会议的集体决定，纪委委员应坚决执行。对纪委会议决定如有不同意见，可以保留或向上一级党组织反映。纪委会议做出的决定在实施过程中如需要变更，必须再次召开纪委会议研究决定。

## 第四章　会议程序

第十六条　纪委会议议题由纪委委员提出，纪委办公室收集、整理，报经纪委书记同意，提交会议讨论。

第十七条　会议议题和日期一般应提前三天通知纪委委员，以便做好讨论准备。重大问题和重要事项，纪委办公室应在纪委会议召开前，进行充分调查研究，形成建议方案，并在一定范围内征求意见后，再提交纪委会议讨论决定。

第十八条　纪委会议的通知、记录等会务工作由纪委办公室负责，重大问题应形成决议或会议纪要经纪委书记审签后下发。会议决定事项，由纪委办公室负责组织落实，并及时向纪委委员报告落实情况。

## 第五章　会议纪律

第十九条　会议讨论决定有关事项，如涉及纪委委员本人或家属，本人应回避。

第二十条　对会议决定的议事和讨论的情况，与会人员不得外传，涉及需要保密的有关内容，必须严格遵守保密规定，不得泄密，违反者追究责任。

第二十一条　对所有涉密的文件，按照保密文件的要求妥善保管。

## 第六章　附　则

第二十二条　本规则由学校纪律检查委员会负责解释，自发布之日起施行。

——本文摘录自《关于印发〈中共厦门大学纪律检查委员会会议议事规则〉的通知》，(2016)厦大纪2号，档号2019-DQ06-002

# 厦门大学纪检监察信访举报工作实施细则

（2016年2月2日）

## 第一章　总　则

第一条　为进一步加强和改进学校纪检监察信访举报工作，根据《中国共产党纪律检查机关控告申诉工作条例》、《中华人民共和国行政监察法》、《监察机关举报工作办法》、国务院《信访条例》、教育部《教育信访工作规定》和中共福建省纪委、福建省监察厅《关于进一步加强和改进纪检监察信访举报工作的意见》等法规，结合学校工作实际，制定本实施细则。

第二条　本实施细则所称信访举报工作，是指学校纪委、监察处通过来信、来访、来电、网络等渠道，受理针对学校各级党组织、党员和监察对象的检举、控告以及申诉，按照纪检监察机关的职能和规定的程序处理解决信访举报问题的工作。

第三条　信访举报工作坚持“属地管理、分级负责，谁主管、谁负责，依法、及时、就地解决问题与疏导教育相结合”的原则。

第四条　纪委、监察处受理纪检监察职权范围内的信访举报件，其他职能部门、基层党组织接受纪委、监察处的工作指导和协调，具体承办有关信访举报事项。各部门、各单位主要负责人对本部门、本单位的信访举报工作负责。

## 第二章　受理范围和方式

第五条　纪委、监察处受理下列职权范围内的信访举报：

（一）针对学校各级党组织、党员和监察对象违反党纪政纪问题的检举、控告。

（二）依法应由纪委、监察处受理的学校各级党组织、党员和监察对象不服党纪政纪处分和其他处理的申诉。

（三）对学校党风廉政建设和纪检监察工作的意见、建议。

第六条　纪委、监察处不受理诉求类、涉法涉诉类等职权范围外的信访事项：

（一）应由相关职能部门解决的利益诉求类信访事项，不登记、不受理。

（二）对涉法涉诉、征地拆迁、环境保护、劳动保障，已经或者应当通过诉讼、仲裁、行政复议等途径解决的信访事项，不登记、不受理。

（三）对三个月内重复访、信访已三级终结，或纪委、监察处调查处理已有明确结论，信访举报人仍以同一事实和理由进行信访举报的，不再受理。

第七条　信访举报件应按规定双向移送。属于纪委、监察处业务范围内的信访举报事项，应及时移送纪委、监察处统一登记、处理；属于纪委、监察处业务范围外的信访事项，应移送学校信访办公室或其他有权处理的部门、单位办理。对于其中的重要问题或紧急事项，应协助信访人联系受理部门或单位，或报经有关领导后再处理。

第八条　信访举报方式包括来信、来访、来电、网络和其他方式，纪委、监察处应针对不同的信访举报方式规范受理：

（一）信访举报人通过信件将信访举报材料邮寄到纪委、监察处的，纪委、监察处工作人员应按要求做好信件拆封、装订、编号、阅信、登记等工作。

（二）信访举报人到纪委、监察处办公场所当面反映问题的，负责接待的工作人员应文明礼貌，认真核实信访举报人的基本情况、反映的主要问题及联系方式，做好来访记录、登记受理和对信访举报人的教育疏导工作。

（三）信访举报人通过拨打纪委、监察处举报电话反映问题的，接听电话的工作人员应耐心倾听，认真核实信访举报人的基本情况、反映的主要问题及联系方式，做好电话来访记录、登记受理和对信访举报人教育疏导工作。

（四）信访举报人通过纪委、监察处的举报电子邮箱反映问题的，纪委、监察处工作人员应定期查收、下载、打印信访举报件原件和附件，参照来信处理办法登记受理。

（五）信访举报人通过登录全国纪检监察机关举报网站进行举报，或纪委、监察处发现信访举报人在网络媒体举报的，参照来信的处理办法登记受理。对于重要或紧急的网络信访举报件，按照快查快办原则办理。

## 第三章　办理程序

第九条　纪委、监察处受理信访举报后，工作人员应做好信访举报信息的登记录入工作，制作来信来访拟办单，由承办人提出初步拟办意见后，报纪委、监察处负责人审批。纪委、监察处负责人根据信件举报件的重要性、紧急程度或被反映人的管理权限，呈报纪委书记、学校党政主要负责人阅批：

（一）对反映问题情况紧急、事关重大或集体上访的信访举报件，应立即报告纪委、监察处负责人，尽快提出处理意见，并呈报纪委书记、学校党政主要负责人阅批。

（二）对反映学校党委、行政领导班子成员有关问题的信访举报件，呈报纪委书记阅批后，按规定转交上级纪检监察部门处理。

（三）对上级党组织、行政机关批转的信访举报件，呈报监察处处长，纪委副书记、书记阅批。

（四）反映学校正处级干部有关问题或副处级干部重要问题的信访举报件，呈报监察处处长，纪委副书记、书记阅批。

（五）反映学校副处级一般问题及其他党员、监察对象有关问题的信访举报件，呈报监察处处长、纪委副书记阅批。

（六）信访举报人提出申诉或反映学校党风廉政建设和纪检监察工作的意见、建议的，呈报纪委副书记、监察处处长阅批，并根据工作需要呈报纪委书记、学校党政主要负责人阅批。

第十条　信访举报件按照信息反映、转办、交办、直接查办、信访监督等方式处理。属于业务范围内的信访举报件，纪委、监察处可直接查办，或交由有关职能部门或基层单位党组织承办。承办部门或单位应在规定时限内提交调查报告并附相关证据材料，报纪委、监察处审核；属于业务范围外的信访件，按照“分级负责、归口管理”的原则转由有关部门或单位直接办理，有关部门或单位应按要求向纪委、监察处书面报送调查处理结果。

第十一条　信访举报承办部门或单位应对信访问题线索集体排查，并按照拟立案、初步核实、谈话函询、暂存和了结等五种方式规范处置。对问题线索清楚、有一定可查性和可能性，可能构成违纪的，应进行初步核实；对反映一般性问题，反映问题笼统、难以查证的，或发现苗头性倾向性问题的，应进行谈话函询；对反映的问题具有一定可查性，但暂不具备核查条件，一旦条件成熟即可开展核查工作的，进行暂存处理；对反映问题失实、符合了结条件的，按规定了结处理；对确有违纪事实，应该追究党纪、政纪责任的，应按规定立案查处。

各部门、各单位应加强和改进信访举报工作，推行检举控告类初信初访件“零暂存”工作。

第十二条　纪委、监察处应加强对转办、交办件的指导、督促和检查工作。对转交有关部门、单位承办的信访举报件，可采取电话督办、实地督办、发函督办、汇报督办、会议督办、通报督办等方式进行督促检查。对经多次催办、督办仍久拖不决、推诿不办的，应对有关责任人进行提醒，或报分管校领导研究解决。

第十三条　信访举报事项的调查结果按照属实、基本属实、部分属实、失实等区分，并视不同情况分别给予了结、澄清、批评教育、提醒、诫勉、组织处理、党纪政纪处分、移送司法等处理。

第十四条　信访举报件应按规定及时办结，办结遵循“事实清楚、证据确凿、定性正确、处理恰当、手续完备、程序合法”原则。办结时应填写信访举报办结单，提交调查报告和其他证明材料。调查报告应包含调查缘由、被举报人基本情况、信访举报事项的调查结论以及处理结果等内容。报送信访举报调查报告时，应经承办部门或基层党组织负责人签署意见。不符合报送要求的，应退回补报或重报。

第十五条　对实名举报的信访举报件，应按照“谁承办，谁回复”的原则回复信访举报人。回复可通过发函、电话告知、口头答复、通报、发送电子邮件等形式。对匿名举报的，可根据工作需要并报经分管领导同意，以适当的形式进行通报性反馈。对上级部门及领导批转，要求上报查处结果的信访举报件，应在规定时限内及时报告。

第十六条　纪委、监察处应对信访举报有关数据进行规范统计，定期分析学校信访举报情况，按规定向学校领导和上级部门报送统计报表。统计报表要求数字准确、书写规范、上报及时、注意保密。

第十七条　信访举报件办结后，应按规定做好材料的整理归档工作。归档要求文件齐全、随时立卷、及时归档、长期保存。

## 第四章　工作纪律和工作要求

第十八条　信访举报工作应严格遵守党和国家的保密法规和保密制度，防止失密、泄密事故发生。信访举报档案由专人保管，不得遗失。未经批准，无关人员不得阅看信访举报材料。

第十九条　信访举报工作人员有下列情况之一的应予回避：

(一)系被检举人或被检举人近亲属的。

(二)本人或近亲属与被检举问题有利害关系的。

(三)与检举问题有其他关系，可能影响检举问题公正处理的。

第二十条　纪委、监察处应严格遵守报告请示制度，对于重要信访举报及案件情况在向学校党委报告的同时，报告上级纪委。

第二十一条　信访举报办理应根据重要性、复杂程度和紧急情况确定不同的办理期限：

(一)一般信访举报件应在受理之日起 30 日内办结。对一些问题线索具体、事实清楚、易查易结的信访举报事项，应在 15 日内办结。

(二)重要信访举报件，应在 5 个工作日内向上级部门报告情况，涉及重大事项的 24 小时内报告。对一些时间紧迫、正在发生，需要立即查明情况予以制止，或属于打击报复举报人、联名信和集体上访等反映重要、紧急或异常的信访举报件，应立即登记、马上报告、及时处理。

(三)上级部门转办、交办要求上报结果的信访举报件，一般应在 60 日内办结。情况复杂的，应报有关领导批准后，适当延长办理期限，但延长期限不得超过 30 日。

第二十二条　信访举报工作人员违反工作纪律，造成严重后果的，按照《信访条例》、《中国共产党纪律处分条例》和《关于违反信访工作纪律处分暂行规定》等法规追究当事人的责任。

第二十三条　纪委、监察处应及时对重要信访问题和工作情况进行筛选、分析和整理，对具有苗头性、倾向性、典型性问题和一定时期内的信访情况、信访动态进行分析研究，定期向学校党政领导反映信访举报重要情况，为学校领导决策提供参考。

第二十四条　纪委、监察处应于每学期期末召开一次信访举报工作专题会议，通报信访举报查办情况。各部门、各单位信访举报工作的查办情况作为本单位、本部门党风廉政建设的一个重要指标。

## 第五章　附　则

第二十五条　本实施细则由中共厦门大学纪委、监察处负责解释。

第二十六条　本实施细则自公布之日起施行。

——本文摘录自《关于印发〈厦门大学纪检监察信访举报工作实施细则〉的通知》，(2016)厦大纪 3 号，档号 2019-DQ06-002

# 厦门大学 2016 年党风廉政建设工作计划要点

（2016 年 3 月 8 日）

2016 年，厦门大学党风廉政建设将以党的十八大、十八届历次中央全会和习近平总书记系列重要讲话精神为指导，以贯彻落实中央纪委六次全会部署为主线，增强政治意识、大局意识、核心意识、看齐意识，坚持全面从严治党、依规依纪治党，忠诚履行党章赋予的职责，聚焦监督执纪问责，强化党内监督；坚持把纪律挺在前面，持之以恒落实中央八项规定精神；坚持标本兼治，规范权力运行，着力解决群众身边的不正之风和腐败问题，为学校各项事业健康发展营造良好的氛围。

## 一、贯彻“五大发展理念”，全面落实从严治党

学校党风廉政建设工作要把创新、协调、绿色、开放、共享的发展理念同自身工作实际结合起来，确保五中全会精神落到实处；要正确把握坚持党的领导、党的建设、从严治党和党风廉政建设的关系。全面从严治党，核心是加强党的领导，基础在全面，关键在严，要害在治。纪委是党内监督的专门机关，是管党治党的重要力量，要坚守监督执纪问责的定位，全面履行党章赋予的职责，坚决维护党章权威，做党章的坚定执行者和忠实捍卫者。要全面贯彻党的教育方针，坚持党管意识形态原则，培育践行社会主义核心价值观，引领立德树人。推动校园廉洁文化建设，组织参与教育部举办的第五届全国高校廉政文化作品征集暨廉洁教育系列活动，厚积校园文化正能量。

## 二、加强纪律教育，增强看齐意识

结合开展“两学一做”专题教育，把“学习党章、《准则》、《条例》，学习习近平总书记系列重要讲话，做合格的共产党员”作为 2016 年党风廉政建设工作重点。一要学习党章、遵守党章，坚定对马克思主义的信仰、对中国特色社会主义和共产主义的信念、对党和人民的忠诚。二要认真学习贯彻党的十八届五中全会、中纪委六次全会精神，认真学习贯彻习近平总书记有关党风廉政建设的重要论述。学习的关键在于领会落实，要学深悟透、融会贯通，内化于心、外化于行。坚定不移地向党中央看齐，做政治上的明白人，做合格的党员，当好自觉履职尽责的表率，当好自觉坚持原则严于律己的表率。三要重点抓好校纪委委员、基层党委书记和基层党委纪检委员的纪律教育，引导党员干部学纪律、守纪律，增强纪律观念。抓好执纪监督，把政治纪律执行情况放在更加突出位置，以“六大纪律”为标尺，维护纪律严肃性。四要强化政治引领，开展《准则》和《条例》学习贯彻情况的监督检查，教育引导干部师生增强政治敏锐性和政治鉴别力，坚决查处违背教育方针政策、违反教育工作纪律的行为。

## 三、践行“四种形态”，全面从严治党要向基层延伸

强化党风廉政建设责任落实，党组织在管党治党的各个方面都要担负起主体责任，纪委要转变理念思路方法，将压力传导到基层，着力解决师生员工身边的不正之风和腐败问题，立“明规矩”，破“潜规则”，净化政治生态，让师生更多地感受到反腐倡廉的实际成果。一是党纪严于国法，纪在法前，必须让纪律成

为管党治党的戒尺。督促各级党组织要以纪律为戒尺，用纪律管住全体党员。发现苗头就及时提醒，触犯纪律就立即处理。执纪监督要用党纪尺子衡量，用纪律语言描述，真正把纪律立起来。二是全面从严治党，要综合运用“四种形态”开展监督执纪，做深做细做实监督执纪各项工作，提高思想政治水准和把握政策能力。三是坚持“惩前毖后、治病救人”的方针，严管就是厚爱，治病为了救人。严格分类处置问题，一般性问题要与本人见面，谈话提醒、函询核实，让党员干部相信组织、忠诚组织；对指向性明确的问题要扎实做好初核，对事实深入细致地把握；审查谈话要体现政治教育和思想引领。四是加强纪律审查，重点关注政治问题和腐败问题交织、行政权力和学术权力交织问题。加强风险预警和管控，严格防范特殊类型招生、工程建设、科研经费、招标采购领域利益输送问题。

## 四、落实巡视工作条例，做好接受上级巡视工作准备

坚决贯彻中央巡视工作方针，明确巡视是政治巡视不是业务巡视，紧紧围绕加强党的领导这个根本，以“六项纪律”为尺子，深化“四个着力”，紧盯重点人、重点事和重点问题(党的领导弱化、党的建设缺失、全面从严治党不力等)。做好迎接、配合中央巡视组来我校巡视的各项准备工作，认真抓好巡视前即知即改、巡视中立行立改、巡视后全面整改。加强跟踪督办，督促各单位不折不扣落实整改主体责任，做到件件有着落、事事有交代，整改情况公开发布、接受监督。

## 五、坚持坚持再坚持，把作风建设抓到底

在坚持中深化、在深化中坚持，让中央八项规定精神落地生根。紧盯年节假期、一个节点一个节点坚守，坚持以上率下、看住“关键少数”。一是继续深入落实中央八项规定精神，重点开展中央部署的专项检查。细化作风建设制度，进一步完善政策规定，明确政策界线，协助校党委制定干部重大事项请示报告制度，健全作风建设长效机制。二是抓作风建设要返璞归真、固本培元，和校工会、党委宣传部等部门合作，督促领导干部在加强党性修养的同时，要弘扬中华优秀传统文化，重视发挥家规家风教育作用，挖掘和宣传学校勤廉人物事迹，配合省委推动开展领导干部家规家风评价，促进形成崇廉尚洁的良好风气，廉洁修身、廉洁齐家。三是创新监督方式，激发群众监督正能量。密切注意不正之风新动向新表现，着力解决一些干部不作为、乱作为问题，要用铁的纪律整治各种面上的顶风违纪行为，越往后执纪越严。四是积极推动党风建设成果向教学、科研领域延伸，按照好老师“四有标准”，践行有理想信念、有道德情操、有扎实学识、有仁爱之心，讲求科学伦理，遵守学术规范，弘扬好教师时代新风。

## 六、坚持“三转”，深化对重点部位关键环节的“再监督、再检查”

纪检监察部门要明确职责定位、推动方式创新和作风转变，督促职能部门加强工作程序规范化工作。一是进一步理顺与学校各相关业务职能部门的关系，强化“一岗双责、党政同责”，纪委主动清理参与的议事协调机构，把不该管的交还给主责部门，做到不越位、不缺位、不错位。二是改进监督方式，强化对业务职能部门履行职责的监督工作的“再监督、再检查”。三是配合组织部门加强干部监督，积极推进重点部位关键环节干部轮岗交流，探索推动二级单位纪检委员每年向校纪委报告同级领导班子成员特别是一把手，落实主体责任、执行民主集中制、廉洁自律等情况。四是推动廉洁办学，完善以大学章程为龙头的制度体系，完善管理制度，督促有关部门规范 MBA、EMBA 等专业教育教学。深化科研项目和经费管理改革，完善科研项目管理流程，为科研人员营造宽松严谨的科研环境。五是加强风险预警和管控，积极推进各职能部门根据法律法规和学校的工作实际，完善工作流程，促使各项工作运行规范化。推进党务政务公开，让权力在阳光下运行。

## 七、积极探索推动问责落实

“动员千遍，不如问责一次”。积极落实“两个责任”，根据福建省委落实主体责任“五抓五看”的精神，和组织部一起组织开展学院党委书记述职述廉述责评议工作，落实基层党建责任制。根据中央制定党内问责条例的要求，坚持权责对等和失责必问原则，研究制定校内相关问责的实施细则。把问责作为全面从严治党的重要抓手，对执行党的路线方针政策不力，管党治党主体责任缺失、监督责任缺位，“四风”和腐败现象多发频发，选人用人失察，巡视整改不落实的，要严肃追责。定期报告追责情况，曝光典型问题，使问责形成制度、成为常态。

## 八、探索体制改革，加强队伍建设

强化党内监督，确保党内监督落到实处、见到实效。完善监督制度，做好监督体系顶层设计，既加强党的自我监督，又加强行政监督。探索在校内二级党组织中部分先行设立二级纪检组织，进一步论证机构设置和制度规范。加强纪检监察干部队伍建设，提高思想政治水准和把握政策能力，以眼里不揉沙子的认真劲儿，敢于担当、敢于较真、敢于斗争。以更高的标准、铁的纪律，努力建设一支忠诚、干净、担当的高校纪检监察干部队伍。

——本文摘录自《关于印发〈厦门大学2016年党风廉政建设工作计划要点〉的通知》，(2016)厦大纪4号，档号2019-DQ06-002

# 厦门大学关于在全校党员中开展“学党章党规、学系列讲话，做合格党员”学习教育实施方案

(2016年4月17日)

根据《中共中央办公厅印发〈关于在全体党员中开展“学党章党规、学系列讲话，做合格党员”学习教育方案〉的通知》、《中共教育部党组关于做好高等学校“学党章党规、学系列讲话，做合格党员”学习教育有关工作的通知》、中央“两学一做”学习教育工作座谈会精神以及福建省委有关要求，结合学校实际，制订本实施方案。

## 一、总体要求

1.充分认识开展“两学一做”学习教育的重大意义。开展“两学一做”学习教育，是落实党章关于加强党员教育管理要求、面向全体党员深化党内教育的重要实践，是推动党内教育从“关键少数”向广大党员拓展、从集中性教育向经常性教育延伸的重要举措，是加强党的思想政治建设的重要部署，对于推动全面从严治党向基层延伸、保持发展党的先进性和纯洁性具有重大意义。

开展“两学一做”学习教育，是今年学校党的建设工作的龙头任务，也是加强党对学校领导的有力抓手。各基层党委(党总支)要站在协调推进“五位一体”总体布局和“四个全面”战略布局、贯彻落实五大发展理念的战略高度，深刻认识和准确把握开展“两学一做”学习教育的重要性和必要性，增强责任感和使命感，切实把思想和行动统一到中央部署要求上来。要从落实全面从严治党要求、加快学校推进一流大学和一流学科建设的实际出发，把开展“两学一做”学习教育，与全面贯彻党的教育方针结合起来，与落实立德树人根本任务结合起来，与提高教育质量结合起来，与圆满完成学校第十次党代会提出的各项目标任务结合起来，做到两手抓、两促进，力求实效。要把广大党员干部师生在学习教育中激发出来的干事创业、开拓进取精神转化为推动学校发展的强大动力，扎实推进今年学校各项工作任务的全面落实，确保实现“十三五”良好开局，为实现学校“两个百年”的战略目标提供坚强组织保证。

2.把握“两学一做”学习教育的目标要求。开展“两学一做”学习教育，基础在学，关键在做，要把学党章党规与学系列讲话统一起来，以学促做、知行合一，做合格共产党员。学习教育的主要任务是教育引导广大党员干部师生尊崇党章、遵守党规，用习近平总书记系列重要讲话精神统一思想行动，做合格党员。学习教育的主要目标是进一步坚定理想信念，提高党性觉悟；进一步增强政治意识、大局意识、核心意识、看齐意识，坚定正确政治方向；进一步树立清风正气，严守政治纪律政治规矩；进一步强化宗旨观念，勇于担当作为。学习教育的基本要求是，区分层次，突出正常教育，有针对性地解决问题，用心用力，抓细抓实，真正把学校党的思想政治建设抓在日常、严在经常。

3.着力解决“五个方面”存在的突出问题。开展“两学一做”学习教育，是为了解决问题，要紧密结合学校党的建设、党员队伍管理中存在的突出问题，坚持“学”要带着问题学，“做”要针对问题改，把解决问题贯穿学习教育全过程。着力解决有的党员理想信念模糊动摇的问题，主要是对党的领导认识不深、重视不够，意识形态杂声噪声突出，大是大非问题上暧昧摇摆，课堂、讲坛散布不当观点和错误言论，未守好政治底线，对党不忠诚、做人不老实，阳奉阴违、自行其是等；着力解决有的党员党的意识淡化的问题，主要是看齐意识不强，不守政治纪律政治规矩，在党不言党、不爱党、不护党、不为党，政治意识缺乏，大局观

念不强,组织纪律散漫,不按规定参加党的组织生活,不严格执行"三会一课"制度,不按时交纳党费,不完成党组织分配的任务,不按党的组织原则办事,毕业生党员组织关系管理脱节等;着力解决有的党员宗旨观念淡薄的问题,主要是利己主义严重,忽视师生利益,对师生缺乏情感,办事拖拉、推诿扯皮、工作效率不高,教职工党员没有把立德树人作为自己根本使命,学生党员缺乏奉献精神和服务意识,在集体活动中不能很好地发挥模范带头作用等;着力解决有的党员精神不振的问题,主要是工作消极懈怠,不直面问题、不负责任、不敢担当,执行力不强,庸懒散浮拖、得过且过,缺乏锐意创新的勇气、敢为人先的锐气、蓬勃向上的朝气等;着力解决有的党员道德行为不端的问题,主要是违反社会公德、职业道德、家庭美德,学术行为不端、搞权钱交易、权学交易、钱学交易,不注意个人品德,贪图享受、奢侈浪费等。要坚持边学边改、即知即改,持续深入地纠正"四风",抓好不严不实突出问题整改,推动党的作风不断好转。

4.做到"五个坚持"。开展"两学一做"学习教育,要坚持正面教育为主,用科学理论武装头脑;坚持学用结合,知行合一;坚持问题导向,注重实效;坚持领导带头,以上率下;坚持从实际出发,分类指导。各基层党委(党总支)要采取有效组织方式,以党支部为基本单位,以"三会一课"等党的组织生活为基本形式,以落实党员教育管理制度为基本依托,切实把开展学习教育与推动学校中心工作结合起来,与本单位(部门)实际情况结合起来,发挥党支部自我净化、自我提高的主动性,完善基层党组织整体功能,防止大而化之,力戒形式主义。要将学习教育中形成的好的做法以制度形式巩固下来,不断完善党内经常性教育机制。

## 二、学习教育内容

1.学党章党规。着眼明确基本标准、树立行为规范,逐条逐句通读熟读党章,全面理解党的纲领,牢记入党誓词,牢记党的宗旨,牢记党员义务和权利,引导党员尊崇党章、遵守党章、维护党章,坚定理想信念,对党绝对忠诚。认真学习《中国共产党廉洁自律准则》《中国共产党纪律处分条例》等党内法规,学习党的历史,学习革命先辈和先进典型,从周永康、薄熙来、徐才厚、郭伯雄、令计划等违纪违法案件中汲取教训,肃清恶劣影响,发挥正面典型的激励作用和反面典型的警示作用,引导党员牢记党规党纪,牢记党的优良传统和作风,树立崇高道德追求,养成纪律自觉,守住为人、做事的基准和底线。校、院两级党组织还要把毛泽东同志《党委会的工作方法》纳入学习教育内容。

2.学系列讲话。着眼加强理论武装、统一思想行动,认真学习习近平总书记关于改革发展稳定、内政外交国防、治党治国治军的重要思想,认真学习以习近平同志为核心的党中央治国理政新理念新思想新战略,结合高等教育实际,深入学习习近平总书记关于教育工作的重要论述,引导党员深入领会系列重要讲话的丰富内涵和核心要义,深入领会贯穿其中的马克思主义立场观点方法。学习习近平总书记系列重要讲话要同学习马克思列宁主义、毛泽东思想、邓小平理论、"三个代表"重要思想、科学发展观结合起来,深刻理解党的科学理论既一脉相承又与时俱进的内在联系,坚定中国特色社会主义道路自信、理论自信、制度自信。要区别党员领导干部、教职工党员和学生党员,分类确定学习的重点内容。

3.做合格党员。着眼党和国家事业的新发展对党员的新要求,坚持以知促行,做讲政治、有信念,讲规矩、有纪律,讲道德、有品行,讲奉献、有作为的合格党员。引导党员强化政治意识,保持政治本色,把理想信念时时处处体现为行动的力量;引导党员主动自觉地向党中央看齐,向党的理论和路线方针政策看齐,坚决维护党中央权威,维护党的领导核心,在思想上政治上行动上同以习近平同志为核心的党中央保持高度一致,做政治上的明白人;践行党的宗旨,牢记共产党员永远是劳动人民的普通一员,密切联系群众,全心全意为人民服务。全校党员干部师生要不断增强政治意识、大局意识、核心意识、看齐意识,紧紧围绕实现学校"两个百年"的战略目标和推动学校改革发展稳定各项任务的落实,立足岗位、奋发有为、敢于担当、勇于奉献。校级党员领导班子成员要信念坚定、为民服务、勤政务实、敢于担当、清正廉洁,按照社会主义政治家和教育家要求,切实担负起管党治党责任,着眼大局、立足长远、谋事创业,做政治上的明白人发展上的带头人;学校中层党员领导干部要对党忠诚、个人干净、敢于担当,做讲政治、懂业务、善管理、作风正的好干部;教职工党员要自觉爱党护党为党,敬业修德,奉献社会,带头践行社会主义核心价值观,踊跃投身教育教学和管理服务创新实践,不断提高业务能力和服务质量,党员干部立足本职强化服务,教师党员争做教书育人模范,坚定不移地落实立德树人根本任务,成为学生健康成长的指导者和引路人;离退休教职工党员要始终保持共产党员的情怀,坚定共产党人的信仰信念,始终保持对党忠诚的政治品格,积极展示阳光心态,体验美好生活,为党增光添彩;学生党员要坚定理想信念,练就过硬本领,勇于创新创造,矢志艰苦奋斗,锤炼高尚品格,争做"勤学、修德、明辨、笃实"的青年表率。

## 三、主要措施

1.围绕专题学习讨论。坚持个人自学与集中学习相结合,明确自学要求,引导党员搞好自学。按照"三会一课"制度,党小组要定期组织党员集中学习;不设党小组的,以党支部为单位集中学习。各党支部从今年4月份开始,每两个月召开一次全体党员会议,每次围绕一个专题组织讨论。第一专题主要以学习党章,坚定理想信念,对党绝对忠诚为主题;第二专题结合纪念建党95周年暨福建省第一个党支部成立90周年的内容,主要以学习党的历史,学习革命先辈和先进典型,弘扬厦门大学"四种精神",加强新时期学校党的建设和思想政治工作为主题;第三专题主要以学习习近平总书记系列讲话,加强理论武装,统一思想行动为主题;第四专题主要以学习《中国共产党廉洁自律准则》《中国共产党纪律处分条例》等党内法规,从周永康、薄熙来、徐才厚、郭伯雄、令计划等违纪违法案件中汲取教训,牢记党纪党规,养成纪律自觉,守住为人、做事的基准和底线为主题。各党支部至年底前要组织完成不少于4次的学习讨论,每名党员至少要做1次专题发言,并结合发言专题撰写一篇1000字左右的心得体会。

学习讨论要紧密结合学校和本单位的工作实际,结合凝心聚力、攻坚克难、加快发展的现实要求,联系个人思想工作生活实际,看自己在新任务新考验面前,能否坚守共产党人信仰信念宗旨,能否正确处理公与私、义与利、个人与组织、个人与群众的关系,能否努力追求高尚道德、带头践行社会主义核心价值观、保持积极健康生活方式,能否自觉做到党规党纪面前知敬畏守规矩,能否保持良好精神状态、积极为党的事业担当作为。通过学习讨论,真正提高认识,找到差距,明确努力方向。

2.创新方式讲党课。讲党课一般在党支部范围内进行。各党支部要结合上述四次专题学习讨论,对党课内容、时间和方式等作出安排。党员校领导、各基层党委(党总支)书记要在所属党支部讲党课,同时还要深入基层一线党支部讲党课。各基层党委(党总支)要发挥学校学科资源优势,组织邀请党史党建专家学者、理论报告员、党课教师、先进模范到党支部讲党课,并鼓励其他党员干部、党支部书记、辅导员、普通党员联系实际讲党课。要充分利用厦门大学革命史展馆、校史展览馆等革命传统资源,开展党史党情现场教学,引导全校党员干部师生在继承发扬优良传统中增强党的意识。要注重运用身边事例、现身说法,强化互动交流、答疑释惑,增强党课的吸引力和感染力。"七一"前后,各党支部要结合开展建党95周年暨福建省第一个党组织中共厦大支部成立90周年纪念活动,集中安排一次专题党课。

3.召开党支部专题组织生活会。年底前,党支部召开专题组织生活会。支部班子及其成员对照职能职责,进行党性分析,查摆在思想、组织、作风、纪律等方面存在的问题。要面向党员和群众广泛征求意见,严肃认真开展批评和自我批评,针对突出问题和薄弱环节提出整改措施。组织全体党员对支部班子的工作、作风等进行评议。党小组可参照党支部要求,召开专题组织生活会。

4.开展民主评议党员。以党支部为单位召开全体党员会议,组织党员开展民主评议。对照党员标准,按照个人自评、党员互评、民主测评、组织评定的程序,对党员进行评议。党员人数较多的党支部,个人自评和党员互评可分党小组进行。结合民主评议,支部班子成员要与每名党员谈心谈话。党支部综合民主评议情况和党员日常表现,确定评议等次,对优秀党员予以表扬;对有不合格表现的党员,按照党章和党内有关规定,区别不同情况,稳妥慎重给予组织处置。

5.立足岗位做贡献。针对不同群体党员实际情况,提出党员发挥作用的具体要求,教育引导党员在任何岗位、任何地方、任何时候、任何情况下都铭记党员身份,积极为党工作、履职尽责。全校党员干部师生要增强党的意识，自觉爱党护党为党，敬业修德，奉献社会。教学科研岗位，重点要求教师党员要自觉践行“有理想信念、有道德情操、有扎实知识、有仁爱之心”好老师标准，着力围绕提高人才培养质量和提升科学研究水平，坚守学术道德与科研诚信，确保课堂、讲坛风清气正，认真履行好教书育人职责。管理服务岗位，重点要求党员坚持工作重心下移，深入实际、深入师生，落实党员示范岗、亮明身份制度和直接联系服务群众制度，开展帮扶生活困难群众、帮扶生活困难党员、帮扶薄弱基层党组织为主要内容的“三帮扶”活动，窗口单位要实行制度上墙、微笑服务、挂牌服务，切实履行好管理育人、服务育人职责。离退休教职工党员要充分发挥自身独特优势，弘扬中华传统美德，传递向上向善的精神力量，为学校的改革发展增添正能量，做出力所能及的贡献。学生党员要重点围绕学生学习和生活的实际，确定若干个组织建设示范点、党员示范岗、责任区等，开展“带党徽亮身份”、“有困难找党员”、“一帮一”促学风等活动，通过主题教育、社会实践、志愿服务等活动载体，强化党员意识、责任意识、成才意识。

6.各级党员领导干部做表率。要坚持以上率下，一把手为班子成员做表率，党员领导干部为普通党员作表率。党员领导干部要在“两学一做”中走在前面、深学一层，带头创新讲党课，严格执行双重组织生活制度，以普通党员身份参加所在支部的组织生活，与党员一起学习讨论、一起查找解决问题，一起接受教育、一起参加党员民主评议。校、院两级党组织要召开党委会，专题学习党章党规和习近平总书记系列重要讲话，并以中心组等形式组织集中研讨，深化学习效果。本年度民主生活会要以“两学一做”为主题，领导班子和领导干部把自己摆进去，查找存在的问题。

## 四、组织领导

“两学一做”学习教育在校党委领导下进行，结合上级党组织的要求，对学校的学习教育做出部署安排。党委组织部牵头组织协调，并会同学校办公室、纪委、党委宣传部、学生工作部、离退休工作部、党委党校等相关部门组成学校“两学一做”学习教育协调小组，协调小组下设办公室并设立综合组、督导组、宣传组、教育组四个工作组，协调推进学习教育的开展。

1.突出责任落实。组织开展好“两学一做”学习教育是各级党组织的重要职责。校党委要把学习教育作为学校党的建设的重要任务，纳入基层党组织书记抓党建工作责任制考评的首要内容，层层示范带动，层层传导压力，强化责任落实。要及时配齐配强基层党委(党总支)书记，切实加强组织领导，保障工作力量，强化督查指导。各基层党委(党总支)要根据校党委总体安排部署，结合所在单位实际制订具体方案，推动落实。要对所辖党支部进行全覆盖、全过程指导，帮助党支部制订学习教育方案，派人参加党支部各项活动。要针对不同类型党员的实际情况和学习要求，提供适合的学习材料和时间、场所、经费等必要保障。各党支部作为学习教育的基本单位，要严格落实学习教育各项要求，结合本支部实际，按要求拟订学习教育方案，并及时报送所在党委(党总支)。要紧紧围绕强化政治、服务两个功能，严格党内政治生活，坚持落实好“三会一课”制度，并依托党支部工作“立项活动”等平台，充分发挥党支部的战斗堡垒作用和党员的先锋模范作用。各级党组织书记要承担本单位(部门)学习教育的主体责任，发挥好关键作用，坚持以上率下，既要带头参加教育、接受教育，又要投入足够的时间和精力，从严从实抓好学习教育。

2.强化组织保障。各级党组织要以开展“两学一做”学习教育为契机，推动解决基层党建工作的重点难点问题，进一步严密党的组织体系，严肃党的组织生活，严格党员教育管理，严明党建工作责任。各基层党委(党总支)要加大整顿软弱涣散基层党组织工作力度，配强教师党支部书记，健全工作制度，确保学习教育有人抓、有人管。把全面从严治党要求落实到每个支部、每名党员，使党的组织生活和党员教育管理真正严起来、实起来，解决少数基层党委(党总支)和党支部组织生活不严肃、不认真、不经常的问题。要做好党员信息登记，认真开展党员组织关系集中排查，摸清“口袋”党员、长期与党组织失去联系党员情况，理顺党员组织关系，努力使每名党员都纳入党组织有效管理，参加学习教育。校、院两级党组织要对各基层党组织书记、党务秘书、支部委员等党务骨干进行培训，帮助他们掌握工作方法，明确工作要求。

3.加强分类指导。各基层党委(党总支)要结合所在单位特点，对学习教育的重点内容、组织方式等做出具体布置。要坚持区分党员身份类别,在遵循统一要求基础上,针对本单位党员领导干部、教职工党员、学生党员的不同情况做出安排,把学习教育的任务具体化、精准化、差异化。加强分类指导,还要注意给基层党组织留出空间和余地,使其在学习教育中有更多自主权,有足够灵活性,提升学习教育的实际效果。对于毕业生流动党员、离退休教职工党员及年老体弱党员,要根据其工作、生活、居住、身体等情况,采取切合实际的方式方法开展学习教育。

4.做好督查指导。学校督导组要采取巡回检查、专项调研、参加学习讨论、随机抽查等方式对各基层党委(党总支)、党支部的学习教育开展日常督促检查和指导,传达学校有关精神和工作要求,及时了解掌握所联系单位(部门)学习教育进展情况,督促其结合实际扎实开展学习教育,确保实际效果。要注意发现和推荐先进典型,及时总结推广基层创造的新鲜经验,及时发现和纠正苗头性倾向性问题。督查指导还要注意方式方法,既要督促依靠基本制度抓好学习教育,又要注意发挥基层党组织的主动性创造性,鼓励其结合实际采取管用有效办法,不搞"一刀切"。各基层党委(党总支)也可根据工作需要设立督导组,加强对本单位学习教育工作的督查指导。

5.加强宣传引导。各基层党委(党总支)要抓好"两学一做"学习教育的宣传工作,针对党员多样化学习需求,充分利用校报校刊、校园网、电台、电视台开设专栏、专版,充分利用校园网站、微信微博、易班和远程教育平台等,开发制作形象直观、丰富多样的学习资源,及时推送学习内容,引导党员利用网络平台开展自主学习、互动交流,推进工作创新,扩大学习教育覆盖面。要注重运用各类媒体,及时宣传推广"两学一做"学习教育的做法和成效,加强舆论引导,营造良好氛围。要注重典型带动,以纪念建党95周年暨福建省第一个党组织中共厦大支部成立90周年为契机,做好今年全国、省市以及学校优秀共产党员、优秀党务工作者、先进基层党组织推荐评选表彰工作,选树、宣传一批叫得响、立得住、师生群众公认的优秀共产党员,进一步激发和坚定各级党组织、广大党员爱党忧党护党兴党的热情和信心。

**附件:厦门大学开展"两学一做"学习教育工作安排**

(附件略——编者)

——本文摘录自《关于印发〈厦门大学关于在全校党员中开展"学党章党规、学系列讲话,做合格党员"学习教育实施方案〉的通知》,厦大委综〔2016〕15号,档号2016-XZ09-19

# 中共厦门大学委员会关于加强新形势下统一战线工作的实施意见

（2016 年 11 月 21 日）

高校统一战线工作是党的统一战线工作的重要组成部分，在党的统一战线工作全局中，具有非常重要的地位和作用。加强高校统战工作，对于巩固党的阶级基础和执政基础、协调推进“四个全面”战略布局、发展壮大爱国统一战线、推动高等教育改革发展，具有十分重要的意义。

我校党外知识分子人数多、层次高、联系广、影响大，是学校教学科研、管理服务队伍的重要组成部分，是促进学校改革、发展和稳定的重要力量。为认真贯彻落实《中国共产党统一战线工作条例（试行）》、《福建省贯彻〈中国共产党统一战线工作条例（试行）〉的实施细则》和《中共中央统战部、中共教育部党组关于加强新形势下高校统一战线工作的意见》，结合我校实际，现就加强我校统一战线工作提出如下实施意见。

## 一、总体要求

1.指导思想。在中国共产党领导下，以马克思列宁主义、毛泽东思想、邓小平理论、“三个代表”重要思想、科学发展观为指导，深入学习贯彻习近平总书记系列重要讲话精神，全面落实党的统一战线工作和高等教育工作方针政策，强化学校党外人士思想政治引导，加强党外代表人士队伍建设，充分发挥党外知识分子作用，创新思路，完善机制，改进方法，配强力量，为加快建设世界一流大学，为建设机制活、产业优、百姓富、生态美的新福建，为实现“两个一百年”奋斗目标、实现中华民族伟大复兴的中国梦凝聚人心、汇聚力量。

2.工作范围和对象。工作范围主要是学校党外知识分子，包括民主党派成员、无党派人士、出国和归国留学人员、少数民族师生、有宗教信仰的师生员工、在我校工作和学习的港澳同胞、台湾同胞及其在学校的亲属和华侨、归侨及侨眷等。重点对象是我校担任各级人大代表和政协委员的党外人士、高层次人才中的党外人士、担任中层以上领导职务的党外人士，民主党派组织负责人，以及其他有成就、有影响的党外人士。

## 二、我校统战工作的主要任务

1.进一步加强党外知识分子思想政治工作。开展多种形式的理论学习、实践锻炼、社会服务，帮助和引导我校党外知识分子自觉地接受中国共产党的领导，培育和践行社会主义核心价值观，树立国家至上、民族至上、人民至上理念，不断增强中国特色社会主义道路自信、理论自信、制度自信、文化自信。坚持政治上充分信任、思想上主动引导、工作上创造条件、生活上关心照顾，及时了解和反映学校党外知识分子思想动态和意见建议，支持他们积极发挥自身优势，勇于担当、敢于创新，服务社会、报效人民。坚持使党外知识分子成为社会主义核心价值观的自觉践行者，成为“有理想信念、有道德情操、有扎实学识、有仁爱之心”的“四有”好老师，做学生“锤炼品格、学习知识、创新思维、奉献祖国”的引路人。坚持凝聚共识和求同存异相结合，坚持引导教育和自我教育相结合，坚持解决思想问题和解决实际问题相结合，积极搭建线上线下互动交流平台和载体,运用沟通、协商、谈心等方式,加强同党外知识分子的思想交流,做好引导工作,促进他们对党的理论和路线方针政策的内心认同。

2.进一步加强民主党派和无党派人士工作。

(1)支持民主党派和无党派人士加强自身建设。支持民主党派加强思想建设,巩固共同思想政治基础;支持民主党派加强组织建设,做好基层组织负责人的物色、培养、举荐、考核等工作,进一步规范组织发展程序;支持民主党派加强制度建设,完善内部管理和监督制度,健全各项工作机制;完善联系无党派人士的机制,为无党派人士履行职能、发挥作用提供必要的支持和保障;做好组织发展和成员教育管理工作。

(2)学校各级党组织要着眼执政党建设和参政党建设互相促进,把协助民主党派加强自身建设作为一项重要的政治责任,支持民主党派加强思想、组织、制度特别是领导班子建设,提高他们的政治把握能力、参政议政能力、组织领导能力、合作共事能力、解决自身问题能力。

3.进一步加强党外代表人士队伍建设。

(1)重视发挥学校培养和选拔党外代表人士的重要基地作用,将党外代表人士队伍建设纳入学校干部队伍建设和人才工作总体规划,拓宽视野,关口前移,注重物色适合在党外发挥作用的年轻优秀人才,及早发现和培养。

(2)针对党外人士不同特点分类培养,对专业人才、参政议政人才、民主党派党务人才,采取各具特色的培养方式,帮助他们提高能力素质。

(3)切实加大安排使用力度,学校领导班子中一般应配备党外干部。学校中层领导班子构成中,党外干部要占一定比例,符合条件的党外干部可以担任行政正职。

(4)积极举荐我校优秀党外代表人士担任各级人大代表、政协委员、政府参事、特约人员,在各级人大、政协及有关人民团体中担任领导职务。加强对我校党外代表人士的日常管理,促进党外代表人士健康成长。

4.进一步加强统一战线团体工作。

(1)坚持"广泛团结、热情服务、积极引导、发挥作用"的方针,做好统一战线团体工作。侨联、台联、台属联、留学生同学会等统战团体是党委联系广大台侨胞、出国和归国留学人员以及党外知识分子的桥梁纽带。充分认识统一战线团体在学校统一战线工作中的重要性。加强政治领导和思想引领,支持他们发挥各自优势、体现群众特点,在组织动员、教育引导、联系服务、维护合法权益等方面,依照各自章程创造性开展工作。

(2)留学人员是人才队伍的重要组成部分,也是统一战线工作新的着力点。要坚持"支持留学、鼓励回国、来去自由、发挥作用"的方针,做好学校留学人员团结引导工作,鼓励留学人员回国、回校工作或以多种形式为国、为校服务。加强对留学人员的国情教育和形势政策教育,增进他们对中国特色社会主义的认同。积极为留学人员发挥作用创造条件,引导支持他们发扬留学报国传统,找准专业优势和经济社会发展的结合点,积极投身中国特色社会主义建设伟大事业。注重做好对留学归国青年教师的关心、帮助和引导工作。

5.进一步加强民族和宗教工作。

(1)坚定不移走中国特色解决民族问题的正确道路,全面正确贯彻党的民族政策,加强马克思主义民族观、党的民族政策以及有关法律法规宣传教育,建立民族团结教育常态化机制,引导各族师生不断强化"五个认同"和"三个离不开"思想,尊重少数民族风俗习惯,促进各民族交往交流交融。加强我校新疆、西藏少数民族学生教育管理服务,要明确专人专岗,健全工作,畅通沟通渠道。

(2)坚持党的宗教工作基本方针,对学校师生进行中国特色社会主义宗教理论、党的宗教政策和国家相关法律法规宣传教育,加强马克思主义无神论教育,对学生开展宗教常识教育,引导学生树立科学的宗教观,正确认识和对待宗教问题。

坚持教育与宗教相分离的原则,教育引导师生自觉遵守法律法规和校纪校规,严禁在校园传播宗教、发展信徒、设立宗教活动场所、举行宗教活动、建立宗教组织。积极配合有关部门依法取缔校园及其周边非法宗教活动场所和聚会点，坚决阻断利用宗教对学校渗透和校园传教的渠道。防范和抵制各种邪教，重视发挥党外知识分子在提倡科学、反对邪教中的作用。

6.进一步加强港澳台海外统一战线工作。做好在我校工作学习的港澳台侨教师和学生工作，有针对性地加强中华文化、中国国情等教育，引导他们树立正确的历史观、民族观和国家观，增进国家认同和中华民族意识。注重务实发现优秀骨干人才，加强重点培养，帮助他们更好地成长成才。

积极开展同港澳台地区学界的交往交流，加强与港澳台地区专业界人士和青少年群体的联系。加强对赴港澳台地区和海外的交换生、访问学者的思想教育和管理服务，支持他们发挥积极作用，防范和抵御境外敌对势力的拉拢渗透。

## 三、健全和落实统战工作机制

1.健全和落实同党外人士联谊交友机制。各级党政领导班子要强化联谊交友意识，发挥示范带头作用，把联谊交友列入重要议事日程，定期研究重要问题，部署相关工作。要根据分工、业务领域和工作实际，区分层次，分工协作，有计划、有重点地开展联谊交友工作。校级党员领导干部联系 2～4 名党外代表人士，并联系一个民主党派基层组织，每学期至少参加一次所联系民主党派活动。学院、研究院党员领导干部也应根据本单位实际联系 1～2 名党外代表人士，定期组织党外人士开展联谊活动。党委统战部门要做好联谊交友的组织、协调、服务工作，结合学校实际，制订切实可行的工作方案，明确具体责任，切实抓好基层党政班子联谊交友的督促检查工作。建立健全统战干部联谊交友制度，将联谊交友与业务联谊衔接起来，加强日常联络，经常谈心交心。坚持在重大节日走访和看望党外代表人士。

2.健全和落实征求党外代表人士意见机制。学校党委每学期定期举行座谈会，由党政主要负责人负责召集主持，邀请学校各级人大代表和政协委员、民主党派组织负责人、无党派代表人士参加，通报学校的教学、科研、管理、党风廉政建设等重大事项，听取意见建议。涉及学校发展的重大决策、涉及教职工切身利益的重要举措出台和调整前，应征求党外代表人士的意见建议。基层党委每学期至少召开一次座谈会，听取党外代表人士对本单位及学校工作的意见建议。坚持和完善党委领导班子年度考核听取党外代表人士意见机制。进一步完善对党外代表人士意见建议的处理反馈机制。

3.健全和落实传达重要文件和邀请参加重要会议机制。按照中共中央和上级党委的有关规定，及时向民主党派组织负责人、无党派代表人士和党外干部传达中共中央和上级党委重要文件及会议精神，通报党和国家大政方针和重大事项。学校召开的党代会、教代会、工代会、工作研讨会、中层干部会或其他重要会议和活动，应视情况邀请本校省级以上人大代表、政协委员，民主党派组织负责人，无党派代表人士等参加。

4.健全和落实支持党外人士发挥作用机制。支持和引导党外人士立足本职岗位做好教学科研和管理工作，为实施科教兴国战略、人才强国战略、创新驱动发展战略做出积极贡献。支持和引导党外人士积极开展国情、省情考察、专题调研、社会服务，围绕党和国家工作大局积极建言献策。支持党外代表人士参加多党合作、政治协商、民主监督方面的重要会议和活动，参加统战系统的重要会议、活动和学习培训。学校中的各级人大代表和政协委员、民主党派组织负责人、党外代表人士参加必要的社会工作和社会活动，应给予时间保障和必要支持，并作为业绩考评、职务评聘的重要参考。把党外代表人士参政议政、建言献策的突出成果纳入工作业绩评价体系，并以适当方式给予表彰奖励。

## 四、切实加强党对高校统战工作的领导

1.学校成立统一战线工作领导小组。学校统一战线工作领导小组由学校党委统一领导，统战部门牵头，组织、宣传、学生工作、人事等有关部门和部分学院党组织参加，主要职责是贯彻落实中央统一战线工

作各项决策部署,统筹协调全校统一战线工作,研究部署统一战线工作重大事项,督促检查各项任务落实。

2.学校党委在统一战线工作中的主要职责。

(1)把统一战线工作摆在重要位置,纳入重要议事日程,定期召开专题会议听取学校统战部门工作汇报,研究部署全校统战工作。

(2)宣传和贯彻统一战线方针政策,推动与统一战线相关制度的制定,督促检查统一战线方针政策和相关法律法规的落实情况,把统一战线工作作为对党委领导班子和领导干部考核的内容,把开展统一战线工作成效纳入党的建设工作考评和绩效考评内容。

(3)组织开展统一战线理论、政策的研究、宣传和教育,把统一战线工作纳入宣传工作计划,把统一战线理论、政策纳入学校党委党校、社会主义学院教学内容,充分发挥学校社会主义学院作为统一战线人才教育培养的主阵地作用。

(4)学校、基层两级党组织主要负责人是统一战线工作第一责任人。学校、基层两级党组织领导班子成员应带头学习宣传和贯彻落实统一战线理论、方针、政策和法律法规,带头参加统一战线重要活动,带头广交深交党外朋友。加强对校、院两级党政领导班子的统战工作专题培训。加强基层党委(党总支)统战工作责任和考核,充分发挥基层党委(党总支)在学校统战工作中的基础性作用。

(5)按照"政治坚定、业务精通、作风过硬"的标准配备统一战线干部。要充分发挥我校党校、社会主义学院作用,加强校、院两级统战干部的教育和培养。

(6)为民主党派、统战团体开展工作提供办公条件和经费支出。按照有关规定,明确统战工作经费使用办法,为统战部门走访慰问党外代表人士、组织党外代表人士开展国情考察、主题实践、革命传统教育等活动,提供必要的财物支持和政策保障。

3.党委统战部的主要职责。统战部是党委主管统一战线工作的职能部门,承担了解情况、掌握政策、协调关系、安排人事、增进共识、加强团结等职责,主要是:

(1)调查研究统一战线的理论、政策和法律法规,向党委全面反映统一战线情况,提出开展统一战线工作的意见和建议,组织协调统一战线政策和法律法规的贯彻落实,检查执行情况,协调统一战线各方面关系。

(2)负责联系民主党派,牵头协调无党派人士工作,研究贯彻做好民主党派和无党派人士工作的方针政策,支持民主党派和无党派人士履行职责、发挥作用,支持、帮助民主党派和无党派人士加强自身建设。

(3)调查研究党外知识分子的情况,反映意见,协调关系,提出政策建议,联系党外知识分子代表人士。

(4)研究民族、宗教工作的理论、方针、政策和法律法规,协调开展马克思主义民族观、宗教观和相关理论、政策的宣传教育,协助做好少数民族师生工作。

(5)开展台港澳海外统一战线工作。协调做好本校台港澳地区学生教育培养工作,会同有关部门对香港、澳门地区统一战线工作方针政策和法律法规进行调查研究,做好台胞、台属有关工作。

(6)协调党外代表人士在人大、政协安排的有关工作,做好学校党外代表人士和后备干部队伍建设工作,协助民主党派做好干部管理工作,反映和解决党外代表人士工作生活中的实际困难。

(7)指导基层党委(党总支)开展统一战线工作,负责统战委员培训工作;协调学校有关部门开展统一战线工作,做好有关统一战线团体管理工作。

(8)负责开展统一战线宣传工作。

4.基层党委(党总支)的主要职责。

(1)成立统一战线工作领导小组,把统一战线工作列入年度工作计划,定期研究部署本单位统战工作。贯彻落实统一战线方针政策和相关法律法规,把统一战线工作作为党委(党总支)领导班子和行政党员领导干部考核的内容,把开展统一战线工作成效纳入基层党建工作考评和绩效考评内容。

(2)开展统一战线理论、政策的宣传和教育,把统一战线工作纳入宣传工作计划,把统一战线理论、政策纳入基层二级党校教学内容。

(3)贯彻和执行统战工作的有关制度。每年至少召开一次与民主党派代表和党外代表人士的座谈会,通报单位工作情况,听取他们的意见和建议,民主党派成员和党外人士少的单位,可采取专访或个别谈心等方式进行。采取各种方式听取统战对象对校、院改革与发展的意见和建议,接受他们对学校工作与干部的批评与监督。配合有关方面努力为统战对象办实事、创造条件,支持他们为学校工作献计献策做贡献。

(4)做好党外代表人士的发现培养工作,注意发现和向各级组织推荐政治业务素质好、有代表性的中青年党外知识分子。

(5)基层党委(党总支)应配备统战委员,并积极支持统战委员有效开展工作。

(6)为党外人士开展工作、参加社会活动提供必要的支持。

5.相关职能部门的主要职责。

(1)定期参加统一战线的相关工作会议,主动参与学校统战工作事务。

(2)协助党委统战部做好与统一战线相关的工作。

(3)贯彻落实统一战线方针政策,积极为党外人士履行职责提供支持。

——本文摘录自《关于印发〈中共厦门大学委员会关于加强新形势下统一战线工作的实施意见〉的通知》,厦大委综〔2016〕40 号,档号 2016-XZ09-22

# 中共厦门大学委员会践行监督执纪“四种形态”实施办法

(2016年12月15日)

第一条 为贯彻落实全面从严治党重大战略部署,进一步加强党的建设,深化党风廉政建设和反腐败工作,根据中共教育部党组、中央纪委驻教育部纪检组《关于高等学校践行监督执纪“四种形态”的指导意见》(教党[2016]21号)要求,结合我校实际,制定本实施办法。

第二条 监督执纪“四种形态”是指经常开展批评和自我批评、约谈函询,让“红红脸、出出汗”成为常态;党纪轻处分、组织调整成为违纪处理的大多数;党纪重处分、重大职务调整的成为少数;严重违纪涉嫌违法立案审查的成为极少数。

第三条 践行监督执纪“四种形态”要以党的十八大精神为统领,以习近平总书记系列重要讲话精神为指导,以中央纪委各项政策要求为遵循,以维护党章党规党纪、强化党内监督为重点,按照“纪在法前、纪严于法、纪法分开”的要求,坚持“实事求是、依规依纪,抓早抓小、动辄则咎,惩前毖后、治病救人”的原则,用更高的标准、更严的纪律要求约束各级党组织和党员干部,切实加强源头治理,营造良好政治生态和育人环境,厚植党执政的政治基础。

第四条 践行监督执纪“四种形态”要通过落实“两个责任”,层层传导压力,打通全面从严治党向基层延伸的“最后一公里”;通过严明纪律,把党的领导落实到学校改革发展稳定各方面,落实到办学各环节,落实到日常管理监督工作中,抓住关键少数,管住全体党员,实现惩处极少数、教育大多数的政治效果和社会效果。

第五条 深化“三转”要求,聚焦违纪问题,规范执纪审查,在认真审核违纪事实、证据的基础上,加强对党纪条规适用和“四种形态”分类处理方式的审核把关。

第六条 第一种形态的适用和处理方法。

加强日常监管,切实抓苗头、管小节、纠小错。对不涉及违纪或者违纪情节轻微的一般性问题、苗头性倾向性问题、内容不具体且不具有可查性的问题,以及不需要追究纪律责任的其他问题,应当及时教育、提醒和帮助。

(一)经常谈心谈话。学校各级党组织领导班子成员之间、班子成员和党员之间、党员和党员之间要围绕纪律、作风、思想等方面情况开展经常性的谈心谈话,坦诚相见,交流思想,交换意见,做到班子不协调必谈、年度考核较差必谈、反映问题较多必谈、接到重要信访必谈、干部遇到重大挫折必谈。学校党委书记每半年至少与班子成员进行一次谈心活动,定期与下属单位、部门主要负责人进行谈心活动,党委其他成员每年要与分管部门领导班子成员、联系单位主要负责人进行一次谈心活动。学校基层党委(党总支)书记每半年至少与班子成员进行一次谈心活动,定期与系所负责人、科研平台负责人、支部书记进行谈心活动。

(二)适时开展通报批评。对经核查确有轻微违规违纪行为的党员干部、巡视巡察中发现的违反党纪党规的问题、领导干部经济责任审计中发现的问题,要在一定范围的内部会议上点名批评,通报具体问题,并要求被批评人提出具体整改措施、整改时限。

对普通党员的轻微违规违纪行为应在支部全体党员会议上批评、通报,对科级党员干部和党支部书记的轻微违规违纪行为应在基层党委(党总支)全体党员大会或者党员代表会议上通报;对巡视巡察中发现的违反党纪党规的问题、领导干部经济责任审计中发现的问题、处级及以上党员领导干部和基层党委(党总支)委员的轻微违规违纪行为应在全校党员代表会议上通报。

(三)开好党员中层以上人员民主生活会和党支部组织生活会。学校党委、基层党委(党总支)每年要按照党章规定和上级要求至少召开一次校内党员中层以上人员民主生活会。在召开民主生活会之前要广泛听取意见、深入开展班子成员之间的谈心谈话工作,谈遵规守纪上的差距与不足,谈自身和对方存在问题的具体表现;在民主生活会上要认真查摆问题、深刻剖析根源、明确整改方向,开展批评和自我批评,把自身存在的问题讲清楚,把问题根源讲透彻;在民主生活会之后要逐一整改落实。各党支部要认真开好组织生活会,在每年年底的组织生活会上,支部全体党员要认真开展批评与自我批评。

学校党委民主生活会后15个工作日内向教育部党组报送会议情况报告和会议记录,学校基层党委(党总支)民主生活会后15个工作日内向学校党委组织部报送会议情况报告和会议记录,各党支部年底的组织生活会应在会后15个工作日内向所在党委(党总支)报送会议情况报告和会议记录。

(四)加强提醒函询。认真落实《中共厦门大学委员会关于对党员领导干部进行提醒、函询和诫勉的实施细则》,用好提醒、函询等手段,推动党员干部对自身问题的认识和自纠。

对于在信访举报、案件调查、专项检查、经济责任审计或其他途径中发现领导干部苗头性倾向性问题的,或在干部日常管理监督或者党内集中教育活动、领导班子换届、领导班子民主生活会、年度考核、巡视巡察等工作中发现领导干部苗头性倾向性问题以及其他需要引起注意的情况的,应及时对其进行谈话。谈话主要由党委、纪委、组织部、人事处、监察处根据情况单独或者联合进行。对于涉及下属单位、部门主要负责人的,由纪委建议学校党委负责人进行谈话。

针对信访举报及其他途径反映党员干部政治思想、履行职责、工作作风、道德品质、廉政勤政、组织纪律等方面问题的或者反映领导干部一般性问题、反映问题笼统、难以查证核实,需要发函向本人询问了解的,可对被反映的党员干部进行函询,让本人实事求是地说明情况。说明材料要由被函询人所在基层党委(党总支)书记签字背书。对党员干部进行函询,应由纪委、组织部、监察处按规定实施。学校党委每年要按照不低于20%的比例,对函询结果进行核实验证,并存入干部廉政档案。

第七条 第二种形态的适用和处理方法。

对于存在轻微违纪行为的党员干部,根据违纪事实、性质、情节区别不同情况,依纪给予轻处分或组织调整,把问题解决在初始阶段,防止小错酿成大错。

(一)轻处分。对于在信访举报、审计、专项检查以及日常工作中发现的指向性明确的问题和线索,各级党组织或纪检部门要按照规定程序及时进行初步核查。核查发现问题或者线索基本属实且属于轻微违纪的,要按照《中国共产党纪律处分条例》有关规定,给予党内警告或党内严重警告处分。

(二)组织调整。对信访举报较多、群众意见较大、造成不良影响、不适宜再担任现职务的干部,要及时进行组织调整。组织人事部门和纪检部门,要根据党员的违纪事实、性质和危害,依规依纪向学校党委提出停职检查、调整职务、责令辞职、降职、免职等组织调整建议。

对群众反映大并造成不良影响,或虽构成违纪但根据有关规定免予党纪处分的党员干部,要根据《中共厦门大学委员会关于对党员领导干部进行提醒、函询和诫勉的实施细则》进行诫勉谈话。

对具有一定代表性、倾向性和警示意义的问题,要以会议、文件等形式在一定范围内点名通报。

第八条 第三种形态的适用和处理方法。

聚焦违反“六大纪律”和中央八项规定精神问题,对于存在严重违纪行为的党员干部,综合考虑其情节性质、后果影响、悔错纠错等情况,依纪给予重处分或做出重大职务调整,防止严重违纪问题发展成为违法行为。

(一)重处分。对于在信访举报、审计、专项检查以及日常工作中发现党员干部存在的问题性质比较严重,而且其本人又不能向组织讲清楚问题的,各级党组织或纪检部门要及时开展执纪审查,并根据执纪审查结果,按照《中国共产党纪律处分条例》相应规定给予撤销党内职务、留党察看、开除党籍等处分。

(二)重大职务调整。对于在信访举报、审计、专项检查以及日常工作中发现党员干部存在的问题性质比较严重,而且其本人又不能向组织讲清楚问题的,在按照规定给予党纪重处分的同时可对其进行重大职务调整。对于受到党纪重处分的党员,仍在党外组织担任职务的,应建议党外组织依照规定做出相应处理。

在对存在问题性质比较严重的党员干部开展执纪审查的过程中,如果认为被调查党员干部已不适宜担任现职或者妨碍案件调查的,应按照中央纪委、中组部《关于在查处违犯党纪案件中规范和加强组织处理工作的意见》(中纪发〔2008〕19 号),先于党纪重处分对其做出重大职务调整。

第九条　第四种形态的适用和处理方法。

力度不减、节奏不变地持续保持遏制腐败的高压态势。发现严重违纪涉嫌违法犯罪行为,做好执纪审查、纪律处分和案件移送工作。

(一)在执纪审查工作中,要聚焦违纪问题,规范执纪审查工作。开展执纪审查的各级党组织、纪检部门应严格遵守执纪审查程序,对于执纪审查要做到违纪事实清晰、证据材料充分,给予党纪处分时适用党规党纪要恰当。

(二)做好纪法衔接工作。在执纪审查工作中,对于严重违纪涉嫌违法犯罪的党员,应当及时移送有关国家机关依法处理,并严格按照《中国共产党纪律处分条例》第四章给予纪律处分。对于严重违纪涉嫌违法犯罪的党员,需要给予行政处分或者其他纪律处分的,应当向有关部门提出建议。

第十条　学校各级党委(党总支)要把践行监督执纪"四种形态"作为落实全面从严治党主体责任的重要方式,作为关心爱护党员干部的重要手段。要加强领导,及时听取有关情况的汇报,旗帜鲜明支持纪委开展工作,把践行监督执纪"四种形态"的情况纳入落实主体责任年度工作报告。要层层传导压力,督促指导各级党组织、各职能部门以及各级领导干部按照分工履行好各自责任,形成统筹推进、齐抓共管、层层落实的良好局面。

第十一条　学校各级党委(党总支)要建立健全长效机制,综合运用好监督执纪"四种形态"。要经常了解并动态分析党风廉政建设工作情况和党员队伍实际状况,以纪律规矩为准绳,及时发现并纠正苗头性倾向性问题,把即将或刚刚踩到纪律底线的党员及时拉回正轨。要积极探索纪律教育经常化、制度化的途径,健全谈心、谈话、函询、民主生活会等相关制度。

第十二条　学校各级领导班子成员要把践行监督执纪"四种形态"作为落实"一岗双责"的重要内容,对管辖范围内的政治生态和干部健康成长负责,把践行监督执纪"四种形态"情况纳入年度述职述廉述责内容。

第十三条　学校纪委要把践行监督执纪"四种形态"作为检验工作的标准,切实履行监督责任,聚焦"六大纪律",严肃监督执纪问责,把践行监督执纪"四种形态"情况纳入落实监督责任年度工作报告。要强化党内监督,指导、督促各级党组织规范党内政治生活。要完善信访举报受理、问题线索管理、执纪审查和案件审理制度,明确执纪重点、规范执纪流程、转变执纪方式、提升执纪效果。纪检干部要敢于担当,增强履职能力,在大是大非和原则性问题面前保持定力、旗帜鲜明,做到忠诚、干净、担当。

第十四条　学校各级党委(党总支)、学校纪委要把追责问责作为全面从严治党的重要抓手,对执行党的路线方针政策不力、严重违反政治纪律和政治规矩,职责范围内发生区域性、系统性严重违纪违法案件的,管党治党主体责任缺失、监督责任缺位的,要严肃追责问责;对组织涣散、纪律松弛、"四风"问题突出的,对苗头性倾向性问题失察失管的,也要进行责任追究。追责问责要综合运用批评教育、诫勉谈话、组织调整、纪律处分等措施。

第十五条　本实施办法由中共厦门大学纪律检查委员会负责解释。

第十六条　本实施办法自印发之日起施行。

——本文摘录自《关于印发〈中共厦门大学委员会践行监督执纪"四种形态"实施办法〉的通知》,厦大委综〔2016〕43 号,档号 2016-XZ09-22

# ·教学与科研工作·

## 厦门大学2016年国际学生(本科)招生简章

(2015 年 11 月)

厦门大学由著名爱国华侨领袖陈嘉庚先生于 1921 年创建，是中国近代教育史上第一所华侨创办的大学，也是我国唯一地处经济特区、教育部直属的国家“211 工程”、“985 工程”重点建设的高水平大学。厦门大学在中国 2000 多所高校中综合排名位居前 20 名之列，是一所学科门类齐全、师资力量雄厚、国内一流、国际上有广泛影响的综合性大学。校园依山傍海，风景秀丽，已成为公认的环境最优美的中国大学校园之一。

一、申请条件

1.年龄在 18～30 周岁，身体健康，持外国有效普通护照的非中国籍公民；

注：中国大陆、香港地区、澳门地区和台湾地区居民在移民外国后作为外国留学生来华学习必须持有效外国护照 4 年(含)以上，且最近 4 年(截至 2016 年 4 月 30 日前)之内有在国外实际居住 2 年以上的记录(一年中实际在国外住满 9 个月可按一年计算，以入境和出境签章为准)。

注：中国公民定居外国并加入外国国籍，通过出入境管理机构国籍认定为外国国籍的方可办理外国人居留许可并按外国留学生身份进行学籍注册，具体有关国籍确认请详见《国籍确认须知》。

2.具备高中毕业文凭，中学成绩良好。

二、申请时间：2016 年 2 月 1 日—6 月 1 日

三、申请程序

1.网上报名：登录厦门大学国际学生网上报名系统报名

报名网址：http://admissions.xmu.edu.cn/application

注：①网上报名为申请的必要程序。若无网上报名，我校不受理纸质申请材料。

②若申请我校的汉语言本科专业，请登录海外教育学院网站报名(http://oec.xmu.edu.cn)(联系方式：Email：oec@xmu.edu.cn；Tel：+86-(0)592-2186211)

2.纸质材料提交：

请务必在 6 月 1 日前将网上报名成功后自动生成的《厦门大学国际学生入学申请表》连同其他申请材料寄(送)达中国福建省厦门大学招生办公室(邮编：361005，联系电话：+86-(0)592-2184792)。

★我校逾期不再受理申请。申请者应保持电话或手机畅通，定期查看邮件和网上报名系统账户，我办将根据实际情况与申请者保持联系。

★申请流程图：

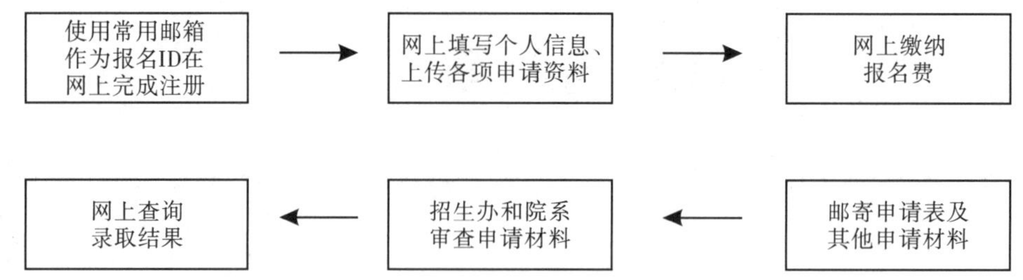


四、申请材料

申请人必须如实填写和提交以下申请材料：

1.《厦门大学国际学生入学申请表》(网上报名自动生成)，用中文或英文填写。

2.高中毕业证书(中文或英文公证件)。如申请人为在校学生，需提交本人就读学校出具的预毕业证明(中文或英文)。

注：凭预毕业证明申请入学者，须在我校报到注册日(2016年9月中旬)前向我校招生办补交高中毕业证书，否则将被取消入学资格。

3.高中阶段全部学习成绩单(中文或英文公证件)。

4.汉语水平考试(HSK)证书或英语水平证书复印件或中学阶段授课语言证明原件。

5.①时长5～10分钟，图像声音清晰，内容为用中文介绍个人基本信息、兴趣爱好、参与的课外活动、对中国及厦门大学的印象、来华学习计划等。(申请MBBS英文授课专业用英语表达)

②提交方式：A.请将视频压缩保存rar.文件后通过报名系统上传；B.请将视频保存在光盘中(或U盘)，与其他纸质版申请材料寄送达厦门大学招生办公室。请用记号笔在光盘上注明申请者姓名和国籍。

6.一封中学推荐信原件。

7.个人陈述(不少于800字)，用中文书写(申请MBBS英文授课专业用英语书写)。主要内容为自我介绍、学习经历、来华学习目的和计划。

8.护照复印件(有效期内的普通护照)。

注：属于“申请条件”第一款中特别注明的申请者需同时提交4年(含)以上的有效护照复印件或入外国籍证明、最近4年之内在国外实际居住2年以上的出入境签章复印件；入外国籍个人陈述、提供户口注销证明及原有中国护照复印件。

9.《外国人体格检查记录》复印件(原件请自行保留)，须用中文或英文填写。

10.《国际学生经济担保书》：提供足以支付在中国留学的学、宿、生活费的担保证明。同时提交经费担保人的工作或收入证明及护照复印件。

11.如有可以证明自己综合能力的文件，如获奖证书、参加社会实践活动的证明等，可在寄送纸质申请材料时一并提交，我校在录取时将优先考虑。

★请申请者将上述所有申请材料按以上顺序整理后一并寄来。申请材料不完整者，我校不予受理。不论录取与否，以上材料一律不予退还。

五、招生专业

我校实行“宽口径、厚基础、多样化”的人才培养模式。录取的学生按大类进行培养。即一、二年级学生按照大类学习通修课程，二、三年级通过选修专业或方向性课程进行专业分流，确定专业或方向。申请者可在申请表上填报3个专业志愿并服从专业调剂。

我校2016年计划招收国际本科学生210人(含海外教育学院自费汉语言本科生约70人)，具体招生专业和相应计划请查看我校国际学生招生网的“本科专业课程”。

1.中文授课本科专业：

我校大部分本科招生专业采用中文授课。详细专业信息，请查看国际学生招生网的“本科专业课程”。

汉语水平要求：人文社科类（含经管法类与中医学）专业需达到汉语水平考试新 HSK5 级 210 分或以上；理工医类专业需达到汉语水平考试新 HSK4 级 210 分或以上。高中阶段以汉语为教学语言的，可以免交 HSK 证书，但须提交中文为教学语言的证明。

2.英文授课本科专业：医学院临床医学（MBBS）医学

我校是中国教育部承认的具备招收本科临床医学专业（英语授课）来华留学生资格的高校之一。该专业以培养职业素质良好的医学专业人才为主要目标，面向海外招生，学制六年，实行全英文授课。

英语水平要求：申请者的英语水平要求为新托福 80 分或以上，雅思 6.0 分或以上，或提供达到相当英语水平的证书。来自英语国家或以英语为官方语言的申请者免英语水平证书；高中阶段授课语言为英语的申请者可免英语水平证书，但须提交英文为教学语言的证明。

六、录取

我校国际学生录取实行与国际接轨的"申请审核制"。我校将根据申请者的学业成绩、语言水平、个人风采视频展现、综合素质、中学推荐意见和专业志愿等择优选拔录取。根据院系和专业要求，需要面试的将提前通知申请者。

我校将在 6 月中旬通过国际学生网上报名系统公布录取结果。录取通知书和外国留学人员来华签证申请表将于 6 月下旬陆续成批寄出。请申请者届时及时登录网上报名系统（http://admissions.xmu.edu.cn/application）查询录取结果以及录取通知书寄送详情。

七、学制、在学年限及学位授予

学制：4～5 年；在学年限：四年制学生 4～6 年、五年制学生 5～7 年。临床医学 MBBS（英文授课）专业学制 6 年。学生在规定的在学年限之内，修满教学计划规定的学分，完成毕业论文并顺利通过答辩，达到毕业要求的准予毕业，颁发本科毕业证书，符合学士学位条件的授予学士学位。

八、报名费：400 元人民币（网上报名时缴纳，报名费不予退回）

九、学费（按学年收费，以人民币收取，不含教材费）

1.中文授课专业

人文社科类：24000 元人民币/年；理工医类、经管法类、艺术类：26000 元人民币/年。

2.英文授课专业

临床医学 MBBS（英文授课）：38000 元人民币/年。

注：以上学费标准若有调整，最终以物价部门核准的收费标准为准。

十、住宿生活费

1.住宿费：

①思明校区校内住宿：校内公寓环境优美、安静宜人，提供现代化的住宿设施。思明校区的校内住宿实行申请制，具体详见《新生入学须知》。

校内留学生公寓楼联系电话：南光四、五海外学生楼（Tel：0086-592-2184905），蔡清洁楼（Tel：0086-592-2180501）

②思明校区校外住宿：自费学历生、厦门大学新生奖学金生以及福建省政府留学生奖学金生在来校报到前须自行联系好校外附近的住宿地点。校外住宿便于国际学生与厦门市民交流沟通，进一步了解中国文化与风俗，也有利于提高国际学生的汉语水平。每月花费大约 2000 元人民币就可租到一套舒适宽畅的房间，它可以为国际学生读书学习提供更安静的场所。国际学生也可以考虑与同学合租，既安全又不孤单。

③翔安校区校内住宿：生命科学学院、医学院、药学院、公共卫生学院、海洋与地球学院、环境与生态学院、能源学院和海外教育学院的国际学生住宿翔安校区。校区学生公寓设施俱全，环境优美。每间宿舍配有独立卫生间、电话、网络、空调、热水器、保险柜等。国际学生公寓双人套间住宿费 2000 元人民币/人/年。

2.生活费：每月餐费约 750 元人民币。

3.保险费：600 元人民币/年。

十一、奖学金申请

1.中国政府国别奖学金(全额奖学金)

符合中国政府国别奖学金申请条件的申请人,可向本国留学生派遣部门或中国驻所在国大使领(总领事馆)教育处提出申请。申请时间一般为每年1月—4月初,各个国家申请截止时间不同,请注意提前查询。国家留学基金委具体负责中国政府来华留学生招生和管理工作。(网址:http://www.csc.edu.cn/Laihua/scholarship.aspx 厦门大学招生代码:10384)

2.孔子学院奖学金—汉语国际教育本科(全额奖学金)

由孔子学院总部设立,旨在资助有志于从事汉语教学工作的孔子学院学员,学习专业为汉语国际教育(含汉语言本科汉语国际教育方向)。孔子学院奖学金全程学费全免,并享受生活费、住宿费、医疗费和保险费等待遇。学生联系我校海外共建孔子学院或所在国孔子学院取得推荐,并登陆国家汉办网站(http://cis.chinese.cn/)申请,填报厦门大学。申请时间:2016年试行全年招生。

3.福建省政府外国留学生奖学金(部分奖学金)

福建省政府自2012年起设立外国留学生奖学金项目。其中,高校自主招收外国留学生项目面向本科、硕士、博士生开放,奖学金包括学费、宿舍费、教材费等(奖学金资助期限1年)。学生可向我校招生办提出申请。申请时间:每年2月1日—5月20日。

4.厦门大学国际学生新生奖学金(部分奖学金)

我校每年从被录取的新生中遴选优秀的博士生、硕士生、本科生若干名,给予免学费的奖励(博士生4年,硕士生2~3年,本科生4~5年)。学生直接向我校招生办提出申请。申请时间:每年2月1日—4月30日。

注:1.关于奖学金申请的详细信息,请登录我校国际学生招生网"奖学金"栏目(点击查看)了解。

2.我校将参照中国政府奖学金评审办法对各类奖学金获得者进行年度考核,符合条件的可继续享受下一学年的奖学金,否则将取消其资格。

十二、联系方式

地址:中国福建省厦门市思明南路422号,邮编:361005

中国厦门大学招生办公室(负责国际学生招生和录取)

电话:+86 (0)592 2184792 2188375　传真:+86 (0)592 2180256

网址:http://admissions.xmu.edu.cn　E-mail:admissions@xmu.edu.cn

厦门大学海外教育学院(受理汉语言本科和进修申请)

联系电话:+86 (0)592 2186211 传真:+86 (0)592 2093346

网址:http://oec.xmu.edu.cn　E-mail:oec@xmu.edu.cn

厦门大学学生处海外学生事务科(负责国际学生入学注册和在校管理)

联系电话:+86 (0) 592 2183606 传真:+86 (0) 592 2183663

网址:http://ice.xmu.edu.cn　Email:osao@xmu.edu.cn

汉语水平考试(HSK)厦门大学考点

联系电话:+86 (0)592 2187478　传真:+86 (0)592 2093346

更多汉语水平考试信息,请见:http://www.hanban.edu.cn/tests/

★ 本招生简章由厦门大学招生办公室负责解释。

厦门大学招生办公室

二〇一五年十一月

——本文摘录自《厦门大学2016年国际学生(本科)招生简章》,档号2019-XZ30-004

# 厦门大学2016年国际学生(硕士)招生简章

(2015年11月)

厦门大学由著名爱国华侨领袖陈嘉庚先生于1921年创建,是中国近代教育史上第一所华侨创办的大学,也是教育部直属的国家“211工程”、“985工程”重点建设的高水平大学。厦门大学在中国2000多所高校中综合排名位居前20名之列,是一所学科门类齐全、师资力量雄厚、国内一流、国际上有广泛影响的综合性大学。校园依山傍海,风景秀丽,已成为公认的环境最优美的中国大学校园之一。

一、申请条件

年龄一般不超过45周岁,应届本科毕业生、大学本科以上学历,身体健康,持外国有效普通护照的非中国籍公民。

注:中国公民定居外国并加入外国国籍,通过出入境管理机构国籍认定为外国国籍的方可办理外国人居留许可并按外国留学生身份进行学籍注册,具体有关国籍确认请详见《国籍确认须知》。

二、申请时间:2016年2月1日—6月1日

三、申请程序

1.网上报名:登录厦门大学国际学生网上报名系统报名。

报名网址:http://admissions.xmu.edu.cn/application

注:网上报名为申请的必要程序。若无网上报名,我校不受理纸质申请材料。

2.纸质材料提交:

请务必在6月1日前将网上报名成功后自动生成的《厦门大学国际学生入学申请表》连同其他申请材料寄(送)达中国福建省厦门大学招生办公室(邮编:361005,联系电话:+86-(0)592-2184792)。

★我校逾期不再受理申请。申请者应保持电话或手机畅通并定期查看邮件和网上报名系统账户,我办将根据实际情况与申请者保持联系。

★详细申请流程图:

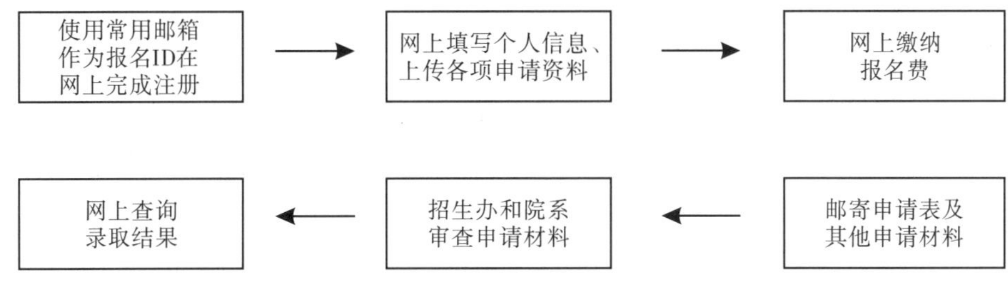


四、申请材料

申请人必须如实填写和提交以下申请材料:

1.《厦门大学国际学生入学申请表》(网上报名自动生成),用中文或英文填写。

2.本科毕业证书(中文或英文公证件)。如申请人为在校学生,需提交本人就读学校出具的预毕业证明(中文或英文)。

注:凭预毕业证明申请入学者,须在我校报到注册日(2016年9月中旬)前向我校招生办提交本科毕业证书,否则将被取消入学资格。

3.本科阶段学习成绩单(中文或英文公证件)。

4.来华学习和研究计划(不少于1000字),用中文或英文书写。

5.两名教授或副教授的推荐信,用中文或英文书写。

6.汉语水平考试(HSK)证书或英语水平证书复印件或大学阶段授课语言证明原件。

7.有效普通护照复印件。

8.《外国人体格检查记录》复印件(原件请自行保留),须用中文或英文填写。

9.《国际学生经济担保书》:提供足以支付在中国留学的学、宿、生活费的担保证明。同时提交经费担保人的工作或收入证明及护照复印件。

10.如有已发表的论文,请在寄送纸质申请材料时一并提交已发表论文的摘要。

★请申请者将上述所有申请材料按以上顺序整理后一并寄来。申请材料不完整者,我校不予受理。不论录取与否,以上材料一律不予退还。

五、招生专业

1. 中文授课专业:

我校大部分硕士专业采用中文授课。详细专业信息,请查看国际学生招生网的“硕士专业课程”。(点击查看)

汉语水平要求:人文社科类(含经管法类与中医学)专业需达到汉语水平考试HSK5级210分或以上;理工医类专业需达到汉语水平考试HSK4级210分或以上。本科阶段以汉语为教学语言的,可以免交HSK证书,但须提交中文教学语言证明。

注:汉语水平未满足上述要求的申请者,如有意在专业学习前补习汉语(即“汉补”),需满足以下要求:人文社科类(含经管法类与中医学)专业的汉补申请者需已通过HSK4级或以上;理工医类专业的汉补申请者需已通过HSK3级或以上。

2. 英文授课专业:

为推进我校国际化办学进程,我校开设多个全英文授课国际硕士专业,招收优秀国际学生。国际硕士专业所有课程以英语授课,学制两年,旨在培养既具有良好的专业基础,又了解中国社会与文化的高层次国际专业人才。

| 序号 | 专业 | 硕士学位授予 | 所在学院 |
|---|---|---|---|
| 1 | 中国哲学 | 哲学 | 人文学院 |
| 2 | 民商法 | 法学 | 法学院 |
| 3 | 国际法学 | | |
| 4 | 财税法学 | | |
| 5 | 国际关系 | 法学 | 国际关系学院 |
| 6 | 国际商务 | 经济学 | 经济学院 |
| 7 | 海洋事务 | 理学 | 海洋与海岸带发展研究院 |
| 8 | 化学工程 | 工学 | 化学化工学院 |
| 9 | 物理化学 | 理学 | 化学化工学院 |
| 10 | 计算机技术 | 工学 | 信息科学与技术学院 |
| 11 | 金融学 | 经济学 | 王亚南经济研究院 |
| 12 | 金融工程 | | |
| 13 | 西方经济学 | | |
| 14 | 数量经济学 | | |
| 15 | 管理经济学 | | |
| 16 | 财务学 | 管理学 | 财务管理与会计研究院 |
| 17 | 会计学 | | |

注:英文授课硕士专业开班人数需达到5人及以上。若不足5人,将根据申请者意愿商请其他项目。详细项目介绍和项目联系人信息,请查看国际学生招生网“英文授课项目”。

英语水平要求:申请者的英语水平要求为新托福80分或以上,雅思6.0分或以上,或提供达到相当英语水平的证书。来自英语国家或以英语为官方语的申请者免英语水平证书;本科阶段授课语言为英语的申请者可免英语水平证书,但须提交英文教学语言证明。

六、录取

我校国际学生录取实行与国际接轨的"申请审核制"。我校招生办公室将会同相关院系导师专家组对申请材料进行认真审核,综合申请者的学业成绩、语言水平、学术能力、科研成果和导师意见等择优选拔,报学校审批录取。毕业于世界知名大学、我校校际交流院校、获得资深教授或专家推荐的申请者将被优先考虑。根据院系导师和专业要求,需要面试(或笔试)的将提前通知申请者。

我校一般在收到完整纸质申请材料的2个月内在国际学生网上报名系统公布录取结果。录取通知书和外国留学人员来华签证申请表将于6月下旬陆续寄出。请申请者届时及时登录网上报名系统(http://admissions.xmu.edu.cn/application)查询录取结果以及录取通知书寄送详情。

七、学制、在学年限及学位授予

硕士研究生学制:2~3年;国际硕士项目、汉语国际教育硕士、工商管理硕士(MBA)学制:2年;在学年限(含休学、保留学籍):2~5年。学生在规定的在学年限之内,修满教学计划规定的学分,完成毕业论文并顺利通过答辩,达到毕业要求的准予毕业,颁发硕士毕业证书,符合硕士学位条件的授予硕士学位。

八、报名费:400元人民币(网上报名时缴纳,报名费不予退回)

九、学费(按学年收费,以人民币收取,不含教材费)

1.中文授课硕士专业

人文社科类:26000元/年,全程78000元;

理工医类、经管法类、艺术类:30000元/年,全程90000元;

工商管理硕士(MBA):64000元/年,全程128000元;

汉语国际教育硕士:30000元/年,全程60000元。

2.英文授课硕士专业

国际硕士项目:45000元/年,全程90000元(中国哲学39000元/年,全程78000元)。

注:以上学费标准若有调整,最终以物价部门核准的收费标准为准。

十、住宿生活费

1.住宿费:

①思明校区校内住宿:校内公寓环境优美、安静宜人,提供现代化的住宿设施。思明校区的校内住宿实行申请制,具体详见《新生入学须知》。校内留学生公寓楼联系电话:南光四、五海外学生楼(Tel:0086-592-2184905),蔡清洁楼(Tel:0086-592-2180501)

②思明校区校外住宿:自费学历生、厦门大学新生奖学金生和福建省政府奖学金生在来校报到前须自行联系好校外附近的住宿地点。校外住宿便于国际学生与厦门市民交流沟通,进一步了解中国文化与风俗,也有利于提高国际学生的汉语水平。每月花费大约2000元人民币就可租到一套舒适宽畅的房间,它可以为国际学生读书学习提供更安静的场所。国际学生也可以考虑与同学合租,既安全又不孤单。

③翔安校区校内住宿:生命科学学院、医学院、药学院、公共卫生学院、海洋与地球学院、环境与生态学院、海洋与海岸带发展研究院、能源学院和海外教育学院的国际学生住宿翔安校区。校区学生公寓设施俱全,环境优美。每间宿舍配有独立卫生间、电话、网络、空调、热水器、保险柜等。国际学生公寓双人套间住宿费2000元人民币/人/年。

2.生活费:每月餐费约750元人民币。

3.保险费:600元人民币/年。

十一、奖学金申请

★中国政府奖学金(全额奖学金和部分奖学金)

全额奖学金全程学费全免,并享受生活费、住宿费、医疗费和保险费等待遇。部分奖学金为全额奖学金的一项或几项内容。

1.中国政府奖学金—高校研究生项目(全额奖学金)

厦门大学作为中国政府奖学金的招生院校,面向全球招收该项目的奖学金研究生(包括硕士和博士)并报国家留学基金委审批。学生直接向我校招生办提出申请。申请时间:每年2月1日—3月31日。

2.中美人文交流专项奖学金(全额奖学金)

有意来华攻读硕士或博士学位的美国学生可直接向我校招生办提交申请。申请时间:每年2月1日—3月31日。

3.中国政府海洋奖学金(全额奖学金)

面向南海、印度洋、太平洋周边及岛屿国家以及非洲发展中国家的国际学生,申请来华攻读与海洋相关的硕士和博士学位。从事海洋及相关行业人员优先考虑。学生直接向我校招生办提出申请。申请时间:每年2月1日—4月30日。

4.中国政府国别奖学金(全额奖学金)

符合“中国政府国别奖学金”申请条件的申请人,可向本国留学生派遣部门或中国驻所在国大使领(总领事馆)教育处提出申请,申请时间一般为每年1月—4月初,各个国家申请截止时间不同,请注意提前查询。国家留学基金委具体负责中国政府来华留学生招生和管理工作。

5.商务部奖学金(全额奖学金)

重点资助受援国中青年友华人士来华攻读硕士或博士学历学位,申请者可于每年1月至4月通过中国驻外使领馆(经商处)申请。

中国政府奖学金报名网址(厦门大学招生代码:10384):http://laihua.csc.edu.cn/inscholarship/jsp/student/StudentLogin.jsp

相关申请办法请登录我校招生办网站(http://admissions.xmu.edu.cn)和国家留学基金委网站(http://www.csc.edu.cn/laihua/scholarship.aspx)。

★孔子学院奖学金—汉语国际教育硕士项目(全额奖学金)

由中国孔子学院总部设立,旨在资助外国学生、学者和汉语教师到中国攻读汉语国际教育专业硕士学位。孔子学院奖学金全程学费全免,并享受生活费、住宿费、医疗费和保险费等待遇。学生联系我校海外共建孔子学院或所在国孔子学院取得推荐,并登陆国家汉办网站 http://cis.chinese.cn/申请,填报厦门大学。申请时间:2016年试行全年招生。

★福建省政府外国留学生奖学金(部分奖学金)

为促进福建省国际交流合作,推动福建省来华留学教育事业蓬勃发展,福建省政府自2012年起设立外国留学生奖学金项目。其中,高校自主招收外国留学生项目面向本科、硕士、博士生开放,奖学金包括学费、宿舍费、教材费等。学生可向我校招生办提出申请(奖学金资助期限1年)。申请时间:每年2月1日—5月20日。

★厦门大学国际学生新生奖学金(部分奖学金)

我校每年从被录取的新生中遴选优秀的博士生、硕士生、本科生若干名,给予免学费的奖励(博士生4年,硕士生2~3年,本科生4~5年),并对优秀的硕博国际生参照政府奖学金标准提供生活费。学生直接向我校招生办提出申请。申请时间:每年2月1日—4月30日。

注:1.关于奖学金申请的详细信息,请登录我校国际学生招生网“奖学金栏目”(点击查看)了解。

2.我校将参照中国政府奖学金评审办法对所有奖学金获得者进行年度考核,符合条件的可继续享受下一学年的奖学金,否则将取消其资格。

十二、联系方式

地址:中国福建省厦门市思明南路422号,邮编:361005

★ 厦门大学招生办公室(负责国际学生招生和录取)

联系电话:+86 (0)592 2184792 2188375 传真:+86 (0)592 2180256

网址:http://admissions.xmu.edu.cn　E-mail:admissions@xmu.edu.cn

★ 厦门大学海外教育学院(受理汉语言本科和进修申请)

联系电话:+86 (0)592 2186211 传真:+86 (0)592 2093346

网址:http://oec.xmu.edu.cn ;E-mail:oec@xmu.edu.cn

★ 厦门大学学生处海外学生事务科(负责国际学生入学注册和管理)

联系电话:+86 (0) 592 2183606 传真:+86 (0) 592 2183663

网址:http://ice.xmu.edu.cn　Email:osao@xmu.edu.cn

★ 汉语水平考试(HSK)厦门大学考点

联系电话:+86 (0)592 2187478 传真:+86 (0)592 2093346

更多汉语水平考试信息,请见:http://www.hanban.edu.cn/tests/

★ 本招生简章由厦门大学招生办公室负责解释。

厦门大学招生办公室

二〇一五年十一月

——本文摘录自《厦门大学2016年国际学生(硕士)招生简章》,档号2019-XZ30-004

# 厦门大学2016年国际学生(博士)招生简章

(2015年11月)

厦门大学由著名爱国华侨领袖陈嘉庚先生于1921年创建,是中国近代教育史上第一所华侨创办的大学,也是我国唯一地处经济特区、教育部直属的国家"211工程"、"985工程"重点建设的高水平大学。厦门大学在中国2000多所高校中综合排名位居前20名之列,是一所学科门类齐全、师资力量雄厚、国内一流、国际上有广泛影响的综合性大学。校园依山傍海,风景秀丽,已成为公认的环境最优美的中国大学校园之一。

一、申请条件

年龄一般不超过50周岁,应届硕士毕业生、硕士以上学历,身体健康,持外国有效普通护照的非中国籍公民。

注:中国公民定居外国并加入外国国籍,通过出入境管理机构国籍认定为外国国籍的方可办理外国人居留许可并按外国留学生身份进行学籍注册,具体有关国籍确认请详见《国籍确认须知》。

二、申请时间:2016年2月1日—6月1日

三、申请程序

1.网上报名:登录厦门大学国际学生网上报名系统报名。

报名网址:http://admissions.xmu.edu.cn/application

注:网上报名为申请的必要程序。若无网上报名,我校不受理纸质申请材料。

2.纸质材料提交:

请务必在6月1日前将网上报名成功后自动生成的《厦门大学国际学生入学申请表》连同其他申请材料寄(送)达中国厦门大学招生办公室(邮编:361005,联系电话:0592-2184792)。

★我校逾期不再受理申请。申请者应保持电话或手机畅通,定期查看邮件和网上报名系统账户,我办将根据实际情况与申请者保持联系。

★详细申请流程图:

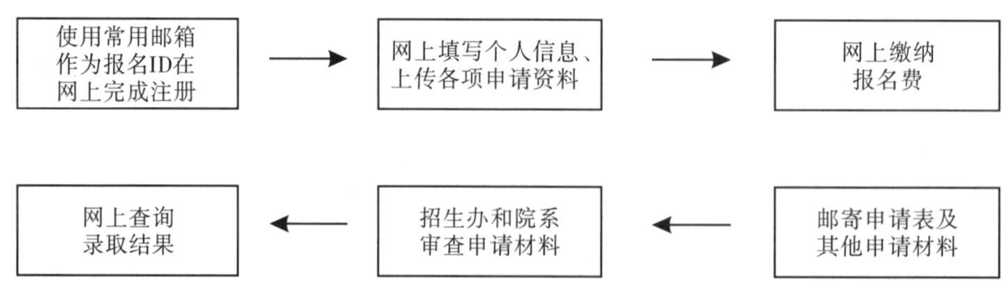


四、申请材料

申请人必须如实填写和提交以下申请材料:

1.《厦门大学国际学生入学申请表》(网上报名自动生成),用中文或英文填写。

2.硕士以及本科毕业证书(中文或英文公证件)。如申请人为在校学生,需提交本人就读学校出具的硕士预毕业证明(中文或英文)。

注:凭硕士预毕业证明申请入学者,须在我校报到注册日前(2016年9月中旬)向我校招生办提交硕

士毕业证书,否则入学资格将被取消。

3.硕士以及本科阶段学习成绩单(中文或英文公证件)。

4.来华学习和研究计划(不少于 1000 字),用中文或英文书写。

5.两名教授或副教授的推荐信,用中文或英文书写。

6.汉语水平考试(HSK)证书或英语水平证书复印件或授课语言证明原件。

7.有效普通护照复印件。

8.《外国人体格检查记录》复印件(原件请自行保留),须用中文或英文填写。

9.《国际学生经济担保书》:提供足以支付在中国留学的学、宿、生活费的担保证明。同时提交经费担保人的工作或收入证明及护照复印件。

10.如有已发表的论文,请在寄送纸质申请材料时一并提交已发表论文的摘要。

注:请申请者将上述所有申请材料按以上顺序整理后一并寄来。申请材料不完整者,我校不予受理。不论录取与否,以上材料一律不予退还。

五、招生专业

1.中文授课专业:

我校大部分博士专业采用中文授课。详细专业信息,请查看国际学生招生网的"博士专业课程"。

汉语水平要求:人文社科类(含经管法类与中医学)专业需达到汉语水平考试 HSK5 级 210 分或以上;理工医类专业需达到汉语水平考试 HSK4 级 210 分或以上。硕士阶段以汉语为教学语言的,可以免交 HSK 证书,但须提交中文教学语言证明。

注:汉语水平未满足上述要求的申请者,如有意在专业学习前补习汉语(即"汉补"),需满足以下要求:人文社科类(含经管法类与中医学)专业的汉补申请者需已通过 HSK4 级或以上;理工医类专业的汉补申请者需已通过 HSK3 级或以上。

2.英文授课专业:

我校拥有一支高水平的师资队伍,相当一部分专任教师在海外取得博士学位,可以用英语指导博士生。目前我校有 19 个学院(研究院)50 个博士专业的博士生导师可以用英文指导学生。

| 学院 | 专业 |
|---|---|
| 人文学院 | 中国史、人类学、外国哲学 |
| 管理学院 | 管理科学与工程 |
| 财务管理与会计研究院 | 会计学、财务学 |
| 经济学院 | 统计学、国民经济学、能源经济学、西方经济学、人口资源与环境经济学 |
| 王亚南经济研究院 | 西方经济学、金融学、数量经济学、统计学、劳动经济学、区域经济学 |
| 法学院 | 国际法学 |
| 南海研究院 | 海洋法学 |
| 知识产权研究院 | 知识产权法学 |
| 外文学院 | 英语语言文学 |
| 南洋研究院 | 世界经济、世界史 |
| 教育研究院 | 高等教育学 |
| 物理科学与技术学院 | 机械电子工程、凝聚态物理 |
| 数学科学学院 | 计算数学 |
| 信息科学与技术学院 | 计算机科学与技术、通信与信息系统、信号与信息处理、电子科学与技术 |

续表

| 学院 | 专业 |
|---|---|
| 化学化工学院 | 物理化学、分析化学、无机化学、有机化学、高分子化学与物理、化学生物学、能源化学、化学工程 |
| 生命科学学院 | 动物学、生物化学与分子生物学、水生生物学、细胞生物学、遗传学 |
| 环境与生态学院 | 环境科学、环境工程、生态学、环境管理 |
| 海洋与海岸带发展研究院 | 海洋事务 |
| 药学院 | 化学生物学 |

注:管理学院英文授课博士专业开班人数需达到5人及以上。若不足5人,将根据申请者意愿商请其他专业。各专业导师信息以及各学院联系人信息,请查看国际学生招生网"英文授课博士专业"。

英语水平要求:申请者的英语水平要求为新托福80分或以上,雅思6.0分或以上,或提供达到相当英语水平的证书。来自英语国家或以英语为官方语的申请者免英语水平证书;硕士阶段授课语言为英语的申请者可免英语水平证书,但须提交英文教学语言证明。

六、录取

我校国际学生录取实行与国际接轨的"申请审核制"。我校招生办公室将会同相关院系导师专家组对申请材料进行认真审核,综合申请者的学业成绩、语言水平、学术能力、科研成果和导师意见等择优选拔,报学校审批录取。毕业于世界知名大学、我校校际交流院校、获得资深教授或专家推荐的申请者将被优先考虑。根据院系导师和专业要求,需要面试(或笔试)的将提前通知申请者。

我校一般在收到完整纸质版申请材料的2个月内在国际学生网上报名系统公布录取结果。录取通知书和外国留学人员来华签证申请表将于6月下旬陆续寄出。申请者届时及时登录网上报名系统(http://admissions.xmu.edu.cn/application)查询录取结果以及录取通知书寄送详情。

七、学制、在学年限及学位授予

博士研究生学制:4年,在学年限(含休学、保留学籍):4～7年;符合毕业条件的学生可以申请提前毕业。学生在规定的在学年限之内,修满教学计划规定的学分,完成毕业论文并顺利通过答辩,达到毕业要求的准予毕业,颁发博士毕业证书,符合博士学位条件的授予博士学位。

八、报名费:400元人民币(网上报名时缴纳,报名费不予退回)

九、学费(按学年收费,以人民币收取,不含教材费)

特别说明:我校博士研究生学制为4年,前3年需缴交学费,第4年免费。

1)中文授课博士专业

人文社科类:30000元/年,全程90000元;

理工医类、经管法类、艺术类:34000元/年,全程102000元。

2)英文授课博士专业

人文社科类:42000元/年,全程126000元;

理工医类、经管法类、艺术类:55000元/年,全程165000元。

注:以上学费标准若有调整,最终以物价部门核准的收费标准为准。

十、住宿生活费

1.住宿费:

①思明校区校内住宿:校内公寓环境优美、安静宜人,提供现代化的住宿设施。思明校区的校内住宿实行申请制,具体详见《新生入学须知》。校内留学生公寓楼联系电话:南光四、五海外学生楼(Tel:0086-592-2184905)蔡清洁楼(Tel:0086-592-2180501)

②思明校区校外住宿:自费学历生、厦门大学新生奖学金生和福建省政府奖学金生在来校报到前须自行联系好校外附近的住宿地点。校外住宿便于国际学生与厦门市民交流沟通,进一步了解中国文化与

风俗，也有利于提高国际学生的汉语水平。每月花费大约 2000 元人民币就可租到一套舒适宽畅的房间，它可以为国际学生读书学习提供更安静的场所。国际学生也可以考虑与同学合租，既安全又不孤单。

③翔安校区校内住宿：生命科学学院、医学院、药学院、公共卫生学院、海洋与地球学院、环境与生态学院、海洋与海岸带发展研究院、能源学院和海外教育学院的国际学生住宿翔安校区。校区学生公寓设施俱全，环境优美。每间宿舍配有独立卫生间、电话、网络、空调、热水器、保险柜等。国际学生公寓双人套间住宿费 2000～4000 元人民币/人/年。

2.生活费：每月餐费约 750 元人民币。

3.保险费：600 元人民币/年。

十一、奖学金申请

★中国政府奖学金(全额奖学金和部分奖学金)

全额奖学金全程学费全免，并享受生活费、住宿费、医疗费和保险费等待遇。部分奖学金为全额奖学金的一项或几项内容。

1.中国政府奖学金—高校研究生项目(全额奖学金)

厦门大学作为中国政府奖学金的招生院校，面向全球招收该项目的奖学金研究生(包括硕士和博士)并报国家留学基金委审批。学生直接向我校招生办提出申请。申请时间：每年 2 月 1 日—3 月 31 日。

2.中美人文交流专项奖学金(全额奖学金)

有意来华攻读硕士或博士学位的美国学生可直接向我校招生办提交申请。申请时间：每年 2 月 1 日—3 月 31 日。

3.中国政府海洋奖学金(全额奖学金)

面向南海、印度洋、太平洋周边及岛屿国家以及非洲发展中国家的国际学生，申请来华攻读与海洋相关的硕士和博士学位。从事海洋及相关行业人员优先考虑。学生直接向我校招生办提出申请。申请时间：每年 2 月 1 日—4 月 30 日。

4.中国政府国别奖学金(全额奖学金)

符合“中国政府国别奖学金”申请条件的申请人，可向本国留学生派遣部门或中国驻所在国大使领(总领事馆)教育处提出申请，申请时间一般为每年 1 月—4 月初，各个国家申请截止时间不同，请注意提前查询。国家留学基金委具体负责中国政府来华留学生招生和管理工作。

5.商务部奖学金(全额奖学金)

重点资助受援国中青年友华人士来华攻读硕士或博士学历学位，申请者可于每年 1 月至 4 月通过中国驻外使领馆(经商处)申请。

中国政府奖学金报名网址(厦门大学招生代码：10384)：http://laihua.csc.edu.cn/inscholarship/jsp/student/StudentLogin.jsp

相关申请办法请登录我校招生办网站和国家留学基金委网站(http://www.csc.edu.cn/Laihua/scholarshipen.aspx)。

★“孔子新汉学计划”博士生奖学金(全额奖学金)

该计划旨在培养世界各国高层次青年汉学家和中国问题研究专家，博士生奖学金包括中外合作培养博士项目和来华攻读博士学位项目，主要通过课题研究等方式资助，专业领域为人文学科和社会科学。这是目前我国招收来华留学生资助标准最高的奖学金。申请时间：截至 2016 年 2 月 15 日。

申请者联系我校海外共建孔子学院或所在国孔子学院取得推荐，并登陆国家汉办网站 http://ccsp.chinese.cn/申请，填报厦门大学。

★福建省政府外国留学生奖学金(部分奖学金)

为促进福建省国际交流合作，推动福建省来华留学教育事业蓬勃发展，福建省政府自 2012 年起设立外国留学生奖学金项目。其中，高校自主招收外国留学生项目面向本科、硕士、博士生开放，奖学金包括学费、宿舍费、教材费等(奖学金资助期限 1 年)。学生可向我校招生办提出申请。申请时间：每年 2 月 1

日—5 月 20 日。

★厦门大学国际学生新生奖学金(部分奖学金)

我校每年从被录取的新生中遴选优秀的博士生、硕士生、本科生若干名,给予免学费的奖励(博士生 4 年,硕士生 2～3 年,本科生 4～5 年),并对优秀的硕博国际生参照政府奖学金标准提供生活费。学生可向我校招生办提出申请。申请时间:每年 2 月 1 日—4 月 30 日。

注:1.关于奖学金申请的详细信息,请登录我校国际学生招生网"奖学金栏目"(点击查看)了解。

2.我校将参照中国政府奖学金评审办法对所有奖学金获得者进行年度考核,符合条件的可继续享受下一学年的奖学金,否则将取消其资格。

十二、联系方式

地址:中国福建省厦门市思明南路 422 号,邮编:361005

★ 厦门大学招生办公室(负责国际学生招生和录取)

联系电话:+86 (0)592 2184792 2188375 传真:+86 (0)592 2180256

网址:http://admissions.xmu.edu.cn　E-mail:admissions@xmu.edu.cn

★ 厦门大学海外教育学院(受理汉语言本科和进修申请)

联系电话:+86 (0)592 2186211　传真:+86 (0)592 2093346

网址:http://oec.xmu.edu.cn　E-mail:oec@xmu.edu.cn

★ 厦门大学学生处海外学生事务科(负责国际学生入学注册和管理)

联系电话:+86 (0) 592 2183606　传真:+86 (0) 592 2183663

网址:http://ice.xmu.edu.cn　Email:osao@xmu.edu.cn

★ 汉语水平考试(HSK)厦门大学考点

联系电话:+86 (0)592 2187478　传真:+86 (0)592 2093346

更多汉语水平考试信息,请见:http://www.hanban.edu.cn/tests/

★ 本招生简章由厦门大学招生办公室负责解释。

厦门大学招生办公室

二〇一五年十一月

——本文摘录自《厦门大学 2016 年国际学生(博士)招生简章》,档号 2019-XZ30-004

# 厦门大学 2016 年博士研究生申请考核招考工作指导意见

（2015 年 11 月 13 日）

为了更加科学地选拔优秀人才，进一步提高博士研究生（以下简称博士生）选拔质量，我校决定 2016 年在部分院系继续推行博士生招生申请考核选拔方式。根据《教育部办公厅关于做好 2015 年招收攻读博士学位研究生工作的通知》（教学厅〔2015〕2 号）有关规定，为确保我校博士生申请考核招考工作科学、规范、公平和安全，特制定本指导意见。

一、指导原则

（一）坚持全面考核、科学选拔的原则。对考生进行德智体全面考核，重点考查考生的创新精神、创新能力、科研潜质与综合素质。同时，积极探索具有特殊学术专长和突出创新能力人才的选拔机制。

（二）突出专家组在博士生招录选拔中的积极作用。同时，加强专家组的自律约束机制建设，抵制不正之风，维护学术道德和规范。

（三）坚持公平、公正、公开原则。做到政策透明、程序公开、结果公开，监督机制健全，维护考生的合法权益，坚持择优录取、宁缺毋滥。

二、组织管理

（一）校招生工作领导小组负责对全校博士生招生工作的领导和协调，指导全校博士生的招生录取工作，审批各院博士生的招生工作办法。同时，由校招生工作领导小组成员单位组成若干个考核巡视督查小组，负责全校博士生考核的巡视督查工作。在考核过程中，各巡、视督查小组将深入各院考核现场，在不干扰正常考核工作的前提下，采取适当方式了解、督查考核工作的开展情况。

（二）各院成立研究生招生工作领导小组。学院（研究院）的研究生招生工作领导小组由各院院长、书记和分管研究生教育的副院长、副书记、院负责纪检工作的院领导以及院、系、所、中心（以下简称院系）相关领导组成。由院长任组长，分管研究生教育的副院长任副组长。院研究生招生工作领导小组全面负责本单位博士生招生录取办法制定、考务管理、安全保密、考核录取组织工作及信息公开等各项工作，同时对治理考场环境、维护考场安全、严肃考风考纪负有主体责任，确保考试安全和录取公平规范。

（三）各院（研究院）成立研究生招生工作巡视督查小组，由院系相关领导组成。招生工作巡视督查小组由院党委书记任组长，负责纪检工作的院领导（或指定其他院领导）任副组长，负责全程巡视监督本院的考核工作。

（四）各院成立专家考核组（以下简称专家组）。专家组可按一级学科或者二级学科组成。学院可根据需要设立一个或者同时设立多个平行专家组，每个组一般应由不少于五位责任心强、为人公正、教学科研经验丰富、学术水平较高副教授以上或相当专业技术职务以上专家组成，组长由考核工作经验丰富、为人公道正派的教师担任。专家组应严格按照网上公布的院申请考核选拔办法进行考核，公平、公正、科学、合理地给考生评分。

（五）各院（研究院）应提前向学校招生办公室报送研究生招生工作领导小组名单、巡视督查小组名单、专家组专家名单、考核办法、考核程序和要求等。考核办法、考核程序和要求应在本单位网页上公布。

三、申请考核程序

各院应根据《厦门大学 2016 年博士研究生招生简章》《厦门大学 2016 年博士研究生申请考核招考工

作指导意见》制定本院《2016年博士研究生招生申请考核选拔办法》,并于2015年11月25日前报送学校招生办公室审核后公布于招生办和各学院网站。各院可根据学科特点自行确定初审选拔、资格审查和考核时间,但必须报学校招生办公室备案。

各学院在制定本单位博士生申请考核选拔办法时,应对申请者的外语水平提出符合本学科实际的博士生入学水平要求。

(一)初审选拔

1.申请资格审查

由院系研究生秘书或工作人员或指定教师审查考核考生是否符合各院系选拔办法所规定的申请基本条件。对于不符合院系设定的基本申请条件者,终止申请程序。

2.专家组审核

通过院申请资格审查后的申请材料,应送至院设专门专家组进行审核。专家组应通过考生的硕士课程成绩、硕士学位论文(含评议书,应届硕士毕业生硕士论文开题报告)、考生参与科研、发表论文、出版专著、获奖等情况及专家推荐意见、考生自我评价等材料对其做出评价结论。

各院应事先制定初审选拔原则,由专家组根据院初审选拔原则,对每个申请者的材料进行认真评审并评分,以评分方式(百分制)按一定比例和择优推荐原则,确定入围面试推荐名单。

3.学院(研究院)招生领导小组复审院研究生招生工作领导小组通过集体研究,对专家组提出的推荐人选进行最终复审,并形成按照一定比例择优选拔进入考核的名单报送招生办,并在学院网站公示。

(二)考核前资格复审

各院系应在考核前对考生进行资格再复审。考生考核时须亲自携带本人以下材料到各院系接受检查:

1.填写完整并密封完好的"厦门大学2016年博士研究生政治表现情况审查表"(该表可在厦门大学招生办网页:http://zs.xmu.edu.cn下载);

2.毕业证书、学位证书原件(应届生携学生证原件);

3.硕士期间成绩单(加盖教务部门或档案单位红色/蓝色公章);

4.外语水平证书原件;

5.身份证原件;

6.一张近期1寸免冠彩照,用于体检;

7.考生自述(主要包括考生本人的政治表现、外语水平、业务和科研能力、研究计划等方面内容);

8.体检表(须在厦门大学医院体检,可在考核后补交)。

同等学力考生还需提供本科毕业证书、学位证书原件,5门及以上所报学科专业的硕士学位课程成绩证明。在全国核心期刊以第一作者发表两篇及以上与报考学科相关的论文,或获得省、部级及以上与报考学科相关的科技成果奖励的证明。

政审表一般由考生档案所在单位填写、签字并盖章,若考生档案由工作单位寄挂在人才市场,则由考生工作单位填写、签字并盖章。

凡未进行资格复审或资格复审未通过的考生一律不予录取。

(三)考核

1.考核时间

考核时间一般放在3月中旬至3月底。各院亦可根据学科特点,提前设立考核时间并报学校招生办公室备案。

2.考核主要内容

(1)专业素质考核:主要考核考生的专业基础、知识结构、实际动手能力、考生以往科研成果以及对专业前沿领域及最新研究动态的掌握情况等。

(2)外语能力考核:主要考核考生的听力、口语、阅读、写作能力。

(3)综合素质考核：重点考察考生攻读博士学位的目的、科研兴趣和态度，科研工作背景和学术研究经历，综合评价考生的科学素养、创新能力和培养潜力等。同时，还必须对考生的思想政治素质和品德进行考核，主要内容包括考生的政治态度、思想表现、学习(工作)态度、道德品质、遵纪守法、诚实守信等方面，各院可请导师与考生进行有针对性的面谈，直接了解考生的思想政治素质和品德状况。

3.考核主要形式

(1)笔试

各院必须选择进行专业基础知识或综合素质或英语笔试测试，且笔试成绩要作为考核总成绩的一部分(笔试过程要全程录像)。

(2)面试

考察考生的知识结构、学习动机、科研背景和学术研究经历，考核学生的外语听力、口语能力和专业外文阅读水平等，综合评价考生的科学素养、个人品行、创新能力和培养潜力等，每生面试时间一般不少于 30 分钟，每个面试小组成员不少于 5 人，且要指派专门的秘书做录音、录像、笔录等。面试主要内容包括：

知识背景：本科、硕士阶段学习成绩、知识结构等；

科研能力：科研工作、论文发表、获奖等情况、科研潜力；

外语水平：听力、口语及专业外语水平；

综合素质：政治思想、道德品质、创新、表达、合作精神、身体心理状况、特长、专家推荐意见等。

(3)实践(实验操作)能力考核

考查实验和操作技能，或解决实际问题的能力。

各院系、各学科也可以根据各自学科专业特点和自身人才选拔特点，自定具体考核形式或对考生增加其他方式的考核。

(4)专家组综合评价

专家组应根据考生分专业测试以及面试考核结果，也可参照考生的申请材料审查和评价结果，以及思想政治素质和品德考核结果等，对考生进行全面考察，判断其从事科研的能力和培养前途，并给出书面的综合评价。

考核结果应及时告知考生本人。若院系认为需对考生进行进一步考查时，可再次安排考核。考核专家组要对考核结果负责。

四、硕博连读生的复试

已获得硕博连读资格的考生要参加考核复试，与普通考生同一考核标准公平竞争。

五、录取原则

(一)各院要按照“择优录取、保证质量、宁缺毋滥”的原则进行录取工作。各院研究生招生工作领导小组对本单位的博士生录取结果负责。

(二)各院在完成考核工作后，应根据考生的考核最终结果和招生计划，充分征求相关导师组的意见，召开学院研究生招生工作领导小组会议，按照导师组本年度博士招生指标，根据择优录取的原则，研究确定本单位博士生拟录取名单，并将该名单于考核结束后一周内报送至学校招生办公室，经学校招生办公室审核后即于所在学院网上公示。

(三)下列情况之一者，不予录取：考核不合格者；政审不合格者；体检不合格者。

(四)采用申请考核方式院系的生源不能调剂至采用公开招考方式院系；采用申请考核院系间的生源可以在相同或相近专业间相互调剂，但调剂应由接受调剂院报学校招生办公室审批同意后方可进行。

六、招生录取的监督与复议

(一)我校博士研究生申请考核招考工作接受校监察处的监督。监督电话：0592-2186219。

(二)实行校院两级巡视督查制度。校院巡视组共同负责各院博士生招录考核巡视督查工作。

(三)实行责任制度和责任追究制度。所有参与招生录取工作的人员都要认真负责，切实维护招生录取工作的公平公正,对徇私舞弊的工作人员要追究责任。

(四)实行复议制度,确保信访和监督渠道的畅通。对经调查属实的信访问题,由相关单位的研究生招生工作领导小组责成考核专家组进行复议。

(五)实行回避制度。凡亲属报考本单位博士生的导师和工作人员,不得参加本单位和当年度的博士生招生录取工作。

(六)实行信息公开制度。各院要提前在本院网站开辟专栏,主动公开招生政策、招生计划、招生专业目录、考生资格、录取程序、录取结果、咨询及申诉渠道。同时,各院要向社会公布本单位考核工作方案和实施细则,各院系或学科、专业招生人数,考生的初审成绩、考核成绩等信息。

(七)实行签订保密承诺书制度。学院研究生招生工作领导小组组长及成员、考核专家、命题(含面试命题)教师、材料审核专家、相关工作人员等都要签订博士生招生工作保密承诺书。

七、本招生工作指导意见由厦门大学招生办公室负责解释。

**附** 我校全面实(试)行博士生招生申请考核选拔方式的学院如下:物理科学与技术学院(暂命名,含物理学系、天文学系、电子科学系、电磁声学研究院)、航空航天学院、萨本栋微米纳米研究院、数学科学学院、化学化工学院、材料学院、信息科学与技术学院、软件学院、生命科学学院、海洋与地球学院、环境与生态学院、海洋与海岸带发展研究院、医学院、药学院、公共卫生学院、能源学院、教育研究院(教育博士)、管理学院管理科学系(试行)、法学院(试行)、知识产权研究院(试行)、南海研究院(试行)、财务管理与会计研究院(试行)、海外教育学院(试行)。经济学院、王亚南经济研究院将拿出部分名额进行申请考核选拔,其余名额以普通招考方式选拔(注:这两个学院的 2016 年博士申请考核选拔工作已经完成。有关报名、选拔通知请至两院网页查询)。

2016 年我校新增了建筑与土木工程学院试行申请考核,新增了管理学院财务学系部分招生名额试行申请考核。有关报名、选拔通知请至两院网页查询。

厦门大学招生办公室

2015 年 11 月 13 日

——本文摘录自《厦门大学 2016 年博士研究生申请考核招考工作指导意见》,档号 2016-XZ30-1

# 厦门大学 2016 年本科招生章程

（2016 年）

## 第一章　总　则

第一条　根据《中华人民共和国教育法》《中华人民共和国高等教育法》和教育部有关规定，为规范厦门大学招生工作，维护考生合法权益，结合厦门大学办学实际情况，制定本章程。

第二条　学校全称厦门大学（国标代码 10384），现有思明校区、翔安校区、漳州校区和马来西亚分校。厦门大学由著名爱国华侨领袖陈嘉庚先生于 1921 年创建，是我国唯一地处经济特区的教育部直属全国重点综合性大学，国家"211 工程"和"985 工程"重点建设的高水平研究型大学。厦门大学具有学士、硕士、博士学位授予权，并设有博士后科研流动站。思明校区位于厦门市思明区思明南路 422 号；翔安校区位于厦门市翔安区翔安南路；漳州校区位于厦门湾南岸的招商局漳州开发区；厦门大学马来西亚分校位于马来西亚首都吉隆坡南郊雪州雪邦沙叻丁宜，距离马来西亚吉隆坡国际机场约 15 公里，距离国家行政中心布城约 20 公里。

第三条　厦门大学招生工作遵循"公平竞争、公正选拔、公开程序，德智体全面考核、综合评价、择优录取"的原则。

## 第二章　组织机构

第四条　厦门大学成立招生工作领导小组，由校长担任组长，分管纪检、招生考试、教务和学生工作的校领导担任副组长，成员由以上校领导和有关部门负责人组成，负责制定招生政策，研究决定招生的重大事宜。

第五条　厦门大学在招生工作领导小组的基础上，吸纳教师代表、学生代表和校友代表，成立了厦门大学招生委员会，充分发挥其在决策咨询、民主监督和管理方面的作用。

第六条　招生办公室作为厦门大学招生的常设机构，在厦门大学招生工作领导小组的领导下，贯彻执行国家招生政策和规定，具体负责厦门大学招生工作的组织实施。

第七条　厦门大学监察部门负责对学校招生工作进行监督。

## 第三章　招生计划

第八条　厦门大学在教育部核定的年度招生规模内（厦门大学马来西亚分校试点招收中国学生计划纳入厦门大学年度招生规模）面向全国 31 个省份招生。厦门大学根据教育部有关文件精神和厦门大学实际办学条件，结合近几年厦门大学分省分专业招生计划编制及具体使用情况，统筹考虑各省份生源数量、生源质量、教育资源享有情况和城乡、区域协调发展等因素，科学合理地编制招生计划。具体分省分专业招生计划请查阅厦门大学招生网（http://zs.xmu.edu.cn）或各省级招生部门公布的高校分专业招生计划。

第九条　将自主招生、高水平艺术团和高水平运动队单列批次录取的省份，厦门大学在该省份录取的以上三类考生和在有关省份录取的外语类保送生不占用我校公布的分省分专业计划数。

第十条　厦门大学根据教育部相关文件规定，在国家核定的年度招生规模内预留不超过 1%的招生计划,用于调节各省份上线考生生源不平衡的问题。

第十一条　厦门大学继续实施农村贫困地区定向招生专项计划和高校专项计划(凤凰计划)农村学生单独招生,进一步加大对中西部省份招生计划投放比例。我校将根据各省入选资格考生人数,兼顾生源质量与区域分布的合理性,参考我校在各省本一批招生计划的安排,确定并公布高校专项计划(凤凰计划)招生专业和人数。

第十二条　厦门大学在本科招生、培养中推行"大类招生,大类培养"模式,原则上一个学院按一个专业大类进行招生。2016 年按照 37 个招生大类进行招生。各招生大类分流专业(或方向)的情况请参阅《厦门大学 2016 年本科招生大类(专业)设置一览表》。

## 第四章　培养与管理模式

第十三条　厦门大学实行"宽口径、厚基础、多样化"的人才培养模式。录取的学生入学后先按大类培养,共同学习大类平台课程,二、三年级按照《厦门大学大类招生的学生选择专业暂行办法》确定专业(或方向)。

第十四条　全面推进素质教育。厦门大学发挥综合性大学多学科优势,实行全面选课、主辅修制、转专业、三学期制、国内外名校交流等多样化的人才培养措施,为培养有国际视野的研究型和复合型拔尖创新人才提供优质的教育资源。

第十五条　设立创新学分。厦门大学将创新创业教育贯穿人才培养全过程,着力提升学生创新精神、创业意识和创新创业能力。自 2015 级起创新学分作为必修学分,计入教学计划总学分,每名本科生应至少取得 2 学分,学生参加科创项目、学业竞赛、发表论文和发明创造等可申请创新学分。以实验教学、实习实训、科创竞赛和社会实践等四个方面为抓手,构建"一体四翼"实践教学新体系。打造"本科生早期科研训练平台"和"学业竞赛"两平台,实施科创竞赛"八化"(全员化、多样化、课程化、基地化、团队化、国际化、常态化、日常化)模式,要求所有本科生在校期间至少参加一项科创项目和一项学业竞赛。

第十六条　"基础学科拔尖学生培养试验计划"。从 2010 年起,厦门大学成为国家实施"基础学科拔尖学生培养试验计划"的 19 所"985 工程"大学之一。每年从新生中选拔一批优秀学生,配备一流师资,提供一流学习条件,量身定制个性化人才培养方案,为优秀学生创造一流学术环境与氛围。厦门大学以优势学科群为依托,搭建"本研一体化"教学平台,建立"本博直通车"机制,鼓励拔尖学生提前进入研究生阶段学习。

第十七条　国家基础学科人才培养基地班。自 20 世纪 90 年代起,厦门大学经济学、化学、数学、生物科学、历史学、海洋科学等六个专业就已成为国家基础学科人才培养基地。经多年积累,厦门大学六个基地班已建立了良好的人才培养机制,形成了鲜明的办学特色,培养了一批优秀拔尖人才。厦门大学对六个基地班以我校杰出校友(均为著名教授)冠名,分别为"王亚南经济学班""卢嘉锡化学班""陈景润数学班""汪德耀生物科学班""傅衣凌历史学班""郑重海洋科学班",同时将进一步优化各基地班人才培养方案,加强拔尖人才培养。

第十八条　卓越人才培养教育计划。厦门大学法学专业入选教育部"卓越法律人才教育培养计划"。临床医学专业入选教育部"卓越医生教育培养计划"。机械设计制造及其自动化、电子信息科学与技术、飞行器动力工程、自动化、计算机科学与技术、化学工程与工艺、材料科学与工程、软件工程、建筑学等 9 个工科专业入选教育部"卓越工程师教育培养计划"。

第十九条　国际化教学试验班。厦门大学选择经济学、统计学、金融学、会计学、国际商务、财政学、国际新闻等优势学科,开设国际化教学试验班,进行国际化创新人才培养试验。试验班的教学计划引进国外先进的教学内容与课程体系,专业核心课程采用双语或英语教学。其中经济学、统计学、金融学、国际商务、财政学国际化试验班由厦门大学王亚南经济研究院和经济学院共同承担教学和培养任务,采用全英文授课;该班的学生从录取的经济学院新生中进行选拔,在学期间有更多机会到国外知名高校交流。

第二十条　国内外名校交流。为提高本科生人才培养质量,厦门大学致力于与国内外著名高校开展本科生交流学习的活动。厦门大学与吉林大学、山东大学、中国政法大学、大连理工大学、中国海洋大学等签订了交换学生协议。厦门大学利用侨、台、特、海的区位优势，与英、美、日、法、俄等国家和台港澳地区的270多所高校建立了校际合作关系。厦门大学每年选拔数百名本科生，在校学习期间到国(境)外著名大学交流学习。

第二十一条　实施本科生导师制，注重教授为本科生上课。厦门大学实施本科生导师制，新生入学后为本科生配备导师，为学生提供思想、学业科研训练、创新创业等方面的指导。厦门大学要求教授、副教授承担本科专业课程，形成了名教授、名师给本科生上课的校园文化。

第二十二条　录取在厦门大学航空航天学院、生命科学学院、海洋与地球学院、环境与生态学院、医学院、药学院、公共卫生学院和能源学院的新生和国际学院爱尔兰都柏林项目的新生入住翔安校区，其他学院新生入住思明校区。

第二十三条　学生在厦门大学规定的学习年限内，修完教学计划规定内容，达到毕业要求，由厦门大学颁发国民教育系列普通高等教育本科毕业证书。符合学位授予条件者，由厦门大学授予学士学位。

第二十四条　录取在厦门大学马来西亚分校的学生，将前往马来西亚分校就读。厦门大学马来西亚分校的教师除了来自厦门大学的高水平教师之外，还有来自全球招聘的优秀教师，生师比例设定在15∶1。马来西亚分校除了汉语言和中医学专业采用中英文教学外，其他专业均采用英语教学。学生学习期满并达到有关培养要求的，颁发厦门大学相应的毕业证书及学位证书。

## 第五章　招生要求

第二十五条　除厦门大学的外语类专业和国防生的招生专业，以及马来西亚分校各专业仅限招高考外语语种为英语的考生外，其余招生大类(或专业)均无外语应试语种要求。厦门大学主要以英语作为公共基础外语安排教学。报考英语专业的考生，如考生所在省级招生考试机构组织口试，考生须参加且成绩合格。

第二十六条　报考艺术类、高水平艺术团、高水平运动队、外语类保送生、自主招生、高校专项计划(凤凰计划)的考生，有关考核要求按相应的简章执行。艺术类、高水平艺术团、高水平运动队学生入学后，厦门大学将根据招生政策和录取标准进行专业水平复查，凡不符合录取条件的，取消入学资格。

第二十七条　除国防生外，各招生大类无男女比例限制。

第二十八条　考生身体健康状况的要求按教育部、卫生部、中国残疾人联合会印发的《普通高等学校招生体检工作指导意见》和人力资源社会保障部、教育部、卫生部《关于进一步规范入学和就业体检项目维护乙肝表面抗原携带者入学和就业权利的通知》等有关规定执行。新生入学后三个月内，厦门大学根据有关规定进行新生录取资格复查和身体健康状况复检，凡不符合录取要求或弄虚作假的，取消入学资格。

## 第六章　录取原则

第二十九条　厦门大学根据生源省份的出档规定和报考生源质量等情况确定调档比例。对于按平行志愿方式填报院校志愿的省份和内蒙古自治区，原则上按招生计划数100%调档；对于按非平行志愿方式填报院校志愿的省份，原则上在招生计划数的105%～110%以内调档。

第三十条　厦门大学在各省份出档的考生中(除内蒙古外)，根据公布的招生大类(或专业)招生计划，采用专业志愿“分数级差”的方式进行专业(类)录取。专业志愿间分数级差总分值为5分。即第一和第二专业志愿分数级差为2分，第二和第三专业志愿及第三和第四(含第四及其之后的所有排序志愿)专业志愿的分数级差均为1分，第四(含第四及其之后的所有排序志愿)与调剂专业志愿分数级差为1分。

第三十一条　厦门大学在内蒙古按“招生计划1∶1的范围内按专业志愿排队录取”的规则进行录取，有关志愿填报及录取规则考生可咨询内蒙古教育招生考试中心。

第三十二条　厦门大学原则上认可符合教育部及各省级招生委员会认定的全国性政策加分。实行平行志愿投档模式的省份,省级招生部门投档后,厦门大学按包含考生位次信息的投档成绩进行招生大类(或专业)录取(注:在江苏的录取原则以第三十七条为准),对投档成绩相同的考生,以各省份确定的成绩排序规则进行排序。实行非平行志愿投档模式的省份,省级招生部门投档后,厦门大学以考生的投档成绩进行招生大类(或专业)录取,对投档成绩相同的考生,以高考卷面原始分高者优先,高考卷面原始分相同者,文史类以语文、数学成绩排序,理工类以数学、英语成绩排序。

第三十三条　在实行非平行志愿填报方式的省份,厦门大学在第一院校志愿生源不足的情况下,可接收非第一院校志愿的考生。实行平行志愿的省份,第一次投档后计划未完成时,可参加所在省份征集志愿。征集志愿仍不足则将剩余计划调剂到其他生源质量好的省份完成招生计划。

第三十四条　艺术类专业录取原则按艺术类招生简章的有关规定执行。获外语类保送、高水平艺术团、高水平运动队、自主招生和高校专项计划(凤凰计划)资格考生的录取规则按相应简章的有关规定执行。面向贫困地区定向招生专项计划按照国家有关政策实施。2016 年录取的高水平运动队安排在管理学院旅游管理专业学习。

第三十五条　国防生的报考条件、志愿填报、录取办法、奖学金的标准与发放、学生毕业后的工作分配去向及待遇等信息,请查阅《厦门大学国防生招生简章》或登录 http://xpb.xmu.edu.cn 查询,或咨询厦门大学后备军官选拔培训工作办公室,咨询电话:0592-2187802。

第三十六条　厦门大学招收的非西藏生源定向西藏就业学生为国家定向就业招生计划,少数民族预科班、内地西藏班和新疆高中班学生为国家指导性定向就业招生计划。厦门大学将按照教育部和各省份制定的有关政策招收上述学生。

报考非西藏生源定向西藏就业的考生,厦门大学将根据考生志愿在不低于生源所在省份普通类本一批次厦门大学的出档线下 40 分以内择优录取。学生在校期间享受国家有关的学费、教材、伙食、住宿等补助,毕业后充实到西藏的县以下基层干部队伍,进藏服务期 5 年。录取的学生到校报到注册前须与西藏人事厅签订"定向西藏就业协议书",否则,取消入学资格,相关责任由学生个人承担。

少数民族预科班生源限定为厦门大学当年有安排招生计划省份参加全国高考的少数民族考生,录取成绩要求为不低于生源所在省份普通类本一批次厦门大学的出档线下 80 分。录取的预科学生需在厦门大学翔安校区进行一年预科阶段学习,预科学习合格并结业者,厦门大学将根据学生在预科阶段考核的综合成绩,结合学生预转本志愿填报情况及厦门大学拟订的预转本招生专业计划确定其本科学习专业,并转入厦门大学进行本科阶段学习;不合格者将退回生源地区。

内地西藏班、新疆高中班的升学招生工作由教育部内地西藏班新疆高中班招生办公室统一组织实施。

第三十七条　面向江苏省招生[含自主招生、高水平艺术团和高校专项计划(凤凰计划)]的两门选测科目要求:理工类专业选测科目一门为物理,另一门不限;文史类专业选测科目一门为历史,另一门不限;两门选测科目等级要求为 AA。专业安排办法采用等级级差法,即考生两门选测科目每得一个 $A^{+}$ 折算成等级级差分 2 分,在考生投档分的基础上加上等级级差分后进行排序,再采用厦门大学确定的"专业级差"的方式,结合考生的专业志愿和必测科目成绩和综合素质评价进行录取。

第三十八条　厦门大学与爱尔兰都柏林商学院继续合作举办会计学、金融学专业本科教育项目,其招生大类名称分别为工商管理类(会计学专业)和金融学类(金融学专业)。该项目为中外合作办学项目,招生纳入国家普通高等学校招生计划。在投放该项目招生计划的省份仅招收有填报该项目专业志愿的考生。该项目由厦门大学国际学院负责实施,由厦门大学国际学院和都柏林商学院共同承担教学培养和管理任务。该项目毕业证书上注明"厦门大学与爱尔兰都柏林商学院中外合作办学项目"。有关课程设置、师资组成、学位授予等事项详见《厦门大学与爱尔兰都柏林商学院中外合作办学项目 2016 年招生简章》。厦门大学国际学院网址:http://liuxue.xmu.edu.cn/。

第三十九条　厦门大学马来西亚分校从 2016 年开始试点招收中国学生,纳入中国统一高考并在各省(区、市)本科一批录取,由厦门大学统一录取。在投放马来西亚分校招生计划的省份仅招收有填报该项目专业志愿的考生。有关马来西亚分校的教学培养和管理任务由厦门大学马来西亚分校承担。有关课程设置等事项详见《厦门大学马来西亚分校 2016 年招生简章》。厦门大学马来西亚分校网址:http://my.xmu.edu.cn。

第四十条　按照艺术类专业招生办法录取的考生,入学后不得转入其他普通类专业学习;按照自主招生、高校专项计划(凤凰计划)办法录取的考生,入学后原则上不得转入其他专业学习;录取的由外国语中学推荐的外国语言文学类专业保送生,入学后不得转入其他非外国语言文学类专业学习;所有录取在国际学院金融学专业和会计学专业(厦门大学与爱尔兰都柏林商学院合作举办)的考生,入学后不得转入其他专业学习;所有录取在临床医学、中医学、护理学、公共卫生与预防医学类等四个专业的考生,入学后不得转入其他专业学习。

## 第七章　收费标准

第四十一条　学费标准

1.人文学院、新闻传播学院、外文学院、法学院、公共事务学院、国际关系学院、经济学院、管理学院、数学科学学院、物理科学与技术学院、化学化工学院、材料学院、生命科学学院、海洋与地球学院、环境与生态学院、信息科学与技术学院(除集成电路设计与集成系统专业外)、能源学院、建筑与土木工程学院、医学院、公共卫生学院、药学院所属各专业每人每学年 5460 元。

2.航空航天学院按航空航天类进行招生,学生入学后在专业分流前每人每学年 5460 元;专业分流后到机电工程系、仪器与电气系和自动化系各专业学生每人每学年 5460 元,专业分流到动力工程系飞行器动力工程专业、飞行器系飞行器设计与工程专业学生每人每学年 6760 元。

3.艺术学院各专业每人每学年 9360 元。

4.软件学院和信息科学与技术学院集成电路设计与集成系统专业一、二年级每人每学年 5460 元,三、四年级按学分收费,每人每学分 400 元,每学年约为 40 学分。

5.国际学院金融学专业和会计学专业(厦门大学与爱尔兰都柏林商学院合作举办),每人每学年 45000 元,如第四年选择到爱尔兰都柏林商学院学习则该年学费按都柏林商学院的收费标准收取,约人民币 14 万～18 万元。

6.厦门大学马来西亚分校各专业学费每人每学年 23000～28000 马币,各专业学费详见《厦门大学马来西亚分校 2016 年招收中国本科学生简章》。

第四十二条　住宿费标准

厦门大学学生公寓住宿费为每人每学年 800～1200 元,4～6 人/间。厦门大学将根据实际住宿房间按物价部门批准的收费标准收取。

厦门大学马来西亚分校学生公寓住宿费为每人每月 340～620 马币,1～2 人/间。厦门大学马来西亚分校将根据实际住宿房间按向物价部门报备的收费标准收取。

## 第八章　奖励资助政策

第四十三条　绿色通道

为切实保证家庭经济困难学生顺利入学,厦门大学建立“绿色通道”制度,即对家庭经济困难新生一律先办理入学手续,入学后再根据具体情况,分别采取不同办法予以资助。绿色通道办理方式及所需材料可登录厦门大学学生资助管理中心网站(网址:http://xszz.xmu.edu.cn)“政策规定”栏目查询。

第四十四条　国家奖、助政策

国家设立了国家奖学金、国家励志奖学金奖励品学兼优的学生;同时还设立了国家助学金,并提供国家助学贷款,用于资助家庭经济困难学生顺利完成学业。

第四十五条　厦门大学奖、助体系

厦门大学设立了“文庆奖学金”、“本栋奖学金”、“亚南奖学金”和“优秀学生奖学金”等 50 余项校级奖学金和多项院(系)级奖学金,激励学生刻苦学习,奋发向上;同时还建立起包括困难补助、勤工助学等多种资助形式在内的完整的资助体系,免除家庭经济困难学生的后顾之忧。

## 第九章　就业情况

第四十六条　厦门大学为学生就业创业提供专门的教育、指导和服务,引导学生树立正确的就业观,培养学生职业生涯规划意识和创业意识,提升学生就业创业能力。学校开设就业指导、生涯规划、创新创业等课程,开展形式多样、层次丰富的咨询和指导活动。每年1600多家用人单位进校招聘,就业需求岗位发布近10万个。厦门大学本科毕业生就业率始终保持较高水平,2015届毕业生就业率95.4%,其中,境内外深造率达43.3%,境内升学主要去向国家"985"重点院校和重点科研院所,境外升学进入世界前200强占境外升学总人数的53.7%。

## 第十章　附　则

第四十七条　本章程自公布之日起生效。本章程公布后,如遇部分省份高考招生政策调整,厦门大学将根据当地相关政策制定相应的录取政策,并另行公布。

第四十八条　本章程由厦门大学招生办公室负责解释。

厦门大学招生办公室联系方式:

电话:0592-2188888(共5~8线),传真:0592-2180256

网址:http://zs.xmu.edu.cn

——本文摘录自《厦门大学2016年本科招生章程》,档号2019-XZ30-002

# 厦门大学马来西亚分校
# 2016 年招收中国本科学生简章

（2016 年）

为贯彻落实中央有关高等教育“走出去”的战略部署，积极主动融入“一带一路”国家战略建设，促进中国与东盟国家的教育合作，提升国际化办学水平，在中国和马来西亚政府的大力支持下，厦门大学马来西亚分校于 2013 年 9 月获批建设（批准号：教外办学函〔2013〕48 号）。这是第一所中国名校设立的海外分校，也是第一所在马来西亚设立的中国大学分校。根据马来西亚高等教育相关法律，厦门大学马来西亚分校在当地注册为私立大学。

2015 年 11 月中国教育部正式批准厦门大学马来西亚分校招收中国学生（教高厅函〔2015〕70 号）。厦门大学马来西亚分校招收的中国学生应参加全国统一高考，在各省（区、市）本科一批录取，招生计划纳入厦门大学年度招生规模。2016 年 2 月厦门大学马来西亚分校首批招收马来西亚学生正式开学，目前在校学生达 500 多人。

厦门大学马来西亚分校位于马来西亚首都吉隆坡南郊雪州雪邦沙叻丁宜，距离马来西亚吉隆坡国际机场约 15 公里，距离马来西亚国家行政中心布城约 20 公里，大约 20 分钟车程，距离吉隆坡市中心（双子塔）大约 40 分钟车程。厦门大学马来西亚分校生源将主要来自马来西亚、东南亚其他国家、中国及世界各国，以营造多元的校园文化。学生学习期满达到有关培养要求，由厦门大学授予相应的学位，厦门大学授予的学位得到中国和马来西亚两国教育部的认可。

【招生对象】

符合全国普通高等学校 2016 年招生工作规定的报考条件并参加高考的河北、江苏、浙江、福建、江西、山东、河南、湖北、湖南、广东、广西、四川、贵州、云南考生。

招生计划纳入厦门大学 2016 年招生规模，在本科一批录取。

【招生专业】

厦门大学马来西亚分校结合厦门大学的学科优势，开设经管类、理工类、汉语言文学、中医学等 12 个本科专业，除汉语言文学与中医学专业为中英文双语教学，其余专业均为英文教学，具体专业如下：

1.汉语言文学；

2.新闻学；

3.会计学；

4.金融学；

5.国际商务；

6.计算机科学与技术；

7.软件工程；

8.数字媒体技术；

9.化学工程与工艺；

10.海洋技术；

11.新能源科学与工程；

12.中医学。

【招生计划】

厦门大学马来西亚分校 2016 年分省分专业招生计划

| 科类 | 专业名称 | 河北 | 江苏 | 浙江 | 福建 | 江西 | 山东 | 河南 | 湖北 | 湖南 | 广东 | 广西 | 四川 | 贵州 | 云南 |
|---|---|---|---|---|---|---|---|---|---|---|---|---|---|---|---|
| 总计划 | | 40 | 15 | 15 | 170 | 15 | 25 | 40 | 10 | 30 | 30 | 34 | 20 | 36 | 20 |
| 文科 | 汉语言文学 | | | 1 | 1 | 1 | 1 | 1 | 1 | | 1 | 1 | | 1 | 1 |
| | 新闻学 | 2 | 1 | | 16 | 1 | 1 | 1 | 1 | 1 | 1 | 1 | 1 | 2 | 1 |
| | 会计学 | 2 | 1 | 1 | 3 | 1 | | 2 | 1 | 1 | 1 | 1 | | 1 | |
| | 金融学 | 1 | | | 1 | | 1 | | | 1 | | 2 | 1 | 2 | 1 |
| | 国际商务 | 1 | 1 | 1 | 1 | | | 1 | | 1 | 1 | 1 | 1 | | 1 |
| 理科 | 汉语言文学 | 1 | | 1 | 1 | | 1 | 1 | | 1 | 1 | 1 | | 1 | 1 |
| | 新闻学 | 1 | 1 | | 1 | 1 | 1 | 1 | 1 | 1 | 1 | | 1 | | |
| | 会计学 | 4 | 2 | 2 | 14 | 2 | 2 | 4 | | 2 | 2 | 4 | 2 | 3 | 2 |
| | 金融学 | 2 | 1 | 1 | 14 | 1 | 2 | 2 | 1 | 1 | 2 | 1 | 1 | 1 | |
| | 国际商务 | 1 | | | 1 | | 1 | 1 | | 1 | 1 | 1 | | 2 | 1 |
| | 中医学 | | | | 2 | 1 | 1 | 1 | | 1 | 1 | 1 | | 1 | 1 |
| | 化学工程与工艺 | 4 | 2 | 2 | 19 | 2 | 2 | 4 | 1 | 2 | 2 | 3 | 2 | 3 | 2 |
| | 海洋技术 | 5 | 1 | 1 | 19 | 1 | 2 | 4 | 1 | 3 | 3 | 3 | 2 | 3 | 2 |
| | 新能源科学与工程 | 2 | 1 | 1 | 21 | 1 | 1 | 3 | 1 | 2 | 1 | 2 | 1 | 2 | 1 |
| | 数字媒体技术 | 5 | 1 | 2 | 19 | | 4 | 5 | | 5 | 4 | 4 | 3 | 6 | 2 |
| | 计算机科学与技术 | 5 | 2 | 1 | 18 | 1 | 3 | 5 | 1 | 4 | 5 | 5 | 3 | 5 | 2 |
| | 软件工程 | 4 | 1 | 1 | 19 | 2 | 2 | 4 | 1 | 3 | 3 | 3 | 2 | 3 | 2 |

注:以上招生专业非厦门大学相关专业。我校只录取有填报厦门大学马来西亚分校志愿的考生,录取在厦门大学马来西亚分校后不得转入厦门大学学习。因学制不同及文理科的限制,在厦门大学马来西亚分校学习一年后学生可以根据综合成绩按照转专业规定在同一大类的专业之间转换专业。

【学制及学位授予】

厦门大学马来西亚分校专业学制为三年/四年/五年。其中,汉语言文学、新闻学、会计学、金融学、国际商务专业学制为三年;计算机科学与技术、软件工程、数字媒体技术、海洋技术、化学工程与工艺、新能源科学与工程专业学制为四年;中医学专业学制为五年。除中医学专业第五年在厦门各大医院进行实习之外,学生在马来西亚完成全部学习计划,由厦门大学授予相应学位。

录取在厦门大学马来西亚分校的中国学生将在中国高等教育学生信息网进行学籍学历电子注册。

【收费标准】

| 专业 | 学制 | 学费（马币/学年） | 学费换算人民币（元/学年） | 国际学生手续办理费 | 手续办理费换算人民币 |
|---|---|---|---|---|---|
| 汉语言文学 | 3年 | 23000 | 37720 | 2500马币/学年 | 4100元/学年 |
| 新闻学 | 3年 | 23000 | 37720 | | |
| 会计学 | 3年 | 25000 | 41000 | | |
| 金融学 | 3年 | 25000 | 41000 | | |
| 国际商务 | 3年 | 25000 | 41000 | | |
| 计算机科学与技术 | 4年 | 27000 | 44280 | | |
| 软件工程 | 4年 | 27000 | 44280 | | |
| 数字媒体技术 | 4年 | 27000 | 44280 | | |
| 新能源科学与工程 | 4年 | 27000 | 44280 | | |
| 海洋技术 | 4年 | 27000 | 44280 | | |
| 化学工程与工艺 | 4年 | 28000 | 45920 | | |
| 中医学 | 5年 | 28000 | 45920 | | |

住宿费：厦门大学马来西亚分校学生公寓房间类型为单人间、双人间与套间三类，单人间建筑面积为11.34$m^2$，双人间建筑面积为15.93$m^2$，套间建筑面积为28.71$m^2$（套间内含2个单间），均配有空调、网络、独立卫生间与家具，同时提供公共洗衣房、备餐间与公共活动区域。学生可根据实际需要进行选择，住宿费用为340～620马币/月（按当前汇率约558～1017元人民币/月）。

注：马币与人民币兑换参考汇率约为1:1.64（以当前汇率计算），实际以马币数额为准缴交至厦门大学马来西亚分校。

【课程设置】

汉语言文学专业主要课程：

中国文学史（上、中、下），中国古典文选（上、下），中国现当代文学，现代汉语，古代汉语，语言学概论，汉语教学，中国历史导论，中国哲学导论，中国戏曲专题，批判性思维。主干课程采用中文授课，校选课采用英语授课。

主要培养从事文学评论、汉语言文学教学与研究工作，以及文化、宣传方面的实际工作的汉语言文学高级专门人才。

新闻学专业主要课程：

媒介史，电子新闻采编现场节目制作，基础新闻写作，新媒体概论，新闻学导论，新闻采访，新闻法律与政策比较研究，新闻摄影，大众传播概论，高级新闻写作，新闻编辑，评论写作。全部课程均采用英语授课。

主要培养在新闻、出版与宣传部门从事编辑、记者、管理、教学与研究等工作的新闻学高级专门人才。

会计学专业主要课程：

经济学原理，定量方法与数据分析，会计学原理，管理学原理，商务统计学，金融学原理，国际经济学，金融会计，计量经济学，管理会计学，财务报表分析，中国商业与经济，高级财务会计，成本会计，国际会计，审计与保险，公司金融，税法，商业法律，投资学，会计信息系统。全部课程均采用英语授课。

主要培养在企、事业单位及政府部门从事会计实务以及教学、科研方面工作的工商管理学科高级专门人才。

金融学专业主要课程：

定量方法与数据分析，经济学原理，金融学原理，管理学原理，国际经济学，会计学原理，商务统计学，商业银行学，计量经济学，投资学，投资银行学，公司金融，货币政策与金融监管，财务报表分析，中国金融体系，风险管理，金融工程学，投资组合管理，保险学，MATLAB科学计算语言，金融计量经济学，国际金融管理。全部课程均采用英语授课。

主要培养在银行、证券、信托、投资、保险等金融机构及其他企业、政府管理部门等机构任职的德才兼备的高素质复合型专门人才。

国际商务专业主要课程：

经济学原理，定量方法与数据分析，会计学原理，管理学原理，商务统计学，金融学原理，国际经济学，国际商业环境，计量经济学，中国商业与经济，国际人力资源管理，国际金融，国际公司财务，国际商法，消费者行为学，全球物流与供应链管理，国际市场管理，在中国经商，跨境并购，商务沟通，国际公司治理。全部课程采用英语授课。

主要培养在跨国公司、涉外经济贸易部门、外资企业、政府机构从事实际商务业务、商务活动策划、国际企业管理、法律咨询、政策研究等工作的人才。

计算机科学与技术专业主要课程：

计算机科学与技术导论，程序设计实践，离散数学，数据结构，数字逻辑，Unix系统编程，算法设计与分析，电路分析，计算机组成原理，编译原理，操作系统原理，软件体系结构与开发环境，计算机体系结构，面向对象编程－C＋＋，面向对象编程－Java，数值方法，数字信号处理，计算机图形学，计算机网络与通信，多媒体技术，软件工程，ARM汇编语言，数据库系统原理。全部课程均采用英语教学。

主要培养在科研部门、教育单位、企业、事业、技术和行政管理部门等单位从事计算机教学、科学研究和应用的计算机科学与技术学科的高级科学技术人才。

软件工程专业主要课程：

计算数学，计算机基础，信息系统原理，C与C＋＋编程，数据结构，人工智能原理，计算机体系结构，操作系统，数据库，网络技术基础，算法分析与设计，软件体系结构与设计模式，面向对象建模，人机交互，软件质量工程，软件项目管理，计算机图形学，软件检测与验证，嵌入式系统，数字媒体技术，高级软件工程，游戏设计与开发，软件需求工程，信息安全，云计算简介，移动应用系统设计，分布式系统，数据挖掘，物联网技术及应用，大数据分析，虚拟现实技术与应用。全部课程均采用英语教学。

主要培养在IT行业、科研机构、企事业中从事计算机应用软件系统的开发和研制的高级软件工程技术人才。

数字媒体技术专业主要课程：

计算数学，计算机基础，信息系统原理，C与C＋＋编程，数据结构，人工智能原理，计算机体系结构，操作系统，数据库，网络技术基础，软件体系结构与设计模式，计算机图像，游戏设计导论，计算机动画基础，3D建模，算法分析与设计，人机交互，视频音频语言，非线性编辑，游戏开发，XML设计技术，虚拟现实，软件项目管理，3D动画，数字合成技术，网络游戏开发，嵌入式游戏设计与开发，数字音频技术，移动应用系统设计，信息可视化，高级计算机图形学，增强现实技术与设计，大数据分析，游戏引擎设计。全部课程均采用英语教学。

主要培养从事数字媒体开发、音视频数字化、网页设计与网站维护、多媒体设计制作、信息服务及数字媒体管理等工作的人才。

海洋技术专业主要课程：

基础生物学，生物化学与分子生物学，海洋微生物学，细胞与发育生物学，海洋动物生理学，水生动物营养与饵料，水生动物基础免疫学，水生动物病害与防治，遗传学，鱼类资源与渔业，海洋生物资源综合利用，海洋天然产物与药物，水产品加工，发酵工程与设备，海岸带综合管理，海洋生态学，海水养殖水化学。全部课程均采用英语教学。

主要培养在海洋生物技术等相关行业从事生产、研究、技术开发与推广、经营管理等工作人才。

新能源科学与工程专业主要课程：

城市能源系统，能源项目管理，能源政策理论与实践，材料的腐蚀与防护，电路基础，化学工程原理，物理化学，工程绘图与AutoCAD，材料科学基础，电力系统概论，工程热力学，石油化学工程，工程流体力学，能源技术实践。全部课程均采用英语教学。

主要培养在风能、太阳能、地热、生物质能等新能源领域从事相关工程技术领域的开发研究、工程设计、优化运行及生产管理工作的跨学科复合型高级工程技术人才。

化学工程与工艺专业主要课程：

化学工程单元操作，化工制图，化学工程实验，化学反应工程，化工热力学，炼油过程，化工工艺，信息技能，普通化学，普通化学实验，普通物理，分析化学，分析化学实验，线性代数，有机化学，有机化学实验，物理化学，物理化学实验，概率论与数理统计。全部课程均采用英语教学。

主要培养在化工、炼油、冶金、能源、轻工、医药、环保和军工等部门从事工程设计、技术开发、生产技术管理和科学研究等方面工作的工程技术人才。

中医学专业主要课程：

中医诊断学，中药学，黄帝内经，中药实践，中医药文献检索，伤寒论中医内科学，针灸学，金匮要略，温病学，中医推拿学，各家针灸学说，中医儿科学，中医耳鼻喉科学，刮痧学，中医骨伤科学，中医妇科学，中医临床技能训练，中医养生康复学，中药药理学。主干课程采用中文授课，校选课采用英语授课，第五年在厦门各大医院进行实习。

主要培养在各级中医医疗机构、科研机构、综合医院及各类相关医药卫生单位从事医疗、教学和科研工作的人才。

注：1.在教学实施过程中，以上各专业课程设置可能进行调整。

2.2016年中医专业新生第一学期课程在厦门大学翔安校区进行。

【友情提示】

1.报考厦门大学马来西亚分校的学生在收到录取通知书后先到厦门大学翔安校区报到，8月至9月中旬在厦门大学翔安校区进行英语培训，2016年9月下旬到厦门大学马来西亚分校开课。

2.签证到厦门报到后统一办理。马来西亚政府部门审批学生签证时间约为8周。办理学习签证需要护照、高中毕业证公证书与高中成绩单公证书等材料，请有填报厦门大学马来西亚分校的考生提前向当地公安部门申请因私护照。

【联系方式】

厦门大学招生办公室：

电话：0592-2188888，传真：0592-2180256；

网站：http://zs.xmu.edu.cn

厦门大学马来西亚分校

电话：0592-2183989；

网站：http://my.xmu.edu.cn

——本文摘录自《厦门大学马来西亚分校2016年招收中国本科学生简章》，档号2019-XZ30-003

# 厦门大学2016年联合招收华侨、港澳地区及台湾省学生简章

(2016年1月)

## 一、报名

1.报名资格

具有高中毕业文化程度(相当于中学六年级)并符合下列报名条件之一的,方可报名:

①港澳地区考生,持香港或澳门永久性居民身份证和《港澳居民来往内地通行证》。

②港澳地区考生,持香港或澳门非永久性居民身份证和《港澳居民来往内地通行证》。

③台湾地区考生,持《台湾居民来往大陆通行证》;

④华侨考生必须是取得外国长期或永久居留权,且最近四年(截止报名时间结束止)之内有在国外实际居住2年以上的记录(一年中实际在国外居住满9个月可按一年计算。出国留学和因公出国工作不能视为定居)。报名时考生本人须持中华人民共和国驻外使(领)馆出具的取得在外国长期或永久居留权的公证书或认证书(中文或英文)以及中华人民共和国护照参加报名。华侨考生须在上海、福建或广州报考点报名考试,北京和港澳地区报考点不受理华侨考生报考。

考生所持证件必须在有效期限之内。

2.报名时间

3月1日至3月31日,其中3月1日至3月15日为网上预报名时间,3月16日至3月31日为现场正式确认时间(具体工作时间安排以各报名点公告为准)。

3.报名地点

北京:

北京市高校招生办公室(北京市海淀区志新东路9号,邮政编码:100083,电话:(010)82837212)。

上海:

上海市高校招生办公室(上海市钦州南路500号,邮政编码:200235,电话:(021)64946010,(021)64511200)。

福建:

①福建省教育考试院(福州市北环中路59号,邮政编码:350003,电话:(0591)86215678,传真:(0591)87841550);

②福建省厦门市招生考试委员会办公室(厦门市火炬二路269号,邮政编码:361006,电话:(0592)5703107,传真(0592)5703106)。

广州:

暨南大学华文学院(广州市天河区广园东瘦狗岭路377号,邮政编码:510610,电话(020)87205925,传真:(020)87206598)。

香港:

①香港考试及评核局新蒲岗办事处(香港九龙新蒲岗爵禄街17号,电话:3628 8787/3628 8711)

②中国旅行社下列各区分社

湾仔分社:香港轩尼诗道138号修顿中心地下1号(电话:2832 3888)

北角分社:香港渣华道196—202号嘉富大厦地下(电话:2565 0370)

旺角分社:九龙旺角洗衣街62—72号得宝大厦2楼(电话:2998 7888)

尖沙咀分社:九龙尖沙咀弥敦道27—33号良士大厦1字楼(电话:2315 7171)

将军澳分社:九龙将军澳东港城商场二楼209号铺(电话:2628 6118)

观塘分社:九龙观塘牛头角道300—302号裕民中心商场地下(电话:2343 8243)

荃湾分社:新界荃湾青山公路(荃湾段)189号地下(电话:2499 1433)

元朗分社:新界元朗教育路31—41号(电话:2475 5367)

沙田分社:新界沙田连城广场七楼717—718号铺(电话:2692 7773)

大埔分社:新界大埔宝湖道3号宝湖花园商场223号铺(电话:2657 2883)

屯门分社:新界屯门青山公路(新墟段)11—17号嘉华大厦1/F A铺(电话:2618 8188)

③京港学术交流中心(香港北角英皇道83号联合出版大厦1404—05室,电话:2893 6355)

④中国教育留学交流(香港)中心有限公司(香港上环苏杭街69号大厦25楼01至03室,电话:(852) 2542 4811)

澳门:

澳门特别行政区政府高等教育辅助办公室(澳门荷兰园大马路68—B号华昌大厦地下B座,电话:(853)28563033)

各报名地点备有《中华人民共和国普通高等学校联合招收华侨、港澳地区、台湾省学生入学考试理科考试大纲》和《中华人民共和国普通高等学校联合招收华侨、港澳地区、台湾省学生入学考试文科考试大纲》,考生可径往索购。

4.报名方式

2016年联合招生报名采用网上预报名和现场正式确认相结合的方式。考生登录中华人民共和国普通高等学校联合招收华侨、港澳地区及台湾省学生办公室(下称联招办)网站(网址:http://www.ecogd.edu.cn)进行预报名。预报名时,考生需按要求输入报考基本信息(含姓名、性别、出生年月、报考地点、报考科类、报考学校等)。预报名后,考生需记住自己的密码,并按规定时间到有关报名地点办理正式报名确认手续。如因特殊情况未能亲自前往到报名点现场确认的考生,经报名点同意后,可以委托亲属代为正式报名,代报者凭考生身份证件、本人身份证件、考生亲笔签署的委托书、考生电子相片文件以及其他报名数据到报名点现场办理相关手续,而且每个代报者只能代一名考生办理确认手续。办理正式报名确认手续时,须缴考生本人高中毕业证书副本(应届高中毕业生可由就读学校开具学历证明)、高中各学年学习成绩单正本(应届高中毕业生可在报到时补缴高中毕业证书及最后一学期的成绩单)、身份证件副本(以上数据同时带备正本用以核对,其中学历证明和成绩单要收取正本,一经报名,所有收取的报名数据一律不再退还),并缴付报名考试费人民币550元(在香港、澳门各报名地点报名缴付港币/澳门币550元)。持外国毕业证书(学历证明)和成绩单的考生,须将证书(证明)和成绩单翻译成中文并作公证。

报名后因未能通过公安部门身份验证而不准考试者或未参加考试者,恕不退还报名考试费。

5.填报志愿

考生在报名时同时填报志愿。

①联合招生录取工作分第一批本科、第二批本科、第一批预科和第二批预科进行。考生按录取批次填报学校志愿,其中每个本科批次填报2所学校志愿,每个预科批次填报1所学校志愿,每所学校填报4个系科或专业志愿。

②报考全国联招学校的考生,亦可填报暨南大学和华侨大学各系科或专业志愿。

③报考艺术、体育院校的考生,需参加专业考试,专业考试时间及地点由有关院校确定,考生本人应及早直接与要报考的院校联系。

④考生须认真阅读招生学校(专业)对考生身体条件的要求。考生可在《2016 年中华人民共和国普通高等学校联合招收华侨、港澳地区及台湾省学生专业目录》中查知相关内容。

## 二、考试

1.考试科目类别

文史类各专业的考试科目:中文、数学、英语、历史、地理

理工农医类各专业的考试科目:中文、数学、英语、物理、化学

各科满分均为 150 分,各科目类别满分为 750 分。

考试内容和要求参见教育部制定的《中华人民共和国普通高等学校联合招收华侨、港澳地区、台湾省学生入学考试理科考试大纲》和《中华人民共和国普通高等学校联合招收华侨、港澳地区、台湾省学生入学考试文科考试大纲》(2005 年版)。

2.考试时间

5 月 21 日至 22 日进行考试。考试时间和科目为:

| 日期 | 时间 | 科目 |
| --- | --- | --- |
| 5 月 21 日(星期六) | 9 : 00—11 : 30 | 中文 |
| | 13 : 30—15 : 30 | 英语 |
| 5 月 22 日(星期日) | 9 : 00—11 : 00 | 数学 |
| | 13 : 00—15 : 00 | 物理、历史 |
| | 16 : 00—18 : 00 | 化学、地理 |

3.考试地点

北京　由北京市高校招生办公室安排;

上海　由上海市高校招生办公室安排;

福州　由福建省教育考试院安排;

广州　由联招办安排;

香港　由香港考试及评核局安排;

澳门　由澳门高等教育辅助办公室安排。

4.答题方式

2016 年联合招生考试实行计算机网上辅助评卷,考生在考试时必须按规定在专用的答题卡上作答,各科的选择题和非选择题都在答题卡各题目指定的区域内作答。考生在考试时必须严格按规定作答,考生在指定区域外作答不给分。

## 三、录取

7 月初开始录取工作,由联招办组织,实行网上录取。录取批次按照第一批本科、第二批本科、第一批预科和第二批预科的顺序进行,招生学校在最低录取控制线之上根据考生志愿、考试成绩及各校的不同要求,择优录取新生。

被录取就读预科的学生经过一年学习并经学校考试合格后方可进入本科阶段学习。

## 四、入学与身体检查

新生持加盖学校公章的《新生入学通知书》报到，入学报到时间及相关要求以《新生入学通知书》上的规定为准。

新生入学后，由学校进行身体检查，不符合要求的，取消入学资格；仅专业受限者，可以商转其他专业。学生在校期间，学校按教育部发布的《关于普通高等学校招收和培养香港特别行政区、澳门地区及台湾省学生的暂行规定》进行管理，并可申请免修政治理论课。

## 五、其　他

被普通高等学校录取的华侨、港澳地区及台湾省学生入学注册时，应缴纳学费和杂费，收费标准与内地（祖国大陆）学生相同。

学生修业期满，考试成绩合格者，由学校颁发毕业证书。

毕业生符合《中华人民共和国学位条例》规定的，将授予其学士学位。

新生入学报到时，所持出入境证件的有效期应与学习期限相适应至少有效期一年。

考生可在联招办网站（网址：http://www.ecogd.edu.cn）上查询成绩、录取情况，还可在“内地（祖国大陆）高校面向港澳台地区招生信息网”（网址：http://www.gatzs.com.cn）上查询有关招生政策和招生办法及高校信息，该网站同时向考生提供招生信息咨询服务。

## 六、联系方式

厦门大学招生办公室
电话：+86(0)592—2188888
传真：+86592(0)592—2180256
网址：http://zs.xmu.edu.cn
邮箱：nzsb@xmu.edu.cn

厦门大学招生办公室
二〇一六年一月

——本文摘录自《厦门大学 2016 年联合招收华侨、港澳地区及台湾省学生简章》，档号 2019-XZ30-004

# 厦门大学研究生指导教师招生资格确认工作实施细则

(2016年1月11日)

为深化校院二级管理体制改革,加强我校研究生指导教师队伍建设,培养高质量研究生,按照国务院学位委员会、教育部有关规定的精神,现制定厦门大学研究生指导教师招生资格确认工作实施细则。

## 一、研究生指导教师招生资格确认基本条件

1.政治思想好,治学严谨,作风正派,身体健康状况良好,工作认真负责,重视教书育人,能认真履行导师职责;

2.自觉遵守师德师风;

3.指导的研究生学位论文在各类抽检中合格,且无抄袭等其他严重问题;

4.能够按学校相关文件规定提供导师配套经费。

## 二、博士生指导教师招生资格确认要求

申请人应具有我校博士生指导教师资格,有一定的科研成果及在研科研项目,具体要求由各学位评定分委员会制定并公布。

根据我校学科建设、导师队伍建设及博士招生指标的现状,非全职博士生指导教师在我校原则上每3年招收1名博士生。非全职博士生指导教师的招生资格确认由研究生院审批。

## 三、硕士生指导教师招生资格确认要求

我校硕士生指导教师分为"学术型硕导"和"专业学位硕导"。

1.学术型硕导招生资格确认要求

(1)申请人应是我校教师,一般应具有高级专业技术职务或博士学位;

(2)有教学经验,能承担相关硕士生课程;

(3)有在研科研项目或其他教学科研成果,具体要求由各学位评定分委员会(工作小组)制定并公布。

2.专业学位硕导招生资格确认要求

(1)申请人应是我校教师或院聘教师,一般应具有高级专业技术职务,有丰富的实践经验、较高的学术水平或技术专长,在业内有一定的影响力;

(2)有明确和相对稳定的专业学位研究领域,熟悉本领域的国内外研究动态和学术、技术前沿状况,在本领域取得过较好的学术成果或工作成就,具体的成果或成就要求由各学位评定分委员会(工作小组)制定并公布;

(3)校外申请者应与我校相关专业学位培养单位有稳定的教学、科研或实习的合作关系。

## 四、研究生指导教师招生资格确认工作程序

研究生院于每年9月组织开展研究生指导教师招生资格确认工作。凡计划下一年度招收研究生的导师都必须申请招生资格确认。

1.本人申请

申请者根据各学位评定分委员会的要求向院(系、所)提出申请并提交相关申请材料。

2.院(系、所)核查

院(系、所)进行申请核查,审核申请人材料的真实性和准确性。

3.学位评定分委员会(工作小组)审议

学位评定分委员会(工作小组)根据学科建设需要,结合学校、学院研究生教育、科研和人事管理的相关规定,对相关申请进行条件审核,并审议表决。

4.学位评定分委员会(工作小组)将审议表决结果报研究生院、人事处及招生办等部门备案并予以公布。

## 五、招生资格暂停措施

1.研究生指导教师违反师德师风,将暂停其招生资格,暂停年限视具体情节严重程度而定。

2.指导的研究生学位论文在国务院或福建省学位委员会办公室论文抽检中,抽检结果为"存在问题论文",其指导教师下一年度招生资格暂停一年;指导的研究生学位论文因涉嫌抄袭被取消学位,其指导教师自下一年度起招生资格暂停三年。

## 六、其　他

本细则于2015年12月24日经校学位评定委员会全体会议审议修改,自公布之日起执行。原《厦门大学研究生指导教师招生资格确认工作实施细则》(厦大研〔2010〕35号)同时废止。

本细则由校学位评定委员会负责解释。

——本文摘录自《关于印发〈厦门大学研究生指导教师招生资格确认工作实施细则〉的通知》,厦大研〔2016〕4号,档号2016-XZ28-1

# 厦门大学2016年硕士研究生复试录取工作意见

(2016年2月)

根据教育部《关于加强硕士研究生招生复试工作的指导意见》(教学〔2006〕4号)文件精神及我校的实际情况,现对我校2016年硕士研究生复试和录取工作提出如下意见:

一、指导思想和原则

坚持公开、公平、公正和科学选拔的原则,德智体全面衡量,择优选拔,确保质量,按需招生,宁缺毋滥;坚持选拔具有突出创新能力及潜力、具有特殊学术专长及潜力的人才的原则;坚持在复试录取过程中,切实做到以人为本、尊重考生、服务考生的原则。

提高认识,服从大局,加强宣传,重视做好专业学位硕士(双证)研究生的招生录取工作,推动硕士研究生教育从以培养学术型人才为主的模式向以培养应用型人才为主的模式转变。

二、组织管理

学校招生工作领导小组负责全面指导全校研究生的复试录取工作。同时,成立学院(研究院)研究生复试录取工作领导小组和复试录取工作巡视督查小组,具体负责研究生复试和录取的各项工作。

学院(研究院)的复试录取工作领导小组由各学院(研究院)院长、书记和分管研究生教育的副院长、副书记、学院(研究院)负责纪检工作的院领导以及院系相关领导组成。由院长任组长,分管研究生教育的副院长任副组长。复试录取工作领导小组负责组织成立若干复试小组。复试小组具体实施对每位考生的复试考核。每个复试小组应由不少于5名办事公正和责任心强的教师(研究生导师一般不少于3人)组成,并设立组长1名。

为了加强复试录取的巡视和监督工作,各学院(研究院)须成立复试录取工作巡视督查小组,由院系相关领导组成。复试录取工作巡视督查小组由党委书记任组长,负责纪检工作的院领导(或指定其他院领导)任副组长,负责全程巡视监督本院内的复试录取工作。

各学院(研究院)应在规定的时间内将复试录取工作领导小组和复试巡视督查小组成员名单通过规定的格式上报。

三、严格培训

自2016年开始,各学院(研究院)每年必须在复试录取工作开始前都要召开培训会,要对参与复试录取工作的全体教师和工作人员进行政策、业务、纪律等方面的培训,使其明确工作纪律和工作程序、评判规则和评判标准;要强化参与工作教师的公平意识、责任意识、业务意识和保密意识。

各学院(研究院)召开培训会的时间、地点等会议信息请通过专门格式上报(详见附件2),届时,学校将由相关部门组成工作组赴各单位巡视检查。

四、复试的要求与程序

所有被录取考生均须参加复试考核。推免生和往年保留录取资格生若已经复试过且所在院系同意不再复试的考生可予免试;如果尚未参加复试或参加过复试但所在院系认为有必要再次复试的考生由院系通知参加此次复试。

(一)复试的基本分数线划定和实施细则要求

厦门大学2016年硕士研究生招生复试基本分数要求已由学校招生工作领导小组研究确定,请见附件1。

各学院(研究院)须召开本单位复试录取工作领导小组会议,制定本单位的复试录取工作实施细则,并在不低于(单科和总分皆不能低于)学校相应学科复试基本分数线的原则下,进一步确定本单位各专业(或方向)的复试分数线。我校全面实施差额复试。原则上各院系的复试比例控制在1∶1.2～1∶1.5之间,部分院系可根据学科特点、专业需要及上线考生情况适度调整复试比例,但最高不得超过1∶2的复试比例。

各学院(研究院)复试录取工作实施细则、各专业(或方向)复试分数线及复试比例经校招生办审核后在各自的网页公布。

(二)复试资格审查

各院系应在复试前对考生进行资格审查。考生复试时须携带本人以下材料到各院系接受检查:

1.填写完整并密封完好的"厦门大学2016年硕士研究生政治表现情况审查表"(该表可在厦门大学招生办网页:http://zs.xmu.edu.cn下载);

2.毕业证书、学位证书原件(应届生携学生证)及复印件;

3.大学期间成绩单(加盖教务部门或档案单位红色/蓝色公章);

4.身份证原件及复印件;

5.准考证(遗失者可免交);

6.一张近期1寸免冠彩照,用于体检;

7.考生自述(主要包括考生本人的政治表现、外语水平、业务和科研能力、研究计划等方面内容);

8.体检表(须在厦门大学医院体检,可在复试后补交)。

同等学力考生还需提供大专毕业证书原件及复印件、英语水平证书原件及复印件和6门及以上本科专业课程成绩证明。注意:凡未进行资格审查或资格审查未通过的考生一律不予录取。

注:政审表一般由考生档案所在单位填写、签字并盖章;若考生档案由工作单位寄挂在人才市场,则由考生工作单位填写、签字并盖章。

(三)复试考核

1.复试内容主要包括:

(1)专业素质和能力测试。主要考查内容包括:创新精神和能力;本专业的发展潜力以及对本学科发展动态的了解;考生运用本学科知识发现、分析和解决问题的能力。

(2)综合素质及能力测试。主要考查内容包括:思想政治素质和道德品质;本学科以外的学习、科研、社会实践或实际工作表现等方面的情况;事业心、责任感、纪律性(遵纪守法)、协作性和心理健康情况;人文素养;行为举止、表达和礼仪等。

(3)外语测试。含外语听力测试、外语口语测试和专业外语测试等方面。

对专业学位硕士(双证)研究生的复试,要突出对专业知识的应用和专业能力倾向的考查,加强对考生实践经验和科研动手能力等方面的考查。

2.复试方式主要分为:

(1)笔试。主要为专业课测试。

(2)实践(实验)能力考核。主要测试实验和操作技能,或解决实际问题的能力。

(3)面试。具体要求:每生面试时间一般不少于20分钟;每个面试小组专家成员不少于5人;参加复试的教师须独立评分;须对每位考生的复试进行记录、录音和录像。

各招生单位还可根据各自学科专业的特点增加其他的复试方式。

3.复试规范

(1)笔试工作中的命题、制卷、考试和评卷等工作请严格按照2016年新出台的文本《厦门大学研究生复试工作笔试基本规范(试行)》(详见附件4)予以操作。

(2)面试中请各位参与面试工作的教师严格遵守《厦门大学研究生复试工作面试教师行为规范(试行)》(详见附件5)。

4.复试成绩的比例

复试成绩满分为100分。各单位可根据本专业的特点确定专业素质、综合素质、外语能力等部分的成绩比例。复试成绩的权重为:占总成绩的30%~50%。

5.对同等学力考生,除统一规定的复试内容之外,还需加试两门专业课[工商管理硕士、公共管理硕士、法律硕士(非法学)可予免试]。加试科目为所报考专业的两门本科主干课程,且不得与初试科目相同。加试的方式为笔试。考试时间为每门3小时,每门课程满分为100分。加试课程成绩不计入总成绩,但任何一门加试科目成绩达不到60分者,视为整个复试不及格。

(四)复试要求

1.复试(含笔试和面试)要有试题,须全程做好记录和录音录像(录音和录像设备由各院系自备)。复试考核小组须填写每位考生的评语和给出评定的成绩。复试完毕后复试试卷、考试提纲、面试书面记录、录音影像资料在各院(系、所)保存三年(未录取者保留一年)。

根据教育部文件精神,复试试题及其标准答案均系国家机密材料,请各单位采取切实有效措施,做好安全保密工作。各招生单位应建立复试试题题库。

2.复试信息必须公开:各学院(研究院)的复试考生名单、考生的初试成绩(含单科和总分)、分专业招生计划和复试录取工作实施细则经校招生办审核后必须在各院系的网页上公示。

3.建立健全集体议事和集体决策机制。

4.加强教育宣传,努力营造诚信考试氛围。

5.复试工作结束后,各院(系、所)应将复试成绩及结果在五个工作日之内(力争在三个工作日内)报招生办审核。

五、体检

所有取得复试资格的考生都应在复试期间到厦大医院参加体检。保留录取资格生不管是否已经体检,都必须参加此次体检。

六、调剂

1.调剂复试需同时遵守以下基本要求:

(1)生源有缺口的专业应优先从校内相同或相近专业的考生中调剂。

(2)校内调剂考生必须符合我校相应专业基本复试线,校外调剂至我校考生必须同时达到相应专业国家复试线和我校基本复试线。

(3)除参加管理联考的专业学位之外,调剂考生必须同时达到原报考专业相对应的分数线和调入专业所对应的分数线。由于参加管理类联考的各专业学位初试科目完全相同,因此,调剂考生只须达到调入的管理类联考专业学位分数线且符合相关调剂政策即可,无须达到原报考专业学位分数线。

(4)调剂原则上应在同一个一级学科里进行,原则上要求有一门相同的专业考试科目。国家线一般在3月20日左右公布。

(5)除医学类、艺术类和体育类专业外,从校外调剂到我校全日制研究生(含学术型和专业学位)的考生原则上本科毕业院校必须是国家"985工程"(含分校)或"211工程"或教育部75所直属高校。

(6)在职专业学位生的调剂除符合我校相应专业基本分数线外,还须符合毕业年限的要求。

(7)不接收同等学力考生为调剂生。

(8)调剂生与第一志愿报考我校的考生持同一标准进行复试。

2.调剂程序

第一步　符合我校调剂要求的考生请到我校招生办网页下载我校统一的调剂申请表,填妥后交送至或邮寄至或传真至我校相关院系;

第二步　院系对材料进行初审;

第三步　招生办复审;

第四步　相关院系通知通过复审的考生参加复试;

第五步　考生到教育部网上调剂平台(网址 http://yz.chsi.com.cn/tjxx/)上补填调剂申请,以便我校通过调剂网履行复试和录取的相关网上程序。

七、录取

1.根据各专业(或各方向)的招生计划和考生总成绩(总成绩=初试成绩÷5(或 3)×权重+复试成绩(百分制)×权重),并结合考生思想政治表现、业务素质以及身体健康状况等因素,择优确定拟录取名单。

2.各院系可以院或系为单位,根据考生总成绩的高低,将候补录取考生按先后顺序排列,并在备注中注明"候补 1""候补 2""候补 3"……字样,以便在拟录取名单里的考生放弃拟录取资格或争取到追加计划的情况下能按序补录。(注意:请广大考生自愿和慎重地持有候补录取资格!候补录取具有很大的不确定性,到最后很可能出现候补不上的局面。因为考生选择等候候补录取名额而导致丧失调剂机会的后果,由考生本人负责。同时,在候补录取过程中,如若排序靠前的候补考生已调剂至其他学校,我校将跳过该生顺次候补录取紧随其后的候补考生。)

3.复试成绩不及格(60 分以下)者不予录取。政审不合格或体检不合格者不予录取。同等学力任一门加试科目不及格(60 分以下)者不予录取。

4.各院系应在复试工作完成后五个工作日之内(力争在三个工作日内),召开复试录取工作领导小组会议确定拟录取名单,并将名单报送至招生办审核,并为每位考生填写"录取审批表"报送至校招生办。

5.研究生拟录取名单经校研究生招生领导小组审核确定,并报省招生办和教育部审批最终确定。

6.录取信息必须公示:拟录取考生名单、拟录取考生的初试总分、复试成绩和总成绩等拟录取信息必须上网公示。

八、奖学金

我校从 2014 年 9 月起构建由国家奖学金、国家助学金、学业奖学金和校长助学金组成的多元奖助政策体系,适用于接受普通高等学历教育的全日制在校研究生(包括全日制学术型研究生和全日制专业学位研究生,但不包括在职生、定向培养研究生、港澳台地区研究生和外国来华留学研究生等)。

全日制学历型硕士研究生的奖助标准为:学业奖学金 1.1 万元/年,国家助学金 0.6 万元/年,校长助学金 0.12 万元/年。学业奖学金一次性发放,国家助学金和校长助学金分 12 个月发放。

注:如果以上奖助体系发生变化,请以我校最新的政策为准。

另外,学校为研究生提供各类助学金总额约 1000 万元(助学金以承担助教、助研、助管工作的方式获得)。奖、助学金的申请和获得条件请详细阅读厦门大学有关奖、助学金的管理办法。(请详见厦门大学学生处网页:http://xsc.xmu.edu.cn)

九、复试录取的监督与复议

1.我校 2016 年硕士研究生复试录取工作的各个环节接受厦门大学纪委、监察处的监督,监督电话:0592-2186219。

2.实行校、院二级复试巡视制度。校领导、纪委、研究生院、招生办和考试中心、监察处等单位组成若干校巡视小组。在复试过程中,校、院巡视小组将深入各院系进行复试各个环节的督查,包括考生复试资格审查的督查、复试记录、录音、录像的检查和深入复试现场,在不干扰正常复试工作的前提下,随机走进考场和实验室、旁听面试等措施以了解、监督复试工作等。

3.实行责任制度和责任追究制度。所有参与复试录取工作的人员都要认真负责,严格保密,切实维护复试录取工作的公平公正,对徇私舞弊的工作人员要追究责任。

4.实行信息公开制度。复试基本分数线、复试工作办法、复试结果等信息应及时公布。

5.实行回避制度。本年度有直系亲属参加硕士生入学考试的教师和工作人员应主动回避,不得参加硕士生的复试工作。

6.实行复议制度。要保证投诉、申诉和监督渠道的畅通。受理投诉和申诉应规定时限。对投诉和申诉问题经调查属实的,由各学院(研究院)研究生复试录取工作领导小组责成复试小组进行复议。

十、复试录取工作日程安排

3月4日(星期五)前,各院系制定出复试录取工作实施细则,确定复试比例、复试考生名单、复试日期和调剂信息,并报招生办审核同意后尽快在各院系网上公布。

3月9日—3月20日(星期日)前,各院系开展并完成复试(含校内调剂复试)工作,其间考生进行体检。各院系原则上应在复试工作完成后5个工作日内(力争在3个工作日内),召开招生领导小组会议确定拟录取名单,并将拟录取名单报送至招生办。

最终录取名单以校招生领导小组确定并报教育部审核通过的结果为准。录取通知书将于6月中旬左右寄发。

十一、本复试录取工作意见由厦门大学招生办公室负责解释。

(附件略——编者)

厦门大学招生工作领导小组

二〇一六年二月

——本文摘录自《厦门大学2016年硕士研究生复试录取工作意见》,档号2016-XZ30-1

# 厦门大学本科毕业论文(设计)工作管理办法

(2016 年 2 月 24 日)

## 第一章 总 则

第一条 毕业论文(设计)是本科生培养方案的重要环节,是培养学生综合运用知识与技能、理论联系实际进行的一次较为全面的科学研究训练,是培养学生的创新能力、实践能力和创业精神的重要实践环节。毕业论文(设计)的质量也是衡量教学水平、学生毕业与学位资格认证的重要依据。为进一步加强我校毕业论文(设计)工作管理,提高毕业论文(设计)质量,特制定本办法。

第二条 教务处负责毕业论文(设计)工作宏观管理,学院具体负责毕业论文(设计)工作的组织实施。

第三条 本办法所称毕业论文(设计)包括主修、辅修本科专业培养方案所要求的毕业论文(设计)。

## 第二章 基本要求

第四条 毕业论文(设计)一般安排在全学程最后一个学期进行,工作时间一般不少于 10 周。鼓励学院(系)提前启动毕业论文(设计)工作,并延长工作时间。

第五条 毕业论文(设计)应在指导教师指导下,学生本人独立完成。

第六条 毕业论文(设计)应遵守学术道德和学术规范,学术不端行为一经查实将按相关规定处理。

第七条 毕业论文(设计)要求观点明确、论据翔实、条理清楚、言之成理、文字通顺,能反映学生掌握本学科知识的广度和深度,驾驭资料、仪器设备进行科研的能力,以及综合、分析解决问题的能力。

第八条 同一人的主修专业与辅修专业毕业论文(设计)的内容不能相同或相近。

第九条 毕业论文(设计)原则上以中文撰写,经学院(系)同意,学生可用外国文字撰写毕业论文(设计)。

第十条 毕业论文(设计)写作一般执行《厦门大学本科毕业论文(设计)规范》。学院确有必要可参考国家、国际通用标准制定适于本学科的规范,并报教务处备案。原则上,一个学院各专业规范应当统一。

## 第三章 指导教师

第十一条 指导教师一般应由具有中级及以上职称的教师担任,必要时可安排助教协助。鼓励学院(系)聘请具有中级及以上职称的校外人员担任指导教师,但必须同时配备校内指导教师(即双导师制)。指导教师在所指导的毕业论文(设计)方向应有一定的教学、研究或实务经验。

第十二条 每位指导教师同时指导的毕业论文(设计)篇数一般不超过 5 篇。

第十三条 指导教师基本职责:

1.坚持立德树人、教书育人,从思想上业务上严格要求学生,培养学生良好的品行和学风,并对学生的学术道德行为负责。

2.坚持能力培养,注重对学生调查研究、查阅文献、拟订研究方案、使用工具书与仪器设备、处理数据、论文撰写等基本功的训练。

3.坚持因材施教,为学生提供必要的支持条件,使不同能力和水平的学生都能得到训练和提高。

4.坚持个性发展,发挥学生主动性和创造精神,既不包办代替,也不放任自流。

5.坚持严格管理,认真开展毕业论文(设计)各环节的督促、检查和指导工作。

## 第四章 选题与开题

第十四条 毕业论文(设计)题目采取指导教师命题与学生自选相结合的办法确定并由学院(系)审核。学生选定题目后一般不得随意更改,确有更改必要的,应经指导教师同意后报学院(系)审核。

第十五条 毕业论文(设计)选题基本要求:

1.应符合专业培养目标要求,密切联系本学科内容,体现专业科学研究训练的基本要求,有益于学生综合运用所学的专业理论知识与技能。

2.应与科学研究、技术开发、经济建设和社会发展紧密结合,尽可能反映科技创新和社会生产创意的需要。鼓励学院(系)与科研院所、企事业单位联合拟定题目;鼓励选题与教师科研课题相结合;鼓励选题与学生科创项目相结合;鼓励体现学科交叉的选题。

3.难度与工作量应适中,以学生在规定时间内经过努力基本能完成为宜。

4.原则上一人一题。如课题工作量较大,可以采取多人合作的方式,但应指定每位学生独立完成的内容,工作量基本相当,并据此完成毕业论文(设计)。

第十六条 选题确定后,指导教师应下达任务书。学生根据任务书填写开题报告。有条件的学院(系)可组织开题报告会。

## 第五章 指导过程

第十七条 学生应按照计划认真撰写毕业论文(设计),教师应认真指导并记录各阶段的指导意见。

第十八条 学生完成毕业论文(设计)后向指导教师提出答辩申请。指导教师评阅毕业论文(设计)后填写评语,提出拟评成绩及是否同意答辩的意见。

## 第六章 答 辩

第十九条 学生必须参加毕业论文(设计)答辩。

第二十条 学院成立答辩委员会,由院长或分管教学副院长担任答辩委员会主任。答辩委员会根据需要下设若干答辩小组,各小组设组长1人,成员3～5人,答辩秘书1人。组长由具有副高及以上职称教师担任。指导教师与答辩小组组长不能为同一人。

第二十一条 学院应对答辩工作安排、答辩要求、答辩流程、答辩评分标准等制定详细规则。拟评为$A^-$及以上等级的毕业论文(设计)应通过院(系)级答辩。

第二十二条 答辩时除质询毕业论文(设计)中的有关问题外,还应考核学生相关的基本理论、基本知识、基本研究方法以及分析解决实际问题的能力和所付出的工作量。答辩秘书应做好答辩记录。

## 第七章 成绩评定

第二十三条 学院应制定明确的毕业论文(设计)总评成绩评定规则。总评成绩应依据学生完成工作任务的情况、研究水平、创新精神及答辩情况等综合评定。

第二十四条 总评成绩按英文等级制记录,个别专业因特别需求采用其他方式评定成绩的,须同时换算成英文等级制。

第二十五条 同一专业,毕业论文(设计)总评成绩应呈正态分布,获$A^-$及以上等级的毕业论文(设计)篇数不超过论文总篇数30%。

## 第八章　校外毕业论文(设计)管理

第二十六条　学生在校外进行毕业论文(设计)的,须向学院(系)提出申请,经学院(系)和校内指导老师同意,并明确成果归属后方才能进行。其中在(境)外进行毕业论文(设计)的学生必须为公派交流学生。

第二十七条　学生在校外进行毕业论文(设计)必须保证必要的工作时间,并提供在校外进行毕业论文(设计)工作的所有资料。学院应对过程管理、成绩认定等提出明确要求。

## 第九章　存　档

第二十八条　学院负责毕业论文(设计)存档工作,确保相关材料存放规范,方便查找,安全保密。

第二十九条　存档范围包括:

1.毕业论文(设计)电子文档。电子文档应同时提交教务处存档。

2.毕业论文(设计)纸质文档,每生一份,按如下顺序装订:封面、学位论文诚信承诺书、致谢、中英文摘要、中英文目录、正文、参考文献、附录、任务书、开题报告、教师指导记录、指导教师评语、答辩记录。

3.其他相关材料。

## 第十章　附　则

第三十条　学院须根据本办法制定具体实施细则,报教务处备案。

第三十一条　涉密论文(设计)或个别专业有特殊要求,不适用本办法的,应制定相应管理细则,报教务处审定后执行。

第三十二条　本办法由教务处负责解释。

第三十三条　本办法自颁布之日起执行。原《厦门大学本科毕业论文暂行规定》(厦大教〔2005〕37号)和《厦门大学本科毕业论文规范》(厦大教〔2004〕19号)同时废止。

(任务书、开题报告、教师指导记录、指导教师评语、答辩记录略——编者)

——本文摘录自《关于印发〈厦门大学本科毕业论文(设计)工作管理办法〉的通知》,厦大教〔2016〕4号,档号 2016-XZ12-1

# 厦门大学本科毕业论文(设计)规范

(2016年2月24日)

本规范主要适用于中文撰写的毕业论文(设计),用外国语言撰写的毕业论文(设计)的规范可参照本规范执行。

## 一、毕业论文(设计)的写作程序

毕业论文(设计)写作程序大致分为如下阶段:确定指导教师;与指导教师讨论并选题;阅读文献、收集资料;拟定写作提纲、设计或制订实验方案;开展调查、设计或实验等;分析并撰写初稿,修改稿;定稿和指导教师审阅;答辩。

## 二、毕业论文(设计)的组成部分

毕业论文(设计)一般包括:前置部分、正文、参考文献、附录4个部分。

### (一)前置部分

1.封面

封面的字体、字号和排版要求见厦门大学学位论文封面格式。

题目应简洁、明确、有概括性,避免使用不常见的缩略词、缩写字。中文题目一般不宜超过20个字,必要时可增加副标题。英文题目应与中文题目内容相同。

2.诚信书

使用《厦门大学本科学位论文诚信承诺书》规定范本。

3.致谢

致谢语应以简短的文字对课题研究与论文撰写过程中曾直接给予帮助的人员(例如指导教师、答疑教师及其他人员)表示自己的谢意。

4.摘要和关键词

摘要应具有独立性和自含性,语言精练、明确,高度概括论文内容,以400字左右为宜。关键词应体现论文特色,具有语义性,在论文中有明确出处,以3~5个为宜。关键词另起一行排在摘要的下方,每个关键词之间用中文分号";"分开,最后一个关键词不打标点符号。

英文摘要、关键词内容与中文相同,每个关键词之间用英文分号";"加一空格分开,最后一个关键词不打标点符号。中、英文摘要及其关键词各置一页内。

5.目录

目录是毕业论文(设计)的提纲,也是论文各章节组成部分的小标题。目录应层次清晰,标明页码。目录中的标题要与正文中的标题一致,中英文各一份。

目录中的标题一般按照"1……""1.1……"或"一……""(一)……"格式编写。

## (二)正文

正文从另右页开始。每一章应另起页，并从奇数页开始。

正文一般从引言(绪论)开始，以结论或讨论结束。引言(绪论)应包括论文的研究目的、流程和方法等。研究领域的历史回顾、文献回溯、理论分析等内容应独立成章，用足够的文字叙述。结论应包含论文的核心观点，阐述自己的创造性成果及其在本研究领域中的意义、作用，交代研究工作的局限，提出未来工作的意见和建议。

正文由于涉及的学科、选题、研究方法、结果表达方式等有很大的差异，不做统一的规定，但要求自然科学论文应提供实验数据和图片资料真实，推理正确、结论清晰；人文和社会学科的论文应把握论点正确、论证充分、论据可靠，恰当运用系统分析和比较研究的方法进行模型或方案设计，注重实证研究和案例分析。

正文一般不少于 6000 字(不含图表、程序和计算数字)。用外国语言撰写的，字数参照 4 个英文单词折算 1 个中文字数进行计数。

正文各部分的标题应简明扼要，标题末不使用标点符号。论文中章的标题用“1、2……(或一、二……)”，节的标题用“1.1、2.1……[或(一)、(二)……]”，三级标题用“1.1.1、2.1.1……(或 1、2……)”。一般不使用三级以下标题。章、节编号顶格，编号与标题内容之间 1 个字的空隙。

1.名词术语

(1)科学技术名词术语采用全国自然科学名词审定委员会公布的规范词或国家标准、部标准中规定的名称，尚未统一规定或有争议的名词术语，可采用惯用的名称。

(2)特定含义的名词术语或新名词以及使用外文缩写代替某一名词术语时，首次出现时应在括号内注明其含义，如：OECD(Organization for Economic Co-operation and Development)代替经济合作发展组织。

(3)外国人名一般采用英文原名，可不译成中文，英文人名按名前姓后的原则书写。一般很熟知的外国人名(如牛顿、爱因斯坦、达尔文、马克思等)可按通常标准译法写译名。

2.物理量名称、符号与计量单位

(1)论文中某一物理量的名称和符号应统一，一律采用国务院发布的《中华人民共和国法定计量单位》或者国际公认的计量单位。单位名称和符号的书写方式，应采用国际通用符号。

(2)在不涉及具体数据表达时允许使用中文计量单位如“千克”。

(3)表达时间使用“2014 年 6 月”，不能使用“14 年 6 月”或“2014.6”。不能使用 80 年代，而应为上世纪 80 年代或 20 世纪 80 年代。表达时刻应采用中文计量单位，如“下午 3 点 10 分”，不能写成“3h10min”，在表格中可以用“3:10 PM”表示。

(4)物理量符号、物理量常量、变量符号用斜体，计量单位符号均用正体。

3.数字

(1)无特别约定情况下，一般均采用阿拉伯数字表示。

(2)小数的表示方法：一般情形下，小于 1 的数，需在小数点之前加 0。但当某些特殊数字不可能大于 1 时(如相关系数、比率、概率值)，小数点之前的 0 可去掉，如 $r=.26$，$p<.05$。

(3)统计符号的格式：一般除 μ、α、β、λ、ε 以及 V 等符号外，其余统计符号一律以斜体字呈现，如 *ANCOVA*，*ANOVA*，*MANOVA*，*N*，*nl*，*M*，*SD*，*F*，*p*，*r* 等。

4.公式

(1)公式应另起一行缩略书写，居于中央(注意行首无缩进)，与周围文字留足够的空间区分开。

(2)公式的编号用英文圆括号括起，放在公式右边行末，在公式和编号之间不加虚线。子公式可不编序号，需要引用时可加编 a、b、c……重复引用的公式不得另编新序号。公式较多时，可分章编号，但应与表格、图的编序方式统一。

(3)较长的公式最好在等号处转行,或在运算符号(如"+""-"号)处转行,等号或运算符号应在转行后的行首。公式中分数线的横线,其长度应等于或略大于分子和分母中较长的一方。

5.表格

(1)表格要有:表号、表名、单位。表号和表名居表上方正中(注意行首无缩进);表格只有一个单位时,单位在表右上方。表较多时,可分章编号,但须与插图、公式的编序方式统一。

(2)表格应优先采用三线表,三线表头尾两条线宽1磅,中间线宽0.75磅。也可根据需要使用其他格式。

(3)表格如参考其他资料,应标明"作者、来源名称、时间",置表格左下方。

(4)表格允许下页接写,接写时应重复表号,表号后跟表名(可省略)和"(续)",置于表上方。续表应重复表头。

(5)表格应放在离正文首次出现处最近的地方,不应超前和过分拖后。表与上下正文之间各空一行。

6.图

(1)图包括曲线图、构造图、示意图、框图、流程图、记录图、地图、照片等。图应与文字内容相符,技术内容正确。所有制图应符合国家标准和专业标准,对无规定符号的图形应采用该行业的常用画法。

(2)图要有:图号、图名、单位。图号和图名要居图下方的正中(注意行首无缩进)。图较多时,可分章编号,但须与表格、公式的编序方式统一。

(3)图如参考其他资料,要示明"作者、来源名称、时间",置图左下方。

(4)由若干分图组成的插图,分图用a、b、c……标序。分图的图名以及图中各种代号的意义,以图注形式写在图题下方,先写分图名,另起行写代号的意义。

(5)图与图标题、图序号为一个整体,不得拆开排版为两页。当页空白不够排版该图整体时,可将其后文字部分提前,将图移至次页最前面。

7.注释

当文中的字、词或短语需要进一步加以说明,而又没有具体的文献来源时,用注释。注释不宜过多。

篇名、作者注置于当页地脚。对文内有关特定内容的注释可夹在文内(加圆括号),也可排在当页地脚,注释序号以"①、②"等数字形式标示在被注释词条的右上角。

### (三)参考文献

参考文献(references)必须是论文写作过程中引用到的文献,分为直接引用和间接引用。直接引用的文献要给出原文的页码,引用的部分用""表明是原文照录。间接引用是把别人发表过的观点用自己的话重述,不用双引号。凡引用他人观点、方案、资料、数据等,无论曾否发表,无论是纸质还是电子版,均应注释出处,以示对别人知识产权的承认。

列入的中英文参考文献原则上在10篇以上,特别应包括近3年的期刊论文。

论文中引用文献的标注方法采用著者出版年制,或顺序编码制(见文后示例)。

参考文献表的著录应符合GB/T 7714-2005《文后参考文献著录规则》。参考文献表另起页,按照著者字顺和出版年排序。采用顺序编码制的应按照文献在正文中出现的顺序编号排序。序号左顶格,并用数字加方括号表示,如"[1]";若内容超过一行,第二行起悬挂缩进与首行首字符对齐;序号后用Tab制表符分隔。作者(责任者)3人以下全部列出,3人以上可只列出前3人,后加",等.",外文用" , et al."。外文人名采用姓前名后,姓全拼首字母大写,名取各词的首字母大写,姓名各字以空格分隔。每条文献中的逗号句号统一用英文半角逗号句号加空格取代;页码前的冒号用英文冒号,后不加空格。文献类型的方括号前(如"[J]")若是中文,方括号前不加空格;方括号前若是非中文如英文或数字,方括号前加一空格。外文文章题名仅句首字母大写,书名、地名、机构名各词首字母大写,其中的专有名词或缩写保留其习惯写法。起讫序号、页码间用半短线"-"连接。每条文献以点号结尾。具体各类参考文献的编排格式如下:

文献是期刊文章时，书写格式为：

[序号] 作者. 文章题目[J]. 期刊名，出版年份，卷号(期数)：起止页码.

文献是专著时，书写格式为：

[序号] 作者. 书名(版次)[M]. 出版地：出版单位，出版年份：起止页码.

文献是会议论文集时，书写格式为：

[序号] 作者. 文章题目[C]. 主编. 论文集名，出版地：出版单位，出版年份：起止页码.

文献是学位论文时，书写格式为：

[序号] 作者. 论文题目[D]. 保存地：保存单位，年份.

文献是来自研究报告时，书写格式为：

[序号] 报告者. 报告题目[R]. 报告地：报告会主办单位，报告年份.

文献是来自专利时，书写格式为：

[序号] 专利所有者. 专利名称：专利国别，专利[P]. 发布日期.

文献是来自国际、国家标准时，书写格式为：

[序号] 标准设计单位. 标准代号. 标准名称[S]. 出版地：出版单位，出版年份.

文献来自报纸文章时，书写格式为：

[序号] 作者. 文章题目[N]. 报纸名，出版日期(版次).

文献来自电子文献时，书写格式为：

[序号] 作者. 文献题目[电子文献及载体类型标识]. 电子文献的可获取地址，发表或更新日期/引用日期(可以只选择一项).

文献来自各种未定义类型的文献时，书写格式为：

[序号] 主要责任者. 文献题名[Z]. 出版地：出版单位，出版年份.

参考文献类型，根据 GB3469-83《文献类型与文献载体代码》规定，以单字母方式标识：M——专著，C——会议论文集，N——报纸文章，J——期刊文章，D——学位论文，R——研究报告，S——标准，P——专利；对于专著、论文集中的析出文献采用单字母“A”标识。其他未说明的文献类型，采用单字母“Z”标识。

电子参考文献标识：

[DB/OL]——联机网上数据库(database online)

[DB/MT]——磁带数据库(database on magnetic tape)

[M/CD]——光盘图书(monograph on CD-ROM)

[CP/DK]——磁盘软件(computer program on disk)

[J/OL]——网上期刊(serial online)

[EB/OL]——网上电子公告(electronic bulletin board online)

### (四)附录

对于一些不宜放在正文中的重要支撑材料，包括某些重要的原始数据、详细数学推导、程序全文及其说明、复杂的图表、设计图纸等一系列需要补充提供的说明材料，可编入毕业论文(设计)的附录中。附录的篇幅不宜太多，一般不超过正文。

论文附录依次用大写字母“附录 A、附录 B、附录 C……”表示，附录内的分级序号可采用“附 A1、附 A1.1、附 A1.1.1”等表示，图、表、公式均依此类推为“图 A1、表 A1、式 A1”等。

## 三、毕业论文(设计)排版与印刷要求

### (一)排版与印刷

主修专业毕业论文(设计)封面使用160 g白色双胶纸,辅修封面为160 g浅黄色皮纹纸。内页均为A4规格80 g双胶纸。

章的标题占2行,标题以外的文字为1.5倍行距。

页边距标准:上边距和左边距应留25 mm以上间隙,下边距和右边距应分别留20 mm以上间隙,以便于装订。

每页须加"页眉"和"页码"。奇数页页眉内容为当前章名,如"第一章　绪论"。偶数页页眉内容为论文题目。学位论文的页码,正文、参考文献、附录部分用阿拉伯数字连续编码并居中,前置部分用罗马数字单独连续编码居中(封面除外)。

全文错别字或不规范之处不能超过千分之一次。任何一页上都不能超过2次。

### (二)字体和字号(按内容涉及顺序)

| | |
|---|---|
| 封面中文标题 | 二号黑体 |
| 封面英文标题 | 三号 Times New Roman 加粗 |
| 致谢标题 | 小三号黑体 |
| 致谢内容 | 小四号宋体 |
| 中文摘要标题 | 小三号黑体 |
| 中文关键词标题 | 小四号黑体 |
| 中文摘要、关键词内容 | 小四号宋体 |
| 英文摘要标题 | 小三号 Times New Roman 加粗 |
| 英文关键词标题 | 小四号 Times New Roman 加粗 |
| 英文摘要、关键词内容 | 小四号 Times New Roman |
| 中文目录标题 | 小三号黑体 |
| 中文目录中章的标题 | 四号黑体 |
| 中文目录中节的标题 | 小四号黑体 |
| 中文目录中三级标题 | 小四号宋体 |
| 英文目录标题 | 小三号 Times New Roman 加粗 |
| 英文目录中章的标题 | 四号 Times New Roman 加粗 |
| 英文目录中节的标题 | 小四号 Times New Roman 加粗 |
| 英文目录中三级标题 | 小四号 Times New Roman |
| 章的标题 | 小三号黑体 |
| 节的标题 | 四号黑体 |
| 三级标题 | 小四号黑体 |
| 正文 | 小四号宋体 |
| 页眉 | 小五号宋体 |
| 页码 | 小五号 Times New Roman |
| 注释内容 | 小五号宋体 |
| 表格、图的标题、单位、表头 | 五号宋体加粗 |
| 表格内容 | 五号宋体 |

| | |
|---|---|
| 表格、图的资料来源 | 小五号宋体 |
| 参考文献标题 | 小三号黑体 |
| 中文参考文献表 | 五号宋体 |
| 英文参考文献表 | 五号 Times New Roman |
| 附录标题 | 小三号黑体 |

对于中英文混杂的内容，中文的字体若是用宋体，英文的字体则采用 Times New Roman；中文的字体若是黑体，英文的字体则采用 Arial。

# 厦門大學

**本 科 毕 业 论 文 （设 计）**

**（主修 / 辅修专业）**

## 面向非结构化企业指标信息的
## 智能处理和可视分析

**Indicators of the Unstructured Enterprise Information for Intelligence Processing and Visualization**

姓　　名：

学　　号：

学　　院：

专　　业：

年　　级：

校内指导教师：　　（姓名）　　（职称）

校外指导教师：　　（姓名）　　（职务）

二〇　　年　月　日

# 厦门大学本科学位论文诚信承诺书

本人呈交的学位论文是在导师指导下独立完成的研究成果。本人在论文写作中参考其他个人或集体已经发表的研究成果，均在文中以适当方式明确标明，并符合相关法律规范及《厦门大学本科毕业论文(设计)规范》。

该学位论文为(　　　　　　　　　)课题(组)的研究成果，获得(　　　　)课题(组)经费或实验室的资助，在(　　　　)实验室完成(请在以上括号内填写课题或课题组负责人或实验室名称，未有此项声明内容的，可以不做特别声明)。

本人承诺辅修专业毕业论文(设计)(如有)的内容与主修专业不存在相同与相近情况。

学生声明(签名)：

年　月　日

——本文摘录自《关于印发〈厦门大学本科毕业论文(设计)规范〉的通知》，厦大教〔2016〕5 号，档号 2016-XZ12-1

# 厦门大学2016年博士研究生入学考试复试工作办法(普通招考)

(2016年3月)

我校2016年博士研究生入学考试初试工作即将开始，复试及录取工作随之展开。根据教育部相关文件精神和我校2016年博士研究生招生考试政策，为做好复试工作，严格按照公开、公平、公正、择优的原则选拔人才，现对复试工作做出如下安排：

一、厦门大学博士研究生招生考试制度改革

为了更加科学地选拔优秀人才，进一步提高博士研究生培养质量，我校2015年已经在所有的理工医类学院(研究院)全面实行博士研究生招生申请考核选拔方式，并选择部分文科类学院(研究院)试行博士研究生招生申请考核选拔方式。我校决定在2016年继续推行博士研究生招生申请考核选拔方式。

对于其他学院(研究院)，我校继续扩大院系在博士研究生选拔中的自主权，公平公正地选拔出具有科研能力和创新潜质的高层次人才。我校继续实行按照导师组招收及培养博士研究生的招生培养模式，招生专业和导师组主导师的相关信息请查看厦门大学招生办公室网站公布的《厦门大学2016年博士研究生招生专业目录》、各院系网站和导师个人主页。

实行申请考核招考选拔方式的院系，具体复试工作办法参见《厦门大学2016年博士研究生申请考核工作指导意见》。本意见适用于实行普通招考的院系。各院系应制定更为详细、规范和科学的复试工作细则。

二、复试工作的原则

坚持公开、公平、公正和科学选拔的原则；坚持选拔具有创新能力及潜力、具有特殊学术专长及潜力的人才，将考生的科研能力和已获得的学术成果作为选拔的重要依据；在复试过程中，切实做到以人为本，尊重考生，服务考生。

三、组织管理

学校招生工作领导小组负责全面指导全校博士研究生的复试录取工作。同时，成立学院(研究院)博士研究生复试录取工作领导小组和复试录取工作巡视督查小组，具体负责博士研究生复试和录取的各项工作。

学院(研究院)的复试录取工作领导小组由各学院(研究院)院长、书记和分管研究生教育管理工作的副院长、副书记、学院(研究院)负责纪检工作的院领导以及院系相关领导组成。由院长任组长，分管研究生教育的副院长任副组长。复试录取工作领导小组全面负责本单位复试录取组织管理工作，对治理考场环境、维护考场安全、严肃考风考纪负有主体责任。

为了加强复试录取的巡视和监督工作，各学院(研究院)须成立复试录取工作巡视督查小组，由院系相关领导组成。院复试录取工作巡视督查小组由院党委书记任组长，负责纪检工作的院领导(或指定其他院领导)任副组长，负责全程巡视监督本院内的复试录取工作。

各学院(研究院)复试录取工作领导小组应制定本单位的复试工作实施细则，同时，应负责本单位若干复试考核小组的组织和复试的审核工作。每个复试考核小组应至少由5名本学科副教授职称(含)或相当专业技术职务以上专家组成。

自2016年开始，各学院(研究院)每年须在复试录取工作开始前召开培训会，要对参与复试录取工作的全体教师和工作人员进行政策、业务、纪律等方面的培训，使其明确工作纪律和工作程序、评判规则和评判标准；要强化参与工作教师的公平意识、责任意识、业务意识和保密意识。

各学院(研究院)召开培训会的时间、地点等会议信息请通过博士研究生复试录取工作信息表上报，届时，学校将由相关部门组成工作组赴各单位巡视检查。

四、复试

(一)复试资格审查

各院系应在复试前对考生进行资格审查。进入复试考场前，特别要注意核对考生的相貌与证件上的照片是否一致，证件号是否一致，防止替考。考生复试时须携带本人以下材料到各院系接受检查：

1.填写完整并密封完好的"厦门大学2016年博士研究生政治表现情况审查表"(该表可在厦门大学招生办网页 http://zs.xmu.edu.cn 下载)；

2.毕业证书、学位证书原件(应届生携学生证原件)；

3.身份证原件；

4.准考证；

5.一张近期1寸免冠彩照，用于体检；

6.体检表(须在厦门大学医院体检，可在复试后补交)。

同等学力考生还需提供本科毕业证书学位证书原件，5门及以上所报学科专业的硕士学位课程成绩证明。在全国核心期刊以第一作者发表两篇及以上与报考学科相关的论文，或获得省、部级及以上与报考学科相关的科技成果奖励的证明。

注意：凡未进行资格审查或资格审查未通过的考生一律不予录取。

(二)复试时间

分为初试完即行复试和等初试成绩出来后再复试两种时间。各院系和专业的复试时间已经在招生办网页公布，各位考生可登录查询(http://zs.xmu.edu.cn)。

(三)复试内容

考查考生综合运用所学知识的能力、科研创新能力、对本学科前沿领域及最新研究动态的掌握情况等，并对考生进行外国语能力测试。同时，还应参考考生的申请材料，进行综合测评，判断考生是否具备博士生培养的潜能和素质。最后，还要考查考生的思想政治素质和品德状况。各院系可对各部分的要求做出进一步的规定，并根据不同专业的特点确定各部分的成绩比例。复试成绩满分为100分。各专业复试成绩的权重统一为：占总成绩的60%。

(四)复试方式

主要分为笔试、面试和实践(实验)能力考核等几种方式。鼓励各招生单位根据各自专业的特点，适当增加其他的复试方式。

(五)复试规范

1.笔试工作中的命题、制卷、考试和评卷等工作请严格按照2016年新出台的《厦门大学研究生复试工作笔试基本规范(试行)》予以操作。

2.面试中请各位参与面试工作的教师严格遵守《厦门大学研究生复试工作面试教师行为规范(试行)》。

(六)复试要求

1.复试(含笔试、面试和实验技能测试)要有试题，须全程做好记录和录音录像(录音和录像设备由各院系自备)。复试考核小组须填写每位考生的评语和给出评定的成绩。复试完毕后复试试卷、考试提纲、面试书面记录、录音影像资料在各院(系、所)保存四年(未录取者保留一年)。

根据教育部文件精神，复试试题及其标准答案均系国家机密材料，请各单位采取切实有效措施，做好安全保密工作。

2.复试信息必须公开：各学院(研究院)的复试考生名单、考生的初试成绩、分专业招生计划和复试录取工作实施细则经校招生办审核后必须在各院系的网页上公示。

3.坚持集体议事和集体决策原则。

4.加强教育宣传,努力营造诚信考试氛围。

5.复试工作结束后,各院(系、所、中心)应将复试成绩及结果在三个工作日内报招生办审核。

五、对同等学力考生的加试

除统一规定的复试内容外,各单位还要对同等学力考生加试两门硕士生课程。加试科目为所报考专业的两门主干课程,且不得与初试科目相同。加试方式为笔试,考试时间每门为3个小时,每门课程满分为100分。加试的两门主干课程不计入总成绩,但任一门加试科目成绩不到60分者,则被视为整个复试不及格。

六、硕博连读生的复试

已选拔的硕博连读生要参加复试,与统考生同一复试标准公平竞争。

七、复试成绩具有否决权

复试不及格(成绩低于60分)的考生将不予录取。

八、复试录取的监督与复议

1.厦门大学监察处监督我校2016年博士生复试录取工作。监督电话:0592-2186219。

2.实行校、院二级复试巡视督查制度。校领导、招生办、考试中心、监察处、研究生院等单位组成若干校巡视督查小组。在复试过程中,校、院巡视督查小组将深入各院系进行复试各个环节的督查,包括考生复试资格审查的督查、复试记录、录音、录像的检查和保密承诺书的检查,并深入复试现场,在不干扰正常复试工作的前提下,随机走进考场和实验室、旁听面试等措施以了解、监督复试工作等。

3.实行责任制度和责任追究制度。各招生单位的博士研究生复试录取工作领导小组对复试过程的公平、公正和复试结果全面负责,要完善对复试工作过程的监督,严肃处理违纪违规事件。

4.实行回避制度。本年度有直系亲属或者利害关系人参加博士生入学考试的教师和工作人员应主动回避,不得参加博士生的复试工作。

5.实行信息公开制度。复试基本分数线、复试工作办法、复试结果等信息应及时公布。

6.实行复议制度。要保证投诉、申诉和监督渠道的畅通。受理投诉和申诉应规定时限。对投诉和申诉问题经调查属实的,由各学院(研究院)研究生复试录取工作领导小组责成复试小组进行复议。

7.实行签订保密承诺书制度。学院(研究院)招生工作领导小组组长及成员、复试命题(面试)教师、材料审核专家、相关工作人员等都要签订博士研究生招生工作保密承诺书。

九、本复试工作办法由厦门大学招生办公室负责解释。

厦门大学招生办公室

2016年3月

——本文摘录自《厦门大学2016年博士研究生入学考试复试工作办法(普通招考)》,档号2016-XZ30-1

# 厦门大学2016年高校专项计划(凤凰计划)招生简章

(2016年4月)

为深入贯彻党的教育方针和党的十八大及十八届三中、四中、五中全会精神，落实党中央、国务院关于重点高校招收农村和贫困地区学生的有关部署，大力促进教育公平，2016年我校继续实施“凤凰计划”高校专项计划招生(以下简称“高校专项计划”)，招收符合报考条件的来自边远、贫困、民族等地区县(含县级市)以下高中勤奋好学、成绩优良的农村学生。

一、招生对象及报名条件

2016年我校主要招收边远、贫困、民族等地区县(含县级市)以下高中勤奋好学、成绩优良的农村学生(原则上高中三年学习成绩须达到所在中学同科类前10%)。具体实施高校专项计划区域由有关省(区、市)根据上述要求确定公布。

报考学生须同时具备下列三项条件：①符合2016年统一高考报名条件；②本人及父亲或母亲或法定监护人户籍地在实施区域的农村，本人具有当地连续3年以上户籍；③本人具有户籍所在县高中连续3年学籍并实际就读。考生户籍、学籍资格由有关省(区、市)省级教育行政部门审核确定。

二、招生计划

2016年计划招生105人，纳入我校年度招生总计划中。我校将根据申请情况和考核结果公布各省计划招生人数和专业。

三、报名流程

1. 网上报名：符合我校报考条件的学生，请于4月8日至4月25日登录教育部阳光高考平台(https://gaokao.chsi.com.cn/zzbm/)按要求网上报名，填写并打印《厦门大学2016年高校专项计划申请表》。

2.上传申请材料：考生须在报名截止前将申请材料扫描并上传至报名系统，每位考生所需申请材料如下：

(1)填写完整、并加盖中学公章的《厦门大学2016年高校专项计划申请表》；

(2)学籍证明(所在中学出具并加盖学校公章)；

(3)户籍证明(户口复印件或当地公安部门开具的证明)；

(4)高中阶段所修课程和成绩(所在中学出具并加盖学校公章)；

(5)高中阶段获奖证书(经所在中学签署审核意见并加盖学校公章)；

(6)个人申请陈述(由学生本人亲笔书写，800～1000字)。

友情提示：上传至报名系统的申请材料要求真实、准确、清晰。所有申请材料通过报名系统网上提交，无须邮寄纸质材料。未按要求完成报名、报名申请材料不合要求者，报名无效。

四、资格审核

考生所在省(区、市)于5月15日前完成考生户籍、学籍资格审核并进行公示。

五、材料审核

我校充分发挥学科专家作用，按照全面考察、优中择优的原则，兼顾生源质量与区域分布的合理性，对户籍、学籍资格经各省(市、区)审核通过的考生的申请材料进行审核，并于5月30前完成审核工作，原则上同一中学获得资格考生控制在5人之内。

六、确定资格

1.我校将根据我校对考生申请材料的审核结果,于6月3日前择优确定考生高校专项计划候选资格,并报学校招生工作领导小组研究审批。获得候选资格考生名单将在我校招生网公示。

2.经我校招生网和中学公示无异议的高校专项计划候选资格考生名单,我办将于6月中旬报教育部"阳光高考"平台公示。公示无异议后,方取得我校高校专项计划入选资格。

3.我校将根据各省入选资格考生人数,兼顾生源质量与区域分布的合理性,参考我校在各省本一批招生计划的安排,公布各省高校专项计划计划招生人数和专业。

七、录取办法

1.取得我校高校专项计划入选资格的考生,本着自愿的原则,须按照考生所在省份省级招生部门统一安排和要求填报高校专项计划志愿,且专业服从调剂。未按照要求填报高校专项计划志愿的考生,在本一批等其他和高校专项计划无关的批次和类别录取时不再享有我校高校专项计划资格。

2.我校在有关省级招生部门投档给我校,具有我校高校专项计划入选资格的合格考生中,根据我校公布的各省高校专项计划计划和专业按照考生高考投档分数(含政策性加分)从高分到低分择优录取,并根据考生投档分、专业志愿、我校招生章程的规定等安排学习专业,但考生高考投档分数(含政策性加分)不得低于生源所在省份本一批分数线。

3.通过高校专项计划录取的学生,入学以后原则上不转专业,如有特殊情况,确实需要转专业的,仅限定在与原录取专业相关相近专业内,根据厦门大学转专业有关文件规定执行。

八、监督机制

1.我校高校专项计划录取工作接受监察部门的监督。对我校高校专项计划考试工作有异议,可向我校监察处申诉,电话:0592-2180299。

2.中学和申请考生须对填写的内容和提供的材料的真实性负责。凡发现弄虚作假和舞弊行为者,一经查实,我校将取消其高校专项计划资格,同时保留追究相关人员责任的权利。

九、附则

1.获得我校高校专项计划入选资格的考生须在户口所在地参加省级招生部门组织的高考报名,并参加所在省普通高校招生统一考试。

2.申请我校高校专项计划的考生请及时关注我校招生网的相关信息。凡因未能按我校要求如期办理相关事项或个人信息提供不准确而产生影响录取等问题,均由考生个人负责。

十、本招生简章由厦门大学招生办公室负责解释。

十一、联系方式

电话:0592—2188888;传真:0592—2180256

网址:http://zs.xmu.edu.cn;E-mail:zs@xmu.edu.cn

通讯地址:福建省厦门市思明区思明南路422号厦门大学招生办公室(邮编361005)

厦门大学招生办

2016年4月

——本文摘录自《厦门大学2016年高校专项计划(凤凰计划)招生简章》,档号2019-XZ30-003

# 厦门大学 2016 年普通招考类博士研究生复试录取工作意见

（2016 年 4 月）

为了更加科学地选拔优秀人才，进一步提高博士研究生培养质量，我校 2016 年已经在所有的理工医类学院全面实行博士研究生招生申请考核选拔方式，并选择部分文科类学院试行博士研究生招生申请考核选拔方式。对于其他学院，在入学考试阶段，初试主要考查考生的基本素质，复试全面考查考生的专业素质、综合素质、外语能力等。在录取阶段，复试成绩在总成绩中所占权重为 60%，院系应公平公正地选拔出具有科研能力和创新潜质的高层次人才。

我校继续实行按照导师组招收及培养博士研究生的招生培养模式，招生专业和导师组主导师的相关信息请查看厦门大学招生办公室网站公布的《厦门大学 2016 年博士研究生招生专业目录》、各院系网站和导师个人主页。

根据教育部相关文件精神，经校招生工作领导小组研究，现就我校今年普通招考类博士生复试录取工作提出如下意见：

一、指导思想

坚持公平、公正、公开和科学选拔的原则，做到德、智、体全面衡量，择优录取，保证质量，宁缺毋滥。

各院系应将对考生外语能力、专业能力和综合素质的考核作为复试选拔的重要内容。注重选拔具有突出创新能力和科研潜力、具有特殊学术专长的优秀创新人才，以提高博士生培养质量。

二、组织管理

学校招生工作领导小组负责全面指导全校博士研究生的复试录取工作。同时，成立学院（研究院）博士研究生复试录取工作领导小组和复试录取工作巡视督查小组，具体负责博士研究生复试和录取的各项工作。

学院（研究院）的复试录取工作领导小组由各学院（研究院）院长、书记和分管研究生教育的副院长、副书记、学院（研究院）负责纪检工作的院领导以及院系相关领导组成。由院长任组长，分管研究生教育的副院长任副组长。复试录取工作领导小组全面负责本单位复试录取组织管理工作，同时对治理考场环境、维护考场安全、严肃考风考纪负有主体责任。

为了加强复试录取的巡视和监督工作，各学院（研究院）须成立复试录取工作巡视督查小组，由院系相关领导组成。复试录取工作巡视督查小组由党委书记任组长，负责纪检工作的院领导（或指定其他院领导）任副组长，负责全程巡视监督本院内的复试录取工作。

各学院复试录取工作领导小组应制定本单位的复试工作实施细则，同时，应该负责本单位若干复试考核小组的组织和复试的审核工作。每个复试考核小组应由 5 名本学科副教授职称（含）或相当专业技术职务以上专家组成。参加考核的教师应以高度的责任心和公正公平的态度来完成复试工作。监考人员和工作人员要对准考证、身份证和考生本人严格逐一核对，严防冒名顶替和资格造假。

各学院复试考场要设置隔离带，合理安排考生休息区，合理设置考生进出考场通道，并派专人维护考场外围秩序，复试工作人员必须挂牌上岗。

自 2016 年开始，各学院（研究院）每年须在复试录取工作开始前召开培训会，要对参与复试录取工作的全体教师和工作人员进行政策、业务、纪律等方面的培训，使其明确工作纪律和工作程序、评判规则和评判标准;要强化参与工作教师的公平意识、责任意识、业务意识和保密意识。

复试笔试工作中的命题、制卷、考试和评卷等工作请严格按照2016年新出台的《厦门大学研究生复试工作笔试基本规范(试行)》予以操作。面试中请各位参与面试工作的教师严格遵守《厦门大学研究生复试工作面试教师行为规范(试行)》。

三、学校基本分数要求和院系复试分数线

(一)我校普通招考类博士生复试基本分数要求已由学校招生工作领导小组确定,详见下表[不含申请考核院系(专业)]:

| 学科门类 | 外语 | 业务课 | 业务课 | 总分 |
|---|---|---|---|---|
| 文科 | 60 | 60 | 60 | 200 |
| 少民骨干(文科) | 55 | 60 | 60 | 190 |
| 对口支援专项计划(文科) | 55 | 60 | 60 | 190 |

注:1.“少民骨干”全称:少数民族高层次骨干人才专项计划。

2.统计学(071400)实行以上同一分数线。

(二)为扩大院系在博士生选拔中的自主权,各院招生工作领导小组可根据本单位学科、专业特点和招生计划,在学校复试基本分数线基础上,原则上按照不高于1∶2的复试比例,并在征求各导师组的意见后,进一步确定各自专业的复试分数线。各院系各自专业的复试分数线、复试内容所占比例,复试工作细则于4月22日前报送校招生办审核后在网上公布。

四、复试工作要求

(一)部分院系已在初试的同时进行了复试,目前已完成复试的院系请于4月22日之前将拟录取名单报送至招生办,经招生办审核后即在学院网上公示。

(二)尚未开始复试工作的院系请根据《厦门大学2016年博士研究生入学考试复试工作办法(普通招考)》于4月30日前完成复试工作。特别强调,由于复试权重为60%,各院系应科学制定本单位复试工作实施细则,规范有序、公平公正地开展复试工作。

(三)招生单位应组织一般不少于五人的本学科副教授职称(含)或相当专业技术职务以上专家组成复试小组,对参加复试的考生进行学术水平考查。

(四)各院系对前来参加复试的考生,要认真进行复试前的验证审核,笔试和面试现场都要对考生的身份进行认真查验。

(五)复试信息必须公开:各学院(研究院)的复试考生名单、考生的初试成绩、招生计划和复试录取工作实施细则经校招生办审核后必须在各院系的网页上公示。

(六)复试(含笔试和面试)要有试题,须安排专人全程做好面试书面记录和录音、录像(录音和录像设备由各院系自备)。复试考核小组须填写每位考生的评语和给出评定的成绩。复试完毕后复试试卷、考试提纲、面试书面记录、录音影像资料在各院(系、所)保存四年(未录取者保留一年)。

五、调剂原则

根据教育部文件规定,博士生调剂只能在本校内进行,不能进行跨校调剂。我校个别线上生源不足的专业可跨专业进行调剂。普通招考线上生源不足的专业只能从实行普通招考的专业调剂考生,跨专业调剂,须学科相近,须经接受调剂的学院(研究院)招生工作领导小组同意后报校招生办审核后方可进行,并在报送招生办拟录取名单上备注说明。

六、奖助学金确定原则

在职少民骨干计划和对口支援西部地区专项计划博士研究生享受国家助学金,其他在职博士研究生不享受奖助学金。

根据《财政部、国家发展改革委、教育部关于完善研究生教育投入机制的意见》(财教〔2013〕19号)的文件精神，国家将完善研究生奖助政策体系：加大奖助经费投入力度；建立研究生国家助学金制度，博士研究生资助标准不低于每生每年12000元；加大研究生助教、助研和助管(以下简称“三助”)岗位津贴资助力度；建立研究生国家奖学金制度，获奖博士研究生奖励标准为每生每年30000元；建立研究生学业奖学金制度；完善研究生国家助学贷款政策；完善配套政策措施，综合采取减免学费、发放特殊困难补助、开辟入学“绿色通道”等方式，加大对家庭经济困难研究生的资助力度。

根据国家和福建省的相关政策，我校博士研究生奖助学金资助办法如下：

单位：万元/年

| 学生类型<br>(从2014级起) | | 学业奖学金 | 国家助学金 | 校长助学金 |
|---|---|---|---|---|
| 博士 | 前三年 | 1.3 | 1.2 | 1.8 |
| | 第四年<br>(从2014级起) | 0<br>(第四年免学费) | 0 | 3 |

学业奖学金前三年按年度一次性发放，第四年免交学费。国家助学金和校长助学金分12个月发放。国家奖学金和校级奖学金以当年评奖通知为准。

七、录取原则

(一)各院招生工作领导小组应根据考生的总成绩，综合评估考生各方面的表现、科研能力及已获得的学术成果，按各院系安排的分专业计划择优录取，宁缺毋滥。

(二)下列情况之一者，不予录取：复试不及格者(60分以下)；同等学力考生任何一门加试科目不及格者(60分以下)；政审不合格者；体检不合格者。

(三)为推行我校博士生招考改革，确保博士研究生培养质量，经我校招生工作领导小组研究决定，我校2016年继续实行不招收在职攻读博士学位研究生政策(教育博士专业学位和“少数民族高层次骨干人才计划”“对口支援西部地区高校专项计划”“厦门大学附属医院在职医务人员专项计划”等除外)。在职考生报考我校并被我校录取，须辞去原单位工作，并根据我校寄发的预录取通知，在5月30日前将人事档案转入我校，进行全日制学习，我校方寄发正式录取通知书。

八、拟录取名单和正式录取名单的确定

各院系在完成复试工作后，应根据考生的最终形成的专业总成绩、确定的录取原则和安排的招生计划，充分征求相关导师组的意见，召开学院招生工作领导小组会议，研究确定本单位拟录取名单。前期已完成复试工作的院系请于4月22日之前将拟录取的名单报送至校招生办，经招生办审核后即在所在学院网上公示；将开始复试工作的院系请在复试工作完成后，于5月3日之前将拟录取名单报送至招生办，经招生办审核后即在学院网上公示。

博士生拟录取名单经校招生工作领导小组审核同意、福建省教育考试院和教育部录检审核通过后形成正式录取名单。

学校将在教育部录检通过后寄发录取通知书，时间约在7月初。

九、复试录取的监督与复议

(一)厦门大学2016年博士生复试录取工作全程接受监察处监督。监督电话：0592-2180299。

(二)实行校、院二级复试巡视制度。校领导、招生办、研究生院、考试中心、监察处等单位组成若干校巡视小组。在复试过程中，校、院巡视小组将深入各院系进行复试各个环节的督查，包括考生复试资格审查的督查、复试记录、录音、录像的检查和保密承诺书的检查，并深入复试现场，在不干扰正常复试工作的前提下，随机走进考场和实验室、旁听面试等措施以了解、监督复试工作等。

(三)实行责任制度和责任追究制度。所有参与复试录取工作的人员都要认真负责，切实维护复试录取工作的公平公正,对徇私舞弊的工作人员要追究责任。

(四)实行复议制度,确保信访和监督渠道的畅通。对经调查属实的信访问题,由相关单位的博士生招生工作领导小组责成复试工作小组进行复议。

(五)实行回避制度。凡直系亲属及利害关系人员报考本单位的导师和工作人员,不得参加本单位和当年度的博士生复试录取工作。

(六)实行信息公开制度。复试基本分数线、复试工作办法、复试结果等信息应及时公布。

(七)实行签订保密承诺书制度。学院招生工作领导小组组长及成员、复试命题(面试)教师、相关工作人员等都要签订博士研究生招生工作保密承诺书。

十、本复试录取工作意见由厦门大学招生办公室负责解释。

厦门大学招生办公室

2016 年 4 月

——本文摘录自《厦门大学 2016 年普通招考类博士研究生复试录取工作意见》,档号 2016-XZ30-1

# 厦门大学公共教室借用管理规定

（2016年4月27日）

公共教室是学校的公共资源，由教务处统一管理使用，任何单位和个人不得私自占用。在保证正常教学秩序的情况下，教室面向全校师生开放借用。为提高教室资源利用率，维护学校教学秩序，规范公共教室管理，简化公共教室申请流程，特制定本规定。

一、借用范围

（一）借用范围

1.教学活动，如本科生课程、研究生课程、调课、补课、辅导课、期中考试、期末考试、夜大课程、网络教育、职工夜校、学术讲座等；

2.学生活动，由学院组织的各类活动，如主题班会、新老生交流会、年级大会等；

3.社团活动，由团委或其他单位组织的旨在丰富学生生活、繁荣校园文化的非纯娱乐性、非商业性学生社团活动等；

4.就业活动，由学生处或其他单位组织的就业指导、就业招聘、实习招聘等。

（二）禁止借用范围

1.纯娱乐性活动：包括放映各种纯娱乐性视频、棋牌类活动等；

2.对正常教学有影响的歌舞类排练与比赛等活动；

3.由校外单位、团体或个人赞助或举办的商业性活动；

4.其他非法活动。

二、借用方式及要求

（一）本科教学活动通过本科教学秘书申请；研究生公共课通过研究生院申请；研究生专业课及其他教学活动通过研究生秘书申请；职工夜校、夜大及网络教育通过继续教育学院申请；学院组织的学生活动、学生社团活动通过所在学院辅导员申请；校级学生组织活动和学生社团活动通过校团委申请；校级就业活动通过学生处申请；学院组织的就业活动通过所在学院辅导员申请；所有申请最后统一由教务处审核。

（二）教室借用原则上采用网络申请的方式。各单位需要使用教室时，一般至少提前一个工作日、但不超过2周在本科教务管理系统中提交申请，教务处每日审核。如有特殊情况需提前申请教室的，请与教务处联系。申请单位自行进入系统查看审核情况，审核通过即可直接使用教室，审核不通过请根据退回原因修改或调整。如有其他特殊情况，请填写纸质申请单（超过300人的大型活动，需另附活动策划书），并加盖所在单位公章后前往教务处申请。

（三）为提高公共教室利用率，请各单位务必本着“合理、有效利用”的原则，按需借用。

（四）为保证正常的教学秩序，非教学活动需要借用教室的原则上安排在晚上和周末。

（五）考试周或学校有其他重要安排时，教室停止借用，已借出的教室须服从调整安排。

三、教室申请采用“申请人责任制”，对违规借（使）用教室的，将追究教室借用申请人及相关人员的责任。违规行为包括：

（一）在教室内举办学校禁止的活动；

（二）不履行教室借用手续，私自占用教室，且不服从协调，影响教学秩序的；

(三)借用教室后将教室转借给他人使用的；

(四)实际使用用途与申请事由不一致的；

(五)其他影响教室正常使用的行为。

四、本规定自公布之日起执行，由教务处负责解释。

——本文摘录自《关于印发〈厦门大学公共教室借用管理规定〉的通知》，厦大教〔2016〕20号，档号2016-XZ12-1

# 厦门大学关于加快2011协同创新中心培育和申报准备工作的若干意见

（2016年5月25日）

国家已将持续推进“2011计划”列入“十三五”规划，同时，在教育部2016年工作要点中，也将在2016年继续推进“2011计划”，并与世界一流大学和一流学科建设计划紧密衔接。聚焦国家重大需求领域，整合我校已有的学术资源，联合相关院校、科研机构，加快推进“2011协同创新中心”（以下简称“协创中心”）建设和申报准备工作，是我校深化改革、提高自主创新能力的迫切要求。2016年5月23日，学校召开“2011计划”领导小组会议，研究加快“2011协同创新中心”培育和申报准备工作，提出如下意见。

一、我校各类协创中心要根据国家已发布的“2011计划”及其相关政策文件，加强顶层设计，聚焦国家重大需求，以高标准开展各项建设工作。自然科学类协创中心要结合国家创新驱动发展战略和国家“十三五”科技教育发展规划纲要的部署，社科类协创中心要结合国家关于高水平智库建设的要求。建设过程中要紧密结合教育部的工作要点，与“双一流”建设紧密衔接，推进高水平学科建设、提高人才培养质量、拓展国际影响力；同时，也要突出能力建设，全面提升学科、人才、科研、服务的创新能力；此外，还要坚持问题导向，克服和完善首批协创中心绩效检查中已经发现的和社会普遍反映的问题。

二、突出“三实——实力、实干、实效”建设。实力，就是协创中心建设首先要在主攻方向上聚集最优秀的科研人才，组建高水平的团队，设置合理的研究平台，凝练主攻方向时要注意把相关的重大急需问题全部整合进来；实干，就是以创新的机制体制，聘任、考核团队成员，开展联合攻关，促进学术交流，推进真正的协同，培养创新人才；实效，就是通过承担重大科研项目，协同创新，产出重大、系列成果，培养优秀人才，提供咨询服务和转化成果。在申报材料上，要弱化中心建设的设计规划，突出体现协创中心组建以来的“三实”协同成效。

三、扎实推进“协同”，通过真正的协同举措，产出实在的协同成效。

1.考虑协同时，要拓宽视野，不能局限在太窄的专业方向内，要有交叉学科思维。

2.要首先协同好校内相关资源，同时，主动协同校外单位。协同单位之间要通过真正的协同举措成立战略联盟，构建命运共同体；协同单位内部要协同相关资源，加强核心功能区建设，推进创新网络布局。

3.对协同单位和人员，要避免重复。

4.开展各项协同工作，宜早不宜迟，宜快不宜慢。该召开理事会、学术委员会的宜尽早安排召开；该签署协议、聘任合同的尽早签署；该完善规章制度的，要尽快完善；该邀请专家提供咨询、进行学术交流的，尽早安排。

四、协创中心要注重体制机制改革，尤其是对人事聘用、人才培养、评价机制等方面的改革。同时，鼓励与学校综合改革紧密结合，形成可复制、可推广的机制和做法。

五、要确定申报准备工作时间表，合理分工，有序推进各项准备工作。要借鉴我校第二批国家级协创中心申报经验，关注最新申报认定要求，注意细节，提前演练，做到有备无患。

六、积极参加其他院校牵头的协创中心的组建和申报工作，像对待我校牵头的协创中心一样，主动与牵头单位对接，通过与校外单位协同，推动我校相关学科建设和发展。

各有关学科、学院、研究院要高度重视协创中心培育和申报准备工作，把推进协创中心建设作为我校深化改革、促进学科建设、提高自主创新能力的抓手，通过建设出实效，在申报过程中展现协同创新成果，争取在今后我校的国家级协创中心申报认定中取得好成绩。

厦门大学“2011计划”办公室

（科技处　社科处　代章）

2016年5月25日

——本文摘录自《厦门大学关于加快2011协同创新中心培育和申报准备工作的若干意见》，档号2016-XZ31-3

# 厦门大学少数民族预科班结业生转升本科专业安排实施办法

（2016 年 8 月 5 日）

第一条　为调动少数民族预科生学习积极性，引导少数民族预科班结业生（以下简称“学生”）理性选择本科专业，根据《普通高等学校少数民族预科班、民族班管理办法（试行）》（教民〔2005〕5 号）、《普通高等学校少数民族预科班、高层次骨干人才硕士研究生基础强化班管理办法》（教民〔2010〕11 号），并结合我校实际情况，制定本办法。

第二条　学生本科专业安排坚持如下原则：坚持学生自主选择、学校引导和调控相结合原则；坚持学生个性发展需求和民族地区经济建设、社会发展对人才需求相结合的原则；坚持公平、公正、公开原则。

第三条　学校为学生选择专业提供必要的支持和指导，通过新生入学教育、课堂教学、教师指导等形式，让学生充分了解学科专业的发展前景、民族地区经济建设和社会发展对人才需求等，引导学生结合个人实际情况理性选择专业。

第四条　学校根据民族地区经济社会发展，尤其是产业结构调整升级需求，一般于每年五月份编制本科生分省分专业计划时，确定并公布少数民族预科转本科招生专业和计划。

第五条　学生填报少数民族预科转本科专业志愿时间一般安排在每年六月份进行。

第六条　学生专业安排依据：

1.预科阶段大学语文、高等数学、英语、计算机、民族理论与民族政策五门课程第一、二学期的课程成绩。

2.全国少数民族预科生结业会考成绩。

第七条　学生专业安排排序规则：

1.按普通文史类、普通理工类、新疆文史类、新疆理工类四个序列进行排序。

2.按第六条所述两项成绩总分从高分到低分进行排序。当成绩总分相同，按会考成绩总分从高分到低分进行排序；当会考成绩总分相同时，文史类按会考语文、数学单科成绩排序，理工类以会考数学、语文单科成绩排序。

第八条　学生专业安排程序：

1.学生根据预科阶段学习成绩和兴趣爱好等自身实际情况，参考学校公布的当年度预科转本科招生专业和计划，填报相应专业志愿。

2.学校根据学生预科阶段成绩排名、专业志愿填报进行专业安排，并报福建省教育厅批准备案。

3.学校发放少数民族预科转本科录取通知书。学生凭持结业证书和录取通知书报到并按有关要求办理入学手续。

第九条　本办法自公布之日起实施，由少数民族预科生管理中心负责解释。

——本文摘录自《关于印发〈厦门大学少数民族预科班结业生转升本科专业安排实施办法〉的通知》，厦大学〔2016〕92 号，档号 2016-XZ11-2

# 厦门大学加强大学生法治教育工作方案

(2016年10月1日)

为深入贯彻党的十八大和十八届三中、四中、五中全会精神，落实教育部、司法部、全国普法办联合印发的《青少年法治教育大纲》规划，为全面依法治国营造良好法治环境，进一步提高学校法治教育的系统化、科学化水平，结合学校实际，特制订本方案。

## 一、指导思想

法治教育是依法治国的基础性工作，大学生接受法治教育，学习法律知识，培养法治精神，有利于他们牢固树立法治思维和法治信仰，成效关系到依法治国的走向、深度和持久性。要深入贯彻习近平总书记系列重要讲话精神，全面贯彻党的教育方针，以培育和践行社会主义核心价值观为主线，以宪法教育为核心，把法治教育融入学校教育的各个阶段，全面提高大学生法治观念和法律意识，使尊法学法守法用法成为大学生的共同追求和自觉行动。

## 二、工作目标

通过对在校大学生进行法治教育，进一步深化对法治理念、法治原则、重要法律概念的认识与理解，基本掌握公民常用法律知识，基本具备以法治思维和法治方式维护自身权利、参与社会公共事务、化解矛盾纠纷的能力，牢固树立法治观念，认识全面依法治国的重大意义，坚定走中国特色社会主义法治道路的理想和信念。

## 三、任务分工

1.宣传部：在宣传工作中主动融入法治元素，充分利用优质法治教育资源，通过官方微信和微博、校报、广播站、电视台、校园网、橱窗、电子屏等载体大力进行法治宣传，增强网络法治教育的吸引力；加强对校园媒体、校园网络的引导和管理，积极鼓励弘扬法治精神的图书、期刊、网络游戏、动漫作品等文化产品以及创意作品的创作和传播。

2.学生工作部(处)：指导各学院(研究院)辅导员，在新生入学教育、学期初及期末、毕业前教育等重要时点，以年级大会、班会、主题党团日活动等形式开展法治教育。将安全教育、廉政教育、民族团结教育、国防教育、禁毒教育等专题教育与法治教育内容相整合，在新生入学手册和入学前视频课程中加入法治教育内容。深入开展“法律进学校”活动，充分利用国家宪法日、国防教育日、国家安全教育日、全国消防日、全国交通安全日、国际禁毒日、世界知识产权日、消费者权益日等节点，普及相关法律知识，开展形式多样、丰富多彩的主题教育活动。

3.教务处：把法治教育纳入人才培养方案，开设“思想道德修养与法律基础”必修课程，鼓励相关学院开设相关选修课程或讲座。在课程教学中，应当帮助学生理解法治社会的基本理论，树立法治信仰，养成法律思维，将学生培养成为社会主义法治的忠实崇尚者、自觉遵守者、坚定捍卫者。在教学过程中积极创新教学方法，落实学生主体地位，避免单纯的理论灌输与说教；重视并推广案例教学法，将社会主义法治国家建设实践中的鲜活案例转化为教学素材，融入课堂教学；充分利用现代信息技术，探索并推广多样化教学模式和教学方法。

4.法律事务办公室：继续共建厦大"无讼校区"，创建法院、学校、社区三位一体，相互协作的多元纠纷解决平台，建立"法庭—校园"的实践互动平台，不断加强法学教育中对学生实践能力的培养；充分利用各种社会资源，联系法院、检察院、公安机关、司法行政机关等国家机关和律师协会等社会组织深入校园支持和参与大学生法治教育工作。

5.法学院：充分发挥学科优势，深入开展青少年法治教育理论研究，为法治教育教学提供理论基础和学理支撑。探索青少年法治教育方向研究生培养；指导大学生法律援助中心开展法治宣传服务活动；为相关学院（研究院）创造条件，开设与法治教育相关的讲座。

6.马克思主义学院：在思想政治理论课教学中安排法治教育内容。针对非法律专业的学生，系统介绍中国特色社会主义法学理论体系的基本内涵，全面推进依法治国的战略目标、道路选择和社会主义法治体系建设的内容与机制等，大力普及法治知识。

7.校团委：精心组织开展主题突出、特色鲜明、形式多样的集中法治宣传教育活动；支持各学院（研究院、教学部）团组织根据自身情况，广泛开展模拟法庭、法律知识竞赛、法律情景剧展演、辩论会、主题沙龙等法治宣传教育活动；推动建设大学生法治教育实践基地，在社会实践活动中安排法治相关实践内容，组织青年学生进入社区、街道、乡村和工厂开展法治宣传，普及法律知识，让广大学生在实践中学法、懂法、用法。

## 四、工作要求

各学院（研究院、教学部）要按照学校总体要求，结合实际情况制订本单位法治教育计划；要根据学生专业知识结构、认知能力等情况，积极开展形式多样、富有特色的教育活动；要充分发挥微信、微博和易班平台等新媒体网络优势，加大宣传力度，及时宣传报道宣传教育活动的进展情况和典型经验，努力扩大活动影响。学校将法治教育实施情况作为依法治校的重要方面，并纳入各单位考核、评估范围。

——本文摘录自《关于印发〈厦门大学加强大学生法治教育工作方案〉的通知》，厦大学〔2016〕103号，档号2016-XZ11-3

# 关于深入实施《厦门大学哲学社会科学繁荣计划(2011—2021年)》的补充意见

(2016年10月24日)

《厦门大学哲学社会科学繁荣计划(2011—2021年)》自2012年颁布实施以来,在学科建设、平台建设、人才引培、科学研究和社会服务等方面取得了明显成效。为贯彻落实习近平总书记系列重要讲话精神,特别是在哲学社会科学工作座谈会上的重要讲话精神,不断提升我校哲学社会科学的学科体系、学术体系、话语体系建设水平,结合《厦门大学综合改革方案》和《厦门大学"十三五"规划和远景规划》,现对深入实施《厦门大学哲学社会科学繁荣计划(2011—2021年)》(以下简称"繁荣计划")提出如下补充意见。

## 一、加强人文社会科学科研创新团队建设

1.大力推进"学科带头人+创新团队"建设。科研创新团队是孕育科研创新的重要摇篮。要创造出更多的原创性科研成果,必须加快培养和集聚各类创新人才,加强科研创新团队建设,形成以学科带头人为核心,以中青年骨干为主体的创新人才群体,提高科研创新能力。

2.重点支持20个科研创新团队建设。打破学院、学科固有的组织模式,通过加大资源投入和政策导向,两年内在现有8个科研创新团队基础上再完成12个科研创新团队的进选和培育工作,重点支持跨学科、跨学院、跨文理工医的科研创新团队建设,力争经过3~5年乃至更长一段时间的建设,打造在国内外学术界享有盛誉的10个科研创新团队。

3.完善哲学社会科学人才培养选拔和管理机制。对符合副教授借岗任职条件的年轻教师,允许在本学科内部统筹使用高级岗位;对达到退休年龄的学科带头人,视科研创新团队建设和学科建设发展需要,可以使用"繁荣计划"专项资金,通过新的用人机制,继续发挥他们的作用。

## 二、发展壮大人文社会科学博士后队伍

1.充分发挥博士后作为科学研究的生力军作用。博士后队伍是高校人才队伍的重要组成部分,是科研工作的重要力量和选留优秀师资的重要来源。加快我校人文社会科学博士后流动站建设,积极营造博士后成长的良好环境,不断壮大博士后队伍。

2.重点支持17个人文社会科学博士后流动站建设。通过改革博士后培养分担机制,使用"繁荣计划"专项资金,加快吸引和汇聚一批国内外优秀博士来校从事高水平科研工作,力争到2018年在现有基础上使在站博士后规模达到200人。

## 三、加快提升人文社会科学国际化水平

1.加强国际学术交流与合作。继续深入实施国际化战略和"走出去"计划,每个学院与5~8所国际一流的研究机构和高等学校开展实质性的合作交流;每年重点资助100名优秀教师到国外一流大学开展学术交流;邀请100名国际知名专家学者到校讲学、访问或开展合作研究;每年举办30场高水平的国际

学术会议;大力推动教师开展实质性国际合作研究。

2.加大力度支持人文、社会科学两个ESI学科建设。通过关注重点重要作者,加大对在SSCI来源期刊发表论文作者的奖励力度,力争1～2年内使我校社会科学总论进入ESI全球前1%的行列,3～5年内使经济学和商学进入ESI全球前1%的行列,为实现一流大学的建设目标奠定坚实的学科基础。

## 四、积极谋划人文社会科学与理工医科交叉学科建设

1.大力促进文理工医科之间的学科交叉。学科交叉是高校新学科生长点产生的源泉,是获得原创性科研成果的重要途径。以问题为导向,以国家重大战略需求和区域经济社会发展急需为牵引,以体制机制改革为核心,科学设计交叉学科研究的激励政策和手段,突破学科和行政组织壁垒,充分释放人才、资本、技术、信息等创新要素的活力,通过跨学科研究推进人文社会科学与理工医科之间的交叉、渗透与融合,实现学科建设的内涵发展。

2.重点建设5个文理工医科交叉学科。聚焦语言学与信息科学,公共管理、伦理学、人类学与医学,经济金融与数学、信息工程,法学与海洋科学,新闻舆论与心理学、信息技术等文理科之间的交叉,通过科研的顶层设计和超前布局,搭建跨界交流与合作平台、组建团队、建设数据库、承接大项目,创新研究方法,推出一批对文化传承创新具有重大影响的标志性成果,一批能够产生重大社会效益和经济效益的应用研究成果,不断提升我校哲学社会科学的学术声誉。

## 五、重点建设一批高水平数据库

1.促进科研方法和手段创新。大数据时代深刻影响和改变了人文社会科学的研究方法,以大规模数据分析为特征的研究方法的广泛应用,使人文社会科学研究的科学性显著提升。

2.重点建设10个高水平数据库。聚焦两岸关系、经济金融、财会、公共管理、新闻、高等教育等优势和特色学科,加强社科专题数据库和实验室建设,开展数据挖掘和深入分析,提高各类决策和预测的准确率,拓展社会科学经典理论的验证空间,为学科融合提供更坚实的基础。

## 六、着力加强高端智库建设

1.加大教育部文科重点研究基地向高端智库转型力度。以中国特色新型智库建设为契机,按照教育部文科重点研究基地分类和"2011计划"建设要求,通过机制体制创新,推动若干具备专业化智库条件的基地向高端智库转型。

2.加大力度组建培育新的研究机构。在继续加强我校已有的教育部文科重点研究基地建设的同时,根据国家重大战略需求和学科前沿的需要,组建培育新的研究机构,力争我校有3～5个研究机构入选教育部文科重点研究基地管理数据库系统,争取教育部的重点支持和投入。

## 七、完善哲学社会科学评价体系

1.建立分类评价体系。尊重人才成长规律和教学科研规律,科学设计不同年龄段、不同学科教师的考核权重及评价标准,探索科研团队的业绩评价标准,完善多样化的人才评价机制。改革按身份、重数量的评价办法,强化质量导向,综合考虑师德师风、教学科研、社会服务等评价指标,建立公平合理、有约束力的评价体系。

2.尊重研究生导师的贡献。重视研究生导师在研究生培养过程中的重要作用,对导师署名第二的成果在岗位考核中视同第一作者予以积极评价。

3.坚持“多劳多得、多贡献多得、多担当多得”的原则。强化业绩贡献导向，合理规定基本薪酬标准和工作任务要求，实施统一规范的基本薪酬体系。

## 八、坚持科研业绩与资源配置挂钩原则

1.构建符合哲学社会科学研究发展特点的科研绩效指标体系。尊重科研规律和学科差异，坚持以质量、创新和绩效为基本导向，按照学科的发展规律和不同的特点，坚持规范化与多样化并重，科学制定评价方法与标准，激发科研创新活力。

2.建立新型科研资源配置和管理机制。统筹校内各项科研资源，改变科研资源配置碎片化、聚焦度差的现状，坚持以绩效评价结果为基础合理分配资源，将长期规划与动态管理相结合，实现资源分配的导向性和灵活性相统一。

——本文摘录自《关于印发〈《厦门大学哲学社会科学繁荣计划(2011—2021 年)》补充意见〉及实施办法的通知》，厦大社科〔2016〕21 号，档号 2016-XZ31-2

# 《厦门大学哲学社会科学繁荣计划(2011—2021 年)》补充意见实施办法

（2016 年 10 月 24 日）

为深入贯彻落实习近平总书记在哲学社会科学工作座谈会上的重要讲话精神，更好地推动《厦门大学哲学社会科学繁荣计划（2011—2021 年）》的实施，提升我校哲学社会科学整体水平，服务学校“两个百年”发展目标，根据《〈厦门大学哲学社会科学繁荣计划（2011—2021 年）〉补充意见》，制定本实施办法。

## 一、总体目标

通过机制创新，提升我校人文社科整体实力，形成以重点学科为支撑点、以新兴交叉学科为增长点的人文社科学科体系；充分挖掘人力资源潜能，建成协同攻关、竞争有力的创新团队；以 ESI 学科建设为抓手，提升人文社会科学国际化水平；开展研究方法创新，建设高水平实验室和数据库；增强社会服务能力，建设新型高端智库；建立以“质量、创新、贡献”为导向的评价体系和高效的保障体系。

## 二、基本原则

1.坚持重点支持、兼顾一般的原则。

2.坚持贡献为主、绩效优先的原则。

3.坚持权责一致、奖惩公平的原则。

## 三、具体举措

1.加强科研创新团队建设。重点支持 20 个科研创新团队建设，两年内在现有 8 个科研创新团队基础上再完成 12 个科研创新团队的进选和培育工作，使用校长基金按照每个创新团队 30 万元/年的额度，连续支持 3 年；优先支持跨学科、跨学院、跨文理工医的科研创新团队建设。

2.改革人才管理机制。对达到退休年龄的学科带头人，视学科实际发展需要，并满足以下（1）～（4）项其中 1 项，可使用“繁荣计划”专项经费鼓励其继续发挥“传帮带”作用：

（1）科研项目：曾主持国家社科基金重大项目或教育部重大课题攻关项目或国家自然科学基金重点项目；

（2）科研获奖：曾获教育部高等学校科学研究优秀成果奖（人文社会科学）或福建省社会科学优秀成果奖一等奖；

（3）科研经费：近 5 年横向科研到账经费累计达 300 万元以上；

（4）其他：取得与上述业绩相当的成果并经学校聘委会认可的。

3.支持博士后队伍建设。博士后年薪除学校资助的部分外，可由“繁荣计划”专项经费按不超过 4 万元/（人·年）的标准支持，资助期限最长 3 年。

4.提升国际化发展水平。

(1)优秀教师到全球排名前200位的一流大学开展学术交流(已获得国家留学基金委等其他出国交流项目资助的除外),可使用“繁荣计划”专项经费报销1次国际往返差旅费;

(2)邀请国际知名专家学者到校讲学、访问或开展合作研究(已获得国家外专局等各类项目资助的除外),可使用“繁荣计划”专项经费报销专家的国际往返差旅费;

(3)按照10万元/场的资助标准,每年支持在我校举办的高水平国际学术会议。

5.支持ESI学科建设。使用“繁荣计划”专项经费对ESI的经济学与商学、社会科学总论两个学科贡献率排名前列的教师,按照分级标准实施奖励;对教师在SSCI来源期刊发表的论文,按0.5万元/篇的标准实施奖励。

6.大力推动学科交叉。对重点建设的5个理工医科交叉学科,使用“繁荣计划”专项经费按照60万~150万元/年的标准,连续支持3年,进一步促进多学科交叉融合,提升学科建设水平。

7.建设高水平数据库。加强社科专题数据库和实验室建设,进选优势和特色学科,重点建设10个高水平数据库,使用“繁荣计划”专项经费按30万元/(个·年)的标准给予资助。

8.推动高端智库建设。推动教育部文科重点研究基地向新型高端智库转型,按教育部有关文件规定,由“繁荣计划”专项经费按1∶1配套支持;对入选教育部文科重点研究基地管理数据库系统的机构,参照教育部文科重点研究基地资助标准给予支持。

9.开展校内评奖工作。每年遴选30部优秀学术著作,由“繁荣计划”专项经费按0.6万元/部的标准实施奖励,形成人文社科“优秀成果池”,为争取教育部、福建省奖项做好成果储备。

——本文摘录自《关于印发〈《厦门大学哲学社会科学繁荣计划(2011—2021年)》补充意见〉及实施办法的通知》,厦大社科〔2016〕21号,档号2016-XZ31-2

# 厦门大学开展学生“学宪法讲宪法”活动工作方案

（2016年11月1日）

为贯彻落实党的十八大和十八届三中、四中、五中全会精神，贯彻落实习近平总书记系列重要讲话精神，落实国家“七五普法”规划和《青少年法治教育大纲》要求，推动学校深入开展宪法宣传教育，引导广大学生做学习宪法的引领者、全面深化改革的参与者和法治精神的信仰者，结合学校实际，特制订本方案。

## 一、指导思想

宪法是国家的根本法，是治国安邦的总章程，是党和人民意志的集中体现，具有最高的法律地位、法律权威、法律效力。要深入贯彻习近平总书记系列重要讲话精神，全面贯彻党的教育方针，以宪法教育为核心，大力弘扬宪法精神，切实增强宪法意识，推动全面贯彻实施宪法，把法治教育融入学校教育的各个阶段，全面提高大学生法治观念和法律意识，更好发挥宪法在全面建成小康社会、全面深化改革、全面推进依法治国中的重大作用。

## 二、工作目标

宪法教育是青少年法治教育的核心内容。通过在校园内深入开展宪法宣传教育，引导广大学生充分认识到坚持依法治国首先要坚持依宪治国，坚持依法执政首先要坚持依宪执政；引导广大学生深刻认识恪守宪法原则、弘扬宪法精神、履行宪法使命的重大意义和重大责任；引导广大学生坚持党的领导、人民当家作主、依法治国有机统一，坚定不移走中国特色社会主义法治道路，坚决维护宪法法律权威；组织广大学生以12月4日“国家宪法日”为契机，深入开展宪法宣传教育，推动“国家宪法日”成为全校学生学宪法、讲宪法的“教育日、普及日、深化日”。

## 三、时间安排

2016年10月—12月。

## 四、任务分工

1.学生工作部（处）：按照《教育部关于在国家宪法日深入开展学习宣传教育活动的通知》（教政法〔2014〕12号）要求，组织广大学生深入开展宪法学习活动。在学生处主页和易班平台链接教育部全国青少年普法网“网上学宪法”学习专栏，发动学生登录专栏获取学习教育资源。

2.法学院：充分发挥学科优势，邀请专家学者在全校范围内开设宪法教育公开课；在国家宪法日前后，组织师生开展一次宪法宣讲活动，深入社区、中小学开展宪法宣传教育实践活动，开展一次以宪法宣传为主题的校园文化展示活动，营造宪法教育氛围。

3.法律事务办公室：充分利用各种社会资源，联系法院、检察院、公安机关、司法行政机关等国家机关和律师协会等社会组织深入校园支持和参与大学生宪法教育工作。

4.校团委:组织广大学生开展以讲宪法故事、讲对宪法的认识与体会、谈宪法精神等为主题的演讲活动,充分调动学生参与"讲宪法"活动的积极性;选拔优秀学生自制5~10分钟的演讲视频,登录http://xianfa.qspfw.com/door/web/index参加"法治英雄/全国学生'学宪法,讲宪法'"网络"海选"活动;指导各学院(研究院、教学部)团组织围绕"国家宪法日"主题,广泛开展宪法知识竞赛、情景剧展演、主题沙龙等法治宣传教育活动;在国家宪法日前后,组织法律类社团进入社区、街道、乡村和工厂开展法治宣传,普及宪法知识,让广大学生在实践中学习宪法、尊崇宪法。

## 五、工作要求

各学院(研究院、教学部)要按照学校总体要求,结合实际情况制订本单位"学宪法讲宪法"宣传教育方案;要根据学生专业知识结构、认知能力等情况,积极开展形式多样、富有特色的教育活动;要充分利用好微信、微博和厦大易班等新媒体网络支持平台,提高活动的效率和实施效果;要加大宣传力度,及时宣传报道活动的进展情况和典型经验,努力扩大活动影响。

——本文摘录自《关于印发〈厦门大学开展学生"学宪法讲宪法"活动工作方案〉的通知》,厦大学〔2016〕109号,档号2016-XZ11-3

# 厦门大学研究生课程学分认定与转换办法

（2016年11月21日）

第一条　为鼓励研究生外出交流学习，规范研究生课程学分认定与转换，现特制定《厦门大学研究生课程学分认定与转换办法》。

第二条　本办法所指的课程学分认定与转换范围包括：研究生在学期间通过国家公派项目、校（院）际交流项目，或因个人原因申请并获批准赴境内外高校或科研院所参加课程学习和实习实训等（不含学位论文）。未经学校（学院）选派或批准，研究生自行联系到校外修读的课程不纳入学分认定与转换范围。

第三条　研究生在校外修读的课程应对照所在专业的培养方案要求进行学分认定与转换。凡与本专业培养方案相同（或相近）的课程，经学校（学院）审批同意，可认定为本专业培养方案中的相应课程。

第四条　按照学习量对等原则，研究生的课程学分一般按每学期课内不少于15学时计1学分的方式进行折算。

第五条　研究生在校外修读的外语、思想政治理论等公共课程学分由研究生院认定。专业课程学分由一级学科培养指导委员会或学院课程学分认定小组（由分管研究生教学的院系领导组成，人数不少于3人）讨论认定后，报研究生院审核。

第六条　除学校（学院）联合培养协议规定之外，对研究生在校外修读的课程学分认定与转换，原则上不超过培养方案中规定的应修总学分的30%。

第七条　超过学分与转换认定范围的，或经学院认定为与培养方案无关的课程，各培养单位可根据研究生个人意愿将课程成绩录入研究生信息化平台。未经学分认定与转换的课程，不列入研究生评奖评优及毕业资格审定的范围。

第八条　为避免研究生盲目外出交流学习，各学院应在研究生派出前，对其进行必要的指导。拟申请学分认定与转换的研究生应在返校后、收到交流学校课程成绩单的两周内，填写"厦门大学研究生课程学分认定与转换申请表"，经导师同意后，连同成绩单原件一起送交所在学院审批。

第九条　研究生教学秘书应根据课程学分认定与转换申请表中的审批意见，将转换后的课程信息录入研究生信息化管理平台。成绩为百分制的，按实际分数登记成绩；成绩为等级制的，可按等级制登记成绩。

第十条　凡离校前未办理学籍保留手续或相关手续办理不齐全的研究生，其在校外修读的课程学分不予认定。

第十一条　因院系和学科调整或培养方案修订导致所在学科培养方案中的必修课程停开、经学院批准在校内或校外修读的替代课程，可参照本办法进行学分认定与转换。

第十二条　本办法由研究生院负责解释。本办法自发布之日起实施，原有相关规定与本办法相冲突者，以本办法为准。

**附：厦门大学研究生课程学分认定与转换申请表**

（附件略——编者）

——本文摘录自《关于印发〈厦门大学研究生课程学分认定与转换办法〉的通知》，（2016）厦大研32号，档号2016-XZ28-4

# 厦门大学本科教材选用管理办法

(2016年12月4日)

第一条　教材是教学内容的载体,教材选用是提高教学质量的重要前提。为进一步做好教材的选用工作,使之规范化、科学化,特制定本办法。

第二条　选用教材应涵盖课程的基本理论与知识,符合国家相关法律和文件规定,内容应主次分明、循序渐进,反映学科研究的最新成果与发展趋势。

第三条　选用教材应为公开出版物,思想观点正确,无政策性、科学性错误。优先选用国家级规划教材、省部级以上获奖教材、教育部各专业教学指导委员会推荐教材,提倡选用近三年出版的新教材或修订版教材。按照教育部相关法律和文件规定选用外国原版优秀教材。与马克思主义理论研究和建设工程重点教材相关课程需选用马工程重点教材。杜绝使用包销质劣的教材。

第四条　教材选用应由任课教师、课程组或教研室提出申请,由学院(系)教学学术机构审定并报学院(系)分管教学院长(系主任)批准。由同一学院(系)开设的同一门课程原则上使用同一教材,教学改革试点除外。

第五条　教材选用应保持相对的连续性,不得因任课教师临时变动或其他原因随意更换教材。如因培养方案变更或教材更新等原因需更改教材的,需按照第四条程序申请。

第六条　任何单位和个人不得以各种名义强制学生购买教材。各学院(系)应于每学期末公布下学期教材选用信息,方便学生自主购买教材。

第七条　各学院应根据本办法制定具体实施细则。

第八条　本办法自公布之日起施行,原《厦门大学本科教材选用管理办法》(厦大教〔2005〕41号)废止,其他有关文件规定有与本办法不一致的,以本办法为准。

第九条　本办法由教务处负责解释。

二〇一六年十一月三十日

——本文摘录自《关于印发〈厦门大学本科教材选用管理办法〉的通知》,(2016)厦大教125号,档号2016-XZ12-13

# ·管理与服务工作·

## 厦门大学预算执行与决算审计实施办法

（2016年1月19日）

### 第一章 总 则

第一条 为加强和规范学校预算执行与决算审计工作，根据《教育系统内部审计工作规定》（教育部令2004年第17号）、《教育部关于加强高等学校预算执行与决算审计工作的意见》（教财〔2008〕112号）和《厦门大学内部审计工作规定》（厦大综字〔2015〕第11号）等，结合学校实际，制定本办法。

第二条 本办法所称预算，是指学校根据事业发展计划和任务编制的年度财务收支计划。所称决算，是指学校根据年度预算执行的结果而编制的年度财务决算报告。

第三条 本办法所称预算执行与决算审计，是指审计部门依法独立对学校预算执行与决算的真实性、合法性、完整性和效益性进行的审查和评价活动。

第四条 预算执行与决算审计的目标是促进规范学校预算管理，提高预算编制工作的科学性、准确性和透明度，促进更加合理地分配学校资源，提高资源的配置和利用效益。

### 第二章 审计内容

第五条 预算执行审计主要包括预算管理审计、收入及支出预算执行审计等。

第六条 预算管理审计，是对预算的编制原则、编制程序、编制方法、预算调整、经济责任制等相关管理活动的合法性、适当性和有效性的审查和评价。重点对预算依据充分性、预算编制完整性、预算安排合理性、预算调整规范性等进行审计。

第七条 收入及支出预算执行审计，是对收入、支出预算执行的真实性、合法性和控制机制的健全性、有效性，以及对预算执行结果和差异原因等进行审查和评价。

重点对收支规模大、经济活动频繁的部门和单位预算执行情况和重点项目预算执行情况进行审计。

第八条 决算审计，是对决算报表及其资产、负债、净资产、收入和支出的真实性、合法性、效益性进行审查和评价。

重点对各项收支项目、往来款项、货币资金和财产物资的年终清理结算是否真实、客观、合法，决算报表及财务情况说明书是否全面、完整、正确。同时，要对各项资金使用效益情况进行审查和评价。

第九条 预算执行与决算审计应根据上级主管部门的相关政策和学校具体情况，注重“把握总体，突出重点”，对重要资源利用、重要项目安排、大额资金使用、管理衔接部位、非常规业务、受有关政策变化影响业务等进行重点审计。

第十条　预算执行与决算审计应在对学校相关内部控制进行调查、研究和评价的基础上,确定审计内容和方法,制订审计工作方案。

## 第三章　审计组织方式

第十一条　审计部门根据国家、教育部有关规定和学校内部管理的要求,确定预算执行与决算审计项目,列入年度审计工作计划,报学校审计工作联席会议审议通过后实施。学校相关业务管理部门应积极支持、配合。

第十二条　预算执行与决算审计可采用事前审计、事中审计、事后审计相结合的方式。事前介入以了解学校预算编制和调整情况,事中对预算执行和有关管理情况进行审计,事后对学校预算执行情况及结果进行综合审计。

第十三条　预算执行与决算审计应当与其他类型的审计相结合,相互利用审计成果,提高审计工作效率和效果。

第十四条　对预算执行与决算审计中发现的问题,相关部门和单位应及时调整和纠正。审计部门对整改情况进行后续审计。

## 第四章　附　则

第十五条　本办法由审计处负责解释。

第十六条　本办法自发布之日起施行。

——本文摘录自《关于印发〈厦门大学预算执行与决算审计实施办法〉的通知》,(2016)厦大审1号,档号2019-SJ19-001

# 厦门大学国有资产管理暂行办法

（2016 年 2 月 22 日）

## 第一章　总　则

第一条　为加强和规范学校国有资产管理，确保国有资产安全完整和保值增值，根据《教育部直属高等学校国有资产管理暂行办法》（教财〔2012〕6 号）、《教育部直属高等学校、直属单位国有资产管理工作规程（暂行）》（教财函〔2013〕55 号）以及《厦门大学章程》等规定，结合学校实际情况，制定本办法。

第二条　本办法适用于学校各单位的国有资产管理工作。

第三条　学校国有资产是指学校各单位占有、使用的，依法确认为国家所有，能以货币计量的各种经济资源的总称，包括国家财政资金形成的资产，国家无偿调拨给学校的资产、校内各单位按国家政策规定运用国有资产组织收入形成的资产，以及接受捐赠和其他经法律确认为国家所有的资产等，其表现形式为流动资产、固定资产、在建工程、无形资产和对外投资等。

## 第二章　管理体制、机构及职责

第四条　学校国有资产实行“统一领导，归口管理，分级负责，责任到人”的管理体制以及学校主管部门、资产管理职能部门、使用单位三级管理模式。

第五条　学校国有资产管理委员会（以下简称“校国资委”）是学校国有资产管理的主管部门，其主要职责是：

（一）贯彻执行上级部门有关国有资产管理的政策、法规和制度，研究制定学校国有资产管理办法，并对制度执行情况进行监督检查；

（二）监督、指导资产管理部门和使用单位的国有资产管理工作；

（三）研究学校国有资产重大使用和处置事项，根据实际需要部署资产清查、资产评估、产权登记等工作；

（四）负责审议学校国有资产优化配置方案、各类国有资产绩效考核制度，推动建立学校国有资产共享共用机制；

（五）代表学校依法对学校出资企业履行出资人职责，依法参与学校参股企业的重大决策和监督管理；

（六）指导国有资产管理信息化建设工作及其他重要工作。

第六条　校国资委下设办公室（以下简称“校国资办”）。校国资办是校国资委的日常办事机构，代表学校对国有资产实行统一管理和监督，其主要职责是：

（一）在校国资委的直接领导下，贯彻落实国家、省市及学校有关国有资产管理的法律法规及相关规定；

（二）负责拟定学校国有资产总体管理办法，建立健全国有资产制度体系，并组织实施；

（三）组织协调各资产管理职能单位按照国家及学校有关规定开展国有资产管理工作，对事业国有资产、企业国有资产的管理情况进行日常监督和指导，确保国有资产安全完整，实现国有资产保值增值；

（四）对学校接受的各类捐赠、交流礼品统筹安排，分类管理；

(五)负责研究拟定学校国有资产配置标准,负责对国有资产使用、配置和处置进行初审,组织国有资产产权登记、评估和清查,以及相关的报备、报批工作;

(六)负责拟订各类国有资产绩效考核方案;

(七)负责国有资产收益的监督管理及上报工作;

(八)负责国有资产管理信息系统的日常管理及维护和国有资产报表的统计汇总及上报工作,对国有资产实行动态管理;

(九)完成校国资委交办的其他工作。

第七条　各资产管理部门及其国有资产管理职责主要是:

(一)财务处负责学校流动资产及对外投资、固定资产、无形资产等资产的价值核算管理和监督。

(二)资产与后勤事务管理处(下称“资产处”)负责学校固定资产(除图书、期刊、电子文献外)、修缮在建工程的管理(其中贵重仪器设备由实验办负责监督管理;学校各类档案由档案馆负责监督管理;文物、陈列品、字画由所在单位负责实物管理并登记造册,资产处负责审核记账)。

(三)基建处负责学校基建在建工程的管理。

(四)图书馆负责学校图书、期刊、电子文献的管理。

(五)知识产权管理办公室负责学校知识产权的管理。

(六)学校经营性资产管理委员会(以下简称“校经资委”)负责学校企业国有资产的管理。

第八条　各资产使用单位要加强本单位国有资产管理,明确本单位国有资产管理负责人和资产管理员,落实学校有关资产管理的规定,制定本单位具体实施细则,并负责办理本单位国有资产的登记、清查、保管、统计和信息上报等工作。资产管理员变动要先办理资产核对与档案移交手续,方可离岗。

## 第三章　国有资产的配置和使用

第九条　国有资产配置是指学校根据事业发展的需要,按照国家有关法律法规和规章制度规定的程序,通过购置、调剂及接受捐赠等方式配备资产的行为。各单位的资产配置应当符合国家规定的配置标准;没有规定配置标准的,应当从工作实际需要出发,从严控制,合理配置。

第十条　对于纳入政府采购范围的资产,应当按照政府采购管理办法以及学校的有关规定执行。

第十一条　国有资产的使用包括单位自用、对外投资和出租出借等。

第十二条　各单位要对所占有、使用的实物资产定期组织清查盘点,做到账卡、账账、账实相符。对清查盘点中发现的问题,要查明原因,说明情况,及时报告资产管理职能部门。对资产丢失、毁损等情况要实行责任追究和赔偿制度。

第十三条　单位通过购置、接受捐赠和无偿划转等方式获得的资产要及时到资产管理职能部门办理建账建卡手续。单位资产管理员要对本单位的资产建立领用、保管档案。

第十四条　各单位不得为任何单位或个人的经济活动提供担保,不得将国有资产作为抵押物对外抵押。

第十五条　使用国有资产对外投资必须经过必要的可行性论证和审批。

第十六条　使用国有资产出租出借需经过资产管理职能部门的批准。出租价格原则上采取公开招租的形式确认,必要时可采取评审或者资产评估的办法确定出租价格。资产出租、出借期限一般不得超过5年。

第十七条　学校利用国有资产对外投资、出租、出借等事项审批权限如下:

(一)审批权限

1.凡一次性利用货币资金对外投资在50万元(人民币,下同)以下或利用固定资产、无形资产对外投资、出租、出借价值(账面原值,下同)在500万元以下的事项,由资产管理职能部门送校国资办审核,并报校国资委或校长办公会审定。

2.凡一次性利用货币资金对外投资在50万元(含)以上,或利用固定资产、无形资产对外投资、出租、出借价值在500万元(含)以上的事项,由资产管理职能部门送校国资办审核,并经校国资委讨论后报校长办公会或党委常委会审定。

(二)上述经学校批准国有资产使用事项,由校国资办及时报上级主管部门备案或审批。

第十八条　国有资产出租、出借取得的收益应当全额上缴学校,利用国有资产对外投资取得的收益按学校核定的指标上缴学校,并纳入学校预算管理。

## 第四章　国有资产的处置

第十九条　国有资产处置是指学校对占有、使用的国有资产进行产权转让或者注销产权的行为。处置的方式包括无偿调拨(划转)、对外捐赠、出售、出让、转让、置换、报废、报损以及货币性资产损失核销等。

第二十条　国有资产的处置要严格遵守“先报批,后处置”的原则,未经学校批准,各单位不得擅自处置。对于重大处置事项,资产管理职能部门还需要聘请相关专家进行科学论证或聘请具有资质的中介机构出具经济鉴证意见。

第二十一条　学校国有资产处置审批权限如下:

(一)审批权限

1.凡一次性核销货币性资产在50万元以下,以及单位价值或批量价值在500万元以下的货币性资产以外的其他资产处置事项,由资产管理职能部门送校国资办审核,并报校国资委或校长办公会审定。

2.凡一次性核销货币性资产在50万元(含)以上,以及单位价值或批量价值在500万元(含)以上的货币性资产以外的其他资产处置事项,由资产管理职能部门送校国资办审核,并经校国资委讨论后报校长办公会或党委常委会审定。

(二)上述经学校批准的国有资产处置事项,由校国资办及时报上级主管部门备案或审批。

第二十二条　国有资产的处置需遵循公开、公正、公平的原则,出售、出让、变卖资产数量较多或者价值较高的,应当通过招标、拍卖等市场竞价方式公开处置。对于未达到使用年限的固定资产报废、报损,各资产使用单位应从严控制。

第二十三条　在教育部有关高校不得利用货币资金进行股票买卖等金融风险投资的规定之前,学校利用货币资金对外投资形成的股权(权益)的出售、出让、转让收入,应纳入学校预算,由财务处统一核算,统一管理。

第二十四条　除第二十三条规定的处置情形外,其他国有资产处置的收入必须全额上缴学校,由财务处统一核算、统一管理。处置收入在扣除相关税金、评估费、佣金等相关费用后,按照政府非税收入管理和财政国库收缴管理的规定上缴中央国库,实行“收支两条线”管理。

## 第五章　产权登记、资产评估与清查

第二十五条　国有资产产权登记是指国家对学校占有、使用的国有资产进行登记,依法确认国家对国有资产的所有权和学校对国有资产的占有、使用权的行为。

第二十六条　学校国有资产产权登记工作由校国资办负责,协调各资产管理职能部门共同完成。学校事业国有资产产权登记工作由校国资办直接牵头,学校企业国有资产产权登记工作由校经资委负责。

第二十七条　国有资产产权登记工作包括占有产权登记、变动产权登记和注销产权登记。产权登记责任单位应严格按照相关法律法规,组织申报国有资产产权登记,不得瞒报漏报。

第二十八条　资产评估是指对学校国有资产某一时点的价格进行评定、估算,从而确定其价格的经济活动。

第二十九条　学校占有、使用的国有资产有下列情形之一的,必须进行资产评估:

(一)非经营性资产转为经营性资产;

(二)资产的出售;

(三)依照国家规定,必须进行资产评估的其他情形。

第三十条　有下列情形之一的,可以不进行资产评估:

(一)经批准部分资产无偿划转。

(二)下属事业单位之间的合并、资产划转、置换和转让。

(三)其他不影响国有资产权益的特殊产权变动行为,报经教育部和财政部确认可以不进行资产评估的。

第三十一条　资产评估前由相关单位向校国资办提交评估立项申请书,经审查同意并报校国资委审批后,按国家有关规定办理资产评估的立项审批、评估、确认等手续。需要聘请社会中介机构进行评估的,由校国资办代表学校聘请或委托,学校资产使用单位不得擅自直接委托或聘请。

第三十二条　资产评估申请单位必须及时、真实地按要求提供评估所需的有关资料,不得提供虚假情况和技术资料,或与资产评估机构串通作弊,致使评估结果失真,造成学校资产损失。

第三十三条　资产清查内容包括:基本情况清理、账务清理、财产清查、损溢认定、资产核实和完善制度等。学校有下列情形之一时,应进行资产清查:

(一)根据财政部和教育部专项工作要求,纳入统一组织的资产清查范围的;

(二)进行重大改革或者改制的;

(三)遭受重大自然灾害等不可抗力造成资产严重损失的;

(四)会计信息严重失真或者国有资产出现重大流失的;

(五)会计政策发生重大变更,涉及资产核算方法发生重要变化的;

(六)国家规定应当进行资产清查的其他情形。

第三十四条　学校在一定周期内按年度对所有资产使用单位的国有资产进行全面盘点,或根据实际工作需要定期或不定期开展专项盘点。

第三十五条　学校国有资产清查和盘点工作在校国资委统一领导下实施,由校国资办牵头、各资产管理职能部门具体落实。

第三十六条　学校开展资产清查和盘点时,各资产管理职能部门、资产使用单位需清理和追索不良资产和债权,避免国有资产流失。对经上级主管部门批复同意核销的资产损失,要实行账销案存管理。

## 第六章　资产管理绩效考核

第三十七条　国有资产管理绩效考核是指利用国有资产年度决算报告、资产专项报告、财务会计报告、资产统计信息、资产管理信息化数据库等资料,运用一定的方法、指标及标准,科学考核和评价高校国有资产管理效益的行为。

第三十八条　国有资产管理绩效考核,包括国有资产管理的基础工作,国有资产管理制度建设,国有资产配置、使用和处置等主要内容。

第三十九条　学校逐步建立和完善国有资产管理绩效考核制度和考核体系,按照社会效益和经济效益相结合的原则,通过科学合理、客观公正、规范可行的方法、标准和程序,真实地反映和评价国有资产管理绩效。

第四十条　国有资产管理绩效考核,坚持分类考核与综合考核相结合,日常考核与年终考核相结合,绩效考核与预算考评相结合,采用多元化的指标体系和科学的方式方法,不断提高国有资产的安全性、完整性和有效性。

第四十一条　学校充分利用国有资产管理绩效考核的结果,总结经验、推广应用,查漏补缺、完善制度,加强管理、提高效益。

## 第七章　监督检查

第四十二条　各单位应当各尽其职,将学校的规定落实到具体的部门和个人,自觉维护国有资产的安全完整，提高国有资产使用效益。

第四十三条　单位占有、使用和管理的国有资产有下列行为之一的，学校将追究有关单位领导和直接责任人的责任，情节严重的移交司法机关追究法律责任：

（一）不履行报批手续，擅自出租、出借国有资产或利用国有资产对外投资。

（二）不履行报批手续，擅自处置国有资产。

（三）不履行单位管理职责，获得的资产不按要求建账、建卡。

（四）弄虚作假，以各种名目侵占学校国有资产或利用职权谋私利的。

（五）虽履行报批手续，但国有资产使用收益或处置收入未全额交存财务处统一核算的。

（六）其他违反国家有关规定造成国有资产损失的。

第四十四条　学校审计处依法开展国有资产管理审计，并对审计过程中发现的问题根据性质移交学校监察处或司法机关处理。

## 第八章　附　则

第四十五条　校内非法人独立核算单位以及附属事业单位依据本办法和国家有关规定，结合单位实际情况，制定本单位国有资产管理实施细则，报校国资办备案。

第四十六条　校经资委依据公司章程及国家相关法律法规对企业国有资产进行管理，具体管理办法另行制定。

第四十七条　本办法由校国资办负责解释。

第四十八条　本办法自发布之日起施行。

——本文摘录自《关于印发〈厦门大学国有资产管理暂行办法〉的通知》，厦大资产〔2016〕5号，档号2016-XZ27-1

# 厦门大学关于加强体育工作的若干意见

(2016年2月25日)

体育是社会发展和人类进步的重要标志,是综合国力和社会文明程度的重要体现。加强学校体育工作是促进学校回归育人本原、促进学生德智体美全面发展的重要途径。近年来,我校体育工作在教育教学改革、群众性体育活动和高水平运动队建设等方面做出了许多有益的尝试,取得了显著成效,呈现出蓬勃发展的良好态势。为推动我校体育事业更好更快发展,全面提升师生员工体质健康水平,有力支撑学校“两个百年”战略目标,现就进一步加强我校体育工作提出如下意见:

## 一、统一思想认识,进一步明确体育工作的目标和思路

1.体育不仅仅是一种运动,还是一种教育手段、一种精神载体。加强学校体育工作是全面贯彻党的教育方针、落实学校立德树人根本任务的必然要求。党的十八届三中全会明确要求,“强化体育课和课外锻炼,促进青少年身心健康、体魄强健”,学校体育是提高学生身体素质和健康水平的有效途径,对学生思想品德、智力发展、审美素养和健康生活方式的形成具有不可替代的作用。要牢固树立“健康第一”的思想,把体育作为学校全面实施素质教育的重要突破口和切入点,努力实现体育工作在提高学生体质健康水平、提升学生运动技能、培养学生健全人格、传承大学精神文化等方面“四位一体”的根本目标。

2.学校进一步加强体育工作的基本思路是:贯彻执行国家中长期教育改革和发展规划纲要以及高等学校体育工作基本标准,围绕培养高素质、创新型、多样化人才这一中心任务,统筹推进学校体育事业,把增强师生员工体质,培养更高、更快、更强的体育精神作为学校育人工作的基本目标和重要工作内容;遵循体育运动规律,充分借鉴吸收国内外高校体育教育的成功经验,深化体育教学模式改革,创新体育工作组织模式,使之更加符合现代学生健康成长的发展需求;落实国家标准,健全体育考评机制,提高学生参与体育运动、体育比赛的积极性;加强队伍建设,健全体育教师考核机制,不断提升体育教师队伍工作的创造性;加大资源投入,完善学校体育场馆等各项硬件设施,为师生体育锻炼提供更多优质的选择和保障;加强统筹协调,转变工作观念,健全体制机制,积极营造全员热爱运动、全员参与体育的校园体育文化氛围。

## 二、改革体育教学模式,提高人才培养质量

1.优化体育课程体系,拓展学校体育资源与课程内涵,在保持现有课程门类的基础上,不断扩充体育课程容量,新增一批具有时代特色的新兴运动项目,打造更加丰富多彩的“体育超市”,满足日益增加的大学生个性化体育运动需求。推动学生在校期间学会1～2项终身受益的体育专项技能,掌握科学锻炼的基础知识、基本技能和有效方法,推动形成终身体育思想,养成终身锻炼习惯和健康生活方式。

2.创新教育教学方式,建立以课堂体育教学和体育俱乐部互相支撑的体育教学模式,在某些条件成熟的运动项目中开展俱乐部式教学,切实增强体育教学的吸引力和实效性,充分发挥体育教学在培养学生的意志品质、团队合作精神、公平竞争意识、交往能力与创造力、表现力等方面的特殊功效。健全体育教研、科研制度,建立高水平研究团队,多渠道开展以提高学生体质健康、教学质量、课余训练、体育文化

水平等为目标的战略性、前瞻性、应用性项目研究，带动学校体育工作整体水平提高。

3.执行《全国普通高等学校体育课程教学指导纲要》，确保为本科生开设不少于 144 学时的体育必修课，每周安排体育课不少于 2 学时（每学时不少于 45 分钟）；为研究生开设适量的体育选修课，在研究生中建立体育兴趣小组或俱乐部；适度增加体育研究生招生规模。

4.执行《国家学生体质健康标准》，切实把学生的体质健康水平作为衡量学校办学水平与学生综合素质评价的重要指标，将学生体质健康测试成绩与学生评奖评优及毕业等挂钩。学生体测成绩达到良好及以上，方有资格参评三好学生、优秀毕业生等综合性奖项；对于测试成绩评定不及格的学生，准予补测机会；学生毕业时，在学期间体质健康测试成绩平均达不到 50 分者，按结业或肄业处理。设立“体育奖学金”，开展学生“星级运动员”评选。

## 三、推进全民健身运动，提高师生员工体育锻炼积极性

1.大力实施体育课程、大课间（课间操）和课外体育活动一体化的阳光体育运动方案，组织实施学生“下午四点半锻炼计划”，推动班级鼓励学生走下网络、走出宿舍、走向操场，每天至少参加一小时的课外体育锻炼。创新课外体育活动内容、方式，增强课外体育活动的趣味性和吸引力，着力培养学生的体育爱好、运动兴趣和技能特长，形成院院有体育特色、班班有体育活动、人人有课外体育活动项目的局面。加强对学生体育社团的管理与指导，提高学生体育社团、协会的建设数量和质量，鼓励学生在校期间都能够加入一个体育社团或实质性参与体育社团活动。

2.进一步丰富体育竞赛项目，完善体育竞赛制度。切实将学生体育竞赛纳入学校工作的重要内容，精心组织好每年的田径运动会，通过增设喜闻乐见、易于参与的竞技性、健身性、民族性、地域性体育项目，逐步实现学生参与运动会的比例达到 50％以上。各学院、研究院应结合实际制订全年学校学生竞赛计划，举办以田径、球类、游泳、棋类、健身操等为主要项目的体育竞赛活动，支持以院系、专业、班级或实验室为单位组织开展体育竞赛，开展思明校区、翔安校区运动对抗赛，努力打造适合各校区、各单位特点的特色竞赛项目。加大体育教师、高水平运动员及其他教师中的体育人才对体育竞赛的指导力度。

3.实施全民健身计划，丰富教职工业余文体生活，改善教职工体育锻炼条件，加强教职工体育协会（俱乐部）、老年人体育协会建设，加大对教职工体育锻炼专项经费投入，推广“工间操”，推动师生互动式体育活动，切实组织开展各类体育活动，引导广大教职工特别是中青年教职工积极投身业余体育锻炼。充分发挥学校体育的社会服务功能，鼓励体育教师积极参与指导中小学体育教学、训练，在教职工及社区居民中开展“健身大课堂”等公益活动。

## 四、加强高水平运动队建设，提高体育工作对外交流合作水平

1.坚持“普及与提高相结合、以提高带动普及、以普及促进提高”的原则，结合我校传统特色项目和新兴体育项目，依托厦门市良好的体育资源，下大气力在篮球、足球、游泳、高尔夫球、棒垒球、橄榄球、健美操、马拉松、帆船、登山等项目领域重点建设若干支具有厦大特色的精品运动队。通过不断创新训练思路、改进训练方法，切实提高训练效果，争取 3 年左右时间，打造出 2～3 支能够代表我国大学生参加世界大学生运动会等国际级体育赛事的高水平运动队，努力为国家培养一批优秀的体育人才。

2.健全精品运动队运行保障机制，争取在高水平运动员招生政策、奖励机制、运动队训练时间与运动员学业管理、训练场所与器械设备、训练经费投入以及高水平教练员引进与聘任机制等方面给予特殊政策支持，提升运动队日常管理与训练科学化水平。

3.加强与国内外知名高校、体育机构的交流与合作，积极创造条件申办国内外大学生大型综合性体育赛事或高水平单项体育赛事。充分发挥对台交流优势，推动形成与台湾一流大学开展体育交流合作的常态化机制。

## 五、深化人事制度改革，提升体育教师队伍整体水平

1.加强体育师资队伍的规划，按照立足现在、着眼长远的方针，坚持培引并重原则，不断优化师资结构，逐步提高我校体育教师整体素质。既做好现有中青年体育教师的业务培养，拓展进修培训渠道，进一步提高体育教师的学历层次和专业素质，又不断扩大体育师资的来源，积极引进多种特色的高素质高水平体育教师。力争在“十三五”期间，引进若干名高层次体育人才和若干名急需特殊人才。

2.改革教师聘任办法，完善人才考核评价体系。建立适应我校体育发展需求、符合体育运动发展规律的体育系列职称评审与激励机制，尊重体育学科的差异性，加大体育教学、体育科研、高水平运动员训练、精品运动队建设、重大赛事指导等因素在人才评价体系中的权重，切实激发体育教师的工作积极性和创造性。

3.加强体育学科建设，充分发挥我校综合性大学学科资源优势，推进学科交叉融合，鼓励体育教师积极参与科学研究，力争取得一批有重要影响的科研成果。在未来5～10年，力争打造2～3个国内一流、特色鲜明的重点领域和方向，为广大体育教师提供业务成长、发挥潜力的良好平台。

4.重视体育教师队伍的思想建设，促进体育教师在组织体育教学、运动竞赛和传播体育精神文化的过程中更好发挥言传身教的作用。进一步关心体育教师的政治成长和生活工作，为体育教师的成长发展创造更好条件。支持体育教师广泛参加对外体育交流与合作，促进体育教师的全面发展。

## 六、加大资源投入，促进体育办学条件改善

1.通过学校投入、争取专项资金、地方政府支持、商业赞助、运动队冠名、体育产业开发等多种方式，逐步增加学校体育工作经费投入，力争在未来5～10年，实现我校体育工作经费有大幅度增长，确保各项体育工作可持续发展。

2.加强校园体育场馆、设施器械的建设与投入，力争在“十三五”期间，完成思明校区演武运动场区全面改造工程、各类球类场地改扩建工程，增建一座实用性强的综合室内运动馆，彻底解决思明校区体育场地不达标问题；进一步完善翔安校区、漳州校区运动场馆、体育设施建设；探索体育场馆和设施逐步由学生自我管理的办法和机制，推行运动场地网上预约，切实提高各类体育资源的使用效益。

## 七、理顺体制机制，加强对体育工作的统筹领导

1.充分发挥学校体育运动委员会的作用，加强对学校体育工作的顶层设计和统筹规划。将体育发展纳入学校总体发展规划，编制学校体育工作年度报告，明确学校各部门在学校体育工作中的职责，建立定期汇报和奖惩机制，实施体育工作绩效评估和监督问责，形成体育教学部、教务处、学生处、研究生院、团委、工会、妇委会、老体协等相关部门协调配合、齐抓共管的协同推进机制。

2.建立健全学校体育风险管理体系，加强对学校体育安全的指导和监督，形成包括安全教育培训、活动过程管理、保险赔付的学校体育风险管理制度，依法妥善处理学校体育意外伤害事故。制订和实施体育安全管理工作方案，强化监督管理，明确责任主体，落实安全责任制。加强对体育设施的维护和使用管理，切实保证使用安全。

3.传承创新大学体育文化，积极倡导运动哲学，凝练形成鲜明的体育口号、体育标识，推出体育文化创意产品，推动学校体育产业开发，提升学校软实力。加大体育工作宣传力度，加强对体育活动、体育榜样人物的宣传报道和终身体育知识与技能的宣讲普及，引导师生员工牢固树立和自觉践行“每天锻炼一

小时，健康工作五十年，幸福生活一辈子”的生活理念，大力营造珍视健康、热爱体育、崇尚运动、积极向上的良好氛围。

——本文摘录自《关于印发〈厦门大学关于加强体育工作的若干意见〉的通知》，厦大综〔2016〕4 号，档号 2016-XZ09-10

# 加强自行车日常管理工作方案

(2016 年 3 月 1 日)

为巩固 2015 年下半年厦门大学校园环境提升“百日行动”期间在校园内自行车管理工作中的有益经验,进一步规范自行车停放行为,加强自行车日常管理,创建文明、安全、美好、和谐校园,特制订本工作方案。

## 一、工作组织

自行车日常管理工作,由保卫部(处)牵头,联合学生工作部(处)、资产后勤处、校团委、后勤集团,共同开展。

## 二、工作目标

在全校范围内,实现文明骑车、规范停放、安全有序。

## 三、工作机制

1.实行门前包干制。各单位对本单位教学科研办公区域周边(包括周边的绿化带、人行道)的自行车停放管理,实行门前包干制,确保自行车摆放整齐、有序。

2.实行公共区域责任制。公共区域由责任单位负责自行车的停放管理工作。充分发挥学生主体作用,指导学生党团组织和班集体,通过志愿服务、支部立项、主题活动等形式,在所负责区域内开展规范自行车文明停放专项活动。

## 四、任务分工

1.保卫部(处)联合资产后勤处、学生处和校团委实地勘查思明校区自行车停放情况,规划确定思明校区自行车停放区域。

2.学生部门确定思明校区自行车停放公共区域责任单位。各责任单位对责任区域内的自行车停放秩序进行日常维护。

3.各学院(研究院、教学部)加强宣传教育,提倡学生购买使用普通自行车;要求全体学生:文明骑车、中速行驶、不得载人;自行车停放不得占用消防通道、盲道,不得停放在学生公寓楼道和学生宿舍内;禁止使用“死飞”自行车。

4.资产后勤处根据需要,在适当位置安装自行车停放铁架。

5.保卫部(处)联合学生处、资产处定期对校内无主废弃的自行车进行清理,美化校园环境。

6.学生工作部(处)联合相关学院指导学生社团将无主废弃自行车改装为“小绿”,在学生中推广使用“小绿”自行车。

7.后勤集团加强学生公寓自行车日常管理，及时纠正自行车乱停乱放行为；及时制止把自行车停放在学生公寓楼道和宿舍内的行为；与相关部门加强沟通、密切联动。

8.保卫部(处)负责自行车日常管理工作的指导与监督。

## 五、工作要求

1.高度重视、狠抓落实

自行车乱停乱放，影响校园美观，破坏校园环境；占用人行通道，造成交通拥挤；骑车不文明、骑车过快，容易引发交通事故，成为校园安全隐患。因此，全校各单位必须高度重视，充分认识加强自行车日常管理的重要性和紧迫性，坚决摒弃自行车管理“与己无关”或者“可有可无”的麻痹消极思想。各单位要立即行动，按照工作方案要求，抓好各项工作的部署，狠抓落实。

2.精心组织、务求实效

全校各单位要根据工作方案的要求，紧密结合实际，制订本单位具体的实施方案，精心组织、务求实效。

(1)各单位要面向本单位师生加强宣传，倡导文明骑车、规范停放。

(2)各单位要规划好本单位办公楼、实验楼和科研楼周边的自行车停放区；引导自行车都停放在规划区域内；停放区内的自行车，要确保摆放整齐、安全有序。

(3)公共区域的自行车停放秩序由各责任单位负责。各责任单位要充分发挥学生主体作用，制订具体实施方案，做好日常维护工作。

(4)长期停放、无人使用的自行车要集中到一起，紧凑摆放，不影响他人通行。

3.翔安校区、漳州校区参照执行。

4.思明校区相关学院请在 3 月 11 日之前，把本单位承担公共责任区域自行车停放管理工作的负责人和联系方式，发送到学生处管理科邮箱：xscglk@xmu.edu.cn。

**附：思明校区公共区域自行车停放管理负责单位**

(附件略——编者)

——本文摘录自《关于印发〈加强自行车日常管理工作方案〉的通知》，厦大综〔2016〕3 号，档号 2016-XZ09-10

# 厦门大学翔安校区校园文化建设行动计划

(2016年3月1日)

根据学校第十次党代会提出的目标任务和2015年党委工作计划，为进一步加强翔安校区校园文化建设，立足于既很好地继承厦门大学优秀文化传统又凸显鲜明的翔安校区文化特色，努力将翔安校区建设成为校园美丽温馨、学术氛围浓厚、管理规范高效的示范性校园，更好地实现文化育人之目的，制订本行动计划。

## 一、指导原则

1.高举中国特色社会主义旗帜，把社会主义核心价值观贯穿校园文化建设的全过程；

2.传承弘扬厦门大学优良的办学历史和文化传统，培育创造具有翔安校区风格的文化新亮点；

3.重视校园文化的自然积淀，加强校园文化人为建设的力度；

4.发挥地域优势，打造闽台文化特色；

5.培养全球视野，推动多元文化融合。

## 二、主要任务

### (一)传承厦门大学优秀历史文化，优化校园环境氛围

增强环境育人的功能，把厦大深厚的历史积淀与翔安校区的环境生态相结合，把由建筑集合成的新“校区”氤氲成为富有人文气息、软硬件设施相配套的美丽“校园”。

1.延用思明校区部分传统石刻

石头是大自然的杰作，与校园环境浑然一体，石刻上的名言警句能对师生产生潜移默化的精神感染，又能很好地体现校园文化的内涵。

2.提升翔安校区环湖景观带

充分利用校区3个水库、2个人工湖的自然条件，精心规划设计环湖景观带，铺设木栈道、修建健康步道，沿湖选址摆放石刻作品，设置刻有校史、校情、校友故事的休闲椅；结合校区植物园建设，沿湖种植各类植物，形成活力盎然的绿植景观区，营造一个可以让师生员工驻足、流连、休闲、阅读的自然环境，让师生员工浸染于环境文化润物无声的熏陶中。

3.制作校区建筑“名片”

整理校园内每栋建筑的相关信息，让每栋建筑拥有一张属于自己的“身份名片”，名片信息包含如建筑的面积、竣工时间、建筑特点、捐赠者、楼名的含义、用途等，采用石刻、背景墙、幕布、手册、电子化等形式以统一规格制作，让每一个到访的人都能直观了解这栋楼背后的故事，加深对校园建筑文化的认同感。

4.建设翔安校区“水上音乐广场”

借鉴漳州校区和其他高校经验，结合校区地形地貌特点，建设翔安校区“水上音乐广场”，不仅为学生提供了一个自娱自乐的场所，而且以“水上音乐广场”为“睛”，让环湖景观带这条“龙”灵动了起来，校园活

动和校区景观有机融合，自然和人文交相辉映。

5.动员广大师生参与校园文化景观建设

开展形式多样的活动，鼓励师生积极参与校园文化景观建设过程，增强师生对校园文化的归属感和责任感。面向全校师生开展湖的命名、环湖步行道等景观设计方案的征集，组织师生开展植树种草等活动。

## (二)弘扬厦门大学优良办学传统，提升校园精神面貌

1.厦大历史传统教育

(1)制作百期厦大历史传统教育微作品

将厦大校史、校情制作成百期有格调、有内涵、生动形象的图文或影像素材，运用现代新媒体技术，推送到师生的手机终端。结合开学季、校庆等时间节点，开展线上、线下的互动，举办厦大历史传统知识竞答、校园定向越野活动等。

(2)学院党委书记讲授厦大历史传统

各学院党委书记为本院新生讲授校史、校训、厦大精神，成为每年新生入学季不可或缺的环节。

2.身正为师，塑造良好机关印象

“机关印象”，即机关工作作风在校区广大师生心目中的景象、反映、概念。翔安校区将努力塑造“明确、方便、不推、不漏”的机关印象。“明确”，即明确工作内容、范围，某些工作“能不能做”“怎么做”“如何做会更好”;“方便”，即要求强化服务意识，优化工作流程，提高服务水平;“不推”，即要求强化责任意识，办事不互相推诿;“不漏”即要求机关工作人员办事细致周到，该管的事情不疏漏、接受的任务不遗漏、解决不了的事情及时上报。

为此，对涉及校区的各类事项进一步认真梳理，明确分为三类:第一类，在翔安校区可以办结的。梳理已在校区设立机构的校区办、学生办、教务办、保卫办、财务办、资产后勤办、基建办、团工委的职能，列出服务项目清单，明确工作流程，方便师生办事。第二类，需要会同职能部门共同办结的。实行首接责任制，由校区相应部门接受办理，负责和职能部门协同办结，办结后由首接部门通知，办事人只需和首接部门对接即可。第三类，根据有关规定需要由职能部门办结的。完善教师和学生办事大厅职能，师生可以选择在服务大厅办事或者到思明校区直接找职能部门办理。

3.凝练学院精神

对学院的办学目标、培养使命、价值追求加以提炼、总结，上升为学院文化和学院精神，以此凝聚人心，形成共识，统一行动，形成每一个学院都有自己代代相传、引以为傲的特色文化。

4.辅导员工作更加“精致化”

强调人文性，坚持“以人为本”，深入了解每个学生个体，针对个体差异，因材施教开展工作，提高工作的针对性与实效性。注重绩效评估，把学生工作与专业教育有机融合，不仅强调“做什么”，更关注“怎么做”和“如何做得好”。制订《校区辅导员深度辅导实施方案》，指导辅导员从掌握情况、深度沟通、发展指导、集中分析等逐步推进工作。

5.加强校园法制建设

(1)贯彻依法治国理念，培养学生法治观念

充分利用各类平台、借助法律宣传日等时间节点进行校园法治文化建设的宣传;举办网上法治知识和校规校纪竞赛;开设法治文化学习阵地，邀请司法工作人员开展讲座;让学生互动体验学习。与法院开展“巡回法庭进校园”“走进法庭听审判”等活动;将法治文化教育与道德文化、廉政文化、安全文化、网络文化等全面结合，多途径开展教育。

(2)引导学生积极、规范参与学校管理

发挥学生会、研究生会等学生组织的桥梁纽带作用，优化学生沟通反馈渠道，鼓励学生规范有序按照学校沟通反馈渠道对学校工作提出意见和建议。

6.发挥好校友在校园文化建设中的作用

校友是学校的宝贵财富,充分发挥校友资源,有利于推动校园文化的建设与提升,扩大校园文化的影响力和覆盖面。以校区内捐赠的楼宇、石雕、树木、拱桥等为载体,设立校友文化宣传教育景点,深入挖掘捐赠项目背后的校友感人事迹,多渠道多方式宣传校友爱校、兴校的情怀,将校友文化融入校园文化中。

## (三)培育创新文化营造创业氛围,打造校园创业热土

1.建立"翔安校区一体化大学生创业服务中心"

以服务厦门大学学生自主创业为核心目标,打造政策咨询、手续办理、风投引资、项目孵化等为一体的线下创业服务前期平台。

(1)为学生创业企业提供工商注册、税务代理、法律咨询、金融、风险投资等服务;

(2)结合线上平台,为学生创业企业提供会议室等活动场所,用于公共商务洽谈,招标引资,沙龙活动等;

(3)为尚未注册公司的"－1到0岁"大学生科技创业项目提供3～6个月的预孵化服务,引导和帮助潜在的创业学生将科技创业点子转化为实业的孵化模式,免费提供办公场地。

2.搭建创业实践实体平台

(1)结合校区学科特色,依托社会实践基地,让学生深入各地、深入基层、深入工厂企业,在实践中逐步提高自己的创业意识和能力。

(2)整合校内外商业实体资源,成立若干个校区创业实践实体基地,规划引导校园创业项目,例如咖啡馆、爱心超市等,鼓励学生设计创业方案,参与创业试验,学校从场地、资金、政策等方面为其提供支持;同时推动校地合作,做好学生创业与社会服务的有效衔接。

3.加强创业培训

(1)开展就业指导,帮助在校学生完成职业生涯的初步规划,使其有一个更清晰的职业定位;利用学校在"产学研结合"方面的优势,成立由相关领域的专家、教授、创业者组成的翔安校区学生创业"专家指导委员会"。

(2)邀请社会上创业指导领域的专家学者、创业者来校区开设讲座、参与创业论坛,激发学生创业热情、启迪创业思路。

## (四)融合地域特色与全球视野,培育校园文化亮点

融合地域特色与全球视野,立足厦大文化传统又凸显翔安校区特色。加强双校区交流、交往与融合,群众性文体活动立足于在校区内举办,在选拔赛、淘汰赛的基础上进行全校决赛,决赛在两校区轮流举行。合理安排运动会、校庆、学生学术科创竞赛等活动在两校区举办。

1.重点建设若干个校区一级的品牌活动

(1)办好厦大传统文化活动

①办好"南强学术讲座""名师下午茶""优博论坛"等高质量的学术品牌活动,力求为师生创造一个交流、探讨学术前沿的宽松环境。

②办好"南强颂""陈嘉庚""新年舞会"等高品位文艺活动,用优秀的文艺作品启发激励青年,进行爱国爱校教育。

③与思明校区轮流举办"厦门大学我最喜爱的十位教师评选"及"厦门大学青年教师教学技能大赛"的决赛或颁奖礼。

(2)培育翔安校区风格品牌文化

①坚持榜样引领,举办"身边的好同学"优秀大学生评选等活动,进一步挖掘和宣传校园里的先进典型,用榜样力量激励和引导广大同学。

②突出理工医科学生多的特点,重点打造实验室风采大赛、实验室技能及安全知识竞赛等,增强实验

室的团队建设和凝聚力，增进多学科的交叉合作，更好地营造科研和学术环境。

③编排反映实验室学习生活的原创青年话剧《我的青春，我的实验室》，活跃校园人文氛围，展现校区师生科研创新的场景和朝气蓬勃的面貌。

④推动多元文化融合，传播中华优秀文化。发挥校区海外学生多的优势，办好“泼水节”“瑜伽节”等体现外国文化特点的活动；发挥孔子学院院长学院落地在校区的优势，创办“孔子文化节”，深入挖掘不同国家文化特色，促进各国文化交流与融合；支持中外交流协会发展，扩大协会活动的参与面与影响力，提升同学们的全球视野、国际竞争力和多元文化意识。

⑤用好地域优势，彰显闽台特色。深挖翔安特色，开展以“翔安宋江阵”等为载体的艺术交流，传承这座“中国民间文化艺术之乡”的独特魅力，凸显闽南人的精神气质；用好“英雄三岛”这个特殊景点，把当年两岸炮战阵地变成今天两岸青年交流沟通阵地，组织大学生文化研习班，邀请金门大学等学校参与。

⑥实行“少数民族生辅助计划”，在衣食住行、生活习俗上给予少数民族学生关心关怀，以研究少数民族学生学习特点及规律为突破口，为其提供汉语、英语、计算机等专项学习辅导。

⑦利用校区优越环境，举办校区“风筝节”，弘扬中华传统文化，鼓励学生放自己动手制作的风筝。

⑧举办全校区教职工游泳竞赛、高尔夫击球赛、亲子趣味运动会，丰富教职工业余生活，增强教职工对校区的归属感。

2.重点扶持几个学生社团

(1)“中华典籍学社”：倡导读、研、参、悟中华典籍，传承中华传统文化。充分利用校内丰富的育人载体和教育资源，开展多元活动，体现“家国情怀、社会关爱、人格修养”等教育内容；注重利用和引进社会资源，开展文化名人校园行、非物质文化遗产和优秀文化作品展示、戏曲戏剧音乐展演等活动。

(2)“青年创业工坊”：伴随翔安校区大学生就业创业基地的投入使用，该社团主要负责基地的日常服务管理、项目引进、规范运营等，带动校区学生就业创业氛围。

(3)“小绿俱乐部”：俱乐部致力于发扬厦大“小绿文化”，积极参与“小绿”回收、美化、维修、管理等，倡导广大同学文明使用“小绿”、自觉爱护“小绿”、主动维护“小绿”管理秩序。

(4)“校园曝光达人”：该社团担任着校园文化建设监督者的角色，挖掘校园内的文明现象，传递正能量，同时也发现身边的不文明行为，引导师生对不文明行为说“不”。社团面向全校征集“曝光随手拍”，并组织“曝光”展示，引领校园文明新风尚。

(5)“腹愁者联盟”：针对校园膳食文化，该联盟主要发挥桥梁纽带和带头引领的作用，主要从事师生对食堂意见的调研反馈、促进食堂与师生的双向沟通理解、倡导均衡健康膳食、提倡“光盘”反对浪费等方面的行为。

(6)“中外交流协会”：吸引更多海外生入社，发挥海外生的创意和专长，组织特色文化交流活动，加强中外学生的沟通交流。

3.扶持每个学院一个特色品牌活动

每个学院根据学院特色，发挥专业优势，推选一个品牌项目，在经费、场地等方面给予扶持，形成“一院一品”的品牌创建活动，并通过评选，选树学院品牌活动中的典型。

## (五)以社会主义核心价值观为引领，建设校园网络平台

抓好校园文化的网络建设，注重校园文化网络载体的运用，利用现代媒体技术打造校园网络平台，重点建好校区网站、微博、微信公众号，实现文化引领。

1.制作校园电子地图。贯穿“智慧校园”的建设理念，对校园实景进行仿真建模，收集、归纳、分析校园各类地理信息，为广大系统用户提供便利，为校园的规划、建设、管理提供准确而详细的数据，为游客观光导航、学校对外宣传等方面提供一个智能化平台。

2.提供及时、全面的信息资讯。信息资讯一站式全获取，如校园新闻、校区动态、热点专题、信息公示等。

3.推出师生便捷化微服务项目。不断开发新媒体功能,例如开通教室申请、报告厅申请、海报横幅审批、学生住宿办理、校园通行证办理、健康证办理、一卡通服务受理、校车“滴滴”乘坐等项目的微服务通道。

4.制作文化微作品。创作弘扬社会主义核心价值观,反映校园向上、向善风貌的微专题、微电影等,牢牢把握思政教育和舆论引导的主动权,传播先进文化,发挥网络文化育人功能。

### (六)提升社会服务水平,影响带动周边美丽社区建设

1.加强统筹协调,每年举办暑期“凤凰花”夏令营志愿服务进社区活动;举办“校园开放日”,邀请周边社区干部群众、附近学校学生走进翔安校区,感受著名大学校园氛围、接受大学文化熏陶,融洽学校和社区的关系。加强与翔安区委区政府的联系合作,以干部挂职、项目合作、支教服务等方式为典范翔安建设提供人才与智力帮助。

2.借助学校建设国家科技园、附属中学等项目,促使校区周边设施不断完善,千方百计推动就近解决校区教职员工住房问题,提升校区凝聚力,努力创造师生乐于、安于在校区学习、生活和工作的条件。

## 三、组织保障

党的领导是做好校园文化建设的根本保障,形成学校党委统一领导、翔安校区党工委协调落实督促、学院党委全面参与的校园文化建设工作格局。

### (一)成立校园文化建设工作组

由翔安校区党工委书记担任组长,校区党工委副书记担任副组长,各办主任、团工委书记和学生分会、研究生分会以及社团联合会主席为工作组成员。各学院成立相应组织,由学院党委书记任组长,党委副书记任副组长,学院副院长、工会、团委和学生组织负责人为成员,负责本学院校园文化建设工作,负责落实本行动计划分解到学院的任务。

### (二)专项经费

校园文化建设专项经费列入学校年度经费预算,各学院划出专项经费用于文化建设。

——本文摘录自《关于印发〈厦门大学翔安校区校园文化建设行动计划〉的通知》,厦大翔委综〔2016〕1号,档号2016-XZ37-1

# 厦门大学消防安全管理规定

（2016年3月8日）

## 第一章　总　则

第一条　为了加强和规范学校消防安全管理，预防和减少火灾危害，保障师生员工生命财产和学校财产安全，根据《中华人民共和国消防法》、《高等学校消防安全管理规定》和《福建省消防条例》等法律、法规和规章，结合我校实际，制定本规定。

第二条　校内各单位的消防安全管理，适用本规定。

驻校内其他单位的消防安全管理，按照本规定执行。

第三条　各单位应当遵守消防法律、法规和规章，贯彻预防为主、防消结合的方针，履行消防安全职责，保障消防安全。

第四条　各单位应当按照“谁主管，谁负责”，“谁使用，谁负责”的原则，落实逐级消防安全责任制和岗位消防安全责任制，明确逐级和岗位消防安全职责，确定各级、各岗位消防安全责任人，实行消防安全责任追究制。

第五条　各单位应当开展消防安全教育和培训，加强消防演练，提高师生员工的消防安全意识和自救逃生技能。

第六条　各单位和师生员工应当依法履行保护消防设施、预防火灾、报告火警和扑救初起火灾等维护消防安全的义务。

## 第二章　消防安全责任

第七条　学校法定代表人是学校消防安全责任人，全面负责学校消防安全工作，履行下列消防安全职责：

（一）贯彻落实消防法律、法规和规章，批准实施学校消防安全责任制、学校消防安全管理制度；

（二）批准消防安全年度工作计划、年度经费预算，定期召开学校消防安全工作会议；

（三）提供消防安全经费保障和组织保障；

（四）督促开展消防安全检查和重大火灾隐患整改，及时处理涉及消防安全的重大问题；

（五）依法建立志愿消防队等多种形式的消防组织，开展群众性自防自救工作；

（六）与学校二级单位负责人签订消防安全责任书；

（七）组织制订灭火和应急疏散预案；

（八）促进消防科学研究和技术创新；

（九）法律、法规规定的其他消防安全职责。

第八条　分管学校消防安全的校领导是学校消防安全管理人，协助学校法定代表人负责消防安全工作，履行下列消防安全职责：

（一）组织制定学校消防安全管理制度，组织、实施和协调校内各单位的消防安全工作；

（二）组织制订消防安全年度工作计划；

（三）审核消防安全工作年度经费预算；

(四)组织实施消防安全检查和火灾隐患整改;

(五)督促落实消防设施、器材的维护、维修及检测,确保其完好有效,确保疏散通道、安全出口、消防车通道畅通;

(六)组织管理志愿消防队等消防组织;

(七)组织开展师生员工消防知识、技能的宣传教育和培训,组织灭火和应急疏散预案的实施和演练;

(八)协助学校消防安全责任人做好其他消防安全工作。

其他校领导在分管工作范围内对消防工作负有领导、监督、检查、教育和管理职责。

第九条　厦门大学校园综合治理领导小组是全校日常消防安全工作的领导机构,负责组织、实施和协调校内各单位的消防安全工作,对学校消防工作中的重大问题进行研究、讨论,并做出决策。

第十条　学校保卫处负责学校日常消防安全工作,履行下列消防安全职责:

(一)拟订学校消防安全年度工作计划、年度经费预算,拟定学校消防安全责任制、灭火和应急疏散预案等消防安全管理制度,并报学校消防安全责任人批准后实施;

(二)监督检查校内各单位消防安全责任制的落实情况;

(三)监督检查消防设施、设备、器材的使用与管理以及消防基础设施的运转,定期组织检验、检测和维修;

(四)确定学校消防安全重点单位(部位)并监督指导其做好消防安全工作;

(五)监督检查有关单位做好易燃易爆等危险品的储存、使用和管理工作,审批校内各单位动用明火作业;

(六)开展消防安全教育培训,组织消防演练,普及消防知识,提高师生员工的消防安全意识、扑救初起火灾和自救逃生技能;

(七)定期对志愿消防队等消防组织进行消防知识和灭火技能培训;

(八)推进消防安全技术防范工作,做好技术防范人员上岗培训工作;

(九)受理驻校内其他单位在校内和学校、校内各单位新建、扩建、改建及装饰装修工程和公众聚集场所投入使用、营业前消防行政许可或者备案手续的校内备案审查工作,督促其向公安机关消防机构进行申报,协助公安机关消防机构进行建设工程消防设计审核、消防验收或者备案以及公众聚集场所投入使用、营业前消防安全检查工作;

(十)建立健全学校消防工作档案及消防安全隐患台账;

(十一)按照工作要求上报有关信息数据;

(十二)协助公安机关消防机构调查处理火灾事故,协助有关部门做好火灾事故处理及善后工作。

第十一条　学校各单位党政“一把手”是本单位消防安全责任人,负责本单位的消防安全工作;各单位分管消防安全的负责人为消防安全管理人,协助消防安全责任人负责本单位的消防安全工作。

驻校内其他单位的主要负责人是该单位消防安全责任人,全面负责本单位的消防安全工作。

学校各单位和驻校内其他单位应当履行下列消防安全职责:

(一)落实学校的消防安全管理规定,结合本单位实际制定并落实本单位的消防安全制度和消防安全操作规程;

(二)建立本单位的消防安全责任考核、奖惩制度;

(三)开展经常性的消防安全教育、培训及演练;

(四)定期进行防火检查,做好检查记录,及时消除火灾隐患;

(五)按规定配置消防设施、器材并确保其完好有效;

(六)按规定设置安全疏散指示标志和应急照明设施,并保证疏散通道、安全出口畅通;

(七)消防控制室配备消防值班人员,制定值班岗位职责,做好监督检查工作;

(八)新建、扩建、改建及装饰装修工程报学校消防机构备案;

(九)按照规定的程序与措施处置火灾事故;

(十)与物业服务企业签订服务合同时应有明确的消防安全责任约定;

(十一)学校规定的其他消防安全职责。

第十二条　除本规定第十一条外,学生公寓学生管理办公室作为学校学校宿舍管理负责单位,还应当履行下列安全管理职责:

(一)建立由学生参加的志愿消防组织,定期进行消防演练;

(二)加强学生宿舍用火、用电安全教育与检查;

(三)加强夜间防火巡查,发现火灾立即组织扑救和疏散学生。

后勤集团、国际学术交流中心等具体负责相关学生公寓物业管理的单位以及各学院须配合学生公寓学生管理办公室落实上述任务。

第十三条　学校各机关职能部门对其工作职能范围内全校的消防工作负有监督、检查、教育和管理职责。

第十四条　物业服务企业应当在其管理区域内依照服务合同履行相应的消防安全职责。

物业服务企业对占用、堵塞、封闭疏散通道、安全出口、消防车通道和消防登高场地的行为,应当予以劝阻、制止;对不听劝阻、制止的,应当及时向学校保卫处、公安机关消防机构或者公安派出所报告。

## 第三章　消防安全管理

第十五条　下列单位(部位)是学校消防安全重点单位(部位):

(一)学生宿舍、食堂(餐厅)、教学楼、校医院、体育场(馆)、会堂(会议中心)、超市(商场)、宾馆(招待所)、托儿所、幼儿园以及其他文体活动、公共娱乐等人员密集场所;

(二)网络、广播电台、电视台等传媒部门和驻校内的邮政、通信、金融等部门;

(三)车库、油库等部位;

(四)图书馆、展览馆、档案馆、博物馆、文物古建筑等;

(五)供水、供电、供气、供热等系统;

(六)易燃易爆等危险化学物品的生产、充装、储存、供应、使用部门;

(七)实验室、计算机房、电化教学中心和承担国家重点科研项目或配备有先进精密仪器设备的部位,监控中心、消防控制中心;

(八)保密要害部门及部位;

(九)高层建筑及地下室、半地下室;

(十)建设工程的施工现场以及有人员居住的临时性建筑;

(十一)其他发生火灾可能性较大以及一旦发生火灾可能造成重大人身伤亡或者财产损失的单位(部位)。

消防安全重点单位(部位)的主管部门,应当按照有关法律法规和本规定履行消防安全管理职责,设置防火标志,加强消防安全管理。

第十六条　在校园内举办文艺、体育、集会、招生和就业咨询等集体活动和展览,主办单位和承办单位应当确定专人负责消防安全工作,明确并落实消防安全职责和措施,保证消防设施和消防器材配置齐全、完好有效,保证疏散通道、安全出口、疏散指示标志、应急照明和消防车通道符合消防技术标准和管理规定,制订灭火和应急疏散预案并组织演练,并经保卫处对活动现场检查合格后方可举办。

依法应当报请当地人民政府有关部门审批的,须经有关部门审核同意后方可举办。

第十七条　建筑物的消防安全由建筑物使用单位或管理单位负责。若有物业管理的,物业合同必须有消防管理责任的条款。

第十八条　消防控制室由建筑物使用单位或管理单位按照相关规定配备专职值班人员,持证上岗。建筑物属多家单位的,由占用面积最大的单位负责消防控制室的管理,产生的费用由各单位按使用面积分摊。消防控制室不得挪作他用。

第十九条　建筑物使用单位或管理单位应当保障疏散通道、安全出口、消防车通道畅通。消防设施、器材要指定专人负责管理、定期检查、登记造册、存档备查。

各建筑的自动消防设施设备应委托具备相关维护资质的单位定期进行维护保养，确保其完好有效，并出具检测报告，存档备查。

各建筑物的消防设施没有维保单位的且有损坏需要维修的，由各使用单位或管理单位报资产与后勤事务管理处维修。

各单位需配置更换灭火器、消防水带、应急灯、疏散指示标志等常用消防器材，应及时告知保卫处，由保卫处根据建筑物实际情况统一配置更换。

实行企业化管理和自负盈亏的单位的消防设施的检测和维修由单位自负，并须确保消防设施完好有效；所需消防器材等产品可以自行购买或由保卫处统一配置，经费由单位自支。

第二十条　建筑物使用单位或管理单位应负责室内消火栓、自动灭火系统的日常检查，并每月对屋顶消火栓、末端试水装置进行放水及静压试验。

资产与后勤事务管理处负责校园消防管网(含喷淋、消火栓、消防供水设施)的维修和维护。

第二十一条　UPS不间断电源、空调、冰箱、实验仪器等电气设备、线路应定期进行安全检测，对超过使用年限的要及时予以报废；电气线路应严格按照国家相关标准进行敷设，禁止私接乱拉电线，禁止超负荷用电。

第二十二条　基建处负责新建和扩建建筑物消防安全标志的设置、消防设施的建造和消防器材的配置，并确保消防设施和器材完好有效，且在规定的质保期内得到有效服务保障。

资产与后勤事物管理处负责改建(含室内装修、用途变更)建筑物消防安全标志的设置、消防设施的建造和消防器材的配置，并确保消防设施和器材完好有效，且在规定的质保期内。

第二十三条　各单位进行新建、改建、扩建、装修、装饰等活动，应确定一名安全负责人，严格执行消防法规和国家工程建设消防技术标准，积极采用难燃、不燃材料，并依法办理建设工程消防设计审核、消防验收或者备案手续。学校各项工程和驻校内各单位在校内的各项工程消防设施的招标和验收，应当报请保卫处参加方可进行。

施工单位负责施工现场的消防安全，严格按设计图纸施工，并接受保卫处的监督、检查。竣工后，建筑工程中与消防有关的图纸、资料、文件等报保卫处备案。

第二十四条　地下室、半地下室和用于生产、经营、储存易燃易爆、有毒有害等危险物品场所的建筑不得用作学生宿舍。

生产、经营、储存其他物品的场所与学生宿舍等居住场所设置在同一建筑物内的，应当符合国家工程建设消防技术标准。

学生宿舍、教室和礼堂等人员密集场所，禁止违规使用大功率电器，在门窗、阳台等部位不得设置影响逃生和灭火救援的障碍物。

第二十五条　利用地下空间开设公共活动场所，应当符合国家有关规定，并报保卫处备案。

第二十六条　各单位购买、储存、使用和销毁易燃易爆等危险品，应当按照国家有关规定严格管理，规范操作，并制订应急处置预案和防范措施。燃气管道、设备的使用单位(管理单位)应委托具备相关资质的单位对其定期进行安全检测，并出具检测报告存档备查，餐厅的油烟管道每半年至少清洗一次。

各单位对管理和操作易燃易爆等危险品的人员，上岗前必须进行培训，持证上岗。

第二十七条　各单位应对动用明火实行严格的消防安全管理。禁止在具有火灾、爆炸危险的场所吸烟、使用明火；因特殊原因确需进行电、气焊等明火作业的，动火单位和人员应当向保卫处申办审批手续，落实现场监管人，采取相应的消防安全措施。作业人员应当遵守消防安全规定。

第二十八条　学校内出租房屋的，当事人应当签订房屋租赁合同，明确消防安全责任。出租方负责对出租房屋的消防安全管理。学校授权的管理单位应加强对校内出租房屋的监督检查。

外来务工人员的消防安全管理由用人单位负责。

第二十九条　发生火灾时，相关单位应当及时报警并立即启动应急预案，迅速扑救初起火灾，及时疏散人员。

事故单位应当在火灾事故发生后及时向学校总值班和保卫处等有关部门报告。

火灾扑灭后，事故单位应保护现场并接受事故调查，协助公安机关消防机构或保卫处调查火灾原因、统计火灾损失、查明火灾事故责任。未经公安机关消防机构或保卫处同意，任何人不得擅自清理火灾现场。

第三十条　学校及消防安全重点单位应建立健全消防档案。

消防档案应全面反映消防安全和消防安全管理情况，并根据情况变化及时更新。

## 第四章　消防安全检查和整改

第三十一条　学校每季度至少进行一次消防安全检查，由保卫处组织实施。检查的主要内容包括：

(一)消防安全宣传教育及培训情况；

(二)消防安全制度及责任制落实情况；

(三)消防安全工作档案建立健全情况；

(四)单位防火检查及每日防火巡查落实及记录情况；

(五)火灾隐患和隐患整改及防范措施落实情况；

(六)消防设施、器材设置及完好有效情况；

(七)灭火和应急疏散预案的制订和组织消防演练情况；

(八)其他需要检查的内容。

第三十二条　消防安全检查应填写检查记录，检查人员、被检查单位负责人或者相关人员应在检查记录上签名；发现火灾隐患的应及时填发《安全隐患整改通知书》。

第三十三条　各单位每月至少进行一次消防安全检查。检查的主要内容包括：

(一)火灾隐患和隐患整改情况以及防范措施的落实情况；

(二)疏散通道、疏散指示标志、应急照明和安全出口情况；

(三)消防车通道、消防水源情况；

(四)消防设施、器材配置及有效情况；

(五)消防安全标志设置及其完好、有效情况；

(六)用火、用电有无违章情况；

(七)重点工种人员以及其他员工消防知识掌握情况；

(八)消防安全重点单位(部位)管理情况；

(九)易燃易爆危险物品和场所防火防爆措施落实情况以及其他重要物资防火安全情况；

(十)消防(控制室)值班情况和设施、设备运行、记录情况；

(十一)防火巡查落实及记录情况；

(十二)其他需要检查的内容。

消防安全检查应当填写检查记录。检查人员和被检查单位负责人应当在检查记录上签名。

第三十四条　消防安全重点单位(部位)应当进行每日防火巡查，并确定巡查的人员、内容、部位和频次。其他单位可以根据需要组织防火巡查。巡查内容主要包括：

(一)用火、用电有无违章情况；

(二)安全出口、疏散通道是否畅通，安全疏散指示标志、应急照明是否完好；

(三)消防设施、器材和消防安全标志是否在位、完整；

(四)常闭式防火门是否处于关闭状态，防火卷帘下是否堆放物品影响使用；

(五)消防安全重点单位(部位)的人员在岗情况；

(六)其他消防安全情况。

校医院、学生宿舍、公共教室、实验室、文物古建筑等应加强夜间防火巡查。

防火巡查人员应及时纠正消防违章行为，妥善处置火灾隐患，无法当场处置的，应立即报告。发现初起火灾应立即报警、通知人员疏散、及时扑救。

防火巡查应填写巡查记录，巡查人员及其主管人员应在巡查记录上签名。

第三十五条　对下列违反消防安全规定的行为，检查、巡查人员应责成有关人员改正并督促落实：

(一)消防设施、器材或消防安全标志的配置、设置不符合国家标准、行业标准，或未保持完好有效的；

(二)损坏、挪用或擅自拆除、停用消防设施和器材的；

(三)占用、堵塞、封闭消防通道和安全出口的；

(四)埋压、圈占、遮挡消火栓或占用防火间距的；

(五)占用、堵塞、封闭消防车通道，妨碍消防车通行的；

(六)人员密集场所在门窗上设置影响逃生和灭火救援障碍物的；

(七)常闭式防火门处于开启状态，防火卷帘下堆放物品影响使用的；

(八)违章进入易燃易爆危险物品生产、储存等场所的；

(九)违章使用明火作业或在具有火灾、爆炸危险的场所吸烟、使用明火等违反禁令行为的；

(十)消防设施管理、值班人员和防火巡查人员脱岗的；

(十一)对火灾隐患经公安机关消防机构通知后不及时采取措施消除的；

(十二)其他违反消防安全管理规定的行为。

第三十六条　各单位对教育行政主管部门和公安机关消防机构、公安派出所以及学校保卫处提出的各类火灾隐患，应及时予以核查、消除。

对公安机关消防机构、公安派出所以及学校保卫处责令限期改正的火灾隐患，有关责任单位应在规定的期限内整改。

第三十七条　对不能及时消除的火灾隐患，有关责任单位应当及时向保卫处及相关单位的消防安全责任人或者消防安全工作主管领导报告，提出整改方案，确定整改措施、期限以及负责整改的部门、人员，并落实整改资金。

火灾隐患尚未消除的，有关责任单位应落实防范措施，保障消防安全。对于随时可能引发火灾或一旦发生火灾将严重危及人身安全的危险部位，应停止使用或停业整改。

第三十八条　对于因城市规划布局等外部因素造成的重大火灾隐患，由学校负责及时向上级主管部门或者当地人民政府报告。

第三十九条　火灾隐患整改完毕，有关责任单位应将整改情况记录报送相应的消防安全责任人或消防安全工作主管领导签字确认，并报送学校保卫处存档备查。

## 第五章　消防安全教育和培训

第四十条　各单位应当将师生员工的消防安全教育和培训纳入本单位消防安全年度工作计划。

消防安全宣传教育和培训的主要内容包括：

(一)国家消防工作方针、政策，消防法律、法规；

(二)本单位、本岗位的火灾危险性，火灾预防知识和措施；

(三)有关消防设施的性能、灭火器材的使用方法；

(四)报火警、扑救初起火灾和自救互救技能；

(五)组织、引导在场人员疏散的方法。

第四十一条　各学院(系)和有关单位应当采取下列措施对学生进行消防安全教育，使其了解防火、灭火知识，掌握报警、扑救初起火灾和自救、逃生方法。

(一)开展学生自救、逃生等防火安全常识的模拟演练，每学年至少组织一次学生消防演练；

(二)根据消防安全教育的需要，将消防安全知识纳入教学和培训内容；

(三)对每届新生进行不低于4学时的消防安全教育和培训;

(四)对进入实验室的学生进行必要的安全技能和操作规程培训;

(五)每学年至少举办一次消防安全专题讲座,并在校园网络、广播、校内报刊开设消防安全教育栏目。

第四十二条　各单位应组织新上岗和进入新岗位的员工进行上岗前的消防安全培训。

消防安全重点单位(部位)对员工每年至少进行一次消防安全培训。

第四十三条　下列人员应依法接受消防安全培训:

(一)学校及各单位的消防安全责任人、消防安全管理人;

(二)专职消防管理人员、学生宿舍管理人员;

(三)消防控制室值班、操作人员;

(四)其他依照规定应当接受消防安全培训的人员。

## 第六章　灭火、应急疏散预案和演练

第四十四条　学校及各单位、消防安全重点单位(部位)应制订相应的灭火和应急疏散预案,建立应急反应和处置机制,为火灾扑救和应急救援工作提供人员、装备等保障。

灭火和应急疏散预案应包括以下内容:

(一)组织机构:指挥协调组、灭火行动组、通讯联络组、疏散引导组、安全防护救护组;

(二)报警和接警处置程序;

(三)应急疏散的组织程序和措施;

(四)扑救初起火灾的程序和措施;

(五)通信联络、安全防护救护的程序和措施;

(六)其他需要明确的内容。

第四十五条　各类实验室应有针对性地制订突发事件应急处置预案,并将应急处置预案涉及的生物、化学及易燃易爆物品的种类、性质、数量、危险性和应对措施及处置药品的名称、产地和储备等内容报学校实验室与设备管理办公室及保卫处备案。

第四十六条　消防安全重点单位应按照灭火和应急疏散预案每半年至少组织一次消防演练,并结合实际,不断完善预案。

消防演练应当设置明显标识并事先告知演练范围内的人员,避免意外事故发生。

## 第七章　消防经费

第四十七条　学校将消防经费纳入年度经费预算,保证消防经费投入,保障消防工作的需要。各单位要在学校消防专项经费外根据工作需要,补充安排经费保障消防安全管理和消防宣传教育、培训等工作。

第四十八条　日常消防经费应用于校内灭火器材的配置、维修、更新,灭火和应急疏散预案的备用设施、材料以及消防宣传教育、培训等,保证消防工作正常开展。

第四十九条　学校安排专项经费,用于整改火灾隐患,维修、检测、改造消防专用给水管网、消防专用供水系统、灭火系统、自动报警系统、防排烟系统、消防通信系统、消防监控系统等消防设施。

第五十条　消防经费使用坚持专款专用、统筹兼顾、保证重点、勤俭节约的原则。

任何单位和个人不得挤占、挪用消防经费。

## 第八章　奖　惩

第五十一条　学校及各单位应将消防安全工作纳入日常评估考核内容,对在消防安全工作中成绩突出的单位和个人给予表彰奖励。

第五十二条　对未依法履行消防安全职责、违反学校消防安全制度,或擅自挪用、损坏、破坏消防器材和设施等违反消防安全管理规定的相关单位,学校应责令其限期整改,并对该单位的消防安全责任人、管理人和直接责任人予以赔偿损失、书面检查、通报批评、诫勉谈话、行政处分等方式的责任追究。

涉及民事损失、损害的,有关责任单位和责任人应承担民事责任。

第五十三条　对未依法履行消防安全职责、违反学校消防安全制度,发生火灾事故的,依法依规追究相关责任人的责任。

涉及民事损失、损害的,除依法依规追究相关责任人的责任外,有关责任单位和责任人还要承担相应民事责任。

涉嫌犯罪的,依法移送司法机关追究刑事责任。

## 第九章　附　则

第五十四条　本规定未尽事项,按国家有关法律、法规、规章执行。本规定条款如与国家新颁布的法律、法规、规章相抵触,按国家新颁布的法律、法规、规章执行。

第五十五条　本规定所称的各单位,包括各学部、学院(系)、党政各部门、各校区管委会、直属各单位及其他各独立机构。驻校内其他单位包括但不限于校内各商业网点、银行等。

第五十六条　本规定所称的消防设施,指火灾自动报警系统、自动灭火系统、消火栓系统、防烟排烟系统以及应急广播和应急照明、安全疏散设施等。

第五十七条　本规定由学校保卫处负责解释。

第五十八条　本规定经学校办公会通过,自公布之日起施行,《厦门大学消防安全管理暂行规定》同时废止。

——本文摘录自《关于印发〈厦门大学消防安全管理规定〉的通知》,厦大综〔2016〕6号,档号2016-XZ09-10

# 厦门大学安防监控系统设施管理规定

（2016 年 3 月 8 日）

## 第一章　总　则

第一条　为规范学校安防监控系统（含防盗报警系统，下同）设施的建设、管理和应用，保证安防监控系统正常运行，提高学校整体安防能力和预警能力，有效保障学校师生人身安全和财物安全，依据有关法律法规，结合学校实际情况，制定本管理规定。

第二条　安防监控系统是指以维护公共安全和预防灾害事故为目的，采用视频图像采集技术和设备，对涉及公共安全的场所和区域进行图像信息采集、传输、显示、存储的系统。

第三条　学校安防监控系统包括：学校规划和建设的学生宿舍园区监控系统、校园道路和公共活动区域监控系统、教室考试监控系统、重点单位监控系统、嘉庚主楼监控系统、全球眼监控系统、教工住宅区监控系统，以及各单位自行建设的监控系统。

第四条　全校范围内所有监控系统适用本规定。学校保卫处负责所有监控系统规划建设和应用的指导、监督和检查。

本规定发布施行后新建的安防监控系统，适用本规定。

第五条　安防监控系统的建设、使用和管理，应当遵循统一规划、统一标准、资源共享、合法利用的原则，不得违反国家法律、法规、规章制度等规定，不得泄露国家秘密、商业秘密和教学科研秘密，不得侵犯公民个人隐私。

第六条　安装安防监控系统的固定场所，应当在监控区域设置明显标志。

## 第二章　规划与建设

第七条　保卫处负责规划建设全校学生宿舍园区监控系统、校园道路和公共活动区域监控系统、校门监控系统、运动场所监控系统、重要重点安全防范区域监控系统、部分教工住宅区监控系统等。

第八条　学校在保卫处建设全校安防监控系统指挥中心机房，单位自行建设的监控系统应当具备与学校总监控指挥中心系统链接的功能，具备符合公安部相关规定所要求的技术标准的图像输出接口。

第九条　全校各学院各单位应当在单位出入门、办公楼、财务室、实验室、展馆等重要教学科研场所安装建设安防监控设施。安防监控设施规划设计方案应当报保卫处审核同意，方可进行采购、建设、施工和使用。

第十条　新建、改建、扩建建设项目和重新装修的教学科研场所应当安装安防监控系统的，安防监控系统应当与项目主体工程同步规划、同步建设、同时投入使用。

第十一条　安防监控系统使用年限必须符合国家规定的标准，已经超年限使用的需要根据系统设施的可使用情况评估是否更新，达到报废要求的可以申请报废；需要更新建设安防监控系统的单位，应提前一年以上申报计划。

第十二条　安防监控系统的设计、施工、维护单位应当具备法律、法规和学校相关部门规定的相应资质。

## 第三章 设备管理与视频监看规定

第十三条 安防监控系统的使用单位应当遵守下列规定:
(一)建立值班监看、运行维护、安全检查、信息资料存储管理、资料调取审批登记等制度;
(二)监控系统投入使用后,建立相应的调阅、截取视频图像的密码管理权限;
(三)建立异常情况警报处置和应急处理制度;
(四)对监看和管理人员进行岗位技能和保密知识培训;
(五)每班在岗监看人员全部监控图像浏览两遍以上,重点部位始终监看;
(六)禁止与监看工作无关人员擅自进入监看场所;
(七)发现危害公共安全的可疑信息和可疑人员,及时向保卫处、公安机关和主管部门报告;
(八)图像信息资料存储质量应当符合国家有关标准;
(九)图像信息资料存储时间不得少于30日。
第十四条 安防监控系统的使用单位及其监看和管理人员不得有下列行为:
(一)擅自改变安防监控视频图像信息系统的用途;
(二)非法采集涉及国家秘密、商业秘密、教学科研秘密或者公民个人隐私及其他合法权益的信息;
(三)删改、隐匿、毁坏监控系统视频图像和设备存储的信息资料的原始记录;
(四)拒绝、阻碍学校安全主管部门依法使用视频图像信息系统设施、设备及其信息资料;
(五)擅自向安全主管部门以外的单位或个人提供、复制、传播视频图像信息资料。
(六)不得利用安防监控视频资料进行融化等违法行为。

## 第四章 监控系统设施管理与维护

第十五条 负责图像信息监看的工作人员,应当遵守各项图像信息安全管理制度,坚守岗位,爱护仪器设备,保守秘密。安防监控值勤人员应认真学习监控的操作规程,禁止在监控系统使用的计算机上做与监控工作无关的事情,检查、维护和保养好监控设备。

第十六条 安防监控设施管理、监看值班人员,要严格按照规定的操作规程进行操作,密切注意监控设备运行状况,保证监控设备正常运行,不得无故中断监控,删除监控图像信息资料。

第十七条 安防监控设施控制室应当建立规章制度,监看值班和管理人员要严格遵守相关规定,制度和操作规程悬挂控制室墙上醒目位置。

第十八条 安防监控设施在维保期内,管理人员应当按照合同规定,要求建设单位按时维保;维保期过后,应按规定定期安排设备检修维护。出现故障要及时维修,并报保卫处备案。

第十九条 学校保卫处对全部安防监控系统的日常使用、维护情况进行监督检查,发现问题督促相关单位及时整改。

第二十条 任何单位和个人不得有下列行为:
(一)盗窃、损毁安防监控设施、设备;
(二)非法复制、买卖、传播安防监控系统的视频图像信息资料;
(三)故意隐匿、毁弃监控视频系统采集到的涉及违法犯罪活动的信息资料;
(四)故意转动、覆盖、遮挡安防监控摄像头;
(五)其他影响安防监控设施正常运行的行为。

## 第五章 奖励与惩处

第二十一条 安防监控系统使用单位和个人在维护公共安全、提供警情服务、处置突发事件等方面做出突出贡献的,或者为侦破重大刑事、治安案件提供关键证据和线索的,由学校或者有关主管部门给予表彰和奖励。

第二十二条　违反本规定第十三条、第十四条、第二十条的，由学校或者有关主管部门通报批评，责令限期改正；逾期未改正的，对个人处理视其情节轻重按照相关规定处罚；对于本校师生违反本规定，造成不良后果的，按《厦门大学教职工处分暂行规定》《厦门大学学生违纪处分管理规定》等给予纪律处分。

涉嫌违反治安管理处罚法的，依法移送公安机关予以治安处罚；涉嫌犯罪的，依法移送司法机关追究刑事责任。

## 第六章　附　则

第二十三条　本管理规定经厦门大学校园综合治理领导小组会议研究通过，自公布之日起施行。

第二十四条　本管理规定由学校保卫处负责解释。

——本文摘录自《关于印发〈厦门大学安防监控系统设施管理规定〉的通知》，厦大综〔2016〕7号，档号2016-XZ09-10

# 厦门大学消防工作考核办法

(2016年3月8日)

第一条 根据国务院《关于加强和改进消防工作的意见》(国发〔2011〕46号)、国务院办公厅《关于印发消防工作考核办法的通知》(国办发〔2013〕16号)、《福建省消防条例》等法律法规和政策文件要求,抓好《厦门大学消防安全管理规定》的落实,结合学校实际,制定本办法。

第二条 本办法的消防工作考核是指学校对校内各单位年度消防工作完成情况进行考核。

校内各单位党政"一把手"为本单位消防工作的第一责任人,分管负责人为主要责任人。

第三条 对上年度的考核工作于每年2月底前进行,由校综合治理领导小组负责组织实施。年度消防工作责任目标和考核工作实施细则,由校综合治理领导小组根据学校发展情况,结合消防工作实际制定下发。

第四条 校外机构驻校单位由相关主管部门对其年度消防工作完成情况进行考核。

第五条 考核工作实行自评和实地检查相结合,校综合治理领导小组结合各单位上报的消防工作自评报告,采取听取汇报、查阅资料、座谈走访、暗访调查等方式进行实地检查,按照考核计分标准和实施细则进行量化评分。

第六条 考核采用评分法,满分为100分。考核结果分为优秀、良好、合格、不合格4个等级。考核得分90分以上为优秀,80分以上90分以下为良好,60分以上80分以下为合格,60分以下为不合格(上述"以上"均含本数)。

第七条 考核结果经校综合治理领导小组审定后,向全校各单位进行通报。对考核结果为优秀的予以表扬。考核结果不合格的,在考核结果通报后1个月内,提出整改措施,向校综合治理领导小组做出书面报告。

第八条 经校综合治理领导小组审定后的考核结果,交由学校有关部门,作为对相关单位主要负责人和领导班子综合考核评价的重要依据。

第九条 对在考核工作中弄虚作假、瞒报虚报情况的,予以通报批评,并对有关责任人员依规定追究责任。

第十条 各单位应根据本办法,结合自身实际,制定具体的考评实施办法,对本单位的消防工作进行考核。

**附件:**

## 厦门大学消防工作考核计分标准

| 序号 | 考核项目 | 分值 | 自评 | 评分 |
|---|---|---|---|---|
| 1 | 落实学校的消防安全管理规定,结合本单位实际制定并落实本单位的消防安全制度和消防安全操作规程 | 10 | | |
| 2 | 各单位应按照"谁主管,谁负责","谁使用,谁负责"的原则,落实逐级消防安全责任制和岗位消防安全责任制 | 10 | | |

续表

| 序号 | 考核项目 | 分值 | 自评 | 评分 |
| --- | --- | --- | --- | --- |
| 3 | 单位领导重视消防安全工作,单位工作会议中讨论布置消防工作,会议记录完整 | 5 | | |
| 4 | 明确一名消防安全管理人负责消防工作,建立健全并及时更新本单位的消防档案、台账 | 5 | | |
| 5 | 火灾隐患的整改及防范措施是否落实 | 5 | | |
| 6 | 消防控制室配备消防值班人员并持证上岗,制定值班岗位职责,做好监督检查工作 | 5 | | |
| 7 | 按规定配置消防设施、器材,定期检查,确保其完好有效 | 5 | | |
| 8 | 设有自动消防设施的单位,应按照有关规定定期对其自动消防设施进行全面检查测试,并出具检测报告,存档备查 | 5 | | |
| 9 | 按规定设置安全疏散指示标志和应急照明设施,并保证疏散通道、安全出口畅通 | 5 | | |
| 10 | 各单位每月组织一次防火检查,消防安全重点单位(部位)应进行每日巡查,及时消除火灾隐患,并做好记录,存档备查 | 20 | | |
| 11 | 消防安全重点单位应根据本单位实际制订相应的灭火疏散预案,并定期组织演练 | 2 | | |
| 12 | 消防安全重点单位应建立消防志愿者队伍,定期组织培训和演练 | 2 | | |
| 13 | 室内消火栓水压是否充足,消防车通道是否畅通 | 2 | | |
| 14 | 安全用电、电器设备管理是否规范 | 2 | | |
| 15 | 重点工种人员及其他员工消防安全知识的掌握情况 | 2 | | |
| 16 | 易燃易爆、有毒危险品和场所消防安全措施是否规范 | 5 | | |
| 17 | 消防安全重点部位的管理是否规范 | 5 | | |
| 18 | 经常性开展消防安全宣传教育,普及消防安全知识 | 5 | | |
| 合计 | | 100 | | |

备注:1.每发生一起重大亡人火灾责任事故扣20分。

2.发生特别重大亡人火灾责任事故的考核结果直接认定为“不合格”。

——本文摘录自《关于印发〈厦门大学消防工作考核办法〉的通知》,厦大综〔2016〕8号,档号2016-XZ09-10。

# 厦门大学安全工作“党政同责、一岗双责”规定

(2016年3月8日)

第一条　为加强对学校安全工作的领导,建立健全“党政同责、一岗双责、齐抓共管”的安全工作责任体系,落实岗位安全责任,严肃责任追究,有效防范学校各类安全事故发生,根据《中共福建省委　省人民政府关于印发〈福建省安全生产“党政同责、一岗双责”规定〉的通知》(闽委发〔2014〕25号)和《中共福建省委教育工委、福建省教育厅关于印发〈福建省学校安全“党政同责、一岗双责”规定〉的通知》(闽教安〔2015〕3号)精神,结合我校实际,制定本规定。

第二条　“党政同责”是指学校各级党政领导对学校安全工作共同负有领导责任。“一岗双责”是指学校各级党政领导对所在岗位既履行业务工作职责,又履行相应的安全工作职责。

第三条　学校对本校安全工作负总责,主要校领导是学校安全工作的第一责任人,对学校安全工作负全面领导责任;分管安全工作的校领导是学校安全工作综合监管责任人,担负学校安全工作组织协调和综合监管责任;学校党政领导班子成员对业务范围内的学校安全工作负直接领导责任;学校主要负责人担任学校安全工作领导小组组长。

第四条　全校各单位对本单位安全工作负总责,主要负责人是本单位安全工作第一责任人,对本单位安全工作负全面领导责任;分管安全工作的领导是本单位安全工作综合监管责任人,担负本单位安全工作组织协调和综合监管责任;各单位党政领导班子成员对业务范围内的安全工作负直接领导责任;各单位主要负责人担任本单位安全工作领导小组组长。

第五条　牢固树立“安全责任重于泰山”意识,坚持“安全第一、预防为主、教育在前、综合治理”方针,全面构建学校安全工作“党政同责、一岗双责、齐抓共管”新格局,建立健全安全工作主体责任体系,完善党政领导及班子成员安全工作责任制,细化落实安全监管职责。按照“属地监管与分级监管相结合,以属地监管为主”和“谁审批、谁主管、谁负责”的原则,实行“管行业必须管安全、管业务必须管安全”和事权相一致的要求,认真履行分管工作范围和联系单位的安全岗位职责。

第六条　保卫部(处)对学校安全工作实施综合监督管理;其他机关职能部门,负责指导和监管本部门职能范围内的安全工作,对学校安全工作提供支持和保障。全校各单位应当各司其职,各负其责,健全完善“党政同责、一岗双责、部门监管、学校负责、师生参与、各抓共管”的学校安全责任体系,共同推动学校安全工作。

第七条　校党委、校行政安全工作职责

(一)贯彻落实中央和上级领导部门关于加强安全生产和学校安全工作的方针、政策和重大决策、部署和要求,结合我校实际,提出具体贯彻落实意见。

(二)将学校安全工作纳入全校工作全局和教育发展规划,摆上重要议事日程,加强组织领导,支持全校各单位履行安全工作职责,研究部署安全工作重大事项。

(三)将学校安全工作纳入全校各级领导干部实绩考核范围,作为领导干部政绩考核、选拔任用、晋职晋级、奖励惩罚,以及精神文明建设、党风廉政建设、综治平安建设等的重要参考依据,加大考核权重。

(四)加强学校安全工作机构和队伍建设,配备与学校安全工作监管任务相适应的人员力量,调动人员积极性。

(五)加强学校安全宣传教育和舆论引导,营造全社会关爱师生生命、关注校园安全的良好氛围。

（六）组织工会、共青团、妇联、关工委等群众团体及社会有关方面围绕学校安全开展相关工作，引导师生员工和群众全面参与、主动支持学校安全工作。

第八条　学校安全工作领导小组安全工作职责

（一）宣传贯彻执行国家和上级有关部门安全生产和学校安全工作的方针、政策和法律、法规及工作部署、要求，研究制定并落实学校安全工作政策及措施。

（二）将学校安全工作纳入全校教育事业发展全局，明确学校安全工作相应项目、资金、措施和支撑体系，制定并组织实施安全工作中长期发展规划，领导和督促全校各单位做好学校安全工作。

（三）将安全工作摆上重要议事日程，加强组织领导，定期召开学校安全工作会议，对学校安全工作进行研究部署，及时协调解决学校安全工作中的重大问题。

（四）健全并落实学校安全目标责任体系，负责学校安全监督管理，监督指导全校各单位履行安全工作职责；落实学校安全目标管理责任和责任追究制，会同有关部门组织查处学校安全管理方面失职或违法的行为；对在改善安全条件，防止安全事故、参加抢险救护等方面取得显著成绩的单位和个人给予表彰奖励。

（五）健全学校安全工作资金保障制度，将安全管理工作经费列入预算，加大学校安全工作投入；制定完善、组织实施有利于学校安全的各项政策措施；加强安全监管能力建设和基层基础工作。

（六）建立隐患排查治理体系和安全防控体系，推进学校安全标准化建设和精细化管理，组织安全重点领域（校舍安全、消防安全、食品卫生安全、建筑施工安全、校车及学生交通安全、校园周边安全、危险化学品安全、电梯安全、防溺水等）安全专项整治及隐患排查治理工作；会同相关职能部门依法关闭和取缔非法、违法及不符合安全条件的校内生产经营单位。

（七）督促指导全校各单位加强教学科研活动和社会实践活动的安全管理；督促指导有关单位加强易燃、易爆、有毒、有害等危险品的安全管理，制订应急预案并组织演练；会同有关部门依法查处以任何形式或名义组织学生从事接触易燃、易爆、有毒、有害等危险品的劳动或其他危险性劳动的行为，组织查处将学校场地出租作为从事易燃、易爆、有毒、有害等危险品的生产、储存、经营场所的行为。

（八）建立健全学校安全应急救援体系，完善应急救援指挥机构，组织制订安全事故应急救援预案，定期组织应急救援演练，领导和组织指挥学校安全事故应急救援工作。

（九）督促指导全校各单位加强安全教育宣传培训工作，将安全教育纳入学校教育教学的重要内容，落实安全教育课程、教材、师资，组织师生员工开展安全教育和应急疏散演练；鼓励和支持全校各单位开展安全科研课题的研究和推广应用，提升学校安全管理水平。

（十）依照有关规定，负责或者授权、委托有关部门组织事故调查处理，对事故调查报告做出批复，并督促有关单位落实处理意见，进行责任追究。

（十一）法律、法规和上级党委、政府及教育等有关部门规定的其他安全生产和学校安全职责。

第九条　学校主要领导安全工作职责

（一）负责抓好安全生产法律法规、方针政策及上级有关学校安全工作的决策部署在本校的贯彻落实；组织落实上级党委、政府和有关部门下达的安全工作目标任务；建立健全安全工作责任体系，严格安全工作考核奖惩。

（二）将安全工作与本校的业务工作同时安排部署、同时组织实施、同时检查考核；及时研究解决本校安全工作中的重大问题；加强安全工作机构队伍建设，健全安全工作管理机构。

（三）主持召开安全工作会议或专题会议，贯彻落实上级有关要求，分析安全工作形势，安排部署工作任务，研究解决安全工作中的重大问题。

（四）至少每半年带队开展一次学校安全工作监督检查，在重要节日、重点时段带队督查学校安全工作。

（五）领导本校安全工作隐患排查整治工作，对发现的重大安全隐患，督促制定整治措施，限期整改。

（六）组织编制本校安全工作事故应急预案，并按照规定报送备案。本校发生重特大安全事故时，按照规定及时赶赴现场,组织协调救援和善后等相关工作。

(七)督促学校领导班子成员抓好分管范围内的安全工作和包干联系的单位的安全工作。

(八)法律、法规和上级党委、政府及教育等有关部门规定的其他安全生产和学校安全职责。

第十条　学校分管领导安全工作职责

(一)认真贯彻落实安全生产法律规章、方针政策和上级有关安全生产工作的安排部署,结合本校工作实际,主持制定、落实学校安全工作管理制度和保障措施。

(二)协助主要领导每年组织召开一次学校安全工作会议,每季度主持召开一次学校防范安全事故会议或专题会议,贯彻上级有关要求,分析安全工作形势,安排部署工作任务,研究解决学校安全工作中的重大问题。

(三)组织制订全校安全工作计划,开展学校安全工作监督检查和年度学校安全目标责任制落实考评。

(四)督促全校各单位开展安全隐患排查整治,完善学校紧急情况报告制度,每季度组织检查学校安全工作目标任务完成情况,推动安全工作各项措施落实到位。

(五)督促相关职能部门抓好安全工作,指导安全管理机构加强自身建设,提高安全管理能力和水平。

(六)本校发生安全事故时,按照规定及时赶赴事故现场,组织协调救援及善后等相关工作,并督促做好事故信息报送。

(七)法律、法规和上级党委、政府及教育等有关部门规定的其他安全生产和学校安全职责。

第十一条　学校领导班子其他成员安全工作职责

(一)认真贯彻执行安全生产法律法规、方针政策和上级有关安全生产的安排部署,将安全工作与分管范围的业务工作同时安排部署、同时组织实施、同时检查考核。

(二)督促分管单位认真履行工作范围内的安全监管职责,督促开展分管业务范围内的安全隐患排查整治,及时研究解决安全工作中存在的问题。

(三)参加分管业务范围内和学校统一组织安排的安全工作监督检查。

(四)分管业务范围内发生重特大安全事故时,按照规定及时赶赴事故现场,组织协调救援及善后等相关工作。

(五)法律、法规和上级党委、政府及教育等有关部门规定的其他安全生产和学校安全职责。

第十二条　学校安全工作部门及相关部门和单位安全工作职责

(一)学校安全工作领导小组办公室[保卫部(处)]工作职责

(1)负责全校安全工作综合监督管理,统筹协调全校安全工作和校园治安综合治理工作;督促指导有关单位依法依规履行安全工作职责,组织学校安全综合和专项检查,具体实施学校安全目标责任落实管理和考核工作。

(2)负责起草学校安全工作综合性、规范性文件,制定并督促落实学校安全工作专项规划和规章措施;监督检查涉及学校安全的法律、法规、规章、规范性文件的贯彻与执行情况。

(3)会同有关部门做好学校安全宣传教育工作,推进学校安全教材等宣传资料的编审工作,督促落实安全教育课程,抓好师生安全教育和应急疏散演练。

(4)加强安全保卫机构建设和干部队伍建设,组织各级领导、安全管理人员、特种作业人员开展岗位安全培训。

(5)负责学校安全形势综合分析和学校安全事故、师生非正常死亡统计工作,定期通报学校安全工作情况,发布学校安全预警信息和工作信息。

(6)负责学校安全隐患排查治理体系、校园及周边治安防控体系和责任追究与督查考评体系建设,督促各单位建立健全学校安全工作制度和安全事故责任追究制度,落实重大安全隐患整改。

(7)牵头组织学校安全督查和调研工作,指导各单位开展“平安校园”等级创建和学校安全标准化提升工程三年行动,加强创建和考评验收过程管理。

(8)组织、协调有关部门开展学生交通安全、校园及周边治安环境综合整治。

(9)组织协调学校重大安全事故的处理和调查处置工作。

(10)参与由学校组织的对单位、个人评优、评先、评级、评估等安全工作情况的审核,对参评校级、省级和国家级的先进单位和个人荣誉及称号提出“一票否决”的意见建议。

(11)承担学校安全工作领导小组办公室的日常工作。

(二)学校相关单位安全工作职责

(1)学校办公室(总值班室):负责全校突发事件、防汛抗旱等应急处理与组织协调;制订突发事件应急预案;及时转发防台风、恶劣天气、地质灾害等文件,做好应急救援、自然灾害防御处置工作;及时报送安全事故信息、安全工作信息;为学校安全工作提供必要的保障。

(2)组织部:负责将学校安全工作纳入党建和干部考核范畴,在开展干部选拔,评选表彰优秀共产党员、优秀党务工作者、先进基层党组织等评优评先工作时,把学校安全工作列入考核内容,实行安全工作“一票否决制”。

(3)宣传部:负责校内媒体安全工作,把握正确舆论导向;健全完善联防联控、快速反应的网络舆情工作机制;在校内有关媒体上及时发布学校有关安全工作的各项通知和公告,及时发布安全预警信息;广泛开展师生安全宣传教育,开辟学校安全专题、专栏,宣传安全工作先进典型经验,普及安全知识;加强与媒体沟通联系,做好学校安全工作的宣传报道工作。

(4)学生工作部(处):负责学生安全稳定工作;加强学生思想政治工作,及时掌握学生思想动态,加强学生思想品德、心理健康、行为习惯养成教育;抓好辅导员队伍建设工作;负责制订学生安全工作应急预案,协调处理涉及学生的安全工作;指导各学院(研究院、教学部)学生工作组在学生中广泛深入开展安全教育,把学生安全教育落实到班级、落实到个人;在法定节假日,寒、暑假前后和重大活动期间,在学生中开展有针对性的安全教育;特别注重学生军训、户外和大型学生活动的安全管理;协调相关单位做好学生公寓的安全工作,在学生公寓中开展安全教育,与其他相关职能部门、各学院(研究院、教学部)学生工作组共同做好学生公寓的险情监测、人员疏散和应急处置工作。

(5)人事处:负责加强师德师风建设;开展教师安全培训,提高教师安全意识;在各类教师表彰中实行安全工作“一票否决制”。

(6)教务处:负责全校公共教室的安全管理工作;负责英语四六级考试的安全管理工作;建立全校性的教学安全管理制度;将安全工作列入教学督导评估内容,督促指导全校各单位落实安全监管责任。

(7)科学技术处:负责做好科研成果的安全保密工作;督促指导校内科研机构做好安全管理工作。

(8)社会科学研究处:负责对人文社科类科研经费来源的审核,特别是境外资金项目的审核;加强对哲学、社会科学学术活动的审核。

(9)考试中心:负责试卷保密室的安全;负责做好试卷保密工作;严防发生各类考试泄密事件。

(10)国际合作与交流处:负责外事安全工作;负责外国专家和外籍教师的安全管理工作;负责政府或校际合作科研项目、会议的安全管理工作。

(11)监察处:负责做好职责范围内的来信、来访、来电办理,参与安全责任事故的调查处理。

(12)资产与后勤事务管理处:负责建立校内建筑物定期检查制度和危房报告制度,及时维修更换;监督检查全校文物保护单位的保护使用情况;负责用水、用电、用气的安全工作,注重对配电室、配电箱、开关站等重点部位的安全管理;负责学校物资仓库(西山、翔安校区)的安全管理,对其他各类仓库物资的安全管理加强指导;注重严格执行危险化学品、放射性物质的购买、登记、注销等制度;加强对校内商业网点的安全管理;定期检查森林防火措施落实情况;在校内水池、水库、隧道、楼梯等易发生危险的地方设置警示标志、采取防护措施;督促指导厦大幼儿园做好安全管理工作;对后勤集团在安全工作方面的履职情况进行监督检查;负责校内商户食品卫生安全监督工作。

(13)实验室与设备管理办公室:负责建立全校性的实验室安全管理制度;经常性开展实验室安全检查;有计划促进全校实验室的技防建设;督促全校实验室严管易燃、易爆、剧毒、放射性等危险物品;防范危险品遗失、被盗、被抢;对各类危险源要进行调查、登记、风险评估,定期进行检查、监控。

(14)基建处:负责学校各类基建项目的安全管理工作,注重加强基建项目施工过程安全管理;把基本建设给师生生命财产安全、教育教学工作的正常开展所带来的负面影响,降低到最低程度;监督施工单位安全文明施工,对安全防范措施不落实、安全检查考评问题严重、出现安全责任事故的施工单位,依法依规严肃处理;在校内易发生山体滑坡的地方设置警示标志,采取防护措施。

(15)漳州校区管委会:全面负责漳州校区的安全工作;负责制订漳州校区的安全应急预案,负责组建漳州校区的应急机动预备队;必要时,根据学校部署做好与当地有关政府部门的应急协调工作。

(16)翔安校区管委会:全面负责翔安校区的安全工作;负责制订翔安校区的安全应急预案,负责组建翔安校区的应急机动预备队;必要时,根据学校部署做好与当地有关政府部门的应急协调工作。

(17)信息与网络中心:负责检查学校主干和汇聚网络设备及相关管网线路,确保校园信息与网络安全;确保中心机房用电及消防安全,建立全校性机房管理制度。

(18)后勤集团:负责做好食品安全管理工作;落实学生公寓安全管理;负责餐厅和学生宿舍的物防、技防设施的检查维护;加强对水、电、气、热、油等设施(设备)的防控;落实物业安防队员培训,建立培训和考核制度;加强监控室、消防控制室管理,确保人员在岗;负责车队车辆安全管理,确保车辆运输安全;负责校门管理,严格落实学校有关校门管理的各项规定;做好家属区的安全管理工作。

(19)国际学术交流中心:负责做好食品安全和饮用水安全管理工作;做好用水、用电、用气的安全管理工作;严格落实校内宾馆消防安全制度和消防工作责任制;严格执行住宿登记制度;督促大型活动主办方提前向保卫部(处)申请安全许可;做好地下停车场安全管理;协助水电科保障开关站安全;做好思明校区海外学生公寓的日常安全管理、人员疏散和应急处置工作。

加强各类报告厅、会议室的安全管理,包括:场地、设备、灭火器和消防栓的日常检查维护,确保逃生出口、应急灯、疏散标志等完好有效,要定期检查并建立台账;确保消防通道畅通;加强各类报告厅水源的监控,确保用水安全;监督其他单位按照规定安全使用各类报告厅。

(20)校团委:负责做好本单位组织的集体活动的安全工作,尤其要确保学生社会实践活动的安全,制订落实安全预案;加强学生会、研究生会和学生社团举办的各类集体活动的安全管理,确保活动内容符合学校有关规章制度,制订落实安全预案;加强对学生出版物的管理,确保正确导向;做好学生创业场所的安全管理工作;通过社团活动在学生中尤其是在新生中宣传安全知识,提高学生的安全意识和自救互救能力。

(21)体育教学部:负责做好体育场馆及体育教学安全工作,抓好重大体育活动的安全管理。

(22)嘉庚学院:全面负责本学院的安全工作;成立本学院的安全工作领导小组;根据学校的安全工作预案制订本学院的应急预案。

(23)医院:负责做好在校学生疾病防控工作,协助做好食品卫生安全监督工作;加强健康教育,预防各种传染病发生。

第十三条　全校各单位安全工作职责

(一)全校各单位党政"一把手"是本单位安全工作第一责任人,各单位须确定一名党政班子领导具体分管安全工作。

(二)各单位每学期至少召开三次工作会议,专题研究本单位的安全工作;每年至少组织或参加一次安全演练活动;每学年至少开展一次对本单位师生员工的法制安全教育;每季度至少开展一次不稳定因素(矛盾纠纷)排查调处工作,及时向有关职能部门报告。

(三)针对本单位重点部位建立安全管理制度,并经常检查落实。本单位所组织的大型活动、社会实践等集体活动,必须制订严密的组织方案和安全措施,并按规定报批。

(四)建立畅通的信息渠道和严格的信息上报机制,及时向有关部门报送安全工作信息动态,对重大事故不得瞒报、迟报或不报。

(五)根据本单位实际,工作需要时,应与下级单位签订综治安全稳定目标管理责任书。

第十四条　健全完善学校安全工作长效机制

(一)加强全校各级党政领导干部安全生产和学校安全方针政策、法律法规和安全知识的教育培训,切实把安全生产和学校安全工作政策、法规和上级有关会议、文件精神的学习贯彻纳入中心组理论学习的重要内容,采取中心组集体学习、专题讲座、集中培训等形式,强化领导干部安全生产"红线"意识、责任意识,牢固树立安全发展理念,增强安全工作履职能力。

(二)学校每年至少召开一次全校安全工作会议,每季度召开一次全校安全形势分析研判会,特殊情况、重要时段适时召开专题会议,研究部署学校安全工作,及时解决学校安全工作中的重大问题。

(三)加强学校安全工作的组织领导,进一步完善学校安全工作力量,落实人员、设施、装备和经费,配备与安全管理任务相适应的专兼职安全管理人员。

(四)完善学校安全监管体制机制,建立健全学校与地方联动紧密的安全工作监管体系。

(五)学校组织的各类综合性创建及评估验收,应把安全工作纳入创建考评内容,并加大权重,保卫部(处)负责业务指导。

(六)保卫部(处)负责学校安全工作领导小组办公室日常工作,领导小组各成员部门、单位应当认真履行工作职责,加强沟通、协调,及时报告工作情况。

第十五条　健全完善学校安全工作考核奖惩制度

(一)建立健全安全工作"党政同责、一岗双责"考核奖惩制度。加大学校安全工作考核力度,增加对全校各级党政领导干部抓好学校安全工作实绩考核的权重,安全工作履职情况记入领导干部履职档案,作为领导干部年度述职和考核干部的重要内容,并与评先评优、晋级晋职和提拔晋升挂钩。

(二)健全完善学校安全责任目标体系和考核体系。学校主要领导每年年初应当与全校各单位党政"一把手"签订《厦门大学综治安全稳定暨消防工作目标管理责任书》,逐级落实学校安全责任,加强跟踪督导、检查考核。

(三)严格执行省委教育工委、省教育厅印发的《福建省学校综治安全工作领导责任追究制实施办法》,坚持责任追究和"一票否决"制度。落实好干部考核、评优评先、各类综合性评估应事前征求安全监管部门意见制度。对安全工作不重视、措施不得力、管理不到位,导致学校安全管理混乱或发生安全责任事故的单位和个人,坚决进行责任追究;对该单位和个人上报评选综合性荣誉资格、评先受奖、晋职晋级资格实行"一票否决"。

(四)完善"尽职免责、失职追责"机制。根据岗位职责,对认真履行职责,成绩突出,确保职责范围内安全各项工作落实到位的单位和个人进行表彰奖励;对因工作履职不到位,指导监管不力,致使发生学校安全事故的,按有关规定实行"一票否决",依法依规追究事故单位党政领导及有关部门的责任。

第十六条　本规定自制定下发之日起执行。

——本文摘录自《关于印发〈厦门大学安全工作"党政同责、一岗双责"规定〉〈厦门大学安全工作"党政同责、一岗双责"工作机制〉的通知》,厦大综〔2016〕9号,档号2016-XZ09-10

# 厦门大学安全工作“党政同责、一岗双责”工作机制

(2016年3月8日)

为进一步保障《中共福建省委　省人民政府关于印发〈福建省安全生产“党政同责、一岗双责”规定〉的通知》(闽委发〔2014〕25号)和《中共福建省委教育工委、福建省教育厅关于印发〈福建省学校安全“党政同责、一岗双责”规定〉的通知》(闽教安〔2015〕3号)等文件的有效落实,推动我校学校安全监管责任落到实处,根据《福建省教育厅关于印发〈福建省学校安全“党政同责、一岗双责”工作机制〉的通知》(闽教安〔2015〕22号)精神,结合我校安全工作实际,制定如下工作机制。

## 一、学校安全目标责任管理机制

(一)学校要按照上级下达的年度综治安全目标管理责任,结合本校实际,逐级分解下达事故控制目标和主要工作任务。学校党政“一把手”每年年初与全校各单位党政“一把手”签订《厦门大学综治安全稳定暨消防工作目标管理责任书》。各单位应制订年度安全工作计划,做到任务明确、责任明晰。

(二)将安全工作“党政同责、一岗双责”规定和《厦门大学综治安全稳定暨消防工作目标管理责任书》落实情况,纳入学校年度考核,重点考核全校各单位党政主要领导和班子成员安全工作履职情况。将安全工作纳入全校各级领导干部实绩考核范围,作为领导干部政绩考核、选拔任用、晋职晋级、奖励惩罚和精神文明建设、党风廉政建设、综治平安建设的参考依据,加大考核权重。

(三)学校要对全校各单位落实《厦门大学安全工作“党政同责、一岗双责”规定》和《厦门大学综治安全稳定暨消防工作目标管理责任书》完成情况,开展半年跟踪督查和年终考核,并对安全工作成绩显著的单位和个人给予表彰奖励。

(四)全校各单位党政“一把手”是本单位安全工作第一责任人,各单位须确定一名党政班子成员具体分管安全工作。各单位根据本单位实际情况,应与下级单位主要负责人签订综治安全稳定暨消防工作目标管理责任书。

## 二、学校安全工作议事协调机制

(一)学校要将安全工作摆上重要议事日程,加强组织领导。校园综合治理领导小组负责组织协调学校日常安全工作,监督指导全校各单位履行安全工作职责,检查全校各单位安全工作落实情况,会同有关部门组织查处学校安全工作管理方面的失职或违法行为。综治办是校园综合治理领导小组的日常办事机构,设在保卫部(处)。

(二)学校每年召开全校安全工作会议,研究部署学校安全工作;每学期至少召开三次校园综合治理领导小组会议。主要校领导每年至少两次参与研究加强学校安全工作的措施,部署学校安全工作,及时解决安全隐患和重大问题。

(三)学校要会同地方政府、有关部门建立健全学校安全工作协调机制和联席会议制度,协调解决学校综治安全工作相关问题。

(四)全校各单位每学期至少召开三次工作会议,专题研究本单位的安全工作;每年至少组织或参加

一次安全演练活动;每学年至少为本单位师生员工开展一次法制安全教育;每季度至少开展一次不稳定因素(矛盾纠纷)排查调处工作,并及时向有关职能部门报告。

## 三、学校安全工作齐抓共管机制

(一)学校安全工作监督管理要坚持"安全第一、预防为主、教育在前、综合治理"的方针,实行"安全监管部门综合监管,业务主管部门直接监管"和"管行业必须管安全、管业务必须管安全、管生产经营必须管安全"、"谁审批,谁负责"以及"属地监管与分级管理相结合,以属地管理为主"的原则。

(二)保卫部(处)对本校的安全工作实施综合监督管理;其他相关部门和单位依照有关法律法规和"党政同责、一岗双责"规定,在各自职责范围内,承担指导和监督管理责任,对安全工作提供支持和保障。

(三)全校各单位应该加强安全工作制度建设,制定安全工作规章制度,明确安全工作职责。针对本单位重点部位建立安全管理制度,并经常检查落实。所组织的大型活动、社会实践等集体活动,必须制订落实严密的组织方案和安全措施,并按规定报批。建立畅通的信息渠道和严格的信息上报机制,及时向有关部门报送安全工作信息动态,对重大事故不得瞒报、迟报或不报。

## 四、学校安全工作履职报告机制

全校各单位负责人要按照"党政同责、一岗双责"的要求,建立健全党政主要领导负总责、分管领导具体负责、其他领导"一岗双责"的安全工作领导体系,推动安全责任落实到岗、到人。

严格落实安全工作领导包干责任制,每位领导每年深入基层,开展安全工作调研督查不少于两次,对涉及安全的重大问题亲自过问、亲自督办,并将职责范围内的安全工作纳入年度述职报告。

## 五、学校安全重点工作跟踪落实机制

(一)全校各单位每季度将本单位贯彻落实学校安全工作部署、学校安全"党政同责、一岗双责"规定、《综治安全稳定暨消防工作目标管理责任书》落实情况、安全重点工作的进展情况及统计分析,报告学校安全工作领导小组办公室[保卫部(处)]。

(二)学校要对安全事故多发、师生非正常死亡人数上升的单位进行通报。定期对本校各类安全事故情况进行综合分析、研判,及时预警预报。

(三)对事故超过控制目标、安全重点工作部署落实不到位、重大隐患整改不力、安全问题突出造成不良影响的,学校要对有关单位主要领导、分管领导和相关部门负责人实行约谈、黄牌警告、通报批评、下发整改通知书、挂牌督办等惩戒措施。被执行约谈等惩戒措施的单位要在约谈等惩戒措施实行之日起20个工作日内,就相关事项整改落实情况向学校做出书面报告。

## 六、学校安全隐患挂牌督办机制

(一)全校各单位要加强安全隐患排查整改。对危害和整改难度较大或者因外部因素致使本单位自身难以排除的重大安全隐患,各单位应及时报告学校。必要时,由学校提请当地政府和有关部门实行挂牌督办,帮助整改,消除隐患。

(二)安全隐患挂牌督办实行"属地管理与分级负责相结合,以属地管理为主"和"谁审批,谁负责"的原则。对涉及多部门联合整治且难度较大的安全隐患,各单位应及时报告学校。必要时,由学校提请上级主管部门或者上级政府挂牌督办。

(三)安全隐患挂牌督办要明确督办事项、承担治理责任的单位和完成时限,对实行挂牌督办的重大隐患整改不力的单位,要依法依规从重处罚。

(四)安全事故查处要坚持科学严谨、依法依规、实事求是、注重实效和“四不放过”原则(即事故发生以后,要坚持事故原因未查清不放过、责任人员未处理不放过、整改措施未落实不放过、有关人员未受到教育不放过)。

## 七、学校安全工作考核机制

(一)加大学校安全工作考核力度,全校各单位党政领导干部安全工作履职情况记入领导干部履职档案,作为领导干部年度述职和考核的重要内容,并与评先评优、晋级晋职和提拔晋升挂钩。

(二)严格执行省委教育工委、省教育厅印发的《福建省学校综治安全工作领导责任追究制实施办法》,坚持责任追究制度。

落实好干部考核、评优评先、各类综合性评估应事前征求安全监管部门意见制度。

## 八、学校安全工作“一票否决”机制

(一)学校要将全校各级党政领导干部安全工作履职情况、《综治安全稳定暨消防工作目标管理责任书》落实情况,纳入本校各项评先创优考核考评体系,作为“一票否决”的重要内容之一。

(二)对因工作履职不到位、措施不得力,引发安全事故的,按有关规定实行“一票否决”,依法依规追究有关单位负责人的责任。

(三)凡年度内有下列情形之一的,由学校对各单位实行安全“一票否决”,取消有关单位及其责任人当年度评先评优资格。

1.发生校园安全责任事故的;

2.发生重大校园安全事故的;

3.较大校园安全事故超过控制目标的;

4.学校综治安全稳定目标责任制考评不达标的;

5.谎报或隐瞒不报安全事故,造成不良影响的。

——本文摘录自《关于印发〈厦门大学安全工作“党政同责、一岗双责”规定〉〈厦门大学安全工作“党政同责、一岗双责”工作机制〉的通知》,厦大综〔2016〕9 号,档号 2016-XZ09-10

# 厦门大学贵重仪器设备开放使用收费暂行管理办法(修订)

(2016 年 3 月 18 日)

第一条　为促进我校贵重仪器设备的开放共享,调动教学、科研及仪器设备管理人员的积极性,提高投资效益,根据教育部《高等学校仪器设备管理办法》(教高〔2000〕9 号)及《厦门大学贵重仪器设备管理办法》(厦大设备〔2003〕1 号)文件精神,结合我校实际情况,制定本办法。

第二条　本办法适用于单价人民币 10 万元(含)以上的用于教学、科研、科技开发的仪器设备(以下简称"贵重仪器设备")。

第三条　贵重仪器设备实行开放共享、有偿使用、分类收费的管理原则。但由贵重仪器设备管理单位用于教学、仪器培训、仪器调试或功能开发的,原则上不收费。

第四条　由各类经费采购和其他渠道进入我校的贵重仪器设备,其所有权均属于学校,学校有权统筹管理和使用。

第五条　贵重仪器设备的使用、管理单位应本着互助协作的精神,开放服务,提高使用效益。其中:

1.由学校出资购置的仪器设备主要向校内教学、科研、科技开发开放服务,在有余力的情况下向社会开放;仪器设备管理单位提出开放度及收费意见,报备实验室与设备管理办公室后执行。

2.由各单位自筹经费购置或接受赠送的各类仪器设备,在满足为本单位服务的前提下,应积极对外开放;由各管理单位提出开放度及收费意见,报备实验室与设备管理办公室后执行。

3.由个人横向课题经费购置的各类仪器设备,在满足为本课题组服务的前提下,鼓励对外开放;由课题组提出开放度及收费意见,提交所在单位后报备实验室与设备管理办公室执行。

第六条　收费项目一般由开机费、材料费和机时补贴费组成。各学院可根据各类贵重仪器设备开放使用情况制定收费标准,并按开机费、材料费、机时补贴费分类列报。

1."开机费"为仪器设备折旧费率×使用机时数,一般仪器设备的折旧年限暂时定为 8 年,特大型仪器设备的折旧年限另行规定。

仪器设备折旧费率=仪器设备账面价值÷(折旧年限×规定年使用机时)。

2."材料费"包括与检测相关的机组用房的房租、水、电、一次性消耗材料及易耗品折旧费等费用。

3."机时补贴费"依据具体仪器设备运行状况、开机时的辅助工作量及工时费等因素决定。

4.学院可视具体情况制定相应的优惠政策。

第七条　对校外服务收费,需向政府物价管理部门申请收费资质、同时报批收费标准。

第八条　若收费标准因贵重仪器设备老化使用率较低,或因试验用的一次性材料、易损件、水、电、房租等价格上涨幅度大而需要调整的,管理单位可提出收费价格变动申请报告,经管理单位负责人审核并签署意见后报备实验室与设备管理办公室执行。

第九条　财务管理实行学校统一领导,校院两级管理,收支分离,集中核算的原则。

1.学校设立贵重仪器设备开放使用收费专项账户,各学院(研究院)将贵重仪器设备开放使用收费汇总报实验室与设备管理办公室和科技处审核并签署意见后,报送财务处。

2.贵重仪器设备开放运行收费的 5%上缴学校,由学校实验室与设备管理办公室负责,主要用于学校实验室安全卫生管理、实验室信息化建设管理;贵重仪器设备开放运行维护管理;实验工程技术队伍业务培训、学习交流;实验室资质认定管理体系、实验室计量认证管理体系运行与维护等有关工作费用支出。

3.贵重仪器设备开放运行收费的95%返还学院,主要用于实验材料;贵重仪器设备运行、维护、维修和贵重仪器设备申购论证;实验室建设管理、改造;实验管理人员培训、参加学术会议等费用支出。

第十条 贵重仪器设备使用用户原则上通过学校“贵重仪器设备管理信息系统”预约使用贵重仪器设备。严禁学院、机组人员私自收取贵重仪器设备开放使用现金。

第十一条 为提高管理效率,最大限度地方便广大用户,各服务单位应以校内服务优先为原则,根据单位实际情况制定收费实施细则或办法。

第十二条 实验室与设备管理办公室、各单位每年对贵重仪器设备共享开放服务过程中的成功经验与存在的问题进行总结。学校对在贵重仪器设备共享开放服务工作中做出优秀成绩的单位和个人表彰奖励。

第十三条 各单位应严格按规定执行,尽可能优先保证校内共享需要;严禁无故拖延或拒绝完成测试任务,严禁违规私自承接测试任务。

第十四条 实验室与设备管理办公室利用“贵重仪器设备管理信息系统”统计监管贵重仪器设备的有效使用机时,并设立贵重仪器设备开放服务收费管理监督信箱,接受各相关人员咨询与监督。如发现违规事例,将视情节轻重给予批评教育直至追究其行政、法律责任。

第十五条 本办法由实验室与设备管理办公室负责解释。

第十六条 本办法自公布之日起施行,原《厦门大学贵重仪器设备开放使用收费管理办法》(厦大科〔2008〕32号)、《贵重仪器设备开放运行收费管理补充规定》(厦大实〔2009〕1号)同时废止。

——本文摘录自《关于印发〈厦门大学贵重仪器设备开放使用收费暂行管理办法(修订)〉的通知》,厦大设备〔2016〕2号,档号2016-XZ38-1

# 厦门大学教职工处分暂行规定

（2016 年 4 月 16 日）

## 第一章　总　则

第一条　为规范教职工行为，促进教职工遵纪守法，保证教学、科研、管理秩序，推进依法治校，根据《中华人民共和国教师法》《事业单位人事管理条例》《高等学校教师职业道德规范》《事业单位工作人员处分暂行规定》《事业单位工作人员申诉规定》《厦门大学章程》，结合学校实际，制定本规定。

第二条　本规定适用对象为纳入学校事业编制的教职工。非在编人员的违法违纪行为，应当承担纪律责任的，参照本规定执行。

第三条　教职工涉嫌犯罪的，移送司法机关依法追究刑事责任。

## 第二章　处分的种类和期间

第四条　处分的种类为：

（一）警告；

（二）记过；

（三）降低岗位等级或者撤职；

（四）开除。

第五条　处分的期间为：

（一）警告，6 个月；

（二）记过，12 个月；

（三）降低岗位等级或者撤职，24 个月。

## 第三章　违法违纪行为和处分

第六条　有下列行为之一的，给予记过处分；情节较重的，给予降低岗位等级或者撤职处分；情节严重的，给予开除处分：

（一）散布损害国家声誉的言论，或者散布损害学校声誉的言论并造成恶劣影响的，组织或者参加旨在损害国家或者学校利益的集会、游行、示威等活动的；

（二）组织或者参加非法组织的；

（三）接受资助从事损害国家或者学校利益，或者危害国家或者学校安全活动的；

（四）接受损害国家或者学校荣誉、利益的邀请、奖励，经批评教育拒不改正的；

（五）在学校内组织宗教活动，或者违反国家民族宗教其他法规和政策并造成不良后果的；

（六）非法出境、未经批准获取境外永久居留资格或者取得外国国籍的；

（七）携带含有依法禁止内容的书刊、音像制品、电子读物进入国（境）内的；

（八）其他违反政治纪律的行为。

有前款第（一）项至第（三）项规定的行为，但属于不明真相被裹挟参加、经批评教育后确有悔改表现的，可以减轻或者免予处分。

第七条　有下列行为之一的，给予警告或者记过处分；情节较重的，给予降低岗位等级或者撤职处分；情节严重的，给予开除处分：

(一)在执行国家或者学校重要任务、应对公共突发事件中，不服从指挥、调遣或者消极对抗的；

(二)违章指挥、违规操作或者违反学校有关安全规定，造成人员伤亡、财产损失的；

(三)发生重大事故、灾害、事件，擅离职守或者不按规定报告、不采取措施处置或者处置不力的；

(四)未经批准擅自离岗或者假满逾期不归，造成不良影响的；

(五)采取不正当手段为本人或者他人谋取岗位，或者在学校公开招聘、考核、奖励、职务晋升、岗位聘用和工资调整等人事管理工作中违反组织人事纪律行为的；

(六)在招生、考试、教学活动中违反国家政策和学校相关规定，给学校造成损失或者不良影响的；

(七)违反学校各级机构的印信和公章管理规定，造成不良后果的；

(八)在项目评估评审、项目验收、设备检测检验以及专业技术职务评审等工作中徇私舞弊或者违反规定，造成不良影响的；

(九)未经批准擅自将知识产权属于学校的职务成果对外转让或者允许他人使用，给学校造成损失的；

(十)在科研、科技开发活动中违反合同约定或者科研、科技开发管理规定，造成严重后果的；

(十一)造成重大教学事故(一级教学事故)的；

(十二)违反保密规定，泄露秘密，造成不良后果的；

(十三)违反国家、学校公派出国规定，造成不良影响的；

(十四)其他违反工作纪律失职渎职的行为。

第八条　有下列行为之一的，给予警告或者记过处分；情节较重的，给予降低岗位等级或者撤职处分；情节严重的，给予开除处分：

(一)贪污、索贿、受贿、行贿、介绍贿赂、挪用公款的；

(二)利用工作之便为本人或者他人谋取不正当利益的；

(三)在工作中接受礼金、各种有价证券、支付凭证，未按规定上交的；

(四)用公款旅游或者变相用公款旅游的；

(五)违反国家或者学校规定，从事、参与营利性活动或者兼任职务领取报酬的；

(六)其他违反廉洁从业纪律的行为。

有前款第(一)项规定行为的，给予记过及以上处分。

第九条　有下列行为之一的，给予警告或者记过处分；情节较重的，给予降低岗位等级或者撤职处分；情节严重的，给予开除处分：

(一)违反国家财政收入上缴有关规定的；

(二)违反规定使用、骗取财政资金或者社会保险基金的；

(三)擅自设定收费项目或者擅自改变收费项目的范围、标准和对象的；

(四)挥霍、浪费国家、学校资财或者造成学校国有资产流失的；

(五)违反国有资产管理规定，擅自占有、使用、处置国有资产的；

(六)在招投标和物资采购工作中违反有关规定，造成不良影响或者损失的；

(七)违反"收支两条线"规定和学校其他财务制度，将应当纳入法定账簿的资产未纳入法定账簿或者转为账外的；

(八)伪造、变造会计凭证、会计账簿，编制虚假财务会计报告，或者隐匿、故意销毁依法应当保存的会计凭证、会计账簿、财务会计报告的；

(九)伪造、变造、非法使用、擅自销毁各类收入票据的；

(十)对外承接科技开发、科技服务、科技咨询等项目的收入不按有关规定纳入学校财务管理的；

(十一)违反科研经费管理规定和财务制度使用项目经费，造成不良影响的；

(十二)转让收益不按规定上交学校的;

(十三)其他违反财经纪律的行为。

第十条　有下列行为之一的,给予警告或者记过处分;情节较重的,给予降低岗位等级或者撤职处分;情节严重的,给予开除处分:

(一)利用专业技术或者技能实施违法违纪行为的;

(二)重复发表内容实质相同的研究成果的;

(三)在正式公布的成果中不当使用他人署名,或者未经共同成果者同意擅自发表研究成果,或者在成果中署有未参加实际研究和创作人员名字的;

(四)剽窃他人实验数据、实验结论、调查结果等成果,或者大量抄袭他人成果,或者恶意诋毁、歪曲他人学术思想和成果的;

(五)在学术活动中伪造或者篡改数据、文献、资料,造成严重后果的;

(六)伪造或者篡改个人学历、学术成果、学术荣誉、专家鉴定及其他学术能力证明材料的;

(七)利用职业身份进行利诱、威胁或者误导,损害他人合法权益的;

(八)利用权威、地位或者掌控的资源,压制不同观点,限制学术自由,造成重大损失或者不良影响的;

(九)工作态度恶劣,造成不良影响的;

(十)体罚学生的;

(十一)侮辱学生,影响恶劣的;

(十二)消极怠工影响单位或者他人工作,影响恶劣的;

(十三)同时与校外其他单位建立人事关系或者劳动关系,拒不改正的;

(十四)其他严重违反职业道德的行为。

有前款第(一)项规定行为的,给予记过及以上处分。

第十一条　有下列行为之一的,给予警告或者记过处分;情节较重的,给予降低岗位等级或者撤职处分;情节严重的,给予开除处分:

(一)制造、传播违法违禁物品的;

(二)通过网络或者其他途径制造、传播虚假信息,导致学校或者他人声誉(利益)受损的;

(三)组织、参与卖淫、嫖娼等色情活动的;

(四)吸食毒品,或者组织、参与赌博活动,或者为吸食毒品、赌博提供场所等其他便利的;

(五)包养情人的;

(六)利用职权、工作便利、从属关系(上下级、师生、教养等关系)与他人发生性关系,或者侮辱、猥亵、性骚扰他人的;

(七)虐待、遗弃家庭成员,或者拒不承担赡养、抚养、扶养等义务的;

(八)违反国家计划生育政策的;

(九)聚众闹事,扰乱正常教学、办公秩序的;

(十)其他严重违反公共秩序、社会公德的行为。

有前款第(三)项、第(四)项、第(五)项、第(八)项规定行为的,给予降低岗位等级或者撤职及以上处分。

## 第四章　处分的适用原则与后果

第十二条　教职工同时有两种及以上需要给予处分的行为的,应当分别确定其处分。应当给予的处分种类不同的,执行其中最重的处分;应当给予开除以外多个相同种类处分的,执行该处分,但处分期应当按照一个处分期以上、两个处分期之和以下确定。

教职工在受处分期间受到新的处分的,其处分期为原处分期尚未执行期限与新处分期限之和,最长不超过48个月。

第十三条　教职工两人及以上共同违法违纪,需要给予处分的,按照各自应当承担的责任,分别给予相应的处分。

第十四条　有下列情形之一的,应当从重处分:

(一)在两人及以上的共同违法违纪行为中起主要作用的;

(二)隐匿、伪造、销毁证据的;

(三)串供或者阻止他人揭发检举、提供证据材料的;

(四)包庇同案人员的;

(五)法律、法规或者学校规章制度规定的其他从重情节。

第十五条　有下列情形之一的,应当从轻处分:

(一)主动交代违法违纪行为的;

(二)主动采取措施,有效避免或者挽回损失的;

(三)检举他人重大违法违纪行为,情况属实的;

(四)法律、法规或者学校规章制度规定的其他从轻情节。

第十六条　教职工主动交代违法违纪行为,并主动采取措施有效避免或者挽回损失的,应当减轻处分或者免予处分。

教职工违法违纪行为情节轻微,经过批评教育后改正的,可以免予处分。应当给予警告处分,又有减轻处分情形的,免予处分。

第十七条　学校二级单位有行政违法行为,需要追究纪律责任的,依法对负有领导责任的人员和直接责任人员给予相应处分。

第十八条　教职工被依法判处刑罚的,给予降低岗位等级或者撤职及以上处分。其中,被依法判处有期徒刑及以上刑罚的,给予开除处分。

## 第五章　处分期间的待遇

第十九条　教职工受到警告处分的,在受处分期间,不得聘用到高于现聘岗位等级的岗位;在做出处分决定的当年,年度考核不得评定为优秀等次。

教职工受到记过处分的,在受处分期间,不得聘用到高于现聘岗位等级的岗位,年度考核不得评定为合格及以上等次。

教职工受到降低岗位等级处分的,自处分决定生效之日起降低一个及以上岗位等级聘用,按照学校有关规定确定其工资待遇;在受处分期间,不得聘用到高于受处分后所聘岗位等级的岗位,年度考核不得评定为基本合格及以上等次。

教职工受到开除处分的,自处分决定生效之日起,终止聘用合同和人事关系。

第二十条　教职工受到记过以上处分的,在受处分期间不得参加本专业(技术、技能)领域专业技术职务任职资格或者工勤技能人员技术等级考试(评审);不得参与评奖评优。应当取消专业技术职务任职资格或者职业资格的,按照有关规定办理。

第二十一条　教职工受处分期间的工资待遇按照《关于事业单位工作人员和机关工人受处分工资待遇处理有关问题的通知》(人社部发[2012]68号文)执行。

## 第六章　处分的权限和程序

第二十二条　人事处和监察处为受理职能部门。担任科级(含副科)及以上行政职务的教职工、系级单位负责人、科研平台负责人涉嫌违法违纪,由监察处受理;其他教职工,由人事处受理。对涉嫌违法违纪教职工的调查、处理按下列程序进行:

(一)涉嫌违法违纪行为教职工所在的用人单位应成立专项调查组,负责事实调查、证据收集。专项调查组成员不少于3人,其中单位处级领导至少1人。专项调查组于10个工作日内提出初步处理意见,经用人单位党政联席会议研究后将书面意见和相关证据材料报送受理职能部门。

学校机关部门或案情复杂的，由受理职能部门牵头，相关职能部门配合，成立专项调查组，负责事实调查、证据收集。专项调查组成员不少于3人，其中相关职能部门指定1人参加。专项调查组于10个工作日内提出初步处理意见。

（二）职能部门在其职权范围内发现教职工违法违纪行为的，应当及时保存证据，或将证据移交相关单位或专项调查组，并协助做好调查取证工作。

（三）人事处、监察处和组织部成立教职工处分审查小组，对教职工处分材料进行审查。符合审查要求的，审查小组于10个工作日内做出处分初步意见，告知受处分教职工及其用人单位，并接受教职工的申辩。审查认为免予处分的，将审查结果告知用人单位，视情况报告分管校领导。

（四）受理职能部门随机选取9名教职工组成职工代表，对处分初步意见进行讨论，并根据多数意见形成书面建议。

（五）受理职能部门根据审查小组和职工代表意见做出处分建议，分类报批或提交研究。建议为警告、记过处分的，报送分管校领导审批；建议为降低岗位等级或者撤职、开除处分的，提交校长办公会研究决定。

受处分人为处级干部的，按照干部管理权限提交校党委、校长办公会审议。

（六）处分决定自做出之日起生效。

处分决定由人事处、监察处和所在用人单位以书面形式通知受处分的教职工，并在一定范围内公布。人事处将处分决定归入受处分教职工个人档案。

教职工涉嫌违纪，不宜继续履行工作职责的，受理职能部门会同组织部研究后，按照干部管理权限报送学校党委批准暂停其履行职责。

被调查的教职工在调查期间，不得解除聘用合同、出国（境）或者办理退休手续。

第二十三条　对教职工违法违纪行为的调查，应当由2名及以上工作人员进行；接受调查的单位和个人应当如实提供情况。调查过程中，教职工有权进行陈述和申辩。调查人员在调查时应当做调查笔录，并由被调查对象签字或者盖章。

第二十四条　参与教职工违法违纪行为调查、处理的人员有下列情形之一的，应当回避；被调查的教职工或者其他有利害关系的人员，专项工作组有权以口头或者书面形式要求其回避：

（一）与被调查的教职工有夫妻关系、直系血亲、三代以内旁系血亲关系或者近姻亲关系的；

（二）与被调查的案件有利害关系的；

（三）与被调查的教职工有其他关系，可能影响公正处理的。

第二十五条　给予教职工处分，应当自受理之日起6个月内做出决定，案情复杂或者遇有其他特殊情形的可以延长，但最长不得超过12个月。

## 第七章　处分的解除

第二十六条　教职工受开除以外的处分，在受处分期间有悔改表现，并且没有再出现违法违纪情形的，处分期满，解除处分。

教职工在受处分期间终止或者解除聘用合同的，处分期满后，自然解除处分。受处分教职工要求提供解除处分相关证明的，学校人事处应当予以提供。

第二十七条　教职工在受处分期间有重大立功表现，按照有关规定给予个人记功以上奖励的，经批准后可以提前解除处分。

第二十八条　教职工处分的解除或者提前解除，按照以下程序办理：

（一）所在用人单位对受处分教职工在受处分期间的表现情况进行全面了解，并形成书面报告；

（二）所在用人单位提交解除报告，经受理职能部门核实后报送校领导审批或者校长办公会研究批准；

(三)印发解除或者提前解除处分的决定;

(四)将解除或者提前解除处分的决定以书面形式通知教职工本人,并在原宣布处分的范围内宣布;

(五)人事处将解除或者提前解除处分的决定存入该教职工的个人档案。

解除处分决定自做出之日起生效。

第二十九条　教职工处分的解除或者提前解除按照本规定第二十五条的规定执行回避。

第三十条　解除或者提前解除处分的决定应当包括原处分的种类和解除或者提前解除处分的依据,以及该教职工在受处分期间的表现情况等内容。

第三十一条　处分解除后,考核、竞聘上岗和晋升工资按照国家有关规定执行,不再受原处分的影响。但是,受到降低岗位等级或者撤职处分的,不视为恢复受处分前的岗位等级和工资待遇。

第三十二条　解除处分的决定应当在处分期满之日起1个月内做出。

## 第八章　复核和申诉

第三十三条　受到处分的教职工对处分决定不服的,可以自知道或者应当知道该处分决定之日起30日内向原受理职能部门申请复核,也可以直接向学校申诉委员会提起申诉。学校应当自接到复核申请后的30日内做出复核决定。

第三十四条　学校申诉委员会受理教职工不服处分或复核决定的申诉。具体办法按《厦门大学教职工申诉办法》执行。

复核、申诉期间不停止处分的执行。

教职工不因提出复核、申诉而被加重处分。

第三十五条　有下列情形之一的,应当撤销处分决定,重新做出决定或者责令原处分决定单位重新做出决定:

(一)处分所依据的事实不清、证据不足的;

(二)违反规定程序,影响案件公正处理的;

(三)超越职权或者滥用职权做出处分决定的。

第三十六条　有下列情形之一的,应当变更处分决定:

(一)适用法律、法规、规章错误的;

(二)对违法违纪行为的情节认定有误的;

(三)处分不当的。

第三十七条　教职工的处分决定被变更,需要调整该教职工的岗位等级或者工资待遇的,应当按照规定予以调整;教职工的处分决定被撤销的,应当恢复该教职工的岗位等级、工资待遇,按照原岗位等级安排相应的岗位,并在适当范围内为其恢复名誉。

被撤销处分或者被减轻处分的教职工工资待遇受到损失的,应当予以补偿。

## 第九章　附　则

第三十八条　本暂行规定未尽事项按国家有关法律、法规和规章执行,本规定若与国家新出台的法律、法规和规章不一致的,按国家新颁布的法律、法规和规章执行。

第三十九条　本暂行规定由人事处、监察处负责解释。

第四十条　本暂行规定自颁布之日起施行。

——本文摘录自《关于印发〈厦门大学教职工处分暂行规定〉的通知》,厦大人〔2016〕37号,档号2016-XZ10-2

# 厦门大学国家安全宣传教育活动实施方案

（2016年5月3日）

为认真贯彻落实教育部、福建省教育厅关于做好国家安全宣传教育工作的有关精神，进一步提高全校师生的国家安全意识和保密观念，加强国家安全和保密宣传教育工作机制建设，使广大师生自觉履行维护国家安全、保守国家秘密的公民义务，自觉筑牢思想防线，确保国家安全和学校政治稳定，特制订本工作方案。

## 一、指导思想

国家安全宣传教育活动要紧紧围绕各级部门关于国家安全工作的部署，动员广大师生踊跃参与，整合校园各种宣传资源，积极营造国家安全教育的浓厚氛围，提高广大师生的国家安全意识和保密观念，为维护国家安全奠定坚实的群众基础，为推动“平安厦大”建设营造良好的环境。

## 二、工作目标

通过深入广泛的国家安全法制宣传教育活动，不断提高全校师生的国家安全法制意识和保密观念，大力弘扬“国家安全，人人有责”的社会风气，引导师生共同维护好国家安全和社会政治稳定，构筑校园反渗透、反策反、反窃密、反恐怖、反颠覆、反破坏的坚强防线。

## 三、活动时间

2016年4月至5月。

## 四、任务分工

1.保卫部(处)：主动联系安全部门，制订工作方案；印制宣传资料，制作宣传展板；协助安全部门开展相关工作。

2.宣传部：通过电台、电视台、校园网、官方微信和微博，大力宣传《国家安全法》，提升师生的国家安全意识和保密意识。

3.学生工作部(处)：要求辅导员将国家安全教育纳入学生日常教育重要内容，利用下宿舍、会议、网上宣传等形式开展经常性教育。依托易班网络平台，开设《国家安全法》宣传专栏，开展线上互动活动；将国家安全教育融入“形势与政策”课程教学，通过易班线上课群开展慕课教学；在“国家安全日”当天举行升国旗主题教育活动；举办“我身边的核心价值观”作品征集大赛，切实引导和帮助大学生深入学习和理解“爱国、敬业、诚信、友善”的社会主义核心价值观。

4.教务处：落实“将国家安全教育纳入国民教育体系”的要求，在思想政治理论课等教学中安排一定学时，鼓励相关学院开设与国家安全相关的选修课程或讲座，加强对学生的国家安全教育。

5.校团委:要求每个团支部,组织本班同学开展《国家安全法》学习活动;依托党团活动、志愿服务、社会实践等载体,组织师生志愿者开展国家安全法宣讲活动。

## 五、工作要求

1.高度重视,精心组织

学习宣传贯彻《国家安全法》是新时期维护国家安全的客观要求,是贯彻全面依法治国的战略决策的重要举措。当前国内外形势错综复杂,境内外敌对势力相互勾结对我国进行渗透破坏,隐蔽斗争形势尖锐复杂。因此,各单位要高度重视,充分认识开展国家安全宣传教育的重要性,把国家安全宣传教育工作作为一项基础工作摆在重要位置,不断强化对国家安全法律法规的学习宣传教育,增强广大师生维护国家安全的自觉性。

各单位要根据本方案要求,周密部署,广泛发动师生学习习近平总书记系列重要讲话特别是有关国家安全的重要论述,学习《国家安全法》《反间谍法》《福建省国家安全工作若干规定》等相关条文,组织发动师生观看国家安全主题的宣传影片,引导师生自觉学习运用好、宣传贯彻好相关法律。

2.注重结合,建立长效机制

各单位在开展学习宣传工作中,要将国家安全教育与爱国主义教育、法制教育、纪律教育结合起来,以师生喜闻乐见的方式扩大《国家安全法》宣传,增强宣传教育效果,进一步提升师生的国家安全意识和保密意识。要以全民国家安全教育日为契机,充分利用各种传统媒介和新兴媒体开展宣传教育,最大限度地丰富宣传形式和内容,积极营造国家安全教育的浓厚氛围。

各单位工作开展情况,要及时汇总到厦门大学国家安全小组。

——本文摘录自《关于印发〈厦门大学国家安全宣传教育活动实施方案〉的通知》,厦大综〔2016〕17号,档号 2016-XZ09-11

# 2016年厦门大学国有资产清查工作方案

（2016年5月6日）

为贯彻落实教育部《转发〈财政部关于开展2016年全国行政事业单位国有资产清查工作的通知〉和〈财政部关于印发《行政事业单位资产清查核实管理办法》的通知〉的通知》（教财司函〔2016〕88号）的有关要求，学校将于2016年3月—6月在全校范围内实施国有资产清查工作。为确保资产清查工作顺利开展，特制订如下工作方案。

## 一、工作目标

（一）全面摸清家底。对学校基本情况、财务情况以及资产情况等进行全面清理和核查，真实、完整地反映学校的资产和财务状况，为加强学校国有资产监督管理，促进资产管理与预算管理有机结合奠定基础。

（二）完善监管系统。通过资产清查，为上级主管部门建立资产管理基础数据库提供基础数据，并建立学校国有资产管理信息系统，实施动态管理，为加强资产管理和预算管理提供数据支撑。

（三）实现两个结合。建立资产管理与预算管理，资产管理与财务管理相结合的工作机制，为学校科学编制年度预算、加强资产收益管理、规范收入分配秩序创造条件。

（四）完善管理制度。根据资产清查发现和暴露的问题，全面总结经验，认真分析原因，研究制定切实可行的措施和办法，建立健全学校国有资产管理制度。

## 二、清查范围及基准日

（一）学校事业本级清查范围

全校各教学科研单位、机关部处、群众团体、直属单位使用占有的由国家财政拨付资金形成的各类国有资产，包括流动资产、固定资产、在建工程、无形资产、对外投资。

资产经营公司及其下属企业、后勤集团下属独立法人企业、电子出版社、国际学术交流中心不列入此次清查范围。

（二）清查基准日

以2015年12月31日为资产清查的基准日。

## 三、组织机构

为切实加强组织领导，保证资产清查工作顺利进行，学校成立资产清查工作领导小组，统一领导厦门大学国有资产清查工作，领导小组下设资产清查办公室，负责组织和协调资产清查工作。领导小组名单如下：

（领导小组成员名单略——编者）

## 四、各归口管理部门分工

财务处负责学校流动资产(不含存货)和对外投资的资产清查工作。

资产与后勤事务管理处牵头负责学校固定资产(除图书、期刊、电子文献外)和存货的资产清查工作(其中大型仪器设备由实验办负责清查;学校各类档案由档案馆负责清查;文物、陈列品、字画由所在单位负责清查;存货类资产由财务处提供总账,资产处、后勤集团共同填报清查明细账)。

翔安校区管委会、基建处负责学校基建在建工程的资产清查。

图书馆负责学校图书、期刊、电子文献的资产清查。

知识产权管理办公室负责学校无形资产的清查。

人事处负责学校人员情况的填报。

## 五、独立核算单位清查安排

工会、教育发展基金会、侨联使用占有的由国家财政拨付资金形成的资产纳入学校事业本级国有资产清查范围,其自有的非财政拨付资金形成的资产不纳入此次清查范围。

后勤集团、幼儿园使用占有的由国家财政拨付资金形成的资产纳入学校事业本级国有资产清查范围,其自有的非财政拨付资金形成的资产由其自行清查,清查结果根据资产类别分别报送学校国有资产归口管理部门合并数据。

医院、深圳研究院使用占有的由国家财政拨付资金形成的资产纳入学校事业本级国有资产清查范围,其自有的非财政资金拨付形成的资产,由各单位独立清查上报。

资产经营公司、电子出版社、国际学术交流中心、后勤集团下属独立法人企业不纳入此次清查范围,但应作为学校直接投资的一级企业配合财务处做好对外投资的清查工作。

## 六、工作原则和方法

(一)按照“统一政策、统一方法、统一步骤、统一要求和分级实施”的原则,学校统一领导和组织实施,各资产归口管理部门和资产占有使用单位分级具体组织实施。

(二)采取自查与复核、抽查相结合的方法。一是自查,各资产归口管理部门组织学校各单位进行自查。二是各资产归口管理部门进行复核。三是资产清查办公室会同学校各资产归口管理部门对自查结果进行抽查。

(三)资产清查办公室负责对本次全校资产清查结果进行统一汇总。经过清查的固定资产,要按照财政部的统一要求建立健全账卡,为资产管理信息系统建设奠定基础。

## 七、工作内容和步骤

(一)准备阶段(3 月 21 日—4 月 12 日)

1.学校成立国有资产清查工作领导小组及其办公室。

2.研究制订资产清查工作方案。

3.学校各部门(单位)确定资产清查工作人员。

4.组织开展业务培训。

(二)实施阶段(4 月 13 日—6 月 10 日)

1.自查(2016 年 4 月 13 日—5 月 10 日)

(1)资产归口管理部门发放资产盘点表及填报说明。

(2)各部门(单位)资产负责人(领用人或保管人)认领名下资产。

(3)根据账目,查看实物,并根据实物查看情况,进行盘盈、盘亏填报。

2.复核、抽查(5 月 11 日—5 月 20 日)

各资产归口管理部门对各单位的自查结果进行复核,学校资产清查办公室会同各资产归口管理部门进行抽查。

3.报表填报(5 月 21 日—6 月 10 日)

各资产归口管理部门汇总各资产使用单位自查结果,填报固定(无形)资产盘点单、资产清查明细表、资产清查报表。

(三)总结阶段(6 月 11 日—6 月 30 日)

1.各归口管理部门上传归口管理的资产盘点单、资产清查明细表和资产清查报表至清查系统,做到表内、表表、清查数与财务数一致。

2.资产清查工作办公室汇总生成资产清查汇总报表,并对学校资产清查工作进行总结,起草《厦门大学资产清查报告》提交校长办公会讨论。

3.纸质材料和电子材料上报教育部。

## 八、经费保障

资产清查工作中涉及的加班费、资料费、委托中介出具鉴定报告等费用由归口管理部门根据资产清查结果测算,上报至学校资产清查办公室,由资产清查办公室审核后统一向学校申请。

## 九、工作要求

(一)加强领导。此次资产清查时间紧,工作量大,政策性强,各部门(单位)要积极参与和配合学校资产清查工作的开展,加强资产清查工作的组织领导,单位内部应当分工明确、落实到人,成立由主要负责人牵头的资产清查小组,并将名单报送至资产清查办公室。

(二)精心组织。各部门(单位)要做好动员、培训工作,认真学习相关文件,并结合部门(单位)实际认真做好自查工作,保证工作按时顺利完成。

(三)严肃纪律。各部门(单位)应当坚持实事求是的原则,如实反映资产管理情况和存在问题,不得瞒报虚报。各部门(单位)主要负责人对提交的资产清查工作结果的真实性、完整性、合法性承担责任。未按时完成清查任务、拖延学校国有资产清查工作总体进度的单位,学校将予以通报批评。

——本文摘录自《关于印发〈2016 年厦门大学国有资产清查工作方案〉的通知》,厦大资产〔2016〕13 号,档号 2016-XZ27-1

# 关于完善校友工作体制机制的若干意见

(2016年5月10日)

校友是学校人才培养质量和办学成果的重要体现,是学校与社会各界沟通联系的桥梁纽带,是学校事业持续发展的重要支撑。为进一步加强校友工作、充分发挥校友作用,加快推进世界知名高水平研究型大学建设,现就完善校友工作体制机制提出如下意见:

一、进一步明确校友工作职责。校友总会秘书处既是校友总会下设的日常执行机构,也是学校专门从事校友工作的行政职能部门,负责实施理事会的各项决议,落实学校校友工作的相关决策,具体协调、统筹、组织、指导与推进校友工作的开展。

二、支持各校友会建设。各地校友会建立原则为:国内以省级为主,校友较多的地级市也可成立校友会;国外则以国家为主,校友较多的国家可以有若干个校友会;其他有特定历史因素的地区可成立校友会。探索建立兴趣、学科、俱乐部等形式的校友会。

三、鼓励成立学院校友会。学校鼓励各学院(研究院)在学院校友集中的区域成立学院校友会。学院在各区域成立的学院校友会,接受学院的指导和管理,同时也是所在地区厦门大学校友会的分会。

四、加强学院校友工作。各学院(研究院)应成立校友办公室,并有明确的分管领导和工作秘书,鼓励有条件的学院聘请专职人员,确保每一位校友返回学院有地落脚、有人接待,每一件校友事务有人督办、有人落实。

五、推动成立海外校友会。引导来华留学生校友和孔子学院校友融入当地校友会,并积极参与校友会工作,助力学校提高国际化办学水平。

六、加强对校友的关心与服务。学校各相关职能部门要研究制定既符合学校实际,又能更好地服务校友的政策,加强对校友个人的关怀,推动各类合作交流。各学院(研究院)要有意识地把关心校友、服务校友、支持校友列为本学院(研究院)的一项重要工作。学校、学院党政领导要利用出差等机会尽可能顺访看望校友及校友企业。

七、切实发挥校友在学校改革发展中的重要作用。要把校友工作融入学校人才培养、科学研究、社会服务、文化传承与创新的全过程。不定期召开校友座谈会,听取校友对学校改革发展的建议与意见。重视培养在校学生的爱校意识和母校情结,将爱校教育融入学生的校园生活。鼓励校友在学生创新创业、学生社会实践、学生学习就业等方面发挥积极作用。做好校友捐赠的宣传与服务工作,帮助校友实现回馈母校的愿望。

八、建立高效互动机制。校友总会秘书处和各学院(研究院)应经常互通校友信息、共同谋划校友工作。校友总会秘书处和学院(研究院)之间应形成良好的沟通机制,做到校友值年聚会、知名校友动态、重大校友活动等提前沟通,必要情况下由校友总会秘书处向学校领导报告。

九、加强校友返校服务工作。校友日常返校接待及值年聚会活动统一由各学院负责接待,每逢毕业整十周年的校友返校聚会活动,院(系)党政主要领导应尽量参加,并引导校友关心、支持学院发展。校友总会秘书处主要配合做好学校层面有关协调工作,聘任年级联络员工作。活动结束后,各学院(系)须将校友通讯录和聚会情况报道、活动照片等资料及时报送校友总会秘书处。因院系调整等历史原因,找不到归属学院的校友和校友群体,由校友总会秘书处负责协调或接待。学校对在校友工作方面表现突出的单位或个人予以表彰。

十、提升校友工作信息化建设水平。校友总会秘书处要坚持办好校友网、“厦大人”微信公众号、校友总会官方微博和《厦大校友通讯》等多个平台，建设好、维护好校友数据库。各学院（研究院）宣传平台上需要有校友专栏，建设本学院校友数据库，同时积极向校友总会提供稿件和校友信息。通过共同努力，传播母校信息、宣传校友业绩、联络校友感情、反映校友动态。

——本文摘录自《关于印发〈关于完善校友工作体制机制的若干意见〉的通知》，厦大综〔2016〕19 号，档号 2016-XZ09-11

# 厦门大学贵重仪器设备对社会开放共享管理办法(试行)

(2016年5月31日)

## 第一章 总 则

第一条 科研基础设施和仪器设备是学校人才培养、科学研究和社会服务的重要物质条件。为加强开放、服务创新,提高科研基础设施和仪器设备使用效益,根据《国务院关于国家重大科研基础设施和大型科研仪器向社会开放的意见》(国发[2014]70号)、《教育部办公厅关于加强高等学校科研基础设施和科研仪器开放共享的指导意见》(教技厅[2015]4号)、《福建省人民政府关于推进重大科研基础设施和大型科研仪器向社会开放服务的实施意见》(闽政[2016]4号)、《福建省教育厅关于加强高等学校科研基础设施和科研仪器开放共享的实施意见》(闽教科[2016]19号)等文件精神,结合学校实际情况,制定本办法。

第二条 本办法中的贵重仪器设备指单台(套)价值在30万元及以上的科研设施和仪器设备。

第三条 本办法中的对社会开放共享,是指在保障本单位教学科研需求的前提下向社会用户提供开放使用与检测服务,提高贵重仪器设备资源使用效益。

## 第二章 组织机构

第四条 学校贵重仪器设备运行管理工作小组负责对贵重仪器设备面向社会开放共享的重大事项进行决策。

第五条 实验室与设备管理办公室(以下简称"实验办")负责全校贵重仪器设备对社会开放共享的制度建设、贵重仪器设备开放共享管理信息系统建设、开放共享服务的监督管理等工作。

第六条 学院、研究院、直属单位负责本单位贵重仪器设备对社会开放共享的具体管理与绩效评估等工作。

第七条 分析测试中心负责全校检验检测机构资质认定(计量认证)体系内贵重仪器设备对社会开放共享的具体管理与绩效评估等工作。

## 第三章 共享管理

第八条 学校建立贵重仪器设备开放共享管理信息系统,并纳入国家网络管理平台,实现开放共享的信息化、网络化管理与服务。

第九条 鼓励贵重仪器设备按地方或有关部门规定加盟地区间的公共研发平台以及协作共享平台。

第十条 各单位应根据学校贵重仪器设备开放、使用与维护的要求,进一步加强实验技术队伍建设,不断提升实验技术能力和开放服务质量。

第十一条 提供对社会开放共享服务的单位应对分析、测试等开放服务结果的真实性和可靠性负责,如国家有资质要求的,相关单位应积极组织申请相关资质认定。

第十二条 为保证贵重仪器设备对社会开放共享的可持续性,开放共享按照成本补偿和非营利原则,制定合理的成本核算和服务收费标准。

第十三条 对社会开放共享服务收入管理办法另行规定。

第十四条　社会用户独立开展科学实验形成的知识产权由用户自主拥有，成果发表时应明确标注使用贵重仪器设备情况。

第十五条　提供开放共享服务的单位应加强网络环境下的数据安全管理，保护用户身份信息以及在使用科研基础设施和仪器设备过程中形成的科学数据、技术秘密和知识产权。

第十六条　提供开放共享服务的单位应加强开放共享服务中的安全防护，对在开放共享服务中发生的事故，由过失方按责任分担原则据实承担相应的损失。

## 第四章　评估奖惩

第十七条　学校组织贵重仪器设备对社会开放共享绩效评估，进行分类考核评价。

第十八条　如因贵重仪器设备涉密或其他特殊需要在一定时期内不对社会开放的，应向实验办提出申请，并由实验办会同科研主管部门批准。

第十九条　本办法自颁布之日起实施，由实验办负责解释。

——本文摘录自《关于印发〈厦门大学贵重仪器设备对社会开放共享管理办法(试行)〉的通知》，厦大设备〔2016〕4 号，档号 2016-XZ38-1

# 厦门大学贵重仪器设备面向本科生开放管理办法

(2016年6月1日)

第一条　为鼓励学生积极参与贵重仪器设备的使用,利用贵重仪器设备开展学习与研究活动,提高本科生的实践科研能力,特制定本办法。

第二条　贵重仪器设备是指单台(套)价值在10万元以上的仪器设备。学校所有的贵重仪器设备原则上均应向本科生开放。

第三条　面向本科生开放的仪器设备,由各学院(单位)在每年年初选定汇总后,由实验室与设备管理办公室、教务处公布。

第四条　贵重仪器设备开放对象以我校在校高年级本科学生为主。

第五条　贵重仪器设备开放采用的形式包括:贵重仪器设备应用培训、知识讲座,贵重仪器设备支持创新训练和科研实践等学生自主利用仪器设备进行的实践活动。

第六条　贵重仪器设备应用培训与知识讲座,由仪器所在学院制订培训与讲座计划。培训使用的贵重仪器设备,应选择学院先进设备和通用性强的设备。培训由学院负责组织,实验室与设备管理办公室负责督查,学校提供培训所需的材料消耗费与必要的补贴等。

第七条　贵重仪器设备支持创新训练和科研实践,采用项目申报制度。由学生自主填报项目申报书,经所在学院签署意见后报教务处、实验室与设备管理办公室,由教务处、实验室与设备管理办公室审核项目,经批准立项的项目纳入教务处本科生科创项目管理体系,并由实验室与设备管理办公室、教务处给予适当的材料消耗与仪器使用机时的经费资助。

第八条　贵重仪器设备的使用,采用事先预约的方式。学生到贵重仪器设备所在学院(单位),按该学院(单位)相关规定办理预约使用手续,经过培训取得上机许可后,方能使用设备。设备使用必须按设备所在学院(单位)要求进行。

第九条　面向本科生开放的设备使用机时纳入贵重仪器设备的年度绩效考核,面向本科生的贵重仪器设备开放情况纳入学院贵重仪器设备年度考核体系。对于支持本科生实践科研取得突出业绩的相关机组,由学校给予适当奖励与相应政策支持。

第十条　贵重仪器设备面向本科生开放的具体工作,由实验室与设备管理办公室组织实施。

第十一条　本办法由实验室与设备管理办公室负责解释。

第十二条　本办法自颁布之日起实行。

——本文摘录自《关于印发〈厦门大学贵重仪器设备面向本科生开放管理办法〉的通知》,(2016)厦大实3号,档号2016-XZ38-1

# 厦门大学家具管理办法补充规定

（2016年6月3日）

为进一步提高我校家具资产管理水平，结合《高等学校财务制度》（财教〔2012〕488号）规定，现对我校家具管理办法补充规定如下：

一、我校家具资产核定标准：

1.使用年限在一年以上，单位价值大于等于1000元（人民币，下同）的家具，计入固定资产核算并按国有资产相关规定进行管理；

2.使用年限在一年以上，单位价值大于等于500元、小于1000元的家具，计入资产与后勤事务管理处低值耐用品管理系统，由资产与后勤事务管理处统一建账管理；

3.使用年限在一年以上，单位价值小于500元的家具，计入低值易耗品核算，由使用单位参照低值耐用品管理规定自行管理；

4.使用年限在一年以上，单位价值大于等于500元且批量采购大于等于50000元的同类家具，计入固定资产核算并按国有资产相关规定进行管理。

二、本补充规定从发布之日起执行。

三、本补充规定由资产与后勤事务管理处负责解释。

——本文摘录自《关于印发〈厦门大学家具管理办法补充规定〉的通知》，厦大资产〔2016〕18号，档号2016-XZ27-1

# 厦门大学关于贯彻实施法治宣传教育第七个五年规划(2016—2020年)的工作方案

(2016年6月24日)

在校党委、校行政的正确领导下,我校“六五”(2011—2015年)普法工作取得明显成效,为构建和谐校园、促进学校改革发展稳定提供了有力保证。为进一步开展法治宣传教育,增强师生员工法治观念,更好服务保障学校“十三五”期间事业科学发展和建设世界一流大学的战略目标,根据《中共中央、国务院转发〈中央宣传部、司法部关于在公民中开展法治宣传教育的第七个五年规划(2016—2020年)〉的通知》(中发〔2016〕11号)精神,结合学校实际,特制订本方案。

## 一、指导思想和工作原则

### (一)指导思想

高举中国特色社会主义伟大旗帜,全面贯彻党的十八大和十八届三中、四中、五中全会精神,以马克思列宁主义、毛泽东思想、邓小平理论、“三个代表”重要思想、科学发展观为指导,深入贯彻习近平总书记系列重要讲话精神,紧紧围绕“四个全面”战略布局,践行创新、协调、绿色、开放、共享的发展理念,坚持依法治教、依法治校,落实《厦门大学章程》,深入开展法治宣传教育,进一步强化法治精神、提高法律素养、加强学校法治文化建设,推进学校治理体系和治理能力现代化,为深化学校综合改革、推动“十三五”事业科学发展、服务学校“两个百年”奋斗目标营造良好法治环境、提供坚强法治保障。

### (二)工作原则

1.坚持围绕中心,服务大局。紧紧围绕深化综合改革、全面推进学校“十三五”事业科学发展的目标任务,把法治宣传教育渗透到建设美好厦大、创建一流大学的各个方面,充分发挥法治宣传教育在全面依法治校中的基础作用。

2.坚持依靠师生,服务师生。结合《厦门大学章程》和学校实际,着眼于满足师生员工的实际法律需求,开展与师生员工的工作、生活密切相关的法律知识的宣传教育,培养法律思维,健全法律专业知识,提高法律技能,增加师生尊法学法守法用法意识,努力提供多种形式的法律服务。

3.坚持学用结合,服务实践。坚持法治宣传教育与法治实践相结合,把法治宣传教育融入依法治校、民主管理各个环节,做到学以致用、知行合一。在普及法律知识的同时,强化法治实践教育环节,提升师生法律素养。充分发挥我校法学学科优势,深入开展法治建设实务研究,服务国家和区域法治进程。

4.坚持分类指导,突出重点。根据不同教育对象的特点,结合各类教职员工的实际需求,以及学生所学专业、研究方向,提供系列化、多元化、规范化的法治宣传教育服务,分类组织实施。以学校领导干部和青年学生为重点,带动和促进全校普法。

5.坚持创新发展,注重实效。积极探索新常态下开展学校法治宣传教育的工作规律,及时总结工作经验,不断推动法治宣传教育工作理念、机制、载体和方式方法创新,建立健全符合学校实际情况的宣传教育模式。

## 二、主要目标和任务

### (一)主要目标

通过深入开展法治宣传教育和法治实践，结合学校工作实际，着力引导师生员工弘扬法治精神，全面营造人人尊法学法守法用法的良好氛围，努力提高全校师生的规则意识、法律素质、法律信仰和法律意识，进一步提升依法治教、依法治校水平。

### (二)主要任务

1.深入学习宣传习近平总书记关于全面依法治国的重要论述

一是按照“七五”普法规划的要求，深入学习宣传习近平总书记关于全面依法治国的重要论述。党的十八大以来，习近平总书记站在坚持和发展中国特色社会主义全局的高度，对全面依法治国做了重要论述，提出了一系列新思想、新观点、新论断、新要求，深刻回答了建设社会主义法治国家的重大理论和实践问题，为全面依法治国提供了科学理论指南和行动指南。党的十八届四中全会审议通过了《中共中央关于全面推进依法治国若干重大问题的决定》，提出全面推进依法治国，总目标是建设中国特色社会主义法治体系，建设社会主义法治国家。通过党委中心组学习、党校培训、形势政策报告会等形式，在师生中深入学习宣传以习近平同志为核心的党中央关于全面依法治国的重要部署，宣传科学立法、严格执法、公正司法、全民守法和党内法规建设的生动实践。依托学校法学学科优势，借助学校与省、市、区司法部门共建资源，组织专家学者加强对中国特色社会主义法治理论的研究，当好社会主义法治理论的研究者、传播者和实践者。

二是深入学习宣传党内法规。适应全面从严治党、依规治党新形势新要求，结合“两学一做”学习教育和学习型党组织建设，以党员领导干部和党员师生为重点，大力宣传《中国共产党廉洁自律准则》《中国共产党纪律处分条例》等各项党内法规，注重党内法规宣传与国家法律教育的衔接与协调，坚持纪在法前、纪严于法，教育引导广大党员做党章党规党纪和国家法律的自觉遵从者、模范遵守者、坚定捍卫者。深入开展形式多样、内容丰富的廉洁文化教育，进一步增强反腐倡廉意识，提高廉洁自律的自觉性，努力营造清正廉洁、向上向善的校园氛围。

2.深入学习宣传以宪法为核心的中国特色社会主义法律体系

一是深入学习宣传与现代高校建设相关的法律法规。立足“第一课堂”，将法治宣传教育纳入学生思想政治理论课教学课程，有机融入日常教学。依托法学学科优势，开展法律知识“进班级、进宿舍、进支部”等活动，邀请专业教师开展专题学习，引导师生自觉学习运用好法律法规、学校规章制度以及与学科专业相关的行业法规条例等，进一步增强师生员工正确行使权利、依法履行义务、自觉运用法律维护自身合法权益的能力。以《中华人民共和国教育法》《中华人民共和国高等教育法》修订为契机，加强学习宣传教育法、高等教育法以及规范学校办学管理行为的法律法规。学习《国家安全法》，宣传校园治安综合治理、突发事件应急管理等法律法规，强化“党政同责、一岗双责、齐抓共管”的工作机制。

二是利用重大纪念日开展法治专题宣传教育活动。依托每年的“12·4国家宪法日”，开展法治宣传月系列活动；在每年“4·15全民国家安全教育日”开展国家安全观教育活动；在每年“3·8妇女节”针对教职工开展法律咨询和维权培训；举办“关注身边的权益——3·15权益月”系列活动，通过开展权益保护知识互动和宣传普及活动，提高师生权益保护意识。

三是常态化开展法律援助、普法宣传等活动。依托法学院、法律事务办公室、工会等组织以及大学生法律援助中心、法学社等社团，坚持为广大师生和乡村、社区、企业、中小学提供法律援助、法律咨询。充分运用互联网传播平台，开展“互联网＋法治宣传”行动。大力宣传互联网领域的法律法规，教育引导师生依法规范网络行为，净化网络环境，传递网络正能量，争做校园好网民。

3.深入推进法治文化建设,构建良好法治文化氛围

以宣传法律知识、弘扬法治精神、推动法治实践为宗旨,积极推进社会主义法治文化建设,充分发挥法治文化的引领、熏陶作用,使师生内心拥护和真诚信仰法律。注重法治文化建设,大力营造校园法治文化氛围,鼓励创作反映法治文化的作品。开展学生喜闻乐见的法治宣传竞赛活动,如党章党规党纪知识竞赛、法律知识竞赛、法治征文比赛、演讲比赛、法律情景剧大赛、模拟法庭大赛、法律文书大赛等。开展“共建导诉台”“思法论坛”“法庭义工”“校园普法辅导员”“特色社团评选”“法治专题夏令营”“社区民事调解模拟大赛”等实践活动。

4.坚持法治宣传与法治实践相结合,深入推进依法治校、民主管理

一是完善学校治理结构,提高依法自主办学水平。坚持和完善党委领导下的校长负责制,坚持民主集中制原则,贯彻落实“三重一大”决策制度,完善议事规则,规范决策程序,健全党委统一领导、党政分工合作、协调运行的工作机制,持续推进科学决策、民主决策、依法决策。以《厦门大学章程》为基石推进现代大学制度的不断完善发展,建立健全面向师生的法律服务体系,深化二级管理体制改革,强化学院办学主体地位;健全学术委员会、学部委员会和学院教授委员会运行机制,完善教职工代表大会、学生代表大会制度,进一步发挥学术组织和群团组织在保障师生依法参与学校管理方面的作用;建立健全办学水平、教育质量评价机制,完善信息公开制度。依法依规推进学校简政放权、放管结合、优化服务工作,建立规范、高效的审批制度流程,进一步释放学校办学活力。

二是加强法律风险防范机制建设。健全重大决策、重大制度、重大项目风险评估、合法性审查机制,加强各类办学法律文书审核工作,重视学校无形资产保护,高质量提供学校涉讼案件法律服务,有效处理各类诉讼和非诉案件,依法维护学校办学权益。

三是畅通师生诉求表达渠道。重视师生员工就学校改革发展提出的意见、建议,认真倾听、解决、解释、反馈师生员工反映的合理诉求,切实保障师生员工有序参与学校管理。继续做好“书记走基层”“校长有约”等工作。在学校资源配置以及涉及师生切身利益的评价工作中,按照公平公正原则,自觉接受师生监督,努力实现过程公开透明。

四是切实维护师生合法权益。积极推行以校内申诉为基本形式的师生诉求表达机制,研究制定教师申诉办法,健全学生申诉制度,引导师生员工依法表达诉求、维护权利。建立健全学生伤害事故调解制度,在招生、职务评聘、学术评价、学术不端行为认定等方面探索试行专业裁量或仲裁机制。创新信访工作机制,健全协商解决机制,积极运用法治方式处理信访案件。总结推广“无讼校区”工作,健全校内多元化纠纷化解机制。

5.推进法治教育与德治教育相结合,为全面依法治国创造良好人文环境

坚持依法治国和以德治国相结合的基本原则,以法治体现道德理念,以道德滋养法治精神,促进实现法律和道德相辅相成、法治和德治相得益彰。大力弘扬社会主义核心价值观,弘扬中华传统美德,培育社会公德、职业道德、家庭美德、个人美德,提高全体干部师生思想道德水平。强化规则意识,倡导契约精神,弘扬公序良俗,引导广大干部师生自觉履行法定义务、社会责任、家庭责任。发挥法治在解决道德领域突出问题中的作用,健全干部师生守法信用记录,完善守法守信褒奖机制和违法失信行为惩戒机制。

## 三、对象和要求

坚持围绕学校“十三五”规划设定的目标任务,服务改革发展稳定大局,根据管理干部、教师、学生的不同特点,确定法治宣传内容、方式和途径,增强法治宣传教育的针对性和实效性。坚持集中宣传和日常普法相结合,创新法治宣传教育形式,注重形成合力,扩大宣传覆盖面,提高宣传实效性。具体要求如下:

(一)以提高依法治校水平和增强拒腐防变能力为重点,切实提升领导干部法治水平。强化领导干部对宪法和国家基本法律的学习,不断提高依法决策、依法管理、依法办事的能力。建立健全党委中心组、党校集体学法制度,推进干部学法经常化、制度化。加强领导干部、机关工作人员法治思维和依法办事能

力建设，检查落实“三重一大”决策制度实施情况，将法治观念、法治素养和依法决策情况、依法履职情况纳入干部考核指标体系。加强党章党规学习教育，坚持反腐倡廉法治宣传教育与政治理论、理想信念、职业道德教育相结合，不断增强各级领导干部反腐倡廉意识，提高廉洁自律的自觉性。学习《总体国家安全观干部读本》，深化领会和把握总体国家安全观这一战略思想，提升应对国际国内各种安全风险挑战的能力和水平。

（二）以强化依法治学育人意识和推进师风师德建设为重点，切实增强教师法治观念和依法执教意识。在教师资格认定中强化法治宣传教育，组织教师认真学习国家法律法规，认真学习教育法、高等教育法、教师法等教育法律法规，使广大教师完整、准确地理解和掌握教育法律法规确立的法律原则、基本制度及重要规定、行为规则。在新教工培训中融入法治宣传教育，将国家法律法规和教育法律法规作为新教工培训、辅导员入职培训的一项重要内容，帮助新教工和新聘辅导员增强法治意识、筑牢法治观念。将法治宣传教育与师德师风建设紧密结合起来，将法治教育作为师德教育的重要组成部分。充分发挥正面典型倡导和负面案例警示作用，加大违纪惩处力度，营造遵纪守法的良好氛围。

（三）以强化社会主义法治理念和提高法律素养为重点，切实提高青年学生尊法学法守法用法水平。充分发挥法学课程教学主渠道作用，加强马克思主义法学基本理论和中国特色社会主义法律体系的学习，强化青年学生法治观念。充分利用学校外部法治教育、社会实践基地等“第二课堂”，培养学生运用法律知识分析法律问题的能力。重视大学生法律援助服务等法治类社团建设，畅通志愿者服务渠道，健全完善管理制度，培育一批普法志愿者优秀团队和品牌活动，提升运用法律知识服务社会的意识。

## 四、工作步骤和安排

“七五”普法规划从2016年开始实施，到2020年结束。分为以下三个阶段：

（一）宣传发动阶段：2016年上半年出台学校“七五”法治宣传教育工作方案，各主要相关单位根据本方案，制订本单位年度普法计划，同时做好宣传发动工作。

（二）组织实施阶段：2016年下半年至2020年，各主要相关单位依据本方案确定的目标、任务和要求，突出法治宣传教育工作重点，做到部署及时、资料齐备、措施有效、学习到位。同时，要加强指导和监督，确保“七五”普法规划得到全面贯彻、落实。

（三）检查验收阶段：2018年为中期考核年，2020年为终期考核年。检查学校各主要相关单位的实施情况，接受上级部门、各级普法依法治理领导组对“七五”普法规划实施情况进行阶段性检查和总结验收。

## 五、组织领导和保障

（一）加强组织保障。学校普法领导小组和依法治校工作领导小组定期研究部署法治宣传教育工作，指导、协调全校法治宣传教育工作。法学院、法律事务办公室、知识产权保护管理办公室、法律顾问团队等专业机构要在法治宣传教育中发挥积极作用，健全完善协调协作机制，根据各自特点和实际需要，有针对性地组织开展法治宣传教育活动。

（二）加强平台建设。充分利用学校已有的各种教育资源和与各级司法部门共建资源，开展法治培训和法治实践活动，进一步发挥法治教育实践基地、宣传部、工会、共青团、学生会和学生社团在大学生法治宣传教育活动中的作用，努力提高法治宣传教育水平。融合运用传统媒体和新媒体，建立法治宣传教育宣传栏目，构建包括校级微信公众号、官方微博以及法律专业微信公众号、微博等在内的宣传教育新平台。

（三）加大人员经费保障。推荐优秀法律人才充实普法讲师团队，并鼓励引导学校法律专业教师、在管理岗位上工作且具有法律专业背景的职工和法律专业学生志愿者等加入普法宣传队伍，不断壮大普法志愿者队伍。加大法治宣传经费保障力度，把法治宣传教育经费项目纳入学校年度经费预算。

(四)加强督促检查。改进法治宣传教育考核评价方式,注重专项督查与综合督查相结合,阶段性督查与年度督查相结合,静态督查与动态督查相结合,努力实现方式、方法、效果的有机统一。坚持问题导向,经常深入基层、深入师生,调查研究、解决问题、推进工作。认真总结、宣传、推广各单位各部门开展法治宣传教育的好经验、好做法,充分发挥典型示范作用,推动法治宣传教育不断深入。

——本文摘录自《关于印发〈厦门大学关于贯彻实施法治宣传教育第七个五年规划(2016—2020 年)的工作方案〉的通知》,厦大综〔2016〕27 号,档号 2016-XZ09-12

# 关于增补二类核心刊物的通知

（2016年6月25日）

全校各单位：

经学部审议，学校专业技术职务聘任委员会研究，同意增补《外国文学动态研究》和《法国研究》为二类核心刊物。

特此通知。

厦门大学

2016年6月25日

——本文摘录自《关于增补二类核心刊物的通知》，厦大人〔2016〕63号，档号2016-XZ10-2

# 关于2016年度教学科研重要岗位聘任过渡办法的通知

（2016年7月2日）

全校各单位：

根据薪酬改革方案的总体部署，学校正在制定岗位绩效考核办法。在考核办法实施前，为了确保教学科研重要岗位聘任条例与拟出台的岗位绩效考核办法有效衔接，学校对2016年度教学科研重要岗位聘任实施过渡办法，现将有关事项通知如下：

1.截至2016年7月31日，受聘教学科研重要岗位聘期到期人员。

请各单位根据教学科研重要岗位聘约就履行岗位职责、取得的成果以及对学校所做出的贡献进行聘期考核，考核结果分为合格和不合格两个等次。

聘期考核结果合格的，请各单位根据《厦门大学教学科研重要岗位聘任条例》做好申报推荐工作。本轮过渡聘期为一年，即2016年8月1日至2017年7月31日，聘期到期后纳入学校岗位绩效考核体系管理。

聘期考核结果不合格的，不再受聘重要岗位。

2.2014年和2015年受聘教学科研重要岗位的人员及其他可在2016年度申请聘任教学科研重要岗位的人员。

学校将在2017年起整体纳入学校岗位绩效考核体系管理，并在岗位绩效考核办法中统筹考虑衔接。

特此通知。

厦门大学

2016年7月2日

——本文摘录自《关于2016年度教学科研重要岗位聘任过渡办法的通知》，厦大人〔2016〕67号，档号2016-XZ10-3

# 厦门大学加强毒品预防教育工作方案

（2016年7月11日）

为深入贯彻《禁毒法》《中共中央、国务院关于加强禁毒工作的意见》和省委省政府的实施意见，落实国家和福建省青少年毒品预防教育规划，按照习近平总书记等中央领导同志对禁毒工作的一系列重要指示批示要求，结合学校实际，特制订本方案。

## 一、指导思想

学校毒品预防教育工作是禁毒工作的基础工程，关系到青年健康成长、家庭和谐、社会稳定，关系到国家安危、民族兴衰、人民福祉。要结合学校实际，采取多种形式，加强毒品预防教育，普及禁毒知识，锲而不舍，常抓不懈，确保"学生不涉毒、校园无毒品"，实现禁毒宣传教育活动常态化。

## 二、工作目标

通过对在校大学生进行科学的毒品预防教育，牢固树立"珍爱生命，远离毒品"的理念，养成良好的生活方式，使他们自觉远离毒品，切实提高我校学生防毒、拒毒意识，增强抵御毒品的能力，实现毒品预防教育与科学文化教育、思想道德教育、生命健康教育和法治教育的有机融合。

## 三、任务分工

1.宣传部：加大宣传力度，充分利用国家和省市禁毒专题片、课件、网站、数字展馆和微平台等教育资源，定期推送相关内容；通过官方微信和微博、校报、广播站、电视台、校园网、橱窗、电子屏等载体大力宣传禁毒知识；加强对校园网络的监控管理，及时发现、封堵和删除校园网上贩卖毒品、引诱吸毒、美化毒品等有害信息。

2.学生工作部(处)：指导各学院(研究院)辅导员，在新生入学教育、学期初及期末、毕业前教育等重要时点，以年级大会、班会、主题党团日活动等形式开展教育，在新生入学手册和入学前视频课程中加入禁毒知识内容，让大学生在就学期间都能受到规范、持续的禁毒教育；鼓励各单位持续开展"参观一次禁毒展览、观看一部禁毒影片、上好一堂毒品预防教育课、撰写一篇禁毒心得、举办一次禁毒主题班会""五个一"活动；将学校毒品预防教育与心理健康教育结合，掌握因学业、就业和情感等原因受挫的学生情况，加强心理疏导和压力排解。

3.保卫部(处)：主动联络公安、禁毒、民政等部门，聘请相关专业人士为校外禁毒辅导员，邀请专家学者、优秀禁毒工作者、戒毒康复人员走进校园举办讲座、现身说法，增强师生毒品预防教育意识和能力；与地方禁毒教育主管部门充分合作，开展与禁毒教育基地共建活动，组织学生分批次参观禁毒教育基地；协助公安部门开展相关工作，充分掌握校园内及周边社区禁毒形势及涉毒情况；在每个寝室门后贴上禁毒宣传单，把普及性禁毒教育落实到位，并列入常规性宿舍检查内容。

4.教务处：严格执行教育部关于毒品预防教育课程的教学要求，将毒品预防教育工作纳入在校学生教育的常规内容,大力普及禁毒知识;为相关学院创造条件,开设与毒品预防教育相关的选修课程或讲座。

5.校团委:紧扣“6·1《禁毒法》纪念日”、“6·3虎门销烟纪念日”和“6·26国际禁毒日”的教育契机,精心组织开展主题突出、特色鲜明、形式多样的集中禁毒宣传教育活动,掀起禁毒宣传教育高潮;支持各学院(研究院)团组织根据自身情况,开展禁毒知识竞赛、演讲、征文等活动;通过社团活动、志愿服务、社会实践活动等形式,组织学生开展形式多样的禁毒教育活动。

6.各学院(研究院):按照学校总体要求,结合实际情况制订本单位毒品预防教育计划,根据学生的年龄、生理、心理特点,以及学生专业知识结构、认知能力等情况,积极开展形式多样、富有特色的教育活动。加强全面排查,如发现学生涉毒情况应快速反应和报告,并迅速展开应急处置。

## 四、工作要求

1.形成工作合力。各单位要高度重视、分工协作、齐抓共管、研究对策、周密部署,扎实落实学校毒品预防教育工作;各单位要加强协调配合,建立联席会议制度,共同推动毒品预防教育工作的开展,处理学校在毒品预防教育工作中出现的各种情况和突发事件。

2.完善工作机制。建立毒品预防教育责任制度与协作制度,建立家庭、学校、社区毒品预防教育衔接机制,普及家庭防毒知识,对接社区禁毒宣传教育。建立与学生家长的联系、沟通制度,通过家校联系平台、给家长的一封信等方式,及时掌握学生校内外的学习生活情况。

3.加强督导检查。要将毒品预防教育工作纳入各单位考核、评估范围。结合综治、平安校园建设等工作机制要求,对在校学生毒品预防知识普及率等进行测评。要将毒品排查工作纳入各学院公寓管理的常规项目,在日常安全和卫生检查工作中把毒品迹象检查纳入日常检查要点,各学院党政管理干部、专兼职辅导员要在下宿舍过程中加强排查。

——本文摘录自《关于印发〈厦门大学加强毒品预防教育工作方案〉的通知》,厦大学〔2016〕74号,档号2016-XZ11-2

# 厦门大学因公临时出国(境)审批与管理办法(2016年修订)

(2016年7月22日)

## 第一章　总　则

第一条　为进一步加强和规范我校因公临时出国(境)审批与管理,更好地服务学校教学与科研工作,根据中共中央办公厅、国务院办公厅、中组部、教育部和福建省等相关文件精神,结合我校实际,制定本办法。

第二条　本办法适用于我校在编教职工、全日制在校学生的因公临时出国(境)任务,并对教学科研人员因公临时出国(境)开展学术交流合作实施区别管理。

教学科研人员是指学校从事教学和科研任务的人员(含退离休返聘人员),以及在学校、院系以及机关部处担任领导职务的专家学者。

学术交流合作包括开展教育教学活动、科学研究、学术访问、出席学术会议以及执行国际学术组织履职任务等。

第三条　国际合作与交流处/台港澳事务办公室负责学校因公临时出国(境)的申报、审批和管理等工作。

## 第二章　申报原则

第四条　申请因公临时出访要有明确的公务目的和实质性内容,不得安排考察性出访;不得安排无实际需要的国(境)外培训;不得参加由外方资助的背景复杂、专题敏感的出国(境)培训;不得赴国(境)外出席无实质内容的庆典、仪式或慰问等活动。

第五条　因公出访团组须有对方业务对口部门或相应级别人员的邀请,邀请单位和邀请人应与出访人员的职称职级身份相称。严禁通过中介机构联系或出具邀请函。

第六条　因公出访团组应严格按照批准方案出访。不得绕道,不得擅自改变出访路线、增加出访地点或延长出访时间。因特殊情况确需改变出访方案的,应事先报所在单位同意,并报国际合作与交流处/台港澳事务办公室审批。

第七条　校党委书记或校长因公出访团组人数原则上不超过6人,其他因公出访团组人数原则上不超过5人。同一单位负责人原则上不得同团出访,也不得6个月内分别率团出访同一国家或地区。不得携带配偶和子女同行。

第八条　因公出访团组须严格控制出访国家(地区)数和在外停留天数。每次出访不得超过3个国家和地区(含经停国家和地区,不出机场的除外,下同),在外停留不超过10天(含离、抵境当日,下同),出访2国(地区)不超过8天,出访1国(地区)不超过5天。赴中、南美洲,非洲国家航班衔接不便的团组,出访时间可酌情增加1天。赴台人员在台时间应根据工作任务和要求合理安排,一般不超过7天。

第九条　严禁通过组织"团外团"或拆分团组、分别报批等方式在因公出访团组正式名单外安排无关人员跟随或分行。严禁派人为因公出访团组打前站。

第十条　演出、培训、研修、举办展览、参加比赛以及教学科研人员出国(境)开展学术交流合作等情况,单位与个人的出国(境)批次数、团组人数、在外停留天数可根据实际需要安排。

第十一条　因公出访团组必须通过因公出国(境)审批渠道办理手续并持因公护照(港澳台通行证)出访。教学科研人员出国(境)开展学术交流合作,原则上应持因公护照(港澳台通行证)出访。如有以下特殊情况,可申请持普通护照(港澳台通行证)出访:

(一)持有出访国家或地区的长期居留证或多次出入境签证/签注;

(二)执行多项出访任务,因公护照(港澳台通行证)无法同时办理多个国家或地区的签证/签注;

(三)根据外交部门规定无法办理因公护照(港澳台通行证)、无法持因公护照(港澳台通行证)出访;

(四)带队参与学生境外交流或实习;

(五)任务紧要,办理因公护照(港澳台通行证)和签证/签注无法按期出访。

对确需持普通护照(港澳台通行证)出访的人员,应在申报出访任务时说明理由并附上相关证明材料,上报校领导批准。

第十二条　赴厦门大学马来西亚分校工作或执教等特殊情况,可申请持普通护照出访,出访人数和在外停留天数可根据实际工作需要安排。

第十三条　全日制在校学生因公出国、赴港澳台地区以及公派留学人员出国留学,均持普通护照(港澳台通行证)。其他长期研修留学类项目参照国家公派留学相关规定执行。

第十四条　各单位不得自行组织和申报跨地区、跨行业的出访团组。

第十五条　具有下列情形之一的,不予因公派出:

(一)出访人员的专业或业务分工与出访任务不相符的;

(二)无权出具任务通知书的协会、中心等单位所组织的出国(境)访问考察、参加研讨会和培训班等的;

(三)对受到党纪政纪撤职以上处分未满5年的;

(四)违反外事纪律造成不良影响的;

(五)国家法律法规规定不准出境的。

## 第三章　审批程序

第十六条　各单位应认真制订年度出访计划,并于每年12月15日之前向国际合作与交流处/台港澳事务办公室报送下一年度出访计划,由国际合作与交流处/台港澳事务办公室提交学校审批。对计划外的非学术性出访团组,将不予批准。对确需临时安排但未按年度计划报备的学术交流合作,应在报批时说明理由。

第十七条　各单位应建立因公临时出国(境)量化管理机制,严格控制出国(境)团组总量和前往热点国家(地区)团组数量。

第十八条　实行因公出访事前事后公示制度。因公出国(境)人员须在出访前将相关的出访信息在所在单位的网站或公告栏公示。回国(境)后,应在1个月内公示团组执行情况,并向国际合作与交流处/台港澳事务办公室提交出访报告。事前和事后公示期限均不少于5个工作日。未按规定公示的,将不予审批和报销费用。

第十九条　校党委书记因公临时出访,经由国际合作与交流处/台港澳事务办公室提交分管外事校领导和校长签署意见后,报教育部审批;校长因公临时出访,经由国际合作与交流处/台港澳事务办公室提交分管外事校领导和校党委书记签署意见后,报教育部审批。

第二十条　副校级领导干部因公临时出访,经由国际合作与交流处/台港澳事务办公室提交分管外事校领导签署意见后,报校党委书记或校长审批。

第二十一条　机关部处、学院(研究院)正职领导干部因公临时出访须经所在单位的党政分管领导审核并视情况报分管校领导同意后,再由国际合作与交流处/台港澳事务办公室报分管外事校领导签署意见,最后报校党委书记或校长审批。

第二十二条　机关部处副职领导干部及学院(研究院)行政副职领导干部因公临时出访须经所在单位的党政分管领导审核后,再由国际合作与交流处/台港澳事务办公室报分管外事校领导审批。

第二十三条　学院(研究院)党委(党总支)副书记因公临时出访须经所在单位的党政分管领导与学生处领导审核并报分管校领导同意后,再由国际合作与交流处/台港澳事务办公室报分管外事校领导审批。

第二十四条　普通教职员工因公临时出访须经所在单位的党政分管领导审核后,再由国际合作与交流处/台港澳事务办公室报分管外事校领导审批。

第二十五条　全日制在校学生因公临时出访须经所在单位的党政分管领导、学生处、研究生院或教务处审核后,再由国际合作与交流处/台港澳事务办公室报分管外事校领导审批。

第二十六条　因公出国团组须提前 2 个月提交申请材料。因公赴港澳团组须提前 1 个月提交申请材料。因公赴台团组须提前 40 天提交申请材料。

## 第四章　经费和证件管理

第二十七条　因公出访团组应当严格按照批准的出国(境)人员、天数、路线、公务活动等情况进行报销,不得报销与出访任务无关的开支。境外住宿以及交通标准按《厦门大学出国(境)费用管理办法》(厦大财〔2015〕24 号)执行。

第二十八条　因公临时出访时,应当优先选择直达目的地国家(地区)的境内航空公司航班出入境,没有直达航班的,应当选择境内航空公司航班到达的最邻近目的地国家(地区)进行中转。由于航班衔接或是需中转 1 次以上等特殊原因确需选择境外航空公司航班的,应当事先报送国际合作与交流处/台港澳事务办公室和财务处审批同意。

第二十九条　因公出访团组在国(境)外期间,原则上不对外赠送礼品。确有必要赠送的,应当事先报国际合作与交流处/台港澳事务办公室和财务处审批同意,并按照厉行节俭的原则选择师生作品或具有民族特色的纪念品、传统手工艺品和实用物品,金额标准参照《厦门市市直机关外宾接待经费管理办法》(厦财行[2014]18 号)执行。

第三十条　持因公护照或因公港澳通行证出访者须在回国(境)后 7 日内上交证件。全校在职中层及以上领导干部、离(退)休的厅级以上干部持台湾通行证出访归来后 7 日内上交证件。逾期不交或不执行证件管理规定的个人,暂停其出国(境)执行公务。有关领导干部普通护照(港澳台通行证)的使用和管理,由学校党委组织部另行规定。

第三十一条　因公护照(港澳台通行证)丢失者,持证人应立即向公安机关(在境外向使领馆或其他相关机构)和国际合作与交流处/台港澳事务办公室报告,并递交书面情况说明,由国际合作与交流处/台港澳事务办公室书面上报省市主管部门。

## 第五章　外事纪律

第三十二条　各单位应当本着务实、高效、精简、节约的原则从严组团,在出访团组中指定工作能力强且富有经验的人员担任团长,实行团长负责制。团长应当对团组成员进行行前教育,并对团组承担领导责任。团组成员不得擅自脱团,私自行动。

第三十三条　进一步加强用人单位对外事工作集中统一领导。各机关部处、学院(研究院)须按照国家有关规定和文件对因公出访严格审核把关,坚持"谁派出,谁负责;谁审批,谁负责;谁把关,谁负责"的审批管理制度。

第三十四条　因公临时出国(境)人员在对外交往中应维护国家和学校利益,不做有损国格、人格和学校声誉的事情。

第三十五条　学校涉密人员因公临时出国(境)须严格遵守《涉密人员对外科技交流保密守则》(附件一),报批出访任务时须填写《涉密人员对外科技交流保密责任承诺书》(附件二),随申报材料一起上报备案。

第三十六条　出访人员及经办人员应诚实守信。对在办理相关手续过程中有弄虚作假行为或违规违纪的因公临时出访人员，学校在1年内不再受理其因公临时出国(境)申请，情节严重的按国家有关法律和学校有关规定进行处理。

## 第六章　附　则

第三十七条　本办法由国际合作与交流处/台港澳事务办公室负责解释。

第三十八条　本办法自2016年7月15日起施行。《厦门大学因公临时出国(境)审批与管理办法》(厦大外〔2015〕166号)同时废止。

**附件一：涉密人员对外科技交流保密守则**

**附件二：涉密人员对外科技交流保密责任承诺书**

(附件略——编者)

——本文摘录自《关于印发〈厦门大学因公临时出国(境)审批与管理办法(2016年修订)〉的通知》，厦大综〔2016〕32号，档号2016-XZ09-13

# 厦门大学“平安校园”等级创建及安全标准化建设提升工程三年行动迎评工作方案

（2016年7月23日）

根据福建省有关文件要求，我校于2014年11月开始，启动了“平安校园”等级创建工作，同时开展安全标准化建设提升工程三年行动。2015年2月，学校正式印发《关于印发〈厦门大学“平安校园”等级创建活动实施方案〉的通知》（厦大综〔2015〕8号）进行部署安排。两年多以来，全校各单位对照实施方案和福建省考评标准要求，通过抓基层、打基础，进一步推进“平安校园”创建工作和安全标准化建设提升工程，校园安全管理水平有了明显的提升。

经学校职能部门与省教育厅请示，现决定于2016年正式申报“平安校园”等级创建及安全标准化建设提升工程三年行动验收考评。特制订工作方案如下：

## 一、工作目标

在厦门大学“平安校园”等级创建活动领导小组的领导下，继续抓好“平安校园”等级创建、安全标准化建设提升工程各项工作任务的落实，补缺补漏，消除隐患，完善机制，完成《厦门大学“平安校园”等级创建活动实施方案》所提出的总体目标，确保通过福建省考评验收，达到“5A级平安校园”标准，确保通过安全标准化建设提升工程三年行动考评验收。

## 二、方法步骤

### （一）动员部署

全校各单位即日对“平安校园”等级创建及安全标准化建设提升工程三年行动迎评工作进行动员和部署安排，深刻认识两项工作考评验收的重要意义，支持配合职能部门做好考评验收的各项准备工作，及时提供相关总结及各方面支撑材料，做好省考评验收组实地现场检查的准备。

各单位需指定一名“平安校园”等级创建及安全标准化建设提升工程三年行动迎评工作联系人报保卫处。

### （二）对照检查

全校各单位自即日起，对照“‘平安校园’等级创建考评验收项目材料收集分工表”和“安全标准化提升工程三年行动考评项目材料收集分工表”，逐项检查落实创建工作完成情况。发现有未完成、未落实或未达标的内容，即刻进行整改。

学校综治领导小组于10月中下旬组织对全校各单位“平安校园”等级创建及安全标准化提升工程三年行动工作进行检查。

### (三)报送材料

各学院、直属单位于10月14日前,向综治领导小组报送本单位开展"平安校园"等级创建及安全标准化提升工程三年行动工作的总结,邮箱:baowei@xmu.edu.cn,并整理好有关支撑材料提交或备查。

各职能部门根据两个分工表要求,整理本部门所负责事项的总结材料和支撑材料,于10月14日前提交综治领导小组汇总。

保卫处成立专门工作小组,负责与各单位对接落实,接收各项总结和支撑材料,并做好材料的梳理、归并,做好自评及申报材料的整理撰写等。

学校在对全校各单位完成检查工作后,形成厦门大学"平安校园"等级创建及安全标准化提升工程三年行动的自评及申报材料,于10月底向省教育厅报送。

### (四)接受考评

根据福建省教育厅安排,预计11月将组织专门考评验收小组到我校开展考评验收工作。考评验收预计以听取汇报、查看文件档案(支撑材料)、实地走访(如实验室、消控室、学生宿舍等)、座谈调查(针对学生、保安员等)等形式进行。

全校各相关单位,在校综治领导小组统一部署下,按照有关要求,做好接受考评验收的各项工作,配合支持完成考评验收小组各项要求。

## 三、有关要求

全校各单位要将"平安校园"等级创建及安全标准化建设提升工程三年行动的考评验收工作作为本单位本部门2016年安全管理工作的重点,对照上述目标和方法步骤,及时落实好各项迎评工作。通过近几个月自查、检查和材料整理等工作的过程,进一步对本单位安全管理工作补缺补漏,进一步消除安全隐患、规范安全管理,迎评促建、迎评促改,全面提升安全管理水平。

宣传部及全校各单位要进一步加强安全工作的宣传报道力度,营造浓厚的迎接福建省对我校"平安校园"等级创建工作及安全标准化建设提升工程三年行动验收工作舆论氛围。

附件一：

**“平安校园”等级创建考评验收项目材料收集分工表**

| 福建省考评项目与考评内容 | | 项目材料收集主要责任部门 |
|---|---|---|
| 一、组织保障 | | |
| (一)组织机构 | 1.学校成立以党委书记、校长为组长，分管领导及相关领导为副组长，有关处(室)、院(系)为成员的“平安校园”等级创建领导小组，制订创建方案；每年召开 2 次以上会议研究部署创建工作。创建氛围浓厚，宣传发动深入，师生员工知晓率、参与率高。 | 综治办 |
| | 2.学校独立设置安全管理(保卫)机构，级别与中层部(处、室)一致。专(兼)职安全管理(保卫)人员配备按闽公综[2013]95 号文件规定执行，应分别不少于人员总数的 2‰；改善安保部门的办公条件，配备必要的通信、防恐器材等；定期开展安保人员培训，每学年人均不少于一次；按照“四个统一”(统一基本招录条件、统一基本培训要求、统一基本服装标识、统一基本服务标准)规范保安员队伍，配齐安保器材。 | 人事处、保卫处、资产后勤处、财务处、后勤集团 |
| | 3.辅导员队伍建设有规划、有制度保障，本(专)科生一线专职辅导员按师生比 1∶200配备，研究生按一定比例配备，辅导员队伍结构合理。 | 学生处 |
| | 4.学校设立心理健康教育中心、机构健全，专职人员落实。 | 学生处 |
| (二)安全责任 | 学校对年度综治安全稳定目标管理责任书进行分解，与直属单位、职能处(室)、院(系)签订综治安全稳定目标管理岗位责任书；强化目标管理和监督考核，主要领导、分管领导和领导班子成员履职到位，形成党政同责、一岗双责、层层落实的责任体系，以及与绩效工资、评优评先挂钩的考核机制。 | 综治办 |
| (三)经费保障 | 学校安全管理(保卫)工作经费单列，并逐年增加；每年安排一定额度平安创建专项资金，用于消防、技防、交通等安全设施设备配置、维护，安全管理(保卫)部门日常办公、装备建设和管理(保卫)人员学习培训等；保障在编安全管理(保卫)人员执勤、加班和通信经费。 | 财务处 |
| 二、制度建设 | | |
| (一)校园治安管理 | 1.学校治安管理制度健全落实，对来访人员、车辆查验、登记严格，校园及周边治安巡逻防控到位，学校与当地综治、公安等部门配合紧密，处置校园各类案(事)件及时，可防性案(事)件发生率低；学校治安秩序良好，师生对校园治安的满意率高，未发生校园暴力、师生员工打架斗殴及违法犯罪案件。 | 综治办、保卫处、后勤集团 |
| | 2.建立学校安全管理信息化平台，健全治安防控网络，设立“校园 110”服务平台并发挥作用，重要场所、重点部位及其他区域报警入侵或视频监控安装率达 100%，录像保存时间不少于 30 天；消防监控、视频监控专人负责、持证上岗、24 小时值守；学生宿舍等重点场所安装门禁控制、视频监控系统和有效安防设施。 | 保卫处、后勤集团 |

续表

| 福建省考评项目与考评内容 | | 项目材料收集主要责任部门 |
|---|---|---|
| (二)消防安全管理 | 1.严格执行《福建省学校消防安全管理制度》,每年与二级单位签订消防安全责任书;落实消防设施、器材维护管理制度,学校教学区、学生宿舍区和重点部位(实验室、锅炉房、食堂、图书馆、礼堂等)消防设施、器材配备,应急疏散标识和应急照明装置设置规范,消防安全标识齐全,消防水带、干粉灭火器未超过安全使用期限;学校安全管理人员及从业人员熟练掌握消防设施的使用方法;校园内无违章用火、用电现象;消防、供水通道畅通,无违规占用疏散通道,无在安全出口或疏散通道上安装栅栏等影响疏散的障碍物;无随意埋压、圈占、挪用、损毁、移动、拆除消防栓或涂抹、粘贴、遮挡消防标识,无对安全出口进行上锁。 | 保卫处 |
| | 2.根据办学规模和消防需要,在教职工队伍中组建义务消防队,每半年至少进行一次安全疏散演练;所属单位和部门消防安全责任明确;定期对消防控制室的值班、操作人员和特种作业人员开展培训、考核,从业人员全部持证上岗。 | 保卫处 |
| (三)道路交通管理 | 学校车辆和校内道路交通安全管理规范,机动车辆进出、停放有序;校内交通规划合理、标识完备、管理规范、秩序良好;无发生校内交通事故等交通违法违章行为。 | 保卫处、后勤集团 |
| (四)食堂卫生管理 | 学校食堂餐饮、食品商店卫生管理制度完善、证照齐全、从业人员持健康证上岗;货物进出采购、贮藏、保管和食品留样等记录完整,防中毒、投毒等安全措施落实;校内副食品店、超市和餐饮点符合食品卫生安全标准,无“三无”过期食品,无发生师生员工食物中毒事故。 | 资产后勤处、后勤集团 |
| (五)建筑安全管理 | 学校建筑物符合安全条件,投入使用的建筑物通过消防验收;校内无危房、危墙、危坎,有校门和围墙,有符合卫生安全要求的食堂和厕所,有满足教学需要的教室、实验室、图书室,有规范的保安室、门卫室和卫生室等。 | 基建处、资产后勤处、保卫处 |
| (六)教学科研管理 | 学校教学、实验、实习、实训、社会实践等安全制度健全,管理规范,设施齐全,危化品仓库设置符合要求,无安全隐患。 | 教务处、实验办、资产后勤处 |
| (七)学生公寓管理 | 制定并落实学生宿舍(公寓)安全管理制度,每栋学生宿舍(公寓)配备楼管员,人员来访和物品登记制度落实;辅导员进驻学生宿舍(公寓),宿舍(公寓)管理规范、卫生整洁、安全有序,各类事端处理及时;学生宿舍(公寓)无使用明火、高功率电器、吸烟和乱拉乱接电源等现象。 | 学生处、后勤集团 |

续表

| 福建省考评项目与考评内容 | | 项目材料收集主要责任部门 |
| --- | --- | --- |
| (八)校园网络管理 | 学校上网场所管理规范,上网实行实名制,校内无违规、违法设置的网站、网吧;网络信息管理制度健全,网络舆情预警和干预等制度落实,工作开展有力、有效。 | 宣传部、信息与网络中心 |
| (九)论坛讲座管理 | 学校对学术交流、讲坛、论坛、刊物以及宣传阵地等实行审查审批制度,并建立审批工作档案;未发生有错误倾向的报告、讲座,未发生散布有害和反动信息的事件。 | 宣传部、社科处 |
| (十)社团组织管理 | 建立严格的学生社团组织活动审查审批制度,对学生社团组织管理有序,情况明、底数清。 | 团委 |
| (十一)大型活动管理 | 建立学生集体活动审批报备制度,500 人以上的大型活动、30 人以上的外出活动或重要活动,应建立活动安全预案和工作台账,有明确的组织者和责任人。 | 保卫处、校办 |
| (十二)校园周边管理 | 定期排查校园周边治安安全情况,及时向有关部门反映举报校园周边治安隐患和安全问题,积极配合综治、公安等单位(部门)开展治安、环境排查整治;会同有关部门加强对校园周边出租房屋的管理,无学生违规在校外私自租房现象。 | 综治办 |
| 三、安全教育 | | |
| (一)安全法制教育 | 制订年度安全法制教育计划,将安全法制教育、生命教育、禁毒宣传教育、防传销宣传教育纳入教学和培训内容;在新生入学后、就业前以及实习实训、社会实践等校外活动前开展安全法制和校纪教育;认真组织开展安全生产月、普法宣传周、安全教育周(日)等专题宣传教育活动,建立安全法制宣传教育阵地,校内设有安全宣传标语、专栏和网页。 | 保卫处、学生处 |
| (二)心理健康教育 | 重视学生的心理调节和心理健康教育,开设相关课程;建立校、院(系)、学生班级、宿舍四级心理健康教育工作网络;建立学生心理危机预防与干预体系,每年开展新生心理健康普查;建立学生心理健康档案和“学生心理危机预警库”,实行一人一档(册)、定期跟踪、动态管理,有效防止和减少学生因心理问题出现自杀、出走等事件。 | 学生处 |
| (三)校园安全文化 | 制订校园安全文化建设方案,着力构建校园安全物质文化、健全校园安全制度文化、培养校园安全行为文化、凝聚校园安全精神文化;校园安全文化活动形式多样、内容丰富、氛围浓厚,师生安全防范意识和自我保护能力明显增强。 | 保卫处、宣传部、学生处 |

续表

| 福建省考评项目与考评内容 | | 项目材料收集主要责任部门 |
|---|---|---|
| 四、维稳体系 | | |
| (一)安全稳定机制 | 学校成立安全稳定工作领导小组,各二级单位也应成立相应组织;建立大学生思想动态研判制度,每学期至少开展3次分析研判工作,并建立工作档案。 | 综治办 |
| (二)安全维稳信息 | 建立校、院(系)、班级三级安全稳定工作信息员队伍,及时收集、研究、处置师生员工思想及安全稳定信息动态;对获取的重要信息第一时间向上级和主管部门报送,未出现不报、迟报、漏报、瞒报现象。 | 保卫处 |
| (三)矛盾纠纷排查化解 | 建立矛盾纠纷排查化解机制,每季度开展一次综治安全稳定隐患排查化解工作,建立会商制度;实行矛盾隐患登记和化解台账管理,相关责任落实到具体部门和人员,没有发生民转刑案件及师生员工进省、进京上访事件。 | 校办、综治办 |
| (四)抵御防范渗透破坏 | 及时摸排师生员工有否参与非法宗教活动或邪教组织活动的情况,并建立工作档案;强化防控措施,落实工作责任,严防师生员工被邪教组织拉拢并参与相关活动;校园无发生非法组织、非法宗教的渗透破坏活动。 | 保卫处、统战部 |
| (五)应急处置机制 | 1.建立校园突发事件处置工作预案和“校园110”快速反应组织,严格落实校级领导带班制度和保卫、学生等部门干部值班制度,及时妥善应对各类突发事件。 | 校办、保卫处、学生处 |
| | 2.重视应急、反恐演练工作,应急反恐演练预案完善、设备器材齐全;每学年开展不少于5次的防火、防震、防恐、防踩踏事故等应急演练,并对演练效果进行总结评估。 | 保卫处 |
| | 3.健全突发事件处置档案或善后处理制度。坚持“四不放过”(事故原因不查清不放过,事故责任者和师生没有受到教育不放过,事故责任者没有受到处理不放过,整改措施不落实不放过)的原则稳妥处置善后工作。 | 综治办 |

注:表格所列部门为主要牵头负责部门,各相关职能部门、各学院直属单位应根据本单位职能和实际情况,共同做好各项材料的收集汇总工作。

附件二：

安全标准化提升三年行动考评验收项目材料收集分工表

| 考评类目 | 考评项目 | 考评内容 | 学校主要责任部门 |
|---|---|---|---|
| 一、目标责任考核 | 1.目标责任 | 建立健全安全目标管理责任制，并对落实主体责任进行考核。中小学、幼儿园应根据《中小学岗位安全工作指南》规定，层层分解安全工作责任；高校应落实对二级学院(系)、有关部门的安全目标管理责任书签订与考核制度。 | 综治办 |
| | 2.监督考核 | 学校主要领导全面负责安全工作，认真履行安全管理职责，按照制度规定对安全目标执行情况进行监督、考核；各岗位人员应掌握本岗位的安全职责。 | 综治办 |
| 二、组织机构建设 | 1.机构人员 | 按有关文件规定，独立设置安全管理(保卫)机构，配备专(兼)职安全管理(保卫)人员、保安员等。 | 人事处、保卫处、后勤集团 |
| | 2.组织领导 | 设立学校安全工作领导小组，每季度至少召开一次安全工作专题会议，协调解决安全问题；会议纪要、记录有工作要求并保存。 | 综治办 |
| 三、安全经费投入 | 1.经费保障 | 建立安全经费保障制度，每年安排一定额度的消防、技防、卫生、交通安全等专项经费，并建立经费管理使用台账。 | 财务处 |
| | 2.工伤保险 | 为相应岗位教职工缴纳足额的工伤保险费用，保障教职工享受工伤保险待遇。 | 人事处、后勤集团 |
| 四、安全管理制度 | 1.规章制度 | 建立安全目标、经费投入、文件档案、风险评估、教育培训、特种作业、设备设施、职业健康、施工和检(维)修安全、危险物品及重大危险源、隐患排查、治安防控、安全责任考核及奖惩等各项安全管理制度。并将安全制度发放到相关工作岗位，教职工应掌握相关内容。 | 保卫处、资产后勤处、实验办、教务处、后勤集团 |
| | 2.检查评估 | 每年至少组织一次安全管理法律法规、标准规范、规章制度、操作规程执行情况检查、评估。修订一次校园安全管理规章制度和操作规程，确保其有效和适用。 | 综治办 |
| | 3.档案管理 | 建立文件和档案管理制度，主要有安全文件、会议记录、隐患排查管理、培训记录、资格资质证书、检查和整改记录、安全活动记录、设备设施档案及维护保养记录、事故管理记录等。 | 保卫处、资产后勤处、实验办、教务处、后勤集团 |

续表

| 考评类目 | 考评项目 | 考评内容 | 学校主要责任部门 |
|---|---|---|---|
| 五、安全教育培训 | 1.宣传教育 | 贯彻落实省教育厅《关于进一步加强中小学公共安全教育工作意见》等文件规定，开展全员安全教育，制订安全教育计划，利用课程渗透和地方课程、校本课程时间开展安全教育，每学年安全教育课程不少于12课时，每学期开学第一周和寒暑假前一周必须安排一节安全教育课；组织开展安全生产月、安全教育周(日)等重要节点安全宣传教育活动有成效；建立安全宣传教育阵地，宣传教育形式多样、氛围浓厚。 | 保卫处、学生处、宣传部 |
| | 2.管理人员岗位培训 | 学校领导及安全管理人员具备相应的安全知识和管理能力，任职前需经安全管理业务培训。 | 资产后勤处、实验办、教务处、后勤集团 |
| | 3.操作人员岗位培训 | 定期对岗位操作人员进行安全教育和技能培训及考核，培训考核不合格的人员不得上岗；岗位操作人员转岗、离岗一年以上重新上岗者，应再次进行安全教育和培训，考核合格后，方可上岗。特种作业人员经培训合格持证上岗。 | |
| | 4.安全文化建设 | 制订校园安全文化建设实施方案，采取多种形式丰富安全文化建设内容，开展校园安全文化创建设活动。 | 保卫处、宣传部 |
| 六、安全条件 | 1.建筑安全 | (1)校舍建筑符合国家相关规定标准，并经有关部门验收合格，安装避雷设置。无地灾隐患，无危房、危墙、危坎。<br>(2)学校新、改、扩建工程应建立建设项目安全设施“三同时”制度。<br>(3)有校门、围墙和符合卫生安全要求的食堂和厕所。<br>(4)有满足师生教育教学及安全需要的教室、实验室、图书室、保安室(校园警务室)、门卫室、卫生室等。 | 基建处、资产后勤处 |
| | 2.消防安全 | 认真贯彻执行《福建省学校消防安全管理制度》，落实消防安全责任，开设课程讲座，开展“11·9消防日”等活动宣传普及消防安全知识；将学生宿舍、食堂(餐厅)、教学楼、图书馆、校医院、体育场(馆)、礼堂、超市、宾馆(招待所)、托儿所、幼儿园以及其他文体活动、公共娱乐等人员密集场所列为消防安全重点部位：<br>(1)人员密集场所均依据国家相关消防技术规范及地方消防强制性技术标准设置消防设施。<br>(2)不擅自关闭、停用火灾自动报警系统以及相应的消防联动设备。<br>(3)确保高位消防水箱、水池、气压水罐等消防储水设施水量充足；确保消防泵出水管阀门、自动喷水灭火系统管道上的阀门常开；确保消防水泵、防排烟风机等消防用电设备的配电柜开关处于自动(接通)位置，确保自动喷水灭火系统设置在自动状态。<br>(4)消防栓有明显标识，不埋压、圈占或遮挡。<br>(5)按规定设置安全疏散指示标志和应急照明设施，保证防火门、防火卷帘、消防安全疏散指示标志、应急照明、机械排烟送风、火灾事故广播等设施处于正常状态。<br>(6)疏散通道数量、宽度、楼梯栏杆高度等符合要求。学生宿舍等场所夜间不得上锁，保证疏散通道、安全出口畅通。<br>(7)按规定配置消防器材，消防器材设置位置应在明显、便于取用的地点，不能埋压、遮挡灭火器材。<br>(8)消防控制室每班值班人员不少于2人，且培训合格、持证上岗；值班人员熟练掌握规章制度、操作规程及应急等内容，并对消防控制室的设备能熟练使用、正确操作。消防控制室有设备运行等情况记录。除值班用品、火情处置用品外，消防控制室不能堆放其他物品。<br>(9)人员密集场所有在明显位置设置疏散示意图，通过张贴图画、广播、视像等方式，向师生员工宣传防火、灭火、疏散、逃生等知识。 | 保卫处 |

续表

| 考评类目 | 考评项目 | 考评内容 | 学校主要责任部门 |
| --- | --- | --- | --- |
| | 3.学生宿舍 | 按规定配备宿舍管理员(生管老师),严禁在宿舍使用明火,吸烟,使用大功率电器(如电炉、电热丝、电热棒等),点燃蜡烛、蚊香,乱拉乱接电源;建立并落实人员进出管理、防火、防入侵、防盗等安全管理制度、措施;做好安全检查,即宿舍管理员日常巡查、夜间巡查、每日水电巡查、学生寝室查房、点名、重大节假日安全检查等,并做好检查记录。 | 学生处、后勤集团 |
| | 4.体育场(馆)器械 | (1)体育运动场地应平整、清洁;校内体育馆不得与仓库、食堂等共用;体育器械、设备牢固安全。危险的运动场地和器械有警示标志、有齐全的防护设施。<br>(2)跳高、跳远场地应经常清扫、翻换沙子,使用前认真检查。<br>(3)健身器具符合《健身器材的安全通用要求》(GB 17498)的要求,器材质量稳定,安全可靠,整洁卫生。<br>(4)健身器醒目处有张贴器材名称、具体用途、使用说明或图示;对使用不当、容易造成器材损坏或可能危及人身财产安全的器材、设施等应做出真实的说明和明确的警示,并说明正确使用的方法。<br>(5)游泳馆(池)有水深标志、有按规定配备水上救生员(250 $m^2$ 配2名),有经过专业培训,取得合格证书,佩戴明显标志。<br>(6)运动会或重要的体育比赛应有相关安全工作方案和应急预案。 | 体育教学部、后勤集团 |
| | 5.食堂及厨房设备 | (1)机械运转部位有完好可靠的防护装置,每台设备应有单独控制开关,电源线路完好。凡有碾、绞、压、挤、切伤可能的部位均有可靠防护。<br>(2)抽风和给排水系统完好无缺陷。<br>(3)使用和备用的液化石油气瓶标定总重量超过100千克或者气瓶总数超过30瓶的,应按照有关规定设置气瓶间。<br>(3)气瓶间内不得设置电器开关,不得放置易燃物品等杂物,应有通风设施。瓶库周围应划定禁火区、设置明显的安全警示标志,并配备相应数量的干粉灭火器。<br>(4)操作间使用液化石油气的,灶具与气瓶之间的净距离不得小于0.5米,灶具与气瓶连接的软管长度不得超过2米。软管应当经常检查,定期更换。<br>(5)用气场所应当按照有关规定安装可燃气体浓度报警装置,配备干粉灭火器等消防器材。<br>(6)对燃气管道、燃气管道自动切断阀、调压装置、燃气灶具、阀门等进行定期检查,并做好记录。<br>(7)厨房灶台及油烟机应保持清洁无油垢,厨房灶台照明应使用防潮灯,厨房的烟道按规定清洗并留有记录,灶台附近应配备灭火毯和消防器材。<br>(8)灭菌、消毒、防疫设备设施及用具符合相关规定。 | 资产后勤处、后勤集团 |

续表

| 考评类目 | 考评项目 | 考评内容 | 学校主要责任部门 |
|---|---|---|---|
| | 6.视频监控 | 学校在校门口、周界、教学楼、实验楼及存放保密性、贵重性、危险性物品等重要场所和重要设备机房、计算机数据中心(房)等重点部位及其他区域,安装使用入侵报警、视频监控系统,录像保存时间不少于一个月。 | 保卫处 |
| | 7.计算机房(教室) | (1)计算机房(教室)设备选用及安装符合国家标准和有关规定。<br>(2)计算机房(教室)的环境符合设备正常运行的安全要求,各项操控及显示等功能状态良好。<br>(3)按规定配备配足干粉和二氧化碳灭火器材。<br>(4)设备档案完整,安全保密性能良好。 | |
| | 8.图书室(馆) | (1)图书室(馆)设计和布置应符合相关规定要求,有防盗、防火等设施。<br>(2)室内严格控制一切用火,严禁吸烟和带入其他火种,消防器材摆放在明显位置,便于操作急用。<br>(3)室内不准使用电炉、电烙铁、电烘箱等设备,不准乱拉电线,严禁超负荷用电。 | 图书馆 |
| | 9.实验室 | (1)实验室设计和布置符合相关规定要求,有良好的通风排烟措施。<br>(2)实验室内的相应设备设施有专人管理,化学试剂按规定购买、储存和使用。<br>(3)危险、剧毒化学品必须储存在专用仓库内,按国家标准规范存放,并由专人严格实行"五双管理制度",即双人收发、双人记账、双人双锁、双人运输、双人使用。<br>(4)实验室内有配备灭火器等必要的消防器材,并根据实验特性配备必要的应急设施和药品。<br>(5)危险性较大的实验室不得紧临或与教学楼在同一建筑物内,并有明显的警示标志和防止人员意外进入的措施。<br>(6)有实验室废弃物处置措施。<br>(7)可能造成中毒、窒息或生物性危害的实验室有设通风柜,有个人防护装备。 | 资产后勤处、实验办、基建处 |
| | 10.梯台及栏杆 | (1)电梯符合安全技术标准;定期开展安全检查,管理规范,正常运行。<br>(2)梯台及防护栏杆结构的外形不应有歪斜、扭曲、变形,以及明显的锈蚀等缺陷。结构连接及固定支撑牢固。<br>(3)中小学、幼儿园护栏高度不能低于 1.10 m,水平推力应达1.5 kn/m。<br>(4)在室外安装的梯台及防护栏杆的防雷电保护、防雷电连接和接地附件应符合 GB 50057 的要求。 | 资产后勤处 |
| | 11.校车及学校车辆 | 认真贯彻执行《校车安全管理条例》和我省《实施办法》,加强校车管理,健全校车档案,使用安全合格的车辆接送学生;规范校车驾驶人资格审批;校车驾驶人员和随车照管人员符合规定要求;加强学校公务车辆及校园交通安全管理,校内道路安全规划合理、标识完备,接送师生的车辆安全可靠,无违法违章行为。车辆维护保养定点定期,经常对驾驶员进行安全教育。 | 校办、资产后勤处、后勤集团 |

续表

| 考评类目 | 考评项目 | 考评内容 | 学校主要责任部门 |
| --- | --- | --- | --- |
| 七、校园及周边安全防护 | 1.校园综治及周边秩序 | 积极配合、协助上级主管及有关部门开展校园治安综合治理工作，建立举报监督制度，及时报告、反映存在的问题隐患；学校周边 200 米范围内无营业性网吧、歌舞厅和危化物品仓库、生产、经营站，无乱搭、乱建、乱堆现象，无无证经营的小摊点等。 | 保卫处 |
| | 2.警示标志和防护 | 建立安全警示标志和安全防护管理制度。在存在较大危险因素的作业场所或有关设备上设置安全警示标志，在施工工地、检维修、吊装等作业现场设置警戒区域，在校园内的坑、沟、池、井、陡坡等设置安全提醒、盖板或护栏等；临近公路的校园门口有交通警示标志、标线、护栏和标牌，周边池塘、渠堰有安全围栏和标识。 | 保卫处、资产后勤处、基建处 |
| 八、隐患排查和治理 | 1.隐患排查制度 | 建立隐患排查治理制度、档案，明确部门、人员的责任及排查的范围、方法和要求等。 | 综治办 |
| | 2.隐患排查范围和方法 | 隐患排查的范围应包括所有与教学活动相关的场所、环境、人员、设备设施和活动。排查每月进行一次，重点部位、设施设备每周、日一次，节假日、寒暑假定期排查。 | |
| | 3.隐患治理消除 | 根据隐患排查结果，制订治理方案。重大隐患在治理前有采取临时控制措施，并制订应急预案。隐患治理后要组织验证和评估，并报上级主管部门。 | |
| 九、职业健康管理 | 1.劳动保护 | 对职业病患者按规定给予及时的治疗，为安全保卫人员缴纳工伤等社会保险费。不得安排有职业禁忌的人员从事所禁忌的作业。对患有职业禁忌证的，及时调整到合适岗位。做好女工“五期”保护，并有相应措施。 | 人事处 |
| | 2.健康管理 | 建立职业健康管理制度和健康档案。按有关要求，为教职员工提供符合职业健康要求的工作环境和条件。 | 各相关单位 |
| 十、应急救援 | 1.救援队伍 | 制订应急预案，建立与本学校安全特点相适应的专(兼)职应急救援队伍或指定专(兼)职应急救援人员。 | 校办、资产后勤处、保卫处、后勤集团 |
| | 2.救援设施、装备和物资 | 按要求建立应急设施，配备应急装备，储备应急物资。经常对应急设施、装备和物资进行检查、维护和保养，确保其完好可靠。 | 资产后勤处、后勤集团 |
| | 3.应急演练 | 中小学、幼儿园按照教育部《中小学幼儿园应急疏散演练指南》要求开展应急疏散演练；高校每学期应组织不少于 5 次的应急疏散演练并有评估报告；每年专(兼)职应急救援队伍应急训练和演练不少于 2 次，并对应急演练的效果进行评估。 | 保卫处 |
| | 4.事故救援 | 发生事故后，应启动应急预案，开展事故救援，总结经验教训，编制救援报告。 | |

续表

| 考评类目 | 考评项目 | 考评内容 | 学校主要责任部门 |
|---|---|---|---|
| 十一、事故报告查处 | 1.事故报告 | 按规定要求及时向上级主管部门、单位和有关部门报告事故发生情况,并保护事故现场及有关证据。 | |
| | 2.事故查处 | 积极做好事故调查或配合政府和有关部门对事故进行调查处理,对事故原因进行分析,对责任人进行责任追究,对师生员工进行案例教育。 | |
| 十二、绩效评估 | 绩效评估 | 学校应每年至少一次对本单位开展标准化建设情况进行评估,验证各项安全管理制度的适宜性和有效性,检查安全目标、指标的完成情况。评估结果向所属部门、单位和教职工通报,作为年度绩效考评的重要依据。 | |

注:表格所列部门为主要牵头负责部门,各相关职能部门、各学院直属单位应根据本单位职能和实际情况,共同做好各项材料的收集汇总工作。

——本文摘录自《关于印发〈厦门大学“平安校园”等级创建及安全标准化建设提升工程三年行动迎评工作方案〉的通知》,厦大综〔2016〕31号,档号2016-XZ09-13

# 厦门大学集中开展危险化学品安全专项整治工作实施方案

（2016 年 7 月 23 日）

为认真贯彻落实党中央、国务院关于加强安全生产工作的一系列重大决策部署，深刻吸取天津港“8・12”瑞海公司危险品仓库特别重大火灾爆炸事故教训，根据《教育部办公厅关于集中开展教育系统危险化学品安全专项整治的通知》（教发厅函〔2016〕51 号）和《福建省教育厅关于集中开展学校危险化学品安全专项整治的通知》（闽教安〔2016〕21 号）文件要求，决定自即日开始至 10 月底，在全校范围内开展危险化学品安全专项整治工作。实施方案如下：

## 一、工作目标

通过开展危险化学品安全专项整治，进一步落实学校安全管理责任，牢固树立安全发展观念，坚守安全红线，全面排查治理学校危险化学品安全隐患和安全管理工作的薄弱环节，认真研究解决存在的突出问题，降低危险化学品采购、储存、使用、处置等环节安全风险，提高危险化学品安全监督管理能力，坚决杜绝学校危险化学品事故发生，确保师生人身财产安全，维护校园和谐稳定。

## 二、组织领导

厦门大学集中开展危险化学品安全专项整治工作在校综治领导小组的部署领导下统一开展。

各职能部门分工协作，抓好相关工作的落实。校综治办负责工作总体方案制订和材料汇总、工作总结，并按时向教育部、省教育厅上报。

保卫处、资产后勤处、实验办分工协作，牵头抓好全校范围专项整治工作的总体组织实施。资产经营公司以及存储、使用有易燃易爆危险化学品的各相关学院，按照工作要求逐条落实整治工作任务；后勤集团、国际学术交流中心等相关单位抓好天然气、瓶装液化气（石油气）的整治。漳州校区管委会、翔安校区管委会会同相关职能部门，共同负责本校区专项整治工作的组织开展。

## 三、主要任务

（一）立即开展易燃易爆危险化学品安全隐患全面排查整治。各相关职能部门和存储、使用有易燃易爆危险化学品的学院、单位，要按照“全覆盖、零容忍”的总体要求，针对实验实训基地、实验研究场所、教学实验室和实验用品仓库等重点危化品区域，油气输送管道、电网线路、水电气设施等重点易燃易爆部位，横向到边、纵向到底，不留死角、不余盲区，立即组织开展一次全方位、立体式的安全隐患排查整治工作，排查出的安全隐患、问题要逐项制表列出清单，建立台账，明确整改时限、隐患责任和隐患预案，切实落实整改措施，彻底堵塞漏洞，坚决予以消除。

（二）深入开展危险化学品各环节安全整治工作。各相关职能部门和各相关学院、单位要开展风险辨识，重点开展对剧毒、易制毒、易制爆试剂采购、储存、使用、废弃物处置等环节的专项整治工作。建立健全完善危险化学品安全管理规章制度和操作规程，制订事故应急救援预案，加强对涉及危险化学品人员的相关安全知识和应急能力培训，提高安全意识；严格有毒有害化学品试剂购买、领用、登记制度，规范设置、严格管理校园内部危险化学品仓库，完善实验室安全设施及个人防护器材的配备，保证重点部位自动监控、泄漏检测报警、实验用品仓库通风、防火防爆设施设备维护及运行良好；进一步完善实验用废弃危化品处置备案制度，联系有资质的危化品处置企业尽快将学校积压的危废品予以分批处理，并逐步建立高校和危废处置企业长期合作、定向处理机制。

(三)重点开展易燃易爆气体消防安全整治。相关职能部门和后勤集团、国际学术交流中心要加强对学校食堂、餐饮场所等使用天然气、瓶装液化气(石油气)的安全检查，禁止使用达到报废年限的钢瓶、伪劣燃气管路和阀门，禁止校内餐饮经营单位在用餐区使用燃气灶具，加大对使用者的燃气安全知识普及力度；要严格落实消防安全主体责任，定期开展消防安全检查巡查，加强消防设施维护保养，严格落实消防安全重点部位和用火、用电、用油、用气等危险源管理措施，联合公安消防部门集中开展一次消防安全教育培训和演练，切实提高学校消防安全管理水平和师生自防自救能力。

## 四、有关要求

各部门和各相关学院、单位务必高度重视专项整治工作，不断强化红线意识、责任意识和底线意识，严格按照“党政同责、一岗双责、失职追责”要求，加强领导，精心组织，周密部署安排，制订具体实施方案，层层落实责任，分解细化任务，以更加坚决的态度、更加务实的作风、更加有力的举措，坚决打好学校危险化学品安全专项整治这场攻坚战。

全校各单位自即日起开展相关自查工作，并于暑假前填写“危险化学品安全自查表”报综治办汇总。存在的安全隐患必须及时予以整改。10月中下旬，校综治领导小组对全校各单位危险化学品安全专项整治工作开展检查。

全校各单位要把此次专项整治行动与我校正在开展的“平安校园”等级创建工作和安全标准化建设提升工程相结合，与加强基础设施建设相结合，把专项整治行动与安全大检查“回头看”相结合，保障和进一步加大危险化学品安全基础设施建设和基础保障能力资金投入，建立完善危险化学品安全工作长效机制。

各部门各单位于10月28日前将危险化学品安全专项整治工作总结报送校综治办汇总。

——本文摘录自《关于印发〈厦门大学集中开展危险化学品安全专项整治工作实施方案〉的通知》，厦大综〔2016〕35号，档号2016-XZ09-13

# 厦门大学内部控制审计实施办法(试行)

(2016 年 7 月 25 日)

## 第一章 总 则

第一条 为规范学校内部控制审计工作,根据《教育系统内部审计工作规定》(教育部令 2004 年第 17 号)、《行政事业单位内部控制规范(试行)》(财会〔2012〕21 号)、《关于全面推进行政事业单位内部控制建设的指导意见》(财会〔2015〕24 号)和《厦门大学内部审计工作规定》(厦大综字〔2015〕第 11 号)等有关规定,结合学校实际,制定本办法。

第二条 本办法所称内部控制,是指学校为实现控制目标,通过制定制度、实施措施和执行程序,对经济活动的风险进行防范和管控。

第三条 本办法所称内部控制审计,是指审计部门对被审计单位内部控制设计和运行的有效性进行的审查和评价活动。

## 第二章 一般原则

第四条 学校管理层的责任是建立健全内部控制并使之有效运行。

内部审计的责任是对内部控制设计和运行的有效性进行审查和评价,出具客观、公正的审计报告,促进学校改善内部控制及风险管理。

第五条 内部控制审计的目标:

(一)遵守国家有关法律法规和学校内部规章制度;

(二)信息的真实、可靠;

(三)资产的安全、完整;

(四)资源的经济、有效使用;

(五)提高管理的效率、效果。

第六条 开展内部控制审计时,应当考虑成本效益原则。结合内部审计资源和实际情况,既可以对被审计单位内部控制进行全面审计与评价,也可以对被审计单位内部控制的组成部分进行审计与评价;既可以将内部控制审计作为一个单独的审计项目实施,也可以作为实施其他审计项目的一个程序和办法。

第七条 开展内部控制审计工作时应遵循以下原则与办法:

(一)内部控制审查与业务活动、财务活动审查相结合;

(二)内部控制审查与风险管理审查相结合;

(三)根据不同的审计对象、审计目标和审计所需的证据选择不同的办法,以保证审计工作的质量和审计资源的有效配置。

第八条 当内部审计人员在计算机信息系统环境下执行内部控制审计业务时,或其他缺乏实施内部控制审计事项应具备的知识、技能或其他能力时,审计部门可以利用没有利益冲突、具有胜任能力的外部专家。

## 第三章　审计内容

第九条　审计部门依据《行政事业单位内部控制规范(试行)》、《教育部直属高校经济活动内部控制指南(试行)》或《企业内部控制基本规范》等相关规定,根据被审计单位的实际情况和需要,通过审查内部环境、风险评估、控制活动、信息与沟通、内部监督等要素,对被审计单位层面内部控制的设计与运行情况进行审查和评价。

第十条　开展内部环境要素审计时,应当以《行政事业单位内部控制规范(试行)》、《教育部直属高校经济活动内部控制指南(试行)》或《企业内部控制基本规范》等有关内部环境要素的规定为依据,关注被审计单位架构、发展战略、人力资源、组织文化、社会责任等,对内部环境进行审查和评价。

第十一条　开展风险评估要素审计时,应当以《行政事业单位内部控制规范(试行)》、《教育部直属高校经济活动内部控制指南(试行)》或《企业内部控制基本规范》有关风险评估的要求,以及相关规定中所列主要风险为依据,对日常经营管理过程中的风险识别、风险分析、应对策略等进行审查和评价。

第十二条　开展控制活动要素审计时,应当以《行政事业单位内部控制规范(试行)》、《教育部直属高校经济活动内部控制指南(试行)》或《企业内部控制基本规范》等关于控制活动的规定为依据,对相关控制活动的设计和运行情况进行审查和评价。

第十三条　开展信息与沟通要素审计时,应当以《行政事业单位内部控制规范(试行)》、《教育部直属高校经济活动内部控制指南(试行)》或《企业内部控制基本规范》等有关内部信息传递、财务报告、信息系统等规定为依据,对信息收集处理和传递的及时性、反舞弊机制的健全性、财务报告的真实性、信息系统的安全性,以及利用信息系统实施内部控制的有效性进行审查和评价。

第十四条　开展内部监督要素审计时,应当以《行政事业单位内部控制规范(试行)》、《教育部直属高校经济活动内部控制指南(试行)》或《企业内部控制基本规范》有关内部监督的要求,以及相关规定中有关日常管控的规定为依据,对内部监督机制的有效性进行审查和评价。

## 第四章　具体审计程序和方法

第十五条　内部控制审计按照《厦门大学内部审计工作规定》的审计程序实施。

第十六条　内部审计人员在实施现场审查之前,可以要求被审计单位提交最近一次的内部控制自我评估报告。

内部审计人员应当结合内部控制自我评估报告,确定审计内容及重点,实施内部控制审计。

第十七条　内部审计人员应当综合运用访谈、问卷调查、专题讨论、穿行测试、实地查验、抽样和比较分析等方法,充分收集被审计单位内部控制设计和运行是否有效的证据。

第十八条　内部审计人员可以采用文字叙述、流程图等方法对内部控制进行描述,并记录于审计工作底稿中。

第十九条　内部审计人员对被审计单位内部控制做出评价时,应选择适当的评价标准:

(一)首先应判断被审单位已有标准的适当性,如果认为已有标准不合适,应向管理层报告;

(二)如果管理层没有制定合适的标准,内部审计人员可以基于被审单位利益最大化的原则选择适当的评价标准。

第二十条　内部审计人员在评价内部控制时,按照项目的性质和需要,既可以对全部控制要素进行评价,也可以只对部分控制要素进行评价。

第二十一条　在审计过程中,出现下列情况时,内部审计人员应及时向适当管理层汇报:

(一)可以合理确认舞弊已经发生,并需深入调查;

(二)舞弊已经造成学校财务信息严重失实;

(三)发现犯罪线索,并获得相应移送司法机关处理的证据。

第二十二条　被审计单位基于成本或其他考虑,决定对内部控制审计中发现的问题不采取纠正措施时，应当做出书面承诺。

第二十三条　审计部门应将审计结果以及被审计单位书面决定不采取纠正措施的情况向学校管理层报告。

第二十四条　审计部门应在必要时进行内部控制的后续审计。

## 第五章　附　则

第二十五条　本办法自发布之日起施行。

——本文摘录自《关于印发〈厦门大学内部控制审计实施办法(试行)〉的通知》，厦大综〔2016〕36号，档号2016-XZ09-13

# 关于增补二类核心刊物的通知

（2016 年 8 月 5 日）

全校各单位：

经学部审议，学校专业技术职务聘任委员会研究，同意增补《中国海洋法学评论》为二类核心刊物。

特此通知。

厦门大学

2016 年 8 月 5 日

——本文摘录自《关于增补二类核心刊物的通知》，厦大人〔2016〕75 号，档号 2016-XZ10-3

# 厦门大学国内差旅费管理办法

（2016 年 8 月 31 日）

## 第一章 总 则

第一条 为进一步加强和规范学校国内差旅费管理，推进厉行节约、反对浪费，根据《中共中央办公厅 国务院办公厅印发〈关于进一步完善中央财政科研项目资金管理等政策的若干意见〉》（中办发〔2016〕50 号）等有关文件和要求，结合学校实际情况，特制定本办法。

第二条 差旅费是指学校各类人员因教学、科研和管理等工作需要临时到常驻地以外地区出差所发生的城市间交通费、住宿费、伙食补助费和市内交通费。

第三条 各单位应建立健全出差审批管理制度，根据工作需要确定出差人数和天数；严格差旅费预算管理，控制差旅费支出规模；严禁无实质内容、无明确目的的差旅活动；严禁异地单位间无实质内容的学习交流和考察调研。

学校各类人员出差前应按“五定”原则（即：定任务、定人数、定地点、定时间及定交通工具等）执行出差审批，具体审批程序如下：

（一）教职员工出差、学生调研由单位经费负责人审批。

（二）课题组成员使用课题经费出差，由课题组长审批；课题组长出差由各单位主管科研的领导审批。

（三）如各单位经费负责人是副职领导，其出差由该单位行政正职领导审批。

（四）各单位正职领导出差，须提前报分管校领导审批，如分管校领导外出，由学校办公室主任请示领导后代批。

（五）学生外出生产实习，需按照教学计划的安排，拟订实习计划及实习经费预算并经学院相关负责人审批后，报单位经费负责人审批。

第四条 出差结束后应及时办理报销手续。差旅费报销应遵循“一事一报”的原则，不在同一时间段出差，需分别填写不同的差旅费报销单；对于同一时间段（趟/次）出差，有两项以上任务的，可按时间顺序填写同一差旅费报销单。出差人员在出差期间所发生的费用，应连同当次差旅费同时报销，原则上事后不予补报。

报销时应当提供厦门大学出差“五定”审批表、厦门大学差旅费报销单、机票、车票、船票、住宿费发票及付款记录等凭证。

（一）城市间交通费按乘坐交通工具的等级凭据报销；交通意外保险费、火车订票费、经批准发生的签转或退票费凭据报销；住宿费在标准限额之内凭据报销；伙食补助费、市内交通费实行定额包干。

（二）机票款等城市间交通费、住宿费等支出应按规定使用公务卡结算。

（三）出差人员购买机票应按照财政部、中国民用航空局印发的《关于加强公务机票购买管理有关事项的通知》（财库〔2014〕33 号）的规定购买公务机票。出差人员也可购买低于公务机票价格的优惠机票，但购票时应当保留同一购票时点在航空公司官网或政府采购机票管理网站（www.gpticket.org）截取的同时刻同航班舱位价格截图等材料，作为报销凭证的附件。

（四）未经批准出差以及超范围、超标准开支的费用不予报销。

## 第二章　城市间交通费

第五条　城市间交通费是指学校各类人员因公到常驻地以外地区出差乘坐火车、轮船、飞机、长途汽车等交通工具所发生的费用。

(一)出差人员(包含在职人员、离退休人员等)乘坐交通工具等级标准见下表：

<table>
<tr><th rowspan="2">对应人员</th><th colspan="5">交通工具</th></tr>
<tr><th>火车(含高铁、动车、全列软席列车)</th><th>轮船(不包括旅游船)</th><th colspan="2">飞机</th><th>其他交通工具(不包括出租小汽车)</th></tr>
<tr><td>70周岁及以上院士、文科资深教授和二级(副部级)及以上管理岗位人员</td><td>火车软席(软座、软卧),高铁/动车商务座,全列软席列车一等软座</td><td>一等舱</td><td colspan="2">头等舱</td><td>凭据报销</td></tr>
<tr><td>70周岁以下院士、文科资深教授和二级(副部级)及以上管理岗位人员</td><td>火车软席(软座、软卧),高铁/动车商务座,全列软席列车一等软座</td><td>一等舱</td><td colspan="2">公务舱</td><td>凭据报销</td></tr>
<tr><td rowspan="2">55周岁及以上特聘教授、二级教授</td><td rowspan="2">火车软席(软座、软卧),高铁/动车一等座,全列软席列车一等软座</td><td rowspan="2">二等舱</td><td>使用以公开竞争方式从校外取得的科研经费出差并且乘坐飞行时间超过4小时(含)的国内航班</td><td>公务舱</td><td rowspan="2">凭据报销</td></tr>
<tr><td>其他情况</td><td>经济舱</td></tr>
<tr><td>正高级职务人员、五级及以上专业技术岗位和管理岗位人员</td><td>火车软席(软座、软卧),高铁/动车一等座,全列软席列车一等软座</td><td>二等舱</td><td colspan="2">经济舱</td><td>凭据报销</td></tr>
<tr><td>其余人员</td><td>火车硬席(硬座、硬卧),高铁/动车二等座,全列软席列车二等软座</td><td>三等舱</td><td colspan="2">经济舱</td><td>凭据报销</td></tr>
</table>

(二)到出差目的地有多种交通工具可选择时,出差人员在不影响工作、确保安全的前提下,应当选乘经济便捷的交通工具。

(三)院士、文科资深教授,二级(副部级)及以上管理岗位人员出差,若乘坐飞行时间超过4小时(含)的国内航班,因工作需要,随行一人可乘坐同等级交通工具。

(四)既在管理岗位,又有专业技术职称的人员,可以按照"就高"原则乘坐相应交通工具。国外引进人才可参照同类级别人员标准执行。

(五)各类人员级别以学校人事处认定为准。特殊情况经学校批准同意后报人事处、财务处备案执行。

(六)出差人员要按照规定等级乘坐交通工具,凭据报销城市间的交通费。未按规定等级乘坐交通工具的,超支部分原则上不予报销。对于乘坐高于规定等级的交通工具所发生的费用,按照实际购买票价和自身对应等级全价票"就低"的原则报销。

(七)由于健康原因、突发事项、携带军工设备、保密要求等特殊情况,出差人员超标准乘坐交通工具的,经学院(部门)、业务主管部门、分管校领导审批后可实报实销。

第六条　乘坐夕发朝至的全列软席火车,乘坐普通软席时,不受出差人员级别限制。出差人员原则上乘坐全列软席列车软座,但在晚8时至次日晨8时期间乘车时间6小时以上的,可在不超过相应城市间飞机经济舱全价票的范围内,据实报销软卧车票。

第七条　乘坐飞机的民航发展基金、燃油附加费可凭据报销。乘坐飞机、火车、轮船等交通工具的,每人每次可购买交通意外保险一份。一次性购买全年旅客人身意外伤害险或所在单位统一购买交通意外保险的,不再重复报销。

第八条　对于到偏远、边境地区开展考察、调研和测试监测等科研工作,受地理环境和当地条件限制,必须要自驾车或者租车前往的,出差人员除提供厦门大学出差"五定"审批表外还需书面说明并附相关凭据,事先报学院分管科研领导审批并加盖公章后报销相应的费用。

在目的地租车的,视同市内交通费,在按规定发放的市内交通费内统筹解决,不再另外报销。从常驻地到目的地租车往返的,视同城市间交通费,租车费可凭票据及租车合同据实报销,凭住宿费发票(须在发票或清单上注明住宿天数、人数)按规定报销伙食补助费,不再发放市内交通费。

在以公开竞争方式从校外取得的科研项目中,需要自驾车开展科研活动的,报销的汽油费和过桥过路费原则上控制在城市间交通费最低标准内,凭住宿费发票(须在发票或清单上注明住宿天数、人数)和过桥过路费发票发放伙食补助费和市内交通费。

对由于自驾车或者租车所引起的安全等问题,由出差人员所在学院(研究院)等二级单位和出差人员承担。

第九条　因海洋科学考察等教学、科研工作需要,必须租用船舶的,应事先制订航次计划并按规定程序进行出差审批。为保证海上作业期间出海人员的人身安全,应选择租用具有相应资质、符合工作任务需求的船舶并与船舶所有者签订租船合同(协议)并为出海人员购买保险。

出海人员完成工作任务返航后应及时完成出海总结。出海期间的船舶租赁费须使用银行汇款或公务卡方式结算,凭发票及合同据实报销;出海期间的保险费可凭保险费发票据实报销。

## 第三章　住宿费

第十条　住宿费是指各类人员出差期间入住宾馆(包括饭店、招待所,下同)发生的房租费用。

(一)学校参照国家有关文件确定分地区、分级别住宿费限额标准(见附表一)。对于住宿价格季节性变化明显的城市,限额标准在旺季可适当上浮一定比例。

(二)出差人员应当坚持勤俭节约原则,根据职级对应的住宿费标准自行选择安全、经济、便捷的宾馆住宿(不分房型),在限额标准内据实报销。

第十一条　出差人员无住宿费发票,原则上不予报销住宿费。对于开展野外调研、社会调查、考古挖掘、写生采风、环境监测、气象观测、地质调查、工地勘察、学生实习、海洋科学考察等工作,住在帐篷、农户、船舶、厂矿、科研基地、考察站、监测站、农场、林场、学生宿舍和教室等实际发生住宿费无法取得住宿费发票的,可请收款人协助到当地税务部门开具税务发票后在标准内据实报销;受地理环境和当地客观条件限制,确实无法在当地税务部门开具税务发票的,可由师生提供住宿情况说明、对方签收的收据(须注明收款人姓名、身份证号码、联系方式、地址等)和身份证复印件,经单位"财务一支笔"审批(科研经费由学院分管科研领导审批)后在标准内据实报销。

根据《关于印发〈厦门大学本科生实习工作管理规定(修订)〉的通知》(厦大教〔2015〕20 号)规定,出差人员担任实习指导教师期间的住宿费用自理但无法取得住宿费发票的,可凭对方出具的收款票据(须注明收款人姓名、身份证号码、联系方式、地址等)和身份证复印件,按 60 元/(人・天)的定额包干报销。

## 第四章　伙食补助费和市内交通费

第十二条　伙食补助费是指对各类人员在因公出差期间给予的伙食补助费用。市内交通费是指各类人员因公出差期间发生的市内交通费用。

第十三条　出差人员的伙食补助费和市内交通费以城市间交通费和住宿费票据为凭据,按出差自然(日历)天数计算,按规定标准包干使用。

(一)出差途中城市间交通费票据应保持完整。如不完整,除能够提供有效证明外,原则上不发放伙食补助费和市内交通费。

(二)实际发生住宿而无住宿费发票的,除以下情况外,原则上不能报销住宿费以及城市间交通费、伙食补助费和市内交通费:

1.受邀参加学术会议、研讨会、评审会、座谈会等,凭邀请方负担住宿费的有效证明,据实报销城市间交通费,按第十八条相关规定发放伙食补助费和市内交通费。

2.与其他单位开展教学科研合作,对方单位提供住宿的,凭合作方提供食宿情况的有效证明,据实报销城市间交通费,按规定发放伙食补助费和市内交通费。

3.对于上述第十一条所列情况不能取得住宿费发票或不收取住宿费的,由师生提供食宿情况说明并依据有关凭据,经所在单位"财务一支笔"审批(科研经费由学院分管科研领导审批)后,据实报销城市间交通费,按规定发放伙食补助费和市内交通费。

4.对于其他无住宿费发票或属于上述情况但无法提供有效证明的,出差人在确保真实性的前提下,写明情况并经项目负责人和所在单位"财务一支笔"审批(科研经费由学院分管科研领导审批)后,可以报销城市间交通费,发放在途伙食补助费和市内交通费。

第十四条　教职员工出差伙食补助费执行财政部公布的分地区伙食补助费标准:西藏、新疆、青海三省市自治区每人每天伙食补助费 120 元,其他地区每人每天伙食补助费 100 元。在途期间的伙食补助费按当天最后到达目的地的标准报销。

第十五条　市内交通费每人每天 80 元包干使用。往返驻地和机场(火车站、码头)的市内交通费可凭票实报实销。出差人员为节省经费开支,选择当天往返的,可在住宿费标准和市内交通费包干总和的范围内据实报销市内交通费。

第十六条　出差人员已由校外单位负担伙食费用或市内交通费的,不得重复领取伙食补助费或市内交通费。

第十七条　确因工作业务需要邀请学者、专家或有关校外人员来校开会、交流、访问或赴外地参加调研,可按以下情况对照学校相应标准报销差旅费:

(一)邀请来校开会的,可按差旅费规定报销受邀人员城市间交通费,按会议费规定报销住宿费、伙食费、市内交通费等。

(二)邀请来校交流、访问的,可按差旅费规定报销受邀人员城市间交通费,在住宿费定额标准范围内凭票报销住宿费,据实报销市内交通费,不再发放伙食补助费和市内交通费。

（三）邀请赴外地参加调研的，可按差旅费规定报销受邀人员城市间交通费、住宿费、伙食补助费和市内交通费。

## 第五章 参加会议、学习（培训）等的差旅费

第十八条 教职员工外出参加会议和培训，举办方统一安排食宿并且不收取食宿费用的，参会人员不得报销和发放会议期间的住宿费、伙食补助费和市内交通费。在途期间的城市间交通费、住宿费、伙食补助费和市内交通费按照差旅费规定报销。其中，伙食补助费和市内交通费按往返实际在途天数计发，当天往返的按一天计发。

举办方不承担伙食费用、会议期间食宿自理的，凭举办方出具的有效证明，参会人员的城市间交通费、住宿费、伙食补助费和市内交通费按照差旅费规定标准报销。

对于参加其他单位举办的会议和培训，举办方统一安排住宿且费用自理的，凭举办方出具的有效证明，据实报销住宿费。会议和培训期间缴纳的会议费、培训费等应凭会议、培训通知及其注明的收费标准凭票据实报销。

第十九条 经组织批准，抽调（含挂职）到省里、中央部门工作的干部，往返途中（仅指首次前往和期满返回）的住宿费、伙食补助费和市内交通费按照差旅费开支规定报销；抽调工作期间因公或探亲发生的差旅费由抽调（挂职）人员商接收单位解决或所在单位解决。

借调教育部等中央部门工作期间的伙食补助费和市内交通费，以城市间交通费为依据，按补贴标准总和的50%发放。住宿费凭租房合同（由学校统一办理租赁）及房租发票据实报销。

挂职干部挂职期间补贴和抽调到重大开发建设项目指挥部工作人员补贴，其发放标准及开支渠道按现有规定执行。

援藏援疆人员休假及配偶探亲差旅费的报销，按照中共中央组织部、人力资源和社会保障部《对口支援新疆干部和人才管理办法》（组通字〔2011〕6号）和学校援藏援疆干部有关待遇规定执行。

第二十条 出差人员到食宿条件比较艰苦、流动性大的地区进行观测、采集、发掘、测量、试验、写生采风等野外工作或开展农业基本原材料、动植物、矿产标本等采购工作，为保障科研工作需求、保护科考人员身体健康，野外考察的差旅费按以下规定执行：

（一）科考人员外出开展此类野外考察前，应事前编制野外考察计划，经单位“财务一支笔”审批（科研经费由学院分管科研领导审批）并加盖公章后作为报销凭据。

（二）科考人员在野外考察期间的城市间交通费，根据差旅费规定的标准据实报销。

在以公开竞争方式从校外取得的科研项目中，科考人员自驾或租用车辆进行考察的，应在野外考察计划中注明。科考计划审批通过后，科考工作发生的燃油费、过路过桥费、租车费等，可据实报销。出差期间全程使用车辆的，将不再发放市内交通费；出差期间未全程使用车辆的，扣除使用车辆的天数后可发放市内交通费。

（三）考察期间发生住宿能取得住宿发票的，在住宿费限额标准内据实报销；无法取得住宿发票的，按第十一条规定办理。

在以公开竞争方式从校外取得的科研项目中，因工作需要只能在帐篷、汽车等处过夜，无法取得住宿发票的，可提供相应的证明（科考报告、连续的工作日志等），由项目负责人、课题负责人签字证明有效并经学院分管科研领导审批加盖公章后，住宿费可实行定额包干。定额标准在不超过住宿费标准50%的范围内，由课题组根据实际工作情况确定。

（四）伙食补助费和市内交通费按不高于250元/（人·天）发放。

（五）科考人员在条件恶劣地区进行野外考察，如所处环境可能会对人身及健康造成损害及伤害的，应为科考人员购买野外工作期间的人身意外伤害保险或商业医疗保险。

（六）各单位应将非涉密的野外考察的主要内容、地点、人数、经费开支等情况在单位的网站或公告栏公示。未按规定公示的，将不予报销相关旅费。

第二十一条　各类海上作业人员出海补贴(含伙食补助费和市内交通费)不高于320元/(人·天)。参加海上作业的学生的补贴标准由课题组根据出海时长、工作量等实际情况在上述标准范围内核定。

参与国外海上作业、南北极科学考察期间获得其他单位提供的出海补贴的,将不再重复发放补贴。在国(境)外陆地停靠期间发生的国际差旅费的管理和报销标准可按《厦门大学出国(境)差旅费管理办法》执行。

## 第六章　工作调入、搬迁、探亲费用管理

第二十二条　高层次引进人才来校工作报到所发生的城市间交通费、住宿费、伙食补助费和市内交通费,按差旅费管理办法一次性报销。

高层次引进人才的行李托运费按照《关于印发〈关于引进高层次人才行李托运费报销办法的暂行规定〉的通知》(厦大人〔2006〕101号)规定的额度凭行李托运票据报销。随迁家属和搬迁家具发生的费用由调动人员自理。

第二十三条　教职员工报销探亲差旅费应提供经人事处审批的厦门大学教职工探亲报销通知单。

(一)未婚教职员工探望父母或已婚教职员工探望配偶,路费按照规定标准凭票报销。已婚教职员工探望父母,路费需由个人承担基本工资的30%。

(二)教职员工探亲期间的伙食费、市内交通费、通信费、人身意外伤害险、行李物品寄存费、托运费,以及趁便参观、游览等开支,均由本人自理,不得报销。

(三)探亲人员使用个人交通工具的,城市间交通费一律不予报销。探亲期间,个人交通工具发生的费用均由个人负责。

第二十四条　探亲往返城市间交通费,按下列标准开支:

(一)乘火车(包括高铁、动车、全列软席列车)的,不分职级,一律报硬席卧铺费。

(二)乘轮船的,报三等舱位(或比统舱高一级舱位)费。

(三)乘长途公共汽车及其他民用交通工具的,凭据报销,但出租机动车辆票据一律不予报销。

(四)探亲不得报销飞机票。因故乘坐飞机的,可按火车硬席卧铺费报销。多支部分由个人自理。

第二十五条　教职员工探亲往返途中住宿费,按下列标准开支:

(一)限于交通条件,必须中途转车、转船并在中转地点住宿的,每中转一次,可按差旅费规定凭据报销一天的住宿费。如中转住宿费超过规定天数的,其超过部分由个人自理。

(二)连续乘长途汽车及其他民用交通工具,夜间停驶必须住宿的,其住宿费按差旅费规定标准凭据报销。

(三)遇到意外交通事故(如塌方道路受阻,洪水冲毁桥梁)造成交通暂时停顿,其等待恢复期间的住宿费,可按差旅费规定标准凭据报销。

## 第七章　学生差旅费

第二十六条　学生出差旅费

(一)学生出差期间,城市间交通费按照以下标准执行:火车硬座,高铁/动车二等座、全列软席列车二等软座,轮船三等舱。学生出差乘坐硬卧的,需由经费负责人审批后方可报销;因路途较远或出差任务紧急,需乘坐飞机的,必须事先提出申请,并按程序审批后方可报销。

(二)学生出差期间,住宿费、伙食补助费和市内交通费等在其余人员的标准范围内由经费负责人确定报销额度。

(三)学生由单位或项目组派出参加会议、学习(培训)及科研合作等,其在途及工作期间的住宿费、伙食补助费和市内交通费在规定的标准范围内由经费负责人确定报销额度。

第二十七条　学生实习教学差旅费

(一)赴外地实习

1.城市间交通费按以下标准执行:学生按火车硬座、轮船最低舱位和大巴车等标准,凭票据报销。

2.根据《关于印发〈厦门大学本科生实习工作管理规定(修订)〉的通知》(厦大教〔2015〕20号),学生在外地实习期间住宿费按以下标准执行:实习单位统一安排住宿且不收取住宿费的,不得报销住宿费。实习期间住宿费用自理的,取得住宿费发票的,按50元/(人·天)的标准之内凭票据据实报销;无法取得住宿费发票的,可凭对方出具的收款票据(须注明收款人姓名、身份证号码、联系方式、地址等信息)和身份证复印件,按30元/(人·天)的定额标准包干使用。

3.伙食补助费及市内交通费在60元/(人·天)的标准范围内包干使用。

(二)在本市实习

1.在岛内实习的,伙食补助费及市内交通费在30元/(人·天)的标准范围内包干使用。

2.在岛外实习的,伙食补助费及市内交通费在50元/(人·天)的标准范围内包干使用。

## 第八章　监督问责

第二十八条　出差人员不得向接待单位提出正常公务活动以外的要求,不得在出差期间接受违反规定用公款支付的宴请、游览和非工作需要的参观,不得接受礼品、礼金和土特产品等。

第二十九条　出差人员是差旅费的直接负责人,对差旅费使用的合规性、合理性、真实性和相关性承担直接责任。出差人应了解并遵守有关财经法律法规和差旅费管理制度,依法、据实报销差旅费。

第三十条　各单位应当加强对本单位教职员工出差活动和经费报销的内控管理,对本单位出差审批制度、差旅费预算及规模控制负责。单位财务负责人或项目负责人对差旅费报销审批时要严格把关,确保票据来源合法,内容真实完整、合规。

第三十一条　各单位应当自觉接受各级监督审计机构对出差活动及相关经费支出的审计监督。

## 第九章　附　则

第三十二条　教职员工出差期间因私前往其他城市的,城市间交通费按不高于从出差目的地返回单位按规定乘坐相应交通工具的票价予以报销,超出部分由个人自理。伙食补助费和市内交通费发放天数扣除因私前往其他城市的天数。

第三十三条　学校中层以上党政领导干部外出应按《关于印发〈厦门大学党政领导干部外出请假暂行办法〉的通知》(厦大委综〔2015〕42号)规定请假。

第三十四条　各类人员出国(境)费用的管理和报销按《厦门大学出国(境)差旅费管理办法》规定执行。

第三十五条　本办法适用于全校各单位,资产经营公司、校医院及后勤集团等独立核算单位可参照执行。

第三十六条　住宿费、伙食补助费、市内交通费等差旅费标准参考财政部制定的差旅费标准,考虑物价等因素进行动态调整。

第三十七条　本办法从发布之日起执行,《厦门大学差旅费管理办法》(厦大财〔2015〕70号)同时废止。

第三十八条　本办法由财务处负责解释。

**附表一：**

**国内差旅住宿费基准和伙食费标准表**

单位:元/(人·天)

<table>
<tr><th rowspan="2">序号</th><th rowspan="2">省份(市)</th><th colspan="3">住宿费基准</th><th rowspan="2">旺季地区</th><th rowspan="2">旺季期间</th><th colspan="3">旺季上浮价</th></tr>
<tr><th>一类</th><th>二类</th><th>三类</th><th>一类</th><th>二类</th><th>三类</th></tr>
<tr><td>1</td><td>北京市</td><td rowspan="2">1100</td><td rowspan="2">700</td><td rowspan="2">500</td><td></td><td></td><td></td><td></td><td></td></tr>
<tr><td>2</td><td>上海市</td><td></td><td></td><td></td><td></td><td></td></tr>
<tr><td>3</td><td>三亚市</td><td>1000</td><td>600</td><td>500</td><td>三亚市</td><td>10—4 月</td><td>1200</td><td>750</td><td>600</td></tr>
<tr><td>4</td><td>江苏省</td><td rowspan="7">900</td><td rowspan="7">600</td><td rowspan="7">500</td><td></td><td></td><td></td><td></td><td></td></tr>
<tr><td>5</td><td>浙江省</td><td></td><td></td><td></td><td></td><td></td></tr>
<tr><td>6</td><td>福建省</td><td></td><td></td><td></td><td></td><td></td></tr>
<tr><td>7</td><td>河南省</td><td>洛阳市</td><td>4—5 月上旬</td><td>1200</td><td>750</td><td>600</td></tr>
<tr><td>8</td><td>广东省</td><td></td><td></td><td></td><td></td><td></td></tr>
<tr><td>9</td><td>四川省</td><td></td><td></td><td></td><td></td><td></td></tr>
<tr><td>10</td><td>云南省</td><td></td><td></td><td></td><td></td><td></td></tr>
<tr><td>11</td><td>天津市</td><td rowspan="17">800</td><td rowspan="17">500</td><td rowspan="17">400</td><td></td><td></td><td></td><td></td><td></td></tr>
<tr><td rowspan="3">12</td><td rowspan="3">河北省</td><td>张家口市</td><td>7—9 月、11—3 月</td><td rowspan="3">1200</td><td rowspan="3">750</td><td rowspan="3">600</td></tr>
<tr><td>秦皇岛市</td><td>7—8 月</td></tr>
<tr><td>承德市</td><td>7—9 月</td></tr>
<tr><td>13</td><td>山西省</td><td></td><td></td><td></td><td></td><td></td></tr>
<tr><td rowspan="2">14</td><td rowspan="2">内蒙古</td><td>海拉尔市、满洲里市、阿尔山市、二连浩特市</td><td>7—9 月</td><td rowspan="2">1200</td><td rowspan="2">750</td><td rowspan="2">600</td></tr>
<tr><td>额济纳旗</td><td>9—10 月</td></tr>
<tr><td>15</td><td>辽宁省</td><td>大连市</td><td>7—9 月</td><td>960</td><td>600</td><td>480</td></tr>
<tr><td>16</td><td>吉林省</td><td>吉林市、延边州、长白山管理区</td><td>7—9 月</td><td>960</td><td>600</td><td>480</td></tr>
<tr><td rowspan="2">17</td><td rowspan="2">黑龙江省</td><td>哈尔滨市</td><td>7—9 月</td><td rowspan="2">960</td><td rowspan="2">600</td><td rowspan="2">480</td></tr>
<tr><td>牡丹江市、伊春市、大兴安岭地区、黑河市、佳木斯市</td><td>6—8 月</td></tr>
<tr><td>18</td><td>安徽省</td><td></td><td></td><td></td><td></td><td></td></tr>
<tr><td>19</td><td>江西省</td><td></td><td></td><td></td><td></td><td></td></tr>
<tr><td>20</td><td>山东省</td><td>青岛市、烟台市、威海市、日照市</td><td>7—9 月</td><td>960</td><td>600</td><td>480</td></tr>
<tr><td>21</td><td>湖北省</td><td></td><td></td><td></td><td></td><td></td></tr>
<tr><td>22</td><td>湖南省</td><td></td><td></td><td></td><td></td><td></td></tr>
<tr><td>23</td><td>广　西</td><td>桂林市、北海市</td><td>1—2 月、7—9 月</td><td>1040</td><td>650</td><td>520</td></tr>
</table>

续表

<table>
<tr><th rowspan="2">序号</th><th rowspan="2">省份(市)</th><th colspan="3">住宿费基准</th><th rowspan="2">旺季地区</th><th rowspan="2">旺季期间</th><th colspan="3">旺季上浮价</th></tr>
<tr><th>一类</th><th>二类</th><th>三类</th><th>一类</th><th>二类</th><th>三类</th></tr>
<tr><td rowspan="2">24</td><td rowspan="2">海南省(不含三亚市)</td><td rowspan="11"></td><td rowspan="11"></td><td rowspan="11"></td><td>海口市、文昌市、澄迈县</td><td>11—2 月</td><td rowspan="2">1040</td><td rowspan="2">750</td><td rowspan="2">520</td></tr>
<tr><td>琼海市、万宁市、陵水县、保亭县</td><td>11—3 月</td></tr>
<tr><td>25</td><td>重庆市</td><td></td><td></td><td></td><td></td><td></td></tr>
<tr><td>26</td><td>贵州省</td><td></td><td></td><td></td><td></td><td></td></tr>
<tr><td>27</td><td>西 藏</td><td>拉萨市</td><td>6—9 月</td><td>1200</td><td>750</td><td>600</td></tr>
<tr><td>28</td><td>陕西省</td><td></td><td></td><td></td><td></td><td></td></tr>
<tr><td>29</td><td>甘肃省</td><td></td><td></td><td></td><td></td><td></td></tr>
<tr><td rowspan="2">30</td><td rowspan="2">青海省</td><td>西宁市</td><td>6—9 月</td><td>1200</td><td>750</td><td>600</td></tr>
<tr><td>玉树州、海北州、黄南州、海东市、海南州、海西州</td><td>5—9 月</td><td>960</td><td>600</td><td>480</td></tr>
<tr><td>31</td><td>宁 夏</td><td></td><td></td><td></td><td></td><td></td></tr>
<tr><td>32</td><td>新 疆</td><td></td><td></td><td></td><td></td><td></td></tr>
</table>

备注:

一类人员:院士、文科资深教授;二级(副部级)及以上管理岗位人员。

二类人员:正高级职务人员;五级及以上专业技术岗位和管理岗位人员。

三类人员:其他人员。

**附表二:**

**厦门大学野外考察出差计划审批表**

单位: 日期: 年 月 日

<table>
<tr><td>出差人</td><td colspan="3"></td></tr>
<tr><td>出差人数</td><td></td><td>出差领队姓名</td><td></td></tr>
<tr><td>出差时间</td><td colspan="3">年 月 日至 年 月 日</td></tr>
<tr><td rowspan="2">出差地点及路线</td><td colspan="3">地点: 省 市 县 村</td></tr>
<tr><td colspan="3">计划路线:</td></tr>
<tr><td>交通工具</td><td colspan="3">1.飞机□ 2.火车□ 3.轮船□<br>4.租车□ 5.自驾车□ 其他(请注明):</td></tr>
<tr><td>野外考察内容及与项目的相关性</td><td colspan="3"></td></tr>
<tr><td>依托项目</td><td></td><td>经费卡号</td><td></td></tr>
<tr><td>项目负责人审批</td><td colspan="3"></td></tr>
<tr><td>学院意见</td><td colspan="3">分管科研领导(签字):<br>(盖章)<br>年 月 日</td></tr>
<tr><td>此栏考察结束后填列</td><td colspan="3">是否已经完成公示? □ 是 □ 否<br>学院科研秘书或教学秘书(签字):<br>年 月 日</td></tr>
</table>

——本文摘录自《关于印发〈厦门大学国内差旅费管理办法〉的通知》,厦大财〔2016〕50 号,档号 2017-XZ18-9

# 厦门大学出国(境)差旅费管理办法

(2016 年 8 月 31 日)

## 第一章 总 则

第一条 为进一步规范和加强学校出国(境)人员的差旅费管理,推进厉行节约反对浪费,根据《财政部、外交部关于印发〈因公临时出国经费管理办法〉的通知》(财行〔2013〕516 号)和教育部相关文件精神,结合我校实际情况,制定本办法。

第二条 各单位出国(境)经费应全部纳入预算管理。各单位应务实高效、精简节约地安排因公出国(境)活动,不得超预算或无预算安排出访。

第三条 各单位要按照学校的有关规定,加强出国(境)团组的审批管理,严格控制出国(境)团组规模,控制出国(境)人数、国家数和在外停留天数。认真贯彻"勤俭办外事"的方针,严格执行各项费用开支标准,不得擅自突破。

第四条 出国(境)人员必须事先按国际合作与交流处/台港澳事务办公室的规定办理出国(境)审批件,根据前往国家(或地区)发出的邀请函或会议通知提前将出国线路、国家数、停留天数等报国际合作与交流处/台港澳事务办公室,未经审批的出国(境)费用不得报销。

根据出访任务需要在一个国家城市间旅行的,应事先在审批材料中列明。确因科学考察、学术调研等需要临时增加访问城市的,须通过学校办公自动化系统等方式事先向国际合作与交流处/台港澳事务办公室提出申请,未经审批的城市间交通费不得报销。

第五条 出国(境)人员须凭出国(境)审批件、护照(包括签证和出入境记录)复印件、邀请函、合法有效票据及付款记录回国报销。各种境外取得的报销凭证须用中文注明开支内容、日期、数量、金额等,并由当事人签字。

## 第二章 国际旅费及国外城市间交通费

第六条 出国(境)人员的国际旅费是指出境口岸至入境口岸旅费,按以下办法执行:

(一)出国(境)人员应当优先选择由我国航空公司运营的国际航线并选择经济合理的路线。出国(境)人员应当选择直达目的地国家(地区)的国内航空公司航班出入境,没有直达航班的,应当选择国内航空公司航班到达的最邻近目的地国家(地区)进行中转。不得以任何理由绕道旅行,或以过境名义变相增加出访国家和时间。

(二)因中转 1 次以上(不含 1 次)等特殊原因或按照经济适用原则确需选择非国内航空公司航班,以及因最临近目的地国家(地区)中转需办理过境签证而选择其他邻近中转地的,应当事先填写"乘坐非国内航空公司航班和改变中转地审批表",并提供相关证明材料经各单位"财务一支笔"审核后,报国际合作与交流处/台港澳事务办公室和财务处审批同意。

(三)购买国际机票应通过政府采购等方式,选择优惠票价,并尽可能购买往返机票。

(四)机票款必须通过公务卡或银行转账方式支付,不得以现金支付。

(五)出国(境)人员应当严格按照规定安排交通工具,不得乘坐民航包机或私人、企业和外国航空公司包机,乘坐交通工具等级标准见下表:

<table>
<tr><th rowspan="2">对应人员</th><th colspan="4">交通工具</th></tr>
<tr><th>火车</th><th>轮船(不包括旅游船)</th><th colspan="2">飞机</th></tr>
<tr><td>70周岁及以上院士、文科资深教授和省部级人员</td><td>火车高级软卧或全列软席列车的商务座</td><td>一等舱</td><td colspan="2">头等舱</td></tr>
<tr><td>70周岁以下院士、文科资深教授和省部级人员</td><td>火车高级软卧或全列软席列车的商务座</td><td>一等舱</td><td colspan="2">公务舱</td></tr>
<tr><td>司局级人员</td><td>火车软卧或全列软席列车的一等座</td><td>二等舱</td><td colspan="2">公务舱</td></tr>
<tr><td rowspan="2">特聘教授</td><td rowspan="2">火车软卧或全列软席列车的一等座</td><td rowspan="2">二等舱</td><td>使用以公开竞争方式从校外取得的科研经费出差并且乘坐飞行时间超过4小时(含)的国际航班</td><td>公务舱</td></tr>
<tr><td>其他情况</td><td>经济舱</td></tr>
<tr><td rowspan="2">教授等正高级职称人员、岗位工资在五级(含五级)以上其他具有高级职称的专业技术人员</td><td rowspan="2">火车软卧或全列软席列车的一等座</td><td rowspan="2">二等舱</td><td>使用以公开竞争方式从校外取得的科研经费出差并且乘坐飞行时间超过8小时(含)的国际航班</td><td>公务舱</td></tr>
<tr><td>其他情况</td><td>经济舱</td></tr>
<tr><td>其余人员</td><td>火车硬席(硬座、硬卧)</td><td>三等舱</td><td colspan="2">经济舱</td></tr>
</table>

(六)院士、文科资深教授,省部级人员出差,若乘坐飞行时间超过6小时(含)的国际航班,因工作需要,随行一人可乘坐同等级交通工具。

(七)所乘交通工具未设置上述规定中本级别人员可乘坐舱位等级的,应乘坐低一等级舱位。出国(境)人员所发生的国际旅费在上述标准内据实报销。

(八)出国(境)人员乘坐国际列车,国内段按国内差旅费的有关规定执行;国外段超过6小时的按自然(日历)天数计算,每人每天补助12美元。

(九)出国(境)人员应合理规划出国路线,在同一出差任务中只能报销一趟国际旅费,因工作需要确需报销两趟以上(含两趟)的须事先通过办公自动化系统等方式报国际合作与交流处/台港澳事务办公室审批,否则不予报销。

第七条　国(境)外城市间交通费是指为完成工作任务所必须发生的,在出访国家的城市与城市之间的交通费用。出于安全因素考虑，国(境)外城市间交通原则上应采用公共交通工具，不得包车或租车。因教学、科研工作实际需要确需包车或租车的，应事先提出申请经学院“财务一支笔”或学院分管科研领导审核并报国际合作与交流处/台港澳事务办公室审批后，凭合法有效票据、付款记录及租车(包车)合同据实报销。

未列入出国(境)计划、未经国际合作与交流处/台港澳事务办公室批准的国(境)外城市间交通费不得报销。

第八条　往返驻地和机场(火车站、码头)的交通费、城市间交通费及出国(境)的国际旅费可凭合法有效票据(机票、火车票、轮船票等，乘坐飞机还需提供电子客票行程单或出入境记录)及付款记录据实报销。

## 第三章　因公临时出国住宿费

第九条　出国(境)人员在国(境)外的住宿费按以下标准执行：

(一)院士、文科资深教授、省部级人员据实报销；其他人员在规定的住宿标准之内予以报销(具体标准详见附表一)。住宿费凭合法有效票据及银行付款凭证报销。

(二)参加大型国际会议或活动的出国(境)人员，原则上应按住宿费标准执行。对方组织单位有指定或推荐酒店的，应当严格把关，通过询价方式从紧安排，在住宿标准范围内选择，超出费用标准的，应事先提交学院或项目负责人审核并报国际合作与交流处/台港澳事务办公室审批。经批准后住宿费可据实报销。

(三)除上述情况外，出国(境)人员应严格执行住宿费标准，超出标准的住宿费将不予报销。因出访目的地特殊情况或客观条件限制等原因，确需报销超出标准的住宿费的，出差人应说明情况并提供外方的有效证明，经学院“财务一支笔”(分管科研领导)、国际合作与交流处/台港澳事务办公室审批后，报分管外事和财务的学校领导批准后方可报销。

## 第四章　因公临时出国伙食费、公杂费、培训费和其他费用

第十条　出国(境)人员在国(境)外的日常伙食费、公杂费(指用于市内交通、邮电、办公用品和必要的小费等项目)，按以下标准执行：

(一)除特殊情况外，出国(境)人员伙食费、公杂费均按规定的标准发给个人包干使用，包干天数按离、抵我国国境之日计算(具体标准详见附表一)。

(二)根据工作需要和特点，不宜个人包干的代表团组，其伙食费和公杂费由代表团组统一掌握，包干使用。

(三)外方以现金或实物形式提供伙食费和公杂费接待我代表团组的，出国(境)人员不再领取伙食费和公杂费。

(四)出国(境)人员因教学、科研工作实际需要包车或租车的，包车或租车的费用应与其他出国(境)费用同时报销，不再发放公杂费。

第十一条　培训费是指出国(境)人员在国(境)外培训所发生的必须费用，主要包括授课、翻译、场租、资料、课程设计、对口业务考察或业务实践活动等费用。

(一)培训费的开支应在规定的标准之内凭票据实报销(具体标准详见附表二)。国外高阶培训期间所发生的所有费用可实行综合定额标准，分项核定、总额控制。综合定额标准为各国家和地区住宿费、伙食费、公杂费、培训费开支标准的总和，是培训期间所有费用开支的上限，各项费用之间可以调剂使用，但应在综合定额标准以内报销。

(二)出国(境)培训人员应与培训项目的境外承办机构签订培训协议，明确培训费的明细支出项目。

(三)外方资助出国(境)培训费的，我方不再重复支付；外方对费用开支有明确规定的，按其规定执行；没有规定的，参照规定的标准和要求执行。外方资助金额不足以弥补规定培训费开支的，可以按照开

支标准补足差额部分。

第十二条　其他费用主要指出国(境)签证费用、保险费、防疫费用、国际会议注册费等,该部分费用凭合法有效票据据实报销。根据到访单位要求,出国(境)人员必须购买保险的,应当事先报国际合作与交流处/台港澳事务办公室批准后,按照要求购买,凭合法有效票据据实报销。

报销国际会议注册费、培训费等还应提供注明的收费标准的会议、培训通知。

第十三条　出国(境)人员在外原则上不搞宴请,确需宴请的,应当连同出国计划事先报国际合作与交流处/台港澳事务办公室审批同意,宴请标准按照所在国家每人每天的伙食费标准掌握。

第十四条　出国(境)人员在国(境)外期间,原则上不对外赠送礼品。确有必要赠送的,应当事先报国际合作与交流处/台港澳事务办公室审批同意,并按照厉行节俭的原则选择师生作品或具有民族特色的纪念品、传统手工艺品和实用物品,金额标准参照《厦门市市直机关外宾接待经费管理办法》(厦财行〔2014〕18 号)执行:对外赠礼以赠礼方或受礼方级别较高一方的级别确定赠礼标准。赠礼方或受礼方为正、副部长级人员的,每人次礼品不得超过 400 元;赠礼方或受礼方为司局级人员的,每人次礼品不得超过 200 元;其他人员,可以视情况赠送小纪念品。对于著名友好人士、社会名流、专家学者,确有必要赠礼的,可按照正、副部长级人员标准执行。

## 第五章　中长期合作研究、访问及公派出国留学

第十五条　赴境外进行中长期合作研究、访问及公派出国留学人员须严格按《财政部、教育部关于调整国家公派留学人员奖学金资助标准的通知》(财教〔2010〕286 号)的规定执行。

第十六条　赴境外进行中长期合作研究、访问及公派出国留学资助费用包括:伙食费、住宿费、注册费、交通费、电话费、书籍资料费、医疗保险费、一次性安置费、签证延长费、零用费和学术活动补助费等。(具体标准详见附表三)

第十七条　赴境外进行中长期合作研究、访问及公派出国留学人员获得对方单位提供的资助,其数额高于国家资助标准的,不再给予补助;低于国家资助标准的,派出单位可按国家资助标准补齐其差额。

第十八条　根据赴境外进行中长期合作研究、访问及公派出国留学人员实际出国时间,按月或季度发放补贴。不足一个月的,按实际天数发放。

第十九条　赴香港、澳门、台湾地区进行中长期合作研究、访问及公派进修、交流人员按以下标准执行:赴台湾地区资助标准为台币 40000 元/月;赴香港、澳门地区资助标准为人民币 7000 元/月。不足一个月的,按实际天数发放。

## 第六章　附　则

第二十条　根据《财政部关于印发〈因公临时出国用汇管理办法〉》(财预〔2002〕314 号)规定,赴国(境)外参加培训、访问及开展合作研究的,出访时间在三个月以内(含三个月)的按因公临时出国经费管理办法执行;出访时间在三个月以上的按中长期合作研究、访问及公派出国留学管理办法执行。

第二十一条　对与我国新建交或未建交的国家,相关经费开支标准暂按照经济水平相近的邻国标准执行。

第二十二条　参与国外海上作业,在国(境)外陆地停靠期间发生的国际差旅费的管理和报销标准可按上述规定执行。参与南北极科学考察的可参照邻近国家的标准执行。

第二十三条　各单位应加强对出国(境)人员行前财经纪律教育,对违反规定的开支一律不予报销,并按照有关规定严肃处理。

第二十四条　福建省出国留学奖学金专项资金资助的出国(境)人员的费用管理按照该专项资金管理办法执行。

第二十五条　本办法适用于全校各单位,资产经营公司、校医院及后勤集团等独立核算单位可参照执行。

第二十六条　本办法自发布之日起执行,《厦门大学出国(境)费用管理办法》(厦大财〔2015〕24号)同时废止。

第二十七条　本办法由财务处和国际合作与交流处/台港澳事务办公室负责解释和修订。

**附表一:**

**各国家和地区住宿费、伙食费、公杂费开支标准表**

| 序号 | 国家(地区) | 城市 | 币种 | 住宿费(每人每天) | 伙食费(每人每天) | 公杂费(每人每天) |
|---|---|---|---|---|---|---|
| 一、亚洲 | | | | | | |
| | | | | | | |
| 1 | 蒙古 | | 美元 | 90 | 50 | 35 |
| 2 | 朝鲜 | | 美元 | 90 | 40 | 30 |
| 3 | 韩国 | 首尔、釜山、济州 | 美元 | 180 | 70 | 35 |
| 4 | | 光州、西归浦 | 美元 | 160 | 70 | 35 |
| 5 | | 其他城市 | 美元 | 150 | 70 | 35 |
| 6 | 日本 | 东京 | 日元 | 20000 | 10000 | 5000 |
| 7 | | 大阪、京都 | 日元 | 18000 | 10000 | 5000 |
| 8 | | 福冈、札幌、长崎、名古屋 | 日元 | 14000 | 10000 | 5000 |
| 9 | | 其他城市 | 日元 | 9000 | 10000 | 5000 |
| 10 | 缅甸 | | 美元 | 90 | 50 | 35 |
| 11 | 巴基斯坦 | 伊斯兰堡、拉合尔、卡拉奇 | 美元 | 135 | 30 | 30 |
| 12 | | 奎达 | 美元 | 70 | 30 | 30 |
| 13 | | 其他城市 | 美元 | 60 | 30 | 30 |
| 14 | 斯里兰卡 | | 美元 | 110 | 40 | 30 |
| 15 | 马尔代夫 | | 美元 | 160 | 50 | 30 |
| 16 | 孟加拉国 | | 美元 | 150 | 50 | 40 |
| 17 | 伊拉克 | | 美元 | 170 | 50 | 40 |
| 18 | 阿拉伯联合酋长国 | | 美元 | 200 | 50 | 40 |
| 19 | 也门 | 萨那 | 美元 | 110 | 50 | 35 |
| 20 | | 亚丁 | 美元 | 90 | 50 | 35 |
| 21 | | 其他城市 | 美元 | 80 | 50 | 35 |
| 22 | 阿曼 | | 美元 | 150 | 50 | 40 |
| 23 | 伊朗 | | 美元 | 95 | 50 | 40 |
| 24 | 科威特 | | 美元 | 200 | 70 | 40 |
| 25 | 沙特阿拉伯 | 利雅得 | 美元 | 200 | 70 | 40 |
| 26 | | 吉达 | 美元 | 140 | 70 | 40 |
| 27 | | 其他城市 | 美元 | 120 | 70 | 40 |

续表

| 序号 | 国家(地区) | 城市 | 币种 | 住宿费（每人每天） | 伙食费（每人每天） | 公杂费（每人每天） |
|---|---|---|---|---|---|---|
| 28 | 巴林 | | 美元 | 160 | 55 | 40 |
| 29 | 以色列 | | 美元 | 200 | 70 | 40 |
| 30 | 巴勒斯坦 | | 美元 | 180 | 70 | 40 |
| 31 | 文莱 | | 美元 | 130 | 40 | 35 |
| 32 | 印度 | 新德里、加尔各答 | 美元 | 175 | 50 | 35 |
| 33 | | 孟买 | 美元 | 200 | 50 | 35 |
| 34 | | 其他城市 | 美元 | 155 | 50 | 35 |
| 35 | 不丹 | | 美元 | 160 | 50 | 35 |
| 36 | 越南 | 河内 | 美元 | 90 | 40 | 30 |
| 37 | | 胡志明市 | 美元 | 80 | 40 | 30 |
| 38 | | 其他城市 | 美元 | 70 | 40 | 30 |
| 39 | 柬埔寨 | | 美元 | 100 | 40 | 30 |
| 40 | 老挝 | | 美元 | 90 | 40 | 30 |
| 41 | 马来西亚 | | 美元 | 110 | 50 | 35 |
| 42 | 菲律宾 | | 美元 | 130 | 50 | 35 |
| 43 | 印度尼西亚 | | 美元 | 125 | 50 | 35 |
| 44 | 东帝汶 | | 美元 | 130 | 40 | 35 |
| 45 | 泰国 | 曼谷 | 美元 | 140 | 50 | 35 |
| 46 | | 宋卡 | 美元 | 110 | 50 | 35 |
| 47 | | 清迈、孔敬 | 美元 | 90 | 50 | 35 |
| 48 | | 其他城市 | 美元 | 80 | 50 | 35 |
| 49 | 新加坡 | | 美元 | 220 | 55 | 40 |
| 50 | 阿富汗 | | 美元 | 100 | 38 | 30 |
| 51 | 尼泊尔 | | 美元 | 140 | 50 | 35 |
| 52 | 黎巴嫩 | | 美元 | 150 | 50 | 35 |
| 53 | 塞浦路斯 | | 美元 | 100 | 40 | 35 |
| 54 | 约旦 | | 美元 | 120 | 50 | 35 |
| 55 | 土耳其 | 安卡拉 | 美元 | 105 | 45 | 30 |
| 56 | | 伊斯坦布尔 | 美元 | 150 | 45 | 30 |
| 57 | | 其他城市 | 美元 | 90 | 45 | 30 |
| 58 | 叙利亚 | | 美元 | 110 | 50 | 35 |
| 59 | 卡塔尔 | | 美元 | 160 | 60 | 40 |
| 60 | 中国香港 | | 港币 | 1500 | 500 | 300 |
| 61 | 中国澳门 | | 港币 | 1200 | 500 | 300 |

续表

| 序号 | 国家(地区) | 城市 | 币种 | 住宿费（每人每天） | 伙食费（每人每天） | 公杂费（每人每天） |
|---|---|---|---|---|---|---|
| 62 | 中国台湾 | | 美元 | 150 | 60 | 40 |
| 二、非洲 | | | | | | |
| 63 | 马达加斯加 | 塔那那利佛 | 美元 | 130 | 38 | 30 |
| 64 | | 塔马塔夫 | 美元 | 100 | 38 | 30 |
| 65 | | 其他城市 | 美元 | 90 | 38 | 30 |
| 66 | 喀麦隆 | | 美元 | 120 | 50 | 35 |
| 67 | 多哥 | | 美元 | 110 | 48 | 35 |
| 68 | 科特迪瓦 | | 美元 | 120 | 50 | 35 |
| 69 | 摩洛哥 | | 美元 | 130 | 50 | 40 |
| 70 | 阿尔及利亚 | | 美元 | 180 | 55 | 35 |
| 71 | 卢旺达 | | 美元 | 130 | 32 | 30 |
| 72 | 几内亚 | | 美元 | 130 | 55 | 35 |
| 73 | 埃塞俄比亚 | | 美元 | 210 | 50 | 35 |
| 74 | 厄立特里亚 | | 美元 | 110 | 50 | 35 |
| 75 | 莫桑比克 | | 美元 | 170 | 50 | 35 |
| 76 | 塞舌尔 | | 美元 | 240 | 50 | 35 |
| 77 | 肯尼亚 | | 美元 | 195 | 50 | 35 |
| 78 | 利比亚 | | 美元 | 160 | 50 | 35 |
| 79 | 安哥拉 | | 美元 | 400 | 60 | 40 |
| 80 | 赞比亚 | | 美元 | 150 | 45 | 35 |
| 81 | 几内亚比绍 | | 美元 | 135 | 45 | 35 |
| 82 | 突尼斯 | | 美元 | 100 | 40 | 35 |
| 83 | 布隆迪 | | 美元 | 150 | 40 | 35 |
| 84 | 莱索托 | | 美元 | 100 | 35 | 30 |
| 85 | 津巴布韦 | | 美元 | 120 | 45 | 33 |
| 86 | 尼日利亚 | 阿布贾 | 美元 | 270 | 60 | 35 |
| 87 | | 拉各斯 | 美元 | 300 | 60 | 35 |
| 88 | | 其他城市 | 美元 | 250 | 60 | 35 |
| 89 | 毛里求斯 | | 美元 | 155 | 50 | 35 |
| 90 | 索马里 | | 美元 | 180 | 50 | 35 |
| 91 | 苏丹 | | 美元 | 130 | 40 | 32 |
| 92 | 贝宁 | | 美元 | 150 | 35 | 30 |
| 93 | 马里 | | 美元 | 150 | 50 | 35 |
| 94 | 乌干达 | | 美元 | 170 | 50 | 35 |

续表

| 序号 | 国家(地区) | 城市 | 币种 | 住宿费(每人每天) | 伙食费(每人每天) | 公杂费(每人每天) |
|---|---|---|---|---|---|---|
| 95 | 塞拉里昂 | | 美元 | 155 | 50 | 35 |
| 96 | 吉布提 | | 美元 | 160 | 60 | 35 |
| 97 | 塞内加尔 | | 美元 | 165 | 50 | 35 |
| 98 | 冈比亚 | | 美元 | 170 | 50 | 35 |
| 99 | 加蓬 | | 美元 | 180 | 60 | 35 |
| 100 | 中非 | | 美元 | 140 | 50 | 35 |
| 101 | 布基纳法索 | | 美元 | 140 | 50 | 35 |
| 102 | 毛里塔尼亚 | | 美元 | 130 | 55 | 35 |
| 103 | 尼日尔 | | 美元 | 145 | 50 | 35 |
| 104 | 乍得 | | 美元 | 220 | 50 | 35 |
| 105 | 赤道几内亚 | | 美元 | 200 | 50 | 35 |
| 106 | 加纳 | | 美元 | 200 | 50 | 35 |
| 107 | 坦桑尼亚 | 达累斯萨拉姆 | 美元 | 180 | 50 | 35 |
| 108 | | 桑给巴尔 | 美元 | 210 | 50 | 35 |
| 109 | | 其他城市 | 美元 | 160 | 50 | 35 |
| 110 | 刚果(金) | | 美元 | 220 | 50 | 35 |
| 111 | 刚果(布) | | 美元 | 170 | 50 | 35 |
| 112 | 埃及 | | 美元 | 170 | 50 | 35 |
| 113 | 圣多美和普林西比 | | 美元 | 170 | 50 | 35 |
| 114 | 博茨瓦纳 | | 美元 | 170 | 50 | 35 |
| 115 | 南非 | 比勒陀尼亚、约翰内斯堡 | 美元 | 170 | 50 | 35 |
| 116 | | 开普敦 | 美元 | 210 | 50 | 35 |
| 117 | | 德班 | 美元 | 150 | 50 | 35 |
| 118 | | 其他城市 | 美元 | 130 | 50 | 35 |
| 119 | 纳米比亚 | | 美元 | 140 | 35 | 30 |
| 120 | 斯威士兰 | | 美元 | 150 | 50 | 35 |
| 121 | 利比里亚 | | 美元 | 195 | 50 | 35 |
| 122 | 佛得角 | | 美元 | 120 | 50 | 35 |
| 123 | 科摩罗 | | 美元 | 120 | 40 | 35 |
| 124 | 南苏丹 | | 美元 | 160 | 40 | 32 |
| 125 | 马拉维 | | 美元 | 130 | 50 | 35 |
| 三、欧洲 | | | | | | |
| 126 | 罗马尼亚 | 布加勒斯特 | 美元 | 120 | 45 | 40 |
| 127 | | 康斯坦察 | 美元 | 90 | 50 | 40 |
| 128 | | 其他城市 | 美元 | 80 | 50 | 40 |

续表

| 序号 | 国家(地区) | 城市 | 币种 | 住宿费（每人每天） | 伙食费（每人每天） | 公杂费（每人每天） |
|---|---|---|---|---|---|---|
| 129 | 马其顿 |  | 美元 | 120 | 50 | 35 |
| 130 | 斯洛文尼亚 |  | 欧元 | 90 | 30 | 25 |
| 131 | 波黑 |  | 美元 | 100 | 40 | 35 |
| 132 | 克罗地亚 |  | 美元 | 120 | 40 | 35 |
| 133 | 阿尔巴尼亚 |  | 美元 | 150 | 35 | 30 |
| 134 | 保加利亚 |  | 美元 | 110 | 45 | 35 |
| 135 | 俄罗斯 | 莫斯科 | 美元 | 285 | 45 | 40 |
| 136 |  | 哈巴罗夫斯克 | 美元 | 200 | 45 | 40 |
| 137 |  | 叶卡捷琳堡、圣彼得堡 | 美元 | 170 | 45 | 40 |
| 138 |  | 伊尔库茨克 | 美元 | 150 | 45 | 40 |
| 139 |  | 其他城市 | 美元 | 140 | 45 | 40 |
| 140 | 立陶宛 |  | 美元 | 120 | 45 | 35 |
| 141 | 拉脱维亚 |  | 欧元 | 90 | 35 | 25 |
| 142 | 爱沙尼亚 |  | 欧元 | 90 | 35 | 25 |
| 143 | 乌克兰 | 基辅 | 美元 | 100 | 45 | 40 |
| 144 |  | 敖德萨 | 美元 | 130 | 45 | 40 |
| 145 |  | 其他城市 | 美元 | 80 | 45 | 40 |
| 146 | 阿塞拜疆 |  | 美元 | 150 | 45 | 40 |
| 147 | 亚美尼亚 |  | 美元 | 120 | 45 | 40 |
| 148 | 格鲁吉亚 |  | 美元 | 150 | 45 | 40 |
| 149 | 吉尔吉斯斯坦 | 比什凯克 | 美元 | 230 | 45 | 40 |
| 150 |  | 其他城市 | 美元 | 80 | 45 | 40 |
| 151 | 塔吉克斯坦 |  | 美元 | 210 | 45 | 40 |
| 152 | 土库曼斯坦 |  | 美元 | 120 | 45 | 40 |
| 153 | 乌兹别克斯坦 | 塔什干 | 美元 | 120 | 40 | 32 |
| 154 |  | 撒马尔罕 | 美元 | 100 | 40 | 32 |
| 155 |  | 其他城市 | 美元 | 90 | 40 | 32 |
| 156 | 白俄罗斯 |  | 美元 | 180 | 45 | 40 |
| 157 | 哈萨克斯坦 | 阿斯塔纳 | 美元 | 160 | 45 | 40 |
| 158 |  | 阿拉木图 | 美元 | 200 | 45 | 40 |
| 159 |  | 其他城市 | 美元 | 140 | 45 | 40 |
| 160 | 摩尔多瓦 |  | 美元 | 90 | 45 | 40 |

续表

| 序号 | 国家(地区) | 城市 | 币种 | 住宿费（每人每天） | 伙食费（每人每天） | 公杂费（每人每天） |
|---|---|---|---|---|---|---|
| 161 | 波兰 | 华沙 | 美元 | 150 | 50 | 40 |
| 162 | | 革但斯克 | 美元 | 130 | 50 | 40 |
| 163 | | 其他城市 | 美元 | 120 | 50 | 40 |
| 164 | 德国 | 柏林、汉堡 | 欧元 | 150 | 60 | 38 |
| 165 | | 慕尼黑 | 欧元 | 130 | 60 | 38 |
| 166 | | 法兰克福 | 欧元 | 180 | 60 | 38 |
| 167 | | 其他城市 | 欧元 | 120 | 60 | 38 |
| 168 | 荷兰 | 海牙 | 欧元 | 150 | 60 | 38 |
| 169 | | 阿姆斯特丹 | 欧元 | 170 | 60 | 38 |
| 170 | | 其他城市 | 欧元 | 130 | 60 | 38 |
| 171 | 意大利 | 罗马 | 欧元 | 160 | 65 | 38 |
| 172 | | 米兰 | 欧元 | 140 | 65 | 38 |
| 173 | | 佛罗伦萨 | 欧元 | 120 | 65 | 38 |
| 174 | | 其他城市 | 欧元 | 110 | 65 | 38 |
| 175 | 比利时 | | 欧元 | 160 | 60 | 38 |
| 176 | 奥地利 | | 欧元 | 140 | 60 | 38 |
| 177 | 希腊 | | 欧元 | 110 | 55 | 35 |
| 178 | 法国 | 巴黎 | 欧元 | 150 | 60 | 40 |
| 179 | | 马赛、斯特拉斯堡、尼斯、里昂 | 欧元 | 130 | 60 | 40 |
| 180 | | 其他城市 | 欧元 | 120 | 60 | 40 |
| 181 | 西班牙 | | 欧元 | 125 | 60 | 38 |
| 182 | 卢森堡 | | 欧元 | 160 | 55 | 38 |
| 183 | 爱尔兰 | | 欧元 | 120 | 60 | 38 |
| 184 | 葡萄牙 | | 欧元 | 130 | 60 | 38 |
| 185 | 芬兰 | | 欧元 | 145 | 60 | 40 |
| 186 | 捷克 | | 美元 | 160 | 45 | 50 |
| 187 | 斯洛伐克 | | 欧元 | 90 | 35 | 30 |
| 188 | 匈牙利 | | 美元 | 180 | 45 | 45 |
| 189 | 瑞典 | | 美元 | 280 | 80 | 50 |
| 190 | 丹麦 | | 美元 | 200 | 80 | 50 |
| 191 | 挪威 | | 美元 | 200 | 80 | 50 |
| 192 | 瑞士 | | 美元 | 200 | 70 | 50 |
| 193 | 冰岛 | | 美元 | 200 | 65 | 50 |
| 194 | 马耳他 | | 欧元 | 90 | 38 | 25 |

续表

| 序号 | 国家(地区) | 城市 | 币种 | 住宿费（每人每天） | 伙食费（每人每天） | 公杂费（每人每天） |
|---|---|---|---|---|---|---|
| 195 | 塞尔维亚 | | 美元 | 120 | 40 | 30 |
| 196 | 黑山 | | 欧元 | 90 | 30 | 22 |
| 197 | 英国 | 伦敦 | 英镑 | 160 | 45 | 35 |
| 198 | | 曼彻斯特、爱丁堡 | 英镑 | 140 | 45 | 35 |
| 199 | | 其他城市 | 英镑 | 125 | 45 | 35 |
| 四、美洲 | | | | | | |
| 200 | 美国 | 华盛顿 | 美元 | 210 | 55 | 45 |
| 201 | | 旧金山 | 美元 | 250 | 55 | 45 |
| 202 | | 休斯敦 | 美元 | 180 | 55 | 45 |
| 203 | | 波士顿 | 美元 | 230 | 55 | 45 |
| 204 | | 纽约 | 美元 | 245 | 55 | 45 |
| 205 | | 芝加哥 | 美元 | 220 | 55 | 45 |
| 206 | | 洛杉矶 | 美元 | 200 | 55 | 45 |
| 207 | | 夏威夷 | 美元 | 195 | 55 | 45 |
| 208 | | 其他城市 | 美元 | 160 | 55 | 45 |
| 209 | 加拿大 | 渥太华、多伦多、卡尔加里、蒙特利尔 | 美元 | 210 | 55 | 45 |
| 210 | | 温哥华 | 美元 | 240 | 55 | 45 |
| 211 | | 其他城市 | 美元 | 190 | 55 | 45 |
| 212 | 墨西哥 | 墨西哥 | 美元 | 150 | 50 | 45 |
| 213 | | 蒂华纳 | 美元 | 120 | 50 | 45 |
| 214 | | 其他城市 | 美元 | 100 | 50 | 45 |
| 215 | 巴西 | 巴西利亚 | 美元 | 160 | 50 | 45 |
| 216 | | 圣保罗 | 美元 | 240 | 50 | 45 |
| 217 | | 里约热内卢 | 美元 | 260 | 50 | 45 |
| 218 | | 其他城市 | 美元 | 150 | 50 | 45 |
| 219 | 牙买加 | | 美元 | 160 | 50 | 45 |
| 220 | 特立尼达和多巴哥 | | 美元 | 180 | 50 | 45 |
| 221 | 厄瓜多尔 | | 美元 | 120 | 40 | 32 |
| 222 | 阿根廷 | | 美元 | 130 | 50 | 45 |
| 223 | 乌拉圭 | | 美元 | 135 | 50 | 45 |

续表

| 序号 | 国家(地区) | 城市 | 币种 | 住宿费（每人每天） | 伙食费（每人每天） | 公杂费（每人每天） |
|---|---|---|---|---|---|---|
| 224 | 智利 | 圣地亚哥 | 美元 | 135 | 47 | 45 |
| 225 | | 伊基克 | 美元 | 120 | 47 | 45 |
| 226 | | 安托法加斯塔、阿里卡 | 美元 | 110 | 47 | 45 |
| 227 | | 其他城市 | 美元 | 100 | 47 | 45 |
| 228 | 哥伦比亚 | 波哥大 | 美元 | 190 | 40 | 35 |
| 229 | | 麦德林 | 美元 | 110 | 40 | 35 |
| 230 | | 卡塔赫纳 | 美元 | 120 | 40 | 35 |
| 231 | | 其他城市 | 美元 | 100 | 40 | 35 |
| 232 | 巴巴多斯 | | 美元 | 250 | 60 | 45 |
| 233 | 圭亚那 | | 美元 | 160 | 50 | 45 |
| 234 | 古巴 | | 美元 | 135 | 40 | 37 |
| 235 | 巴拿马 | | 美元 | 135 | 45 | 45 |
| 236 | 格林纳达 | | 美元 | 190 | 45 | 45 |
| 237 | 安提瓜和巴布达 | | 美元 | 150 | 60 | 45 |
| 238 | 秘鲁 | | 美元 | 140 | 40 | 40 |
| 239 | 玻利维亚 | | 美元 | 110 | 36 | 30 |
| 240 | 尼加拉瓜 | | 美元 | 120 | 45 | 45 |
| 241 | 苏里南 | | 美元 | 110 | 50 | 45 |
| 242 | 委内瑞拉 | | 美元 | 230 | 45 | 45 |
| 243 | 海地 | | 美元 | 180 | 45 | 43 |
| 244 | 波多黎各 | | 美元 | 150 | 45 | 45 |
| 245 | 多米尼加 | | 美元 | 150 | 45 | 45 |
| 246 | 多米尼克 | | 美元 | 120 | 45 | 45 |
| 247 | 巴哈马 | | 美元 | 220 | 45 | 45 |
| 248 | 圣卢西亚 | | 美元 | 200 | 45 | 45 |
| 249 | 阿鲁巴岛 | | 美元 | 200 | 45 | 45 |
| 250 | 哥斯达黎加 | | 美元 | 120 | 45 | 40 |
| 五、大洋洲及太平洋岛屿 | | | | | | |
| 251 | 澳大利亚 | 堪培拉、帕斯、布里斯班 | 美元 | 180 | 60 | 50 |
| 252 | | 墨尔本、悉尼 | 美元 | 200 | 60 | 50 |
| 253 | | 其他城市 | 美元 | 160 | 60 | 50 |
| 254 | 新西兰 | | 美元 | 180 | 60 | 45 |
| 255 | 萨摩亚 | | 美元 | 170 | 47 | 45 |

续表

| 序号 | 国家(地区) | 城市 | 币种 | 住宿费（每人每天） | 伙食费（每人每天） | 公杂费（每人每天） |
|---|---|---|---|---|---|---|
| 256 | 斐济 | 苏瓦 | 美元 | 190 | 45 | 50 |
| 257 | | 楠迪 | 美元 | 120 | 45 | 50 |
| 258 | | 其他城市 | 美元 | 110 | 45 | 50 |
| 259 | 巴布亚新几内亚 | | 美元 | 350 | 55 | 50 |
| 260 | 密克罗尼西亚 | | 美元 | 120 | 40 | 30 |
| 261 | 马绍尔群岛 | | 美元 | 120 | 55 | 35 |
| 262 | 瓦努阿图 | | 美元 | 150 | 55 | 35 |
| 263 | 基里巴斯 | | 美元 | 195 | 55 | 35 |
| 264 | 汤加 | | 美元 | 160 | 60 | 35 |
| 265 | 帕劳 | | 美元 | 180 | 60 | 35 |
| 266 | 库克群岛 | | 美元 | 180 | 60 | 35 |
| 267 | 所罗门群岛 | | 美元 | 200 | 60 | 35 |
| 268 | 法属留尼汪 | | 美元 | 140 | 60 | 35 |
| 269 | 法属波利尼西亚 | | 美元 | 240 | 60 | 35 |

**附表二：**

**因公短期出国培训费开支标准表**

| 序号 | 国家(地区) | 币种 | 培训费(每人每天) |
|---|---|---|---|
| | 亚洲 | | |
| 1 | 韩国 | 美元 | 80 |
| 2 | 日本 | 日元 | 8400 |
| 3 | 印度 | 美元 | 51 |
| 4 | 以色列 | 美元 | 65 |
| 5 | 泰国 | 美元 | 41 |
| 6 | 新加坡 | 美元 | 80 |
| 7 | 中国香港 | 港币 | 500 |
| | 欧洲 | | |
| 8 | 德国 | 欧元 | 66 |
| 9 | 英国 | 英镑 | 56 |
| 10 | 荷兰 | 欧元 | 57 |
| 11 | 瑞典 | 美元 | 90 |
| 12 | 丹麦 | 美元 | 79 |
| 13 | 挪威 | 美元 | 90 |

续表

| 序号 | 国家(地区) | 币种 | 培训费(每人每天) |
|---|---|---|---|
| 14 | 意大利 | 欧元 | 48 |
| 15 | 比利时 | 欧元 | 67 |
| 16 | 奥地利 | 欧元 | 48 |
| 17 | 瑞士 | 美元 | 95 |
| 18 | 法国 | 欧元 | 60 |
| 19 | 西班牙 | 欧元 | 48 |
| 20 | 芬兰 | 欧元 | 66 |
| 21 | 爱尔兰 | 欧元 | 59 |
| 22 | 匈牙利 | 美元 | 63 |
| 23 | 俄罗斯 | 美元 | 67 |
| 美洲 | | | |
| 24 | 美国 | 美元 | 87 |
| 25 | 加拿大 | 美元 | 80 |
| 26 | 巴西 | 美元 | 65 |
| 大洋洲 | | | |
| 27 | 澳大利亚 | 美元 | 86 |
| 28 | 新西兰 | 美元 | 81 |
| 非洲 | | | |
| 29 | 南非 | 美元 | 65 |

**附表三:**

**国家公派留学人员奖学金标准**

单位:外币元/(人·月)

| 序号 | 国家和地区 | 币种 | 高级研究者 | 访问学者 | 研究生 | 本科生 |
|---|---|---|---|---|---|---|
| 一、大洋洲 | | | | | | |
| 1 | 澳大利亚 | 澳元 | 2100 | 1800 | 1700 | 1600 |
| 2 | 新西兰 | 新元 | 2200 | 2000 | 1900 | 1700 |
| 二、非洲 | | | | | | |
| 3 | 阿尔及利亚 | 美元 | 1100 | 600 | 550 | 500 |
| 4 | 埃及 | 美元 | 1100 | 760 | 720 | 620 |
| 5 | 布隆迪 | 美元 | 1100 | 600 | 550 | 500 |
| 6 | 肯尼亚 | 美元 | 1100 | 600 | 550 | 500 |
| 7 | 摩洛哥 | 美元 | 1100 | 600 | 550 | 500 |
| 8 | 莫桑比克 | 美元 | 1100 | 600 | 550 | 500 |

续表

| 序号 | 国家和地区 | 币种 | 高级研究者 | 访问学者 | 研究生 | 本科生 |
|---|---|---|---|---|---|---|
| 9 | 南非 | 美元 | 1100 | 760 | 720 | 620 |
| 10 | 尼日利亚 | 美元 | 1100 | 600 | 550 | 500 |
| 11 | 塞内加尔 | 美元 | 1100 | 600 | 550 | 500 |
| 12 | 坦桑尼亚 | 美元 | 1100 | 600 | 550 | 500 |
| 13 | 突尼斯 | 美元 | 1100 | 600 | 550 | 500 |
| 14 | 埃塞俄比亚 | 美元 | 1100 | 600 | 550 | 500 |
| 15 | 安哥拉 | 美元 | 1100 | 600 | 550 | 500 |
| 16 | 贝宁 | 美元 | 1100 | 600 | 550 | 500 |
| 17 | 博茨瓦纳 | 美元 | 1100 | 600 | 550 | 500 |
| 18 | 赤道几内亚 | 美元 | 1100 | 600 | 550 | 500 |
| 19 | 多哥 | 美元 | 1100 | 600 | 550 | 500 |
| 20 | 厄立特里亚 | 美元 | 1100 | 600 | 550 | 500 |
| 21 | 佛得角 | 美元 | 1100 | 600 | 550 | 500 |
| 22 | 刚果(布) | 美元 | 1100 | 600 | 550 | 500 |
| 23 | 刚果(金) | 美元 | 1100 | 600 | 550 | 500 |
| 24 | 吉布提 | 美元 | 1100 | 600 | 550 | 500 |
| 25 | 几内亚 | 美元 | 1100 | 600 | 550 | 500 |
| 26 | 加纳 | 美元 | 1100 | 600 | 550 | 500 |
| 27 | 加蓬 | 美元 | 1100 | 600 | 550 | 500 |
| 28 | 津巴布韦 | 美元 | 1100 | 600 | 550 | 500 |
| 29 | 喀麦隆 | 美元 | 1100 | 600 | 550 | 500 |
| 30 | 科摩罗 | 美元 | 1100 | 600 | 550 | 500 |
| 31 | 科特迪瓦 | 美元 | 1100 | 600 | 550 | 500 |
| 32 | 利比亚 | 美元 | 1100 | 600 | 550 | 500 |
| 33 | 马达加斯加 | 美元 | 1100 | 600 | 550 | 500 |
| 34 | 马里 | 美元 | 1100 | 600 | 550 | 500 |
| 35 | 毛里求斯 | 美元 | 1100 | 600 | 550 | 500 |
| 36 | 纳米比亚 | 美元 | 1100 | 600 | 550 | 500 |
| 37 | 尼日尔 | 美元 | 1100 | 600 | 550 | 500 |
| 38 | 苏丹 | 美元 | 1100 | 600 | 550 | 500 |
| 39 | 赞比亚 | 美元 | 1100 | 600 | 550 | 500 |
| 40 | 乍得 | 美元 | 1100 | 600 | 550 | 500 |
| 三、美洲 | | | | | | |
| 41 | 美国(一类地区) | 美元 | 2000 | 1800 | 1700 | 1600 |
| | 美国(二类地区) | 美元 | 2000 | 1700 | 1600 | 1500 |
| | 美国(三类地区) | 美元 | 2000 | 1400 | 1300 | 1200 |
| 42 | 加拿大 | 加元 | 2600 | 1700 | 1600 | 1500 |
| 43 | 哥伦比亚 | 美元 | 1100 | 600 | 550 | 500 |

续表

| 序号 | 国家和地区 | 币种 | 高级研究者 | 访问学者 | 研究生 | 本科生 |
|---|---|---|---|---|---|---|
| 44 | 墨西哥 | 美元 | 1100 | 600 | 550 | 500 |
| 45 | 古巴 | 美元 | 1100 | 600 | 550 | 500 |
| 46 | 巴西 | 美元 | 1100 | 600 | 550 | 500 |
| 47 | 智利 | 美元 | 1100 | 600 | 550 | 500 |
| 48 | 哥斯达黎加 | 美元 | 1100 | 600 | 550 | 500 |
| 49 | 阿根廷 | 美元 | 1100 | 600 | 550 | 500 |
| 四、欧洲 | | | | | | |
| 50 | 阿尔巴尼亚 | 美元 | 1100 | 700 | 600 | 500 |
| 51 | 阿塞拜疆 | 美元 | 1100 | 700 | 600 | 500 |
| 52 | 爱尔兰 | 欧元 | 1800 | 1300 | 1200 | 1000 |
| 53 | 爱沙尼亚 | 美元 | 1100 | 800 | 700 | 600 |
| 54 | 奥地利 | 欧元 | 1800 | 1300 | 1200 | 1000 |
| 55 | 白俄罗斯 | 美元 | 1150 | 800 | 700 | 600 |
| 56 | 保加利亚 | 美元 | 1100 | 800 | 700 | 600 |
| 57 | 比利时 | 欧元 | 1800 | 1300 | 1200 | 1000 |
| 58 | 波兰 | 美元 | 1400 | 950 | 800 | 650 |
| 59 | 丹麦 | 克朗 | 12000 | 9500 | 8500 | 7500 |
| 60 | 德国 | 欧元 | 1800 | 1300 | 1200 | 1000 |
| 61 | 俄罗斯 | 美元 | 1400 | 1100 | 950 | 800 |
| 62 | 法国 | 欧元 | 1800 | 1300 | 1200 | 1000 |
| 63 | 芬兰 | 欧元 | 1800 | 1300 | 1200 | 1000 |
| 64 | 格鲁吉亚 | 美元 | 1100 | 700 | 600 | 500 |
| 65 | 哈萨克斯坦 | 美元 | 1100 | 700 | 600 | 500 |
| 66 | 荷兰 | 欧元 | 1800 | 1300 | 1200 | 1000 |
| 67 | 塔吉克斯坦 | 美元 | 1100 | 700 | 600 | 500 |
| 68 | 吉尔吉斯斯坦 | 美元 | 1100 | 700 | 600 | 500 |
| 69 | 捷克 | 美元 | 1100 | 700 | 600 | 500 |
| 70 | 克罗地亚 | 美元 | 1100 | 700 | 600 | 500 |
| 71 | 拉脱维亚 | 美元 | 1100 | 700 | 600 | 500 |
| 72 | 立陶宛 | 美元 | 1100 | 700 | 600 | 500 |
| 73 | 罗马尼亚 | 美元 | 1100 | 700 | 600 | 500 |
| 74 | 马其顿 | 美元 | 1100 | 700 | 600 | 500 |
| 75 | 摩尔多瓦 | 美元 | 1100 | 700 | 600 | 500 |
| 76 | 塞尔维亚 | 美元 | 1100 | 700 | 600 | 500 |
| 77 | 挪威 | 克朗 | 13000 | 11000 | 9800 | 8000 |

续表

| 序号 | 国家和地区 | 币种 | 高级研究者 | 访问学者 | 研究生 | 本科生 |
|---|---|---|---|---|---|---|
| 78 | 葡萄牙 | 欧元 | 1800 | 1100 | 1000 | 800 |
| 79 | 瑞典 | 克朗 | 15000 | 13000 | 12000 | 10000 |
| 80 | 瑞士 | 瑞郎 | 2500 | 2000 | 1900 | 1700 |
| 81 | 斯洛伐克 | 美元 | 1100 | 700 | 600 | 500 |
| 82 | 斯洛文尼亚 | 美元 | 1100 | 800 | 700 | 600 |
| 83 | 土库曼斯坦 | 美元 | 1100 | 700 | 600 | 500 |
| 84 | 乌克兰 | 美元 | 1150 | 800 | 700 | 600 |
| 85 | 乌兹别克 | 美元 | 1100 | 700 | 600 | 500 |
| 86 | 西班牙 | 欧元 | 1800 | 1100 | 1000 | 800 |
| 87 | 希腊 | 欧元 | 1800 | 1100 | 1000 | 800 |
| 88 | 匈牙利 | 美元 | 1100 | 800 | 700 | 600 |
| 89 | 亚美尼亚 | 美元 | 1100 | 700 | 600 | 500 |
| 90 | 意大利 | 欧元 | 1800 | 1100 | 1000 | 800 |
| 91 | 英国（伦敦地区） | 英镑 | 1400 | 1150 | 1100 | 950 |
|  | 英国（其他地区） | 英镑 | 1400 | 1000 | 950 | 850 |
| 92 | 冰岛 | 欧元 | 1800 | 1100 | 1000 | 800 |
| 93 | 塞浦路斯 | 欧元 | 1800 | 1100 | 1000 | 800 |
| 94 | 马其他 | 欧元 | 1800 | 1100 | 1000 | 800 |
| 95 | 卢森堡 | 欧元 | 1800 | 1300 | 1200 | 1000 |
| 五、亚洲 |  |  |  |  |  |  |
| 96 | 韩国 | 美元 | 2000 | 1400 | 1300 | 1100 |
| 97 | 日本 | 日元 | 200000 | 160000 | 150000 | 130000 |
| 98 | 泰国 | 美元 | 1100 | 600 | 550 | 500 |
| 99 | 阿联酋 | 美元 | 1100 | 900 | 800 | 700 |
| 100 | 巴基斯坦 | 美元 | 1100 | 600 | 550 | 500 |
| 101 | 朝鲜 | 美元 | 1100 | 600 | 550 | 500 |
| 102 | 菲律宾 | 美元 | 1100 | 600 | 550 | 500 |
| 103 | 卡塔尔 | 美元 | 1100 | 750 | 700 | 600 |
| 104 | 科威特 | 美元 | 1100 | 750 | 700 | 600 |
| 105 | 老挝 | 美元 | 1100 | 600 | 550 | 500 |
| 106 | 马来西亚 | 美元 | 1100 | 600 | 550 | 500 |
| 107 | 蒙古 | 美元 | 1100 | 600 | 550 | 500 |
| 108 | 孟加拉国 | 美元 | 1100 | 600 | 550 | 500 |
| 109 | 缅甸 | 美元 | 1100 | 600 | 550 | 500 |
| 110 | 尼泊尔 | 美元 | 1100 | 600 | 550 | 500 |

续表

| 序号 | 国家和地区 | 币种 | 高级研究者 | 访问学者 | 研究生 | 本科生 |
|---|---|---|---|---|---|---|
| 111 | 斯里兰卡 | 美元 | 1100 | 600 | 550 | 500 |
| 112 | 土耳其 | 美元 | 1100 | 600 | 550 | 500 |
| 113 | 新加坡 | 新元 | 2200 | 2100 | 2000 | 1800 |
| 114 | 叙利亚 | 美元 | 1100 | 600 | 550 | 500 |
| 115 | 也门 | 美元 | 1100 | 600 | 550 | 500 |
| 116 | 伊朗 | 美元 | 1100 | 600 | 550 | 500 |
| 117 | 以色列 | 美元 | 1200 | 1000 | 900 | 800 |
| 118 | 印度 | 美元 | 1100 | 600 | 550 | 500 |
| 119 | 印度尼西亚 | 美元 | 1100 | 600 | 550 | 500 |
| 120 | 约旦 | 美元 | 1100 | 600 | 550 | 500 |
| 121 | 越南 | 美元 | 1100 | 600 | 550 | 500 |
| 122 | 阿曼 | 美元 | 1100 | 600 | 550 | 500 |
| 123 | 巴林 | 美元 | 1100 | 600 | 550 | 500 |
| 124 | 柬埔寨 | 美元 | 1100 | 600 | 550 | 500 |
| 125 | 黎巴嫩 | 美元 | 1100 | 600 | 550 | 500 |
| 126 | 马尔代夫 | 美元 | 1100 | 600 | 550 | 500 |
| 127 | 沙特阿拉伯 | 美元 | 1100 | 900 | 800 | 700 |
| 128 | 伊拉克 | 美元 | 1100 | 600 | 550 | 500 |
| 129 | 文莱 | 美元 | 1100 | 600 | 550 | 500 |

——本文摘录自《关于印发〈厦门大学出国(境)差旅费管理办法〉的通知》,厦大财〔2016〕51号,档号2017-XZ18-9

# 厦门大学会议费管理办法

（2016年8月31日）

## 第一章　总　则

第一条　为进一步加强和规范学校会议费管理，根据《中共中央办公厅　国务院办公厅印发〈关于进一步完善中央财政科研项目资金管理等政策的若干意见〉》（中办发〔2016〕50号）等有关文件和要求，结合学校实际情况，特制定本办法。

第二条　本办法适用于学校举办（含主办、承办）的各类会议、论坛，包括国内业务会议、国内管理会议、在华举办国际会议。

（一）国内业务会议是指因教学、科研业务需要举办的业务性会议，包括学术会议、学术论坛、研讨会、评审会、座谈会、答辩会等。

（二）国内管理会议是指除国内业务会议之外的其他国内会议。

（三）在华举办国际会议是指报经教育部外事部门批准的，在我国境内举办的、正式会议代表来自3个或3个以上国家和地区（不含港澳台地区）的会议。

第三条　严格控制国内管理会议数量和规模。召开业务会议应按照实事求是、精简高效、厉行节约的原则，根据教学科研活动的需求确定会议数量、会期和人数。

第四条　各单位应将会议费纳入年度预算，严格会议费预算管理，控制会议费预算规模。

## 第二章　会议组织管理

第五条　严格执行会议审批制度，控制会议数量。各单位应事先将会议申请（包括会议名称、会议类型、会议内容、时间地点、参会人员范围及工作人员数量、会议费预算表及列支渠道等）按以下流程送审后方可执行：

（一）国内业务会议

1.学院（研究院）举办的教学、科研业务会议

会期在2天以内且参会人数不超过50人的由学院（研究院）负责审批，超过的须经主管部门审批：教学业务会议由教学主管部门审批，科研业务会议由科研主管部门审批。

2.职能部门举办的教学、科研业务会议

职能部门举办的教学、科研业务会议由分管校领导审批。

（二）国内管理会议

职能部门举办国内管理会议由分管校领导审批。

（三）在华举办国际会议

各单位举办国际会议除了按上述程序报批外还应按照国际合作与交流处要求提前三个月履行有关审批手续。

第六条　属于《厦门大学关于加强形势报告会和哲学社会科学报告会、研讨会、讲座、论坛管理的暂行办法》（厦大委综〔2014〕7号）中规定必须报批的会议，应按相关办法执行。会议费报销时应附会议审批文件。

第七条　各单位不得未经审批擅自以学校名义对外承办(承接)各类会议。已审批准予对外承办(承接)的会议按照"谁承办(承接),谁负责;谁批准,谁监督"的原则,由具体承办(承接)单位负责各项会务工作。

第八条　严格控制会议会期和规模,会期和人数根据实际工作需要,从严确定。外地代表会议报到和离开的时间,合计不得超过2天。严格控制工作人员数量。

第九条　各单位召开会议应当改进会议形式,充分运用电视电话、网络视频等现代信息技术手段,降低会议成本,提高会议效率。

第十条　不能够采用电视电话、网络视频的会议原则上安排在学校内部会议室、礼堂、宾馆、招待所、培训中心等。因工作需要必须在校外召开的,可根据政府采购管理的范围和工作的实际情况,选择具有中央或地方会议定点资格的定点饭店召开。会议定点场所信息可在党政机关会议定点场所管理系统中查询(http://meeting.mof.gov.cn/portal)。因委托方或合作方指定办会地点等特殊原因,需在校外非定点饭店召开的应说明情况并提供有效证明报业务主管部门审批。

第十一条　参会人员以在厦单位为主(超过50%为在厦单位人员)的会议原则上应在厦门市内召开,确需到厦门市外召开的,应报业务主管部门和分管校领导审批。任何单位不得到私人会所,党中央、国务院明令禁止的风景名胜区召开会议。

第十二条　会议召开所在地代表原则上不安排住宿,但住址与会议地点距离较远、往返时间较长,影响参会质量的可以安排住宿。

第十三条　严禁各单位借会议名义组织会餐或安排宴请;严禁套取会议费设立"小金库";严禁在会议费中列支公务接待费。会议用餐应严格控制菜品种类、数量和分量,严禁提供高档菜肴,不上烟酒。

第十四条　不得使用会议费购置电脑、复印机、打印机、传真机等固定资产以及开支与本次会议无关的其他费用;不得组织会议代表旅游和与会议无关的参观;严禁组织高消费娱乐、健身活动;严禁以任何名义发放纪念品;不得额外配发洗漱用品。

第十五条　除涉及国家秘密事项外,会议费应实行学院(研究院)内部公示制度,公示内容包括会议名称、主要内容、参会人数、支出情况等。

## 第三章　会议费开支范围、标准和报销管理

第十六条　各单位应严格按照会议费开支标准,结合会议实际情况科学编制会议费预算表。会议费预算要细化到具体会议项目,执行中会议总预算原则上不得突破。

第十七条　会议费开支范围包括住宿费、伙食费、会议室租金、交通费、文件印刷费、办公文具、医药费等;国际会议可开支同声传译翻译费、同声传译设备租金费用。

交通费是指用于会议代表接送站以及会议统一组织的代表考察、调研等发生的交通支出。

第十八条　会议费开支实行综合定额控制,综合定额标准是会议费开支的上限,各项费用之间可以调剂使用,在综合定额控制内据实报销。会议费综合定额标准如下:

单位:元/(人·天)

| 会议类别 | 住宿费 | 伙食费 | 其他费用 | 合　计 |
|---|---|---|---|---|
| 国内业务会议 | 500 | 150 | 100 | 750 |
| 国内管理会议 | 340 | 130 | 80 | 550 |
| 在华举办国际会议 | 700 | 200 | 300 | 1200 |

(一)其他费用包括会议室租金、交通费、文件印刷费、办公文具、医药费等。

(二)无校外参会代表的小型会议(会期在2天以内且参会人数不超过50人)原则上不安排住宿,会

议费实行伙食费 60 元/(人·天),其他费用 80 元/(人·天),合计 140 元/(人·天)的定额标准。

(三)各类会议应按照定额控制标准执行,超标准部分不予报销。使用以公开竞争方式从校外取得的科研经费办会,如有特殊情况,应在申报会议预算表时提出书面说明,报业务主管部门审批。

(四)不安排住宿的会议,综合定额按照扣除住宿费后的定额标准执行,住宿费不能调剂使用;不安排就餐的会议,综合定额按照扣除伙食费后的定额标准执行,伙食费不能调剂使用。

(五)会议费综合定额标准根据物价等因素进行动态调整。

第十九条 下列费用纳入会议费预算,但不计入会议费综合控制定额,从相应的科目中据实列支:

(一)会议代表参加会议发生的旅费,原则上回单位报销。对确因工作需要,邀请专家、学者和有关人员参加会议所发生的城市间交通费、国际旅费,可对照学校相应的标准在差旅费和外籍专家费用中报销。

(二)会议举办者根据需要,向邀请参会专家发放的咨询费、讲课费和会务工作人员劳务费,会议论文出版费等按有关规定执行。

(三)国际会议发生的同声传译翻译费、同声传译设备租金在额度内据实报销。

1.使用联合国官方语言的同声传译人员,翻译费每人每天不高于 5000 元;使用联合国官方语言以外的其他语种同声传译人员,翻译费每人每天不高于 6000 元。笔译费用每千字不高于 200 元。

2.同声传译设备租金的人均定额标准不高于每天 100 元。

第二十条 对于全部使用财政拨款举办的会议,不得再向参会人员收取费用。对于使用多种资金渠道举办的会议,按照成本补偿的原则或国际会议惯例,各单位可以适当向参会人员收取会议费。收取会议费的标准应在会议费预算表列明,收取的费用应全部纳入学校财务统一管理,列"其他收入"科目。会议报销应优先使用收取的会议费。会议费报销后如有结余,转入各单位公用经费用于补充教学、科研支出。

第二十一条 各单位在会议开始前可办理会议费预支手续。会议结束后,预支的会议经费如有结余,应及时转回学校,不得滞留在学校之外。预支会议费应提供:

(一)会议审批文件;

(二)会议通知;

(三)会议预算表;

(四)举办国际会议的还需提供教育部批准办会的文件。

第二十二条 会议费报销应按会议费预算表执行。如因特殊情况,实际支出超出预算的,须提出书面申请报审批单位同意后方可报销。

第二十三条 各单位在会议结束后应当及时办理报销手续,原则上要求一次性报销完毕。会议费报销时应当提供:

(一)会议审批文件;

(二)会议通知;

(三)会议预算表和会议决算表;

(四)实际参会人员签到表(如无法提供签到表,可提供参会人员名单、联系方式);

(五)会议服务单位提供的发票、费用明细单据等资料;

(六)举办国际会议的还需提供教育部批准办会的文件。

第二十四条 大规模会议确因工作需要,可委托具有相应资质的会议公司代办会议。委托单位应与会议公司签订合同,据实结算。收取的会议费应遵循"收支两条线"的原则,全部上交学校财务统一管理,不得"坐支"。报销时除了第二十三条规定的资料外,还应提供合同(协议)、会议收支结算表、实际住宿清单等资料作为报销凭据,在规定标准内报销。

第二十五条 会议费的支付应当严格按照国库集中支付制度和公务卡管理制度的有关规定执行,以银行转账或公务卡方式结算。

## 第四章　监督检查和责任追究

第二十六条　会议举办者是会议费的直接负责人，对会议费使用的合规性、合理性、真实性和相关性承担直接责任。会议举办者应了解并遵守有关财经法律法规和会议费管理制度，依法、据实报销会议费。

第二十七条　各单位负责人对本单位所举办会议涉及的经济事项负有管理和监督责任。各单位应当建立健全本单位会议审批制度、会议费使用内控制度和会议公示制度，严格控制会议数量、会期、规模，注重会议质量，提高会议效率。各单位应自觉接受各级审计部门的监督检查。

第二十八条　学校纪律检查委员会、监察处、审计处会同有关部门，负责对各单位会议管理和会议费使用情况进行监督检查，并依法依规进行处理。

## 第五章　附　则

第二十九条　承办上级部门、人民团体、学会、协会委托召开的会议，按上级部门的委托计划(或会议通知)或团体、学会、协会章程及其相关规定执行，无明确规定的，按本办法执行。

第三十条　本办法由财务处负责解释。

第三十一条　本办法从发布之日起执行。

——本文摘录自《关于印发〈厦门大学会议费管理办法〉的通知》，厦大财〔2016〕52号，档号2017-XZ18-9

# 厦门大学储备辅导员选聘与管理暂行办法

（2016年9月9日）

## 第一章 总 则

第一条 为建设一支与世界一流大学相适应的高素质辅导员队伍，并为学校储备高素质青年干部人才，决定每年从我校推免硕士研究生新生中遴选一批政治坚定、作风过硬、素质全面的学生担任储备辅导员。为做好储备辅导员的选聘、管理、培养、考核工作，特制定本办法。

第二条 学校辅导员选聘工作领导小组负责储备辅导员选聘工作的政策制定和组织实施，人事处和学生工作部（处）共同负责政策制定的具体工作，学生工作部（处）负责储备辅导员选聘、培养、管理和考核工作各环节的具体实施，其他成员单位共同参与各项工作并做好监督。

第三条 储备辅导员每年选聘人数由学生工作部（处）根据当年辅导员空缺情况提出方案，报学校辅导员选聘工作领导小组研究决定。选聘人数原则上每年不超过10人。

第四条 储备辅导员不占用人单位的辅导员岗位。

## 第二章 选聘条件

第五条 储备辅导员从我校推免硕士研究生新生中选聘，具体条件如下：

1.中共党员或中共预备党员，政治立场坚定。

2.对师生有深厚的感情，热心为学校师生服务。

3.本科期间担任过党支部书记、班长、团支部书记、校院两级学生组织部部长及以上主要学生干部或公益社等学校重点扶持的学生社团负责人，且有工作实绩，学业成绩优良（具体组织类型、担任职务、报名资格等由学校辅导员选聘工作领导小组研究确定）。

4.具有高度的事业心和责任感、健康的体魄和良好的心理素质。

5.善于沟通，有较强的亲和力和感染力。

6.年龄不超过25周岁（截至本科毕业当年6月30日）。

## 第三章 选聘程序

第六条 储备辅导员选聘程序：

1.发布选聘通知。学生工作部（处）发布选聘通知，发动各学院辅导员对选聘工作进行宣传，鼓励推免硕士研究生申报储备辅导员岗位。

2.资格筛选。学生工作部（处）根据选聘条件对申报人员进行资格审查。

3.笔试。人事处参照专职辅导员招聘办法组织对通过资格筛选的申报人员进行笔试。

4.面试、英语测试。学生工作部（处）组织面试专家组对通过笔试的申报人员进行面试、英语口语测试。

5.人选方案。根据面试成绩、英语测试成绩，学生工作部（处）提出人选方案，经学校辅导员选聘工作领导小组审核后报送校领导审批。

6.政审。学生工作部（处）按照政审有关要求通过有关渠道进行政治审查。

7.体检。由人事处组织拟聘用人选进行体检。体检不合格的,可到医院进行复检,复检不合格的,取消资格,递补备选人选。

8.公示。确定后的储备辅导员名单在学生工作部(处)主页上公示5个工作日。

9.签订协议。公示无异议后,由学生工作部(处)、用人单位、储备辅导员三方签订劳务协议。

10.培训与上岗。培训分为岗前培训和业务培训两类,岗前培训由学生工作部(处)组织进行,业务培训由用人单位自行组织。培训完成后,储备辅导员上岗工作,履行工作职责。

## 第四章　管理和考核

第七条　储备辅导员身份为学生,实行四年工作学习制,并按照专职辅导员要求进行培养管理。

第八条　储备辅导员工作第一学年不选修研究生课程,脱产从事辅导员工作。考核合格后,第二学年起可选修研究生课程。储备辅导员申请硕博连读、公派出国留学等项目,需学校辅导员选聘工作领导小组审批同意。

储备辅导员只能在工作的第四学年第二学期申请答辩,申请答辩流程除按学校有关规定进行外,还需经学校辅导员选聘工作领导小组审批同意。

第九条　储备辅导员在学期间可享受三次学业奖学金(第一年不缴纳学费,也不享受学业奖学金),除此之外不再参与研究生助学金(含资助性质的奖学金)的评定。

第十条　储备辅导员按照专职辅导员的要求和标准进行年度和聘期工作考核,同时将学业和科研情况纳入考核范围。考核分学生测评和单位评价两部分。

学生测评:由储备辅导员所负责的学生对其进行打分,所有测评人员的平均分即为储备辅导员的学生测评得分。

单位评价:用人单位根据储备辅导员的工作表现、学生测评得分对储备辅导员进行综合评价,确定考核结果等级。考核结果等级分优秀(学生测评分数须达到90分及以上)、合格、基本合格、不合格四个等级。

考核结果存入本人档案。

年度考核基本合格及以下者,或影响其学业和科研的,学校辅导员选聘工作领导小组有权取消其储备辅导员资格。

## 第五章　待遇和优惠措施

第十一条　储备辅导员第一学年工作期间,学校按照本科毕业生见习期工资标准的50%发放工作补贴,第二学年起按照本科毕业生见习期工资标准的30%发放工作补贴。学校在学生住宿园区为储备辅导员提供单人间住宿(免住宿费、水电费),并享受午餐补贴。同时,储备辅导员可享受用人单位同岗位人员的其他经济待遇。

第十二条　储备辅导员的导师配套经费予以免除,导师应支持储备辅导员开展学生工作。

第十三条　储备辅导员完成硕士研究生学业后,可自主择业。学校公开选聘专职辅导员时,符合学校当年专职辅导员招聘基本条件且聘期考核优秀的储备辅导员,经学校专职辅导员选聘工作领导小组研究同意后,可直接录用。

## 第六章　附　则

第十四条　本办法自发布之日起施行。

第十五条　本办法由学校辅导员选聘工作领导小组负责解释。

——本文摘录自《关于印发〈厦门大学储备辅导员选聘与管理暂行办法〉的通知》,厦大综〔2016〕44号,档号2016-XZ09-14

# 厦门大学南强青年拔尖人才支持计划

（2016 年 9 月 23 日）

## 第一章　计划目标

第一条　为进一步加强学校青年人才队伍建设，积蓄学科发展后劲，加快推进世界一流大学和一流学科建设，决定实施厦门大学南强青年拔尖人才支持计划。

第二条　本计划拟用 5 年时间，面向海内外引进、培养 100 名左右在学术上崭露头角、创新能力强、发展潜力大的优秀青年人才，给予每位入选者为期 5 年的相应支持。

## 第二章　遴选条件

第三条　基本条件：具有博士学位，身体健康，能全职在校履职；截至遴选当年 1 月 1 日，理工医科类人选不超过 40 周岁，人文社会科学类人选不超过 45 周岁。同时具备以下条件之一：

1.国家“青年拔尖人才支持计划”、国家自然科学基金优秀青年科学基金项目或教育部“长江学者奖励计划”青年学者项目入选者；或学术成就达到上述人才计划、项目入选者相应水平的人文社会科学领域青年人才。

2.系遴选当年人文社会科学领域引进人才，在本学科领域已崭露头角，并取得公认的、有影响力的重大成果；学术成就超过本校所在学科现有教授的平均水平或近五年取得下列学术成就之一：

(1)在本学科公认的顶尖学术刊物上发表不少于 3 篇学术论文(以第一作者或通讯作者身份)，或出版过有重要科研价值或重大社会影响的著作(独立作者或主要贡献者)；

(2)持续获得国家级科研项目资助(仅限主持)；

(3)获得教育部高校人文社会科学研究优秀成果二等奖以上(一等奖限前三位完成人，二等奖限第一完成人)，或省部级科研成果奖一等奖(仅限第一完成人)。

## 第三章　遴选程序

第四条　本计划的遴选工作每年度组织一次。具体程序如下：

1.发布遴选通知。学校面向海内外公开发布年度遴选通知，公布遴选信息和进度安排。

2.个人申请。向相关学院(研究院)递交申请材料。

3.学院遴选。经院长提名、海内外同行专家评审、教授委员会评议，确定推荐人选，其中新聘人员还应明确拟聘教师职务。

4.学校评审。推荐人选由各学部进行评审，确定候选人名单，并对新聘人员的拟聘教师职务进行审议。

5.学校专业技术职务聘任委员会对聘任过程进行程序审查，对各学部提交的新聘教师聘任决议做出批准决定，同时确定入选者名单。

国家“青年拔尖人才支持计划”入选者、国家自然科学基金优秀青年科学基金获得者、教育部“长江学者奖励计划”青年学者项目入选者可简化遴选程序，经学院(研究院)院长提名后直接提交学校专业技术职务聘任委员会审定。

6.学校对入选者进行公示,公示期一周。公示后,学校正式公布入选者名单。

## 第四章　支持措施

第五条　学校、学院(研究院)和入选者签订《南强青年拔尖人才支持计划协议书》,明确约定支持期内的工作目标、任务和工作条件、生活待遇等内容。

第六条　学校在支持期内为入选者提供以下待遇:

1.若受聘教授,享受学校教授五档薪酬待遇;若受聘副教授,享受学校教授一档薪酬待遇。学校按照《厦门大学薪酬改革方案》的相关规定予以发放。

2.学校提供住房补贴100万元,以后根据当地房价变动调整。

3.对于新引进人才,学校提供科研启动费支持:人文学科入选者30万～50万元,社会科学、数学学科入选者50万～100万元,自然科学、工程技术以及医科入选者100万～300万元。

第七条　所在学院(研究院)优先保障入选者及其团队开展工作所需条件,在实验和办公用房、团队建设、博士后招收等方面给予重点支持。

## 第五章　绩效评估

第八条　学校根据《南强青年拔尖人才支持计划协议书》约定的岗位工作目标和任务,在支持期满3年时组织中期评估,主要对入选者的师德师风、学术水平和工作成效进行评议。评估工作由述职答辩、专家评议、学校审批三个环节构成:入选者进行述职答辩;学部委员、校内外同行专家、相关学院及职能部门主要领导等组成的专家组进行评议,形成评议意见;学校专业技术职务聘任委员会确定考核结果。

第九条　通过中期评估者,方能继续得到本计划第六条、第七条列出的相应支持。

第十条　各学院(研究院)的计划实施成效纳入厦门大学教学科研单位考核指标。

## 第六章　附　则

第十一条　入选者在支持期内入选其他人才项目、受聘其他教师岗位或享受协议年薪待遇的,相关待遇按照"就高、从优、不重复"的原则执行。

第十二条　已享受学校住房待遇的入选者,不再重复享受住房补贴支持;对于学校提供的住房补贴,其中符合厦门市住房货币化补贴政策的部分,由住房货币化补贴专项支付。学校按规定与入选者签署补贴发放协议,明确约定十年服务期等内容。住房补贴标准将根据学校人才住房有关规定及市场价格进行动态调整。

第十三条　本计划中所提的薪酬待遇、住房补贴等,如未特别说明,均指税前金额。

第十四条　本计划自公布之日起施行。学校此前颁布的其他相关规定与此不一致者,以本计划为准。

第十五条　本计划由学校人事处负责解释。

——本文摘录自《关于印发〈厦门大学南强青年拔尖人才支持计划〉的通知》,厦大综〔2016〕48号,档号2016-XZ09-14

# 厦门大学校园环境提升2016年“百日行动”实施方案

（2016年10月14日）

2015年下半年，为全面整顿提升校园环境，以更加良好的面貌迎接95周年校庆，学校开展了厦门大学校园环境提升“百日行动”。相关工作措施持续执行到今年4月，取得了良好效果。在总结2015年以来各项工作经验的基础上，结合当前校园实际，进一步查缺补漏，进一步提升校园环境，决定自2016年10月中旬起至本学期末，开展厦门大学校园环境提升2016年“百日行动”，实施方案如下：

## 一、组织领导

校园环境提升2016年“百日行动”在校园综合治理领导小组统一领导下开展。校综治办负责行动的统筹协调；各综治成员单位分工协作，制订分项具体执行方案，及时研究解决工作中遇到的困难和问题；各学院、研究院、直属单位根据学校方案要求，结合本单位实际情况，制订本单位工作方案。全校上下齐心协力，狠抓工作落实，共建美好厦大，确保到本学期末校园环境在此前工作基础上有进一步明显提升。

## 二、工作目标及范围

以提升校园环境为目标，针对校园及周边仍然存在的乱、脏、差等现象，深入开展整治和提升行动。清理校园内楼栋外立面、校园围栏；提升校园卫生与环境秩序管理；推动校园及周边的综合治理，整治“黄牛”“黑车”，加强对游客的引导；进一步开展校园自行车秩序整治；提升实验室安全管理等。

## 三、重点内容

### （一）清理校园内楼栋外立面、校园围栏

1.排查整治海滨东区教职工宿舍外立面装饰装修。依照厦门市有关法规并考虑消防等安全需要，住户自设的防盗防护设施，不得超出建筑物外墙，根据海滨东区教职工宿舍实际，组织对已建的违规防盗窗、雨阳篷等进行整改清理；排查外立面设置的外挂空调机等附加设备与附加设施，消除老化脱落的隐患，确保安全、整洁。

2.排查整治全校各单位楼栋外立面装饰装修。禁止在各单位楼栋外立面私接乱拉各类线路；规范设置监控探头、无线信号发射器等，一般不得安装于建筑外立面上；进一步规范管理，禁止未经批准在楼栋外立面私设私挂广告牌板、横幅、条幅等；楼栋外立面定期清理清洗，保持整洁美观；加强文物保护建筑、学校临街建筑的外立面管理。

3.建立健全校园建筑外立面管理规范。根据《厦门市建筑外立面装饰装修管理规定》及学校相关规定，建立健全有关制度，着重抓好制度规定的执行，进一步规范校园内建筑外立面的装饰装修管理。

4.排查修复校园围栏。及时对校园老旧围栏以及因台风“莫兰蒂”影响等而破损围栏进行修补，对存

在安全隐患的围栏采取加高、加固或整体更新等措施予以整改;校园围栏内加强绿化,确保美观和安全。

### (二)进一步提升校园卫生与环境秩序管理

1.进一步提升校园公共环境卫生管理。集中开展全校公共环境卫生排查,及时发现处理卫生死角,特别是台风“莫兰蒂”影响尚未清理的垃圾,坚决杜绝产生新的卫生死角,确保校园始终干净整洁;坚持并进一步完善“垃圾不落地”行动;研究在我校推进“垃圾分类”;进一步提升师生员工及进校参观人员保持校园环境卫生的意识和良好习惯。

2.进一步提升学生公寓环境卫生管理。在全校学生公寓全面深入推行“垃圾不落地”行动,扎实做好公共环境卫生服务;研究在学生公寓推进“垃圾分类”;定期开展学生公寓卫生大扫除和检查,加强教育管理,强化学生宿舍内部环境卫生的自我整治;深入推进学生公寓文化创建,创建积极、美丽的公寓文化环境和氛围。

3.加强海韵学生公寓管理。排查海韵学生公寓内公共区域、餐厅、配套用房等,严禁未经批准在公寓内楼栋的架空层、配电房、开水房、配套用房等应属公共区域的地方违规住人住家;加强相关区域的管理,严禁乱堆乱放、自行车乱停,严禁未经批准占用公共场地开展活动、设置广告等行为,保证海韵学生公寓环境整洁、卫生,安全有序。

### (三)加强校园及周边秩序综合治理

1.推动加强校园周边秩序的综合整治。积极争取,推动交警将海韵北区外道路纳入市政道路交通统一管理;与街道、社区等加强协作,进一步发挥好海韵北二路门岗的作用,减少无关车辆进入该路段,整治小摊小贩占道经营;加强宣传教育,引导海韵北区住户文明停车;推动交警、城管等部门加强群贤、大南、白城等主要校门周边的秩序管理,确保交通通畅、环境整洁。

2.加强整治打击“黑车”“黄牛”。将发现的“黑车”列入校门车辆智能管理系统黑名单,杜绝“黑车”入校,严厉整治校内车辆从事类似于“黑车”的收费载游客违规入校的行为;推动执法机关依法依规加强对在群贤校门、大南校门等校园周边的“黄牛”进行打击,将“黄牛”列为厦大不欢迎人员禁止入校;整治持校园卡在不对游客开放的餐厅借给游客使用以谋利的行为;加强对游客的引导,文明游校园。

### (四)进一步提升自行车管理

1.进一步规范校园内自行车停放秩序。根据《加强自行车日常管理工作方案》要求,校园公共区域划片包干,进一步发挥学生主体作用,与校园管理人员一起配合,纠正随意摆放自行车的行为,停车入架,使自行车停放规范有序;根据实际执行情况,进一步优化校园内自行车架的设置;严禁芙蓉隧道主洞通道违规停放自行车。

2.加强自行车安全管理。研究采取新技术手段进一步加强师生自行车定位与防盗管理,加强对偷盗自行车行为的打击;加强学生自行车防盗教育,及时上锁;骑行自行车遵守规则,确保安全,严禁未加装制动设施的“死飞”自行车或其他存在严重不安全因素的非机动车辆在校园内公共道路上行驶。

### (五)进一步提升实验室安全管理

1.开展全校科研实验室安全隐患检查整改。对照教育部高等学校科研实验室安全检查条例,推进科研实验室安全规范管理,扎实做好安全隐患检查整改工作,迎接教育部高等学校科研实验室安全管理现场检查。

2.加强实验室危险化学品的管理。对照教育部高等学校科研实验室安全检查组 2015 年对我校的检查整改要求及学校办公会议指示,完成学院实验危化品管理的试点改革工作,探索科学、规范、安全的实验危化品管理经验做法。

3.提升实验室用电安全保障能力。有关部门、学院进一步研究,着力改善实验室用电安全保障条件和能力。

4.进一步加强实验室安全教育。提升实验室工作人员和师生的安全意识，把服从管理的“要我安全”转变为自主管理的“我要安全”，营造实验室安全文化氛围。

## 四、工作要求

### (一)加强宣传

在全校范围内广泛宣传，号召全体师生员工和校内居民齐动手、共参与，共建美好厦大。

在学校网站、校报、微平台等媒体开设专门版面或栏目，进行专项宣传，将环境提升的良好成果向全校展示。全校各单位及时将“百日行动”中好的情况、好的经验、好的做法记录、整理，汇总上报，共同做好活动宣传工作。

### (二)狠抓落实

全校各学院、研究院及直属单位根据学校总体工作要求，结合本单位实际，制订本单位的校园环境提升 2016 年“百日行动”工作方案，充分发挥基层单位主体作用，提升校园环境。

各相关职能部门根据本方案要求，逐项制订具体执行方案，抓好各项工作的落实。

各单位工作方案于 10 月 20 日前汇总学校综治办备案。

### (三)联动配合

在校园环境提升 2016 年“百日行动”期间，学校综治办设立校园环境提升工作联动电话：2188110。全校师生员工对校园环境提升“百日行动”有关事项，均可拨打该电话，反映问题、提出建议，共创美好环境、共建美好厦大。

——本文摘录自《关于印发〈厦门大学校园环境提升 2016 年“百日行动”实施方案〉的通知》，厦大综〔2016〕58 号，档号 2016-XZ09-15

# 厦门大学博士后公寓管理暂行办法

（2016年10月25日）

第一条　为规范厦门大学博士后公寓管理，提高博士后公寓的使用效率，特制定本办法。

第二条　博士后公寓是学校提供给由学校资助的全职博士后在站工作期间租住的住房。

第三条　资产与后勤事务管理处是博士后公寓管理的职能部门，负责博士后公寓的统筹规划和装修改造，安排住房和签订租赁合同，制定年度预算，处理违规用房和监督物业服务。

人事处负责报送流动站进站计划，审核进站人员申请资格，负责发放租房补贴，及时反馈人员变动信息。

财务处负责按月代扣博士后公寓租金和水电费，核拨博士后公寓专用经费。

第四条　博士后住房应在其学院所在校区公寓中安排，本校区公寓不足时方可安排至其他校区。

第五条　学校无法安排博士后公寓或进站人员自行解决住房的，由学校给予1000元/月的租房补贴。取得博士后公寓的次月起停止发放租房补贴。

进站人员可自主选择租住博士后公寓或领取租房补贴。

第六条　博士后公寓实行合同管理，租赁期限以博士后工作协议期限为准，最长不得超过六年。首签合同的租赁期限为一年，续签合同的租赁期限视博士后工作协议期限而定。符合续签条件但经三次提醒未前往资产与后勤事务管理处续签合同的，视为超期未退，租金标准将调整为100元/(月・米$^2$)。

第七条　租赁合同期内，思明校区公寓的租金标准为10元/(月・米$^2$)(按建筑面积计算，下同)，翔安校区公寓的租金标准为8元/(月・米$^2$)。

博士后公寓租金标准暂定三年，三年后视具体情况而定，租赁合同存续期间无特殊情况的，租金标准不进行调整。

第八条　租住博士后公寓期间，承租人应遵守学校有关住房管理规章制度，合法使用公寓：

1.博士后公寓仅供被安排住房的博士后本人使用，不得擅自转租、出借，不得进行经营活动，不得利用博士后公寓从事违法、违纪活动；

2.按时向学校缴纳租金和水电费、物业管理费等费用；

3.爱护室内设施和家具电器并按租赁合同约定承担相应的维护和维修责任；

4.积极配合学校做好治安、消防、环境卫生等工作。

第九条　博士后公寓租赁期满或提前出站的，须在租赁期满或出站后两周内办结退租手续。逾期未退将参照本办法第十二条规定执行。

第十条　承租人退房时，应保持房屋设施完好、家具电器正常使用和室内清洁，结清租金和水、电、物业服务、电视、电话、网络等因使用该房屋而产生的所有费用，并将户口迁出。家具电器损坏无法使用的，应按国家规定的折旧年限进行赔偿，经管理人员验收后方可退房并退还押金。

第十一条　出现下列情形之一的，学校有权单方解除租赁合同，承租人须在规定期限内无条件退还博士后公寓：

1.承租人擅自将博士后公寓转租、出借或改变博士后公寓居住用途的；

2.承租人利用博士后公寓从事违法、违纪活动；

3.承租人使用博士后公寓时有损害公共利益或妨碍他人正常工作、生活的行为的；

4.承租人欠缴租金满一个月以上的；

5.承租人违反本办法相关规定，拒不整改或多次整改不到位的；

6.承租人已与学校解除博士后工作协议或实际已不在岗的；

7.因学校规划建设或其他原因，需要进行住房调整的。

第十二条　承租人未在规定期限内按时退房的，学校将按100元/(月·米$^2$)的标准向承租人收取超期租住租金，并视情况不退还押金。

为敦促承租人履行退房义务，学校可采取停水停电等必要措施，亦可直接收回博士后公寓，因此产生的损失由承租人自行承担。

第十三条　按照财务“收支两条线”的规定，博士后公寓租金收入全额上交学校，由财务处设立专门账户进行管理。博士后公寓的室内装修和日常修缮、家具电器的配置、日常维护和更新等必要的专项开支从博士后公寓租金中安排。

第十四条　本办法由资产与后勤事务管理处负责解释。

第十五条　本办法自颁布之日起施行。

——本文摘录自《关于印发〈厦门大学博士后公寓管理暂行办法〉的通知》，厦大资产〔2016〕42号，档号2016-XZ27-2

# 厦门大学高聘三级、四级职员任职条件补充规定

(2016年10月29日)

根据《教育部直属高校三级、四级职员岗位聘任暂行办法》(教人〔2011〕12号)等有关文件精神,为进一步规范厦门大学三级、四级职员岗位聘任工作,现对《厦门大学职员岗位设置与聘用实施办法》(厦大人〔2008〕3号)高聘三级、四级职员的任职条件修订如下:

一、高聘三级职员条件

1.担任副校级领导职务满8年以上;

2.具有专业技术职务的管理人员申请高聘三级职员,申请者应已纳入职员系列管理,且在管理工作中取得突出成绩;

3.已聘任教授二级岗位人员原则上不同时聘任三级职员。

二、高聘四级职员条件

1.主持单位党政管理领导工作的正处级干部,担任正处级职务满12年以上,工作业绩突出,为学校的改革与发展做出重要贡献。其中,担任校党委常委、校长助理职务者优先考虑。

2.具有专业技术职务的管理人员申请高聘四级职员,申请者应已纳入职员系列管理,且在管理工作中取得突出成绩。

3.已聘任教授二级岗位人员原则上不同时聘任四级职员。

三、副校级干部聘任三级职员岗位、正处级干部聘任四级职员岗位,需经校职员聘任委员会和校党委常委会研究决定,并报教育部备案同意。

四、本补充规定自发布之日起执行。

五、本补充规定由人事处负责解释。

——本文摘录自《关于印发〈厦门大学高聘三级、四级职员任职条件补充规定〉的通知》,厦大人〔2016〕91号,档号2016-XZ10-3

# 中共厦门大学委员会关于进一步加强和改进离退休工作的若干意见

（2016年11月8日）

为深入贯彻落实中共中央办公厅、国务院办公厅《关于进一步加强和改进离退休干部工作的意见》（中办发〔2016〕3号）和习近平总书记关于离退休工作的系列重要讲话精神，主动适应“五位一体”总体布局、“四个全面”战略布局和学校“两个百年”奋斗目标要求，积极应对老龄化社会中离退休队伍在人员结构、思想观念、活动方式和服务管理等方面的新情况、新问题，全面加强和改进我校离退休工作，现结合我校实际，提出如下意见。

## 一、认识重要意义，把握总体要求

### （一）重要意义

广大离退休干部为我国革命、建设和改革做出了巨大贡献，是党和国家的宝贵财富，是党执政兴国的重要资源，是推进中国特色社会主义伟大事业的重要力量。尊重老同志、爱护老同志、学习老同志、重视发挥老同志作用是党的光荣传统。

离退休工作是学校工作的重要组成部分。截至2016年9月，我校共有离退休教职工2453人，平均年龄72岁；80岁及以上659人，占总人数的26.86%。据推算，2021年我校离退休教职工总人数可达3100人。加强新形势下学校离退休工作，引导离退休教职工为党和学校事业发展增添正能量，对于推动学校事业科学发展、建设美好厦大具有十分重要的意义。各单位要深刻认识新形势下离退休工作的特殊重要意义，大力弘扬孝亲敬老的社会主义核心价值观，以高度的政治责任感，切实做好离退休工作。

### （二）总体要求

高举中国特色社会主义伟大旗帜，全面贯彻党的十八大和十八届三中、四中、五中、六中全会精神，以马克思列宁主义、毛泽东思想、邓小平理论、“三个代表”重要思想、科学发展观为指导，深入学习贯彻习近平总书记系列重要讲话精神，牢牢把握为党和人民的事业增添正能量的价值取向，以充分发挥离退休教职工独特优势、更好服务学校发展大局为方向，积极稳妥推进离退休工作转型发展，激励广大离退休教职工为实现“两个百年”的美好厦大梦和中华民族伟大复兴的中国梦贡献智慧与力量。

做好新形势下学校离退休工作，要遵循以下原则：

——更加注重加强教育引导工作。落实全面从严治党要求，深入细致做好思想政治工作，教育引导广大离退休教职工发扬优良传统，弘扬“自强不息，止于至善”的精神；教育引导广大离退休教职工党员始终牢记党员身份，坚定理想信念，牢固树立政治意识、大局意识、核心意识、看齐意识，自觉在思想上、政治上、行动上同以习近平同志为核心的党中央保持高度一致。

——更加注重发挥离退休教职工的独特优势。坚持不懈开展以“展示阳光心态、体验美好生活、畅谈发展变化”为主要内容的为党和人民的事业增添正能量活动。组织引导离退休教职工按照自觉自愿、量力而行的原则，在践行社会主义核心价值观、弘扬爱国爱校优良传统、传递向上向善精神力量和影响带动师生员工坚定不移跟党走方面发挥独特优势，释放正能量。

——更加注重做好服务保障工作。坚持思想上关心、生活上照顾、精神上关怀，保持敬重之心、倾注关爱之情、多做务实之事，依法保障离退休教职工各项权益，满腔热忱为他们排忧解难，让广大离退休教职工安心、舒心、暖心。

——更加注重加强对离退休工作的领导。健全完善由校党委统一领导，离退休工作委员会指导协调，离退休工作部(处)组织实施，组织、人事等职能部门各负其责，各院、各单位落实到位的校、院(单位)两级管理体制。

## 二、加强离退休教职工思想政治工作

### (一)加强理论学习和思想教育

完善和落实阅读文件、参加重要会议和重大活动、通报情况、参观学习等制度，组织引导离退休教职工深入学习中国特色社会主义理论体系特别是习近平总书记系列重要讲话精神，深入学习领会党中央治国理政新理念、新思想、新战略，坚定中国特色社会主义道路自信、理论自信、制度自信、文化自信。通过学习，教育离退休教职工牢固树立“四种意识”，始终严守政治纪律和政治规矩，严格规范自身言行，在大是大非面前旗帜鲜明、立场坚定；不信谣、不传谣，不发表不负责任、有损党的形象的言论；坚决拥护党中央的重大决策部署和方针政策，理解和支持全面深化改革，正确对待利益调整；自觉尊法学法守法用法，做社会主义法治的忠实崇尚者、自觉遵守者、坚定捍卫者。

把思想政治工作与解决实际问题相结合，增强工作的针对性和实效性。及时了解掌握离退休教职工思想状况，做好经常性思想政治工作，坚持从实际出发组织活动和开展学习教育，对年老体弱、行动不便的离退休教职工，不做硬性要求。

### (二)加强和创新离退休教职工党组织建设

落实党建责任。校党委将离退休教职工党建工作纳入学校党建工作总体布局，统筹安排，分类指导，扎实推进。组织部、离退休工作部(处)履行工作指导与监督职责。所在单位党委(党总支)履行第一责任人职责，负责离退休教职工党组织的日常学习活动和教育管理。

健全组织设置。按照有利于教育管理、有利于发挥作用、有利于参加活动的原则，各基层党委、党总支可根据学科专业特点，灵活合理设置党组织。加强党支部建设，使党支部组织健全，制度完善，管理规范，活动经常，成为组织老同志、凝聚老同志、教育老同志的坚强堡垒。积极探索在涉老组织中建立临时党组织。充分发挥党组织在服务群众、凝聚人心、促进校园和谐中的积极作用。

配强支部书记。选配党性强、威信高、身体好、经验丰富、乐于奉献的离退休教职工党员，特别是刚退休的领导干部党员担任离退休教职工党支部书记。每届任期三年，任期原则上不超过三届。将离退休教职工党支部书记培训列入校党委培训计划。

健全保障机制。建立健全离退休教职工党组织工作经费保障机制，参照省、市标准，将离退休教职工党支部工作经费列入年度预算，给予离退休教职工党支部书记适当工作补贴并从回拨党费列支。加大党费对离退休教职工党支部开展活动支持力度。

### (三)加强离退休教职工党员教育管理

教育离退休教职工党员始终保持共产党员的情怀，坚定共产党人的信仰信念。坚持理论学习、组织生活等制度，用好用活红色资源开展党性教育。身体条件允许的离退休教职工党员，应自觉参加集体学习、组织生活。落实党内学习制度，原则上离退休教职工党支部应每月过一次组织生活。离退休教职工党员应按规定交纳党费。加强离退休教职工流动党员教育管理，流出地党组织要主动了解掌握情况，协助流入地党组织共同做好工作,方便离退休教职工党员参加组织活动。严格遵守中央关于讲座、论坛、刊登、出版、在企业和社会团体兼职(任职)、继续从业、出国(境)审批、重要情况报告等方面的纪律规定。离退休教职工党员不能信仰宗教、不能参加宗教活动,要坚决与邪教组织做斗争,同时要注意把党员参加某些民族风俗活动同信教区别开来。

## 三、发挥离退休教职工独特优势增添正能量

### (一)组织引导离退休教职工弘扬优良传统

各基层党委、党总支和各职能部门要充分发挥离退休教职工的政治优势、经验优势和威望优势,组织引导他们以积极的心态、历史的眼光、辩证的思维,正确看待国家、社会和学校的发展变化,客观分析党风政风和社会风气,正确理解周围的人和事,做心态阳光的模范长辈,凝聚正能量。组织引导他们通过关心下一代工作委员会、老教授协会等平台,在传承党的优良作风、开展党史国史校史教育、加强青年师生思想政治教育等方面释放正能量。组织引导他们通过弘扬优秀传统文化、培育和传承优良家风、开展法治宣传、化解矛盾纠纷、参与社区建设、维护社会稳定等方式传播正能量。

### (二)组织引导离退休教职工发挥业务专长

各基层党委、党总支和各职能部门应根据离退休教职工身体状况、专业特长和兴趣爱好,积极创造条件、搭建平台、提供服务,鼓励离退休专业技术人才在人才培养、科研创新、科技推广和青年教师传帮带等方面发挥积极作用。探索设立专项基金,支持离退休教职工著书立说。要坚持定期听取离退休教职工意见建议,及时反映他们对中央地方重大决策部署、重要改革举措和学校各项事业科学发展的看法和建议,为各级党委和政府决策提供参考。要注重发现和宣传离退休教职工先进事迹和典型。

## 四、完善和创新离退休教职工服务管理工作

### (一)落实离退休教职工生活待遇

严格执行党和国家有关政策规定,按时足额发放离退休费,及时调整各类经费标准。按照属地化原则,统筹规划离退休教职工相关补贴的调整提高,使之能够共享社会和学校的发展成果。在进行涉及离退休教职工切身利益的改革时,同步研究制定相应的保障办法和措施。各单位要根据本单位实际情况,在福利待遇方面给予离退休教职工适当的照顾。

### (二)建立多层次离退休服务体系

加强离退休教职工服务管理。加强离休干部服务管理,离退休工作部(处)要满怀感情、主动服务,落实岗位责任,精细服务管理,做到"日常服务到位、重点服务到家、特殊服务到人"。各院、各单位要配合做好服务工作,多为老干部做好事、办实事、解难事。改进退休教职工服务管理,各单位要切实履行职责,做好日常服务管理工作,落实定期联系、节日慰问和重病探视等制度,指定专人负责,不断完善管理办法,提高服务水平。

拓宽养老服务渠道。以居家养老为基础,通过大力宣传良好家风,引导家庭成员切实履行应尽义务。以社区养老为补充,利用政府公共服务、政府购买服务、社会优待服务、志愿服务和市场化服务,在家政照料、医疗保健、紧急救助和精神慰藉等方面为离退休教职工提供便利。

完善离退休教职工困难帮扶机制。通过开展党内关怀、推进志愿服务、纳入社会救助、拓宽帮扶资金渠道等方式,进一步完善离退休教职工困难帮扶机制。提倡离退休教职工互助友爱,营造邻里之间互相

关心、互相帮助的良好氛围。做好台风等自然灾害发生时,对离退休教职工的灾前预警和灾后帮扶慰问工作。对患病、失能、高龄、独居等有特殊困难的离退休教职工给予更多关心照顾,根据帮扶对象实际情况提供精准服务。

推动敬老助老工作常态化。发挥高校优势,鼓励与支持工会、团委、学生会、研究生会和学生社团开展敬老助老活动。宣传与引导校友、社会爱心人士为离退休教职工奉献爱心、感恩回报。

### (三)加强活动、学习阵地建设

加强涉老组织建设。学校将离退休教职工联合会、关心下一代工作委员会、老年大学、老年体协、老教授协会、老教师艺术团等涉老组织建设纳入学校工作规划,进行规范管理,提供必要的经费和条件保障。关心涉老组织队伍建设,做好返聘人员管理工作。各单位、各部门要支持涉老组织活动,为其提供人力、物力方面的帮助。充分发挥涉老组织在引导离退休教职工自我教育、自我管理、自我服务以及推进学校科学发展、构建和谐校园方面的积极作用。

加强基础设施建设。按照就近学习、就近活动、就近得到关心照顾、就近发挥作用的"四就近"原则,将老年活动场所建设纳入校园建设总体规划。进一步完善现有老年活动中心的建设与管理,提高场所建设质量,提升活动保障品质。在保证教学科研工作秩序的前提下,学校各类场地要为离退休教职工活动、学习提供便利条件,提高资源共享水平。

加强新媒体平台建设。做好网站、微信等网络平台建设,打造网络文化环境下离退休教职工思想教育和舆论引导的主阵地。充分利用党员干部现代远程教育和国家老年教育等资源开展网络学习交流。

积极开展学习和文体活动。坚持老有所教、老有所学、老有所乐、老有所为相统一的原则,把政治性、科学性、趣味性有机结合起来,组织开展丰富多彩、积极健康的文体活动。根据离退休教职工年龄特点、身体状况、志趣爱好等,在安全节俭前提下合理确定活动、学习的内容与形式。

## 五、加强对离退休工作的组织领导

### (一)完善离退休工作制度机制

坚持统一领导、分工协作、分级负责、分类管理的原则,进一步完善校、院(单位)两级管理体制。学校离退休工作委员会要充分发挥统筹协调、监督指导作用,每年至少召开一次会议,研究解决工作中重大问题。各基层党委、党总支离退休工作领导小组要把离退休工作摆到重要位置,完善领导责任制,加强制度建设,健全组织结构,完善职责落实。离退休工作部(处)要发挥职能作用,加强调查研究与组织协调,认真履行宏观指导和微观服务职责。组织、人事部门要把离退休工作作为组织、人事工作的重要组成部分,加强统筹谋划、科学指导。其他有关部门要发挥职能作用,配合做好离退休教职工服务管理工作。

学校把离退休工作作为考核各级领导班子和领导述职述廉的重要内容。各离退休工作领导小组要明确分管领导责任和工作人员职责,作为年度工作考核重要内容。对表现突出的离退休工作先进单位和个人定期给予表彰和宣传。

### (二)加强离退休工作队伍建设

按照政治素质好、工作能力强、作风过得硬、对老同志有感情的要求,选好配强离退休工作部门领导班子。要严把"入口",畅通"出口",选好配强工作力量,改善队伍结构。按照"三严三实"要求,加强干部培养提高工作,通过学习培训、岗位练兵、交流轮岗、参与中心工作、承担重要任务等多种方式,促进离退休工作者增强大局意识,拓宽工作视野,锤炼过硬作风,提高业务水平。要关心爱护离退休工作者,为他们健康成长创造条件，帮助他们解决实际困难。

——本文摘录自《关于印发〈中共厦门大学委员会关于进一步加强和改进离退休工作的若干意见〉的通知》，厦大离退休〔2016〕1 号，档号 2016-XZ32-1

# 厦门大学教职工申诉办法(暂行)

(2016年11月12日)

## 第一章　总　则

第一条　为实施依法治校,切实维护教职工的合法权益,保障学校各级单位依法行使管理职权,根据有关法律法规、行政规章及文件精神,结合本校实际,制定本办法。

第二条　本办法适用于本校的教职工。

第三条　受理和处理教职工申诉事项,应当坚持合法、公正、公平、及时的原则,依照规定的权限、条件和程序进行。

第四条　教职工行使申诉权利,应当遵守国家法律法规、行政规章等及学校的各项规定,以事实为依据,不得捏造事实。

## 第二章　组织机构及职责

第五条　申诉委员会是负责处理教职工申诉的机构,具体履行以下职责:

(一)制定申诉委员会的工作细则和相关工作制度;

(二)向有关单位及人员调取相关证据,查阅相关材料;

(三)做出申诉处理决定;

(四)监督申诉处理决定的执行;

(五)其他应当由申诉委员会处理的事项。

第六条　申诉委员会由9名委员组成,包括主任1人,副主任2人,法律专家1人及其他委员5人。

主任由分管学校工会工作的校领导担任,副主任由校工会和学校法律事务办公室负责人担任,法律专家由学校的法律顾问担任。主任、副主任和法律专家是申诉委员会的当然委员,其他5名委员于申诉受理后由申诉人从申诉委员会委员名册中选出。

第七条　申诉委员会委员名册由学校建立,委员由公道正派的教职工担任,原则上不超过60人,且其中至少应当有4至6名具有法学背景的委员。

第八条　申诉委员会委员名册人选的产生,应当通过校工会征求学校各部门工会意见。各部门工会推荐的委员人选,应当在全校范围内公示,公示期不少于五天。公示期届满后,报申诉委员会主任会议审议通过。

各部门工会的委员配额,按照各部门工会的实际情况统筹。

第九条　委员名册的组成人员每届任期五年,可连选连任,因退休、工作调离或健康原因等需要调整时,根据本办法第七条和第八条的规定推选递补人选。

由申诉人选出的5名委员中的任何一名委员,必要时可以拒绝参加委员会,并有权在申诉处理决定做出前申请退出,报申诉委员会主任决定。因委员拒绝参加或退出的,由秘书处会同申诉人协商补任。

第十条　申诉委员会主任会议负责在申诉委员会组成前履行以下职责:

(一)审查申诉人的资格和申诉条件;

(二)决定是否受理申诉;

(三)本办法规定的其他职责。

申诉委员会主任会议由第六条规定中的主任、副主任和法律专家共4人组成。申诉委员会主任是主任会议的召集人，主任不能主持会议的，应当由主任指定一名副主任主持。

第十一条 申诉委员会主任会议设秘书处，挂靠校工会。秘书长由校工会负责人担任，主持秘书处的具体工作。

秘书处负责申诉委员会主任会议和申诉委员会的日常事务及文书工作，具体履行以下职责：

(一)接受和经办申诉人的申诉；

(二)在申诉人放弃选择委员或选择的委员不足5人时，向申诉委员会主任提出建议，由主任协商确定；

(三)具体经办申诉事项的调查及情况核实；

(四)本办法规定的其他职责及申诉委员会主任会议或申诉委员会交办的其他工作。

第十二条 申诉委员会的委员和其他工作人员有下列情形之一的，在申诉处理过程中应当自行回避，申诉人有权用口头或书面形式申请他们回避，但应当说明理由：

(一)是申诉人近亲属的；

(二)与申诉人有其他利害关系，可能影响申诉事项公正处理的。

第十三条 申诉委员会委员、副主任、法律专家和工作人员的回避由申诉委员会主任决定。申诉委员会主任的回避，由申诉委员会主任会议决定。

申诉委员会主任回避后，由申诉委员会决定一名副主任主持申诉委员会的工作。申诉委员会法律专家回避后，由申诉委员会从委员中选择一名具有法律专业背景的委员担任法律专家；申诉委员会主任、副主任和委员回避后，参照本办法第六条之规定增补委员。

## 第三章 申请与受理

第十四条 有下列情形之一的，教职工可以直接向秘书处提出申诉：

(一)对学校做出的处分决定有异议的；

(二)认为学校或其职能部门、学院(研究院)在聘任考核、福利待遇、社会保障和评奖评优等工作中侵犯其合法权益的，经向学校或其职能部门、学院(研究院)提出异议，但学校或其职能部门、学院(研究院)不予答复或不予处理的。

对学术不端行为的认定有异议，以及对学校印发的规范性文件或所做决议有异议的，不适用本办法。

不属于上述列举情形的申诉，是否受理，由申诉委员会主任会议决定。

第十五条 提出申诉的期限为三十日。对学校的处分决定不服的，自申诉人收到处分决定之日起计算。认为本人合法权益受到侵犯的，自申诉人知道或应当知道本人合法权益受到侵犯之日起计算。

因不可抗力或有其他正当理由，申诉人不能在本条规定的期间内提出申诉的，经申诉委员会主任会议批准可以适当延长期限，但最长不超过一年。

第十六条 申诉应当以书面形式提出，并载明以下主要事项：

(一)申诉人的基本情况；

(二)被申诉人的基本情况；

(三)申诉请求；

(四)申诉事实和理由；

(五)其他有关情况。

申诉书一式三份，由申诉人直接送达或邮寄给秘书处，秘书处应当办理接收手续。

第十七条 申诉人5人以上且申诉请求、依据的事实和理由相同的，可以共同申诉，但应当推选2～3人为代表。

第十八条 申诉人已申诉至有权管辖的行政主管部门、劳动争议仲裁机构或已向人民法院提起诉讼，又向申诉委员会提出申诉的，在行政机关就申诉做出决定、劳动仲裁机构做出裁决或人民法院做出判决之前,不予受理;已经受理的,中止申诉。

申诉委员会就申诉做出处理决定前,申诉人可以书面申请撤回。申诉委员会接受并同意撤回申请的,申诉即行终止;申诉人不得就同一事实或理由再次提出申诉。

第十九条　秘书处收到申诉书后,应当通知召开申诉委员会主任会议,审查申诉主体资格或申诉范围是否符合规定。

申诉事项属于教职工和学校之间的劳动人事争议的,可以先行调解。申诉人同意调解的,调解时间不计入申诉处理期限。经调解达成协议的,应当制作调解协议书,调解协议书对双方当事人具有约束力。

第二十条　申诉委员会主任会议应当在收到申诉书之日起十五日内,依据本办法规定,区别情况,做出如下处理:

(一)符合申诉条件的,决定受理,并告知被申诉人,同时将申诉书副本送达被申诉人,要求被申诉人在规定的期限内提供书面答辩意见,逾期不提供答辩意见的,不影响申诉委员会对申诉的处理。

(二)不符合申诉条件的,不予受理,同时告知申诉人并说明理由。

(三)对申诉申请书未阐明申诉理由和要求,或申诉材料不齐备的,应当一次性通知申诉人需要补正的全部内容和补正期限。逾期补正的,视为放弃申诉。

申诉书以学校为被申诉人的,如有具体承担申诉事项相关职责的单位,应当直接指定或变更该单位为被申诉人,并及时告知申诉人和被申诉人。

## 第四章　申诉的处理

第二十一条　申诉委员会主任会议决定受理后,应当启动本办法的相应程序,组成申诉委员会。

第二十二条　申诉委员会应当组成调查组,负责对申诉事项进行调查。

调查组应当由不少于3人的单数组成,可以是申诉委员会的委员,也可以是秘书处指派的其他人员。

第二十三条　对申诉事项进行调查核实,接受调查的单位或个人有协助调查的义务,应当如实提供情况和证据。

秘书处在调查结束后应当提交调查报告,报告应当载明以下内容:

(一)申诉的事实、理由和调查经过;

(二)申诉人和被申诉人的基本情况;

(三)申诉人的要求和依据;

(四)申诉调查的其他有关情况。

对事实清楚、情节简单的申诉,可以采用简易程序,具体办法由申诉委员会决定。

第二十四条　申诉委员会对申诉人的意见、调查报告和相关证据材料进行审核,并就以下问题进行评议:

(一)申诉事实是否清楚;

(二)原处理决定认定的事实是否清楚,主要证据是否确实充分;

(三)原处理决定适用依据是否正确;

(四)做出原处理决定的程序是否符合规定;

(五)原处理决定是否公平、公正;

(六)被申诉人有无超越职权或滥用职权的情形;

(七)其他需要评议的问题。

第二十五条　申诉委员会经充分讨论,按照下列规定,在三十日内做出处理决定:

(一)发现申诉事项不属于本办法适用范围的,驳回申诉申请。

(二)原处理决定认定事实清楚,依据正确,程序正当,处理得当的,维持原处理决定。

(三)被申诉人怠于履行职责,导致申诉人的合法权益不能实现的,可以要求被申诉人限期履行。

(四)原处理决定具有下列情形之一的,可以要求被申诉人在三十日内重新做出决定:

1.所依据的主要事实不清、证据不足的;

2.所做决定超越职权或滥用职权的；

3.严重违反程序规定的；

4.适用依据错误的；

5.认定情节有误的；

6.其他处理不当的情形。

申诉人对被申诉人重新做出的处理决定不服再次提出申诉的，申诉委员会不予受理。

对申诉处理决定不服的，按照本办法第三十条的规定办理。

第二十六条　申诉委员会评议时采用不公开方式，委员意见应当予以保密。处理决定书未经送达申诉人前，不得公开申诉处理结果。涉及申诉人隐私的申诉，应当对申诉人的基本信息保密。

第二十七条　申诉委员会评议申诉事项，做出的决定须经三分之二以上委员通过方为有效。评议应当制作纪要，评议中的不同意见，应当如实记录。

第二十八条　申诉委员会就申诉做出处理决定后，应当制作申诉处理决定书。申诉处理决定书应当载明下列内容：

（一）申诉人的基本情况；

（二）被申诉人的基本情况；

（三）申诉的事项、理由及答辩意见；

（四）申诉委员会认定的事实、理由及适用的依据；

（五）申诉处理决定；

（六）做出决定的日期；

（七）其他需要载明的内容。

第二十九条　申诉处理决定书应当送达申诉人。申诉人拒绝签收的，可以留置送达；因申诉人下落不明等原因无法取得联系的，应当在学校网站或有关媒体上公告处理决定，公告期为十五日，公告期届满视为送达。

第三十条　申诉处理决定书一经送达，立即生效。被申诉人应当执行申诉处理决定。申诉人对申诉处理决定或被申诉人重新做出的处理决定仍有异议的，除法律法规或行政规章等另有规定外，可以在收到申诉处理决定书之日起三十日内向教育行政主管部门提出申诉。

第三十一条　申诉期间，不停止原处理决定的执行。

第三十二条　申诉委员会受理申诉后，不得加重对申诉人的处理。重新做出处理决定的单位，除有新的违纪违规事实以外，也不得做出更加不利于申诉人的处理。

第三十三条　申诉期间，申诉人就申诉事项关联的其他事项另行提起申诉的，申诉委员会审查后，认为有必要的，可以合并处理。

第三十四条　学校或其下属职能部门、学院（研究院）对教职工的合法权益造成侵害或处理错误的，应当及时予以纠正；造成名誉损害的，应当赔礼道歉、恢复名誉、消除影响；造成经济损失的，应当根据有关规定给予赔偿。

## 第五章　附　则

第三十五条　本办法若与国家新颁布实施的法律法规或行政规章等规定精神不一致的，按国家新颁布的法律法规及行政规章等执行。

第三十六条　本办法由学校申诉委员会负责解释。

第三十七条　本办法自颁布之日起施行。

——本文摘录自《关于印发〈厦门大学教职工申诉办法（暂行）〉通知》，厦大综〔2016〕66号，档号2016-XZ09-17

# 关于增补 *China Daily*(理论版)为一类核心刊物的通知

(2016 年 11 月 14 日)

全校各单位:

经学部审议,学校专业技术职务聘任委员会研究,同意将 *China Daily*(理论版)增补为一类核心刊物。

在 *China Daily*(理论版)上发表的学术论文要求不低于 2000 字,如有多篇论文发表,在任职条件中最多只能计算 1 篇为一类核心刊物论文。

特此通知。

厦门大学

2016 年 11 月 14 日

——本文摘录自《关于增补 *China Daily*(理论版)为一类核心刊物的通知》,厦大人〔2016〕101 号,档号 2016-XZ10-3

# 厦门大学防洪防台风应急预案(2016 年 10 月修订)

(2016 年 11 月 24 日)

## 1 总则

1.1 编制目的

做好洪涝、台风灾害的防范与处置工作,提高快速反应和应急处理能力,保证防洪防台风工作有序、高效进行,最大限度地减少人员伤亡和财产损失,保障学校正常的教育教学秩序。

1.2 编制依据

依据《中华人民共和国突发事件应对法》《教育系统突发公共事件应急预案》《福建省突发公共事件总体应急预案》《福建省防洪防台风应急预案》《厦门市防洪防台风应急预案》等制定。

1.3 工作原则

坚持以人为本、安全第一,统一指挥、分级负责,以防为主、防抗结合,系统联动、群防群控的原则。

1.4 适用范围

本预案适用于台风、暴雨、洪水灾害及其次生灾害的预防和处置。

## 2 组织机构与职责

2.1 应急组织机构

厦门大学防洪防台风工作领导小组(以下简称"校领导小组")负责指挥全校防洪防台风工作。成员如下:

组长:分管安全稳定工作的校党委副书记。

副组长:校纪委领导,分管资产与后勤事务管理处、基建处、后勤集团与漳州校区、翔安校区的校领导、校长助理。

成员单位:学校办公室、校纪委办公室、宣传部、学生工作部(处)、离退休工作部(处)、研究生院、教务处、保卫处、监察处、资产与后勤事务管理处、基建处、漳州校区管委会、翔安校区管委会、校团委、后勤集团、嘉庚学院。

厦门大学防洪防台风工作领导小组各成员单位(以下简称"各成员单位")主要领导为领导小组成员(名单见附件 1)。

领导小组下设办公室(以下简称"防汛办"),主任由学校办公室主任兼任。漳州校区管委会、翔安校区管委会、嘉庚学院按照属地管理原则负责领导本区域的防洪防台风工作;学生工作部(处)负责指导各学院(研究院、教学部)学生工作组在学生中开展防洪防台风安全教育,协调处理学生口的防洪防台风准备及抢险救灾工作。

全校各单位成立本级防洪防台风工作领导小组,单位主要领导为防汛责任人,并确定第一和第二防汛责任人(A、B 角)。两位责任人在防抗灾害期间不得同时外出,第一责任人(A 角)外出时,应向第二责任人(B 角)做好交接工作。各单位根据自身实际,确定本单位各级防汛责任人,将防洪防台风责任层层细化分解、落实到人。

组织机构职责(详见附件 2)

2.2 组建校院两级常备应急抢险救灾队伍。组建校院两级统一领导、规模适度、协调有序、保障有力的应急抢险救灾队伍,不断完善队伍的学习、培训、演练、管理制度,提高抢险救灾能力,能够做到迅速集结,随时拉动。

2.3 组建校院两级常备抢险救灾志愿者队伍。充分发挥广大青年志愿者生力军和突击队作用,培养和发展稳定的抢险救灾工作志愿者队伍,加强抢险救灾志愿者的注册、培训、使用、管理和激励保障,为抢险救灾提供组织有序、训练有素的志愿服务。结合各学科专业特点,有针对性地组建一批具有防灾、减灾专业技能的志愿者队伍。

## 3 预防预警

3.1 根据防洪防台风工作形势和工作实际,修订完善防洪防台风应急预案,调整防洪防台风工作小组成员。

3.2 密切关注气象部门发布的台风、暴雨预报信息,掌握台风、暴雨发展动态,加强与地方政府防汛抗旱指挥部信息共享和沟通联动。

3.3 定期检查危房、旧房、教工宿舍、学生宿舍、食堂、教学楼、办公楼、实验楼等建筑,抽水站、配电室、地下室、地下车库、基建工地、下水道、落水管、排洪沟、挡土墙、地质灾害点、高空建筑设施、临时工棚、水库、供电、供水、排水、通信等设备及管网线路等重点部位和易受灾隐患点(见附件 3)。对发现的问题、隐患登记造册并及时处理。

3.4 检查、补充抢险救灾物资。编制救灾物资储备规划,制定完善救灾物资储备管理办法,增加储备物资数量和品种,加强对救灾储备物资的统筹管理,建成校院二级相互支持、相互补充的救灾物资储备体系。

3.5 加强对大型活动、集体外出活动的管理,落实防洪防台风工作措施。

3.6 加强防洪防台风知识的宣传教育,尤其是加强新进教职员工和新生的安全教育,提高师生员工的防洪防台风意识和抗灾自救能力。

## 4 台风灾害应急响应

按台风影响的严重程度和范围,将应急响应等级分为Ⅳ、Ⅲ、Ⅱ、Ⅰ四个级别。根据台风发展变化情况,适时提高或降低响应级别。台风应急期间,防御暴雨洪水的措施参照本预案第 6 条暴雨洪水灾害应急响应执行,或同时启动防御暴雨洪水应急响应。

4.1 Ⅳ级应急响应:气象部门预报台风未来可能影响厦门市、厦门市防汛抗旱指挥部发布防台风Ⅳ级应急响应通知时启动。

4.1.1 转发气象部门的台风预警信息,指导师生员工做好防台风准备工作。

4.1.2 适时发布《关于启动防御××年第××号台风Ⅳ级应急响应的通知》,部署防御台风准备工作。

4.1.3 各级防洪防台风工作领导小组妥善安排值班值守工作。校防汛办加强值班,防汛办领导带班(保持通信联络畅通,不得外出。下同),密切关注台风发展趋势,做好上传下达工作。

4.1.4 检查、补充抢险救灾物资。

4.1.5 做好食品、饮用水等物资的储备工作。

4.2 Ⅲ级应急响应:气象部门预报台风 48 小时内可能影响或登陆厦门市、厦门市防汛抗旱指挥部发布防台风Ⅲ级应急响应通知时启动。

4.2.1 适时发布《关于启动防御××年第××号台风Ⅲ级应急响应的通知》,部署防台风准备工作。

4.2.2 各级防洪防台风工作领导小组要在岗值班，严格执行领导带班制度。必要时，实行24小时专人在岗值班和领导带班制度。各级防汛责任人做好随时动员和组织防御工作的准备。

4.2.3 各级防洪防台风工作领导小组和各成员单位加强防台风准备工作检查，重点检查各重点部位，供电、供水、排水、通信等设备及管网线路，及时消除隐患。各成员单位于每日20时前将当日防洪防台风准备工作情况上报校防洪防台风领导小组。

4.3 Ⅱ级应急响应：气象部门预报台风48～24小时内可能影响或登陆厦门市、厦门市防汛抗旱指挥部发布防台风Ⅱ级应急响应通知时启动。

4.3.1 发布《关于启动防御××年第××号台风Ⅱ级应急响应的通知》，部署防台风准备工作。

4.3.2 各级防洪防台风工作领导小组和各成员单位进入应急值守状态，实行24小时领导在岗值班和主要领导带班制度；全校各级防汛责任人立即上岗到位，全面落实各项防御措施。

4.3.3 应急抢险救灾队伍和志愿者队伍做好抢险救灾准备工作。

4.3.4 各级防洪防台风工作领导小组和各成员单位对各自负责的重点单位、重点部位和易受灾隐患点（见附件3）、各基建工地的防台风准备情况进行检查督促，落实好各项防御措施。

4.3.5 暂时封闭校园，不对游客开放。

4.3.6 根据市气象台预报及实际降雨量，校防洪防台风工作领导小组研究制定水库调度意见，适时降低水库水位。

4.3.7 必要时，安排车辆经陆路运送师生至漳州校区，在建工地停工。

4.3.8 必要时，召开全校防台风工作紧急会议，对防台风工作进行动员部署。

4.4 Ⅰ级应急响应：气象部门预报台风24小时内可能影响或登陆厦门市、厦门市防汛抗旱指挥部发布防台风Ⅰ级应急响应通知时启动。

4.4.1 发布《关于启动防御××年第××号台风Ⅰ级应急响应的通知》，部署防台风准备工作。召开全校防台风工作紧急会议，对防台风工作进行动员部署。

4.4.2 全校各单位进入应急值守状态，各单位主要领导和各级防汛责任人实行24小时在岗值班制度，遇异常情况及时处理并报告。要对外出家中无人的教职工和特困、空巢离退休教职工做好预警提醒工作。

4.4.3 道路、交通、水电、饮食保障、基建工地等紧急抢险队伍集结待命，随时准备排除各种险情。

4.4.4 分管校领导带队巡查各重点部位，供电、供水、排水、通信等设备及管网线路，及时消除隐患、排除险情。

4.4.5 密切监测等重点部位和易受灾隐患点（见附件3）以及基建工地，及时报告、处置险情。

4.4.6 必要时，停止校内集体活动、停止上课，除应急单位和各单位值班人员外其余校内各单位停止上班。

4.4.7 必要时，转移危险地段师生员工，保障受困人员基本生活供应。

4.4.8 必要时，根据学校部署向全校通报抗击台风工作进展情况，向上级机关报送我校防台风工作进展情况。

## 5 暴雨洪水灾害应急响应

5.1 Ⅲ级应急响应：气象预报部门发布暴雨警报、厦门市防汛抗旱指挥部发布防御暴雨洪水Ⅲ级应急响应通知时启动。

5.1.1 转发气象部门的暴雨警报。

5.1.2 适时发布防御暴雨通知，部署防御暴雨准备。

5.1.3 校防汛办和各级防洪防台风领导小组加强值班，密切监视雨情、水情，了解掌握水库等防洪工程以及下水道、落水管、排洪沟等运行情况并确保排水排洪通畅。

5.1.4 检查、补充抢险救灾物资。

5.2 Ⅱ级应急响应:气象部门发布暴雨警报、厦门市防汛抗旱指挥部发布防御暴雨洪水Ⅱ级应急响应通知时启动。

5.2.1 发布防御暴雨洪水通知,部署防御暴雨洪水准备工作。

5.2.2 学校办公室、学生工作部(处)、资产与后勤事务管理处、基建处、后勤集团等部门和各级防洪防台风工作领导小组,以及各单位领导实行24小时专人在岗值班和领导带班制度。各级防汛责任人立即上岗到位,全面落实各项防御措施。

5.2.3 应急抢险救灾队伍和志愿者队伍做好抢险救灾准备工作。

5.2.4 排查等重点部位和易受灾隐患点(见附件3),及时消除隐患。

5.2.5 必要时,分管校领导带队对防暴雨洪水准备情况进行检查,督促相关单位落实好各项防御措施。

5.2.6 增派保卫力量加强路面巡逻防控和交通疏导,适时实施交通管制。加强电网运行安全的监控,及时断开可能危及公共安全的电源,并立即上报领导小组。

5.2.7 必要时,召开全校防御暴雨洪水工作紧急会议,对防御暴雨洪水工作进行动员部署。

5.3 Ⅰ级应急响应:气象部门发布大暴雨或特大暴雨警报、厦门市防汛抗旱指挥部发布防御暴雨洪水Ⅰ级应急响应通知时启动。

5.3.1 发布防御暴雨洪水紧急通知,进行防御暴雨洪水总动员。必要时,召开全校防御暴雨洪水工作紧急会议,对防御暴雨洪水进行动员部署。

5.3.2 全校各单位进入应急值守状态,各单位主要领导和各级防汛责任人实行24小时在岗值班制度,遇异常情况及时处理并报告。要对外出家中无人的教职工和特困、空巢离退休教职工做好预警提醒工作。

5.3.3 道路、交通、水电、饮食保障、基建工地等紧急抢险队成员集结待命,随时准备排除各种险情。

5.3.4 巡查各重点部位、低洼路段和校内易积水、易涝点,及时消除隐患、排除险情;分管校领导带队对防御暴雨洪水准备情况进行检查,督促相关单位落实各项防御措施。

5.3.5 密切监测等重点部位和易受灾隐患点(见附件3),及时报告、处置险情。

5.3.6 必要时,转移危险地段师生员工,保障受困人员基本生活供应。

5.3.7 必要时,全校停课。

5.3.8 情况严重时,报校党委研究决定,除防暴雨应急单位和值班人员外,校内各单位停止上班,确保人员生命安全。

5.3.9 根据学校部署向全校通报防暴雨工作进展情况,向上级机关报送我校防暴雨工作进展情况。

## 6 善后与恢复

当厦门市气象台发布台风、暴雨警报解除报告,厦门市防汛办或防汛抗旱指挥部发布结束防洪防台风应急响应的通知时,结束应急响应措施,开展善后与恢复工作。

6.1 如遇人员伤亡,妥善做好伤亡人员的医疗、救助、善后工作。

6.2 尽快修复受损的水电通信设施,疏通校内交通,恢复校内正常的水电及饮食供应。

6.3 清理校园垃圾,采取必要的卫生防疫措施。

6.4 停止台风、暴雨应急响应期间采取的临时性措施,恢复正常的教学、工作秩序。

6.5 必要时,报请校党委校行政安排校领导深入各校区、各有关单位、学生宿舍和教职工家中进行慰问。

6.6 台风过境、暴雨结束后的24小时内调查、统计全校受灾情况。必要时,向上级部门报送我校抗击台风、暴雨工作进展及灾害损失情况。

6.7 根据学校部署在有关媒体报道我校抗击台风、暴雨工作情况。

6.8 必要时，每天召开防洪防台风领导小组例会或有关专家参加的会商会，通报当日情况，部署第二天救灾工作。

6.9 必要时，有关部门发出倡议书等，号召全校师生员工立即行动起来，投入灾后恢复重建工作中。

## 7 附　则

7.1 各单位应建立健全防洪防台风物资器材储备管理制度，根据工作实际，采购、储备必需的抢险救灾器械、物资及应急设备。

7.2 学校各抢险队的物资储备和管理由资产与后勤事务管理处统一负责。

7.3 学校从“突发事件专项经费”中安排资金用于防洪防台风工作。

7.4 本预案自发布之日起实施。

**附件 1：厦门大学防洪防台风工作领导小组成员名单**

（附件 1 略——编者）

**附件 2：**

## 厦门大学防洪防台风工作组织机构职责

**1 厦门大学防洪防台风工作领导小组职责**

贯彻执行校党委、校行政和有关部门的相关决定、指令；统一指挥全校防洪防台风工作，研究决定向全校发布防洪防台风通知，研究决定在一定范围内停、复课；在政府防洪防台风工作指挥部门的领导下，积极采取措施对台风、暴雨灾害进行预警、防御；统一组织、指挥校内防洪防台风工作的应急响应行动，下达应急处置工作任务；决定信息报送教育部、福建省委教育工委、省教育厅、厦门市委和其他相关部门的标准、内容以及请求上级部门指示、援助等事项。负责及时收集和分析相应的数据和工作情况，提出处理防洪防台风工作的建议和具体措施报校党委、校行政；及时总结和推广校内各单位防洪防台风工作的经验和做法；督导、检查各单位落实防洪防台风工作措施的情况。

**2 厦门大学防洪防台风工作领导小组成员单位职责**

2.1 学校办公室：向各有关单位传达上级机关、领导小组工作指示；根据学校部署起草、发布防台风通知；负责及时收集和分析相应的数据和工作情况，提出处理防洪防台风工作的建议和具体措施报领导小组；协调全校防洪防台风工作，组织紧急抢险；督导、检查各单位落实防洪防台风工作措施的情况；统计全校受灾情况，根据学校部署向全校通报抗击灾害工作进展情况；负责向上级机关报送信息。

2.2 校纪委办公室、监察处：通过明察暗访、实地察看、电话抽查等多种方式，督查防洪防台风值班值守等责任落实情况，重点检查各单位是否按职能分工履行职责，保证各项防御措施落实到位。查处相关部门在防洪防台风中渎职、玩忽职守的人和事。

2.3 宣传部：在校报、电视台、广播电台、校园网、微博和微信平台等有关媒体上开展防洪防台风宣传工作，普及防洪防台风知识；检查维修校内广播电台的设备、线路，根据职责划分与广电公司协调校内有线电视的设备、线路检修问题；牵头负责在校园网发布台风预警信息；在有线电视台、广播电台、校园网、微博和微信平台等有关媒体上播发学校的防洪防台风通知和有关公告；加强校园网监控，把握正确的舆论导向，及时清除各种谣言，澄清事实真相；组织力量对校园受灾、师生员工抗击灾害现场进行摄影摄像；根据学校的部署在校内外有关媒体上报道学校抗击灾害工作情况。

2.4 学生工作部（处）（含公寓学生办、翔安校区学生办）：负责制订学生口的防洪防台风应急预案，指导各学院（研究院、教学部）学生工作组在学生中开展防洪防台风安全教育，协调处理学生口的防洪防台风准备及抢险救灾工作。在学生公寓中开展防洪防台风安全教育工作;作为牵头单位,通过在学生公寓张贴台风预警信息、防洪防台风工作通知等方式,指导学生做好防洪防台风准备工作;协调相关单位做好学生公寓的防洪防台风工作;作为牵头单位,与资产与后勤事务管理处、后勤集团、保卫处及其他相关职能部门、各学院(研究院、教学部)学生工作组共同做好学生公寓的险情监测、人员疏散和抢险救灾工作;根据学校安排,与校团委共同负责培养和发展学校一级常备抢险救灾志愿者队伍,做好抢险救灾志愿者的注册、培训、使用、管理等工作;第一时间向学校报告学生伤亡情况。

2.5 离退休工作部(处):负责指导各单位离退休工作小组在离退休教职工中开展防洪防台风安全宣传教育;指导各单位做好灾前对离退休教职工的通知和预防;配合各单位、各职能部门做好离退休教职工的灾后慰问和帮扶工作。

2.6 研究生院:根据学校部署发布研究生的停课、复课通知。

2.7 教务处:牵头负责校本部公共教室的检查、报修工作;根据学校部署发布本科生的停课、复课通知;及时向学校报告校本部公共教室的受损情况。

2.8 资产与后勤事务管理处:负责检查维修危房、旧房、教工宿舍;负责检查修缮厦大水库、翔安校区西浦水库、埕前水库、军民水库并调节水位,疏通下水道、排洪沟;负责检查修缮挡土墙等;负责检查维修供电、供水、排水设备及管网线路;根据报修情况牵头做好相关维修工作;负责采购、储备各类抢险救灾器械、物资及应急设备;负责学校抢险救灾物资仓库的日常管理;遇紧急情况时,负责组织居住在旧房、危房的人员疏散、转移;与学生工作部(处)(含公寓学生办、翔安校区学生办)、后勤集团、保卫处及其他相关单位共同做好学生公寓的险情监测、人员疏散和抢险救灾工作;根据厦门市相关通知精神指导厦大幼儿园停课、复课;牵头负责台风过后的校内公共场所的清理和消毒工作;及时向学校报告受灾情况。

2.9 基建处:负责建筑工地、临时施工住房、高空作业的塔吊、脚手架、建筑工地支架等的安全排查,并采取必要的加固措施;对工地开挖的基坑、打桩的洞孔进行标志,并派人看守;对易发山体崩塌、滑坡、落石等险情的危险地段进行必要的防护;配合资产与后勤事务管理处检查修缮挡土墙等;负责组建基建工地的抢险救灾队伍,并组织培训、演练;遇险时负责组织基建工地的抢险救灾工作;及时向学校报告受灾情况。

2.10 保卫处:负责组建校园交通抢险救灾队伍,遇险时组织抢险救灾工作(路面车辆的交通管理由保卫处负责,路面倒伏树木的清理由后勤集团负责);负责治安巡逻,确保校园安全;负责门卫和道路交通管理,保障校内交通秩序;与学生工作部(处)(含公寓学生办、翔安校区学生办)、资产与后勤事务管理处、后勤集团及其他相关单位共同做好学生公寓的险情监测、人员疏散和抢险救灾工作;必要时,配合资产与后勤事务管理处组织居住在旧房、危房的人员疏散、转移。

2.11 漳州校区管委会:负责制订漳州校区的防洪防台风应急预案,全面负责漳州校区的防洪防台风工作;负责组建漳州校区的各类抢险救灾队伍,遇险时组织抢险救灾工作;必要时,根据学校部署做好与当地有关部门的抗灾协调工作;及时向学校报告受灾情况。

2.12 翔安校区管委会:负责制订翔安校区的防洪防台风应急预案,全面负责翔安校区的防洪防台风工作;负责组建翔安校区的各类抢险救灾队伍,遇险时组织抢险救灾工作;必要时,根据学校部署做好与当地有关部门的抗灾协调工作;及时向学校报告受灾情况。

2.13 校团委:通过社团活动在学生中尤其是在新生中宣传防洪防台风知识,提高学生的防洪防台风意识和抗灾自救能力;根据学校安排,与学生工作部(处)共同负责培养和发展学校一级常备抢险救灾志愿者队伍,做好抢险救灾志愿者的注册、培训、使用、管理等工作。

2.14 后勤集团:负责检查维修学生食堂。配合资产与后勤事务管理处检查修缮厦大水库并调节水位,疏通落水管、下水道、排洪沟,检查维修供电、供水、排水设备及管网线路。配合资产与后勤事务管理处采购、储备各类抢险救灾器械、物资及应急设备,做好抢险救灾物资仓库的日常管理。配合教务处检查维修公共教室;负责食品、饮用水的储备,保证师生员工的正常生活需要;负责组建道路、水电、饮食保障抢险救灾队,遇险时组织抢险救灾工作(路面车辆的交通管理由保卫处负责,路面倒伏树木的清理由后勤集团负责);负责在学生食堂显示屏播放气象部门的台风预警信息及学校的防洪防台风通知;配合公寓学生办、翔安校区学生办,在学生公寓张贴台风预警信息、防洪防台风工作通知,指导学生做好防洪防台风准备工作;与公寓学生办、翔安校区学生办、保卫处及其他相关职能部门、学院(研究院)共同做好学生公寓的险情监测工作;遇险时组织人员疏散和抢险救灾工作;配合资产与后勤事务管理处做好台风过后的校内公共场所的清理和消杀工作;及时向学校报告受灾情况。

2.15 嘉庚学院:成立本学院的防洪防台风工作领导小组;根据学校的防洪防台风工作预案制订本学院的应急预案;组织开展本学院的防洪防台风工作,认真做好本单位所属区域的隐患排查和处理工作;及时向学校报告受灾情况。

**3 全校各单位工作职责**

成立本单位的防洪防台风工作领导小组,组织本单位的防洪防台风抢险救灾队伍;根据学校的防洪防台风工作预案制订本单位的应急预案;组织开展本单位的防洪防台风工作,认真做好本单位所属区域的隐患排查和处理工作;及时向学校报告受灾情况。

**附件3:厦门大学防洪防台风公共区域重点部位和易受灾隐患点汇总表**

**附件4:厦门大学防洪防台风工作任务分解表**

(附件3、4略——编者)

——本文摘录自《关于印发〈厦门大学防洪防台风应急预案(2016年修订)〉的通知》,厦大综〔2016〕67号,档号2016-XZ09-17

# 厦门大学学生艺术团指导教师管理办法(暂行)

(2016年12月1日)

为进一步规范学生艺术团指导教师管理,依据《厦门大学学生艺术团章程》(以下简称《章程》),制定本办法。

## 一、指导教师聘请条件

第一条　艺术团指导教师优先从本校教师中选聘,所聘任的教师应在本专业有一年以上的教学经验。

第二条　根据艺术团发展的实际需要,艺术团可从校外选聘专业教师。所聘任的校外专业教师应在市级以上重点演出院团有两年以上的演出经历;有教师从业资格者优先。

第三条　受聘教师能够服从艺术团的授课时间安排。

## 二、指导教师工作职责

第四条　指导教师应以师德为先、教学为要、发展为本为基本要求,坚持社会主义办学方向与遵循教育规律相结合,以立德树人为根本任务,指导学生艺术团队伍开展日常训练。

第五条　指导教师应坚持正确的育人导向,严格课堂教学纪律,加强课堂教学活动,认真对待每次上课,教学严谨。

第六条　指导教师应在每学期初提交学期教学计划,学期期末做好课程总结,提交学生的期末课程成绩。

第七条　校团委下边的演出任务需额外增加指导教师、训练课时等情况,指导教师应提前向校团委报告,审核批准后方可执行。

第八条　指导教师应配合校团委对队伍进行管理,了解学生的心理动态,做好艺术团成员的思想政治工作。

## 三、指导教师考核

第九条　校团委将从师德师风、教育教学、社会服务、专业指导、参演参赛等方面设定考核指标,对指导教师进行教学质量测评。测评结果分为优秀、合格、不合格,测评结果不合格者,艺术团将不再聘用。

第十条　指导教师每年可参评“厦门大学学生艺术团优秀指导教师”的荣誉称号。

第十一条　出现以下情况之一,将对指导教师予以解聘:

(1)指导教师因岗位调动或私人原因导致远离教学岗位、专业领域转移、身心状况不适任教等情况,予以解聘。

(2)指导教师以学生艺术团或指导队伍的名义组织开展校内外演出,牟取私利,或无故不承担正当演出任务的行为,予以解聘。

(3)结合艺术团实际工作状况,校团委对未经批准,擅自停课、并课、请人代课,在教学活动中擅离岗位,任意更改教学进度和教学场地的行为,出现一次进行诫勉谈话,两次以上则对指导教师予以解聘。

第十二条　为维护艺术团课程正常教学秩序,提高课程质量,校团委将依据《厦门大学教学事故认定与处分暂行办法》中有关规定,对教学事故进行认定和处理。

## 四、指导教师课酬

第十三条　校内聘请的指导教师的课酬以课时为单位计算,每次上课两课时,每课时 45 分钟。

第十四条　校外聘请的指导教师的课酬以指导教师到校实际指导次数为单位计算,每次上课 120 分钟。

第十五条　校团委将根据各队伍指导教师实际授课情况,发放课酬,标准如下:校内聘请的教师 100 元/课时,校外聘请的教师以聘任约定课酬进行发放,范围为 200～400 元/次不等。

第十六条　该管理办法自发布之日起生效。

共青团厦门大学委员会

2016 年 12 月 1 日

——本文摘录自《厦门大学学生艺术团指导教师管理办法(暂行)》,(2016)厦大团 12 号,档号 2016-DQ07-4

# 厦门大学教职工协议工资制度实施办法

(2016年12月1日)

## 第一章　总　则

第一条　为进一步完善我校薪酬分配制度与保障激励机制,构建与学校发展目标相一致的薪酬体系和薪酬优势,吸引集聚国内外优秀人才,充分调动广大教职工的积极性和创造性,根据《厦门大学章程》、《厦门大学综合改革方案》和《厦门大学薪酬改革方案》,特制定本实施办法。

第二条　本办法适用于学校承担经费的在职在编教职工。

## 第二章　指导思想与原则

第三条　科学设岗,以岗定薪,适度平衡,协调发展,绩效引导,强化激励,整合多元化薪酬模式,建立统一规范的基本薪酬体系。

第四条　逐步建立对外具有竞争力、对内具有公平性、可持续的薪酬体系,吸引汇聚高质量和多样化的优秀人才,促进学校事业发展,早日实现“两个百年”的奋斗目标。

第五条　突出绩效与薪酬的正相关关系,建立激励与约束相适应的“多劳多得、多贡献多得、多担当多得”的薪酬制度。

第六条　建立和完善专任教师、其他专业技术人员、管理人员和工勤人员之间合理、和谐的收入分配关系,确保不同系列人员横向之间或同一系列人员纵向之间薪酬水平的公平性,保持各系列人员之间的薪酬水平适度平衡和协调发展。

第七条　确立薪酬正常增长机制,保持可持续的薪酬优势和竞争力。

## 第三章　协议工资结构

第八条　工资基本结构

协议工资=国家工资(岗位工资、薪级工资)+国家统一规定的津补贴(特区津贴、政府特殊津贴等)+校内岗位工资(含基础性工资和奖励性工资)+改革性补贴(住房补贴、公积金)

在职人员现有的岗位津贴、职务津贴、厦地补贴、校内津贴、补差、生活性补贴、岗位绩效津贴并入校内岗位工资。校内岗位工资中,奖励性工资占40%。

第九条　国家工资按照国家规定的标准确定;校内岗位工资按照对应的岗位档次和绩效考核情况确定;改革性补贴按照国家和地方有关规定执行。

第十条　国家统一规定的津补贴和特殊岗位的津贴根据国家和地方的有关规定予以保留。

## 第四章　校内岗位工资档次

第十一条　在同一职务级别中分设多个校内岗位工资档次,增大同一职务人员薪酬的浮动范围,根据各级各类岗位人员的贡献、能力和资历,动态调整各级各类人员的校内岗位工资。

第十二条　教师职务的校内岗位工资共设十六档。其中,教授职务设置七档,副教授职务设置三档,助理教授/讲师职务设置三档,助教职务设置三档。

第十三条　其他专业技术职务的校内岗位工资共设十七档。其中，正高职务设置四档，副高职务设置三档，中级职务设置三档，助理级职务设置三档，员级及以下职务设置四档。

第十四条　党政管理职务的校内岗位工资共设二十九档。其中，厅级及以上职务设置五档，处级职务设置六档，科级职务设置八档，科员职务设置六档，办事员及以下职务设置四档。

## 第五章　考核调整

第十五条　改革现有的考核办法，强化关键绩效指标考核，建立群众评议、目标评价、量化考核和领导评价相结合的考评机制，实现绩效考核和校内岗位工资调整的科学协调。

第十六条　校内岗位工资根据考核结果进行动态调整。

1.年度调整

(1)考核优秀的，校内岗位工资标准按照其岗位对应的档次上浮一档，其中，已对应本职务级别最高档次(含教授四档)的人员，发放标准上浮10%。上浮年度内退休的，需上浮的校内岗位工资差额在退休时一次性发放。

(2)考核合格的，校内岗位工资标准按照其岗位对应的档次发放。

(3)考核基本合格的，校内岗位工资标准按照其岗位对应的档次下调一档，其中，已对应本职务级别最低档次的人员，发放标准下调10%；连续两年考核基本合格的，校内岗位工资标准下调至低一职务级别的最低档次；连续三年考核基本合格的，校内岗位工资下调至本系列人员的最低档次(其中，助教调整至员级最低档次)。

(4)考核不合格的，校内岗位工资标准下调至低一职务级别的最低档次；连续两年考核不合格的，校内岗位工资下调至本系列人员的最低档次(其中，助教调整至员级最低档次)。下调年度内退休的，需下调的校内岗位工资差额在退休时一次性扣除。

(5)上述“职务级别”分别指专业技术职务级别、党政职务级别及工人技术等级。

(6)年薪制教授和教授五档及以上人员不按年度考核结果调整薪酬。

2.聘期调整

聘期内按照岗位对应的标准或合同约定发放薪酬，聘期结束后根据聘期考核结果调整岗位及薪酬。

## 第六章　发放办法

第十七条　校内岗位工资中的基础性工资按月发放，新进人员从起薪的次月起发放，岗位变动人员从岗位变动的次月起按新标准发放。校内岗位工资中的奖励性工资视工作绩效另行发放。

第十八条　校内岗位工资根据教职工的请假及缺勤情况按规定进行调整。

第十九条　对于学校引进的特殊高层次人才，需另行约定薪酬标准的，由相关教学科研单位提出建议意见，经人事处审核后提交校长办公会研究决定，并按照合同约定的标准及办法发放。

## 第七章　工资协议

第二十条　教职工在签订聘用合同的同时，应签订《厦门大学教职工工资协议》。工资协议为聘用合同的补充，与聘用合同具有同等法律效力。

第二十一条　学校按照签订的工资协议提供工资待遇。

第二十二条　工资协议一式三份，学校、教职工双方及学校用人单位各执一份；工资协议于三方签字之日起生效。

## 第八章　附　则

第二十三条　本办法从2015年1月1日起实施。

第二十四条　本办法由人事处负责解释。

——本文摘录自《关于印发〈厦门大学教职工协议工资制度实施办法〉的通知》,厦大人〔2016〕106号,档号 2016-XZ10-4

# 厦门大学基本建设管理办法

（2016年12月13日）

## 第一章　总　则

第一条　为了规范学校基本建设管理，提高决策水平，保证投资效益，根据《中华人民共和国建筑法》《中华人民共和国政府采购法》《中华人民共和国招标投标法》《建设工程质量管理条例》和地方有关法律、法规，根据《教育部直属高校基本建设管理办法》《教育部直属高校及直属单位基本建设廉政风险防控手册》的相关规定，结合学校实际，制定本办法。

第二条　本办法适用于学校校园建设总体规划、五年基本建设规划、年度基本建设计划的编制和学校所有新建、改建、扩建等工程项目。

第三条　学校基本建设管理的原则是贯彻执行国家和地方的有关政策、法律、法规，依据学校事业发展和校园建设总体规划，严格执行“三重一大”决策制度和党委常委会、校长办公会议事规则，遵守基本建设程序，注重过程管理，坚持抓“质量、进度、安全、投资、廉洁”的有机统一，保障和促进学校事业持续健康发展。

## 第二章　组织机构及职责

第四条　领导和协调学校基本建设工作的组织机构包含党委常委会、校长办公会、基本建设领导小组，其中党委常委会、校长办公会是决策机构，基本建设领导小组是协调、咨询、研究、议事机构。

第五条　根据“三重一大”决策制度和党委常委会、校长办公会议事规则的有关规定，属于“三重一大”或列入党委常委会、校长办公会议事范围的基建事项必须按规定和程序报校长办公会议、党委常委会研究决策。

校园建设总体规划、五年基本建设规划及其他必要的基建事项由党委常委会研究决策，必要时提交教代会审议。

年度基本建设计划、基本建设项目（包含项目的开建、缓建或停建）、重大项目变更（包含项目建设地址变更、重大使用功能调整，建设规模及项目总投资变化超过国家相关规定，单项设计变更估算100万元及以上等）及其他必要的基建事项由校长办公会议审议决策。

第六条　根据基建管理需要，学校成立基本建设领导小组，由校领导任组长，相关职能部门负责人和有关专家为成员，统一协调和研究基本建设工作。基本建设领导小组的职责包含审议校园基本建设规划、五年基本建设规划、年度建设计划和基本建设项目，研究学校基建工作中的重大问题，协调和处理学校基建过程中跨部门交叉工作的相关事宜，其中属于“三重一大”或列入党委常委会、校长办公会议事范围的基建事项必须按规定和程序报校长办公会议、党委常委会研究决策。

第七条　基建处是学校基建管理的行政职能部门，负责与学校有关部门共同编制、管理和执行校园建设总体规划和五年基本建设规划，负责编制和执行年度基本建设计划，负责建设项目的方案论证、项目报批、设计管理、项目招标、造价管理、施工管理、竣工验收以及有关方面的管理和协调工作。

第八条　与基本建设相关的职能部门有：学校办公室、规划办、纪委、监察处、保卫处、审计处、财务处、资产与后勤事务管理处和基建处。

根据《教育部直属高校基本建设管理办法》的有关规定,并结合学校实际情况,各职能部门在基建管理过程的主要工作及配合机制如下:

学校办公室:统筹安排重大建设事项的集体决策,负责重大建设事宜的校内外有关部门的联络和协调工作。

规划办:制定学校事业发展规划,负责指导和共同编制校园基本建设规划和五年建设规划。

纪委、监察处:基建投诉及违规处理和基建廉政建设。

保卫处:负责项目实施过程的交通协调、消防管理、暂住人口管理等保卫相关工作。

审计处:负责建设工程项目的竣工结算审计以及重点建设项目的全过程跟踪审计。

财务处:负责基本建设资金的筹集、管理和使用,竣工财务决算。

资产与后勤事务管理处:负责项目实施过程中相关条件(水电)的保障工作和项目竣工验收后的房屋移交、物业管理工作、固定资产登记以及项目竣工备案后的产权办理。

第九条　学校根据基建任务的规模、特点,必要时成立临时建设指挥部或委托有相应资质的代建单位实行代建制管理。

## 第三章　校园建设规划与计划

第十条　校园建设总体规划是学校开展基本建设、编制五年基本建设规划、确定和申报建设项目的重要依据,学校应根据事业发展需要编制或修订校园建设总体规划。

第十一条　校园建设总体规划应委托有相应资质的单位进行编制或修订,组织专家评估论证,按照有关规定公开信息,充分吸收师生员工和公众建议,同时征求教育部意见,按程序经学校决策同意,报厦门市规划委批准或备案后送教育部备案。

第十二条　五年基本建设规划是按照国家经济和社会发展周期(每五年)进行编制的,是确定、申报具体建设项目的主要依据,五年内拟建设的项目原则上应列入五年基本建设规划。

第十三条　五年基本建设规划必须符合校园建设总体规划要求,同时结合学校事业发展需要和财务能力,合理确定五年内规划实施的建设项目和年度投资方案,按程序经学校决策同意后送教育部备案。

第十四条　年度基本建设计划是实施具体建设项目和申请中央预算内投资的主要形式,是学校年度基本建设投资情况的综合反映,其中拟申请中央预算内投资的项目其可行性研究报告必须经过教育部评估、批准。

第十五条　年度基本建设计划包含下一年度基本建设投资建议计划、本年度基本建设投资计划和本年度基本建设投资调整计划。下一年度基本建设投资建议计划根据校园建设总体规划和五年基本建设规划进行编制;本年度基本建设投资计划根据建议计划、上一年度投资完成情况和教育部下达的中央预算内投资预算情况进行编制;本年度基本建设投资调整计划根据本年度基本建设投资计划的实际执行情况进行编制。各项计划完成编制并经学校决策同意后报教育部审批。

## 第四章　建设项目前期管理

第十六条　立项审批

建设项目立项审批由学校或具体使用单位提出建设需求,职能部门从用地、规划、必要性、可行性等方面进行预研究,预研究情况经校长办公会研究决策,基建处根据会议确定的拟建项目,申报项目建议书,进行概念性方案设计研究,组织项目的选址,用地预审,环境评估,节能评估和可行性研究等报告,可研情况经校长办公会讨论通过后,送交教育部及地方政府相关部门申报可研及立项。

拟建项目可行性研究报告应委托有相应资质的单位编制,应符合国家相关部门要求的前期工作质量和深度,并在规定的时间内上报教育部,教育部要求评估的项目按教育部的要求进行论证、评估。

可行性研究报告经批准后,三年内必须开工建设,逾期未开工的须重新审核报批。

第十七条　勘察设计

基建工程要坚持先勘察、后设计、再施工的原则，根据学校决策意见，做好基建项目的概念性方案设计，在实施方案和施工图设计时要充分征求使用单位及相关职能部门的意见，严格控制并做好施工过程的设计变更管理工作。

第十八条　项目报建

基建处在完成基建项目的立项工作后，要认真做好报批报建工作，按照国家、省、市对基本建设管理的有关规定办理用地规划许可证、施工图审查、工程规划许可证、施工许可证、质量监督、安全监督等项目建设手续，确保项目依法依规实施。

第十九条　项目招标

根据《中华人民共和国招标投标法》和《教育部基本建设管理办法》的有关规定，学校基建项目严格实行招标制度，项目招标包含与基建工程相关的勘察、设计、监理、施工和重要设备和材料等。在招标过程中不得存在排斥潜在投标人、规避招标、肢解发包、泄露招投标信息等行为，项目招标具体按照《中华人民共和国招标投标法》和《厦门大学基本建设项目招标、采购管理办法》的有关规定执行。

## 第五章　建设项目实施过程的管理

第二十条　合同管理

基建部门应严格实行合同管理制度，依法按程序订立并严格执行合同，规范工程建设合同管理行为，维护学校的合法权益。合同尽量采用范本，由基建处起草或审核合同文本，审计处会稿后报分管校领导审批，重要合同须咨询法律事务办意见后再报分管校领导审批。

第二十一条　工程监理

学校实行基建项目工程监理制度。基建部门要依据与监理单位签订的合同对其工作进行督促检查，如监理人员或监理单位不能履行合同规定职责的，应按相关规定及时更换监理人员或终止合同。

第二十二条　质量控制

实行工程质量终身负责制，主管项目的学校领导、基建部门负责人、项目现场负责人，要按照各自的职责对其负责管理的工程质量负终身责任。基建管理部门要严格按质量管理体系，督促合同各方管理人员到位尽责，严格按照国家规范和标准的要求执行。不得明示或暗示设计施工等单位降低或违反强制性标准，确保建设项目的工程质量。

第二十三条　安全管理

坚持“安全第一、预防为主”的方针，全面贯彻执行《建筑法》《建设工程安全生产管理条例》，认真履行建设单位安全责任，主动接受、积极配合政府建设行政部门对建设工程安全生产的指导和监管，对照安全责任体系，督促监理单位、施工单位各方责任主体确实履行各方安全责任，落实施工企业保险制度，落实定期安全检查措施并限期整改，及时消除安全隐患，确保施工现场和校园安全。

第二十四条　工期控制

基建部门应合理并科学控制工期，立项报告批复下达后，勘察、设计、前期报批报建、招标、施工等阶段，应确定合理的时限，不得随意拖延或盲目压缩。非经建设行政主管部门组织的专家论证，任何人不得强行在招标阶段压缩合理施工工期。

基建部门对施工阶段的工期要科学安排并加强监控，根据合同规定编制的施工进度计划作为管理目标，对施工的全过程进行检查、对照、分析，及时发现实施中的偏差，及时做好工期索赔或反索赔的证据收集，采取有效措施，保证工期目标的实现。

第二十五条　变更控制

基建处要严格控制工程变更，一般的工程变更按基建处项目管理规定和程序处理，但涉及建设地址变更、重大使用功能调整或单个变更引起工程造价调整超过100万元及以上的重大设计变更或重大工程问题须由基建处提出解决方案，提交基本建设领导小组研究、讨论，最终由校长办公会决策实施。

重大变更引起项目必须重新立项审批和报批报建的,应按教育部和地方政府有关部门的规定进行重新立项审批和报批报建。

第二十六条　资金管理

基建资金的管理要严格贯彻国家有关法律、法规,依法合理、及时筹集、使用建设资金,做好基本建设资金的计划、预算编制、执行、控制、监督和审核工作,严格控制建设成本,减少资金损失和浪费,提高投资效益。

(一)基建年度投资计划经校长办公会议(党委常委会)研究确定,按照基建程序和教育部规定的时间和编制要求履行报批手续。具体按《教育部直属高校基本建设管理办法》执行。

(二)基建处应加强计划管理,严格按计划实施建设项目,基建项目的估算、概算、预算应严格按国家发改委、财政部的要求实行限额管理。若确实存在投资、规模发生重大变化的应按规定的程序报批调整投资计划。

(三)基本建设资金严格按基本程序支付,具体按财务处的有关规定执行,建设项目预算纳入国库集中支付范围的,资金拨付按照国库集中支付的有关管理办法执行。

(四)学校基本建设所发生的管理费,严格按《厦门大学基建处建设管理费的使用与管理办法》和《厦门大学建设工程项目派遣人员管理办法》规定执行。

## 第六章　建设项目竣工验收阶段管理

第二十七条　竣工验收

基建处应当组织勘察设计、施工、监理和地方政府工程质量监督部门以及校内使用单位在工程预验收整改的基础上,对已完工的工程项目按国家、地方、合同验收有关规定进行竣工验收。验收合格后,方可交付使用。

第二十八条　质量保修

基建项目按国家规定实行质量保修制度。工程保修应按《建设工程施工合同》中的房屋建筑工程质量保修书约定,在保修期限内发生质量问题基建部门要责成施工单位履行合同,执行保修义务。

第二十九条　资产交付

工程项目质量竣工验收和消防专项验收合格后,基建处及时将工程实体移交给资产与后勤事务管理处,并由资产与后勤事务管理处移交使用单位投入使用。

工程项目质量竣工验收和消防专项验收合格后,基建处及时办理项目的人防、环保、市政档案等专项验收并最终完成项目备案,项目备案后及时移交资产与后勤事务管理处办理产权登记。

工程项目质量竣工验收、消防验收合格并投入使用后,基建处、审计处、财务处应及时办理项目合同结算、付款、财务决算和转固定资产交付等各项工作。在工程项目尚未办理财务决算和转固定资产交付前,资产与后勤事务管理处应先按估值进行入账。

第三十条　结算审计与财务决算

学校基建工程项目结算实行一审、二审制度。在工程竣工验收合格后,由基建部门对施工方报送的竣工结算报告进行初审(一审),审计处依据《厦门大学建设工程项目竣工结算审计实施办法》进行竣工结算审计(二审),工程结算最终以审计报告为准。工程结算后财务处应及时对项目进行竣工财务决算。

第三十一条　档案管理

严格学校基建档案、资料管理工作,充分发挥档案资料在工程建设使用管理、工程维护和改扩建中的作用,必须严格按厦门市城建档案馆、学校档案馆和物业管理部门(或使用管理单位)的要求进行整理并办理移交手续。

## 第七章　监督与后评价

第三十二条　学校基本建设的相关单位和个人要严格按照《厦门大学落实党风廉政责任制的实施办

法》《厦门大学建设工程项目审计规定》等制度，加强对建设项目各个环节的监督管理。把廉政建设责任制落实到位，把廉政风险防范工作融入建设项目的日常管理工作。

第三十三条　加强社会监督。学校基建项目的施工现场，要将项目责任人、勘察、设计、施工、监理等单位的名称和责任人姓名挂牌公示。纪检监察部门要公布基建工作举报受理方式，让项目实施过程接受社会特别是校内师生员工的监督。举报人如发现重大基建工作问题并避免了重大损失的，学校要予以奖励，严禁任何人采取任何方式对举报人打击报复。

第三十四条　基建工程竣工交付使用后，应组织人员对项目管理和建成后达到的实际效果进行绩效评价，为后续工程建设提供借鉴。对建设项目质量低劣、损失浪费和责任事故的直接责任人员给予通报批评，情节严重的依法追究其行政或法律责任。

## 第八章　附　则

第三十五条　本办法由基建处负责解释，凡属基建管理工作的未尽事宜，以国家、福建省、厦门市相关法律法规和教育部有关规定为准。

第三十六条　本办法自发布之日起实施。

——本文摘录自《关于印发〈厦门大学基本建设管理办法〉的通知》，厦大综〔2016〕72号，档号2016-XZ09-17

# 厦门大学科研仪器设备采购实施细则

(2016 年 12 月 15 日)

第一条　为完善我校科研仪器设备采购管理,依据中共中央办公厅、国务院《关于进一步完善中央财政科研项目资金管理等政策的若干意见》及财政部《关于完善中央单位政府采购预算管理和中央高校、科研院所科研仪器设备采购管理有关事项的通知》和相关采购制度,特制定本实施细则。

第二条　本实施细则中的"科研仪器设备"是指学校各学院(研究院)使用各类经费采购的用于教学、科研和相关活动的仪器设备(含政府集中采购目录内产品及委托研制开发的设备),以及满足其使用功能所需的附件、实验耗材、软件等,但不包括行政办公、后勤保障等职能部门所用设备。

第三条　预算金额在 200 万元以上的采购,须采用公开招标方式,但符合条件采用邀请招标、竞争性谈判、竞争性磋商或询价方式的,由学院(研究院)或学校招投标中心(以下简称"招投标中心")向学校政府采购管理办公室(以下简称"采购办")提出变更政府采购方式申请,并填写"变更政府采购方式申请表",经采购办审核后向教育部、财政部报批。采用单一来源方式采购的,无须提交单位内部会商意见,其他程序仍按原有规定执行。

第四条　预算金额在 200 万元以下 100 万元以上的采购,项目(经费)负责人可直接向招投标中心建议采取公开招标、邀请招标、竞争性谈判、竞争性磋商和询价方式,招投标中心审核后报采购办备案。预算金额在 100 万元以下 40 万元以上的采购,除上述 5 种法定采购方式外,还可采用校内磋商谈判、校内快速采购等方式。

以上采购如采用单一来源采购方式的,须以书面形式报采购办审批,并经分管校领导批准后方可实施。

第五条　预算金额 40 万元以下 5 万元以上的采购,由资产与后勤事务管理处物资管理科(以下简称"物资科")通过网上竞价、询价、比价等方式进行。

第六条　预算金额 5 万元(外币限额为 7500 美元或 7500 欧元,或其他等值外币)以下的采购,由学院(研究院)参照网上竞价、询价及比价等方式自行组织采购,签订《仪器设备供货合同》,办理验收入库和报销手续,无须再填报"货物申购清单"。采购进口产品的须将确定好价格、保修期等条款的《进口产品技术协议》交由物资科办理进口手续。

第七条　预算金额在 100 万元以上且采用公开招标或邀请招标方式采购科研仪器设备时,可由项目(经费)负责人自行推荐不超过专家总数 1/3 的技术评审专家,与由采购办选取的评审专家共同组成评审委员会。所有评审专家均需严格遵守政府采购法规定的回避原则。

第八条　项目(经费)负责人可根据项目需要自行决定是否购买进口产品。在采购预算金额 100 万元以上进口科研仪器设备时,仅需组织 3 位本校副高职称以上专业老师进行论证并填写"厦门大学采购进口产品论证表",送采购办备案。

第九条　自行采购项目的采购责任主体为各采购单位。各学院(研究院)要强化自我约束和自我规范,自觉遵守国家和学校采购相关法规政策,建立健全本单位相关采购制度。采购办对科研仪器设备采购情况进行监督检查。

第十条　本办法各数额中所称"以上",均含本数。

第十一条　本实施细则由采购办负责解释。

第十二条　本实施细则自 2017 年 1 月 1 日起生效。

——本文摘录自《关于印发〈厦门大学科研仪器设备采购实施细则〉的通知》，厦大资产〔2016〕59 号，档号 2016-XZ27-3

# 厦门大学采购管理办法(试行)

(2016年12月28日)

## 第一章　总　则

第一条　为规范学校采购与招标工作,提高资金使用效益,维护国家和学校利益,促进廉政建设,依据《中华人民共和国政府采购法》《中华人民共和国招标投标法》《中华人民共和国政府采购法实施条例》《中华人民共和国招标投标法实施条例》《政府采购非招标采购方式管理办法》等有关法律法规,结合学校实际情况,制定本办法。

第二条　凡使用学校各类资金采购货物、工程(基本建设项目除外)和服务的活动,均适用本办法。

第三条　本办法所称货物,是指各种形态和种类的物品,包括仪器仪表、设备、材料、耗材、家具、计算机成品软件、图书、数据库、电子出版物及其他物品等。

本办法所称工程,是指建筑物和构筑物的装修、拆除、修缮等,以及水电管网和道路维修、改造、绿化施工等。

本办法所称服务,是指除工程和货物以外的其他采购对象。

第四条　学校采购与招投标活动应当遵循公开、公平、公正和诚实守信原则,应当符合采购价格低于市场平均价格、采购效率更高、采购质量优良和服务良好的要求。

第五条　各单位应当加强采购计划和预算管理,科学、准确地编制采购计划和预算,采购活动严格按批准的预算执行。

第六条　学校应当规范采购行为,建立健全分工合理、相互制约、有效监督的采购管理和监督机制。

## 第二章　组织机构及职责

第七条　学校成立采购与招标工作领导小组,全面领导学校的采购与招标工作,由分管校领导担任组长,相关职能部门负责人为成员。其主要职责为:

(一)审定学校采购与招标工作管理政策及规章制度;

(二)确定学校集中采购范围和限额标准等;

(三)决定学校采购与招标工作的重大事项;

(四)其他需要决定的事项。

第八条　学校政府采购管理办公室(以下简称"采购办")为学校政府采购归口管理部门,挂靠资产与后勤事务管理处(以下简称"资产后勤处"),统一负责学校政府采购与招投标的管理工作。其主要职责为:

(一)负责起草学校政府采购相关管理制度;

(二)对学校各类政府采购活动进行管理和监督;

(三)负责政府采购方式变更的审核、报批;

(四)建立和管理评审专家库;

(五)负责政府集中采购限额标准及以上单台进口设备采购报备工作;

(六)负责受理供应商投诉;

(七)完成学校采购与招标工作领导小组交办的其他工作。

第九条　学校招投标中心(以下简称“招投标中心”)为学校采购限额标准以上采购项目的采购执行部门,挂靠资产与后勤事务管理处,统一负责学校招投标活动的组织实施工作。其主要职责为:

(一)负责制定货物、工程和服务采购的工作流程和具体实施细则;

(二)负责招标采购项目的标书编制与招标信息发布;

(三)负责招标采购项目的招标评标组织与中标结果公示;

(四)负责招标采购项目的招标评标档案保管与信息统计;

(五)完成学校采购与招标工作领导小组交办的其他工作。

本条所称学校采购限额标准为:货物和服务类采购项目 20 万元(外币按现汇折算价,以下类同),工程类 10 万元。

第十条　资产后勤处业务科室为学校采购限额标准以下学校集中采购项目的采购执行主体。其主要职责为:

(一)负责制定相应采购项目的具体实施细则;

(二)负责采购项目涉及的立项论证、预算审核;

(三)负责采购项目的具体采购实施、合同审批及签订和验收等;

(四)负责学校集中采购的付款结算;

(五)负责相关文档资料的归档管理。

本条所称学校采购限额标准同第九条。

第十一条　全校各单位为学校分散采购项目的采购实施主体,也是各类采购项目的用户单位。其主要职责为:

(一)负责采购项目前期立项申请、预算申报、市场调研、填报可行性论证;

(二)负责集中采购项目申请、提供技术参数、参与合同拟订;

(三)负责自行采购项目的采购组织、合同签订、项目验收及付款结算等。

第十二条　学校根据采购与招标工作的需要,依法组建项目评审委员会。评审委员会由学校相关主管部门或者用户代表和有关技术、经济等方面的专家组成,负责依照相关法律法规对采购项目进行评标、评审。

## 第三章　采购组织形式及范围

第十三条　学校采购组织形式分为“政府集中采购”、“学校集中采购”和“学校分散采购”。

第十四条　政府集中采购,是指由政府集中采购机构代理组织实施的,纳入国务院编制的政府集中采购目录的采购活动。

各单位采购用于行政管理、后勤保障的属于政府集中采购目录内的货物和服务,各单位应当在“厦门大学物资采购管理系统”提前报送采购计划,汇总后由采购办委托中央国家机关政府采购中心进行采购。

第十五条　学校集中采购,是指由学校组织或者委托采购代理机构实施的,纳入学校集中采购范围和经有关部门批准的采购活动。凡达到学校采购限额标准的采购项目,必须由招投标中心负责组织实施,或者由采购办委托招标代理机构实施。

学校集中采购范围包括:

1.单价或批量 5 万元以上的科研仪器设备;

2.单价或批量 2 万元以上的集成项目、弱电及智能化项目、电器、通用耗材及办公用品;

3.单价或批量 1 万元以上的空调、家具;

4.单项 2 万元以上的工程;

5.单次或批量 5 万元以上的服务项目;

6.剧毒化学试剂及放射性元素等管制类物品;

7.各类大宗物资；

8.车辆；

9.电梯；

10.其他按规定或经审批要求纳入学校集中采购的货物、工程和服务。

本条所称学校采购限额标准同第九条。

第十六条　学校分散采购，是指在政府集中采购目录和学校集中采购范围之外且在规定限额以内的，或者因教学、科研工作需要而提出，并经资产后勤处批准的由各单位自行组织的采购活动。

分散采购项目由各单位自行组织实施，各单位必须制定相应的管理办法，规范本单位的采购活动。

## 第四章　采购方式

第十七条　公开招标是政府采购的主要采购方式，符合本办法第十九条至二十三条的，也可以分别采用邀请招标、竞争性谈判、竞争性磋商、单一来源采购和询价等政府采购法及相关法律规定的采购方式。

政府集中采购限额标准以下的采购项目还可以采用校内磋商谈判、校内快速采购、审核委托、竞价、比价等方式进行。采用校内磋商谈判、校内快速采购等采购方式，根据采购项目属性，可以由用户单位提出，或者由招投标中心与用户单位协商确定，由招投标中心填报“厦门大学采购项目交接登记表”。

第十八条　各类采购依金额划分，采用以下具体采购方式：

(一)货物和服务

1.预算金额在20万元以下的货物和服务，采用竞价、比价等采购方式。

2.预算金额在20万元以上至法律规定公开招标限额标准以下的货物和服务，适用招标、竞争性谈判、竞争性磋商、单一来源采购和询价方式，政府集中采购限额标准以下的也可以采用校内磋商谈判、校内快速采购等采购方式。

采用单一来源方式采购的，用户单位必须以书面形式报招投标中心，并经采购办审核，报分管校领导批准后方可实施。

(二)工程

1.预算金额在10万元以下的工程可以自行选择采购方式。

2.预算金额在10万元以上至政府集中采购限额标准以下的工程，适用招标、竞争性谈判、竞争性磋商、单一来源采购和询价等采购方式，也可以采用校内快速采购、审核委托等采购方式。

采用审核委托方式采购的，用户单位必须以书面形式报招投标中心，并经采购办审核，报分管校领导批准后方可实施。

3.预算金额在政府集中采购限额标准以上至法律规定公开招标限额标准以下的工程，必须采用公开招标方式采购。因特殊原因无法招标的，以书面形式报采购办审核，并经分管校领导批准后可以采用其他方式采购。

预算金额在法律规定公开招标限额标准以上的货物、工程和服务采购项目必须采用公开招标方式采购。采用非公开招标方式采购的，必须按相关规定上报教育部、财政部审批通过后方可实施。

第十九条　符合下列条件之一的，可以申请采用邀请招标方式采购：

(一)具有特殊性，只能从有限范围的供应商处采购的；

(二)采用公开招标方式的费用占政府采购项目总价值的比例过大的。

第二十条　符合下列条件之一的，可以申请采用竞争性谈判方式采购：

(一)招标后没有供应商投标、没有合格供应商投标，或者重新招标未能成立的；

(二)技术复杂或者性质特殊，不能确定详细规格或者具体要求的；

(三)采用招标所需时间不能满足用户紧急需要的；

(四)不能事先计算出价格总额的。

第二十一条　符合下列条件之一的，可以申请采用竞争性磋商方式采购：

（一）政府购买服务项目；

（二）技术复杂或者性质特殊，不能确定详细规格或者具体要求的；

（三）因艺术品采购、专利、专有技术或者服务的时间、数量事先不能确定等原因不能事先计算出价格总额的；

（四）市场竞争不充分的科研项目，以及需要扶持的科技成果转化项目；

（五）按照招标投标法及其实施条例必须进行招标的工程建设项目以外的工程建设项目。

第二十二条　符合下列条件或者情形之一的，可以申请采用单一来源方式采购：

（一）货物和服务

1.只能从唯一供应商采购的；

2.发生了不可预见的紧急情况不能从其他供应商采购的；

3.必须保证原有采购项目一致性或者服务配套的要求，需要继续从原供应商处添购资金总额不超过原合同采购金额的10%的。

（二）工程

1.涉及国家安全、国家秘密、抢险救灾或者属于利用扶贫资金实行以工代赈、需要使用农民工等特殊情况，不适宜进行招标的项目；

2.需要采用不可替代的专利或者专有技术；

3.采购人依法能够自行建设、生产或者提供；

4.已通过招标方式选定的特许经营项目投资人依法能够自行建设、生产或者提供；

5.需要向原中标或者成交供应商采购工程、货物或者服务，否则将影响施工或者功能配套要求；

6.国家规定的其他特殊情形。

第二十三条　预算金额达到政府集中采购目录限额标准以上的货物，如果规格、标准统一，现货货源充足且价格变化幅度小，可以申请采用询价方式采购。

第二十四条　采购人不得将应当以公开招标方式采购的货物、工程和服务化整为零或者以其他任何方式规避公开招标采购。

第二十五条　重大、特殊项目采用非公开招标方式采购的，按学校“三重一大”相关制度规定报批。

## 第五章　采购程序

第二十六条　采购纳入学校集中采购范围的货物和服务，用户单位均需在“厦门大学物资采购管理系统”提交采购申请，预算单价超过学校规定金额的，还需填写论证报告；实验试剂材料的采购通过“厦门大学实验室试剂材料询购系统”实施。采购纳入学校集中采购范围的工程项目，用户单位需向资产后勤处递交采购申请，依照相应的采购方式和程序进行采购。

第二十七条　公开招标和邀请招标程序：

（一）编制招标文件。

（二）在指定媒体发布招标公告或者招标邀请。所有公开招标项目均须在国家规定网站和资产与后勤事务管理处网站同时发布公告。招标文件自发出之日起至投标人提交投标文件截止之日止，时间不得少于二十日。

（三）接收投标人投标。

（四）组建评审委员会。评审委员会由用户代表以及技术、经济方面的专家组成，成员人数为三人以上单数，依法必须公开招标的项目成员人数为五人以上单数，其中，技术和经济方面的专家不得少于三分之二。

（五）组织开标。

（六）评标及定标。评审委员会按照招标文件规定的评标标准和办法进行评审，提交评标报告并推荐中标候选人。采购办监督评标过程。

(七)发布中标公告。

第二十八条 竞争性谈判程序:

(一)成立谈判小组。谈判小组由招投标中心或者用户代表和有关专家共三人以上的单数组成,其中专家的人数不得少于成员总数的三分之二。

(二)制定谈判文件。谈判文件应当明确供应商的资格条件、谈判程序、采购预算、采购需求、谈判内容、合同草案条款以及评定成交的标准等事项。

(三)在指定媒体发布竞争性谈判公告。公开招标限额标准以上项目均须在国家规定网站和资产与后勤事务管理处网站同时发布公告。

(四)确定邀请参加谈判的供应商名单。谈判小组应当从符合相应资格条件的供应商中,确定不少于三家的供应商参加谈判。公开招标失败的项目按规定向教育部和财政部报批后,可以与两家公司进行竞争性谈判。

(五)谈判。谈判小组所有成员集中与单一供应商分别进行谈判。在谈判中,谈判的任何一方不得透露与谈判有关的其他供应商的技术资料、价格和其他信息。谈判文件有实质性变动的,谈判小组应当以书面形式通知所有参加谈判的供应商。

(六)确定成交供应商。谈判结束后,谈判小组应当要求所有参加谈判的供应商,在规定的时间内进行最后的报价。谈判小组在成交候选人中,根据符合采购要求、质量和服务相等且报价最低的原则确定成交供应商。

(七)在指定媒体公告成交结果。

第二十九条 竞争性磋商程序:

(一)成立竞争性磋商小组。磋商小组由招投标中心或者用户代表和有关专家共三人以上的单数组成,其中专家的人数不得少于成员总数的三分之二。

(二)邀请供应商。招投标中心应当通过在指定媒体发布公告、从省级以上财政部门建立的供应商库中随机抽取或者用户和评审专家分别书面推荐的方式邀请不少于三家符合相应资格条件的供应商参与竞争性磋商。用户推荐供应商比例不得高于推荐供应商总数的百分之五十。

(三)制定磋商文件。磋商文件应当明确供应商的资格条件、采购预算、采购需求、磋商内容、评审程序和方法、价格构成或者报价要求、合同草案条款等事项。从磋商文件发出之日起至供应商提交首次响应文件截止之日止不得少于十日。

用户应当以满足实际需求为原则,不得擅自提高经费预算和资产配置等采购标准。

(四)供应商提供响应文件。

(五)磋商。磋商小组所有成员集中与单一供应商分别进行磋商,并给予所有参加磋商的供应商平等的磋商机会。

(六)确定成交供应商。磋商结束后,磋商小组应当要求所有参加磋商的供应商,在规定的时间内提交最终报价,提交最终报价的供应商不得少于三家。属于市场竞争不充分的科研项目,以及需要扶持的科技成果转化项目情形的,提交最后报价的供应商可以为两家。

磋商小组采用综合评分法对提交最后报价的供应商的响应文件和最后报价进行综合评分,确定排序第一的供应商为成交供应商。综合评分法,是指响应文件满足磋商文件全部实质性要求且按评审因素的量化指标评审得分最高的供应商为成交候选供应商的评审方法。

(七)在指定媒体公告成交结果。

第三十条 单一来源采购程序:

(一)按规定进行单一来源专家论证。

(二)在指定媒体进行公示,公示无异议的,向分管校领导报批。采购预算超过法律规定公开招标限额的项目还需按规定向教育部和财政部进行报批。

（三）招投标中心组织用户和具有相关经验的专业人员与供应商进行谈判，在保证采购项目质量和双方商定合理价格的基础上进行采购。

（四）确定成交结果并进行公示。

第三十一条　询价采购程序：

（一）在指定媒体发布询价采购公告。

（二）成立询价小组。询价小组由招投标中心或者用户代表和有关专家共三人以上的单数组成，其中专家的人数不得少于成员总数的三分之二。询价小组应当对采购项目的价格构成和评定成交的标准等事项做出规定。

（三）确定被询价的供应商名单。询价小组根据采购需求，从符合相应资格条件的供应商名单中确定不少于三家的供应商，并向其发出询价通知书让其报价。

（四）询价。询价小组要求被询价的供应商一次报出不得更改的价格。

（五）确定成交供应商。询价小组根据符合采购需求、质量和服务相等且报价最低原则确定成交供应商。

（六）在指定媒体公告成交结果。

第三十二条　校内磋商谈判程序：

（一）制定磋商谈判文件。磋商谈判文件应当明确供应商的资格条件、采购需求、谈判内容、合同草案条款以及评定成交的标准等事项。

（二）在校内媒体发布磋商谈判公告及谈判文件。从磋商谈判文件发出之日起至供应商提交首次响应文件截止之日止不得少于五个工作日。

（三）成立磋商谈判小组。磋商谈判小组由招投标中心或者用户代表和有关专家共三人以上的单数组成，其中专家的人数不得少于成员总数的三分之二。

（四）接收供应商报名并确定参加磋商谈判的供应商名单。

磋商谈判小组应从符合相应资格条件的供应商中，确定不少于三家的供应商参加磋商谈判。

报名截止时间供应商不足三家的，按以下原则处理：

1.磋商谈判文件不存在不合理条款，由磋商谈判小组提出，报采购办备案，直接进行磋商谈判。

2.延期谈判。延期后，如参与供应商仍不足三家的，可以直接进行磋商谈判。

在磋商谈判过程中，如做出实质性响应不足三家的，参照前款规定执行。

（五）磋商谈判。谈判小组所有成员集中与单一供应商分别进行磋商谈判，并给予所有参加磋商的供应商平等的磋商机会。

在磋商谈判中，磋商谈判的任何一方不得透露与谈判有关的其他供应商的技术资料、价格和其他信息。磋商谈判文件有实质性变动的，磋商谈判小组应以书面形式通知所有参加磋商谈判的供应商。

（六）确定成交供应商。磋商谈判结束后，磋商谈判小组应要求所有参加磋商谈判的供应商，在规定的时间内进行最后的报价。磋商谈判小组在谈判供应商中，根据技术指标、服务承诺、价格等因素择优确定成交供应商。

（七）在校内媒体公告成交结果。

第三十三条　校内快速采购程序：

（一）货物和服务

1.编制采购文件。

2.在校内媒体发布采购公告及采购文件。从采购文件发出之日起至供应商提交首次响应文件截止之日止不得少于五个工作日。

3.接收供应商报价文件。

4.成立评审小组。评审小组由用户代表及有关专家共三人以上的单数组成。

5.组织开标。

报名截止时间供应商不足三家的，按以下原则处理：

(1)采购文件不存在不合理条款，由评审小组提出，报采购办备案，直接进行评审及谈判。

(2)延期开标。延期后，如参与供应商仍不足三家的，可以直接进行评审及谈判。

在评审过程中，如做出实质性响应不足三家的，参照前款规定执行。

6.评审并确定成交供应商。评审小组根据采购文件要求，从报价、技术指标、服务承诺等方面按采购文件规定的评审办法确定成交供应商。

参加供应商不足三家转为评审和谈判的，以谈判后的二次报价与承诺为评审依据，经评审小组综合评议后，确定成交供应商。

7.在校内媒体公告成交结果。

(二)工程

1.校内媒体挂网招标：

(1)编制采购文件。

(2)在校内媒体发布采购公告。从采购公告发出之日起至报名截止之日止不得少于五日。

(3)接受报名并发出招标文件。

(4)根据项目实际需要安排现场查看。

(5)接收投标文件。

(6)成立评审小组。评审小组由评审专家三人以上的单数组成。

(7)投标文件评审并确定中标候选人。

报名截止时间止或接收投标文件截止时间止投标不足三家的，按以下原则处理：

①进行二次招标，二次招标采购公告发出之日至报名截止之日至不得少于三日。二次招标后如报名或递交投标文件投标人不足三家，报采购办备案，直接进行评审或谈判。

②在评审过程中，如做出实质性响应投标人不足三家，参照前款规定执行。

(8)在校内媒体公告采购结果。

2.施工单位遴选库内邀请招标：

(1)由业务科室提出需求，根据项目需求，由采购办在“厦门大学修缮工程施工单位遴选库”中随机抽取符合要求的邀请招标对象单位，抽取数量为不少于三家。

(2)发出招标文件。

(3)根据项目实际需要安排现场查看。

(4)成立评审小组。评审小组由评审专家三人以上的单数组成。在评审过程中，如做出实质性响应投标人不足三家，报采购办备案，直接进行评审或谈判。

(5)投标文件评审并确定中标候选人。

第三十四条　依照学校或者项目管理要求需实施委托招标采购时，由采购办和用户单位共同代表学校与招标代理机构签订委托代理协议。

第三十五条　用户和采购单位在编制采购文件时，不得以下列不合理的条件对供应商实行差别待遇或者歧视待遇：

(一)就同一采购项目向供应商提供有差别的项目信息。

(二)设定的资格、技术、商务条件与采购项目的具体特点和实际需要不相适应或者与合同履行无关。

(三)采购需求中的技术、服务等要求指向特定供应商、特定产品。

(四)以特定行政区域或者特定行业的业绩、奖项作为加分条件或者中标、成交条件。

(五)对供应商采取不同的资格审查或者评审标准。

(六)限定或者指定特定的专利、商标、品牌或者供应商。

(七)非法限定供应商的所有制形式、组织形式或者所在地。

(八)以其他不合理条件限制或者排斥潜在供应商。

第三十六条　学校招标采购评标方法分为最低评标价法、综合评分法及其他法律允许的评审方法。

第三十七条　评审专家由采购办按规定从政府财政部门评审专家库或者我校"采购评审专家库"中随机抽取产生。其主要工作职责为：

（一）履行评审专家权利、义务和职责，遵守职业道德，维护用户和投标单位的合法权益。

（二）依照相关法律规定，按照采购文件规定的评审办法和标准客观公正地给出评审意见，撰写评标报告，并对所给出的评审意见承担个人责任。

（三）对评审过程保密，不得向任何人透露涉及评审过程中的评审、比较、推荐等情况。

第三十八条　"采购评审专家库"由采购办负责管理，供校内采购职能单位使用。

## 第六章　合同签订及档案管理

第三十九条　凡属于学校集中采购范围的采购项目必须签订书面合同以明确权利和义务，拟签订的采购合同经资产后勤处审核后加盖学校的合同专用章。合同所涉及的相关单位均应依照合同的约定履行合同。

第四十条　校长是学校政府采购合同的法定签署人，必要时授权委托资产后勤处负责人或者其他人员签署委托授权范围内的合同。

第四十一条　中标或者成交的供应商未在规定时间内按要求签订合同，或者自动放弃中标的，招投标中心可以依据评审报告，在推荐的候选人中重新确定中标或者成交供应商并报采购办批准也可以重新采购。原中标或者成交供应商的投标保证金不予退还并取消其中标资格。

第四十二条　采购工作结束后，由招投标中心或相关职能主管科室负责将开标、评审过程记录、相关文件等资料一并整理成册立卷归档。

## 第七章　质疑、投诉及监督检查

第四十三条　所有参与采购与招投标的工作人员均应遵守国家相关法律、法规、规章，按规定的权限、程序开展工作，坚持原则，廉洁自律，保守秘密，主动接受监督。

第四十四条　学校采购与招投标活动接受纪委、监察处、审计处和采购办等部门的监督，并接受上级政府采购监督管理部门的检查和监督。

第四十五条　任何单位和个人有权对学校招投标活动中的违法、违规行为进行检举和投诉，不得以任何方式非法干预和影响招投标过程和结果。

第四十六条　学校采购与招标工作严格实行回避制度。在采购活动中，采购人员及相关人员与供应商（指提供货物、工程和服务的法人、其他组织或者自然人）有利害关系的，必须回避。供应商认为采购人员及相关人员与其他供应商有利害关系的，可以申请其回避。

第四十七条　违反本办法第二十四条规定规避招标的，学校将不予办理付款结算等手续。

## 第八章　责任追究

第四十八条　学校各部门及相关人员必须加强法律意识、严格遵守《中华人民共和国政府采购法》及其实施条例、《中华人民共和国招标投标法》及其实施条例等相关法律法规，认真组织实施政府采购活动。政府采购活动中如出现违规、违纪问题，由学校纪委监察部门依法依规进行处理。

## 第九章　附　则

第四十九条　本办法所称"以上"，均含本数。

第五十条　学校基本建设项目招标、采购活动，暂按《厦门大学基本建设项目招标、采购管理办法（试行）》规定执行。

第五十一条　本办法自正式发布之日起施行，原《厦门大学物资采购管理办法》同时废止。本办法若与国家新出台的法律、法规和规章等不一致的,按国家新颁布的法律、法规和规章等执行。

第五十二条　本办法由采购办负责解释。

——本文摘录自《关于印发〈厦门大学采购管理办法(试行)〉的通知》,厦大资产〔2016〕60号,档号2016-XZ27-3

# 厦门大学纵向科研项目资金管理办法

（2016 年 12 月 28 日）

## 第一章 总 则

第一条 为进一步规范我校科研项目资金管理，促进学校科研事业健康发展，根据《国务院关于改进加强中央财政科研项目和资金管理的若干意见》（国发〔2014〕11 号）、《国务院印发关于深化中央财政科技计划（专项、基金等）管理改革方案的通知》（国发〔2014〕64 号）、《中共中央办公厅 国务院办公厅印发〈关于进一步完善中央财政科研项目资金管理等政策的若干意见〉的通知》（中办发〔2016〕50 号）及国家相关法规和财务管理制度，结合我校实际，制定本办法。

第二条 纵向科研项目资金是指学校通过承担国家、地方各级政府部门的各类科技计划（含基金）所取得的项目资金以及我校作为合作单位共同承担的由项目主持单位转拨到我校的资金。哲学社会科学纵向科研项目按《厦门大学哲学社会科学纵向科研项目资金管理办法》执行。

第三条 纵向科研项目资金属国有资金，必须全部纳入学校财务部门统一管理，实行集中核算，专款专用，任何单位和个人无权截留、挪用。

第四条 纵向科研项目资金形成的固定资产和无形资产均属于国有资产（除科研项目立项合同中有明确规定以外），按照《厦门大学国有资产管理暂行办法》（厦大资产〔2016〕5 号）规定，统一纳入学校资产管理，不得以任何形式隐匿、私自转让、非法占有或牟取私利。

第五条 科研成果推广应用、转化转让（除项目管理办法或合同另有规定外）应按照《中华人民共和国促进科技成果转化法》（2015 年修订）、《实施〈中华人民共和国促进科技成果转化法〉若干规定》（国发〔2016〕16 号）和我校相关规定执行。

## 第二章 职责与权限

第六条 学校实行“统一领导、分级分类管理、责任到人”的科研项目资金管理体制和“分级报账、集中核算”的会计核算方式。在校长统一领导下，分管科研、财务的校领导对科研项目资金的使用管理分工负责，学校科研、财务、资产、审计、纪检监察、学院（研究院）等部门及项目负责人各司其职，共同做好科研项目资金管理工作。

第七条 科技处、社科处（以下统称科研管理部门）是学校科研工作的主管部门，负责科研项目管理和合同管理，制定、宣传科研项目资金管理办法，组织、协调和指导项目负责人合理编制项目资金预算，指导督促项目负责人按科研进度和有关规定使用科研项目资金，配合财务处做好项目财务管理与会计核算的有关工作。

第八条 财务处负责科研项目资金的财务管理与会计核算工作。配合科研管理部门指导项目负责人合理编制项目资金预算，指导项目负责人按照项目立项通知书（任务书）或合同约定，以及有关财经法律、法规、规章及其他规范性文件，在其权限范围内使用科研项目资金，编制项目决算等。

科研经费管理科负责制定和完善我校科研项目资金管理实施细则；提供政策咨询，组织业务培训，指导项目申请人合理编制资金预算；对已批复或签订合同（任务书）的项目，提供到款通知；办理科研经费入账和分配、开具票据；负责审核项目决算编制和结账等管理和服务工作。

第九条　审计处负责对科研经费进行专项或抽查审计，执行《厦门大学科研经费审计实施办法》(厦大综〔2015〕64 号)。

第十条　纪检监察部门负责对科研项目资金使用过程中发生的违规、违纪行为执行问责。

第十一条　实验室与设备管理办公室负责科研贵重仪器设备采购前的评估和专家论证工作，负责贵重仪器设备开放共享管理，避免重复购置和闲置浪费，提高仪器设备使用效率。

第十二条　资产与后勤事务管理处负责科研仪器设备、家具和材料等物资的采购和管理，严格按照学校有关政府采购及国有资产管理等规定做好物资采购、管理工作。

第十三条　各学院(研究院)作为科研活动的基层管理单位，负责组织管理本单位科研工作，对本单位科研项目资金使用承担监管责任，制定和完善学院(研究院)科研项目资金使用管理和绩效考核细则。各学院(研究院)要根据学科特点和项目实际需要，合理配置资源，为科研项目执行提供条件保障；监督项目预算执行，督促项目预算执行进度。

第十四条　科研项目资金管理实行项目负责人负责制。项目负责人是科研项目资金使用的直接负责人，对科研活动及项目资金使用的真实性、有效性、合法性、合规性和相关性承担经济与法律责任，自觉接受有关部门的监督、检查和审计。

项目负责人须了解科研项目资金管理办法和相关财经法规，根据项目的实际需要合理编制项目资金预算，按照预算、科研进度和相关制度使用科研项目资金，及时办理科研项目结题及结账手续，依法据实编制决算。

项目负责人如遇出国等特殊情况需要变更或委托负责的，需到科研管理部门办理科研项目负责人变更或委托代管手续。

## 第三章　项目资金开支范围

第十五条　项目资金由直接费用和间接费用组成。

第十六条　直接费用是指在项目研究开发过程中发生的与之直接相关的费用。主要包括：

(一)设备费，是指在项目研究开发过程中购置或试制专用仪器设备，对现有仪器设备进行升级改造，以及租赁外单位仪器设备而发生的费用。严格控制设备购置，鼓励共享、试制、租赁专用仪器设备以及对现有仪器设备进行升级改造，避免重复购置。

(二)材料费，是指在项目研究开发过程中消耗的各种原材料、辅助材料等低值易耗品的采购及运输、装卸、整理等费用。

(三)测试化验加工费，是指在项目研究开发过程中支付给外单位(包括项目承担单位内部独立经济核算单位)的检验、测试、化验及加工等费用。

(四)燃料动力费，是指在项目研究开发过程中直接使用的相关仪器设备、科学装置等运行发生的水、电、气、燃料消耗费用等。

(五)会议/差旅/国际合作交流费，是指在项目研究开发过程中发生的差旅费、会议费和国际合作交流费。在编制预算时，本科目支出预算不超过直接费用预算 10%的，不需要编制测算依据。科研人员应当按照实事求是、精简高效、厉行节约的原则，严格执行国家和学校的有关规定，统筹安排使用。

(六)出版/文献/信息传播/知识产权事务费，是指在项目研究开发过程中，需要支付的出版费、资料费、专用软件购买费、文献检索费、专业通信费、专利申请及其他知识产权事务等费用。

(七)劳务费，是指在项目研究开发过程中支付给参与项目的研究生、博士后、访问学者以及项目聘用的研究人员、科研辅助人员等的劳务性费用。

项目聘用人员的劳务费开支标准，参照当地科学研究和技术服务业从业人员平均工资水平，根据其在项目研究中承担的工作任务确定，其社会保险补助纳入劳务费科目开支。劳务费预算应据实编制，不设比例限制。

(八)专家咨询费，是指在项目研究开发过程中支付给临时聘请的咨询专家的费用。专家咨询费不得支付给参与项目、课题研究和管理的相关工作人员。专家咨询费的开支标准按照国家有关规定执行。

(九)其他支出,是指在项目研究开发过程中除上述支出范围之外的其他相关支出。其他支出应当在申请预算时详细说明。

第十七条　间接费用是学校在组织实施项目过程中发生的无法在直接费用中列支的相关费用。主要包括:学校为项目研究提供的房屋占用,日常水、电、气、暖消耗,有关管理费用的补助支出,以及激励科研人员的绩效支出等。

第十八条　间接费用一般按不超过直接费用扣除设备购置费后的一定比例核定,具体比例如下:500万元及以下部分为20%;超过500万元至1000万元的部分为15%;超过1000万元以上的部分为13%。

## 第四章　预算编制与调整

第十九条　纵向科研项目资金预算是开展科研活动和使用科研项目资金的基本依据。项目负责人在科研管理部门、财务处和学院(研究院)的配合下,根据具体项目的规定和实际需要,按照政策相符性、目标相关性和经济合理性原则,科学、合理、真实地编制项目项目资金预算,严禁编制虚假预算套取科研项目资金。

第二十条　纵向科研项目资金预算包括收入预算和支出预算。

(一)收入预算包括申请的专项资金和自筹资金,对于自筹资金,应提供资金提供方的出资证明,不得使用货币资金之外的资产或其他中央财政资金作为自筹资金来源。

(二)支出预算应当按照资金开支范围确定的支出科目和不同资金来源分别编列,并对各项支出的主要用途和测算理由等进行详细说明。

第二十一条　支出预算包括项目研究过程中发生的各类直接费用和间接费用,预算编制必须符合项目主管部门的规定。直接费用各项支出不得简单按比例编列,对仪器设备购置、参与单位资质及拟外拨资金进行重点说明,并申明现有的实施条件和从单位外部可能获得的共享服务。

第二十二条　间接经费须足额预算,即必须按政府项目主管部门对间接经费预算规定的最高比例预算。政府项目主管部门对间接经费(或管理费)预算额度有另行规定的按其规定执行。承担子项目间接费用划分比例应按照项目总经费中的间接费用比例核定。

项目主管部门无明确要求编制间接费用(或管理费)预算的纵向科研项目,按本办法第十八条的规定编制间接费用预算。

没有足额预算间接经费(管理费)的项目和主管部门明确规定没有间接经费(管理费)预算的项目需提前审批。在项目申请前,申请人需得到学院(研究院)和学校科研管理部门审批同意。

第二十三条　纵向科研经费预算一经批复,必须严格按预算规定的开支范围和项目进度执行,不得超出项目预算范围开支费用。预算确有必要调整,遵循以下原则:

(一)课题预算总额不变,课题直接费用中材料费、测试化验加工费、燃料动力费、出版/文献/信息传播/知识产权事务费、其他支出预算如需调剂,课题负责人根据实施过程中科研活动的实际需要提出申请,报学校审批,报项目(课题)牵头单位备案。设备费、差旅/会议/国际合作交流费、劳务费、专家咨询费的预算一般不予调增,需调减用于课题其他直接支出的,报学校审批。

(二)项目预算总额调剂,项目预算总额不变、课题间预算调剂,课题预算总额不变、课题参与单位之间预算调剂以及增减参与单位的,逐级提出申请,报项目主管单位批准。

(三)课题预算总额不变,设备费、差旅/会议/国际合作交流费、劳务费、专家咨询费的预算因特殊情况确需调增,逐级提出申请,报项目主管单位批准。

(四)间接费用不得调剂。

## 第五章　预算执行与财务验收

第二十四条　纵向项目获资助后,项目负责人应及时登录科研信息管理系统登记项目立项信息。纵向科研经费到账后，财务处根据项目负责人在科研信息管理系统的经费认领信息核实经费所属类别，按规定提取间接费用(管理费)后，编制项目经费卡号，项目负责人登录财务处科研预算申报系统填写预算后使用。财务处根据科研管理部门的通知确认科研经费收入，并开具收款凭证。

第二十五条　纵向科研经费使用，实行项目负责人“一支笔”审批制度。项目负责人、学院(研究院)和学校科研管理部门在各自职责范围内审批科研经费支出。项目负责人根据科研经费预算和项目进度，合理安排经费支出，保证专款专用，按项目进度执行预算，提高资金使用效率。同时承担多项科研经费的项目负责人，应按各项目预算规定及经费开支相关性，分别在相关的项目中开支。

第二十六条　纵向科研经费必须严格按照批复的预算开支，依据科研活动的实际需要，做到业务真实、票据合法、手续齐全、责任明确。不得安排无预算或超预算开支，不得随意调账变动支出，不得用于各种罚款、捐款、赞助、投资、福利等与科研活动无关的支出。严禁编造虚假合同、编制虚假预算；严禁违规将科研经费转拨、转移到利益相关的单位或个人；严禁购买与科研项目无关的设备、材料；严禁虚构经济业务、使用虚假票据套取科研经费；严禁在科研经费中报销个人家庭消费支出；严禁虚列、伪造名单，虚报冒领科研劳务性费用；严禁借科研协作之名，将科研经费挪作他用；严禁设立“小金库”。

第二十七条　项目所发生的会议费、差旅费、小额材料费和测试化验加工费等，要按规定实行“公务卡”结算；学生、返聘人员等因无法办理公务卡又确实参与科研工作，实际支付上述费用的，可通过个人银行卡支付并写明原因，经费负责人审批后报销。设备费、大宗材料费和测试试验加工费、劳务费、专家咨询费等支出，原则上应当通过银行转账方式结算；对野外考察、心理测试等科研活动中无法取得发票或者财政性票据的，在确保真实性的前提下，可按实际发生额予以报销；劳务费、专家咨询费支出要严格审核发放人员资格、标准，支付给个人的费用原则上须由本人签收和通过个人银行卡发放，并依法缴纳个人所得税。

第二十八条　纵向科研经费购置仪器设备、材料、家具等物品，必须严格按照厦门大学采购有关规定进行。大型仪器设备的采购应加强论证，避免重复购置，购买同类设备时，应充分考虑现有设备的利用率和共享情况。

第二十九条　项目组成员使用科研经费出差，由项目负责人审批；项目负责人出差由学院(研究院)审批。

第三十条　学院(研究院)应制定科研经费大额支出管理办法。理工科类科研经费单笔金额超过20万元(含20万元)的大额支出，人文社科类科研经费单笔金额超过10万元(含10万元)的大额支出，须经学院(研究院)审批方可办理支出。

第三十一条　纵向科研经费转拨必须严格按照项目预算批复中所列示的合作(外协)单位和金额范围办理，必须与转拨单位订立合同，按照合同约定的转拨经费金额、拨付方式、开户银行和账号等条款办理，并经学院(研究院)、科研管理部门、财务处审批后执行。科研管理部门负责审核合作(外协)单位资质及合同内容；财务处根据科研管理部门审核意见办理合作(外协)的支出；项目负责人对协作业务的真实性、相关性负责，并向科研管理部门提供与协作单位之间非关联性声明。

第三十二条　间接费用由学校统筹管理，绩效支出安排应与科研人员在项目工作中的实际贡献挂钩。其管理使用按《厦门大学科技项目间接费用使用管理规定》《厦门大学哲学社会科学纵向科研项目资金间接费用管理办法》规定执行。

第三十三条　主管部门明确要求按管理费编制预算的纵向科研项目，按项目规定的最高比例提取管理费，提取管理费后，优先保障5个百分点由学校统筹安排使用，其余部分由学院(研究院)统筹安排使用。

第三十四条　项目负责人离职(正常调动工作、退休或意外情况不再承担科研工作)，其以学校名义申请的项目经费应留在学院(研究院)(科研经费资助部门有规定的除外)，在确保该项目顺利完成的前提下由学院(研究院)安排使用。

第三十五条　项目负责人根据项目决算的编报要求和规定，严格按照项目实际开支情况，如实编报项目经费决算，并对项目决算的真实性、准确性、合法性、合规性负责。项目决算经按项目主管部门要求，经学校相关部门签署意见后报送。

第三十六条　项目或课题因故撤销或终止，课题组应及时清理账目与资产，编制财务报告及资产清单，报送有关部门。

第三十七条　项目执行期满后，课题负责人应及时清理账目与资产，如实编制课题资金决算，应当按照项目主管部门要求做好财务验收工作，存在下列行为之一的，不得通过财务验收：

（一）编报虚假预算，套取国家财政资金；

（二）未对中央财政专项资金进行单独核算；

（三）截留、挤占、挪用研发计划资金；

（四）违反规定层层转拨、转移研发计划资金；

（五）提供虚假财务会计资料；

（六）未按规定执行和调剂预算；

（七）虚假承诺自筹资金；

（八）资金管理使用存在重大违规问题拒不整改；

（九）其他违反国家财经纪律的行为。

第三十八条　纵向项目实施期间，年度剩余资金可结转下一年度继续使用；纵向项目完成任务目标并通过验收后，科研管理部门及时通知财务处结账，结余经费按照科研拨款部门的有关规定办理，结余资金留归学校使用，在 2 年内由学校统筹安排用于科研活动的直接支出；2 年后未使用完的，按规定返回来源单位。

结余经费的使用和管理按照《厦门大学科研项目结题结账及结余经费管理办法》执行。

## 第六章　监督检查和绩效考评

第三十九条　学校各职能部门负责对科研经费使用进行监督检查。财务处负责对科研经费收支的会计监督，纪检监察审计部门负责科研经费收支的审计、监督和检查。学校及各项目负责人应自觉接受政府有关部门及科研经费提供方或其委托的社会中介机构，依据国家有关法规、预算和科研合同对科研经费的管理和使用情况进行的监督检查。

第四十条　凡虚构经济业务和使用假发票等非法手段套取科研经费、为个人牟取私利、损坏学校声誉，按学校经济责任制有关规定承担相应的经济或法律责任。对于违反科研行为规范的，视情节轻重，给予约谈警示、通报批评、暂停项目执行和项目拨款、责令整改、终止项目执行和项目拨款直至项目申报资格等处理。构成违纪的，依据《事业单位工作人员处分暂行规定》、《厦门大学教职工处分暂行规定》（厦大人〔2016〕37 号）、《财政违法行为处罚处分条例》，视情节轻重给予相应处分。涉嫌犯罪的，移送司法机关依法追究其刑事责任。

第四十一条　建立科研经费管理的绩效考核制度和奖惩机制，对科研项目取得的社会效益和经济效益进行考核和评价，对规范、科学、有效使用科研经费并做出突出成果的项目、单位或个人，学校给予表彰和奖励；对组织不力或行为不当的科研团队、个人和院（系）、直属单位进行管理干预和相应的处罚。学校将科研经费管理绩效纳入院系负责人的考核范围。

第四十二条　建立健全科研项目信息公开机制。针对非涉密项目，在学校内部按照有关规定，公开项目立项及过程管理等信息（包括经费执行情况）、大型仪器共享、研究成果等情况。对项目的监督检查情况和评估评审结果、整改情况和处理结果等进行公开。

## 第七章　附　则

第四十三条　本办法自公布之日起执行。此前规定与本办法相抵触的，按本办法执行。

第四十四条　本规定与国家及有关部委制度、规定不符之处，以国家及有关部委规定为准。

第四十五条　本办法由财务处和科研管理部门负责解释和修订。2013 年 3 月 19 日发布的《厦门大学纵向科研经费管理办法》(厦大财〔2013〕23 号)同时废止。

——本文摘录自《关于印发〈厦门大学纵向科研项目资金管理办法〉的通知》,厦大财〔2016〕67 号,档号 2017-XZ18-10

# 厦门大学科研项目间接经费使用管理规定

（2016 年 12 月 28 日）

## 第一章　总　则

第一条　根据《国务院关于改进加强中央财政科研项目和资金管理的若干意见》(国发〔2014〕11 号)、《中共中央办公厅　国务院办公厅印发〈关于进一步完善中央财政科研项目资金管理等政策的若干意见〉的通知》(中办发〔2016〕50 号)及我校科研实际，制定本规定。

第二条　间接经费是学校在组织实施项目过程中发生的无法在直接费用中列支的相关费用。主要包括：学校为项目研究提供的房屋占用，日常水、电、气、暖消耗，有关管理费用的补助支出，以及激励科研人员的绩效支出等。

第三条　科技项目间接经费纳入学校财务统一核算，分级管理，统筹使用。间接经费划分为学校间接经费、学院(研究院)间接经费和项目组间接经费(含绩效)。学校间接经费原则上不能减免，除政府项目主管部门有明确规定外。

## 第二章　间接经费预算管理

第四条　间接经费须足额预算，即必须按政府项目主管部门对间接经费预算规定的最高比例预算。预算经学校科研管理部门审核后方可申请。

第五条　申请人因特殊原因未能足额预算间接经费的项目需提前 10 个工作日报学校科研管理部门审批。间接经费统筹优先顺序为：

学校、学院(研究院)、项目组间接经费(含绩效)，具体比例在申报时由学校科研管理部门决定。

第六条　项目主管部门明确规定没有间接经费的项目需先得到学院(研究院)同意，提前 10 个工作日报学校科研管理部门审批。

第七条　学校作为牵头单位申报的项目，负责人应在预算申报书(合同)中与合作单位约定间接经费分配方案，合作单位的间接经费比例原则上不得超过总间接经费占总直接费扣除设备购置费后的比例；如学校作为项目合作单位，间接经费比例原则上不得低于总间接经费占总直接费扣除设备购置费后的比例。

## 第三章　间接经费分配管理

第八条　间接经费足额预算的项目，在经费入账时按到账金额和批复的预算比例计提，学校与学院(研究院)/项目组按 3∶7 分配。

第九条　校内跨学院合作申请的项目，获批的间接经费，根据各学院承担的工作，在经费认领前，由项目负责人提出间接经费学院之间的分割方案，经各学院及科研管理部门审批同意后，按分割方案予以分配。

第十条　学院(研究院)间接经费/项目组间接经费(含绩效)由学院(研究院)统一管理，单独建卡，用于为项目研究提供的房屋占用，日常水、电、气、暖消耗等，有关管理费用的补助支出，以及激励科研人员的绩效支出等。学院统一管理的间接经费的 80%分配给项目组用于房屋占用费、水、电、气、暖等消耗以及科研人员的绩效等支出。

第十一条　绩效支出比例一般不超过项目直接费扣除设备购置费的5%。特殊情况,绩效需要超过此比例的,须经学院(研究院)批准后报学校科研管理部门审批。绩效支出由项目负责人提出申请,项目组内公示,学院(研究院)在科研工作绩效考核的基础上予以审批并公开,交学校科研管理部门备案。

第十二条　学院(研究院)应定期公布各项目间接经费计提情况和学院(研究院)间接经费收支情况。

## 第四章　间接经费的监督管理

第十三条　间接经费预算一经批复不予调剂,严格按照规定的资金开支范围和比例支出,严禁用于支付各种罚款、捐款、赞助、投资等,严禁以任何方式牟取私利。

第十四条　绩效支出仅用于实际参加课题研究的科研人员,严禁与课题研究无关的人员参与绩效分配。

第十五条　对于间接经费使用管理存在弄虚作假等违反法律、法规等行为的,按照《财政违法行为处罚处分条例》及相关法律、法规进行处分。涉嫌犯罪的,将依法移送司法机关处理。

## 第五章　附　则

第十六条　本规定适用于所有的纵向科技项目。

第十七条　各学院(研究院)根据自身实际情况,参照本规定,制定间接经费管理细则,报学校科研管理部门和财务处备案后实施。

第十八条　本规定由科研管理部门和财务处负责解释和修订,自发布之日起执行,2016年6月17日发布的《厦门大学科技项目间接经费使用管理规定》(厦大科〔2016〕24号)同时废止。

——本文摘录自《关于印发〈厦门大学科研项目间接经费使用管理规定〉的通知》,厦大财〔2016〕68号,档号2017-XZ18-10

# 厦门大学哲学社会科学纵向科研项目资金管理办法(试行)

（2016 年 12 月 28 日）

## 第一章　总　则

第一条　为规范我校哲学社会科学纵向科研项目资金管理，激发科研人员的积极性和主动性，促进哲学社会科学繁荣发展，根据中共中央办公厅、国务院办公厅《关于进一步完善中央财政科研项目资金管理等政策的若干意见》(中办发〔2016〕50 号)、《国家社科基金项目资金管理办法》(财教〔2016〕304 号)和《高等学校哲学社会科学繁荣计划专项资金管理办法》(财教〔2016〕317 号)等文件精神，结合我校实际情况，制定本办法。

第二条　纵向科研项目资金是指学校通过承担国家和地方政府常设的规划项目或专项项目所取得的财政拨款资金，包括但不限于国家社科基金项目资金、教育部人文社会科学研究项目资金、福建省社科规划项目资金、福建省教育厅中青年教师教育科研项目资金和厦门市社会科学调研课题资金等。

第三条　学校是纵向科研项目资金管理的责任主体，负责项目资金的日常管理和监督。项目负责人是纵向科研项目资金使用的直接责任人，对资金使用的合规性、合理性、真实性和相关性承担法律责任。

## 第二章　职责与权限

第四条　学校实行“统一领导、分级分类管理、责任到人”的科研项目资金管理体制和“分级报账、集中核算”的会计核算方式。在校长统一领导下，分管科研、财务的校领导对科研项目资金的使用管理分工负责，学校科研、财务、资产、审计、纪检监察、学院(研究院)等部门及项目负责人各司其职，共同做好科研项目资金管理工作。

第五条　学校社科处是哲学社会科学科研工作的主管部门，负责制定、宣传科研项目资金管理制度，组织、协调和指导项目负责人合理编制项目资金预算，指导督促项目负责人按科研进度和有关规定使用科研项目资金，配合财务处做好项目财务管理与会计核算的有关工作。

第六条　财务处负责科研项目资金的财务管理与会计核算工作。配合社科处指导项目负责人合理编制项目资金预算，指导项目负责人按照具体类别项目资金管理办法，以及有关财经法律、法规、规章及其他规范性文件，合理有效地使用科研项目资金、编制项目决算等。

科研经费管理科负责制定和完善我校科研项目资金管理实施细则，提供政策咨询，指导项目申请人合理编制资金预算。对已获准立项的项目，提供开具票据、编制经费卡号、审核决算等事务的管理和服务。

第七条　纪检监察部门负责对科研项目资金使用过程中发生的违规、违纪行为执行问责；审计处负责对科研经费进行专项或抽查审计，执行《厦门大学科研经费审计实施办法》(厦大综〔2015〕64 号)。

第八条　实验室与设备管理办公室负责科研贵重仪器设备采购前的评估和专家论证工作，负责贵重仪器设备开放共享管理，避免重复购置和闲置浪费，提高仪器设备使用效率。

第九条　资产与后勤事务管理处负责科研仪器设备、家具和材料等物资的采购和管理，严格按照学校有关政府采购及国有资产管理等规定做好物资采购、管理工作。

第十条 各学院(研究院)作为科研活动的基层管理单位,负责组织管理本单位科研工作,对本单位科研项目资金使用承担监管责任。

各学院(研究院)要根据学科特点和项目实际需要,合理配置资源,为科研项目执行提供条件保障,制定科研经费大额(10万元及其以上金额)支出管理办法,同时监督项目预算执行,督促项目进度。

第十一条 科研项目资金管理实行项目负责人负责制。项目负责人是科研项目资金使用的直接负责人,对科研活动及资金使用的真实性、有效性、合法性、合规性和相关性承担经济与法律责任,自觉接受有关部门的监督、检查和审计。

项目负责人要了解科研项目资金管理办法和相关财经法规,根据项目的实际需要合理编制项目资金预算,按照预算、科研进度和相关制度使用科研项目资金,及时办理科研项目结题及结账手续,依法据实编制决算。

项目负责人如遇出国等特殊情况需要委托或者变更的,需填写"厦门大学社科项目委托代理审批表",到社科处办理相关手续。

## 第三章 直接费用与间接费用

第十二条 纵向科研项目资金分为直接费用和间接费用。

第十三条 直接费用是指在项目研究过程中发生的与之直接相关的费用,纳入学校财务统一管理,单独核算,专款专用。直接费用开支具体包括如下主要科目:

(一)资料费:指在项目研究过程中需要支付的图书(包括外文图书)购置费,资料收集、整理、复印、翻拍、翻译费,专用软件购买费,文献检索费等。

(二)数据采集费:指在项目研究过程中发生的调查、访谈、数据购买、数据分析及相应技术服务购买等支出的费用。

对于野外考察、数据采集等科研活动中无法取得发票或财政性票据的支出,应根据学校《关于田野考察费用报销的指导意见(暂行)》和《关于数据采集费用报销的指导意见(暂行)》办理,在确保真实性的前提下,按实际发生额予以报销。

(三)会议费/差旅费/国际合作与交流费:指在项目研究过程中开展学术研讨、咨询交流、考察调研等活动而发生的会议、交通、食宿等费用,以及项目研究人员出国及赴港澳台地区、外国专家来华及港澳台地区专家来内地开展学术合作与交流的费用。其中,不超过直接费用20%的,不需要提供预算测算依据;超过直接费用20%的,需要对计划开展的会议、调研、国际合作与交流等所需资金情况做出具体说明。

(四)设备费:指在项目研究过程中购置设备和设备耗材、升级维护现有设备以及租用外单位设备而发生的费用。项目负责人应当严格控制设备购置,鼓励共享、租赁以及对现有设备进行升级。

(五)专家咨询费:指在项目研究过程中支付给临时聘请的咨询专家的费用。专家咨询费预算由项目负责人按照项目研究实际需要编制,支出标准按照国家有关规定执行。

(六)劳务费:指在项目研究过程中支付给参与项目研究的研究生、博士后、访问学者以及项目聘用的研究人员、科研辅助人员等的劳务费用。

项目聘用人员的劳务费开支标准,参照当地科学研究和技术服务业人员平均工资水平以及在项目研究中承担的工作任务确定,其社会保险补助费用纳入劳务费列支。劳务费预算应根据项目研究实际需要编制。

(七)印刷出版费:指在项目研究过程中支付的打印费、印刷费及阶段性成果出版费等。

(八)其他支出:项目研究过程中发生的除上述费用之外的其他支出,应当在编制预算时单独列示,单独核定。

第十四条 间接费用是在组织实施项目过程中发生的无法在直接费用中列支的相关费用,主要用于补偿学校为项目研究提供的间接成本以及激励科研人员的绩效支出等。

第十五条　间接费用一般按照不超过项目资助总额的一定比例核定。具体比例如下：50 万元及以下部分为 30%；超过 50 万元至 500 万元的部分为 20%；超过 500 万元的部分为 13%。

第十六条　间接费用包括管理费和绩效两部分，由学校统筹管理，具体办法参见《厦门大学哲学社会科学纵向项目资金间接费用管理办法》。

## 第四章　预算与决算

第十七条　项目负责人应当按照目标相关性、政策相符性和经济合理性原则，根据项目研究需要和资金开支范围，科学合理、实事求是地编制项目预算，并对直接费用支出的主要用途和测算理由等做出说明。

第十八条　项目负责人应当严格执行批准后的预算。确需调剂的，按照具体类别项目主管部门发布的项目资金管理办法执行，没有规定的，参照如下规定执行：

(一)报项目主管部门审批的事项：

1.由于研究内容或者研究计划做出重大调整等原因，需要增加或减少项目预算总额；

2.原项目预算未列示外拨资金，需要增列；

3.会议费/差旅费/国际合作与交流费、专家咨询费、劳务费预算，有特殊情况确需调增的。

由项目负责人填写相应的事项变更审批表，经学校审核后，上报该类项目主管部门审批。

(二)报学校社科处审批的事项：

1.资料费、数据采集费、设备费、印刷出版费和其他支出预算需要调剂的；

2.会议费/差旅费/国际合作与交流费、专家咨询费、劳务费，需要调减用于项目其他科目支出的。

由项目负责人在学校财务处科研预算申报系统进行调整，打印预算调整申请表，报社科处审批。

(三)项目间接费用预算不得调剂。

第十九条　项目负责人根据项目决算的编报要求和规定，严格按照项目实际开支情况，如实编报项目资金决算，并对项目决算的真实性、准确性、合法性、合规性负责。项目决算根据要求经社科处、财务处、审计处审核签署意见后，报送并存档。

项目负责人离职(正常调动工作、退休或意外情况不再承担科研工作)，其以学校名义申请的项目经费应留在学院(研究院)(科研经费资助部门有规定的除外)，在确保该项目顺利完成的前提下由学院(研究院)安排使用。

## 第五章　收入与支出

第二十条　纵向科研项目资金到账后，由社科处通知财务处根据项目类别，编制经费卡号，提取间接费用。

第二十一条　纵向科研项目资金使用，实行项目负责人“一支笔”审批制度。项目负责人根据科研项目资金预算和项目进度，合理安排支出，保证专款专用。同时承担多个科研项目的负责人，应按各项目预算规定，分别在对应的项目中开支。

项目组成员使用科研经费出差，由项目负责人审批；项目负责人出差由学院(研究院)审批。

第二十二条　学校严格执行国家有关科研资金支出管理制度，对应当实行“公务卡”结算的支出，按照中央财政科研项目使用公务卡结算的有关规定执行。

专家咨询费、劳务费等支出，原则上应当通过银行转账方式结算，从严控制现金支出事项。

项目资金属于政府采购范围的，应当按照政府采购有关规定执行。

第二十三条　有外拨资金的项目，由项目负责人与合作单位就直接费用和间接费用外拨金额进行协商，并签署由社科处盖章的科研项目资金外拨合同。

第二十四条　项目在研期间，年度剩余资金可以结转下一年度继续使用。项目研究成果完成并通过审核验收后，结余资金可用于项目最终成果出版及后续研究的直接支出。若项目研究成果通过审核验收

2年后结余资金仍有剩余的，按具体类别项目主管部门发布的项目资金管理办法处理；没有明确规定的，由学校统筹用于科研安排。

第二十五条　对因故被终止执行的项目结余资金，以及因故被撤销的项目已拨资金，在接到有关通知后，项目负责人必须配合学校按规定处理。

## 第六章　项目资金监督管理

第二十六条　项目负责人应当依法依规使用项目资金，不得擅自调整外拨资金，不得利用虚假票据套取资金，不得通过编造虚假劳务合同、虚构人员名单等方式虚报冒领劳务费和专家咨询费，不得使用项目资金支付各种罚款、捐款、赞助、投资等。

项目负责人使用项目资金情况应当自觉接受有关部门的监督检查。

第二十七条　学校通过社科系统在单位内部公开项目预算、预算调剂、决算、项目组人员构成、设备购置、外拨资金、劳务费发放以及间接费和结余资金使用等情况，自觉接受监督。

第二十八条　学校的项目资金管理和使用情况，自觉接受国家财政、审计、监察部门和项目主管部门的监督检查。

学校建立健全科研财务助理制度，为科研人员在项目预算编制和调剂、资金支出、项目资金决算和验收等方面提供专业化服务。

学校充分利用信息化手段，建立健全单位内部科研、财务、审计、项目负责人共享的信息平台，提高科研管理效率和便利化程度。

## 第七章　附　则

第二十九条　本办法适用于我校哲学社会科学纵向科研项目资金。具体类别的项目主管部门发布了项目资金管理办法的，按其办法执行，没有发布的，参照本办法执行。

第三十条　本办法自发布之日起施行，此前规定与本办法相抵触的，按本办法执行。

第三十一条　本办法由社科处、财务处负责解释和发布补充规定。

——本文摘录自《关于印发〈厦门大学哲学社会科学纵向科研项目资金管理办法(试行)〉的通知》，厦大财〔2016〕69号，档号2017-XZ18-10

# 厦门大学哲学社会科学纵向科研项目资金间接费用管理办法(试行)

(2016年12月28日)

第一条　为规范我校哲学社会科学纵向科研项目资金间接费用管理,激发科研人员的积极性和主动性,促进哲学社会科学繁荣发展,根据中共中央办公厅、国务院办公厅《关于进一步完善中央财政科研项目资金管理等政策的若干意见》(中办发〔2016〕50号)、《国家社科基金项目资金管理办法》(财教〔2016〕304号)和《高等学校哲学社会科学繁荣计划专项资金管理办法》(财教〔2016〕317号)等文件精神,结合我校实际情况,制定本办法。

第二条　本办法适用于我校承担的哲学社会科学各类纵向科研项目,包括但不限于国家社科基金项目、教育部研究项目等。

第三条　间接费用是指在组织实施项目过程中发生的无法在直接费用中列支的相关费用,主要用于补偿为项目研究提供的间接成本以及激励科研人员的绩效支出。

第四条　间接费用占项目立项资金总额的比例,按照具体类别项目资金管理办法确定;具体类别项目资金管理办法没有规定的,按立项金额的30%计。

第五条　间接费用包括管理费和绩效两部分,前者占间接费用的20%,后者占间接费用的80%。

第六条　国家社科基金项目资金间接费用在首次拨款到账后足额提取,教育部研究项目资金间接费用按当年度到账占立项金额的比例提取。其他类别纵向项目资金间接费用参照国家社科基金项目或者教育部研究项目执行。

第七条　绩效部分按项目具体类别单独编制经费卡号,具体由社科处统一管理。

第八条　绩效支出仅用于实际参加课题研究的项目组成员,严禁非课题组成员参与绩效分配。对于从直接经费中开支劳务费的课题组成员(研究生、博士后等),不再给予绩效奖励。

第九条　各具体类别项目资金绩效领取方案如下:

(一)国家社科基金项目

在项目获准立项并且项目首期资金到账后,课题组可领取项目绩效的50%;项目通过结项验收,获得结项通知书或结项证明之后,课题组可领取项目绩效剩余的50%。

(二)教育部研究项目

该类项目绩效按年度领取,每年可领取金额是当年度到账经费中绩效部分的50%;项目通过结项验收,获得结项通知书或结项证明之后,课题组可领取项目绩效剩余的50%。

(三)其他类别纵向项目

根据该类别项目的拨款方式,参照国家社科基金项目或者教育部研究项目领取绩效。

(四)绩效领取时间由社科处根据项目组的意愿确定,一般在立项当年度或者结项当年度范围内。绩效分配方案由项目组负责人根据项目组成员的贡献大小确定,非项目组成员不得参与绩效分配。

第十条　间接费用开支情况在校内公开,自觉接受监督,严禁用于支付各种罚款、捐款、赞助、投资以及以任何方式牟取私利等。

第十一条　在项目结项后,如有发现项目研究或项目成果存在违反学术道德,败坏学术风气的,追回绩效并全校通报批评。

第十二条　由于项目撤项发生已拨经费收回的,已领取绩效应予以退回,所得税由领取人自己负责。

第十三条　对通过虚假材料套取绩效的行为,按照《财政违法行为处罚处分条例》及相关法律、法规进行处罚处分。涉嫌犯罪的,将依法移送司法机关处理。

第十四条　本办法自发布之日起执行,由社科处和财务处负责解释、发布补充意见和修订。

——本文摘录自《关于印发〈厦门大学哲学社会科学纵向科研项目资金间接费用管理办法(试行)〉的通知》,厦大财〔2016〕70号,档号2017-XZ18-10

# 厦门大学横向科研项目资金管理办法

（2016 年 12 月 28 日）

## 第一章　总　则

第一条　为进一步规范横向科研经费管理，促进学校科研事业健康发展，根据《中共中央办公厅　国务院办公厅关于进一步完善中央财政科研项目资金管理等政策的若干意见》（中办发〔2016〕50 号）、《福建省人民政府关于促进高校科技创新能力提升的若干意见》（闽政〔2016〕37 号）及国家相关法规和财务管理制度，结合我校实际，制定本办法。

第二条　横向科研经费是指学校通过对外开展科研活动从相关部门和企事业单位取得的按合同约定进行管理的各种非政府计划安排的科研经费，一般通过市场委托方式取得，包括科技开发、科技咨询、技术服务等取得的收入。

第三条　横向科研经费属学校事业收入，必须全部纳入学校财务部门统一管理。横向科研经费按合同约定管理，注重实效，集中核算，专款专用，任何单位和个人无权截留、挪用。

第四条　横向科研经费形成的固定资产和无形资产均属于国有资产（除科研项目立项合同中有明确规定以外），按照《厦门大学国有资产管理暂行办法》（厦大资产〔2016〕5 号）规定统一纳入学校资产管理，不得以任何形式隐匿、私自转让、非法占有或牟取私利。

第五条　科研成果推广应用、转化转让（除项目管理办法或合同另有规定外）应按照《中华人民共和国促进科技成果转化法（2015 修正）》和《实施〈中华人民共和国促进科技成果转化法〉若干规定》（国发〔2016〕16 号）和我校相关规定执行。

## 第二章　职责与权限

第六条　横向科研经费管理实行“学校统一领导、分级分类管理、责任到人”的科研经费管理体制和“分级报账、集中核算”的会计核算方式。在校长统一领导下，分管科研、财务的校领导对科研经费的使用管理分工负责，学校科研、财务、资产、审计、纪检监察、学院（研究院）等部门及项目负责人各司其职，共同做好科研经费管理工作。

第七条　学校科技处、社科处（以下统称科研管理部门）是学校科研工作的主管部门，负责科研合同的审核、签订和管理，指导项目负责人按合同要求编制项目经费预算，督促项目负责人按有关规定使用科研经费，配合财务处做好项目财务管理与会计核算的有关工作。

第八条　财务处负责科研经费的财务管理与会计核算，指导项目负责人按照项目合同约定和有关财经法律、法规、规章及其他规范性文件，在其权限范围内使用科研经费。

科研经费管理科负责制定和完善我校科研项目资金管理实施细则；提供政策咨询，组织业务培训；及时发布经费到账信息，办理科研经费入账和分配、开具票据，提供到款通知；负责审核项目决算编制和结账等管理和服务工作。

第九条　审计处负责对科研经费进行专项或抽查审计，执行《厦门大学科研经费审计实施办法》（厦大综〔2015〕64 号）。

第十条　纪检监察部门负责对科研项目资金使用过程中发生的违规、违纪行为执行问责。

第十一条　实验室与设备管理办公室负责科研贵重仪器设备采购前的评估和专家论证工作，负责贵重仪器设备开放共享管理，避免重复购置和闲置浪费，提高仪器设备使用效率。

第十二条　资产与后勤事务管理处负责科研仪器设备、家具和材料等物资的采购和管理，严格按照学校有关政府采购及国有资产管理等规定做好物资采购、管理工作。

第十三条　各学院(研究院)作为科研活动的基层管理单位，负责组织管理本单位科研工作，对本单位横向科研经费使用承担监管责任。各学院(研究院)应加强对课题组和科研团队的管理，督促科研人员特别是项目负责人严格遵守有关规定，确保经费使用的真实性、合法性，预防违法违纪问题发生；要根据学科特点和项目实际需要，合理配置资源，为横向科研项目的执行提供条件保障。

第十四条　横向科研经费管理实行项目负责人负责制。项目负责人应依法取得横向科研经费，按照国家、地方政府的法律、法规和学校的有关文件精神以及合同的规定使用经费，对科研活动及经费使用的真实性、有效性、合法性、合规性和相关性承担经济与法律责任，自觉接受有关部门的监督、检查和审计，并在科技服务活动中维护学校权益。

项目负责人如遇出国等特殊情况需要变更或委托的，需到科研管理部门办理科研项目负责人变更或委托代管手续。

## 第三章　预算与决算管理

第十五条　委托单位要求或合同约定需要编制预算的，项目负责人应按要求或约定编制预算，并按批准的预算执行。预算编制由项目负责人在科研管理部门、财务处和学院(研究院)的配合下，根据具体项目的实际情况，按照政策相符性、目标相关性和经济合理性原则，科学、合理、真实地编制。

第十六条　项目负责人根据项目决算编报的规定和要求，按照项目实际开支情况，如实编报项目经费决算。项目负责人对项目决算的真实性、准确性、合法性、合规性负责。项目决算按委托单位要求报送项目委托单位。

## 第四章　收入和支出管理

第十七条　横向科研经费按项目进行核算，每个项目设置一个经费卡号，实行全成本管理，专款专用，项目发生的各类支出必须全额列入项目的成本支出。

第十八条　合同签订后，项目负责人应及时登录科研管理信息系统登记立项信息，依据合同和项目进度督促委托单位将经费及时拨付到学校。经费到账后，项目负责人应及时认领，财务处根据认领信息核实经费所属类别，按规定提取管理费后，编制项目经费卡号，项目负责人登录财务处预算申报系统填写预算后使用。财务处根据科研管理部门的通知确认科研经费收入。

第十九条　横向科研经费入账后由项目组到财务处开具增值税发票，并依法缴纳相关税费。应税金额按照合同到账金额确认，由项目经费承担。如需预借增值税发票，经学院和科研管理部门审批后，财务处予以开票，项目组缴纳相关税费并督促相关款项按时、足额到账。对于符合免税条件的技术开发类项目，经厦门市科学技术局认定后，可向税务机关申请减免相关税费。

第二十条　横向科研经费使用实行项目负责人“一支笔”审批制度。项目负责人根据科研经费预算和项目进度，合理安排经费支出，保证专款专用。承担多项科研经费的项目负责人，应按各项目预算规定及经费开支相关性，分别在相关的项目中开支。不得用于各种罚款、捐款、赞助、投资、福利等与科研活动无关的支出。

第二十一条　横向科研经费必须依据科研活动的实际，做到业务真实、票据合法、手续齐全、责任明确。

第二十二条　横向科研经费支出范围一般包括设备费、材料费、测试化验加工费、燃料动力费、差旅费、会议费、国际合作与交流费、数据采集费、出版/文献/信息传播/知识产权事务费、劳务费、专家咨询费、绩效、办公费、管理费和其他支出等，合同有另外约定的按合同约定。

第二十三条　项目组成员使用科研经费出差，由项目负责人审批；项目负责人出差由学院(研究院)审批。

第二十四条　横向科研经费购置仪器设备、材料、家具等物品，必须严格按照厦门大学采购有关规定进行。大型仪器设备的采购应加强论证，避免重复购置，购买同类设备时，应充分考虑现有设备的利用率和共享情况。

第二十五条　劳务费、专家咨询费和绩效支出要严格审核发放人员资格、标准，支付给个人的费用原则上须由本人签收和通过个人银行卡发放，并依法缴纳个人所得税。

1.劳务费，是指在项目研究开发过程中支付给参与项目研究的在校研究生、博士后、访问学者的劳务费，以及项目聘用的研究人员、科研辅助人员等相关人员的劳务费和社会保险补助费用等。

劳务费的发放期间应与项目(课题)研究周期相符。劳务费发放标准遵循市场规律，参照厦门市科学研究和技术服务业从业人员平均工资水平，结合在项目(课题)研究中承担的工作任务，按照多劳多得的原则据实列支。

2.专家咨询费，是指在项目研究开发过程中支付给临时聘请的咨询专家的费用。专家咨询费支出应按要求据实列支，专家咨询费应当按照有关规定和标准执行，不得支付给与项目研究、管理相关的工作人员。

3.绩效，是指在项目研究开发过程中支付给项目相关人员的绩效。在保证横向科技项目研究任务按计划完成的前提下，合同有约定绩效比例的按合同执行；合同无约定的，绩效原则上按到款经费管理费计提基数的 30%核定。

第二十六条　学院(研究院)应制定科研经费大额支出管理办法。理工医科类科研经费单笔金额超过 20 万元(含 20 万元)的大额支出，人文社科类科研经费单笔金额超过 10 万元(含 10 万元)的大额支出，须经学院(研究院)审批方可办理支出。

第二十七条　横向科研经费转拨，必须与转拨单位订立合同，按照合同约定的转拨经费金额、拨付方式、开户银行和账号等条款办理，并经学院(研究院)、科研管理部门、财务处审批后执行。科研管理部门负责审核合作(外协)单位资质及合同内容；财务处根据科研管理部门审核意见办理合作(外协)的支出；项目负责人对协作业务的真实性、相关性负责，并向科研管理部门提供与协作单位之间非关联性声明。

第二十八条　横向科研经费支出中其他支出是指在科研活动中实际发生的其他费用，其他支出主要包括以下几个方面：

1.实验室小型维修费，是指为顺利完成研究项目，对现有实验室进行小规模改装所发生的费用。

2.业务接待费，是指由于项目研究需要而发生的接待费用。项目负责人应本着勤俭节约原则严格控制接待费开支。项目研究必要的接待费统一核定，按照到款经费管理费计提基数的 3%核定。

3.车辆维持费，是指项目研究过程中项目组成员私车公用所发生的费用，包括汽油费、过路费、临时停车费。但维修费、保险费、年检费、驾驶员培训费、交通罚款、交通事故的赔款及因私用车的各项费用等不得报销。

4.培训和学习费用，是指项目研究人员参加学习和培训的开支。培训和学习经费支出须经学院(研究院)审批。

第二十九条　科研项目管理费是指学校和学院(研究院)等单位为项目研究提供服务、消耗和有关管理费用的补助支出。理工医科类管理费核定比例为 7%(学校 5%，学院 2%)，人文社科类管理费核定比例为 6%(学校 4%，学院 2%)。学校提取部分由学校统筹安排使用，学院(研究院)提取部分由学院(研究院)统筹安排使用。

学院(研究院)可根据实际需要，对横向科研项目经费增提学院(研究院)管理费，用于补充学院(研究院)提供技术支撑的消耗和管理费；学院(研究院)对增提的管理费制定管理办法，并报科研管理部门和财务部门备案。

第三十条　横向科研项目符合下列条件之一的，可申请管理费减免：

A 类：项目合同书中约定的，支付给合作单位的研究经费部分。

B类:项目合同书中约定的,需要以设备形式交付给委托单位的购置费部分。

申请管理费减免的经费部分须严格按照申请内容全额列支,并扣除相应绩效支出和业务接待费额度。

第三十一条　项目负责人离职(正常调动工作、退休或意外情况不再承担科研工作),其以学校名义申请的项目经费应留在学院(研究院)(科研经费资助部门有规定的除外),学院(研究院)应在六个月之内提出处理意见,经科研管理部门审批,由学院向(研究院)安排使用,确保该项目顺利完成。无法确认项目完成人的,经费由学校统一管理。

## 第五章　结题、结账管理

第三十二条　横向科研项目完成后,应按项目合同规定的时间结题。项目负责人应全面清理项目经费收支及应收应付等往来账款。应收及暂付款须在结题验收前完成报销或归还等结算手续。科研管理部门应督促项目负责人在科研项目结束或通过验收后及时办理结账手续。对无正当理由不办结账手续的科研项目,科研管理部门有权按照学校的有关规定通知财务处予以结账。

第三十三条　科研项目结题后,结余经费按项目合同约定办理。没有明确约定的,学校将结余经费进行分配和结转;结余经费的使用应按照《厦门大学科研项目结题、结账及结余经费管理办法》执行。

## 第六章　监督检查和绩效考评

第三十四条　学校各职能部门负责对科研经费使用进行监督检查。财务处负责对科研经费收支的会计监督,纪检监察审计部门负责科研经费收支的审计、监督和检查。学校及各项目负责人应自觉接受政府有关部门及科研经费提供方或其委托的社会中介机构,依据国家有关法规、预算和科研合同对科研经费的管理和使用情况进行的监督检查。

第三十五条　凡虚构经济业务和使用假发票等非法手段套取科研经费、为个人牟取私利、损坏学校声誉或给学校造成经济损失,按学校经济责任制有关规定承担相应的经济或法律责任。对于违反科研行为规范的,视情节轻重,给予约谈警示、通报批评、暂停项目执行和项目拨款、责令整改、终止项目执行和项目拨款直至项目申报资格等处理。构成违纪的,依据《事业单位工作人员处分暂行规定》、《厦门大学教职工处分暂行规定》(厦大人〔2016〕37号)、《财政违法行为处罚处分条例》,视情节轻重给予警告、记过、降低岗位等级或撤职、开除等处分。涉嫌犯罪的,移送司法记过依法追究其刑事责任。

第三十六条　建立科研经费管理的绩效考核制度和奖惩机制,对科研项目取得的社会效益和经济效益进行考核和评价,对规范、科学、有效使用科研经费并做出突出成果的项目、单位或个人,学校给予表彰和奖励。学校将科研经费管理绩效纳入院系负责人的考核范围。

## 第七章　附　则

第三十七条　本办法自公布之日起执行。此前规定与本办法相抵触的,按本办法执行。

第三十八条　本办法由财务处和科研管理部门负责解释和修订。2013年3月19日发布的《厦门大学横向科研经费管理办法》(厦大财〔2013〕22号)同时废止。

——本文摘录自《关于印发〈厦门大学横向科研项目资金管理办法〉的通知》,厦大财〔2016〕71号,档号2017-XZ18-10

# 厦门大学科研项目结题结账及结余经费管理办法

（2016年12月28日）

## 第一章　总　则

第一条　为进一步规范我校科研项目结题结账，加强结余经费管理，提高资金使用效益，根据《国务院关于改进加强中央财政科研项目和资金管理的若干意见》（国发〔2014〕11号）、《关于进一步完善中央财政科研项目资金管理等政策的若干意见》（中办发〔2016〕50号）等有关文件规定，结合我校实际情况，制定本办法。

第二条　本办法所称结余经费是指学校科研项目结题后的结余资金，包括纵向科研项目结余经费和横向科研项目结余经费。科研预研基金是指由学校统筹的科研项目结余经费，主要用于原科研项目有关的续研工作或新项目的预备研发工作。

第三条　结余经费管理按照“学校统筹、项目负责人自愿申请、科研管理部门审批”的原则实施。

## 第二章　职责与权限

第四条　学校各有关部门、院级单位及项目负责人应各司其职，加强协同，密切配合，共同做好科研项目结题结账及结余经费管理工作，具体职责如下：

（一）科技处和社科处作为学校科研管理部门，负责科研项目结题及后续相关事项管理；

（二）财务处负责科研项目结账和结余经费核算管理；

（三）审计处负责对科研项目结题结账及结余经费的审计，执行《厦门大学科研经费审计实施办法》（厦大综〔2015〕64号）；

（四）项目负责人在项目结束并通过结题验收后，按要求提供相关资料，及时办理结账，按规定申请并使用结余资金，对科研项目的结题结账资料和经费使用的真实性、合法性和有效性承担相应经济和法律责任。

## 第三章　结题结账管理

第五条　各类科研项目必须严格遵照任务书、合同或协议等要求按时结题验收。因特殊情况需延期的，须在约定时间届满前向学校科研管理部门提出申请，并经委托方或任务下达单位同意后方可执行。

第六条　对准备结题的科研项目，项目负责人应全面清理项目经费收支及应收应付等往来账款。应收及暂付款须在结题验收前完成报销或归还等结算手续。

第七条　除主管部门或项目委托方有明确规定外，项目完成任务目标并通过验收的，项目负责人应及时向科研管理部门提交项目结题资料，办理结账手续；对无正当理由不办结账手续的科研项目，学校有权按照本办法予以结账。

第八条　科研管理部门应按季度梳理科研项目结题相关信息并通知财务处办理结账手续，避免长期挂账。

## 第四章　结余经费管理

第九条　相关管理办法或任务书、合同、协议等对科研项目结余经费管理和使用范围有明确规定或约定的，从其规定或约定。其中，要求结余经费原渠道退回的，或因项目未通过验收和整改后通过验收等原因结余经费需按原渠道收回的，项目负责人应根据任务下达单位或委托方的验收意见，及时、足额返还结余经费。

对明确结余经费在一定期限内由学校统筹安排用于科研活动的直接支出的，按以下规定执行：

(一)科研管理部门按照各类科研项目的类别及项目结题验收时间，对结余经费进行分类、分批(按季度)管理。

(二)财务处根据科研管理部门提供的相关材料，将结余经费统筹到学校科研预研基金。

(三)项目负责人根据研究需要，按规定向科研管理部门提出科研预研基金申请。

(四)按国家规定设置2年执行期限，参照学校纵向科研项目资金进行管理。项目负责人预计在执行期满无法开支完的，在执行期满之前6个月可向学校提出申请，剩余的资金由学校统筹安排。

(五)执行期满仍有剩余的，按原渠道返回有关部门。

(六)项目负责人应本着勤俭节约的原则合理安排支出，最大限度地减少资金的结存结余，不得违反规定使用和转移结存结余资金。

第十条　相关管理办法或任务书、合同、协议等对科研项目结余经费管理没有明确规定或约定的，按以下规定执行：

(一)科研管理部门按照纵横向科研项目及项目结题验收时间，对结余经费进行分类、分批(按季度)管理。

(二)财务处根据科研管理部门提供的相关材料，将结余经费按纵(横)向100%转入个人科研预研基金。

(三)纵向科研预研基金参照学校纵向科研项目资金进行管理；横向科研预研基金参照学校横向科研项目资金进行管理，绩效奖励根据科研需要据实开支，报学院审批。

第十一条　科研项目已结题，负责人组织人事关系已调离学校，学校财务部门根据科研管理部门的通知，将结余经费余额收回学校统筹安排。

## 第五章　附　则

第十二条　本办法由科研管理部门、财务处负责解释。

第十三条　本办法自发布之日起施行。若学校原有关规定与本办法有不一致处，以本办法为准。

——本文摘录自《关于印发〈厦门大学科研项目结题结账及结余经费管理办法〉的通知》，厦大财〔2016〕72号，档号2017-XZ18-10

# 厦门大学科研劳务费管理规定

（2016年12月28日）

为进一步规范学校科研劳务费管理，根据中共中央办公厅、国务院办公厅《关于进一步完善中央财政科研项目资金管理等政策的若干意见》（中办发〔2016〕50号）要求，结合国家有关规定和我校实际情况，制定本办法。

第一条　科研劳务费是指在科研项目（课题）实施过程中支付给个人的劳务性费用，包括纵向科研项目劳务费和横向科研项目劳务费。

第二条　科研项目劳务费用于项目（课题）研究过程中支付给参与项目研究的在校研究生、博士后、访问学者的劳务费，以及项目聘用的研究人员、科研辅助人员等相关人员的劳务费和社会保险补助费用等。有工资性收入的本校在职人员原则上不得领取劳务费。

访问学者须通过人事处认定。

第三条　纵向科研项目劳务费支出严格控制在项目批复的预算额度内；横向科研项目劳务费应结合科研项目合同和实际需要，在学校横向科研项目经费管理相关规定预算范围内使用。

第四条　科研劳务费的发放期间应与项目（课题）研究周期相符。项目聘用人员的劳务费发放标准须遵循市场规律，参照厦门市科学研究和技术服务业从业人员平均工资水平，结合在项目（课题）研究中承担的工作任务，按照多劳多得的原则据实列支。对于数额明显高于厦门市平均工资水平的，必须提供辅助证明材料，比如高级职称证或特殊行业资格证等。

研究生、博士后、访问学者劳务费根据参与项目研究的工作量据实发放；项目聘用的研究人员、科研辅助人员属于退休人员返聘的，其聘用工资原则上不高于同类人员当前工资与其退休工资差额。

第五条　项目（课题）组及科研项目负责人应加强相关人员的科研工作记录、强化业绩考核，确保劳务费发放有据可依。

第六条　科研劳务费发放由项目（课题）负责人审批，超过厦门市同类同级平均工资的，由所在学院（研究院）审批。

第七条　科研劳务费发放原则上由财务处通过转账支付方式转入个人银行卡。

第八条　科研劳务费计税按照国家个人所得税相关规定执行，由学校代扣、代缴。

第九条　不得以编造虚假合同、虚构人员名单等方式虚报冒领劳务费。从项目（课题）就某一工作领取专家咨询费的人员，不得同时领取劳务费。

第十条　为了加强对劳务性支出的监督管理，确保经费使用的真实合法，学校监察和审计部门应不定期对劳务支出比较集中的项目进行抽查和审计。对违反国家相关规定和财经纪律的，依据《厦门大学教职工处分暂行规定》（厦大人〔2016〕37号），追究项目负责人的责任。

第十一条　各学院（研究院）应根据学科特点和学院实际情况，制定学院管理细则，报学校科研管理部门和财务处备案后实施。

第十二条　本规定自发布之日起施行。

第十三条　本规定由财务处、科研管理部门负责解释。

——本文摘录自《关于印发〈厦门大学科研项目劳务费管理规定〉的通知》，厦大财〔2016〕73号，档号2017-XZ18-10

# 厦门大学修缮工程管理办法

(2016年12月30日)

## 第一章 总 则

第一条 为加强我校修缮工程的管理,保证各项工程按期、保质、保量地完成,更好地为教学、科研和广大师生员工的生活服务,根据《中华人民共和国政府采购法》《中华人民共和国招投标法》及福建省、厦门市有关法规,结合学校实际情况,制定本办法。

第二条 学校修缮工程的职能部门是资产与后勤事务管理处(以下简称"资产后勤处")。

第三条 凡在我校发生的房屋修缮、装修、水电、市政、绿化等工程均适用本办法。

## 第二章 工程计划

第四条 计划制订要执行以下程序:

(一)立项申请:每年十二月底前,学校各单位根据本单位基础设施、公共设施方面存在的问题和需要,提出下一年度的修缮计划立项申请,报资产后勤处。

(二)项目论证:由资产后勤处进行调查、论证,并在此基础上提出立项意见、初步实施方案及概算,形成年度工程计划和论证材料,上报学校分管领导,重大项目报校长办公会批准。

(三)计划报送:资产后勤处应及时把年度计划抄送财务处等有关部门。

第五条 计划确定以后,如需调整和补充,需向资产后勤处申请,10万元以上项目经分管校领导或校长办公会批准后组织实施并抄送财务处。

第六条 资产后勤处根据项目的轻重缓急、资金筹措情况以及学校的总体安排,编制工程实施计划。

## 第三章 工程设计与预算编制

第七条 工程设计是工程预算、施工、验收及决算的主要依据,工程均应有工程设计文件,其中120万元以上的工程项目必须有规范的施工蓝图,120万元以下的工程项目应提供施工草图。

第八条 工程项目在开工前,资产后勤处应组织设计单位向施工单位、监理单位进行设计交底和图纸会审。

第九条 120万元以上的工程项目采用"一编一审"制度,且必须委托第三方专业机构进行预算编制或预算审核;120万元以下的工程项目可以由资产后勤处工程审核人员编制预算或审核预算。

## 第四章 工程采购

第十条 修缮工程一般采用公开招标、校内快速采购、审核委托三种形式进行采购,工程招标执行单位为厦门大学招投标中心(以下简称"招投标中心")。

(一)10万元以上的工程项目由招投标中心负责采购,具体按照《厦门大学修缮工程采购工作实施细则》执行。

(二)10万元以下的工程项目由业务科室进行采购,经资产后勤处领导审批可采用审核委托方式进行采购。审核委托是指工程经资产后勤处审核人员或者具有相应资质的第三方进行预算审核,以审核价指定具有施工资质单位施工的采购形式。审核委托的施工单位应从“厦门大学修缮工程施工单位遴选库”中选择,因特殊原因无法从库中选择施工单位的,须经资产后勤处批准。

第十一条　各学院预算经费支出的 2 万元以下的修缮工程,可由学院自行管理,学院须按照本办法制订相应的工程管理实施细则。对于涉及主体结构(如移、改门窗,敲墙等)和供水、供电管网和线路变动的项目,使用单位需将改造方案上报资产后勤处,由资产后勤处协助使用单位进行项目前期的方案与施工图审核。

## 第五章　工程施工管理

第十二条　工程在施工前均应签订施工合同或协议书,由资产后勤处代表学校作为发包方;学院自行管理项目由学院作为发包方。

第十三条　施工阶段的管理应以工程质量管理为核心,严格按有关工程规范规定要求进行。

200 万元以上的工程项目必须聘请监理公司进行工程监理。

第十四条　每一个工程均应有一名现场管理人员,负责该项目的合同、质量、工期、技术、经济、档案等管理工作;使用单位代表一名,负责项目对接。

第十五条　施工前的准备工作主要包括编制进度计划与施工总平图、设计交底与图审、办理临时用水用电及机械进出校园手续等,施工单位应在开工前做好充分准备工作。

第十六条　材料进场时、投入使用前应及时通知监理单位代表、甲方现场代表及使用单位代表对材料进行检查,施工单位应做好相关材料进场检查记录,并当场签字确认后方可使用。材料进场验收工作存在以下情形的,所产生的费用由施工单位承担且因此引起的工期索赔不予签证:

(一)施工单位使用未通过验收的材料进行施工;

(二)材料验收或材料使用过程中存在弄虚作假的行为;

(三)实际施工材料与通过验收材料不符。

上述行为情节严重者,还将列入不诚信名单。

第十七条　施工单位应在隐蔽工程施工完成自检合格后 24 小时内且该部位下一道工序施工前以书面形式通知甲方现场代表、监理人员、使用单位代表进行隐蔽工程验收,施工单位应做好隐蔽工程验收记录。隐蔽工程验收工作存在以下情形的,该部位隐蔽工程工程量不予以签证,所产生的费用由施工单位承担且因此引起的工期索赔不予签证:

(一)施工单位未按要求申请隐蔽工程验收的,或未提出(配合)隐蔽工程验收的;

(二)隐蔽工程验收不合格的,限期未能完成整改的;

(三)隐蔽工程验收中存在弄虚作假的行为。

上述行为情节严重者,还将列入不诚信名单。

第十八条　施工过程中应严格按照《厦门大学修缮工程文明施工管理办法》相关规定进行施工。

第十九条　工程项目一般不允许主要材料变更,但因设计变更、使用单位要求及市场等因素确需进行材料变更的,施工单位提出书面申请,经设计单位、监理单位、使用单位及资产后勤处核签后方可实施。

第二十条　设计图纸中若出现错误、漏洞、各专业图纸不符合实际施工工艺等情况,设计单位应无条件及时完善设计图纸,并提交设计变更文件至资产后勤处审核后实施。施工单位在接收正式的设计变更图纸后 3 日内向监理单位、资产后勤处及使用单位报送工程增、减量预算。

第二十一条　施工单位或监理单位在审查施工图过程及实际施工过程中,发现工程量清单、施工方案或施工图纸中出现错误、漏洞、各专业图纸不符合实际施工工艺等情况,应及时将变更内容、变更方案及变更概算以书面形式提出,经设计单位、使用单位及资产后勤处确认后方可进行施工。

第二十二条　使用单位在修缮工程进行过程中,若发现设计存在不符合自身使用要求的情况,或者因使用要求发生改变需要变更的情况,应及时提交详细报告(含变更事由、变更预算及经费出处),经资产后勤处会稿及相关领导同意后方可实施。

第二十三条　当工程变更成立后，施工单位应于7日内编制工程签证单，工程变更后计量及计价应遵循下列原则：

(一)必须严格按所批准的工程变更联系单进行计量，变更联系单以外的项目工程量不予承认，施工单位应另提出申请；

(二)合同已有适用于变更工程的价格，按合同已有的价格确定变更价格；

(三)合同已有类似于变更工程的价格，可以参照此价格确定变更价格；

(四)合同没有适用或类似于变更工程的价格，遵照工程招投标时确定的费率，由甲乙双方通过单价成本分析计算协商确定。

第二十四条　合同价10万元以下的工程增量超过合同价的30%，10万元至60万元的工程增量超过合同价的20%，60万元至120万元的工程增量超过合同价的15%，120万元以上的工程增量超过合同价的10%或者超过30万元，施工单位应填写"工程变更洽商审批表""工程变更增减价款审批表"，并报资产后勤处审批，增量金额超10万元的需经分管校领导审批，工程增量金额超过100万元必须报校长办公会批准，审批完成后签订补充协议。

## 第六章　工程验收

第二十五条　工程验收应遵循三级验收的基本程序，即施工单位自检、监理单位初验、建设单位验收。

第二十六条　申请工程竣工验收应提交以下材料：

(一)填写工程验收申请报告。

(二)监理单位提交的工程质量评价报告。

(三)提交工程竣工报告一式三份，工程竣工报告应包含以下材料：

1.竣工自评报告；

2.开工、复工报审表；

3.图审记录、技术交底记录；

4.工程设备、材料进场验收记录、质检报告及合格证；

5.子工程、隐蔽工程验收记录；

6.管道压力试验、管道清洗、电阻测试、系统测试等相关记录；

7.设计变更单、工程联系单；

8.单位工程竣工验评纪要；

9.工程立项报告；

10.中标通知书；

11.施工合同；

12.施工单位营业执照、税务登记证、资质文件；

13.竣工图纸。

工程造价200万元以上项目必须提供以上材料，200万元以下的项目可根据实际需要提供相应材料。

第二十七条　工程竣工验收按照以下流程进行：

(一)施工单位在工程完工且自检合格后向监理单位正式申请验收，无监理单位的项目则直接向资产后勤处申请验收。

(二)监理单位应在收到施工单位验收申请后的4日内，完成竣工资料审查工作，并组织监理人员进行验收检查，并将现场检查验收过程中发现的缺陷和问题书面汇总，通知施工单位限期整改。整改完毕，经监理单位复查合格后，将验收资料及监理单位工程质量评价报告等一式三份提交资产后勤处，申请工程正式验收。

(三)资产后勤处在收到验收申请7日内,完成对竣工验收资料的审查,并组织设计单位、监理单位、施工单位、使用单位进行工程的竣工验收。对验收过程中发现的缺陷及问题书面汇总通知有关责任方并限期整改,验收合格后各单位签署《单位工程验评纪要》一式五份。对达不到质量标准的工程,除要求施工单位返工达到合格标准外,还应根据合同条款对施工单位予以处罚;对于不按要求整改的工程不予验收,不予结算。

第二十八条　竣工验收合格后,施工单位应在2日内完成所有的施工器械、施工人员、施工材料退场,并清理外运施工场地内外所有建筑垃圾,做好施工现场卫生保洁,及时向水电气管理科申请临时用水用电拆除,结算临时用水用电费用。使用单位及工程现场管理对工程验收进行评价,评价结果将影响施工单位年度考评。

第二十九条　工程移交按照以下程序进行:

(一)工程验收合格后,由资产后勤处负责组织向使用单位移交,施工单位及使用单位相关人员参加。

(二)资产后勤处应在拟定的移交日期前7日以书面方式通知移交相关单位。

(三)移交应提交的资料:

1.工程移交清单一式三份;

2.竣工验收报告及相关质量检查资料一套;

3.竣工图纸一份;

4.房屋钥匙、设备使用说明书等一套。

(四)使用单位根据工程移交清单逐项检查核对,核对无误后参加移交人员在工程移交清单上签字,移交工作完成。

第三十条　工程验收合格后30日内,施工单位应向资产后勤处提交工程结算审核资料,工程结算审核资料应包含以下材料:

(一)项目立项报告;

(二)经费来源报告;

(三)招标文件;

(四)投标预算书;

(五)材料品牌选定表;

(六)中标报告、项目直接委托报告或项目跟标报告;

(七)工程施工合同(协议);

(八)工程补充协议及相关报告;

(九)工程设计变更单;

(十)工程联系单、签证单、工程议价表(标外材料与设备);

(十一)单位工程验评纪要;

(十二)工程量计算书;

(十三)工程量汇总签证表;

(十四)工程结算书(标内部分与标外部分);

(十五)实际施工中使用材料品牌确认表(甲方现场核签);

(十六)福建省建筑施工企业劳保费用取费类别核定卡复印件;

(十七)工程竣工图纸;

(十八)电子档案(工程结算书与竣工图)。

第三十一条　未按规定时间提交工程完整结算材料的施工单位,资产后勤处将视影响情况将其列入不诚信名单。

## 第七章　工程财务管理

第三十二条　预付备料款及工程进度款的支付：

(一)工程合同价 5 万元以下的项目不预付工程备料款及工程进度款，待工程结算审核完成后一次性付清工程款，保修金根据合同约定执行；

(二)工程合同价 5 万元以上、10 万元以下的项目不预付工程备料款，工程竣工验收合格后，进度款可拨至合同总价的 80%，待工程审计后支付工程尾款，保修金根据合同约定执行；

(三)工程合同价 10 万元以上的项目可视工程实际情况预付工程备料及工程进度款，工程竣工验收合格后，进度款可拨至合同总价的 80%，待工程审计后支付工程尾款，保修金根据合同约定执行。

第三十三条　工程竣工后，施工单位应在 30 日内上报工程竣工结算资料报资产后勤处审核。结算金额在 50 万元以上的工程，经资产后勤处一审后，报学校审计处进行二审；结算金额在 50 万元以下的工程，由资产后勤处负责审核，并报审计处备案。

## 第八章　档案管理

第三十四条　所有与工程有关的资料都必须归档管理。

第三十五条　工程现场管理人员负责从工程立项开始至竣工验收为止的全部资料的整理和归档工作。

第三十六条　资产后勤处设专职或兼职工程档案管理人员。在工程竣工验收后，由工程现场管理人员将档案资料移交给档案管理人员保管，并办理交接手续。

第三十七条　重大修缮项目必须送档案馆保存一份。

## 第九章　附　则

第三十八条　本办法所称“以上”，均含本数。

第三十九条　本办法未尽事宜，按国家、厦门市、学校有关规定和文件执行。

第四十条　本办法自颁发之日起实行，《厦门大学修缮与水电工程管理办法》[(2001)厦大资产 1 号]同时废止。

第四十一条　本办法由资产后勤处负责解释。

——本文摘录自《关于印发〈厦门大学修缮工程管理办法〉的通知》，厦大资产〔2016〕61 号，档号 2016-XZ27-3

# 厦门大学货物和服务采购工作实施细则

（2016年12月30日）

## 第一章 总 则

第一条 为规范采购行为，参照《中华人民共和国政府采购法》《中华人民共和国招标投标法》《厦门大学采购管理办法（试行）》等相关规定及文件，结合我校采购的实际情况，制定本实施办法。

第二条 本办法适用于学校招投标中心（以下简称"招投标中心"）所实施的预算金额人民币40万元以上的科研仪器设备，预算金额人民币20万元以上学校集中采购范围的其他货物和服务采购。

第三条 预算金额在200万元以上的货物和服务，采用公开招标，符合《厦门大学采购管理办法（试行）》第十九条至二十三条的，经审批后也可以分别采用邀请招标、竞争性谈判、竞争性磋商、单一来源采购和询价等政府采购法及相关法律规定的采购方式。

第四条 100万元以上至200万元以下的货物和服务，应采用招标、竞争性谈判、竞争性磋商、单一来源采购和询价采购方式；预算金额在20万元以上至100万元以下的货物和服务，适用校内磋商谈判、校内快速采购、招标、竞争性谈判、竞争性磋商、单一来源采购和询价方式，校内磋商谈判为校内采购的主要形式。

采用单一来源方式采购的，用户单位必须以书面形式报招投标中心，并经学校政府采购管理办公室（以下简称"采购办"）审核，报分管校领导批准后方可实施。

## 第二章 公开招标的实施

第五条 编制招标文件。在接到用户单位审批通过的采购申请后，对达到公开招标限额的项目，组织招标文件的编制及审定。

（一）招标文件包括以下内容：

1.投标邀请。

2.投标人须知（包括密封、签署、盖章要求等）。

3.投标人应当提交的资格、资信证明文件。

4.投标报价要求、投标文件编制要求和投标保证金交纳方式。

5.招标项目的技术指标、产品规格、要求和数量，包括附件、图纸等。

6.合同主要条款及合同签订方式。

7.交货和提供服务的时间。

8.评标方法、评标标准和废标条款。

招标文件的评标办法分为最低评标价法、综合评分法：

最低评标价法是以价格为主要因素确定中标候选人的评标方法，即在全部满足招标文件实质性要求前提下，依据统一的价格要素评定最低报价，以最低报价的投标人作为中标候选人的评标方法。

综合评分法是在最大限度地满足招标文件实质性要求前提下，按照招标文件中规定的各项因素进行综合评审后，以得分最高的投标人作为中标候选人的评标方法。综合因素包括：技术指标和质量指标，投标人（或厂商）资质和业绩，价格，售后服务承诺以及相关的技术培训和服务等。

9.报名截止时间、投标截止时间、开标时间及地点。

(二)招标文件中应规定并标明实质性要求和条件。招标文件不得要求或者标明特定的生产供应商以及含有倾向或者排斥潜在投标人的内容;招标文件不得指定拟购物资的品牌与型号或以一些技术指标来限定某一品牌与型号。

第六条 发布招标信息。

(一)相关招标信息均必须在政府采购信息指定发布媒体及资产与后勤事务管理处(以下简称"资产后勤处")网站上公开发布,公告日期自招标文件发出之日起至投标人提交投标文件截止之日止,时间不得少于20日,接受投标人报名期限自招标文件发出之日起不得少于5个工作日。

(二)用户单位如对已发出的招标文件需进行修改或澄清,应在投标截止日期至少15日前以书面形式提出。不足15日的,如修改或澄清内容对投标文件编制造成影响的,应顺延投标截止时间。

第七条 接受投标人投标。

(一)招投标中心按照招标采购公告的要求接受投标人的报名,对合格的投标人进行登记。开标前任何人不得泄露已报名的潜在投标人的名称、数量或者其他可能影响公平竞争的有关招标投标情况。

(二)根据项目需要和招标文件的规定,招投标中心会同用户单位进行招标答疑并编制书面答疑文件,在政府采购信息指定发布媒体、资产后勤处网站发布。如答疑、澄清内容对投标文件编制造成影响,应延长投标截止时间和开标时间。

(三)招投标中心负责接收投标人在规定时间内送达的投标文件并做相应的记录,由投标人签字确认;由于投标人的原因,逾期未在规定时间内送达的投标文件,将不予接收。

第八条 组织开标。

开标应当在招标文件确定的提交投标文件截止时间的同一时间公开进行。开标由招投标中心主持,用户单位代表、投标人和有关方面代表参加。

第九条 组织评标。

(一)组建评审委员会

评审委员会由评审专家、用户单位代表等组成,成员人数为3人以上单数,依法必须公开招标的项目成员人数为5人以上单数,具有中级以上专业技术职称或者同等专业水平人数不得少于2/3。采购预算金额在300万元以上、技术复杂的项目或者社会影响较大的项目,评审委员会中评审专家人数应当为5人以上单数。

评审专家分为校内专家和校外专家,其中校内专家从采购办建立的校内专家库中选取;校外专家从厦门市政府评标专家库中选取。采购科研仪器设备时,可由项目(经费)负责人自行推荐不超过专家总数三分之一的技术评审专家,与由采购办选取的评审专家共同组成评审委员会。所有评审专家均需严格遵守政府采购法规定的回避原则。

(二)定标原则

评审专家与用户单位代表分开进行评议。双方按照招标文件或投标邀请书规定的评审标准和方法,以技术性能指标、质量、价格、服务、信誉等为依据,对投标文件进行客观、公正地评审和比较,在评标现场分别以书面形式说明中标候选人的排序,用户单位现场不提交书面意见的,视为同意评审专家组意见。

1.当评审专家与用户单位推荐排名一致时,以排名第一中标候选人作为拟中标候选人;

2.当评审专家与用户单位推荐排名不一致时,由招投标中心组织双方各自陈述评审理由后,以评审专家推荐的中标候选人作为拟中标候选人。

第十条 定标及结果公告。

(一)招投标中心将评标结果上报学校批准后确定中标候选人。

(二)中标候选人在政府采购信息指定发布媒体及资产后勤处网站进行公示,公示期为3日。投标人、用户单位如对结果有异议,应在公示期书面提出复议申请。

(三)公示期结束后3个工作日内向中标人发出中标通知书。中标通知书具有法律约束力,任何单位和个人不得擅自改变中标结果。

## 第三章 其他政府采购方式的实施

第十一条 邀请招标是指学校以投标邀请书的方式邀请特定的法人或者其他组织参加投标的采购方式。符合下列情形之一的货物和服务，可以采用邀请招标方式采购：

（一）具有特殊性，只能从有限范围的供应商处采购的；

（二）采用公开招标方式的费用占政府采购项目总价值的比例过大的。

邀请招标除发布招标信息不同于公开招标外，其实施流程与公开招标相同。

第十二条 单一来源采购方式采购

（一）适用条件

1.只能从唯一供应商采购的；

2.发生了不可预见的紧急情况不能从其他供应商采购的；

3.必须保证原有采购项目一致性或者服务配套的要求，需要继续从原供应商处添购资金总额不超过原合同采购金额的百分之十的。

（二）专家论证和公示。用户单位应按教育部和财政部要求的格式填报专家论证表，专家论证表由招投标中心在相应媒体进行公示，公示无异议的，向分管校领导报批。采购预算超过法律规定公开招标限额的项目还需按规定向教育部和财政部进行报批。

预算金额在法律规定公开招标限额以内的设备（含系统）维修改造升级类或维修保养类项目，可不进行单一来源专家论证和公示。

（三）制定单一来源谈判文件。用户单位应当明确采购需求、谈判内容、合同草案条款以及成交的标准等事项。

（四）谈判。由招投标中心组织用户单位和具有相关经验的专业人员与供应商进行谈判，在保证采购项目质量和双方商定合理价格的基础上进行采购。

（五）谈判结果经审批后执行。

第十三条 竞争性谈判、竞争性磋商、询价的实施按《厦门大学采购管理办法（试行）》之规定。

## 第四章 校内采购方式的实施

第十四条 校内磋商谈判。预算金额在20万元以上至100万元以下的校内采购，主要采用校内磋商谈判。

（一）制定磋商谈判文件。磋商谈判文件应当明确供应商的资格条件、采购需求、谈判内容、合同草案条款以及评定成交的标准等事项。

（二）在资产后勤处网站发布磋商谈判公告及谈判文件。从磋商谈判文件发出之日起至供应商提交首次响应文件截止之日止不得少于5个工作日。

用户单位可以视采购项目的具体情况，组织供应商进行现场考察或召开磋商前答疑会，但不得单独或分别组织只有一个供应商参加的现场考察和答疑会，不得向供应商提供差异性信息。

（三）成立磋商谈判小组。磋商谈判小组由招投标中心、用户代表、专家共3人以上的单数组成，其中具有中级以上专业技术职称或者同等专业水平人数不得少于成员总数的三分之二。

（四）接收供应商报名并确定参加磋商谈判的供应商名单。

磋商谈判小组应从符合相应资格条件的供应商中，确定不少于三家的供应商参加磋商谈判。

谈判文件不能详细列明采购标的的技术、服务要求，需经磋商由供应商提供最终设计方案或解决方案的，磋商结束后，磋商小组应当按照少数服从多数的原则投票推荐三家以上供应商的设计方案或者解决方案。

报名截止时间供应商不足三家的,按以下原则处理:

1.磋商谈判文件不存在不合理条款,由磋商谈判小组提出,报采购办备案,直接进行磋商谈判;延期谈判,延期公告时间不得少于3个工作日,延期后,如参与供应商仍不足三家的,可以直接进行磋商谈判。

2.磋商谈判存在不合理条款,修改磋商谈判文件,发布澄清补充公告,延期谈判,补充公告日期不得少于3个工作日。

在磋商谈判过程中,如做出实质性响应不足三家的,参照前款规定执行。

(五)磋商谈判

谈判小组根据供应商的报价、技术及服务的响应情况,选择不少于两家供应商进入磋商谈判环节。

谈判小组所有成员集中与单一供应商分别进行磋商谈判,并给予所有参加磋商的供应商平等的磋商机会。

在磋商谈判中,磋商谈判的任何一方不得透露与谈判有关的其他供应商的技术资料、价格和其他信息。磋商谈判文件有实质性变动的,磋商谈判小组应以书面形式通知所有参加磋商谈判的供应商。

(六)确定成交供应商。谈判时,磋商谈判小组必须明确磋商谈判的轮次,磋商谈判结束后,磋商谈判小组应要求所有参加磋商谈判的供应商,在规定的时间内进行最后的报价。磋商谈判小组在谈判供应商中,根据技术指标、服务承诺、价格等因素择优确定成交供应商,以书面形式提交评审意见。

(七)在资产后勤处网站公告成交结果。

(八)公示期结束后3个工作日内向成交供应商发出通知书。通知书具有法律约束力,任何单位和个人不得擅自改变采购结果。

第十五条　校内快速采购

(一)编制采购文件。招投标中心在接到用户单位审批通过的采购申请后,对政府集中采购限额以下的项目,组织编写采购文件,采购文件包括以下内容:供应商应当提交的资格、资信证明文件;报价要求、采购响应文件编制要求;采购项目的技术规格、要求和数量,包括附件、图纸等;合同主要条款及合同签订方式;交货和提供服务的时间;评审方法;采购文件递交截止时间及地点。

(二)在资产后勤处网站发布采购公告及采购文件。从采购文件发出之日起至供应商提交首次响应文件截止之日止不得少于5个工作日。

(三)接收供应商报价文件。接收响应文件应在采购文件所确定的提交文件截止时间的同一时间和地点公开进行,由招投标中心主持,用户单位代表、供应商代表和有关方面代表参加。

(四)成立评审小组。评审小组由用户代表及有关专家共3人以上的单数组成。

(五)组织开标

报名截止时间或在评审过程中实质性响应供应商不足三家的,按以下原则处理:

1.采购文件不存在不合理条款

由评审小组提出,报采购办备案,直接进行评审及谈判;延期开标,延期公告时间不得少于3个工作日,延期后,如参与供应商仍不足三家的,可以直接进行磋商谈判。

2.采购文件存在不合理条款

若采购文件受潜在供应商质疑或经评审小组审议后,认为确实存在不合理条款,应延期开标,修改采购文件,发布补充公告,补充公告日期不得少于3个工作日。

(六)评审并确定成交供应商。评审小组根据采购文件要求,从报价、技术指标、服务承诺等方面按采购文件规定的评审办法确定成交供应商。评审参照本办法第八条之规定执行。

参加供应商不足三家转为评审和谈判的,以谈判后的二次报价与承诺为评审依据,经评审小组综合评议后,确定成交供应商。

(七)评审结果经审批后在资产后勤处网站进行公示,公示期为3日。

(八)公示期结束后3个工作日内向成交供应商发出通知书。通知书具有法律约束力,任何单位和个人不得擅自改变采购结果。

## 第五章 采购方式的变更

第十六条 预算金额在200万元以上，用户单位申请不采用公开招标方式采购的，必须组织专家进行论证并出具专家意见、填写“厦门大学变更采购方式申请表”，由招投标中心报送采购办并按教育部、财政部相关规定进行报批，根据审批同意的采购方式进行采购。

第十七条 预算金额在200万元以上，招标过程中提交投标文件或者经评审实质性响应招标文件要求的投标人不足三家的，用户单位可组织专家进行论证并出具专家意见、填写“厦门大学变更采购方式申请表”，由招投标中心报送采购办并按教育部、财政部相关规定进行报批，根据审批同意的采购方式进行采购。

第十八条 预算金额在100万元以上至200万元以下，用户单位申请不采用公开招标方式采购的项目，必须组织专家进行论证并填写“厦门大学变更采购方式申请表”，由招投标中心报送采购办，根据学校审批意见采用相应的采购方式。

科研仪器设备不采用公开招标的，由项目(经费)负责人直接向招投标中心建议采用邀请招标、竞争性谈判、竞争性磋商和询价方式，由招投标中心审核后报采购办备案。

第十九条 预算金额在100万元以上至200万元以下的采购项目，投标截止时间结束后参加投标的供应商不足三家或在评标期间出现符合专业条件的供应商或者对招标文件做出实质响应的供应商不足三家情形的，采取以下方式：

(一)招标文件存在不合理条款的，修改招标文件，延期开标；进入评审环节的，终止采购，修改招标文件后重新组织招标。

(二)招标文件不存在不合理条款的，用户单位可提出变更采购方式申请，填写“厦门大学变更采购方式申请表”，由招投标中心报送采购办，根据审批的采购方式进行采购；用户单位不提出变更采购方式申请的，延期开标或重新组织招标。

## 第六章 质疑与投诉

第二十条 供应商对采购活动事项有疑问的，可以向招投标中心提出。

第二十一条 供应商认为招标文件或采购文件、采购过程和中标、成交结果使自己的权益受到损害的，应以书面形式向招投标中心提出质疑，其中对招标文件有异议的必须在投标截止前10日提出；对采购文件有异议，必须在采购文件递交截止日期前2日提出；对采购结果有异议的，必须在公示期内提出。

第二十二条 招投标中心应当在收到供应商的书面质疑后7个工作日内做出答复，但答复的内容不得涉及商业秘密。

第二十三条 质疑供应商对招投标中心的答复不满意或者招投标中心未在规定的时间内做出答复的，应在答复期满后15个工作日内向采购办投诉。

第二十四条 采购办当在收到投诉后30个工作日内，对投诉事项做出处理决定，通知投诉人和与投诉事项有关的当事人。

第二十五条 采购办在处理投诉事项期间，应视具体情况书面通知招投标中心暂停相关项目采购活动，但暂停时间最长不得超过30日。

## 第七章 附 则

第二十六条 本办法所称“以上”，均含本数。

第二十七条 本办法自正式发布之日起施行。

第二十八条 本实施细则由招投标中心负责解释

——本文摘录自《关于印发〈厦门大学货物和服务采购工作实施细则〉的通知》，(2016)厦大资产5号，档号2019-XZ27-001

# 厦门大学修缮工程采购工作实施细则

(2016 年 12 月 30 日)

## 第一章　总　则

第一条　为规范我校修缮工程采购活动,保证我校修缮工程采购活动规范、廉洁、高效。根据《中华人民共和国政府采购法》《中华人民共和国招标投标法》《厦门大学采购管理办法(试行)》及其他相关法律法规,结合我校采购活动的实际情况,制定本实施细则。

第二条　本实施细则所称修缮工程,是指建筑物和构筑物的装修、拆除、修缮,以及水电管网和道路维修、改造、绿化景观施工等。

第三条　根据《厦门大学采购管理办法(试行)》相关规定,本实施细则适用于预算金额在 10 万元以上的工程,可以采用招标,校内快速采购、审核委托等采购方式。招标采购方式划分如下:

1.预算金额在 10 万元以上至 120 万元以下的工程,以校内快速采购方式为主,允许采用审核委托等其他采购方式。

采用审核委托方式采购的,用户单位需以书面形式报告,经政府采购管理办公室(以下简称“采购办”)审批同意后,报资产后勤处和分管校领导批准后,由业务科室实施审核委托采购。

2.预算金额在 120 万元以上的工程,必须采用公开招标方式采购。

因特殊原因无法招标的,用户单位以书面形式报采购办审核,并经资产后勤处和分管校领导批准后,可以采用其他方式采购。

## 第二章　公开招标的实施

第四条　前期准备工作

(一)资产与后勤事务管理处业务科室(以下简称“业务科室”)负责接收、提出工程招标需求,并负责工程项目立项、落实经费、施工图审查、预算编制及审核、招标文件编制等前期工作。

(二)业务科室根据工程采购项目实际情况填写“厦门大学采购项目交接单”(以下简称“交接单”),明确工程预算价(招标控制价)、采购方式、评标方式等信息。

符合《厦门大学政府采购管理办法(试行)》规定的其他特殊情况变更采购方式的必须有变更采购方式书面批复文件。

(三)工程预算价与招标控制价:

1.工程采购项目预算编制应采用工程量清单计价方式,其编审应符合学校工程预算审计规定。

2.招标控制价按工程预算价确定。

3.工程预算需包括“主要材料品牌推荐表”,且应当明确主要材料、设备的规格、型号、标准、技术参数、质量等级等。

第五条　招标工作程序

(一)采购项目交接。

“交接单”经采购办审批同意后,将项目移交至招投标中心启动招标采购工作。移交项目需提供以下附件:

1.交接单；

2.项目立项、经费文件(复印件)；

3.经审核的工程预算书；

4.招标文件(及其附件)。

(二)招投标中心按以下规定发布招标公告。

1.在国家规定网站和资产与后勤事务管理处网站同时发布公告；

2.投标资格报名时间自招标公告发出之日起至报名截止之日不得少于5日,发出招标文件之日起至递交投标文件截止之日不得少于20日。

(三)接受投标人报名,并统一发放招标文件。

1.投标人报名可采取现场报名、电子邮件或传真等形式报名。投标人报名所需提交资料：

(1)加盖公章的投标人报名申请表；

(2)加盖公章的有效授权委托书；

(3)加盖公章有效的营业执照、符合招标要求的有效资质等级证件复印件；

(4)加盖公章符合招标要求的有效建造师执业资格证复印件；

(5)招标人若要求投标企业和其拟委派的项目经理、项目负责人必须工程业绩要求,则投标人必须提供加盖公章的相关证明资料复印件(如合同书、竣工报告等)。

2.若发现投标人的资格预审申请资料有弄虚作假、隐瞒真实内容的情形,招标人有权取消其投标资格或不予授标,并限制其以后参加我校招投标活动。

3.失信被执行人报名申请将被拒绝。

4.投标报名截止时,有效投标单位少于3家重新执行原采购程序。当第二次招标,有效投标单位少于3家可以申请变更采购方式,由采购办审批后实施。

(四)发出投标文件至投标截止期间存在招标答疑、招标文件澄清修改通知及招投标活动其他变更通知等统一告知或通知。

(五)投标人编制投标文件。

(六)投标人在约定时间递交投标文件。

(七)招标人组建评审委员会或评审小组。

(八)公开开标、唱标。

(九)评审委员会或评审小组依据招标文件评标定标办法评审并推荐中标候选人。

(十)招标投标中心提交评标情况书面报告。

(十一)公示评标结果,若无异议的,确定中标人并发出中标通知书;若有异议,需按规定终止本次招标并重新招标。

## 第三章　校内快速采购

第六条　前期准备工作

(一)"交接单"的采购方式栏需明确填写"校内快速采购"。

(二)若要求有校内修缮工程施工业绩限制的需予以明确。

(三)其他均按公开招标要求实施。

第七条　招标工作程序

(一)采购项目交接:按公开招标要求实施。

(二)招投标中心按以下规定发布招标公告。

1.在国家规定网站或资产与后勤事务管理处网站发布公告；

2.投标资格报名时间自招标公告发出之日起至报名截止之日不得少于5日,发出招标文件之日起至递交投标文件截止之日不得少于3日。

(三)除投标报名人需符合校内业绩要求外,其他均按公开招标要求实施。

## 第四章　投　标

第八条　投标保证金

(一)投标保证金应当由投标人的基本账户转入招标文件中指定的银行专户(我校财务处指定),并在截标前自行办妥。投标保证金缴交时间确认以银行受理回单上加盖公章的日期为准。

(二)投标保证金允许跨项目使用,当一工程项目已完成招标工作,该项目投标保证金允许转移至下一招标项目投标保证金使用。要求如下:

1.投标保证金原属项目已发出中标通知书;

2.已缴交的投标保金金额大于或等于下一招标项目要求的投标保证金金额;

3.每笔投标保证金同时只允许作为一个项目的投标保证金。

第九条　投标人若对招标文件存有质疑的,需在规定的质疑期内提交投标质疑函,逾期将不予以受理。

## 第五章　开标、评标及定标

第十条　开标

1.开标时间、投标文件接收截止时间、开标地点应在招标文件内确定。投标人必须按招标文件规定的时间、地点应标并交标,超过递交标书截止时间的投标文件不予接收。

2.开标、唱标由招投标中心组织,由采购办监督,业务科室代表及使用单位代表参与,所有投标人(可授权委托代理人)均需到场参加开标会,并按照下列程序进行:

(1)推选投标人代表对投标文件的密封情况进行检查。

(2)由招标人工作人员当场拆封投标文件,并宣读各投标人报价、投标工期等。

(3)开标过程由招标人记录,并存档备查。

(4)所有参与开标人员必须在签到表上签到。

第十一条　投标文件递交截止时,有效投标单位少于3家重新执行原采购程序。当第二次招标,有效投标单位少于3家可以申请变更采购方式,由采购办审批。

有效投标单位是指按招标文件规定时间递交投标文件、投标文件封装符合招标要求、投标代表符合招标要求的投标人。

第十二条　评审专家

评标工作由评审委员会或评审小组承担。评审专家成员由技术、经济等方面专家组成,成员人数为3人(含)以上单数,由采购办负责抽取评审专家。

第十三条　招标项目评标方式选用:综合评分法、综合基准价法、随机抽取法等其他法律允许的评审方法。

特殊项目需采用其他评标方式时,由投招标中心提出完整评标办法,由采购办批准后实施。

下文中阐述的综合评分法、综合基准价法及随机抽取法只阐述主要原则,实际项目招标实施过程中可根据项目实际需求,在公平、公正、公开的前提下,对流程、细节进行优化。

(一)综合评分法

1.综合评分法为评审委员会或评审小组根据招标文件要求对投标人的投标文件进行定性和定量评审,评审委员会或评审小组按综合得分由高到低推荐若干名中标候选人。

2.综合评分法主要原则:

(1)资格审查部分采用符合性评审方式;

(2)商务标部分评审采用量化打分方式;

(3)技术标部分评审采用量化打分方式;

(4)汇总评分结果,计算综合加权得分由高至低排列,推荐综合得分前若干名的投标人为中标候选人。

(二)综合基准价法

1.综合基准价是指将公布的工程控制价按一定的权数与各有效投标报价进行加权平均后所得的数值作为综合基准价。

综合基准价法是将投标人投标报价与综合基准价进行价差对比,当投标人报价低于综合基准价,且在所有低于综合基准价的各投标人报价中按接近综合基准价的顺序排定推荐中标人顺序;若所有投标人报价均高于综合基准价,则按最接近综合基准价的顺序排定推荐中标人顺序。

2.综合基准价法按以下程序进行评标。

(1)投标文件采用符合性审查,投标人递交的标书必须符合本办法投标条款之规定,符合招标文件条款要求的投标文件定义为有效标,不符合招标文件条款要求的投标文件定义为废标。废标将不参与下述程序评标。

(2)在有效标范围内,采用综合基准价法进行评审,推荐中标人。

3.综合基准价计算公式为(计算单位为元,计算过程与结果均取小数点后2位):

$$综合基准价=\frac{(工程控制价\times A+各有效标报价算术平均值)}{2}$$

其中:

(1)A为权数,权数由0.90、0.93、0.96、0.99中随机抽取。权数的确定于开标时由任意投标人代表抽取。

(2)关于各有效标报价算术平均值计算规则:

①当符合性审查合格后的有效标数量小于8个时,有效标算术平均值按全部有效标报价技术算术平均值;

②当符合性审查合格后的有效标数量大于8个(含)时,应去除一个最高报价及一个最低报价后,计算剩余有效标的算术平均值。

4.当投标人以高于综合基准价的价格最接近综合基准价,被评为中标候选人,投标人必须以综合基准价作为中标价格中标。

(三)随机抽取法

1.随机抽取法是指招标人以经审核确定的工程预算价为基础确定工程发包价(招标控制价),在符合资格审查条件的合格投标人中随机抽取一定数量中标候选人,并按随机抽取顺序标明排序,招标人依法确定中标人。

2.工程发包价是施工合同的组成部分,作为项目工程款支付、工程变更、竣工结算的依据。

3.投标人应当根据自身实力、施工经验、现场环境以及招标文件规定的范围、内容,按照施工图纸的要求,根据省、市建设主管部门颁布的工程消耗量定额、费用标准或企业定额、材料设备市场价格、人工预算单价、施工机械台班单价以及市工程造价管理机构公布的最近期的最低控制线标准核算工程造价,确定招标人公布的发包价是否是在企业的成本价范围内,自主决定是否参加投标。

4.采用资格预审方式进行资格审查。

5.投标文件可仅由以下文件组成:

(1)投标函及投标函附录;

(2)投标保证金缴交凭证;

(3)对本招标工程发包价的确认函;

(4)主要材料设备品牌选用表;

(5)招标文件要求提交的其他材料。

6.开标后,符合招标文件有关开标规定的所有投标人(指截标前递交投标文件且未出现参加开标会议人员不符合要求、投标文件不完整或密封不符合要求等情形的投标人,下同)均为入围投标人。

7.中标候选人的抽取按下列程序进行:

(1)抽取中标优惠率,向抽取箱放入标识优惠率的抽取球,每档优惠率有且只有一个球。

优惠率的确定根据市场行情、政策导向等综合因数另行确定,在招标文件中明确优惠率档次,开标现场随机抽取。

本环节视招标文件确定,非必要程序。

(2)按照提交投标文件时间的先后顺序对合格投标人进行编号,每个投标人仅有一个编号。

(3)取一组与合格投标人数量、相同号码的号码球,放入抽取箱内,由招投标中心工作人员随机抽取一个号码球,第一次随机抽取的号码球的号码相对应的合格投标人为第一中标候选人,第二次随机抽取的号码球的号码相对应的合格投标人为第二中标候选人,第三次随机抽取的号码球的号码相对应的合格投标人为第三中标候选人,以此类推。具体抽取次数根据招标文件约定的中标候选人的数量确定。

(4)整个开标过程由采购办、业务科室代表、用户代表及所有合格投标人共同参加及监督。中标候选人抽取完毕后,参与开标所有人员应当对随机抽取的结果以书面形式签字确认。

第十四条　评审委员会或评审小组根据招标文件定标原则推荐中标候选人,报学校审批,经公示无异议后确定中标人。

第十五条　中标结果公示

在发布招标公告的媒体上进行中标结果公示,公示发布之日起至公示期满不得少于3个工作日。

第十六条　工程项目中标公示期满无异议,由招投标中心发出中标通知书,同时将招标项目涉及招标、投标资料移交业务归口科室,由业务科室负责与中标人签订施工合同、资料存档工作。

第十七条　中标候选人为1个以上,第一中标候选人放弃中标、因不可抗力不能履行合同、不按照招标文件要求提交履约保证金、被查实存在影响中标结果的违法违规行为或原评审存在错误,不符合中标条件的,招标人可以按照中标候选人名单排序依次确定其他中标候选人为中标人,也可以重新招标。

## 第五章　附　则

第十八条　本办法所称"以上",均含本数。

第十九条　本实施细则由招投标中心负责解释。

第二十条　本实施细则自正式发布之日起施行,原《厦门大学修缮工程招标、投标、评标实施细则》同时废止。本实施细则若与国家新出台的法律法规和规章等不一致的,按国家新颁布的法律法规和规章等执行。

——本文摘录自《关于印发〈厦门大学修缮工程采购工作实施细则〉的通知》,(2016)厦大资产6号,档号2019-XZ27-001